CURSO DE
DIREITO PENAL

PARTE GERAL
ARTS. 1º A 120 DO CÓDIGO PENAL VOL. 1

O GEN | Grupo Editorial Nacional – maior plataforma editorial brasileira no segmento científico, técnico e profissional – publica conteúdos nas áreas de concursos, ciências jurídicas, humanas, exatas, da saúde e sociais aplicadas, além de prover serviços direcionados à educação continuada.

As editoras que integram o GEN, das mais respeitadas no mercado editorial, construíram catálogos inigualáveis, com obras decisivas para a formação acadêmica e o aperfeiçoamento de várias gerações de profissionais e estudantes, tendo se tornado sinônimo de qualidade e seriedade.

A missão do GEN e dos núcleos de conteúdo que o compõem é prover a melhor informação científica e distribuí-la de maneira flexível e conveniente, a preços justos, gerando benefícios e servindo a autores, docentes, livreiros, funcionários, colaboradores e acionistas.

Nosso comportamento ético incondicional e nossa responsabilidade social e ambiental são reforçados pela natureza educacional de nossa atividade e dão sustentabilidade ao crescimento contínuo e à rentabilidade do grupo.

GUILHERME DE SOUZA **NUCCI**

CURSO DE
DIREITO PENAL

PARTE GERAL
ARTS. 1º A 120 DO CÓDIGO PENAL — **VOL. 1**

9ª edição revista e atualizada

■ O autor deste livro e a editora empenharam seus melhores esforços para assegurar que as informações e os procedimentos apresentados no texto estejam em acordo com os padrões aceitos à época da publicação, e todos os dados foram atualizados pelo autor até a data de fechamento do livro. Entretanto, tendo em conta a evolução das ciências, as atualizações legislativas, as mudanças regulamentares governamentais e o constante fluxo de novas informações sobre os temas que constam do livro, recomendamos enfaticamente que os leitores consultem sempre outras fontes fidedignas, de modo a se certificarem de que as informações contidas no texto estão corretas e de que não houve alterações nas recomendações ou na legislação regulamentadora.

■ Fechamento desta edição: *05.02.2025*

■ O autor e a editora se empenharam para citar adequadamente e dar o devido crédito a todos os detentores de direitos autorais de qualquer material utilizado neste livro, dispondo-se a possíveis acertos posteriores caso, inadvertida e involuntariamente, a identificação de algum deles tenha sido omitida.

■ **Atendimento ao cliente: (11) 5080-0751 | faleconosco@grupogen.com.br**

■ Direitos exclusivos para a língua portuguesa
Copyright © 2025 by
Editora Forense Ltda.
Uma editora integrante do GEN | Grupo Editorial Nacional
Travessa do Ouvidor, 11 – Térreo e 6º andar
Rio de Janeiro – RJ – 20040-040
www.grupogen.com.br

■ Reservados todos os direitos. É proibida a duplicação ou reprodução deste volume, no todo ou em parte, em quaisquer formas ou por quaisquer meios (eletrônico, mecânico, gravação, fotocópia, distribuição pela Internet ou outros), sem permissão, por escrito, da Editora Forense Ltda.

■ Capa: Fabricio Vale

CIP-BRASIL. CATALOGAÇÃO NA PUBLICAÇÃO
SINDICATO NACIONAL DOS EDITORES DE LIVROS, RJ

N876c
9. ed.

    Nucci, Guilherme de Souza
        Curso de direito penal : parte geral : arts. 1º a 120 do código penal / Guilherme de Souza Nucci. - 9. ed., rev. e atual. - Rio de Janeiro : Forense, 2025.
        904 p. ; 24 cm.   (Curso de direito penal ; 1)

    Apêndice
    Inclui bibliografia
    ISBN 978-85-3099-699-4

    1. Direito penal - Brasil. I. Título. II. Série.

25-96278   CDU: 343.21(81)

Meri Gleice Rodrigues de Souza - Bibliotecária - CRB-7/6439

Sobre o Autor

Livre-docente em Direito Penal, Doutor e Mestre em Direito Processual Penal pela PUC-SP. Professor Associado da PUC-SP, atuando nos cursos de Graduação e Pós-graduação (Mestrado e Doutorado). Desembargador na Seção Criminal do Tribunal de Justiça de São Paulo.

www.guilhermenucci.com.br

Sumário

Capítulo I – Introdução ao Direito Penal 1

1. Noções introdutórias.. 1
   - 1.1. Conceito de direito penal 1
   - 1.2. Direito penal objetivo e subjetivo 3
   - 1.3. Direito penal comum e especial 3
   - 1.4. Direito penal internacional e direito internacional penal................ 4
   - 1.5. Direito penal (substantivo) e processual (adjetivo) 5
   - 1.6. Finalidade e função do direito penal 5
   - 1.7. Política criminal 12
     - 1.7.1. As velocidades do direito penal... 15
     - 1.7.2. A vítima no direito penal 16
   - 1.8. Criminologia... 17
   - 1.9. Bem jurídico 19
2. Relacionamento do direito penal com outros ramos jurídicos 21
   - 2.1. Direito penal e constitucional.. 21
   - 2.2. Direito penal e civil.. 21
   - 2.3. Direito penal e administrativo.. 22
   - 2.4. Direito penal e tributário 22
   - 2.5. Direito penal e processual penal 22
   - 2.6. Direito penal e processual civil.. 23
   - 2.7. Direito penal e empresarial 23
   - 2.8. Direito penal e execução penal.. 23
   - 2.9. Direito penal e penitenciário 24

2.10. Direito penal e infância e juventude	24
2.11. Direito penal e ambiental	25
2.12. Direito penal e econômico	25
2.13. Direito penal e consumidor	25
2.14. Direito penal e trabalhista	25
2.15. Direito penal e previdenciário	25
2.16. Direito penal e militar	26
2.17. Direito penal e eleitoral	26
3. Relacionamento do direito penal com outras ciências	26
3.1. Direito penal e psicologia	26
3.2. Direito penal e psiquiatria	27
3.3. Direito penal e sociologia	27
3.4. Direito penal e antropologia	27
3.5. Direito penal e medicina legal	27
Resumo do capítulo	28

Capítulo II – Evolução Histórica do Direito Penal 29

1. Direito penal primitivo	29
2. Direito penal romano	33
3. Direito penal germânico	34
4. Direito penal canônico	35
5. Direito penal *comum* seguido do período humanitário	36
Resumo do capítulo	37

Capítulo III – Escolas Penais 39

1. Escola clássica	39
2. Escola positiva	43
3. Escolas mistas	45
3.1. *Terza scuola* italiana	45
3.2. Escolas ecléticas e o confronto das escolas	46
4. Escola da defesa social	46
5. Escola da nova defesa social	47
Resumo do capítulo	49

Capítulo IV – História do Direito Penal Brasileiro 51

1. Brasil colônia	51
2. Brasil império	53
3. Brasil república	53
4. Brasil atual	54
Resumo do capítulo	54

Capítulo V – Princípios de Direito Penal 57

1. Conceito de princípio e sua importância	57
2. Graduação dos princípios	59

3.	Princípios regentes		59
	3.1. Dignidade da pessoa humana		60
	3.2. Devido processo legal		61
4.	Princípios de direito penal		62
	4.1. Constitucionais explícitos		62

3. Princípios regentes 59
   3.1. Dignidade da pessoa humana... 60
   3.2. Devido processo legal 61
4. Princípios de direito penal 62
   4.1. Constitucionais explícitos 62
       4.1.1. Concernentes à atuação do Estado 62
           4.1.1.1. Legalidade (ou reserva legal)................................. 62
           4.1.1.2. Anterioridade 64
           4.1.1.3. Retroatividade da lei penal benéfica.................... 64
           4.1.1.4. Humanidade 65
       4.1.2. Concernentes ao indivíduo.. 67
           4.1.2.1. Personalidade ou responsabilidade pessoal........ 67
               4.1.2.1.1. A questão da cobrança da multa penal 69
               4.1.2.1.2. A medida extrapenal do princípio.............. 70
           4.1.2.2. Individualização da pena 72
   4.2. Constitucionais implícitos... 74
       4.2.1. Concernentes à atuação do Estado 74
           4.2.1.1. Intervenção mínima e princípios consequenciais da subsidiariedade, fragmentariedade e ofensividade.......... 74
               4.2.1.1.1. Ofensividade (ou lesividade)....................... 75
               4.2.1.1.2. Insignificância e adequação social............... 76
           4.2.1.2. Taxatividade... 76
               4.2.1.2.1. Conceito e importância............................... 76
               4.2.1.2.2. Mecanismos legítimos para a construção dos tipos penais: elementos normativos, subjetivos específicos e norma em branco .. 77
               4.2.1.2.3. Análise dos tipos abertos 78
               4.2.1.2.4. Normas penais explicativas 91
               4.2.1.2.5. Tipos remissivos.. 92
               4.2.1.2.6. A influência da política criminal na construção dos tipos penais................................... 92
           4.2.1.3. Proporcionalidade.. 94
               4.2.1.3.1. Conceito e dimensão 94
               4.2.1.3.2. Alterações legislativas e desproporcionalidade.. 95
               4.2.1.3.3. O princípio da proibição da proteção deficiente.. 97
           4.2.1.4. Vedação da dupla punição pelo mesmo fato................... 97
               4.2.1.4.1. Conceito e aplicação prática......................... 97
               4.2.1.4.2. Correlação com a individualização da pena 98
               4.2.1.4.3. A constitucionalidade da aplicação da reincidência 99
               4.2.1.4.4. Absorção do perigo pelo dano 99
       4.2.2. Concernente ao indivíduo.. 100
           4.2.2.1. Culpabilidade... 100

4.2.2.1.1.	Conceito e relevância	100
4.2.2.1.2.	Dolo e culpa: iniciando uma nova abordagem	102
4.2.2.1.3.	Responsabilidade penal objetiva, sua extensão na teoria do tipo e o enfoque da embriaguez voluntária ou culposa	103
4.2.2.1.4.	Culpabilidade no campo da aplicação da pena	106
4.2.2.1.5.	Culpabilidade no processo penal	106

Resumo do capítulo 107

Capítulo VI – Fontes do Direito Penal e Interpretação das Leis Penais 111

1. Fontes do direito penal e do processo penal 111
   1.1. Fontes materiais 111
   1.2. Fontes formais 114
      1.2.1. Alguns instrumentos de criação do tipo penal: enfoques do tipo aberto, do tipo remissivo e da norma penal em branco 116
      1.2.2. Alguns instrumentos de integração e interpretação da norma penal: enfoques da analogia, da interpretação analógica e da interpretação extensiva 118
      1.2.3. Alguns instrumentos de integração e interpretação da norma processual penal: enfoques da analogia, da interpretação analógica e da interpretação extensiva 118
      1.2.4. Medida de segurança: aspectos cautelares e executórios 119
      1.2.5. Plebiscito e referendo 120
      1.2.6. Interpretação e integração do direito penal 120
         1.2.6.1. Conceito de interpretação 120
         1.2.6.2. Espécies de interpretação 121
         1.2.6.3. Outras formas de interpretação e fontes indiretas 129
         1.2.6.4. Analogia 134

Resumo do capítulo 137

Capítulo VII – Legalidade e Anterioridade da Lei Penal 139

1. Legalidade 139
   1.1. Mera legalidade e estrita legalidade 139
   1.2. Legalidade como garantia humana fundamental 140
   1.3. Legalidade material e formal 141
   1.4. Leis escritas 142
2. Anterioridade 143
3. Extensão da palavra *crime* 143
4. Aplicação da legalidade para qualquer sanção penal 143
5. Eficácia dos princípios da legalidade e da anterioridade 145
6. Normas penais em branco 145
   6.1. Conceito 145
   6.2. Intermitência da norma penal em branco 146

6.3.	Confronto entre normas penais em branco, tipos penais remetidos e normas imperfeitas ou incompletas	147

Resumo do capítulo 148

Capítulo VIII – Aplicação da Lei Penal no Tempo 151

1. Conceito e alcance da lei penal no tempo 151
2. *Abolitio criminis* (abolição do delito) 152
   - 2.1. Confronto com a edição de lei penal benéfica (*novatio legis in mellius*) 152
     - 2.1.1. Lei penal inconstitucional benéfica 152
   - 2.2. Confronto com a edição de lei penal prejudicial (*novatio legis in pejus*)...... 153
3. Lei penal benéfica em *vacatio legis* 153
4. Combinação de leis penais e lei penal intermediária 155
   - 4.1. Lei publicada com erros 157
   - 4.2. Lei penal corretiva ou interpretativa 158
   - 4.3. A combinação de leis penais no contexto da delação premiada 158
5. Competência para aplicação da lei penal benéfica 159
   - 5.1. Competência para aplicação de interpretação mais benéfica de lei penal.... 160
6. Crime permanente e lei penal prejudicial ao réu 160
7. Crime continuado e lei penal prejudicial ao réu 161
8. Retroatividade da lei processual penal benéfica 161
9. Leis intermitentes 162
   - 9.1. Conceito 162
   - 9.2. Extensão e eficácia 163

Resumo do capítulo 165

Esquemas 166

Capítulo IX – Tempo e Lugar do Crime 169

1. Tempo do crime 169
2. Alcance da teoria da atividade 170
3. O tempo do crime nas infrações penais permanentes e continuadas 170
4. Teorias sobre o lugar do crime 171
5. Conflito aparente entre o art. 6.º do Código Penal e o art. 70 do Código de Processo Penal 171
6. Lugar do crime nas infrações penais permanentes e continuadas 172

Resumo do capítulo 173

Capítulo X – Aplicação da Lei Penal no Espaço 175

1. Territorialidade e extraterritorialidade 175
2. Regras para a aplicação da lei penal no espaço 175
3. Conceito de território e seus elementos 176
   - 3.1. Rios, lagos e mares fronteiriços e sucessivos 176
   - 3.2. Espaço aéreo 176
     - 3.2.1. Correção da parte final do § 1.º do art. 5.º do Código Penal 177
   - 3.3. Mar territorial brasileiro 177

4. Território brasileiro por equiparação.. 178

    4.1. Competência para o julgamento de crimes cometidos a bordo de embarcações e aeronaves.. 178

    4.2. A lei penal e a Convenção de Tóquio 179

    4.3. Crime cometido em lugar não pertencente a qualquer país...................... 179

5. Critérios para a extraterritorialidade 180

    5.1. Hipóteses de extraterritorialidade condicionada....................................... 180

    5.2. Princípios regentes da extraterritorialidade... 180

    5.3. Crítica à extraterritorialidade incondicionada... 181

6. Extradição... 182

    6.1. Conceito, espécies e fonte legislativa 182

    6.2. Requisitos para a concessão 183

    6.3. Diferenças em face de repatriação, deportação e expulsão........................ 186

        6.3.1. Diferenças em face de transferência de execução da pena e transferência de pessoa condenada... 188

    6.4. Importância da extradição 188

    6.5. Tribunal Penal Internacional 189

        6.5.1. Introdução... 189

        6.5.2. Competência do Tribunal Penal Internacional 190

        6.5.3. Dos crimes previstos no Estatuto de Roma 190

        6.5.4. Dos direitos e garantias humanas fundamentais............................ 194

        6.5.5. Conclusão.. 195

7. Pena cumprida no estrangeiro, tentativa de amenizar a não aplicação do princípio *ne bis in idem* e não recepção parcial do art. 8.º do Código Penal...................... 196

8. Outras exceções à regra da territorialidade 197

    8.1. Tratados e convenções 197

    8.2. Regras de direito internacional... 198

    8.3. Imunidades diplomáticas 198

        8.3.1. Abrangência, extensão e exclusão da imunidade 198

        8.3.2. Características das imunidades diplomáticas................................... 199

    8.4. Imunidades consulares 199

    8.5. Possibilidade de renúncia... 201

    8.6. Imunidades parlamentares.. 201

        8.6.1. Imunidade substantiva.. 201

        8.6.2. Natureza jurídica da imunidade substantiva 202

        8.6.3. Características da imunidade substantiva... 202

        8.6.4. Imunidade processual.. 204

    8.7. Outras imunidades e foros privilegiados 205

        8.7.1. Deputados estaduais 205

        8.7.2. Vereadores... 205

        8.7.3. Advogados... 206

        8.7.4. Prefeitos 206

Resumo do capítulo 207

Esquema.. 209

Capítulo XI – Eficácia de Sentença Estrangeira 211

1. Homologação de sentença estrangeira e soberania nacional.............................. 211
2. Hipóteses para a homologação 212
   2.1. Reparação civil do dano causado à vítima 212
   2.2. Aplicação de medida de segurança 212
   2.3. Hipótese prevista na Lei de Lavagem de Dinheiro 212
   2.4. Homologação de sentença estrangeira para o fim de cumprimento de pena imposta no exterior 212
3. Efeitos da sentença condenatória estrangeira que independem de homologação.. 213
   Resumo do capítulo 214

Capítulo XII – Contagem de Prazo e Frações da Pena 215

1. Prazos penais e processuais penais.. 215
2. O calendário comum como parâmetro para a contagem do prazo 215
3. Frações não computáveis da pena 216
   Resumo do capítulo 216
   Esquema 217

Capítulo XIII – Conflito Aparente de Normas 219

1. Conceito.. 219
   1.1. Diferença entre concurso formal e concurso aparente de normas 220
2. Critério da sucessividade... 220
3. Critério da especialidade 221
4. Critério da subsidiariedade (tipo de reserva) 222
5. Critério da absorção (ou consunção)... 222
6. Critério da alternatividade 223
   Resumo do capítulo 224
   Esquemas 225

Capítulo XIV – Teoria do Crime.. 229

1. Conceito de crime 229
   1.1. Conceito material 229
   1.2. Conceito formal.. 231
   1.3. Conceito analítico 231
        1.3.1. Teoria nacional bipartida do fato típico e antijurídico, tendo a culpabilidade como pressuposto de aplicação da pena 234
2. Princípios elementares do crime 238
   2.1. Causalismo 239
   2.2. Neokantismo (teoria neoclássica) 240
   2.3. Finalismo.. 241
   2.4. Teoria social da ação 242
   2.5. Funcionalismo 243
        2.5.1. Teleológico... 243
        2.5.2. Sistêmico... 246

2.6.	Teoria da ação significativa	247
2.7.	Síntese	250
3.	Diferença entre crime e contravenção penal	252
Resumo do capítulo		253
Esquemas		254

Capítulo XV – Sujeitos e Objetos do Crime ... 257

1. Sujeito ativo ... 257
   1.1. A pessoa jurídica como sujeito ativo de crime ... 258
       1.1.1. A responsabilidade penal da pessoa jurídica além da fronteira do crime ambiental ... 260
2. Sujeito passivo ... 261
3. Objetos do crime ... 262
   3.1. Objeto material ... 262
   3.2. Objeto jurídico ... 263
   Resumo do capítulo ... 263

Capítulo XVI – Classificação dos Crimes ... 265

1. Base científica da classificação ... 265
2. A classificação artificial ... 266
3. As classificações mais relevantes ... 266
   3.1. Crimes comuns e próprios ... 266
       3.1.1. Crimes de mão própria ... 267
   3.2. Crimes instantâneos e permanentes ... 268
       3.2.1. Os crimes instantâneos de efeitos permanentes (delitos de estado) ... 269
   3.3. Crimes comissivos e omissivos (próprios e impróprios) ... 270
   3.4. Crimes de atividade e de resultado (materiais, formais, mera conduta e exauridos) ... 270
   3.5. Crimes de dano e de perigo ... 271
   3.6. Crimes unissubjetivos e plurissubjetivos ... 274
   3.7. Crimes simples e complexos ... 275
   3.8. Crimes progressivos e progressão criminosa ... 275
   3.9. Crime habitual ... 276
   3.10. Crimes unissubsistentes e plurissubsistentes ... 277
   3.11. Crimes de forma livre e de forma vinculada ... 277
   3.12. Crimes vagos (multivitimários ou de vítimas difusas) ... 278
   3.13. Crimes remetidos ... 278
   3.14. Crimes condicionados ... 278
   3.15. Crimes de atentado (ou de empreendimento) ... 278
   3.16. Crimes militares próprios e impróprios ... 278
   3.17. Crimes comuns e políticos ... 279
   Resumo do capítulo ... 279
   Esquemas ... 281

Capítulo XVII – Tipo e Tipicidade.. 283

1. Primeiras considerações 283
2. Conceito de tipo penal e sua estrutura 284
   2.1. Elementos do tipo penal incriminador 285
   2.2. Classificação do tipo 286
       2.2.1. Tipo fechado e aberto 286
       2.2.2. Tipo objetivo e subjetivo 287
       2.2.3. Tipo básico e derivado.. 287
       2.2.4. Tipo simples e misto 288
       2.2.5. Tipo de injusto (ou tipo-total de injusto).. 288
       2.2.6. Tipo indiciário 289
       2.2.7. Tipo permissivo 289
       2.2.8. Tipo formal e material 290
       2.2.9. Tipo conglobante... 293
       2.2.10. Tipo congruente e incongruente 294
       2.2.11. Tipo normal e anormal... 294
       2.2.12. Tipo de tendência interna subjetiva transcendente 294
       2.2.13. Tipo remetido 294
       2.2.14. Tipo de ação 295
   2.3. Tipicidade.. 295
       2.3.1. Tipicidade, antinormatividade e antijuridicidade........................... 295
3. Excludentes de tipicidade 296
   3.1. Princípio da adequação social 296
       3.1.1. Lesões na prática de esportes... 297
   3.2. Princípio da insignificância 297
       3.2.1. Antecedentes do agente 297
       3.2.2. Violência doméstica 298
   Resumo do capítulo 298

Capítulo XVIII – Conduta e Resultado 301

1. Conceito de conduta 301
2. Elementos da conduta... 302
   2.1. Enfoque particular da hipnose 304
   2.2. Enfoque particular da omissão.. 306
   2.3. Ações em curto-circuito e gestos habituais ou mecânicos.......................... 307
3. Conceito de resultado 307
   Resumo do capítulo 308

Capítulo XIX – Elementos Subjetivos do Crime: Dolo e Culpa 309

1. Conceito de dolo... 309
2. Distinção entre dolo genérico e dolo específico.. 311
3. Características do dolo 311
4. Conceito de dolo direto 312
   4.1. Dolo direto de primeiro grau e dolo direto de segundo grau..................... 312

5. Conceito de dolo indireto ou eventual 313
    5.1. Dolo eventual nos graves delitos de trânsito 314
6. Exigibilidade do dolo direto e do dolo eventual 314
    6.1. Sobre a aplicação da pena 315
7. Outras classificações do dolo 316
    7.1. Dolo alternativo 316
    7.2. Dolo cumulativo 317
    7.3. Dolo antecedente 317
    7.4. Dolo subsequente 317
    7.5. Dolo geral 317
8. Conceito de culpa 318
    8.1. Culpa e tipicidade 319
9. Distinção entre culpa inconsciente e consciente 319
10. Elementos da culpa 320
    10.1. Princípio da confiança 322
11. Situações peculiares no campo da culpa 323
    11.1. Culpa presumida 323
    11.2. Graus de culpa 323
    11.3. Compensação de culpas 324
    11.4. Concorrência de culpas 324
    11.5. Culpa imprópria 324
12. Espécies de culpa 325
    12.1. Imprudência 325
        12.1.1. Sucessão de imprudências 325
    12.2. Negligência 326
    12.3. Imperícia 326
        12.3.1. Distinção entre imperícia e erro profissional 326
13. Diferença entre culpa consciente e dolo eventual 327
Resumo do capítulo 328
Esquemas 331

Capítulo XX – Nexo Causal 335

1. Conceito de nexo causal 335
    1.1. Causa 335
    1.2. Resultado 336
2. Teorias do nexo causal 337
    2.1. Equivalência dos antecedentes 337
    2.2. Causalidade adequada 337
    2.3. Imputação objetiva 338
        2.3.1. Avaliação da imputação objetiva por meio de exemplos 339
        2.3.2. Crítica à teoria da imputação objetiva 342
            2.3.2.1. Crítica à teoria da equivalência dos antecedentes por meio de um exemplo 344

	2.3.2.2. Críticas às teorias da equivalência dos antecedentes e da causalidade adequada	345
3.	Causas independentes e relativamente independentes	346
	3.1. Concausas e seus efeitos	347
4.	Relação de causalidade nos crimes omissivos próprios e omissivos impróprios	348
	4.1. Natureza jurídica da omissão própria	348
	4.2. Natureza jurídica da omissão imprópria e significado da expressão penalmente relevante	349
	4.2.1. A expressão podia agir	349
	4.3. Dever de agir advindo de lei	350
	4.4. Dever de agir de quem assumiu a responsabilidade de evitar o resultado	350
	4.5. Dever de agir por ter gerado o risco	350
	4.6. Questões controversas no cenário do nexo causal	350
	4.6.1. Omissão de socorro quanto ao agressor	350
	4.6.2. Relação de garantia entre pais e filhos maiores	351
	4.6.3. Relação de garantia em relacionamentos diversos	351
	4.6.4. Concorrência de ações em homicídio	352
	4.6.5. O surgimento de novas causas geradoras do dever de garante	352
	Resumo do capítulo	353
	Esquemas	355

Capítulo XXI – Crimes Qualificados pelo Resultado 361

1.	Conceito	361
2.	Distinção entre crime qualificado pelo resultado e delito preterdoloso	362
3.	Exigência do elemento subjetivo no resultado qualificador	363
4.	Classificação dos crimes qualificados pelo resultado	363
	Resumo do capítulo	365

Capítulo XXII – Ilicitude 367

1.	Conceito de ilicitude (antijuridicidade)	367
	1.1. Terminologia	367
	1.2. Ilicitude formal e material	368
2.	Excludentes de ilicitude	369
3.	Elemento subjetivo nas excludentes	370
4.	Estado de necessidade	374
	4.1. Conceito e fundamento	374
	4.2. Espécies de estado de necessidade	374
	4.2.1. Estado de necessidade justificante e exculpante	374
	4.2.2. Estado de necessidade agressivo e defensivo	376
	4.3. Requisitos do estado de necessidade	376
	4.3.1. Existência de perigo atual	376
	4.3.2. Involuntariedade na geração do perigo	377
	4.3.3. Inevitabilidade do perigo e inevitabilidade da lesão	378
	4.3.4. Proteção a direito próprio ou de terceiro	379

4.3.5.	Proporcionalidade do sacrifício do bem ameaçado	379
	4.3.5.1. A recusa de transfusão de sangue por testemunhas de Jeová	379
	4.3.5.2. A recusa da transfusão de sangue em crianças e adolescentes provocada pelos pais ou representante legal	380
4.3.6.	Dever legal de enfrentar o perigo	380
4.4.	Causa de diminuição de pena	381
4.5.	Indispensabilidade da prova	381
5. Legítima defesa		381
5.1.	Conceito e fundamento	381
5.2.	Elementos da legítima defesa	382
5.2.1.	Conceito de agressão	383
	5.2.1.1. Cautela na verificação das posições de agressor e vítima	383
5.2.2.	Injustiça da agressão	384
5.2.3.	Atualidade ou iminência da agressão	384
	5.2.3.1. Legítima defesa presumida	385
5.2.4.	Agressão contra direito próprio ou de terceiros	385
	5.2.4.1. Legítima defesa de terceiro e consentimento do agredido	386
5.2.5.	Utilização dos meios necessários para a reação	387
5.2.6.	Moderação da reação	388
5.2.7.	Proporcionalidade na legítima defesa	388
	5.2.7.1. Ofendículos	389
	5.2.7.1.1. Conceito e natureza jurídica	389
	5.2.7.1.2. Critérios para a sua utilização	390
	5.2.7.1.3. Uso de animais	391
	5.2.7.1.4. Exemplos de ofendículos	392
5.3.	Outras questões polêmicas envolvendo a legítima defesa	392
5.3.1.	Legítima defesa da honra	392
	5.3.1.1. Legítima defesa da honra no contexto do adultério	393
5.3.2.	Legítima defesa da honra *versus* legítima defesa efetiva: a tragédia da Piedade (o assassinato de Euclides da Cunha)	396
5.3.3.	Legítima defesa contra legítima defesa (legítima defesa recíproca) ou contra qualquer outra excludente de ilicitude	400
5.3.4.	Legítima defesa contra pessoa jurídica	400
5.3.5.	Legítima defesa contra agressão de inimputáveis	400
5.3.6.	Legítima defesa sucessiva	401
5.3.7.	Legítima defesa contra multidão	401
5.3.8.	Legítima defesa contra provocação	402
5.3.9.	Legítima defesa nas relações familiares	402
5.3.10.	Legítima defesa por omissão	403
5.3.11.	Legítima defesa praticada por inimputáveis	403
5.3.12.	Legítima defesa da comunidade	404
5.3.13.	Legítima defesa contra animais	404

		5.3.13.1. Legítima defesa em prol de animais	404
5.3.14.		Legítima defesa contra atos preparatórios	404
5.3.15.		Legítima defesa contra crime impossível	405
5.3.16.		Legítima defesa putativa e pretexto de legítima defesa	405
5.3.17.		Legítima defesa contra autoridades e agentes policiais	405
5.3.18.		Legítima defesa em favor de refém	406

6. Estrito cumprimento do dever legal 406
   6.1. Conceito e fundamento 406
   6.2. Situações específicas de cumprimento do dever legal 407
7. Exercício regular de direito 407
   7.1. Conceito e fundamento 407
        7.1.1. Diferenças entre o estrito cumprimento do dever legal e exercício regular de direito 408
   7.2. Situações específicas de exercício regular de direito 408
        7.2.1. Utilização de cadáver por faculdade de medicina 409
   7.3. Hipóteses polêmicas no contexto do exercício regular de direito 409
        7.3.1. O estupro da esposa praticado pelo marido 409
        7.3.2. O trote acadêmico ou militar 410
        7.3.3. Os castigos dos pais e dos professores 410
               7.3.3.1. Correção disciplinar de filho alheio 410
        7.3.4. As lesões praticadas no esporte 410
8. Consentimento do ofendido 411
   8.1. Conceito e fundamento 411
        8.1.1. Consentimento do ofendido e tipicidade 413
   8.2. Requisitos da excludente do consentimento do ofendido 415
9. Excessos no contexto das excludentes 416
   9.1. Excesso doloso 416
   9.2. Excesso culposo 416
   9.3. Excesso exculpante 417
   9.4. Excesso acidental 417
   9.5. Excessos intensivo e extensivo 418
Resumo do capítulo 418
Esquema 420

Capítulo XXIII – Culpabilidade 421

1. Conceito e fundamento 421
   1.1. Culpabilidade formal e material 422
   1.2. Coculpabilidade 422
   1.3. Tipo positivo e negativo de culpabilidade 423
   1.4. Culpabilidade do fato e do autor 423
2. Teorias da culpabilidade 425
   2.1. Psicológica (causalista) 425
   2.2. Psicológico-normativa (neokantista ou clássica) 425
   2.3. Normativa pura (finalista) 426

2.4.	Funcionalista		426
2.5.	Significativismo		427
2.6.	Síntese		429

3. Excludentes de culpabilidade 431
  3.1. Excludentes concernentes ao agente do fato 431
    3.1.1. Imputabilidade penal 431
    3.1.2. Doença mental e desenvolvimento mental incompleto ou retarda-
      do 431
      3.1.2.1. Conceito de doença mental 432
      3.1.2.2. Conceito de desenvolvimento mental incompleto ou
        retardado 433
      3.1.2.3. A questão do indígena 433
      3.1.2.4. Doenças da vontade e personalidades antissociais 433
      3.1.2.5. Importância da perícia médica 435
      3.1.2.6. Natureza jurídica da decisão absolutória imprópria 435
      3.1.2.7. Conceito de perturbação da saúde mental 435
      3.1.2.8. Critério para a diminuição da pena e isenção de pena ... 435
    3.1.3. A verificação de inimputabilidade penal e o princípio processual
      da prevalência do interesse do réu (*in dubio pro reo*) 436
    3.1.4. Embriaguez decorrente de vício 437
    3.1.5. Menoridade 437
      3.1.5.1. Início da maioridade penal aos 18 anos 438
      3.1.5.2. Inimputabilidade e crime permanente 438
  3.2. Excludentes concernentes ao fato 439
    3.2.1. Coação moral irresistível 439
      3.2.1.1. Elementos da coação moral irresistível 439
      3.2.1.2. Existência de apenas duas pessoas no âmbito da coação
        moral irresistível 440
    3.2.2. Elementos da obediência hierárquica 441
      3.2.2.1. Análise da legalidade da ordem 442
      3.2.2.2. Punição do coator ou do autor da ordem 442
    3.2.3. Embriaguez decorrente de caso fortuito ou força maior 442
      3.2.3.1. Embriaguez voluntária ou culposa 442
      3.2.3.2. Embriaguez voluntária e legítima defesa putativa 444
      3.2.3.3. A teoria da *actio libera in causa* 444
      3.2.3.4. *Actio libera in causa* e consentimento do ofendido 446
      3.2.3.5. Caso fortuito ou força maior 447
      3.2.3.6. Embriaguez incompleta fortuita 447
    3.2.4. Inexigibilidade de conduta diversa 447
4. Emoção e paixão 448
  4.1. Emoção 448
    4.1.1. Espécies de emoções 449
  4.2. Paixão 450
Resumo do capítulo 450

Sumário — XXI

Capítulo XXIV – Erro de Tipo e Erro de Proibição 453

1. Erro e ignorância 453
2. Erro de tipo 453
   - 2.1. Elemento constitutivo do tipo 455
   - 2.2. Permissão para punição por crime culposo.. 455
   - 2.3. Erro escusável e inescusável.. 455
   - 2.4. Erro essencial e acidental 456
   - 2.5. Erro quanto à pessoa.. 456
   - 2.6. Erro determinado por terceiro 456
3. Erro de proibição.. 457
   - 3.1. Diferença entre desconhecimento da lei e erro quanto à ilicitude 457
   - 3.2. Erro de proibição escusável e inescusável... 458
     - 3.2.1. Critérios para identificar o erro inescusável ou evitável.................. 459
   - 3.3. Diferença entre crime putativo e erro de proibição.. 459
   - 3.4. Conceito de descriminantes putativas.. 459
     - 3.4.1. Divisão das descriminantes putativas... 459
     - 3.4.2. Natureza jurídica das descriminantes putativas............................... 460
   - Resumo do capítulo 461
   - Esquemas 463

Capítulo XXV – Crime Consumado e Tentativa 467

1. Crime consumado 467
2. Tentativa.. 467
   - 2.1. Conceito de crime tentado... 467
     - 2.1.1. Significado da expressão "salvo disposição em contrário".............. 468
     - 2.1.2. Tentativa qualificada 468
   - 2.2. Natureza jurídica da tentativa... 468
   - 2.3. Teorias fundamentadoras da punição da tentativa... 469
   - 2.4. Dolo e culpa na tentativa... 470
   - 2.5. Conceito e divisão do *iter criminis* 470
   - 2.6. Os critérios para a verificação da passagem da preparação para a execução do crime... 471
   - 2.7. Tentativa e dolo eventual... 473
   - 2.8. Tentativa e crime de ímpeto.. 476
   - 2.9. Infrações que não admitem a tentativa 477
   - 2.10. Critério para a diminuição da pena na tentativa.. 479
   - 2.11. Distinção entre tentativa perfeita e imperfeita 479
   - 2.12. Diferença entre crime falho e tentativa falha.. 480
3. Desistência voluntária.. 480
   - 3.1. Conceito e natureza jurídica.. 480
   - 3.2. Desistência momentânea 481
   - 3.3. A questão da execução retomada... 482
4. Arrependimento eficaz... 483
   - 4.1. Conceito e natureza jurídica.. 483

4.2.	Distinção entre voluntariedade e espontaneidade	483
4.3.	Diferença entre desistência ou arrependimento e tentativa	484

5. Arrependimento posterior 484
   - 5.1. Conceito e natureza jurídica 484
   - 5.2. Requisitos para a aplicação 484
     - 5.2.1. Violência culposa, presumida e imprópria 484
     - 5.2.2. A indevida reparação 485
     - 5.2.3. Necessidade de efeito patrimonial 486
       - 5.2.3.1. A reparação do dano moral 486
     - 5.2.4. Negativa da vítima em receber a indenização ou a coisa 487
     - 5.2.5. Voluntariedade e espontaneidade 487
     - 5.2.6. Critérios para a diminuição 487
     - 5.2.7. Análises das Súmulas 554 e 246 do STF 488
     - 5.2.8. Incomunicabilidade da causa de diminuição da pena no concurso de pessoas 488

6. Crime impossível 489
   - 6.1. Conceito e natureza jurídica 489
   - 6.2. Fundamento da não punição do crime impossível 489
   - 6.3. Diferença entre tentativa inidônea e erro de tipo 490
   - 6.4. Diferença entre crime impossível e crime putativo 490
   - 6.5. Requisitos essenciais para o reconhecimento do crime impossível ... 490
     - 6.5.1. Ineficácia absoluta do meio 490
     - 6.5.2. Absoluta impropriedade do objeto 490
     - 6.5.3. Momento de avaliação da idoneidade do meio ou do objeto ... 491
   - 6.6. Flagrante provocado ou preparado 491
   - 6.7. Flagrante esperado 492
   - 6.8. Questões polêmicas 492
     - 6.8.1. Furto sob vigilância 492
     - 6.8.2. Tiros em carro blindado 493

Resumo do capítulo 493

Esquemas 495

Capítulo XXVI – Concurso de Pessoas 499

1. Conceito e natureza jurídica 499
2. Teorias acerca da autoria no concurso de pessoas 500
   - 2.1. Autoria mediata e Autoria imediata 501
   - 2.2. Teoria do domínio do fato 501
3. A punição do partícipe 502
4. Concurso de agentes e crime plurissubjetivo 503
5. Requisitos para configurar o concurso de agentes 503
6. Inovações introduzidas pela Reforma Penal de 1984 504
   - 6.1. Inserção da expressão *na medida da sua culpabilidade* no *caput* do art. 29 504
   - 6.2. Participação de menor importância 504
   - 6.3. Participação em crime menos grave (cooperação dolosamente distinta) 505

6.3.1. A previsibilidade do resultado mais grave	505
7. Concurso entre maior e menor de 18 anos	506
8. Coautoria e participação em crime culposo	506
9. Autoria colateral	507
9.1. Autoria incerta	508
10. Coautoria e participação nos crimes omissivos	508
10.1. Participação por omissão em crime comissivo	509
10.2. Conivência	509
11. Participação posterior à consumação	509
11.1. Coautoria sucessiva	511
12. Participação e cumplicidade	511
12.1. Participação em cadeia	512
13. Executor de reserva	512
14. Participação em ação dolosa ou culposa alheia	513
15. Circunstâncias incomunicáveis	513
15.1. Circunstâncias e condições de caráter objetivo	513
15.2. Elementares do crime	514
16. A polêmica relativa ao concurso de pessoas no infanticídio	514
17. Casos de impunibilidade	516
Resumo do capítulo	517

Capítulo XXVII – Teoria Geral da Pena 519

1. Conceito de pena	519
2. Fundamentos da pena	521
2.1. Sistemas celulares de cumprimento da pena	521
3. Teorias acerca do crime e da punição	522
3.1. Abolicionismo penal	522
3.2. Direito penal mínimo	526
3.3. Direito penal máximo (tolerância zero) e teoria das janelas quebradas	526
3.4. Garantismo penal	529
4. Direito penal do inimigo	530
4.1. Prós e contras do direito penal do inimigo	532
5. Justiça retributiva *versus* justiça restaurativa	533
6. Cominação das penas	535
7. Princípios aplicáveis à pena	535
8. Espécies de penas	535
Resumo do capítulo	536

Capítulo XXVIII – Penas Privativas de Liberdade 539

1. Modelos prisionais	539
1.1. Diferenças entre as penas de reclusão, detenção e prisão simples	539
2. Regime inicial, fundamentação e progressão no cumprimento da pena	540
2.1. Utilização do art. 59 do Código Penal para a fixação do regime de cumprimento da pena	541

2.2.	Imprescindibilidade do regime inicial fechado	541
2.3.	Requisitos para a progressão de regime	542
	2.3.1. Merecimento e exame criminológico	543
2.4.	Execução das penas resultantes de crimes hediondos e comuns	544
2.5.	Critérios para a regressão a regime mais rigoroso	545
	2.5.1. Falta grave e prescrição	545
	2.5.2. Adaptação do regime e regressão	546
	2.5.3. Sustação cautelar do regime semiaberto ou aberto	546
	2.5.4. A questão da falta grave	546
	2.5.4.1. Relação entre falta grave e crime	547
	2.5.4.2. Falta grave e previsão legal	547
2.6.	A (in)viabilidade da progressão por salto	548
2.7.	Cumprimento das penas mais graves em primeiro lugar	548
2.8.	Exigência da reparação do dano ou devolução do produto do ilícito para a progressão de regime	549
2.9.	Inviabilidade de alteração do regime inicial fixado na condenação pelo juiz da execução	550
2.10.	Permissão legal para o juiz da condenação fixar o regime inicial em função da detração	550
3.	Regime fechado	551
3.1.	Local de cumprimento da pena no regime fechado	551
3.2.	Regime fechado e gravidade do crime	552
3.3.	A aplicação do regime fechado à pena de detenção	552
3.4.	Escolha do regime em caso de aplicação concomitante de reclusão e detenção	553
3.5.	Pena fixada no mínimo e regime prisional mais severo	553
3.6.	Regime disciplinar diferenciado	554
	3.6.1. A constitucionalidade do regime disciplinar diferenciado (RDD)	556
3.7.	O trabalho externo do sentenciado	557
3.8.	Permissão de saída	557
3.9.	Cômputo da pena em dobro em decorrência de situação degradante	558
4.	Regime semiaberto	560
4.1.	Local de cumprimento da pena no regime semiaberto	560
4.2.	Saídas temporárias e trabalho externo	561
4.3.	Situação do índio	562
4.4.	Falta de vagas no regime semiaberto	562
	4.4.1. Regime inicial semiaberto e falta de vagas em colônia	562
	4.4.2. Progressão para o semiaberto e falta de vagas na colônia	562
4.5.	A questão do estrangeiro	563
5.	Regime aberto	564
5.1.	Local de cumprimento da pena no regime aberto	564
5.2.	A fixação do regime aberto na sentença condenatória	565
5.3.	Regime aberto e crime militar	565
5.4.	Condições para o regime aberto	565
5.5.	Hipóteses de regressão do aberto a regime mais rigoroso	566

6. Direitos do preso	567
6.1. Direitos constitucionais e gerais	567
6.2. Direito à visita íntima	567
6.3. Direito de cumprir a pena no local do seu domicílio e inclusão em presídio federal	568
6.4. Direito do preso à execução provisória da pena	568
6.4.1. Execução provisória e prisão especial	570
7. Trabalho do preso	571
7.1. Distinção entre trabalho forçado e obrigatório	571
7.2. Trabalho do preso e remição	571
7.2.1. Perda dos dias remidos e falta grave	572
7.2.2. Inexistência de oportunidade de trabalho e preso provisório	572
7.2.3. Remição pelo estudo	573
7.2.4. Remição imprópria	574
7.2.5. Remição humanitária (ou *sui generis*)	574
7.3. Preso provisório e remição	575
7.4. Benefícios previdenciários	575
8. Superveniência de doença mental	577
9. Detração	578
9.1. Conceito	578
9.2. Cômputo da prisão provisória na medida de segurança	578
9.3. Ligação entre a prisão provisória e a pena concreta para aplicar a detração	578
9.4. Detração e pena de multa	579
9.5. Detração e determinação do regime inicial da pena	579
9.6. Detração e suspensão condicional da pena	580
9.7. Detração e medidas cautelares alternativas à prisão	580
Resumo do capítulo	581

Capítulo XXIX – Penas Restritivas de Direitos 585

1. Conceito e natureza jurídica das penas restritivas de direitos	585
2. Espécies de penas restritivas de direitos	586
3. Requisitos objetivos para a concessão das penas restritivas de direitos	586
3.1. Delação premiada	587
3.2. Crimes hediondos e equiparados	588
3.3. Violência doméstica ou familiar	588
3.4. Reincidência em crime doloso	588
4. Requisitos subjetivos à concessão das penas alternativas	589
4.1. Concessão da pena alternativa para estrangeiro	589
5. Conversão durante o cumprimento da pena	589
5.1. Composição com o disposto no art. 60, § 2.º, do Código Penal	590
6. Reconversão da pena restritiva de direitos em privativa de liberdade	591
6.1. Saldo da pena privativa de liberdade após a reconversão	592
6.2. Reconversão facultativa por condenação a pena privativa de liberdade	593
6.3. Reconversão fundada em lei e não em desejo do condenado	593

7. Particularidades quanto ao cumprimento das penas restritivas de direitos 593

7.1. Prestação pecuniária 593

7.1.1. Hipótese de despenalização 594

7.1.2. Prestação de outra natureza 594

7.1.3. Competência para aplicação da prestação de outra natureza 595

7.2. Perda de bens e valores 595

7.3. Prestação de serviços à comunidade ou a entidades públicas 596

7.4. Interdição temporária de direitos 598

7.4.1. Proibição do exercício de cargo, função ou atividade pública, bem como de mandato eletivo, profissão, atividade ou ofício dependentes de autorização ou regulamentação do poder público, embora na esfera privada 598

7.4.2. Proibição de dirigir 599

7.4.3. Proibição de frequentar lugares 599

7.4.4. Proibição de se inscrever em certames públicos 599

7.5. Limitação de fim de semana 600

Resumo do capítulo 600

Capítulo XXX – Pena Pecuniária 603

1. Conceito e destinação da multa 603

2. Critério para a individualização da pena de multa 604

2.1. Exceções ao critério do dia-multa 605

3. Inviabilidade de suportar o pagamento da pena de multa ou das custas 605

4. Constitucionalidade da fixação do valor do dia-multa em salário mínimo 605

5. Constitucionalidade da atualização monetária da multa 606

5.1. Termo inicial de incidência da correção monetária 606

6. Multa como dívida de valor 607

6.1. A competência judiciária para a execução da pena pecuniária 607

6.2. A extinção da punibilidade da pena de multa enviando-se certidão de dívida ativa para a esfera cível 608

6.3. Multa irrisória 609

6.4. Condenado preso e cobrança da multa 610

6.5. *Habeas corpus* e pena de multa 610

6.6. Causas interruptivas e suspensivas da prescrição 610

Resumo do capítulo 610

Capítulo XXXI – Cominação de Penas 611

1. Conceito de cominação de penas 611

2. Penas privativas de liberdade 611

3. Penas restritivas de direitos 611

4. Multa 613

Resumo do capítulo 613

Capítulo XXXII – Aplicação da Pena 615

1. Conceito 615

2. Circunstâncias judiciais 617

2.1. Momentos de ocorrência e de avaliação	618
3. A política da pena mínima	618
3.1. Fixação acima do mínimo legal	620
4. Possibilidade de aplicação da pena máxima	620
4.1. Viabilidade de o Tribunal reavaliar as circunstâncias judiciais	621
5. Culpabilidade	621
5.1. Dolo intenso e culpa grave	623
6. Antecedentes	624
6.1. Maus antecedentes	624
6.2. Caducidade dos maus antecedentes	625
6.3. Maus antecedentes e reincidência	626
6.4. Prova dos antecedentes	626
6.5. Atos infracionais não servem como antecedentes	626
7. Conduta social	627
8. Personalidade	628
8.1. Agressividade e personalidade antissocial	631
8.2. Perversidade	631
8.3. Personalidade voltada ao crime	632
8.4. Momento de avaliação da personalidade	632
8.5. Possibilidade de avaliação da personalidade pelo julgador	632
9. Motivos do crime	633
9.1. Motivo do crime e premeditação	634
10. Circunstâncias do crime	635
10.1. Espécie de arma e homicídio	635
10.2. Gravidade do delito servindo para aumentar a pena-base	635
11. Consequências do crime	636
11.1. Consequências e crime continuado	636
12. Comportamento da vítima	637
13. Pena-base	639
13.1. Critérios para a fixação da pena-base	639
14. Cautela para a não incidência no *bis in idem*	639
15. Limites mínimo e máximo previstos no preceito secundário do tipo penal incriminador	640
16. Fixação do regime inicial de cumprimento da pena	640
16.1. Fixação do regime sem fundamentação	641
16.2. Substituição da pena privativa de liberdade	641
16.3. Fixação da pena no mínimo legal prescinde de motivação	641
17. Critérios especiais da pena de multa	641
17.1. Aumento (e diminuição) da pena de multa	641
18. Agravantes e atenuantes	642
18.1. Conceito	642
18.2. *Quantum* das agravantes e atenuantes	642
19. Diferença entre elementares e circunstâncias	643
20. Necessidade de evitar o *bis in idem*	643

21.	Rol taxativo para agravantes e exemplificativo para atenuantes	643
22.	Divisão do rol das agravantes	644
23.	Reincidência	644
	23.1. Conceito	644
	23.2. Reincidência e o princípio constitucional da vedação da dupla punição pelo mesmo fato (*ne bis in idem*)	645
	23.3. Espécies de reincidência	646
	23.4. Primariedade e reincidência	647
	23.5. Cometimento de crime no dia em que transita em julgado a sentença condenatória por crime anterior	647
	23.6. Prova da reincidência	647
	23.7. Reincidência e pena de multa	647
	23.8. Efeitos da reincidência	648
	23.9. Caducidade da condenação anterior	648
	23.10. Inclusão dos prazos do *sursis* e do livramento condicional	648
	23.11. Crimes militares próprios e impróprios	649
	23.12. Crimes políticos	649
24.	As demais agravantes previstas no inciso II do art. 61 do Código Penal	649
	24.1. Motivo fútil	649
	24.1.1. Motivo fútil e ausência de motivo	650
	24.1.2. Motivo fútil e motivo injusto	650
	24.1.3. A questão do ciúme	651
	24.1.4. Embriaguez e futilidade	651
	24.2. Motivo torpe e a particularidade da vingança	651
	24.3. Motivação torpe específica	652
	24.4. Traição, emboscada, dissimulação ou outro recurso que dificulte ou impossibilite a defesa da vítima	653
	24.5. Emprego de veneno, fogo, explosivo, tortura ou outro meio insidioso ou cruel, ou de que podia resultar perigo comum	653
	24.6. Relações familiares	654
	24.7. Abuso de autoridade e relações do lar	655
	24.8. Abuso de poder e violações de dever	656
	24.9. Covardia	658
	24.10. Proteção da autoridade	660
	24.11. Situação de desgraça particular ou calamidade pública	660
	24.12. Embriaguez preordenada	661
	24.13. Agravantes previstas em legislação especial	661
	24.14. Agravantes no caso de crime cometido por mais de uma pessoa	661
25.	Atenuantes	662
	25.1. Fixação da pena abaixo do mínimo legal	662
	25.2. Menoridade relativa	663
	25.3. Desconhecimento da lei	665
	25.4. Relevante valor social ou moral	665
	25.5. Arrependimento	666
	25.6. Coação resistível, obediência indevida e influência de emoção	667
	25.7. Confissão espontânea	667
	25.8. Influência de multidão, em meio a tumulto	669

	25.9.	Atenuante inominada	669
	25.10.	Atenuantes em leis especiais	670
26.		Compensação das agravantes e atenuantes	670
	26.1.	Reincidência em confronto com a confissão espontânea	671
	26.2.	Multirreincidência e confissão espontânea	672
27.		Cálculo da pena	672
	27.1.	Sistemas para a fixação da pena	672
	27.2.	Cuidado especial para evitar a dupla agravação pelo mesmo motivo	673
	27.3.	Conceito de causas de aumento e diminuição	674
	27.4.	Conceito de qualificadoras e privilégios	674
	27.5.	Existência de duas ou mais qualificadoras	674
	27.6.	Compensação entre circunstâncias judiciais e legais	675
	27.7.	Concurso entre causas de aumento e de diminuição	675
	27.8.	Critério para aplicação dos aumentos e das diminuições	676
Resumo do capítulo			677
Esquemas			679

Capítulo XXXIII – Concurso de Crimes 687

1.		Conceito e critério de análise	687
2.		Sistemas cabíveis ao concurso de crimes	687
	2.1.	Sistema da acumulação material	687
	2.2.	Sistema da acumulação jurídica	688
	2.3.	Sistema da absorção	688
	2.4.	Sistema da exasperação da pena	688
3.		Concurso material	689
	3.1.	Critérios para a aplicação da pena	689
	3.2.	Aplicação cumulativa de reclusão e detenção	689
	3.3.	Concurso material moderado	690
	3.4.	Possibilidade de cumulação de pena privativa de liberdade com restritiva de direitos	690
	3.5.	Cumprimento simultâneo ou sucessivo de penas restritivas de direitos	690
4.		Concurso formal	690
	4.1.	Concurso formal entre tipos omissivos	690
	4.2.	Concurso formal entre roubo e corrupção de menor	691
	4.3.	Grau de aumento da pena	691
	4.4.	Concorrência de concursos	691
	4.5.	Concurso formal perfeito e imperfeito	692
	4.6.	A dúvida e o concurso formal perfeito	693
	4.7.	Concurso material favorável ou benefício	693
5.		Crime continuado	694
	5.1.	Conceito e aspectos históricos	694
	5.2.	Natureza jurídica	695
	5.3.	Requisitos para o reconhecimento do crime continuado	696
		5.3.1. Crimes da mesma espécie	696

	5.3.1.1. Roubo e latrocínio	697
	5.3.1.2. Estupro e estupro de vulnerável	697
5.3.2.	Condições de tempo	698
5.3.3.	Condições de espaço	698
5.3.4.	Formas de execução	698
5.3.5.	Outras circunstâncias semelhantes	699
5.3.6.	Delinquência habitual ou profissional	699
5.3.7.	Crime habitual continuado	700
5.3.8.	Critério de dosagem do aumento	700
5.3.9.	A unidade de desígnio no crime continuado	700
5.3.10.	Crime continuado e delito culposo	703
5.3.11.	Crime continuado e inimputabilidade	703
5.3.12.	Crimes praticados contra vítimas diferentes, bens personalíssimos e cálculo específico	703
5.3.13.	Ações concomitantes, contemporâneas ou simultâneas	704
	5.3.13.1. Envenenamento e crime continuado	704
5.3.14.	Espécies de crime continuado	704
5.3.15.	Diferença entre crime continuado e delito habitual	704
5.3.16.	Diferença entre concurso de crimes e reincidência	705
5.3.17.	Crime continuado e suspensão condicional do processo	705
5.3.18.	Referências ao art. 70, parágrafo único, e ao art. 75	706

6. Multa no concurso de crimes 706

Resumo do capítulo 707

Esquemas 708

Capítulo XXXIV – Erro na Execução e Resultado Diverso do Pretendido 713

1. Conceito de erro na execução (*aberratio ictus*) 713
2. Espécies de *aberratio ictus* (art. 73, CP) 713
3. Situações possíveis no caso de erro na execução 714
4. Responsabilidade penal objetiva nas *aberratios* 714
5. Conceito de resultado diverso do pretendido (*aberratio criminis* ou *aberratio delicti*) 715
6. Situações possíveis no caso de resultado diverso do pretendido 716

Resumo do capítulo 716

Capítulo XXXV – Limite de Penas e Unificação 719

1. Fundamento para o limite das penas 719
2. Unificação de penas 722
    2.1. Unificação das penas em 40 anos 722
    2.2. Unificação das penas e fuga do condenado 723
    2.3. Modo de unificação 723
3. Cumprimento da pena mais grave em primeiro lugar 724

Resumo do capítulo 724

Capítulo XXXVI – Suspensão Condicional da Pena 725

1. Conceito e aspectos históricos 725
2. Espécies de *sursis* 726

3.	Faculdade do juiz ou direito subjetivo do réu	726
	3.1. Violência doméstica	727
	3.2. *Sursis* e concurso de crimes	727
	3.3. *Sursis* e indulto	727
	3.4. Processos em andamento	727
4.	Requisitos da suspensão condicional da pena	728
	4.1. Requisito objetivo	728
	4.2. Requisitos subjetivos	728
	4.2.1. *Sursis* e crime hediondo	728
	4.3. Requisito objetivo-subjetivo	729
5.	Reincidência, multa e *sursis*	729
6.	Circunstâncias especiais não impeditivas à concessão do *sursis*	729
7.	Circunstâncias especiais impeditivas à concessão do *sursis*	729
8.	*Sursis* etário e humanitário	730
9.	Estrangeiros de passagem pelo País e a possibilidade de concessão do *sursis*	730
10.	Regime penitenciário e *sursis*	731
11.	Facultatividade do *sursis* para o sentenciado	731
12.	*Sursis* e suspensão dos direitos políticos	732
13.	Período de prova e escolha das condições	732
	13.1. Constitucionalidade das penas restritivas de direitos impostas como condições do *sursis*	732
	13.2. Inviabilidade da condição de prestação de serviços à comunidade	733
	13.3. *Sursis* incondicionado	733
	13.4. Duração do cumprimento das condições	733
	13.5. Requisitos abertos pela própria lei	733
14.	*Sursis* e *habeas corpus*	734
15.	*Sursis* e penas alternativas ou multa	734
16.	Causas de revogação do *sursis*	734
	16.1. Condenação definitiva por crime doloso	734
	16.2. Não pagamento da multa ou falta de reparação do dano	734
	16.3. Descumprimento das condições do *sursis* simples	735
	16.3.1. Concessão sem efeito	735
	16.4. Descumprimento das condições do *sursis* especial	735
	16.5. Condenação definitiva por crime culposo ou contravenção penal	735
	16.6. Prévia audiência do sentenciado	735
17.	Prorrogação do período de prova	735
18.	Cumprimento de *sursis* simultâneo	736
19.	Prorrogação máxima do período de prova	736
20.	Consequências da revogação	736
21.	Finalização da suspensão condicional da pena	736
	Resumo do capítulo	737

Capítulo XXXVII – Livramento Condicional 739

1.	Conceito de livramento condicional, natureza jurídica e aspectos históricos	739
2.	Requisitos do livramento condicional e prazo de duração	740
3.	Livramento condicional e *habeas corpus*	743

4. O egresso e o livramento condicional para estrangeiro	743
5. Livramento condicional cautelar	744
6. Soma das penas para efeito de livramento condicional	744
7. Condições obrigatórias para o livramento condicional	744
7.1. Condições facultativas para o livramento condicional	744
8. Revogação do livramento condicional	745
9. Efeitos da revogação	745
10. Prorrogação e extinção do livramento condicional	746
11. Natureza da decisão que considera extinta a pena	746
12. Livramento condicional para estrangeiro	747
13. Suspensão cautelar do livramento condicional	747
14. Prévia oportunidade de defesa	747
Resumo do capítulo	747

Capítulo XXXVIII – Efeitos da Condenação 749

1. Conceito e natureza jurídica dos efeitos da condenação	749
2. Efeito genérico de tornar certa a obrigação de reparar o dano	750
3. Efeito genérico da perda em favor do Estado dos instrumentos do crime, desde que bens e valores de origem ilícita	751
4. Produto e proveito do crime	752
4.1. Efeito da contravenção penal	752
4.2. Medidas para alcançar o produto e o proveito do crime	752
4.3. Efeitos específicos e obrigatórios	753
4.4. Confisco de bens lícitos como forma de compensação	753
4.5. Apuração de enriquecimento ilícito	753
5. Efeito específico da perda de cargo, função pública ou mandato eletivo	754
5.1. Imposição de penas alternativas à prisão	755
5.2. Perda de emprego público e aposentadoria	755
6. Efeito específico da incapacidade para o poder familiar, tutela ou curatela	756
6.1. Alcance da incapacidade para o exercício do poder familiar, tutela ou curatela	757
7. Efeito específico da inabilitação para dirigir veículo	757
Resumo do capítulo	758

Capítulo XXXIX – Reabilitação 759

1. Conceito	759
2. Crítica ao instituto	759
3. Competência e procedimento	760
Resumo do capítulo	762

Capítulo XL – Medidas de Segurança 763

1. Conceito e natureza jurídica	763
2. Sistemas de aplicação da pena e da medida de segurança	764

3. Concorrência com a Lei 10.216/2001 (Lei de proteção das pessoas portadoras de transtornos mentais)	764
4. Pressupostos para a aplicação da medida de segurança	765
5. Internação em hospital de custódia e tratamento psiquiátrico	766
6. Internação por prazo indeterminado	767
7. Culpabilidade e periculosidade	768
8. Conversão da pena em medida de segurança no curso da execução	768
8.1. Reconversão da medida de segurança em pena	769
9. Detração e medida de segurança	770
10. Fixação do prazo de duração mínima da medida de segurança	770
11. Exame de cessação da periculosidade	771
11.1. Procedimento para a realização do exame	771
11.2. Assistência de médico particular	771
11.3. Imposição de condições	771
11.4. Desinternação e liberação	771
12. Conversões da internação em tratamento ambulatorial e deste em internação	772
13. Conversão da pena aplicada ao semi-imputável	773
14. Medida de segurança aplicada em 2.ª instância	773
15. Direito do internado	773
Resumo do capítulo	774

Capítulo XLI – Ação Penal 775

1. Conceito de ação penal	775
2. Princípios que regem a ação penal pública incondicionada	776
3. Fixação da iniciativa da ação penal	776
3.1. Concurso de crimes e ação penal	776
4. Ação penal pública condicionada	776
5. Ação penal privada	777
5.1. Ação privada subsidiária da pública	778
6. Ação penal no crime complexo	778
7. Irretratabilidade da representação	778
8. Decadência	778
9. Renúncia ao direito de queixa	779
10. Perdão do ofendido	779
Resumo do capítulo	779

Capítulo XLII – Extinção da Punibilidade 781

1. Conceito de extinção da punibilidade	781
2. Condições objetivas de punibilidade	781
3. Condições negativas de punibilidade (escusas absolutórias)	782
3.1. Diferenças entre as condições objetivas de punibilidade e as condições negativas de punibilidade	782
3.2. Condições de procedibilidade	782
4. Causas gerais e específicas	782

5. Comunicabilidade das causas extintivas da punibilidade	783
6. Momentos de ocorrência	783
7. Rol exemplificativo	783
7.1. Causas de extinção da punibilidade implícitas	783
8. Morte do agente	784
8.1. Morte do agente e interesse recursal	784
8.2. Morte presumida	785
8.3. Certidão de óbito falsa	785
9. Anistia	785
10. Graça ou indulto individual	786
11. Indulto coletivo	787
11.1. Indulto condicional	788
11.2. Indulto facultativo	788
11.3. Indulto coletivo e crimes hediondos e assemelhados	788
11.3.1. Indulto humanitário	789
11.4. Indulto da pena de multa e limite mínimo para inscrição de débito na dívida ativa	790
11.5. Necessidade de apreciação pelo juiz da execução criminal	791
11.6. Indulto inconstitucional	791
11.7. Comutação (indulto parcial) e crime hediondo ou equiparado	791
11.8. Indulto (parcial ou total) e cometimento de falta grave	792
12. *Abolitio criminis*	792
13. Decadência	792
14. Perempção	793
15. Renúncia e perdão	793
16. Retratação	794
17. Perdão judicial	794
17.1. Natureza jurídica do perdão e da sentença que o concede	795
17.2. Prescrição e perdão judicial	795
17.3. Situações que ensejam o perdão judicial	796
17.4. Independência da causa extintiva da punibilidade	796
18. Prescrição	796
18.1. Conceito e fundamentos	796
18.2. Prazos de prescrição da pretensão punitiva e executória	797
18.3. Espécies de prescrição e seus efeitos	797
18.3.1. Matéria de ordem pública com reconhecimento de ofício pelo magistrado	798
18.4. Prescrição da medida de segurança	798
18.5. Prescrição e detração	799
18.6. Imprescritibilidade	799
18.7. Prescritibilidade no caso de suspensão do processo por citação ficta	800
18.8. Natureza dos prazos de prescrição da pretensão punitiva	800
18.9. Prescrição antecipada ou virtual	800
18.10. Prazos prescricionais das penas restritivas de direitos	801

Sumário

18.11. Sentença e acórdão condenatório 801

18.12. Prazos da prescrição da pretensão executória e aumento por conta da reincidência 801

18.13. *Bis in idem* 801

18.14. Prescrição intercorrente, subsequente ou superveniente 802

18.15. Efeito da interposição de recursos especial e extraordinário 803

18.16. Prescrição retroativa 803

18.17. Termo inicial da prescrição da pretensão punitiva 803

    18.17.1. Crimes falimentares 804

    18.17.2. Início da prescrição nos crimes contra a honra e diferença com decadência 804

    18.17.3. Início de prescrição na tentativa 804

    18.17.4. Regra especial para os delitos permanentes 804

    18.17.5. Prescrição dos crimes habituais 805

    18.17.6. Estelionato contra a Previdência 805

    18.17.7. Regra específica para bigamia e falsificação ou alteração de assentamento do registro civil 805

    18.17.8. Maior proteção a crianças e adolescentes 805

18.18. Termo inicial da prescrição da pretensão executória 806

    18.18.1. *Sursis* sem efeito 807

    18.18.2. Interrupção da execução 807

18.19. Prescrição da multa 808

18.20. Menoridade relativa e senilidade 808

18.21. Causas impeditivas ou suspensivas da prescrição da pretensão punitiva 809

18.22. Causas interruptivas da prescrição da pretensão punitiva 810

18.23. Causas interruptivas da prescrição da pretensão executória 812

18.24. Comunicabilidade das causas interruptivas 813

18.25. Prescrição das penas mais brandas 813

18.26. Concurso de crimes e prescrição 813

Resumo do capítulo 814

Esquemas 816

Referências Bibliográficas 821

Apêndice – Casos Práticos 855

Obras do Autor 867

Capítulo I

Introdução ao Direito Penal

1. NOÇÕES INTRODUTÓRIAS

1.1. Conceito de direito penal

É o corpo de normas jurídicas voltado à fixação dos limites do poder punitivo do Estado, instituindo infrações penais e as sanções correspondentes, bem como regras atinentes à sua aplicação.[1] Nas singelas palavras de NÉLSON HUNGRIA, é a "disciplina jurídica da reação social contra o crime".[2]

"Diferenciando-se dos demais Direitos, o penal se caracteriza pelo seu *valor coercitivo*. Representa a máxima sanção de todo ordenamento jurídico, tanto em relação aos interesses submetidos à exclusiva tutela do Direito Penal como daqueles bens jurídicos que, mesmo protegidos por outros ramos do Direito, querem assegurar-se, em suma, baseando-se num critério de necessidade, com a eficácia de uma sanção punitiva."[3]

Vale ressaltar o conceito extraído de BLANCO LOZANO, no sentido de ser o direito (não somente o penal) um projeto de paz para os homens.[4] De fato, qual seria outra função do direito (todos os ramos) senão assegurar o equilíbrio em sociedade, garantindo-se a paz. Por evidente, o *projeto de paz* depende da aceitação da sociedade; sem consentimento e aquiescência, o projeto de paz transforma-se em projeto punitivo. Afinal, constitui costume, no

---

[1] No mesmo sentido, GÓMEZ DE LA TORRE, ARROYO ZAPATERO, FERRÉ OLIVÉ, GARCÍA RIVAS, SERRANO PIEDECASAS, *Lecciones de derecho penal* – Parte general, p. 1; EDUARDO CORREIA, *Direito criminal*, v. 1, p. 1; GIMBERNAT ORDEIG, *Conceito e método da ciência do direito penal*, p. 19.

[2] Direito penal e criminologia. *Revista Brasileira de Criminologia e Direito Penal*, v. 1, p. 5.

[3] FILIPPO GRAMATICA, *Principios de derecho penal subjetivo*, p. 21.

[4] *Derecho penal* – parte general, p. 107.

mundo moderno, que a punição refaça o comportamento humano, permitindo a sua inserção no caminho correto do respeito ao direito alheio.

Em suma, o direito penal é uma *proposta de paz*. Seguindo-o, vive-se melhor. Não adotando suas regras, pune-se para obter o mesmo resultado.

Para vários autores, há diferença entre *direito penal* e *direito criminal*, sendo este abrangente daquele, porque daria enfoque ao *crime* e suas consequências jurídicas, enquanto aquele seria mais voltado ao estudo da *punição*. Assim não nos parece e tudo não passa de uma opção terminológica.

Já tivemos, no Brasil, um Código Criminal (1830), mas depois passamos a denominar o corpo de normas jurídicas voltado ao combate à criminalidade como Código Penal (1890 e 1940).

O mesmo ocorre em outros países, havendo ora a opção pela denominação de *direito criminal* (*v.g.*, Grã-Bretanha), ora de *direito penal* (*v.g.*, Itália). Não obstante, nomenclaturas diversas também foram adotadas, tais como *direito repressivo, direito protetor dos criminosos, princípios de criminologia, direito de luta contra o crime* etc.[5]

Afora a questão ligada à nomenclatura, JIMÉNEZ DE ASÚA propõe o seguinte conceito de direito penal: "conjunto de normas e disposições jurídicas que regulam o exercício do poder sancionador e preventivo do Estado, estabelecendo o conceito de delito como pressuposto da ação estatal, assim como a responsabilidade do sujeito ativo e associando à infração da norma uma pena finalista ou uma medida de segurança".[6]

O direito penal é um ramo do direito público, pois somente o Estado pode criar e regular as sanções aplicáveis no seu âmbito. Sinteticamente, THEODOR MOMMSEN narra que "o Direito penal reconhecia como base o conceito de obrigação moral, enquanto o Estado havia tomado sobre si a missão de colocá-lo em prática. Uma obrigação moral cuja observância prescreve o Estado é uma lei penal; a inobservância de tal preceito é o delito; o mal que impõe o Estado àquele que não tenha observado a prescrição é a pena. O delito se considera apagado pela pena, como o que se restaura a ordem pública".[7]

Por outro lado, temos sustentado a vinculação do direito penal ao processo penal,[8] pois ambas as ciências criminais precisam respeitar os mesmos princípios regentes – dignidade da pessoa humana e devido processo legal –, além de outros não menos importantes, como a legalidade. É preciso cessar a ideia de que o processo penal se atrela ao processo civil; ao contrário, possui íntima relação com o direito material. Somente assim os indivíduos terão dupla garantia para a preservação da sua liberdade.

Outra não é a visão de WINFRIED HASSEMER: "o direito penal material determina, consoante nossa ideia atual, os *limites da punibilidade*; e ele possui, ao mesmo tempo, a tarefa de impor as normas fundamentais de uma sociedade e de garanti-las (prevenção por integração, prevenção geral positiva). Ambas pressupõem uma ligação íntima entre o direito penal material e o direito processual penal. Tanto a segurança das normas penais quanto a segurança dos limites da punibilidade exigem urgentemente que as normas do direito penal material

---

[5] JIMÉNEZ DE ASÚA, *Lecciones de derecho penal*, p. 1-2.

[6] JIMÉNEZ DE ASÚA, *Lecciones de derecho penal*, p. 2 (traduzimos).

[7] *Derecho penal romano*, p. 6, tradução livre.

[8] *Princípios constitucionais penais e processuais penais* (é o que consta no corpo da obra e também na apresentação).

sejam realizadas no processo penal, na forma como estão contidas pelo direito material penal: conforme a legalidade jurídico-material".[9]

1.2. Direito penal objetivo e subjetivo

O *direito penal objetivo* é o corpo de normas jurídicas destinado ao combate à criminalidade, garantindo a defesa da sociedade, mas também limitando o poder estatal, de modo a não afrontar, em demasia, as liberdades individuais.

Embora alguns autores denominem *direito penal subjetivo* como o *direito* de punir (*jus puniendi*) do Estado, que surge após o cometimento da infração penal, parece-nos correta a visão de ANÍBAL BRUNO ao sustentar que inexiste, propriamente, um direito penal subjetivo, pois "o que se manifesta no exercício da Justiça penal é esse poder soberano do Estado, um poder jurídico que se faz efetivo pela lei penal, para que o Estado cumpra a sua função originária, que é assegurar as condições de existência e continuidade da organização social. Reduzi-lo a um direito subjetivo falsifica a natureza real dessa função e diminui a sua força e eficácia, porque resolve o episódio do crime apenas em um conflito entre direitos do indivíduo e direitos do Estado".[10]

JIMÉNEZ DE ASÚA, ainda que admita a discussão existente em torno do direito subjetivo do Estado, que seria traduzido pelo denominado *direito de punir*, prefere manter, por força da tradição, essa designação, vale dizer, o direito subjetivo, no campo penal, seria o direito de punir do Estado.[11]

De nossa parte, cremos correta a visão de ANÍBAL BRUNO. O Estado não possui um *direito de punir*, mas o poder-dever de punir, sempre que o crime ocorre e é devidamente comprovado pelas vias legais. Logo, não se trata de um direito, exequível ou não, conforme critérios discricionários.

1.3. Direito penal comum e especial

Entende-se por direito penal comum o conjunto de normas previsto no Código Penal, que traz as leis aplicáveis a todos os delitos em geral, sem qualquer fato específico.

O denominado direito penal especial volta-se às leis penais especiais, contidas em leis editadas para vigorar fora do Código Penal, trazendo algum assunto específico. Exemplo de direito penal especial: direito penal militar, lei das contravenções penais, lei dos crimes tributários, econômicos e contra as relações de consumo, lei dos crimes ambientais etc.

Em visão diferenciada, BITENCOURT sustenta que o direito penal comum é aplicado pela Justiça comum, enquanto o direito penal especial fica a cargo de algum ramo da Justiça especial. Sob tal molde, seriam especiais somente o direito penal militar e o direito penal eleitoral.[12]

Com isso não aquiescemos, pois o direito penal comum, especialmente no que tange à Parte Geral do Código Penal, é aplicável a todos os crimes previstos na Parte Especial do

---

[9]   *Direito penal libertário*, p. 49-50.

[10]   *Direito penal* – Parte geral, t. I, p. 34-35. Na mesma ótica, JORGE DE FIGUEIREDO DIAS, *Direito penal* – parte geral, t. 1, p. 6; MUÑOZ CONDE E GARCÍA ARÁN, *Derecho penal* – Parte general, p. 75.

[11]   JIMÉNEZ DE ASÚA, *Lecciones de derecho penal*, p. 4. Assim também CEZAR ROBERTO BITENCOURT, *Tratado de direito penal*, v. 1, p. 40; BASILEU GARCIA, *Instituições de direito penal*, t. I, p. 8.

[12]   *Tratado de direito penal*, v. 1, p. 41.

próprio Código Penal e, também, a vários outros delitos, cujas leis especiais não tragam normas expressas em contrário.

O posicionamento de BITENCOURT lastreia-se em matéria de jurisdição especial, pois a Constituição Federal reconhece a autonomia da Justiça Militar e da Justiça Eleitoral, como *justiças especiais*. Por isso, a primeira lida com o Código Penal militar e a segunda, com o Código Eleitoral. No entanto, há uma infinidade de *leis penais especiais* previstas em legislação autônoma e desprendida do Código Penal, motivo pelo qual constituem parte do direito penal especial.

No sentido que defendemos encontra-se a lição de LUIZ REGIS PRADO: "é conveniente traçar a distinção entre o direito penal comum, também denominado de direito penal *nuclear*, e o direito penal especial. O primeiro é representado pelo Código Penal brasileiro (Decreto-lei 2.848/1940, alterado pela Lei 7.209/1984) – composto de uma Parte Geral (arts. 1.º a 120) e de uma Parte Especial (arts. 121 a 361) –, enquanto o segundo é constituído pela legislação penal especial ou extravagante (*v.g.*, Decreto-lei 3.688/1941 – Lei das Contravenções Penais; Lei 8.072/1990 – Lei dos Crimes Hediondos; Lei 9.605/1998 – Lei dos Crimes Ambientais)".[13]

1.4. Direito penal internacional e direito internacional penal

Deve-se diferenciar o *direito penal internacional*, disciplina jurídica que tem por finalidade determinar a norma aplicável à ação delituosa de um indivíduo quando afete a ordem jurídica de dois ou mais Estados, do *direito internacional penal*, ramo do direito internacional que trata da aplicação de penas a serem aplicadas aos Estados.

A utilização da expressão "direito penal internacional" não conta com o apoio unânime da doutrina. CEREZO MIR critica-a, dizendo que, na realidade, o que se chama de *direito penal internacional* não passa de um conjunto de normas de direito interno. Tal denominação necessitaria estar reservada à legislação penal de caráter internacional, emanada da comunidade internacional, que pudesse ser aplicada diretamente aos cidadãos de todas as nacionalidades. Seriam normas que tutelariam os interesses fundamentais da comunidade internacional, aplicadas por tribunais internacionais.[14]

Cremos ser pertinente a observação formulada. O correto seria reservar a expressão "direito penal internacional" para a aplicação de uma legislação penal universal, cabível a cidadãos de várias nacionalidades, que cometessem delitos de interesse global, afetando a ordem jurídica de várias nações.

Quanto às normas de direito interno, determinando ser ou não aplicável a lei brasileira ao sujeito que praticou o delito fora das fronteiras nacionais ou àquele que deu início à execução do crime no exterior, findando-o no Brasil (ou vice-versa), devemos chamar apenas de "aplicação da lei penal no espaço", mas sem a denominação de "direito penal internacional". E continuar-se-ia a usar a expressão "direito internacional penal" para o contexto das nações que praticam crimes contra outras, como ocorreu no caso da Sérvia, acusada de ter praticado genocídio contra a Bósnia.

---

[13] *Tratado de direito penal*, v. 1, p. 64.

[14] *Curso de derecho penal español*, v. 1, p. 208. A mesma ressalva faz JIMÉNEZ DE ASÚA, *Lecciones de derecho penal*, p. 103.

1.5. Direito penal (substantivo) e processual (adjetivo)

Costuma-se denominar o direito penal como *substantivo* (ou material); o processual penal como *adjetivo*. Em nosso entendimento, cuida-se de nomenclatura atrasada, que não reconhece o direito processual como ciência autônoma.

Somente é *adjetivo* uma qualidade do substantivo, um verdadeiro apêndice. Não é o caso. Como bem conceitua BATTAGLINI, "o direito processual pode ser definido como o complexo das normas que regulam os modos e as formas mediante os quais se comprova, no caso concreto, positiva ou negativamente, o direito de punir".[15]

Preferimos denominar o direito penal como *material* e o processual penal como *processual, instrumental ou formal*.[16]

1.6. Finalidade e função do direito penal

Qual é a razão de existência do direito penal, considerado o mais rígido de todo o ordenamento jurídico? A função do direito penal é apaziguar a sociedade, permitindo que todos vivam em equilíbrio, sem quebrar as regras estabelecidas? A sua finalidade é reeducar a pessoa punida ou simplesmente reprimi-la?

Essas indagações terminam demonstrando o que pretendemos debater. E, sem maiores delongas, o direito penal possui a função de atuar, no cenário jurídico, quando se chega à última opção (*ultima ratio*), vale dizer, nenhum outro ramo do direito conseguiu resolver determinado problema ou certa lesão a bem jurídico tutelado.

Muitas normas extrapenais (civis, administrativas, tributárias, trabalhistas etc.) fixam sanções para condutas ilícitas. Nem todas resolvem a transgressão de maneira *definitiva*. Noutros termos, as sanções extrapenais podem chegar a ponto de *incentivar* o ilícito por serem consideradas brandas demais. Eis que surge o braço forte do Estado, impondo a pena, que implica, em última análise, a possibilidade de prisão (cerceamento da liberdade individual).

Não se considerando a perda da vida, pois o direito brasileiro não prevê a pena de morte, o máximo que se pode fazer é aplicar a segregação da liberdade como penalidade. Nota-se, por isso, que a finalidade e a função do direito penal se confundem com a finalidade e a função da própria pena. Havendo a prática do crime, busca o Estado aplicar a pena. Logo, deve-se debater o caráter desta espécie de sanção; com tal propósito, revela-se para que fim existe o direito penal e qual é a sua função em sociedade.

Diante disso, estamos convencidos de que a finalidade da pena é multifacetada, não possuindo um só desiderato.[17] A função do direito penal, como última solução, é impor a pena para que o ilícito não se repita.

Quando se fala em constituir a pena um mal[18] necessário,[19] jamais se perde de vista a ideia de estarmos em estágio imperfeito da humanidade.

---

[15] *Direito penal* – Parte geral, p. 11.

[16] Na mesma ótica, HASSEMER e MUÑOZ CONDE, *Introducción a la criminología y al derecho penal*, p. 122; ANTOLISEI, *Manuale di diritto penale* – Parte generale, p. 17.

[17] É o que já tivemos oportunidade de expor em nossa obra *Individualização da pena*.

[18] *Malum passionis, quod infligitur ob malum actionis*: trata-se de um castigo, de caráter aflitivo, coligado a uma reprovação moral (MILITELLO, *Prevenzione generale e commisurazione della pena*, p. 43).

[19] O delito e a pena têm valor negativo, "por isso, a pena como retribuição a um mal não pode ser senão um mal. Do contrário, como seria possível comparar um mal com um bem?" (MESSUTI, *El tiempo como pena*, p. 21, traduzimos). E também: LESCH, *La función de la pena*, p. 4.

Há muito tempo, o Estado monopoliza o uso da força para a aplicação de medidas punitivas, buscando a idealizada paz social, evitando-se, com isso, a vingança privada, um nítido retorno à barbárie.

A pena, nesse cenário, representa uma aflição de múltiplos fundamentos. Tratando-se de crime, por óbvio, a pena aplicada não pode ser positiva e benéfica ao infrator. Esse é o motivo de dizer que a pena é um mal em si mesma. Satisfaz-se o inconsciente coletivo de vingança.[20]

Com isso, evita-se a vingança privada e permite-se o restabelecimento da ordem vigente. Quem se sentiu prejudicado pela prática do delito, seja a vítima ou a sociedade, termina por se conformar com a pena aplicada.

Esse é o sentido da *retribuição*, que não significa impor medidas cruéis ou desumanas. Portanto, se, atualmente, as prisões são antros de sofrimento, tal medida se deve à inépcia estatal, mas não às normas vigentes.

Se o ser humano, dentro de regras e modelos previamente estabelecidos, não puder aplicar castigo a outro, estaríamos conduzindo a sociedade a crer serem as punições divinas, ou seja, por pior que seja o delito perpetrado e o dano a bem jurídico protegido, cabe a Deus a punição, quando oportuno, algo incompatível com a própria existência do direito. Logo, aplicar a pena pensando em retribuição é tarefa da civilização moderna, tanto quanto o era na Antiguidade, embora, no atual estágio, possa-se conjugar a função da punição a outros objetivos úteis, como a função de prevenção em todas as suas facetas.[21]

Diz José Antonio Paganella Boschi: "O Estado precisa utilitariamente aplicar a pena para que o ofendido e as outras pessoas da comunidade (eis aqui a finalidade!) não tenham que fazê-lo e, satisfeitos, sintam-se confiantes na ação de direito e das instituições de controle social

---

[20] Comentando as teorias da prevenção geral positiva, Oswaldo Henrique Duek Marques observa que, "sem prejuízo das propostas dessas teorias preventivas progressistas, não pode ser afastada da pena sua função de veicular e canalizar a demanda primitiva por vingança, demanda essa que traduz uma realidade do inconsciente coletivo (...)". Muito embora tenha feito esse reconhecimento, o autor conclui que "a pena, contudo, em sua aplicação prática, necessita passar pelo crivo da racionalidade contemporânea, impedindo que o delinquente se torne instrumento de sentimentos ancestrais de represália e castigo. Só assim o Direito Penal poderá cumprir sua função preventiva e socializadora, com resultados mais produtivos para a ordem social e para o próprio transgressor" (*Fundamentos da pena*, p. 109-110). Aliás, o inconsciente coletivo, tal como descrito por Jung, é hereditário, presente na estrutura cerebral dos seres humanos, independentemente da experiência pessoal; "é formado pelas experiências remotas das espécies humanas e transmitido a cada indivíduo pela herança genética". O inconsciente coletivo contém os arquétipos (imagens primordiais comuns a todas as pessoas), que são as suas unidades básicas, funcionando como "instintos psíquicos", predispondo os seres humanos a vivenciar o mundo de um modo universal (*apud* Clolinger, *Teorias da personalidade*, p. 87. No mesmo sentido, Schultz, *Teorias de personalidade*, p. 96-97); Cadoppi e Veneziani, *Elementi di diritto penale* – Parte generale, p. 432. Aplicada a teoria à função e finalidade da pena, constitui parte do inconsciente coletivo considerá-la meio de punição e castigo a quem desrespeita as regras de convivência social. Logo, por mais que se busque afirmar que a pena se destina à prevenção geral ou especial, jamais perderá o seu caráter de retribuição.

[21] Ensina Jescheck que a linha da retribuição possui três pressupostos fundamentais: a) o Estado pode justificar a imposição da pena ao criminoso porque se pode reconhecer a superioridade moral da comunidade perante o delinquente; b) existe sempre uma culpabilidade que é graduável conforme a gravidade do crime; c) é possível harmonizar o grau de culpabilidade com a extensão da pena promovendo, aos olhos da comunidade, a concretização da justiça (*Tratado de derecho penal* – Parte generale, p. 72).

que têm por função fazê-lo incidir nas situações concretas".[22] E continua: "Essa é a proposta do garantismo penal, para cuja corrente de pensamento a pena tem natureza *retributiva*, sem esgotar-se no castigo pelo castigo. Ela não se resume ao conteúdo da frase do mal da pena em oposição ao mal do crime, já que atua defendendo o autor do fato da reação da vítima e dos demais membros da coletividade, pois, se o Estado negligenciasse no seu dever de agir, se reabriria a porta à barbárie explícita".[23]

José Antonio Choclán Montalvo ressalta persistir o caráter retributivo da pena na atualidade, devendo a retribuição ser equivalente ao injusto culpável, funcionando a culpabilidade como limite e fundamento de sua aplicação.[24] Aliás, jamais se consegue eliminar da execução da pena o aspecto da vindita.[25] Esta se encontra não somente no inconsciente coletivo, mas, sobretudo, na mente da vítima, que se apraz de verificar o sofrimento vivenciado pelo autor da infração penal, abolindo, então, seu instinto ou propósito de fazer *justiça com as próprias mãos*. Por mais que se queira esconder o caráter retributivo da pena debaixo de teorias afirmativas da punição, como se verá em tópico específico, não haverá quem possa negar a obviedade dessa situação de necessidade de repressão no atual estágio evolutivo da humanidade.[26]

O talião não deve ser buscado pelo Estado, perseguidor da justiça perfeita, humanizada e ética, mas não se pode negar a realidade, deixando de considerar o sentimento do ofendido e da própria sociedade, alarmados diante da prática de crimes.[27]

Sob outro aspecto, há, também, a função preventiva da pena. Aplicando-se sanção penal ao delinquente objetiva-se demonstrar aos demais membros da sociedade que a ordem

---

[22] *Das penas e seus critérios de aplicação,* p. 108.

[23] *Das penas e seus critérios de aplicação,* p. 109.

[24] *Individualización judicial de la pena* – Función de la culpabilidad y la prevención en la determinación de la sanción penal, p. 58-59. Em igual sentido, citando ainda a posição de Cerezo Mir, cf. Lamo Rubio, Penas y medidas de seguridad en el nuevo Código, p. 29.

[25] Foucault: "Na execução da pena mais regular, no respeito mais exato das formas jurídicas, reinam as forças ativas da vindita. O suplício tem então uma função jurídico-política. É um cerimonial para reconstituir a soberania lesada por um instante. Ele a restaura manifestando-a em todo o seu brilho. (...) Sua finalidade é menos de estabelecer um equilíbrio que de fazer funcionar, até um extremo, a dissimetria entre o súdito que ousou violar a lei e o soberano todo-poderoso que faz valer sua força" (*Vigiar e punir,* p. 42).

[26] Germano Marques da Silva: "ainda que a doutrina penal se empenhe em considerar superada a retribuição como finalidade da pena que possa na atualidade prevalecer sobre outras orientações, certo é que a busca da compensação pelo crime mediante a segregação social do criminoso e o sentimento de vingança continuam enraizados na sociedade atual, sem que a maioria das forças políticas se esforce para evitar tal tipo de discurso, muito antes pelo contrário. (...) A pena criminal é na sua natureza retribuição ou repressão, constituir a reação jurídica ao crime. Ao mal do crime corresponde a pena, traduz a reação à culpabilidade do delinquente pelo mal do crime. Mas, em sendo repressão ou retribuição, pela sua própria natureza, ela há de servir para realizar as finalidades que a lei lhe assinala: proteção aos bens jurídicos e reintegração do agente na sociedade. Estas finalidades são as chamadas finalidades de prevenção, geral e especial" (*Direito penal português* – Parte geral, III, p. 43-45).

[27] Aliás, a imposição da pena fundada na absoluta reciprocidade seria até mesmo risível, como esclarece Messuti: "sua manifestação mais simples seria a lei de talião. Mas desde um ponto de vista prático esta leva a situações absurdas (furto por furto, roubo por roubo, olho por olho, dente por dente...)" (*El tiempo como pena,* p. 20, traduzimos).

jurídica precisa ser respeitada, sob a ameaça de imposição da reprimenda mais grave admitida pelo direito, abrangendo a possibilidade da privação da liberdade (prevenção geral negativa).

Genericamente, emite-se a mensagem de que o violador da norma deve ser punido, desencorajando muitos outros pretendentes a seguir o mesmo caminho. Alguns não se deixam intimidar, até porque se sentem confiantes de não serem descobertos – é o sentimento de impunidade, muitas vezes real e verdadeiro –, mas grande parte conforma-se em seguir o determinado em lei para não sofrer qualquer represália.

Há quem sustente não ter o Estado o direito de "criar um clima de terror, ou seja, quanto maior a pena, teoricamente seria mais eficaz a prevenção".[28] Assim não nos parece, pois o objetivo da pena, no seu aspecto de intimidação geral, não significa necessariamente aumentar desmedidamente a intensidade da sanção penal; esta deve ser proporcional à gravidade do delito – o que deve ser assegurado pela individualização legislativa.

Logo, sem qualquer clima de "terror", o fato de se prever uma pena de até 30 anos para o delito de homicídio qualificado simboliza a intimidação natural para aqueles que vacilam entre resolver um "problema" com seu adversário por meio da violência ou por intermédio dos órgãos judiciários do Estado. Tivesse o homicídio a pena máxima de 1 ano, com direito a benefícios, quantos se deteriam em exterminar o inimigo?[29]

Outro argumento utilizado contra o caráter preventivo geral negativo (intimidação da sociedade) é que, a cada novo crime cometido, estar-se-ia demonstrando não haver intimidação suficiente. Ora, jamais o delito será extirpado da vida em sociedade, até porque pessoas cometem infrações penais por crerem na impunidade, embora temam a pena. Outros tantos deixam de praticar o delito por temor de enfrentar a sanção. Sem dúvida inexistem dados estatísticos confiáveis sobre esta última afirmação, mas também não há em sentido diverso, bastando uma avaliação pessoal de cada um para analisar quantas vezes deixamos de praticar algo errado justamente por temer o castigo – qualquer que seja ele, independentemente de se tratar da aplicação de uma pena. É do senso comum, desde a educação infantil, impor à ameaça do castigo verdadeiros limites, produzindo maior harmonia na vida em sociedade. Não existe lugar no mundo sem regras e, consequentemente, sem sanções para os que as infringirem. Portanto, não se pode extirpar da pena o seu aspecto intimidatório, sem que isso queira dizer deva o Estado valer-se desse instrumento para impor o "terror". Este se impõe pelos que não acreditam na democracia; é obra dos seres humanos, e não da pena ou de qualquer outra norma estabelecida pelo direito penal.

A prevenção geral positiva (afirmação da existência do direito penal atuando contra o crime) pode ser considerada como fundamento da pena, sem dúvida. Busca-se, mediante a imposição da pena, restabelecer a confiança no direito como mecanismo regulador das condutas e formador da consciência jurídica coletiva. Não se pode, no entanto, sustentar ser a prevenção geral positiva ou integradora a única visão a se ter da pena. No dizer de EDUARDO

---

[28] SHECAIRA e CORRÊA JUNIOR, *Teoria da pena*, p. 131.

[29] Ensina ANÍBAL BRUNO, cuidando da prevenção geral negativa, que a indivíduos ajustados "às normas da vida social, de constituição genética equilibrada, com uma personalidade sem problemas, a ação preventiva da ameaça penal é desnecessária. Basta-lhes a consciência do dever e o respeito à estima pública para desviá-los de fatos contrários às normas do Direito. Mas há aqueles a quem realmente só a ameaça da punição pode afastar da delinquência. Ou ainda os desajustados e impulsivos, naturalmente inclinados a graves desvios de comportamento, que mesmo a ameaça penal dificilmente será capaz de deter diante do crime" (*Das penas*, p. 24).

DEMETRIO CRESPO, "a meta preventivo-geral do direito penal não é a intimidação, mas a afirmação e asseguramento das normas básicas; porque as normas não se estabilizam nas pessoas e grupos pela intimidação, senão mediante a persuasão. (...) A prevenção geral positiva não se baseia, por conseguinte, assinala HASSEMER, no terror e no cálculo dos cidadãos inclinados a delinquir, mas no conhecimento por todos da irrenunciabilidade das normas penais e da seriedade de sua proteção".[30] Esse enfoque exclusivista é relativo, uma vez que a persuasão sugerida é apenas uma possibilidade para muitos, mas certamente não será para todos. Assim, a aplicação da pena termina por representar, ainda, a afirmação do direito penal pela força da intimidação que pode exercer.[31] Esta, sim, é mais palpável do que a ótica do convencimento e da autoafirmação do sistema penal preventivo-geral.[32]

A prevenção não se esgota no aspecto geral, voltando-se ainda para o cenário individual. Retirando-se o condenado do convívio social, diante da imposição de pena privativa de liberdade, está-se, em verdade, prevenindo novos delitos, ao menos de autoria do detido (prevenção especial negativa). Pretende-se, então, com sua reeducação, tornar a prevenção eficiente e definitiva (prevenção especial positiva).[33] É a busca da reeducação e da ressocialização do condenado,

---

[30] *Prevención general e individualización judicial de la pena*, p. 125 (traduzimos).

[31] ROXIN, totalmente avesso à mantença de qualquer caráter retributivo a fundamentar a sanção penal, defendendo a teoria preventiva geral, salienta que há críticos sugerindo que a punição promovida contra os autores de delitos violentos da época do nazismo, quando atualmente são pessoas totalmente integradas à sociedade, somente poder-se-ia justificar pela teoria da retribuição. Diz ele, então, que não é assim. A punição se daria por critério de prevenção geral, ou seja, a impunidade dos nazistas poderia abalar fortemente a consciência jurídica geral (se tais assassinos permanecem sem castigo, então todo autor de homicídio, quando não houver perigo de reiteração também poderia ficar igualmente impune). Se tal se desse, haveria a relativização da vigência da proibição do homicídio e seu efeito preventivo geral. Permitimo-nos discordar, salientando que a punição tem e sempre teve finalidade autenticamente retributiva, nem um pouco preventiva, no contexto dos nazistas, até porque a pena de morte era a mais aplicada. A situação ocorrida foi peculiar, ao longo de uma guerra, em momento anômalo da vida nacional, de modo que jamais a ausência de punição iria gerar o sentimento na população de que a norma proibitiva do homicídio se enfraqueceu, a ponto de se poder concluir que outro homicida poderia igualmente, se reintegrado à sociedade, ficar impune. Geraria, isto sim, o sentimento de que justiça não fora feita, que é pura retribuição ao imenso mal causado. E mais: a credibilidade do sistema penal, tão apregoada pela teoria preventivo-geral, constrói-se efetivamente em bases de retribuição. Quanto mais eficiente esta se der, maior credibilidade a norma penal possui aos olhos da comunidade, registrando-se que a legislação penal destina-se aos leigos, e não aos teóricos do direito. Estes até podem crer na reafirmação dos valores apregoados pelas normas; aqueles creem, de fato, na realização de justiça em face da retribuição ao mal provocado pelo crime. Por mais que se escreva a respeito, o sentimento ínsito em cada ser humano será prova cabal de que os fundamentos da pena não se concentram apenas no impalpável objetivo de "reforçar a confiança no ordenamento jurídico". A respeito, vale conferir a lição de JESCHECK: "o assassinato de prisioneiros nos campos de concentração não poderia ser punido com uma suspensão condicional da pena privativa de liberdade, ainda quando o autor viva, há muitos anos, completamente reintegrado na sociedade e a Humanidade haja sido instruída suficientemente pelo juízo inequívoco da História" (*Tratado de derecho penal* – Parte general, p. 27).

[32] Aliás, o próprio DEMETRIO CRESPO admite que a teoria da prevenção geral positiva recupera posicionamentos das teorias da retribuição, embora com linguagem diferenciada (*Prevención general e individualización judicial de la pena*, p. 127).

[33] É o que HEINZ ZIPF, *apud* CHOCLÁN MONTALVO, chama de *triângulo mágico*: princípio da culpabilidade (retribuição ao fato antijurídico praticado) + prevenção individual (adaptação da sanção às condições pessoais do autor) + prevenção geral (necessidade de afirmação da ordem jurídica em seu conjunto) = aplicação da pena (*Individualización judicial de la pena* – Función de la culpabilidad y la prevención

afinal, é o expressamente disposto na Convenção Americana sobre Direitos Humanos: "As penas privativas de liberdade devem ter por finalidade essencial a reforma e a readaptação social dos condenados" (art. 5.º, 6).[34]

Os críticos dessa visão argumentam haver condenados não necessitados de pena (sob o aspecto de neutralização pela prisão, com consequente reeducação), pois não tornarão a delinquir, como ocorre, muitas vezes, com os autores de delitos passionais. Sem dúvida, tal dedução é válida e, justamente por isso, a pena não tem somente o caráter preventivo especial. Considera-se a face retributiva, que, como já mencionado, não pode ser olvidada, bem como a reafirmação dos valores da norma e do efeito intimidatório para os demais destinatários da norma.

Há autores, por outro lado, divergindo do objetivo de reeducação da pena, sustentando não ter o Estado o direito de impor conduta determinada a alguém, "reeducando-o" para que possa viver em sociedade, visto ser esta pluralista e democrática.[35] HEIKO H. LESCH diz não ser a ressocialização fim nem fundamento da pena, mas dever representar apenas uma oferta do Estado ao condenado, durante a execução da pena, respeitada a vontade livre do interessado.[36]

Em prisma similar, mas sem afastar a possibilidade de adotar a pena o caráter preventivo especial positivo, salientam CADOPPI e VENEZIANI que referido aspecto (aliás, constando como meta da pena no texto constitucional italiano) deve ser apenas uma *oferta* do Estado ao condenado. Este, calcado em sua vontade livre (princípio da autodeterminação), *pode* aceitar o que o sistema tem a lhe oferecer para a sua reinserção social.[37]

---

[34] en la determinación de la sanción penal, p. 86). Em contrário, JAKOBS sustenta que não é possível a união das teorias da retribuição e da prevenção em uma única, pois a primeira deslegitima a segunda (*Sobre la teoría da la pena*, p. 33). Não nos parece haja impossibilidade de conciliação, uma vez que as teorias não necessitam ser puristas, pois a finalidade da pena jamais poderá comportar um só enfoque, visto que envolve complexos fatores, desde a ânsia de punição advinda do próprio ofendido, passando pelo inequívoco exemplo que representa à sociedade, não somente de que o crime deve ser considerado desvantajoso como de que o ordenamento jurídico necessita ser respeitado, até atingir a própria possibilidade de reeducação do condenado.

[34] A despeito de inúmeras críticas que a proposta de reeducação e ressocialização do condenado sofre, CHOCLÁN MONTALVO esclarece que, ainda que o tratamento penitenciário funcione somente para alguns delinquentes, isso já justifica a sua existência. E acrescenta que a reinserção não significa manipulação do indivíduo com base em uma escala de valores autoritariamente imposta, mas, sim, reorganização social do mesmo ambiente onde se produziu o conflito (*Individualización judicial de la pena* – Función de la culpabilidad y la prevención en la determinación de la sanción penal, p. 98-99).

[35] BOSCHI elogia acórdão do Tribunal de Justiça do Rio Grande do Sul que menciona ser inadequado ao Estado impor orientação de vida e obrigação de alterar seu *modus vivendi*, reconhecendo o "direito à diferença" (*Das penas e seus critérios de aplicação*, p. 118). Assim também ANABELA MIRANDA RODRIGUES: "Seria totalmente incompatível com o direito penal de um Estado de direito democrático (...) a imposição coativa aos cidadãos de um sistema de valores a que, por vezes, se é alheio. O perigo que envolve uma atuação coativa quando ela se dirige à personalidade moral do delinquente generalizar-se-ia aqui a toda a comunidade. O que já se disse em relação à socialização individual – que o Estado não tem qualquer legitimidade para impor, pela força, crenças ou convicções internas – reafirma-se agora para a prevenção geral positiva. Se esta se entendesse como autorização para promover, por meio da pena, coativamente portanto, a adesão interna dos cidadãos ao direito, seria totalmente de recusar" (*A determinação da medida da pena privativa de liberdade*, p. 376).

[36] *La función de la pena*, p. 39.

[37] *Elementi di diritto penale* – Parte generale, p. 428.

Essa posição, em nosso entender, exposta anteriormente, se adotada de modo radical, é insustentável na medida em que a vida em comunidade demanda obrigações, deveres e impõe restrições naturais, justamente a fim de preservar a liberdade de cada um. Não se pode almejar "ser diferente" se essa atitude implicar lesão a direito alheio, especialmente no que toca a direito fundamental da pessoa humana, motivo pelo qual o processo de reeducação objetivado pelo cumprimento da pena é legítimo e visa à formação (ou reforma) de quem infringiu a norma penal, ferindo bem jurídico tutelado. A liberdade deve ser, sem dúvida, garantida, mas sem afastar a possibilidade de o Estado intervir para resgatar a ordem abalada, mormente quando ocorre a prática de um crime. O direito à diferença é salutar enquanto não prejudique terceiros, do contrário, é preciso impor limites. Se o condenado não os conheceu nem assimilou, por isso delinquiu, cumprindo a pena deve ser reeducado, preparando-se para o reingresso na sociedade, recuperando sua liberdade.

Aliás, nessa ótica, MERCEDES GARCÍA ARÁN entende que a meta estatal de reeducação e ressocialização do condenado não pode pretender alterar-lhe a personalidade, mas tão somente garantir que ele tenha, no futuro, conduta respeitosa à lei e aos direitos dos demais.[38]

Embora o Estado possa – e deva – ter a meta ressocializadora do condenado, esta nem sempre é atingida, pois, muitas vezes, o próprio sentenciado deixa de ser receptivo a qualquer processo de reeducação, mantendo-se firme no seu propósito de *vida fácil* ou *desregrada*, descompromissada, enfim, com os valores firmados pelo ordenamento jurídico.[39]

Não aquiescemos, ainda, com a postura de que a pena privativa de liberdade está "falida" ou é "totalmente inútil", a partir do ponto de que não basta criticar o *mal necessário* sem que se ofereça, em substituição, sistema confiável para punir quem pratica delitos violentos e gravíssimos, alarmantes à opinião pública e capazes de gerar, com rapidez incontrolável, o descrédito do ordenamento jurídico, gerando o malfadado sentimento de impunidade, provocador de reações das mais indesejáveis como ocorre com os ataques populares a pessoas acusadas da prática de uma infração penal (linchamentos, execuções sumárias etc.).

Pensamos não ser a pena privativa de liberdade a solução única para todos os delitos, mas uma das mais adequadas para crimes considerados graves, quando o Estado Democrático de Direito não quer se valer de sanções drásticas e definitivas, como a pena de morte ou de castigos corporais de toda ordem. É cumprida de modo severo, sem dúvida, mas muito mais por culpa daqueles que têm o dever legal de aparelhar e sustentar a contento o sistema penitenciário do que por débito a ser imputado ao juiz ou ao legislador.[40]

Não vemos incompatibilidade em unir esforços para visualizar a finalidade da pena sob todos os aspectos que ela, necessariamente, transmite: é – e sempre será – retribuição; funciona – e sempre funcionará – como prevenção positiva e negativa, abrangendo, ainda, a ressocialização do condenado. A função do direito penal é, em nosso entender, multifacetada ou multifatorial.

---

[38] *Fundamentos y aplicación de penas y medidas de seguridad*, p. 37.

[39] Sobre o tema: "Todavia, romantismos e ceticismos a gosto, cuidando-se de criminosos habituais ou reincidentes, máxime em delitos hediondos ou de gravidade notória, a expectativa no poder regenerativo da pena e no de recuperação do condenado ao convívio social não tem sido, infelizmente, nada encorajadora. Pode-se até lamentar a falta de investimentos, científicos e tecnológicos, nesse propósito. Todavia, o que se tem de concreto é que a ressocialização de condenados, nesses casos, não tem sido em nada alentadora" (DIP; MORAES JÚNIOR, *Crime e castigo*, p. 251).

[40] Ver ainda os comentários formulados sobre o regime fechado.

1.7. Política criminal

Para uns é ciência; para outros, apenas uma técnica ou um método de observação e análise crítica do direito penal. Parece-nos que política criminal é um modo de raciocinar e estudar o direito penal, fazendo-o de modo crítico, voltado ao direito posto, expondo seus defeitos, sugerindo reformas e aperfeiçoamentos, bem como visando à criação de novos institutos jurídicos que possam satisfazer as finalidades primordiais de controle social desse ramo do ordenamento.

"Todo Direito penal responde a uma determinada Política criminal, e toda Política criminal depende da política geral própria do Estado a que corresponde."[41] A política criminal se dá tanto antes da criação da norma penal como por ocasião de sua aplicação.

Ensina HELENO FRAGOSO que o nome de *política criminal* foi dado a importante movimento doutrinário, devido a VON LISZT, que teve influência como "tendência técnica, em face da luta de escolas penais, que havia no princípio deste século na Itália e na Alemanha. Essa corrente doutrinária apresentava soluções legislativas que acolhiam as exigências de mais eficiente repressão à criminalidade, mantendo as linhas básicas do Direito Penal clássico". E continua o autor, afirmando que o termo passou a ser utilizado pela ONU para denominar o "critério orientador da legislação, bem como os projetos e programas tendentes à mais ampla prevenção do crime e controle da criminalidade".[42] Na mesma linha, JIMÉNEZ DE ASÚA afirma não se tratar de uma ciência, mas tão somente da arte de legislar, formando um conjunto com o direito penal, uma vez que pretende interpretar progressivamente as leis em vigor, além dos projetos de leis em andamento no País.[43]

Estabelecendo a diferença entre política criminal e criminologia, SÉRGIO SALOMÃO SHECAIRA diz que "a política criminal, pois, não pode ser considerada uma ciência igual à criminologia e ao direito penal. É uma disciplina que não tem um método próprio e que está disseminada pelos diversos poderes da União, bem como pelas diferentes esferas de atuação do próprio Estado".[44] Na realidade, continua o autor, "é uma disciplina que oferece aos poderes públicos as opções científicas concretas mais adequadas para controle do crime, é a ponte eficaz entre o direito penal – enquanto ciência axiológica, dedutiva, e que utiliza o método jurídico-dogmático – e a criminologia".[45]

A política criminal é o substrato do pensamento dos Poderes de Estado para o combate à criminalidade.[46] É o conjunto das medidas a serem tomadas por meio de leis, sancionadas pelo Executivo e aplicadas pelo Judiciário, novamente contando com o aparato do Poder Executivo para implementá-las, quando se tornam penas. Esse conjunto deve ser formado por um método, contendo instrumentos apropriados à sua eficácia. Eis o substrato que deveria sempre existir no Parlamento, em primeiro lugar, pois é o órgão representativo da sociedade, em primeiro plano. Nesse substrato, formado pela maioria das Casas do Congresso, advém o *caráter* do direito

---

[41] MIR PUIG, *Estado, pena y delito*, p. 3.

[42] *Lições de direito penal*, p. 18.

[43] *Lecciones de derecho penal*, p. 9.

[44] *Criminologia*, p. 45.

[45] SÉRGIO SALOMÃO SHECAIRA, *Criminologia*, p. 319.

[46] Como diz VERA MALAGUTI BATISTA, "o conceito de política criminal abrangeria a política de segurança pública, a política judiciária e a política penitenciária, mas estaria intrinsecamente conectado à ciência política" (*Introdução crítica à criminologia brasileira*, p. 23).

penal, se mais rigoroso, ameno ou intermediário; se um direito penal da intervenção mínima ou máxima; se um direito penal garantista, abolicionista ou simplesmente intervencionista anômalo, vale dizer, sem regras definidas, legisla-se ao acaso. Esse é o atual perfil do Congresso Nacional. Observa-se, na sequência, possuir também o Judiciário, conforme a sua composição, especialmente nos tribunais, órgãos colegiados, a sua política criminal, que pende do rigorismo exacerbado ao mínimo intervencionismo.

No âmbito judiciário, é preciso prestar maior atenção para identificar a política criminal, mas é evidente a sua existência, concentrando-se o seu substrato na mente dos juízes. Focando-se a Corte Suprema, nota-se a sua movimentação ora num sentido, ora noutro. Somente para ilustrar, houve época em que o STF considerou correta a vedação da progressão de regime para quem cometesse crime hediondo (1992); alterou-se a *política criminal* do colegiado, sem nenhuma modificação prévia da lei, posteriormente (2006), quando o Pretório Excelso declarou inconstitucional a referida vedação.

O Poder Executivo também possui o seu substrato de política criminal, ora enviando projetos rigorosos ao Parlamento, para elevar penas e estreitar liberdades, ora remetendo projetos brandos, típicos de movimentos de mínima intervenção e até abolicionistas. Depende de quem governa e a sua visão da função do direito penal. No entanto, é preciso ficar atento, pois o Executivo, assim como o Legislativo, trabalha, igualmente, com o chamado *direito penal de emergência*, baseado em casos concretos, cuja repercussão nacional obriga uma atitude dos Poderes de Estado. Se ocorre um homicídio, cometido por meio cruel, identificando-se como autores vários indivíduos, denominados *justiceiros*, em pouco tempo surge uma nova lei qualificando o crime e criando figuras típicas novas, como o caso da milícia (associação para o crime). Então, mesmo quando o Executivo possui uma política criminal amena em matéria de punição, termina não resistindo à força da *emergência*, criada pela mídia e pelos demais movimentos contra o crime. A via inversa é verdadeira. O Executivo pode adotar uma política criminal rigorosa, porém, quando visualiza a superlotação dos presídios, sem que tenha interesse em investir nessa área, pode valer-se do indulto para soltar o maior número de presos possível. Já houve casos em que o indulto foi concedido duas vezes no mesmo ano. Pode também forçar a sua base, no Congresso, a aprovar leis penais mais brandas, tudo para esvaziar o superlotado cárcere.

O Judiciário, embora não fique tão visível, também trabalha com o direito penal *de emergência*. Ilustrando, os autores de furto que explodem caixas eletrônicos de bancos, muitas vezes em cidades pequenas, aterrorizando os moradores, antes mesmo de uma reação do Parlamento, eventualmente criando uma nova espécie de furto, com pena agravada, já contam com uma política criminal judiciária de decretar a prisão preventiva dos agentes, sejam eles primários ou não. Ao final, penas mais severas são aplicadas.

Eis o motivo pelo qual se pode afirmar não possuir o Estado brasileiro uma política criminal definida.

O pior, em decorrência disso, "é que a Política Criminal, enquanto expressão da política geral do Estado, responde aos fins e as metas dos governantes. E o que ocorre quando os governantes não têm fins e metas claramente propostos? A resposta só pode ser uma: legislação de emergência para determinados delitos que abalam a sociedade".[47]

---

[47] ANDRÉ LUÍS CALLEGARI e MAIQUEL ÂNGELO DEZORDI WERMUTH, *Sistema penal e política criminal*, p. 133.

Havendo a edição de leis penais emergenciais, por óbvio, não há sistema lógico, nem reformas globais; ao contrário, terminam saindo reformas pontuais, conturbando Códigos inteiros e atrapalhando qualquer eficiência da política criminal.

A solução que sugerimos é a reforma imediata dos Códigos Penal e Processual Penal e a revisão de toda a legislação especial. Adotar uma política criminal garantista e de intervenção mínima, *mas eficiente*. Sem isso, estamos desarmados para um direito penal coerente e um processo penal verdadeiramente garantista.

O Brasil é um Estado Democrático de Direito, regido pela Constituição Federal de 1988, tendo por fundamento básico, dentre outros, a dignidade da pessoa humana. Para que esta seja integralmente preservada, o caminho ideal a percorrer, no cenário da segurança pública, é o fiel respeito aos direitos e garantias humanas fundamentais, constantes do art. 5.º da Carta Magna. Entretanto, a constatação de tão valiosos interesses não elimina a ocorrência do crime e, portanto, é preciso saber lidar com o delinquente, aplicando a punição prevista em lei. Como o poder público enfrentará a criminalidade para mantê-la em níveis toleráveis é objeto de importante questionamento. Nesse contexto, ingressa a *política criminal*, entendendo-se como a orientação assumida pelo Estado, representado pelos três Poderes da República, para a criação e reforma da legislação penal, para a sua aplicação ao caso concreto e para a ideal execução da sanção imposta.

O fator indispensável a qualquer país é ter uma política criminal efetiva e, principalmente, harmônica entre o Legislativo, o Executivo e o Judiciário, pois é inviável editar leis conflitantes, ora rigorosas, ora lenientes, por vezes com relação ao mesmo crime, bem como aplicar a pena sem respeito à lei e atuar, no exercício jurisdicional, buscando suprir lacunas ou proferindo interpretações excessivamente díspares da legislação vigente. Estudar a política criminal, considerando-a uma ciência ou uma disciplina deste ou daquele ramo do Direito, pode ser relevante, desde que essa busca tenha finalidade útil: fazer valer um conjunto equilibrado e coerente, proporcionando resultados eficazes não para eliminar o delito de modo definitivo, pois utópico, mas para conter a criminalidade em patamares razoáveis.

Segundo nos parece, a política criminal precisa ser mais prática que teórica; logo, torna-se essencial coordenar as posturas de quem lida com a lei penal, criando-se, no Brasil, um *comitê de política criminal*, com representantes dos três Poderes, no mínimo. Há de se procurar, em conjunto, uma estratégia firme e concreta para lidar com o crime, com o criminoso, com a pena e com a vítima. Esse comitê deve atuar de maneira diferenciada em face do Conselho Nacional de Política Criminal e Penitenciária (arts. 62 a 64 da Lei 7.210/1984). A começar pela sua organização, sendo imperioso o seu caráter suprapartidário, sem se subordinar a um dos Poderes Republicanos, mas constituindo um órgão autônomo. Os seus membros seriam indicados pelo Legislativo, pelo Executivo e pelo Judiciário, com mandato fixo, alterando-se a sua composição com o tempo. Como mencionamos anteriormente, os seus integrantes precisam ser parlamentares, membros do Executivo e magistrados, no mínimo, mas, por óbvio, para um adequado aproveitamento de outros componentes de setores da segurança pública, seriam incluídos membros do Ministério Público e da Defensoria Pública, além de advogados e autoridades policiais. Nada impede a participação de professores da área penal, processual penal, execução penal e similares ciências.

O Comitê de Política Criminal difere – e muito – do Conselho Nacional de Política Criminal, porque seus componentes serão legisladores, administradores públicos e magistrados, pelo menos. A harmonia decorrerá justamente dessa coesão para criar leis, administrá-las na prática e aplicar a lei penal ao caso concreto, conforme a política criminal desenhada pelo comitê.

Naturalmente, as suas posições não terão efeito vinculante a qualquer dos Poderes, embora possam permitir que os pareceres emitidos sirvam de base para legislar, julgar e aplicar a pena. A implementação do referido Comitê de Política Criminal poderia apontar, antecipadamente, os eventuais equívocos na elaboração de leis penais e correlatas, já indicando os pontos de contradição com a legislação vigente; se ouvido pelo Congresso Nacional, deslizes nas reformas pontuais poderão ser evitados. Esse comitê poderia, ainda, auxiliar o Poder Executivo, federal e estadual, sinalizando os pontos fracos da administração penitenciária, para a mais adequada gestão dos recursos. O comitê teria a possibilidade de sugerir ao Poder Judiciário, fazendo-o junto ao Conselho Nacional de Justiça, quais pontos da justiça criminal carecem de apoio logístico. A sua vantagem é congregar representantes de todos os partidos políticos, procurando uma política criminal de Estado e não de um só governo. Enfim, cuida-se de uma proposta visando ao aprimoramento do atual conselho nacional de política criminal e penitenciária. Com certeza, várias outras sugestões seriam bem-vindas para a harmonização da política criminal no Brasil, que, atualmente, não tem um rumo certo.[48]

1.7.1. *As velocidades do direito penal*

Trata-se de uma terminologia utilizada por SILVA SÁNCHEZ ao analisar as alterações do direito penal, ao longo dos anos, como se passasse por *velocidades*. Naturalmente, já se está tratando do sistema penal contemporâneo, pois nem mesmo havia *sistema* na época medieval e pretérita.[49]

A primeira velocidade seria composta por um direito penal de garantias, preservando as liberdades individuais; os crimes teriam penas mais graves, muitas delas privativas de liberdade, mas, pelo menos, os réus gozariam de ampla defesa, contraditório e todos os componentes do devido processo legal.

A segunda velocidade evidenciaria um direito penal mais dinâmico, restringindo certos direitos e garantias para atingir, em compensação, penas *mais rápidas* como as restritivas de direitos e multas.

A terceira velocidade representaria a amenização dos direitos e garantias fundamentais sem nenhuma compensação no campo das penas, pois elas seriam mais graves e daria, então, fundamento a um sistema penal muito mais rigoroso. O autor faz uma ligação com o direito penal do inimigo de GÜNTHER JAKOBS.

Há, inclusive, quem cite a quarta velocidade do direito penal, que seria ligada ao direito internacional, dizendo respeito aos julgamentos penais nesse cenário. O exemplo seria o Tribunal de Nuremberg, que julgou crimes contra a humanidade. Em face da gravidade dos crimes, haveria a diminuição dos direitos e garantias fundamentais.[50]

No Brasil, essa teoria das *velocidades* inexiste; estamos a 10 km/h, quase parados em matéria de modernização do sistema penal, trabalhando, ainda, com um Código Penal, editado em 1940, e parcialmente reformado em 1984. Temos um amontoado de leis que *não*

---

[48] Política criminal no Brasil, *Revista Magister de Direito Penal e Processual Penal*, n. 108, junho-julho de 2022. Porto Alegre: Magister, 2022, p. 121-122.

[49] *A expansão do direito penal*, p. 144-151.

[50] Esta última surgiu no "Pequeno dicionário de conceitos e de magias no Direito Penal", na abertura do *Manual de direito penal* de PACELLI e CALLEGARI, uma ironia à obrigação que se tem imposto aos candidatos a concursos para decorar cada vez mais "criações" de termos inóspitos e/ou inúteis.

formam uma política criminal: se rigorosa, se branda, se média etc. É o que expusemos linhas anteriores ao tratar da política criminal.

Por isso, se as *velocidades* do direito penal se aplicam na Europa, por exemplo, ali podem ser estudadas e compreendidas, pois, com certeza, não se utilizam no Brasil.

No entanto, SILVA SÁNCHEZ procura demonstrar algo muito maior que as tais *velocidades* do direito penal, mas sim o confronto inevitável entre os sistemas penais dos países e a criminalidade globalizada, em particular, diante das dificuldades de se encontrar uma política criminal eficiente para combatê-la. Afinal, o homicídio, como um crime grave, é individual e não é, hoje, o autêntico problema da criminalidade em qualquer parte do mundo ocidental.[51]

No próprio subtítulo de sua obra, o autor demonstra o principal aspecto, que se liga à *política criminal nas sociedades pós-industriais*, justamente o ponto fraco do Brasil.

A obra constitui-se em importante crítica para a sociedade consumista da atualidade, que fomentou não somente o desenvolvimento industrial, passando agora para o consumo acelerado para nutrir riqueza, como incentivou a globalização do crime, não sabendo como lidar com o dilema. Nas palavras de SILVA SÁNCHEZ, "ante a natureza dos fenômenos da globalização e da integração, o direito penal é, obviamente, um produto político e, em particular, um produto dos Estados nacionais do século XX, que adquire sua última conformação nas codificações respectivas". E continua demonstrando estarmos assistindo a maneira pela qual um direito nacional termina como o último bastão da soberania em face de um problema transnacional. Enfim, não são as *velocidades* que importam. Parecem-nos, no conjunto da obra, simples exemplos. Importa como as nações vão lidar, por meio da política criminal, com o *monstro* por elas criado, que é a organização criminosa transnacional.

Segundo cremos, o Brasil ainda escapa de vários pontos relevantes de outros países, como os atentados terroristas. E isto ocorre porque sua importância, no cenário mundial econômico e militar, é pequena. Se a nação brasileira ascender ao Primeiro Mundo, passará também a vivenciar os mesmos atentados. Sem uma política criminal definida, será o caos do sistema penal.

1.7.2. A vítima no direito penal

Constitui, hoje, inequívoca preocupação de inúmeros penalistas orientar a política criminal para o fim de visualizar a vítima e garantir-lhe alguma forma de reparação. Não é mais possível considerar o direito penal como instrumento alheio à tutela da própria vítima do delito. Ademais, não será punido o agente do crime a reparação ideal para a pessoa ofendida ou mesmo para a sociedade.

Como bem assinala HANS JOACHIM HIRSCH, "deve-se saudar energicamente que a política criminal tenha voltado a sua atenção novamente à vítima. O debate neste contexto, estendido mundialmente, sobre a reparação no direito penal material, não é tão revolucionário como frequentemente se tem pretendido. As funções do direito penal não podem ser ampliadas arbitrariamente, até porque estão ontologicamente limitadas. Por isso, conserva a reparação o seu caráter civil, inclusive quando é incorporado ao direito penal. Assim, somente se pode

---

[51] *A expansão do direito penal*, p. 93.

tratar de que o autor do crime tenha a possibilidade de receber sanções atenuadas com a reparação do dano, em benefício da vítima".[52]

Impor a reparação do dano já se faz no Brasil, porém, na maioria das situações, os magistrados não exigem essa atitude para conceder um benefício penal, como a progressão da pena ou o livramento condicional. Entretanto, isso ocorre, com frequência, porque a maioria dos condenados é pobre e não tem recursos para tanto.

Pode-se, em lugar de condicionar a liberdade antecipada pela reparação do dano, ofertar outros benefícios, como atenuação da pena (atenuante ou causa de diminuição) para quem reparar o dano, total ou parcialmente. Seria um incentivo a indenizar para receber punição mais branda.

1.8. Criminologia

É a ciência voltada ao estudo das causas do crime e das razões que levam alguém a delinquir, enfocando essas causas e razões por meio de métodos empíricos e pela observação dos fenômenos sociais, onde se insere a avaliação da vítima, apresentando críticas ao modelo punitivo existente e proporcionando sugestões de aperfeiçoamento da política criminal do Estado. O crime é um fenômeno social variável de tempos em tempos, o que poderia prejudicar a avaliação da criminologia como ciência. Assim não nos parece, visto que a base do delito se mantém inalterada desde os primórdios da humanidade, como a conduta mais lesiva a bens jurídicos tutelados, em certo lugar e em determinada época, merecedora da pena, dando ensejo a ser estudada em aspectos invariáveis e, pelo menos, frequentes e repetidos, possuindo o mínimo de estabilidade para se poder indicar ao direito penal as suas balizas.[53]

Esclarece ROBERTO LYRA que o termo *criminologia* é atribuído a GAROFALO (Itália, 1851-1934), que com ela intitulou sua obra principal (1885), mas fora empregada, anteriormente, por TOPINARD (França, 1830-1911). O vocábulo *criminologia*, em princípio reservado ao estudo do crime (significado etimológico), ascendeu à designação da ciência geral da criminalidade, antes denominada *sociologia criminal* ou *antropologia criminal*.[54]

Há diferentes visões sobre a criminologia, embora se possa colher de cada uma delas o que há de relevante para se poder formar um conceito amplo e abrangente, tendo em vista o objetivo maior, que é compreender a infração penal, os motivos que levam o Estado a estabelecer punições para certas condutas consideradas lesivas a interesses juridicamente protegidos, quais as espécies de penas e o seu alcance, inclusive para conferir se a punição guarda proporcionalidade com a infração concretizada, de modo a respeitar os cânones constitucionais, mormente os voltados a regular, reconhecer e garantir os direitos humanos fundamentais.

A criminologia é a ciência empírica do *ser*, enquanto o direito pode ser considerado a ciência do *dever ser*. A primeira ocupa-se da análise e observação da realidade e o segundo segue o racionalismo lógico-dedutivo-abstrato.

Para SÉRGIO SALOMÃO SHECAIRA, o direito penal, a criminologia e a política criminal refletem os três alicerces sobre os quais se assentam as *ciências criminais*, formando um

---

[52] Derecho penal material y reparacion del daño. In: ESER, ALBIN *et al.*, *De los delitos y de las víctimas*, p. 89.

[53] Conforme nossa obra *Criminologia*.

[54] *Criminologia*, p. 37-38.

modelo integrado de ciência conjunta.[55] Em nossa visão, a política criminal não é uma ciência criminal, mas um modo de raciocinar e estudar o direito penal, a fim de lhe dar a eficácia aguardada pelo Estado, nos termos da sua proposta de pacificação social. Além disso, deve-se acrescentar nessa base o processo penal, que lida diretamente com a liberdade do indivíduo, desde o princípio da investigação criminal, podendo representar a privação antecipada de seu direito essencial de ir e vir, motivo pelo qual é preciso estudar essa força estatal, embora de natureza cautelar. O ideal é examinar o cenário das ciências criminais, indagando-se sempre por que punir e *quando punir*.

A criminologia estuda o crime e o criminoso, fazendo-o para avaliar a necessidade da aplicação da punição, levando a análise para as funções e finalidades da pena, integrando o cenário global da infração penal e todas as suas consequências não só para o infrator, mas igualmente para a sociedade. Afinal, há uma cadeia de situações lógicas e sucessivas: previsão de uma conduta como crime; a cominação de uma pena; a investigação, descoberta, processamento e aplicação da sanção ao delinquente; efetivação da pena pelo seu cumprimento. Portanto, estão ligadas as causas do crime, as razões do seu autor, as penas aplicadas e a sua concretização. Esse é o universo do sistema punitivo, cujo estudo deve integrar as linhas da criminologia. Nesse cenário, incluem-se não apenas o estudo do comportamento da vítima, a sua necessidade de reparação pelo dano provocado pelo delito, assim como a decretação de uma prisão cautelar, com privação da liberdade, situação equiparada ao cumprimento da pena, na prática, merecedora de uma avaliação criminológica.

Argumenta-se que a criminologia surgiu com o advento da escola positiva, inaugurada por Lombroso e a publicação de sua obra *O homem delinquente*; após, aprimorou-se com os seus sucessores, como Ferri (sociologia criminal) e Garofalo (psicologia criminal).

Entre o Direito Penal e a Criminologia há uma relação indissociável, pois o estudo da origem do crime e do criminoso pode auxiliar à composição dos tipos penais incriminadores.

A criminologia possui vários objetos: a) crime; b) criminoso; c) vítima; d) pena. A esses quatro enfoques, pode-se acrescer a política criminal. Sob o ângulo do crime, a criminologia deve estudá-lo como fenômeno social a exigir providências punitivas do Estado, além de se avaliar qual é o repúdio da sociedade a certas condutas e os meios encontrados para evitá-las ou repará-las. No tocante ao criminoso, é preciso conhecer o ser humano em seus padrões naturais, sem pretender torná-lo um mero experimento científico, o que envolve *quem é, onde vive, como sobrevive* e, sobretudo, *o que pretende*. Existem inúmeros fatores sociológicos envolvendo o surgimento do crime, mas que não podem simplesmente negar ou eliminar os etiológicos, constituído por valores psíquicos e biológicos.

Apreciando o cenário concernente à vítima, deve-se avaliar o grau de interação desta com o agente criminoso, a sua conduta anterior ao crime, a sua influência no meio social e, com isso, os reflexos provocados na vida comunitária e, particularmente, em relação ao delinquente. Quanto à pena, cabe à criminologia verificar, questionar, criticar e sugerir o aperfeiçoamento do mecanismo punitivo aplicado pelo poder público.

Não se deve olvidar a política criminal adotada pelo Estado, pois daí advêm muitas das normas penais, que irão influenciar e envolver as relações humanas na área criminal. Não há de ser um trabalho solitário do penalista avaliar os crimes em vigor e as suas consequências punitivas; se o criminologista se abstiver de analisar os tipos penais incriminadores tal como

---

[55] *Criminologia*, p. 319.

postos e de cumprimento cogente, pouco poderá sugerir para as alterações indispensáveis, de modo a se acomodar o ordenamento jurídico-penal à realidade o mais próximo possível.

A criminologia guarda as suas diferenças do direito penal apenas no que se refere ao seu objeto de estudo, embora ambas as ciências se relacionem, uma auxiliando a outra para o seu aprimoramento.

O princípio regente das ciências criminais é a dignidade da pessoa humana (art. 1º, III, CF), em particular sob o aspecto subjetivo, demonstrativo da indispensabilidade de o Estado respeitar a individualidade humana, sob todos os seus aspectos, mas sobretudo no que concerne à autoestima e ao amor-próprio da pessoa. A fiel observância dos direitos e garantias humanas fundamentais, muitos dos quais estão enumerados pelo art. 5º da Constituição Federal, é um dos principais passos para a preservação dessa dignidade. Eis um relevante aspecto da criminologia, avaliando o contraste entre os bens jurídicos em confronto, a fim de criminalizar, ou não, uma conduta.

A criminologia tem inúmeros aspectos, sustentando-se em alicerces etiológicos e sociológicos. Em nosso entendimento, as inúmeras visões sobre a origem do crime e do criminoso se completam, razão pela qual devem ser estudadas em conjunto.

1.9. Bem jurídico

Bem é um termo determinativo de algo desejável, que traz bem-estar e prazer; algo que transmite vantagem e alívio; em suma, alguma coisa objetivada pelas pessoas. Inserindo-se no ambiente jurídico, fazendo a devida associação, atinge-se o *bem jurídico*, que nada mais é do que um interesse de alguém protegido por lei.[56]

Fulano é proprietário de uma casa. Essa casa é seu patrimônio. Esse é um bem jurídico, ou seja, uma coisa protegida por lei, cujo destinatário é o proprietário.

O bem jurídico é o valor para o qual se outorga proteção jurídico-penal no caso concreto.[57] É o escopo do direito penal, ao menos para criar normas incriminadoras.

Como ressalta JUAREZ CIRINO DOS SANTOS, o conceito de bem jurídico serve como *critério* de criminalização de condutas, mas também é *objeto* de proteção penal.[58] Parece-nos correta a dúplice visão do bem jurídico, desde que contrastadas com os princípios de direito penal, em especial o da intervenção mínima. Noutros termos, não é todo bem jurídico que merece a tutela penal, pois há outros ramos do direito aptos a isso. Somente os bens jurídicos considerados efetivamente relevantes podem e devem ser protegidos pelo direito penal.

Sob outro aspecto, eleita a conduta a ser criminalizada – por exemplo, o homicídio –, a vida humana torna-se o bem jurídico tutelado. Em caso de perda da vida, no caso concreto, aplicando-se a pena ao infrator, continua-se a verificar o bem jurídico *vida* como objeto protegido, pois o direito penal não se volta a uma pessoa, mas a toda sociedade. Aplicar a pena ao homicida pode significar a efetiva proteção a outras vidas, que ele poderia ter tirado, mas não o fez porque foi preso.

---

[56] Como ensina CEREZO MIR, o direito penal é um setor do ordenamento jurídico, cuja função é a proteção de bens vitais e fundamentais ao indivíduo e à comunidade. Esses bens são elevados à categoria de bens jurídicos, em face da proteção das normas do direito (*Curso de derecho penal español*, v. I, p. 13).

[57] BLANCO LOZANO, *Derecho penal* – Parte general, p. 112.

[58] *Direito penal* – Parte geral, p. 15.

Além de invocar o princípio da intervenção mínima para guiar o bem jurídico no âmbito penal, é preciso satisfazer, igualmente, o princípio regente da dignidade da pessoa humana. Este princípio rejeita toda e qualquer intervenção inútil, superficial, viciosa ou tendenciosa do Estado para punir, por meio do direito penal, qualquer indivíduo. Se, no passado, havia punição para quem adotava determinada orientação sexual, com o advento da Constituição de 1988 e com o fortalecimento das liberdades públicas, não tem o menor sentido tutelar a *liberdade sexual*. Aliás, se a sexualidade de adultos é livre, jamais pode ser dirigida por norma alguma, muito menos penal. Ao contrário, o critério do bem jurídico pode determinar a criminalização da homofobia, pois constantes agressões físicas e psicológicas às pessoas homoafetivas vêm demonstrando essa necessidade.

Sob outro aspecto, a valoração do bem jurídico de cada tipo penal incriminador, existente hoje no Brasil, se feita de maneira responsável, pode levar à descriminalização de centenas de condutas. Como se pode pensar em punir o lenocínio, entendido como a simples apresentação de uma pessoa a outra para fins sexuais? Que dano causa à sociedade? Envolvendo adultos, sem violência ou grave ameaça, a conduta é totalmente neutra em relação a danos ao bem jurídico *dignidade sexual*.

Acesse e escute o podcast sobre **Dignidade sexual.**
> http://uqr.to/1yvcq

Portanto, correta é a visão de PACELLI e CALLEGARI, tratando do *bem jurídico*, ao mencionar que este é "um bem da *vida*, isto é, aquilo que entre as pessoas, em determinado momento histórico, apresenta um *valor* ou um interesse *tal* que mereça a proteção do direito. É o desejo, a vontade ou a necessidade de *fruição* ou de *gozo* das coisas postas, criadas ou produzidas pelo homem, além daquel'outras de índole *espiritual* ou transcendentes (a vida, por exemplo), que conferem a estes bens o selo da proteção jurídica. Alguns, considerados mais valiosos, são alçados à proteção penal, merecedores, então, do *interesse público*. Daí a dimensão *pública* da pena, como se, de fato, tanto a proibição da conduta quanto a sanção penal tivessem lugar para a satisfação do interesse de todos".[59]

CLÁUDIO BRANDÃO bem sintetiza o tema, afirmando que o neokantismo deixou marcas arraigadas no cenário do conceito de *bem jurídico*. Tanto assim que "finalismo e funcionalismo, construções dogmáticas que norteiam em grande medida as legislações e a jurisprudência penais hodiernas, também pressupõem o neokantismo: para o finalismo, por exemplo, a função do direito penal é proteger os valores mais importantes da vida em comunidade; por sua vez, para o funcionalismo, *v.g.*, a imputação ao tipo objetivo deverá ser feita com base em um juízo de valor que tem o condão de afastar a causalidade em face do risco. O direito, pois, não é cego aos valores, mas sim valioso, conforme o método do neokantismo penal".[60]

Conceituar e valorar o *bem jurídico* serve, indiscutivelmente, de critério para o legislador, seja para criar tipos penais incriminadores, como também para não criar e até eliminar alguns

---

[59] *Manual de direito penal* – Parte geral, p. 25.
[60] *Tipicidade penal*, p. 142-143.

existentes. Em termos harmônicos à dignidade humana, o critério é *limitador*, em primeiro lugar. O Estado não pode nem deve aventurar-se pela proibição penal a situações cujo bem jurídico em jogo não comporta a aplicação da pena, sanção mais grave existente no ordenamento. "O legislador há de mover-se sempre dentro do âmbito delimitado pelos bens jurídicos. (...) O bem jurídico tutelado desempenha um papel decisivo no desenvolvimento do trabalho de interpretação",[61] o que, sem dúvida, compete, precipuamente, aos operadores do direito. Eis o motivo de ser área sensível e de rigorosa análise, sempre contornada, em nosso entendimento, pelos direitos humanos fundamentais.

2. RELACIONAMENTO DO DIREITO PENAL COM OUTROS RAMOS JURÍDICOS

2.1. Direito penal e constitucional

A relação entre o direito penal e a Constituição Federal é absolutamente essencial. Em primeiro lugar, há de se destacar que todos os princípios fundamentais, reguladores da ciência penal, estão inscritos explícita ou implicitamente no Texto Magno. Por isso, o estudo do direito penal não prescinde de um profundo conhecimento de seus princípios constitucionais.

Encontram-se, na Constituição, os princípios explícitos da legalidade (art. 5.º, XXXIX); da anterioridade (art. 5.º, XXXIX); da retroatividade da lei penal benéfica (art. 5.º, XL); da personalidade ou da responsabilidade pessoal (art. 5.º, XLV); da individualização da pena (art. 5.º, XLVI, primeira parte); da humanidade (art. 5.º, XLVII), além de se acharem os princípios implícitos da intervenção mínima (subsidiariedade, fragmentariedade, lesividade); da culpabilidade; da taxatividade, da proporcionalidade e da vedação da dupla punição pelo mesmo fato.

Estudar corretamente a ciência penal exige o prévio conhecimento dos seus princípios constitucionais e, também, a relação que eles possuem com os princípios processuais penais.[62] Além disso, nunca é demais relembrar o estreito relacionamento das leis penais com os princípios regentes das ciências criminais em geral: a dignidade da pessoa humana e o devido processo legal.

2.2. Direito penal e civil

O direito civil completa muitas normas do direito penal, inclusive os tipos penais incriminadores. Afinal, alguns institutos de direito civil, por serem considerados muito relevantes, contam com a tutela penal. Exemplo disso é o casamento que, segundo a lei civil, deve ser monogâmico. Eis a razão pela qual o Código Penal, no art. 235, tipifica o crime de bigamia (casar-se mais de uma vez).

Por outro lado, os impedimentos matrimoniais são extremamente importantes; quem os relevar, casando-se assim mesmo, com conhecimento do que os impediria, há de responder criminalmente, conforme estatui o art. 236 do Código Penal.

---

[61] GÓMEZ DE LA TORRE, ARROYO ZAPATERO, GARCÍA RIVAS, FERRÉ OLIVÉ e SERRANO PIEDECASAS, *Lecciones de derecho penal* – Parte general, p. 7-8.

[62] Tratamos especificamente desse tema em nossa obra *Princípios constitucionais penais e processuais penais*.

Nota-se, ainda, constituir o referido art. 236 uma norma penal em branco, ou seja, a norma penal que, para ser completamente entendida, depende do conhecimento da lei civil, particularmente do art. 1.521 do Código Civil.

Vários outros exemplos existem de interligação entre o direito civil e o direito penal.

2.3. Direito penal e administrativo

O direito administrativo, nas palavras de HELY LOPES MEIRELLES, é o "conjunto harmônico de princípios jurídicos que regem os órgãos, os agentes e as atividades públicas tendentes a realizar concreta, direta e imediatamente os fins desejados pelo Estado".[63] Muitas infrações às normas administrativas são punidas no âmbito do próprio direito administrativo; entretanto, há certos ilícitos que, pela exacerbada gravidade, são igualmente previstos como tal no cenário do direito penal, tal como a corrupção do funcionário público.

Diante disso, o Código Penal possui um longo Título XI, cuidando dos *crimes contra a administração pública*, envolvendo os crimes praticados por funcionário público contra a Administração em geral, os crimes cometidos por particular contra a Administração em geral, os delitos praticados por particular contra a Administração pública estrangeira e os crimes cometidos contra a Administração da justiça (arts. 312 a 359 do Código Penal).

Vários tipos penais incriminadores dependem de conceitos advindos do direito administrativo para que sejam corretamente entendidos e aplicados, pois são normas penais em branco.

Em suma, o estudo do direito administrativo favorece o trato do operador do direito com os crimes contra a Administração em geral.

2.4. Direito penal e tributário

Os tributos em geral, bem como outras formas de contribuição, constituem um dever do brasileiro em geral, sempre que se envolver com a produção de riqueza, pois há o objetivo de capacitar o Estado a cuidar de suas obrigações públicas e sociais. Sem a tributação, o Estado praticamente não teria dinheiro suficiente para custear as atividades essenciais, tais como segurança pública, saúde, educação, moradia etc., mormente em face das pessoas mais pobres.

Deixar de pagar o tributo pode se constituir num ilícito tributário, cujas sanções estão previstas tanto no Código Tributário como em leis especiais. No entanto, o direito penal termina sendo acionado para as questões mais relevantes, envolvendo sonegação e outros atos similares, cujo fito é ludibriar o Fisco e não pagar impostos, taxas, contribuições, entre outros.

Além de alguns tipos penais incriminadores previstos no Código Penal, como a apropriação indébita previdenciária (art. 168-A), deve-se mencionar a Lei 8.137/1990, que trata, em detalhes, de crimes tributários, no seu capítulo I.

Alguns delitos tributários somente são perfeitamente entendidos quando se socorre do direito tributário, por se constituírem normas penais em branco.

2.5. Direito penal e processual penal

O relacionamento entre direito penal e processo penal é íntimo e deveria, inclusive, ser mais resguardado do que atualmente se faz. Em nossa obra *Princípios constitucionais penais e processuais penais*, procuramos demonstrar essa relação estreita entre o direito penal e o

---

[63] *Direito administrativo brasileiro*, p. 40.

processo penal, afirmando que determinados princípios penais resvalam diretamente em princípios processuais penais. Exemplo disso é o princípio penal da culpabilidade (não há crime sem dolo ou culpa), que se liga ao princípio processual da intranscendência (não se move ação penal a não ser contra o autor do crime, que precisa ter agido com dolo ou culpa).

Acesse e escute o podcast sobre Culpabilidade: no crime e na pena.
> http://uqr.to/1yvcr

Em diversos outros cenários, o direito penal precisa ser compreendido no mesmo cenário que o processo penal, como forma de garantir os direitos individuais. Não é possível, ilustrando, o culto ao princípio da legalidade (penal), sem ter o mesmo cuidado com a legalidade processual, cujo foco se volta à prisão, cautelar ou definitiva.

Reputamos essencial essa interligação e propomos em várias de nossas obras a forma e o procedimento para que essa integração aconteça, tornando-se eficiente e útil às partes.

2.6. Direito penal e processual civil

A influência do processo civil, no ambiente penal, dá-se de maneira indireta. Isto porque o art. 3.º do Código de Processo Penal acolhe a utilização da analogia para suprir eventuais lacunas existentes na legislação processual penal. Sabe-se que o Código de Processo Civil já sofreu inúmeras modificações ao longo dos anos, deixando para trás, há muito, o Código de Processo Penal.

Atualmente, encontra-se em vigor o Código de Processo Civil (Lei 13.105/2015), trazendo institutos modernos e aplicações inteligentes para vários pontos processuais e procedimentais. Diante disso, havendo lacuna no processo penal, termina-se por utilizar algumas normas processuais civis. Com isso, reflete-se o direito processual civil, na prática, na efetiva punição do acusado, logo, no direito penal.

2.7. Direito penal e empresarial

O direito penal cuida, em tipos penais incriminadores, da tutela de negócios e institutos típicos do direito empresarial, por exemplo, os títulos de crédito, a falência e a recuperação judicial, os crimes econômicos etc.

Verifica-se a existência de normas penais em branco, que necessitam de conceitos empresariais para serem aplicadas. Por certo, quando um empresário ingressa num quadro falimentar, o próprio direito empresarial possui normas para gerir essa situação; no entanto, o legislador entendeu ser insuficiente. Imagine-se uma falência fraudulenta. Termina não somente no campo empresarial, mas também no âmbito penal.

2.8. Direito penal e execução penal

Busca-se conferir à execução penal, que se trata do efetivo cumprimento da pena aplicada ao réu, uma autonomia científica, permitindo-se a formação do direito de execução penal, regido por lei própria (Lei 7.210/1984). Entretanto, os princípios constitucionais, que regem a execução penal, advêm do direito penal e do processo penal. Somente por isso já se pode captar a extrema importância da relação entre direito penal e execução penal.

Não bastasse, há institutos previstos tanto no Código Penal como na Lei de Execução Penal (vide o caso do livramento condicional), razão pela qual o operador do direito não pode contentar-se com o conhecimento de um só dos dois ramos; para que consiga chegar a um bom termo, permitindo, por exemplo, que o sentenciado obtenha o benefício do livramento condicional, é preciso operar as duas leis (penal e de execução penal).

O relacionamento entre os dois ramos do direito é singular e estreito, o que será visto ao longo deste curso.

2.9. Direito penal e penitenciário

A terminologia *direito penitenciário* não é das mais adequadas, pois esse ramo do direito, na verdade, cuida das normas – muitas das quais são administrativas – vigentes nos presídios brasileiros. Passa-se a impressão de que o direito penitenciário traça um paralelo com o direito penal, o que não representa uma verdade.

Relacionam-se, sem dúvida, mas não estreitamente. O direito penitenciário, nos termos constitucionais, é basicamente da alçada legislativa do Estado-membro. Em nosso ponto de vista, cabe ao Legislativo estadual discipliná-lo; na realidade, isso não acontece, permitindo-se a indevida ingerência de órgãos administrativos para gerenciar os presídios com a edição de portarias e resoluções.

Ocorre que, muitas das matérias típicas de direito penitenciário, como a previsão de faltas leves ou médias, em lugar de estipuladas por leis estaduais, terminam fixadas por resoluções emanadas de Secretarias de Estado. Ora, o acúmulo de faltas leves ou médias acaba por gerar um prontuário negativo ao sentenciado, o que pode prejudicar-lhe os benefícios da execução penal (progressão de regime, livramento condicional etc.).

Nota-se, portanto, que normas administrativas terminam compondo, *indevidamente*, o cenário do direito penitenciário, no Brasil, invadindo o direito penal e a execução penal, quando prejudica o preso nos seus objetivos e anseios.

Em suma, o direito penitenciário influencia tanto o direito penal quanto o direito de execução penal, mas o faz, em grande parte, de forma irregular – em lugar de leis, editam-se atos administrativos. Eis um ponto de ilegalidade ao qual o Poder Judiciário presta pouca atenção.

2.10. Direito penal e infância e juventude

Dispõe o art. 228 da Constituição Federal que "são penalmente inimputáveis os menores de dezoito anos, sujeitos às normas da legislação especial". Essa legislação especial é o Estatuto da Criança e do Adolescente (Lei 8.069/1990), contendo vários dispositivos prevendo infrações e impondo sanções aos menores de 18 anos. Aliás, constituem infrações infantojuvenis aquelas que tiverem correspondência a tipos penais incriminadores. Por isso, exemplificando, o jovem que matar uma pessoa responderá pela infração, pois o *homicídio*, além de crime (para adultos), é infração para os menores de 18.

Portanto, o fato de serem inimputáveis (imunes à lei penal) não significa que são intocáveis. O relacionamento do direito penal com o direito da infância e juventude existe e é estreito, visto que se determina uma infração juvenil quando há correspondência com o tipo penal incriminador vigente.

2.11. Direito penal e ambiental

O direito penal ambiental encontra-se disposto na Lei 9.605/1998, com a previsão de vários tipos penais incriminadores, tutelando o meio ambiente e diversos bens jurídicos similares.

Pode-se, pois, estudar o meio ambiente, em nível civil e administrativo, mas também visualizar quais os pontos, considerados relevantes, a merecer proteção penal.

Para interpretar os tipos penais incriminadores, muitos deles normas penais em branco, necessita-se do direito ambiental para complementar a norma penal, dando-lhe perfeita aplicação.

2.12. Direito penal e econômico

O direito econômico, embora próximo ao direito empresarial, possui autonomia e estudo particularizado. Justamente por isso, a Lei 8.137/1990 prevê tipos penais incriminadores para tutelar a economia, direito da sociedade, no seu art. 4.º. Exemplo de tutela penal no âmbito econômico é o crime previsto no art. 4.º, I: "abusar do poder econômico, dominando o mercado ou eliminando, total ou parcialmente, a concorrência mediante qualquer forma de ajuste ou acordo de empresas". A pena é de reclusão, de dois a cinco anos, e multa.

2.13. Direito penal e consumidor

O direito do consumidor é algo relativamente novo no Brasil. Vem consolidando-se desde a edição do Código de Defesa do Consumidor em 1990 (Lei 8.078/1990). As empresas passaram a tratar de forma mais atenciosa e cuidadosa o consumidor.

No entanto, nem tudo pode ficar restrito ao campo civil; há determinadas condutas, consideradas graves, a merecer a tutela penal.

Essa é a razão pela qual o Código de Defesa do Consumidor também prevê figuras penais, que estão dispostas no Título II. Exemplo dessa tutela penal é o art. 63, *caput*, da referida lei: "omitir dizeres ou sinais ostensivos sobre a nocividade ou periculosidade de produtos, nas embalagens, nos invólucros, recipientes ou publicidade". A pena é de detenção, de seis meses a dois anos, e multa.

2.14. Direito penal e trabalhista

O direito do trabalho regula as relações entre patrão e empregado, mas há certas situações, consideradas mais graves, merecedoras de tutela penal. Deixar de pagar hora extra ao funcionário pode ser resolvido na Justiça do Trabalho; no entanto, impedir, por emprego de violência, o acesso do trabalhador ao seu posto de serviço é crime (art. 197 do Código Penal).

Há outras figuras penais previstas na própria Consolidação das Leis Trabalhistas. No Código Penal, os tipos concentram-se nos arts. 197 a 207.

2.15. Direito penal e previdenciário

Não há dúvida alguma da importância da Previdência Social na vida do brasileiro. De outra parte, muitos mecanismos de fraude foram implantados ao longo das últimas décadas, de modo a saquear os cofres públicos. Essa situação inspirou o legislador a criar várias figuras típicas penais incriminadoras para tutelar, com maior rigor, o bem jurídico tutelado, que é a seguridade social.

Para fornecer um exemplo, instituiu-se no art. 337-A do Código Penal a figura da sonegação de contribuição previdenciária. Outros tipos foram criados para o mesmo propósito. Portanto, não se pode deixar de reconhecer o liame existente entre o direito penal e o previdenciário.

2.16. Direito penal e militar

Preceitua o art. 124 da Constituição Federal que "à Justiça Militar compete processar e julgar os crimes militares definidos em lei". Há, pois, uma Justiça especial para essa finalidade. Consequentemente, há de existir um direito penal militar.

O relacionamento entre o direito penal e o direito penal militar é de fundo, pois há um Código Penal e outro Código Penal Militar. Em ambas as legislações, os institutos básicos (parte geral) são quase os mesmos. Diferem na parte especial, no tocante aos crimes tipicamente militares.

O estudo do direito penal militar depende do conhecimento dos institutos de direito penal comum. Entretanto, pode-se dar autonomia plena ao direito penal militar, sem se olvidar da interligação com o direito penal comum – ao menos em suas premissas gerais.

2.17. Direito penal e eleitoral

No mesmo prisma do direito penal militar, o direito eleitoral goza de independência, segundo o disposto pela Constituição Federal (arts. 118 a 121). Naturalmente, por meio do Código Eleitoral (além de outras normas), expõem-se as leis reguladoras das eleições gerais.

As infrações reputadas mais graves recebem a tutela penal, compondo uma parte do Código Eleitoral (Lei 4.737/1965), além de outras leis esparsas.

Ligam-se, por certo, o direito penal e o direito penal eleitoral, pois os princípios gerais são os mesmos, assim como se aplica a Parte Geral do Código Penal ao âmbito dos delitos eleitorais.

3. RELACIONAMENTO DO DIREITO PENAL COM OUTRAS CIÊNCIAS

3.1. Direito penal e psicologia

A psicologia estuda os comportamentos humanos e, também, as funções mentais. Não é um ramo da medicina, mas uma ciência autônoma. Interliga-se ao direito penal porque o Judiciário necessita de certos laudos, obtidos pelas mãos de um profissional da psicologia, para variados fins.

Exemplo disso é o parecer da Comissão Técnica de Classificação, existente nos presídios, para propor o programa de individualização executória da pena. Um dos integrantes dessa Comissão é um psicólogo.

Por vezes, o exame criminológico, que proporciona ao juiz a noção de bom ou mau comportamento do preso, para fins de progressão ou concessão de livramento condicional, é realizado por psicólogo, na falta do psiquiatra.

Ademais, o próprio operador do direito necessita de conceitos básicos de psicologia para a sua atuação no campo criminal, analisando, com mais apurada acuidade, dados como personalidade, conduta social, comportamento da vítima, entre outros fatores importantes para aplicação da pena.

3.2. Direito penal e psiquiatria

O médico psiquiatra estuda o comportamento humano e, sobretudo, as enfermidades mentais, podendo prescrever remédios para contornar certos problemas. No âmbito forense, espera-se que esse profissional participe da Comissão Técnica de Classificação dos presos, indicando o melhor posto para o cumprimento da pena.

Além disso, o exame criminológico compete, justamente, ao psiquiatra forense, que estuda fatores mesclados de medicina e direito, a fim de determinar se o condenado apresenta elementos de periculosidade, aptos a impulsioná-lo à prática de outros delitos.

Nos crimes violentos, os Tribunais têm aceitado a viabilidade de realização de exame criminológico, cuja atribuição é do psiquiatra, para conceder (ou não) benefícios aos presos sentenciados.

O psiquiatra forense tem condições de estabelecer prognósticos a respeito do sentenciado por ele entrevistado e acompanhado durante parcela da execução da pena. Esse prognóstico segue no sentido de ser viável ou não o retirar do cárcere, sem maior perigo à sociedade.

Por outro lado, cabe igualmente ao psiquiatra a elaboração dos laudos necessários para atestar a imputabilidade ou inimputabilidade de réus considerados doentes mentais (art. 26, CP). Ou que possam atestar a semi-imputabilidade (art. 26, parágrafo único, CP).

3.3. Direito penal e sociologia

A sociologia estuda o fato social e os relacionamentos existentes entre as pessoas de uma comunidade. Não se liga diretamente ao direito penal, porém, de maneira indireta, representa um ganho muito proveitoso ao campo da criminologia.

Hão de se conhecer a origem do crime e as razões que levam o criminoso aos seus atos ilícitos. Por isso, a sociologia criminal produz importantes estudos e conclusões, permitindo o aperfeiçoamento da lei penal, conforme os reclamos da sociedade.

Serve não somente ao legislador, mas também ao jurista, participante das comissões de revisão de leis penais.

3.4. Direito penal e antropologia

O estudo do ser humano, com suas implicações e características de evolução física, social e cultural, preenche o quadro da antropologia. Com a sociologia, pode ceder relevantes elementos para a criminologia. Além disso, o juiz, conhecedor de dados dessa ciência, será um mais preparado julgador. Conhecerá a personalidade do réu de modo mais detalhado; visualizará a conduta social com dados mais concretos; terá oportunidade de verificar o comportamento da vítima de maneira mais precisa.

3.5. Direito penal e medicina legal

A medicina legal envolve os indispensáveis laudos periciais comprobatórios da materialidade de certos crimes, como o homicídio (laudo necroscópico), o tráfico de drogas (laudo toxicológico), as lesões corporais (laudo de exame de corpo de delito), entre outros.

São médicos, com estudo forense, a aplicar tais exames. Ademais, a medicina legal fornece as bases para a avaliação de inúmeros outros delitos, como o infanticídio, buscando conhecer o momento do nascimento, além de atestar o estado puerperal; vale para o aborto, determinando o momento em que o feto perde a vida, antes do nascimento. Enfim, há uma série de exames e laudos dependentes da avaliação médico-legal.

Insere-se na medicina legal a psiquiatria forense.

RESUMO DO CAPÍTULO

- ▶ **Conceito de direito penal:** é o conjunto de normas disciplinadoras da vida em sociedade, tutelando os bens jurídicos mais relevantes, sob ameaça de aplicação da pena, sanção mais grave existente no ordenamento. Serve, ainda, para limitar o poder punitivo estatal por meio da fixação de tipos penais e do princípio da legalidade.

- ▶ **Direito penal objetivo e subjetivo:** objetivo é o corpo de normas penais; subjetivo é o direito (para alguns) ou o poder (para outros) de punir que o Estado possui em virtude da prática do crime.

- ▶ **Direito penal comum e especial:** comum é o conjunto de normas existentes no Código Penal; especial é o conjunto de normas constantes em leis especiais, destacadas do Código Penal.

- ▶ **Direito penal internacional e direito internacional penal:** o primeiro dedica-se a determinar a norma penal aplicável ao crime que afete a ordem jurídica de dois ou mais países; o segundo é o ramo do direito internacional cuja finalidade é a punição aos Estados, quando infringem normas penais de nível global.

- ▶ **Direito penal substantivo e processual:** o primeiro é o corpo de normas penais; o segundo é o conjunto de normas processuais, que permitem, por meio do devido processo legal, a aplicação do direito substantivo.

- ▶ **Finalidade e função do direito penal:** confunde-se com a finalidade e função da pena, sanção aplicada pelo direito penal. Sua finalidade é multifacetada, gerando efeitos retributivos e preventivos, de modo a não somente punir o delinquente, como também evitar a prática de novos crimes.

- ▶ **Política criminal:** trata-se de um método de sistematização, organização e aplicação do direito penal, a ser adotado pelos Poderes de Estado.

- ▶ **Criminologia:** cuida-se da ciência voltada ao estudo do crime, como fenômeno social, além de analisar o criminoso e suas tendências, com o espírito crítico para aperfeiçoar o campo dogmático do sistema penal.

- ▶ **Bem jurídico:** é o valor que se confere, pelo ordenamento, a determinado bem ou interesse com a finalidade de promover a tutela penal ou pretendendo limitar a atuação do Estado-repressor.

Capítulo II
Evolução Histórica do Direito Penal

1. DIREITO PENAL PRIMITIVO

O ser humano sempre viveu agrupado, enfatizando seu nítido impulso associativo e lastreando, um no outro, as suas necessidades, anseios, conquistas, enfim, a sua satisfação.

Ensina CARRARA que "é falsa a transição de um estado primitivo, de absoluto isolamento, para outro, modificado e artificial. (...) O estado de associação é o único primitivo do homem; nele a própria lei natural o colocou desde o instante de sua criação".[1]

Para FILIPPO GRAMATICA, "as tribos primitivas, uma vez esgotada a zona onde viviam, na luta pela sobrevivência própria, eram impulsionadas pelo instinto de conservação da espécie a mudar-se a outros lugares e a buscar alimentos. Quando encontravam outros grupos ou aglomerações, havia sempre o conflito, não se podendo estabelecer com precisão quem vencia a luta: o grupo vencedor exterminava o vencido ou disponha dele a seu bel-prazer. Demonstrava mais valor o grupo que fazia mais vítimas que o outro, surgindo a 'faculdade' de apropriar-se de mais escravos e do melhor saque. Surge o embrionário conceito de propriedade e a referida 'faculdade' transformou-se em 'direito'; e o direito, para ser defendido, necessitou de uma tutela, denominada norma, moldando, finalmente, o castigo e, também, a 'pena'".[2]

Desde os primórdios o ser humano violou as regras de convivência, ferindo semelhantes e a própria comunidade onde vivia, tornando inexorável a aplicação de uma punição. Sem dúvida, não se entendiam as variadas formas de castigo como se fossem *penas*, no sentido

---

[1] *Programa do curso de direito criminal*, v. I, p. 18. Na mesma ótica: ANÍBAL BRUNO, *Direito penal* – Parte geral, t. I, p. 67.

[2] *Principios de derecho penal subjetivo*, p. 10.

técnico-jurídico que hoje possuem, embora não passassem de embriões do sistema vigente. Inicialmente, aplicava-se a sanção como fruto da libertação do clã da ira dos deuses, em face da infração cometida, quando a reprimenda consistia, como regra, na expulsão do agente da comunidade, expondo-o à própria sorte.

Acreditava-se nas forças sobrenaturais, que, por vezes, não passavam de fenômenos da natureza, como a chuva ou o trovão, motivo pelo qual, quando a punição era concretizada, imaginava o povo primitivo que poderia acalmar os deuses. O vínculo existente entre os membros de um grupo era dado pelo totem, que, na visão de Pessagno e Bernardi, "era um animal, uma força sobrenatural (ou uma planta, mas, preferencialmente, um animal) e se considerava vinculado, de modo particular, aos indivíduos integrantes de uma tribo, uma família, uma casta ou um setor da comunidade, que poderiam, ou não, ser transmitidos hereditariamente, quando individualizados. Isto porque, ao lado dos totens individuais, existiam os de grupo, de membros da comunidade, do clã a estabelecer-se entre eles uma hierarquia e graduação".[3]

Na relação totêmica, instituiu-se a punição quando houvesse a quebra de algum tabu (proibição sagrada, ligada às religiões primitivas). Não houvesse a sanção, acreditava-se que a ira dos deuses abrangeria todo o grupo.

Atingiu-se, em uma segunda fase, o que se convencionou chamar de *vingança privada*, como forma de reação da comunidade contra o infrator. Na realidade, a *justiça pelas próprias mãos* nunca teve sucesso, pois implicava, na essência, autêntica forma de agressão. Diante disso, terminava gerando a indesejada contrarreação e o círculo vicioso tendia a levar ao extermínio de clãs e grupos.

O vínculo totêmico (ligação entre os indivíduos pela mística e mágica) deu lugar ao vínculo de sangue, que implicava a reunião dos sujeitos que possuíam a mesma descendência. Vislumbrando a tendência destruidora da *vingança privada*, adveio o que se convencionou denominar de *vingança pública*, quando o chefe da tribo ou do clã assumiu a tarefa punitiva.

A centralização de poder fez nascer uma forma mais segura de repressão, sem dar margem ao contra-ataque. Nessa época, prevalecia o critério do talião – como explica Pierangeli, o vocábulo vem de *talis*, expressão de origem latina, cujo significado é que a sanção deve ser tal qual o atentado ou o dano provocado, implicando o *olho por olho, dente por dente*[4] –, acreditando-se que o malfeitor deveria padecer o mesmo mal que causara a outrem.

Não é preciso ressaltar que as sanções eram brutais, cruéis e sem qualquer finalidade útil, a não ser apaziguar os ânimos da comunidade, acirrados pela prática da infração grave.

Por isso, falar de *direito penal*, nessa época, é o mesmo que especular e apontar um *não direito*, pois inexistiam regras precisas, nem protetoras dos direitos individuais. Prevalecia a *lei do mais forte* e, quando agrupados em tribos, do mesmo modo era a vontade do chefe supremo a ditar as sanções e, pior, o que seria *crime*. Não havia segurança alguma contra punições injustas, de modo que se estava bem distante daquilo que, hoje, denominamos *direito penal*.

No Oriente antigo, fundava-se a punição em caráter religioso, castigando-se o infrator duramente para aplacar a ira dos deuses. Notava-se o predomínio do talião, que, se mérito teve, consistiu em reduzir a extensão da punição e evitar a infindável onda de vingança privada.

---

[3] Pierangeli, Das penas: tempos primitivos e legislações antigas, *Escritos jurídico-penais*, p. 340.

[4] Pierangeli, Das penas: tempos primitivos e legislações antigas, *Escritos jurídico-penais*, p. 343.

Nas palavras de Cezar Roberto Bitencourt, "o castigo era aplicado, por delegação divina, pelos sacerdotes, com penas cruéis, desumanas e degradantes, cuja finalidade maior era a intimidação. Pode-se destacar como legislação típica dessa fase o *Código de Manu* [Índia], embora legislações com essas características tenham sido adotadas no *Egito* (Cinco Livros), na *China* (Livro das Cinco Penas), na *Pérsia* (Avesta), em *Israel* (Pentateuco) e na *Babilônia*".[5]

O Código de Manu formou-se pelo ditado do Deus Brahma ao sábio Manu entre 1280-880 a.C. Pode-se constatar que a justiça criminal consistia em emanação direta da divindade; a aplicação da pena decorria da obtenção de bênçãos celestiais. Havia a persecução penal pública, com possibilidade de contraditório, produção de provas testemunhais, mas também se empregava os juízos de Deus (*ordálios*, como caminhar sobre o fogo; sendo inocente, não se queimaria). Eventual recurso contra a condenação era dirigido ao soberano; finalizado o julgamento, não se admitia a reabertura do caso, o que representava o retrato da coisa julgada. As penas, embora cruéis, buscavam respeitar uma certa proporcionalidade em face da gravidade dos crimes. Ilustrando, havia a pena morte simples e morte exasperada. Esta se dava por empalação, fogo, esmagamento por elefantes, afogamento, aplicação de óleo fervente na boca e orelhas, dilaceração ou devoração por cães em praça pública e esquartejamento à navalha. A morte simples se dava por decapitação à espada. São alguns casos de mortes qualificadas: para a subtração noturna, viabilizando o acesso ao interior da casa, a pena de morte se dava por empalação, precedida da amputação de ambas as mãos; para agentes públicos condenados por corrupção, a pena de morte era por esmagamento por elefantes; para a mulher adúltera, cumpria-se a devoração por cães em lugar público e frequentado por populares. São alguns casos de morte simples (decapitação à espada): apropriação de dinheiro alheio; violência sexual; roubo de joias valiosas; arrombamento de prédio do tesouro público; subtração patrimonial em flagrante. Aplicava-se a pena de exílio para crimes considerados menos graves, como falso testemunho, sedução de mulher alheia, derrubada de muro, descumprimento de promessa comercial. Havia, ainda, as penas de confisco de bens, multa e prisão. Esta última era acompanhada de exposição pública, a fim de expor o condenado ao escárnio e ao menosprezo da população. O sentenciado passava fome, sede e não tinha nenhuma espécie de higiene, com o propósito de gerar repulsa em todos.[6]

O direito penal hebraico apoiava-se em base tríplice: expiação do mal, compensação do mal e necessidade de exemplo. Havia a pena de morte, executada por variados modos, conforme a gravidade do crime: apedrejamento (mais grave), fogo, decapitação (intermediárias), estrangulamento (mais leve). Regia o cenário a Lei do Talião, quando envolvia lesões físicas (olho por olho, dente por dente; mão por mão, pé por pé). Nem sempre era aplicada à risca, podendo ser substituída pela reparação do dano paga pelo ofensor à vítima. Na realidade, o talião era uma barreira encontrada para evitar a vingança privada, prestigiando-se a proporcionalidade. Outras penas também faziam parte do sistema penal: mutilação, açoite, exílio, expulsão, excomunhão, multa, perda da propriedade. O processo penal assumia o perfil acusatório, permitindo-se a instrução pública e verbal, com contraditório, mas sem advogados, produção de prova testemunhal (pelo menos, dois testemunhos), presunção de inocência e sem utilização de tortura.[7]

---

[5]   *Tratado de direito penal*, v. 1, p. 73.

[6]   Élcio Arruda, *História do direito penal*, p. 78-89.

[7]   Élcio Arruda, *História do direito penal*, p. 56-71.

"A China oferece, em contraste, um espetáculo de relevante progresso, equilibrando a reação com a ação, estabelecendo proporção entre a pena e a ofensa e unindo ao conceito de vingança divina e social o de *emenda*".[8] E prossegue o autor: "na antiguidade, é o Egito o povo que proporciona o mais belo exemplo de justiça penal, pois os egípcios foram, com efeito, os primeiros a conhecer o alto poder da opinião pública em face dos delitos. O historiador DIODORO SÍCULO relata como os legisladores deste povo trataram de *intimidar ao malvado* incluindo penas posteriores à morte do réu, infligidas em um juízo celebrado antes de dar sepultura ao corpo, para toda classe de pessoas: sacerdotes, magistrados ou reis".[9]

Embora no Egito houvesse maior proporção entre o crime cometido e a pena aplicada, o panorama geral das penalidades espelhava crueldade e intensidade (3000 a.C. a 30 a.C.). As penas egípcias eram, basicamente, as seguintes: morte, mutilação, servidão, chicotadas, jejum forçado, relegação, exílio, declaração de infâmia, confiscação de bens, multa, trabalhos forçados e aprisionamento. Quando na forma simples, a pena de morte era executada pelo enforcamento ou pela decapitação. Quando agravada, cumpria-se pelo fogo, crucifixão, suplício das cinzas ou embalsamamento em vida. Havia também o arremesso do condenado aos crocodilos e sua exposição a víboras. Uma particular penalidade era aplicada ao infanticida: deveria permanecer por três dias e três noites abraçado ao cadáver do próprio filho, a quem matara, sob vigilância de guardas. Era o "abraço post mortem". É preciso lembrar-se de que aos criminosos de classes privilegiadas permitia-se escapar à vergonha da execução pública; a saída era o suicídio. Uma das originalidades egípcias era a existência, naquela época, da prisão-pena, uma exceção, pois a prisão destinava-se, como regra, apenas à espera da pena corporal. Havia condenados levados ao cárcere como penalidade, o que se constatou em estudos feitos nos documentos encontrados em tumbas de faraós e papiros encontrados em expedições arqueológicas, além de relatos visualizados na Bíblia.[10]

Cuidando-se, particularmente, da Babilônia, deve-se fazer referência ao *Código de Hamurabi*, editado por volta de 1750 a.C., prevendo-se delitos e penas cruéis, embora admitindo-se a composição, que era a troca de bens materiais, quando se tratava de crime patrimonial. Mesmo assim, prevalecia o talião, encontrando-se lesão por lesão, morte por morte. Esse mesmo critério do talião estendeu-se à legislação hebraica, sob a nomenclatura de *lei mosaica* (originada na lei de Moisés). Dentre as penas corporais, para ilustrar, havia a pena de morte, executada por meio do esquartejamento, quebramento do pescoço ou afogamento; a pena de mutilação previa o decepamento de mãos, língua, olhos, orelhas, nariz, dedos, castração, mutilação da face, mamilos, lábio inferior e quebramento de dentes; bastonadas ou flagelação consistia em dar golpes precisos, variando de 20 a 100; penas específicas: ao ladrão de ovelhas, arrancavam-se os seus cabelos; ao trabalhador agrícola prevaricador, determinava-se fosse arrastado por bois pelos campos; o ladrão de colmeias era exposto às picadas de abelhas etc. Pela Lei de Hamurabi, instituiu-se, como já mencionado, a lei do talião (olho por olho, dente por dente). Eis alguns exemplos: a) arrancava-se a língua do filho adotivo que negasse seus pais; b) se o filho agredia o pai teria a mão decepada; c) aquele que lesionasse o olho de um homem livre, quebrasse um osso dele ou arrancasse um dente teria o mesmo destino, cujas lesões ficavam a cargo da vítima ou seus familiares; d) o homem livre que agredisse a filha de outro homem livre, causando-lhe

---

[8] GRAMATICA, *Principios de derecho penal subjetivo*, p. 37.

[9] GRAMATICA, *Principios de derecho penal subjetivo*, p. 37-38.

[10] ÉLCIO ARRUDA, *História do direito penal*, p. 28-37.

a morte, teria, como pena, a morte de sua própria filha etc. Discrepando desse quadro, as agressões e mutilações a escravos e homens considerados "vulgares" eram sancionados com penas pecuniárias.[11]

Na Grécia antiga, como retrataram os filósofos da época, a punição mantinha seu caráter sacro e continuava a representar forte tendência expiatória e intimidativa. Em uma primeira fase, prevalecia a vingança de sangue, que terminou cedendo espaço ao talião e à composição. Predominava a pena de morte, utilizada para a maioria dos crimes, tais como traição, atentado a instituições políticas, abuso de funções diplomáticas, corrupção, peculato, concussão, sacrilégio, deserção, moeda falsa, assassinato, incêndio, roubo, falsidade, alguns crimes contra os costumes, dentre outros. Aplicava-se, majoritariamente, pelo envenenamento por cicuta – consagrada pela execução de Sócrates. Considerava-se a morte doce, pois havia a crença de provocar mínima dor e menor infâmia. Aplicava-se, ainda, a morte por precipitação (atirar pessoa do alto de uma rocha); a crucifixão, particularmente cruel e infamante (reservada a ladrões, traficantes de escravos, adúlteros, entre outros); apedrejamento, expressando um modo de autodefesa da sociedade, como se fosse um linchamento popular; estrangulamento, decapitação, afogamento, ateamento em fogo; morte por enterramento em vida. Além da pena capital, havia as penas corporais, exílio, confisco de bens, degradação cívica (retirada de parte ou da totalidade dos direitos do cidadão); venda como escravo (aplicada junto com o confisco de bens), aplicada, como regra, ao estrangeiro; multa; prisão (medida provisória ou punitiva). O aparelhamento de Justiça não era tão avançado quanto o romano. Como regra, havia duas fases para o julgamento: na primeira, determinava-se a culpa; na segunda, a pena.[12]

Para CARNELUTTI, o talião ainda não foi afastado dos sistemas penais atuais. Onde se tem prevista a pena de morte, geralmente ela é aplicada aos crimes mais graves, como o homicídio. Está-se, então, diante do talião nos tempos modernos.[13] É o que se pode constatar no sistema jurídico-penal norte-americano. O homicídio, cometido por meio cruel, pode acarretar a pena de morte.

2. DIREITO PENAL ROMANO

O direito romano, dividido em períodos, contou, de início, com a prevalência do poder absoluto do *pater familias*, aplicando as sanções que bem entendesse ao seu grupo. "O poder ilimitado do chefe da casa sobre os indivíduos que formavam parte desta era essencialmente igual ao que tinha o Estado sobre os membros da comunidade política; basta recordar, com efeito, o direito de vida e morte, conteúdo de um ou outro". A partir desse poder ilimitado do chefe da família, nasceu o mesmo poder ilimitado dos juízes e as leis não significavam nada mais do que as ordens dadas pelo patriarca em sua casa; noutros termos, as leis não eram autolimitações impostas pelo Estado. O poder doméstico é o germe da comunidade e o chefe da casa é o modelo do magistrado.[14]

Na fase da monarquia, vigorou o caráter sagrado da pena, firmando-se o estágio da vingança pública. O poder do rei era absoluto, tal como o exercido pelo patriarca no âmbito

---

[11] ZAFFARONI e PIERANGELI, *Manual de direito penal brasileiro* – Parte geral, p. 170-171. ÉLCIO ARRUDA, *História do direito penal*, p. 7-9.

[12] ÉLCIO ARRUDA, *História do direito penal*, p. 91-143.

[13] *El problema de la pena*, p. 23-24.

[14] MOMMSEN, *Derecho penal romano*, p. 18, tradução livre.

doméstico. Prevalecia a pena de morte, executada pela decapitação a machado, crucifixão, pelo saco (inseria-se o condenado num saco para jogá-lo ao mar), precipitação ao abismo, flagelação, espancamento, inumação em vida e desmembramento. A prisão era utilizada como medida cautelar para aguardar a execução da pena; porém, havia a prisão como medida punitiva em menor fração.[15]

No período republicano, perdeu a pena o seu caráter de expiação, pois separaram-se o Estado e o culto, prevalecendo, então, o talião e a composição. Havia, para tanto, a possibilidade de entregar um escravo para padecer a pena no lugar do infrator, desde que houvesse a concordância da vítima – o que não deixava de ser uma forma de composição, como bem lembra PIERANGELI.[16] A Lei das XII Tábuas teve o mérito de igualar os destinatários da pena, configurando autêntico avanço político-social. Nessa época, havia oito espécies de pena: morte, multa, castigos corporais, desterro, perda ou redução dos direitos civis, perda da liberdade (escravização de quem era livre), talião e prisão.

Durante o Império, a sanção penal tornou-se novamente mais rigorosa, instituindo-se os trabalhos forçados e elevando-se as condenações à morte. Se na República a pena tinha caráter predominantemente preventivo, passou-se a vê-la com o aspecto eminentemente intimidativo. Passou-se a utilizar a tortura, não somente contra escravos, como método probatório. As execuções públicas tornavam-se um espetáculo, entregando-se condenados às feras e aos combates com gladiadores, além de crucificações. Renova-se a constatação de que havia a prisão-pena nessa ocasião também, embora sempre aplicada em menor número.[17]

Entretanto, foi também a época de significativos avanços na concepção do direito penal romano, reconhecendo-se a divisão entre o público e o privado, desenvolveu-se a doutrina da imputabilidade, da culpabilidade e de suas excludentes, diferenciaram-se, quanto ao elemento subjetivo do delito, o dolo de ímpeto e o dolo de premeditação, entre outras conquistas.[18] Continuavam a existir, no entanto, as penas infamantes, cruéis, de morte, de trabalhos forçados e de banimento.

3. DIREITO PENAL GERMÂNICO

O direito germânico, de natureza consuetudinária, caracterizou-se pela vingança privada e pela composição, além de conhecerem a vingança de sangue. Sob tal prisma, LUIZ REGIS PRADO demonstra que, "de acordo com a concepção germânica antiga, o direito era entendido como sendo uma *ordem de paz* – pública ou privada – e o delito significava sua ruptura, perda ou negação – *Friedlosigkeit*. A reação era feita individualmente ou através do grupo familiar (*Sippe*), dando lugar à *Faida* (*feithu*), em que o agressor era entregue à vítima ou aos seus parentes para que exercessem o direito de vingança. Primitivamente, foi uma verdadeira guerra familiar; a partir do século IX se transformou em direito pessoal".[19] Para FILIPPO GRAMATICA, outro instituto que trouxe progresso inegável ao campo do Direito Penal foi o modelo de composição dos povos germânicos; afinal, por meio do

---

[15] ÉLCIO ARRUDA, *História do direito penal*, p. 290-291.

[16] Das penas: tempos primitivos e legislações antigas, *Escritos jurídico-penais*, p. 366-368.

[17] ÉLCIO ARRUDA, *História do direito penal*, p. 296-300.

[18] BITENCOURT, *Tratado de direito penal*, v. 1, p. 76; ZAFFARONI e PIERANGELI, *Manual de direito penal – Parte geral*, p. 175.

[19] *Tratado de direito penal*, v. 1, p. 87.

pagamento em dinheiro, armas, utensílios, redimia-se da vingança do ofendido. Houve um progresso moral e jurídico.[20]

Além de terem conhecido a pena de talião, por influência romana, adotaram, para a prova do crime, os denominados *ordálios* ou *juízos de Deus*. Eram provas que submetiam os acusados aos mais nefastos testes de culpa: caminhar pelo fogo, ser colocado em água fervente, submergir num lago com uma pedra amarrada aos pés – e, caso sobrevivessem, seriam considerados inocentes; do contrário, a culpa estaria demonstrada, não sendo preciso dizer o que terminava ocorrendo nessas situações. Havia, também, os duelos judiciários, em que acabava prevalecendo a *lei do mais forte*.

4. DIREITO PENAL CANÔNICO

O direito canônico,[21] predominando na Idade Média, perpetuou o caráter sacro da punição, que continuava severa, mas havia, ao menos, o intuito corretivo, visando à regeneração do criminoso.

A religião e o poder estavam profundamente ligados nessa época e a heresia implicava crime contra o próprio Estado. "Assim, na Europa medieval o Estado concebeu-se, em termos religiosos, como Estado confessional cristão, e isso gerava uma justificação também religiosa do direito penal. O delito era visto como uma forma de pecado, e a pena era justificada como exigência de justiça, análoga ao castigo divino".[22]

"Os cristãos reconheceram que somente a Deus corresponde castigar e premiar aos homens, e que somente Nele tem origem todo o poder humano (...). Justificada assim pela filosofia cristã a punição dos delinquentes, foi colocado o direito de penar sob a 'delegação' confiada por Deus à Igreja, a qual, por suposto, corresponde ao exercício sobre a terra daquela justiça administrada por Deus no céu. (...) Desde logo, a pena é considerada pelo Cristianismo como *expiação*; mas com um sentido distinto ao da expiação clássica; com efeito, não é somente concebida como sacrifício e sofrimento físico, como redenção, como experiência espiritual, como *penitência*. É necessário que o réu se convença do mal que cometeu e se arrependa; é bom, portanto, qualquer meio que de fato contribua a fazê-lo meditar e arrepender-se".[23]

Introduziu a pena em claustro nos monastérios, que foi a origem da pena privativa de liberdade dos tempos atuais. Daí veio o termo "penitenciária", conhecido atualmente.[24]

Surgiram os manifestos excessos cometidos pela Santa Inquisição, que se valia, inclusive, da tortura para extrair a confissão e punir, exemplarmente, com medidas cruéis e públicas, os pretensos culpados. Inexistia, até então, qualquer proporcionalidade entre a infração cometida e a punição aplicada.

Não se pode olvidar o resultado do procedimento inquisitivo, instaurado pela Igreja romana, na Idade Média, que levou à morte milhões de pessoas, cujo elemento central era a obtenção da confissão, a qualquer custo. A chamada "rainha das provas". Durante a época da

---

[20] *Principios de derecho penal subjetivo*, p. 25.

[21] É do grego que veio o vocábulo *canon*, significando *regra*, designando o conjunto de *cânones eclesiásticos* (WALDEMAR MARTINS FERREIRA, *História do direito brasileiro*, t. 2, p. 166).

[22] MIR PUIG, *Estado, pena y delito*, p. 4.

[23] FILIPPO GRAMATICA, *Principios de derecho penal subjetivo*, p. 53-54.

[24] ZAFFARONI e PIERANGELI, *Manual de direito penal* – Parte geral, p. 177.

Inquisição, morreram milhares de pessoas em decorrência de sua ação. Os dominicanos foram eleitos inquisidores e, diligentemente, procuravam por suspeitos de heresia, submetendo-os a investigações e torturas (que o Papa Inocêncio IV legalizou, em 1252, e o Papa Alexandre VI, em 1261, abençoou). Em 1484, o Papa Inocêncio VIII instruiu os inquisidores a usar a tortura não apenas para atingir condenações, mas também para dramatizar os horrores do inferno. Tendo em vista que a confissão poderia fazer cessar a tortura, muitas vítimas admitiram a prática de crimes hediondos.

Não eram incomuns, nessa época, julgamentos após a morte. Num único dia, em 1245, em Montsegur, 200 infiéis foram queimados. Sob a tutela de TORQUEMADA (1483-1498), a repressão da Igreja atingiu proporções terríveis. Ele possuía uma rede de espiões, muitos dos quais juntavam-se a ele apenas por autoproteção. Ainda que a confissão pudesse salvar o acusado da morte, não o salvava do confisco e da prisão. Dados da Inquisição indicam que TORQUEMADA conseguiu mandar para a fogueira inúmeras pessoas e milhares para a prisão.[25]

5. DIREITO PENAL *COMUM* SEGUIDO DO PERÍODO HUMANITÁRIO

O direito penal comum, vigente nas várias regiões da Europa medieval, girava em torno das bases fornecidas pelo direito penal romano, germânico e canônico, logo, nada a se elogiar, sob o ponto de vista humanístico.

Entretanto, os aspectos históricos terminam por evidenciar que os povos precisam sofrer para aprender um novo caminho, visualizar luzes em meio às trevas. Por volta do século XIII, surgiram os glosadores, que comentavam textos de lei em poucas palavras (a glosa). Na sequência, os pós-glosadores, também chamados práticos ou praxistas, pois ofertaram comentários mais sistemáticos às leis.[26]

Quanto mais prosperavam os comentários e debates acerca das duríssimas leis vigentes, mais emergiam novas ideias, surgindo o período humanitário do direito penal. Um dos fatores de destaque para esse movimento ocorreu com a publicação da obra *Dos delitos e das penas*, de CESARE BONESANA, MARQUÊS DE BECCARIA, em 1764.

Substituem-se as trevas pela *época das luzes*, justificador do período denominado Iluminismo, cujo ápice se deu na Revolução Francesa.

O sistema punitivo nunca mais foi o mesmo após esse século, com as ideias de BECCARIA, MONTESQUIEU, ROUSSEAU, VOLTAIRE, DIDEROT, HOWARD, BENTHAM, entre outros. Tanto é verdade que RADBRUCH bem assinala essa evolução, afirmando que "somente quando o direito penal era exercido em nome de leis divinas ou morais podia-se castigar de consciência tranquila. Quando se castiga em nome de necessidades ou conveniências públicas ou sociais, de valorações de múltiplo sentido, mutáveis e discutíveis, a mão primitiva fica trêmula. Em novas anistias cada vez mais frequentes, na abundância dos indultos, *sursis* e abrandamentos de penas, praticamente na fuga diante da pena mostra-se com clareza cada vez maior *que o direito penal perdeu sua consciência tranquila*".[27]

É também o nascimento da Escola Clássica de direito penal.

---

[25] C. L. MANSCHRECK, *A History of Christianity*: from Persecution to Uncertainty, p. 187-188.

[26] SMANIO e FABRETTI, *Introdução ao direito penal*, p. 23.

[27] *Introdução à ciência do direito*, p. 107.

RESUMO DO CAPÍTULO

▶ **Direito penal primitivo:** época de agrupamento dos povos, predominando castigos imoderados, que nem mesmo mereciam a denominação de *penas*; havia forte vínculo com as forças sobrenaturais e muitas aflições eram provocadas para satisfazer os deuses; passou pela *vingança privada*, permitindo a *justiça pelas próprias mãos*; evoluiu-se para a *vingança pública*, entregando-se a punição ao chefe da tribo ou clã; vivenciou a fase do *talião* (olho por olho, dente por dente), que representou um avanço para o equilíbrio das punições.

▶ **Direito penal romano:** prevalência do poder do patriarca para exercer a justiça em sua família, como bem entendesse; permaneceu o caráter sacro da pena, firmando-se a fase da vingança pública; separação do Estado e da Igreja, no período republicano, perpetuando o talião e a composição, sem o caráter sagrado da pena; continuam rigorosas e infamantes as penas aplicadas.

▶ **Direito penal germânico:** base do atual direito consuetudinário; passou pelas fases da vingança privada, da composição e, também, da vingança de sangue; adotou-se, para efeito de prova, a *ordália* ou *juízo de Deus* (testes absurdos impostos aos acusados, como andar sobre o fogo; se escapasse com vida, seria inocentado).

▶ **Direito penal canônico:** permaneceu o caráter sacro da punição, mas, ao menos, havia o intuito de regenerar o criminoso; introduziu a pena privativa de liberdade nos claustros dos monastérios; perdeu-se em demasia quando se iniciou a fase da Inquisição, quando se cultuou a confissão como *rainha das provas*; cultivaram-se a tortura e as mortes infamantes.

▶ **Direito penal comum medieval:** os povos europeus vivenciaram um direito penal mesclado pelos princípios gerados pelo direito romano, germânico e canônico. Foi o período conhecido como *época das trevas*.

▶ **Direito penal humanitário:** emergem os pensadores do século XVIII, conhecido como *época das luzes* (Iluminismo); a principal obra desse movimento é publicada em 1764 (*Dos delitos e das penas*) do Marques de Beccaria. É o início da Escola Clássica do direito penal.

Capítulo III

Escolas Penais

1. ESCOLA CLÁSSICA

A pena aplicada aos criminosos da época antiga e medieval consistia em sofrimentos atrozes, infamantes e aterrorizantes. Não havia proporção entre delito e pena. Muitos processos eram conduzidos sob o instrumento da tortura, para que despertasse a confissão do réu. Enfim, por mais que se evoluísse, o direito penal girava em torno da vingança privada, da composição e da vingança pública.

Os pensadores do século XVIII provocaram imensa modificação no cenário penal da época. Em particular, com a publicação da obra *Dos delitos e das penas*, de CESARE BONESANA, MARQUES DE BECCARIA, em 1764, nasceu a corrente de pensamento denominada *escola clássica*.

Contrário à pena de morte e às penas cruéis, pregou BECCARIA o princípio da proporcionalidade da pena à infração praticada, dando relevo ao dano que o crime havia causado à sociedade. O caráter humanitário presente em sua obra foi um marco para o direito penal, até porque se contrapôs ao arbítrio e à prepotência dos juízes, sustentando que somente leis poderiam fixar penas, não cabendo aos magistrados interpretá-las, mas somente aplicá-las tal como postas.

Insurgiu-se contra a tortura como método de investigação criminal e pregou o princípio da responsabilidade pessoal, buscando evitar que as penas pudessem atingir os familiares do infrator, o que era fato corriqueiro até então. A pena, segundo defendeu, além do caráter intimidativo, deveria sustentar-se na missão de regenerar o criminoso.

BECCARIA almejava que todas as leis fossem escritas em linguagem compreensível para que todos os indivíduos entendessem e não somente os juristas, o que poderia, de certo modo, impedir interpretações desviadas da moral pelos juízes ou por juristas.

Nesse período, havia o predomínio de duas teorias contrapostas: teoria da retribuição (absoluta) e teoria da prevenção (relativa). A primeira (CARRARA, ROSSI, KANT, HEGEL, entre outros) defendia que a pena tinha finalidade eminentemente retributiva, voltada ao castigo do criminoso; a segunda (BECCARIA, FEUERBACH, CARMIGNANI, BENTHAM, entre outros) entendia que a pena deveria ter um fim utilitário, consistente na prevenção geral e especial do crime.

A escola clássica encontrou seu grande representante e consolidador em CARRARA, que se manifestou contrário à pena de morte e às penas cruéis, afirmando que o crime seria fruto do livre-arbítrio do ser humano, devendo haver proporcionalidade entre o delito e a sanção aplicada. Passou-se a considerar que a responsabilidade penal se fundava na responsabilidade moral, justamente porque se deu ênfase ao livre-arbítrio. O crime passou a ser tratado como um *ente jurídico*, e não como simples *fato do homem*. O escopo da pena era retribuir o mal do crime com o mal da sanção, embora pudesse haver – e até fosse desejável que ocorresse – a emenda do infrator. Essa situação, no entanto, não concernia ao direito penal.

Dizia CARRARA: "o espetáculo de um delinquente emendado é edificante, é utilíssimo à moral pública: nisso convenho. E por isso abomino e me oponho à pena de morte; porque acredito firmemente na força moralizadora do espetáculo de um delinquente emendado; e não acredito, absolutamente, na força, que com temerário cinismo ouvi chamar *moralizadora*, do espetáculo de uma cabeça decepada, exibida ao povo. Nessa cena de circo eu vejo, ao invés, todos os *embriões* da depravação do povo. Um criminoso emendado, porém, ao preço da atenuação da pena merecida é uma excitação à delinquência; é um escândalo político. Considero, pois, utilíssima a reforma do réu, a ser procurada com toda diligência, mas completamente fora do círculo do magistério penal".[1]

JOHN HOWARD, na Inglaterra, quando nomeado xerife de Bedforshire, já tendo vítima de aprisionamento em época anterior, passou a defender a humanização dos presídios, apontando os diversos erros dos claustros ingleses. Pretendeu dividir os presos em categorias distintas, como os acusados e os condenados e sustentou a ideia de uma autoridade para cuidar das prisões.[2] Aliás, em seu livro *The state of prisons in England and Wales, with preliminary observations and an account of some foreign prisons and hospitals* (1777), resultado de vários anos de pesquisa pela Grã-Bretanha e outros países europeus, ele "descreve, com precisão, um grande número de cárceres e de hospícios, critica a sua superpopulação (em Newgate, 140 pessoas nas celas previstas para 24), sua disposição absurda, sua má ventilação, sua sujeira, seu péssimo estado sanitário e, acima de tudo, a assassina 'febre dos cárceres' (uma variedade de tifo) que ele hesita, entretanto, em atribuir-se ao 'ar viciado' ou às detestáveis condições de vida infligidas a uma população jovem. As prisões são, além disso, um lugar de privilégio e de extorsão: tudo se compra; os presos acabam, ali, por se corromper numa ociosidade viciosa. Ademais, os cárceres não oferecem nenhuma segurança; as evasões são frequentes e, para acabar com elas, o único recurso consiste em acorrentar os detentos".[3]

Na realidade, as penas ainda não eram, principalmente, privativas de liberdade nessa época, mas constituíam prisões provisórias, enquanto se aguardava a pena principal, que, geralmente, era a morte. No entanto, o encarceramento exagerado de mendigos, vagabundos, pequenos delinquentes, tornou os presídios superlotados. As execuções das penas de

---

[1]   *Programa do curso de direito criminal*, v. II, p. 92.

[2]   BITENCOURT, *Tratado de direito penal*, v. 1, p. 84-85; JIMÉNEZ DE ASÚA, *Lecciones de derecho penal*, p. 15; SMANIO e FABRETTI, *Introdução ao direito penal*, p. 27.

[3]   MICHELLE PERROT, O inspetor Bentham. In: BENTHAM, *O panóptico*, p. 118.

morte distanciavam-se da sentença que as aplicava. Observe-se, no relato de HOWARD, um triste quadro aplicável, quase inteiramente, a vários presídios brasileiros atuais. Três séculos se passaram e a sociedade, em vários pontos do Globo, continua a conviver com a barbárie, mesmo que se inscreva, no texto legal de suas Constituições ou Códigos, o respeito ao princípio da humanidade. Trata-se de um respeito meramente formal, o que não se coaduna com a efetividade demandada pelo princípio regente da dignidade da pessoa humana, base do Estado Democrático de Direito.

JEREMY BENTHAM, também na Inglaterra, preocupou-se com o estado das prisões àquela época, propondo, durante longos anos, a construção de um presídio ideal, ao qual se chamou de *Panóptico*. Assim é descrito: "o edifício é circular. Os apartamentos dos prisioneiros ocupam a circunferência. Você pode chamá-los, se quiser, de *celas*. Essas *celas* são separadas entre si e os prisioneiros, dessa forma, impedidos de qualquer comunicação entre eles, por *partições*, na forma de raios que saem da circunferência em direção ao centro, estendendo-se por tantos pés quantos forem necessários para se obter uma cela maior. O apartamento do inspetor ocupa o centro; você pode chamá-lo, se quiser, de *alojamento do inspetor*. Será conveniente, na maioria dos casos, se não em todos, ter-se uma área ou um espaço vazio em toda volta, entre esse centro e essa circunferência. Você pode chamá-lo, se quiser, de área *intermediária* ou *anular*. (...) Cada cela tem, na circunferência que dá para o exterior, uma *janela*, suficientemente larga não apenas para iluminar a cela, mas para, através dela, permitir luz suficiente para a parte correspondente do alojamento (...)".[4] A nova prisão, em verdade, constituía-se num autêntico instrumento de poder sobre os seres humanos, expostos nas 24 horas do seu dia à fiscalização do inspetor (Estado). Como bem avalia JACQUES-ALAIN MILLER, "o Panóptico não é uma prisão. É um princípio geral de construção, o dispositivo polivalente da vigilância, a máquina óptica universal das concentrações humanas".[5] Em suma, predomina a vigilância invisível e permanente, como se fosse a imitação de Deus.

A origem do termo advém de "pan-óptico", ou seja, aquilo que permite uma visão total. Todas as celas voltavam-se para o centro do presídio e o condenado passava praticamente o dia todo em constante vigilância. Para BENTHAM, entretanto, a pena tinha a função de prevenção particular, que se aplica ao delinquente individual, e a prevenção geral, que se destina a todos os membros da comunidade.

De outro lado, a filosofia alemã buscava assentar o direito penal em bases morais, o que se pode ver na obra de KANT, ensinando constituir a lei penal um imperativo categórico. Na sua visão, a pena precisa existir porque a razão ordena, pouco interessando se é útil ou não. É o que se pode observar no seu exemplo acerca de um último condenado, que reste numa ilha; ele deve ser punido, mesmo que ninguém veja ou saiba, porque é moralmente desejável que assim seja ou porque essa atitude representa a satisfação da justiça.[6] HEGEL, por sua vez, embora inserido na mesma corrente, possuía visão diferenciada, afirmando que a pena deveria ser considerada retribuição apenas no sentido de que se contrapunha ao crime.[7]

Ainda na Alemanha, FEUERBACH foi apontado como o "fundador do moderno Direito Penal", um dos "precursores do positivismo penal" e "o primeiro dogmático da doutrina

---

[4] *O panóptico*, p. 18.

[5] A máquina panóptica de Jeremy Bentham. *O panóptico*, p. 77.

[6] *Fundamentação da metafísica dos costumes e outros escritos*. Na mesma linha, HASSEMER, *Direito penal libertário*, p. 84.

[7] LESCH, *La función de la pena*, p. 9 *et seq.*

jurídico-penal, atribuindo-se-lhe, ainda, entre seus compatriotas alemães, a formulação do princípio *nullum crimen sine lege, nulla poena sine lege*" [não há crime sem lei; não há pena sem lei].[8]

A escola clássica consagrou o livre-arbítrio do ser humano para o cometimento do crime; pregou a proporcionalidade entre delito e punição; afastou-se da pena de morte e outras penas cruéis. Houve preocupação com a racionalização na aplicação das penas, combatendo-se o reinante arbítrio judiciário. A inspiração contratualista voltava-se ao banimento do terrorismo punitivo, uma vez que cada cidadão teria renunciado a uma porção de liberdade para delegar ao Estado a tarefa de punir, nos limites da necessária defesa social. A pena ganha um contorno de utilidade, destinada a prevenir delitos, e não simplesmente castigar.

Esses princípios espalharam-se pela Europa, registrando-se a denominada Reforma Leopoldina de 1786, introduzida na Toscana, mitigando penas e conferindo proporcionalidade entre delito e sanção, eliminando a tortura e o sistema da prova legal. Consagra-se o pensamento iluminista na Declaração dos Direitos do Homem e do Cidadão, de 26 de agosto de 1789.

Deve-se, ainda, destacar que a prisão, como pena privativa de liberdade principal, surgiu apenas a partir do século XVII, consolidando-se no século XIX. Até essa época, utilizava-se a prisão como meio de guardar os réus, preservando-os fisicamente até que houvesse o julgamento.[9] Esses sistemas penitenciários, que consagraram as prisões como lugares de cumprimento da pena, foram, principalmente, os surgidos nas colônias americanas.

Há menções de que, antes do sistema americano, outros modelos de prisão celular foram implantados na Europa, como o ocorrido em 1677 com o cárcere de Murate, em Florença, ou os estabelecimentos de Amsterdã entre os anos de 1595 e 1597.[10]

Na realidade, começou-se a implementar, de fato, esse sistema de 1681 em diante, idealizado por Guilhermo Penn, fundador da colônia da Pensilvânia, cumprindo despacho do Rei Carlos II, que proscreveu a severidade das prisões inglesas, generalizando-se, então, a partir daí, as penas privativas de liberdade como formas de buscar a ressocialização.

Criou-se, em 1818, a *Western Pennsylvania Penitentiary* e, na sequência, em 1829, a *Eastern State Penitentiary*, nos Estados Unidos. Era o denominado *sistema pensilvânico*, onde havia isolamento completo do condenado, que não podia receber visitas, a não ser dos funcionários, membros da Associação de Ajuda aos Presos e do sacerdote. O pouco trabalho realizado era manufaturado. Vigorava a lei do silêncio, separando-se os presos em celas individuais, o que não deixava de ser uma vantagem se comparado à promiscuidade das celas coletivas dos dias de hoje.

Posteriormente, surgiu o *sistema auburniano*, com a prisão de Auburn, que tomou pulso com a indicação do Capitão Elam Lynds como diretor (1823). Preocupava-se, essencialmente, com a obediência do criminoso, com a segurança do presídio e com a exploração da mão de obra barata. Adotou a regra do silêncio absoluto, voltado ao controle dos condenados, mas fomentou, diferentemente do pensilvânico, o trabalho do preso durante o dia.

Nos dois, como explica CEZAR ROBERTO BITENCOURT, havia a proibição de contato durante a noite, pois estavam separados em celas individuais. Ambos adotaram, basicamente, a visão punitiva e retributiva da pena.[11]

---

[8]   FREDERICO MARQUES, *Tratado de direito penal*, v. 1, p. 102.

[9]   CEZAR ROBERTO BITENCOURT, *Falência da pena de prisão* – causas e alternativas, p. 4, 58-59, 71-73.

[10]   HANS WELZEL, *Derecho penal alemán*, p. 291.

[11]   *Falência da pena de prisão* – causas e alternativas, p. 63-80.

Registre-se que esse sistema de privação da liberdade, com trabalho imposto aos condenados, também tinha a finalidade de sustentar o capitalismo, com mão de obra barata e sem o poder de reivindicação dos trabalhadores livres, caracterizando um período denominado *utilitarista*. Entrou em declínio quando os sindicatos americanos passaram a desenvolver ações impeditivas da compra dos produtos fabricados pelos presos, pois reputavam haver *concorrência desleal*.[12]

Nessa época, surge o sistema progressivo de cumprimento da pena privativa de liberdade na Europa. Mencione-se a colônia penal de Norfolk, ilha situada entre a Nova Zelândia e Nova Caledônia, onde, em 1840, o capitão inglês Maconochie distribuiu vales ou marcas aos condenados, conforme o seu comportamento e rendimento no trabalho, de modo a alterar positivamente a sua condição, podendo diminuir a pena. Era possível passar do sistema inicial de isolamento celular diurno e noturno, com árduo trabalho e pouca alimentação, para um trabalho em comum, em silêncio, com isolamento noturno. O terceiro estágio era o da liberdade condicional. Foi transposto, em face do seu sucesso, para a Inglaterra.

Aprimorado na Irlanda por Walter Crofton, o sistema passou a dividir o encarceramento em estágios, conforme o merecimento, passando do isolamento celular ao trabalho comum, com período de semiliberdade (colônia agrícola), até atingir a liberdade sob vigilância até o final da pena.[13] Vale citar, ainda, a experiência de Montesinos, no presídio de Valência, bem como de Ober-Mayer, em Munique.[14] Tal modelo até hoje exerce influência em nossa legislação.

Em suma, na escola clássica, "o criminoso é *penalmente responsável*, porque tem a *responsabilidade moral e é moralmente responsável* porque possui o *livre-arbítrio*. Este livre-arbítrio é que serve, portanto, de justificação às penas que se impõem aos delinquentes como um castigo merecido, pela ação criminosa e livremente voluntária".[15]

Passou-se a considerar que a responsabilidade penal fundava-se na responsabilidade moral, justamente porque se deu ênfase ao livre-arbítrio. O crime passou a ser tratado como um *ente jurídico*, e não como simples *fato do homem*. O escopo da pena era retribuir o mal do crime com o mal da sanção, embora pudesse haver – e até fosse desejável que ocorresse – a emenda do infrator. Essa situação, no entanto, não concernia ao direito penal.

2. ESCOLA POSITIVA

Com a publicação do livro *O homem delinquente* (1876), de Cesare Lombroso, cravou-se o marco da linha de pensamento denominada *escola positiva*. Lombroso sustentou que o ser humano poderia ser um *criminoso nato*, submetido a características próprias, originárias de suas anomalias físico-psíquicas. Dessa forma, o homem nasceria delinquente, ou seja, portador de caracteres impeditivos de sua adaptação social, trazendo como consequência o crime, algo naturalmente esperado. Não haveria livre-arbítrio, mas simples atavismo.

Em volumosa obra, Lombroso explorou vários aspectos da natureza humana, inclusive comparando-a à dos animais, quando investem uns contra os outros. Estudou, sob o manto da psiquiatria, que era sua formação, vários delitos, dentre os quais colocou em destaque o

---

[12] Barja de Quiroga, *Teoría de la pena*, p. 36.

[13] Aníbal Bruno, *Das penas*, p. 59.

[14] Barja de Quiroga, *Teoría de la pena*, p. 37.

[15] Antonio Moniz Sodré de Aragão, *As três escolas penais*, p. 59.

homicídio, o aborto, o infanticídio, o roubo, além de analisar as penas existentes à época. Comentou sentimentos humanos como se fossem parte de uma loucura moral, tais como cólera, vingança, ciúme, mentira, crueldade, entre outros. Apontou as características do *homem criminoso*, após analisar 383 crânios de criminosos, detectando as suas anomalias. Além disso, verificou anomalias do esqueleto, do coração, do fígado e de outros órgãos. Checou a fisionomia e a antropometria de 5.907 criminosos, abrangendo cabelos, íris, estrabismo, orelhas, nariz, dentes, partes genitais etc. Confrontou esses dados com a fisionomia de homens honestos (cerca de 818). Esmiuçou as sensibilidades humanas, as causas do suicídio, os sentimentos e as paixões entre os criminosos, a reincidência, a inteligência e a instrução dos delinquentes, entre outros fatores, mas também não deixou de tecer críticas ao que chamou de *injustiças humanas*. Se a causa do crime é o atavismo, não haveriam de existir diferenças, nas condenações, entre ricos e pobres; porém, os pobres estão mais sujeitos às penas que os ricos, que delas se safam ou obtêm um castigo mais suave.[16]

A escola positiva deslocou o estudo do direito penal para o campo da investigação científica, proporcionando o surgimento da antropologia criminal, da psicologia criminal e da sociologia criminal. FERRI e GAROFALO foram discípulos de LOMBROSO e grandes expoentes da escola positiva, sobretudo o primeiro.

RAFAEL GAROFALO, considerado figura ímpar da antropologia criminal, publica sua obra *Criminologia*, em 1885, sistematizando as suas ideias nos seguintes preceitos: "a) a periculosidade como fundamento da responsabilidade do delinquente; b) a prevenção especial como fim da pena, que, aliás, é uma característica comum da corrente positivista; c) fundamentou o direito de punir sobre a teoria da Defesa Social, deixando, por isso, em segundo plano os objetivos reabilitadores; d) formulou uma definição sociológica do crime natural, uma vez que pretendia superar a noção jurídica. A importância do conceito natural de delito residia em permitir ao cientista criminólogo a possibilidade de identificar a conduta que lhe interessasse mais".[17]

Nas suas próprias palavras, GAROFALO afirma que a prisão por tempo preestabelecido somente deve ser aplicada excepcionalmente no seu sistema. No mais, "seguindo o princípio da reação *racional* contra o crime, mostramos quais os delinquentes a quem cabe a *eliminação*, aqueles para quem ela deve ser absoluta, pela *pena de morte*, aqueles para quem ela pode ser limitada e relativa, pela *deportação com abandono, relegação perpétua e relegação indeterminada*. Mostramos em que casos basta o pagamento da multa ao Estado e de indenização, *larga e superior ao dano*, à parte ofendida, podendo obter-se do réu, espontaneamente ou pela imposição de trabalhos forçados. Enfim, indiquei os poucos crimes para os quais deve conservar-se a prisão como único meio de destruir certas indústrias criminosas".[18]

Defendeu ENRICO FERRI, considerado uma das principais figuras da sociologia jurídica, que o ser humano seria responsável pelos danos causados simplesmente porque vivia em sociedade. Negou terminantemente o livre-arbítrio, legitimado pela escola clássica. Assim, o fundamento da punição era a defesa social. A finalidade da pena consubstanciava-se, primordialmente, na prevenção a novos crimes.

Como ensina ANTONIO MONIZ SODRÉ DE ARAGÃO, "a escola antropológica baseia-se no método positivo. A observação rigorosa e exata dos fatos é a fonte única e o fundamento

---

[16] Neste último enfoque, *O homem delinquente*, p. 123.

[17] BITENCOURT, *Tratado de direito penal*, v. 1, p. 105.

[18] *Criminologia*, p. 308-309.

racional das suas conclusões indutivas. O assunto primordial dos seus estudos é a pessoa real e viva do delinquente, e não a figura abstrata e jurídica do crime. Este é estudado, em sua origem e seus efeitos, também como um fenômeno natural e social, essencialmente complexo. Na investigação das suas causas, era indispensável fazer-se a história natural do criminoso, de cuja natureza ele é dependente; observá-lo nos laboratórios, sujeitá-lo a dissecações anatômicas, a experiências fisiológicas e a um exame completo da sua personalidade psíquica". Não aceita o livre-arbítrio e nega a responsabilidade moral dos indivíduos. Diz que a "aceitação, portanto, da hipótese do livre-arbítrio importa na negação absurda das duas leis científicas fundamentais: a lei da conservação da força e a lei da causalidade natural".[19]

Não há dúvida de que a escola positiva exerceu forte influência sobre o campo da individualização da pena, princípio que rege o direito penal até hoje, levando em consideração, por exemplo, a personalidade e a conduta social do delinquente para o estabelecimento da justa sanção.

Ambas as escolas merecem críticas, justamente por serem radicalmente contrapostas. Enquanto a clássica olvidava a necessidade de reeducação do condenado, a positiva fechava os olhos para a responsabilidade resultante do fato, fundando a punição no indeterminado conceito de periculosidade, conferindo poder ilimitado ao Estado, ao mesmo tempo que não resolve o problema do delinquente ocasional, portanto não perigoso.

Em nosso entendimento, essas são as duas escolas realmente contrapostas e inéditas para a história do direito penal. As correntes de pensamento que vieram a seguir mal podem ser chamadas de *escolas*, pois funcionaram de maneira pragmática, buscando unir o que essas duas escolas possuíam de mais relevante. As referidas *uniões* de ideias terminaram por produzir um emaranhado de propostas, cujos objetivos não podem ser considerados excludentes. Aliás, nem mesmo os fundamentos das *novas escolas* são diametralmente opostos, motivo pelo qual as verdadeiras escolas penais foram a clássica e a positiva.[20]

3. ESCOLAS MISTAS

3.1. *Terza scuola* italiana

Denominada, igualmente, por *escola crítica*, a terceira escola italiana apenas produziu a junção das posturas, que considerou positivas, das anteriores. Seus principais representantes foram CARNEVALE, ALIMENA e IMPALLOMENI. Em verdade, o ecletismo de seus postulados nada resultou de original.

Como bem explica JIMÉNEZ MARTÍNEZ, as ideias propagadas são as seguintes: a) distinção entre as disciplinas jurídicas e as empíricas; as primeiras utilizariam um método lógico-abstrato e dedutivo, enquanto as segundas, de um método experimental-causal-explicativo; b)

---

[19]   *As três escolas penais*, p. 34-35 e 67.

[20]   MAGALHÃES NORONHA menciona a existência da Escola Correcionalista, entre a Clássica e a Positiva, surgida com CARLOS DAVI AUGUSTO ROEDER, cuja inspiração é clássica. Se a pena é uma correção ao homem autor do crime, considerado individualmente – e não em abstrato –, a sua punição deve durar o tempo necessário para corrigi-lo. Logo, a pena poderá ser indeterminada. Para essa Escola, não haveria criminosos incorrigíveis, mas sim incorrigidos. Embora de fundo clássico, pois respeita o livre-arbítrio para o cometimento da infração penal, termina por espelhar um dos elementos principais da Escola Positiva, que é a sanção indeterminada (*Direito penal*, v. 1, p. 33-34).

deve-se conceber o delito como um fato complexo, um fenômeno social causado naturalmente, como produto de fatos endógenos e exógenos; c) refuta-se a *tipologia positivista*, vale dizer, não existe o criminoso nato; d) as penas e as medidas de segurança podem ser utilizadas, no direito penal, para situações diferentes. Opõe-se, em suma, à postura monista da escola clássica quanto ao caráter retributivo da pena e também ao monismo da escola positiva, no sentido de substituir a pena por medida de segurança.[21]

3.2. Escolas ecléticas e o confronto das escolas

Várias outras escolas surgiram após a clássica e a positiva, além da chamada escola crítica, buscando conciliar os princípios de ambas e apresentar modelos inéditos.

Não há como prosseguir, indefinidamente, na procura da *escola ideal*, mesmo porque ela não existe. Jamais se alcançou, nem se atingirá, a unanimidade em torno das finalidades e funções do direito penal. E muito menos em relação à pena.

Outra não é a lição de MAGALHÃES NORONHA, buscando evitar a confusão de conceitos desnecessários: "longa seria a exposição de outras Escolas e tendências penais, sem qualquer proveito e, talvez, criando confusões acerca das já mencionadas, mesmo porque não cremos que elas possam ser consideradas verdadeiramente Escolas, representando posição filosoficamente definida. Nas mais das vezes são variações da Clássica ou da Positiva".[22]

Por isso, comungamos da crítica formulada por FREDERICO MARQUES, ao mencionar que, na escola clássica, houve excesso de preocupação com o homem abstrato, sujeito de direitos, elaborando suas ideias com o método dedutivo do jusnaturalismo, enquanto na escola positiva houve uma hipertrofia naturalista, preocupando-se em demasia com as leis físicas que regem o universo, em detrimento da espiritualidade da pessoa humana. As escolas ecléticas, algumas denominadas de técnico-jurídicas, por sua vez, basearam-se na hipertrofia dogmática, sem grande conteúdo.

Enfim, conclui o mestre: "o Direito Penal deve estudar o criminoso como espírito e matéria, como pessoa humana, em face dos princípios éticos a que está sujeito e das regras jurídicas que imperam na vida social, e também ante as leis do mundo natural que lhe afetam a parte contingente e material".[23]

4. ESCOLA DA DEFESA SOCIAL

Há quem se refira à *defesa social* apenas como um movimento, com novas ideias, mas nos parece uma forte tendência à formação de uma escola, com entendimentos diferenciados das tradicionais escolas clássica e positiva, mesmo podendo ser denominada como uma escola mista ou eclética.[24]

Depois da Segunda Guerra Mundial, emerge a escola da defesa social, com Filippo Gramatica, que fundou, em 1945, o Centro Internacional de Estudos da Defesa Social. Ele negou a existência de um direito a castigar em favor do Estado. Deve-se socializar o delinquente,

---

[21] *Elementos de derecho penal mexicano*, p. 70.

[22] *Direito penal*, v. 1, p. 41.

[23] *Tratado de direito penal*, v. I, p. 110-111.

[24] Trata-se do estudo desenvolvido em nossa obra *Criminologia*.

aplicando medidas de defesa social, preventivas, educativas e curativas, conforme a personalidade do agente.[25]

Gramatica destacou que a valoração da defesa social deve centralizar-se no grau de antissociabilidade subjetiva do agente, além de ser fundamental assegurar a individualização das medidas, evitando-se injustiças humanas e a desproporção de uma condenação. Ressaltou o trabalho de Saleilles como precursor da individualização da pena. Ademais, a sanção penal não pode ser um fim em si mesma, pois deve atender mais racionalmente à defesa da sociedade; para atingir esse objetivo, o ideal é investir na recuperação do infrator e no desaparecimento das causas que o tornaram antissocial. Propôs, então, abolir a responsabilidade penal, substituindo-a pela antissociabilidade subjetiva, suprimindo-se, igualmente, a pena, como mecanismo de impor um castigo e gerar temor, bem como de seus critérios mecanizados de aplicação, para que emerjam as medidas de defesa social preventivas, curativas e educativas.[26] Dessa maneira, o Estado não deve castigar, mas socializar o criminoso.

A sua crítica se volta contra a pena, que seria fruto do autoritarismo estatal; em seu lugar, é preciso surgir medida preventiva, educativa e social. Emerge a ideia da prevenção geral. A defesa social teria por meta o aprimoramento pessoal, socializando as pessoas. Não se nega a existência do livre-arbítrio, mas o objetivo é superar o debate entre livre-arbítrio e determinismo; em seu lugar, surge a antissociabilidade. A posição estatal deve concentrar-se na aplicação de medida de segurança, como uma medida de defesa social.

É um sistema lastreado no grau de periculosidade do indivíduo, quando se verificar ser a sua conduta antissocial, independentemente de se comprovar um efetivo dano a bem jurídico tutelado. Difere esta proposta da apresentada por Lombroso, porque não se liga a nenhum elemento atávico, mas a um aspecto de antissociabilidade.

A culpabilidade seria substituída pela antissociabilidade culposa ou dolosa, não se aceitando nem mesmo o termo *imputabilidade*, por pressupor a atribuição do delito e da culpabilidade ao sujeito, captando características do direito penal, repudiado pelo sistema da defesa social. Erros evidenciam-se ao apontar o estado perigoso de pessoas consideradas desviantes, como vagabundos, rufiões, homossexuais, prostitutas, traficantes de pornografia, mendigos, bêbados habituais, entre outros.

5. ESCOLA DA NOVA DEFESA SOCIAL

A nova defesa social possui características de uma escola de direito penal, com particulares ideias e postulados, em um entendimento diferenciado das tradicionais escolas clássica e positiva. Pode-se até denominá-la de uma escola mista ou eclética, mas com uma visão particular muito relevante, inclusive diferenciada da defesa social de Gramatica.

Marc Ancel criou um movimento de política criminal humanista, visando à proteção eficaz da comunidade, por meio de estratégias fora do campo penal, partindo do conhecimento científico da personalidade do infrator e buscando neutralizar a sua periculosidade de modo individualizado e humanitário. Percebe-se a vocação humanista da *nova defesa social*, procurando o tratamento ressocializador do criminoso.[27]

---

[25] García-Pablos de Molina (*Tratado de criminologia*, p. 507).

[26] *Princípios de defesa social*, p. 28-29.

[27] García-Pablos de Molina (*Tratado de criminologia*, p. 508).

Narra Ancel que "o movimento de defesa social nasceu realmente da revolta positivista; e o Positivismo foi na realidade uma 'revolta' contra o direito penal clássico, assimilável em muitos aspectos, no que diz respeito à sua significação histórica, ao movimento de revolta que exprimia em 1764 o famoso pequeno tratado *Dos Delitos e das Penas* de Beccaria. A diferença, sem dúvida, surge do fato de que, em consequência da evolução rápida das concepções e do triunfo da Revolução francesa, as ideias de Beccaria, popularizadas, foram rapidamente aceitas por todos. O sistema repressivo do Antigo Regime foi substituído pelo regime penal neoclássico do século XIX, baseado na responsabilidade moral e na pena-castigo".[28]

A nova defesa social apresenta-se como uma reação ao sistema unicamente retributivo da pena e não para simbolizar a antiga noção de *proteção da sociedade*. Isto não significa que a aplicação da sanção penal deixe de proteger a comunidade como um todo, pois visa à prevenção do crime e ao tratamento dos criminosos.[29] Portanto, o problema efetivo não reside na supressão da lei penal, mas na utilização racional, no campo jurídico, dos variados fatores da criminologia. É um movimento contrário à concepção de considerar a pena como um mecanismo de expiação em decorrência de uma falta; afinal, a proteção social demanda um conjunto de medidas extrapenais com a finalidade de neutralizar o criminoso, por mecanismos curativos ou educativos. Deve-se adotar uma política criminal voltada à ressocialização, desenvolvida por meio da humanização do direito penal, apoiada pelo estudo do fato criminoso e da personalidade do delinquente.[30]

Não se rejeita o livre-arbítrio, o delito não é uma abstração e deve ser analisado sob a perspectiva da personalidade do autor. A finalidade da punição é a proteção da sociedade, como uma função preventiva. Busca-se evitar qualquer ingrediente metafísico, sem utilizar o livre-arbítrio para fundamentar a prática do delito, afastando-se a concepção de pena para garantir a justiça absoluta. Como a justiça humana é sempre relativa, pois avalia a pessoa concreta, não se trata de promover um sistema retributivo.

A nova defesa social considera o delito como um fato humano, expressivo da personalidade do autor, de modo que o sistema retributivo é insuficiente. Refuta-se, também, o determinismo positivista, buscando posicionar-se entre clássicos e positivistas.

A parcela relevante dessa escola é o privilégio ao respeito à dignidade humana, garantindo-se a liberdade individual, o princípio da legalidade, o sistema processual idôneo e a desconfiança da aplicação de medidas de segurança preventivas, ou seja, antes do cometimento do crime.

O foco da nova defesa social voltado à personalidade do agente é, atualmente, criticado por muitos penalistas, embora conste esse elemento no ordenamento jurídico-penal brasileiro. A diferença é que, no plano atual, a personalidade diz respeito à fixação da pena, enquanto na nova defesa social o juiz deveria avaliar o fato delituoso valendo-se de fatores subjetivos ligados à personalidade do autor. Esse conhecimento do infrator não diria respeito apenas a aspectos exteriores ao ato, como os seus antecedentes estabelecidos pelos serviços policiais, mas teria vinculação com a sua constituição biológica, as suas reações psicológicas, a sua história pessoal e a sua situação social; isto seria o exame científico do delinquente no processo penal moderno. É o que sustenta a política criminal da nova defesa social.[31]

---

[28]   *A nova defesa social*, p. XX (introdução).

[29]   ANCEL, Marc. *A nova defesa social*, p. 8-10.

[30]   ANCEL, Marc. *A nova defesa social*, p. 17-18.

[31]   ANCEL, Marc. *A nova defesa social*, p. 281-285.

Sobre a individualização da pena, o autor menciona não ser mais uma faculdade do magistrado, mas uma obrigação imposta pela lei. Aliás, constitui, hoje, princípio constitucional expresso na Constituição Federal do Brasil (art. 5º, XLVI, primeira parte). Além disso, o Código Penal dedica vários artigos para a aplicação da pena o mais individualizada possível.

No tocante ao sistema do duplo binário (aplicação de pena e medida de segurança), Ancel se opõe, dando-o por superado, devendo o magistrado optar pela via penal (pena) ou pela via da defesa social (medida de segurança).[32]

No mesmo patamar do equívoco da defesa social de Gramatica, aponta-se desvios de conduta, como vadiagem, mendicância, prostituição, entre outros.

Sobre a reforma penitenciária, Marc Ancel aponta como um dos principais problemas a resolver, em nome da política criminal da nova defesa social, a possibilidade de conceder ao condenado a sua consideração como um cidadão livre.[33]

O tema é apoiado por vários penalistas e rejeitado por outros, que se consideram mais progressistas no cenário da aplicação da pena. De todo modo, a influência da escola da nova defesa social continua presente na legislação penal brasileira.

Nas palavras de Evandro Lins e Silva, "a Nova Defesa Social é, atualmente, um movimento dinâmico e propagador das ideias que surgem e se entrecruzam nos domínios da ciência penal. É inegável o seu papel como estímulo e emulação para os estudos, pesquisas e observações em torno dos problemas criminais, dentro de um amplo espectro, seja no direito e no processo penal, seja sobretudo na definição de uma política criminal garantidora do respeito aos direitos humanos. Ele é a expressão moderna das conquistas da Revolução Francesa e da antevisão genial de Beccaria".[34]

RESUMO DO CAPÍTULO

▸ **Escola clássica:** emerge no Iluminismo, principalmente após a publicação da obra *Dos delitos e das penas*, de CESARE BONESANA, MARQUÊS DE BECCARIA, que conseguiu expor em linguagem clara e objetiva as suas ideias de renovação do sistema penal; sustenta a humanidade das punições, mostrando-se contrária às penas cruéis, inclusive a pena de morte; constrói seu sistema em torno de um método lógico, baseado no livre-arbítrio do delinquente; o crime é um ente jurídico de onde surgem todas as consequências do sistema de direito penal; a pena deve ser proporcional à gravidade do delito; a pena tem nítido caráter retributivo.

▸ **Escola positiva:** surge após a publicação da obra *O homem delinquente* de CESARE LOMBROSO; sustenta a existência do criminoso nato; contraria o livre-arbítrio para o cometimento do crime, substituindo-o pelo determinismo atávico da natureza humana, adotando um método experimental; a forma mais apropriada de sanção não é a pena determinada, mas a medida de segurança por tempo indeterminado; retorna-se à ideia de aplicação da pena de morte para os irrecuperáveis; consagra-se o conceito de periculosidade para a aplicação da reprimenda; a pena é um meio de defesa social, de caráter preventivo.

---

[32] ANCEL, Marc. *A nova defesa social,* p. 297.

[33] ANCEL, Marc. *A nova defesa social,* p. 350.

[34] *De Beccaria a Filippo Gramatica,* p. 13-14.

- *Terza scuola* (**escola crítica**): constitui um meio-termo entre as anteriores; consagra o método lógico-abstrato e dedutivo, opondo-se ao experimental; nega a existência do criminoso nato; sustenta a viabilidade de convivência da pena e da medida de segurança para situações diversas; o crime é um fato causal-natural.

- **Defesa social:** trata-se *de considerar o grau de antissociabilidade do agente, como elemento fundamental, independente de qualquer avaliação de atavismo ou criminoso nato. A sanção penal deve se voltar a atender à defesa da sociedade. Portanto, detectado um fato antissocial na conduta do agente é importante substituir a pena por uma medida preventiva. A recuperação do infrator é a meta principal. Pretende--se substituir a responsabilidade penal pela antissociabilidade subjetiva. Suprime-se a pena e a substitui por uma medida social preventiva.*

- **Nova defesa social:** *volta-se a uma política criminal humanista, privilegiando o princípio da dignidade da pessoa humana.* Porém, a estratégia é conhecer a personalidade do agente, buscando neutralizar a sua periculosidade, de maneira individualizada e humanitária, como forma de ressocialização. É uma reação ao sistema retributivo da pena, buscando a proteção da sociedade, por métodos preventivos. Não se rejeita o livre-arbítrio, nem se admite o determinismo para o cometimento do crime.

Capítulo IV
História do Direito Penal Brasileiro

1. BRASIL COLÔNIA

Antes do domínio português, prevalecia a *lei da selva*, ditada pelos indígenas, geralmente com o predomínio da vingança privada ou mesmo da lei do talião. Portanto, não há que falar de um *direito penal*.

Vale mencionar, ainda, o estudo de João Bernardino Gonzaga a respeito do direito penal no cenário indígena brasileiro: "O Direito assim constituído será forçosamente esquemático, nebuloso, mas nem por isso deixa de representar um instrumento de conservação da ordem pública. A reação não fica entregue ao inteiro alvedrio da vítima, porque resulta de imposição do pensamento coletivo. Em consequência, o que a História mostra existir em toda comunidade primitiva não é a simples *faculdade* de vingar-se o ofendido ou seu grupo, mas o *dever* de fazê-lo. O que varia é o modo de realizar-se a vingança. Se, num primeiro momento, permanece em larga margem entregue à discrição da vítima, o progresso neste terreno consiste em restringir-se cada vez mais a liberdade com que é exercida: na medida em que se aperfeiçoa a organização coletiva, da anárquica vingança privada, emotiva e geradora de excessos, o aparecimento de um Poder central leva inevitavelmente ao seu cerceamento. Evolui-se para o talião, para a composição pecuniária; opõem-se limites à intensidade da reação, indicam-se aqueles que poderão sofrê-la; e chega-se afinal à substituição da vingança pela pena, a cargo exclusivamente do Poder Público".[1]

Após 1500, com o ingresso lusitano em terras brasileiras, vigoraram por longo período as Ordenações do Reino. Primeiramente, as Ordenações Afonsinas, de 1446. Assinalou

---

[1] *O direito penal indígena. À época do descobrimento do Brasil*, p. 123.

importante época para a Europa, pois era um Código completo, tratando de inúmeros assuntos.[2] "As Ordenações Afonsinas estão divididas em cinco livros, sendo o primeiro, em sua totalidade, em forma legislativa, enquanto os demais seguem um sistema que, como já se disse, pode ser classificado como histórico-cronológico-sistemático-sintético. Daí se afirmar ter sido o primeiro livro o único de autoria de João Mendes, enquanto os demais seriam da lavra de Rui Fernandes."[3] Pouco foi usado em terras brasileiras, pois, em 1521, foram substituídas pelas Ordenações Manuelinas. Abandona-se o método histórico-cronológico para se estabelecer somente o sistemático-sintético, porém nada de inédito foi criado.

Essas Ordenações vigoraram "até o advento da Compilação de Duarte Nunes de Leão, em 1569, realizada por determinação do rei D. Sebastião. Os ordenamentos jurídicos referidos não chegaram a ser eficazes, em razão das peculiaridades reinantes na imensa colônia. Na realidade, havia uma inflação de leis e decretos reais destinados a solucionar casuísmos da nova colônia; acrescidos dos poderes que eram conferidos com as cartas de doação, criavam uma realidade jurídica muito particular".[4]

No tocante ao conteúdo da compilação, as bases são as mesmas das anteriores Ordenações do Reino, prevendo penas drásticas, como açoites, escárnio público, infâmia, mutilações, corte dos pés e morte na forca. Geralmente, ao nobre, penas mais brandas; ao peão e ao escravo, o pleno rigor da lei.[5]

Segue-se, no Brasil colônia, a partir de 1603, as Ordenações Filipinas, vigorando por mais de 200 anos. O motivo real para a edição das Ordenações Filipinas foi o advento do Concílio de Trento, aceito por Portugal sem qualquer restrição. Essa aceitação proporcionava ao povo um saliente Direito Canônico. Os juristas não apreciaram esse resultado e resolveram construir a codificação denominada *Ordenações Filipinas*. Mantiveram-se ambas as legislações, embora a importância do Código Filipino tenha ficado evidente, em particular, no Brasil.[6] Vale ressaltar que o referido Concílio de Trento reafirmou a autoridade do Papa, a intangibilidade do dogma e a severa disciplina eclesiástica.

Não era um modelo de humanismo; ao contrário, cuidava-se de outro amontoado de leis rigorosas, mesclando crimes de menor potencial ofensivo com os mais graves, mas sempre aplicando penas excessivas e cruéis. Na realidade, muito do conteúdo das Ordenações Manuelinas foi simplesmente copiado nas Filipinas. O seu famoso Livro 5.º, constituído da Parte Especial, dividia-se em 143 títulos, sem perder de vista a confusão feita entre autênticos delitos e pecados, misturando política criminal com religião. Tanto assim que o Título 1 é nomeado *Dos hereges e apóstatas*, seguido do Título 2, *Dos que arrenegam ou blasfemam de Deus ou dos santos*. Desse modo, vai seguindo até chegar ao Título 6, prevendo o delito de lesa-majestade, invadindo, então, a seara de tutela do Estado. Ingressa-se, após, nos Títulos referentes ao controle dos bons costumes, prevendo vários dispositivos nesse âmbito (sodomia, adultério, incesto, sedução etc.). Enfim, por qualquer ângulo que se visualize o cenário das Ordenações Filipinas, não se pode elogiar o seu conteúdo.

---

[2] Segundo Ruy Rebello Pinho, "Portugal foi o primeiro país da Europa a possuir um 'Código completo dispondo sobre quase todas as matérias da administração de um Estado': as Ordenações Afonsinas" (*História do direito penal brasileiro*, p. 5).

[3] Pierangeli, *Códigos Penais do Brasil*, p. 52.

[4] Bitencourt, *Tratado de direito penal*, v. 1, p. 89.

[5] Joaquim Augusto de Camargo, *Direito penal brasileiro*, p. 110.

[6] Ruy Rebello Pinho, *História do direito penal brasileiro*, p. 9-10.

Eis a exposição do Conselheiro BATISTA PEREIRA acerca do Livro V das Ordenações Filipinas: "espelho, onde se refletia, com inteira fidelidade, a dureza das codificações contemporâneas, era um misto de despotismo e de beatice, uma legislação híbrida e feroz, inspirada em falsas ideias religiosas e políticas, que invadindo as fronteiras da jurisdição divina, confundia o crime com o pecado, e absorvia o indivíduo no Estado fazendo dele um instrumento. Na previsão de conter os maus pelo terror, a lei não media a pena pela gravidade da culpa; na graduação do castigo obedecia, só, ao critério da utilidade. Assim a pena capital era aplicada com mão larga; abundavam as penas infamantes, como o açoite, a marca de fogo, as galés, e com a mesma severidade com que se punia a heresia, a blasfêmia, a apostasia e a feitiçaria, eram castigados os que, sem licença de El-Rei e dos prelados, benziam cães e bichos, e os que penetravam nos mosteiros para tirar freiras e pernoitar com elas. A pena de morte natural era agravada pelo modo cruel de sua inflição; certos criminosos, como os bígamos, os incestuosos, os adúlteros, os moedeiros falsos eram queimados vivos e feitos em pó, para que nunca de seu corpo e sepultura se pudesse haver memória. (...) A este acervo de monstruosidade outras se cumulavam: a aberrância da pena, o confisco dos bens e a transmissibilidade da infâmia do crime".[7]

2. BRASIL IMPÉRIO

Proclamada a Independência, em 1822, editou-se a primeira Constituição brasileira, em 1824, já inspirada pelas ideias iluministas e democráticas, que ardiam na Europa. Consagrou-se o princípio da legalidade, vedou-se a retroatividade de leis, garantiu-se a liberdade de pensamento, vedou-se a perseguição por motivo religioso; tornou-se a casa asilo inviolável; estabeleceu regras para a prisão, afirmando as bases da presunção de inocência; prescreveu o princípio do juiz natural; consagrou o princípio da igualdade, aboliu as penas de açoites, torturas, marcas de ferro quente e outras penas cruéis, além de enaltecer o princípio da responsabilidade pessoal. Diante de tantas premissas, era urgente elaborar um Código Criminal do Império, que veio a lume em 16 de dezembro de 1830, a partir do projeto apresentado por BERNARDO PEREIRA DE VASCONCELLOS.

Somente elogios esse Código conquistou. Nas palavras de JOAQUIM AUGUSTO DE CAMARGO, "o Código Penal brasileiro é uma verdadeira conquista das ideias modernas sobre o passado, e é uma das leis mais perfeitas e completas que temos. A ilustração e a sabedoria de suas disposições, a justiça com que são punidas as ações e omissões que constituem crimes, a quase exata proporção entre o mal do delito e o mal da pena, as bases desta honram sobremodo o legislador brasileiro".[8]

3. BRASIL REPÚBLICA

Proclamada a República, interrompeu-se o trabalho de revisão do Código Criminal, que estava sendo realizado por BATISTA PEREIRA. No entanto, este foi reconduzido à mesma posição, exigindo-lhe o Governo rapidez para a conclusão dos trabalhos. Enquanto isso, por decreto, em setembro de 1890, extinguiu-se a pena de galés, reduziu-se a pena perpétua a

---

[7]   RUY REBELLO PINHO, *História do direito penal brasileiro*, p. 15-16.
[8]   *Direito penal brasileiro*, p. 142.

30 anos e fez surgir o instituto da detração, além da prescrição. Em outubro, surge o Código Penal de 1890, que, segundo a maioria da doutrina, tanto da época quanto atual, foi muito inferior ao Código Criminal de 1830.

Os seus defeitos e falhas obrigaram à edição de várias leis esparsas, até que, em 1932, editou-se a Consolidação das Leis Penais (Vicente Piragibe) para inserir em volume único a enorme quantidade de leis penais.

Na sequência, vários esforços foram empreendidos para reformar o referido Código Penal, o primeiro republicano. Entretanto, somente durante o Estado Novo, inaugurado por um ato de força, assumindo o poder Getúlio Vargas, terminou-se, por decreto, aprovando o atual Código Penal de 1940. Trata-se do resultado do projeto elaborado por Alcântara Machado e revisado por uma comissão composta por Vieira Braga, Nelson Hungria, Narcélio de Queiroz e Roberto Lyra, sob a presidência do Ministro Francisco Campos. Instituído pelo Decreto 2.848, de 7 de dezembro de 1940, entrou em vigor em 1º de janeiro de 1942.[9]

Após, buscou-se a sua reforma, confiando-se a Nelson Hungria essa tarefa, em 1961. Entre idas e vindas, com revisões e sugestões, a última revisão foi realizada por Heleno Fragoso e Benjamin de Moraes. O Estatuto foi convertido em lei por meio do Decreto-lei 1.004, de 21 de outubro de 1969, editado pela Junta Militar, que governava o Brasil. Ingressou em *vacatio legis* e jamais foi aceito pela comunidade jurídica por conta de sua origem. Os períodos de *vacatio legis* sucederam-se no tempo até que foi revogado, por lei – sem nunca ter entrado em vigor –, em 1978.

4. BRASIL ATUAL

O Código Penal brasileiro, hoje, ainda é o de 1940, com inúmeras modificações pontuais. A maior reforma por ele sofrida ocorreu por conta da Lei 7.209/1984, cuidando da Parte Geral. Várias outras introduziram figuras típicas incriminadoras inéditas, bem como revogaram outras, consideradas antiquadas.

Por certo, o Código ainda carece de uma revisão geral, conferindo-se lógica e adotando-se uma linha sistemática de normas, o que se torna impossível quando as alterações são feitas pontualmente, de maneira estabanada.

De todo modo, o atual Código tem natureza eclética, adotando preceitos da escola clássica e outros da escola positiva. Após a reforma de 1984, o Estatuto continuou pragmático, acolhendo postulados finalistas, mas mantendo-se fiel ao causalismo.

RESUMO DO CAPÍTULO

- ▶ **Brasil colônia:** vigoraram as Ordenações Afonsinas, Manuelinas e Filipinas. O direito penal era rigoroso, mesclado com preceitos religiosos e repleto de penas cruéis.
- ▶ **Brasil império:** vigorou o Código Criminal do Império de 1830, considerado o melhor Código que já tivemos com institutos bem organizados e conteúdo elogiável, captando as mais brilhantes ideias advindas do Iluminismo, sem deixar de ser original.

---

[9] Pierangeli, *Códigos Penais brasileiros*, p. 79.

- **Brasil república:** vigorou o Código Penal de 1890, feito às pressas, sem rigorismo científico e com muitos defeitos e falhas. Editaram-se muitas leis penais esparsas, obrigando a elaboração de uma Consolidação de Leis Penais, em 1932.

- **Brasil atual:** vigora o Código Penal de 1940, editado pelo Decreto-lei 2.848, durante o Estado Novo. Houve ampla reforma da Parte Geral em 1984, pela Lei 7.209. Aguarda-se uma revisão integral, à luz da Constituição de 1988 e dos institutos mais modernos do direito.

Capítulo V

Princípios de Direito Penal

1. CONCEITO DE PRINCÍPIO E SUA IMPORTÂNCIA

O ordenamento jurídico é formado por normas, que se dividem em princípios e regras, visando a constituir um conjunto único, lógico e coerente. Divide-se em ramos, cada qual cuidando de assuntos próprios, como constitucional, penal, civil, processo penal, processo civil, administrativo, tributário, entre outros.

Cada um desses ramos é regido por princípios e regras particulares, embora alguns princípios sejam considerados universais, como o da dignidade da pessoa humana.

O termo *princípio* possui vários sentidos: é a causa primária de algo ou o elemento predominante de um corpo. Juridicamente, o princípio é uma norma de conteúdo abrangente, servindo de instrumento para a integração, interpretação, conhecimento e aplicação do direito positivo.[1]

Os princípios são normas com elevado grau de generalidade, aptos a envolver inúmeras situações conflituosas com o objetivo de solucioná-las. Não possuem a especificidade de uma regra, que contém um comando preciso e determinado, mas constituem proposituras amplas o suficiente para englobar as regras, dando-lhes um rumo, mormente quando há conflito entre elas.

Além do mais, nas palavras de Robert Alexy, os princípios são normas que ordenam a realização de algo na maior amplitude possível dentro das possibilidades jurídicas e fáticas do caso concreto. São mandados de otimização, caracterizados pela aptidão de serem satisfeitos

---

[1] José Afonso da Silva, *Curso de direito constitucional positivo*, p. 85.

em graus variados, além do que a medida de sua satisfação não depende apenas das viabilidades fáticas, mas também das alternativas jurídicas.[2]

Inegavelmente, o sistema normativo carece de otimização, algo que pode ser realizado pela *priorização* dos princípios, ainda que em detrimento de normas específicas. Tal assertiva não significa a eleição dos princípios como as únicas normas a serem aplicadas e respeitadas; seu valor emerge justamente da coexistência com o corpo de leis existentes, regendo e integrando as normas vocacionadas a solucionar determinados assuntos, conferindo consistência ao ordenamento como um todo.

Para CELSO BASTOS, "os princípios constitucionais são metas que podem e devem entrar a qualquer momento no discurso legitimador do direito. Aos princípios corresponde a missão de orientar e coordenar os diferentes dados e fatores que concorrem na interpretação constitucional. Os princípios seriam uma espécie de *direito concentrado*".[3]

O Poder Legislativo edita as variadas normas, que compõem o direito codificado no Brasil, podendo, inclusive, elaborar princípios, o que, no entanto, se dá, basicamente, no contexto da Constituição Federal. Cabe ao operador do direito, analisando o conjunto das normas de determinada área, encontrar e apontar os princípios regentes para segui-los sempre que possível.

Há princípios constitucionais e infraconstitucionais, encontrados em Códigos e leis especiais. Os primeiros são mais importantes, pelo fato de comporem o Texto Fundamental do Estado Democrático de Direito;[4] os segundos devem irmanar-se com os constitucionais, servindo para a perfeita compreensão das regras específicas.

Os princípios – constitucionais e infraconstitucionais, explícitos e implícitos – detêm relevância extraordinária para a coerência do conjunto de normas especiais, nem sempre elaboradas de maneira sistemática e lógica pelo legislador. Devem ser considerados os fios condutores dos diferentes segmentos do Texto Constitucional, dando unidade ao sistema normativo, na lição de LUÍS ROBERTO BARROSO.[5]

Assim considerados, os princípios, especialmente os constitucionais explícitos, jamais entram em colisão, gerando antinomia insuperável. Eles são genéricos e flexíveis o suficiente para *coordenar* o sistema, *harmonizando-se* entre si, quando necessário. No dizer de INOCÊNCIO MÁRTIRES COELHO, "essas espécies normativas" por sua própria natureza, finalidade e formulação "parece não se prestarem a provocar conflitos, criando apenas momentâneos estados de *tensão* ou de *mal-estar hermenêutico*, que o operador jurídico *prima facie* verifica serem passageiros e plenamente superáveis no curso do processo de aplicação do Direito".[6]

Sob outro aspecto, os princípios não afrontam direitos e garantias fundamentais; com eles sintonizam-se na essência. Aliás, como regra, os princípios protegem os direitos fundamentais

---

[2]   *Teoria dos direitos fundamentais*, p. 87-90.

[3]   *Hermenêutica e interpretação constitucional*, p. 136.

[4]   "O Estado Democrático de Direito, que significa a exigência de reger-se por normas democráticas, com eleições livres, periódicas e pelo povo, bem como o respeito das autoridades públicas aos direitos e garantias fundamentais (...)" (ALEXANDRE DE MORAES, *Direito constitucional*, 24. ed., p. 22). "Na verdade, transita-se do *Estado de Direito* para o chamado *Estado Democrático de Direito*, que constitui um aprofundamento do *Estado Social de Direito*, maximizando a abertura de suas instâncias decisórias para os cidadãos" (ENRIQUE RICARDO LEWANDOWSKI, A formação da doutrina dos direitos fundamentais, p. 400).

[5]   *Interpretação e aplicação da Constituição*, p. 146.

[6]   *Curso de direito constitucional*, p. 55.

e servem de estrutura para as garantais fundamentais. Ilustrando, o princípio da presunção de inocência não afronta o direito à segurança, nem privilegia de modo absoluto o direito à liberdade. Em harmonia, assegura o direito à liberdade e, de outro lado, havendo culpa e sendo necessária a prisão, para garantia da segurança, cede o estado de inocência, após o devido processo legal, podendo-se impor a perda temporária da liberdade. Nota-se, pois, a coordenação dos princípios da presunção de inocência, do devido processo legal, da ampla defesa e do contraditório, somente para citar o básico, até que se possa impor a pena justa, dentro de critérios e princípios de humanidade, proporcionalidade, individualização e responsabilidade pessoal.

Por derradeiro, em nosso entendimento, todos os princípios garantistas, que regem penal e processo penal, diretamente ligados aos mais relevantes valores humanos, são sempre *princípios*, na mais pura acepção, não se confundindo com meras regras. Ilustrando, a ampla defesa é um princípio, apto a superar qualquer entrave colocado pela legislação ordinária, merecendo ser consagrado na aplicação cotidiana pelos operadores do direito. Logo, não se pode considerá-la simples regra. O mesmo ocorre com o princípio do juiz natural e imparcial, base fulcral de credibilidade no Judiciário, como Poder de Estado, legitimado a dispor de interesses, valendo-se de medidas coercitivas, se necessário for.

A ideia de valorização e supremacia dos princípios constitucionais penais e processuais penais deve ser enaltecida e lançada como meta para a composição com as demais normas do sistema.

2. GRADUAÇÃO DOS PRINCÍPIOS

Os princípios constitucionais explícitos merecem primazia sobre os princípios infraconstitucionais. Afinal, são os vetores do Estado Democrático de Direito. Os princípios constitucionais implícitos, igualmente, devem predominar sobre os infraconstitucionais.

Os princípios constitucionais explícitos precisam harmonizar-se com os implícitos, pois constituem a estrutura do mesmo Texto Fundamental. Os princípios infraconstitucionais devem prevalecer sobre simples regras.

Em qualquer situação, os princípios constitucionais e infraconstitucionais coordenam o sistema normativo, não podendo ser afastados para dar lugar à aplicação de qualquer norma específica da legislação ordinária.

Compreende-se ser inadmissível a produção legislativa contrária aos princípios constitucionais, em particular quando expressos.[7] Nos campos penal e processual penal, com maior razão, a primazia dos princípios precisa ser respeitada, uma vez que se lida, diretamente, com a liberdade individual e, indiretamente, com vários outros direitos fundamentais (vida, intimidade, propriedade, integridade física etc.).

3. PRINCÍPIOS REGENTES

O direito penal e o processo penal estruturam-se sob as bases de inúmeros princípios constitucionais e infraconstitucionais, porém é essencial destacar dois princípios governantes para que se obtenha a efetividade das propostas do Estado Democrático de Direito.

---

[7] "Todo princípio jurídico, não sendo meramente descritivo, é uma prescrição que estabelece para o legislador uma preferência, ou mediante a qual o legislador estabelece uma preferência" (SÉRGIO SÉRVULO DA CUNHA, *Princípios constitucionais*, p. 18).

O foco precisa voltar-se ao princípio da dignidade da pessoa humana e ao princípio do devido processo legal. Afinal, respeitada a dignidade da pessoa humana, seja do ângulo do acusado, seja do prisma da vítima do crime, além de assegurada a fiel aplicação do devido processo legal, para a consideração da inocência ou da culpa, está-se cumprindo, na parte criminal, o objetivo do Estado de Direito e, com ênfase, *democrático*.

3.1. Dignidade da pessoa humana

Não faltam definições para o princípio da dignidade da pessoa humana, inexistindo, no entanto, consenso. O que se pode encontrar são vários pontos de contato, suficientes para a compreensão universal do que venha a significar e qual deve ser o seu alcance.

Trata-se, sem dúvida, de um princípio regente,[8] cuja missão é a preservação do ser humano, desde o nascimento até a morte, conferindo-lhe autoestima e garantindo-lhe o mínimo existencial.[9]

A referência à *dignidade da pessoa humana*, feita no art. 1.º, III, da Constituição Federal, "parece conglobar em si todos aqueles direitos fundamentais, quer sejam os individuais clássicos, quer sejam os de fundo econômico e social".[10] É um princípio de valor pré-constituinte e de hierarquia supraconstitucional.[11]

Segundo nos parece, o princípio constitucional da dignidade da pessoa humana possui dois prismas: objetivo e subjetivo. Objetivamente, envolve a garantia de um *mínimo existencial* ao ser humano, atendendo as suas necessidades vitais básicas, como reconhecido pelo art. 7.º, IV, da Constituição, ao cuidar do salário mínimo (moradia, alimentação, educação, saúde, lazer, vestuário, higiene, transporte, previdência social). Inexiste dignidade se a pessoa humana não dispuser de condições básicas de vivência.[12] Subjetivamente, cuida-se do sentimento de respeitabilidade e autoestima, inerentes ao ser humano, desde o nascimento, quando passa a desenvolver sua personalidade, entrelaçando-se em comunidade e merecendo consideração, mormente do Estado.

---

[8] Em singelas palavras, NELSON NERY JR. e ROSA MARIA DE ANDRADE NERY a ele referem-se como "o princípio fundamental do direito. É o primeiro. O mais importante" (*Constituição Federal comentada*, p. 118).

[9] "Entenda-se como dignidade da pessoa humana o conjunto de atributos pessoais de natureza moral, intelectual, física, material que dão a cada homem a consciência de suas necessidades, de suas aspirações, de seu valor, e o tornam merecedor de respeito e acatamento perante o corpo social" (ANTONIO CLÁUDIO MARIZ DE OLIVEIRA, O direito penal e a dignidade humana – a questão criminal: discurso tradicional, p. 816). "A dignidade da pessoa humana é, em si, qualidade intrínseca e indissociável de todo e qualquer ser humano. Constitui elemento que o qualifica como tal e dele não pode ser separado. Não é algo concedido à pessoa humana, porque já lhe pertence de forma inata. Por isso, é irrenunciável e inalienável, porquanto se trata de um atributo de todo ser humano" (CAROLINA ALVES DE SOUZA LIMA e OSWALDO HENRIQUE DUEK MARQUES, O princípio da humanidade das penas, p. 443).

[10] CELSO BASTOS e IVES GANDRA, *Comentários à Constituição do Brasil*, v. 1, p. 425. Em igual prisma, ALEXANDRE DE MORAES, *Direito constitucional*, p. 21; JOSÉ AFONSO DA SILVA, *Comentário contextual à Constituição*, p. 38.

[11] INOCÊNCIO MÁRTIRES COELHO, *Curso de direito constitucional*, p. 172.

[12] Nesse sentido, escreve VANDER FERREIRA DE ANDRADE: "(...) entendemos assim que a dignidade humana não se define pelo que é, mas sim pelo seu oposto, ou seja, pelo que não é. Desta forma, tranquilo afirmarmos que não é digna a vida humana desprovida de saúde elementar, de alimentação mínima, de saúde básica ou de educação fundamental (...)" (*A dignidade da pessoa humana*, p. 69).

Para que o ser humano tenha a sua dignidade preservada torna-se essencial o fiel respeito aos direitos e garantias individuais.[13] Por isso, esse princípio é a base e a meta do Estado Democrático de Direito, não podendo ser contrariado, nem alijado de qualquer cenário, em particular, do contexto penal e processual penal.[14]

A existência de tipos penais incriminadores, voltados à punição de quem violar os bens jurídicos por eles tutelados, pode dar a ideia de que o delito, quando concretizado, ofende, de algum modo, a dignidade da pessoa humana. E essa concepção não está equivocada, pois o crime, ao lesionar um bem protegido, tem sempre uma vítima, mesmo que se trate da sociedade.

Desse modo, várias infrações penais compreendem direitos e garantias fundamentais, tais como a vida, a integridade física, a honra, a intimidade, o patrimônio, a liberdade, entre outros. Entretanto, há particularidades, no âmbito penal, envolvendo determinados crimes, em que se consegue destacar, com maior nitidez e profundidade, o alcance da dignidade da pessoa humana.

O relevo do tema concentra-se no fato de que tanto a vítima de um crime como o seu autor têm iguais direitos no tocante à preservação da sua dignidade como pessoas humanas que são.

3.2. Devido processo legal

O segundo princípio regente concentra-se no devido processo legal, cuja raiz remonta à Magna Carta de 1215 ("Nenhum homem pode ser preso ou privado de sua propriedade a não ser pelo julgamento de seus pares ou pela lei da terra"). A célebre expressão "by the law of the land" (lei da terra), que inicialmente constou da redação desse documento histórico, transmudou-se para "due process of law" (devido processo legal). A modificação vernacular não teve o condão de apartar o significado histórico do princípio. Buscou-se uma garantia e uma proteção contra os desmandos do rei, que encarnava a época autoritária absoluta na Inglaterra. Não mais seria possível admitir a prisão ou a perda de bens de qualquer pessoa em virtude de simples capricho do governante. A tolerância havia atingido seu limite, tornando-se essencial o surgimento do princípio da legalidade ou da reserva legal, determinando o império da lei sobre a vontade do rei.

A lei da terra envolvia os costumes, donde surge o direito consuetudinário, até hoje prevalente no Reino Unido. Portanto, haveria de prevalecer a vontade da sociedade, espelhada pelos tradicionais costumes, em detrimento da vontade do soberano. Hoje, consubstancia-se no moderno princípio da legalidade penal, demonstrativo de não existir crime ou pena sem prévia previsão legal.

O devido processo legal, portanto, possui dois importantes aspectos: o lado substantivo (material), de direito penal, e o lado procedimental (processual), de processo penal. No

---

[13] "A consciência da dignidade do homem, a evolução da humanidade que se verifica com a aceitação da necessidade de respeito do homem como pessoa, leva ao entendimento de que a dignidade depende do respeito aos direitos fundamentais por parte de cada indivíduo da sociedade e também por parte do Estado" (CÉLIA ROSENTHAL ZISMAN, *O princípio da dignidade da pessoa humana*, p. 39).

[14] "Certamente um dos papéis centrais do Direito e da Filosofia do Direito é o de assegurar, por intermédio de uma adequada construção e compreensão da noção de dignidade da pessoa humana, a superação de qualquer visão unilateral e reducionista e a promoção e proteção da dignidade de todas as pessoas em todos os lugares" (INGO WOLFGANG SARLET, *As dimensões da dignidade da pessoa*: construindo uma compreensão jurídico-constitucional necessária e possível. p. 385).

primeiro, como já demonstrado, encaixa-se o princípio da legalidade, basicamente, além dos demais princípios penais.[15] Quanto ao prisma processual, cria-se um espectro de garantias fundamentais para que o Estado apure e constate a culpa de alguém, em relação à prática de crime, passível de aplicação de sanção. Eis o motivo pelo qual o devido processo legal coroa os princípios processuais, chamando a si todos os elementos estruturais do processo penal democrático, valendo dizer, a ampla defesa, o contraditório, o juiz natural e imparcial, a publicidade, entre outros, como forma de assegurar a justa aplicação da força estatal na repressão aos delitos existentes.

A ação e o processo penal somente respeitam o devido processo legal, caso todos os princípios norteadores do direito penal e do processo penal sejam, fielmente, respeitados durante a persecução penal, garantidos e afirmados os direitos do acusado para produzir sua defesa, bem como fazendo atuar um Judiciário imparcial e independente. A comunhão entre os princípios penais (legalidade, anterioridade, retroatividade benéfica, proporcionalidade etc.) e os processuais penais (contraditório, ampla defesa, juiz natural e imparcial, publicidade etc.) torna efetivo e concreto o devido processo legal.

4. PRINCÍPIOS DE DIREITO PENAL

4.1. Constitucionais explícitos

Há princípios expressamente previstos na Constituição Federal, denominados *princípios constitucionais explícitos*, servindo de orientação para a produção legislativa ordinária, atuando como garantias diretas e imediatas aos cidadãos, bem como funcionando como critérios de interpretação e integração do texto constitucional. São os que seguem:

4.1.1. Concernentes à atuação do Estado

4.1.1.1. Legalidade (ou reserva legal)

O Estado Democrático de Direito jamais poderia consolidar-se, em matéria penal, sem a expressa previsão e aplicação do princípio da legalidade, consistente no seguinte preceito: *não há crime sem lei anterior que o defina, nem pena sem prévia cominação legal* (art. 5.º, XXXIX,

---

[15] Em diversa visão, Luiz Flávio Gomes atribui ao significado substantivo do devido processo legal a regência dos atos públicos conforme a razoabilidade e a proporcionalidade, incluindo-se nessa exigência, principalmente, a lei, que não deve cercear, sem justa motivação, direitos individuais (Luiz Flávio Gomes; Valerio Mazzuoli, *Comentários à Convenção Americana sobre Direitos Humanos*, p. 76). Preferimos manter o nosso posicionamento, calcado nas raízes do devido processo legal, que se deu em virtude do princípio da legalidade, nos termos da Magna Carta. Seu substrato, portanto, é a observância fiel dos princípios penais.

CF).[16] Estão inseridos no mesmo dispositivo constitucional outros dois importantes princípios penais: a anterioridade e a taxatividade. O primeiro deles é explícito, pois está indicado nos vocábulos *anterior* e *prévia*. O segundo advém da expressão *que o defina*, embora sua fiel amplitude seja decorrência da doutrina e, consequentemente, da interpretação.

A legalidade em sentido estrito ou penal guarda identidade com a reserva legal, vale dizer, somente se pode considerar *crime* determinada conduta, caso exista previsão em *lei*. O mesmo se pode afirmar para a existência da pena. O termo *lei*, nessa hipótese, é *reservado* ao sentido estrito, ou seja, norma emanada do Poder Legislativo, dentro da sua esfera de competência.[17] No caso penal, cuida-se de atribuição do Congresso Nacional, como regra.[18]

A matéria penal (definição de crime e cominação de pena) é *reserva* de *lei*, não se podendo acolher qualquer outra fonte normativa para tanto, pois seria inconstitucional. Portanto, decretos, portarias, leis municipais, resoluções, provimentos, regimentos, entre outros, estão completamente alheios aos campos penal e processual penal.

Remonta à Magna Carta de 1215, editada na Inglaterra, a raiz histórica, verdadeiramente conhecida, do princípio da legalidade: "nenhum homem pode ser preso ou privado de sua propriedade a não ser pelo julgamento de seus pares ou pela lei da terra". Contrapõe-se à liberdade individual, garantida pelos costumes da sociedade, diante da vontade do soberano, muitas vezes despótica e arbitrária. Nasce o direito humano fundamental de somente haver punição quando o Estado joga às claras, criando figuras delituosas *antes* de qualquer fato lesivo ocorrer, conferindo segurança a todos os membros da sociedade. Ademais, a sanção penal também não será desmedida e inédita, visto igualmente respeitar o conteúdo prévio da lei.

A legalidade faz o poder do Estado Absoluto ceder e deixar-se conduzir pela vontade do povo, por meio de seus representantes, para a criação de delitos e penas. A tripartição dos Poderes da República coroa esse molde para o Estado, permitindo que o Legislativo faça nascer a lei penal, enquanto o Judiciário a aplica, na prática, sob a força do Executivo, que garante a polícia e o aparato estatal repressivo, sempre que necessário.

A anterior expressão, constante da primeira versão da Magna Carta, baseada na lei da terra, ou seja, os costumes (*the law of the land*), foi substituída anos depois, em outra redação da Magna Carta, para o devido processo legal (*due process of law*). Na essência, nada se altera, ao contrário, a expressão amplia os seus limites e ganha intensidade, podendo abranger tanto o direito penal quanto o processo penal. O devido processo legal envolve a legalidade, do mesmo modo que é capaz de abarcar inúmeros outros princípios para o escorreito desempenho do poder punitivo do Estado.

---

[16] "Ninguém poderá ser condenado por atos ou omissões que, no momento em que foram cometidos, não constituam delito, de acordo com o direito aplicável. (1) Tampouco poder-se-á impor pena mais grave que a aplicável no momento da ocorrência do delito. Se depois de perpetrado o delito, a lei estipular a imposição de pena mais leve, o delinquente deverá dela beneficiar-se" (art. 9.º, Convenção Americana sobre Direitos Humanos).

[17] A força da tradição referendou a utilização do termo *crime*, mas é evidente tratar-se da infração penal, vale dizer, onde se lê *crime*, leia-se, igualmente, contravenção penal.

[18] Art. 22, I, CF: "Compete privativamente à União legislar sobre: I – direito civil, comercial, penal, processual, eleitoral, agrário, marítimo, aeronáutico, espacial e do trabalho".

A construção do princípio latino, hoje universalmente conhecido, constituído pelo *nullum crimen, nulla poena sine praevia lege*, deveu-se a FEUERBACH.[19] Consagrado o brocardo, espalhou-se por vários textos legais e constitucionais. O seu sentido é captado no cenário da tipicidade, fazendo com que o operador do direito busque adequar o fato concreto ao modelo legal abstrato, previsto no tipo penal incriminador.

A perfeita adequação do fato da vida real ao modelo abstrato de conduta criminosa é a tipicidade, instrumento de viabilização do princípio da legalidade.

Há de destacar a existência do princípio da legalidade em sentido amplo, não mais voltado, exclusivamente, à área penal: *ninguém está obrigado a fazer ou deixar de fazer alguma coisa senão em virtude de lei* (art. 5.º, II, CF). Genericamente, portanto, qualquer pessoa deve pautar-se, nas suas variadas relações, nas normas vigentes, podendo cuidar-se de uma lei ordinária, de uma norma constitucional, de uma medida provisória, de um decreto ou de um regimento de tribunal. São todas *leis em sentido amplo*.

Mais detalhes serão expostos no Capítulo VII.

4.1.1.2. Anterioridade

Significa que uma lei penal incriminadora somente pode ser aplicada a um fato concreto, caso tenha tido origem *antes* da prática da conduta para a qual se destina. Como estipulam o texto constitucional e o art. 1.º do Código Penal, "não há crime sem lei *anterior* que o defina", tampouco pena "sem *prévia* cominação legal" (destacamos).

De nada adiantaria adotar o princípio da legalidade sem a correspondente anterioridade, pois criar uma lei, após o cometimento do fato, pretendendo aplicá-la a este, seria totalmente inútil para a segurança que a norma penal deve representar a todos os seus destinatários. O indivíduo somente está protegido contra os abusos do Estado caso possa ter certeza de que as leis penais são aplicáveis para o futuro, a partir de sua criação, não retroagindo para abranger condutas já realizadas.

Mais detalhes serão expostos no Capítulo VII.

4.1.1.3. Retroatividade da lei penal benéfica

Acesse e escute o podcast sobre Princípio da retroatividade da lei penal benéfica.
> http://uqr.to/1yvct

Significa que a lei penal não retroagirá para abranger situações já consolidadas, sob o império de legislação diferenciada. Logo, quando novas leis entram em vigor, devem envolver somente fatos concretizados sob a sua égide.

Abre-se exceção à regra geral, existente em direito, acerca da irretroatividade quando se ingressa no campo das leis penais benéficas. Estas podem voltar no tempo para favorecer

---

[19] Cf. CEREZO MIR, *Curso de derecho penal español – parte generale*, v. 1, p. 163; ASÚA, *Lecciones de derecho penal*, p. 14 e 57.

o agente, ainda que o fato tenha sido decidido por sentença condenatória, com trânsito em julgado (art. 5.º, XL, CF; art. 2.º, parágrafo único, CP).

É também conhecido como o *princípio da irretroatividade da lei penal*, embora, nesse prisma, leve-se em consideração a lei incriminadora.

Trataremos desse tema, em maiores detalhes, no Capítulo VIII.

4.1.1.4. Humanidade

Significa que o direito penal deve pautar-se pela benevolência, garantindo o bem-estar da coletividade, incluindo-se o dos condenados. Estes não devem ser excluídos da sociedade somente porque infringiram a norma penal, tratados como se não fossem seres humanos, mas animais ou coisas.

Por isso, estipula a Constituição que não haverá penas: 1) de morte (exceção feita à época de guerra declarada, conforme previsão do Código Penal Militar); 2) de caráter perpétuo; 3) de trabalhos forçados; 4) de banimento; 5) cruéis (art. 5.º, XLVII), bem como que deverá ser assegurado o respeito à integridade física e moral do preso (art. 5.º, XLIX).

Na realidade, houve, em nosso entendimento, um desvio na redação desse inciso. O que a Constituição proíbe são as penas cruéis (gênero), do qual são espécies as demais (morte, perpétua, trabalhados forçados, banimento). E faltou, entre as específicas, descrever as penas de castigos corporais. Logo, a alínea *e* do inciso XLVII do art. 5.º da Constituição Federal é o gênero (penas cruéis); as demais representam as espécies.

Impulsionando a civilidade e pretendendo consolidar uma atuação imparcial e superior do Estado, considera-se crime grave a prática da tortura (art. 5.º, XLIII, CF), registrando-se que tal delito dá-se, em grande parte, no contexto da ação investigatória estatal. Objeta-se a produção de provas ilícitas (art. 5.º, LVI, CF) e pretende-se punir qualquer discriminação atentatória dos direitos e garantias fundamentais (art. 5.º, XLI, CF).

A pena deverá ser cumprida em estabelecimento adequado, distinguindo-se a natureza do delito, a idade e o sexo do apenado (art. 5.º, XLVIII, CF), bem como assegurando-se aos presos o respeito à integridade física e moral (art. 5.º, XLIX, CF). As presidiárias terão direito de amamentar seus filhos (art. 5.º, L, CF).

Humanizam-se, constitucionalmente, o direito penal sancionador e o processo penal ético.

Entretanto, cuidar do tema *humanidade* pode simbolizar uma busca por parâmetros ideais, desvinculados da realidade, em particular, pela dificuldade de materialização da benevolência do sistema penal diante do infrator. Por vezes, está-se diante de um paradoxo, donde se extrai que a pena, pela sua própria natureza, é uma restrição à liberdade, logo, um mal. Em decorrência disso, a aplicação da sanção penal constitui um ato de força contraposto ao mal gerado pelo crime. Seria, na aparência, uma vindita oficializada.

Tal sugestivo paradoxo deve ser resolvido pela meta humanizada do sistema penal, tal como se dá no processo educacional de qualquer criança ou adolescente. No extenso caminho rumo ao amadurecimento, pretendendo-se consolidar os bons sentimentos e os elevados valores, impõe-se a restrição à plena liberdade de ação dos infantes e jovens, seja por meio dos pais ou tutores, seja por intermédio da escola. Nesse processo, encontram-se as sanções disciplinares, cuja finalidade é a preservação da autoridade de quem conduz o curso educacional. O objetivo de pais e de professores, que certamente amam seus filhos e respeitam seus alunos, é o bem, como regra. Outra não pode ser a missão do Estado, buscando, pela via da pena, proporcionar a reeducação e a ressocialização do infrator, conforme a extensão da reprimenda aplicada.

Não somente crianças e jovens são educados, pois adultos, em variados setores, necessitam ser igualmente educados e, se nunca o foram, reeducados, quando ignorarem o aprendizado da sociedade civilizada. Nada existe de despótico em proporcionar a reeducação ou o aprendizado de regras básicas de convivência, justamente para que se atinja paz e equilíbrio na vida em comunidade. Somente a vida selvagem propicia a ausência de regras para garantir a isonomia entre os seres, valendo a lei (nada civilizada) do mais forte.

Em suma, não basta apregoar a humanidade; é essencial fazê-la valer. Para tanto, a vedação às penas cruéis precisa tornar-se realidade no Brasil. Essas sanções podem inexistir em tese, mas, na prática, são encontradas amiúde. Fechar os olhos a tal situação é o mesmo que ignorar o princípio constitucional em questão, expressamente previsto entre os direitos e garantias fundamentais.

No cenário das penas privativas de liberdade, impõe-se o regime fechado para delitos graves, moldado por várias regras mínimas a serem observadas, com o objetivo de assegurar a humanização de seu cumprimento. Portanto, torna-se óbvio e evidente que celas, em presídios, não podem ultrapassar a sua capacidade máxima, transformando-se em *depósitos de seres humanos*, em lugar de regime fechado, destinado à ressocialização de alguém.[20] Não se reeduca sem respeito às próprias leis vigentes. Se o Estado, por seus agentes, fere a norma, como se pode esperar que o preso assimile as regras reputadas civilizadas para a convivência em sociedade? Em qualquer processo educacional (reeducacional) a presença efetiva do exemplo é fundamental. O educador perde o respeito, e até mesmo a legitimidade, ao tentar impor ideias, contra as quais seus próprios atos estão a servir de testemunho. Não se pretende, com tal afirmação, sustentar a infalibilidade do educador, seja ele pai ou mãe, seja professor. No entanto, no contexto abstrato do Estado, exige-se, sim, a perfeição, pois essa é a razão de existência da norma, no universo abstrato do sistema.

Noutros termos, o educador – ser humano – pode falhar, mas o Estado – ente abstrato – não tem essa possibilidade. Logo, inexiste justificativa para que o regime fechado seja constituído de *depósitos*, e não de celas. O aglomerado insalubre de presos demonstra a crueldade real do sistema, devendo-se cumprir o disposto na Constituição Federal, vale dizer, cabe ao Judiciário obstar essa situação, contornando pelos meios possíveis e razoáveis a violação à lei e à Constituição Federal.[21]

A pena cruel não se molda pelo abstrato, mas, fundamentalmente, pela realidade. Somente para argumentar, considera-se, por certo, cruel a imposição de castigo físico, como a pena

---

[20] "Se é certo, como diz o jargão, que lugar de bandido é na cadeia, menos certo não é que prisões não se confundem com depósitos de gente. Celas concedidas para abrigar dez encarcerados, mas onde recolhidos cem, não são prisões, mas desumanos depósitos de gente" (DIRCEU DE MELLO, Violência no mundo de hoje, p. 883).

[21] Ademais, até mesmo a prisão comum, nos termos estritos da lei, não deixa de possuir um caráter degradante e pesaroso, o que LEONARDO MASSUD bem acentua: "não parece ser possível sustentar que mesmo a mais asséptica e espaçosa das prisões deixe de degradar os indivíduos e suas potencialidades. Ainda assim, sabe-se que a pouca inventividade do homem, a sua falta de ousadia e a impossibilidade prática de mudança abrupta nesse campo não permitem o imediato abandono dessa forma de punição" (*Da pena e sua fixação*, p. 87). Noutros termos, permanecemos jungidos à pena privativa de liberdade como um *mal necessário*, que, no entanto, merece ser corretamente instituído e devidamente aplicado.

de chibatadas, ao mesmo tempo que se admite como razoável a pena privativa de liberdade. Entretanto, no plano real, pode ser mais brando o recebimento de algumas chibatadas do que a passagem de alguns dias por celas imundas, infectadas e superlotadas. Essa contradição não poderia jamais existir, mas, lamentavelmente, constitui fruto da realidade brasileira.

A concretude do princípio da humanidade depende da clara conscientização dos Poderes do Estado, mais particularmente do Judiciário. Registre-se, ainda, a possibilidade de se atingir outras penas consideradas cruéis no cenário real – e não apenas no trato abstrato da matéria. O presídio superlotado, onde reinem a insalubridade, a violência sexual, as doenças infectocontagiosas, a carência de assistência médica e de alimentação adequada, entre outros males, pode levar o preso à morte. Assim ocorrendo, estar-se-ia diante da pena de morte, aplicada na prática, mas rejeitada em teoria.

Esquecer-se do preso, sem zelo pelo tempo de recolhimento, sobretudo quando nem mesmo o processo-crime é terminado, perpetuando-se uma reles prisão cautelar, constitui nítida ofensa à humanidade. Está-se *criando*, na prática, a pena de caráter indefinido.

Os trabalhos forçados podem advir da caótica situação de presídios, onde o detento é *obrigado* a trabalhar para o funcionamento mínimo do estabelecimento. Se o Estado proíbe o labor forçado, considerando-o somente uma das formas ideais para o cumprimento da pena,[22] não pode constranger o preso a cuidar de si mesmo, sob pena de perecimento.

Ainda no contexto da crueldade, o desleixo no controle da população carcerária pode levar o crime organizado a assumir, na prática, o destino do presídio, com isso instalando regime rigoroso e injusto. A submissão de outros detentos a normas desumanas e incivilizadas é outra forma de consolidação da existência de penas cruéis, em pleno desenvolvimento, no Brasil.

Pode-se imaginar que o *caos penitenciário* é recente, mas, lamentavelmente, há muito se constata esse descaso. José Augusto César Salgado, Procurador-Geral de Justiça do Estado de São Paulo, assim manifestou-se na 1.ª Reunião Penitenciária Brasileira, em 1952, no Rio de Janeiro, com o trabalho intitulado *O regime penitenciário brasileiro – um erro que permanece*: "(...) Será possível criar, neste país imenso e pobre, os inúmeros estabelecimentos penais reclamados pelo Código de 1940 para seu exato e fiel cumprimento? O que se vê das prisões do Brasil não é a imposição de castigos físicos e penas infamantes a réus condenados a penas privativas de liberdade e atirados a cadeias nas quais têm a saúde ofendida e a dignidade do homem desrespeitada? Estarão as normas do nosso Código Penal de acordo com o mundo fático em que nasceram os valores que se propuseram a realizar? Parece-nos que não".[23]

4.1.2. *Concernentes ao indivíduo*

4.1.2.1. Personalidade ou responsabilidade pessoal

Significa que a punição, em matéria penal, não deve ultrapassar a pessoa do delinquente. Trata-se de outra conquista do direito penal moderno, impedindo que terceiros inocentes

---

[22] "O trabalho do condenado, como dever social e condição de dignidade humana, terá finalidade educativa e produtiva" (art. 28, *caput*, Lei de Execução Penal). Considera-se o trabalho obrigatório (art. 31 c.c. o art. 39, V, LEP) como meta de reeducação e maneira de manter o sentenciado em produtiva ocupação. Há, logicamente, diferença entre *forçado* (constrange-se com medidas punitivas severas) e *obrigatório* (constitui um dever, cujo exercício demonstra regeneração e aptidão para receber benefícios).

[23] Cf. Ruy Rebello Pinho, *História do direito penal brasileiro*, p. 14.

e totalmente alheios ao crime possam pagar pelo que não fizeram, nem contribuíram para que fosse realizado. A família do condenado, por exemplo, não deve ser afetada pelo crime cometido.

Por isso, prevê a Constituição, no art. 5.º, XLV, que "nenhuma pena passará da pessoa do condenado". Isso não significa que não haja possibilidade de garantir à vítima do delito a indenização civil ou que o Estado não possa confiscar o produto do crime – aliás, o que o próprio art. 5.º, XLV, prevê. Uma das consequências do princípio, associado à intranscendência do processo penal, é a multa, que, mesmo considerada dívida civil, para fins de cobrança, após o trânsito em julgado da decisão condenatória, não pode alcançar os herdeiros do condenado.

A personalidade de uma pessoa é o espelho fiel de sua individualidade, atributo que a torna singular, única e exclusiva em sua comunidade. Preservar a pessoalidade é dever do Estado Democrático de Direito, furtando-se à padronização de condutas e imposições, mormente no campo penal. Ademais, ainda que advenha condenação, com base em crime praticado, a individualização da pena – outro princípio constitucional – assegura a justa e personalista aplicação da pena.

Entre os fins democráticos da República Federativa do Brasil encontra-se a preservação da dignidade da pessoa humana, que possui, entre seus lastros, o foco da liberdade individual, com o intuito de abonar a busca incessante pela paz de espírito e felicidade interior. Seres humanos não se sentem realizados quando tratados, pelo Estado, com desdém e de forma estandardizada. Não é à toa que se tem por meta afiançar a liberdade de pensamento, crença, culto, ir e vir, reunir-se, além de sustentar a inviolabilidade de espaços privativos e exclusivos de construção da pessoalidade humana, como a intimidade, a vida privada, o domicílio, o sigilo das comunicações, entre outros.

Por outro lado, o aberto combate à discriminação, ao racismo e às desigualdades sociais tem por finalidade a construção de uma sociedade livre, justa e solidária (art. 3.º, I, CF), calcada, certamente, em respeito harmônico e pleno à liberdade individual. Considerando-se a existência do ser humano como ente único, pode-se cuidar da erradicação das desigualdades e da luta contra os fatores discriminatórios. Fossem todos tratados em padrões genéricos, sem a preservação do espaço privado, descaberia tanto cuidado com o preconceito, fundado em elementos passíveis de indicar, justamente, a individualidade humana: raça, sexo, cor, idade e outros atributos (art. 3.º, IV, CF).

A personalidade demanda garantias variadas, uma das quais se calca na *responsabilidade penal pessoal*. Do mesmo modo em que se busca preservar o patrimônio, por exemplo, de quem, honestamente, o ajuntou, trata-se de punir quem o subtrai indevidamente. Assegurar o patrimônio, como um dos direitos individuais, tem duplo aspecto: permite-se a sua formação lícita; pune-se a sua subtração ilícita.

A medida exata e justa da punição somente pode concentrar-se na pessoa do autor do ilícito, sem se expandir para outros indivíduos, por mais próximos que sejam ou estejam do criminoso. A pessoalidade do abono ao direito individual é contraposta à justeza da punição do infrator. Por isso, "nenhuma pena passará da pessoa do condenado, podendo a obrigação de reparar o dano e a decretação do perdimento de bens ser, nos termos da lei, estendidas aos sucessores e contra eles executadas, até o limite do valor do patrimônio transferido" (art. 5.º, XLV, CF).

Na órbita penal, a sanção converge para um único ponto: a pessoa do condenado. As penas aplicadas devem respeitar, na absoluta precisão do termo, a individualidade humana. Portanto, ao autor do crime destina-se a medida repressiva e preventiva do Estado, fundando-se em fatores variados. Preservam-se a família e todos os demais, que possuam algum vínculo com o acusado.

É natural supor, entretanto, dentro do lógico entrelaçamento de contatos humanos em sociedade, a prejudicialidade da aplicação da pena em relação a terceiros. Por tal razão, deve-se subdividir a consequência da sanção penal em prejudicialidade direta e indireta.

De maneira *direta*, o estabelecimento da pena gera restrições lesivas à liberdade individual ao condenado. O cumprimento de pena privativa de liberdade, restritiva de direitos ou pecuniária termina por implicar afetação de direitos individuais, tais como a liberdade de ir e vir ou da livre disposição do patrimônio.

De maneira *indireta*, a fixação da pena pode produzir lesões a pessoas diversas do sentenciado, mas que com ele convivem ou dele dependem. Os familiares podem ser privados, por algum tempo, do sustento habitual, caso o condenado seja o provedor do lar; o patrão pode se ver despojado de seu empregado, ocasionando-lhe perdas de qualquer forma; os pais podem ser tolhidos do convívio com o filho, dando origem a sofrimentos morais ou mesmo patrimoniais; os alunos podem sofrer a perda do professor etc. No universo rico e complexo das relações humanas, a condenação criminal apresenta a possibilidade de desencadear prejuízos de toda ordem. No entanto, não é essa a medida da responsabilidade pessoal no campo penal. O princípio tem por fim exclusivo assegurar que a punição *direta* do Estado em relação ao indivíduo não se espraie, atingindo terceiros, não participantes do delito.

No mais, a nocividade relativa e indireta da pena, no contexto social, é um mal necessário, impossível de ser evitado, dadas a natureza do crime e sua dimensão presente e incontornável.

Essa visão personalista da aplicação da pena contribui para elidir um dos argumentos contrários à responsabilidade penal da pessoa jurídica. No cenário dos crimes ambientais, quando criminalmente punida a pessoa jurídica, com as penas a ela compatíveis, de forma *direta*, apenas esta é prejudicada. Os sócios, não participantes *diretos* da prática criminal, logo, não processados criminalmente, não são afetados. Continuam com suas liberdades individuais absolutamente preservadas. Se, porventura, punida a empresa, os lucros diminuem e, por via de consequência, os rendimentos dos sócios igualmente, trata-se de prejudicialidade indireta. O mesmo fator se dá com a família do preso, quando este é o provedor principal da casa. Nem por isso a responsabilidade pessoal deixou de ser fielmente observada.

4.1.2.1.1. A questão da cobrança da multa penal

Por outro lado, o respeito à personalidade da pena será vilipendiado, caso se decida cobrar a pena de multa, aplicada ao condenado, de seus herdeiros. A polêmica surgiu, a partir da modificação do art. 51 do Código Penal, pela Lei 9.268/1996, passando à seguinte redação: "Transitada em julgado a sentença condenatória, a multa será considerada dívida de valor, aplicando-se-lhe as normas da legislação relativa à dívida ativa da Fazenda Pública, inclusive no que concerne às causas interruptivas e suspensivas da prescrição".

É certo ter-se encaminhado a jurisprudência do Superior Tribunal de Justiça pela competência das Varas Cíveis, em lugar das Criminais, para a cobrança desse valor, mesmo que decorrente de condenação penal. Entretanto, não se pode justificar a transformação da pena em restrição patrimonial de caráter meramente civil, possibilitando, em tese, a busca de satisfação a qualquer custo, a despeito da morte do devedor.

A referida Lei 9.268/1996 buscou evitar a conversão da pena pecuniária em prisão, como autorizava a anterior redação do art. 51, dando margem a abusos e a injustificadas conversões em detenção. Logo, passou-se a considerar a multa como dívida de valor, aplicando-se as regras de execução dos débitos fazendários; com isso, evitar-se-ia, de vez, qualquer tentativa de conversão da multa não paga em prisão. *Considerar* como dívida civil não significa *transformar* em dívida civil. Firmar a competência do cível para a execução, como foi feito, *como se fosse* dívida fazendária não quer dizer alterar a *natureza jurídica* da sanção. Originária de condenação penal, produzida pelo devido processo legal, em virtude de *crime* cometido, faz parte das medidas repressivas e preventivas do Estado. É intolerável alterar o nascedouro da sanção, advinda da prática do delito, somente pelo fato de se ter buscado outra forma de execução.

A lei ordinária não tem o condão de alterar preceito constitucional. Ademais, o art. 5.º, XLVI, *c*, da Constituição Federal prevê, claramente, a multa como pena.

Se a responsabilidade penal é *pessoal*, por óbvio não pode, jamais, atingir inocentes, não participantes do crime. A multa aplicada por juiz criminal advém da prática delituosa; assim, em lugar de pena pecuniária, poderia ser privativa de liberdade. Ora, morto o condenado, cessa, de imediato, o interesse punitivo estatal, pois a pena não passará da pessoa do delinquente. Pouco importa se é constituída por multa, por prisão ou qualquer outra forma de restrição à liberdade individual. A permissão eventualmente concedida à cobrança da multa dos herdeiros do condenado falecido pode abrir as portas para a idêntica exigência de outras penas, tal como ocorre com a prestação pecuniária (art. 45, § 1.º, CP). Fixada em pecúnia, porém fruto do cometimento do delito, além de resultar da conversão de pena privativa de liberdade em restritiva de direitos, poderia ela, também, ser cobrada dos herdeiros, no limite da herança, caso morto o sentenciado. Seria outra ilogicidade e inconstitucionalidade. Enfim, pouco importa o conteúdo do art. 51 do Código Penal, pois o simples fato é que se trata de sanção penal; assim sendo, nunca poderá passar da pessoa do condenado; morto este, cessa a sua punibilidade e ninguém mais poderá arcar com esse peso.

No julgamento da Ação Direta de Inconstitucionalidade 3.150, o Supremo Tribunal Federal conferiu interpretação conforme a Constituição ao art. 51 do Código Penal, para explicitar que a expressão "aplicando-se-lhes as normas da legislação relativa à dívida ativa da Fazenda Pública, inclusive no que concerne às causas interruptivas e suspensivas da prescrição", não exclui a legitimação prioritária do Ministério Público para a cobrança da multa na Vara de Execução Penal. E, na fundamentação, fixou-se o entendimento de que a multa não perde a sua natureza jurídica de sanção penal somente porque cobrada *como se fosse* dívida de valor.

A partir da edição da Lei 13.964/2019, conferiu-se nova redação ao art. 51 do Código Penal e firmou-se que a competência para a execução da pena de multa é da Vara das Execuções Penais.

4.1.2.1.2. A medida extrapenal do princípio

O crime constitui ato ilícito, com reflexos em outros ambientes extrapenais. Do delito podem advir danos materiais e morais, além da eventual multiplicação de condutas proibidas.

Por isso, o princípio da responsabilidade pessoal ou da personalidade não tem por finalidade conceder imunidade geral e absoluta ao delinquente.

A obrigação civil de reparar o dano originário da prática da infração penal está fora do cenário penal; considerando-se dívida civil, nos moldes de qualquer outra, pode estender-se aos herdeiros, nos limites do patrimônio transferido pelo sentenciado falecido.

Aliás, a reforma processual penal, introduzida pela Lei 11.719/2008, permitiu o ajuizamento da ação civil *ex delicto* ao mesmo tempo que a ação penal e perante idêntico juízo criminal. Apresentada a denúncia ou queixa-crime, visando-se à condenação e imposição de pena, admite-se possa a vítima do delito inserir pedido condenatório, de natureza civil, nos autos. Ao final, respeitado o devido processo legal, podendo o réu manifestar-se tanto em relação à imputação criminal quanto ao pedido civil de reparação do dano, o magistrado tem a possibilidade de emitir decisão condenatória de dupla finalidade: impor a sanção penal e determinar a reparação do dano. Findo o processo-crime, em fase de execução, imagine-se ocorrer a morte do sentenciado. A execução da pena criminal esvai-se por completo, extinguindo-se a punibilidade. Entretanto, a reparação do dano poderá ser cobrada dos herdeiros, se herança houver para sustentá-la. Nessa hipótese está-se cuidando de dupla condenação (criminal e civil), e não de uma única (criminal), embora convertida em pecúnia, por razões de política criminal do Estado.

Além disso, a responsabilidade civil pode ser objetiva, não correspondendo à responsabilidade penal, que é sempre subjetiva. Se alguém sofrer violência policial, independentemente de se identificar o agente, para fim de processo-crime, por abuso de autoridade, cabe ação civil indenizatória contra o Estado.

Diga-se o mesmo em relação aos efeitos da condenação, no tocante ao confisco dos bens ilicitamente auferidos pelo condenado. Perdem-se, em favor da União, ressalvado o direito da vítima ou do terceiro de boa-fé, "os instrumentos do crime, desde que constituam em coisas cujo fabrico, alienação, uso, porte ou detenção constitua fato ilícito" e "o produto do crime ou de qualquer bem ou valor que constitua proveito auferido pelo agente com a prática do fato criminoso" (art. 91, I e II, CP).

Corretos são os referidos dispositivos, obedecendo a uma lógica do sistema normativo penal, consistente em vedar o uso, por qualquer forma, de coisas proibidas, tais como armas de fogo, drogas, moedas falsas, explosivos etc. Portanto, se a mera posse de arma de fogo vedada por lei consiste crime, torna-se natural a perda, em favor do Estado, dos instrumentos do delito, quando caracterizados exatamente pelo objeto ilícito.

Acesse e escute o podcast sobre Posse ilegal de arma de fogo.
> http://uqr.to/1yvcw

Sob outro aspecto, em perfeita harmonia com outras normas gerais de direito, veda-se o enriquecimento ilícito ou sem causa justa, motivo pelo qual seria completamente despropositado permitir o lucro ou o ganho decorrente de atividade delituosa. Tal fundamento lastreia a perda em favor do Estado do produto do crime (tudo o que resultar diretamente da infração penal) ou de qualquer proveito auferido pela prática do delito (tudo o que resultar indiretamente da infração penal).

As medidas cautelares processuais penais compõem os instrumentos dos órgãos estatais – e, também, da vítima – para resguardar a futura possibilidade de confisco dos instrumentos do crime, do produto ou do proveito do delito e, ainda, de patrimônio lícito do agente, desde que voltado à reparação do dano.

Vale-se o Estado da apreensão de bens móveis e do sequestro de bens móveis e imóveis (arts. 125 a 127 do CPP) para tomar do acusado ou de terceiro as coisas visadas para confisco.

4.1.2.2. Individualização da pena

 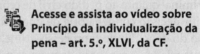

Acesse e assista ao vídeo sobre Princípio da individualização da pena – art. 5.º, XLVI, da CF.

> http://uqr.to/1yvcx

O princípio significa que a pena não deve ser padronizada, cabendo a cada delinquente a exata medida punitiva pelo que fez. Não teria sentido igualar os desiguais, sabendo-se, por certo, que a prática de idêntica figura típica não é suficiente para nivelar dois seres humanos.

Assim, o justo é fixar a pena de maneira individualizada, seguindo-se os parâmetros legais, mas estabelecendo a cada um o que lhe é devido. É o que prevê o art. 5.º, XLVI, da Constituição.

Convém destacar existirem três momentos para a individualização: a) *individualização legislativa*: cabe ao legislador, quando cria um novo tipo penal incriminador, estabelecer o mínimo e o máximo, em abstrato, previstos para a pena; b) *individualização judiciária*: compete ao julgador, na sentença condenatória, concretizar a pena, de acordo com as várias circunstâncias previstas em lei; c) *individualização executória*: a pena aplicada, quando em cumprimento, sofre variações, conforme o desenvolvimento do sentenciado; é possível reduzi-la (remição, indulto etc.), alterar o regime (progressão ou regressão), entre outros fatores. Neste último aspecto, dispõe o art. 5.º, XLVIII, da Constituição Federal deva o condenado cumprir a pena em estabelecimento adequado, conforme a natureza do delito, a idade e o sexo do apenado.

Individualizar significa particularizar uma situação ou tornar alguém individual; quer dizer distinguir uma coisa de outra, a fim de poder compreender, exatamente, o conteúdo, o alcance e a extensão do objeto analisado.[24]

A *pena* é a sanção penal destinada ao condenado, infrator da lei penal, cuja finalidade é multifacetada, implicando retribuição e prevenção pela prática do crime.

A junção desses termos, constituindo a *individualização da pena*, é essencial para garantir a justa fixação da sanção penal, evitando-se a intolerável padronização e o desgaste da uniformização de seres humanos, como se todos fossem iguais uns aos outros, em atitudes e vivências. Logicamente, todos são iguais *perante a lei*, mas não perante uns e outros. Cada

---

[24] Consultar, ainda, para mais detalhes o nosso trabalho *Individualização da pena*.

qual mantém a sua individualidade, desde o nascimento até a morte. Esse contorno íntimo deve ser observado pelo magistrado no momento de aplicação da pena.[25]

O mandamento é constitucional: "a lei regulará a individualização da pena (...)" (art. 5.º, XLVI, CF). Em primeiro lugar, deve-se registrar a imperativa colocação no sentido de que a pena deve ser individualizada – e jamais, por óbvio, padronizada. Em segundo lugar, nota-se ter o constituinte transmitido ao legislador infraconstitucional a tarefa de detalhar o modo pelo qual se fará a necessária individualização.

Noutros termos, torna-se inviável – e seria inconstitucional – que a lei ordinária, a pretexto de individualizar a pena, na ótica legislativa, retire do magistrado qualquer margem razoável de ação.

A meta legislativa, ao elaborar o sistema penal, no contexto da aplicação da pena, é garantir instrumentos eficazes para a individualização da pena, permitindo que cada réu possa receber a justa punição pela infração penal cometida.

É fundamental lembrar que a pena não significa, única e tão somente, a escolha do *quantum* a ser aplicado (ex.: entre 6 e 20 anos de reclusão, opta-se por 8). Inclui-se no processo de fixação a eleição do regime de cumprimento da pena (fechado, semiaberto ou aberto). Além do regime, torna-se preciso abordar as eventuais aplicações de benefícios legais, por exemplo, a substituição das penas privativas de liberdade por restritivas de direitos ou multa. Considera-se, por certo, a possibilidade de aplicar a suspensão condicional da pena.

Até o momento, consegue-se visualizar, com clareza, dois momentos para a individualização da pena: o legislativo e o judiciário. O primeiro constrói o tipo penal e escolhe o mínimo e o máximo, em abstrato, previstos para o delito. Opta pelos regimes cabíveis e por eventuais benefícios. O segundo aplica, concretamente, os instrumentos para transformar a pena abstrata em material e adequada, com justiça, ao sentenciado.

Há, entretanto, outra fase relevante, que não pode passar desapercebida: a execução penal. Afinal, a pena estabelecida na sentença condenatória, com trânsito em julgado, é flexível, conforme o progresso auferido pelo condenado ao longo do cumprimento. Do regime fechado pode passar ao semiaberto e, deste, para o aberto. Com o instituto da remição (desconto da pena pelos dias trabalhados), o montante aplicado tende a diminuir. Permite-se o livramento condicional, além do indulto e da graça. Enfim, a pena pode apresentar variações durante o seu cumprimento.

Eis a razão pela qual não pode o legislador estabelecer, em lei, parâmetros fixos e padronizadores, em relação ao montante, ao regime ou aos benefícios possíveis. Cada condenado deve passar pelo seu próprio processo de individualização judicial (na sentença condenatória) e de individualização executória (durante o cumprimento da pena).

A individualização da pena torna o Estado arejado e atencioso, pretendendo visualizar todos os membros da sociedade como indivíduos, com características, interesses e necessidades particulares. Pessoas não podem padecer da padronização, pois são racionais e emocionalmente superiores. Essa é a tarefa primordial do Judiciário na senda criminal.

Mais detalhes serão analisados no capítulo referente à aplicação da pena.

---

[25] "Nem todos os delinquentes culpados do mesmo fato comprometem a sociedade no mesmo grau. Ela tem mais a recear do reincidente, do malfeitor habitual, do que daquele que comete um crime pela primeira vez; as conspirações e os agrupamentos de malfeitores em bandos, ameaçam-na mais perigosamente do que o indivíduo isolado; a malícia, a ameaça e a premeditação causam-lhe maiores perturbações do que o arrebatamento ou a negligência" (JHERING, *A evolução do direito*, p. 385).

4.2. Constitucionais implícitos

4.2.1. Concernentes à atuação do Estado

4.2.1.1. Intervenção mínima e princípios consequenciais da subsidiariedade, fragmentariedade e ofensividade

O princípio quer dizer que o direito penal não deve interferir em demasia na vida do indivíduo, retirando-lhe autonomia e liberdade. Afinal, a lei penal não deve ser vista como a primeira opção (*prima ratio*) do legislador para compor os conflitos existentes em sociedade e que, pelo atual estágio de desenvolvimento moral e ético da humanidade, sempre estarão presentes. Há outros ramos do direito preparados a solucionar as desavenças e lides surgidas na comunidade, compondo-as sem maiores consequências.

O direito penal é considerado a *ultima ratio*, isto é, a última cartada do sistema legislativo, quando se entende que outra solução não pode haver senão a criação de lei penal incriminadora, impondo sanção penal ao infrator. Como bem assinala MERCEDES GARCÍA ARÁN, "o direito penal deve conseguir a tutela da paz social obtendo o respeito à lei e aos direitos dos demais, mas sem prejudicar a dignidade, o livre desenvolvimento da personalidade ou a igualdade e restringindo ao mínimo a liberdade".[26]

Caso o bem jurídico possa ser protegido de outro modo, deve-se abrir mão da opção legislativa penal, justamente para não banalizar a punição, tornando-a, por vezes, ineficaz, porque não cumprida pelos destinatários da norma e não aplicada pelos órgãos estatais encarregados da segurança pública. Pode-se anotar que a vulgarização do direito penal, como norma solucionadora de qualquer conflito, pode levar ao seu descrédito. Atualmente, somente para exemplificar, determinadas infrações de trânsito possuem punições mais temidas pelos motoristas, diante das elevadas multas e do ganho de pontos no prontuário, que podem levar à perda da carteira de habilitação – tudo isso, sem o devido processo legal –, do que a aplicação de uma multa penal, sensivelmente menor.

Enfim, o direito penal deve ser visto como *subsidiário* aos demais ramos do direito. Fracassando outras formas de punição e de composição de conflitos, lança-se mão da lei penal para coibir comportamentos desregrados, que possam lesionar bens jurídicos tutelados. LUIZ LUISI sustenta que o Estado deve evitar a criação de infrações penais insignificantes, impondo penas ofensivas à dignidade humana. Tal postulado encontra-se implícito na Constituição Federal, que assegura direitos invioláveis, como a vida, a liberdade, a igualdade, a segurança e a propriedade, bem como colocando como fundamento do Estado democrático de direito a dignidade da pessoa humana. Daí ser natural que a restrição ou privação desses direitos invioláveis somente se torne possível caso seja estritamente necessária a imposição da sanção penal, para garantir bens essenciais ao homem.[27]

Não menos correta é a visão de ANABELA MIRANDA RODRIGUES ao dizer que, "na verdade, na mais recente definição de bem jurídico, independentemente da diversidade de formulações, o ponto de partida é o de que o bem jurídico possui natureza social e o de que o direito penal só deve intervir para prevenir danos sociais e não para salvaguardar concepções ideológicas ou morais ou realizar finalidades transcendentes". E continua firmando entendimento de que "a premissa de base continua a ser a de que o hodierno Estado de direito é informado pelo

---

[26] *Fundamentos y aplicación de penas y medidas de seguridad en el Código Penal de 1995*, p. 36.

[27] *Os princípios constitucionais penais*, p. 26.

princípio do pluralismo e da tolerância, daqui se deduzindo, ainda mais uma vez, que a pena estatal não pode ser legitimamente aplicada para impor o mero respeito por determinadas concepções morais. Desta orientação axiológica do sistema constitucional derivaria, pois, um princípio vinculante de política criminal: o direito penal tem por função apenas preservar as condições essenciais a uma pacífica convivência dos indivíduos-cidadãos, só nesta medida logrando, pois, legitimidade a intervenção jurídico-penal".[28]

O denominado *princípio da fragmentariedade* é apenas um corolário da intervenção mínima, significando que nem todas as lesões a bens jurídicos protegidos devem ser tuteladas e punidas pelo direito penal, pois este constitui apenas uma parte do ordenamento jurídico. *Fragmento* é apenas a parte de um todo, razão pela qual o direito penal deve ser visto, no campo dos atos ilícitos, como *fragmentário*, ou seja, deve ocupar-se das condutas mais graves, verdadeiramente lesivas à vida em sociedade, passíveis de causar distúrbios de monta à segurança pública e à liberdade individual. O mais deve ser resolvido pelos outros ramos do direito, por meio de indenizações civis ou punições administrativas.

Não deixa de ser um corolário do princípio da intervenção mínima ou da subsidiariedade do direito penal. Pode-se, ainda, falar em fragmentariedade de 1.º grau e de 2.º grau. A primeira refere-se à forma consumada do delito, ou seja, quando o bem jurídico precisa ser protegido na sua integralidade. A segunda cinge-se à tentativa, pois protege-se o risco de perda ou de lesão, bem como a lesão parcial do bem jurídico.[29]

4.2.1.1.1. Ofensividade (ou lesividade)

Há quem sustente a existência autônoma do princípio da lesividade (ou da ofensividade), alegando que somente podem ser criados tipos penais incriminadores capazes de ofender um bem jurídico alheio, devidamente tutelado. Em outras palavras, não se poderia aceitar a incriminação de uma conduta não lesiva – ou provocadora de ínfima lesão – a bem jurídico determinado. Fundam-se os autores em direitos constitucionais como *intimidade, liberdade, vida privada* etc.[30]

Permitimo-nos discordar. Não deixamos de aceitar o ponto de vista de que o direito penal deve se ocupar de condutas graves, ofensivas a bens jurídicos relevantes, evitando-se a intromissão excessiva na vida privada de cada um, cerceando em demasia a liberdade alheia e expondo ao ridículo, muitas vezes, o ser humano, buscando puni-lo por fatos nitidamente irrelevantes aos olhos da imensa maioria da sociedade. Não se trataria de um direito penal típico do Estado Democrático de Direito, mas de um Estado totalitário e intervencionista.

No entanto, não se consegue ver o nomeado princípio da lesividade como algo autônomo, com vida própria, distinto, pois, do princípio da intervenção mínima. Afinal, em homenagem à *ultima ratio*, deixa-se ao direito penal o âmbito da tipificação das condutas mais sérias, efetivamente lesivas a interesses relevantes. Punir pensamentos, por exemplo, seria o ápice da invasão de privacidade do indivíduo. Ofenderia o denominado princípio da lesividade? Na realidade, atacaria a *intervenção mínima*. O Estado deve respeitar a esfera íntima do cidadão.

Defendemos, portanto, que a ofensividade ou lesividade deve estar presente no contexto do tipo penal incriminador, para validá-lo, legitimá-lo, sob pena de se esgotar o direito

---

[28] *A determinação da medida da pena privativa de liberdade*, p. 268 e 282-283.

[29] José de Faria Costa, *Tentativa e dolo eventual*, p. 21-22.

[30] Por todos, Paulo Queiroz, *Curso de direito penal – Parte geral*, p. 46-47.

penal em situações inócuas e sem propósito, especialmente quando se contrasta a conduta praticada com o tipo de sanção para ela prevista como regra, ou seja, a pena privativa de liberdade. Há enorme desproporção. Entretanto, a ofensividade é um nítido apêndice da intervenção mínima ou subsidiariedade do direito penal democrático. Não necessita ser considerado à parte, como princípio autônomo, pois lhe falecem força e intensidade para desvincular-se do principal, nem existem requisitos próprios que o afastem da ideia fundamental de utilizar a norma penal incriminadora como última cartada para solucionar ou compor conflitos emergentes em sociedade. Em suma, a ofensividade é uma consequência do respeito à intervenção mínima.

4.2.1.1.2. Insignificância e adequação social

Não há dúvida que esses dois princípios, decorrentes da intervenção mínima, são relevantes. O primeiro representa a desnecessidade de se aplicar sanção penal a uma infração considerada insignificante em relação à proporcionalidade da lesão ao bem jurídico tutelado pela lei penal. Exemplo: subtrair um grampo de uma loja. O segundo atesta que condutas socialmente aceitáveis e assimiladas pela comunidade não podem ser consideradas lesivas ao bem jurídico. Exemplo: aplicar uma tatuagem. De todo modo, trataremos especificamente de ambos os temas quando adentrarmos nas excludentes de tipicidade, em capítulo próprio.

4.2.1.2. Taxatividade

4.2.1.2.1. Conceito e importância

Taxativo significa limitativo, restrito, apertado ou estreito. Não é preciso muito para se compreender, em direito penal, a relevância do princípio da taxatividade, lógica e naturalmente, vinculado ao princípio da legalidade. Se inexiste crime sem prévia *definição* legal, nem pena sem anterior cominação em lei, torna-se essencial garantir a eficiência do preceito delimitador da responsabilidade penal, demandando-se do Poder Legislativo a correta redação dos tipos incriminadores.

O tipo penal incriminador é um modelo abstrato de conduta proibida, voltado ao esclarecimento de todos em relação aos fatos considerados delituosos. Para cumprir sua função de tornar compreensível a norma penal, deve-se cuidar de seu conteúdo, formado por vocábulos e sentenças, coordenadas e bem-dispostas, de modo a assegurar a perfeita delimitação do universo da comunicação pretendida.

A taxatividade dos tipos penais tem a finalidade de aclarar o objetivo de cada figura criminosa, permitindo a exata captação do sentido dos modelos. Com isso, estabelece-se a relação de confiança entre o Estado e o indivíduo, tornando-se seguro o contorno entre o ilícito penal e o extrapenal. "É vedado ao direito penal, no âmbito do Estado Democrático de Direito, efetuar proibições gerais e associar a elas uma pena, sem que exista a individualização da conduta proibida, isto é, sem que esta conduta se torne molde de uma ação determinada, à qual se comina uma pena; fora deste perímetro, não se pode falar propriamente em tipo penal, pois o tipo materializa uma ação positiva ou negativa proibida".[31]

Significa que as condutas típicas, merecedoras de punição, devem ser suficientemente claras e bem elaboradas, de modo a não deixar dúvida, em relação ao seu cumprimento, por parte do destinatário da norma. A construção de tipos penais incriminadores dúbios e repletos de termos valorativos vagos pode dar ensejo ao abuso do Estado na invasão da intimidade e da esfera de liberdade dos indivíduos. Aliás, não fossem os tipos taxativos – limitativos, restritivos, precisos –, de nada adiantaria adotar o princípio da legalidade ou da reserva legal. Esse é um princípio decorrente, nitidamente, da legalidade, logo, é constitucional implícito.

Ensina LUIZ LUISI que "o postulado em causa expressa a exigência de que as leis penais, especialmente as de natureza incriminadora, sejam claras e o mais possível certas e precisas. Trata-se de um postulado dirigido ao legislador vetando ao mesmo a elaboração de tipos penais com a utilização de expressões ambíguas, equívocas e vagas de modo a ensejar diferentes e mesmo contrastantes entendimentos. O princípio da determinação taxativa preside, portanto, a formulação da lei penal, a exigir qualificação e competência do legislador, e o uso por este de técnica correta e de uma linguagem rigorosa e uniforme".[32]

Nas palavras de HASSEMER, "acima de tudo, no direito penal do meio ambiente e no direito penal econômico, torna-se visível em geral que os pressupostos tradicionais de imputação do direito penal podem ser absolutamente impeditivos a uma política criminal eficiente. Aqui se cuida, por exemplo, do fato de que a imputação individual, como ela é determinada na tradição do direito penal, pode obstaculizar o emprego de medidas penais (...). Consequentemente, faz-se a exigência de que determinadas áreas do direito devem simplificar a sutileza de uma imputação".[33] Tem-se observado que muitas leis penais ambientais e econômicas são constituídas por tipos penais incriminadores incoerentes, fora da realidade ou repletos de termos vagos e abertos, dificultando, sobremaneira, o respeito ao princípio da taxatividade.

Quando elaboramos a nossa obra *Princípios constitucionais penais e processuais penais*, fizemos um detalhado estudo dos tipos penais existentes no ordenamento jurídico e apresentamos várias críticas à forma de redação, buscando o aprimoramento do sistema.

Esse é um tema relevante, que se pretende reproduzir neste trabalho.

4.2.1.2.2. Mecanismos legítimos para a construção dos tipos penais: elementos normativos, subjetivos específicos e norma em branco

Denomina-se *fechado* o tipo penal, que contém elementos objetivos, puramente descritivos, podendo ser captado e conhecido de pronto, sem necessidade de valoração subjetiva ou interpretação pessoal, transcendendo o limite simples dos vocábulos usados. No básico exemplo do delito de homicídio, encontra-se o verbo *matar* associado ao objeto *alguém*. Não há dúvidas em relação ao seu conteúdo, significando a eliminação da vida de uma pessoa humana.

Naturalmente, em sentido poético ou romântico, em clima fantasioso e inspirador, pode-se utilizar o verbo *matar* para representar intenso sofrimento, distante da eliminação da vida,

---

[31] CLÁUDIO BRANDÃO, *Tipicidade penal*, p. 49.

[32] *Os princípios constitucionais penais*, p. 18.

[33] *Direito penal libertário*, p. 203.

como *morrer de fome* ou *morrer de amor*. Não se trata, entretanto, da função do direito penal, cuja finalidade é meramente descritiva, sem devaneios ou romantismos.

Considerando constituir o tipo penal fechado uma construção segura para ser interpretada pelo operador do direito, por outro lado, sabe-se ser ele insuficiente para abranger todos os elementos necessários a constar num tipo incriminador. Há variadas maneiras para se flexibilizar o tipo, tornando-o aberto.

A consequência lógica é a exigência de maior elasticidade na composição dos tipos incriminadores, valendo-se o legislador de outros elementos objetivos, porém valorativos. A recepção desses termos normativos faz nascer o denominado tipo *aberto*.

A ideia de *abertura* do tipo penal firma-se pela demanda natural de interpretação, captando os sentidos duplos, ocultos ou subentendidos de certos termos, além de permitir a ampliação de significados, bem como a adaptação de vocábulos a realidades diversas. Pode não ser o ideal, em matéria de segurança jurídica, mas é o necessário para evitar a infinita possibilidade de alteração legislativa, com o objetivo de alcançar todas as hipóteses fáticas abrangidas por determinado tipo penal incriminador.

Outro dado indispensável para a construção de certos tipos penais é a expressa menção ao elemento subjetivo específico. Afinal, determinadas figuras delituosas somente encontram real sentido caso sejam voltadas a um objetivo exclusivo na mente do autor. Por isso, quando se trata do furto, a subtração da coisa móvel alheia deve ter a específica meta de ingressar no patrimônio do agente, de maneira definitiva, com ânimo de posse ("para si") ou no patrimônio de outra pessoa ("para outrem"). Do contrário, a subtração eventual e temporária pode configurar um empréstimo *forçado* de algo ("furto de uso"), que não é suficiente para caracterizar o delito, mas somente um ilícito extrapenal.

A utilização de tipo penal imperfeito, contendo claros a serem preenchidos por um complemento, advindo de outra espécie de norma, traz a lume a chamada *norma penal em branco*. O *branco* seria o espaço em claro, sem a imediata compreensão de seu sentido, a ser integralizado por um apêndice descritivo e, consequentemente, explicativo.

Sem dúvida, a norma em branco sugere uma aparente lesão ao princípio da taxatividade, embora, na maior parte das vezes, seja muito mais clara e segura do que variados tipos abertos. Afinal, o complemento é descritivo, encontrado com relativa facilidade e de acesso público. A análise da norma, como um todo, torna-se mais uniforme, pois independe de valoração subjetiva de diversos operadores do direito. Tomando-se o tradicional exemplo das *drogas*, não cabe discutir o alcance desse termo, mas checar, na relação apropriada, divulgada pela Agência Nacional de Vigilância Sanitária, quais os entorpecentes proibidos no Brasil.

4.2.1.2.3. Análise dos tipos abertos

A) Os elementos necessários

Na redação e composição dos tipos penais, mormente os incriminadores, é preciso ter técnica, experiência e conhecimento jurídico-penal. Portanto, a captação do sentimento da sociedade, em relação à criação de alguma figura criminosa, deve ser realizada pelos parlamentares, como fruto natural do exercício de seus mandatos. No entanto, a estruturação do projeto de lei para se tornar norma vigente necessita contar com apoio técnico suficiente, visando ao pleno respeito ao princípio da legalidade, em particular, seu princípio corolário, que é o da taxatividade.

Há termos inevitáveis para o uso em construções de tipos incriminadores, muitos deles abertos ou contendo elemento subjetivo específico. Noutros casos, o modo como é estruturado um capítulo ou título termina por demonstrar a existência de elemento subjetivo implícito.

Em relação aos vocábulos apropriados, buscamos fornecer a classificação que se segue.

A.1) *Termos de interpretação valorativo-cultural:* são os que expressam situações de difícil descrição, na maior parte das vezes complexas, comportando várias maneiras de se realizar. Os termos de valoração cultural podem indicar aspectos da experiência humana cotidiana, assim como avaliações ligadas a outras ciências extrapenais. A construção do tipo do infanticídio demanda a descrição de um período complexo de sensações físico-psicológicas da parturiente, impossível de comportar uma narração integral, fase por fase. Por isso, utiliza-se o termo *puerperal*, indicativo de um período que se estende do início do parto até o retorno das condições normais da mulher, quando da pré-gravidez.[34]

Outro importante vocábulo, usado em inúmeros tipos incriminadores, diz respeito à *culpa*. Consistente em comportamento humano voluntário e consciente, voltado a uma finalidade qualquer, embora fruto da desatenção e da infração ao dever de cuidado objetivo, termina por causar um resultado danoso, previsível, mas evitável, merecedor de punição. Essa desatenção do agente pode ser fruto da imprudência, negligência ou imperícia (art. 18, II, CP). Torna-se bastante intrincada a tarefa de descrever, pormenorizadamente, o que venha a ser uma conduta imprudente, negligente ou imperita, quando se busque fazê-lo diretamente no tipo penal incriminador. Por isso, vale-se o legislador do termo genérico, como se dá, por exemplo, no homicídio culposo.[35]

A.2) *Termos de interpretação valorativo-jurídica:* são os que envolvem vocábulos ligados ao contexto jurídico, captados em áreas correlatas, como o processo penal, ou não. De qualquer forma, torna-se mais fácil utilizar um único termo para expressar uma situação jurídica complexa. É o que se dá quanto ao uso de *testemunha*, na previsão do art. 342 do Código Penal,[36] extraindo-se correlação com o Código de Processo Penal (arts. 202 e 203).[37]

O mesmo se aponte no tocante a termos específicos do direito empresarial, como *conhecimento de depósito* ou *warrant*, inseridos no art. 178 do Código Penal.[38]

A.3) *Elemento subjetivo específico:* cuida-se de especial intenção do agente, que ultrapassa as barreiras naturais do dolo, envolvendo metas compatíveis com determinado tipo penal incriminador. Registre-se que o elemento subjetivo genérico – denominado dolo ou culpa – precisa constar em qualquer crime, sob pena de não se considerá-lo como tal, nos termos do art. 18 do Código Penal. Entretanto, nem toda figura delituosa apresenta o formato

---

[34] Art. 123, CP: "Matar, sob a influência do estado *puerperal*, o próprio filho, durante o parto ou logo após: Pena – detenção, de 2 (dois) a 6 (seis) anos" (grifamos).

[35] Art. 121, § 3.º, CP: "Se o homicídio é *culposo*: Pena – detenção, de 1 (um) a 3 (três) anos".

[36] "Fazer afirmação falsa, ou negar ou calar a verdade, como *testemunha* (...) em processo judicial, ou administrativo, inquérito policial, ou em juízo arbitral: Pena – reclusão, de 2 (dois) a 4 (quatro) anos e multa" (grifamos).

[37] Art. 202. "Toda pessoa poderá ser testemunha." Art. 203. "A testemunha fará, sob palavra de honra, a promessa de dizer a verdade do que souber e lhe for perguntado (...)."

[38] Art. 178. "Emitir *conhecimento de depósito* ou *warrant*, em desacordo com disposição legal. Pena – reclusão, de 1 (um) a 4 (quatro) anos e multa" (grifamos). Note-se que, nesse caso, além da utilização de termos abertos, invade-se o campo da norma penal em branco, necessitando-se dos limites de outra lei para se conhecer, efetivamente, a conduta criminosa.

de vontade específica, transcendendo o dolo. As que possuem, subdividem-se em intenções abrangentes e restritas. As primeiras, quando expressas em determinado artigo, envolvem vários tipos incriminadores. As outras são inseridas em cada tipo incriminador particular.

Na forma abrangente, encontra-se o art. 1.º da Lei 7.716/1989,[39] evidenciando o ânimo racista para as condutas criminosas previstas nos arts. 3.º a 14 e 20. Na modalidade restrita, mais comum, há vários tipos penais, tanto no Código Penal quanto na legislação especial. Algumas ilustrações: *para ocultar desonra própria* (art. 134, CP),[40] *para si ou para outrem* (art. 155, CP),[41] *com o fim de obter, para si ou para outrem, qualquer vantagem, como condição ou preço do resgate* (art. 159, CP),[42] *com o fim de induzir a erro o juiz ou o perito* (art. 347, CP),[43] *com o fim de levá-lo à falência ou de obter vantagem* (art. 170, Lei 11.101/2005),[44] *para o fim de praticar, reiteradamente ou não, qualquer dos crimes previstos nos arts. 33,* caput *e § 1.º, e 34 desta Lei* (art. 35, Lei 11.343/2006).[45]

A.4) *Elemento subjetivo específico implícito*: cuida-se da especial vontade do agente, transcendendo as fronteiras do dolo para atingir objetivos particulares, deduzidos do contexto geral do capítulo ou do título no qual estão imersos os tipos incriminadores, embora não sejam expressos em lei. A retirada da consideração específica da intenção pode acarretar enorme perda de conteúdo do tipo penal, incentivando formas inadequadas de punição, seja por ferir a intervenção mínima, seja por potencializar lesão à proporcionalidade e à razoabilidade. Por outro lado, há pontos de particular motivação, que são naturais à prática do delito, de modo que se tornam inerentes ao crime de todo modo.

No cenário dos delitos contra a honra, justificando a intervenção mínima do direito penal, exige-se o específico ânimo de injuriar ou difamar, advindo do agente. Não basta a mera vontade de proferir uma injúria, que não passa de um xingamento qualquer, mas é indispensável coletar a existência da particular intenção de magoar, melindrar, humilhar e desgastar a imagem alheia. Não fosse assim, no cotidiano das relações sociais, diversas palavras de baixo

---

[39] "Serão punidos, na forma desta Lei, os crimes resultantes de discriminação ou preconceito de raça, cor, etnia, religião ou procedência nacional."

[40] "Expor ou abandonar recém-nascido *para ocultar desonra própria*: Pena – detenção, de 6 (seis) meses a 2 (dois) anos" (grifamos).

[41] "Subtrair, *para si ou para outrem*, coisa alheia móvel: Pena – reclusão, de 1 (um) a 4 (quatro) anos, e multa" (grifamos).

[42] "Sequestrar pessoa *com o fim de obter, para si ou para outrem, qualquer vantagem, como condição ou preço do resgate*: Pena – reclusão, de 8 (oito) a 15 (quinze) anos" (grifamos). Esse é um exemplo peculiar, pois há dupla finalidade, além de especificar a qualidade do objeto pretendido. O agente deve atuar *com o fim de obter* + *para si* ou *para outrem* + vantagem significativa de *condição ou preço do resgate*.

[43] "Inovar artificiosamente, na pendência de processo civil ou administrativo, o estado de lugar, de coisa ou de pessoa, *com o fim de induzir a erro o juiz ou o perito*" (grifamos). Observe-se a perseverança do legislador na indicação da fraude ou do engodo nesse tipo penal. Menciona-se o termo *artificiosamente*, que já corresponde a malícia, ardil ou engenho, além de se colocar a meta de induzimento em erro.

[44] "Divulgar ou propalar, por qualquer meio, informação falsa sobre devedor em recuperação judicial, *com o fim de levá-lo à falência ou de obter vantagem*: Pena – reclusão, de 2 (dois) a 4 (quatro) anos, e multa."

[45] "Associarem-se duas ou mais pessoas *para o fim de praticar, reiteradamente ou não, qualquer dos crimes previstos nos arts. 33,* caput *e § 1.º, e 34 desta Lei*: Pena – reclusão, de 3 (três) a 10 (dez) anos, e pagamento..." (grifamos). Nota-se a junção da finalidade específica e da remissão interna a tipo incriminador constante da mesma Lei. Cuida-se, desse modo, de um crime de quadrilha especializado, voltando-se, apenas, a tráfico de drogas.

calão, proferidas em variados cenários, tornar-se-iam palcos de crimes de injúria, quando, em verdade, não passam de desabafos ou atitudes deselegantes.

Diga-se o mesmo para justificar a intervenção penal dos crimes tributários: apropriação indébita previdenciária (art. 168-A, CP),[46] sonegação previdenciária (art. 337-A, CP),[47] supressão ou redução de tributo, contribuição ou acessório (arts. 1.º e 2.º, Lei 8.137/1990).[48] Não cabe ao Estado instituir tipos incriminadores para *coagir* devedores a pagar tributos ou contribuições atrasadas. Para isso, existem os mecanismos civis de execução forçada. A ação penal deve ser reservada aos sonegadores, cuja particular intenção é *fraudar* o fisco, de maneira a não serem descobertos, tornando-se impunes e enriquecendo às custas do Estado. A mera exigência do dolo é insuficiente, ou seja, o simples não pagamento na data correta pode configurar a inadimplência, porém não pode servir para demonstrar o crime, sob pena de se fazer tábula rasa do princípio da proporcionalidade, além de se consagrar a máxima intervenção estatal do direito punitivo.

Quanto ao crime de estupro (art. 213, CP), vislumbra-se a particular intenção do agente de satisfação da lascívia (prazer sexual), ainda que não atinja a sua plenitude. Todo e qualquer *ato libidinoso* vincula-se, pela própria essência, ao prazer sexual e, consequentemente, à libido (instinto sexual). Por isso, atividades violentas ligadas ao campo da liberdade sexual *sempre* estão impregnadas de volúpia, embora possa tratar-se, no caso concreto, de um desejo macabro, estampado em sadismo ou outra forma de perversão. Nem mesmo os que dizem atuar com intuito vingativo, *estuprando* pessoa para impingir-lhe um mal, deixam de agir com libido, elemento constante em práticas sexuais de qualquer natureza.

Acesse e escute o podcast sobre Crime de estupro.

> http://uqr.to/1yvcz

B) Os excessos ofensivos à taxatividade

A formação dos tipos penais incriminadores, com o fim de fiel respeito ao princípio da legalidade, apresentando reflexo na taxatividade, há de ser detalhada e consistente, com coerência e lógica, além de primar pela simplicidade no uso dos termos. Como já mencionado, a utilização de terminologia aberta constitui parte integrante da necessidade de exposição de ideias mais complexas, impossíveis de descrição pormenorizada.

Entretanto, por variadas razões, o legislador abusa de sua prerrogativa de redigir leis, valendo-se de terminologia duvidosa, confusa ou de conteúdo excessivamente abrangente. Esse método deve ser evitado e, caso não se dê o controle merecido no âmbito do Poder Legislativo,

---

[46] "Deixar de repassar à previdência social as contribuições recolhidas dos contribuintes, no prazo e forma legal ou convencional: Pena – reclusão, de 2 (dois) a 5 (cinco) anos, e multa."

[47] "Suprimir ou reduzir contribuição social previdenciária e qualquer acessório, mediante as seguintes condutas: (...) Pena – reclusão, de 2 (dois) a 5 (cinco) anos, e multa."

[48] Art. 1.º "Constitui crime contra a ordem tributária suprimir ou reduzir tributo, ou contribuição social e qualquer acessório, mediante as seguintes condutas: (...) Pena – reclusão, de 2 (dois) a 5 (cinco) anos, e multa." Art. 2.º "Constitui crime da mesma natureza: (...) Pena – detenção, de 6 (seis) meses a 2 (dois) anos, e multa."

demanda-se firme posição do Judiciário, impedindo-se a aplicação de tipos abusivamente abertos. Afinal, nas palavras de GILMAR FERREIRA MENDES, "quando se fazem imputações vagas ou denúncias infundadas, dando ensejo à persecução criminal injusta, está-se a violar, também, o princípio da dignidade da pessoa humana, que, entre nós, tem base positiva no art. 1.º, III, da Constituição".[49] As referidas *imputações vagas*, não por acaso, têm origem em tipos penais incriminadores abusivamente abertos, incompatíveis com a segurança jurídica determinada pelo princípio da legalidade. É o que se pretende demonstrar.

B.1) *Termos abertos em excesso*: são os que contêm elementos normativos de valoração cultural, cuja interpretação tende a acarretar insegurança jurídica. Inexiste parâmetro mínimo indispensável para conferir um padrão aceitável de aplicação prática. O prejuízo torna-se evidente e grave, quando se percebe que os agentes da autoridade possuem visões desencontradas e desarmônicas em relação aos termos abertos, propiciando *julgamentos* rasos, feitos em mera atividade repressiva estatal, sem critério ou limite. Aponte-se o *ato obsceno* (art. 233, CP)[50] como um dos mais preocupantes, pois a obscenidade está ligada à vergonha ou mal-estar causado por atitudes sexuais visíveis ou excessivas.[51]

Entretanto, na atualidade, inexiste qualquer padrão moral médio, na sociedade brasileira, capaz de indicar, com a segurança exigível, o que venha a ser ofensa ao pudor nesse contexto. Em qualquer lugar, pode-se invocar intenção artística ou ânimo de brincar. Comerciais, publicidades e eventos contam com artistas ou modelos nus ou quase nus. Festas populares, como o carnaval, incentivam a nudez e a prática de atos voluptuosos em público. Resta a análise concreta e parcimoniosa de atos considerados *obscenos*, acarretando situações desencontradas e injustas: num determinado local, se uma pessoa tira a roupa porque ficou presa numa porta rotatória de entrada de um estabelecimento bancário, como forma de protesto, visando à demonstração de que não possui arma consigo, pode ser atuada por crime de ato obsceno; noutro lugar, um desfile de pessoas nuas em plena via pública, desde que ligado a um comercial, pode passar tranquilamente, sem qualquer intervenção policial.[52]

Outra indicação concentra-se na nova terminologia introduzida pela Lei 12.015/2009, que modificou os crimes contra a dignidade sexual. Criou-se a expressão *exploração sexual*,[53]

---

[49] A proteção da dignidade da pessoa humana no contexto do processo judicial, p. 130.

[50] "Praticar *ato obsceno*, em lugar público, ou aberto ou exposto ao público: Pena – detenção, de 3 (três) meses a 1 (um) ano, ou multa" (grifamos).

[51] No mesmo sentido, apontando ofensa ao princípio da taxatividade, encontra-se a lição de LUIZ FLÁVIO GOMES; VALERIO MAZZUOLI, *Comentários à Convenção Americana sobre Direitos Humanos*, p. 127.

[52] Exemplo apresentado por MARIÂNGELA GOMES: "Nesse sentido, com base no art. 386, III, do Código de Processo Penal, o Tribunal de Justiça de Minas Gerais absolveu réu acusado da prática do delito consistente em 'violar direitos autorais', tendo em vista, exatamente, a impossibilidade de compreensão daquilo que é proibido a partir, exclusivamente, do texto legal. Segundo o acórdão 'em face do princípio da legalidade, é garantido a todo cidadão somente ser condenado criminalmente se houver lei prévia que permita a qualquer um do povo saber que determinada conduta é considerada crime no ordenamento jurídico pátrio. A expressão no art. 184 do CP – 'violar direitos autorais' – é extremamente vaga, razão pela qual não é exigível que um simples vendedor ambulante, dedicado ao comércio de CDs piratas, entenda a ilicitude da sua conduta'" (*O princípio da legalidade e sua função de garantia no direito penal*, p. 15). Note-se, nessa situação, a composição entre a ausência de taxatividade com aspectos ligados à adequação social e à insignificância.

[53] Ilustrando: Art. 229, CP. "Manter, por conta própria ou de terceiro, estabelecimento em que ocorra *exploração sexual*, haja, ou não, intuito de lucro ou mediação direta do proprietário ou gerente: Pena – reclusão, de 2 (dois) a 5 (cinco) anos, e multa" (grifamos).

sem que a lei tivesse definido, validamente, o que venha a ser considerado como tal. Tecemos variadas críticas à adoção desse elemento normativo, apontando todas as possibilidades de confusão e desarmonia na interpretação cabível.[54] Cuida-se de impropriedade na redação de tipo incriminador, gerando-se o risco de soluções diferenciadas, no extremo, para situações similares.

Na legislação especial, vê-se o disposto no art. 65 da Lei 8.078/1990 (Código do Consumidor)[55] como exemplo de inadequação terminológica. A expressão *alto grau de periculosidade* é abusivamente aberta, não demonstrando qual o limite de interpretação, tampouco a extensão do referido perigo. Por isso, temos sugerido a realização de perícia com o objetivo de reduzir a discricionariedade na avaliação da situação concreta.[56]

Confira-se, ainda, o art. 232 da Lei 8.069/1990 (Estatuto da Criança e do Adolescente)[57] ao fazer referência aos termos *vexame* e *constrangimento*. Não se tem o menor parâmetro do que tais situações podem ser, na prática, tornando insegura a aplicação do tipo incriminador. Pode-se avaliar um constrangimento de variadas maneiras: desde uma simples admoestação até uma forma física de restrição à liberdade. Tal medida é incompatível com o princípio penal da taxatividade.

B.2) ***Termos de encerramento abertos em excesso***: há finalizações de tipos penais incriminadores, que provocam a indevida extensão do núcleo, de modo a abranger situações incompatíveis com o propósito de existência da norma. Note-se, no art. 215 do Código Penal,[58] modificado pela Lei 12.015/2009, que a inserção da frase *ou outro meio que impeça ou dificulte a livre manifestação de vontade da vítima* traz um encerramento claudicante, sugestivo de amplitude potencial incalculável. Variados instrumentos são capazes de provocar um mecanismo de impedimento ou dificuldade para a manifestação de vontade de uma pessoa.

Ilustrando, um copo de cerveja pode gerar influência de álcool, passível de interferência na livre manifestação de vontade de alguém. Entretanto, seria essa a meta de equivalência, diante do termo anterior (fraude), apta a configurar o crime de violação sexual mediante fraude? Não cremos e, além do mais, se assim fosse, seria ofensivo ao princípio da intervenção mínima. Por isso, a alteração legislativa do art. 215, na parte excessivamente aberta, conforme a aplicação dada, pode configurar inconstitucionalidade, lesando, entre outros, o princípio da taxatividade.

Acesse e escute o podcast sobre Violação sexual mediante fraude.
> http://uqr.to/1yvd0

---

[54] Consultar as notas 31 a 33 ao art. 229 do nosso *Código Penal comentado*. Ver, ainda, o livro *Crimes contra a dignidade sexual*.

[55] "Executar serviço de *alto grau de periculosidade*, contrariando determinação de autoridade competente: Pena – detenção, de 6 (seis) meses a 2 (dois) anos, e multa" (grifamos).

[56] Consultar a nota 34 ao art. 65 da Lei 8.078/1990 em nosso *Leis penais e processuais penais comentadas* – volume 1.

[57] "Submeter criança ou adolescente sob sua autoridade, guarda ou vigilância a *vexame* ou *constrangimento*: Pena – detenção de 6 (seis) meses e 2 (dois) anos" (grifamos).

[58] "Ter conjunção carnal ou praticar outro ato libidinoso com alguém, mediante fraude ou *outro meio que impeça ou dificulte a livre manifestação de vontade da vítima*: Pena – reclusão, de 2 (dois) a 6 (seis) anos" (grifamos).

O tipo penal do art. 68 da Lei 8.078/1990[59] expõe, igualmente, finalização inadequada, de amplitude questionável. A expressão *forma prejudicial ou perigosa a sua saúde ou segurança* é excessivamente aberta, comportando inúmeras maneiras de fechamento, incompatíveis com a ideia de detalhamento do crime, para a perfeita compreensão do destinatário da norma. A publicidade de cigarro pode ser encaixada nesse tipo penal, do mesmo modo que a relativa ao consumo de cerveja ou outra bebida alcoólica. Entretanto, não se vê proibição a esta última forma de propaganda, enquanto não mais se assistem comerciais de cigarros. Ademais, seria mesmo o intuito legislativo punir o publicitário que promova determinado produto de comercialização lícita no País? Parece-nos configurar o abuso da tipicidade aberta, sem o correto esclarecimento do objetivo legislativo. Outra lesão ao princípio da taxatividade.

O encerramento constante do art. 337-K do Código Penal[60] é outra demonstração de inadequação quanto à redação de tipos incriminadores, fomentando excessos incompatíveis com a intervenção mínima do direito penal. A utilização da expressão *oferecimento de vantagem de qualquer tipo* é completamente dissociada das anteriores formas de afastamento de licitante (violência, grave ameaça e fraude). Observa-se, aliás, a ilogicidade de se compararem métodos deveras constrangedores (violência ou grave ameaça) ou enganosos (fraude) com a singela referência a *vantagem de qualquer tipo*. A aplicação do referido tipo, na modalidade de encerramento, pode dar margem à inconstitucionalidade, com lesão evidente à taxatividade.

B.3) *Tipos integralmente abertos:* há construções típicas inadequadas em seu conjunto, merecendo a imediata declaração de inconstitucionalidade, por lesão irreversível ao princípio da taxatividade. É o que ocorre com o art. 4.º da Lei 7.492/1986.[61] Não há descrição precisa de nenhuma das condutas previstas no tipo incriminador. Elas se referem a gestões fraudulenta e temerária, que não possuem significado certo e determinado.

B.4) *Condutas excessivamente abertas:* há previsões de condutas descompassadas com o tipo penal, demonstrando inaceitável descaso na composição da figura criminosa. São ações ou omissões de amplitude questionável, tal como ocorre com o art. 32 da Lei 9.605/1998,[62] em que se compara e iguala a conduta de *mutilar* (cortar partes do corpo) com *praticar ato de abuso* (cometer uma ação injusta) contra animal. Pode-se entender o intento legislativo de coibir ataques contra animais, em formato cruel, preservando-se a honestidade pública, porém nada quer dizer, em modelo preciso, a prática de *ato de abuso*. A abrangência da expressão é tão vasta quanto inóspita para a taxatividade. Noutro prisma, na mesma Lei 9.605/1998 cuida-se da conduta de *maltratar* (tratar mal, lesar, insultar), *por qualquer modo ou meio*, plantas de ornamentação (art. 49).[63] A incompatibilidade da abertura do tipo in-

---

[59] "Fazer ou promover publicidade que sabe ou deveria saber ser capaz de induzir o consumidor a se comportar de *forma prejudicial ou perigosa a sua saúde ou segurança*: Pena – detenção, de 6 (seis) meses a 2 (dois) anos, e multa" (grifamos).

[60] "Art. 337-K. Afastar ou tentar afastar licitante por meio de violência, grave ameaça, fraude ou *oferecimento de vantagem de qualquer tipo*: Pena – reclusão, de 3 (três) anos a 5 (cinco) anos, e multa, além da pena correspondente à violência" (grifamos).

[61] "Art. 4º Gerir fraudulentamente instituição financeira: Pena – Reclusão, de 3 (três) a 12 (doze) anos, e multa. Parágrafo único. Se a gestão é temerária: Pena – Reclusão, de 2 (dois) a 8 (oito) anos, e multa."

[62] "*Praticar ato de abuso*, maus-tratos, ferir ou mutilar animais silvestres, domésticos ou domesticados, nativos ou exóticos: Pena – detenção de 3 (três) meses a 1 (um) ano, e multa" (grifamos).

[63] "Destruir, danificar, lesar ou *maltratar, por qualquer modo ou meio*, plantas de ornamentação de logradouros públicos ou em propriedade privada alheia: Pena – detenção de 3 (três) meses a 1 (um) ano, ou multa, ou ambas as penas cumulativamente" (grifamos).

criminador, em relação ao bem jurídico tutelado (proteção ao meio ambiente) evidenciar a lesão à taxatividade, além de resultar em ofensas a outros princípios penais (intervenção mínima, proporcionalidade, legalidade).

A fórmula aberta, mormente para descrever condutas criminosas, deve ser evitada, pois dá margem à insegurança e proporciona uma gama contraproducente de interpretações entre os operadores do direito. Note-se o disposto no art. 7.º, I, da Lei 8.137/1990,[64] quando se tende à singeleza descritiva: *favorecer ou preferir, sem justa causa, comprador ou freguês*. Tal conduta configuraria crime contra as relações de consumo. Como se pode favorecer um cliente em detrimento de outro? Um local de atendimento exclusivo a portadores de cartão preferencial do estabelecimento comercial teria *justa causa*? Quem irá regrar a *justa* e a *injusta* causa? O tratamento VIP a celebridades é *injusta* preferência? Enfim, tais questionamentos demonstram a insuficiência descritiva do tipo incriminador, ferindo-se a promessa de taxatividade, ínsita ao princípio da legalidade.

Uma das consagradas ilustrações de tipicidade excessivamente aberta encontra-se no art. 4.º, parágrafo único, da Lei 7.492/1986,[65] cuidando da gestão temerária. Cremos inconstitucional o referido tipo, pois absolutamente nada quer dizer em matéria de precisão e detalhamento da conduta criminosa. Gerir é administrar; temerário é arriscado ou imprudente. Ora, não se pode punir um administrador de instituição financeira sem que se saiba, de antemão, o que significa, exatamente, a gestão de risco inaceitável para os padrões da sociedade. Do contrário, remete-se ao operador do direito, cada qual com sua visão particular de administração, sem que tenha qualquer experiência na área, o que venha a ser *temerário*.

C) As falhas de construções dos tipos penais

C.1) *Tautologia:* a repetição de termos em descrições constantes de tipos incriminadores não se afigura, na realidade, necessária. Percebe-se a reiteração elucidativa e a exaurida. A primeira pode acarretar algum proveito, mencionando, em variadas palavras, o significado da conduta considerada delituosa. É o que se faz com o delito de difamação, pois *difamar* já possui o sentido de imputar algo desairoso a alguém. No entanto, na ótica do art. 139 do Código Penal,[66] deixa-se claro tratar-se de um *fato* ofensivo à reputação. Quer-se clarificar o conteúdo para a mais adequada aplicação do tipo. Diga-se o mesmo quanto à dupla referência, formulada pelo art. 148,[67] no tocante a sequestro e cárcere privado. Em tese, bastaria mencionar a privação da liberdade, pois sequestro e cárcere privado são apenas formas de condutas similares.

Há situações de empobrecimento de linguagem, sem qualquer justificativa para o uso. É o que se vê da construção do art. 30 da Lei 9.605/1998: *exportar para o exterior*.[68] Nesse ponto, parece-nos inexistir razão de se manter a forma pleonástica.

---

[64] "Constitui crime contra as relações de consumo: I – *favorecer ou preferir, sem justa causa, comprador ou freguês*, ressalvados os sistemas de entrega ao consumo por intermédio de distribuidores ou revendedores" (grifamos).

[65] "Se a gestão é temerária: Pena – reclusão, de 2 (dois) a 8 (oito) anos, e multa."

[66] "Difamar alguém, imputando-se fato ofensivo à sua reputação: Pena – detenção, de 3 (três) meses a 1 (um) ano, e multa."

[67] "Privar alguém de sua liberdade, mediante *sequestro ou cárcere privado*: Pena – reclusão, de 1 (um) a 3 (três) anos" (grifamos).

[68] "Exportar para o exterior peles e couros de anfíbios e répteis em bruto, sem a autorização da autoridade ambiental competente: Pena – reclusão, de 1 (um) a 3 (três) anos, e multa."

C.2) *Omissão descritiva:* a omissão na descrição da conduta criminosa tende a gerar inaplicabilidade do tipo penal, visto faltar completude para a inteligência do intento legislativo. Não nos parece conveniente ou indicado transferir para o operador do direito a busca pelo fechamento do tipo incriminador, sob pena de se gerarem formas indiretas de analogia. Registre-se o desatino construtivo do art. 216-A do Código Penal,[69] que possui o verbo *constranger* e o objeto *alguém*, além de trazer o intuito e a condição do autor, mas nenhuma referência faz ao *modo* em que se dá o mencionado constrangimento.

O tipo penal encontra-se truncado, pois não se especifica, como seria desejável, a maneira em que se concretiza o constrangimento: físico, moral, psicológico, todos juntos, alternados etc.

Fornecendo-se outro exemplo, a omissão descritiva envolve, também, o art. 67 da Lei 8.078/1990,[70] deixando de detalhar em que consiste a publicidade enganosa ou abusiva. Afinal, o uso de termos vagos, que comportam inúmeras formas de composição, não atende ao princípio da taxatividade.

C.3) *Excesso descritivo:* o excesso na descrição de condutas alternativas, tendo por finalidade abranger todas as possibilidades envolvendo o caso tratado, pode desfigurar a necessariedade de intervenção mínima do direito penal. As condutas *equiparadas*, previstas no art. 29 da Lei 9.605/1998,[71] são nitidamente desproporcionais: matar e perseguir; caçar e apanhar. O verbo de encerramento é vago: utilizar. O objeto é o espécime da fauna silvestre. Nesse contexto, soa-nos incabível equiparar a conduta de quem mata um jacaré de quem simplesmente o persegue para uma fotografia ou por brincadeira. Não se demanda elemento subjetivo específico, justamente por isso é inadequada a equiparação de condutas.

Insistindo-se nesse método, pode o legislador interferir em demasia no âmbito da proteção de bens jurídicos. Tornar condutas inofensivas como criminosas não contribui para o avanço do direito penal; ao contrário, gera perplexidade.[72]

C.4) *Estrutura fechada em tipo aberto:* os tipos abertos contêm elementos normativos ou subjetivos específicos. Por vezes, a carência descritiva provoca a inaptidão para a aplicação prática. Foi o que ocorreu com o crime de redução a condição análoga à de escravo (art. 149, CP).[73] Inicialmente, o tipo penal possuía redação simples, mas ofensiva à taxatividade: "Reduzir

---

[69] "Constranger alguém com o intuito de obter vantagem ou favorecimento sexual, prevalecendo-se o agente de sua condição de superior hierárquico ou ascendência inerentes ao exercício do emprego, cargo ou função: Pena – detenção, de 1 (um) a 2 (dois) anos."

[70] "Fazer ou promover publicidade que sabe ou deveria saber ser *enganosa ou abusiva*: Pena – detenção, de 3 (três) meses a 1 (um) e multa" (grifamos).

[71] "Matar, perseguir, caçar, apanhar, utilizar espécimes da fauna silvestre, nativos ou em rota migratória, sem a devida permissão, licença ou autorização da autoridade competente, ou em desacordo com a obtida: Pena – detenção, de 6 (seis) meses a 1 (um) ano, e multa."

[72] Já existe decisão judicial considerando bagatela apanhar espécime de mínima importância para o ecossistema. Consultar a nota 115 ao art. 29 da Lei 9.605/1998 do nosso *Leis penais e processuais penais comentadas* – vol. 2.

[73] Art. 149. "Reduzir alguém a condição análoga à de escravo, quer submetendo-o a trabalhos forçados ou a jornada exaustiva, quer sujeitando-o a condições degradantes de trabalho, quer restringindo, por qualquer meio, sua locomoção em razão de dívida contraída com o empregador ou preposto: Pena – reclusão, de dois a oito anos, e multa, além da pena correspondente à violência. § 1.º Nas mesmas penas incorre quem: I – cerceia o uso de qualquer meio de transporte por parte do trabalhador, com o fim de retê-lo no local de trabalho; II – mantém vigilância ostensiva no local de trabalho ou se apodera de documentos ou objetos pessoais do trabalhador, com o fim de retê-lo no local de trabalho."

alguém a condição análoga à de escravo". Tornava-se tarefa inglória buscar o fechamento do tipo, valendo-se de termos tão vagos, que provocavam vozes dissonantes na doutrina e na jurisprudência.

Pretendendo contornar essa equivocidade, a Lei 10.803/2003 modificou a redação, inserindo variadas formas para o cometimento do delito. Buscou-se *fechar* o tipo penal, mas a atuação estatal não foi eficiente. Inserindo-se várias condutas subjacentes à mantida expressão *reduzir alguém a condição análoga à de escravo* obriga-se o operador do direito a levar em consideração essa condição para aplicar as demais. Noutros termos, sujeitar alguém a jornada exaustiva de trabalho pode, em tese, não provocar a configuração do art. 149, mas somente uma questão trabalhista, tudo a depender da interpretação valorativa de cada magistrado. Seria preciso associar-se essa jornada exaustiva a maus-tratos ou a privação da liberdade, pois tais medidas representam a posição análoga à de escravo. Se a intenção legislativa consistia em promover um tipo meramente descritivo, não deveria ter utilizado a inicial expressão, cujo conteúdo sempre foi valorativo e complexo.

Outro tipo penal possuidor de estrutura fechada, leia-se descritiva, porém fazendo referência a termos abertos, implicando valoração, é o curandeirismo (art. 284, CP).[74] O legislador não criou um tipo integralmente aberto, como seria *exercer o curandeirismo*. Preferiu manter essa inicial conduta, associando-a a outras, mais descritivas, por exemplo, prescrever, ministrar ou aplicar, habitualmente, qualquer substância.

Não nos parece ideal essa fórmula, pois o tipo penal nem é aberto, tampouco fechado. As descrições previstas nos incisos do art. 284 são insuficientes e não se permite compor o tipo unicamente com o exercício do curandeirismo, sob qualquer roupagem. O ideal seria titular o crime como *curandeirismo* e expor, claramente, quais as condutas potencialmente lesivas à saúde pública.

C.5) *Estrutura aberta em tipo fechado:* outra falha na construção de tipos penais consiste na inserção de estrutura aberta em tipo que possui, na essência, o formato fechado. O homicídio é o título dado ao art. 121 do Código Penal, cuja descrição é fechada: matar alguém.

Desse modo, constitui erro evitável a redação do art. 302 do Código de Trânsito Brasileiro: *praticar homicídio culposo na direção de veículo automotor*. Nada mais impreciso e desnecessário. Diga-se o mesmo do art. 303: *praticar lesão corporal culposa na direção de veículo automotor*.

Imagine-se, para argumentar, fosse revogado o Código Penal. A estrutura de ambos os tipos (arts. 302 e 303) perderia consistência, pois não mais se teria o tipo descritivo do que vêm a ser homicídio e lesão corporal, por mais simples que tais condutas possam parecer.

C.6) *Estrutura fechada excessivamente limitante:* a ânsia legislativa pela descrição, construindo-se tipos penais fechados, pode caminhar para o excesso, terminando por gerar inaplicabilidade prática ou dúvidas indevidas.

A infeliz alteração provocada pela Lei 11.705/2008 levou o art. 306 da Lei 9.503/1997[75] ao insucesso: conduzir veículo automotor, na via pública, estando com concentração de

---

[74] Art. 284. "Exercer o curandeirismo: I – prescrevendo, ministrando ou aplicando, habitualmente, qualquer substância; II – usando gestos, palavras ou qualquer outro meio; III – fazendo diagnósticos: Pena – detenção, de seis meses a dois anos."

[75] A Lei 12.760/2012 alterou, para melhor, a redação do art. 306, que agora se encontra nos seguintes termos: "Conduzir veículo automotor com capacidade psicomotora alterada em razão da influência de

álcool por litro de sangue igual ou superior a 6 (seis) decigramas (...). Pretendeu-se conferir objetividade ao tipo penal, eliminando-se dúvida quanto ao contexto anterior (dirigir sob influência do álcool), mas finalizou-se a figura incriminadora com evidente ilogicidade sistêmica. Sabe-se que ninguém é obrigado a produzir prova contra si mesmo, como advém do direito ao silêncio, constitucionalmente consagrado. Entende-se, também, que a conferência precisa de concentração de álcool por litro de sangue origina-se de perícia. Diante disso, o fornecimento de material para a realização da perícia, que vise à comprovação da influência proibida do álcool, depende da colaboração do agente. Se este se recusar a contribuir, direito constitucional seu, nada se pode fazer e o tipo penal é integralmente inútil.[76]

 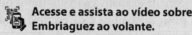

Acesse e assista ao vídeo sobre Embriaguez ao volante.
> http://uqr.to/1yvd1

Outro exemplo reside no art. 33, § 3.º, da Lei 11.343/2006. Pretendendo disciplinar com maior justiça e brandura o caso do traficante usuário, que transfere drogas a terceiros, o legislador inseriu diversos elementos no tipo, tornando-o estranho e de complexa aplicação: *oferecer droga, eventualmente e sem objetivo de lucro, a pessoa de seu relacionamento, para juntos a consumirem*. Ora, desnecessário, para amenizar a punição ao traficante usuário, sem fim lucrativo, o consumo *em conjunto*, além de ser igualmente limitador a exigência de *relacionamento* entre quem fornece e quem recebe. Nem sempre a busca por modelo fechado produz um tipo penal razoável, podendo-se, em lugar disso, tender ao insucesso quanto à aplicação prática.

Acesse e escute o podcast sobre Consumo de drogas.
> http://uqr.to/1yvd2

D) Inserção de elemento subjetivo genérico

A introdução do elemento subjetivo específico, conforme mencionado, torna-se fundamental para a perfeita compreensão de várias figuras criminosas. Entretanto, inserir fatores

---

álcool ou de outra substância psicoativa que determine dependência". O problema estrutural do tipo foi corrigido. Manteremos o exemplo dado, com a anterior redação do art. 306, por motivos acadêmicos.

[76] Na ótica de ARMANDO TOLEDO e SALVADOR JOSÉ BARBOSA JR., "à vista do princípio da razoabilidade, a única solução possível é firmar o entendimento de que, mesmo após as modificações introduzidas no Código de Trânsito, o delito de embriaguez ao volante continua a exigir que, além da demonstração de certa taxa de alcoolemia no sangue do condutor, ele dirija veículo sob a influência de álcool na via pública" (A nova tipificação do delito de embriaguez ao volante, p. 19). Não se pode discordar, tendo em vista o princípio da intervenção mínima, exigindo um mínimo de comprovada ofensividade ao bem jurídico tutelado (segurança viária), sob pena de se tipificarem e punirem condutas totalmente irrelevantes para a sociedade brasileira.

vinculados ao elemento subjetivo genérico pode gerar contradição e inaplicabilidade em determinadas situações. Por isso, parece-nos desnecessária essa opção legislativa.

D.1) *Exposição do elemento genérico*: discute-se acerca do liame existente entre as expressões *sabe* e *deve saber*, quando insertas nos tipos penais incriminadores. Há quem sustente tratar-se o *sabe* de dolo direto, enquanto o *dever saber* seria vinculado à culpa. Em verdade, tal posição é inadmissível pela simples razão de ferir não somente a proporcionalidade, mas a própria taxatividade. Crimes dolosos são diferentes dos culposos e estes devem ser apenados de maneira proporcionalmente mais branda. Por outro lado, presume-se o dolo, quando o tipo incriminador não menciona o elemento subjetivo, porém a culpa deve ser sempre expressa. Diante disso, acatar a expressão *deve saber* como se fosse expressão da culpa significaria afetar a proporcionalidade, pois a mesma punição seria reservada a delitos dolosos e culposos. Sob outro aspecto, implicaria ferir a legalidade, visto ter sido presumida, também, a culpa, algo que contraria a indicação formulada no art. 18, parágrafo único, do Código Penal.[77]

Ilustrando, o perigo de contágio venéreo (art. 130, CP),[78] valendo-se das expressões *sabe* e *deve saber* indica a possibilidade de realização com dolo direto ou dolo eventual, ainda que, em nosso entendimento, fosse desnecessário apontá-los.

Outros exemplos podem ser retirados da Lei 8.078/1990, onde se percebe a colocação das expressões *sabe* e *deveria saber*, nos arts. 67 e 68.[79]

D.2) *Exposição contraditória do elemento genérico*: por vezes, ingressando-se em contexto confuso, opta o legislador por eleger a indicação de elemento subjetivo genérico, causando perplexidade. Tal medida ocorreu com o disposto pelos arts. 180, *caput*, e seu § 1.º. A receptação, na forma simples (*caput*), tem indicativo de elemento subjetivo calcado no dolo direto: *adquirir, receber, transportar, conduzir ou ocultar, em proveito próprio ou alheio, coisa que sabe ser produto de crime* (...). A pena é de reclusão, de 1 a 4 anos, e multa. Tratando-se da receptação qualificada (§ 1.º), optou-se pela fórmula referente ao *deve saber*, com pena variável de 3 a 8 anos, e multa. Ora, torna-se ilógico punir mais severamente o agente que atuou com dolo eventual e mais brandamente aquele que agiu com dolo direto.

Acesse e escute o podcast sobre Receptação.

> http://uqr.to/1yvd3

---

[77] "Salvo os casos expressos em lei, ninguém pode ser punido por fato previsto como crime, senão quando o pratica dolosamente." E os casos expressamente previstos em lei são, como regra, os culposos. Por isso, a expressão *deve saber* não pode significar culpa, porque tal elemento subjetivo não pode ser presumido ou deduzido de figuras típicas, alegando-se estar implícito.

[78] "Expor alguém, por meio de relações sexuais ou qualquer ato libidinoso, a contágio de moléstia venérea, de que *sabe* ou *deve saber* que está contaminado: Pena – detenção de 3 (três) meses a 1 (um) ano, ou multa" (grifamos).

[79] Art. 67. "Fazer ou promover publicidade que *sabe* ou *deveria saber* ser enganosa ou abusiva: Pena – detenção de 3 (três) meses a 1 (um) ano e multa"; Art. 68. "Fazer ou promover publicidade que *sabe* ou *deveria saber* ser capaz de induzir o consumidor a se comportar de forma prejudicial ou perigosa a sua saúde ou segurança: Pena – detenção de 6 (seis) meses a 2 (dois) anos e multa" (grifamos).

A contradição gerou duas posições: a) em virtude da proporcionalidade, deve-se aplicar a pena da receptação simples também à receptação qualificada; b) em face da legalidade, deve-se aplicar a interpretação extensiva à expressão *deve saber*, vale dizer, onde se lê *deve saber* (dolo eventual), leia-se ainda *sabe* (dolo direto); afinal, se o crime pode ser punido a título de dolo eventual, naturalmente também vale a fórmula direta.

Optando-se por uma ou outra das duas correntes, o fato é que foi despicienda a utilização do elemento subjetivo genérico na elaboração do tipo penal incriminador.

E) Inserção de elemento subjetivo específico limitador

É preciso considerar que a introdução do elemento subjetivo específico deve guardar correlação indispensável com o delito descrito no tipo penal incriminador. Do contrário, mencionar uma finalidade específica pode retirar eficiência do contexto aplicativo da figura delituosa. Tal situação ocorreu no cenário do crime de tortura.

Preceitua o art. 1.º, I, da Lei 9.455/1997: "Constitui crime de tortura: I – constranger alguém com emprego de violência ou grave ameaça, causando-lhe sofrimento físico ou mental: a) *com o fim de* obter informação, declaração ou confissão da vítima ou de terceira pessoa; b) *para* provocar ação ou omissão de natureza criminosa; c) *em razão* de discriminação racial ou religiosa" (grifamos). A referência às finalidades específicas criou um indevido efeito limitador. Imagine-se o agente atuando por mero sadismo, sem os objetivos especiais relatados nas alíneas *a*, *b* e *c*. Não poderá ser processado e punido por tortura, por não se enquadrar no tipo penal do referido art. 1.º.

F) Título inadequado

Há títulos criados para tipos penais, que padecem de falta de criatividade, gerando até mesmo estranheza. No crime de bigamia (art. 235, CP),[80] prevê-se a contração de novo casamento já sendo casado, mas não há necessidade de que tal situação ocorra somente duas vezes, justificando a *bigamia*. A poligamia é punida, também, dependendo-se de interpretação extensiva, quanto à rubrica do artigo, para se extrair do termo *bigamia* apenas a indicação de que é criminosa a conduta de quem se casa mais de uma vez, não importando quantas.

Outro delito que mereceria titulação adequada é o previsto no art. 176 do Código Penal,[81] rubricado como *outras fraudes*. Tal expressão não significa nada e promove o empobrecimento da linguagem técnica, constante da legislação penal.

G) Título implícito

Sem qualquer justificativa plausível, podendo-se atribuir à lamentável tendência de empreender reformas pontuais no Código Penal, há criação de tipos penais novos sem a devida titulação. Foi o que ocorreu com os arts. 319-A[82] e 349-A,[83] tornando-se, por via de consequência, respectivamente, fórmulas alternativas de prevaricação e favorecimento real.

---

[80] "Contrair alguém, sendo casado, novo casamento: Pena – reclusão, de 2 (dois) a 6 (seis) anos."

[81] "Tomar refeição em restaurante, alojar-se em hotel ou utilizar-se de meio de transporte sem dispor de recursos para efetuar o pagamento: Pena – detenção, de 15 (quinze) dias a 2 (dois) meses, ou multa." Cuida-se de um mero estelionato privilegiado, podendo-se utilizar tal titulação, em lugar de *outras fraudes*.

[82] "Deixar o Diretor de Penitenciária e/ou agente público, de cumprir seu dever de vedar ao preso o acesso a aparelho telefônico, de rádio ou similar, que permita a comunicação com outros presos ou com o ambiente externo: Pena – detenção, de 3 (três) meses a 1 (um) ano" (introdução feita pela Lei 11.466/2007).

[83] "Ingressar, promover, intermediar, auxiliar ou facilitar a entrada de aparelho telefônico de comunicação móvel, de rádio ou similar, sem autorização legal, em estabelecimento prisional: Pena – detenção, de 3 (três) meses a 1 (um) ano" (inclusão feita pela Lei 12.012/2009).

Cap. V – Princípios de Direito Penal   91

Há situações, entretanto, em que a omissão da rubrica chega a gerar confusão indevida. O crime previsto no art. 343 do Código Penal[84] equivale a autêntico *suborno* e não se liga, de maneira integral e adequada, ao título anterior, constante do art. 342 (falso testemunho ou falsa perícia).[85]

4.2.1.2.4. Normas penais explicativas

A indispensabilidade de descrição detalhada e adequada de condutas nos tipos penais incriminadores pode provocar a necessidade de normas penais explicativas. São as que integram e completam os tipos, na medida em que definem termos e situações aplicáveis aos casos concretos.

Tais normas podem ter conteúdo geral, abrangendo vários tipos penais constantes em capítulo ou título, como podem possuir alcance específico, envolvendo somente o tipo penal no qual está inserida.

Exemplo de norma explicativa geral é encontrado no art. 327 do Código Penal,[86] definindo funcionário público. Dá-se o mesmo no art. 337-D, conceituando funcionário público estrangeiro.[87]

Em legislação especial, pode-se citar o disposto pelo art. 241-E da Lei 8.069/1990,[88] explicitando o alcance da expressão *cena de sexo explícito ou pornográfica*, bem como o art. 36 da Lei 9.605/1998,[89] buscando focar o termo *pesca*.

Ilustrações de normas penais explicativas específicas podem ser indicadas no art. 150 do Código Penal, referindo-se ao que pode ser considerado *casa*[90] e ao que deve ser retirado

---

[84] "Dar, oferecer ou prometer dinheiro ou qualquer outra vantagem a testemunha, perito, contador, tradutor ou intérprete, para fazer afirmação falsa, negar ou calar a verdade em depoimento, perícia, cálculos, tradução ou interpretação: Pena – reclusão, de três a quatro anos, e multa."

[85] "Fazer afirmação falsa, ou negar ou calar a verdade como testemunha, perito, contador, tradutor ou intérprete em processo judicial, ou administrativo, inquérito policial, ou em juízo arbitral: Pena – reclusão, de dois a quatro anos, e multa."

[86] "Considera-se funcionário público, para os efeitos penais, quem, embora transitoriamente ou sem remuneração, exerce cargo, emprego ou função pública. § 1.º Equipara-se a funcionário público quem exerce cargo, emprego ou função em entidade paraestatal, e quem trabalha para empresa prestadora de serviço contratada ou conveniada para a execução de atividade típica da Administração Pública."

[87] "Considera-se funcionário público estrangeiro, para os efeitos penais, quem, ainda que transitoriamente ou sem remuneração, exerce cargo, emprego ou função pública em entidades estatais ou em representações diplomáticas de país estrangeiro. Parágrafo único. Equipara-se a funcionário público estrangeiro quem exerce cargo, emprego ou função em empresas controladas, diretamente ou indiretamente, pelo Poder Público de país estrangeiro ou em organizações públicas internacionais."

[88] "Para efeito dos crimes previstos nesta Lei, a expressão 'cena de sexo explícito ou pornográfica' compreende qualquer situação que envolva criança ou adolescente em atividades sexuais explícitas, reais ou simuladas, ou exibição dos órgãos genitais de uma criança ou adolescente para fins primordialmente sexuais."

[89] "Para os efeitos desta Lei, considera-se pesca todo ato tendente a retirar, extrair, coletar, apanhar, apreender ou capturar espécimes dos grupos dos peixes, crustáceos, moluscos e vegetais hidróbios, suscetíveis ou não de aproveitamento econômico, ressalvadas as espécies ameaçadas de extinção, constantes nas listas oficiais da fauna e da flora."

[90] Art. 150, § 4.º, CP. "A expressão 'casa' compreende: I – qualquer compartimento habitado; II – aposento ocupado de habitação coletiva; III – compartimento não aberto ao público, onde alguém exerce profissão ou atividade."

desse contexto,[91] bem como no art. 273, § 1.º-A,[92] procurando ampliar a abrangência dos produtos terapêuticos ou medicinais, incluindo outros.

4.2.1.2.5. Tipos remissivos

A legislação penal, no contexto da construção de tipos, vale-se, muitas vezes, das remissões, facilitando o trabalho de redação das figuras criminosas, mas obrigando o destinatário da norma a buscar a integralização em leituras diversas.

A utilização de tipos remissivos não gera a produção de norma penal em branco, visto ser esta a norma dependente de um complemento *externo* à lei penal onde o tipo incriminador foi criado.

No Código Penal, indica-se o exemplo do art. 304,[93] com remissão aos arts. 297 a 302. Em legislação especial, podem-se encontrar os seguintes: a) art. 307 da Lei 9.503/1997,[94] indicando proibições estabelecidas pelo próprio Código de Trânsito; b) art. 244-A da Lei 8.069/1990,[95] apontando qual a extensão dos termos *criança* e *adolescente*; c) art. 176 da Lei 11.101/2005,[96] delimitando as formas de inabilitação ou incapacidade, no âmbito da própria Lei de Falências e Recuperação Judicial; e) art. 14 da Lei 9.434/1997,[97] demonstrando a inadequação da conduta criminosa se não for respeitado o conteúdo da própria Lei.

4.2.1.2.6. A influência da política criminal na construção dos tipos penais

Baseando-se em política criminal, o legislador pode inserir, no tipo penal incriminador, elementos normativos pertinentes ao cenário da ilicitude. Noutros termos, quando se menciona

---

[91] Art. 150, § 5.º, CP. "Não se compreendem na expressão 'casa': I – hospedaria, estalagem ou qualquer outra habitação coletiva, enquanto aberta, salvo a restrição do n.º II do parágrafo anterior; II – taverna, casa de jogo e outras do mesmo gênero."

[92] "Incluem-se entre os produtos a que se refere este artigo os medicamentos, as matérias-primas, os insumos farmacêuticos, os cosméticos, os saneantes e os de uso em diagnóstico." Por vezes, a norma penal explicativa estende seus efeitos para fronteiras indevidas. Equiparar a falsificação de um cosmético a de um remédio, cuja pena é de reclusão, de 10 a 15 anos e multa, torna-se lesão visível ao princípio da proporcionalidade.

[93] "Fazer uso de qualquer dos papéis falsificados ou alterados, a que se referem os arts. 297 a 302: Pena – a cominada à falsificação ou à alteração."

[94] "Violar a suspensão ou a proibição de se obter a permissão ou a habilitação para dirigir veículo automotor imposta *com fundamento neste Código*: Penas – detenção, de seis meses a um ano e multa, com nova imposição adicional de idêntico prazo de suspensão ou de proibição. Parágrafo único. Nas mesmas penas incorre o condenado que deixa de entregar, *no prazo estabelecido no § 1.º do art. 293*, a Permissão para Dirigir ou a Carteira de Habilitação" (grifamos).

[95] "Submeter criança ou adolescente, como tais definidos no *caput* do art. 2.º desta Lei, à prostituição ou à exploração sexual: Pena – reclusão de quatro a dez anos, e multa, além da perda de bens e valores utilizados na prática criminosa em favor do Fundo dos Direitos da Criança e do Adolescente da unidade da Federação (Estado ou Distrito Federal) em que foi cometido o crime, ressalvado o direito de terceiro de boa-fé." Art. 2.º "Considera-se criança, para os efeitos desta Lei, a pessoa até doze anos de idade incompletos, e adolescente aquela entre doze e dezoito anos de idade."

[96] "Exercer atividade para a qual foi inabilitado ou incapacitado por decisão judicial, *nos termos desta Lei*: Pena – reclusão, de 1 (um) a 4 (quatro) anos, e multa" (grifamos).

[97] "Remover tecidos, órgãos ou partes do corpo de pessoa ou cadáver, *em desacordo com as disposições desta Lei*: Pena – reclusão, de dois a seis anos, e multa, de 100 a 360 dias-multa" (grifamos).

que determinada conduta é delituosa se praticada *sem justa causa* ou *sem autorização*, por exemplo, está-se antecipando para o universo do tipo uma análise que seria feita, de toda maneira, no contexto da ilicitude.

Se o agente mata alguém, cometendo homicídio, como fato típico, resta a análise da ilicitude para saber se não houve *justa causa*, como, ilustrando, a ocorrência de legítima defesa (art. 25, CP). Detectando-se a excludente de ilicitude, pode-se dizer ter havido fato típico, mas lícito. Não há crime.

Entretanto, ao deslocar para o tipo a avaliação da *justa* ou *injusta* causa, quer-se resolver logo na tipicidade o conjunto dos atos do agente. A vantagem dessa antecipação pode ser visualizada, na prática, pela instauração de inquérito e posterior processo-crime.

Quando a análise da ilicitude se concentra fora do tipo penal, *v.g.*, a legítima defesa, a tendência à efetivação do flagrante, ou mesmo do inquérito, é maior, relegando-se à fase posterior eventual arquivamento de inquérito ou rejeição da denúncia (ou mesmo absolvição sumária). Cuidando-se, porém, de elemento da ilicitude inserto no tipo, torna-se mais cuidadosa a instauração de inquérito ou mesmo de processo criminal, visto ser nítido constrangimento ilegal fazê-lo, quando se está diante de fato *atípico*.

Exemplificando: a) divulgar segredo *sem justa causa* é fato típico (art. 153, CP);[98] apurando-se haver causa relevante, como o estado de necessidade, nem mesmo indiciamento do agente deve haver, pois constata-se atipicidade da conduta; b) modificar sistema de informações em órgão público é fato típico (art. 313-B, CP);[99] entretanto, havendo ordem superior para isso, pode-se configurar mero cumprimento do dever legal; nesse caso, fato atípico; c) a omissão de socorro, em acidente de trânsito, constitui fato típico (art. 304, Lei 9.503/1997),[100] desde que inexista justa causa; presente esta, torna-se atípica a situação, não comportando maior rigor para apurar o caso; d) a disputa de competição automobilística, em via pública, constitui fato típico (art. 308, Lei 9.503/1997);[101] autorizada pela autoridade competente, torna-se irrelevante penal; e) interceptar a comunicação telefônica alheia constitui intromissão no direito à intimidade e, em tese, fato típico (art. 10, Lei 9.296/1996); a autorização judicial, de acordo com os propósitos legais, no entanto, elimina o juízo de tipicidade, não dando ensejo à persecução estatal, nem sequer investigatória.

---

[98] "Divulgar alguém, *sem justa causa*, conteúdo de documento particular ou de correspondência confidencial, de que é destinatário ou detentor, e cuja divulgação possa produzir dano a outrem: Pena – detenção, de um a seis meses, ou multa" (grifamos).

[99] "Modificar ou alterar, o funcionário, sistema de informações ou programa de informática *sem autorização ou solicitação de autoridade competente*: Pena – detenção, de 3 (três) meses a 2 (dois) anos, e multa" (grifamos).

[100] "Deixar o condutor do veículo, na ocasião do acidente, de prestar imediato socorro à vítima, ou, não podendo fazê-lo diretamente, *por justa causa*, deixar de solicitar auxílio da autoridade pública: Penas – detenção, de seis meses a um ano, ou multa, se o fato não constituir elemento de crime mais grave" (grifamos).

[101] "Participar, na direção de veículo automotor, em via pública, de corrida, disputa ou competição automobilística ou ainda de exibição ou demonstração de perícia em manobra de veículo automotor, *não autorizada pela autoridade competente*, gerando situação de risco à incolumidade pública ou privada: Penas – detenção, de 6 (seis) meses a 3 (três) anos, multa e suspensão ou proibição de se obter a permissão ou a habilitação para dirigir veículo automotor" (grifamos). No mês de março de 2010, na cidade de São Paulo, realizou-se corrida automobilística (fórmula Indy) em plena via pública, consistindo, entretanto, fato atípico, justamente em razão da permissão da autoridade competente.

4.2.1.3. Proporcionalidade

4.2.1.3.1. Conceito e dimensão

A proporcionalidade indica a harmonia e a boa regulação de um sistema, abrangendo, em direito penal, particularmente, o campo das penas.[102] A Constituição Federal sinaliza a preferência por determinadas sanções penais, no mesmo contexto indicativo do princípio da individualização das penas, a saber: "a lei regulará a individualização da pena e adotará, entre outras, as seguintes: a) privação ou restrição da liberdade; b) perda de bens; c) multa; d) prestação social alternativa; e) suspensão ou interdição de direitos" (art. 5.º, XLVI).

Aponta-se, paralelamente, com perfeita identidade, devam as penas ser individualizadas, ao mesmo tempo que necessitam ser proporcionalmente aplicadas, conforme a gravidade da infração penal cometida.[103] Por isso, há uma meta revelada em direção a dois objetivos: a) preservar a harmonia entre a cominação de penas e os modelos de condutas proibidas; b) fundamentar o equilíbrio entre a aplicação das penas e os concretos modos de realização do crime.

O primeiro objetivo deve ser seguido pelo legislador, quando cria um tipo incriminador ou quando pretende alterar a espécie, forma ou quantidade de sanção penal. O segundo, voltando-se ao juiz, indica-lhe a razoável proporção entre o peso da sanção e o dano provocado pela infração penal.

A dimensão da proporcionalidade atinge outros princípios penais, visto que se torna desarmônico e desequilibrado aplicar uma pena privativa de liberdade, por exemplo, a uma infração penal insignificante; melhor indicação se tem ao aplicar o princípio da intervenção mínima, reputando-a fato atípico, diante da exígua ofensividade. Do mesmo modo, conforme o grau de individualização da pena realizado, pode tornar-se proporcional e adequado aplicar uma pena superior ao mínimo, quando se está julgando delito grave e provocador de extensa lesão.

A avaliação da culpabilidade – se houve dolo ou culpa – tende a construir, proporcionalmente, sanções mais leves ou mais severas. Respeitando-se a legalidade, tem-se por correta determinada sanção previamente cominada em lei, desde que se afigure proporcional ao crime para o qual foi destinada. Em suma, desumana seria a sanção penal, quando aplicada em nítida desproporção entre o fato e o dano gerado.

Em suma, significa que as penas devem ser harmônicas em face da gravidade da infração penal cometida, não tendo cabimento o exagero, tampouco a extrema liberalidade na cominação das sanções nos tipos penais incriminadores. Não teria sentido punir um furto simples com

---

[102] Em sentido amplo, na ótica de Willis Santiago Guerra Filho, o *"princípio da proporcionalidade em sentido estrito* determina que se estabeleça uma correspondência entre o fim a ser alcançado por uma disposição normativa e o meio empregado, que seja *juridicamente* a melhor possível. Isso significa, acima de tudo, que não se fira o 'conteúdo essencial' (*wesensgehalt*) de direito fundamental, com o desrespeito intolerável da dignidade humana – consagrada explicitamente como fundamento de nosso Estado Democrático, logo após a cidadania, no primeiro artigo da Constituição de 1988 –, bem como que, mesmo em havendo desvantagens para, digamos, o interesse de pessoas, individual ou coletivamente consideradas, acarretadas pela disposição normativa em apreço, as vantagens que traz para interesses de outra ordem superam aquelas desvantagens" (Dignidade humana, princípio da proporcionalidade e teoria dos direitos fundamentais, p. 310).

[103] "A pena é tanto mais grave quanto mais precioso for o bem. A *tabela das penalidades é a medida do valor dos bens sociais*" (Jhering, *A evolução do direito*, p. 383).

elevada pena privativa de liberdade, como também não seria admissível punir um homicídio com pena de multa. No dizer de MARIÂNGELA GAMA DE MAGALHÃES GOMES, "a circunstância de o princípio da proporcionalidade não estar expresso na Constituição brasileira não impede que seja reconhecido em vigor também aqui, invocando o disposto no § 2.º do art. 5.º".[104]

4.2.1.3.2. Alterações legislativas e desproporcionalidade

Ao longo dos anos, várias modificações legislativas, inseridas no Código Penal, implicaram a perda de harmonia entre crimes e penas, abrindo oportunidade para o desprestígio do princípio da proporcionalidade. Não bastasse, a legislação especial também consagrou alterações destoantes do contexto uniforme do direito penal, ora tipificando condutas inócuas, ora aplicando severas sanções para condutas de menor alcance.

O advento da Lei 8.072/1990 (Lei dos Crimes Hediondos) foi significativo passo para ferir a proporcionalidade. Inicialmente, elegeu-se como delito hediondo o envenenamento de água potável (art. 270, CP),[105] elevando a pena mínima de cinco para dez anos de reclusão. Depois, a Lei 8.930/1994 retirou-a do rol dos crimes hediondos, mas manteve-se a desarmônica pena mínima. Sem qualquer critério confiável, o legislador fez surgir um delito hediondo desnecessário; corrigiu essa atitude, retirando-o da lista do art. 1.º da Lei 8.072/1990, mas não se preocupou em retificar a sanção abstratamente cominada.

Atualmente, o referido art. 270 do Código Penal padece de vício, ferindo o princípio da proporcionalidade, o que provoca a inconstitucional medida da pena. Caberá ao Judiciário, quando houver de reconhecer a prática desse delito, considerar inconstitucional a nova redação dada pela Lei 8.072/1990, aplicando a sanção anterior, partindo de cinco anos de reclusão.

Pode-se dizer o mesmo da redação conferida ao art. 273 do Código Penal,[106] contendo a exagerada sanção de reclusão, de 10 a 15 anos, e multa, sendo capaz de atingir condutas variadas, ofensivas ao bem jurídico *saúde pública* de maneiras completamente diferentes. Nesse caso, operou-se a elevação da pena mínima de um ano para a absurda sanção de dez anos, como patamar mínimo. Nada justifica a opção deliberada pela desproporcionalidade na cominação da sanção penal, merecendo particular atenção por parte do magistrado. A solução é considerar inconstitucional a Lei 9.677/1998, que trouxe a referida elevação, aplicando-se os patamares anteriores à esdrúxula alteração.107

---

[104] *O princípio da proporcionalidade no direito penal*, p. 63.

[105] "Envenenar água potável, de uso comum ou particular, ou substância alimentícia ou medicinal destinada a consumo: Pena – reclusão, de dez a quinze anos."

[106] "Falsificar, corromper, adulterar ou alterar produto destinado a fins terapêuticos ou medicinais: Pena – reclusão, de 10 (dez) a 15 (quinze) anos, e multa. § 1.º Nas mesmas penas incorre quem importa, vende, expõe à venda, tem em depósito para vender ou, de qualquer forma, distribui ou entrega a consumo o produto falsificado, corrompido, adulterado ou alterado. § 1.º-A Incluem-se entre os produtos a que se refere este artigo os medicamentos, as matérias-primas, os insumos farmacêuticos, os cosméticos, os saneantes e os de uso em diagnóstico. § 1.º-B Está sujeito às penas deste artigo quem pratica as ações previstas no § 1.º em relação a produtos em qualquer das seguintes condições: I – sem registro, quando exigível, no órgão de vigilância sanitária competente; II – em desacordo com a fórmula constante do registro previsto no inciso anterior; III – sem as características de identidade e qualidade admitidas para a sua comercialização; IV – com redução de seu valor terapêutico ou de sua atividade; V – de procedência ignorada; VI – adquiridos de estabelecimento sem licença da autoridade sanitária competente."

[107] O Superior Tribunal de Justiça considerou inconstitucional a referida pena do art. 273, § 1.º-B, V, por ferir o princípio constitucional da proporcionalidade (AI no HC 239.363, Corte Especial, rel. Sebastião

Ainda a Lei 8.072/1990, ao dobrar a pena mínima do crime de estupro (art. 213, CP), passando-a de três para seis anos de reclusão, provocou desarmonia no sistema, visto tê-la equiparado à sanção mínima do crime de homicídio (art. 121, CP). Considerando-se grave o estupro, merecedor da pena mínima de seis anos, torna-se urgente alterar o mínimo previsto para o homicídio, pois, sem dúvida, os bens jurídicos em foco são díspares, constituindo o mais relevante a vida humana.

Na legislação especial, com foco na Lei 9.605/1998, optou-se por conferir ao delito de maus-tratos a animais a pena de detenção, de *3 meses* a 1 ano, *e* multa (art. 32),[108] enquanto se pode observar que os maus-tratos a seres humanos, mormente os vulneráveis, possui a sanção de detenção, de *2 meses* a 1 ano, *ou* multa (art. 136, CP).[109] A situação de contraste agravou-se, ainda mais, em decorrência da edição da Lei 14.064/2020, que inseriu uma pena desproporcional quando os maus-tratos tiverem por objeto cão ou gato ("§ 1.º-A Quando se tratar de cão ou gato, a pena para as condutas descritas no *caput* deste artigo será de reclusão, de 2 (dois) a 5 (cinco) anos, multa e proibição da guarda").

Acesse e assista ao vídeo sobre Desproporção nos maus-tratos.

> http://uqr.to/1yvd4

Não fosse suficiente, optou-se por criar o tipo penal de maus-tratos a plantas ornamentais, cuja pena é de detenção, de 3 meses a 1 ano, ou multa, ou ambas cumulativamente (art. 49, Lei 9.605/1998).[110] O ápice da lesão ao princípio da proporcionalidade abre-se na previsão constante do art. 49, parágrafo único,[111] em que se detecta a sanção de 1 a 6 meses, ou multa, para a forma culposa desse delito. Se o contraste entre maus-tratos a uma criança e os maus-tratos a um animal, cuja pena é mais elevada, pode provocar indignação, imagine-se o

---

Reis Júnior, 26.02.2015, m.v.). Em 2021, o Plenário do Supremo Tribunal Federal, por maioria, apreciando o Tema 1.003 de repercussão geral, fixou o entendimento de que a sanção penal do art. 273, § 1.º-B, inciso I, do Código Penal, é desproporcional e estabeleceu a seguinte tese: "É inconstitucional a aplicação do preceito secundário do art. 273 do Código Penal, com redação dada pela Lei nº 9.677/1998 (reclusão, de 10 a 15 anos, e multa), à hipótese prevista no seu § 1.º-B, I, que versa sobre a importação de medicamento sem registro no órgão de vigilância sanitária. Para esta situação específica, fica repristinado o preceito secundário do art. 273, na redação originária (reclusão, de 1 a 3 anos, e multa)", vencidos os Ministros Marco Aurélio, Ricardo Lewandowski e Edson Fachin (RE 979.962, 24.03.2021).

[108] "Praticar ato de abuso, maus-tratos, ferir ou mutilar animais silvestres, domésticos ou domesticados, nativos ou exóticos: Pena – detenção, de três meses a um ano, e multa."

[109] "Expor a perigo a vida ou a saúde de pessoa sob sua autoridade, guarda ou vigilância, para fim de educação, ensino, tratamento ou custódia, quer privando-a de alimentação ou cuidados indispensáveis, quer sujeitando-a a trabalho excessivo ou inadequado, quer abusando de meios de correção ou disciplina: Pena – detenção, de dois meses a um ano, ou multa."

[110] "Destruir, danificar, lesar ou maltratar, por qualquer modo ou meio, plantas de ornamentação de logradouros públicos ou em propriedade privada alheia: Pena – detenção, de três meses a um ano, ou multa, ou ambas as penas cumulativamente."

[111] "No crime culposo, a pena é de um a seis meses, ou multa."

mesmo contraste com uma planta ornamental qualquer. Expor a perigo a vida de uma pessoa vulnerável é apenada de maneira mais branda do que maltratar uma samambaia.

Outro equívoco legislativo pode ser apontado na redação do art. 183 da Lei 9.472/1997,[112] ao prever a cominação de multa em patamar único, sem permitir a individualização da pena, nem mesmo a correta proporção entre diferentes condutas e seus autores.

É preciso ressaltar a lembrança de WILLIS SANTIAGO GUERRA FILHO: "um marco histórico para o surgimento desse tipo de formação política costuma-se apontar na *Magna Charta* inglesa, de 1215, na qual aparece com toda clareza manifestada a ideia acima referida, quando estabelece: 'o homem livre não deve ser punido por um delito menor, senão na medida desse delito, e por um grave delito ele deve ser punido de acordo com a gravidade do delito'. Essa espécie de contrato entre a Coroa e os senhores feudais é a origem do *Bill of Rights*, de 1689, onde então adquirem força de lei os direitos frente à Coroa, estendidos agora aos súditos em seu conjunto".[113]

4.2.1.3.3. O princípio da proibição da proteção deficiente

Tal criação não foge ao âmbito do princípio da proporcionalidade, cujo fim é assegurar o equilíbrio entre o crime e a pena a ele cominada, bem como garantir que a gravidade de um fato mereça a devida consideração do Estado.

Didaticamente, pode-se reputá-lo presente para enaltecer a importância do respeito à proporcionalidade. Se o crime de furto simples não deve ser punido com pena de 20 a 30 anos de reclusão, por ferir diretamente a proporcionalidade, sob outro prisma, o homicídio jamais poderia ser apenado com simples multa. A deficiência de proteção estatal consagraria a desproporcionalidade.

Aplica-se o mesmo no processo penal, não tendo cabimento decretar prisão preventiva para apurar uma contravenção penal, tampouco deixar em liberdade, durante a investigação ou instrução, um assassino serial, multirreincidente.

Cuidando-se de mero espelho da proporcionalidade, não se pode utilizar a proibição da proteção deficiente para derrubar importantes conquistas penais e processuais penais dos últimos tempos. Por isso, esse princípio encontra barreiras em vários outros, como a legalidade, a culpabilidade, a intervenção mínima etc. A pretexto de suprir eventual deficiência estatal, na tutela da segurança pública, torna-se inadmissível invocar a analogia *in malam partem* ou a retroatividade de lei prejudicial ao réu. Ademais, um erro ou omissão porventura existente não deve gerar outro pior, consistente na invasão à seara do abuso e da comoção pela *lei e ordem*.

4.2.1.4. Vedação da dupla punição pelo mesmo fato

4.2.1.4.1. Conceito e aplicação prática

A proibição de dupla punição em virtude do mesmo fato criminoso é decorrência de dois princípios constitucionais: o princípio da legalidade em harmonia com o princípio da vedação do duplo processo pelo mesmo acontecimento. Este último encontra expressa previsão da Convenção Americana dos Direitos Humanos (art. 8.º, 4) e ingressa em nosso cenário

---

[112] "Desenvolver clandestinamente atividades de telecomunicação: Pena – detenção de dois a quatro anos, aumentada da metade se houver dano a terceiro, e multa de R$ 10.000,00 (dez mil reais)."

[113] Dignidade humana, princípio da proporcionalidade e teoria dos direitos fundamentais, p. 313.

constitucional pela abertura concedida pelo art. 5.º, § 2.º, da CF.[114] O primeiro é decorrência taxativa do art. 5.º, XXXIX, da CF.

Quanto à legalidade, sabe-se não haver crime, nem pena, sem prévia definição e cominação legais. Para cada delito, prevê-se uma única possibilidade de aplicação de pena. Quando se avolumam os crimes, outras fórmulas são utilizadas para avaliar a pena cabível (concurso de delitos). Entretanto, inexiste autorização legal para a imposição de mais de uma penalidade para um determinado fato.

Sob outro aspecto, havendo a proibição de se instaurar processo criminal mais de uma vez, pelo mesmo fato, contra alguém, pouco importando a solução anterior – se condenatória ou absolutória –, torna-se natural impedir a aplicação de dupla apenação por idêntica ocorrência. Se nem mesmo processo é viável instaurar-se, nem se cogite em dupla punição.

Em síntese, significa que ninguém deve ser processado e punido duas vezes pela prática da mesma infração penal (*ne bis in idem*). Se não há possibilidade de processar novamente quem já foi absolvido, ainda que surjam novas provas, é lógico não ser admissível punir o agente outra vez pelo mesmo delito.

4.2.1.4.2. Correlação com a individualização da pena

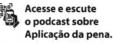
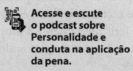

O processo de aplicação da pena pode acarretar a ofensa ao princípio da vedação da dupla punição pelo mesmo fato, sem que o magistrado se aperceba. Considerando-se os vários estágios utilizados para estabelecer a pena justa, é fundamental a redobrada atenção para ponderar uma única vez cada circunstância envolvendo o delito.

Na fixação da pena-base, levando-se em consideração os requisitos estabelecidos pelo art. 59 do Código Penal, devem-se usar apenas aqueles que não constituírem, noutros termos, causas legais de aumento ou diminuição de pena. Ilustrando, caso o julgador detecte, em relação ao agente, uma personalidade covarde, pois agrediu e matou um indefeso idoso, antes de promover a elevação da pena-base, precisa atentar para o fato de ser essa circunstância, igualmente, agravante (art. 61, II, *h*, CP) e causa de aumento de pena (art. 121, § 4.º, parte final, CP). Se empreender a subida da pena, com base no fator *idade da vítima*, em tese, poderia fazê-lo por três vezes (personalidade + agravante + causa de aumento). Entretanto, na prática, estaria ferindo o princípio de que ninguém deve ser punido mais de uma vez *pelo mesmo fato*, entendido este como o fato principal (tipo básico) e todas as suas circunstâncias (tipo derivado e outros elementos previstos em lei).

---

[114] "Os direitos e garantias expressos nesta Constituição não excluem outros decorrentes do regime e dos princípios por ela adotados, ou dos tratados internacionais em que a República Federativa do Brasil seja parte" (Cf., STF, RE 466.343/SP, sobre a supralegalidade dos tratados sobre direitos humanos).

Diante disso, respeitando-se o necessário princípio da individualização da pena, torna-se crucial atentar para a dupla punição, evitando-se o abuso indevido na reprimenda estatal.

4.2.1.4.3. A constitucionalidade da aplicação da reincidência

Reincidente é a pessoa que torna a praticar crime, depois de já ter sido condenado anteriormente em caráter definitivo (art. 63, CP). A reincidência não passa de uma recaída e, como tal, não significa *nova* punição pelo *mesmo fato*. Ao contrário, busca-se *valorar* esse aspecto para efeito de individualização da pena, do mesmo modo que se concede efeito positivo aos bons antecedentes e à primariedade.

O criminoso insistente, alheio à punição estatal como forma de reeducação, cético em relação às normas de vivência em sociedade, não deve ficar imune à análise de seu comportamento. Ademais, a lei penal incentiva o uso de elementos particulares do agente para a fixação da pena concreta, tais como personalidade, antecedentes e conduta social.

A avaliação da reincidência nada mais quer dizer que não o cumprimento fiel a preceito constitucional, lastreado na individualização da pena, evitando-se o injusto padrão punitivo. Ninguém deve ser apenado porque é reincidente, mas precisa ser mais severamente punido porque, nos próximos delitos, ignorou a anterior sanção e persiste no propósito desafiador das regras estatais. Tal medida indica a fixação de pena mais rigorosa, quando da prática de novo crime, depois de já ter sido anteriormente condenado.

Aliás, a reincidência não utiliza, como parâmetro, o *mesmo fato* para qualquer finalidade. Vale-se de *fato novo* por completo. A prática de outro delito significa *fato* primário original, nunca considerado pela Justiça Criminal. No momento de aplicação da pena, por este inédito delito, leva-se em conta outra circunstância, igualmente nova, consistente na reincidência, como padrão comportamental, construindo *fato circunstancial* inovador. Assim, dadas nova infração penal e nova circunstância de caráter pessoal, fixa-se pena inédita, com medida justa ao padrão encontrado para aquele fato, em primeira mão avaliado pelo Judiciário.

4.2.1.4.4. Absorção do perigo pelo dano

A tutela do mesmo bem jurídico pode dar-se por meio de tipo penal prevendo *dano* ou pelo que pressupõe apenas o *perigo de dano*. São os crimes de dano e os de perigo. Estes têm a meta de punir o agente pela prática da conduta arriscada, possuindo nítido caráter subsidiário. Se houver o dano, necessariamente há de se concretizar a absorção do perigo.

Não fosse assim, estar-se-ia consumando a dupla punição pelo mesmo fato, o que representa evidente inconstitucionalidade.[115] Note-se ser a posse de arma de fogo um crime de perigo abstrato. Entretanto, utilizada a arma ilegal para o cometimento do crime de homicídio, gerou-se o dano à vida, justamente o que a punição à posse da arma pretendia evitar. A imputação deve ser centrada, com exclusividade, no delito de dano (homicídio), que absorve o crime de perigo (posse de arma de fogo). Desse modo, a ação penal gira em torno do homicídio, desaparecida a infração penal de perigo, motivo pelo qual, caso absolvido o agente, não se pode retomar a imputação daquilo que se esvaiu, afinal, também não se admite o duplo processo pelo mesmo fato.

---

[115] Nesse prisma, BOTTINI, *Crimes de perigo abstrato e princípio da precaução na sociedade de risco*, p. 195.

Por certo, há hipóteses em que o delito de perigo pode conviver com o de dano, mas por terem bens jurídicos diferenciados. O crime de associação criminosa (art. 288, CP) tem por finalidade preservar a paz pública. Se o agrupamento comete um roubo (art. 157, CP), feriu-se o patrimônio alheio. Portanto, é cabível a imputação dúplice (art. 288 + art. 157), sem que se possa levantar o *bis in idem*.

4.2.2. Concernente ao indivíduo

4.2.2.1. Culpabilidade

4.2.2.1.1. Conceito e relevância

Significa que ninguém será penalmente punido se não houver agido com dolo ou culpa, dando mostras de que a responsabilização não deve ser objetiva, mas subjetiva (*nullum crimen sine culpa*). Trata-se de uma conquista do direito penal moderno, voltado à ideia de que a liberdade é a regra, sendo exceção a prisão ou a restrição de direitos. Além disso, o próprio Código Penal estabelece que somente há crime quando estiver presente o dolo ou a culpa (art. 18). Note-se, ainda, a redação do parágrafo único desse artigo: "Salvo os casos expressos em lei, ninguém pode ser punido por fato previsto como crime, senão quando o pratica dolosamente".

Assim, a regra adotada é buscar, para fundamentar e legitimar a punição, na esfera penal, o dolo do agente. Não o encontrando, deve-se procurar a culpa, desde que expressamente prevista, como alternativa, no tipo penal incriminador. Na ótica de JESCHECK, o princípio da culpabilidade serve, de um lado, para conferir a necessária proteção do indivíduo em face de eventual excesso repressivo do Estado, fazendo com que a pena, por outro, circunscreva-se às condutas merecedoras de um juízo de desvalor ético-social.[116]

A infração penal proporciona a aplicação da pena, a mais severa sanção imposta pelo Estado, passível de restrição à liberdade individual, devendo pautar-se pelo preenchimento dos seus aspectos objetivo e subjetivo. Não basta que o agente simplesmente realize um fato, mesmo quando decorrente de sua vontade consciente. Torna-se essencial buscar, no seu âmago, o elemento subjetivo, formado por manifestações psíquicas, emocionais, racionais, volitivas e sentimentais, em perfeito conjunto de inspirações exclusivas do ser humano. Cuida-se de uma expressão espiritual, demonstrativa de particular modo de ser e agir, constitutivo do *querer ativo*, apto a atingir determinado resultado.

A mera realização de uma conduta, geradora de certo evento no campo naturalístico ou de resultado no cenário jurídico, é insuficiente para detectar o intuito humano de delinquir, vale dizer, de contrariar as regras impostas em sociedade, conforme o princípio da legalidade. Acidentes ocorrem, frutos do infortúnio, do qual ninguém está imune. Portanto, quando algum fato se consolidar em decorrência de caso fortuito, imprevisível ou acidental, mesmo que grave e infeliz, produto da vontade humana, mas desprovida do *querer ativo*, constitui irrelevante penal.

Ilustrando, a direção de veículo automotor é consequência de um risco tolerado pela sociedade, visto ser naturalmente perigosa a extensa rede viária de qualquer cidade. O

---

[116] JESCHECK, *Tratado de derecho penal* – Parte general, p. 25-26.

motorista que, conduzindo prudentemente seu automóvel, sem qualquer previsibilidade quanto a eventual desastre, envolve-se em acidente, com vítima fatal, não pode ser penalmente responsabilizado. Esta não é a função fragmentária do direito penal. Não se destina esse ramo do ordenamento jurídico a punir qualquer tipo de erro ou de lesão, mas somente as que advierem de dolo ou culpa, ambos elementos subjetivos passíveis de incriminação.

A intervenção mínima assegura o Estado Democrático de Direito, restringindo-se ao mínimo possível a atuação punitiva estatal. Diante disso, exigir a presença da culpabilidade, entendida esta, na teoria do crime, como a existência de dolo ou culpa, constitui garantia humana fundamental. O lastro dessa garantia pode ser encontrado na dignidade da pessoa humana, princípio regente e norteador de toda a atividade estatal de respeito ao indivíduo e de valorização de sua autoestima e inserção em sociedade.

Punir sem qualquer finalidade se torna despótico e infundado. A sanção penal, avaliada no seu espectro multifacetado, atende a retribuição e a prevenção ao crime. Voltando-se a qualquer desses aspectos, evidencia-se a indispensável exigência de dolo ou culpa para conferir razoável legitimidade à punição. De que adianta aplicar um castigo a quem nem mesmo teve a intenção de atingir o resultado? Nem de qualquer forma assumiu esse risco? E tampouco possuiu qualquer chance de antever o resultado? A resposta parece simples: absolutamente nada. Seria, em exemplo paralelo, punir um insano ou um animal pelo dano causado. É certo que, nessas situações, prevalece a irracionalidade (para o animal) e a impossibilidade de exercer validamente a vontade ou ter dela consciência (para o insano), porém, na essência, ambos não têm a menor condição de compreender o significado de eventual punição. Por outro lado, punir o ser humano, que dê causa a um resultado danoso qualquer, sem haver dolo ou culpa, constitui medida de força inútil, pois o castigo não será assimilado como justo, nem pelo acusado, nem mesmo pela sociedade.

A função retributiva da pena esvai-se. Focando-se o lado preventivo, outra sorte não tem a questão, pois a ausência de dolo ou culpa esgota qualquer chance de legitimar a atuação da lei penal ou de servir de intimidação geral. Pelo contrário, a punição calcada na responsabilidade penal sem dolo ou culpa representa prepotência estatal, intimidando pelo simples terror da força, sem a devida conscientização do justo. Os aspectos de prevenção específica, positiva ou negativa, também não encontram respaldo, caso inexistam dolo ou culpa. A meta reeducativa da pena pressupõe a existência, no desenvolvimento da ação criminosa, de uma vontade maculada pelo ânimo de descumprir regras impostas, desrespeitando as normas postas. Por isso, reeduca-se; ressocializa-se. Por derradeiro, segregar o indivíduo, que tenha cometido algo ilícito, sem qualquer intenção ou previsibilidade, é medida sem qualquer préstimo, pois ele não representa, na essência, perigo à sociedade.

Em suma, o modelo legal de conduta proibida, constante do tipo penal incriminador, para se tornar, efetivamente, crime, deve ser preenchido objetiva e subjetivamente. Em ilustração, *matar alguém* exige que determinado ser humano atue no sentido de tirar a vida de outro. Constatada a morte, em tese, tem-se um homicídio. Entretanto, é curial extrair-se do ato voluntário e consciente do agente o *querer ativo*, representado pela intenção de atingir o resultado ou pelo objetivo de compor resultado diverso, embora previsível o resultado *morte*.

4.2.2.1.2. Dolo e culpa: iniciando uma nova abordagem[117]

Tradicional e legalmente, reputa-se o crime doloso, "quando o agente quis o resultado ou assumiu o risco de produzi-lo", e culposo, "quando o agente deu causa ao resultado por imprudência, negligência ou imperícia" (art. 18, I e II, CP).

Nessa linha, considera-se dolo direto, quando o agente quis o resultado, e dolo eventual, quando o agente assumiu o risco de produzi-lo. Noutra perspectiva, o denominado dolo direto representa um *querer ativo* retilíneo, sem desvio ou tergiversação, focando exatamente o resultado almejado. Se "A" quer matar "B", exerce todos os atos necessários para o incremento de seu íntimo objetivo, capacitando-se para atingir o resultado e assim fazendo. Objetiva e subjetivamente, cometeu um homicídio.

Entretanto, o dolo eventual ou indireto produz um *querer ativo* sinuoso, focando determinado resultado, mas sendo capaz de visualizar outro (ou outros), aderente ao principal, como decorrência lógica do primeiro, o qual chega a ignorar, embora ciente, ou mesmo a assimilar, em nítido desdém. Se "A" quer dirigir seu veículo em alta velocidade para chegar mais cedo ao seu local de trabalho, conforme as vias percorridas e a situação vivenciada, embora focando a aproximação ao seu destino, tem plena condição de captar os *flashes* de racionalidade e experiência de seu espírito, demonstrativos de resultado diverso, constituído de acidente com lesão a seres humanos. Esse resultado secundário é ignorado ou assumido como irrelevante (note-se que há claro ânimo de ignorar ou desdenhar). O desprezo pela vida humana, quando concretizado por atos do agente, significa *vontade* de matar, simbolizada de maneira tortuosa, mas eficiente. Objetiva e subjetivamente, cometeu um homicídio.

A culpa é um comportamento voluntário, que infringe o dever de cuidado objetivo, resultando num resultado danoso involuntário, embora previsível, que podia ter sido evitado. A culpa se divide em inconsciente e consciente. Indica-se a culpa inconsciente quando o resultado danoso podia ter sido previsto, mas efetivamente não foi. A culpa consciente aponta para a possibilidade de o agente prever o resultado danoso, mas acreditar, firmemente, que não se realize. Tratando-se de culpa, o resultado danoso há de ser sempre *não desejado*, embora no cenário da culpa consciente ele seja previsto, o que a aproxima bastante da configuração do dolo eventual.

A riqueza do pensamento humano, quando transformado em atitudes, proporciona as mais variadas análises. Diante disso, a estrutura psíquica do dolo eventual e da culpa consciente é muito próxima, verificando-se a diferença na finalização do querer ativo do agente. Nas duas situações, o agente persegue um objetivo, notando a viabilidade de atingir um segundo resultado, este não desejado, mas previsível. Enquanto no dolo eventual, o autor despreza a realização do dano, na culpa consciente ele acredita, efetivamente, que será capaz de evitá-lo.

A dificuldade nessa distinção, no caso concreto, provoca raciocínios complexos por parte do julgador, sem que haja uma segurança uniforme quanto ao veredicto. Portanto, cremos ser necessária uma revisão dos conceitos para aperfeiçoar os institutos.

Refletindo sobre o tema, alteramos a nossa visão a respeito dessa distinção e expomos essa conclusão no Capítulo XIX, item 13.

---

[117] Introduzimos alguns conceitos a respeito do elemento subjetivo do crime, no cenário do princípio da culpabilidade, para, desde logo, estimular o leitor a refletir sobre as suas diferenças, de modo a atingir uma nova abordagem, o que será esclarecido no Capítulo XIX.

4.2.2.1.3. Responsabilidade penal objetiva, sua extensão na teoria do tipo e o enfoque da embriaguez voluntária ou culposa[118]

Diz-se *objetiva* a responsabilidade penal porque ausente o lado subjetivo, vale dizer, o dolo e a culpa. Portanto, o mero preenchimento do tipo penal, independentemente da valoração do querer ativo do agente, seria suficiente para efetivar a punição.

Por óbvio, está-se diante de medida drástica, disposta a conturbar as bases do Estado Democrático de Direito, por invadir o campo do desprezo pela vontade humana, quando qualificada no seu mais precioso sentido: o âmago. Evidenciando a importância ímpar do *intuito genuíno* do sentimento humano, pode-se citar o cenário dos crimes contra a honra, onde há a conclusão geral da doutrina e da jurisprudência de que não basta o dolo, mas é preciso buscar o ânimo de injuriar, leia-se, magoar, ferir e rebaixar. Onde se encontra, na lei, o referido *animus injuriandi*? Inexiste. Por certo, captou-se, com perfeita justeza, na prática, qual o sentido das condutas agressivas e ofensivas dos seres humanos, uns contra os outros, até emergir a percepção de que muitas aparentes injúrias não passam de levianas brincadeiras ou indelicadas manifestações. No íntimo, porém, os tais ultrajes não figuram no campo da maldade e da malícia, deixando de constituir real ferramenta de conspurcação da honra alheia.

Tratando-se de dolo, particularmente, deve-se garantir a sua abrangência, envolvendo o tipo básico e o derivado, assim como todas as circunstâncias da infração penal. A essência da figura incriminadora (tipo básico) é o primeiro passo para o preenchimento da tipicidade: *matar alguém* (art. 121, *caput*, CP). Além disso, para que se possa considerar qualificado o homicídio, demanda-se o envolvimento, pelo querer ativo do agente, de alguma circunstância descrita no § 2.º, *v.g.*, com emprego de meio cruel (inciso III). No mais, constatando-se eventual agravante, exige-se, também, a abrangência do dolo: em ocasião de desgraça particular do ofendido (art. 61, II, *l*, CP).

Desse modo, no processo de reconhecimento do homicídio qualificado com agravante, o magistrado somente poderá elevar a pena, caso acolha a abrangência do dolo, ou seja, o querer ativo do agente está presente em todos esses enfoques. Imagine-se que o homicídio tenha ocorrido em situação de desgraça particular do ofendido, mas o agente não tenha conhecimento desse peculiar contratempo. Não poderá o juiz acolher a agravante, pois, se assim fizer, aceitará a responsabilidade penal objetiva (sem dolo e sem culpa), o que é indevido.

Quanto à embriaguez, o art. 28, II, do Código Penal preceitua que não exclui a responsabilidade penal a embriaguez voluntária ou culposa, pelo álcool ou substância de efeitos análogos. Por outro lado, constitui causa de exclusão da culpabilidade, implicando absolvição, caso se comprove seja a embriaguez completa, proveniente de caso fortuito ou força maior, retirando do agente, à época do fato, integralmente, a sua capacidade de entender o caráter ilícito da situação ou de determinar-se de acordo com tal entendimento (art. 28, § 1.º, CP). Havendo embriaguez incompleta, fruto do caso fortuito ou força maior, possibilita-se a diminuição da pena (art. 28, § 2.º, CP).

O álcool é uma droga de comercialização e uso lícitos, não implicando ação repressiva do Estado. Portanto, a embriaguez, como regra, é conduta penalmente irrelevante. Em raros

---

[118] Sugerimos ao leitor, se não familiarizado com a situação da embriaguez voluntária e da teoria da *actio libera in causa*, que acesse o Capítulo XXIII, item 3.2.3.3, desta obra, para o conhecimento do tema.

casos, torna-se parte de figura típica incriminadora, tanto como crime[119] quanto como contravenção penal.[120] Afora esse cenário, a embriaguez pode ser a causa para o cometimento de delitos diversos. Assim sendo, deve ser analisada sob três focos: a) embriaguez acidental = aplicação o art. 28, §§ 1.º ou 2.º, CP; b) embriaguez preordenada = aplica-se a teoria da *actio libera in causa*, punindo-se pelo crime cometido, com a agravante prevista no art. 61, II, *l*, CP); c) embriaguez voluntária ou culposa = aplica-se a responsabilidade penal objetiva.[121]

No campo da embriaguez preordenada é correta a aplicação da teoria da *actio libera in causa* (ação livre na origem), valendo dizer que, se o agente se embriagou com a intenção de ganhar coragem para matar a vítima, pode-se perceber, com clareza, a presença do dolo já no momento de ingestão do álcool. Se, mais tarde, encontrando-se com o ofendido, já em estado de embriaguez completa, desferir-lhe tiros, o dolo do momento da bebedeira transfere-se para o instante do crime, baseando-se na lógica sucessiva de que a causa da causa também é causa do que foi causado. Se beber para matar contém o dolo, por óbvio, na sequência, matar bêbado também pode perfilhar o mesmo dolo. A livre ação na origem (dolosa) para beber terminou por determinar a morte da vítima. Cuida-se, então, de responsabilidade penal subjetiva. Diga-se o mesmo da culpa. Caso o agente ingira a bebida alcoólica num bar, antes de conduzir seu veículo, mas sabendo que irá fazê-lo, a sua imprudência no momento de beber será transportada para o instante em que, provocando um acidente, ferir alguém.

A teoria da *actio libera in causa* apresenta nítida falha, quando é inserida no cenário da embriaguez voluntária ou culposa, salvo exceções. O sujeito que bebe com os amigos num bar qualquer, para se divertir, comemorando a vitória de seu time, pode embriagar-se voluntariamente. Entretanto, enquanto bebe, nenhuma intenção criminosa lhe passa pela mente. Ademais, nem mesmo em dolo eventual se pode falar, pois haveria de existir um segundo resultado desenhado na mente do bebedor, associado à ingestão do álcool, como a morte de alguém, em relação ao qual ele desdenha. Essa situação é surreal e não configura o cotidiano. Pessoas bebem por beber, sem jamais imaginar que, embriagadas, possam cometer algum crime.

Desse modo, imagine-se que aquele torcedor, pessoa primária, sem antecedentes, trabalhador, pai de família e honesto, em estado de embriaguez completa, sofra uma provocação de terceiro. Inconsciente, sem condições de discernir entre o certo e o errado, algo que o álcool tem a capacidade de produzir, obnubilando a racionalidade e o controle emocional, o torcedor agride com uma faca, que achou sobre o balcão, o provocador, que morre. Inexiste dolo algum, no ato de beber, para ser transportado para o instante da agressão à faca. Termina-se, na realidade, aplicando-se a pena de crime doloso de homicídio, em face das circunstâncias, leia-se, porque, para quem está de fora, aquela cena *parece* uma agressão dolosa, com fins letais. Presume-se o dolo, mas não se consegue comprová-lo.

---

[119] "Conduzir veículo automotor com capacidade psicomotora alterada em razão da influência de álcool ou de outra substância psicoativa que determine dependência: Penas – detenção, de 6 (seis) meses a 3 (três) anos, multa e suspensão ou proibição de se obter a permissão ou a habilitação para dirigir veículo automotor" (art. 306, Código de Trânsito Brasileiro).

[120] "Apresentar-se publicamente em estado de embriaguez, de modo que cause escândalo ou ponha em perigo a segurança própria ou alheia: Pena – prisão simples, de 15 (quinze) dias a 3 (três) meses ou multa. Parágrafo único. Se habitual a embriaguez, o contraventor é internado em casa de custódia e tratamento" (art. 62, Lei de Contravenções Penais).

[121] Para alguns autores, também nesse caso, aplica-se a *actio libera in causa*. No entanto, como pretendemos demonstrar no texto, tal medida é inviável quase sempre.

Acompanhando processos criminais, nas Varas do Júri, pode-se ter uma exata noção do quadro supraexposto. Vários são os réus, respondendo por homicídio consumado ou tentativa de homicídio, que nem mesmo se lembram, ao certo, do que aconteceu, porque estavam embriagados. E a maioria deles, com segurança, bebeu por beber, sem supor que, alcoolizado, iria participar de uma briga com resultado fatal. Aliás, do mesmo modo que há agressões de bêbados, ocorrem mortes de pessoas embriagadas.

A singela consagração da responsabilidade penal objetiva não pode ser pacificamente aceita. Torna-se necessário investir em soluções mais adequadas para o respeito ao princípio da culpabilidade, básico elemento no Estado Democrático de Direito.

Parece-nos fundamental exigir, nos casos de embriaguez voluntária ou culposa, para a responsabilização criminal do agente, um *mínimo* de previsibilidade. Afinal, ausente toda e qualquer possibilidade de prever o resultado, torna-se injusto punir o embriagado, inconsciente, sem condições de optar entre o certo e o errado. Aplicar-lhe pena será inútil, pois seu nível de reeducação deveria concentrar-se na eliminação do vício da bebida, e não na retomada de valores de respeito à vida ou à integridade alheia.

Ilustrando, pode-se imaginar o vigia particular que, ao término do trabalho, vá para o bar a fim de beber com amigos. Entretanto, cuida-se de pessoa agressiva, que, quando se embriaga, quase sempre termina inserido em confusão. Não é cabível que siga ao bar carregando arma de fogo na cintura. O seu lado agressivo desperta quando bebe e a sua arma de fogo à disposição são fatores suficientes para lhe despertar a previsibilidade em relação a crimes contra a pessoa. Nessa situação, parece-nos cabível cuidar de hipótese de *actio libera in causa*, colocando o dolo eventual como presente no momento de beber.

Por outro lado, o trabalhador sai do emprego e segue à sua casa, onde se põe a beber, sozinho. Não tem histórico de agressão, em virtude de embriaguez. Subitamente, surge para visitá-lo um vizinho intrometido e provocador. Em estado de embriaguez completa, ouvindo algum desaforo em sua própria casa, pode agredir o vizinho, ferindo-o ou matando-o. A previsibilidade, nesse caso, era basicamente nula. A punição por crime de homicídio doloso é deveras severa, consagrando uma responsabilidade penal objetiva inadequada. Deve ser punido, quando muito, por homicídio culposo, diante da sua mera irresponsabilidade, fruto da imprudência, de se embriagar, perdendo a consciência.

Em suma, buscando-se contornar a pura e simples aplicação da responsabilidade penal objetiva, devem-se avaliar três hipóteses: a) beber já com dolo ou culpa, em relação a resultado futuro; ao atingir tal resultado, projeta-se o elemento subjetivo do crime para o momento da ação ou omissão (*actio libera in causa*); b) beber com a possibilidade de prever resultado danoso futuro, diante das suas condições pessoais e histórico antecedente com a embriaguez; advindo o resultado lesivo, aplica-se a previsibilidade mínima, podendo-se transpor, para o momento da ação, dolo eventual ou culpa consciente; c) beber sem a menor possibilidade de antever resultado danoso; porém, em estado de embriaguez completa, termina por provocar dano; a punição deve concentrar-se em crime culposo – se existir o tipo penal – para que se possa restringir a responsabilidade penal objetiva. Cuida-se, então, de focar a imprudência ao beber, sem a antevisão do resultado danoso, que deveria ter sido previsto, mas não o foi.

Naturalmente, a terceira hipótese é a mais polêmica, pois, na prática, aquele que fere terceiro, em estado de embriaguez voluntária ou culposa, termina por responder pelo crime concretizado, na modalidade dolosa ou culposa, conforme a aparência de sua realização, sem qualquer indagação no tocante ao elemento subjetivo efetivo do delito. É justamente tal medida que precisa ser alterada. Não se busca evitar a punição por completo, mas também não

4.2.2.1.4. Culpabilidade no campo da aplicação da pena

O princípio da culpabilidade liga-se, basicamente, à teoria do crime, concentrando-se no elemento subjetivo; por isso, delineia-se na expressão *não há crime sem dolo ou culpa*. No entanto, a *culpabilidade* não se limita a esse cenário, visto constituir o liame entre o delito e a pena.

Diante disso, afora o seu aspecto *como princípio*, a culpabilidade exerce relevante papel para a configuração do crime, representando um juízo de reprovação social, incidente sobre o fato e seu autor, que deve ser imputável, atuar com consciência potencial de ilicitude, além de lhe ser possível atuar conforme o direito (numa ótica finalista). Preenchidos o fato típico, ilícito e culpável, têm-se o delito e, por via de consequência, a viabilidade da condenação.

Na sequência, passa-se à fixação da pena, em que surge, mais uma vez, a noção de culpabilidade, conforme se visualiza no art. 59 do Código Penal. Significa, em sentido lato, despida dos elementos já analisados, somente um juízo de reprovação social (ou censura). Esse juízo se baseia em outros fatores, expostos no referido art. 59 (antecedentes, conduta social, personalidade, motivos, circunstâncias e consequências do delito e comportamento da vítima).

É fundamental não confundir o princípio da culpabilidade, como garantia contra a responsabilidade penal objetiva – não há crime sem dolo ou culpa –, com a culpabilidade, como elemento do crime e fundamento da pena.

4.2.2.1.5. Culpabilidade no processo penal

Cuida-se com particular zelo do princípio da culpabilidade em direito penal, exigindo-se a prova do elemento subjetivo do crime, vale dizer, a presença de dolo ou culpa para permitir a condenação do agente. Entretanto, torna-se essencial avaliar o grau de importância que o referido princípio acarreta no campo do processo penal, impedindo a generalização de acusações e a inversão do ônus da prova.

Não somente porque o réu é presumidamente inocente, mas também pelo fato de que dolo ou culpa não se presumem, ao contrário, prova-se com segurança, deve-se demandar a atuação positiva do Estado-acusação para se chegar à condenação.

Portanto, no cenário processual penal, é preciso muita cautela na generalização de condutas, como regra, espelhada na denúncia genérica, expondo a risco de condenação vários imputados, nem sempre com condutas individualizadas, mas que não podem ser inseridos na peça acusatória sem um mínimo de lastro probatório pré-constituído.

Noutros termos, por vezes, a denominada *denúncia genérica* é indispensável, tendo em vista não se saber, exatamente, o que cada um dos coautores ou partícipes fez para a consecução do delito. Desse modo, imputa-se a todos, genericamente, a prática de determinada

---

[122] No contexto da embriaguez, com aplicação, pura e simples, do disposto pelo art. 28, II, do Código Penal, há nítida carência de jurisprudência, abordando, com suficiência, o referido assunto. A razão é simples: casos de crimes cometidos por agentes completamente embriagados – especialmente, homicídios – são inúmeros; porém, juízes e tribunais nem mesmo discutem o grau de previsibilidade do autor nesse cenário; condena-se, quando for suficiente o quadro das provas, sem mais polêmica. É a consagração da responsabilidade penal objetiva.

Cap. V – Princípios de Direito Penal

infração penal, cumprindo-se o disposto no art. 29 do Código Penal (quem de qualquer modo concorre para o crime incide nas penas a ele cominadas). A imputação genérica não pode, entretanto, ser admitida, caso seja fruto da pura presunção, da leviandade ou da inversão do ônus da prova. Quando se insere na peça acusatória o nome de cinco réus, por exemplo, torna-se fundamental que, contra todos, existam provas suficientes de efetiva concorrência no crime. Embora não se saiba, com precisão, o que cada um desempenhou, há suporte probatório para que todos constem da denúncia ou queixa. Indevida é a imputação contra pessoas contra as quais inexistem provas mínimas, esperando-se que elas mesmas demonstrem a sua inocência, invertendo o ônus probatório.[123]

Dolo e culpa não podem resultar de mera presunção, pois isso significaria, na prática, a eleição pela responsabilidade penal objetiva, o que contraria, frontalmente, o princípio da culpabilidade. Desse quadro resulta a indispensabilidade de prova segura, em relação ao elemento subjetivo do crime, cujo ônus cabe ao órgão acusatório. A defesa pode (e deve) produzir contraprova, buscando eliminar qualquer intenção delituosa por parte do agente. E, ao final, deve-se consagrar, se preciso for, o princípio da prevalência do interesse do réu, absolvendo-se em caso de dúvida, quando não estiver provado em nível incontestável o dolo ou a culpa.

RESUMO DO CAPÍTULO

▶ **Princípio:** juridicamente, o princípio é uma norma de conteúdo abrangente, servindo de instrumento para a integração, interpretação, conhecimento e aplicação do direito positivo. Os princípios são normas com elevado grau de generalidade, aptos a envolver inúmeras situações conflituosas com o objetivo de solucioná-las. Não possuem a especificidade de uma regra, que contém um comando preciso e determinado, mas constituem proposituras amplas o suficiente para englobar as regras, dando-lhes um rumo, mormente quando há conflito entre elas.

▶ **Dignidade da pessoa humana:** o princípio constitucional explícito e regente da dignidade da pessoa humana (art. 1.º, III, CF) possui dois prismas: objetivo e subjetivo. Objetivamente, envolve a garantia de um *mínimo existencial* ao ser humano, atendendo as suas necessidades vitais básicas, como reconhecido pelo art. 7.º, IV, da Constituição, ao cuidar do salário mínimo (moradia, alimentação, educação, saúde, lazer, vestuário, higiene, transporte, previdência social). Inexiste dignidade se a pessoa humana não dispuser de condições básicas de vivência. Subjetivamente, cuida-se do sentimento de respeitabilidade e autoestima, inerentes ao ser humano, desde o nascimento, quando passa a desenvolver sua personalidade, entrelaçando-se em comunidade e merecendo consideração, mormente do Estado.

▶ **Devido processo legal:** o princípio constitucional explícito e regente do devido processo legal (art. 5.º, LIV, CF) possui dois importantes aspectos: o lado substantivo

---

[123] Quando em desempenho de minhas funções jurisdicionais no Tribunal do Júri de São Paulo, verifiquei a indispensabilidade de alguns formatos de denúncia genérica, sob pena de se gerar indevida impunidade. Os casos em que vários coautores ingressavam em determinado local e produziam uma chacina, eliminando várias vítimas, demonstram a inviabilidade de demandar a especificidade da conduta de cada um dos acusados. Não se consegue apurar, com precisão, o que cada um deles realizou (quem atirou em quem; quem vigiou o local; qual deles desferiu mais tiros que outro etc.), mas é lógico que se possam exigir contra todos eles as necessárias provas suficientes de envolvimento nos homicídios cometidos.

(material), de direito penal, e o lado procedimental (processual), de processo penal. No primeiro, encaixa-se o princípio da legalidade, basicamente, além dos demais princípios penais. Quanto ao prisma processual, cria-se um espectro de garantias fundamentais para que o Estado apure e constate a culpa de alguém, em relação à prática de crime, passível de aplicação de sanção. Eis o motivo pelo qual o devido processo legal coroa os princípios processuais, chamando a si todos os elementos estruturais do processo penal democrático, valendo dizer, a ampla defesa, o contraditório, o juiz natural e imparcial, a publicidade, entre outros, como forma de assegurar a justa aplicação da força estatal na repressão aos delitos existentes.

▸ **Legalidade:** é o princípio constitucional explícito da legalidade (art. 5.º, XXXIX, CF), em sentido estrito ou penal, que guarda identidade com a reserva legal, ou seja, somente se pode considerar *crime* determinada conduta, caso exista previsão em *lei*. O mesmo se pode dizer para a existência da pena. O termo *lei*, nessa hipótese, é *reservado* ao sentido estrito, ou seja, norma emanada do Poder Legislativo, dentro da sua esfera de competência. No caso penal, cuida-se de atribuição do Congresso Nacional, como regra. A matéria penal (definição de crime e cominação de pena) é *reserva* de *lei*, não se podendo acolher qualquer outra fonte normativa para tanto, pois seria inconstitucional. Portanto, decretos, portarias, leis municipais, resoluções, provimentos, regimentos, entre outros, estão completamente alheios aos campos penal e processual penal.

▸ **Anterioridade:** é o princípio constitucional explícito (art. 5.º, XXXIX, CF), significando que uma lei penal incriminadora somente pode ser aplicada a um fato concreto, caso tenha tido origem *antes* da prática da conduta para a qual se destina. Como estipulam o texto constitucional e o art. 1.º do Código Penal, "não há crime sem lei *anterior* que o defina", tampouco pena "sem *prévia* cominação legal" (destacamos).

▸ **Retroatividade da lei penal benéfica:** é o princípio constitucional explícito (art. 5.º, XL, CF), significando que a lei penal não retroagirá para abranger situações já consolidadas, sob o império de legislação diferenciada. Logo, quando novas leis entram em vigor, devem envolver somente fatos concretizados sob a sua égide. No entanto, tratando-se de lei penal benéfica ao réu ou condenado, ela será retroativa, devendo ser imediatamente aplicada a qualquer caso, desde que o beneficiário já não tenha terminado o cumprimento da pena.

▸ **Humanidade:** é o princípio constitucional explícito (art. 5.º, XLVII, CF), cujo objetivo é destacar que o direito penal deve pautar-se pela benevolência, garantindo o bem-estar da coletividade, incluindo-se o dos condenados. Estes não devem ser excluídos da sociedade somente porque infringiram a norma penal, tratados como se não fossem seres humanos, mas animais ou coisas. Por isso, estipula a Constituição que não haverá penas: 1) de morte (exceção feita à época de guerra declarada, conforme previsão do Código Penal Militar); 2) de caráter perpétuo; 3) de trabalhos forçados; 4) de banimento; 5) cruéis (art. 5.º, XLVII), bem como que deverá ser assegurado o respeito à integridade física e moral do preso (art. 5.º, XLIX).

▸ **Personalidade ou responsabilidade pessoal:** é o princípio constitucional explícito (art. 5.º, XLV, CF), demonstrando que a punição, em matéria penal, não deve ultrapassar a pessoa do delinquente. Trata-se de outra conquista do direito penal moderno, impedindo que terceiros inocentes e totalmente alheios ao crime possam pagar pelo que não fizeram, nem contribuíram para que fosse realizado. A família do condenado, por exemplo, não deve ser afetada pelo crime cometido. Por isso, prevê a Constituição, no art. 5.º, XLV, que "nenhuma pena passará da pessoa do condenado". Isso não significa que não haja possibilidade de garantir à vítima do delito a indenização civil ou que o Estado não possa confiscar o produto do crime – aliás, o que o próprio art. 5.º, XLV, prevê. Uma das consequências do princípio, associado à intranscendência do processo penal, é a multa, que, mesmo considerada dívida civil, para fins de cobrança, após o trânsito em julgado da decisão condenatória, não pode alcançar os herdeiros do condenado.

▶ **Individualização da pena:** é o princípio constitucional explícito (art. 5.º, XLVI, primeira parte, CF), apontando que a pena não deve ser padronizada, cabendo a cada delinquente a exata medida punitiva pelo que fez. Não teria sentido igualar os desiguais, sabendo-se, por certo, que a prática de idêntica figura típica não é suficiente para nivelar dois seres humanos. Assim, o justo é fixar a pena de maneira individualizada, seguindo-se os parâmetros legais, mas estabelecendo a cada um o que lhe é devido.

▶ **Intervenção mínima e princípios consequenciais da subsidiariedade, fragmentariedade e ofensividade:** o princípio constitucional implícito da intervenção mínima significa que o direito penal não deve interferir em demasia na vida do indivíduo, retirando-lhe autonomia e liberdade. Afinal, a lei penal não deve ser vista como a primeira opção (*prima ratio*) do legislador para compor os conflitos existentes em sociedade e que, pelo atual estágio de desenvolvimento moral e ético da humanidade, sempre estarão presentes. Há outros ramos do direito preparados a solucionar as desavenças e lides surgidas na comunidade, compondo-as sem maiores consequências. O direito penal é considerado a *ultima ratio*, isto é, a última cartada do sistema legislativo, quando se entende que outra solução não pode haver senão a criação de lei penal incriminadora, impondo sanção penal ao infrator. Como consequência, denomina-se *subsidiariedade* o princípio segundo o qual o direito penal é sempre subsidiário, secundário, em face do uso dos demais ramos do direito para solucionar conflitos. No mesmo prisma, a *fragmentariedade* significa que o direito penal constitui somente um fragmento do ordenamento jurídico, não podendo chamar a si todas as soluções para os conflitos sociais existentes. Finalmente, a *ofensividade* demonstra que, em razão da intervenção mínima, somente as lesões realmente efetivas a bens jurídicos devem ser punidas com base no direito penal.

▶ **Taxatividade:** é o princípio constitucional implícito, atrelado ao princípio da legalidade, cuja finalidade é garantir que os tipos penais incriminadores sejam corretamente construídos, de modo a ser taxativos, não gerando dúvidas à sociedade. *Taxativo* significa limitativo, restrito, apertado ou estreito. Se inexiste crime sem prévia *definição* legal, nem pena sem anterior cominação em lei, torna-se essencial garantir a eficiência do preceito delimitador da responsabilidade penal, demandando-se do Poder Legislativo a correta redação dos tipos incriminadores.

▶ **Proporcionalidade:** trata-se do princípio constitucional implícito, que indica a harmonia e boa regulação de um sistema, abrangendo, em direito penal, particularmente, o campo das penas. A Constituição Federal sinaliza a preferência por determinadas sanções penais, no mesmo contexto indicativo do princípio da individualização das penas, a saber: "a lei regulará a individualização da pena e adotará, entre outras, as seguintes: a) privação ou restrição da liberdade; b) perda de bens; c) multa; d) prestação social alternativa; e) suspensão ou interdição de direitos" (art. 5.º, XLVI). Aponta-se, paralelamente, com perfeita identidade, devam as penas ser individualizadas, ao mesmo tempo que necessitam ser proporcionalmente aplicadas, conforme a gravidade da infração penal cometida. Por isso, há uma meta revelada em direção a dois objetivos: a) preservar a harmonia entre a cominação de penas e os modelos de condutas proibidas; b) fundamentar o equilíbrio entre a aplicação das penas e os concretos modos de realização do crime.

▸ **Vedação da dupla punição pelo mesmo fato:** cuida-se do princípio constitucional implícito, demonstrativo de que não se admite, em direito penal, a dupla punição pelo mesmo fato (*ne bis in idem*). A proibição de dupla punição em virtude do mesmo fato criminoso é decorrência de dois princípios constitucionais: o princípio da legalidade em harmonia com o princípio da vedação do duplo processo pelo mesmo acontecimento. Este último encontra expressa previsão da Convenção Americana dos Direitos Humanos (art. 8.º, 4) e ingressa em nosso cenário constitucional pela abertura concedida pelo art. 5.º, § 2.º, da CF. O primeiro é decorrência taxativa do art. 5.º, XXXIX, da Constituição Federal. Quanto à legalidade, sabe-se não haver crime, nem pena, sem prévia definição e cominação legais. Para cada delito, prevê-se uma única possibilidade de aplicação de pena. Quando se avolumam os crimes, outras fórmulas são utilizadas para avaliar a pena cabível (concurso de delitos). Entretanto, inexiste autorização legal para a imposição de mais de uma penalidade para um determinado fato.

▸ **Culpabilidade:** é o princípio constitucional implícito, demonstrando que ninguém será penalmente punido se não houver agido com dolo ou culpa, dando mostras de que a responsabilização não deve ser objetiva, mas subjetiva (*nullum crimen sine culpa*). Trata-se de uma conquista do direito penal moderno, voltado à ideia de que a liberdade é a regra, sendo exceção a prisão ou a restrição de direitos. Além disso, o próprio Código Penal estabelece que somente há crime quando estiver presente o dolo ou a culpa (art. 18). Note-se, ainda, a redação do parágrafo único desse artigo: "Salvo os casos expressos em lei, ninguém pode ser punido por fato previsto como crime, senão quando o pratica dolosamente".

Capítulo VI
Fontes do Direito Penal e Interpretação das Leis Penais

1. FONTES DO DIREITO PENAL E DO PROCESSO PENAL[1]

Fonte é o lugar de onde provém algo; a origem, a causa. No campo do ordenamento, as suas fontes podem ser as criadoras do direito (materiais) e as que expressam o direito (formais).

1.1. Fontes materiais

A fonte criadora do direito penal e do processo penal, entre a tripartição dos Poderes da República, é a União, por meio do Congresso Nacional (art. 22, I, CF), com a sanção do Presidente da República. Preceitua o art. 22, I, da Constituição Federal: "compete *privativamente* à União legislar sobre: I – direito civil, comercial, *penal, processual*, eleitoral, agrário, marítimo, aeronáutico, espacial e do trabalho" (grifamos). Aliás, nesse sentido, confira-se a recente Súmula 722 do STF: "São da competência legislativa da União a definição dos crimes de responsabilidade e o estabelecimento das respectivas normas de processo e julgamento". Esta é a fonte material primária.

Trata-se de competência privativa, com exceção prevista no parágrafo único do referido art. 22: "lei complementar poderá autorizar os Estados a legislar sobre questões específicas das matérias relacionadas neste artigo". Portanto, visando à regionalização de determinadas questões penais e processuais penais, seria admissível que a União autorizasse o Estado a construir um tipo penal incriminador, prevendo delito peculiar a certa parte do País. Embora não se tenha notícia dessa prática, a verdade é que o Estado jamais poderia legislar em matéria

---

[1] Abordaremos as fontes do direito penal e do processo penal, pois temos sustentado a aproximação indispensável entre o direito material e o direito instrumental.

de direito penal fundamental (normas inseridas na Parte Geral do Código Penal, que devem ter alcance nacional, a fim de manter a integridade do sistema), tampouco poderia compor normas que contrariassem, de qualquer modo, a legislação federal. Assim, a atividade legislativa do Estado, em matéria penal, ocuparia eventual lacuna existente nas normas federais, logo, é sempre supletiva. Cuida-se de fonte material secundária.

É preciso lembrar do disposto pelo art. 103-A da Constituição Federal: "o Supremo Tribunal Federal poderá, de ofício ou por provocação, mediante decisão de dois terços dos seus membros, após reiteradas decisões sobre matéria constitucional, *aprovar súmula* que, a partir de sua publicação na imprensa oficial, terá *efeito vinculante* em relação aos demais órgãos do Poder Judiciário e à administração pública direta e indireta, nas esferas federal, estadual e municipal, bem como proceder à sua revisão ou cancelamento, na forma estabelecida em lei". A súmula vinculante possui o efeito de lei, pois obriga o seu cumprimento. Cuida-se o STF de fonte material secundária.[2]

Na esfera processual penal, a União, por meio do Executivo (Presidente da República), pode celebrar tratados e convenções internacionais, dando margem à direta produção de normas processuais penais, como ocorre com a Convenção Americana dos Direitos Humanos, referendada pelo Congresso Nacional.

Vale destacar, também, o maior alcance do processo penal, em relação à sua fonte material, visto ser possível ao Estado-membro e ao Distrito Federal legislar concorrentemente com a União sobre direito penitenciário, custas dos serviços forenses, criação, funcionamento e processo do juizado de pequenas causas e procedimentos em matéria processual (art. 24, I, IX, X, XI, CF). Além disso, a autorização dada pela Constituição Federal para que os Estados editem suas próprias leis de organização judiciária (art. 125, § 1.º, CF) contribui para o surgimento de figuras processuais penais de alcance limitado a determinada região. Um Estado-membro pode admitir determinado tipo de recurso, como a correição parcial, desconhecido em outro. É possível vincular certa espécie de crime ao crivo de determinada Vara especializada num Estado, enquanto outro considera a mesma matéria de competência geral.

Em cenário processual penal, ganha relevo, ainda, o disposto pelos Regimentos Internos dos Tribunais. Determinados recursos, alguns ritos e procedimentos, prazos específicos e outras matérias correlatas são particularmente tratados nos Regimentos. Logo, não cabe apenas à lei federal (no caso, o Código de Processo Penal) disciplinar todo o trâmite processual nas cortes.

A indevida centralização do Estado, na figura da União, tem impedido qualquer investida legislativa, em matéria penal ou processual penal, pelos Estados-membros, na exata medida em que inexiste lei complementar autorizadora. Com isso, cada alteração legislativa opera efeitos por todo o território nacional, quando, na essência, poderia envolver apenas um ou dois Estados da Federação, conforme o interesse regional.

Deve-se salientar que o *Regime Disciplinar Diferenciado*, introduzido pela Lei 10.792/2003, já vigorava, no Estado de São Paulo, embora sob diversa nomenclatura, por Resolução da Secretaria da Administração Penitenciária. Essa hipótese, lamentavelmente, sofreu o desgaste da ilegalidade, visto tratar-se de modo particular de execução do regime fechado, logo, matéria penal. A ofensa ao princípio da legalidade foi evidente, sem contar com a intervenção do Judiciário, para fazer cessar a sua utilização, antes do advento da lei federal, que o regulamentou.

---

[2] A Lei 11.417/2006 regulamenta a súmula vinculante.

A lacuna gerada pelo Poder Legislativo federal, não editando lei complementar, com o fito de autorizar os Estados-membros a legislar em matéria penal ou processual penal, conduz a outros desvios, por vezes gerado pela própria jurisprudência. Houve época em que o crescente uso do telefone celular, nos presídios, provocou graves distúrbios à ordem pública, culminando com uma rebelião de grandes proporções, em maio de 2006, nas penitenciárias brasileiras, particularmente no Estado de São Paulo. A partir desse evento, alguns julgados passaram a considerar *falta grave* o encontro de celular em poder do preso, possibilitando, inclusive, a regressão de regime e a cessação de benefícios. Tal medida era ofensiva ao princípio da legalidade, porque inexistia qualquer previsão, nesse prisma, na Lei de Execução Penal.[3] Para sanar a irregularidade, criou-se o inciso VII ao art. 50 da Lei 7.210/1984: "Comete falta grave o condenado à pena privativa de liberdade que: (...) VII – tiver em sua posse, utilizar ou fornecer aparelho telefônico, de rádio ou similar, que permita a comunicação com outros presos ou com o ambiente externo". Não bastasse, seguindo-se a legalidade, dois novos tipos penais incriminadores foram criados, ambos para coibir o uso de celulares em presídios.[4]

Por outro lado, há situações em que o Estado-membro, valendo-se de sua competência residual, nos casos de direito penitenciário, edita lei complementadora da principal, ou seja, da Lei de Execução Penal (Lei 7.210/1984). Como exemplo, pode-se citar a edição da Lei 12.906/2008, pelo Estado de São Paulo, disciplinando o monitoramento eletrônico de presos. Ocorre que, ansiando resolver todos os percalços advindos de novel legislação, transborda o legislador estadual de sua competência, invadindo, mais uma vez, o campo federal. A ilustração concentra-se no art. 7.º da mencionada lei, considerando falta grave determinadas condutas, possibilitando, pois, reflexos na revogação de benefícios penais, como o livramento condicional. Ora, a previsão de *falta grave* é direito de execução penal, ramo autônomo, com lastro nos direitos penal e processual penal, longe de representar matéria de direito penitenciário.[5]

Sob o prisma da organização judiciária, pretendendo seguir a competência residual do Estado-membro, pode-se invadir seara processual penal constitucional, tal como ocorre com a garantia do juiz natural. Não nos parece correta a criação de *departamentos* ou *organismos* competentes para cuidar de inquéritos policiais, com possibilidade de decretação de medidas restritivas de direitos (prisão temporária, prisão preventiva, quebra de sigilo, mandado de busca etc.), sem que se possa ter a segurança de um juiz fixo, portanto, natural. A busca pela celeridade esvazia um princípio fundamental para o processo penal, justamente aquele que viabiliza a certeza de que a justiça não será controlada por qualquer interesse político, ainda que *interna corporis*. O magistrado competente para decretar medidas restritivas à liberdade individual não pode ser dependente de nenhum órgão administrativo superior. A delicada

---

[3] Nesse prisma, conferir MARCELO AMARAL COLPAERT MARCOCHI, Posse de celular em presídio – Lei 11.466/2007, p. 61.

[4] *Prevaricação*. "Art. 319-A. Deixar o Diretor de Penitenciária e/ou agente público, de cumprir seu dever de vedar ao preso o acesso a aparelho telefônico, de rádio ou similar, que permita a comunicação com outros presos ou com o ambiente externo: Pena – detenção, de três meses a um ano." *Favorecimento real*. "Art. 349-A. Ingressar, promover, intermediar, auxiliar ou facilitar a entrada de aparelho telefônico de comunicação móvel, de rádio ou similar, sem autorização legal, em estabelecimento prisional: Pena – detenção, de 3 (três) meses a 1 (um) ano."

[5] Direito penitenciário é o ramo voltado à esfera administrativa da execução penal, que significa um procedimento complexo, com aspectos jurisdicionais e administrativos concomitantemente. Não tem o condão de criar direitos e deveres para os condenados, que possam influenciar a progressão de regime (matéria penal).

tarefa de restringir direitos fundamentais (liberdade, intimidade, propriedade etc.) deve concernir ao juiz dotado de todas as garantias constitucionais, em particular, a inamovibilidade. Não sendo assim, qualquer decisão provocadora de desagrado a terceiros poderá redundar em remoção do juiz de sua posição, substituindo-o por outro, mais flexível.

Observa-se, no panorama brasileiro, a concentração de poder no âmbito da União, em matéria penal e processual penal, praticamente eliminando a competência legislativa estadual, pela simples omissão em editar lei complementar autorizadora. Por outro lado, os Estados-membros, inconformados, diante da realidade clamando por soluções, mormente no tocante à execução penal, insistem em editar leis, resoluções, decretos ou atos usurpadores da competência federal, lidando com direito penal, processual penal e execução penal. Desse conjunto de normas ofensivas à legalidade penal, logo, inconstitucionais, algumas são mantidas por absoluta necessidade – como ocorreu com a inclusão de presos perigosos em regime *fechadíssimo*, sem amparo em lei –, enquanto outras nem mesmo são levadas em conta, em face da inoperância prática. Algumas, ainda, refletem negativamente no direito do réu ou condenado, cabendo aos tribunais corrigir as distorções, sempre à luz da legalidade.

1.2. Fontes formais

As fontes formais constituem a forma de expressão (comunicação com o destinatário da norma) do direito penal ou processual penal. Como regra, na seara penal, a fonte imediata (ou direta) é a lei em sentido estrito (norma emanada do Poder Legislativo)[6]. No entanto, há fontes formais mediatas (ou indiretas), como a analogia, em favor do réu, a jurisprudência (julgados e súmulas, inclusive as vinculantes) e as categorias auxiliares do processo de interpretação da norma penal, como o costume, os princípios gerais de direito e a doutrina.

No cenário processual penal, por seu turno, podem ser acrescentados, além da lei em sentido estrito, como formas diretas, os dispositivos advindos de tratados e convenções internacionais, normas estaduais e provenientes de regimentos, além dos costumes e dos princípios gerais de direito.

Há maior flexibilidade de expressão para o direito processual penal, não atrelado constitucionalmente ao princípio da legalidade ou reserva legal (não há crime sem lei anterior, nem pena sem prévia lei), podendo-se fundar até mesmo na tradição dos usos e costumes forenses.[7]

A analogia, vedada em direito penal, como regra, é admissível em processo penal, como se verá em tópico destacado.

Tornando ao molde principal – a lei em sentido estrito –, é preciso lembrar que a atividade legislativa compreende a elaboração de Emendas à Constituição, leis complementares, leis ordinárias, leis delegadas, medidas provisórias, decretos legislativos e resoluções (art. 59, CF).

A fonte formal primária e usual, para a edição de leis penais e processuais penais, é a lei ordinária, cuja iniciativa cabe a qualquer membro do Congresso Nacional, ao Presidente da República e aos cidadãos. Os Tribunais Superiores e o Ministério Público somente detêm iniciativa em matéria de leis de seu peculiar interesse, o que não abrange direito penal ou processo penal (art. 96, II, CF).

---

[6] Conceitua-se *lei* (formal ou em sentido estrito) como a "manifestação da vontade coletiva expressada através dos órgãos constitucionais" (JIMENEZ DE ASÚA, *Lecciones de derecho penal*, p. 54).

[7] A sobriedade no vestuário em audiências e tribunais, o uso de vestes talares, o tratamento destinado a operadores do direito, o linguajar específico, entre outros, são exemplos dos costumes forenses.

Quanto à iniciativa popular, cabe respeitar o disposto no art. 61, § 2.º, da Constituição Federal: "A iniciativa popular pode ser exercida pela apresentação à Câmara dos Deputados de projeto de lei subscrito por, no mínimo, um por cento do eleitorado nacional, distribuído pelo menos por cinco Estados, com não menos de três décimos por cento dos eleitores de cada um deles".

As normas em formato de Emenda à Constituição e de leis complementares podem cuidar de matéria penal e processual penal. Naturalmente, por contarem com processo legislativo mais elaborado, demandando maior *quorum*, intensa discussão e expressiva voz entre os parlamentares, nada impede a edição de normas penais ou processuais penais.

Certamente, o ideal é preservar o cenário das emendas e das leis complementares para as matérias de fundo constitucional pleno, representando a forma de ser do Estado Democrático de Direito. Logo, seria inadequado, por exemplo, valer-se de uma Emenda à Constituição para criar um tipo penal incriminador qualquer. Impróprio, sim; porém, inconstitucional, não.[8] Diga-se o mesmo da lei complementar, que, entretanto, já fornece exemplo de tipo penal incriminador, previsto no art. 10 da LC 105/2001.[9] Em sentido contrário, convém mencionar a posição de CERNICCHIARO. Sustenta que o rol da lei complementar é exaustivo na Constituição, não incluindo nenhuma hipótese de criação de lei penal, além do que é exigido quórum qualificado para elaborar uma lei complementar, o que iria engessar o Congresso Nacional a modificar a lei penal que fosse criada pelo processo qualificado.[10]

A única restrição, de nível constitucional, para a elaboração de emendas encontra-se no art. 60, § 4.º, da CF: "Não será objeto de deliberação a proposta de emenda tendente a abolir: I – a forma federativa de Estado; II – o voto direto, secreto, universal e periódico; III – a separação dos Poderes; IV – os direitos e garantias individuais". Mesmo assim, registre-se ser a vedação limitada à abolição de direitos e garantias individuais, mas não diz respeito à inclusão de outros direitos ou garantias, nem mesmo à criação de tipos penais, visto serem estes apenas normas consequentes do princípio da legalidade, este, sim, uma autêntica garantia.

Ademais, não se pode olvidar que a Constituição Federal cuida de temas penais e processuais penais, de forma direta, como, ilustrando, ao prever a imprescritibilidade e inafiançabilidade para o delito de racismo (art. 5.º, XLII). Outros dispositivos tratam de assuntos penais e processuais penais, justamente no cenário do art. 5.º.

As leis delegadas estão fora do âmbito penal e processual penal porque advêm da elaboração do Presidente da República, embora possa haver autorização do Congresso Nacional (art. 68, *caput*, CF). Foge-se ao contorno da lei em sentido estrito, alcançando ato emanado do Executivo. Além disso, há proibição para a delegação em matéria de direitos individuais (art. 68, § 1.º, II, CF), motivo pelo qual o estabelecimento de normas penais ou processuais penais, frutos do poder-dever punitivo estatal, deve ficar alheio à atribuição presidencial.

---

[8] Há posição em sentido contrário, mantendo fora do ambiente penal as emendas e leis complementares, por cuidarem de matéria constitucional exclusiva, conforme CERNICCHIARO (*Direito penal na Constituição*, p. 46-47).

[9] "A quebra de sigilo, fora das hipóteses autorizadas nesta Lei Complementar, constitui crime e sujeita os responsáveis à pena de reclusão, de 1 (um) a 4 (quatro) anos, e multa, aplicando-se, no que couber, o Código Penal, sem prejuízo de outras sanções cabíveis. Parágrafo único. Incorre nas mesmas penas quem omitir, retardar injustificadamente ou prestar falsamente as informações requeridas nos termos desta Lei Complementar."

[10] *Direito penal na Constituição*, p. 46-47.

Quanto às medidas provisórias, a partir da Emenda Constitucional 32/2001, não mais se podem editá-las em assuntos penais e processuais penais (art. 62, § 1.º, I, *b*, CF). Aliás, antes mesmo da alteração constitucional, defendia-se a inviabilidade do trato de ambas as matérias por medida provisória, tendo em vista o nascedouro incidir sobre o Executivo, na figura do Presidente da República. Não se pode cuidar de qualquer norma restritiva de direito individual sem a ativa e direta participação do Legislativo.

Excluem-se, por óbvio, diante da matéria de peculiar interesse do próprio Poder Legislativo e por não se referirem à vontade direta do povo, os decretos legislativos e as resoluções.

1.2.1. Alguns instrumentos de criação do tipo penal: enfoques do tipo aberto, do tipo remissivo e da norma penal em branco[11]

O tipo aberto apresenta-se composto por elementos normativos ou subjetivos. Considerando-se a necessária flexibilidade de certas figuras típicas, de modo a garantir a sua correta aplicação, não se pode desprezar a utilização desses fatores, desde que se opere com cautela.

A criação do tipo penal previsto no art. 228 do Código Penal envolveu, ao menos, dois elementos normativos de valoração cultural: prostituição e exploração sexual. Inexiste, quanto a eles, qualquer definição absoluta, visto não se tratar de condutas meramente descritivas. Há um juízo de valor ínsito a cada um dos termos. Prostituir-se, para alguns, significa o ato sexual praticado mediante a percepção de qualquer vantagem; para outros, demanda-se seja a vantagem de caráter econômico; para terceiros, exige-se a habitualidade, ou seja, não basta um só ato, mas a frequência nessa vida. Em suma, sem a pretensão de ingressar na discussão, parece-nos que somente a jurisprudência poderá definir o que vem a ser prostituição para o fim de tutela da dignidade sexual das pessoas. O termo usado foi aberto, mas não teria como *fechá-lo*, buscando descrever uma atividade milenar, por todos conhecida, embora com diferentes pontos de vista.

Por outro lado, a expressão *exploração sexual*, nascida apenas com o advento da Lei 12.015/2009, é aberta e provocará, certamente, inúmeros debates para a sua valoração. Pode significar desde pornografia até tráfico de pessoas. Há uma gama imensa de atos capazes de evidenciar, em tese, a exploração sexual. Nesse caso, parece-nos indevida a sua utilização, pois *aberta demais*, gerando incabível insegurança.

Antes de editar um tipo penal incriminador, deveria o legislador certificar-se, valendo-se de operadores do direito capacitados na área, de ser inteligível, completo e taxativo. Não é o que acontece. Tipos penais são lançados como inéditos, trazendo consigo intensas fórmulas casuísticas de interpretação. Tal contexto, como veremos mais detalhadamente no capítulo referente ao princípio da taxatividade, deve ser banido do mundo penal, ainda que precise da intervenção do Judiciário, proclamando a inconstitucionalidade do tipo incriminador por lesão ao princípio da legalidade.

O tipo remissivo é uma forma de construção do modelo incriminador baseada em referência a outro tipo ou norma, em que há pormenorizada descrição da conduta objetivada. Como exemplo, pode-se indicar o art. 304 do Código Penal: "Fazer uso de qualquer dos papéis falsificados ou alterados, a que se referem os arts. 297 a 302: Pena – a cominada à falsificação

---

[11] Alguns desses temas, expostos a partir deste subitem, foram comentados no trecho referente ao princípio da taxatividade, porém sob o enfoque da legalidade. Nesse caso, trata-se da temática referente às fontes, merecendo repisar alguns conceitos e controvérsias.

ou à alteração". Observe-se que, para evitar a repetição dos conteúdos de seis artigos do Código Penal, fez-se a eles remissão. Ademais, a própria pena do art. 304 é variável, pois respeita exatamente a sanção cominada para a espécie de falsificação operada. As partes descritivas e sancionadora do art. 304 são remissivas. Ilustrando, quem usar documento público falsificado materialmente, ficará sujeito a uma pena de reclusão, de dois a seis anos, e multa (art. 297 c.c. o art. 304); quem usar documento particular falsificado materialmente, estará sujeito a uma pena de reclusão, de um a cinco anos, e multa (art. 298 c.c. o art. 304).

Essa modalidade de construção pode dar-se, ainda, sob a forma mista, vale dizer, com remissão ao próprio texto legal em que se encontre e necessitando de complemento externo. Cuidar-se-ia de uma norma penal em branco remissiva. É o caso do art. 14, *caput*, da Lei 9.434/1997: "Remover tecidos, órgãos ou partes do corpo de pessoa ou cadáver, em desacordo com as disposições desta Lei: Pena – reclusão, de dois a seis anos, e multa, de 100 a 360 dias-multa". O dispositivo em análise, para ser integralmente conhecido e entendido, necessita ser conjugado com outros artigos previstos no mesmo corpo legislativo, ou seja, na Lei 9.434/1997, além de demandar outros complementos, como Resolução do Conselho Federal de Medicina e Decreto Presidencial, ambos detalhando os procedimentos para os transplantes em geral.

O tipo penal remissivo não ofende a legalidade, visto que seus complementos são facilmente encontrados em outras normas previstas no mesmo corpo legislativo em que se acha.

A norma penal em branco representa construção mais complexa, pois o tipo penal faz referência a termos ou expressões, cuja descrição e conteúdo somente se tornam claros mediante a consulta a normas constantes de outros corpos legislativos ou administrativos. Diz-se ser verdadeiramente em branco a norma penal (norma penal em branco própria) cujo complemento se busca em norma de hierarquia inferior, vale dizer, decretos, portarias, resoluções etc. Denomina-se impropriamente em branco a norma penal (norma penal em branco imprópria) cujo complemento é extraído de norma de igual *status*, por exemplo, outra lei federal, tal qual a editada para criar o tipo incriminador.

Acesse e escute o podcast sobre Normas penais em branco.
> http://uqr.to/1yvd8

As normas em branco próprias têm sua razão de ser no lastro da flexibilidade e da autoatualização, conforme o passar do tempo. Na Lei de Drogas (Lei 11.343/2006), prevê-se, expressamente, no art. 1.º, parágrafo único: "Para fins desta Lei, consideram-se como drogas as substâncias ou os produtos capazes de causar dependência, assim especificados em lei ou relacionados em listas atualizadas periodicamente pelo Poder Executivo da União". E, em continuidade, estabelece o art. 66: "Para fins do disposto no parágrafo único do art. 1.º desta Lei, até que seja atualizada a terminologia da lista mencionada no preceito, denominam-se drogas substâncias entorpecentes, psicotrópicas, precursoras e outras sob controle especial, da Portaria SVS/MS n.º 344, de 12 de maio de 1998". Portanto, configura-se o tráfico ilícito de drogas (art. 33, Lei 11.343/2006), quando o agente pratica qualquer dos verbos ali enumerados em relação a drogas, leia-se, a qualquer dos produtos ou elementos constantes da relação elaborada pela Agência Nacional de Vigilância

Sanitária (ANVISA). Alterando-se o contexto, torna-se viável acrescentar novas drogas a tal lista ou dela retirar as que não mais sejam consideradas danosas à saúde pública.

As normas em branco impróprias também possuem um particular papel de respeito a outras áreas do direito. Portanto, "contrair casamento, conhecendo a existência de impedimento que lhe cause a nulidade absoluta: Pena – detenção, de três meses a um ano" (art. 237, CP), depende da compreensão do contexto dos impedimentos matrimoniais, encontrado no Código Civil (art. 1.521, I a VII, c.c. o art. 1.548, II). Não caberia ao direito penal determinar quais os impedimentos matrimoniais, do mesmo modo que não teria sentido buscar a descrição de todos eles no tipo incriminador. Afinal, qualquer mudança na lei civil, caso houvesse a pormenorizada descrição no Código Penal, afetaria de imediato a lei penal. Lidando com a norma penal em branco, as eventuais alterações no Código Civil provocam reflexos no Código Penal, mas suas normas incriminadoras permanecem válidas.

Parece-nos razoável a existência das normas penais em branco. Lembremos que o *branco* da norma, dependente de complemento, pode ser integralmente preenchido por meio de consulta a outra norma vigente, em textos de conhecimento público. Ademais, a norma em branco pode ser muito mais segura do que tipos penais excessivamente abertos. A expressão *ato obsceno*, prevista no art. 233 do Código Penal, exige maior preocupação, quanto ao seu alcance, do que o termo *drogas*, estampado nos tipos incriminadores da Lei 11.343/2006. A consulta à lista de drogas proibidas fornece maior segurança do que a interpretação que se pode fazer, advinda de fatores puramente culturais, da expressão *ato obsceno*.

1.2.2. Alguns instrumentos de integração e interpretação da norma penal: enfoques da analogia, da interpretação analógica e da interpretação extensiva

Esta parte será avaliada em tópicos destacados, expostos a seguir, ainda neste capítulo.

1.2.3. Alguns instrumentos de integração e interpretação da norma processual penal: enfoques da analogia, da interpretação analógica e da interpretação extensiva

O campo do processo penal é mais flexível em relação ao uso da analogia, como processo de integração da norma, bem como à utilização da interpretação analógica e da interpretação extensiva. Tal medida se dá em virtude da específica previsão da legalidade estrita ao direito penal: não há *crime* sem prévia lei, nem *pena* sem lei anterior.

O art. 3.º do Código de Processo Penal deixa clara a possibilidade de admissão dessas formas de integração e interpretação de suas normas. Por isso, em caso de lacuna, pode-se valer do processo civil para suprir a omissão e conferir segurança e modernidade ao caso concreto.

As formas de interpretação analógica e extensiva são admissíveis em direito penal. Portanto, com mais razão, são perfeitamente acolhidas no cenário processual penal.

Por outro lado, além disso, as demais formas de interpretação, quanto à origem e quanto à forma, são perfeitamente utilizáveis em processo penal. A abertura dada pelo referido art. 3.º do CPP, autorizando o *mais* (analogia, interpretação extensiva e analógica), por lógica, está autorizando o *menos* (outras formas de interpretação).

1.2.4. *Medida de segurança: aspectos cautelares e executórios*

A medida de segurança é uma espécie de sanção penal, porém com caráter e finalidade diversos da pena. Enquanto essa sanção cuida dos aspectos de retribuição e prevenção ao crime, aquela se volta, basicamente, à prevenção. Sob outro prisma, a pena configura aspectos da prevenção ligados à reeducação e ressocialização do condenado, enquanto a medida de segurança tem por finalidade a cura do sentenciado.

No sistema penal brasileiro, ambas são medidas restritivas da liberdade aplicadas por magistrados na esfera criminal. Dessa forma, embora a Constituição Federal, no art. 5.º, XXXIX, refira-se tão somente ao *crime* e à *pena*, deve-se promover a necessária leitura decorrente de interpretação extensiva. Assim, onde se lê *crime*, leia-se, igualmente, *injusto penal* (fato típico e antijurídico); onde se lê *pena*, leia-se *medida de segurança*.

A pena é a sanção proveniente da confirmação da existência do crime e de seu autor, com rigor punitivo e finalidade ressocializadora. A medida de segurança, por seu turno, emerge do *fato* criminoso (e não do delito, por ausência de culpabilidade), com rigor fiscalizador e finalidade curativa.

Sem dúvida, tratando-se de inimputável (doente mental ou retardado), cabe ao Estado tutelá-lo, até mesmo protegê-lo de suas próprias ações negativas, exercendo, no que for preciso, a força necessária, nos limites legais. Entretanto, ainda que se possa sustentar o objetivo positivo de cura, não deixa de ser medida restritiva de liberdade, aplicada por juiz criminal, no particular universo do devido processo legal.

A legalidade se impõe à medida de segurança nos exatos moldes que envolve a pena, visto serem ambas espécies de sanção penal.

Sob o aspecto processual, após a Reforma Penal de 1984, substituindo todos os artigos que tratam de execução penal, no Código de Processo Penal, pela Lei 7.210/1984 (Lei de Execução Penal), não mais se prevê a possibilidade de decretação de medida de segurança provisória. Portanto, quando o réu fosse considerado doente mental, durante a investigação ou processo, quando o caso, presente alguma das hipóteses do art. 312 do CPP, devia-se decretar a sua prisão preventiva, mandando-se recolhê-lo em lugar adequado às suas condições de saúde. Após a edição da Lei 12.403/2011, criou-se a medida cautelar de internação provisória (art. 319, CPP), substituindo-se a decretação da preventiva por essa nova alternativa.

A legalidade das medidas cautelares restritivas da liberdade determina o fiel seguimento àquelas previstas no Código de Processo Penal e na legislação especial, sem qualquer utilização de instrumentos revogados, nem amparo em normas ultrapassadas.

A prisão cautelar, nos moldes existentes, para acusados sãos ou enfermos, é satisfatória para os fins a que se destina, vale dizer, recolher o réu, enquanto absolutamente indispensável ao trâmite processual. A única diferença deve cingir-se ao local onde o são e o doente devem ser segregados; tal missão, entretanto, cabe ao Executivo, encarregado, legalmente, de guardar as pessoas presas, no Brasil.

Em suma, a fonte das medidas de segurança é idêntica à das penas, ou seja, a lei em sentido estrito, a ser editada pela União.

1.2.5. Plebiscito e referendo

Não são meios adequados para dar origem à lei penal. O art. 49, XV, da Constituição Federal estipula caber ao Congresso Nacional autorizar referendo e convocar plebiscito, que, no entanto, somente podem aprovar ou rejeitar lei penal materializada ou a ser criada pelo Parlamento.

Sobre a diferença entre ambas as formas de consulta popular, esclarece ALEXANDRE DE MORAES que, "enquanto o *plebiscito* é uma consulta prévia que se faz aos cidadãos no gozo de seus direitos políticos, sobre determinada matéria a ser, posteriormente, discutida pelo Congresso Nacional, o *referendo* consiste em uma consulta posterior sobre determinado ato governamental para ratificá-lo, ou no sentido de conceder-lhe eficácia (condição suspensiva), ou, ainda, para retirar-lhe a eficácia (condição resolutiva)".[12]

Confira-se o exemplo do referendo invocado para a aprovação de dispositivo de lei, notando-se que ele não *cria* a norma, mas serve para acolher ou rejeitar o que já foi editado pelo Congresso Nacional: art. 35 da Lei 10.826/2003 (Estatuto do Desarmamento): "É proibida a comercialização de arma de fogo e munição em todo o território nacional, salvo para as entidades previstas no art. 6.º desta Lei". Esse dispositivo, para entrar em vigor, dependeria da aprovação mediante referendo popular, realizado em outubro de 2005. Em caso de aprovação do referendo popular, o disposto neste artigo entraria em vigor na data de publicação de seu resultado pelo Tribunal Superior Eleitoral. Entretanto, foi rejeitado, significando que o comércio de armas de fogo e munição continua autorizado, desde que respeitados os requisitos legais.

1.2.6. Interpretação e integração do direito penal

1.2.6.1. Conceito de interpretação

A interpretação é um processo de descoberta do conteúdo exato da lei, nem sempre visível na redação do tipo penal, não se tratando de um meio para a criação de normas inexistentes nem para suprir lacunas.[13] "Interpretar uma expressão de Direito não é simplesmente *tornar claro* o respectivo dizer, abstratamente falando; é, sobretudo, revelar o sentido apropriado para a vida real, e conducente a uma decisão reta."[14]

Nas palavras de HASSEMER, "o pensamento hermenêutico é como uma fita que mantém unidas as áreas separadas da ciência, como também a ciência e a prática e que consegue, em princípio, a unidade. (...) Ela é muito mais um método científico de aproximação de objetos, de construção de teorias e sistemas científicos, ela é um fenômeno estrutural que exige respeito por todo tipo de atividade científica".[15]

---

[12]   *Constituição do Brasil interpretada e legislação constitucional*, p. 1.000.

[13]   "Para Platão, a lei escrita é a expressão de outra lei, não escrita, que é a ideia mesma do justo" (CHRISTIANO JOSÉ DE ANDRADE, *Hermenêutica jurídica no Brasil*, p. 13).

[14]   CARLOS MAXIMILIANO, *Hermenêutica e aplicação do direito*, p. 24. A interpretação faz parte da ciência maior, que é a hermenêutica. Por isso, interpretar é aplicar as regras de hermenêutica.

[15]   *Direito penal libertário*, p. 3.

Cap. VI – Fontes do Direito Penal e Interpretação das Leis Penais

Se, por seu lado, integração tem por finalidade completar o que está faltando, a interpretação foge a esse universo. *Interpretar* significa captar o real sentido de algo, clareando o que se afigura nebuloso, porém presente.

1.2.6.2. Espécies de interpretação

A) Interpretação literal ou gramatical

A interpretação literal consiste em extrair o conteúdo da norma pela análise de cada um dos termos constantes do tipo penal (ou da norma penal), sem ampliar ou restringir o seu alcance. No entanto, HASSEMER alerta que nenhuma lei é inequívoca e completa, como demonstra a própria jurisprudência, afinal a "linguagem jurídica compartilha das ambiguidades da linguagem coloquial: a dependência do significado das palavras às situações da fala, construções frasais e campos de palavras, permite que se faça a diferenciação dos conceitos ambíguos na linguagem jurídica conforme a vagueza, a porosidade, a necessidade de preenchimento valorativo e a relação com uma disposição".[16]

De fato, na atualidade, tem-se percebido que os tipos penais raramente comportam uma interpretação literal,[17] até porque os tribunais, em seus julgados, cuidam de dar a determinado termo ou expressão, que antes parecia simples, uma visão completamente diversa da literalidade. Com isso, havemos de nos habituar, pois a expressão linguística do universo do direito comporta descobertas variadas, conforme o intérprete,[18] acerca de cada escrito vigente no ordenamento jurídico.

Isto não acarreta *carta branca* ao intérprete para fazer da lei o que bem entende. Uma das regras básicas da interpretação, que se deve aplicar, em primeiro plano, na interpretação literal, é que "lei clara não carece de interpretação – em sendo claro o texto, não se admite pesquisa de vontade" (*in claris cessat interpretatio*).[19]

A figura típica incriminadora, envolvendo os termos *cônjuge* e *filho*, demanda interpretação literal, não se podendo alegar que, a pretexto da presente possibilidade de união estável, se admita, por analogia, a figura do *companheiro* ou do *enteado*. Destarte, no delito de abandono material (art. 244, CP), não se pode estender a punição para o companheiro que deixe de prover a subsistência da companheira.

Outro exemplo de interpretação literal é o tipo penal do homicídio: *matar alguém.* "Matar" = eliminar a vida; "alguém" = pessoa humana. Cuida-se da literalidade dos termos, sem qualquer outra dimensão.

---

[16] *Direito penal libertário*, p. 10. No mesmo sentido, RUBENS LIMONGI FRANÇA, *Hermenêutica jurídica*, p. 9.

[17] "Não é suficiente fixar o sentido literal das palavras, porque quase sempre esse sentido não coincide com o sentido profundo" (ALÍPIO SILVEIRA, *Hermenêutica no direito brasileiro*, p. 10).

[18] "O intérprete é o renovador inteligente e cauto, o sociólogo do Direito. O seu trabalho rejuvenesce e fecunda a fórmula prematuramente decrépita, e atua como elemento integrador e complementar da própria lei escrita. Esta é a estática, e a função interpretativa, a dinâmica do Direito" (CARLOS MAXIMILIANO, *Hermenêutica e aplicação do direito*, p. 26).

[19] CARLOS MAXIMILIANO, *Hermenêutica e aplicação do direito*, p. 51. Em posição contrária ao brocardo jurídico, CELSO BASTOS diz que "tal entendimento é revelador, por si mesmo, de uma determinada posição ideológica (...)" (*Hermenêutica e interpretação constitucional*, p. 29).

B) Interpretação restritiva

Trata-se do método de interpretação que, para chegar ao significado efetivo da norma, é preciso *restringir* o alcance de determinados termos ou expressões. Na realidade, o legislador disse mais do que pretendia expressar.

A tarefa do hermeneuta é cercear a exagerada amplitude que a norma alcançaria se fosse aplicada literalmente.

Em direito penal, nenhum operador do direito, encarregado da defesa, ou doutrinador experiente reclama do uso da interpretação restritiva, ao menos do tipo penal incriminador, pois sempre se está agindo em benefício do réu.

Usa-se a interpretação restritiva para limitar o alcance da lei até atingir o seu real sentido; isso ocorre quando ela diz mais do que pretendido pelo legislador. Exemplo de CHRISTIANO JOSÉ DE ANDRADE é o art. 28, I e II, do Código Penal; devem-se interpretar restritivamente os termos *paixão, emoção* e *embriaguez* como *não patológicos*, a fim de não haver colidência com o disposto pelo art. 26 (inimputabilidade).[20] A ilustração é correta, pois há enfermidades mentais, cujos sintomas estão associados à paixão e à emoção descontroladas e exacerbadas, assim como o alcoolismo é considerado doença mental. Diante disso, a tais situações aplica-se o art. 26, reputando inimputável o acusado, com o fim de absolvê-lo e, em lugar de pena, aplicar-lhe medida de segurança.

Portanto, no âmbito do art. 28, dada a valoração restrita aos termos ali constantes, a paixão, a emoção e a embriaguez não afastam a aplicação da pena, pois considera-se imputável o réu.

C) Interpretação extensiva

A interpretação extensiva é o processo de extração do autêntico significado da norma, ampliando-se o alcance das palavras legais, a fim de se atender à real finalidade do texto. Como bem ressalta CARLOS MAXIMILIANO, "a função do juiz, quanto aos textos, é dilatar, completar e compreender; porém não alterar, corrigir, substituir. Pode *melhorar* o dispositivo, graças à interpretação larga e hábil; porém não *negar* a lei, decidir o contrário do que a mesma estabelece".[21]

Essa modalidade de interpretação não tem por finalidade suprir lacunas; não se trata de analogia. Cuida-se tão somente de um processo de conhecimento, quando o tipo penal, seja ele incriminador ou não, é por demasiado estreito, com palavras dúbias ou inexatas.

É, pois, obrigação do hermeneuta, especialmente do magistrado, extrair-lhe o conteúdo lógico para lhe dar a justa aplicação. Nas palavras de CHRISTIANO JOSÉ DE ANDRADE, "a interpretação extensiva é admissível no âmbito penal, ocorrendo quando o caso requer a ampliação do sentido da lei, visto que esta diz menos do que pretendia dizer (*lex minus dixit quam voluit* ou *lex minus scripsit, plus voluit*)".[22]

Como exemplos de interpretação extensiva encontrados no Código Penal, podem ser citados os seguintes:

a) art. 172 (duplicata simulada), que preceitua ser crime "emitir fatura, duplicata ou nota de venda que não corresponda à mercadoria vendida, em quantidade ou qualidade, ou ao serviço prestado". Ora, é natural supor que a emissão de duplicata quando

---

[20] *Hermenêutica jurídica no Brasil*, p. 237.
[21] *Hermenêutica e aplicação do direito*, p. 106-107.
[22] *Hermenêutica jurídica no Brasil*, p. 237.

o comerciante não efetuou venda alguma também é crime, pois seria logicamente inconsistente punir quem emite o documento em desacordo com a venda efetiva realizada, mas não quando faz o mesmo sem nada ter comercializado. Assim, onde se lê, no tipo penal, "venda que não corresponda à mercadoria vendida", leia-se ainda "venda inexistente";

b) no caso do art. 176 (outras fraudes), pune-se a conduta de quem "tomar refeição em restaurante (...) sem dispor de recursos para efetuar o pagamento", ampliando-se o conteúdo do termo "restaurante" para abranger, também, boates, bares, pensões, entre outros estabelecimentos similares. Evita-se, com isso, que o sujeito faça uma refeição em uma pensão, sem dispor de recursos para pagar, sendo punido por estelionato, cuja pena é mais elevada;

c) na hipótese do art. 235 (bigamia), até mesmo pela rubrica do crime, percebe-se ser delituosa a conduta de quem se casa duas vezes. Valendo-se da interpretação extensiva, por uma questão lógica, pune-se, ainda, aquele que se casa várias vezes (poligamia);

d) o furto torna-se qualificado, com pena de reclusão de três a oito anos, caso a sub-tração seja de veículo automotor que venha a ser transportado para outro Estado ou para o exterior (art. 155, § 5.º). Não se mencionou o Distrito Federal, porém é ele equiparado, constitucionalmente, aos Estados-membros, em virtude de várias finalidades (arts. 32 e 34, CF). Por isso, levar o veículo de um Estado-membro ao Distrito Federal também é suficiente para caracterizar o furto qualificado (ver a nota 39 ao art. 155, § 5.º, do nosso *Código Penal Comentado*);

e) o art. 308 da Lei 9.503/1997 menciona ser crime "participar, na direção de veículo automotor, em via pública, de corrida, disputa ou competição automobilística ou ainda de exibição ou demonstração de perícia em manobra de veículo automotor, não autorizada...". Embora se saiba que a competição automobilística se refere a uma corrida entre vários participantes conduzindo automóveis, leia-se, veículos de quatro rodas, não se pode deixar de captar e *ampliar* o sentido da expressão para abranger, igualmente, a competição *motociclística*, envolvendo motos;

f) o art. 134 do Código Penal tem o seguinte tipo: "expor ou abandonar recém-nascido, *para ocultar desonra própria*: Pena – detenção, de seis meses a dois anos" (grifamos). É certo que algumas mães, após darem à luz, abandonam o recém-nascido em diver-sos lugares, até mesmo na rua. Foi-se o tempo em que assim agiam para evitar *de-sonra própria* (ser mãe solteira em sociedade conservadora dos anos 40, 50, 60 etc.). Atualmente, abandonam seus filhos por falta de condições econômicas de cuidar da criança, porque estão envolvidas com drogas e outras situações de forte tensão emocional similares. Parece-nos indevido inserir essa conduta no campo do art. 133 ("abandonar pessoa que está sob seu cuidado, guarda, vigilância ou autoridade, e, por qualquer motivo, incapaz de defender-se dos riscos resultantes do abandono: Pena – detenção, de seis meses a três anos"), cuja pena é maior. Mais indicado é promover a interpretação extensiva, no art. 134, afirmando ser crime de abandono de recém-nascido *para ocultar desonra própria* e, em interpretações extensivas, leia--se, também, *por outros motivos emocionais similares*. Assim fazendo, o crime con-tinua a ser infração de menor potencial ofensivo, o que é mais benéfico à genitora.

Nas hipóteses mencionadas nas letras *a*, *c*, *d* e *e* a interpretação extensiva pode prejudicar o réu, enquanto nas situações descritas nas letras *b* e *f* pode beneficiá-lo.

Na doutrina, pode-se citar a lição de Jiménez de Asúa, afirmando que o meio literal e o teleológico podem levar a um resultado harmônico e conclusivo na interpretação das leis penais, seja ele *restritivo* ou *extensivo*, posto que, assim fazendo, consegue-se captar a vontade da lei. Somente quando houver dúvida na interpretação prevalece o critério restritivo para não prejudicar o réu e extensivo quando lhe for favorável.[23]

Em posição contrária, confira-se Nereu José Giacomolli, contestando a utilização de tipos abertos, normas penais em branco, interpretação extensiva e analógica: "a defesa de um direito penal com tipos abertos, difusos, indeterminados, ou com normas penais dependentes de uma normatividade integradora (normas penais em branco), ou de um regramento judicial, são características de um Direito Penal autoritário e demasiadamente repressivo, inadmissível no atual estado de desenvolvimento da civilização. (...) A exclusão das interpretações analógica, criativa ou extensiva, prejudiciais ao imputado, determinada pela reserva legal, se aplica tanto na concretude das normas criminais contidas na parte geral do Código Penal quanto nas especiais e nas extravagantes. É um imperativo da incidência da *lex stricta* a respeito da responsabilidade criminal, que engloba a descrição típica, a sanção e todas as circunstâncias que influem na dosimetria da pena".[24]

D) Interpretação analógica

A interpretação analógica é o processo de averiguação do sentido da norma jurídica, valendo-se de elementos fornecidos pela própria lei, pelo método de semelhança.

Há várias formas de apontar, na lei penal, a viabilidade da interpretação analógica. A saber: a) sistema da alternância expressa; b) sistema da alternância implícita; c) sistema da autonomia correlata.

A alternância expressa indica, claramente, na norma penal, a indispensabilidade da interpretação analógica: "expor a perigo a vida, a integridade física ou o patrimônio de outrem, mediante explosão, arremesso ou simples colocação de engenho de dinamite ou de *substância de efeitos análogos*" (crime de explosão, art. 251, CP, grifamos). Ou ainda: "não excluem a imputabilidade penal: (...) II – a embriaguez, voluntária ou culposa, pelo álcool ou *substância de efeitos análogos*" (art. 28, CP, grifamos). Dado o exemplo (álcool), indica-se a abertura para inclusão de outras drogas similares (tranquilizante ou ansiolítico etc.).

A alternância implícita faz o intérprete deduzir a necessidade de uso da extração do conteúdo real da norma por meio da analogia. "Se o homicídio é cometido: (...) I – mediante paga ou promessa de recompensa, ou *por outro motivo torpe*; (...) III – com emprego de veneno, fogo, explosivo, asfixia, tortura *ou outro meio insidioso ou cruel, ou de que possa resultar perigo comum*; IV – à traição, de emboscada, ou mediante dissimulação *ou outro recurso que dificulte ou torne impossível a defesa do ofendido*" (art. 121, § 2.º, I, III e IV, CP, grifamos).

Ou ainda: "São circunstâncias que sempre agravam a pena, quando não constituem ou qualificam o crime: II, *j*) em ocasião de incêndio, naufrágio, inundação *ou qualquer calamidade pública, ou de desgraça particular do ofendido*" (art. 61, II, *j*, CP, grifamos). Tomando-se o último exemplo, percebe-se que a indicação de ilustrações anteriores limita e, ao mesmo

---

[23] *Lecciones de derecho penal*, p. 73.
[24] Função garantista do princípio da legalidade, p. 483-485.

tempo, aponta qual o caminho a ser seguido pelo intérprete na ampliação, quando preciso, da norma penal, ainda que signifique efeitos punitivos mais severos ao réu. Dados os exemplos (incêndio, naufrágio e inundação), deve-se extrair outra calamidade pública (catástrofe envolvendo grande número de pessoas) ou desgraça particular (infortúnio individualizado) dos anteriores. Assim, considerando-se o advento de ventania, nevasca, erupção de vulcão, chuva de granizo, situações análogas a incêndio, naufrágio e inundação, pode-se reputar como calamidade pública, se atingir várias pessoas, ou desgraça particular, caso acometa um pequeno número de pessoas. Entretanto, não é possível elevar a pena do agente do furto, porque subtraiu bens da residência de uma pessoa recém-separada, sofrida e desgostosa, vivendo uma situação de *desgraça particular*. Afinal, a indicação de *desgraça* foge ao âmbito sentimental para ganhar força no universo de eventos maiores, advindos da natureza ou de grandes erros humanos.

A autonomia correlata insere a interpretação analógica em destaque, como se fosse uma norma autônoma, desvinculada da alternância ("ou") sequencial. Observe-se a construção do art. 260, CP: "Impedir ou perturbar serviço de estrada de ferro: I – destruindo, danificando ou desarranjando, total ou parcialmente, linha férrea, material rodante ou de tração, obra-de-arte ou instalação; II – colocando obstáculo na linha; III – transmitindo falso aviso acerca do movimento dos veículos ou interrompendo ou embaraçando o funcionamento de telégrafo, telefone ou radiotelegrafia; IV – *praticando outro ato de que possa resultar desastre*" (grifamos). O inciso IV é integralmente dedicado à forma de interpretação analógica, sem qualquer menção expressa e sem constar a imediata ligação à frase anterior pela conjunção *ou*. Dados os exemplos constantes dos incisos I, II e III, outra ação poderá desencadear o perigo de desastre, tal como, nos dias de hoje, provocar o colapso do sistema computadorizado de controle de entrada e saída dos trens. Nos idos de 1940, conheciam-se somente telégrafo, telefone e radiotelégrafo. Hoje, quase tudo é movido por computação, logo, valemo-nos da interpretação analógica para manter atualizada a lei penal, quanto à sua aplicação.

E) Interpretação sistemática

A interpretação sistemática consiste no exercício do método de comparação com outras normas vigentes no mesmo sistema para extrair o conteúdo da norma interpretada. Cuidando-se de lei penal, deve-se contrastá-la com outras normas jurídico-penais, preferencialmente a cuidar do mesmo assunto ou de tema correlato. Como diz MAXIMILIANO, "por umas normas se conhece o espírito das outras".[25] Analisando-se o tipo penal do art. 273 do Código Penal ("Falsificar, corromper, adulterar ou alterar produto destinado a fins terapêuticos ou medicinais: Pena – reclusão, de 10 (dez) a 15 (quinze) anos, e multa"), tratando-se de um crime de perigo, ao confrontá-lo, dentro do sistema de normas penais, com outros tipos incriminadores, vislumbra-se que o homicídio (art. 121, CP) tem uma pena básica de reclusão de 6 a 20 anos. Por outro lado, o tráfico de drogas ilícitas (art. 33, Lei 11.343/2006) possui uma pena de reclusão, de 5 a 15 anos, e multa. Sistematicamente, lidar com produto terapêutico ou medicinal pode acarretar a pena mínima de 10 anos de reclusão; observando-se a eliminação da vida de alguém, o mínimo geral reclusão de 6 anos; apontando-se o trato com drogas ilegais, o mínimo é de reclusão de 5 anos. Não é possível, portanto, em interpretação sistemática, aceitar que um delito de perigo tenha uma pena muito superior a um crime de

---

[25] *Hermenêutica e aplicação do direito*, p. 161.

dano (homicídio) ou mesmo mais elevada do que outro delito de perigo, embora muito mais grave, pois cuida de drogas ilícitas. Por conta disso, como já mencionado, o Superior Tribunal de Justiça considerou inconstitucional a pena do art. 273, § 1.º-B, V, do Código Penal, sendo que vários julgados já chegaram a aplicar, em seu lugar, a penalidade do art. 33 da Lei de Drogas.

F) Interpretação lógica

Deve-se, nessa hipótese, descobrir o exato sentido da lei, verificando seus termos e suas expressões, visando à sua aplicação de modo coerente e sensato. Vale-se o intérprete de critérios de lógica, utilizando-se, geralmente, do raciocínio dedutivo. Uma das principais razões de enaltecimento da interpretação lógica é que se deve escapar do absurdo, do irreal, da contradição e da pura tolice.

Nas palavras de LIMONGI FRANÇA, trata-se da interpretação "que se leva a efeito, mediante a perquirição do sentido das diversas locuções e orações do texto legal, bem assim através do estabelecimento da conexão entre os mesmos. Supõe quase sempre a posse dos meios fornecidos pela interpretação gramatical".[26]

Interpretar exige inteligência, sensatez e bom senso, além de cultura e disposição para fazê-lo. Mesmo o intérprete parcial, que busca a interpretação favorável à sua causa, não dispensa os demais atributos. O julgador, por seu turno, deve agir com imparcialidade, sem envolver seus preconceitos discriminatórios e abusivos.

ALÍPIO SILVEIRA, valendo-se da *lógica do razoável* de RECASENS SICHES, afirma, com razão, que "a técnica hermenêutica do 'razoável', ou do 'logos do humano', é a que realmente se ajusta à natureza da interpretação e da adaptação da norma ao caso. A dimensão da vida humana, dentro da qual se contém o Direito, assim o reclama. O fetichismo da norma abstrata aniquila a realidade da vida. A lógica tradicional, de tipo matemático ou silogístico, não serve ao jurista, nem para compreender e interpretar de modo justo os dispositivos legais, nem para adaptá-los às circunstâncias dos casos concretos. O juiz realiza, na grande maioria dos casos, um trabalho de adaptação da lei ao caso concreto, segundo critérios valorativos alheios aos moldes silogísticos".[27]

A teoria da razoabilidade é indispensável em qualquer ramo do direito; com perfeita adaptabilidade, precisa ser usada neste e nos demais métodos de interpretação.

G) Interpretação histórica

Pode ser eficiente o uso de normas já revogadas, porém importantes para determinados cenários históricos do Brasil, com o objetivo de extrair o conteúdo da lei interpretada, embora não seja a espécie de interpretação mais confiável. Seria o mesmo que dizer: "tendo em vista que determinado delito nunca foi previsto pela legislação brasileira, o tipo penal em questão não tinha por fim punir certa situação".

No caso penal, a análise pode ser feita com os Códigos Penais anteriores e com leis especiais já revogadas. Por vezes, a norma que sucede outra, por alguma razão histórica, pode servir de apoio para a interpretação, vale dizer, o intérprete indica exatamente o motivo pelo qual foi alterada a norma, logo, a melhor exegese será apontada nesse prisma.[28]

---

[26] *Hermenêutica jurídica*, p. 9.

[27] *Hermenêutica no direito brasileiro*, p. 86.

[28] "Mais importante do que a história geral do Direito é, para o hermeneuta, a especial de um instituto e, em proporção maior, a do dispositivo ou norma submetida a exegese" (CARLOS MAXIMILIANO, *Hermenêutica e aplicação do direito*, p. 172).

Por óbvio, há limites para a interpretação histórica, ao menos na operacionalização do direito aos casos concretos. Não há sentido algum em voltar ao tempo das Ordenações do Reino de Portugal para extrair o conteúdo de uma norma editada nos tempos atuais.

Há quem utilize essa forma de interpretação no contexto do crime de falso testemunho. Questiona-se, hoje, se é preciso que a testemunha preste compromisso de dizer a verdade para, mentindo, ser processada por falso testemunho ou se basta depor, mesmo sem compromisso e, mentindo, responder pelo delito. Alguns intérpretes do art. 342 do Código Penal dizem que a antiga redação dessa norma previa o compromisso no tipo penal; então, era obrigatório prestar compromisso para responder por falso testemunho. Entretanto, com a atual redação, não mais se fala em compromisso, dentro do tipo do art. 342; por interpretação histórica, estar-se-ia a demonstrar que o compromisso deixou de ter relevo para a caracterização do crime. Embora alguns usem a interpretação histórica, não concordamos com isso. Defendemos que o compromisso é essencial para a testemunha responder por falso testemunho, na exata medida em que o Código de Processo Penal (art. 203) exige o compromisso para depor. Enfim, o objetivo não é debater se cabe ou não o compromisso, mas apontar para a utilização da interpretação histórica.

H) Interpretação teleológica

Busca-se, na interpretação da norma, quais foram os fins, os objetivos, as metas a serem alcançadas em face da sua criação. Tendo em vista que o método teleológico teve em IHERING o seu principal precursor, citando-o, CHRISTIANO ANDRADE escreve ser o fim da norma a criação do direito; toda norma jurídica deve a sua origem a um fim; o direito não é um fim em si mesmo, mas um meio a serviço de um fim, que é a existência da sociedade.[29]

O critério teleológico é muito importante, tendo em vista a busca da finalidade do legislador para editar certa norma, especialmente quando incriminadora. Se ocorre dúvida quanto aos seus termos ou expressões, nada mais razoável do que verificar o motivo pelo qual ela foi criada.[30]

Quando se editou a Lei 11.340/2006 (Lei Maria da Penha), entendeu-se que os crimes contra as mulheres precisavam ser punidos mais severamente e que medidas de proteção precisavam ser criadas para protegê-las. Alguns levantaram a bandeira da igualdade entre os sexos para apontar a inconstitucionalidade dessa Lei, vez que protegia a mulher em detrimento do homem. Ocorre que, nesse caso, torna-se imprescindível utilizar a interpretação teleológica para compreender o porquê a Lei Maria da Penha foi criada. Não teve por finalidade desigualar as pessoas; ao contrário, o seu objetivo foi tratar desigualmente os desiguais (isonomia). A mulher é a parte mais fraca de um relacionamento, razão pela qual se criou a Lei 11.340/2006 para proteger o sexo feminino. Somente uma interpretação teleológica resolve essa dúvida.

I) Interpretação histórico-evolutivo (*occasio legis*)

Não se trata de uma avaliação exclusivamente histórica do instituto, tampouco uma análise das suas finalidades, mas o conjunto de ambas. A *occasio legis*, no dizer de MAXIMILIANO, representa "o complexo de circunstâncias específicas atinentes ao objeto da norma, que constituíram o impulso exterior à emanação do texto; causas mediatas e imediatas, razão política e jurídica, fundamento dos dispositivos, necessidades que levaram a promulgá-los; fastos contemporâneos da elaboração; momento histórico, ambiente social, condições culturais

---

[29] *Hermenêutica jurídica no Brasil*, p. 18.

[30] Entretanto, jamais se deve considerar prevalente a *vontade do legislador* (em tese) sobre a *vontade da lei* (em concreto).

e psicológicas sob as quais a lei surgiu e que diretamente contribuíram para a promulgação; conjunto de motivos ocasionais que serviram de justificação ou pretexto para regular a hipótese; enfim o mal que se pretendeu corrigir e o modo pelo qual projetou remediá-lo, ou, melhor, as relações de fato que o legislador quis organizar juridicamente".[31]

A interpretação histórica já era utilizada pelos romanos, sendo certo que os glosadores e pós-glosadores adaptam os textos romanos aos elementos históricos de seu tempo. Consideram-se nessa modalidade de interpretação as condições específicas do período no qual a norma incide, além das condições geradoras de sua edição. Em suma, o levantamento das condições históricas dos precedentes normativos e os trabalhos preparatórios, como auxiliares do sentido da norma, permitem a formação da *occasio legis*, vale dizer, as circunstâncias sociais presentes na gênese da lei.[32]

Uma das leis que comportou, em alguns de seus dispositivos, a interpretação histórico-teleológica foi a Lei 11.340/2006 (Lei Maria da Penha), que chegou a gerar, inclusive, a discussão em torno de sua inconstitucionalidade por ferir o princípio da igualdade. Noutros termos, ela superprotege a mulher e não faz o mesmo com o homem. Uma agressão física à mulher, pelo homem, traz consequências práticas superiores àquelas produzidas quando há uma agressão ao homem (mesmo cometida por uma mulher). Observa-se, nessa hipótese, que houve uma mescla de maneiras de interpretar. No item anterior, apontamos o uso da interpretação teleológica; entretanto, neste item, vê-se, igualmente, a utilização da interpretação histórico-evolutiva para justificar o tratamento diferenciado entre mulheres e homens.

Havia de ser analisada, historicamente, a razão pela qual as mulheres precisavam de maior tutela estatal que os homens. A sua subjugação no lar, por variados fatores, inclusive por leis civis hoje revogadas; a sua diminuição no ambiente do trabalho, com salários menores para o exercício da mesma função que o homem; a sua obrigação de cuidar da prole, sem contar com a ajuda do marido ou companheiro; a sua natural menor força física diante do homem; enfim, havia um mundo de fatos a comprovar que a mulher sofria violência física e moral, por parte do homem, geralmente seu marido, companheiro ou namorado, sem que o Estado interviesse com eficiência.

Era preciso mudar esse *status*. Logo, olhando-se para o futuro, percebeu-se à época inexistir ranço de inconstitucionalidade, pois, acima da igualdade, encontra-se o princípio da isonomia – tratar diferentemente os desiguais. A finalidade da Lei Maria da Penha era, e continua sendo, a tutela da parte fraca da relação homem-mulher.

Sob o ponto de vista evolutivo, diz-se do método de interpretação que, diante de certo termo de significado extremamente subjetivo e atrelado a uma determinada época do tempo, pode ser avaliado de maneira diversa conforme os anos passam. Desse modo, a lei permanece a mesma, mas determinado termo que lhe é ínsito ganha novos parâmetros, ou seja, evolui.[33]

---

[31] *Hermenêutica e aplicação do direito*, p. 184-185.

[32] Christiano José de Andrade, *Hermen*êutica jurídica no Brasil, p. 25.

[33] O STF utilizou a interpretação evolutiva para analisar a prática do racismo, pois o termo *raça*, antigamente baseado na aparência dos indivíduos (fenótipo), proporcionava a divisão entre seres humanos conforme a cor da pele e outras formas apresentadas pelo corpo, como, por exemplo, *raça branca*, *raça negra* ou *raça amarela*. A evolução da medicina e das técnicas genéticas permitiu demonstrar que todos os seres humanos pertencem a uma só *raça* (a raça humana); portanto, o que se observa é outro sentido para o *racismo*, hoje consistente em *segregacionismo*, vale dizer, o intuito de diferenciar pessoas por critérios fenotípicos com finalidades escusas de pretender demonstrar a superioridade de uns sobre outros (ex.: quem tem pele branca é superior a quem tem pele negra). É o que se pôde verificar, como

Quando havia no Código Penal a tutela sexual do recato da mulher, existiam tipos incriminadores fazendo referência, por exemplo, à *honestidade* da pessoa do sexo feminino, como ocorria com o rapto de mulher honesta (antiga redação do art. 219, hoje revogado pela Lei 11.106/2005). Ora, o termo *honesto* nunca disse respeito à qualidade referente àquele que procede na sua vida cotidiana com ética ou com escrúpulos em negócios, trabalho, atividades públicas etc.; o sentido da honestidade era concentrado ao campo sexual. Portanto, a mulher *honesta* de 1940 (data do Código Penal) era completamente diferente da mulher *honesta* da época em que o artigo foi revogado (2005).

Houve uma interpretação evolutiva nesse caso. Com o passar dos anos, a liberdade da mulher, em vários assuntos, estendeu-se também à sua sexualidade, motivo pelo qual o termo não poderia ter ficado petrificado no tempo, dando ensejo a muitas injustiças. Ademais, um dos sentidos da interpretação teleológica é garantir que o texto da lei, sob interpretação, apresente um resultado favorável, e não em prejuízo, de quem ela visa a proteger.[34] Eis o caso da mulher na Lei 11.340/2006.

Pode-se, ainda, apontar o crime do art. 233 do Código Penal (ato obsceno) para ingressar no cenário da interpretação histórico-evolutiva. Não é adequado interpretar o termo "obsceno" da mesma forma que se fazia quando o Código Penal foi editado, na década de 1940. Atualmente, a obscenidade tende a ter um significado bem diverso, porque houve evolução nos costumes da sociedade.

1.2.6.3. Outras formas de interpretação e fontes indiretas

A) Quanto ao órgão ou pessoa qualificada da qual emana:

A.1) *Autêntica:* denomina-se *autêntica* a interpretação proveniente do próprio órgão elaborador da norma. É possível que o Poder Legislativo edite uma lei e, após, pelas controvérsias geradas, resolva constituir uma lei interpretativa, sanando as dúvidas e conferindo clareza à norma.

Os regulamentos de leis não são considerados formas de interpretação *autêntica*, pois representam um complemento necessário para esclarecer vários pontos da norma editada antes. Muitos desses regulamentos já estão previstos no texto da própria nova lei, ou seja, que será complementada por decreto regulamentador.

Um exemplo da interpretação autêntica se encontra no art. 150 do Código Penal, a respeito do crime de invasão de domicílio. O próprio tipo penal, construído pelo legislador, *interpreta* o que vem a ser casa para fins de concretização do crime e o que não pode ser considerado casa para esse fim. Observe-se: "§ 4º – A expressão 'casa' compreende: I – qualquer compartimento habitado; II – aposento ocupado de habitação coletiva; III – compartimento não aberto ao público, onde alguém exerce profissão ou atividade. § 5º – Não se compreendem na expressão 'casa': I – hospedaria, estalagem ou qualquer outra habitação coletiva, enquanto aberta, salvo a restrição do n.º II do parágrafo anterior; II – taverna, casa de jogo e outras do mesmo gênero".

A.2) *Doutrinal ou judicial:* é a forma mais usual e conhecida de interpretação de leis, pois é realizada pelo Judiciário ou pela doutrina propriamente dita, provindo do intelecto humano.

---

ilustração, no julgado do caso Ellwanger pelo STF (HC-QO 82.424-RS, rel. Moreira Alves, rel. para o acórdão Maurício Corrêa, 17.09.2003, m.v., *DJ* 19.03.2004, p. 17).

[34] Carlos Maximiliano, *Hermenêutica e aplicação do direito*, p. 194.

A.2.1) *Jurisprudência:* a jurisprudência é o conjunto dos julgados dos tribunais, cuja principal característica é orientar os demais operadores do direito a respeito da forma como determinado tema é tratado e decidido de forma majoritária e seus fundamentos.

Limongi França, corretamente, adverte para o uso indiscriminado da jurisprudência como fonte do direito, pois seria "excessivamente arriscada e perigosa para a própria ordem reinante no país". E continua: "não obstante, excepcionalmente, temos para nós que, *preenchidos uns tantos requisitos*, a jurisprudência (não os julgados, mas a repetição constante, racional e pacífica destes) pode adquirir verdadeiro caráter de preceito geral".[35]

Por vezes, verifica-se a atuação jurisprudencial gerando normas penais, embora em benefício do réu. Exemplo disso foi a admissão, há alguns anos, da tese de exclusão da culpabilidade consistente na inexigibilidade de conduta diversa.

Tese não prevista expressamente no Código Penal, de maneira autônoma e independente, começou a penetrar o universo jurídico pela força da jurisprudência. Aliás, a bem da verdade, teve início nos julgamentos feitos pelo Tribunal do Júri; subindo recursos aos tribunais, aos poucos, as decisões de primeiro grau começaram a ser validadas. Atingiu-se a esfera dos Tribunais Superiores, acolhendo o argumento defensivo e, hoje, é uma realidade.

Por isso, não vemos como negar o caráter de fonte do direito penal à jurisprudência.[36] Nada impede que os tribunais, particularmente o STF, produzam alguma interpretação rigorosa e prejudicial ao réu, buscando sanar uma dúvida de avaliação do sistema normativo. No campo processual, em 2016, o Pretório Excelso decidiu, por maioria de votos do seu Plenário, ser possível executar a pena, inclusive prendendo o réu, assim que ocorresse o julgamento em 2.º grau. Cuidou-se da interpretação do princípio da presunção de inocência. Eis uma interpretação contra o interesse do acusado. Indiscutivelmente, tornou-se *fonte* de direito, no caso processual penal. Depois disso, em 2019, o Plenário do STF retornou ao entendimento anterior e vedou o cumprimento da pena após decisão condenatória em 2.º grau. Novamente, há um julgado como fonte do direito processual penal.

Na realidade, a jurisprudência, conforme certas interpretações, termina por *criar* normas de maior extensão do que o conteúdo existente em lei (avaliado literalmente). Por isso, a tarefa indispensável do operador do direito – intérprete por obrigação profissional – deve insistir em apresentar argumentos com o fito de *mudar* aquele entendimento, considerado equívoco. Valendo-se de ensinamentos doutrinários, contando com a capacidade de Ministros de promover uma autocrítica e, também, esperando a alteração da composição da Corte, os advogados e membros do Ministério Público podem investir na alteração da jurisprudência dominante e, com isso, garantir o nascimento de outra fonte do direito.

Exemplos não faltam. Um deles advém da Lei dos Crimes Hediondos. Editada em 1990, essa lei proibiu a progressão de regime aos condenados por delitos hediondos. Em 1992, submetida ao exame do STF, por maioria de votos, o Plenário declarou a sua constitucionalidade, por meio de uma interpretação literal. No ano de 2006, alterada a composição do Pretório Excelso, a mesma questão voltou ao debate e foi considerada, por maioria de votos,

---

[35] *Hermenêutica jurídica*, p. 157.

[36] Assim também o pensamento de Carlos Maximiliano (*Hermenêutica e aplicação do direito*, p. 219-220), embora recomende que o julgador de primeiro grau não se vincule, excessivamente, à jurisprudência. Deve manuseá-la com cuidado, espírito crítico e à luz da doutrina. E também Celso Bastos: "íntima é a relação entre a atividade legislativa e a interpretativa operada pelos Tribunais" (*Hermenêutica e interpretação constitucional*, p. 39).

inconstitucional, em interpretação teleológica e sistemática, pois estaria a ferir o princípio constitucional da individualização da pena. É o que hoje prevalece, inclusive por força de edição de nova lei a respeito.

Em suma, não se pode negar à jurisprudência o seu caráter, embora subsidiário, de fonte do direito penal.

A.2.2) *Doutrina propriamente dita:* a doutrina é formada pela opinião jurídica dos operadores do direito dedicados ao estudo pormenorizado do sistema jurídico vigente. Em nível ideal, qualifica-se um doutrinador pelos seus títulos acadêmicos, pelo seu magistério e pela qualidade de seus ensinamentos. Portanto, não basta graduar-se em direito para se transformar em doutrinador (ou, em linguagem própria, jurista). É preciso vasto conhecimento na área de sua atuação, que, hoje, é cada vez mais especializada.[37] Nas palavras de Celso Bastos, "os repertórios de doutrina tornam-se fonte útil ao operador do Direito. A tarefa do jurista é a de sistematizar o direito vigente e elaborar conceitos jurídicos, para o que recorre frequentemente à interpretação das normas jurídicas em geral".[38]

Desse modo, há doutrina civil, trabalhista, processual civil, tributária etc. Em nosso caso, lida-se com a doutrina penal e processual penal, ou seja, as ciências criminais.

A visão dos doutos não constitui fonte do direito penal, mas importante elemento para a formação de uma fonte real e efetiva. Conforme o desenvolvimento doutrinário, em relação a certa matéria, pode o legislador captar essa visão, transformar em projeto de lei e, após o regular trâmite, editar uma nova lei penal.

O mesmo caminho percorre a doutrina na influência exercida sobre os tribunais, produtores dos julgados, consagrando a jurisprudência dominante que, conforme a instância, chega a ser fonte indireta de direito penal.

Nesse cenário, surge o que se costuma chamar de *argumento de autoridade*. Quando a parte pretende convencer o juiz de que a justiça lhe cabe, pode invocar a opinião abalizada de um jurista ou doutrinador. Desse modo, pode exercer influência sobre o julgador, na medida em que este, inspirado pela imparcialidade, não deseja errar; qualquer magistrado, valendo-se do seu bom senso, pretende realizar justiça. Assim, o argumento de autoridade pode revelar influência na decisão, seja do monocrático juízo, seja no âmbito dos colegiados.

Aliás, o argumento de autoridade é muito utilizado nos trabalhos acadêmicos, tanto para ratificar o que já é conhecido como para provocar a fixação de um alicerce para aumentar o conhecimento com novos postulados e teorias. Exemplo de argumento de autoridade, que sempre foi e sempre será, é a citação de Rui Barbosa, um dos mais importantes juristas da história brasileira.

B) Quanto à forma

B.1) *Costume:* O costume é uma norma fática a respeito de determinado assunto; pode transformar-se em regra jurídica conforme o caso concreto. O atendimento de pessoas, em qualquer serviço público ou privado, como regra (costume), dá-se pela ordem de chegada, constituindo-se a *fila*. O desrespeito a esse costume é um ilícito, provocando inúmeras

---

[37] Como lembra Carlos Maximiliano, "não há intérprete seguro sem uma cultura completa [do sistema jurídico]" (*Hermenêutica e aplicação do direito*, p. 240).

[38] *Hermenêutica e interpretação constitucional*, p. 74.

consequências, chegando até mesmo à prisão do revoltoso, que, pretendendo "furar a fila", agride alguém e termina detido. Note-se que o agredido, estando na fila regularmente, pode defender o seu lugar em exercício regular de direito. Se a agressão for física e intensa, pode-se alegar, inclusive, legítima defesa, pois o *estar na fila* é um direito justo.

Há países, como o Reino Unido e os Estados Unidos, que baseiam o seu sistema legislativo penal e processual penal, principalmente, no direito consuetudinário, representado pelos costumes.[39] Não nos cabe descer a detalhes de como esse sistema funciona, pois é natural que também se valha de leis escritas, mas sempre foi muito importante o costume.

No Brasil, país de direito codificado (estampado em leis), o costume não se presta para criar ou revogar lei penal, a despeito de servir para o processo de interpretação. Assim, em que pese a evolução social da atualidade, com a constante liberação dos comportamentos, não se pode considerar "revogado" o art. 215 do Código Penal (violação sexual mediante fraude), a pretexto de que os costumes estariam a indicar, praticamente, não haver mais possibilidade de alguém ser ludibriado por outrem, a fim de consentir numa relação sexual.

Na verdade, muitos tipos penais incriminadores, por força do costume, embora não sejam considerados revogados, caem em completo desuso, como ocorre com o curandeirismo. Há inúmeros outros exemplos. Admitindo-se essa situação, o correto é manter o tipo penal vigendo, até que o bom senso do legislador desperte e outra lei o revogue, podendo-se, no entanto, utilizar os atuais costumes para auxiliar na interpretação das elementares do tipo.

Repisando, o costume é uma prática generalizada e constante da sociedade, servindo para expressar uma época ou um modismo. Em vários ambientes, instaura-se o costume, gerando a tradição (costume reiterado e consolidado), com força suficiente para se impor como se lei fosse.[40]

Não serve o costume para permitir o nascimento de lei penal, mas pode produzir normas de caráter processual penal, conforme o caso. Assim, da mesma forma, não tem o condão de provocar a revogação de norma penal, mas possibilita o afastamento ou a inaplicabilidade de norma processual penal.

De toda forma, o costume é importante ferramenta de trabalho no cenário da interpretação, permitindo clarificar termos imprecisos ou gerar lógicas razoáveis para o sistema legal.

Parece-nos essencial focar o costume como fonte criadora ou revogadora de normas penais e processuais penais, voltando-se à sensibilidade do legislador, para captar tais anseios, transformando-os em leis. Não há que se considerar afastada do universo penal uma determinada infração, simplesmente pelo fato de não mais contar com o rigor repressivo estatal. Erro há em não punir o que é, em tese, previsto como crime; porém, erro maior é manter em lei algo que já não gera interesse algum pela sociedade.

---

[39] "O costume jurídico ou direito consuetudinário consiste em práticas uniformes que constituem o modo geral de regular, efetivamente, uma dada relação, e impostas, em caso de controvérsia, pela autoridade do Estado" (ALÍPIO SILVEIRA, *Hermenêutica no direito brasileiro*, p. 306).

[40] LIMONGI FRANÇA afirma que "o costume surge e deve ser respeitado, não porque é antigo, e além disso porque as pessoas acham que isso é certo, mas porque, no âmago da natureza das instituições, há modos de proceder que, independentemente de lei, não podem ficar ao sabor dos particulares, sob pena de comprometimento dos fins da própria existência das mesmas instituições; por isso, com o decorrer do tempo, esses modos de agir, por sua oportunidade, por sua constância, por sua utilidade, por sua coerência, vão se constituindo em *preceito rígido*, a ponto de adquirirem força de verdadeira lei" (*Hermenêutica jurídica*, p. 140).

O princípio penal da intervenção mínima é o apontador desses limites, permitindo que o costume atue como reparador da ânsia legislativa crescente e, em lugar de editar novas figuras delitivas, promover o esvaziamento do direito penal brasileiro.

No cenário processual penal, a vestimenta das advogadas era objeto de foco há não muito tempo. Para ingresso e permanência em salas de audiência e julgamento deveriam estar trajadas com vestido ou saia. A *irregularidade* no vestuário permitiria ao magistrado recusar-se a atendê-las, podendo gerar ausência de despacho, com prejuízo à parte. Além disso, para realizar audiência, a mesma formalidade era exigível. Fruto do costume, até mesmo em concursos públicos, certas candidatas já foram impedidas de participar da prova porque não se trajavam de *acordo com a tradição forense*. Correto ou incorreto, tal modo de visão era costumeiro e respeitado por operadores do direito. A modernidade trouxe à tona novos valores e o costume forense alterou-se, relegando a segundo plano esse rígido controle do vestuário, particularmente do feminino.

O costume jamais deixará de ocupar lugar relevante no contexto da interpretação e da geração de normas secundárias de atuação e comportamento. Em matéria penal, contudo, jamais ocupará o lugar dos tipos incriminadores, nem terá o condão de revogá-los, afinal, prevalecerá, sempre, a legalidade penal estrita.

B.2) *Princípios gerais de direito:* são as regras gerais que preenchem o conjunto do ordenamento jurídico, valendo para qualquer de seus ramos. Constituem postulados merecedores de respeito independentemente da matéria, visto espelharem as bases da justiça em tom maior. Conforme a lição de Celso Bastos, "a doutrina em geral aponta como causa geradora de tais princípios a convicção social, o viver da comunidade, sua ideia de vida, e, em definitivo, a consciência social da época".[41]

Os princípios gerais de direito auxiliam na interpretação dos casos concretos e podem servir para suprir lacunas. Neste último caso, não se aplica ao direito penal, mormente quando se cuidar de incriminação de um fato.

Exemplo de um princípio geral de direito: ninguém pode beneficiar-se da própria torpeza. Cuida-se de princípio muito utilizado no âmbito processual penal e civil, mas também se aplica a outros ramos do direito.

B.3) *Equidade:* atuar com equidade significa agir com moderação, equilíbrio, imparcialidade e bom senso. Por óbvio, conforme já ficou expresso linhas atrás, a equidade é essencial para a interpretação da norma. No entanto, ela não é fonte do direito penal, mormente no seu aspecto incriminador.[42]

Pode-se – e deve-se – interpretar o tipo penal de maneira equilibrada e sensata; no entanto, a extração do significado, do conteúdo efetivo da norma, não representa *criação* de lei. Portanto, inexiste motivo para se apontar a equidade como fonte de direito penal.

Mesmo servindo apenas para a interpretação do direito penal, vale ressaltar uma de suas relevantes regras: "a construção da regra da equidade não deve ser sentimental ou arbitrária, mas o fruto de uma elaboração científica, em harmonia com o espírito que rege o sistema e especialmente com os princípios que informam o instituto objeto da decisão".[43]

---

[41] *Hermenêutica e interpretação constitucional*, p. 144.

[42] "A equidade prende-se especialmente ao elemento justiça. Ela é tradicionalmente equiparada à justiça, não à justiça legal, mas à justiça como ideia, noção ou princípio" (ALÍPIO SILVEIRA, *Hermenêutica no direito brasileiro*, p. 370).

[43] LIMONGI FRANÇA, *Hermenêutica jurídica*, p. 57.

Em outros ramos do direito, por certo, a equidade pode servir para suprir lacunas;[44] porém, no direito penal, nem mesmo a analogia, forma mais segura de resolver lacunas, é admitida para prejudicar o acusado. Com maior razão, está afastada a equidade para esse fim.

B.4) *Tratados e convenções*: os acordos internacionais são muito relevantes para a constituição do direito interno, no Brasil, assim como servem de fontes de interpretação.

Tratando-se de norma internacional acerca de direitos humanos, logo, em favor do indivíduo – e não do Estado – pode integrar o sistema normativo nacional (art. 5.º, §§ 2.º e 3.º, CF). No mais, se a norma internacional possui conteúdo incriminador, não integra o ordenamento nacional, sem que se respeite o princípio da legalidade previsto no art. 5.º, XXXIX, da Constituição Federal.

No entanto, pode funcionar como elemento para a interpretação de normas penais de conteúdo duvidoso, visando a aclarar o objetivo da referida lei penal.

B.5) *Brocardos jurídicos*: o brocardo é um axioma jurídico, vale dizer, uma verdade que não necessita ser provada. Embora a sua definição pareça algo deveras absoluto, na realidade, o brocardo facilita ao operador do direito a transmissão de uma ideia ou posição consagrada no universo jurídico.

A sua origem é narrada com precisão por CARLOS MAXIMILIANO: "na alvorada do século XI, Burcardo, bispo de Worms, organizou uma coleção de cânones, que adquiriram grande autoridade e forma impressos em Colônia em 1548, em Paris, em 1550. Granjeou fama aquele repositório, sob o título de *Decretum Burchardi*. Eram os cânones dispostos em títulos e reduzidos a regras e máximas; na prática lhes chamavam *burcardos*, a princípio; dali resultou a corruptela *brocardos*, que se estendeu, em todo o campo do direito civil, aos preceitos gerais, e aos aforismos extraídos da jurisprudência e dos escritos dos intérpretes".[45]

Embora não tenham valor científico, terminam compondo peças jurídicas e facilitando a inteligência de certos institutos. São sínteses de pensamentos consagrados, como *o direito não socorre aos que dormem*. Podem até auxiliar na interpretação, porém sem força obrigatória. Alguns até se alteram com o passar do tempo, pela mudança havida na lei ou na jurisprudência, como foi o caso do *testis unus, testis nullus* (se possui apenas uma testemunha, para provar determinado fato, significa que não tem nada). Hoje, muitas condenações ocorrem baseadas apenas no depoimento de uma testemunha ou somente na palavra da vítima (roubo, estupro etc.). Tudo depende da credibilidade gerada no espírito do julgador.

Outro brocado muito usado, e até hoje funciona como autêntico princípio de direito processual penal, é o *in dubio pro reo* (na dúvida, decide-se em favor do réu).

1.2.6.4. Analogia

A analogia é um processo de autointegração, estendendo-se uma norma penal aonde, originalmente, não existe. Nas palavras de MARTIN HEIDEGGER, "analogia em geral significa correspondência de algo com algo, mais exatamente, a correspondência de uma relação com outra. Na matemática, a analogia designa a correspondência entre duas relações de grandeza, sua proporção. Se três elos são dados, o quarto por ser matematicamente conquistado e dado, construído. Na matemática, a analogia é uma determinação constitutiva. Na *filosofia*, o que está em questão *não* são relações *quantitativas*, mas *qualitativas* (WOLFF), e aqui o quarto elo

---

[44] Funciona como fonte supletiva do direito, se esgotados outros mecanismos integrativos do direito – como a analogia. Consultar CHRISTIANO JOSÉ DE ANDRADE, *Hermenêutica jurídica no Brasil*, p. 42.

[45] *Hermenêutica e aplicação do direito*, p. 291.

não pode ser dado e conquistado enquanto tal, mas só é determinável *como uma relação com o quarto elo*, ou seja, só o modo como o quarto elo precisa ser é determinável, só aquilo como o que ele precisa ser alcançado na experiência, se é que deve ser em geral experienciável em sua existência".[46]

Integrar o sistema significa completá-lo ou preenchê-lo, de modo a se tornar coerente e satisfatório. No campo jurídico, o sistema normativo pretende ser uno, perfeito e inteiro, capaz de solucionar todo e qualquer conflito emergente. Por vezes, tal situação não se concretiza da maneira ideal, surgindo uma lacuna, diante de caso concreto para o qual inexiste norma regente específica. Nada mais correto do que preencher a referida lacuna com o uso da analogia, valendo-se de norma correlata, aplicável a situação similar. Com isso, integra-se o sistema e todo e qualquer caso concreto poderá ser resolvido dentro das fronteiras legais. Observe-se, de qualquer forma, não se tratar a analogia de um processo de *criação* de normas, o que seria vedado, mas de *integração* das normas já existentes. No dizer de CELSO BASTOS, "a analogia não é só entender a vontade legal, mas estendê-la a casos não contidos na norma. Exige-se para isto que a parecença com aqueles casos regulados esteja a impor uma idêntica solução para ambos".[47]

Em matéria penal, porque se encontra presente o princípio da legalidade, prevendo a existência de crime nos exatos termos da lei, assim como a existência de pena nos mesmos parâmetros, torna-se complexa a utilização da analogia. Afinal, no universo penal, a regência é conduzida pela lei em sentido estrito, não se podendo usar elementos correspondentes, mas não iguais.

É certo que princípios não são absolutos e devem harmonizar-se com outros. Eis o fundamento pelo qual se pode admitir o uso da analogia em favor do réu (*in bonam partem*), mas não se deve aceitar a analogia em prejuízo do acusado (*in malam partem*). Por que se poderia tolerar uma forma de ranhura na legalidade, mas não outra? Há integração de princípios e metas constitucionais para a resposta a tal indagação. Em primeiro plano, ressalte-se a finalidade de existência dos direitos e garantias fundamentais, qual seja a de proteger o indivíduo contra os eventuais abusos e excessos do Estado. Logo, a razão de ser da legalidade – aliás, desde a sua expressa evidência na Magna Carta, de 1215 – é a constituição de um escudo protetor contra a prepotência do *soberano* (ou simplesmente, Estado, na modernidade). Em segundo lugar, em processo penal, cultua-se a prevalência do interesse do réu, estampada nos princípios da presunção de inocência e da inviabilidade de exigência da autoacusação. Ora, considerando-se a *legalidade* uma proteção individual, além de se buscar, sempre, a prevalência do interesse do réu, a lacuna, quando existente em matéria penal, deve ser resolvida com o propósito de beneficiar o acusado – jamais para prejudicá-lo.[48]

---

[46] *A essência da liberdade humana*: introdução à filosofia, p. 201-202. Diz CARLOS MAXIMILIANO ser a analogia oriunda da matemática, significando que o raciocínio "se baseia na presunção de que duas coisas têm entre si um certo número de pontos de semelhança", podendo assemelhar-se, por via de consequência, a um ou outros mais (*Hermenêutica e aplicação do direito*, p. 253).

[47] *Hermenêutica e interpretação constitucional*, p. 39.

[48] "Em face do princípio da legalidade, não será possível aplicar uma pena a uma ação antijurídica e culpável com base na analogia ou no direito costumeiro. É indispensável que anteriormente a estas características a ação seja típica, isto é, se enquadre nas características de um tipo penal, que se encontram previstos de forma exaustiva na lei penal" (CLÁUDIO BRANDÃO, *Tipicidade penal*, p. 83).

Cumpre destacar, ainda, que até mesmo o emprego da analogia para favorecer o réu deve ser reservado para hipóteses excepcionais, uma vez que o princípio da legalidade é a regra, e não a exceção. Daí por que não pode o magistrado disseminar o uso da analogia para absolver o réu, pois isso colocaria em risco a segurança idealizada pelo direito penal. Não é demais citar a lição de HUNGRIA a esse respeito: "Os preceitos sobre causas descriminantes, excludentes ou atenuantes de culpabilidade ou de pena, ou extintivas de punibilidade, constituem *jus singulare* em relação aos preceitos incriminadores ou sancionadores, e, assim, não admitem extensão além dos casos taxativamente enumerados".[49]

Portanto, revendo o disposto no art. 128, II, do Código Penal, observa-se a possibilidade legal para o aborto, desde que a mulher tenha sido estuprada (art. 213, CP). Entretanto, imagine-se a ocorrência do aborto, pois a mulher foi vítima de violação sexual mediante fraude (art. 215, CP). Poder-se-ia utilizar a analogia *in bonam partem*, autorizando o aborto, tendo em vista que a gravidez decorreu, igualmente, de crime contra a dignidade sexual.

Entretanto, focando-se o disposto pelo art. 216-A do Código Penal, vê-se a possibilidade de ocorrência do assédio sexual, quando o agente se valer de sua condição de superior hierárquico ou ascendência inerentes ao exercício do emprego, cargo ou função. A relação entre autor e vítima, no crime de assédio sexual, deve ser laboral. Não se pode utilizar a analogia *in malam partem* para incluir, por exemplo, a relação existente entre ministro religioso e fiel, visto não se tratar de ligação hierárquica ou de ascendência entre ambos.

O emprego de analogia não se faz por acaso ou por puro arbítrio do intérprete; há significado e lógica na utilização da analogia para o preenchimento de lacunas no ordenamento jurídico. Cuida-se de uma relação *qualitativa* entre um fato e outro. Entretanto, se noutros campos do direito a analogia é perfeitamente aplicável, no cenário do direito penal ela precisa ser cuidadosamente avaliada, sob pena de ferir o princípio constitucional da legalidade (não há crime sem lei que o defina; não há pena sem lei que a comine).[50]

Nem todas as vozes são contrárias ao emprego em geral da analogia no direito penal. Confira-se a lição de CARNELUTTI: "Considero que a proibição da analogia na aplicação das leis penais é outra superstição da qual devemos nos livrar. Nisso não se deve enxergar uma consequência do princípio da certeza jurídica, senão uma desconfiança com relação ao juiz, a qual, se têm razões históricas bastante conhecidas, carece de todo fundamento prático".[51]

---

[49] *Comentários ao Código Penal*, v. 1, t. I, p. 92.

[50] A analogia é uma operação da lógica formal, como uma indução imperfeita, do particular ao particular coordenado. É uma operação de uma regra particular, induzindo o princípio específico que a informa, para dele se deduzir a solução para o caso (particular coordenado), conforme explica ALÍPIO SILVEIRA (*Hermenêutica jurídica no Brasil*, p. 292). Extrai-se da analogia o uso de técnicas do raciocínio lógico, valendo-se de indução e dedução. Por isso, a analogia chega a ser mais segura do que certos tipos abertos, constituídos pelo legislador.

[51] *El problema de la pena*, p. 74 (traduzimos).

RESUMO DO CAPÍTULO

▸ **Fonte material:** é a fonte criadora do direito; no caso penal, somente a União, por meio do Poder Legislativo federal. Excepcionalmente, o Estado pode criar lei penal, se autorizado por lei complementar editada pela União. O Município jamais cria lei penal. O Judiciário, pela atuação do Supremo Tribunal Federal, pode emitir súmula vinculante. A fonte material primária é a União, pelo Legislativo. As fontes matérias secundárias são os Estados e o STF.

▸ **Fonte formal:** é a fonte de expressão do direito; no caso penal, como regra, é o campo relativo à lei ordinária. Excepcionalmente, por existir quórum qualificado, podem a emenda constitucional e a lei complementar criar lei penal. Não cabe a edição de lei penal por meio de lei delegada e medida provisória. A fonte formal direta é a lei. As fontes formais indiretas são os costumes, os princípios gerais de direito, a analogia, a doutrina e a jurisprudência.

▸ **Plebiscito e referendo:** não são meios adequados para dar origem à lei penal. O art. 49, XV, da Constituição Federal estipula caber ao Congresso Nacional autorizar referendo e convocar plebiscito, que, no entanto, somente podem aprovar ou rejeitar lei penal já materializada ou a ser criada pelo Parlamento.

▸ **Interpretação:** trata-se de um processo de descoberta do conteúdo exato da lei, nem sempre visível na redação do tipo penal, não se tratando de um meio para a criação de normas inexistentes nem para suprir lacunas.

▸ **Interpretação literal ou gramatical:** consiste em extrair o conteúdo da norma pela análise de cada um dos termos constantes do tipo penal (ou da norma penal), sem ampliar ou restringir o seu alcance.

▸ **Interpretação restritiva:** cuida-se de um método de interpretação que, para chegar ao significado efetivo da norma, é preciso *restringir* o alcance de determinados termos ou expressões. Na realidade, o legislador teria dito mais do que pretendia expressar.

▸ **Interpretação extensiva:** trata-se do processo de extração do autêntico significado da norma, ampliando-se o alcance das palavras legais, a fim de se atender à real finalidade do texto.

▸ **Interpretação analógica:** é o processo de averiguação do sentido da norma jurídica, valendo-se de elementos fornecidos pela própria lei, pelo método de semelhança.

▸ **Interpretação sistemática:** consiste no exercício do método de comparação com outras normas vigentes no mesmo sistema para extrair o conteúdo de determinada norma.

▸ **Interpretação lógica:** a descoberta do exato sentido da lei interpretada se dá pela verificação de seus termos e expressões, com a finalidade de aplicá-la de modo coerente e sensato.

▸ **Interpretação histórica:** consiste na utilização de normas já revogadas, porém importantes para certos cenários históricos do Brasil, com o objetivo de justificar determinada aplicação da lei interpretada, embora não seja a espécie de interpretação mais confiável.

▸ **Interpretação teleológica:** busca-se, na interpretação da norma, quais foram os fins, os objetivos, as metas a serem alcançadas em face da sua criação. Com isso, consegue-se desvendar eventuais termos de duplo sentido ou expressões mal redigidas.

▸ **Interpretação histórico-evolutiva (*occasio legis*):** não se trata de uma avaliação exclusivamente histórica do instituto, tampouco uma análise quanto às suas finalidades, mas o conjunto de ambas. Vislumbra-se qual a finalidade da norma, dentro do momento histórico vivido pela sociedade. Sob o aspecto evolutivo, trata-se do método de interpretação que, diante de certo termo de significado extremamente subjetivo e atrelado a uma determinada época do tempo, pode ser analisado de maneira diversa conforme os anos passam. Desse modo, a lei permanece a mesma, mas determinado termo que lhe é ínsito ganha novos parâmetros, ou seja, evolui.

▸ **Interpretação autêntica:** é a interpretação proveniente do próprio órgão elaborador da norma. É possível que o Poder Legislativo edite uma lei e, após, pelas controvérsias geradas, resolva constituir uma lei interpretativa, sanando as dúvidas e conferindo clareza à norma.

▸ **Interpretação doutrinal ou judicial:** é a interpretação advinda de órgãos especializados ou pessoas qualificadas. Pode originar-se dos tribunais ou da doutrina.

▸ **Costume:** é uma norma fática a respeito de determinado assunto; pode transformar--se em regra jurídica conforme o caso concreto. Em matéria penal, contribui para a interpretação de leis, mas não *cria* norma penal.

▸ **Princípios gerais de direito:** são as regras gerais, que preenchem o conjunto do ordenamento jurídico, valendo para qualquer de seus ramos. Constituem postulados merecedores de respeito independentemente da matéria, visto espelharem as bases da justiça em tom maior. No direito penal, servem apenas para interpretar normas.

▸ **Equidade:** significa agir com moderação, equilíbrio, imparcialidade e bom senso. Por óbvio, conforme já ficou expresso linhas atrás, a equidade é essencial para a interpretação da norma. No entanto, ela não é fonte do direito penal, mormente no seu aspecto incriminador.

▸ **Tratados e convenções:** são os acordos internacionais, que podem constituir fonte do direito penal ou processual penal, desde que favoráveis ao réu, representando direito ou garantia humana fundamental (art. 5.º, §§ 2.º e 3.º, CF). No mais, auxiliam na interpretação de normas penais, quando contrárias aos interesses do acusado.

▸ **Brocardos jurídicos:** são axiomas jurídicos, vale dizer, verdades que não necessitam ser provadas. Os brocardos facilitam ao operador do direito a transmissão de uma ideia ou posição consagrada no universo jurídico. Exemplo: *in dubio pro reo* (na dúvida, decide-se em favor do acusado).

▸ **Analogia:** é um processo de autointegração, criando-se uma norma penal onde, originalmente, não existe. Serve para o suprimento de lacunas. Admite-se a analogia *in bonam partem* (em favor do réu), mas não a analogia *in malam partem* (em prejuízo do acusado).

Capítulo VII

Legalidade e Anterioridade da Lei Penal

1. LEGALIDADE

1.1. Mera legalidade e estrita legalidade

A mera legalidade é uma "norma dirigida aos juízes, aos quais prescreve a aplicação das leis tais como são formuladas"; a estrita legalidade designa "a reserva absoluta de lei, que é uma norma dirigida ao legislador, a quem prescreve a taxatividade e a precisão empírica das formulações legais".[1]

Não se pode, na atualidade, contentar-se com a *mera legalidade*, pois nem todo tipo penal construído pelo legislador obedece, como deveria, ao princípio da taxatividade. O ideal é sustentar a *estrita legalidade*, ou seja, um crime deve estar descrito em lei, mas *bem detalhado* (taxativo), de modo a não provocar dúvidas e questionamentos intransponíveis, bem como sendo possível visualizar uma ofensa a bem jurídico tutelado, agindo o autor com dolo ou culpa.

É fundamental que a lei penal incriminadora seja editada antes da ocorrência do fato. Enquanto a Parte Geral do Código Penal prevê o princípio geral (legalidade e anterioridade), a Parte Especial, por meio dos tipos penais, concretiza o direito penal liberal. Nas palavras de BAUMANN, "a parte especial do Código Penal se converte em uma 'Carta Magna do delinquente' (VON LISZT) unicamente quando se proíbe ao legislador a criação de um direito penal retroativo e ao juiz sua aplicação".[2]

---

[1] LUIGI FERRAJOLI, *Direito e razão*, p. 31.

[2] *Derecho penal* – Conceptos fundamentales y sistema [introducción a la sistemática sobre la base de casos], p. 74.

1.2. Legalidade como garantia humana fundamental

A legalidade, no campo penal, não pode ser uma garantia meramente formal, sendo insuficiente apenas a existência de uma lei anterior à conduta. Torna-se indispensável que a elaboração do tipo penal – modelo legal de conduta proibida – seja específica, ou seja, claramente individualizadora do comportamento delituoso.[3]

A preceituação genérica fere o princípio da legalidade. Reportemo-nos ao art. 6.º do Código Penal soviético de 1926: "Reputa-se perigosa toda ação ou omissão dirigida contra a estrutura do Estado soviético, ou que lese a ordem jurídica criada pelo regime dos trabalhadores e camponeses para a época de transição à organização social comunista...". Trata-se de um tipo extremamente aberto, com foco voltado à periculosidade da conduta, numa avaliação que era, com certeza, política. Portanto, mesmo que existente a lei, o princípio da legalidade estaria sendo apenas uma formalidade, pois qualquer ação ou omissão que o Estado desejasse considerar "perigosa", diante de um modelo tão aberto, poderia fazê-lo. A União Soviética, na prática, terminou negando eficácia ao princípio da reserva legal, como adverte Basileu Garcia.[4]

Massimo Meccarelli demonstra que "o quadro dos anos do fascismo mostraria as consequências disso. O esvaziamento dos valores orientadores da legalidade, por um lado, e a neutralidade da ciência jurídica, por outro, deixariam o campo livre para um uso autoritário da lei penal na fase da ditadura fascista (mesmo com referência a sua dimensão codificada)".[5]

Battaglini sempre considerou condenável colocar no Código Penal incriminações de alcance latíssimo, com a finalidade de cobrir, o mais possível, eventuais lacunas. Essa providência, que dá margem aos tipos exageradamente abertos, ofende a legalidade. Aliás, mesmo no direito anglo-americano, baseado no sistema do direito consuetudinário, portanto não vinculado perfeitamente ao princípio da legalidade, já existem vários precedentes judiciais declarando inconstitucionais as regras de direito penal que permitem a elaboração de normas penais genéricas e imprecisas.

O direito brasileiro não deixa de ter seus exemplos.

Deduz-se que as descrições genéricas de tipos penais podem ser mais perigosas do que a analogia, pois esta pelo menos tem um parâmetro de semelhança com outra conduta certa. Preleciona Frederico Marques que, "no Direito Penal, a analogia não pode ser aplicada para criar-se figura delitiva não prevista expressamente, ou sanção penal que o legislador não haja estatuído. O princípio da reserva impede que figuras típicas sejam elaboradas pelo processo analógico". Ainda assim, mencionando que a Dinamarca é um país cuja legislação adota a analogia em matéria penal, lembra o ensinamento de Stephan Hurwitz, da Universidade

---

[3] Luiz Vicente Cernicchiaro, *Direito penal na Constituição*, p. 18. Eis por que a lei "tem um papel não final, mas instrumental. Não vale enquanto tal: é legítima na medida em que propõe, defende e garante os direitos naturais dos sujeitos. São os direitos e não o Estado e a sua lei o epicentro da nova ordem". Outro ponto essencial da lei é a sua capacidade de ser ela mesma "reformada" e "racionalizada"; logo, "deve ser clara, compreensível, acessível a qualquer um; por outro lado, deve ser plasmada em função da liberdade, propriedade e segurança dos sujeitos" (O princípio de legalidade: um campo de tensão, in: Ri Jr. e Sontag, *História do direito penal entre medievo e modernidade*, p. 43).

[4] *Instituições de direito penal*, v. 1, t. 1, p. 150-151.

[5] Regimes jurídicos de exceção e direito penal. In: Ri Jr. e Sontag, *História do direito penal entre medievo e modernidade*, p. 108.

de Copenhague, dizendo ser mais segura ao indivíduo a aplicação da analogia do que a formulação vaga e imprecisa de determinados tipos penais.[6]

É evidente que, para a elaboração de um tipo penal, o legislador precisa operar com certa liberdade, reservando ao juiz a tarefa de interpretar e complementar o conteúdo do tipo incriminador. Por isso, é possível existirem *tipos abertos*, tais como os de aborto (arts. 124 a 127) e de rixa (art. 137), que precisam da interpretação do aplicador da lei para serem aplicados. Isso não significa que se deva privilegiar a criação de tipos muito vagos, pois, quanto mais específicos eles puderem ser, melhor para o direito penal e para o indivíduo.

Assim, para assegurar a eficácia do princípio da legalidade é preciso manter o equilíbrio e o meio-termo: nem analogia nem tipos extremamente vagos e genéricos. Em ambos os casos, estar-se-ia preterindo a aplicação do preceito constitucional da reserva legal.

Sob outro aspecto, GIORGIA ALESSI evidencia um golpe no princípio da legalidade, quando, "em Nuremberg, o dever de processar e punir, esclarecendo as responsabilidades individuais, teve predomínio absoluto: a opção judiciária pareceu, sobretudo para Roosevelt, a única capaz de afrontar a opção, avançada por Stálin, de simplesmente usar as armas contra as autoridades nazistas. E foi, então, com a instituição do Tribunal militar chamado em 1945 para julgar os crimes nazistas, que se cunhou a categoria de crimes contra a humanidade, como atos desumanos cometidos no âmbito de um crime contra a paz ou de um crime contra a guerra. (...) Houve a aplicação da 'justiça dos vencedores', colocando em foco a questão da legitimidade. Na realidade, os acusados deviam responder por um crime ainda não existente ao tempo da conduta, à revelia do princípio *não há pena sem lei*".[7]

O exemplo dos julgamentos havidos, após a 2.ª Guerra Mundial, nos Tribunais de Nuremberg e Tóquio, demonstra que não há princípio absoluto, mesmo quando caracterizado como *humano* e *fundamental*. Dessarte, no caso supracitado, outros valores ingressaram no cenário, invocando-se a matriz de todos os princípios, que é a dignidade da pessoa humana, alicerce da construção da categoria dos crimes contra a humanidade.

A legalidade continua a desempenhar o seu papel central de *garantia* ao indivíduo contra abusos estatais. Em verdade, espera-se que jamais se precise afastá-la, novamente, em nome de valores mais relevantes e quiçá ainda desconhecidos.

1.3. Legalidade material e formal

Acesse e assista ao vídeo sobre Legalidade formal e material.
> http://uqr.to/1yvde

Denomina-se *legalidade material* ou *substancial* o princípio vinculado ao conceito material de crime, ao passo que *legalidade formal* está ligada ao conceito formal de delito. Vale, pois, defini-los: *materialmente*, crime é, nas palavras de BETTIOL, "todo fato humano lesivo

---

[6] FREDERICO MARQUES, *Tratado de direito penal*, v. 1, p. 227.
[7] O direito penal moderno entre retribuição e reconciliação. In: RI JR. E SONTAG, *História do direito penal entre medievo e modernidade*, p. 185.

de um interesse que possa comprometer as condições de existência, conservação e progresso da sociedade".[8]

Trata-se de um conceito muito aberto de delito, de forma que, sendo aceito, poderiam ser punidas todas as condutas perigosas, mesmo que não estivessem expressamente previstas em lei. Por isso, a legalidade substancial ou material não é a melhor garantia ao indivíduo. Ensina PAULO JOSÉ DA COSTA JÚNIOR que tal princípio é adotado em nome da chamada "defesa social",[9] ou seja, ele mais vale à sociedade do que ao cidadão.

Formalmente, crime é toda conduta que ofende um bem juridicamente tutelado, prevista em lei, sob ameaça de pena. Trata-se, sem dúvida, de um conceito mais seguro ao indivíduo, pois o Estado não poderá considerar delito a conduta que bem entender, mas somente a que estiver tipificada. E *tipicidade* é a redução a categorias jurídicas do princípio maior da legalidade. Adota-se, no Brasil, o princípio da legalidade formal, conforme demonstra o art. 1.º do Código Penal.

1.4. Leis escritas

A tendência mundial, hoje, é privilegiar as leis penais escritas, porque são as que conferem maior garantia, sob o prisma de que não há crime sem lei. Que lei é essa? Há de ser escrita por duas razões básicas. Em primeiro lugar, isso obriga o juiz a aplicar apenas as normas criminais calcadas na forma escrita. Há nítida proteção contra arbitrariedades.

A segunda base da lei escrita é que ela deve estar contida em um estatuto ou código extraído do Parlamento. Logo, não é a vontade do juiz a imperar, mas a do povo, que elege o parlamentar.

Segundo CHRISTINA PERISTERIDOU, até mesmo o sistema consuetudinário, reinante na Inglaterra, vem cedendo espaço a leis procedentes do Parlamento. Algumas Cortes britânicas dizem que as leis penais são matérias do Legislativo, e não do Judiciário.[10]

De fato, o nosso sistema, que é maioria na Europa, do direito codificado significa garantia mais efetiva aos destinatários da norma penal, pois composto de leis escritas. Logicamente, devem ser escritas de maneira clara (taxatividade), previamente à prática criminosa e não dependente de interpretação extensiva, mas estrita.[11]

Complementa o tema a visão de PIETRO COSTA, sobre a importância da legalidade em tempos modernos, narrando que, no século XVIII, acentua-se a distinção entre foro interno e foro externo, separando-se pecado de delito, acarretando novos fundamentos ao direito de punir e às modalidades de realização. "No centro de uma almejada, radical transformação do penal foi colocada a lei. É a lei, expressão de uma soberania iluminada pela luz da razão, o instrumento capaz de desenhar com taxativa precisão o mapa do lícito e do proibido e de atribuir com tanto rigor a cada delito a pena correspondente". E prossegue

---

[8] *Apud* JOSÉ FREDERICO MARQUES, *Tratado de direito penal*, v. 2, p. 23.

[9] *Comentários ao Código Penal*, p. 1.

[10] *The principle of legality in European criminal law*, p. 79-80 (tradução livre).

[11] No mesmo sentido, HASSEMER formula as bases do princípio da legalidade: "o legislador deve formular suas normas com tanta precisão quanto seja possível (mandado de certeza: *lex certa*); o legislador e o juiz penal não podem aplicar as leis em forma retroativa em prejuízo do afetado (proibição de retroatividade: *lex praevia*); o juiz penal deve contar com uma lei escrita para condenar ou agravar penas (proibição do direito consuetudinário: *lex scripta*) e não pode aplicar o direito penal em forma analógica em prejuízo do afetado (proibição de analogia: *lex stricta*)" (*Crítica al derecho penal de hoy*, p. 21-22, tradução livre).

o autor demonstrando caber "à lei, e somente à lei", redesenhar a área do penal, conforme a razão, oferecendo aos cidadãos um "conhecimento prévio e certo das consequências das suas ações".[12]

2. ANTERIORIDADE

Como já definido no Capítulo V, significa ser obrigatória a *prévia* existência de lei penal incriminadora para que alguém possa ser por um fato condenado, exigindo, também, *prévia* cominação de sanção para que alguém possa sofrê-la.

Por outro lado, cumpre esclarecer que, apesar de o título do art. 1.º mencionar apenas a *anterioridade* da lei penal, espelha-se, ainda, o princípio da legalidade ou da reserva legal.

A ideia de lei penal existente *anterior* à prática do crime representa uma garantia vital a qualquer pessoa. Imagine-se a infração de trânsito de dirigir veículo sem colocar o cinto de segurança. Hoje, quem assim procede sabe que pode ser multado, no âmbito administrativo, embora não creia estar cometendo um crime. Se aquele que dirigiu sem cinto de segurança, no dia 20 de março de 2016, multado ou não, for surpreendido pela edição de uma lei penal, transformando essa conduta em crime, no dia 22 de março de 2016, com efeito retroativo, inexistirá segurança jurídica e o próprio princípio da legalidade estaria abalado.

Desse modo, para se punir criminalmente o motorista, que conduza seu veículo *sem usar o cinto de segurança*, no dia 20 de março de 2016, é imperioso haver a edição da lei penal incriminadora, entrando em vigor, ao menos, no dia 19 de março de 2016.

3. EXTENSÃO DA PALAVRA *CRIME*

Por força da tradição do princípio, utiliza-se, tanto em textos legais quanto na doutrina, do termo *crime* para espelhar o princípio da legalidade: não há crime sem lei anterior que o defina; não há pena sem lei anterior que a comine.

No entanto, o gênero, oficialmente acolhido pela Lei de Introdução ao Código Penal, é *infração penal*, do qual decorrem as espécies *crime* e *contravenção penal*.

A diversidade terminológica, para efeito de aplicação dos princípios da legalidade e da anterioridade, é desconsiderada. Onde se lê *crime*, leia-se *infração penal*. Portanto, não há crime nem contravenção penal sem lei anterior que os defina.

Cuida-se de interpretação extensiva, utilizada no âmbito constitucional e, também, no tocante à previsão feita pelo art. 1.º do Código Penal.

4. APLICAÇÃO DA LEGALIDADE PARA QUALQUER SANÇÃO PENAL

A medida de segurança não é pena, mas não deixa de ser uma espécie de sanção penal, aplicável aos inimputáveis ou semi-imputáveis, que praticam fatos típicos e ilícitos (*injustos*) e precisam ser internados ou submetidos a tratamento.

---

[12] O princípio de legalidade: um campo de tensão. In: RI JR. E SONTAG, *História do direito penal entre medievo e modernidade*, p. 34-36.

Trata-se, pois, de medida de defesa social, embora se possa ver nesse instrumento uma medida terapêutica ou pedagógica destinada a quem é doente. Entretanto, ontologicamente, nas palavras de Magalhães Noronha, não há distinção alguma entre pena e medida de segurança.[13]

Mir Puig, com razão, afirma que o aspecto principal a aproximar a pena da medida de segurança é a sua função de *prevenção especial*. Se a pena busca a reeducação ou a segregação, para evitar que determinado réu cometa outros delitos, a medida de segurança pretende a cura do paciente, autor do injusto penal. No entanto, essa aproximação não obriga a adoção de um *sistema monista*, que renuncie a diferenciar ambos os conceitos. Ademais, justamente porque há aproximação entre as duas sanções, no campo da prevenção especial, permite-se não utilizar o sistema do duplo binário (aplicar pena, seguida de medida de segurança), pois seria um *bis in idem*. Ao contrário, pode-se consagrar o sistema vicariante (ou se aplica pena ou medida de segurança).[14]

Em suma, quando se trata de privar a liberdade de alguém, é preciso respeitar o princípio da legalidade. Torna-se importante, ainda, mencionar a lição de Pierangeli e Zaffaroni: "*Salvo o caso dos inimputáveis, sempre que se tira a liberdade do homem por um fato por ele praticado, o que existe é uma pena*, porque toda privação da liberdade tem um conteúdo penoso para quem a sofre. O nome que se lhe dê não tem significação, porque não é possível destruir todo o sistema de garantias trabalhado pelo Direito, na sua longa história de lutas pela liberdade humana, só com uma e outra denominações dadas a uma categoria de penas. Não é possível fazer-se aqui uma crítica geral à categoria das medidas de segurança, mas o que acabamos de afirmar constitui uma crítica sintetizada a respeito".[15]

O antigo art. 75 do Código Penal dispunha que "as medidas de segurança regem-se pela lei vigente ao tempo da sentença, prevalecendo, entretanto, se diversa, a lei vigente ao tempo da execução". Ora, revogado que foi pela Reforma Penal de 1984, é natural ficarem, agora, as medidas de segurança sujeitas ao princípio da legalidade. Portanto, além das opiniões já mencionadas de Noronha, Pierangeli e Zaffaroni, com as quais concordamos, posicionam-se pela sua submissão à reserva legal e ao princípio da anterioridade ampla parcela da doutrina nacional: Julio Fabbrini Mirabete, Alberto Silva Franco, Paulo José da Costa Júnior, Celso Delmanto e Heleno Cláudio Fragoso.

Em sentido contrário, admitindo a aplicação imediata da medida de segurança: Francisco de Assis Toledo, Luiz Vicente Cernicchiaro e Feu Rosa. Convém mencionar a posição de Lycurgo de Castro Santos: "A aplicação retroativa das medidas de segurança não importa um menoscabo do princípio de legalidade por dois motivos: 1.º) a aplicação de uma nova medida pressupõe que ela é mais eficaz que a anterior a fim de diminuir ou eliminar a probabilidade de que o indivíduo cometerá no futuro outros delitos (retroatividade em benefício do réu); 2.º) aplica-se, conforme os juízos sucessivos, uma consequência legal – a nova medida de segurança – existente no momento em que se comprova a periculosidade do agente: o que permite a aplicação da medida não é o fato criminoso, que opera como simples

---

[13] *Direito penal*, v. 1, p. 312.

[14] *Derecho penal* – parte general, p. 98-99.

[15] *Da tentativa*, p. 29.

Cap. VII – Legalidade e Anterioridade da Lei Penal

garantia, senão o estado periculoso do agente (aspecto subjetivo)".[16] Melhor teria sido, no entanto, a Constituição ter deixado bem clara essa aplicação, nos moldes empreendidos pela Constituição portuguesa (art. 29, 1).

5. EFICÁCIA DOS PRINCÍPIOS DA LEGALIDADE E DA ANTERIORIDADE

Para verificar a eficácia dos princípios, primeiramente convém mencionar o conceito de tipo penal, que significa *modelo legal de conduta*. No prisma mais interessante para o direito penal, encontra-se o tipo penal incriminador, que estabelece o modelo de conduta proibida (exemplo: "matar alguém" é o modelo de conduta vedada pelo ordenamento jurídico penal, intitulado "homicídio", que visa à proteção do bem jurídico "vida").

A definição legal da infração penal há de ser feita de forma clara e inteligível, para não gerar tipos *abertos demais*, causando o esvaziamento do princípio da reserva legal. O tipo *aberto* é aquele que depende da interpretação do juiz para ser integralmente compreendido e aplicado. Levando-se em consideração que o direito penal veda o uso da analogia (processo de integração da lei, que atua por meio de um método de semelhança, quando houver lacuna) para criar tipos penais incriminadores, é preciso evitar a elaboração de definições legais de crimes que sejam tão vagas quanto inseguras. Exemplo disso seria a elaboração de um tipo penal enunciando como crime "agir perigosamente contra os interesses da sociedade". Qualquer conduta, conforme critérios imponderáveis do juiz, poderia encaixar-se nesse preceito, ferindo, obviamente, o princípio da legalidade.

Por oportuno, deve-se indicar a existência dos *tipos fechados* (aqueles que contêm apenas elementos descritivos, prescindindo da valoração cultural do magistrado, como o homicídio – art. 121, CP, supracitado) e dos *tipos abertos* (os que contêm elementos normativos ou subjetivos, merecedores de valoração pelo aplicador da lei, como a *exposição ou abandono de recém-nascido* – art. 134, CP –, que menciona o elemento "desonra", para apontar a motivação da mãe ao largar seu filho, que é de complexa interpretação, variando conforme o lugar e a época). Ambos são igualmente importantes (fechados e abertos), embora o que se esteja defendendo é a impossibilidade de criação de tipos penais incriminadores que transcendam o mínimo de segurança exigido pelo texto constitucional e pelo próprio art. 1.º do Código Penal, isto é, uma definição minimamente segura e detectável pelo intérprete.

6. NORMAS PENAIS EM BRANCO

6.1. Conceito

São normas penais em branco aquelas cujo preceito primário é indeterminado quanto a seu conteúdo, porém determinável, além de terem o preceito sancionador determinado.[17] Um dos melhores exemplos para figurar como norma penal em branco é o crime de tráfico ilícito de drogas (art. 33, *caput*, Lei 11.343/2006): "Importar, exportar, remeter, preparar,

---

[16] O princípio de legalidade no moderno direito penal, p. 197.

[17] Nas palavras de BELING, são "aquelas em que a figura está apenas muito amplamente esboçada e deixam sua delimitação mais precisa a outras leis ou regulamentos; leis com 'penalidade aberta ou cega" (*A ação punível e a pena*, p. 33).

produzir, fabricar, adquirir, vender, expor à venda, oferecer, ter em depósito, transportar, trazer consigo, guardar, prescrever, ministrar, entregar a consumo ou fornecer drogas, ainda que gratuitamente, sem autorização ou em desacordo com determinação legal ou regulamentar: Pena – reclusão de 5 (cinco) a 15 (quinze) anos e pagamento de 500 (quinhentos) a 1.500 (mil e quinhentos) dias-multa".

Observe-se a existência de várias condutas, cujo objeto é a *droga* ilícita (em desacordo com determinação legal ou regulamentar). O preceito primário (descreve a conduta por meio dos verbos e do objeto) possui um *branco*, pois é necessário saber quais as drogas ilícitas, previstas em lei ou regulamento, para que se configure o crime. Há uma relação de drogas proscritas formulada pelo órgão competente do Ministério da Saúde. Por outro lado, o preceito secundário é sempre fixo e não pode ser aberto, pois contém a sanção.

Dividem-se em: *a) normas impropriamente em branco,* as que se valem de fontes formais homogêneas, não penais. Exemplo: os impedimentos matrimoniais do crime do art. 237 (casar conhecendo tais impedimentos) são achados no Código Civil, que também é lei; *b) normas propriamente em branco,* que se utilizam de fontes formais heterogêneas, porque o órgão legiferante é diverso e sempre fora do âmbito do direito penal. Exemplo: o crime contra a economia popular, referente à transgressão de tabela de preços, que é fixada por órgão do Poder Executivo, mediante regulamento federal, leis ou regulamentos estaduais ou municipais, tem como complemento da lei penal em branco um elemento de diferente fonte normativa.

As normas em branco não ofendem a legalidade, porque se pode encontrar o complemento da lei penal em outra fonte legislativa extrapenal, previamente determinada e conhecida.

6.2. Intermitência da norma penal em branco

Acesse e assista ao vídeo sobre Norma penal em branco.
> http://uqr.to/1yvdf

É preciso ressaltar que o *complemento* da norma em branco tem, como regra, a natureza *intermitente*, ou seja, é feito para durar apenas por um determinado período. Uma tabela de preços, por exemplo, tem caráter temporário. Assim, valendo-se desse caso, quando o complemento tiver caráter secundário à própria norma penal, utiliza-se o disposto no art. 3.º: ele é sempre ultrativo.

Acrescentando-se ao exemplo da tabela: um comerciante que tenha transgredido a tabela A terá sua conduta avaliada pelo juiz com base nessa mesma tabela, e não com fundamento em outra, que venha a ser editada até a data da sentença. Por outro lado, quando o complemento da lei penal em branco for a parte essencial da norma, vale dizer, é mais importante conhecê-lo do que a própria descrição da norma penal, não é possível aplicar o art. 3.º, mas sim o art. 2.º. Exemplo: se alguém traz consigo *substância entorpecente*, definida como ilícita em portaria de órgão vinculado ao Ministério da Saúde, uma vez que a droga seja retirada dessa relação, é natural que haja retroatividade benéfica.

O mais importante, no caso do crime de porte de droga, é saber o que é *substância entorpecente* e quais as enumeradas na referida portaria de caráter administrativo, ao passo que, no delito de transgredir *tabela de preços,* é secundário saber qual é o preço.

Concluindo: quando o complemento da norma em branco for secundário (*v.g.,* tabela de preços), ele é ultrativo; quando o complemento for fundamental para a compreensão do crime (*v.g.,* substância entorpecente), ele pode retroagir para beneficiar o réu.

Um exemplo concreto: o *cloreto de etila* (lança-perfume), atualmente considerado substância entorpecente, porque incluído na relação editada pelo Ministério da Saúde, foi *excluído* da relação do DIMED pela Portaria de 04.04.1984, retornando à lista pela Portaria 2/1985, de 13.03.1985. Houve, nesse caso, uma típica *abolitio criminis*, pois o complemento da norma em branco é fundamental à sua própria existência e compreensão, não se podendo considerar um elemento secundário. Nesse prisma, chegou a decidir o STF à época.

Posteriormente, voltou a ocorrer a descriminalização de vários delitos, relativos a entorpecentes, no tocante ao lança-perfume. Durante, aproximadamente, uma semana, no final de 2000, o cloreto de etila foi retirado da relação das substâncias de uso proibido, por razões de incentivo a outros setores da indústria, que utilizariam o produto. Foi o suficiente para gerar a aplicação retroativa da *abolito criminis* verificada. Nessa linha, tornou a decidir o STF.

Há uma regra que pode auxiliar o intérprete para verificar se o complemento é fundamental à compreensão da norma ou não: quando o complemento da norma advier da mesma fonte legislativa que a própria lei penal em branco, a retroatividade benéfica é imperiosa. A lei penal em branco é complementada por outra lei federal, como o Código Civil.

Excepcionalmente, pode-se encontrar norma penal em branco que admita as duas possibilidades: aplicação do art. 2.º, tornando retroativo o complemento mais benigno, ou a aplicação do art. 3.º, tornando ultrativo o complemento mais prejudicial.

Menciona o art. 268 do Código Penal: "Infringir determinação do poder público, destinada a impedir introdução ou propagação de doença contagiosa". A norma é considerada em branco, pois depende de complemento, que é a "determinação do poder público" no cenário das doenças contagiosas. Caso exista a revogação da referida determinação, porque não se tratava de doença efetivamente contagiosa, é natural que haja a retroatividade benéfica para envolver todos aqueles que estiverem sendo processados – ou tiverem sido condenados – pelo delito, por terem infringido a determinação. Entretanto, caso ocorra a revogação da determinação do poder público, porque a doença contagiosa, que se propagava, cessou de fazê-lo, é certo que o complemento é ultrativo, isto é, aqueles que estiverem sendo processados por terem infringido a determinação devem continuar respondendo pela infração penal. Portanto, o complemento, quando é vago demais, necessitando-se analisar qual é a determinação do poder público e qual foi o motivo da sua revogação, dá margem a aplicações diversas.

6.3. Confronto entre normas penais em branco, tipos penais remetidos e normas imperfeitas ou incompletas

Somente podem ser denominadas normas penais *em branco* aquelas que são específicas quanto à pena – jamais delegando a sua fixação abstrata a outro órgão legiferante que não seja penal –, bem como indeterminadas quanto ao seu conteúdo, que, entretanto, é encontrado em outra norma extrapenal, perfeitamente inteligível.

Não são normas penais em branco os chamados tipos penais remetidos, que, para sua integral compreensão, fazem menção a outra(s) norma(s) penal (penais), bastando que esta(s) seja(m) consultada(s) para aclarar a primeira. Como ensinam Maurach e Zipf, esses tipos penais possuem "maior complexidade externa", mas não dependem de legislação fora do âmbito penal, logo, não são normas em branco.[18]

Nessa ótica, o art. 304 do Código Penal não é uma norma penal em branco, mas somente um tipo remetido: "Fazer uso de qualquer dos papéis falsificados ou alterados, a que se referem os arts. 297 a 302: Pena – a cominada à falsificação ou à alteração". Uma simples consulta aos referidos arts. 297 a 302 do mesmo Código esclarece perfeitamente o alcance da norma, que não é, pois, em branco.

O art. 150 do Código Penal (violação de domicílio) prevê, no *caput*: "Entrar ou permanecer, clandestina ou astuciosamente, ou contra a vontade expressa ou tácita de quem de direito, em casa alheia ou em suas dependências"; na sequência, entende por bem definir o que abrange a expressão *casa* (§ 4.º) e o que não abrange (§ 5.º), não a transformando, obviamente, em uma norma penal em branco. Qualquer norma explicativa, de conteúdo penal, não é suficiente para gerar a caracterização de norma em branco daquela para a qual a explicação é destinada. Veja-se o exemplo do art. 327 do Código Penal, definindo o conceito de funcionário público, para os efeitos penais. Não tem ela o condão de transformar todos os demais tipos do art. 312 ao art. 326 em normas penais em branco.

Não nos parece, ainda, adequada a denominação de normas penais imperfeitas ou incompletas para as normas penais em branco ou para os tipos penais remetidos. Respeitados os princípios da legalidade e da taxatividade, todo tipo penal há de ser completo e perfeito, sob pena de ser considerado, automaticamente, inconstitucional. Logo, se as normais penais em branco e os tipos remetidos forem tachados de imperfeitos ou incompletos, devem ser tidos por inconstitucionais, como, de fato, para alguns doutrinadores, eles o são. Soa-nos contraditório sustentar, ao mesmo tempo, que são as normas penais em branco e os tipos remetidos defeituosos ou imperfeitos, mas respeitam a legalidade e a taxatividade.[19]

As normas penais em branco apenas conferem a órgão legislador extrapenal a possibilidade de precisar o seu conteúdo, fazendo-o, por inúmeras vezes, com maior rigor e mais detalhes do que os denominados tipos abertos, que dependem da imprecisa e subjetiva interpretação do juiz. Estes seriam, em tese, mais "imperfeitos" do que as normas em branco.

Em suma, normas penais, especialmente os tipos incriminadores, podem ser compostas de maneira complexa, mas nunca de modo imperfeito ou incompleto.

RESUMO DO CAPÍTULO

▸ **Mera legalidade e estrita legalidade:** a primeira significa a prescrição, aos magistrados, do seu dever de aplicar as normas tal como editadas; a segunda representa a absoluta reserva de lei, com taxatividade e precisão na definição de crimes.

▸ **Legalidade como garantia humana fundamental:** significa a elaboração de tipos penais taxativos, sem excesso de abertura, que possa comprometer a sua inteligência, ampliando em demasia a punição.

---

[18] *Derecho penal* – Parte general, v. 1, p. 134.

[19] Por todos os que assim pensam, confira-se Rogério Greco, *Curso de direito penal* – Parte geral, p. 26-27.

- **Legalidade material e formal:** a primeira liga-se ao conceito material de crime, que não se vincula à lei, mas à opinião da sociedade do que deve ser considerado infração penal; a segunda é a correspondente ao princípio da legalidade, pois somente é crime a conduta prevista em lei.

- **Anterioridade:** é o advento de leis penais incriminadoras *antes* da prática da conduta. Algo somente pode ser considerado criminoso quando já existe lei a respeito do tema.

- **Extensão da legalidade:** aplica-se o princípio da legalidade não somente ao crime, mas também à contravenção penal; da mesma forma, exige-se lei para a cominação tanto da pena quanto da medida de segurança.

- **Normas penais em branco:** são as normas penais incriminadoras, cujo preceito primário (descrição da conduta) possui um claro a ser complementado por outra norma de igual ou inferior hierarquia, mas há sempre um preceito sancionador definido.

Capítulo VIII
Aplicação da Lei Penal no Tempo

1. CONCEITO E ALCANCE DA LEI PENAL NO TEMPO

A regra geral em direito é a aplicação da lei vigente à época dos fatos (*tempus regit actum*). A exceção é a extratividade, ou seja, a possibilidade de aplicação de uma lei a fatos ocorridos fora do âmbito de sua vigência.

O fenômeno da extratividade, no campo penal, realiza-se em dois ângulos: a) *retroatividade*: é a aplicação de uma nova lei penal benéfica a um fato (infração penal) acontecido antes do período da sua vigência (art. 5.º, XL, CF); b) *ultratividade*: é a aplicação de uma lei penal benéfica, já revogada, a um fato (sentença) ocorrido depois do período da sua vigência. O Código Penal brasileiro, no art. 2.º, faz referência somente à retroatividade, porque está analisando a aplicação da lei penal sob o ponto de vista da data do fato criminoso. Assim, ou se aplica o princípio-regra (*tempus regit actum*), se for o mais benéfico, ou se aplica a lei penal posterior, se for a mais benigna.

Não se pode olvidar, no entanto, que, quando um juiz vai aplicar uma lei já revogada, no instante da sentença, por ser a mais benéfica e por ser a vigente à época do crime, está materializando o fenômeno da ultratividade. Melhor teria sido o Código mencionar, também, a ultratividade, como fez o Código Penal argentino: "Se a lei vigente ao tempo de se cometer o delito for distinta da que exista ao pronunciar-se a sentença ou em período intermediário, aplicar-se-á a mais benéfica".

Em síntese: a retroatividade volta-se ao passado, enquanto a ultratividade projeta-se ao futuro. O surgimento de uma lei benéfica ao réu denomina-se *novatio legis in mellius*; o aparecimento de uma lei prejudicial ao acusado chama-se *novatio legis in pejus*.

2. *ABOLITIO CRIMINIS* (ABOLIÇÃO DO DELITO)

Trata-se do fenômeno que ocorre quando uma lei posterior deixa de considerar crime determinado fato (exemplo: a Lei 11.106/2005 deixou de reputar condutas criminosas o adultério, a sedução e o rapto consensual).

Quando acontece a hipótese da *abolitio criminis*, segundo o disposto no art. 107, III, do Código Penal, extingue-se a punibilidade do agente. Em qualquer fase do processo ou mesmo da execução da pena, deve ser imediatamente aplicada a retroatividade da norma que retira a tipicidade de qualquer fato.

Observe-se que, mesmo sendo o caso de se julgar extinta a punibilidade, a natureza jurídica da *abolitio criminis* é causa extintiva da tipicidade.

2.1. Confronto com a edição de lei penal benéfica (*novatio legis in mellius*)

Por vezes, o legislador prefere alterar determinado tipo penal incriminador, variando a descrição da conduta, de forma a excluir certas maneiras de execução, bem como modificando a sanção penal, conferindo-lhe abrandamento ou concedendo-lhe benefícios penais antes inexistentes. Assim, mantém-se a figura delitiva, embora com outra face.

Quando isso acontece, não se trata de abolição do crime, mas apenas de modificação benéfica da lei penal. Essa alteração pode ser feita diretamente em um tipo penal específico, o que é muito raro de ocorrer no Brasil, pois a tendência é sempre a criminalização e o incremento das penas, como pode envolver um contexto genérico, valendo para vários tipos incriminadores. Exemplo deste último caso é a edição da Lei 9.714/1998, que permitiu a aplicação das penas restritivas de direitos a todos os delitos cuja pena privativa de liberdade não superasse a marca dos quatro anos de reclusão ou detenção, quando dolosos e não violentos (art. 44, CP). Não se aboliram penalidades, mas somente abrandou-se a punição, aumentando os benefícios.

2.1.1. *Lei penal inconstitucional benéfica*

A lei penal inconstitucional pode servir para beneficiar o réu, desde que o juiz entenda correta a sua aplicação. Em verdade, o controle de constitucionalidade feito pelo magistrado, quando aplica a lei ao caso concreto, é cabível e efetivado de forma independente, ou seja, caso entenda ser a norma constitucional, certamente poderá o juiz aplicá-la à situação vivenciada pelo réu.

Assim, até que seja reputada inconstitucional pelo Supremo Tribunal Federal (art. 102, § 2.º, da Constituição), em decisão que produza eficácia contra todos e efeito vinculante, deixando o sistema jurídico, está em pleno vigor, de modo que é capaz de produzir efeitos benéficos ao réu.

Por outro lado, não há como obrigar o juiz, que considere inconstitucional uma determinada norma, a aplicá-la, ainda que beneficie o acusado ou condenado. No entanto, quando o Supremo Tribunal Federal exercer o controle de constitucionalidade direto, declarando inconstitucional uma norma penal benéfica, já utilizada por vários magistrados, por exemplo, deve aplicar o efeito *ex nunc* (produz efeitos somente a partir da decisão de inconstitucionalidade) à sua decisão, sob pena de gerar prejuízos incalculáveis à segurança jurídica e ao indivíduo, que culpa não teve quando o Estado gerou uma norma em desacordo com a Constituição Federal. Note-se que os arts. 102, I, *a*, e § 2.º, c.c. o art. 52, X, tratando do tema, não se referem expressamente ao efeito da declaração de inconstitucionalidade, se *ex tunc* (desde a data de sua edição) ou se *ex nunc* (a partir da decisão do Supremo Tribunal Federal).

Ora, tratando-se de norma penal (ou processual penal material), diretamente relacionada a direito individual, que é a liberdade, não há de prevalecer o interesse coletivo sobre o individual. Imagine-se alguém que tenha sido beneficiado pela lei penal, tempos depois considerada inconstitucional, estando em liberdade, com a vida refeita. Não se pode considerar a hipótese de ter de retornar ao cárcere porque a lei que o retirou de lá foi declarada inconstitucional. Conforme lição precisa de CERNICCHIARO, o homem comum acredita na lei publicada, e, se o Estado errou ao elaborar a norma, não pode haver prejuízo para o indivíduo.[1]

2.2. Confronto com a edição de lei penal prejudicial (*novatio legis in pejus*)

Há hipóteses em que o legislador, sem abolir a figura delituosa, mas com a aparência de tê-lo feito, apenas transfere a outro tipo incriminador a mesma conduta, por vezes aumentando a pena. Sem dúvida, em alguns casos, não se trata de uma singela transferência, porém há alguma modificação na descrição do preceito primário. Exemplo disso ocorreu com a aparente abolição do crime de rapto, previsto no antigo art. 219 do Código Penal ("raptar mulher honesta, mediante violência, grave ameaça ou fraude, para fim libidinoso: Pena – reclusão, de dois a quatro anos"). A Lei 11.106/2005 extirpou esse artigo, mas transferiu parte da conduta para o art. 148, § 1.º, V, do Código Penal ("privar alguém de sua liberdade, mediante sequestro ou cárcere privado: (...) A pena é de reclusão, de dois a cinco anos: (...) se o crime é praticado com fins libidinosos").

Ora, o rapto era mesmo considerado, por grande parcela da doutrina, como um sequestro para fins libidinosos. Agora, passou a constar no capítulo adequado, com uma pena máxima abstrata maior, implicando *novatio legis in pejus*. Assim, o agente que tenha sido condenado por privar a liberdade de uma mulher honesta, para fim libidinoso (antiga figura do rapto), continuará a cumprir sua pena e será mantida a condenação, pois a figura permanece no sistema jurídico-penal, considerada como sequestro com fins libidinosos. Não teria sentido tratar o caso como *abolitio criminis*, uma vez que a conduta continua a ser, na parte essencial, objeto de punição.

Editada uma lei penal inconstitucional, prejudicial ao réu, a qualquer momento pode ser impugnada e revista, ainda que a decisão já tenha transitado em julgado. Há instrumentos processuais para isso (revisão criminal e *habeas corpus*), motivo pelo qual, se o Supremo Tribunal Federal considerar qualquer norma penal ou processual penal material inconstitucional, atento ao princípio da retroatividade benéfica, deverão os órgãos do Judiciário promover as medidas necessárias para beneficiar o acusado ou condenado.

3. LEI PENAL BENÉFICA EM *VACATIO LEGIS*

Durante a *vacatio legis* (período estabelecido pelo legislador para que a sociedade tome conhecimento de uma determinada norma, após a sua publicação, antes de sua entrada em vigor), a lei penal já tem força suficiente para ser considerada lei mais favorável, aplicando-se retroativamente a fatos pretéritos?

---

[1] *Direito penal na Constituição*, p. 87.

Responde *afirmativamente* Paulo José da Costa Júnior, citando Raggi e fazendo referência também a Nélson Hungria e Heleno Fragoso: "a lei, em período de *vacatio*, não deixa de ser *lei posterior*, devendo, pois, ser aplicada desde logo, se mais favorável ao réu".[2]

No mesmo prisma, ensina Cernicchiaro: "a *vacatio legis* é estabelecida para favorecer as pessoas. Instituto dessa natureza não pode ocasionar efeito oposto, ou seja, gerar prejuízo, aumentar ônus".[3]

Há visões em *sentido contrário*, defendendo que a lei nova, em período de *vacatio*, ainda não vige, estando as relações sociais sob regência da lei antiga em vigor. Somente quando uma lei deixa de vigorar, outra lhe pode ocupar o espaço, produzindo efeitos.

Quanto à posição de Hungria, somos levados a discordar de Paulo José da Costa Júnior, pois, em nota de rodapé, escreve o referido Hungria que, apesar da posição favorável de Raggi, pela aplicação da lei posterior ainda em *vacatio legis*, "é bem de ver, porém, que, quando se fala em *lei posterior*, se entende a lei que passou a *vigorar* em substituição a outra".[4] Portanto, Nélson Hungria integra a segunda posição, contrária à aplicação da lei em período de *vacatio*.

Chegamos a defender, no passado, que a lei penal benéfica somente poderia retroagir para favorecer o réu no exato momento de sua entrada em vigor. Antes disso, cuidar-se-ia de norma silente, de conteúdo conhecido, mas de aplicabilidade nula. O risco de ter vigência antecipada, simplesmente por ser considerada benéfica, poderia conturbar o sistema normativo, permitindo, inclusive, debate doutrinário e jurisprudencial acerca do que seria benevolente – e entraria em vigor – e do que não poderia ser assim considerado – permanecendo em vacância. Mudamos de ideia, após reflexões surgidas em face da edição da Lei 12.403/2011, que modificou vários artigos do Código de Processo Penal, no cenário da prisão e da liberdade. Essa lei permitiu a instituição de medidas cautelares alternativas à prisão provisória. Por que não a aplicar, desde logo, já que nitidamente benéfica, mesmo em período de *vacatio*? Por que não substituir a prisão preventiva do acusado, quando desnecessária, pela medida cautelar alternativa? Para responder a tais indagações, podemos utilizar dois critérios: formalista ou axiológico. Sob o ponto de vista formalista, *todos são iguais perante a lei* e o período de *vacatio* deve ser respeitado fielmente em qualquer situação, mesmo cuidando-se de lei benéfica.

Sob a ótica axiológica, os valores ligados à dignidade da pessoa humana devem prevalecer sob os aspectos formais do sistema legislativo, voltados, primordialmente, a conferir segurança à sociedade. Constituindo o período de *vacatio legis* um tempo de preparação de todos para o conhecimento do conteúdo da norma dormente, por certo, volta-se à preservação e proteção dos direitos individuais, vale dizer, não se instituiria uma sanção mais grave ou uma nova figura delitiva sem dar espaço à comunidade para tomar ciência disso. No entanto, tratando-se de lei penal ou processual penal benéfica, inexiste prejuízo algum para a sociedade, se imediatamente posta em prática. Diante disso, respondendo às questões formuladas anteriormente, deve-se aplicar a medida cautelar alternativa desde logo, impedindo-se a prisão provisória desnecessária. Imagine-se que a lei benéfica seja revogada ainda no período de *vacatio*: torna o magistrado a analisar o caso concreto, agora à luz da legislação vigente, desconsiderada a novel lei. Pode decretar a prisão cautelar, uma vez que a medida cautelar alternativa deixou de existir, ou manter o indiciado/réu em liberdade.

---

[2]   *Comentários ao Código Penal*, p. 6.

[3]   *Direito penal na Constituição*, p. 88.

[4]   Nélson Hungria, *Comentários ao Código Penal*, v. 1, t. 1, p. 111.

Na esfera penal, se houver *abolitio criminis*, no contexto de um conjunto de várias normas, não seria justo – e até mesmo digno – manter um sujeito preso, quando seu delito não mais assim será considerado dentro de alguns dias ou meses. Deve ser colocado imediatamente em liberdade ou deixar de ter o seu direito de ir e vir restringido de algum modo. Por certo, pode-se argumentar que, em caso de revogação da lei, em período de *vacatio*, ocorreria situação bizarra, pois o condenado não mais retornaria ao cárcere, já que extinta estaria a sua punibilidade. Entretanto, a fonte do desencontro e da contradição seria o próprio Estado. Afinal, a lei foi editada pelo Congresso Nacional e sancionada pelo Poder Executivo, ingressando em período de vacância apenas para conhecimento geral. O mesmo cenário bizarro poderia surgir se houvesse *abolitio criminis*, que entrasse em vigor de imediato, para, depois de algum tempo, ser reeditada a norma incriminadora. Quem foi beneficiado não tornaria ao cárcere, nem ao cumprimento de pena.

Há quem argumente não deixar a lei em vacância de ser lei posterior, razão pela qual, se favorável, precisaria ser aplicada ao réu, como faz PAULO JOSÉ DA COSTA JR.[5]

Outro fator a merecer o devido destaque é a prevalência do princípio constitucional da dignidade da pessoa humana. Inserindo-se a retroatividade benéfica nesse cenário, há que se considerar o disposto em lei penal benéfico, mesmo em *vacatio legis*.

Ademais, a *vacatio legis* é instituída por lei infraconstitucional, não podendo afastar a aplicação do princípio constitucional da retroatividade benéfica. Note-se, por derradeiro, que o art. 59, parágrafo único, da Constituição Federal preceitua que lei complementar disporá sobre a elaboração, redação, alteração e consolidação das leis, mas não menciona, expressamente, a sua vigência. Pode-se, então, deduzir, *em favor do réu*, a possibilidade de se aplicar, em plenitude, a retroatividade benéfica durante o período de vacância.

Afora os casos de *abolitio criminis*, vários outros benefícios podem ser editados por lei penal ou processual penal a merecer imediata aplicação, enquanto a sociedade toma conhecimento do novo ordenamento. Assim o determina a dignidade da pessoa humana, que paira acima de qualquer formalismo legal.

4. COMBINAÇÃO DE LEIS PENAIS E LEI PENAL INTERMEDIÁRIA

A lei *posterior* pode ser uma lei intermediária, ou seja, aquela que surgiu depois da prática do fato criminoso, mas foi revogada antes de o juiz proferir a sentença condenatória. Não importa; se for a lei mais benigna, deverá ser a norma utilizada pelo julgador.

Tema realmente polêmico é a chamada *combinação de leis penais*. Por vezes, editada uma nova lei penal, quando confrontada com a anterior, não se sabe ao certo qual deve ser aplicada. Afinal, há uma parte benéfica ao réu na nova e outra parte, também benéfica, na anterior.

Poderia o juiz combinar as leis penais, extraindo das duas normas (uma parte de cada) a posição mais benigna ao réu? Parcela considerável da doutrina responde afirmativamente, sob o argumento de que o art. 2.º, parágrafo único, do Código Penal determina a aplicação da novel norma que, *de qualquer forma beneficiar* o agente, razão pela qual, se somente uma parte dessa lei favorece, logo, apenas essa parte será aplicada. Eis o argumento de PAULO QUEIROZ: "pensamos que a assim chamada combinação é, em verdade, um caso de retroatividade parcial da lei, já que a nova lei sempre pode ser total ou parcialmente favorável ao réu, podendo,

---

[5] *Comentários ao Código Penal*, p. 6.

inclusive ser benéfica na parte penal e prejudicial na parte processual e vice-versa. (...) E ao não ser admitida a retroatividade parcial da lei nova, negar-se-á vigência ao princípio constitucional da retroatividade da lei mais favorável".[6] O autor encontra-se em boa companhia, pois FREDERICO MARQUES sempre defendeu o ponto de vista de que o art. 2.º, parágrafo único, menciona que a lei, favorecendo o réu, *de qualquer forma*, deve ser aplicada retroativamente. Eis o ponto da retroatividade parcial. Nas palavras de JOSÉ FREDERICO MARQUES, cujo *Tratado de direito penal* tivemos a honra de atualizar: "se ele [juiz] pode escolher, para aplicar o mandamento da Lei Magna, entre duas séries de disposições legais, a que lhe pareça mais benigna, não vemos porque se lhe vede a combinação de ambas, para assim aplicar, mais retamente, a Constituição. Se lhe está afeto escolher o 'todo', para que o réu tenha o tratamento penal mais favorável e benigno, nada há que lhe obste selecionar parte de um todo e parte de outro para cumprir uma regra constitucional que deve sobrepairar a pruridos de lógica formal".[7]

Outra parcela nega a combinação de leis penais, sob o fundamento de que se estaria possibilitando ao juiz a construção de uma norma inexistente, ou seja, partes da lei antiga com parcelas da nova constituem uma terceira lei, não aprovada pelo Poder Legislativo. Estaria, então, o magistrado legislando. A tal argumento responde a primeira corrente que não seria um modo de *legislar*, mas de *integrar* o sistema normativo.

Parece-nos acertada a posição contrária à combinação de leis penais. Por mais que se pretenda justificar a integração de normas, retirar uma parte de lei revogada para juntá-la com parcela da lei nova, na prática, constitui a formação de uma terceira norma. Estaria o Judiciário legislando. Nunca é demais citar o insubstituível NÉLSON HUNGRIA ao ensinar que "não podem ser entrosados os dispositivos mais favoráveis da *lex nova* com os da lei antiga, pois, de outro modo, estaria o juiz arvorado em legislador, formando uma *terceira* lei, dissonante, no seu hibridismo, de qualquer das leis em jogo. Trata-se de um princípio prevalente em doutrina: não pode haver aplicação *combinada* das duas leis".[8]

Portanto, o correto é verificar qual das normas (antiga ou nova) é a mais favorável ao acusado, fazendo-o no caso concreto – e não em tese, de maneira abstrata. A opção pela lei mais benéfica, considerando a real posição do réu, no processo, é a fórmula mais exata, pois obriga o juiz a aplicar *mentalmente* ambas as leis (antiga e nova), verificando concretamente qual atende plenamente os interesses defensivos. É a recomendação de JIMÉNEZ DE ASÚA[9] e de CLAUS ROXIN.[10]

A questão da combinação de leis penais ficou muito tempo no campo teórico, até o advento da Lei 11.343/2006, que, entrando em confronto com a anterior Lei de Drogas – Lei 6.368/1976 –, chegou a provocar o problema de se decidir pela combinação das leis ou pela negativa.

A Lei 11.343/2006, cuidando dos crimes relativos a tóxicos, revogou, expressamente, as Leis 6.368/1976 e 10.409/2002 (art. 75). Entre outras situações, pode-se destacar um exemplo concreto de confronto entre a lei antiga e a lei nova, em que não se sabia, ao certo, qual a norma mais favorável ao réu ou condenado.

---

[6]   *Curso de direito penal* – parte geral, v. 1, p. 138.

[7]   *Tratado de direito penal*, v. 1, p. 256.

[8]   *Comentários ao Código Penal*, v. 1, p. 112.

[9]   *Lecciones de derecho penal*, p. 98-99.

[10]   *Derecho penal* – Parte general, t. I, p. 167-168.

O art. 33 da Lei 11.343/2006, tratando do tráfico ilícito de drogas, aumentou a pena mínima para reclusão de cinco anos, enquanto o revogado art. 12 da Lei 6.368/1976 previa o montante mínimo de reclusão de três anos para o mesmo delito. Nesse ponto, a nova lei é mais severa. Por outro lado, o art. 33, § 4.º, da Lei 11.343/2006 trouxe uma causa de diminuição de pena de um sexto a dois terços, caso o agente seja primário, de bons antecedentes, sem dedicação a atividades criminosas, nem integração com organização criminosa. Nesse aspecto, a nova lei é favorável ao réu, pois o anterior art. 12 não possuía dispositivo semelhante.

Para a aplicação da lei penal mais favorável, imagine-se um réu condenado por tráfico ilícito de entorpecentes, com base na Lei 6.368/1976, a três anos de reclusão. Ele é primário, sem antecedentes ou outra ligação com o crime. Tem direito à diminuição de sua pena, que fora aplicada no mínimo. No entanto, deve o juiz subtrair o *quantum* (de um sexto a dois terços) da pena concretizada de três anos, advinda da anterior Lei 6.368/1976, ou da atual pena mínima de cinco anos? Se o magistrado adotar a corrente doutrinária que permite a combinação de leis penais, não há dúvida. Mantém a pena mínima em três anos e desta subtrai o montante de um sexto a dois terços. O exato *quantum* a diminuir dependerá das demais circunstâncias do crime, em especial a natureza e a quantidade da substância ou do produto, além de levar em conta a personalidade e a conduta social do agente, como recomenda o art. 42 da Lei 11.343/2006.

Por outro lado, se o julgador for adepto da corrente que não admite a combinação de leis penais, o que deve fazer? Estaria envolto num impasse? Cremos que não. Pensamos não deva o juiz combinar leis penais, como já expusemos. No entanto, é viável que ele faça uma análise de qual lei é a mais favorável ao réu, no caso concreto.

Em primeiro lugar, o magistrado deve realizar a seguinte projeção: a) levando em consideração a nova lei, no seu conjunto, incluindo a pena mínima de cinco anos, verificará, concretamente, qual seria a diminuição que o réu ou condenado mereceria. Se atingir o patamar de metade (entre um sexto e dois terços), exemplificando, deve utilizar a lei nova, pois a pena cairá para dois anos e seis meses de reclusão (cinco anos menos metade). Houve benefício ao acusado, cuja pena era de três anos de reclusão; b) levando em conta a lei nova e tomando por base a pena mínima de cinco anos, se o juiz perceber que o réu, concretamente, merece a diminuição mínima de um sexto, sua pena seria de quatro anos e dois meses, o que significa ser desvantajosa a utilização da lei nova. A solução é manter a pena em três anos de reclusão, conforme a anterior Lei 6.368/1976. Não aplica, em suma, a lei nova.

Em nosso entendimento, contrário que somos à combinação de leis penais, pois o juiz não é legislador, depende do caso concreto para saber como agir: aplicar a lei antiga por inteiro ou a novel norma na integralidade.

O Superior Tribunal de Justiça, na hipótese do confronto das leis de drogas, decidiu pela impossibilidade de combinação de leis penais, editando a Súmula 501: "É cabível a aplicação retroativa da Lei n. 11.343/2006, desde que o resultado da incidência das suas disposições, na íntegra, seja mais favorável ao réu do que o advindo da aplicação da Lei n. 6.368/1976, sendo vedada a combinação de leis".

No dia 7 de novembro de 2013, o Supremo Tribunal Federal apreciou o tema e, no Plenário, por maioria de votos, vedou a combinação de leis penais (RE 600.817/MS, rel. Ricardo Lewandowski). É a posição prevalente hoje.

4.1. Lei publicada com erros

A lei publicada no *Diário Oficial* com incorreção não pode beneficiar o réu, pois não foi essa a vontade do Poder Legislativo. É a posição que se consolidou no Superior Tribunal de Justiça.

Parece-nos correta a solução, pois uma lei, com erros, prevendo algo não aprovado pelo Parlamento, mesmo publicada, não tem eficácia. Constata-se o equívoco, conserta-se o seu texto e, aí sim, pode ser utilizada.

Se, entre a publicação e a reparação do erro, a lei errônea foi aplicada, cabe ao juiz rever a sua decisão, determinando o que for necessário para o correto cumprimento.

4.2. Lei penal corretiva ou interpretativa

Cuida-se de uma forma de interpretação autêntica, pois o próprio Legislativo, percebendo a edição de uma lei contendo termos ou expressões de duplo sentido, provocando vários debates entre os operadores do direito, pode emitir outra norma para corrigir ou interpretar o sentido da anterior.

Parcela da doutrina entende possa ela retroagir, unindo-se à lei anterior, a ser corrigida ou interpretada, produzindo qualquer espécie de efeito, mesmo negativo ao acusado. Entende-se que ambas as normas constituem uma só, motivo pelo qual não se poderia falar em retroatividade maléfica.

Entretanto, segundo nos parece, a razão se encontra com os defensores da inviabilidade de retroatividade da lei interpretativa, se prejudicar o réu. Afinal, sendo interpretativa ou não, é lei penal e deve submeter-se ao preceituado no art. 2.º do Código Penal. Assim é a posição de Nélson Hungria, que acolhemos: "Nem mesmo as leis destinadas a explicar ponto duvidoso de outras leis, ou a corrigir equívocos de que estas se ressintam, podem retroagir em desfavor do réu. Se o próprio legislador achou que a lei anterior (interpretada ou emendada) era de difícil entendimento ou continha erro no seu texto, não se pode exigir do réu que a tivesse compreendido segundo o pensamento que deixou de ser expresso com clareza e exatidão".[11]

4.3. A combinação de leis penais no contexto da delação premiada

Há não muito tempo, como ficou evidenciado no ponto relevante para debate anteriormente exposto, os Tribunais Superiores não aceitaram a combinação das leis de drogas para beneficiar o acusado. O STJ chegou a editar a Súmula 501 ("é cabível a aplicação retroativa da Lei n. 11.343/2006, desde que o resultado da incidência das suas disposições, na íntegra, seja mais favorável ao réu do que o advindo da aplicação da Lei n. 6.368/1976, sendo vedada a combinação de leis").

O razoável temor, permitindo-se a combinação de leis penais, é proporcionar o Judiciário a missão legislativa, criando normas inexistentes, mas que só se tornaram viáveis diante da combinação de normas para a aplicação ao caso concreto.

Em primeiro lugar, é preciso saber que *delação premiada* é um instituto misto, vale dizer, penal-processual penal, pois é capaz de afastar a imputação e a responsabilização de um crime, por meio do perdão judicial; tem aptidão para, preenchidas determinadas condições previamente previstas em lei, provocar causas de diminuição de pena ou outros benefícios. Ora, aplicação da pena é matéria essencialmente penal. Por outro lado, o valor probatório da colaboração premiada é fundamentalmente processual penal. Eis o motivo de se tratar de instituto misto.

---

[11] *Comentários ao Código Penal*, v. 1, t. I, p. 130.

O ponto a debater é a viabilidade – ou não – de combinar leis penais para celebrar acordos de delação premiada. São previstos *prêmios* nas seguintes Leis: 9.807/1999; 7.492/1986; 8.072/1990; 8.137/1990; 9.613/1998; 11.343/2006; e 12.850/2013. Há viabilidade legal para combinar as condições/requisitos expostos em cada uma dessas leis com os prêmios oferecidos? Uma pessoa que pratique crime organizado apenas pode contar com o prêmio ofertado por lei diversa da Lei 12.850/2013? Quem comete o delito de lavagem de capitais somente pode servir-se da Lei 12.850/2013, que cuida apenas de crime organizado?

Em nosso entendimento, a combinação de leis penais é vedada no Brasil para não proporcionar ao Poder Judiciário uma indevida invasão na atividade legislativa do Parlamento. Resta saber se todas as delações premiadas até agora realizadas serão revistas, pois, se for vedada a combinação de leis, elas são *ilegais*.

5. COMPETÊNCIA PARA APLICAÇÃO DA LEI PENAL BENÉFICA

A competência para a aplicação da lei nova favorável, com o processo em andamento, é da competência do juiz do feito. Por ocasião da sentença, ele providenciará a aplicação da nova lei benéfica. Tratando-se de *abolitio criminis*, o magistrado, de pronto, julgará extinta a punibilidade do acusado, em qualquer fase processual.

Em grau de recurso, cabe ao Tribunal que tomar conhecimento do recurso do réu, julgando-lhe o mérito, aplicar a lei penal mais favorável. Cuidando-se de *abolitio criminis*, a Corte julgará extinta a punibilidade do acusado.

Ocorrendo o trânsito em julgado da decisão condenatória, compete ao juiz das execuções penais aplicar qualquer lei penal favorável ao acusado. É o teor da Súmula 611 do Supremo Tribunal Federal ("Transitada em julgado a sentença condenatória, compete ao juízo das execuções a aplicação de lei mais benigna"). Igualmente, dispõe o art. 13 da Lei de Introdução ao Código de Processo Penal: "a aplicação da lei nova a fato julgado por sentença condenatória irrecorrível, nos casos previstos no art. 2.º e seu parágrafo, do Código Penal, far-se-á mediante despacho do juiz, de ofício, ou a requerimento do condenado ou do Ministério Público"). Além disso, o art. 66, I, da Lei de Execução Penal preceitua: "compete ao juiz da execução: aplicar aos casos julgados lei posterior que de qualquer modo favorecer o condenado". É o posicionamento majoritário hoje.

No entanto, há quem questione a possibilidade de o juiz das execuções penais aplicar, ao caso concreto, a lei mais favorável, pois ele poderia, em tese, rever qualquer decisão condenatória, inclusive de tribunal. Em face disso, SILVA FRANCO afirma: "em algumas situações, como, por exemplo, na participação de menor importância ou na participação em fato menos grave, seria mister uma nova definição penal da conduta do agente, o que forçosamente implicaria um mergulho, em profundidade, na matéria probatória. Em casos desta ordem, a questão não deveria ser equacionada pelo juiz da execução penal, que não estaria sequer aparelhado, do ponto de vista processual, para o exame da matéria. Entendimento contrário conduziria a transformar o juiz da execução penal num 'superjuiz' com competência até para invadir a área privativa da Segunda Instância, alterando qualificações jurídicas definitivamente estatuídas. A revisão criminal, nesses casos, seria mais recomendável".[12]

---

[12] *Código Penal e sua interpretação jurisprudencial*, p. 54.

A posição mais adequada é a primeira. A competência deve ser do juiz das execuções penais, pois o acesso do sentenciado é mais fácil, agiliza-se a aplicação da lei favorável e, se houver erro, pode o acusado recorrer ao tribunal. Enfim, trata-se de questão nova, não se devendo entender que seja uma autêntica revisão criminal.

5.1. Competência para aplicação de interpretação mais benéfica de lei penal

Parece-nos cabível, se já houve o trânsito em julgado da decisão condenatória, que o juiz da execução penal promova a aplicação de novel interpretação de lei penal, quando proferida pelo Supremo Tribunal Federal, particularmente.

Por óbvio, é preciso que a alteração da interpretação da lei penal, em benefício do condenado, parta de Cortes Superiores, encarregadas de dar a palavra final em relação à constitucionalidade de determinadas normas (STF) ou de verificar a correta aplicação da lei federal (STJ). Exemplos disso: a) o Supremo Tribunal Federal declarou, no caso concreto, sem o julgamento de ação direta de inconstitucionalidade, ser possível a progressão de regime, ainda que se tratasse de crime hediondo ou equiparado (HC 82.959/SP, Plenário, rel. Marco Aurélio, 23.02.2006, m.v.); b) mais tarde, o STF decidiu ser inconstitucional o art. 2.º, § 1.º, da Lei 8.072/1990, na parte em que estipula o regime fechado *integral* (HC 111.840-ES, Plenário, rel. Dias Toffoli, 27.06.2012, m. v.). Naturalmente, cabe ao magistrado da execução penal reinterpretar o título executivo, que lhe chegou às mãos, à luz da nova orientação, mais benéfica ao condenado, permitindo que haja progressão, mesmo que, na sentença condenatória, ainda conste o regime fechado integral. O exemplo permanece válido, embora, atualmente, esteja em vigor a Lei 11.464/2007, que alterou a Lei 8.072/1990, autorizando a progressão em crimes hediondos e equiparados.

6. CRIME PERMANENTE E LEI PENAL PREJUDICIAL AO RÉU

Aplica-se a lei nova durante a atividade executória do crime permanente aquele cuja consumação se estende no tempo, ainda que seja prejudicial ao réu. Convém mencionar a lição de HUNGRIA: "O *crime permanente* (em que a atividade antijurídica, positiva ou negativa, se protrai no tempo) incide sob a lei nova, ainda que mais severa, desde que prossiga na vigência dela a *conduta* necessária à *permanência* do resultado. É que a cada momento de tal *permanência* está presente e militando, por ação ou omissão, a vontade do agente (ao contrário do que ocorre nos *crimes instantâneos com efeitos permanentes*), nada importando assim que o 'estado de permanência' se haja iniciado no regime da lei antiga, ou que esta incriminasse, ou não, o fato".[13]

Esse é o pensamento da maioria da doutrina e da jurisprudência. Exemplificando: se um sequestro está em andamento, com a vítima colocada em cativeiro, havendo a entrada em vigor de uma lei nova, aumentando consideravelmente as penas para tal delito, aplica-se de imediato a norma prejudicial ao agente, pois o delito está em plena consumação.

É o teor da Súmula 711 do STF: "A lei penal mais grave aplica-se ao crime continuado ou ao crime permanente, se a sua vigência é anterior à cessação da continuidade ou da permanência".

---

[13] *Comentários ao Código Penal*, v. 1, t. I, p. 128.

Está correto o entendimento, pois não se pode falar em *retroatividade de lei penal prejudicial* ao agente, na medida em que a nova lei (mais rigorosa) entra em vigor *durante* a execução do delito. Cuida-se de aplicação da lei vigente à época do crime (*tempus regit actum*).

7. CRIME CONTINUADO E LEI PENAL PREJUDICIAL AO RÉU

No contexto do crime continuado (ver a definição no art. 71, CP), há duas posições:

a) pela aplicação da mesma regra do crime permanente, encontra-se a abalizada opinião de NÉLSON HUNGRIA: "Em relação ao *crime continuado* (pluralidade de crimes da mesma espécie, sem intercorrente punição, que a lei unifica em razão de sua homogeneidade objetiva), se os atos sucessivos já eram incriminados pela lei antiga, não há duas *séries* (uma anterior, outra posterior à lei nova), mas uma única (dada a unidade jurídica do crime continuado), que incidirá sob a lei nova, ainda mesmo que esta seja menos favorável que a antiga, pois o agente já estava advertido da maior severidade da sanção, caso persistisse na 'continuação'. Se, entretanto, a incriminação sobreveio com a lei nova, segundo esta responderá o agente, a título de crime continuado, somente se os atos posteriores (subsequentes à entrada em vigor da lei nova) apresentarem a homogeneidade característica da 'continuação', ficando inteiramente abstraídos os atos anteriores";[14]

b) pela não aplicação da mesma regra do crime permanente está o entendimento de DELMANTO, dizendo, quanto aos delitos continuados, que "o princípio da legalidade deve ser rigidamente obedecido. (...) Também a norma penal nova mais grave só deverá ter incidência na série de crimes ocorridos durante sua vigência e não na anterior".[15]

O melhor entendimento é o de HUNGRIA, pois, se o crime continuado é uma ficção, entendendo-se que uma série de crimes constitui um único delito para a finalidade de aplicação da pena, é preciso que o agente responda, nos moldes do crime permanente, pelo que praticou em qualquer fase da execução do crime continuado.

Portanto, se uma lei penal nova entrar em vigor durante a continuidade, deverá ser aplicada ao caso, prejudicando ou beneficiando. É o teor da Súmula 711 do STF: "A lei penal mais grave aplica-se ao crime continuado ou ao crime permanente, se a sua vigência é anterior à cessação da continuidade ou da permanência".

8. RETROATIVIDADE DA LEI PROCESSUAL PENAL BENÉFICA

As normas processuais são publicadas para vigorar de imediato, como regra, aplicando-se a todos os atos ainda não praticados, no processo.

Entretanto, existem normas processuais penais que possuem íntima relação com o direito penal, refletindo diretamente na punição ao réu. Em virtude disso, a doutrina

---

[14] *Comentários ao Código Penal*, v. 1, t. 1, p. 128.
[15] *Código Penal comentado*, p. 10.

busca classificar as normas processuais em *normas processuais penais materiais e normas processuais penais propriamente ditas.*

As primeiras, tratando de temas ligados ao *status libertatis* do acusado (queixa, perempção, decadência, prisão cautelar, prisão em flagrante etc.), devem estar submetidas ao princípio da retroatividade benéfica. A respeito, confira-se o disposto no Código Penal argentino: "No cômputo da prisão preventiva observar-se-á separadamente a lei mais favorável ao processado" (art. 3.º).

As segundas, por serem vinculadas ao procedimento (formas de citação e intimação, modos de colheita de prova, prazos, mandados etc.), aplicam-se de imediato e não retroagem, mesmo que terminem por prejudicar o acusado. Essa posição, com a qual concordamos, é adotada pela maioria da jurisprudência. Basta ver o tratamento que foi dado à Lei 9.099/1995 pelos tribunais pátrios, admitindo que o art. 88 – tratando da necessidade de representação nos casos de lesões leves e culposas – retroagisse, atingindo ações penais já iniciadas.

O entendimento de Frederico Marques, no entanto, é oposto: "nada mais condenável que esse alargamento da lei penal mais branda, porquanto invade os domínios do direito processual, em que vigoram diretrizes diversas no tocante às normas intertemporais. Direito Penal é Direito Penal, e processo é processo. Um disciplina a relação material consubstanciada no *jus puniendi*, e outro a relação instrumental que se configura no *actum trium personarum* do juízo, seja este civil ou penal. É inaceitável assim, como lembra Antón Oneca, a aplicação das regras do Direito Penal intertemporal ao processo penal. Se lei penal não é lei processual, e lei processual não é lei penal, as regras sobre a ação penal e as condições de procedibilidade (queixa, representação e requisição ministerial) não se incluem no cânon constitucional do art. 5.º, XL, que manda retroagir, em benefício do réu, tão só a *lei penal*".[16]

A visão exposta por Frederico Marques é extremada, pois o próprio Código Penal mescla elementos de processo penal no seu texto. O Título VII do referido Código diz respeito à *ação penal* (arts. 100 a 106). Não bastasse, a consecução de certas hipóteses da lei processual penal termina acarretando a extinção da punibilidade do réu (art. 107, IV, V e VI, CP). Noutros termos, o direito penal está entrelaçado ao processo penal, de maneira intrínseca. Ilustrando, havendo um processo em andamento, iniciado por queixa-crime (ação penal privada), caso ocorra o perdão ou a perempção (institutos de processo penal), leva o juiz a decretar a extinção da punibilidade do querelado (acusado). Não se pode, pois, concluir sejam diversos os cenários do direito penal e do processo penal; ao contrário, estão umbilicalmente ligados.

9. LEIS INTERMITENTES

9.1. Conceito

As leis excepcionais e temporárias são espécies do gênero *leis intermitentes*, as que são editadas para durar por um período *determinado*, ao contrário da normalidade, isto é, as normas em geral são constituídas para durar por tempo indeterminado.

---

[16] *Tratado de direito penal*, v. 1, p. 258.

Entretanto, em algumas situações especiais, torna-se imprescindível estabelecer um prazo certo de duração para algumas leis penais incriminadoras. São elas: a) leis temporárias: editadas com período determinado de duração, portanto dotadas de autorrevogação. Assim, por exemplo, uma lei feita para valer por um prazo de seis meses; b) leis excepcionais: feitas para durar enquanto um estado anormal ocorrer. Cessam a sua vigência ao mesmo tempo que a situação *excepcional* também terminar. Exemplo: durante o estado de calamidade pública, decretado em uma localidade devastada por alguma catástrofe, podem-se aumentar as penas dos crimes contra o patrimônio para buscar evitar os saques.

Sobre as leis excepcionais, em visão diferenciada, leciona LUIZ LUISI que as leis excepcionais são as que existem, em caráter permanente, embora só adquiram eficácia quando ocorrem fatos e situações especiais. Cita como exemplo o Código Militar. Há normas que somente se aplicam em época de guerra. Cessada esta, perdem a eficácia, mas continuam vigendo. Aplicam-se para o passado, levando-se em conta que a lei ainda existe, mas sem eficácia.[17]

Não vemos sentido nisso, pois o Código Penal Militar é lei permanente. Há dispositivos para o tempo de paz e para o tempo de guerra; alguns são aplicados diuturnamente; outros aplicar-se-iam apenas quando houvesse guerra. A autêntica lei excepcional é a que não possui caráter permanente; ela é, desde o momento da sua edição, provisória.

9.2. Extensão e eficácia

As leis excepcionais ou temporárias são leis que, em tese, não respeitam a regra prevista no artigo anterior, ou seja, o princípio da retroatividade benéfica. Se o fizessem seriam inócuas, pois, cessado o prazo de sua vigência, todos os criminosos punidos pela prática de infrações penais nesse período excepcional ou temporário seriam beneficiados. No exemplo mencionado da calamidade pública, caso os agentes pudessem ser beneficiados pela retroatividade benigna, tão logo as penas dos crimes contra o patrimônio voltassem aos patamares originais, suas penas seriam alteradas. De nada teria adiantado a edição da lei intermitente.

Essas leis (temporárias ou excepcionais), por conta disso, seriam sempre ultrativas, a fim de manter o seu poder intimidativo. Haveria, no entanto, exceção: uma lei temporária mais benéfica, editada posteriormente, poderia alterar, para melhor, lei temporária anterior, desde que respeitado o mesmo período temporal. Nesse caso, o princípio da retroatividade benéfica estaria atuando entre normas de igual *status* e com idêntica finalidade.

Entretanto, há uma relevante questão constitucional em jogo: estar-se-ia ferindo o disposto no art. 5.º, XL, da Constituição Federal ("a lei penal não retroagirá, salvo para beneficiar o réu")? Há duas posições na doutrina. Para a primeira, a resposta é negativa. Tal não ocorre porque o fator "tempo" integra a tipicidade da norma temporária ou excepcional, significando que, ao deixar de existir, não traz, em seu lugar, nenhuma outra norma aplicável à mesma hipótese. Exemplificando: uma lei penal é editada dobrando as penas dos delitos contra o patrimônio enquanto durar o estado de calamidade pública. Deve-se ler o tipo penal excepcional do furto: "Subtrair, para si ou para outrem, coisa alheia móvel, *durante estado de calamidade pública*". Uma vez encerrado esse período, torna a viger a

---

[17] *Os princípios constitucionais penais*, p. 22.

anterior punição, que não se pode considerar nova norma penal, sujeita à retroatividade prevista na Constituição. Volta-se ao tipo penal anterior, de diferente redação: "Subtrair, para si ou para outrem, coisa alheia móvel". São normas diferenciadas, não incidindo a regra constitucional da retroatividade benéfica.

A segunda posição visualiza de maneira diversa. Não basta simplesmente dizer que a lei temporária ou excepcional é ultrativa, logo, elas constituem fenômenos diversos do previsto na Constituição Federal, que menciona apenas a retroatividade. Na realidade, ultratividade e retroatividade constituem movimentações da lei no tempo, fazendo parte do mesmo universo.

Diante disso, não poderia o Código Penal fixar a ultratividade de normas, provocando direto confronto com a norma constitucional, que prevê a retroatividade benéfica em qualquer situação.

Chegamos a sustentar, por um tempo, a primeira posição. O argumento de que o *tempo* integra o tipo penal nos era convincente.

No entanto, o estudo sistematizado dos princípios constitucionais, após a publicação da nossa obra *Princípios constitucionais penais e processuais penais*, convenceu-nos do equívoco dessa postura. Em primeiro lugar, o princípio da retroatividade penal benéfica é expresso na Constituição Federal (art. 5.º, XL), sem qualquer tipo de restrição ou condição. Logo, necessita *aplicação integral*, sem que se possa invocar lei ordinária para barrá-lo. Além disso, a argumentação de que o tempo integra o tipo penal incriminador, eternizando a norma, em verdade, é puramente formal. Tem por finalidade fazer valer o art. 3.º do Código Penal. Analisando-se a situação em prisma axiológico, é impossível não considerar vazio tal fundamento. O referido art. 3.º não especifica ser o *tempo* como integrante do tipo penal; cuida-se de criação doutrinária. E mesmo que se pudesse deduzir tal incorporação, quando a lei intermitente perde a vigência, em seu lugar, por certo, surge norma mais favorável ao réu, merecendo sobreposição no tocante à anterior.

Ainda mais, inserindo-se o tema sob o prisma da dignidade humana, não há como sustentar que o Estado tenha direito de editar leis de curta duração, buscando punir mais severamente alguns indivíduos, por exíguo tempo, para depois retroceder, abolindo o crime ou amenizando a pena. Não se deve tratar o direito penal como joguete político para a correção de casos concretos temporários ou passageiros. A intervenção mínima demanda a instituição de lei penal incriminadora somente em *ultima ratio*, quando nada mais resta ao Estado senão criminalizar determinada conduta. Por isso, leis intermitentes não se coadunam com o texto constitucional de 1988, reputando-se não recepcionado o art. 3.º do Código Penal.

Como exemplo de lei temporária, pode-se citar a Lei 12.663/2012 (Lei Geral da Copa), que, pela primeira vez, após a edição do Código Penal, trouxe a previsão de tipos penais incriminadores (arts. 30 a 33) com prazo de validade determinado, até o dia 31 de dezembro de 2014 (art. 36). Ao que tudo indica, não houve condenação com base nesses tipos incriminadores temporários, razão pela qual não será possível verificar como os tribunais decidiriam a questão no caso concreto.

RESUMO DO CAPÍTULO

- *Tempus regit actum*: deve-se aplicar ao fato a lei vigente à época da sua ocorrência. É a regra geral em direito.

- **Extratividade:** significa que a lei é apta a produzir efeito fora da época da sua vigência. Há duas situações legais possíveis: a) retroatividade; b) ultratividade.

- **Retroatividade:** significa que lei nova pode ser aplicada a um fato (infração penal) ocorrido antes do período da sua vigência.

- **Ultratividade:** representa a possibilidade de se aplicar uma lei já revogada a um fato (prolação da sentença) ocorrido depois da sua vigência.

- **Retroatividade e ultratividade:** são fenômenos do mesmo cenário, que é movimentação da lei penal no tempo. Enfocando-se o crime na data da sua prática, aplica-se a ele a lei penal vigente quando se consumou (regra geral). Portanto, caso, no futuro, advenha uma lei mais favorável, entra em aplicação a retroatividade benéfica. Essa lei *volta* no tempo para ser aplicada à data do fato (consumação do delito). Por outro lado, enfocando-se o crime na data em que o juiz profere a sentença, deve o julgador aplicar a lei vigente ao seu tempo (momento da decisão). No entanto, se ele perceber que a lei vigente à época do crime era mais favorável ao acusado, torna-a ultrativa e ela *avança* no tempo para ser aplicada no dia da sentença.

- **Lei intermediária:** facilitando a compreensão, imagine-se que a Lei 1 vigore à época do crime; surge a Lei 2 (mais benéfica) durante o curso do processo; edita-se a Lei 3 alguns dias antes de ser proferida a sentença. O juiz deve sempre usar a lei mais favorável ao réu. Sendo a Lei 2, ela será considerada retroativa, levando-se em conta a data do crime (consumação); será considerada ultrativa, considerando-se a data da decisão (sentença).

- *Abolitio criminis*: é a abolição do crime (descriminalização de uma conduta), devendo produzir efeitos benéficos ao réu, mesmo que já tenha sido condenado com trânsito em julgado.

- **Competência para aplicar a lei penal benéfica:** é do juiz das execuções penais, após o trânsito em julgado. Cabe ao juiz do processo, antes da sentença. Cabe ao tribunal, quando estiver em grau de recurso.

- *Novatio legis in mellius*: trata-se da edição de uma lei favorável ao réu.

- *Novatio legis in pejus*: cuida-se da edição de uma lei prejudicial ao acusado.

- **Combinação de leis:** é vedada pela jurisprudência atual, pois estaria o juiz criando uma terceira lei, nunca aprovada pelo Poder Legislativo.

- **Lei penal corretiva ou interpretativa:** é a lei editada para aclarar o conteúdo de lei anterior ou consertar algum ponto obscuro ou contraditório.

- **Leis intermitentes:** são as editadas para durar por um período determinado.

- **Leis temporárias:** são as intermitentes que possuem, no seu próprio texto, o seu período de duração.

- **Leis excepcionais:** são as intermitentes que possuem, no seu próprio texto, o período de duração, que deve acompanhar uma situação anormal qualquer.

EXTRATIVIDADE DA LEI PENAL

**a mobilidade da lei penal no tempo, em favor do réu,
somente é viável entre a data do fato e a extinção da punibilidade**

EXTRATIVIDADE DA LEI PENAL BENÉFICA

- ■ Retroatividade: do ponto de vista do fato, leis novas, surgidas após a prática do crime, retroagem no tempo, como se vigorassem à época da infração penal para aplicação

- ■ Ultratividade: do ponto de vista da sentença, leis já revogadas, que vigoravam à data do delito, são ressuscitadas para aplicação em favor do acusado

Cap. VIII – Aplicação da Lei Penal no Tempo

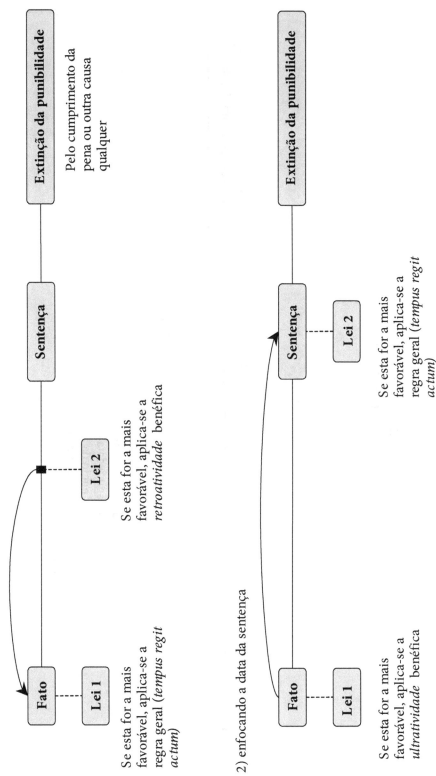

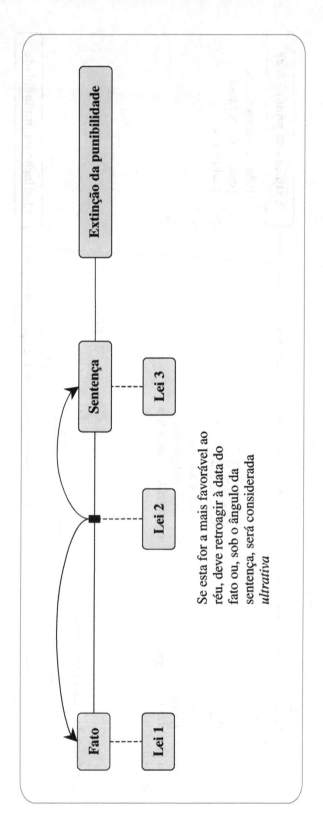

Capítulo IX

Tempo e
Lugar do Crime

1. TEMPO DO CRIME

Cuidar do *tempo do crime* significa estabelecer em qual exato momento se deve considerá--lo praticado. Esse debate tem valor prático quando se trata do delito de resultado (denominado *material*), ou seja, a infração penal que possui: conduta e resultado naturalístico (transformação visível do mundo exterior). Exemplo: homicídio. É um crime material, podendo-se separar, na linha do tempo, de maneira clara, o momento da conduta de *matar*, composta por tiros desfechados contra a vítima, e o instante da morte, que pode ocorrer horas, dias ou muito tempo depois, visto ter sido socorrida e tratada, não tendo resistido aos ferimentos.

Sob outro prisma, o delito de atividade (chamado de formal ou mera conduta) exige somente a prática da conduta, independentemente da ocorrência de qualquer resultado natu- ralístico, para consumar-se. Exemplo: crimes contra a honra; proferida uma ofensa, pratica-se a injúria, não havendo necessidade da existência de uma transformação visível no mundo exterior. Para a infração penal de atividade, a teoria do tempo do crime é desnecessária.

No entanto, voltando ao exemplo do homicídio, crime material, é importante delinear, em lei, se o delito pode ser considerado praticado no momento em que o agente desfere os tiros contra a vítima ou no instante em que esta morre. Podem ser momentos totalmente separados na linha temporal.

Há, basicamente, três teorias a respeito: a) teoria da atividade: reputa-se praticado o de- lito no momento da conduta, não importando o instante do resultado; b) teoria do resultado: considera-se cometido o crime no momento do resultado; c) teoria mista ou da ubiquidade: o momento do crime pode ser tanto o da conduta, quanto o do resultado.

O Código Penal, no art. 4.º, adota claramente a teoria da atividade. Considera-se praticado o crime no momento da ação ou omissão, mesmo que o resultado aconteça em instante diverso.

2. ALCANCE DA TEORIA DA ATIVIDADE

Optar por uma das teorias, firmando-a em texto legal, evita qualquer discussão doutrinária em torno do tema, permitindo segurança quanto a esse ponto.

A utilidade da teoria da atividade pode ser apontada nos seguintes aspectos: a) determinar a imputabilidade do agente; b) fixar as circunstâncias do tipo penal; c) possibilitar eventual aplicação da anistia; d) dar oportunidade à prescrição.

Adotando-se essa teoria, retornando ao exemplo do homicídio, o mais importante é detectar o instante da ação (desfecho dos tiros), e não o momento do resultado (ocorrência da morte). Assim fazendo, se o autor dos tiros for menor de 18 anos à época dos tiros, ainda que a vítima morra depois de ter ele completado a maioridade penal, não poderá responder pelo delito.

3. O TEMPO DO CRIME NAS INFRAÇÕES PENAIS PERMANENTES E CONTINUADAS

Aplica-se, quanto aos crimes permanentes (a consumação se arrasta no tempo) e aos continuados (consideram-se vários delitos como um único, conforme dispõe o art. 71 do CP), regra especial.

No caso do crime permanente, a consumação se prolonga no tempo. É considerado *tempo do crime* todo o período em que se desenvolver a atividade delituosa. Assim, durante um sequestro, enquanto a vítima se encontra presa, em cativeiro, pode ocorrer de um menor de 18 anos completar a maioridade, sendo reputado imputável para todos os fins penais.

A mesma regra deve ser aplicada ao crime continuado, uma ficção jurídica idealizada para beneficiar o réu, mas considerada uma *unidade delitiva*. Segundo JAIR LEONARDO LOPES, "é aplicável a lei do momento em que cessou a continuação (...), pois é uma unidade jurídica incindível".[1] Concordamos plenamente, pois a referida ficção jurídica torna o delito continuado, embora composto por várias condutas criminosas separadas na linha do tempo, por força de lei, uma só infração. Assim, para efeitos punitivos, há *um único delito* que principia quando a primeira conduta criminosa é praticada e finda com a última. A sua maneira de execução, portanto, é semelhante ao crime permanente, merecendo ser levada em conta para a aplicação da lei penal no tempo. Senão, haveria duas regras: o crime continuado seria uma unidade para amenizar a punição; seria, entretanto, uma pluralidade de crimes para aplicar a lei penal no tempo, o que não nos soa lógico.

Quanto ao delito continuado, no entanto, há quem sustente que, por ser um benefício ao réu, não se deve aplicar a mesma regra do crime permanente. Ensina DELMANTO: "Também a norma penal nova mais grave só deverá ter incidência na série de crimes ocorridos durante sua vigência e não na anterior".[2]

---

[1]   *Curso de direito penal*, p. 104.

[2]   *Código Penal comentado*, p. 10. No mesmo sentido, manifestando seu inconformismo diante da Súmula 711 do STF, no tocante ao crime continuado, que considera uma ficção jurídica e não poderia ser atin-

No tocante à imputabilidade penal, é preciso ressalvar, no caso de crime continuado, que as condutas praticadas pelo menor de 18 anos devem ficar fora da unidade delitiva estabelecida pelo crime continuado. Sendo este uma mera ficção, fixada em lei ordinária (art. 71, CP), para beneficiar o acusado, não deve se sobrepor à norma constitucional – afinal, o art. 228 da Constituição preceitua serem "penalmente inimputáveis os menores de dezoito anos". Assim, caso o autor de quatro furtos, por exemplo, possua 17 anos, quando do cometimento dos dois primeiros, e 18, por ocasião da prática dos dois últimos, apenas estes dois é que servirão para formar o crime continuado. Despreza-se o que foi cometido em estado de inimputabilidade. Fora dessa hipótese, que é excepcional, ao crime continuado devem ser aplicadas as mesmas regras regentes do crime permanente, quanto ao tempo do delito.

4.   TEORIAS SOBRE O LUGAR DO CRIME

A questão relativa ao *lugar do crime* também é relevante, pois, conforme a infração penal, a sua execução pode dar-se em determinado ponto, enquanto o resultado alcança lugar diverso. Por isso, evitando-se controvérsia, adota-se, em lei, uma das três teorias.

São elas: a) *atividade*: considera-se local do delito aquele onde foi praticada a conduta (atos executórios); b) *resultado*: o lugar do crime é aquele onde ocorreu o resultado (consumação); c) *mista ou da ubiquidade*: é lugar do crime tanto onde houve a conduta quanto o local onde se deu o resultado.

Adota-se, segundo o art. 6.º do Código Penal, a teoria mista.

5.   CONFLITO APARENTE ENTRE O ART. 6.º DO CÓDIGO PENAL E O ART. 70 DO CÓDIGO DE PROCESSO PENAL

Levando-se em consideração o disposto pelo art. 70 do Código de Processo Penal, estabelecendo a competência do juiz pelo "lugar em que se consumar a infração", poder-se-ia sustentar a existência de uma contradição entre a lei penal (teoria mista) e a lei processual penal (teoria do resultado).

Ocorre que o art. 6.º do Código Penal destina-se, exclusivamente, ao denominado direito penal internacional, ou seja, à aplicação da lei penal no espaço, quando um crime tiver início no Brasil e terminar no exterior ou vice-versa (é o denominado "crime a distância"). Firma-se a competência da Justiça brasileira, valendo-se da teoria mista, em qualquer situação na qual se verifique tenha o delito *tocado* território brasileiro, em plena afirmação da soberania nacional para processar e punir os culpados.

Não tem por fim o referido art. 6.º delimitar a competência interna dos juízes brasileiros, o que faz, com precisão, o art. 70 do Código de Processo Penal. Por isso, os tribunais continuam decidindo ser competente para o processamento do feito o juízo do lugar em que se consumar a infração penal.[3]

---

gida pelo mesmo tratamento do delito permanente, está a posição de CEZAR ROBERTO BITENCOURT (*Tratado de direito penal*, v. 1, p. 221).

[3]   Assim também PACELLI e CALLEGARI: "o citado art. 6.º do CP não tem muita utilidade prática, uma vez que toda a matéria ali tratada já foi regulada na legislação processual penal, *para fins específicos de determinação da competência jurisdicional brasileira*" (*Manual de direito penal*, p. 166). Na mesma ótica

Há, no entanto, opinião em sentido diverso, apontando o art. 6.º do Código Penal como solução para eventuais conflitos de competência internos, entre juízos brasileiros. Argumenta-se que o referido art. 6.º é fruto da Lei 7.209/1984, quando se deu nova redação à Parte Geral; logo, pelo critério da sucessividade, lei mais recente deve ser aplicada em detrimento de lei anterior.

Parece-nos mais lógica a opção pelo art. 6.º, devidamente encaixado na matéria relativa à aplicação da lei penal no espaço (arts. 5.º a 8.º, CP), para afirmar a competência da Justiça do Brasil em situações nas quais a execução ou o resultado do crime alcançam território nacional. No mais, cabe à legislação processual estabelecer qual é o juiz competente para apurar os delitos que comportam a divisibilidade entre o lugar dos atos executórios e o local onde se deu o resultado.

Aliás, demonstrando o objetivo de abrigar apenas os crimes ocorridos em mais de um país, em interpretação histórica, vale mencionar a anterior redação do tema, contida no art. 4.º da Parte Geral do Código Penal, antes da reforma trazida pela Lei 7.209/1984: "aplica-se a lei brasileira, sem prejuízo de convenções, tratados e regras de direito internacional, ao crime cometido, no todo ou em parte, no território nacional, ou que nele, embora parcialmente, produziu ou devia produzir seu resultado".

À época, comentando esse artigo, já ensinava NÉLSON HUNGRIA: "se, entretanto, a ação é exercida num lugar e o resultado ocorre noutro, há que distinguir: ou os diferentes lugares estão situados no mesmo país ou, ao contrário, cada qual corresponde a país diverso. No primeiro caso, a questão envolve matéria de competência jurisdicional, no plano do direito interno, e não oferece maior relevo. O nosso Código de Processo Penal assim a resolve (art. 70) (...). Transplantada, porém, para o plano internacional, a questão se complica, afetando o princípio da soberania dos Estados, no tocante ao *jus gladii*. Sendo utópica uma lei supraestatal que regule o assunto e não existindo uniformes legislações internas a respeito, orientadas no sentido da conciliação de interesses concorrentes, senão tratados ou convenções entre estes ou aqueles países (notadamente quanto aos crimes chamados *mundiais* ou *internacionais*...), o problema vem sendo debatido desde os juristas medievais".[4]

Ressalte-se, por fim, que a teoria acerca do *lugar do crime* somente interessa às infrações penais denominadas *plurissubsistentes* – aquelas que são executadas por meio de vários atos. Tratando-se de crime unissubsistente – cometido em ato único –, não se aplica a teoria do lugar do delito, pois, quando se pratica a conduta (num só ato), o resultado ocorre concomitantemente. É o caso, ilustrando, da injúria verbal.

6. LUGAR DO CRIME NAS INFRAÇÕES PENAIS PERMANENTES E CONTINUADAS

Como exposto no item 3 *supra*, considerando-se que a consumação do crime permanente se arrasta na linha do tempo, é possível haver a alteração de local enquanto isso ocorre, motivo pelo qual haverá mais de um foro competente para apurar a infração penal.

---

de que o art. 6.º abrange somente *crimes internacionais*: ANDRÉ ESTEFAM (*Direito penal*, v. 1, p. 155); ROGÉRIO GRECO (*Curso de direito penal* – parte geral, p. 180); VICTOR EDUARDO RIOS GONÇALVES (*Curso de direito penal* – parte geral, p. 115).

[4]   *Comentários ao Código Penal*, v. 1, p. 150-151.

Tal hipótese pode ocorrer tanto no caso de crime a distância, cujos atos executórios passam por vários países, como também na situação de delito cometido dentro do território nacional. Ilustra-se com a figura do sequestro. A vítima pode ter a liberdade cerceada em Buenos Aires (Argentina), o cativeiro pode ser colocado, primeiramente, em Montevidéu (Uruguai) e, depois, desloca-se para Porto Alegre (Brasil), onde é colocada em liberdade. Há três nações interessadas em processar o autor do crime. Pelo disposto no art. 6.º, há interesse do Brasil.

O mesmo caso pode acontecer dentro das fronteiras brasileiras, iniciando-se o sequestro em São Paulo, passando o cativeiro para o Rio de Janeiro e findando em Salvador. Em tese, ter-se-ia um triplo local do delito. Para resolver a questão, o art. 71 do Código de Processo Penal preceitua: "praticada [a infração] em território de duas ou mais jurisdições, a competência firmar-se-á pela prevenção". Portanto, cuidando-se de conflito entre juízes brasileiros, usa-se a prevenção, vale dizer, o primeiro juiz que tomar conhecimento de alguma questão jurisdicional (como a decretação de uma prisão cautelar) torna-se competente para a causa.

Na situação internacional, como o sequestro passou pelo território nacional, o Brasil terá sempre interesse punitivo, porém depende de ter o autor do crime dentro de suas fronteiras para que possa fazê-lo.

RESUMO DO CAPÍTULO

▶ **Tempo do crime:** cuida-se do momento em que se considera praticada a infração penal material (momento da conduta ou do resultado).

▶ **Teoria da atividade:** é a adotada pelo art. 4.º do Código Penal, elegendo como momento do crime o instante em que for praticada a ação ou omissão.

▶ **Lugar do crime:** trata-se da opção pelo local competente para apurar o crime e punir o seu autor (lugar da conduta ou do resultado).

▶ **Teoria mista (ubiquidade):** o art. 6.º do Código Penal elegeu como lugar do crime tanto o local onde se deu a conduta como onde se atingiu o resultado.

Capítulo X

Aplicação da Lei Penal no Espaço

1. TERRITORIALIDADE E EXTRATERRITORIALIDADE

Territorialidade significa a aplicação das leis brasileiras aos delitos cometidos dentro do território nacional. Essa é uma regra geral que advém do conceito de soberania, ou seja, a cada Estado cabe decidir e aplicar as leis pertinentes aos acontecimentos dentro do seu território.

Extraterritorialidade representa a aplicação das leis brasileiras aos crimes cometidos fora do território nacional. Divide-se em: a) *incondicionada*: que não depende de condições. Além dessas hipóteses, dispostas no art. 7.º, I, do CP, a Lei 9.455/1997 (que definiu os crimes de tortura no Brasil), prevê a hipótese de extraterritorialidade incondicionada (art. 2.º: "O disposto nesta Lei aplica-se ainda quando o crime não tenha sido cometido em território nacional, sendo a vítima brasileira ou encontrando-se o agente em local sob jurisdição brasileira"); b) *condicionada*: que depende das condições descritas no art. 7.º, § 2.º, letras *a*, *b*, *c*, *d* e *e*, e § 3.º, do Código Penal.

2. REGRAS PARA A APLICAÇÃO DA LEI PENAL NO ESPAÇO

A aplicação da lei penal no espaço é regida pelas seguintes regras: a) territorialidade; b) defesa ou proteção (que leva em consideração a nacionalidade brasileira do bem jurídico lesado pelo delito); c) justiça universal ou cosmopolita (que tem em vista punir crimes com alcance internacional, como o genocídio); d) nacionalidade ou personalidade (leva em conta a nacionalidade brasileira do agente do delito); e) representação ou bandeira (que tem em consideração a bandeira brasileira da embarcação ou da aeronave privada, situada em território estrangeiro, conforme regra do art. 7.º, II, *c*, CP).

3. CONCEITO DE TERRITÓRIO E SEUS ELEMENTOS

Território é todo espaço onde o Brasil exerce a sua soberania, seja ele terrestre, aéreo, marítimo ou fluvial. São elementos do território nacional: a) o solo ocupado pela nação; b) os rios, os lagos e os mares interiores; c) os golfos, as baías e os portos; d) a faixa de mar exterior, que corre ao largo da costa e que constitui o mar territorial; e) a parte que o direito atribui a cada Estado sobre os rios, lagos e mares contíguos; f) os navios nacionais; g) o espaço aéreo correspondente ao território; h) as aeronaves nacionais.

3.1. Rios, lagos e mares fronteiriços e sucessivos

São os situados na fronteira entre dois países, separando-os (chamados de simultâneos ou limítrofes). Cabe aos tratados ou às convenções internacionais fixar a quem pertencem. Se não houver acordo internacional, entende-se que a fronteira fica estabelecida na metade do leito. Exemplo: rio Solimões, situado entre o Peru e a Colômbia.

Rios sucessivos ou interiores são os que passam pelo território de vários países. Exemplo: rio Danúbio, que corta a Alemanha, a Áustria, a Eslováquia, a Hungria, a Iugoslávia, a Romênia, a Bulgária e a Ucrânia.

3.2. Espaço aéreo

Quanto ao espaço aéreo, compreende toda a extensão acima do território, inclusive do mar territorial, até o limite da atmosfera.

Não existe, nesse caso, o direito de *passagem inocente* e tudo é devidamente regulado por tratado. Na realidade, as aeronaves privadas podem passar, desde que informem previamente a sua rota. Quanto às aeronaves militares ou a serviço de governo estrangeiro, a passagem pelo espaço aéreo nacional somente pode ser realizada se houver *prévia* autorização (art. 14, § 1.º, do mesmo Código). Para tanto, é imprescindível que toda aeronave tenha uma bandeira, seja ela pública ou privada, pois, do contrário, há possibilidade de ser derrubada pelo governo estrangeiro, caso penetre no seu espaço aéreo.

No contexto do espaço aéreo, vigora o sistema das cinco liberdades, sendo duas técnicas e três comerciais: a) *direito de sobrevoo do território,* embora possa haver proibição sobre determinadas áreas, mas sem discriminação; b) *direito a escala técnica*: em caso de pouso necessário e imperioso; c) *direito de desembarcar passageiros e mercadorias vindas do Estado patrial da aeronave;* d) *direito de embarcar passageiros e mercadorias com destino ao Estado patrial da aeronave;* e) *direito de embarque e desembarque, em seu território, de passageiros e mercadorias com destino ou provenientes de qualquer país do mundo* (depende de ajuste especial). Como exemplo de acordo que prevê as cinco liberdades, pode-se citar Brasil-Argentina.

A invasão do espaço aéreo é considerada ato grave, passível de derrubada da aeronave, embora esteja sujeito a abusos. A história demonstra a ocorrência de eventos trágicos nesse sentido: a) o *Boeing 747* da *Korean Airlines,* em setembro de 1983, sobrevoando a União Soviética, foi derrubado – no acidente, 269 civis morreram; b) em julho de 1988, o *Airbus* da *Iran Air* sobrevoava o Estreito de Ormuz e foi abatido pela aviação americana, que estava bem longe do seu espaço aéreo, causando a morte de 290 civis, inclusive 66 crianças; c) no mês de janeiro de 1992, um Cessna brasileiro foi abatido pela Guarda Nacional venezuelana. Por isso, a fim de evitar a morte de inocentes, várias nações assinaram o *Protocolo de Montreal,* em 1984, fixando não ser ilimitado o uso da força para assegurar o espaço aéreo, devendo ser respeitada, em primeiro lugar, a vida humana.

Está em vigor, no Brasil, cuidando do espaço aéreo, o Código Brasileiro de Aeronáutica (Lei 7.565/1986), substituto do Código Brasileiro do Ar. Quanto ao espaço cósmico, existe o Tratado sobre Exploração e Uso do Espaço Cósmico – inclusive a Lua e outros corpos celestes –, aprovado pelo Decreto 64.362/1969. Diz o acordo internacional que a exploração e o uso do espaço cósmico devem ter em mira o interesse de todos os países, além do que pode ser explorado e utilizado livremente por todos os Estados sem qualquer discriminação, em condições de igualdade e em conformidade com o direito internacional, devendo haver liberdade de acesso a todas as regiões dos corpos celestes (art. 1.º). O espaço cósmico não pode ser objeto de apropriação nacional por proclamação de soberania, por uso ou ocupação, nem por qualquer outro meio (art. 2.º).

3.2.1. Correção da parte final do § 1.º do art. 5.º do Código Penal

Preceitua o referido § 1.º: "para os efeitos penais, consideram-se como extensão do território nacional as embarcações e aeronaves brasileiras, de natureza pública ou a serviço do governo brasileiro, onde quer que se encontrem, bem como as aeronaves e as embarcações brasileiras, mercantes ou de propriedade privada, que se achem, respectivamente, *no espaço aéreo correspondente ou em alto mar*" (grifamos).

Deve-se fazer a seguinte inversão na segunda parte da norma penal: "(...) bem como as embarcações brasileiras e as aeronaves, (...) que se achem, respectivamente, em alto-mar ou no espaço aéreo correspondente". Afinal, as aeronaves seguem pelo ar; os barcos pela água; logo, a referência a um espaço internacional é o alto-mar e o espaço aéreo correspondente a este.

Essa recomendável leitura tem cabimento não somente para dar sentido ao texto, mas porque assim consta no atual Código Brasileiro de Aeronáutica (art. 3.º, II), lei mais recente.

3.3. Mar territorial brasileiro

Quanto ao mar territorial, antigamente vigorava a regra do alcance do tiro de canhão, pois a soberania terminava onde o Estado se tornava impotente para fazer-se respeitar pela força das armas. Dizia GROTIUS que o mar territorial deveria ir "até onde o Estado marginal pudesse tornar efetiva e eficaz a sua autoridade e posse pelos canhões colocados à praia".[1]

Até a década de 1950, o Brasil possuía 3 milhas. Pelo Decreto-lei 44/1966, ampliou-se o mar territorial para seis milhas e, posteriormente, pelo Decreto-lei 1.098/1970, estendeu-se para duzentas milhas. Nessa época, o mesmo critério de ampliação foi utilizado pelos seguintes países: Argentina, Chile, Peru, Equador, Uruguai, Costa Rica, São Salvador e Panamá.

Atualmente, a Lei 8.617/1993 fixa as regras para o mar territorial brasileiro. Essa norma é fruto do disposto na *Convenção das Nações Unidas sobre o Direito do Mar* (aberta a assinatura em Montego Bay, Jamaica, a partir de 10 de dezembro de 1982), que foi ratificada pelo Brasil. O mar territorial do Brasil, onde o Estado exerce soberania absoluta, possui 12 milhas. Nesse espaço, aplica-se a lei penal pátria.

Além disso, na referida lei de 1993, há também a *Zona Contígua*, que vai das 12 às 24 milhas, servindo para fiscalização sobre assuntos aduaneiros, fiscais, sanitários ou sobre matéria referente à imigração. Por fim, prevê-se, também, a *Zona Econômica Exclusiva*, que

---

[1] PINTO FERREIRA, *Teoria geral do Estado*, p. 123.

abrange o espaço compreendido das 12 às 200 milhas. Nessa área, o Brasil pode explorar, sozinho, todos os recursos naturais possíveis. O art. 8.º da Lei 8.617/1993 faz referência a "exercício de sua jurisdição" nesse espaço de 188 milhas, embora o direito de soberania seja exclusivamente para fins de exploração e aproveitamento, conservação e gestão dos recursos naturais, vivos ou não vivos, das águas sobrejacentes ao leito do mar, do leito do mar e seu subsolo, e no que se refere a outras atividades visando à exploração e ao aproveitamento da zona para finalidade econômica.

Dentro das 12 milhas, onde o Brasil tem soberania absoluta, existe a possibilidade da *passagem inocente*, significando a rápida e contínua travessia de barcos estrangeiros por águas nacionais, sem necessidade de pedir autorização ao governo. Ressaltemos que as ilhas brasileiras (exemplo: Fernando de Noronha) também possuem o mar territorial de 12 milhas.

4. TERRITÓRIO BRASILEIRO POR EQUIPARAÇÃO

4.1. Competência para o julgamento de crimes cometidos a bordo de embarcações e aeronaves

O art. 5.º do Código Penal estabelece, no § 1.º, o denominado *território brasileiro por equiparação*. Há duas situações: a) o interior de embarcações e aeronaves brasileiras de natureza pública ou a serviço do governo brasileiro *onde estiverem*. Exemplo: o interior de um navio militar brasileiro ancorado num porto estrangeiro é considerado território nacional por equiparação. Nesse sentido, reiterando o preceituado no Código Penal, está o disposto no Código Brasileiro de Aeronáutica, que menciona, no art. 107, § 3.º, o seguinte: "As aeronaves públicas são as destinadas ao serviço do Poder Público, inclusive as requisitadas na forma da lei; todas as demais são aeronaves privadas"; b) o interior de embarcações e aeronaves brasileiras, de propriedade privada, que estiverem navegando em alto-mar ou sobrevoando águas internacionais.

Vale destacar que a competência para o julgamento dos crimes cometidos a bordo de embarcações e aeronaves é da Justiça Federal (art. 109, IX, CF), do local onde primeiro pousar a aeronave após o delito (ou da comarca de onde houver partido), conforme art. 90 do CPP, ressalvada a competência da Justiça Militar.

Ressalte-se ter havido divergência no Supremo Tribunal Federal em caso de apreensão de drogas ilícitas, quando os agentes já estavam em solo, no aeroporto de Brasília, porém em conexão para um voo entre Cuiabá e São Paulo. Prevaleceu o entendimento de que a competência seria da Justiça Estadual, pois a referência feita pela Constituição, fixando a competência da Justiça Federal, ter-se-ia voltado à aeronave em voo pelo espaço aéreo brasileiro, uma vez que, nessa situação, não se saberia ao certo onde o crime se deu. Estando a aeronave em solo e os agentes, igualmente, fora dela, incompetente a Justiça Federal.[2]

Quanto às embarcações, o Superior Tribunal de Justiça tem dado uma interpretação restritiva ao seu conceito, pois a Constituição Federal menciona a palavra "navio". Entende-se por esse termo a embarcação de grande porte, autorizada e adaptada para viagens internacionais. Portanto, é da competência da Justiça Estadual a punição de crimes cometidos a bordo de iates, lanchas, botes e embarcações equiparadas.

---

[2]   RE 463500/DF, 1.ª T., redator p/ o acórdão Marco Aurélio, 04.12.2007, m.v.

4.2. A lei penal e a Convenção de Tóquio

Em 14 de setembro de 1963, o Brasil subscreveu a Convenção de Tóquio, que cuida das infrações praticadas a bordo de aeronaves, aprovada pelo Decreto-lei 479/1969.

Pelo texto da Convenção, aplica-se a lei do Estado de matrícula da aeronave, com relação a todas as infrações penais praticadas a bordo nas seguintes situações: a) aeronave em voo sobre qualquer território estrangeiro; b) aeronave em voo sobre a superfície de alto-mar; c) aeronave em qualquer outra zona fora do território de um Estado.

Segundo o art. 4.º, não se pode interferir no voo de uma aeronave, a fim de exercer a jurisdição penal em relação à infração cometida a bordo, a menos que "a infração produza efeitos no território deste Estado", "a infração tenha sido cometida por ou contra um nacional desse Estado ou pessoa que tenha aí sua residência permanente", "a infração afete a segurança desse Estado", "a infração constitua uma violação dos regulamentos relativos a voos ou manobras de aeronaves vigentes nesse Estado", "seja necessário exercer a jurisdição para cumprir as obrigações desse Estado, em virtude de um acordo internacional multilateral".

Assim, o que se constata é o seguinte: se um avião estrangeiro de propriedade privada estiver sobrevoando o território brasileiro, havendo um crime a bordo, o Brasil somente teria interesse em punir o autor caso uma das hipóteses enumeradas no referido art. 4.º estivesse presente. Do contrário, cabe ao Estado de matrícula da aeronave punir o infrator. Exemplo: um americano agride outro, em aeronave americana, sobrevoando o território brasileiro. Seria competente o Estado americano para aplicar a sua lei penal.

Entretanto, o texto da Convenção de Tóquio entra em conflito com o disposto no art. 5.º, § 2.º, do Código Penal, com a redação dada pela Lei 7.209/1984, mais recente. Nota-se, por esse dispositivo, ser aplicável a lei brasileira aos crimes praticados a bordo de aeronaves estrangeiras de propriedade privada, que estejam sobrevoando o espaço aéreo nacional. Logo, no exemplo citado, de acordo com o Código Penal, seria o autor punido pela lei brasileira, no Brasil. No entanto, se fosse aplicada a Convenção de Tóquio, caberia a punição aos Estados Unidos.

Em função da atual posição do Supremo Tribunal Federal, a lei federal, quando mais recente que o tratado (não se tratando de direitos humanos), tem prevalência sobre este, suspendendo-se a sua eficácia. Embora os internacionalistas critiquem essa postura, pregando a superioridade do tratado diante da legislação ordinária, não é o posicionamento adotado pelo Pretório Excelso. Assim, caso o referido avião americano pousasse, após a agressão de um americano contra outro, caberia a entrega do autor do delito às autoridades brasileiras.

4.3. Crime cometido em lugar não pertencente a qualquer país

É inviável a aplicação do princípio da territorialidade, pois no local inexistem leis postas (exemplo: uma ilha em águas internacionais, que não pertença a nenhum país). Não se exige, igualmente, o preenchimento da *dupla tipicidade*. Segue-se, nessa hipótese, o princípio da nacionalidade do agente, pois o mínimo que se espera é o conhecimento das normas regentes de seu país de origem. Os nacionais são responsáveis pelo cumprimento das leis de seu local de residência. Exemplo: náufragos se recolhem numa ilha sem soberania de qualquer nação; se houver uma agressão, o agente responde, quando possível, conforme as leis de seu país de origem.

5. CRITÉRIOS PARA A EXTRATERRITORIALIDADE

5.1. Hipóteses de extraterritorialidade condicionada

São as situações que, de algum modo, exigem o advento das condições previstas no art. 7.º, § 2.º, do Código Penal:

a) entrar o agente no território nacional;

b) ser o fato punível também no país em que foi praticado;

c) estar o crime incluído entre aqueles pelos quais a lei brasileira autoriza a extradição;

d) não ter sido o agente absolvido no estrangeiro ou não ter aí cumprido a pena;

e) não ter sido o agente perdoado no estrangeiro ou, por outro motivo, não estar extinta a punibilidade, segundo a lei mais favorável.

5.2. Princípios regentes da extraterritorialidade

a) *Princípio da defesa ou da proteção* (leva em conta o bem jurídico protegido ser nacional): vida ou liberdade do Presidente da República (são os arts. 121, 122 e 146 a 154 do Código Penal); patrimônio ou a fé pública da União, do Distrito Federal, de Estado, de Território, de Município, de empresa pública, sociedade de economia mista, autarquia ou fundação instituída pelo Poder Público (são os arts. 155 a 180 e 289 a 311 do Código Penal); contra a administração Pública, por quem está a seu serviço (são os arts. 312 a 326, c.c. o art. 327 do Código Penal). São todas situações de extraterritorialidade incondicionada.

b) *Princípio da justiça universal ou cosmopolita* (significa que o bem jurídico é de interesse internacional): são os delitos previstos em tratados ou convenções que o Brasil subscreveu, obrigando-se a punir, como o tráfico ilícito de drogas, a pirataria, a destruição ou danificação de cabos submarinos, o tráfico de mulheres, a tortura, entre outros (situação de extraterritorialidade condicionada); genocídio, extermínio, no todo ou em parte, de grupo nacional, étnico, racial ou religioso, matando ou causando lesão grave à integridade física ou mental de seus membros; submetendo o grupo, deliberadamente, a condições de existência capazes de proporcionar-lhe a destruição física, integral ou parcial; adotando medidas destinadas a impedir nascimentos no seio do grupo, bem como efetuando a transferência forçada de crianças do grupo para outro grupo (extraterritorialidade incondicionada).

Quanto à tortura, vige atualmente a Lei 9.455/1997, que estabeleceu a possibilidade de se aplicar a lei brasileira ao torturador, onde quer que o delito seja cometido, desde que a vítima seja brasileira ou esteja o autor da infração penal sob jurisdição brasileira (art. 2.º). Como se trata de lei especial, que não fixou condições para se dar o interesse do Brasil na punição do torturador, é caso de extraterritorialidade incondicionada.

c) *Princípio da nacionalidade ou da personalidade* (significa que o autor do crime é brasileiro e o País demonstra interesse em puni-lo): todos os casos de crimes cometidos por brasileiro no exterior. A justificativa para a existência desse princípio é a proibição de extradição de brasileiros, vedada pela Constituição Federal (art. 5.º, LI). Assim, caso um brasileiro cometa um crime no exterior e se refugie no Brasil, alternativa não resta – para não haver impunidade – senão a punição por um tribunal pátrio.

A competência para o julgamento é da Justiça Estadual da Capital do Estado onde por último houver residido o acusado. Se nunca tiver residido no Brasil, será competente o juízo da Capital da República (art. 88, CPP).

Cap. X – Aplicação da Lei Penal no Espaço

d) *Princípio da representação, da bandeira ou do pavilhão* (significa que, na falta de outro critério, prevalece o da bandeira brasileira): é uma hipótese criada pela Reforma Penal de 1984 para solucionar uma lacuna anteriormente existente. Exemplo: se uma aeronave privada brasileira estiver sobrevoando território estrangeiro e um crime for cometido a bordo, por um estrangeiro contra outro, o interesse brasileiro pode ser, simplesmente, entregar o autor do delito às autoridades locais. No entanto, é possível que, pelas leis do país alienígena, não haja previsão para tal hipótese. Assim sendo, o foro competente é o da bandeira da aeronave, ou seja, o Brasil. Frise-se: somente aplica-se a lei penal brasileira caso o governo estrangeiro não tenha interesse em punir o criminoso. Trata-se de situação de extraterritorialidade condicionada.

5.3. Crítica à extraterritorialidade incondicionada

Essa modalidade de extraterritorialidade não depende do advento de qualquer condição para que se faça valer o interesse punitivo estatal.

Embora a lei penal não exija o ingresso do agente em território nacional, para que a ação penal tenha início, nos casos de extraterritorialidade incondicionada, convém ressaltar que uma das condições da ação é o interesse de agir, fundado, sobretudo, na utilidade que o processo possa trazer. Ora, estando o estrangeiro distante da jurisdição brasileira, não sendo cabível a sua extradição – ou tendo esta sido negada –, qual a razão de se instaurar processo-crime no Brasil? Se porventura tal medida for tomada, deverá o réu ser citado. Não tendo havido a extradição, possivelmente o país onde se encontre o acusado também não cumprirá carta rogatória.

Ainda que cumpra, ele pode tornar-se revel e a sentença, mesmo que condenatória, será inexequível, aguardando a prescrição. Caso seja feita a sua citação por edital, o processo será suspenso, nos termos do art. 366 do CPP, provavelmente resultando em idêntica prescrição, por regra especial, no futuro. Enfim, inexistindo utilidade, cremos que o juiz pode rejeitar a denúncia ou queixa, por falta de interesse de agir.

Não se tem notícia de nenhum processo dessa maneira proposto, com qualquer resultado útil. Melhor é a posição adotada, nesse contexto, por outras legislações, justificadora de nossa posição a respeito da inutilidade do processo criminal contra estrangeiro ausente do País. A lei portuguesa é aplicável a crimes cometidos no exterior, conforme o bem jurídico afetado. Se for a segurança (interior ou exterior) do Estado, falsificação de selos públicos, de moedas portuguesas, de papéis de crédito público ou de notas de banco nacional, de companhias ou estabelecimentos legalmente autorizados para a emissão das mesmas notas, busca-se aplicar a lei penal portuguesa. Se o autor for nacional, é possível o julgamento à revelia, bastando que não tenha sido julgado no país onde delinquiu. *Quanto ao estrangeiro, é preciso que ingresse, voluntariamente ou não, em território português ou se possa obter a entrega dele.*[3]

Diz EDUARDO CORREIA: "não se exige para a aplicação da lei criminal portuguesa o comparecimento do agente português em Portugal. Isto é, de resto, uma coisa que se compreende, pois que, dadas as relações do nacional com a Mãe-Pátria, é possível que ele venha a Portugal, podendo então executar-se a sentença aplicada em julgamento à revelia. *No que toca a estrangeiros já se concebe que o processo seja inútil* e, portanto, se exija que o estrangeiro

---

[3] ANTONIO FURTADO DOS SANTOS, *Direito internacional penal e direito penal internacional* – Aplicação da lei penal estrangeira pelo juiz nacional, p. 42-43, grifamos.

seja encontrado em Portugal. Aqui pode pôr-se o problema de saber se o encontrar-se em Portugal deve ser ou não voluntário. A resposta não pode ser senão a de que é indiferente a intervenção para que tal condição seja relevante. Trata-se de mera *condição de punibilidade*, que não exige imputação subjetiva".[4]

Completa, no mesmo sentido, Manuel Cavaleiro de Ferreira: "Na verdade, quanto a estrangeiros, só poderão ser julgados em Portugal se comparecerem em território português ou se se puder obter a entrega deles. *Em caso algum haverá assim processo penal de ausentes*, mas, se comparecerem e tiver sido instaurado o processo, mesmo que se ausentem depois, já se não suspende ou extingue a ação penal. Tal condicionamento, quanto ao que consta no n. 3 do art. 53.º, é lógico e racional".[5]

E ensina Jiménez de Asúa: "A lei penal do Estado pode ser extraterritorial também, não somente para nacionais, mas incluindo estrangeiros, quando seja preciso exercer a proteção dos interesses estatais ou dos cidadãos lesionados ou postos em perigo por um delito perpetrado no exterior. Por isso, denomina-se *princípio da proteção ou princípio real. Seu limite determina-se pela necessidade estrita, e o exercício da extraterritorialidade está condicionado à presença do infrator no território ou à entrega por extradição*".[6]

Além de tudo, aplica-se à hipótese de o agente já ter sido condenado e cumprido a pena no exterior o disposto no art. 8.º do Código Penal, como se verá a seguir, embora desde logo deva ser ressaltado que essa modalidade de extraterritorialidade é inútil e, se utilizada, inconstitucional. Não há qualquer possibilidade jurídica de alguém ser processado duas vezes pelo mesmo fato, razão pela qual inexiste vantagem alguma em considerá-la *incondicional*, pois deve ser sempre submetida à condição natural de que o autor do delito não tenha sido processado no exterior por idêntico fato (absolvido ou condenado). Por outro lado, é inútil caso o agente não ingresse no território nacional.

6. EXTRADIÇÃO

6.1. Conceito, espécies e fonte legislativa

Trata-se de um instrumento de cooperação internacional na repressão à criminalidade por meio do qual um Estado entrega a outra pessoa acusada ou condenada, para que seja julgada ou submetida à execução da pena.[7]

---

[4] *Direito criminal*, v. I, p. 175, grifamos.
[5] *Direito penal português* – Parte geral, v. I, grifamos.
[6] *Tratado de derecho penal*, t. II, p. 769, grifamos.
[7] Lei da Migração, art. 81: "A extradição é a medida de cooperação internacional entre o Estado brasileiro e outro Estado pela qual se concede ou solicita a entrega de pessoa sobre quem recaia condenação criminal definitiva ou para fins de instrução de processo penal em curso".

Cap. X – Aplicação da Lei Penal no Espaço   183

Denomina-se *extradição ativa* o pedido formulado por um Estado para a entrega de alguém e *extradição passiva* a entrega de uma pessoa por um Estado em razão do pedido formulado por outro.

A fonte legislativa principal é a Lei 13.445/2017 – denominada Lei da Migração. Na Constituição Federal há dispositivo expresso determinando que somente a União pode legislar sobre extradição (art. 22, XV). O princípio básico, regente da extradição, é que a punição do crime deve ser feita no local onde foi praticado, em virtude do abalo causado na sociedade.

6.2. Requisitos para a concessão

São os seguintes:

1.º) *exame prévio do Supremo Tribunal Federal* (art. 102, I, *g*, CF), feito por uma das Turmas.[8] Em alguns países, a extradição é ato privativo do Executivo, o que não ocorre com o Brasil. Trata-se de uma ação de caráter constitutivo, visando à formação de um título jurídico que habilita a entrega de um indivíduo a um país estrangeiro. Há participação do Ministério Público no processo.

A nova Lei da Migração modificou o trâmite do pedido de extradição. Ele pode seguir direto do Judiciário estrangeiro ao Poder Executivo brasileiro (art. 88, *caput*). Cabe ao Executivo empreender o juízo de admissibilidade, checando os requisitos para a concessão da extradição, conforme exposto nos arts. 82 e 83, basicamente. Se considerar inadequado, pode ser remetido ao arquivo, sem prejuízo de renovação do pleito, apresentadas outras provas ou documentos (art. 89). Porém, se o Executivo entender admissível a extradição, encaminhará o pedido ao Supremo Tribunal Federal (art. 90).

Caso a Suprema Corte defira a extradição, será o Estado estrangeiro requerente notificado a retirar do território nacional o extraditando, no prazo de 60 dias. Não o fazendo, o extraditando, como regra, será colocado em liberdade, sem prejuízo de outras medidas (art. 93). Se o STF indeferir a extradição, a decisão é proferida em caráter definitivo. O atual procedimento coloca a atuação do Poder Executivo à frente do Judiciário para apreciar a admissibilidade do pleito. Se admissível, segue ao STF, que poderá autorizar (devendo a decisão ser cumprida, sem outra manifestação do Executivo) ou negar (em decisão definitiva, sem qualquer recurso).

Iniciado o processo de extradição, o extraditando poderá ser preso cautelarmente e colocado à disposição da Corte. Segundo o disposto pelo art. 86 da Lei da Migração, "o Supremo Tribunal Federal, ouvido o Ministério Público, poderá autorizar prisão albergue ou domiciliar ou determinar que o extraditando responda ao processo de extradição em liberdade, com retenção do documento de viagem ou outras medidas cautelares necessárias, até o julgamento da extradição ou a entrega do extraditando, se pertinente, considerando a situação administrativa migratória, os antecedentes do extraditando e as circunstâncias do caso". O processo de extradição, depois do *habeas corpus*, tem prioridade no Supremo Tribunal Federal.

A defesa do extraditando é limitada e consiste, fundamentalmente, em três itens (art. 91, § 1.º): a) erro quanto à identidade da pessoa reclamada; b) defeito de forma dos documentos

---

[8]   Ao deferir parcialmente a Extradição 1.503, requerida pelos Estados Unidos contra C. C. M., a Segunda Turma do Supremo Tribunal Federal entendeu que, havendo expressa concordância do extraditando, assistido por advogado, o relator do caso pode decidir individualmente os pedidos de extradição sob sua responsabilidade. Lembrou-se que, em novembro de 2017, entrou em vigor a Lei de Migração (Lei 13.445/2017), prevendo, no art. 87, a possibilidade de o extraditando requerer sua entrega voluntária ao país requerente. Assim, estabeleceu-se o precedente ora mencionado.

apresentados pelo Estado estrangeiro (nesse caso, confere-se ao Estado requerente a oportunidade de sanar as irregularidades); caso não o faça, o pedido é indeferido; c) ilegalidade do pedido extradicional. Ao escasso âmbito quanto à matéria alegada em processos de extradição dá-se o nome de *contenciosidade limitada*;

2.º) *existência de convenção ou tratado firmado com o Brasil* ou, em sua falta, deve haver o *oferecimento de reciprocidade (art. 84, § 2.º)*. Em outros termos, o país requerente compromete-se a conceder, no futuro, em situação análoga, a extradição que lhe for pedida. Os tratados e convenções nascem da vontade do Presidente da República (art. 84, VIII, CF), referendados pelo Congresso Nacional (art. 49, I, CF). Exemplificando, possuem tratado de extradição com o Brasil os seguintes países: Chile, Equador, México, Itália, Bolívia, Lituânia, Venezuela, Colômbia, Uruguai, Bélgica, Estados Unidos, Argentina e Austrália.

Quando mais de um Estado estrangeiro requerer a extradição da mesma pessoa, o Brasil deve seguir as seguintes regras de preferência (art. 84): a) país em cujo território deu-se a infração penal; b) país onde ocorreu o crime mais grave, segundo a lei brasileira; c) país que primeiro houver pedido a extradição; d) país de origem do extraditando; e) país do domicílio do extraditando; f) o derradeiro critério fica por conta do órgão competente do Poder Executivo, devendo ser priorizado o Estado requerente que tiver tratado de extradição com o Brasil; havendo tratado(s), prevalecem as regras nele(s) prevista(s).

O Brasil assinou a *Convenção Interamericana para punir a Tortura* (ratificada pelo Decreto 98.386/1989), que prevê a obrigatoriedade de concessão da extradição de toda pessoa acusada da prática de tortura. Segundo esse texto internacional, todo tratado futuro de extradição assinado pelos países signatários da convenção deve conter regra específica autorizando a extradição em caso de tortura. Por outro lado, o Brasil também firmou a *Convenção contra a Tortura e outros Tratamentos ou Penas Cruéis, Desumanos ou Degradantes* (ratificada pelo Decreto 40/1991), estabelecendo proibição à expulsão, devolução ou extradição de pessoa sujeita a ser submetida a tortura no Estado requerente;

3.º) *existência de sentença final condenatória, impositiva de pena privativa de liberdade ou prisão preventiva (ou outra modalidade de prisão cautelar) decretada por autoridade competente do Estado requerente* (art. 83, II);

4.º) *ser o extraditando estrangeiro (art. 82, I)*. É vedada a extradição de nacionais, não se distinguindo o brasileiro nato do naturalizado, conforme dispõe o art. 5.º, LI, da CF. Há exceções para o brasileiro naturalizado, previstas no mesmo dispositivo constitucional: a) quando a naturalização foi adquirida posteriormente ao fato que motiva o pedido; b) quando for comprovado envolvimento em tráfico ilícito de entorpecentes e drogas afins, exigindo-se, como regra, sentença penal condenatória com trânsito em julgado.

Aliás, é conveniente registrar que, se não é possível a concessão de extradição de brasileiro, fica o Brasil obrigado a punir os nacionais que pratiquem delitos fora do País, conforme prevê o princípio da nacionalidade. Não fosse assim e estaria instaurada a impunidade. Esse é o texto expresso da *Convenção para a Repressão ao Tráfico de Pessoas e Lenocínio*, assinada pelo Brasil e aprovada pelo Decreto Legislativo 6/1958, no art. 9.º: "Os nacionais de um Estado, que não admite a extradição de nacionais, devem ser punidos por tais delitos pelos tribunais do seu próprio país. O mesmo se aplica caso não seja admitida a extradição de estrangeiro acusado de tráfico de pessoas ou lenocínio". Vale registrar que o STF, indeferindo o pedido, já deliberou que, para a extradição de brasileiro naturalizado, por envolvimento com o tráfico de entorpecentes, deve haver norma específica indicando o alcance desse dispositivo constitucional;

Cap. X – Aplicação da Lei Penal no Espaço   185

5.º) *o fato imputado deve constituir crime* – e não contravenção penal – *perante a lei brasileira e a do Estado requerente* (art. 82, II). É a aplicação do princípio da *dupla tipicidade*. Pode, no entanto, haver diferença de *nomen juris* ou de designação formal entre os delitos, o que é irrelevante. O Supremo Tribunal Federal, por unanimidade, já deferiu a extradição de um português, acusado da prática de burla qualificada, que, no Brasil, é a figura típica do estelionato. Por outro lado, o extraditando era acusado, igualmente, da prática de falsificação, mas esse delito serviu de meio para que fosse alcançado o crime de burla. Por tal razão, aplicando jurisprudência pacífica em nossos Tribunais (vide a Súmula 17 do STJ), o Pretório Excelso afastou a possibilidade de processo-crime por falsificação, uma vez que esta teria sido absorvida pelo delito de burla (estelionato), impondo-se cláusula limitadora.

No caso de dupla tipicidade, o Brasil, por força do disposto no art. 96 da Lei 13.445/2017, ao conceder a extradição, impõe *cláusulas limitadoras*, vinculando a atuação do Estado estrangeiro relativamente ao extraditando. São elas: a) "não submeter o extraditando a prisão ou processo por fato anterior ao pedido de extradição" (inciso I); b) "computar o tempo da prisão que, no Brasil, foi imposta por força da extradição" (inciso II). O STF já teve oportunidade de negar pedido de extradição formulado pela Itália, justamente porque o tempo em que o extraditando esteve preso no Brasil, preventivamente, durante o curso do processo de extradição, ultrapassou o total da pena aplicada no Estado requerente; c) "comutar a pena corporal, perpétua ou de morte em pena privativa de liberdade, respeitado o limite máximo de cumprimento de 30 (trinta) anos" (inciso III); d) "não entregar o extraditando, sem consentimento do Brasil, a outro Estado que o reclame" (inciso IV); e) "não considerar qualquer motivo político para agravar a pena" (inciso V); f) "não submeter o extraditando a tortura ou a outros tratamentos ou penas cruéis, desumanos ou degradantes" (inciso VI). A imposição das cláusulas limitadoras é decorrência do princípio da especialidade, ou seja, o extraditando somente poderá ser processado pelos fatos autorizados pelo processo de extradição. Por outro lado, é pacífico o entendimento de que não pode o Brasil impor, como cláusula limitadora, a observância de regras processuais peculiares ao direito interno, por exemplo, a aplicação da suspensão condicional do processo, prevista na Lei 9.099/1995;

6.º) *a pena máxima para o crime imputado ao extraditando deve ser privativa de liberdade superior a dois anos*, conforme a legislação nacional (art. 82, IV);

7.º) *o crime imputado ao extraditando não pode ser político ou de opinião*, incluídos nestes os de fundo religioso e de orientação filosófica (art. 5.º, LII, CF, e art. 82, VII, Lei da Migração).

O crime político é aquele que ofende interesse político do Estado, tais como a independência, a forma de governo, a integridade territorial, entre outros, ou crimes eleitorais. Há, basicamente, três critérios para averiguar se o crime em questão é político: a) *critério objetivo*: liga-se à qualidade do bem jurídico ameaçado ou ofendido (exemplo: a soberania do Estado ou sua integridade territorial); b) *critério subjetivo*: leva em conta a natureza do motivo que impele à ação, devendo ser sempre político (exemplo: conseguir dinheiro destinado a sustentar a atividade de um partido político clandestino); c) *critério misto*: é a conjunção dos dois anteriores. Trata-se da tendência atual. O Supremo Tribunal Federal leva em consideração, para avaliar se o crime é político ou não, tanto a segurança interna do Estado quanto a segurança externa.[9] Assim, já se negou extradição à Alemanha, que solicitava uma pessoa acusada de ter transferido segredo

---

[9]   Cabe ao próprio STF avaliar se o crime é político ou de opinião, conforme se vê no art. 82, §§ 1.º ("a previsão constante do inciso VII do *caput* não impedirá a extradição quando o fato constituir, princi-

de Estado do Governo requerente ao Iraque, envolvendo um projeto de desenvolvimento de armamento nuclear. Existem crimes denominados *políticos relativos* (complexos ou mistos), que são os delitos comuns determinados, no todo ou em parte, por motivos políticos. Nesse caso, utiliza o Supremo Tribunal Federal o critério da prevalência, ou seja, concede-se a extradição quando o crime comum é o fato principal.

Os crimes de opinião são os que representam abuso na liberdade de manifestação do pensamento. A qualificação do crime como político ou de opinião é do Estado ao qual é pedida a extradição, e não do país que a requer. No Brasil, cabe ao STF fazer essa avaliação. A tendência atual é restringir o conceito de crime político, excluindo atos de terrorismo com violência à pessoa praticados com fim político, anarquismo, sabotagem, sequestro de pessoa, propaganda de guerra e processos violentos para subverter a ordem política ou social. Em julho de 1978, os líderes das potências ocidentais (EUA, Canadá, Japão, Itália, França, Inglaterra e Alemanha Ocidental) deliberaram que, se algum país no mundo se negar a extraditar ou processar algum sequestrador de avião (ou a devolver o avião sequestrado), todos os voos desses países estarão suspensos para esse Estado e haverá proibição de pouso nos seus territórios.[10]

Segundo o disposto no art. 6.º da Lei 2.889/1956, os crimes de genocídio jamais serão considerados crimes políticos, para fins de extradição. Finalmente, cabe ressaltar que o Brasil é signatário da *Convenção sobre Asilo Territorial*, aprovada pelo Decreto 55.929/1965, prevendo que não se aplica a extradição quando se tratar de perseguidos políticos ou acusados da prática de delitos comuns cometidos com fins políticos, tampouco quando a extradição for solicitada por motivos predominantemente políticos;

8.º) *o extraditando não pode estar sendo processado, nem pode ter sido condenado ou absolvido no Brasil pelo mesmo fato em que se fundar o pedido* (art. 82, V). É a aplicação do princípio do *ne bis in idem*;

9.º) *o Brasil tem de ser incompetente para julgar a infração*, segundo suas leis (art. 82, III);

10.º) *o extraditando, no exterior, não pode ser submetido a tribunal de exceção*, que é o juízo criado após o cometimento da infração penal, especialmente para julgá-la (art. 82, VIII);

11.º) *não pode estar extinta a punibilidade pela prescrição*, segundo a lei do Estado requerente ou de acordo com a brasileira (art. 82, VI). Há países que não cultivam a prescrição em sua legislação, como os EUA; diante disso, deve-se analisar o caso à luz da prescrição prevista no ordenamento jurídico brasileiro;

12.º) *o extraditando não pode ser considerado, oficialmente, como refugiado pelo Governo brasileiro* (art. 33, Lei 9.474/1997; art. 82, IX, Lei 13.445/2017).

Finalizando, anote-se o disposto na Súmula 421 do STF: "Não impede a extradição a circunstância de ser o extraditando casado com brasileira ou ter filho brasileiro".

6.3. Diferenças em face de repatriação, deportação e expulsão

A extradição é um instrumento de cooperação internacional para a entrega de pessoa acusada da prática de crime a Estado estrangeiro, seja para responder ao processo, seja para cumprir pena. Portanto, quando o Brasil extradita alguém significa que está colaborando para

---

palmente, infração à lei penal comum ou quando o crime comum, conexo ao delito político, constituir o fato principal") e 2.º ("caberá à autoridade judiciária competente a apreciação do caráter da infração").

[10] Jair Leonardo Lopes, *Curso de direito penal*, p. 74.

Cap. X – Aplicação da Lei Penal no Espaço

a repressão à criminalidade internacional, embora o extraditando possa não ter feito nada de errado em solo nacional.

A repatriação é a determinação de saída compulsória do Brasil, quando ocorre a "devolução de pessoa em situação de impedimento ao país de procedência ou de nacionalidade" (art. 49, *caput*, Lei da Migração). São situações de impedimento de entrada em território nacional (art. 45): "I – anteriormente expulsa do País, enquanto os efeitos da expulsão vigorarem; II – condenada ou respondendo a processo por ato de terrorismo ou por crime de genocídio, crime contra a humanidade, crime de guerra ou crime de agressão, nos termos definidos pelo Estatuto de Roma do Tribunal Penal Internacional, de 1998, promulgado pelo Decreto nº 4.388, de 25 de setembro de 2002; III – condenada ou respondendo a processo em outro país por crime doloso passível de extradição segundo a lei brasileira; IV – que tenha o nome incluído em lista de restrições por ordem judicial ou por compromisso assumido pelo Brasil perante organismo internacional; V – que apresente documento de viagem que: a) não seja válido para o Brasil; b) esteja com o prazo de validade vencido; ou c) esteja com rasura ou indício de falsificação; VI – que não apresente documento de viagem ou documento de identidade, quando admitido; VII – cuja razão da viagem não seja condizente com o visto ou com o motivo alegado para a isenção de visto; VIII – que tenha, comprovadamente, fraudado documentação ou prestado informação falsa por ocasião da solicitação de visto; ou IX – que tenha praticado ato contrário aos princípios e objetivos dispostos na Constituição Federal. Parágrafo único. Ninguém será impedido de ingressar no País por motivo de raça, religião, nacionalidade, pertinência a grupo social ou opinião política".

A deportação é a determinação de saída compulsória do território nacional, quando o estrangeiro aqui se encontra em situação migratória irregular, seja porque ingressou sem ter visto, este pode ter expirado, ou porque, a despeito de turista, exerceu atividade laborativa remunerada. Como diz FRANCISCO REZEK, "cuida-se de exclusão por iniciativa das autoridades locais, sem envolvimento da cúpula do governo: no Brasil, agentes policiais federais têm competência para promover a deportação de estrangeiros, quando entendam que não é o caso de regularizar sua documentação. A medida não é exatamente punitiva, nem deixa sequelas. O deportado pode retornar ao País desde o momento em que se tenha provido de documentação regular para o ingresso".[11] Poderá ser decretada a prisão do estrangeiro, por juiz federal, enquanto aguarda a deportação (diga-se o mesmo para a expulsão). O procedimento administrativo de deportação sujeita-se ao contraditório, à ampla defesa e à garantia de recurso com efeito suspensivo, notificando-se sempre a Defensoria Pública da União (art. 51, Lei da Migração).

A expulsão é a determinação de saída compulsória do território nacional do estrangeiro (migrante ou turista), com impedimento de reingresso por determinado prazo (art. 54). São causas para a expulsão: a) a condenação com sentença transitada em julgado relativa à prática de crime de genocídio, crime contra a humanidade, crime de guerra ou crime de agressão, nos termos definidos pelo Estatuto de Roma do Tribunal Penal Internacional, de 1998, promulgado pelo Decreto 4.388, de 25 de setembro de 2002; b) a condenação com trânsito em julgado relativa à prática de crime comum doloso passível de pena privativa de liberdade, consideradas a gravidade e as possibilidades de ressocialização em território nacional. Os pressupostos para a expulsão são mais graves e a consequência, como regra, é a impossibilidade de retorno. Há inquérito, com contraditório e ampla defesa, notificando-se a Defensoria Pública da União a respeito. Cumpre lembrar que o reingresso de estrangeiro expulso é crime (art. 338, CP).

---

[11] *Direito internacional público*, p. 199.

6.3.1. *Diferenças em face de transferência de execução da pena e transferência de pessoa condenada*

A possibilidade de transferência de execução da pena de condenado no Brasil para o exterior, ou do estrangeiro para o Brasil, passa a ser permitida, vedado o *bis in idem*, nos seguintes termos (art. 100): "I – o condenado em território estrangeiro for nacional ou tiver residência habitual ou vínculo pessoal no Brasil; II – a sentença tiver transitado em julgado; III – a duração da condenação a cumprir ou que restar para cumprir for de, pelo menos, 1 (um) ano, na data de apresentação do pedido ao Estado da condenação; IV – o fato que originou a condenação constituir infração penal perante a lei de ambas as partes; V – houver tratado ou promessa de reciprocidade".

Outra hipótese é a transferência de pessoa condenada, podendo ocorrer do território nacional para o estrangeiro ou deste para o Brasil, nos seguintes termos (art. 104): "I – o condenado no território de uma das partes for nacional ou tiver residência habitual ou vínculo pessoal no território da outra parte que justifique a transferência; II – a sentença tiver transitado em julgado; III – a duração da condenação a cumprir ou que restar para cumprir for de, pelo menos, 1 (um) ano, na data de apresentação do pedido ao Estado da condenação; IV – o fato que originou a condenação constituir infração penal perante a lei de ambos os Estados; V – houver manifestação de vontade do condenado ou, quando for o caso, de seu representante; VI – houver concordância de ambos os Estados".

O Brasil já celebrou o tratado de transferência de preso com Canadá, Argentina e Chile, baseado no caso concreto do sequestro do empresário Abílio Diniz, cujos autores eram, na maioria, estrangeiros provenientes desses três países. Por pressões internacionais, firmou-se, primeiramente, o tratado para a transferência de presos entre Brasil e Canadá, assinado em Brasília em 15 de julho de 1992. Foi aprovado pelo Decreto Legislativo 22, de 24 de agosto de 1993, passando a valer a partir da edição do Decreto 2.547, da Presidência da República, de 14 de abril de 1998. Em suma, esse tratado – que não é de extradição – prevê a possibilidade de condenados brasileiros no Canadá virem cumprir sua pena no Brasil, bem como que condenados canadenses no Brasil possam cumprir a pena no seu país de origem. As condições são as seguintes: "o crime pelo qual a pena foi imposta também deve constituir infração criminal no Estado Recebedor" (princípio da dupla tipicidade); "o preso deverá ser nacional do Estado Recebedor"; "na ocasião da apresentação do pedido (...) devem restar pelo menos seis meses de pena por cumprir"; não deve pender "de julgamento qualquer recurso em relação à condenação imposta ao preso no Estado Remetente ou que tenha expirado o prazo para a interposição de recurso". Atualmente, a possibilidade de transferência dá-se, genericamente, a qualquer preso estrangeiro.

6.4. Importância da extradição

A relevância da extradição surge a partir do momento em que consideramos os princípios da territorialidade e da extraterritorialidade. Caso alguém cometa um crime em solo nacional (territorialidade), refugiando-se em país estrangeiro, cabe ao Brasil solicitar a sua extradição, a fim de que possa responder, criminalmente, pelo que fez. Em igual prisma, se o agente comete o crime no exterior, mas ofendendo interesse ou bem jurídico brasileiro, aplicando-se a regra da extraterritorialidade, terá o Brasil interesse em puni-lo, havendo necessidade de se utilizar do instituto da extradição.

6.5. Tribunal Penal Internacional

6.5.1. Introdução

O Tribunal Penal Internacional é um exemplo de jurisdição internacional necessária e consistente no absoluto respeito ao princípio do juiz natural, que, em contraposição, veda o tribunal de exceção (Corte criada após a prática de certos crimes especificamente para julgá-los).[12] Como explica ELIZABETH GORAIEB, "o caráter *sui generis* do Estatuto decorre do princípio da complementaridade, que tem como objetivo assegurar que o Tribunal exerça o papel que lhe é atribuído, sem interferir indevidamente nos sistemas judiciários nacionais, a quem continua a incumbir a responsabilidade primária de investigar e processar os crimes".[13]

No passado recente, após a 2.ª Guerra Mundial, tomando-se conhecimento do genocídio praticado pelos alemães, a mando de Hitler, mas também de outras atrocidades cometidas pelos japoneses, em campos de concentração, as Nações vencedoras viram-se em relativo impasse: respeitar o juiz natural ou criar um tribunal para julgar crimes já ocorridos. Entre os valores em jogo, não houve dúvida de que tornar real um Tribunal Internacional, mesmo que pudesse ser acoimado de exceção, composto por juízes parciais – pois advindos de quem venceu a guerra –, do que simplesmente esquecer os martírios e milhares de mortes ocorridas *fora do ambiente da guerra*. Ademais, outro princípio que terminou, à época, maculado foi o da legalidade, associado à anterioridade, visto que os crimes de genocídio foram idealizados após os acontecimentos fáticos.

De todo modo, não houve como negar a indispensabilidade de um julgamento público e mundial das atrocidades praticadas, predispondo-se o conjunto das nações a tornar realidade, no futuro, um Tribunal Penal Internacional permanente. Portanto, após a atuação dos mais famosos Tribunais Penais Internacionais – Nuremberg e Tóquio –, ainda outros foram instaurados para julgar crimes contra a humanidade, como nos casos da ex-Iugoslávia e de Ruanda.

Portanto, em lugar de haver tribunais *ad hoc*, sempre questionáveis do ponto de vista das garantias penais e processuais penais, nasceu, pelo Estatuto de Roma, o Tribunal Penal Internacional, de caráter permanente, em 1998, aprovado pela maioria das nações do Globo.

O Brasil aprovou-o, internamente, pelo Decreto Legislativo 112, de 6 de junho de 2002, para, na sequência, entrar em vigor por força do Decreto 4.388, de 25 de setembro de 2002, da Presidência da República.

Inicialmente, é preciso considerar alguns aspectos formais de sua entrada em vigor no Brasil. O Supremo Tribunal Federal, na sua mais recente posição, tem considerado os tratados ou convenções internacionais, quando não aprovados na forma do art. 5.º, § 3.º, CF (nas duas Casas do Congresso, em dois turnos, por três quintos dos votos dos respectivos membros), não possuem *status* de emenda constitucional, logo, não integram o texto constitucional. Por outro lado, direitos e garantias podem ser absorvidos de tratados internacionais em que o Brasil seja parte (art. 5.º, § 2.º, CF), mas ingressam como normas *supralegais*, vale dizer, acima da legislação ordinária e abaixo da Constituição Federal.

---

[12] ENEIDA ORBAGE DE BRITTO TAQUARY, em relação à natureza jurídica do Tribunal, especifica tratar-se de órgão jurisdicional integrativo do sistema normativo global de proteção do direito humanitário (*Tribunal Penal Internacional*, p. 101).

[13] *Tribunal Penal Internacional*, p. 150-151.

Há mais um dado importante, instituído pela Emenda Constitucional 45/2004, acrescentando o § 4.º ao art. 5.º da Constituição Federal: "O Brasil se submete à jurisdição de Tribunal Penal Internacional a cuja criação tenha manifestado adesão".

A questão é a seguinte: submete-se em que medida e em que grau? É o que veremos a seguir.

6.5.2. Competência do Tribunal Penal Internacional

O Tribunal é uma instituição permanente, com jurisdição sobre todas as pessoas responsáveis pelos crimes de maior gravidade com alcance internacional, mas será complementar às jurisdições penais nacionais (art. 1.º do Estatuto de Roma). Nota-se ser órgão jurisdicional internacional independente, mas não é substituto dos tribunais nacionais dos países que aderiram ao Estatuto do Roma.

É compreensível a sua atuação complementar, na medida em que, para ilustrar, havendo um genocídio do país X, cujas instituições ficam comprometidas e incapacitadas de atuar, o ditador do país X não teria onde ser julgado. Segue, então, para o TPI, que é o juiz natural para a causa. No entanto, se algum brasileiro comete genocídio, onde quer que seja, refugiando-se em solo nacional, deverá ser aqui julgado, pois temos instituições judiciárias aptas a isso e não se extraditam brasileiros natos e em algumas hipóteses também o naturalizado, conforme determina a própria Constituição Federal (art. 5.º, LI e LII).

A sede do Tribunal fica em Haia, nos Países Baixos, embora possa, conforme a conveniência, funcionar em outro local (art. 3.º do Estatuto de Roma). A sua competência volta-se aos crimes de maior gravidade, que afetam a comunidade internacional no seu conjunto: delito de genocídio, crimes contra a humanidade, delitos de guerra, crime de agressão (art. 5.º do Estatuto de Roma).

Em relação ao princípio da legalidade (art. 5.º, XXXIX, CF), consideramos que eventual julgamento, no Brasil, de autor de crime que se encaixe no Estatuto de Roma, há possibilidade de ser considerado o tipo penal formado pelo referido Estatuto, embora em muitos casos coincidam com os tipos brasileiros. Afinal, o princípio da legalidade está acima do TPI, mas ele apenas menciona que deve haver lei prévia definindo crimes e penas. Ora, levando-se em conta que o Estatuto de Roma é uma norma supralegal, estando acima da legislação ordinária, cabe a ele estabelecer os tipos incriminadores.

6.5.3. Dos crimes previstos no Estatuto de Roma

Tem-se, no art. 6.º, o crime de genocídio: "para os efeitos do presente Estatuto, entende-se por 'genocídio', qualquer um dos atos que a seguir se enumeram, praticado com intenção de destruir, no todo ou em parte, um grupo nacional, étnico, racial ou religioso, enquanto tal: a) Homicídio de membros do grupo; b) Ofensas graves à integridade física ou mental de membros do grupo; c) Sujeição intencional do grupo a condições de vida com vista a provocar a sua destruição física, total ou parcial; d) Imposição de medidas destinadas a impedir nascimentos no seio do grupo; e) Transferência, à força, de crianças do grupo para outro grupo".

Apenas para comparar, a Lei 2.889/1956, que tipifica o genocídio no Brasil, prevê o seguinte: "art. 1.º Quem, com a intenção de destruir, no todo ou em parte, grupo nacional, étnico, racial ou religioso, como tal: a) matar membros do grupo; b) causar lesão grave à integridade física ou mental de membros do grupo; c) submeter intencionalmente o grupo a condições de existência capazes de ocasionar-lhe a destruição física total ou parcial; d) adotar medidas

Cap. X – Aplicação da Lei Penal no Espaço 191

destinadas a impedir os nascimentos no seio do grupo; e) efetuar a transferência forçada de crianças do grupo para outro grupo".

Portanto, mesmo que se considere o Estatuto de Roma uma legislação supralegal, conforme entendimento do STF, no tocante a tratados não aprovados da forma do § 3.º do art. 5.º da CF, o genocídio é exatamente o mesmo crime. Comentamos a Lei 2.889/1956 em nosso *Leis penais e processuais penais comentadas* – vol. 1.

No art. 7.º, preveem-se os crimes contra a humanidade, desde que cometidos num quadro de ataque, generalizado ou sistemático, contra qualquer população civil, havendo conhecimento do ataque. São os seguintes delitos: "a) homicídio; b) extermínio; c) escravidão; d) deportação ou transferência forçada de uma população; e) prisão ou outra forma de privação da liberdade física grave, em violação das normas fundamentais de direito internacional; f) tortura; g) agressão sexual, escravatura sexual, prostituição forçada, gravidez forçada, esterilização forçada ou qualquer outra forma de violência no campo sexual de gravidade comparável; h) perseguição de um grupo ou coletividade que possa ser identificado, por motivos políticos, raciais, nacionais, étnicos, culturais, religiosos ou de gênero, tal como definido no parágrafo 3.º, ou em função de outros critérios universalmente reconhecidos como inaceitáveis no direito internacional, relacionados com qualquer ato referido neste parágrafo ou com qualquer crime da competência do Tribunal; i) desaparecimento forçado de pessoas; j) crime de *apartheid*; k) outros atos desumanos de caráter semelhante, que causem intencionalmente grande sofrimento, ou afetem gravemente a integridade física ou a saúde física ou mental".

Na sequência, o § 2.º do art. 7.º define os delitos mencionados no § 1.º: "a) por 'ataque contra uma população civil' entende-se qualquer conduta que envolva a prática múltipla de atos referidos no parágrafo 1.º contra uma população civil, de acordo com a política de um Estado ou de uma organização de praticar esses atos ou tendo em vista a prossecução dessa política; b) o 'extermínio' compreende a sujeição intencional a condições de vida, tais como a privação do acesso a alimentos ou medicamentos, com vista a causar a destruição de uma parte da população; c) por 'escravidão' entende-se o exercício, relativamente a uma pessoa, de um poder ou de um conjunto de poderes que traduzam um direito de propriedade sobre uma pessoa, incluindo o exercício desse poder no âmbito do tráfico de pessoas, em particular mulheres e crianças; d) por 'deportação ou transferência à força de uma população' entende-se o deslocamento forçado de pessoas, através da expulsão ou outro ato coercivo, da zona em que se encontram legalmente, sem qualquer motivo reconhecido no direito internacional; e) por 'tortura' entende-se o ato por meio do qual uma dor ou sofrimentos agudos, físicos ou mentais, são intencionalmente causados a uma pessoa que esteja sob a custódia ou o controle do acusado; este termo não compreende a dor ou os sofrimentos resultantes unicamente de sanções legais, inerentes a essas sanções ou por elas ocasionadas; f) por 'gravidez à força' entende-se a privação ilegal de liberdade de uma mulher que foi engravidada à força, com o propósito de alterar a composição étnica de uma população ou de cometer outras violações graves do direito internacional. Esta definição não pode, de modo algum, ser interpretada como afetando as disposições de direito interno relativas à gravidez; g) por 'perseguição' entende-se a privação intencional e grave de direitos fundamentais em violação do direito internacional, por motivos relacionados com a identidade do grupo ou da coletividade em causa; h) por 'crime de *apartheid*' entende-se qualquer ato desumano análogo aos referidos no parágrafo 1.º, praticado no contexto de um regime institucionalizado de opressão e domínio sistemático de um grupo racial sobre um ou outros grupos nacionais e com a intenção de manter esse regime; i) por 'desaparecimento forçado de pessoas' entende-se a detenção, a prisão ou o sequestro de pessoas por um Estado ou uma organização política ou com a autorização, o apoio ou a concordância destes, seguidos de recusa a reconhecer tal estado de privação de liberdade ou a prestar qualquer informação sobre a situação ou localização dessas pessoas, com o propósito de lhes negar a proteção da lei por um prolongado período de tempo".

O § 3.º do art. 7.º tem o cuidado de estabelecer que, "para efeitos do presente Estatuto, entende-se que o termo 'gênero' abrange os sexos masculino e feminino, dentro do contexto da sociedade, não lhe devendo ser atribuído qualquer outro significado".

Continuando a tipificação de infrações graves, o art. 8.º cuida dos crimes de guerra, "quando cometidos como parte integrante de um plano ou de uma política ou como parte de uma prática em larga escala desse tipo de crimes". O § 2.º os disciplina: "a) as violações graves às Convenções de Genebra, de 12 de agosto de 1949, a saber, qualquer um dos seguintes atos, dirigidos contra pessoas ou bens protegidos nos termos da Convenção de Genebra que for pertinente: i) homicídio doloso; ii) mesmo quando tomada de assalto; tortura ou outros tratamentos desumanos, incluindo as experiências biológicas; iii) o ato de causar intencionalmente grande sofrimento ou ofensas graves à integridade física ou à saúde; iv) destruição ou a apropriação de bens em larga escala, quando não justificadas por quaisquer necessidades militares e executadas de forma ilegal e arbitrária; v) o ato de compelir um prisioneiro de guerra ou outra pessoa sob proteção a servir nas forças armadas de uma potência inimiga; vi) privação intencional de um prisioneiro de guerra ou de outra pessoa sob proteção do seu direito a um julgamento justo e imparcial; vii) deportação ou transferência ilegais, ou a privação ilegal de liberdade; viii) tomada de reféns; b) outras violações graves das leis e costumes aplicáveis em conflitos armados internacionais no âmbito do direito internacional, a saber, qualquer um dos seguintes atos: i) dirigir intencionalmente ataques à população civil em geral ou civis que não participem diretamente nas hostilidades; ii) dirigir intencionalmente ataques a bens civis, ou seja bens que não sejam objetivos militares; iii) dirigir intencionalmente ataques ao pessoal, instalações, material, unidades ou veículos que participem numa missão de manutenção da paz ou de assistência humanitária, de acordo com a Carta das Nações Unidas, sempre que estes tenham direito à proteção conferida aos civis ou aos bens civis pelo direito internacional aplicável aos conflitos armados; iv) lançar intencionalmente um ataque, sabendo que o mesmo causará perdas acidentais de vidas humanas ou ferimentos na população civil, danos em bens de caráter civil ou prejuízos extensos, duradouros e graves no meio ambiente que se revelem claramente excessivos em relação à vantagem militar global concreta e direta que se previa; v) atacar ou bombardear, por qualquer meio, cidades, vilarejos, habitações ou edifícios que não estejam defendidos e que não sejam objetivos militares; vi) matar ou ferir um combatente que tenha deposto armas ou que, não tendo mais meios para se defender, se tenha incondicionalmente rendido; vii) utilizar indevidamente uma bandeira de trégua, a bandeira nacional, as insígnias militares ou o uniforme do inimigo ou das Nações Unidas, assim como os emblemas distintivos das Convenções de Genebra, causando deste modo a morte ou ferimentos graves; viii) a transferência, direta ou indireta, por uma potência ocupante de parte da sua população civil para o território que ocupa ou a deportação ou transferência da totalidade ou de parte da população do território ocupado, dentro ou para fora desse território; ix) dirigir intencionalmente ataques a edifícios consagrados ao culto religioso, à educação, às artes, às ciências ou à beneficência, monumentos históricos, hospitais e lugares onde se agrupem doentes e feridos, sempre que não se trate de objetivos militares; x) submeter pessoas que se encontrem sob o domínio de uma parte beligerante a mutilações físicas ou a qualquer tipo de experiências médicas ou científicas que não sejam motivadas por um tratamento médico, dentário ou hospitalar, nem sejam efetuadas no interesse dessas pessoas, e que causem a morte ou coloquem seriamente em perigo a sua saúde;

xi) matar ou ferir à traição pessoas pertencentes à nação ou ao exército inimigo; xii) declarar que não será dado quartel; xiii) destruir ou apreender bens do inimigo, a menos que tais destruições ou apreensões sejam imperativamente determinadas pelas necessidades da guerra; xiv) declarar abolidos, suspensos ou não admissíveis em tribunal os direitos e ações dos nacionais da parte inimiga; xv) obrigar os nacionais da parte inimiga a participar em operações bélicas dirigidas contra o seu próprio país, ainda que eles tenham estado ao serviço daquela parte beligerante antes do início da guerra; xvi) saquear uma cidade ou uma localidade, mesmo quando tomada de assalto; xvii) utilizar veneno ou armas envenenadas; xviii) utilizar gases asfixiantes, tóxicos ou outros gases ou qualquer líquido, material ou dispositivo análogo; xix) utilizar balas que se expandem ou achatam facilmente no interior do corpo humano, tais como balas de revestimento duro que não cobre totalmente o interior ou possui incisões; xx) utilizar armas, projéteis; materiais e métodos de combate que, pela sua própria natureza, causem ferimentos supérfluos ou sofrimentos desnecessários ou que surtam efeitos indiscriminados, em violação do direito internacional aplicável aos conflitos armados, na medida em que tais armas, projéteis, materiais e métodos de combate sejam objeto de uma proibição geral e estejam incluídos em um anexo ao presente Estatuto, em virtude de uma alteração aprovada em conformidade com o disposto nos artigos 121 e 123; xxi) ultrajar a dignidade da pessoa, em particular por meio de tratamentos humilhantes e degradantes; xxii) cometer atos de violação, escravidão sexual, prostituição forçada, gravidez à força, tal como definida na alínea *f* do parágrafo 2.º do artigo 7.º, esterilização à força e qualquer outra forma de violência sexual que constitua também um desrespeito grave às Convenções de Genebra; xxiii) utilizar a presença de civis ou de outras pessoas protegidas para evitar que determinados pontos, zonas ou forças militares sejam alvo de operações militares; xxiv) dirigir intencionalmente ataques a edifícios, material, unidades e veículos sanitários, assim como o pessoal que esteja usando os emblemas distintivos das Convenções de Genebra, em conformidade com o direito internacional; xxv) provocar deliberadamente a inanição da população civil como método de guerra, privando-a dos bens indispensáveis à sua sobrevivência, impedindo, inclusive, o envio de socorros, tal como previsto nas Convenções de Genebra; xxvi) recrutar ou alistar menores de 15 anos nas forças armadas nacionais ou utilizá-los para participar ativamente nas hostilidades; c) em caso de conflito armado que não seja de índole internacional, as violações graves do artigo 3.º comum às quatro Convenções de Genebra, de 12 de agosto de 1949, a saber, qualquer um dos atos que a seguir se indicam, cometidos contra pessoas que não participem diretamente nas hostilidades, incluindo os membros das forças armadas que tenham deposto armas e os que tenham ficado impedidos de continuar a combater devido a doença, lesões, prisão ou qualquer outro motivo: i) atos de violência contra a vida e contra a pessoa, em particular o homicídio sob todas as suas formas, as mutilações, os tratamentos cruéis e a tortura; ii) ultrajes à dignidade da pessoa, em particular por meio de tratamentos humilhantes e degradantes; iii) a tomada de reféns; iv) as condenações proferidas e as execuções efetuadas sem julgamento prévio por um tribunal regularmente constituído e que ofereça todas as garantias judiciais geralmente reconhecidas como indispensáveis; d) a alínea *c)* do parágrafo 2.º do presente artigo aplica-se aos conflitos armados que não tenham caráter internacional e, por conseguinte, não se aplica a situações de distúrbio e de tensão internas, tais como motins, atos de violência esporádicos ou isolados ou outros de caráter semelhante; e) as outras violações graves das leis e costumes aplicáveis aos conflitos armados que não têm caráter internacional, no quadro do direito internacional, a saber qualquer um dos seguintes atos: i) dirigir intencionalmente ataques à população civil em geral ou civis que não participem diretamente nas hostilidades; ii) dirigir intencionalmente ataques a edifícios, material, unidades e veículos sanitários, bem como ao pessoal que esteja usando os emblemas distintivos das Convenções de Genebra, em conformidade com o direito internacional; iii) dirigir intencionalmente ataques ao pessoal, instalações, material, unidades ou veículos que participem numa missão de manutenção da paz ou de assistência humanitária, de acordo com a Carta das Nações Unidas, sempre que estes tenham direito à proteção conferida pelo direito internacional dos conflitos armados aos civis e aos bens civis; iv) atacar intencionalmente edifícios consagrados ao culto religioso, à educação, às artes, às ciências ou à beneficência, monumentos históricos, hospitais e lugares onde se agrupem doentes e feridos, sempre que não se trate de objetivos militares; v) saquear um aglomerado populacional ou um local, mesmo quando tomado de assalto; vi) cometer atos de agressão sexual, escravidão sexual, prostituição forçada, gravidez à força, tal como definida na alínea *f* do parágrafo 2.º do artigo 7.º; esterilização à força ou qualquer outra forma de violência sexual que constitua uma violação grave do artigo 3.º comum às quatro Convenções de Genebra; vii) recrutar ou alistar menores de 15 anos nas forças armadas nacionais ou em grupos, ou utilizá-los para participar ativamente nas hostilidades; viii) ordenar a deslocação da população civil por razões relacionadas com o conflito, salvo se assim o exigirem a segurança dos civis em questão ou razões militares imperiosas; ix) matar ou ferir à traição um combatente de uma parte beligerante; x) declarar que não será dado quartel; xi) submeter pessoas que se encontrem sob o domínio de outra parte beligerante a mutilações físicas ou a qualquer tipo de experiências médicas ou científicas que não sejam motivadas por um tratamento médico, dentário ou hospitalar nem sejam efetuadas no interesse dessa pessoa, e que causem a morte ou ponham seriamente a sua saúde em perigo; xii) destruir ou apreender bens do inimigo, a menos que as necessidades da guerra assim o exijam; f) A alínea *e)* do parágrafo 2.º do presente artigo aplicar-se-á aos conflitos armados que não tenham caráter internacional e, por conseguinte, não se aplicará a situações de distúrbio e de tensão internas, tais como motins, atos de violência esporádicos ou isolados ou outros de caráter semelhante; aplicar-se-á, ainda, a conflitos armados que tenham lugar no território de um Estado, quando exista um conflito armado prolongado entre as autoridades governamentais e grupos armados organizados ou entre estes grupos".

6.5.4. Dos direitos e garantias humanas fundamentais

Ressalte-se a cautela do texto do Estatuto de Roma para evitar o que aconteceu com os Tribunais de Nuremberg e Tóquio, após a guerra terminar: "o Tribunal só terá competência relativamente aos crimes cometidos após a entrada em vigor do presente Estatuto" (art. 11, § 1.º). Portanto, há crime definido *antes* da sua prática.

Mais um ponto positivo do Estatuto é respeitar, fielmente, o princípio da vedação da dupla punição pelo mesmo fato (art. 20). Consagra-se, ainda, o princípio da legalidade voltado ao crime (art. 22); o princípio da legalidade voltado à pena (art. 23); veda a retroatividade da lei prejudicial ao réu, mas aceita a retroatividade benéfica (art. 24); não admite julgar menores de 18 anos (art. 26); consagra o dolo para dar margem à punição (art. 30); há causas prevendo situações de inimputabilidade e outras regulando excludente de ilicitude, como a legítima defesa (art. 31); inserem-se elementos relativos ao erro (ainda chamados de erro de fato e erro de direito, mas é só questão de nomenclatura – art. 32); tutela-se a obediência hierárquica (art. 33).

O Estatuto de Roma acolhe os principais princípios de processo penal, como a presunção de inocência, o direito ao silêncio, ampla defesa, entre outros. Prevê-se, inclusive, direito a reparação civil em caso de prisão ilegal (art. 85).

Quanto às penas, são previstas no art. 77 as seguintes: "a) pena de prisão por um número determinado de anos, até ao limite máximo de 30 anos; b) pena de prisão perpétua, se o elevado grau de ilicitude do fato e as condições pessoais do condenado o justificarem". Além dessas, pode-se aplicar: "a) uma multa, de acordo com os critérios previstos no Regulamento Processual; b) a perda de produtos, bens e haveres provenientes, direta ou indiretamente, do crime, sem prejuízo dos direitos de terceiros que tenham agido de boa-fé". Outro ponto que pode trazer a influência do STF, em eventual pedido de extradição, feito pelo TIP ao Governo brasileiro, diz respeito à imposição de pena de prisão perpétua, que não se possui no ordenamento brasileiro. Tem sido costume do STF, ao extraditar acusado para ser julgado em país que tem essa penalidade, impor cláusula limitadora, ou seja, extradita-se sob o compromisso de não ser aplicada a pena de prisão perpétua, mas, no máximo, 40 anos (como temos no Brasil).

Acolhe-se a detração (art. 78, § 2.º), bem como a individualização da pena (art. 78, § 1.º). Cuida-se, também, da execução da pena, que será feita num dos Estados que tiver indicado a disponibilidade para receber os condenados; do contrário, no país anfitrião. Dispõe o art. 106 (controle da execução da pena e das condições de detenção) o seguinte: "1. A execução de uma pena privativa de liberdade será submetida ao controle do Tribunal e observará as regras convencionais internacionais amplamente aceitas em matéria de tratamento dos reclusos; 2. As condições de detenção serão reguladas pela legislação do Estado da execução e observarão as regras convencionais internacionais amplamente aceitas em matéria de tratamento dos reclusos. Em caso algum devem ser menos ou mais favoráveis do que as aplicáveis aos reclusos condenados no Estado da execução por infrações análogas. 3. As comunicações entre o condenado e o Tribunal serão livres e terão caráter confidencial". Um fator interessante a ser observado é que as regras para a execução da pena devem ser uniformes para todos, seja lá onde esteja o condenado, prezando o princípio da igualdade. Evidencia-se, para tanto, o seguinte trecho: *"em caso algum devem ser menos ou mais favoráveis do que as aplicáveis aos reclusos condenados no Estado da execução por infrações análogas"*.

Uma coisa é certa: o Brasil jamais poderá (ao menos atualmente) ser candidato a receber condenados pelo Tribunal Penal Internacional, pois seus presídios estão longe de ser um exemplo de cumprimento das regras convencionais internacionais em matéria de tratamento de presos.

Para fazer valer a sua jurisdição, o Tribunal contará com a extradição, estabelecendo as regras sob o título "entrega de pessoa" (art. 86). É justamente nesse campo que o STF poderá negar a extradição, tratando-se de brasileiro, como regra.

6.5.5. *Conclusão*

O Tribunal Penal Internacional é, sem dúvida, uma conquista inigualável em matéria de direito internacional penal; porém, ainda se limitará a julgar, quando possível, algum *ditador* de um pequeno país, perdido no universo da pobreza do Terceiro Mundo. As grandes potências não o ratificaram (EUA, China, Rússia), pois são intervencionistas, inclusive de modo militar, em outras nações. Não pretendem sujeitar os seus soldados a crimes internacionais apurados pelo TPI. Desse modo, ainda é um sonho em vias de realização, aguardando-se que *todas* as nações assinem e cumpram o Estatuto de Roma.[14]

---

[14] Igualmente, conclui DAVID AUGUSTO FERNANDES ser o TPI "o início para que todos, desconsiderando interesses individuais, possam pensar no interesse coletivo e punir aqueles que não têm nenhum apreço pela humanidade" (*Tribunal Penal Internacional*: a concretização de um sonho, p. 328). E, permitimo-nos

7. PENA CUMPRIDA NO ESTRANGEIRO, TENTATIVA DE AMENIZAR A NÃO APLICA-ÇÃO DO PRINCÍPIO *NE BIS IN IDEM* E NÃO RECEPÇÃO PARCIAL DO ART. 8.º DO CÓDIGO PENAL

Tratando-se de extraterritorialidade condicionada, a pena cumprida no estrangeiro faz desaparecer o interesse do Brasil em punir o criminoso. Entretanto, nos casos de extraterritorialidade incondicionada, o infrator, ingressando no País, estará sujeito à punição, pouco importando já ter sido condenado ou absolvido no exterior. Para tentar amenizar a não aplicação do princípio que proíbe a dupla punição pelo mesmo fato, fixou-se, no art. 8.º, uma fórmula compensadora. Caso a pena *cumprida* no exterior seja idêntica à que for aplicada no Brasil (exemplo: pena privativa de liberdade no exterior e pena privativa de liberdade no Brasil), será feita a compensação; caso a pena *cumprida* no exterior seja diversa da que for aplicada no Brasil (exemplo: multa no exterior e privativa de liberdade no Brasil), a pena a ser fixada pelo juiz brasileiro há de ser atenuada.

Essa previsão legislativa não se coaduna com a garantia constitucional de que ninguém pode ser punido ou processado duas vezes pelo mesmo fato – consagrada na Convenção Americana dos Direitos Humanos, em vigor no Brasil, e cuja porta de entrada no sistema constitucional brasileiro dá-se pela previsão feita no art. 5.º, § 2.º, da Constituição Federal. Não é possível que alguém, já punido no estrangeiro pela prática de determinado fato criminoso, tornando ao Brasil, seja novamente processado e, conforme o caso, deva cumprir mais outra sanção penal pelo mesmo fato.

Sobre o tema, BITENCOURT afirma que "a eventual duplicidade de julgamento é superada pela regra constante do art. 8.º do Código Penal, que estabelece a compensação de penas, uma modalidade especial de detração penal".[15] Na realidade, ao que parece, parcela da doutrina considera a *eventual duplicidade de julgamento*, por conta da existência do art. 8.º do Código Penal, não somente normal, como benéfica ao seu destinatário. Com a devida vênia, em primeiro lugar, não se trata, em hipótese alguma, de detração penal. Essa medida benéfica, prevista no art. 42 do Código Penal, destina-se a *compensar* uma prisão processual com a pena definitiva. No caso presente, a duplicidade de julgamento representa um autêntico *bis in idem*; pelo mesmo fato, o autor recebe *duas penas*. No entanto, pelo visto, pode ele cumprir ambas, desde que uma possa ser abrandada. Somos levados a lembrar do princípio da *vedação* da dupla punição pelo mesmo fato, pouco interessando se a segunda punição é mais branda ou não.

Assim, a primeira parte do art. 8.º ("a pena cumprida no estrangeiro atenua a pena imposta no Brasil pelo mesmo crime, quando diversas") não foi recepcionada diante da Constituição Federal de 1988, pois permite a dupla punição *pelo mesmo fato*, embora com atenuação. A segunda parte do art. 8.º ("nela é computada, quando idênticas") pode remanescer válida, pois

---

acrescentar, sejam essas pessoas quem forem, independentemente da nacionalidade e do país, mesmo uma potência, do qual tenham origem.

[15] *Tratado de direito penal*, v. 1, p. 226. Observa-se ser este o último parágrafo de seu tópico 3, intitulado *Lugar do crime*. Convém registrar a coincidência de posições, visto que LUIZ REGIS PRADO, também no último parágrafo de seu tópico 6.3, intitulado *Lugar do crime*, explica: "a eventual duplicidade de julgamento é superada pela regra *non bis in idem*, que vai ao encontro do bom senso e ao interesse superior da dignidade, de justiça e de humanidade, constante do art. 8.º do Código Penal" (*Tratado de direito penal*, v. 1, p. 231). PAULO BUSATO, cuidando do mesmo assunto, no último parágrafo de seu tópico 1.4, intitulado *Lugar do crime*, ensina: "Há riscos, assim de dupla iniciativa persecutória que acaba mitigada pela disposição do art. 8.º do Código Penal, o qual prevê a hipótese de compensação da pena cumprida no estrangeiro em face do mesmo crime punido no Brasil" (*Direito penal*, v. 1, p. 120).

inócua. Na realidade, aplicando-se o referido princípio da dupla punição pelo mesmo fato, não há necessidade de existir o art. 8.º do Código Penal. Se o agente já foi punido no exterior pelo fato X, não pode, em hipótese alguma, ser novamente punido no Brasil pelo fato X.

No sentido que defendemos, já houve decisão do Supremo Tribunal Federal proibindo a dupla persecução penal, em seguimento ao princípio da vedação da dupla punição pelo mesmo fato, com limitação do disposto pelo art. 8.º do Código Penal (HC 171.118/SP, 2ª. T., rel. Gilmar Mendes, j. 12.11.2019, v.u.).

8. OUTRAS EXCEÇÕES À REGRA DA TERRITORIALIDADE

As convenções, tratados e regras de direito internacional representam uma exceção ao princípio-regra da territorialidade. Assim, se o Brasil subscrever um tratado internacional, renunciando à aplicação do princípio da territorialidade, é possível afastar a incidência do art. 5.º do Código Penal. Exemplo disso é a Convenção de Viena, que trata das imunidades diplomáticas, cujos detalhes serão analisados em tópicos próprios. O diplomata que cometer um crime no Brasil não será preso, nem processado no território nacional, por força da exceção criada. Aliás, justamente por conta dessas exceções, chama-se o princípio de *territorialidade temperada*.

8.1. Tratados e convenções

Como expõe a Convenção sobre Direito dos Tratados, finalizada em Viena, em 1969, CELSO D. DE ALBUQUERQUE MELLO explica que "tratado significa um acordo internacional concluído entre Estados em forma escrita e regulado pelo Direito Internacional, consubstanciado em um único instrumento ou em dois ou mais instrumentos conexos, qualquer que seja a sua designação específica".[16] Para FRANCISCO REZEK, trata-se de "todo acordo formal concluído entre sujeitos de direito internacional público, e destinado a produzir efeitos jurídicos".[17]

Debate-se, outrossim, se tratado e convenção são termos correlatos ou diferenciados, até porque os textos legais, no Brasil, utilizam ambos, como é o caso do art. 5.º, *caput*, do Código Penal. Para REZEK são termos correlatos, indevidamente utilizados no mesmo contexto, dando a ideia de que cuidam de coisas diversas. Em igual posicionamento: LUIS IVANI DE AMORIM ARAÚJO;[18] G. E. DO NASCIMENTO E SILVA e HILDEBRANDO ACCIOLY;[19] LUIZ P. F. DE FARO JÚNIOR.[20]

Para ALBUQUERQUE MELLO, no entanto, pode-se fazer a seguinte diferença entre ambos: "tratado é utilizado para os acordos solenes, por exemplo, tratados de paz; convenção é o tratado que cria normas gerais, por exemplo, convenção sobre mar territorial".[21] A tradição dos textos legislativos brasileiros tem, realmente, utilizado os dois termos, razão pela qual nada impede que possamos nos valer do sentido exposto por ALBUQUERQUE MELLO, embora cientes de que tratado é a essência do conceito. Em idêntico sentido, fazendo diferença entre tratado e convenção, confira-se a lição de ELIO MONNERAT SÓLON DE PONTES: tratados "são, sempre, solenes,

---

[16] *Curso de direito internacional público*, v. 1, p. 133.

[17] *Direito internacional público*, p. 14.

[18] *Curso de direito internacional público*, p. 33.

[19] *Manual de direito internacional público*, p. 23.

[20] *Direito internacional público*, p. 402.

[21] *Curso de direito internacional público*, v. 1, p. 133.

formais e geralmente destinados a pôr termo ou a evitar uma grave situação atritiva entre dois ou mais países, os quais podem estar agrupados em duas partes antagônicas: ou litigantes ou conflitantes"; e convenções "são atos solenes e formais, cujos trabalhos de elaboração são abertos à participação de todos os países e cujo conteúdo se destina a todos os povos, tendo por finalidade a codificação das normas concernentes a um certo e determinado campo considerável de relações jurídicas que demande tal iniciativa".[22] E, também, a posição de OLIVEIROS LITRENTO.[23]

8.2. Regras de direito internacional

Regem, ainda, o direito internacional, e, consequentemente, podem ser consideradas para a aplicação excepcional em território brasileiro, as demais regras de direito internacional, não abrangidas pelos tratados, como os costumes – vigentes em muitos aspectos referentes ao domínio do mar, relativos à guerra e a outros conflitos –, os princípios gerais de direito internacional, aceitos pela maioria das nações, na aplicação do seu direito interno, além de se poderem incluir, ainda, as decisões tomadas pelas organizações internacionais.[24]

8.3. Imunidades diplomáticas

8.3.1. Abrangência, extensão e exclusão da imunidade

A fonte das imunidades diplomáticas e consulares são as *Convenções de Viena* (1961, sobre relações diplomáticas, e 1963, sobre relações consulares), aprovadas pelos Decretos 56.435/1965 e 61.078/1967. A fonte histórica das imunidades diplomáticas está em Roma, porque os embaixadores eram tidos em grande honra, possuindo caráter religioso suas imunidades. Fazem com que os representantes diplomáticos de governos estrangeiros gozem de imunidade penal, tributária (com exceções, tais como impostos indiretos incluídos nos preços) e civil (com exceções, tais como direito sucessório, ações referentes a profissão liberal exercida pelo agente diplomático fora das funções). A natureza jurídica é causa de exclusão da jurisdição.

A imunidade abrange os diplomatas de carreira (de embaixador a terceiro-secretário) e os membros do quadro administrativo e técnico (tradutores, contabilistas etc.) da sede diplomática, desde que recrutados no Estado de origem (extensiva à família – art. 37, 2, Convenção de Viena). Estende-se aos familiares dos diplomatas de carreira, que são todos os parentes que habitam com ele e vivem sob sua dependência econômica. Normalmente, os familiares são apresentados ao governo estrangeiro pela inclusão de seus nomes na lista diplomática, como preceitua a Convenção de Viena. Envolve, ainda, os familiares dos membros do quadro administrativo e técnico, os funcionários das organizações mundiais, quando estejam a serviço, os chefes de Estado estrangeiro e membros de sua comitiva, quando em visita a Estado estrangeiro (registre-se que, no tocante aos membros da comitiva, trata-se somente de um costume internacional a concessão de imunidade, uma mostra de amizade) e os diplomatas *ad hoc* (os nomeados pelo Estado acreditante para determinada função no Estado acreditado, tal como acompanhar a posse de algum Presidente da República).

---

[22] A propósito dos atos internacionais e da prevalência das normas de direito interno dos mesmos decorrentes, p. 77.

[23] *Curso de direito internacional público*, p. 108.

[24] A respeito, ver FRANCISCO REZEK, *Direito internacional público*, p. 122-146.

Excluem-se do contexto das imunidades os empregados particulares dos diplomatas (exemplo: cozinheiro, faxineira, jardineiro etc.), mesmo que tenham a mesma nacionalidade. Entretanto, esses empregados gozam de isenção quanto aos impostos incidentes sobre seus salários, caso sejam estrangeiros. Imunidade não quer dizer impunidade. A Convenção de Viena é expressa a esse respeito, demonstrando que os diplomatas devem ser processados, pelos crimes cometidos, nos seus Estados de origem.

8.3.2. Características das imunidades diplomáticas

São as seguintes:

a) *inviolabilidade pessoal*: os diplomatas não podem ser presos ou detidos, nem obrigados a depor como testemunhas, mas podem ser investigados pela polícia. O mesmo ocorre com o diplomata em trânsito, significando que desde o momento da saída do seu país de origem, para assumir sua função no exterior, até a sua volta, não pode ser preso, detido ou violado de qualquer modo;

b) *independência*: são independentes em tudo o que se refere à sua qualidade de representantes de um Estado estrangeiro;

c) *isenção da jurisdição criminal civil e tributária (com exceções nos dois últimos casos)*: quanto à imunidade penal, tem-se sustentado que ela não deve ser absoluta. Há países que prendem em flagrante o diplomata envolvido em tráfico de drogas e em infrações aduaneiras, sem qualquer autorização do Estado de origem. Sustentam que esse tipo de atividade criminosa foge completamente à função de representação inerente à diplomacia;

d) *inviolabilidade de habitação*: há muito não mais se consideram as sedes diplomáticas extensões do território alienígena. Portanto, a área de uma embaixada é território nacional, embora seja inviolável. A Convenção de Viena, no entanto, estabelece que a inviolabilidade da residência diplomática não deve estender-se além dos limites necessários ao fim a que se destina. Isso significa que utilizar suas dependências para a prática de crimes ou dar abrigo a criminosos comuns faz cessar a inviolabilidade. Além disso, podem as autoridades locais invadir a sede diplomática em casos de urgência, como a ocorrência de algum acidente grave;

e) *dever de cumprimento das leis do Estado onde estão servindo*: a atividade diplomática não lhes dá o direito de descumprir as regras do país estrangeiro. Exemplo: nos EUA, os diplomatas pagam multas de trânsito. A imunidade tem início quando o diplomata ingressa no país onde vai exercer suas funções e termina no instante em que o deixa (mesmo havendo rompimento de relações diplomáticas). Se morrer, sua família continua gozando da imunidade, até que deixe o país, ressalvada a hipótese da *imunidade em trânsito*.

8.4. Imunidades consulares

Possuem imunidade, não estando sujeitos à jurisdição brasileira, os funcionários consulares de carreira, compreendidos aí os chefes da repartição consular, que são o *cônsul-geral*, o *cônsul*, o *vice-cônsul* e o *agente consular*, quando no exercício de suas funções. Não envolve a imunidade qualquer tipo de funcionário consular honorário, inclusive o *cônsul honorário*.

Os funcionários do consulado devem ter a nacionalidade do Estado que os envia, salvo autorização expressa em outro sentido do Estado receptor. Assim, poderá haver a contratação de brasileiros para trabalhar em consulado estrangeiro, embora o Brasil possa retirar essa autorização a qualquer momento. Idêntica imunidade é garantida aos empregados consulares, que fazem parte do corpo técnico e administrativo do consulado. Não possuem imunidade penal os membros da família, nem os empregados pessoais, tendo em vista que não podem atuar, como prevê a Convenção, *no exercício da função.*

É preciso lembrar que os funcionários e empregados consulares somente estão isentos da jurisdição brasileira, mormente a penal, quando estiverem atuando em nome do Estado que os enviou. São funções consulares: a) proteger, no Estado receptor, os interesses do Estado que envia e de seus nacionais, pessoas físicas ou jurídicas, dentro dos limites permitidos pelo direito internacional; b) fomentar o desenvolvimento das relações comerciais, econômicas, culturais e científicas entre o Estado que envia e o Estado receptor e promover ainda relações amistosas entre eles, de conformidade com as disposições da presente Convenção; c) informar-se, por todos os meios lícitos, das condições e da evolução da vida comercial, econômica, cultural e científica do Estado receptor, informar a respeito o governo do Estado que envia e fornecer dados às pessoas interessadas; d) expedir passaportes e documentos de viagem aos nacionais do Estado que envia, bem como vistos e documentos apropriados às pessoas que desejarem viajar para o referido Estado; e) prestar ajuda e assistência aos nacionais, pessoas físicas ou jurídicas, do Estado que envia; f) agir na qualidade de notário e oficial de registro civil, exercer funções similares, assim como outras de caráter administrativo, sempre que não contrariem as leis e regulamentos do Estado receptor; g) resguardar, de acordo com as leis e regulamentos do Estado receptor, os interesses dos nacionais do Estado que envia, pessoas físicas ou jurídicas, nos casos de sucessão por morte verificada no território do Estado receptor; h) resguardar, nos limites fixados pelas leis e regulamentos do Estado receptor, os interesses dos menores e dos incapazes, nacionais do país que envia, particularmente quando para eles for requerida a instituição de tutela ou curatela; i) representar os nacionais do país que envia e tomar as medidas convenientes para sua representação perante os tribunais e outras autoridades do Estado receptor, de conformidade com a prática e os procedimentos em vigor neste último, visando conseguir, de acordo com as leis e regulamentos do mesmo, a adoção de medidas provisórias para a salvaguarda dos direitos e interesses desses nacionais, quando, por estarem ausentes ou por qualquer outra causa, não possam os mesmos defendê-los em tempo útil; j) comunicar decisões judiciais e extrajudiciais e executar comissões rogatórias de conformidade com os acordos internacionais em vigor, ou, em sua falta, de qualquer outra maneira compatível com as leis e regulamentos do Estado receptor; k) exercer, de conformidade com as leis e regulamentos do Estado que envia, os direitos de controle e de inspeção sobre as embarcações que tenham a nacionalidade do Estado que envia, e sobre as aeronaves nele matriculadas, bem como sobre suas tripulações; l) prestar assistências às embarcações e às aeronaves a que se refere a alínea "k" *supra* e também às tripulações; receber as declarações sobre as viagens dessas embarcações, examinar e visar os documentos de bordo e, sem prejuízo dos poderes das autoridades do Estado receptor, abrir inquéritos sobre os incidentes ocorridos durante a travessia e resolver todo tipo de litígio que possa surgir entre o capitão, os oficiais e os marinheiros, sempre que autorizado pelas leis e regulamentos do Estado que envia; m) exercer todas as demais funções confiadas à repartição consular pelo Estado que envia, as quais não sejam proibidas pelas leis e regulamentos do Estado receptor, ou às quais este não se oponha, ou ainda às que lhe sejam atribuídas pelos acordos internacionais em vigor entre o Estado que envia e o Estado receptor.

A imunidade destina-se a proteger os funcionários consulares no exercício das suas funções, nos limites geográficos do distrito consular. Como regra, eles não podem ser detidos ou presos preventivamente, salvo em caso de crimes graves, por ordem de autoridade judiciária. Podem ser convocados para prestar depoimento, salvo no que diz respeito a fatos relacionados ao exercício de suas funções, nem estão obrigados a exibir documentos e correspondências sigilosas do consulado. Preferencialmente serão ouvidos no local do seu domicílio ou na repartição consular, podendo, inclusive, prestar depoimento por escrito. As sedes consulares são invioláveis somente na medida de sua utilização funcional, assim como seus arquivos e documentos. O adido consular é pessoa sem delegação de representatividade e, portanto, não tem imunidade.

8.5. Possibilidade de renúncia

A imunidade pode ser renunciada pelo Estado acreditante, mas jamais pelo diplomata. Ela pertence ao Estado, e não ao indivíduo, e precisa ser expressa (art. 32, 1, da Convenção de Viena). O mesmo ocorre no tocante aos funcionários e empregados consulares (art. 45, 1, da segunda Convenção de Viena). Cumpre destacar que, em qualquer situação, se o diplomata, o funcionário ou empregado consular ou o Estado estrangeiro for processado e não contestar a ação, havendo revelia, essa atitude não implica renúncia à imunidade, como vem sendo reconhecido pelo Supremo Tribunal Federal.

8.6. Imunidades parlamentares

8.6.1. Imunidade substantiva

Constituem outras exceções à regra da aplicação da lei penal a todo crime ocorrido em território nacional. Essas, no entanto, são previstas na Constituição Federal.

Trata-se de direito público interno. As imunidades parlamentares são essenciais ao correto desempenho do mandato, pois asseguram ao congressista absoluta liberdade de ação, por meio da exposição livre do seu pensamento, das suas ideias e, sobretudo, do seu voto. Livrando-se de determinados procedimentos legais, o parlamentar pode defender melhor o povo, que o elegeu e que é por ele representado. É antiga a origem da imunidade, remontando à Idade Média, na sua forma mais definida.

Na conceituação de PINTO FERREIRA, a imunidade parlamentar "é a prerrogativa ou o privilégio outorgado a cada um dos membros do Congresso para gozar da mais ampla liberdade de palavra, em tudo o que seja relativo ao desempenho do seu mandato, garantindo-o contra qualquer coação ou abuso dos demais poderes".[25] Inúmeros Estados estrangeiros a utilizam, embora possam variar a sua forma de aplicação e a sua extensão. Nos Estados Unidos, a imunidade material dá-se unicamente no recinto do Congresso, enquanto a imunidade processual começa antes das sessões e termina logo após, abrangendo o tempo necessário que o congressista deve ter para vir de seu domicílio ao Parlamento e para deste voltar à sua casa. Na Alemanha, vige a imunidade material, exceto quanto a ofensas caluniosas. No mais, pode-se prender o parlamentar, embora o Congresso possa soltá-lo, necessitando-se de licença para processá-lo. Os sistemas francês e italiano são bem similares ao brasileiro.

São espécies de imunidades parlamentares: a) substantiva (material, absoluta, real ou irresponsabilidade legal), que é um privilégio de direito penal substantivo e visa a assegurar a liberdade de palavra e de debates; b) processual (formal ou relativa), que é um privilégio de natureza processual e tem por fim garantir a inviolabilidade pessoal, evitando que o parlamentar seja submetido a processos tendenciosos ou prisões arbitrárias.

---

[25] *Princípios gerais do direito constitucional moderno*, p. 497.

8.6.2. Natureza jurídica da imunidade substantiva

Divide-se a doutrina em três grupos principais:

- *grupo 1: excludente do crime:* a) causa de exclusão do crime (NÉLSON HUNGRIA, PONTES DE MIRANDA, JOSÉ CELSO, NILO BATISTA, MANZINI, LUIZ ALBERTO DAVID ARAUJO e VIDAL SERRANO NUNES JÚNIOR); b) causa que se opõe à formação do crime (BASILEU GARCIA); c) causa de exclusão da criminalidade (VICENTE SABINO JR.); d) causa de exclusão da tipicidade (CERNICCHIARO, JOSÉ AFONSO DA SILVA); e) causa de exclusão da antijuridicidade por exercício regular de direito (PEDRO ALEIXO, JIMENEZ DE ASÚA, SILVIO RANIERI);
- *grupo 2: excludente de pena:* a) causa pessoal de exclusão de pena ou condição negativa de punibilidade do fato, havendo ilicitude do fato, mas sem aplicação da sanção (HELENO FRAGOSO); b) causa funcional de isenção ou exclusão de pena (DAMÁSIO, ROQUE DE BRITO ALVES); c) causa pessoal e funcional de isenção de pena (ANÍBAL BRUNO); d) causa de exclusão da pena (JAIR LEONARDO LOPES);
- *grupo 3: causa de incapacidade penal:* a) causa de incapacidade penal por razões políticas (FREDERICO MARQUES); b) causa de irresponsabilidade (MAGALHÃES NORONHA, CARLOS MAXIMILIANO, MANOEL GONÇALVES FERREIRA FILHO).

Posicionamo-nos pela causa excludente do crime, por exclusão da tipicidade. Diz a Constituição que o parlamentar é inviolável por suas opiniões, palavras e votos, de forma que suas manifestações são sempre penalmente lícitas. Como bem explica LUIZ VICENTE CERNICCHIARO, nem mesmo se pode reputar um fato típico o que o congressista fala, já que a lei ordinária não pode considerar um *modelo legal de conduta proibida* o que a própria Constituição Federal diz ser inviolável, vale dizer, acima da ação da Justiça. E reiteram LUIZ ALBERTO DAVID ARAUJO e VIDAL SERRANO NUNES JÚNIOR que "a incidência do comando imunitário afasta a incidência penal. Em outras palavras, o comando imunitário exclui a responsabilidade penal dos parlamentares por eventuais condutas típicas que virtualmente teriam sido levadas a efeito por opiniões, palavras ou votos".[26]

8.6.3. Características da imunidade substantiva

A fonte legislativa é a Constituição Federal, no art. 53, *caput*: "os Deputados e Senadores são invioláveis, civil e penalmente, por quaisquer de suas opiniões, palavras e votos". Não respondem pelos crimes de palavra, ou seja, aqueles que envolvem a opinião (crimes contra a honra, apologia de crime e incitação ao crime). Parte da doutrina entende que a imunidade substantiva é absoluta, sem qualquer tipo de restrição. Nesse sentido ensina MIRABETE que, "ao contrário do preceito constitucional anterior, não é necessário que, por ocasião do fato, o congressista se encontre no exercício de suas funções legislativas ou que a manifestação que constitui ilícito penal verse sobre matéria parlamentar".[27]

Em *sentido oposto*, no entanto, estão outros doutrinadores, sustentando que a imunidade substantiva se restringe à atividade parlamentar, portanto, é restrita. Nas palavras de FRAGOSO: "a inviolabilidade, por óbvio, não abriga manifestações do parlamentar estranhas à sua atividade

---

[26] *Curso de direito constitucional*, 3. ed., p. 268.
[27] *Manual de direito penal*, v. 1, p. 80.

como membro do Legislativo, significando a atividade do congressista, na Casa do Congresso a que pertence, ou em missão oficial, por determinação dela. A reprodução do discurso em outro lugar ou sua divulgação em impresso não está coberta pela inviolabilidade".[28]

Esta última nos parece a melhor posição, a fim de não se permitir que o parlamentar exceda os limites do seu mandato, visto ser a imunidade um resguardo à democracia em última análise, e não um manto protetor de ofensas pessoais sem qualquer vínculo com a atividade política. O Supremo Tribunal Federal tem se inclinado por esta última posição. É preciso, pois, que a manifestação do parlamentar, ainda que produzida fora do recinto do Congresso, guarde relação com o exercício do mandato.

A imunidade substantiva não abrange a propaganda eleitoral, embora a processual continue atuante. Assim, o parlamentar-candidato, que ofenda outro, não tem imunidade substantiva, mas somente processual.

Outra questão controversa é saber se o parlamentar afastado de suas funções em virtude do exercício de outro cargo público, tal como Secretário ou Ministro de Estado, permanece com sua imunidade. Vem entendendo o Supremo Tribunal Federal que sim, desde que a manifestação guarde relação com o exercício do mandato, embora não seja a posição majoritária adotada pela doutrina.

Por todos, com o que concordamos, cite-se ALEXANDRE DE MORAES: "afastando-se, voluntariamente, do exercício do mandato, para ocupar cargo no Poder Executivo, o parlamentar não leva a prerrogativa conferida ao Poder Legislativo e, por via reflexa, a seus membros, no desempenho das funções específicas. Nem seria possível entender que, na condição de Ministro de Estado, Governador de Território, Secretário de Estado, continuasse inviolável, por suas opiniões, palavras e votos, ou com a isenção de ser preso ou processado criminalmente, sem prévia licença de sua Câmara, de modo diverso, assim, do que sucede com os altos dignitários do Poder Executivo, que veio integrar, deixando de exercer a função legislativa".[29]

A imunidade substantiva abrange apenas as matérias penal e civil, de modo que o parlamentar não pode ser, de qualquer forma, processado, conforme vem entendendo o Supremo Tribunal Federal. A atual redação dada ao *caput* do art. 53 da Constituição Federal (Emenda Constitucional 35, de 20 de dezembro de 2001), deixou clara a intenção de circunscrever a imunidade substantiva aos aspectos civil e penal. Não envolve, pois, o caráter disciplinar, podendo o parlamentar perder o mandato caso se exceda em ofensas, por exemplo, a outros colegas ou instituições. Aplica-se o art. 55, II, da CF (quebra de decoro parlamentar).

A imunidade pertence ao Parlamento, e não ao congressista, sendo irrenunciável. Diz CELSO DE MELLO que a imunidade é "prerrogativa de caráter institucional, inerente ao Poder Legislativo, que só é conferida ao parlamentar *ratione muneris*, em função do cargo e do mandato que exerce. É por essa razão que não se reconhece ao congressista, em tema de imunidade parlamentar, a faculdade de a ela renunciar. Trata-se de garantia institucional deferida ao Congresso Nacional. O congressista, isoladamente considerado, não tem, sobre ela, qualquer poder de disposição".[30]

Acrescente-se a isso não poder o Congresso renunciar à imunidade substantiva, salvo alterando a Constituição Federal. Por outro lado, de acordo com a Súmula 245 do STF, a

---

[28]   *Lições de direito penal* – parte geral, p. 130.

[29]   *Direito constitucional*, 7. ed., p. 400.

[30]   STF, Inquérito 510/DF, Pleno, *RTJ* 135/509.

imunidade parlamentar não se estende a corréu sem essa prerrogativa. Inicia-se a imunidade a partir da expedição do diploma e segue até o término do mandato. Se um indivíduo estiver sendo processado em 1.ª instância pela prática de um crime, investido na função de parlamentar federal, o processo deve ser imediatamente remetido ao Supremo Tribunal Federal, que comunicará à Casa Legislativa pertinente (Câmara dos Deputados ou Senado Federal), para os fins previstos no art. 53, §§ 3.º e 4.º, da CF.

Findo o mandato, os autos retornam à Vara de origem para seguimento, caso ainda não tenha sido julgado pelo STF. Entretanto, se o crime for cometido durante o exercício do mandato, não se tratando de imunidade absoluta ou substantiva, e o processo ficar paralisado no STF, por falta de autorização da Casa Legislativa, quando houver o término do mandato, o ex-parlamentar será processado por Vara Criminal comum, pois foi cancelada a Súmula 394, que previa a perpetuação do foro privilegiado, bem como foi considerado inconstitucional o disposto no art. 84, § 1.º, do CPP (modificado pela Lei 10.628/2002): STF, ADIn 2.797/DF e ADIn 2.860/DF, rel. Sepúlveda Pertence, 15.09.2005, *Informativo* 401.

8.6.4. *Imunidade processual*

Preceitua o art. 53, § 2.º, da CF: "desde a expedição do diploma, os membros do Congresso Nacional não poderão ser presos, salvo em flagrante de crime inafiançável. Nesse caso, os autos serão remetidos dentro de vinte e quatro horas à Casa respectiva, para que, pelo voto da maioria de seus membros, resolva sobre a prisão" (nova redação dada pela Emenda Constitucional 35, de 20 de dezembro de 2001).

São crimes inafiançáveis os previstos no art. 323 do Código de Processo Penal, além do racismo, tortura, tráfico ilícito de entorpecentes, terrorismo, crimes hediondos e ações de grupos armados contra a ordem constitucional e o Estado Democrático (art. 5.º, XLII, XLIII e XLIV, CF). Caso o parlamentar seja preso, a autoridade deve enviar os autos de prisão em flagrante para sua respectiva Casa, em 24 horas, a fim de que esta delibere a respeito de sua prisão, por maioria absoluta, autorizando ou não a formação de culpa. Retirou-se do texto constitucional que a votação seria secreta. Logo, o correto é ser aberta. A partir de agora, apresentada denúncia ou queixa contra parlamentar, o Tribunal competente pode recebê-la e, tratando-se de crime cometido *após* a diplomação, será dada ciência à Casa Legislativa respectiva. Esta, por sua vez, pelo voto da maioria dos seus membros, havendo a provocação de partido político nela representado, pode sustar o andamento do processo, desde que não tenha havido decisão com trânsito em julgado (art. 53, § 3.º, CF). Tem a Casa o prazo improrrogável de 45 dias para deliberar sobre a eventual sustação do feito (art. 53, § 4.º, CF).

É indiscutível que a modificação merece aplausos e somente confere maior moralidade e transparência ao Poder Legislativo brasileiro. Havendo a sustação, a prescrição será suspensa (art. 53, § 5.º, CF). O início da suspensão da prescrição ocorre a partir da decisão proferida pela Câmara ou pelo Senado. O foro competente para julgar os parlamentares federais é o Supremo Tribunal Federal (art. 53, § 1.º, CF). Se o congressista que estiver respondendo a processo criminal for definitivamente condenado, poderá perder o mandato (art. 55, VI, CF). Prevalece, ainda, no contexto das imunidades o sigilo parlamentar, que é a impossibilidade de obrigar o congressista "a testemunhar sobre informações recebidas ou prestadas em razão do exercício do mandato, nem sobre as pessoas que lhes confiaram ou deles receberam informações" (art. 53, § 6.º, CF).

Há, ainda, a garantia de ser o parlamentar ouvido em lugar previamente agendado com o juiz, quando for testemunha, não cabendo qualquer tipo de condução coercitiva. A imunidade subsiste no estado de sítio e somente pode ser suspensa pelo voto de dois terços dos membros da Casa respectiva (art. 53, § 8.º, CF). A imunidade processual não impossibilita a investigação policial, de forma que o Parlamento não pode sustar o curso de inquérito contra qualquer de seus membros. Entretanto, a investigação contará com a supervisão de Ministro do STF, cuidando-se de parlamentar federal.

8.7. Outras imunidades e foros privilegiados

8.7.1. Deputados estaduais

Os deputados estaduais possuem as mesmas imunidades que os parlamentares federais, conforme preceitua o art. 27, § 1.º, da Constituição Federal. Isso significa que podem ser processados sem autorização da Assembleia Legislativa do seu Estado, em qualquer tipo de crime, inclusive federal ou eleitoral, mas o processo pode ser sustado pelo voto da maioria do Parlamento, caso haja a provocação de algum partido político nela representado.

Caso cometam delito da competência da Justiça Federal, devem ser processados pelo Tribunal Federal Regional. Se o delito for da esfera eleitoral, serão processados no Tribunal Regional Eleitoral. Portanto, não há mais aplicação para a Súmula 3 do STF, que advém de época anterior à Constituição Federal de 1988 ("A imunidade concedida a deputados estaduais é restrita à Justiça do Estado").

8.7.2. Vereadores

Os vereadores possuem somente imunidade substantiva, desde que no exercício do mandato e na circunscrição do seu Município (art. 29, VIII, CF). Eles não têm imunidade processual, nem foro privilegiado.

Há *polêmica* quanto ao requisito relativo à circunscrição do seu Município:

1.ª) entende HELY LOPES MEIRELLES que, estando o vereador fora do seu Município, mas tratando de assuntos a ele relativos, pode a imunidade estabelecer-se. *In verbis*: "o espírito do Constituinte federal foi o de conceder plena liberdade ao Vereador na manifestação de suas opiniões sobre os assuntos sujeitos à sua apreciação, como agente político investido de mandato legislativo local. Dessa forma, ainda que esteja fora do território do seu Município, mas no exercício do seu mandato, como representante do Legislativo municipal, deve gozar dessa prerrogativa ao manifestar sua opinião, palavra ou voto".[31] Igualmente, encontra-se a posição de ALBERTO ZACHARIAS TORON, para quem o critério material há de preponderar sempre sobre o formal (circunscrição do município);[32]

2.ª) em sentido contrário, com o que concordamos plenamente, está a posição de JOSÉ AFONSO DA SILVA: "representar o Legislativo fora, só por si, não caracteriza exercício do mandato".[33] Em nosso entendimento, o vereador, por não ser parlamentar federal ou estadual, não deve ocupar-se de assuntos que não digam respeito ao seu município; logo, a sua liberdade de pensar e, consequentemente, manifestar-se deve estar vinculada

---

[31]   *Direito municipal brasileiro*, p. 454.

[32]   *Inviolabilidade penal dos vereadores*, p. 390.

[33]   *Manual do vereador*, p. 84.

à região onde atua. O vereador de um pequeno município não tem de emitir opiniões sobre o governo federal ou estadual, *resguardado pela imunidade material,* porque não lhe concernem tais temas políticos. Se quiser, pode fazê-lo como qualquer outro cidadão, responsabilizando-se pelo que disser. Sua atividade, em outras palavras, quando pertinente ao exercício de seu mandato, *na sua cidade,* merece proteção, pois é para tal mister que foi eleito. No mais, parece-nos largueza abusiva a permissão de falar, com imunidade material, onde quer que esteja. E se o vereador de uma cidade estiver em outro município, por qualquer razão, não está em atividade concernente ao seu mandato, pois este somente se realiza como tal no lugar onde foi eleito. Possuem os vereadores, no entanto, direito à prisão especial, de acordo com a Lei 3.181/1957, que deu nova redação ao art. 295, II, do Código de Processo Penal.

Na doutrina, confira-se a referência de TORON: "Se o próprio Supremo Tribunal Federal afirma que a imunidade material dos vereadores é absoluta quando a opinião for expressa da Tribuna da Câmara, ainda que se possa discordar desse entendimento, parece forçoso concluir que não há razão para se excluir a aplicação da inviolabilidade quando preenchidos os pressupostos do art. 29 da Constituição Federal, isto é, ser a opinião expressa no exercício do mandato e dentro da circunscrição do Município. Exigências outras, referidas ao dolo do agente ou à razoabilidade da manifestação, aliás nunca aventadas quando se trate de Congressista, pois, ao que tudo indica, a imunidade formal até então impedia este tipo de discussão, revelam-se descabidas".[34]

8.7.3. Advogados

O Estatuto da Advocacia pretendeu estabelecer a imunidade substancial para o exercício da profissão (chamada imunidade profissional), por ocasião da edição da Lei 8.906/1994. Dispõe o art. 2.º, § 3.º, da referida lei: "No exercício da profissão, o advogado é inviolável por seus atos e manifestações, nos limites desta Lei".

Além disso, em matéria processual, estipula o § 3.º do art. 7.º que "o advogado somente poderá ser preso em flagrante, por motivo de exercício da profissão, em caso de crime inafiançável, observado o disposto no inciso IV deste artigo". O inciso IV estabelece que o flagrante deve ser lavrado com a presença de representante da OAB, pena de nulidade, quando ligado à profissão, e, nos demais casos, comunicação expressa à seccional da OAB.

Dispõe a Constituição Federal, no art. 133, ser o advogado inviolável por seus atos e manifestações no exercício da profissão, nos limites da lei. Portanto, continuam os advogados com a imunidade judiciária prevista no art. 142, I, do Código Penal.

8.7.4. Prefeitos

Quanto aos prefeitos, deve-se ressaltar que eles não têm imunidade, mas somente prerrogativa de foro, adquirida após a Constituição de 1988, só podendo ser julgados pelo Tribunal de Justiça.

No entanto, tem decidido o Superior Tribunal de Justiça dever o Prefeito responder, por crime estadual, no Tribunal de Justiça dos Estados, mas, por delito federal, no Tribunal

---

[34] *Inviolabilidade penal dos vereadores,* p. 375-376.

Regional Federal da Região da sua cidade. Tratando-se de crime eleitoral, junto ao Tribunal Regional Eleitoral.

RESUMO DO CAPÍTULO

▶ **Territorialidade:** significa a aplicação das leis brasileiras aos delitos cometidos dentro do território nacional. Essa é uma regra geral, que advém do conceito de soberania, ou seja, a cada Estado cabe decidir e aplicar as leis pertinentes aos acontecimentos dentro do seu território.

▶ **Extraterritorialidade:** representa a aplicação das leis brasileiras aos crimes cometidos fora do território nacional. Divide-se em: a) *incondicionada:* que não depende de condições. Além dessas hipóteses, dispostas no art. 7.º, I, do CP, da Lei 9.455/1997 (que definiu os crimes de tortura no Brasil), prevê outra hipótese de extraterritorialidade incondicionada (art. 2.º: "O disposto nesta Lei aplica-se ainda quando o crime não tenha sido cometido em território nacional, sendo a vítima brasileira ou encontrando-se o agente em local sob jurisdição brasileira"); b) *condicionada:* que depende das condições descritas no art. 7.º, § 2.º, letras *a, b, c, d* e *e*, e § 3.º, do Código Penal.

▶ **Território:** é todo espaço onde o Brasil exerce a sua soberania, seja ele terrestre, aéreo, marítimo ou fluvial.

▶ **Espaço aéreo:** compreende toda a extensão acima do território, inclusive do mar territorial, até o limite da atmosfera.

▶ **Mar territorial:** cuida-se do espaço marítimo do Brasil, onde o Estado exerce soberania absoluta, possuindo 12 milhas. Nesse espaço, aplica-se a lei penal pátria.

▶ **Território por equiparação:** há duas situações: a) o interior de embarcações e aeronaves brasileiras de natureza pública ou a serviço do governo brasileiro *onde estiverem*; b) o interior de embarcações e aeronaves brasileiras, de propriedade privada, que estiverem navegando em alto-mar ou sobrevoando águas internacionais.

▶ **Condições da extraterritorialidade condicionada:** a) entrar o agente no território nacional; b) ser o fato punível também no país em que foi praticado; c) estar o crime incluído entre aqueles pelos quais a lei brasileira autoriza a extradição; d) não ter sido o agente absolvido no estrangeiro ou não ter aí cumprido a pena; e) não ter sido o agente perdoado no estrangeiro ou, por outro motivo, não estar extinta a punibilidade, segundo a lei mais favorável.

▶ **Princípios regentes da extraterritorialidade:** a) *princípio da defesa ou da proteção* (leva em conta o bem jurídico protegido ser nacional); b) *princípio da justiça universal ou cosmopolita* (significa que o bem jurídico é de interesse internacional); c) *princípio da nacionalidade ou da personalidade* (significa que o autor do crime é brasileiro e o País demonstra interesse em puni-lo); d) *princípio da representação, da bandeira ou do pavilhão* (significa que, à falta de outro critério, prevalece o da bandeira brasileira).

▶ **Extradição:** trata-se de um instrumento de cooperação internacional na repressão à criminalidade por meio do qual um Estado entrega a outra pessoa acusada ou condenada, para que seja julgada ou submetida à execução da pena.

▶ **Requisitos para a extradição:** 1.º) exame prévio do Supremo Tribunal Federal; 2.º) existência de convenção ou tratado firmado com o Brasil ou, em sua falta, deve haver o oferecimento de reciprocidade; 3.º) existência de sentença final condenatória, impositiva de pena privativa de liberdade ou prisão preventiva (ou outra modalidade de prisão cautelar) decretada por autoridade competente do Estado requerente; 4.º) ser o extraditando estrangeiro; 5.º) o fato imputado deve constituir crime – e não contravenção penal – perante a lei brasileira e a do Estado requerente. É a aplicação do princípio da dupla tipicidade; 6.º) a pena máxima para o crime imputado ao extraditando deve ser privativa de liberdade superior a um ano, conforme a legislação nacional; 7.º) o crime imputado ao extraditando não pode ser político ou de opinião, incluídos nestes os de fundo religioso e de orientação filosófica; 8.º) o extraditando não pode estar sendo processado, nem pode ter sido condenado ou absolvido no Brasil pelo mesmo fato em que se fundar o pedido. É a aplicação do princípio do *ne bis in idem*; 9.º) o Brasil tem de ser incompetente para julgar a infração, segundo suas leis, e o Estado requerente deve provar que é competente para julgar o extraditando; 10.º) o extraditando, no exterior, não pode ser submetido a tribunal de exceção, que é o juízo criado após o cometimento da infração penal, especialmente para julgá-la; 11.º) não pode estar extinta a punibilidade pela prescrição, segundo a lei do Estado requerente ou de acordo com a brasileira. Há países que não cultivam a prescrição em sua legislação, como os EUA; diante disso, deve-se analisar o caso à luz da prescrição prevista no ordenamento jurídico brasileiro; 12.º) o extraditando não pode ser considerado, oficialmente, como refugiado pelo Governo brasileiro (art. 33, Lei 9.474/1997).

▶ **Tribunal Penal Internacional:** trata-se de instituição permanente, com jurisdição sobre todas as pessoas responsáveis pelos crimes de maior gravidade com alcance internacional, em atividade complementar às jurisdições penais nacionais.

▶ **Inconstitucionalidade parcial do art. 8.º do CP:** esse dispositivo padece de inconstitucionalidade na parte em que estabelece a aplicação de pena, embora com atenuação, ao criminoso que já cumpriu, no exterior, penalidade com base no *mesmo fato*, violando o princípio de que ninguém pode ser punido duas vezes pelo mesmo fato (*ne bis in idem*).

▶ **Imunidades diplomáticas:** significa uma causa de exclusão da jurisdição, permitindo que o agente diplomático não responda por crimes cometidos no Brasil. Podem responder nos seus países de origem. A fonte das imunidades diplomáticas e consulares são as *Convenções de Viena* (1961, sobre relações diplomáticas, e 1963, sobre relações consulares), aprovadas pelos Decretos 56.435/1965 e 61.078/1967. Fazem com que os representantes diplomáticos de governos estrangeiros gozem de imunidade penal, tributária (com exceções, tais como impostos indiretos incluídos nos preços) e civil (com exceções, tais como direito sucessório, ações referentes a profissão liberal exercida pelo agente diplomático fora das funções).

▶ **Imunidades consulares:** possuem imunidade, não estando sujeitos à jurisdição brasileira, os funcionários consulares de carreira, envolvidos aí os chefes da repartição consular, que são o *cônsul-geral*, o *cônsul*, o *vice-cônsul* e o *agente consular*, quando no exercício de suas funções. Não envolve a imunidade qualquer tipo de funcionário consular honorário, inclusive o *cônsul honorário*. A imunidade vale no distrito consular, ou seja, no local onde o agente consular exerce suas atividades.

▶ **Imunidade parlamentar substantiva:** também denominada material, absoluta, real ou irresponsabilidade legal, é um privilégio de direito penal substantivo e visa a assegurar a liberdade de palavra e de debates. Cuida-se de causa de exclusão da tipicidade, em face da inviolabilidade das opiniões dos parlamentares, prevista na Constituição Federal.

▶ **Imunidade parlamentar processual:** também denominada de formal ou instrumental, trata-se de um privilégio processual, buscando contornar perseguições políticas. Portanto, quando o parlamentar pratica um crime, o STF pode receber a denúncia ofertada pelo Procurador-Geral da República, mas deve comunicar o ato à Casa Legislativa respectiva. Se os parlamentares acharem que se trata de perseguição política, podem determinar a suspensão do processo, desde que por maioria absoluta da Casa (Câmara ou Senado). Enquanto o processo estiver suspenso, também se suspende a prescrição.

ESQUEMA

APLICAÇÃO DA LEI PENAL NO ESPAÇO

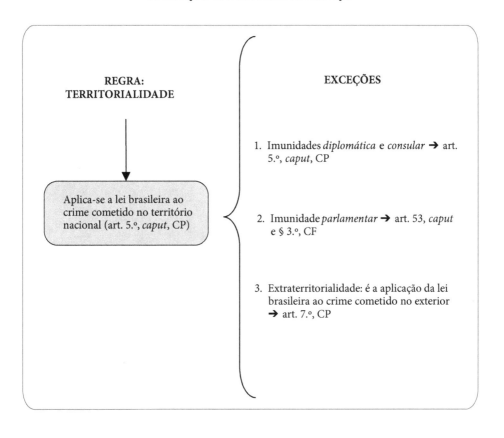

Capítulo XI
Eficácia de
Sentença Estrangeira

1. HOMOLOGAÇÃO DE SENTENÇA ESTRANGEIRA E SOBERANIA NACIONAL

Tomando-se por base a soberania da nação, uma sentença estrangeira não pode produzir efeitos no Brasil sem a homologação feita por um tribunal pátrio, porque, se assim fosse feito, estar-se-ia, em última análise, aplicando em território nacional leis estrangeiras (leis votadas e aprovadas por representantes de povo estrangeiro).

Um povo somente é efetivamente soberano quando faz suas próprias normas, não se submetendo a ordenamentos jurídicos alienígenas. Por isso, quando, em determinados casos, for conveniente que uma decisão estrangeira produza efeitos no Brasil, é preciso haver homologação.

O objetivo é *nacionalizar* a lei penal estrangeira que deu fundamento à sentença a ser homologada. Nesse sentido a lição de MARINONI: "É comum o ensinamento de que o Direito Penal é territorial. O poder que o Estado exerce com a norma punitiva, a finalidade que com isso objetiva, justificam usualmente a afirmação geral da territorialidade do Direito Penal. E da territorialidade do Direito Penal deduz-se a inaplicabilidade da lei penal estrangeira e a inexequibilidade, quando não a ineficácia, da sentença penal estrangeira, e, de um modo geral, dos atos jurisdicionais estrangeiros de caráter penal. E, sendo assim, a lei penal estrangeira, quando aplicada por um Estado, é lei nacionalizada, de forma que pode revestir-se da função própria de toda norma penal".[1]

Cabe ao Presidente do Superior Tribunal de Justiça homologar a sentença estrangeira para que produza efeitos no Brasil (art. 105, I, *i*, CF; arts. 787 a 790, CPP). Sobre o procedimento, ver o nosso *Código de Processo Penal comentado* (notas aos arts. 787 a 790).

---

[1] *Apud* FREDERICO MARQUES, *Tratado de direito penal*, v. 1, p. 363.

2. HIPÓTESES PARA A HOMOLOGAÇÃO

2.1. Reparação civil do dano causado à vítima

O primeiro fundamento para a homologação é a facilitação, para a vítima de um crime no exterior, de obter, em juízo brasileiro, a reparação civil do dano. Tomando a sentença estrangeira homologada, como título executivo, a pessoa ofendida ingressa em juízo para debater apenas o *quantum* da indenização. Não há necessidade de se discutir, novamente, a culpa do acusado.

Nesse caso, o Judiciário não age de ofício; é preciso que a vítima requeira, expressamente, a homologação da sentença condenatória estrangeira.

2.2. Aplicação de medida de segurança

O termo "condenado" é relativamente impróprio nesse caso, pois o inimputável, sujeito à medida de segurança, na realidade, é *absolvido*, ficando sujeito à internação ou ao tratamento ambulatorial (art. 97, CP).

O semi-imputável, a despeito de condenado, pode ter sua sanção penal substituída por medida de segurança (internação ou tratamento ambulatorial), conforme previsão do art. 98 do Código Penal.

Não há, no Brasil, medida de segurança para o imputável. Utiliza-se a aplicação da medida de segurança imposta por autoridade estrangeira em benefício do próprio sentenciado e, também, da sociedade, que evitará o convívio desregrado com um enfermo perigoso.

O texto legal refere-se à necessidade de previsão do crime em tratado de extradição firmado entre o Brasil e o Estado estrangeiro de cuja autoridade judiciária adveio a sentença a ser homologada. No entanto, inexistindo tratado, pode haver o suprimento por meio da requisição do Ministro da Justiça.

2.3. Hipótese prevista na Lei de Lavagem de Dinheiro

A Lei 9.613/1998, no art. 8.º, assegurou a possibilidade de serem decretadas medidas assecuratórias, como o sequestro, sobre os bens, direitos e valores decorrentes do crime de lavagem de capitais, de forma que, findo o processo, quando se tratar de delito internacional, poderão o Brasil e o país solicitante do sequestro dividir o que foi amealhado.

Para tanto, segundo entendemos, é preciso a homologação da sentença estrangeira pelo Presidente do Superior Tribunal de Justiça, a fim de que a perda dos bens se consume em definitivo.

2.4. Homologação de sentença estrangeira para o fim de cumprimento de pena imposta no exterior

Debate-se, no Superior Tribunal de Justiça, se algum brasileiro, condenado no exterior, já que não pode ser extraditado daqui para outro país, poderia cumprir a sentença em território nacional se aqui se encontrar. Argumenta-se que, com a edição da Lei 13.445/2017 (Lei da Migração), essa situação teria sido autorizada, tal como dispõe o art. 100: "Nas hipóteses em que couber solicitação de *extradição executória*, a autoridade competente poderá solicitar ou autorizar a *transferência de execução* da pena, desde que observado o princípio do *non bis in idem*" (grifamos). Essa hipótese foi criada para abrigar os casos de estrangeiros condenados no Brasil que desejem cumprir a pena no seu país de origem, assim como para os brasileiros condenados no estrangeiro que pretendam cumprir a pena em território nacional.

A discussão atual consiste na hipótese de um brasileiro, condenado no exterior, vindo a se abrigar no Brasil, não podendo ser extraditado (art. 5.º, LI, CF), cumprir aqui a pena imposta por juiz estrangeiro. A diferença básica consiste na vontade do brasileiro *que foi preso no exterior*, para cumprimento de pena, afirmar o seu intento de vir ao Brasil para continuar a execução da sanção penal e não na situação do brasileiro que, estando em território nacional, sofrer uma pena no estrangeiro, vale dizer, ele não está detido em território alienígena e não quer cumprir pena aqui.

A princípio, o país estrangeiro que o condenou deveria remeter todas as peças processuais para que, em juízo brasileiro, ele seja devidamente processado e possa, então, se condenado, cumprir a pena no Brasil. Noutros termos, o STJ debate se *mesmo o brasileiro estando em território nacional* e *não querendo cumprir pena de juízo estrangeiro* poderia ser obrigado a fazê-lo, após a homologação de sentença estrangeira. Seria o acolhimento da viabilidade de se cumprir, em território nacional, decisão condenatória de Poder Judiciário estrangeiro, baseada nas leis estrangeiras.

Pelas duas hipóteses do art. 9.º do Código Penal, tal situação inexiste. Quer-se concluir se haveria a possibilidade de *ampliar* o disposto nos arts. 100 e seguintes da Lei da Migração, *obrigando* o brasileiro a cumprir pena estrangeira em solo nacional. Em suma, considerando-se todo o contexto, desde o momento em que tratados foram celebrados pelo Brasil e outras nações, como o Canadá, Argentina e Chile, permitindo que presos canadenses, argentinos e chilenos pudessem cumprir a pena imposta por crime cometido no Brasil em seus países – com a recíproca viabilidade de um brasileiro condenado no exterior e ali cumprindo pena vir ao Brasil para a continuação da execução da sanção – tinha a finalidade de *trocar presos em cumprimento de pena*. Se a pessoa, embora condenada no estrangeiro, sendo brasileira, *não está em cumprimento de pena no exterior*, não se aplicaria o disposto no art. 100 da Lei da Migração.

3. EFEITOS DA SENTENÇA CONDENATÓRIA ESTRANGEIRA QUE INDEPENDEM DE HOMOLOGAÇÃO

Há casos em que a sentença estrangeira produz efeitos no Brasil, sem necessidade de homologação pelo Superior Tribunal de Justiça. São situações particulares, nas quais não existe *execução* da sentença alienígena, mas somente a consideração delas como *fatos jurídicos*.

Explica Remo Pannain, em relação ao processo penal, o fenômeno da sentença como fato jurídico, *in verbis*: "O Ministério Público inicia a ação penal para a declaração de um crime de homicídio. Este órgão objetiva obter a condenação do réu; a parte civil procura obter a restituição, ou ressarcimento do dano, e o réu pleiteia a absolvição. O juiz declara a existência do crime e o concurso de todas as condições de punibilidade, e condena. Mas esta sentença produz também, na hipótese da prática de outro crime, o agravamento da pena pela reincidência, a impossibilidade da suspensão condicional da execução da pena etc. Estes efeitos, não presentes à mente das partes e do julgador, não previstos no pronunciamento judicial, derivam da sentença, segundo Calamandrei, não como ato jurídico, ou declaração de vontade, mas sim da sentença como fato jurídico".[2]

---

[2] *Le incapacità giuridiche quali effetti delle sentenze penale*, p. 73-105, *apud* Frederico Marques, *Tratado de direito penal*, v. 1, p. 377.

São as seguintes hipóteses: a) gerar reincidência (art. 63, CP); b) servir de pressuposto da extraterritorialidade condicionada (art. 7.º, II e § 2.º, *d* e *e*, CP); c) impedir o *sursis* (art. 77, I, CP); d) prorrogar o prazo para o livramento condicional (art. 83, II, CP); e) gerar maus antecedentes (art. 59, CP). Para tanto, basta a prova da existência da sentença estrangeira.

Note-se que, mesmo não sendo a sentença estrangeira suficiente para gerar a reincidência, é possível que o juiz a leve em consideração para avaliar os antecedentes e a personalidade do criminoso.

RESUMO DO CAPÍTULO

▸ **Homologação de sentença estrangeira:** deve a sentença proferida por juízo estrangeiro ser avaliada e, depois, homologada pelo Presidente do Superior Tribunal de Justiça, para que produza seus efeitos no Brasil.

▸ **Hipóteses para a homologação:** há somente duas previstas no Código Penal: a) obtenção, pela vítima do crime, de indenização na esfera civil; b) para o cumprimento de medida de segurança. No entanto, a Lei de Lavagem de Capitais permite que haja a perda de bens ou valores ilícitos, razão pela qual é necessário que se homologue sentença estrangeira para tal finalidade no Brasil.

▸ **Situações que independem de homologação:** quando a decisão judicial estrangeira não for *cumprida* no Brasil, mas somente reconhecida como fato jurídico, inexiste motivo para a homologação. Exemplo: para gerar maus antecedentes ao réu.

Capítulo XII

Contagem de Prazo
e Frações da Pena

1. PRAZOS PENAIS E PROCESSUAIS PENAIS

O prazo penal conta-se de maneira diversa do prazo processual penal. Enquanto neste não se inclui o dia do começo, mas sim o do vencimento (art. 798, § 1.º, CPP), naquele é inserido o primeiro dia, desprezando-se o último. Exemplos: se uma pessoa é recolhida ao cárcere para cumprir dois meses de pena privativa de liberdade, tendo início o cumprimento no dia 20 de março, que é introduzido no cômputo, a pena findará no dia 19 de maio. Se alguém for preso às 22 horas de um dia, este dia é integralmente computado, ainda que faltem somente duas horas para findar. Entretanto, se o réu é intimado de uma sentença condenatória no dia 20 de março, cujo prazo de recurso é de 5 dias, vencerá no dia 25 de março.

Quando se tratar de instituto de dupla previsão – inserido nos Códigos Penal e de Processo Penal –, como a decadência, deve-se contar o prazo da forma mais favorável ao réu, ou seja, conforme o Código Penal.

2. O CALENDÁRIO COMUM COMO PARÂMETRO PARA A CONTAGEM DO PRAZO

O calendário comum é o gregoriano, no qual os meses não são contados por número de dias, mas de certo dia do mês à véspera do dia idêntico do mês seguinte, desprezando-se feriados, anos bissextos etc. Exemplo: um ano de reclusão, iniciado o cumprimento em 20 de março de 2014, findará em 19 de março de 2015.

Segue-se o disposto na Lei 810/1949, arts. 1.º ("Considera-se ano o período de doze meses contado do dia do início ao dia e mês correspondentes do ano seguinte"), 2.º ("Considera-se mês o período de tempo contado do dia do início ao dia correspondente do mês seguinte") e 3.º ("Quando no ano ou mês do vencimento não houver o dia correspondente ao do início do prazo, este findará no primeiro dia subsequente").

A lei especifica a necessidade de se computarem os prazos penais pelo calendário comum, buscando evitar distorções na prática. Ilustrando, se o juiz, em lugar de condenar o réu a três meses de detenção, inserisse na sentença a medida de 90 dias, teria errado. Afinal, nem sempre o mês tem 30 dias pelo calendário (há meses com 28, 29, 30 e 31 dias). Assim, para haver uniformidade, a contagem se faz pelo calendário.

3. FRAÇÕES NÃO COMPUTÁVEIS DA PENA

As frações de dias (horas) não são computadas na fixação da pena, sendo simplesmente desprezadas. Suponha-se alguém condenado, inicialmente, a 6 meses e 15 dias de detenção, pena da qual o juiz deve subtrair um sexto, em razão de alguma atenuante ou causa de diminuição. Seria o caso de extrair 1 mês, 2 dias e 12 horas do total. Entretanto, diante do disposto no art. 11, reduz-se somente o montante de 1 mês e 2 dias, rejeitando-se as horas.

Tratando-se de norma penal não incriminadora, pode-se aplicar a interpretação que extraia o autêntico significado da lei. Onde se lê *cruzeiro*, leia-se *moeda vigente*, no caso presente, o real. As frações de real são os centavos, que devem ser desprezados na fixação da pena de multa.

RESUMO DO CAPÍTULO

▶ **Prazo penal:** computa-se o primeiro dia do prazo, desprezando-se o último. Se Fulano é preso no dia 10, por cinco dias (prisão temporária), representando cerceamento de liberdade, deve-se computar o dia 10 como primeiro dia; o último dia é o dia 14, quando deverá ser colocado em liberdade ao final do expediente.

▶ **Prazo processual:** não se computa o primeiro dia, mas o último. Quem é intimado dia 5, para apresentar recurso em cinco dias, deve-se fazer o cálculo excluindo-se o dia 5; inicia-se no dia 6 e finda-se no dia 10.

▶ **Calendário comum:** é o gregoriano, que se utiliza para todos os fins, no Brasil. O ano possui 365 dias (ou 366 em anos bissextos). Respeita-se o número de dias marcados no calendário, pouco importando se o mês tem 28, 29, 30 ou 31 dias.

▶ **Frações da pena:** despreza-se a fração do dia, que é a hora; despreza-se a fração da moeda, ou seja, o centavo.

ESQUEMA

CONTAGEM DE PRAZOS PENAIS E PROCESSUAIS

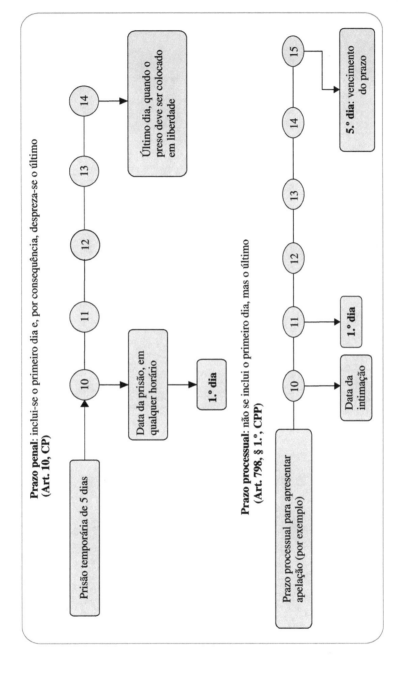

Capítulo XIII
Conflito Aparente de Normas

 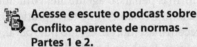

Acesse e escute o podcast sobre
Conflito aparente de normas – Partes 1 e 2.

> http://uqr.to/1yvdh

1. CONCEITO

Trata-se da situação que ocorre quando, ao mesmo fato, parecem ser aplicáveis duas ou mais normas, formando um conflito apenas aparente. O conflito aparente de normas surge no universo da aplicação da lei penal, quando esta entra em confronto com outros dispositivos penais, ilusoriamente aplicáveis ao mesmo caso.

Imagine-se a situação do indivíduo que importa substância entorpecente. À primeira vista, pode-se sustentar a aplicação do disposto no art. 334-A do Código Penal (crime de contrabando), embora ele esteja previsto no art. 33 da Lei de Drogas. Estaria formado um conflito aparente entre normas igualmente aplicáveis ao fato ocorrido. O direito, no entanto, oferece mecanismos para a solução desse impasse fictício. Na situação exposta, aplica-se o art. 33 da Lei 11.343/2006 (tráfico de drogas), por se tratar de lei especial.

Os critérios para solver os problemas surgidos na aplicação da lei penal são a seguir analisados. Há quem inclua o estudo do *conflito aparente de normas* no contexto do concurso de delitos (mesmo fazendo o destaque de se tratar de um *concurso de leis*), embora não creiamos ser esta a posição adequada. O concurso de crimes é, efetivamente, a concorrência de várias leis, aplicáveis a diversos fatos tipicamente relevantes, como ocorre na prática de inúmeros roubos, passíveis de gerar o concurso material (soma das penas) ou o crime continuado (aplicação da pena de um dos delitos, com um acréscimo). Quando, por meio de uma ação, o agente comete dois ou mais delitos, ainda assim aplica-se o concurso formal, que é a fixação da pena de um só deles, com uma exasperação. Portanto, como se vê, não há conflito algum de leis penais, mas a aplicação conjunta e uniforme de todas as cabíveis ao fato (ou aos fatos).

No cenário do conflito *aparente* de normas, existe uma ilusória ideia de que duas ou mais leis podem ser aplicadas ao mesmo fato, o que não é verdade, necessitando-se conhecer os critérios para a correta *aplicação* da lei penal. Daí por que o mais indicado é destacar o tema do contexto do concurso de crimes ou mesmo do *concurso* de leis. Não são normas que *concorrem* (afluem para a mesma situação ou competem), mas que têm destino certo, excluindo umas as outras. Basta saber aplicá-las devidamente. Enfim, inexiste *concurso*, mas mera *ilusão de conflito*. Defendendo o estudo do tema no contexto da aplicação da lei penal, encontra-se a posição de JIMÉNEZ DE ASÚA.[1]

Tendo em vista que o conflito entre normas penais é apenas aparente, convém conhecer os critérios que permitem solucioná-los. Lembremos ser viável resolver o referido conflito valendo-se de mais de um princípio, ao mesmo tempo.

São, fundamentalmente, cinco: a) critério da sucessividade; b) critério da especialidade; c) critério da subsidiariedade; d) critério da absorção (consunção); e) critério da alternatividade.

1.1. Diferença entre concurso formal e concurso aparente de normas

No concurso formal, o agente, por meio de uma só conduta, vulnera vários bens jurídicos, cometendo dois ou mais delitos. Assim, há várias tipicidades, porém um único fato (exemplo: o agente desfere um tiro e mata duas pessoas).

No concurso de normas penais, o agente afeta um único bem jurídico, havendo uma só tipicidade, embora haja a impressão de que teria praticado dois ou mais delitos (exemplo: a mãe, que mata o filho recém-nascido, em estado puerperal, comete infanticídio, embora fique a impressão de que executou também homicídio).

> http://uqr.to/1yvdi

Acesse e escute o podcast sobre Infanticídio.

2. CRITÉRIO DA SUCESSIVIDADE

Havendo a sucessão de tempo entre normas aplicáveis ao mesmo fato, é preferível a lei posterior (*lex posterior derogat priori*).

Uma ilustração do critério da sucessividade tem origem na edição do Código de Trânsito Brasileiro, que, no art. 309, prevê o crime de dirigir veículo sem habilitação, exigindo, para tanto, perigo concreto à segurança viária. Não há dúvida de que, por disciplinar matéria idêntica, ficou derrogado o disposto no art. 32 da Lei de Contravenções Penais, ou seja, a parte que cuida da mesma situação de direção de veículo automotor sem habilitação. Assim é o conteúdo da Súmula 720 do STF: "O art. 309 do Código de Trânsito Brasileiro, que reclama decorra do fato perigo de dano, derrogou o art. 32 da Lei das Contravenções Penais no tocante à direção sem habilitação em vias terrestres".

---

[1] *Lecciones de derecho penal*, p. 89.

3. CRITÉRIO DA ESPECIALIDADE

A Parte Geral do Código Penal é aplicada a toda a legislação penal especial, salvo quando esta trouxer disposição em sentido contrário. Exemplo: o art. 14, II, do Código Penal prevê a figura da tentativa, embora o art. 4.º da Lei das Contravenções Penais preceitue não ser punível a tentativa de contravenção.

A regra é: lei especial afasta a aplicação de lei geral (*lex specialis derogat legi generali*), como, aliás, encontra-se previsto no art. 12 do Código Penal. Para identificar a lei especial, leva-se em consideração a existência de uma particular condição (objetiva ou subjetiva), que lhe imprima severidade menor ou maior em relação à outra. Deve haver entre os delitos geral e especial relação de absoluta contemporaneidade. Exemplo: furto qualificado exclui o simples; crime militar exclui o comum; infanticídio exclui o homicídio.

Segundo Nicás, em decisão do Tribunal Supremo da Espanha, considerou-se que o princípio da especialidade, conhecido dos jurisconsultos romanos, supõe que, quando entre as normas em aparente conflito exista uma relação de gênero a espécie, esta deve obter a prioridade sobre aquela, excluindo sua aplicação. Requer-se que a norma considerada especial contenha todos os elementos da figura geral, apresentando outras particulares características típicas que podem ser denominadas específicas, especializadoras ou de concreção, constituindo uma subclasse ou subespécie agravada ou atenuada. Em virtude disso, abrange um âmbito de aplicação mais restrito e capta um menor número de condutas ilícitas.[2]

Note-se que, muitas vezes, na impossibilidade de provar determinada ocorrência, caracterizadora do delito especial, pode-se desclassificar a infração penal para a modalidade genérica. É o que ocorre quando a mãe mata seu filho e não se consegue evidenciar o "estado puerperal", caracterizador do infanticídio. Responde a mãe por homicídio.

No exemplo mencionado anteriormente, que concerne à importação de mercadoria proibida, caso não fique provado o conhecimento do agente quanto ao conteúdo do que trazia para dentro do País, isto é, torna-se evidente que ele sabia trazer mercadoria vedada pela lei, embora não soubesse tratar-se de substância entorpecente, pode-se desclassificar o tráfico de drogas para contrabando.

Lembremos que, como regra, a lei especial não é afetada pela edição de lei nova de caráter geral. Assim, se em determinada lei há um critério específico para o cálculo da pena de multa, advindo modificação no Código Penal, no capítulo genérico que cuida da multa, preserva-se o disposto na legislação especial. Entretanto, há exceções. Quando uma lei geral é benéfica ao réu, contendo nova sistemática para determinado instituto, é natural que possa afetar a legislação especial, pois não teria sentido a existência de dois mecanismos paralelos voltados a um mesmo cenário, cada qual imprimindo uma feição diferenciada à lei penal.

Desse modo, quando o art. 12 do Código Penal preceitua que "as regras gerais deste Código aplicam-se aos fatos incriminados por lei especial, se esta não dispuser de modo diverso", refere-se a um contexto genérico, sem se levar em conta o princípio constitucional da retroatividade da lei penal benéfica. Por isso, quando mencionamos que a lei especial pode disciplinar a cobrança de multa de maneira diversa do que vem disposto no Código Penal, respeita-se a lei especial em detrimento da geral. No entanto, quando a lei geral, ao ser modificada, afeta essencialmente determinado instituto, igualmente constante em lei especial, esta deve ser afastada para aplicação da outra, que é nitidamente benéfica. É o que ocorreu com o confronto entre o art. 85 da Lei 9.099/1995 e o art. 51 do Código Penal, após a edição da Lei 9.268/1996. A atual redação do art.

---

[2] *El concurso de normas penales*, p. 117.

51, considerando a multa como dívida de valor, afasta a possibilidade de sua conversão em prisão, caso não seja paga pelo condenado. Mas será executada pelo juízo das execuções penais. Ocorre que o disposto no art. 85 da Lei dos Juizados Especiais estipula que, "não efetuado o pagamento de multa, será feita a conversão em pena privativa da liberdade, ou restritiva de direitos, nos termos previstos em lei". É verdade que o referido art. 85 fez menção aos "termos previstos em lei", remetendo, então, ao que preceituava o Código Penal à época (a conversão se dava na proporção de um dia-multa por um dia de prisão até o máximo de 360). Entretanto, ainda que assim não fosse, não haveria sentido em manter a conversão da pena de multa não paga em prisão se o sistema penal fundamental foi alterado, ou seja, a Parte Geral do Código Penal já não admite tal situação, até porque modificou o próprio sentido da multa, considerando-a "dívida de valor".

Enfim, nem sempre a lei especial mantém a sua aplicabilidade em face de modificação da lei geral. Tudo está a depender do caráter e da extensão da modificação havida nesta última: se for alteração na essência do instituto e benéfica ao réu, torna-se evidente a necessidade de sua aplicação, em detrimento da especial.

4. CRITÉRIO DA SUBSIDIARIEDADE (TIPO DE RESERVA)

Uma norma é considerada subsidiária a outra quando a conduta nela prevista integra o tipo da principal (*lex primaria derogat legi subsidiariae*), significando que a lei principal afasta a aplicação de lei secundária. A justificativa é que a figura subsidiária está inclusa na principal.

Na lição de NICÁS, a norma subsidiária somente se aplica em caso de defeito da norma principal (*lex primaria derogat legem subsidiariam*), preferindo-se esta em detrimento daquela, devendo ter, por questão de lógica, pena mais grave que a do delito subsidiário, pois este é residual.[3]

Há duas formas de ocorrência: a) *subsidiariedade explícita*, quando a própria lei indica ser a norma subsidiária de outra ("se o fato não constitui crime mais grave", "se o fato não constitui elemento de crime mais grave", "se o fato não constitui elemento de outro crime"). Exemplo: exposição a perigo (art. 132), subtração de incapazes (art. 249), falsa identidade (art. 307), simulação de autoridade para celebrar casamentos (art. 238), simulação de casamento (art. 239); b) *subsidiariedade implícita* (tácita), quando o fato incriminado em uma norma entra como elemento componente ou agravante especial de outra norma. Exemplo: estupro contendo o constrangimento ilegal; dano no furto qualificado pelo arrombamento. Em lei especial (Lei 8.137/1990), verificamos ser subsidiário o disposto no art. 2.º, I, em relação ao art. 1.º, I. Em ambos os tipos está prevista a conduta de *prestar declaração falsa sobre bens* às autoridades fazendárias. Ocorre que o art. 2.º, I, é subsidiário, pois trata-se de conduta mais leve. No art. 1.º, I, a declaração falsa implica efetiva supressão ou redução de tributo, cuja pena é de reclusão, de dois a cinco anos, e multa. Com relação ao art. 2.º, I, a declaração falsa *tem apenas a finalidade* de buscar o não pagamento de tributo, cuja pena é de detenção, de seis meses a dois anos, e multa.

5. CRITÉRIO DA ABSORÇÃO (OU CONSUNÇÃO)

Quando o fato previsto por uma lei o está em outra de maior amplitude, aplica-se somente esta última (*lex consumens derogat legi consumptae*). Em outras palavras, quando a infração prevista na primeira norma constituir simples fase de realização da segunda infração, estabelecida em dispositivo diverso, deve-se aplicar apenas a última.

---

[3] *El concurso de normas penales*, p. 149.

Trata-se da hipótese do crime-meio e do crime-fim. Conforme esclarece Nicás, ocorre a consunção quando determinado tipo penal absorve o desvalor de outro, excluindo-se este da sua função punitiva. A consunção provoca o esvaziamento de uma das normas, que desaparece subsumida pela outra.[4]

É o que se dá, por exemplo, no tocante à violação de domicílio com a finalidade de praticar furto a uma residência. A violação é mera fase de execução do delito patrimonial. O crime de homicídio, por sua vez, absorve o porte ilegal de arma, pois esta infração penal constitui-se simples meio para a eliminação da vítima.

De todo modo, é preciso ressaltar que o critério da absorção depende, para a sua aplicação, de política criminal. Por vezes, admite-se o concurso material; noutros casos, promove-se a absorção de um delito pelo outro.

Ilustrando, matar uma pessoa com uma arma de fogo ilegal gera dois crimes? Um homicídio e um porte ilegal de arma? Ou seria o homicídio (crime-fim) aquele que absorve o porte ilegal de arma (crime-meio)? A atual posição da jurisprudência pende para a absorção. No entanto, nada impede que, no futuro, essa posição se altere, considerando-se concurso material ou formal.

6. CRITÉRIO DA ALTERNATIVIDADE

Significa que a aplicação de uma norma a um fato exclui a aplicabilidade de outra, que também o prevê, de algum modo, como delito. Exemplo: o fato *conjunção carnal* permite o enquadramento nos delitos de estupro (art. 213), violação sexual mediante fraude (art. 215) ou até assédio sexual (art. 216-A). Assim, eleito o estupro, estão, automaticamente, afastados os delitos de violação sexual mediante fraude e assédio sexual.

Para Sauer, Spiezza, Maggiore, Ranieri, Basileu Garcia e outros penalistas, o critério é inútil e supérfluo, pois tudo pode ser resolvido sempre pela especialidade, subsidiariedade ou consunção. É o que também nos parece.

A despeito dessas opiniões, defende o critério Oscar Stevenson: "Sem embargo dessas objeções, justifica-se o princípio da alternatividade. Até mesmo serve como prova de exação dos resultados a que se chega no emprego dos demais princípios reitores da aparente concorrência de normas penais".[5]

A isso acresce Muñoz Conde, fundado no art. 8.º, § 4.º, do Código Penal espanhol, que o critério da alternatividade deve ser levado em consideração para evitar absurdas impunidades ou despropósitos punitivos, que podem derivar de uma má coordenação das sanções penais de alguns tipos penais de estrutura semelhante. Se a um mesmo fato oferecem-se duas valorações distintas, nenhuma delas podendo ser afastada por razões de especialidade, subsidiariedade ou consunção, deve-se aplicar a norma que contenha a valoração de maior gravidade, o que seria mais fiel à vontade do legislador. Cita, como exemplo, os crimes de ameaça e assédio sexual (arts. 171, 1, e 184 do referido Código Penal), analisando que não teria cabimento punir o agente com a pena do assédio sexual, que contém ameaça, mas possui uma pena menor, se o crime de ameaça, sem a finalidade sexual, tem previsão de pena maior. Diz o autor que a mencionada finalidade sexual da ameaça não pode privilegiar aquele que, com uma simples ameaça, poderia obter pena mais elevada.[6]

---

[4]   *El concurso de normas penales*, p. 157.

[5]   Concurso aparente de normas penais, *Estudos em homenagem a Nélson Hungria*.

[6]   *Derecho penal* – Parte general, p. 523.

Preferimos, sem dúvida, a primeira posição, ou seja, o critério da alternatividade é mesmo inútil. Não há que se concordar com a posição esposada por Muñoz Conde, uma vez que, no exemplo oferecido, deve haver, sim, a aplicação do critério da especialidade. O agente, ao assediar sexualmente a vítima, ameaçando-a, busca favores de ordem específica (sexual), conduta valorada pelo legislador em tipo penal próprio, com pena menos elevada do que a do crime de ameaça na Espanha. Dizer que a finalidade sexual estaria beneficiando o agente é o mesmo que pretender negar o critério da especialidade e até mesmo o princípio da reserva legal, pois ao legislador cabe a fixação das penas, e não ao juiz. Se a pena do assédio sexual é menor do que a do delito de ameaça, é porque foi o critério adotado pelo criador da norma, possivelmente considerando menos grave a conduta de quem ameaça para conseguir benefício de ordem sexual, fundando a mencionada ameaça na frustração da expectativa que a vítima pode ter, no seu ambiente de trabalho, de ascensão profissional, por exemplo, do que outra pessoa que produz ameaças para finalidades diversas. Aliás, o disposto no art. 8.º, § 4.º, do Código Penal espanhol parece, de fato, inútil, pois refere que, não sendo aplicáveis os critérios da especialidade, da subsidiariedade ou da consunção, deve-se levar em conta sempre o preceito penal que trouxer a pena mais grave em detrimento daquele que previr pena menor.

Em verdade, buscando-se respeitar o princípio da legalidade e o da culpabilidade, não vemos como aplicar o tipo penal considerando, singelamente, o fator "pena", desprezando-se a sua redação e a finalidade do agente. Logo, não vislumbramos situação fática concreta que admita a aplicação de tal preceito (art. 8.º, § 4.º, CP espanhol), pois os critérios da especialidade, da subsidiariedade e da consunção são suficientes para desmistificar o pretenso conflito de leis, na verdade inexistente.

RESUMO DO CAPÍTULO

▶ **Conflito aparente de normas:** significa que duas ou mais normas *parecem* ser aplicáveis a um determinado fato, embora, utilizando-se os critérios jurídicos, chega-se à norma efetivamente válida para o caso concreto.

▶ **Sucessividade:** significa que a lei posterior tem preferência sobre a lei anterior.

▶ **Especialidade:** quer dizer que a norma, contendo mais dados específicos, determinando maior ou menor reprimenda, prevalece sobre a norma geral, cujos elementos são genéricos.

▶ **Subsidiariedade:** significa que um fato pode conter-se em duas ou mais normas; deve-se utilizar o fato presente na norma de maior abrangência e com punição mais elevada.

▶ **Absorção:** o crime-fim deve absorver o crime-meio, utilizado para chegar ao objetivo principal. Por vezes, um crime menos grave pode ser consumido pelo delito mais grave, quando ambos são cometidos no mesmo cenário.

▶ **Alternatividade:** significa que a aplicação de uma norma expurga a aplicação de outra, quando se leva em conta o mesmo fato. O critério não é útil, pois a opção por determinada lei é feita com fundamento nos outros critérios, e não, propriamente, na alternatividade. Essa é somente a conclusão do que foi realizado.

ESQUEMAS

SUCESSIVIDADE

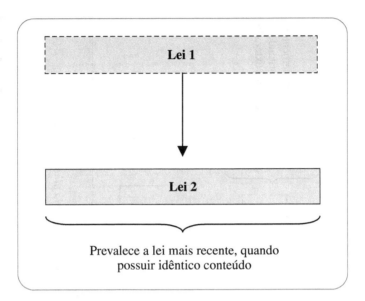

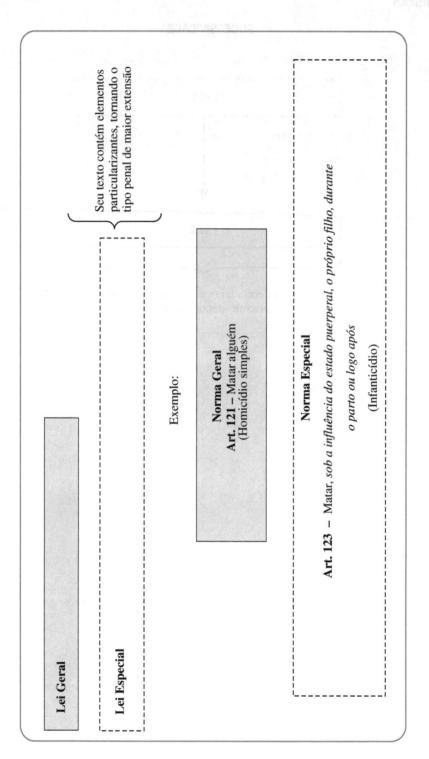

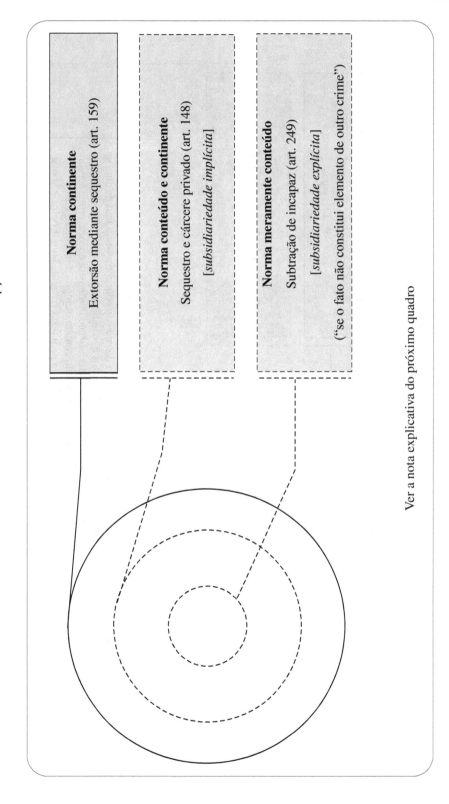

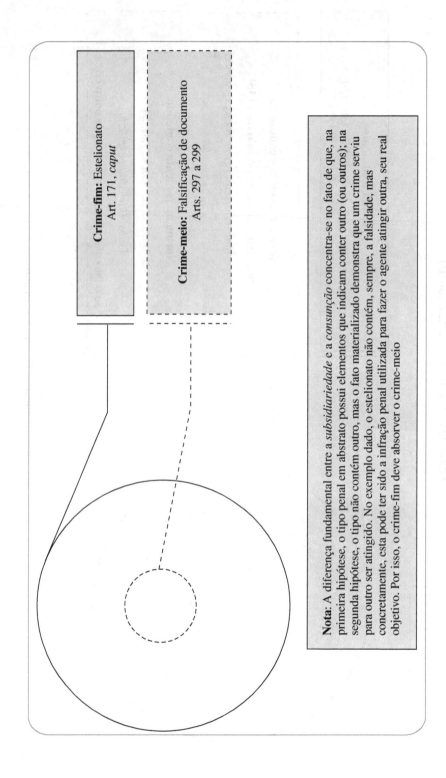

Capítulo XIV

Teoria do Crime

1. CONCEITO DE CRIME

 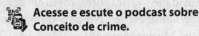

Acesse e escute o podcast sobre Conceito de crime.
> http://uqr.to/1yvdj

1.1. Conceito material

O conceito de crime é artificial, ou seja, independe de fatores naturais, constatados por um juízo de percepção sensorial, uma vez que se torna impossível apontar uma conduta, ontologicamente criminosa, noutros termos, inexiste qualquer conduta que se possa dizer que constitua um crime pela própria natureza.[1]

Em verdade, é a sociedade a criadora inaugural do crime, qualificativo que reserva às condutas ilícitas mais gravosas e merecedoras de maior rigor punitivo. Após, cabe ao legislador transformar esse intento em figura típica, criando a lei que permitirá a aplicação do anseio social aos casos concretos. Nas palavras de MICHEL FOUCAULT: "É verdade que é a sociedade

---

[1] "Sempre começo meus cursos de criminologia tentando desconstruir o conceito de crime como algo ontológico, que teria aparecido na natureza como os peixes, os abacates e as esmeraldas. Entender o crime como um constructo social, um dispositivo, é o primeiro passo para adentrarmos mais além da superfície da questão criminal" (VERA MALAGUTI BATISTA, *Introdução crítica à criminologia brasileira*, p. 21).

que define, em função de seus interesses próprios, o que deve ser considerado como crime: este, portanto, não é natural".[2]

A partir daí, podem-se verificar os três prismas dispensados ao conceito de *crime*: a) material; b) formal; c) analítico. Neste tópico, analisaremos o conceito material, significando a concepção da sociedade sobre o que pode e deve ser proibido, mediante a ameaça de aplicação de sanção penal. Em suma, no sentido material, o crime é a conduta ofensiva a um bem juridicamente tutelado, ameaçada de pena.

Esse conceito é aberto e informa o legislador sobre as condutas que merecem ser transformadas em tipos penais incriminadores. Como ensina ROXIN, "o conceito material de crime é prévio ao Código Penal e fornece ao legislador um critério político-criminal sobre o que o Direito Penal deve punir e o que deve deixar impune".[3]

A palavra *crime* tem um sentido forte e único para a sociedade. Valemo-nos da lição de ROBERTO LYRA para exemplificar: "Todos hão de saber, porque sentirão, o que devemos exprimir pela palavra *crime*. Julgamos criminologicamente, quando irrompe dentro de nós, diante de certos fatos, a sentença: 'Isto é um *crime*'! Este clamor provém da civilização que não se limita a 'invólucro dentro do qual arde a paixão selvagem do homem' (CARLYLE). Há até uma sistematização subjetiva lançada na consciência humana através de um direito natural que ficou no verbo e agora será conquista, convicção, ação".[4]

Eis um exemplo de como nasce, na sociedade, o conceito material de crime, para, depois, caso assimilado pelo legislador, constituir figura típica incriminadora. Discute-se a criação do crime de homofobia. Nas palavras da jornalista LYA LUFT encontra-se parcela do debate nascido em sociedade: "de momento está em evidência a agressão racial em campos esportivos: 'negro', 'macaco' e outros termos usados como chibata para massacrar alguém, revelam nosso lado pior, que em outras circunstâncias gostaríamos de disfarçar – a grosseria, e a nossa própria inferioridade. *Nesses casos, como em agressões devidas à orientação sexual, a atitude é crime, e precisamos da lei*. No país da impunidade, necessitamos de punição imediata, severa e radical. Me perdoem os seguidores da ideia de que até na escola devemos eliminar punições, a teoria do 'sem limites'. Não vale a desculpa habitual de 'não foi com má intenção, foi no calor da hora, não deem importância'. Temos que nos importar sim, e de cuidar da nossa turma, grupo, comunidade, equipe ou país. Algumas doenças precisam de remédios fortes: preconceito é uma delas".[5]

Quando o legislador capta determinados anseios da comunidade, no sentido de se considerar um ato ilícito civil, trabalhista, tributário ou de outra matéria algo muito grave,

---

[2] *Vigiar e punir*, p. 87.
[3] *Derecho penal* – parte general, t. I, p. 51.
[4] *Criminologia*, p. 62-63.
[5] Medo e preconceito. *Veja*, Ed. Abril, 10.09.2014, p. 24, grifamos.

começa a debater se não deveria, também, incluir no rol dos crimes. Essa é a natureza, a fonte, a essência material do delito. Diante disso, pode-se apresentar um projeto de lei para criminalizar certa conduta. Admitido, aprovado e sancionado, transforma-se em lei penal incriminadora. Surge, então, o conceito formal.

1.2. Conceito formal

Na concepção formal, o crime é exatamente a conduta descrita em lei como tal. Para isso, utiliza-se o critério de existência de um tipo penal incriminador. Existindo, há o delito em tese. Se alguém praticar a conduta prevista no tipo incriminador, ocorre a perfeita adequação entre o modelo de conduta proibida (previsto em lei na forma abstrata) e a conduta real, determinativa do resultado no mundo naturalístico.

Portanto, é formalmente crime a conduta proibida por lei penal, sob ameaça de aplicação da pena. Não é raro acontecer o descompasso entre o crime material e o delito formal. Explica-se: a sociedade pode acreditar que determinado ilícito deveria ser crime, mas não há o tipo penal; logo, não se pode punir o agente, pouco importando o resultado trágico advindo. De outro lado, há figuras típicas incriminadoras, portanto, formalmente constitui um crime, mas que, na prática, ninguém mais liga para a sua punição. É o que ocorre, atualmente, por exemplo, com o curandeirismo (art. 284, CP), figura em desuso.

Esse descompasso entre o sentido material do crime e a sua fórmula formal precisa ser evitado. Para tanto, reformas periódicas no corpo das leis penais precisam ser empreendidas. Há de praticar a reforma descriminalizadora, revogando vários tipos penais incriminadores em franco desuso e a reforma criadora de novos tipos penais, fruto de anseios sociais e das necessidades prementes dos inéditos conflitos surgidos na sociedade contemporânea.

O avanço tecnológico, a mudança de comportamento dos integrantes da sociedade, as novas formas de convivência e tantos outros instrumentos modernos passam a influenciar diretamente no campo penal. Se, em 1940, época de edição do Código Penal, nem existia a rede mundial de computadores, os comportamentos humanos eram bem diversos e a convivência era mais pessoal. Hoje, a internet formou inúmeras redes sociais, muitos convivem virtualmente e nem saem de casa para ir ao banco, além do que a tecnologia substituiu muitos atos que, anteriormente, seriam praticados pessoalmente. É evidente que os tipos penais, para se adaptarem aos novos tempos, sofrem um desgaste natural, por vezes, impossível de ser resolvido. Afinal, não se admite, em direito penal, a analogia *in malam partem*. Logo, ou a lei penal é alterada para prever outro tipo incriminador, que abranja determinada conduta até então inédita, ou tem-se uma lacuna insuperável no campo criminal.

As reformas para tornar próximos os conceitos material e formal de crime são indispensáveis, mas necessitam ser responsáveis. Por isso, não se pode editar lei penal emergencial, para atender uma determinada situação grave, sem um breve estudo a respeito do impacto que ela poderá causar em outros institutos; não se deve elevar ou diminuir drasticamente penas, sem um estudo preliminar dos efeitos sociais dessa prática. Enfim, reformas sempre são bem-vindas, quando devidamente estudadas e implementadas.

1.3. Conceito analítico

O conceito analítico cuida da concepção da ciência do direito, acerca do crime, visando apenas estudá-lo e, didaticamente, torná-lo bem compreensível ao operador do direito.

Portanto, disseca-se o conteúdo do conceito formal de delito para dele extrair os seus elementos. Nesse trabalho de abertura e decomposição do crime em elementos, há controvérsia doutrinária, com inúmeras vertentes e correntes de opinião.

Em primeiro lugar, sob a nossa ótica, adotando o finalismo, tem-se o crime como uma conduta típica, ilícita e culpável, vale dizer, uma ação ou omissão ajustada a um modelo legal de conduta proibida (tipicidade, onde estão contidos os elementos subjetivos dolo e culpa), contrária ao direito (antijuridicidade) e sujeita a um juízo de reprovação social incidente sobre o fato e seu autor, desde que existam imputabilidade, consciência potencial de ilicitude e exigibilidade e possibilidade de agir conforme o direito (culpabilidade). A denominada corrente tripartida do delito é amplamente majoritária na doutrina e na jurisprudência. Mesmo causalistas e funcionalistas respeitam a ideia tripartida do delito. Não somente por ser a mais lógica, mas também por se tratar da fórmula didaticamente indicada para o estudo do operador do direito. Como lembram JESCHECK e WEIGEND, a definição clássica do delito, na visão analítica, que tem permanecido incontestável na Alemanha, é a ação típica, antijurídica e culpável, que goza também de referendo jurisprudencial. "Essa definição não significa uma decomposição do delito, que sempre deve ser compreendido como um todo, mas, unicamente, seu exame sob aspectos distintos."[6]

Outras existem, além da tripartidade finalista (exposta no parágrafo anterior): a) corrente bipartida: o crime é um fato típico e culpável, estando a ilicitude incluída no âmbito da tipicidade (cuida-se da teoria dos elementos negativos do tipo). Essa linha de pensamento existe no Brasil e no exterior; b) corrente tripartida causalista: o crime é um fato típico, antijurídico e culpável. Difere da outra posição tripartida, pois esta insere o elemento subjetivo do crime na culpabilidade. Essa linha de pensamento encontra-se no Brasil e no exterior; c) corrente quadripartida: o crime é um fato típico, antijurídico, culpável e punível. A posição destaca-se pela integração da punibilidade como elemento do crime. Crê-se que, sem a possibilidade de punir o agente (pela presença de alguma excludente de punibilidade), não haveria crime. A corrente existe no Brasil, mas em desuso, ainda remanescendo no exterior.

Vale destacar à parte a chamada corrente bipartida exclusivamente nacional, criada por acaso, em obra jurídica destinada a cuidar de outro assunto penal,[7] mas que ganhou corpo na doutrina nacional: crime é o fato típico e antijurídico, e a culpabilidade é um mero pressuposto de aplicação da pena. Dedicaremos um tópico para apresentar os argumentos contrários a essa linha de pensamento.

Alguns autores conduziram à conclusão de que, *para ser finalista, seria preciso assumir que o crime é um fato típico e ilícito*, deixando a culpabilidade como pressuposto de aplicação da pena.[8]

---

[6] *Tratado de derecho penal* – parte general, p. 213-214.

[7] Inserida no trabalho de conclusão de especialização, denominado *O incesto*, de autoria de RENÉ ARIEL DOTTI, apresentado na PUC-SP, na década de 1970. Ganhou adeptos no Brasil, como DAMÁSIO DE JESUS e JULIO FABBRINI MIRABETE, seus divulgadores mais conhecidos. Atualmente, encontra-se em franco declínio, pois a doutrina penal, de forma majoritária, trabalha o conceito de culpabilidade como integrante do crime – aliás, importantíssimo elemento da infração penal –, não podendo ser diminuído nem deslocado indevidamente para o campo da aplicação da pena.

[8] Um dos divulgadores dessa ideia, induzindo seus leitores em erro, foi MIRABETE: "a *culpabilidade*, tida como componente do crime pelos doutrinadores *causalistas*, é conceituada pela *teoria finalista da ação* como a reprovação da ordem jurídica em face de estar ligado o homem a um fato típico e antijurídico.

Entretanto, há os que, a despeito de adotarem a teoria bipartida nacional do crime (fato típico e antijurídico), *reconhecem* esse engano de vinculá-la ao finalismo.[9]

Aliás, nesse sentido ensina o Ministro Victor Nunes Leal: "Tal como o causalismo, o finalismo vê no delito, analiticamente, uma ação típica, antijurídica e culpável. Mas, como este sistema advém de uma concepção finalista da conduta, é na teoria da ação que se situa a diferença entre os dois sistemas".[10]

Passamos a fornecer ao leitor alguns argumentos demonstrativos das diferentes correntes de pensamento quanto ao crime e sua relação com o conceito analítico de crime. Entretanto, ainda iremos tratar especificamente do causalismo, do neokantismo, do finalismo e do funcionalismo em capítulo próprio, para o qual remetemos o interessado desde logo.

O causalismo busca ver o conceito de conduta meramente naturalístico, despido de qualquer valoração, ou seja, neutro (ação ou omissão voluntária e consciente que exterioriza movimentos corpóreos). O dolo e a culpa estão situados na culpabilidade. Logicamente, para quem adota o causalismo, impossível se torna acolher o conceito nacional bipartido de crime (fato típico e antijurídico), afinal, se assim fosse feito, o elemento subjetivo do crime, dolo ou culpa, inseridos na culpabilidade, ficariam soltos, atirados no campo de aplicação da pena, o que constituiria outro lamentável erro. Como poderia haver crime sem dolo ou culpa? Impossível, conforme o princípio da culpabilidade (não há crime sem dolo ou culpa). Assim sendo, o causalista somente pode adotar as correntes tripartida ou quadripartida. Poder-se-ia dizer que o causalista estaria apto a adotar a corrente bipartida *autêntica* (fato típico e culpável), pois ela prevê a culpabilidade como elemento do crime. A resposta é negativa, tendo em vista que essa corrente nasceu após o finalismo, considerando que dolo e culpa estão no tipo, e não na culpabilidade. Por isso, também é avessa ao causalismo.

O finalismo, de Hans Welzel (que, aliás, sempre considerou o crime fato típico, antijurídico e culpável, em todas as suas obras), crendo que a conduta deve ser valorada, porque se trata de um juízo de realidade, e não fictício, deslocou o dolo e a culpa da culpabilidade para o fato típico. Assim, a conduta, sob o prisma finalista, é a ação ou omissão voluntária e consciente, que se volta a uma finalidade. Ao transferir o dolo para a conduta típica, o finalismo o despiu da consciência de ilicitude (tornando-a potencial), que continuou fixada na culpabilidade. Mais adiante tornaremos a esse ponto. O importante é estabelecer que *a teoria tripartida é a mais aceita*, por ora, entre causalistas, finalistas, adeptos da teoria social da ação e funcionalistas.

Não se deve acolher a concepção bipartida, que refere ser o delito apenas um fato típico e antijurídico, simplificando em demasia a culpabilidade e colocando-a como mero pressuposto

---

É, em última análise, a contradição entre a vontade do agente e a vontade da norma. Assim conceituada, a culpabilidade não é característica, aspecto ou elemento do crime, e sim mera condição para se impor a pena pela reprovabilidade da conduta" (*Manual de direito penal*, v. 1, p. 82. Neste caso, grifamos e pesquisamos a 31.ª edição, a derradeira publicada, a fim de ter certeza de que o equívoco ainda permanecia, afinal, com o falecimento do autor, o revisor do texto poderia ter alterado algo, o que não ocorreu). Note-se a indevida contraposição: "a culpabilidade tida como componente do crime pelos doutrinadores causalistas é conceituada pela teoria finalista da ação (...)". Ao contrapor a teoria tripartida, como dos causalistas, à teoria bipartida nacional, que seria dos finalistas, levou muitos estudantes e operadores do direito ao erro de acreditar que, para ser finalista, deve-se adotar essa teoria analítica do crime: fato típico e antijurídico.

[9] Cf. Estefam, *Direito penal*, v. 1, p. 174.
[10] Prefácio à obra de Juarez Tavares, *Teorias do delito*, p. XV.

da pena. Com primor, alerta JUAREZ TAVARES que "o isolamento da culpabilidade do conceito de delito representa uma visão puramente pragmática do Direito Penal, subordinando-o de modo exclusivo à medida penal, e não aos pressupostos de sua legitimidade".[11]

Se a culpabilidade fosse somente pressuposto da pena, haver-se-ia de considerar *criminoso* o menor de 18 anos simplesmente porque praticou um fato típico e antijurídico (contrariando a irresponsabilidade penal clara do art. 228 da CF) ou aquele que, sob coação moral irresistível, fez o mesmo. Em idêntico prisma, o autor de um fato típico e antijurídico que tenha sido levado à sua prática por erro escusável de proibição. Assim, sem ter a menor ideia de que o que praticava era ilícito, seria considerado um criminoso. E, ainda, o subordinado que segue ordem não manifestamente ilegal de autoridade superior (obediência hierárquica). Ora, se não se pode reprovar a conduta desses agentes, porque ausente a culpabilidade (seja por inimputabilidade, seja por falta de consciência potencial de ilicitude, seja ainda por ausência de exigibilidade de conduta conforme o direito), é incabível dizer que são "criminosos", mas deixam apenas de receber pena.

Se não há reprovação – censura – ao que o agente do fato típico e antijurídico faz, não há crime, mas somente um injusto, que pode ou não dar margem a uma sanção (por exemplo, a medida de segurança). A importância da culpabilidade se alarga no direito penal contemporâneo e não diminui, de forma que é inconsistente deixá-la fora do conceito de crime. Não fosse assim e poderíamos trivializar totalmente o conceito de delito, lembrando-se que, levado ao extremo esse processo de esvaziamento, até mesmo tipicidade e antijuridicidade – incluam-se nisso as condições objetivas de punibilidade –, não deixa de ser pressuposto de aplicação da pena, pois, sem eles, não há delito, tampouco punição.

Torna-se curial citar a precisa conclusão de DAVID TEIXEIRA DE AZEVEDO, criticando, identicamente, a posição bipartida (fato típico e antijurídico) do crime: "A concepção do crime apenas como conduta típica e antijurídica, colocada a culpabilidade como concernente à teoria da pena, desmonta lógica e essencialmente a ideia jurídico-penal de delito, além de trazer sérios riscos ao direito penal de cariz democrático, porquanto todos os elementos que constituem pressuposto da intervenção estatal na esfera da liberdade – sustentação de um direito penal minimalista – são diminuídos de modo a conferir-se destaque à categoria da culpa, elevada agora a pressuposto único da intervenção. Abre-se perigoso flanco à concepção da culpabilidade pela conduta de vida, pelo caráter, numa avaliação tão só subjetiva do fenômeno criminal. O passo seguinte é conceber o delito tão só como índice de periculosidade criminal, ao feito extremo da defesa social de FILIPPO GRAMATICA, cuidando-se de assistir, para modificar o homem, seus valores, sua personalidade. É uma picada aberta ao abandono do direito penal do fato, pelo desvalor da conduta, e acolhimento do direito penal do autor, de pesarosas lembranças".[12] Em igual posição crítica, JUAREZ TAVARES.[13]

1.3.1. *Teoria nacional bipartida do fato típico e antijurídico, tendo a culpabilidade como pressuposto de aplicação da pena*

Os argumentos dessa linha de pensamento não se baseiam em nenhuma corrente filosófica; cuida-se de um conjunto de argumentos extraídos do Código Penal, buscando interpretar de maneira diversa vários termos e expressões nele constantes. Entretanto, essa

---

[11] *Teorias do delito*, p. 109.

[12] A culpabilidade e o conceito tripartido do crime, *Atualidades no direito e processo penal*, p. 69.

[13] *Teorias do delito*, p. 109.

busca pela originalidade traz sérias consequências para a teoria do crime, visto lastrear-se em falsos alicerces, como se verá a seguir.

O idealizador dessa corrente, RENÉ ARIEL DOTTI, em seu trabalho de conclusão de curso de especialização, na PUC-SP, na década de 1970, houve por bem apontar a culpabilidade como pressuposto de aplicação da pena, não mais integrante do conceito de crime, ao qual ficaram restritos o fato típico e a ilicitude.

Seus motivos lastreiam-se, basicamente, no fato de que, com o advento do finalismo, o elemento subjetivo do crime – dolo ou culpa – foi transferido para o tipo penal, logo, esvaziada estaria a culpabilidade. Diante disso, valendo-se de dados da teoria de ROXIN (funcionalista), que concentra na culpabilidade elementos de política criminal – mas que *não separa culpabilidade do conceito de crime* –, chegou à conclusão de ser prescindível a culpabilidade. Não bastasse ter utilizado dados do funcionalismo, termina por concluir que certas expressões, usadas na redação do Código Penal de 1940, seriam indicativos de sua nova tese. Apontou que, tratando-se de excludente de ilicitude, o CP se vale de "não há crime"; cuidando-se de excludente de culpabilidade, o mesmo Código trabalha com "é isento de pena". Então, teria o legislador sinalizado para o fato de estar a culpabilidade ligada somente à pena, e não ao crime. Depois, fez nova afirmação, que, com a devida vênia, não ocorreu. Diz que o CP de 1940, com a Reforma Penal de 1984, adotou a teoria finalista da ação e o dolo e culpa deixaram de pertencer à culpabilidade para integrar a conduta típica. Não forneceu nenhum dado concreto para essa afirmação, nem indicou qualquer artigo novo, da Parte Geral, a demonstrar esse *novo status*.[14]

Não fosse suficiente, emergem outros argumentos de um de seus seguidores, DAMÁSIO DE JESUS, citando que a adoção da culpabilidade como pressuposto da pena estaria clara no Código Penal (de 1940), pois o art. 180, § 4.º, cuidando da receptação, preceitua: "§ 4.º A receptação é punível, ainda que desconhecido ou isento de pena o autor do crime de que proveio a coisa". Em virtude essa linha do Código Penal, concluiu que, para o legislador brasileiro, "existe crime sem culpabilidade".[15] O raciocínio é o seguinte: pune-se o *crime* de receptação mesmo quando isento de pena o autor do *crime*; portanto, quando o menor de 18, inimputável, furtar uma coisa, repassando-a a terceiro, mesmo que ele (menor) fique isento de pena, pois não culpável, haverá *crime* de receptação para que adquiriu a referida coisa. Conclui, portanto, não ser preciso *culpabilidade* para constituir o crime.

Nasceu, com isso, intenso debate nas salas de aula e dentre operadores do direito em face dos argumentos expostos. Teria o Código Penal de 1940, que se valeu dessas expressões "não há crime" e "é isento de pena", bem como criou a redação do art. 180, § 4.º, adotado o finalismo e a teoria bipartida do crime (fato típico e antijurídico)? Cremos que não e explicaremos as razões. Ademais, seria deveras interessante que o legislador da época, de inspiração nitidamente causalista (basta ver quem idealizou e compôs o Código Penal de 1940), tivesse *antecipado* uma teoria que iria nascer muito tempo depois, nos anos 1970, além de ter acolhido uma doutrina (finalismo) não adotada majoritariamente no Brasil.

Antes de ingressar no argumento referente à composição do art. 180, § 4.º, do Código Penal, devemos esclarecer os motivos pelos quais o legislador, em 1940, pode ter usado as expressões "não há crime", para indicar excludentes de ilicitude, bem como "é isento de pena", para as excludentes de culpabilidade. Em primeiro lugar, os autores do Código Penal de 1940 eram causalistas,

---

[14] *Curso de direito penal* – parte geral, p. 335-339.

[15] *Direito penal*, v. 1, p. 500.

considerando que o elemento subjetivo do crime (dolo ou culpa) encontra-se na culpabilidade. Somente por isso, seria completamente inviável que lançassem a culpabilidade para fora do conceito de crime, acolhendo a *tese* de ser ela um mero pressuposto da pena. Em segundo lugar, para os causalistas da época, o crime dividia-se em dois focos principais, o lado objetivo (fato típico e ilícito) e o lado subjetivo (culpabilidade, onde estava o dolo ou a culpa). Portanto, muitas vezes, o termo *crime* foi utilizado como sinônimo de fato típico e antijurídico, querendo dizer o fato criminoso ou o delito sob a ótica objetiva, pois *todos sabiam que a culpabilidade era o lado subjetivo do delito*. Em terceiro lugar, ingressam as razões didáticas de quem pretende construir uma lei fácil de ser compreendida. Valer-se da expressão "não há crime" sinalizava para uma excludente de ilicitude, mesmo que não estivesse escrito claramente em lei; utilizar a expressão "é isento de pena" apontava para uma excludente de culpabilidade pelos mesmos motivos, ou seja, ainda que não se escrevesse expressamente na lei penal. Do mesmo modo como se interpreta a expressão "não se pune o agente" como uma excludente de punibilidade; ou como se capta o sentido da expressão "o fato deixa de ser punível" como uma excludente de tipicidade.

Em suma, em nosso entendimento, o equívoco dessa teoria bipartida é não justificar (e apenas citar) como um legislador causalista, compondo um Código Penal causalista, teria a ideia de lançar a culpabilidade como pressuposto da pena, sendo certo que o dolo e a culpa (elementos subjetivos do crime) nela estavam inseridos. Aliás, o próprio DOTTI reconhece que somente após 1984 se pode falar em adoção da teoria finalista.[16]

Outro ponto importante é deixar claro que o Código Penal, mesmo após a Reforma Penal de 1984, não adotou uma teoria do crime definida. Há elementos causalistas e finalistas, basicamente. Pode-se apontar até mesmo algum toque funcionalista na aplicação da pena, como se vê na prestação pecuniária, quando serve exclusivamente para indenizar a vítima, sem gerar efetiva punição (criminal) ao agente.

Ingressemos no argumento do art. 180, § 4.º. Relembrando, os defensores da teoria bipartida (fato típico e ilícito) dizem ser a culpabilidade um pressuposto de aplicação da pena, invocando, como prova disso, a redação do mencionado art. 180, § 4.º. Argumentam que o *autor de crime* pode ficar isento de pena. Assim, o menor de 18 anos, não culpável, poderia subtrair alguma coisa e depois passá-la adiante, o que tornaria a pessoa que adquire o objeto passível de punição pelo delito de receptação. Estaria evidenciado, então, que o *não culpável* pode cometer *crime*, sendo a culpabilidade um simples pressuposto da pena.

Pensamos haver um equívoco nessa interpretação. Em primeiro lugar, deve-se destacar que a redação desse parágrafo sempre foi feita dessa forma, desde 1940 (antes da Reforma Penal de 1984), quando a doutrina tradicional colocava o dolo e a culpa na culpabilidade. Basta ver, nesse sentido, a posição doutrinária à época, bem como a Exposição de Motivos do Código Penal de 1940. Portanto, seria impossível considerar que há *crime* única e tão somente com a ocorrência de tipicidade e antijuridicidade, pois os elementos subjetivos do delito – dolo e culpa –, incluídos na culpabilidade, jamais poderiam ser considerados "pressupostos de aplicação da pena", o que seria um contrassenso. Se assim é, a expressão "isento de pena o autor de crime" não prova nada, ao menos não evidencia que culpabilidade é pressuposto de aplicação da pena. Há explicação mais do que plausível para tanto.

FREDERICO MARQUES, que considera o crime um fato típico, antijurídico e *culpável*, deixando isso bem claro em várias passagens da sua obra, afirma: "na legislação brasileira

---

[16] *Curso de direito penal* – parte geral, p. 339.

encontra-se bem clara essa noção tripartida do delito, no contexto legal do Código vigente, e também cânones de outros diplomas legislativos".[17] Mais adiante, para justificar a razão pela qual o legislador valeu-se das expressões "não há crime" (excludentes de antijuridicidade) e "é isento de pena" (excludentes de culpabilidade), ensina: "entende assim o Código pátrio que, havendo fato típico e antijurídico, configurado se encontra o ilícito penal. A punibilidade deste resultará, a seguir, do juízo de culpabilidade com que se liga o fato antijurídico ao agente. O legislador penal separou, assim, de forma bem patente, a ilicitude, a *parte objecti*, da culpabilidade, a antijuridicidade objetiva da relação subjetiva com o fato, isto é, do juízo de valor sobre a culpa em sentido lato. Se um louco comete um furto, a ilicitude criminal do fato não o torna passível de pena porque a inimputabilidade impede a aplicação de *sanctio juris* dessa natureza. Mas se o louco vender a coisa furtada a um terceiro, esta será considerada produto de crime para caracterizar-se o delito de receptação descrito no art. 180, do Código Penal".[18] Aos autores da época, que comentavam o Código Penal, essa explicação era óbvia; além disso, quando se diz que alguém está *isento de pena*, por natural, inexiste crime, visto não haver crime sem pena.

Para a doutrina da época, quando dolo e culpa (elementos subjetivos do crime) estavam, incontestavelmente, incluídos na culpabilidade, podia-se visualizar no crime duas partes: a objetiva (fato típico e antijurídico) e a subjetiva (culpabilidade). O *todo*, portanto, era composto das duas faces. Pode-se afirmar, para quem é adepto da teoria clássica do crime, que, objetivamente, delito é um fato típico e antijurídico, mas, subjetivamente, é um ilícito *culpável*. Assim, concretamente, para os clássicos do Direito Penal, crime, numa visão completa (objetiva e subjetiva), exige três elementos: tipicidade, antijuridicidade e culpabilidade.

No caso da receptação e de outros crimes, o legislador, ao lançar no tipo a palavra *crime*, usou-a com o significado objetivo, vale dizer, um fato típico e antijurídico, ou seja, um ilícito penal a *parte objecti*. O menor de 18 anos, portanto, pode perfeitamente praticar um ilícito penal, embora não seja punível, por lhe faltar culpabilidade. O art. 180, § 4.º, utiliza a palavra *crime* apenas para *destacar* que a infração penal anteriormente cometida e exigida para configurar a receptação não pode ser uma contravenção penal.

Anote-se a lição de NORONHA nesse contexto: "confirma o legislador que, nesta, a coisa obtida por *meio criminoso* é a conseguida por meio de *crime*, não se compreendendo a originada de contravenção ou outro ato ilícito".[19] Vale-se do termo *crime* com o sentido puramente objetivo.

Outros argumentos interessantes são enumerados por CEZAR ROBERTO BITENCOURT: "Ao contrário do que imaginam, essa *política criminal* adotada pelo Código de 1940 tem outros fundamentos: 1.º) de um lado, representa a adoção dos postulados da 'teoria da acessoriedade limitada', que também foi adotada pelo Direito Penal alemão em 1943, segundo a qual, para punir o partícipe, é suficiente que a ação praticada pelo autor principal seja típica e antijurídica, sendo indiferente a sua culpabilidade; 2.º) de outro lado, representa a consagração da prevenção, na medida em que pior que o ladrão é o receptador, posto que a ausência deste enfraquece o estímulo daquele; 3.º) finalmente, o fato de o nosso Código prever a possibilidade de punição do receptador, mesmo que o autor do crime anterior seja *isento de pena*, não quer dizer que esteja referindo-se, *ipso facto*, ao

---

[17] *Tratado de direito penal*, v. 2, p. 28, item 2, 32, e p. 29.

[18] *Tratado de direito penal*, v. 2, p. 138-139.

[19] *Direito penal*, v. 2, p. 584.

inimputável. O agente imputável, por inúmeras razões, como, por exemplo, coação moral irresistível, erro de proibição, erro provocado por terceiro, pode ser isento de pena".[20]

Alegam alguns que a doutrina clássica estaria superada após a Reforma Penal de 1984, sendo cabível considerar que, tendo sido adotada a teoria finalista, o dolo e a culpa passaram a integrar a conduta típica, razão pela qual a culpabilidade transformou-se em mero pressuposto de aplicação da pena. Continua, segundo pensamos, inconsistente tal postura. Em primeiro lugar, apesar de a reforma mencionada possuir contornos nitidamente finalistas, não foram eles suficientes para transformar a Parte Geral do Código Penal em finalista. Além disso, nenhuma modificação foi feita na estrutura do crime, como se pode observar na Exposição de Motivos de 1984. Em segundo lugar, há muitos finalistas que continuam vendo o crime como fato típico, antijurídico e culpável.[21]

Na ótica finalista, portanto, a interpretação que se faz da palavra *crime*, colocada no art. 180, § 4.º, é apenas de um injusto, ou seja, algo que não nos é permitido praticar. O injusto abrange o fato típico e antijurídico, embora não culpável. O injusto é uma conduta ilícita; para aperfeiçoar-se como *crime* genuíno necessita da culpabilidade.[22]

No mesmo prisma está a lição do idealizador maior do finalismo, HANS WELZEL, afirmando ser crime a ação típica, antijurídica e culpável: "A tipicidade, a antijuridicidade e a culpabilidade são os três elementos que convertem uma ação em um delito".[23]

Em síntese: onde se lê *crime*, no texto do art. 180, § 4.º (e em outros tipos penais), leia-se apenas "*crime* objetivamente considerado" (doutrina clássica) ou "*injusto penal*" (doutrina finalista). Logo, culpabilidade continua sendo, contenha ou não dolo e culpa, elemento indissociável da visão *completa* de crime.

2. PRINCÍPIOS ELEMENTARES DO CRIME

O conceito de crime, como já pudemos anotar, é uma ficção jurídica, ou seja, por política criminal, o legislador elege determinada conduta como *criminosa*. A partir daí, cria-se o tipo penal incriminador, aprova-se, sanciona-se e publica-se. Surge um novo *crime*. Inexiste qualquer fórmula para se tachar uma ação ou omissão como, naturalmente, delinquente. Emerge, a olhos vistos, a relevante função do princípio da legalidade, associado à anterioridade. Somente é crime a conduta assim tipificada em lei, que a defina, editada antes da prática do fato. Igualmente, somente há pena, quando previamente cominada por lei.

Diante disso, cabe à doutrina conceituar crime, além de estudá-lo, cientificamente, decompondo-o em elementos, em prol da amplitude do conhecimento, a fim de que seja aplicado, na prática, pelo operador do direito.

O Código Criminal do Império, editado em 1830, tentou definir *crime*: "toda ação ou omissão voluntária contrária às leis penais" (art. 2.º, 1). O mesmo buscou fazer o Código Penal da República de 1890: "a violação da lei penal consiste em ação ou omissão; constitui

---

[20] *Erro de tipo e de proibição*, p. 54.

[21] A esse respeito, por todos, ver FRANCISCO DE ASSIS TOLEDO, que foi o presidente da comissão idealizadora da Parte Geral de 1984 (*Princípios básicos de direito penal*, p. 82).

[22] Francisco de ASSIS TOLEDO, *Princípios básicos de direito penal*, p. 119.

[23] *Derecho penal alemán* – Parte general, 11. ed., p. 57; *El nuevo sistema del derecho penal* – Una introducción a la doctrina de la acción finalista, p. 43.

crime ou contravenção" (art. 2.º). Mais adiante, torna ao tema: "crime é a violação imputável e culposa da lei penal" (art. 7.º). Por evidente, nenhuma dessas normas atingiu a plenitude de um conceito razoável e aplicável, pois o fizeram de maneira deveras simples. Pode-se até mesmo sustentar que ambos os conceitos tocam o conceito formal, sem que se consiga extrair outros elementos aptos a indicar um conceito analítico ou científico do fenômeno *crime*.

De qualquer forma, andou bem o Código Penal de 1940 ao não definir crime. Limitou-se a diferenciá-lo da contravenção penal, na Lei de Introdução ao Código Penal. Cabe à doutrina a tarefa de estudar e estabelecer, segundo a teoria adotada, o que significa *crime* e quais elementos o compõem.

Para dar cabo dessa missão, surgiram, ao longo dos anos, várias teorias, lastreadas em correntes autônomas de pensamento. É o que será exposto a seguir.

2.1. Causalismo

A corrente denominada causalista ou causal-naturalista advém de estudos feitos por VON LISZT em fins do século XIX, lastreada no jusnaturalismo e no desenvolvimento científico da época.

Desse modo, analisando o delito, considerado uma *conduta punível*, apontava-se ser o fato ao qual a ordem jurídica associa a pena como legítima consequência. O conteúdo desse *fato* era preenchido pela vontade humana, afastando-se, portanto, casos fortuitos, independentes dessa vontade; o delito era sempre uma conduta contrária ao direito (ilicitude), lesionando ou colocando em risco um bem jurídico; além disso, é uma conduta culpável, ou seja, um ato doloso ou culposo, praticado por um indivíduo responsável (leia-se, imputável).[24]

Estava delineada a teoria causal, demonstrando que a infração penal era uma conduta culpável, contrária ao direito e sancionada com uma pena. Cuida-se do princípio do conceito analítico do crime.

Associando-se a lição de BELING – e a teoria do tipo[25] –, além dos ensinamentos de RADBRUCH, chega-se ao conceito analítico de crime para os clássicos: fato típico, antijurídico e culpável.

Alicerçada em conceitos naturais, o *fato*, para se tornar típico, seria formado por uma ação ou omissão voluntária e consciente, que produzisse movimentos corpóreos. Dessa movimentação natural do corpo humano chegava-se a um resultado. Caso a junção da conduta com o resultado fosse lesiva a um bem jurídico penal, encaixar-se-ia no tipo penal (modelo de conduta proibida). Eis o fato típico.

A partir disso, conferia-se se o fato típico era ilícito; em caso positivo, verificava-se se o agente atuou com dolo ou culpa (o conteúdo da culpabilidade, denominada psicológica). Preenchidos os três elementos, emerge o crime e a sua consequência seria a aplicação da pena.

No Brasil, parcela da doutrina era adepta da corrente causalista pura – o que hoje não nos parece ainda exista quem a defenda na integralidade. BASILEU GARCIA dizia que a culpabilidade era exatamente o nexo subjetivo que ligava o crime ao seu autor, revestindo-se apenas de dolo e culpa.[26] Desse modo, ao se deparar com as excludentes de culpabilidade, como a coação moral irresistível e a obediência hierárquica, não reconhecia nenhum aspecto

---

[24] FRANZ VON LISZT, *Tratado de derecho penal*, t. II, p. 262.

[25] "A palavra tipicidade passou a ter largo curso na doutrina desde que, em 1906, BELING construiu a teoria da *Tatbestandsmässigkeit* (adequação de um fato ao delito-tipo), afirmando que, para constituir delito, deve a conduta corresponder fielmente à figura fixada na lei (*Tatbestand*), o que implicaria exatamente a *Typizität* (tipicidade)" (BASILEU GARCIA, *Instituições de direito penal*, t. 1, p. 214).

[26] *Instituições de direito penal*, t. 1, p. 273.

valorativo inserido na culpabilidade. Afirmava que, embora fossem dirimentes para a lei penal, deveriam ter sido consideradas justificativas, ou seja, excludentes de ilicitude.[27]

2.2. Neokantismo (teoria neoclássica)

Cuida-se de uma segunda fase do causalismo, provocada por MEZGER e FRANK, demonstrando não ser viável um conceito analítico de crime puramente natural. A filosofia neokantista afastava-se do jusnaturalismo, apegando-se a ideias positivistas, contribuindo, então, para se detectarem no ambiente do delito certos *valores*, não mais compatíveis com a pureza do conceito clássico tradicional.[28]

Constrói-se a ideia de que a culpabilidade possui outros fatores, além do dolo e da culpa, constituídos pela valoração de quem analisa o fato. O próprio MEZGER reconhece ser estranho supor que a culpabilidade – antes, unicamente psicológica, com dolo ou culpa, logo, "dentro da cabeça do agente" – agora possa contar com "as cabeças de outros".[29] Em verdade, esse terceiro observador é o Estado-juiz, que proferirá um juízo de valor, censurando o fato típico e antijurídico praticado pelo agente, ou não. Para chegar a esse veredicto, vale-se da imputabilidade (se o autor era capaz de entender o que fez), do elemento subjetivo do crime (se agiu com dolo ou culpa) e, finalmente, se podia agir conforme as normas impostas pelo direito (poderia estar sob coação moral, por exemplo, sem condições de agir de outro modo).

Diante disso, abstraindo-se a discussão acerca da omissão – se poderia ou não ingressar no mesmo patamar que a ação –, o crime passou a ser considerado um fato típico, antijurídico e culpável. Na culpabilidade, encontra-se o juízo de reprovação social aos dois elementos anteriores, desde que o agente atuasse com dolo ou culpa e fosse imputável. Acresce-se, ainda, a possibilidade de agir conforme o direito. É a denominada culpabilidade normativa (ou psicológico-normativa).

Na doutrina nacional, firmaram-se nesse entendimento vários penalistas, entre os quais ANÍBAL BRUNO e FREDERICO MARQUES. Este último narra o seguinte: "além da relação psicológica entre o fato e o agente, para constituir a culpabilidade, ocorre outro nexo: aquele entre o sujeito e a norma. O fato doloso e o fato culposo constituem fatos que não se deviam querer ou produzir, e o sujeito que os pratica atuou de modo diverso *da come l'ordenamento giurico voleva che agisse*. (...) Uma conduta só não se considera culpável quando outro comportamento se não podia exigir do sujeito. Exclui-se a reprovação e, 'portanto, a culpabilidade, se ocorrem circunstâncias em face das quais não se pode exigir de quem atua um comportamento ajustado ao dever' (Delitala)".[30]

Nessa segunda fase do causalismo, o crime continua a ser um fato típico, antijurídico e culpável. A diferença entre a primeira fase e esta situa-se exatamente no conceito de culpabilidade.

---

[27] *Instituições de direito penal*, t. 1, p. 318-319.

[28] "Esta nova epistemologia baseava-se em uma separação metodológica que estabelecia que a investigação dos objetos vinculados às ciências da natureza não poderia ter o mesmo tratamento gnosiológico que a investigação dos objetos vinculados às ciências culturais. A distinção entre natureza e cultura, que deita suas raízes na dicotomia kantiana da crítica da razão pura e da crítica da razão prática, faz com que os atos gnosiológicos para o conhecimento dos objetos sejam diferentes: enquanto para as ciências da natureza se explicará o objeto (pressupondo a não relação dele com o *sujeito congnoscendi*), para as ciências da cultura se compreenderá o objeto (o que traduz uma inter-relação entre o objeto do conhecimento e o *sujeito cognoscendi*). O direito penal – aliás, como todo o direito – é visto pelo neokantismo como uma ciência cultural" (CLÁUDIO BRANDÃO, *Tipicidade penal*, p. 138).

[29] *Tratado de derecho penal*, t. II, p. 12.

[30] *Tratado de direito penal*, v. II, p. 204.

Deixou-se de considerar a culpabilidade integralmente psicológica, vale dizer, deixou de ser constituída apenas por dolo e culpa – os elementos subjetivos do delito. Inclui-se uma parte normativa – juízo de valor – em relação ao autor do fato típico e antijurídico. Diz-se, então, que ela passou a ser psicológico-normativa ou somente normativa.

Nessa visão, a culpabilidade é o juízo de reprovação ou de censura, realizado pelo julgador, em relação ao agente que atuou com dolo ou culpa, era imputável à época do fato e poderia ter agido conforme os mandamentos legais, mas não o fez, optando pelo ilícito.

Verificava-se a sua opção pelo ilícito por exclusão, vale dizer, se não estivessem presentes causas de exclusão da culpabilidade (denominadas dirimentes), como a coação moral irresistível e a obediência hierárquica (art. 22, CP).

2.3. Finalismo

A fase denominada *finalismo* fortaleceu-se e tornou-se conhecida efetivamente pelas mãos de HANS WELZEL, jusfilósofo alemão, que subtraiu da culpabilidade o aspecto subjetivo do crime (dolo e culpa), lançando-o no tipo penal. No entanto, não o fez de forma arbitrária; ao contrário, demonstrou, pelo conceito de conduta, que qualquer pessoa, ao agir, tem uma finalidade. Ninguém age por agir.

De maneira ontológica, essencial, fundamental, o ser humano atua sempre buscando um objetivo, que pode ser criminoso ou não.

WELZEL abre a *teoria da ação* com a seguinte afirmativa: "ação humana é exercício de atividade final".[31] A partir do desenvolvimento dessa ideia, por certo, a vontade humana, caracterizadora do dolo ou da culpa, é o primeiro passo do criminoso; noutros termos, a sua finalidade está intrinsecamente vinculada à sua conduta.

Realizada a conduta, atinge-se determinado resultado, constituindo-se um fato. Esse fato pode ser típico ou não. Constituindo fato típico, resta ainda analisar a ilicitude e a culpabilidade para saber se há crime. Não constituindo fato típico, cessa-se de pronto a ideia de ter havido uma infração penal. No entanto, nas duas hipóteses, a conduta humana tinha uma finalidade.

Se a finalidade caminha com a conduta, quando o autor de um crime começa a executá-lo, já se pode captar o dolo ou a culpa (ambos consistentes em vontades humanas). Assim sendo, o lugar mais adequado para estudar o elemento subjetivo do crime é o tipo penal.

Esse foi o passo fundamental para o finalismo: retirar o dolo e a culpa da culpabilidade. Entretanto, esta não ficou esvaziada, a ponto de perder completamente o valor. Continua a ser um juízo de reprovação social, voltado ao autor do fato, desde que seja imputável, tenha agido com consciência potencial de ilicitude, podendo atuar conforme o direito.

A culpabilidade perdeu o seu traço psicológico apenas; por isso, denomina-se teoria normativa pura da culpabilidade. Em seu bojo, existem somente fatores de valoração.

Ao inserir o dolo e a culpa no tipo, havia uma providência fundamental para que a teoria funcionasse: retirar do dolo a consciência da ilicitude. Até então, os causalistas somente conheciam o denominado *dolo mau*, vale dizer, quem agisse com dolo, automaticamente, estaria atuando com consciência da ilicitude, com o conhecimento de fazer algo errado. É o dolo normativo.

---

[31] *Derecho penal alemán*, p. 39.

Welzel procurou demonstrar a existência do *dolo natural*: o agente tem a vontade de preencher os elementos do tipo penal, mas não possui necessariamente a consciência de que age ilicitamente. Parece-nos perfeitamente cabível essa conclusão. Ilustrando, o soldado, na guerra, mata o seu inimigo de modo voluntário e consciente. A sua finalidade é matar o adversário, pois constitui seu dever. Ora, ele pratica o fato típico (matar alguém), mas considera perfeitamente lícito o que realizou. Portanto, a vontade de cometer um fato típico não traz, necessariamente, a consciência da ilicitude.[32]

Por certo, os causalistas, de ambas as fases, criticaram o finalismo – e até hoje o fazem. Um dos pontos fracos da teoria concentra-se na culpa, cujo resultado danoso é involuntário, ou seja, independe da vontade do agente. Contudo, isso não significa que a conduta humana não teve uma finalidade; teve um objetivo, embora possa ser penalmente irrelevante. Lembre-se que o resultado, no crime culposo, chamado também de *crime de azar*, acontece *sem o querer* do agente.

Ilustrando, o agente pode dar tiros num alvo colocado numa árvore; a sua finalidade é acertá-lo (pode ser crime à parte ou não); de maneira imprudente, não percebe a possibilidade de acertar seu vizinho, cujo imóvel confronta com o seu; uma bala desvia-se do alvo e fere o vizinho. Extrai-se o seguinte quadro: o agente desferiu um tiro *com a finalidade de acertar o alvo*; a sua manifesta imprudência não o fez ver, embora pudesse, a eventualidade de um resultado danoso (atingir alguém). A culpa está presente, assim como a finalidade do agente, na conduta praticada.

Em momento algum, defende-se que toda finalidade, nas condutas humanas, é ilícita e criminosa. Por isso, também na culpa o finalismo aplica-se com perfeição.

Os críticos ainda levantam algumas questões particulares, como a atuação do agente na culpa inconsciente, bem como nas ações de ímpeto. Haveria finalidade? Embora de difícil detecção, sem dúvida. Valendo ainda o exemplo do atirador, ele pode se encontrar num estande de tiro, desferindo disparos contra um alvo e *não perceber* a entrada, na área de tiro, de uma pessoa. Por culpa inconsciente, termina por atingi-la. A sua finalidade não se desvirtua, que é desfechar tiros ao alvo. O mesmo se aplica nas condutas de ímpeto: a finalidade do agente é instantânea e rápida o suficiente para permanecer fora do alcance visual do terceiro observador. Isso não significa que o agente tenha atuado sem finalidade alguma.

2.4. Teoria social da ação

Buscando tornar-se uma terceira via, entre causalismo e finalismo, alguns autores propuseram a teoria *social* da ação. A finalidade do agente somente teria sentido, para efeito de tipificação, se fosse considerada *socialmente relevante*. Afastar-se-ia do naturalismo puro do causalismo, mas não se prestigiaria uma finalidade qualquer para fins de tipificação.

A teoria social da ação encontrou obstáculo instransponível no ponto referente à valoração do que seria *socialmente relevante*. Quem iria afirmar e comprovar isso? Na verdade, seria um conceito deveras fluido e nebuloso, injustificável para a teoria do crime, que busca segurança para a tipificação de uma conduta.

Entre outros, JESCHECK desenvolve interessantes parâmetros para o que denominou de "comportamento humano com transcendência social", apontando como correta a definição

---

[32] "O dolo passa a ser contemplado não mais como *dolus malus*, abrangedor do conhecimento da antijuridicidade ou da antissociabilidade do ato, passando a ser um conceito não valorativo, isto é, como uma vontade de realização de um fato" (TANGERINO, *Culpabilidade*, p. 90).

formulada por Eb. Schmidt no sentido de que a ação deve ser compreendida como "um fenômeno social cujo efeito se dirige à realidade social",[33] embora não forneça instrumentos eficientes para a identificação do que seria a *transcendência social*.

A teoria não logrou possuir vários adeptos, a ponto de merecer continuidade até os dias atuais. No entanto, teve inegável importância, pois despertou o *sentido social* das condutas humanas, a ponto de se desenvolver, depois, a teoria da adequação social, capaz de afastar a tipicidade. Passou-se a dar maior atenção ao resultado das condutas, o que também remexeu o cenário do bem jurídico tutelado, permitindo o debate mais aprofundado em torno do princípio da insignificância.

De fato, ações socialmente adequadas não podem ser consideradas típicas, pois seriam estas condutas proibidas. Por outro lado, lesões ínfimas ao bem jurídico terminam por demonstrar mínimo – ou nenhum – relevo social.

2.5. Funcionalismo

A teoria funcionalista, iniciada por Claus Roxin, na Alemanha, sob a perspectiva teleológica, e depois continuada por Günther Jakobs, sob outro ambiente, denominado sistêmico, teve por finalidade sepultar o finalismo e seus critérios ontológicos, transferindo-se para a teoria do crime elementos puramente normativos.

O funcionalismo não teve – nem tem – por finalidade quebrar a estrutura conceitual analítica do delito, que continua a ser um fato típico, antijurídico e culpável, mas pretende fornecer novos conceitos a cada uma dessas categorias, a ponto de *funcionalizar* a estrutura do delito, aprimorando-a para servir à legitimação da pena, sempre na perspectiva da política criminal (Roxin) ou de um sistema de normas (Jakobs). No cenário do funcionalismo, encontra, ainda, a teoria da imputação objetiva, a ser analisada no capítulo referente ao nexo causal.

2.5.1. Teleológico

Roxin propõe novos conceitos para os elementos do crime.[34] Em primeiro plano, a definição de conduta sofre alteração para ser considerada a ação ou omissão voluntária e consciente capaz de evidenciar uma autêntica *manifestação da personalidade*, ou seja, explicitar a esfera anímico-espiritual do ser humano.[35]

O primeiro passo para se compreender um conceito de crime é conhecer *como* determinada teoria conceitua a conduta humana. Se é convincente o modo pelo qual se visualiza a ação ou a omissão do ser humano, pode-se prosseguir em vários outros aspectos. No entanto,

---

[33]   *Tratado de derecho penal* – parte general, p. 221 e 239.

[34]   A sua teoria da imputação objetiva não é inédita; advém de estudos anteriores de Honig e Larenz. Alguns apontam, inclusive, uma volta ao causalismo ou ao positivismo (Zaffaroni, Pierangeli, Prado).

[35]   Roxin, *Derecho penal* – Parte general, t. I, p. 265. Embora pareça uma definição ontológica (a essência do ser humano; um juízo de realidade), não passa de um critério puramente normativo (juízo de valoração), pois somente o terceiro observador poderá dizer o que *significa efetivamente uma manifestação da personalidade* para o fim de se considerar uma conduta penalmente relevante – ou não. E o que dizer da *esfera anímico-espiritual* do ser humano? Se não se transcender para análises metafísicas, pode-se chegar à conclusão de estar bem distante de um juízo de realidade. Somente uma pura valoração terá condições de estabelecer o *significado* de tais conceitos. Eis a primeira fraqueza do sistema funcionalista, que é abstrair-se do mundo real.

quando o primeiro passo termina num abismo profundo, é sinal de que a teoria do crime não tem como vingar.[36]

A pretexto de eliminar traços ontológicos do crime, define-se a conduta humana como uma *manifestação da personalidade*. Sem dúvida. Cada um age de acordo com o seu caráter e, posteriormente, quando amadurecido pelos anos da vida, segundo a sua personalidade. E daí? Isso não resolve o conceito de conduta humana, ao contrário, confunde-se ainda mais o que vem a ser uma simples ação ou omissão. Ao buscar um conceito de conduta humana despido de elementos ontológicos, advindos da realidade, transformam-se a ação e a omissão em atos valorados normativamente, o que é ilógico.

É simplesmente impossível definir e valorar, a contento, com *segurança jurídica*, o que vem a ser conduta penalmente relevante para o funcionalismo teleológico.

Alguns seguidores de Roxin, no Brasil, buscam justificar e explicar o que seria a tal *manifestação da personalidade*, longe do mundo ôntico e do livre-arbítrio. Junqueira e Vanzolini dizem que, "por manifestação da personalidade, deve-se entender que a conduta ou as realizações humanas compõem uma 'obra', um 'plano', algo arquitetado que importará ao sistema penal como algo relevante". Após, os mesmos autores mencionam que esse conceito não se afasta muito do conceito causal, nem nega o conceito final, bem como nem é algo novo.[37] A tentativa de esclarecimento da manifestação de personalidade como obra ou plano caem no vazio absoluto, pois, para arquitetar-se algo, depende-se da mente e da livre opção do agente (livre-arbítrio). Se a definição dada por Roxin não se afasta do causalismo, nem nega o finalismo, serve apenas para parcela da doutrina, que pensa estar diante de direito novo. A conduta humana é o ponto central da teoria do crime, pois, a partir dela, seguem-se outras definições. Portanto, se a intenção de "redefinir" o conceito de conduta tinha o propósito de torná-lo secundário, seria preciso escolher uma definição mais precisa e segura, pois *manifestação da personalidade* não significa, na prática, nada.

As modificações introduzidas têm por objetivo sustentar a aplicação da pena, sob as óticas de prevenção geral e especial, eliminando-se o caráter retributivo. Cuida-se de uma teoria limitadora dos excessos punitivos do Estado, privilegiando a legalidade, a intervenção mínima e a culpabilidade. Todas as categorias estruturais do crime teriam funções político-criminais. Esse é o discurso; porém, o sistema criado não leva necessariamente a isso, quando executado por operadores do direito desvinculados de tais propósitos.

Bitencourt, avaliando o funcionalismo, menciona que "com essa perspectiva normativa não se produz uma profunda alteração do entendimento analítico de delito, enquanto ação típica, antijurídica e culpável, mas no seio dos *modelos funcionalistas*, as categorias sistemáticas do delito admitem certa flexibilidade e seu conteúdo pode chegar a ser fragmentado e modificado em função das finalidades *político-criminais* outorgadas ao sistema penal. Justamente por isso têm-se criticado os *modelos funcionalistas* no sentido de que a vinculação do Direito Penal às decisões político-criminais do legislador nem sempre conduz ao alcance da justiça material. No entanto, essa *praxis* tanto pode ser identificada com a *ideologia dos Estados democráticos*

---

[36] Luiz Regis Prado considera os conceitos de conduta, firmados pelo funcionalismo, como uma "construção doutrinária raquítica e objetivista, que não se baseia na ação enquanto dado da realidade humana" (*Tratado de direito penal*, v. 2, p. 126).

[37] *Manual de direito penal* – parte geral, p. 188.

de direito, garantidores das liberdades, como pode ser identificada com a *ideologia de Estados totalitários ou ditatoriais*, o que realmente é preocupante (...)".[38]

Por mais que se busquem novos conceitos, padece o funcionalismo de exemplos válidos de modificação *real* dos casos concretos apresentados todos os dias a julgamento pelos tribunais. Noutros termos, pretende-se criar uma nova concepção para o crime, valorando seus elementos internos (tipicidade, antijuridicidade e culpabilidade) de maneira exclusivamente normativa, logo, funcional. Não vemos nenhum sentido em inserir a política criminal no conceito de crime, a ponto de se poder sustentar que a pena somente seria aplicável se atendesse à política criminal do momento.

Há exemplos, sem dúvida, citados por seguidores da teoria funcionalista, especialmente no campo da imputação objetiva (nexo causal). No entanto, essas ilustrações terminam por ser bizarras e completamente diversas do cotidiano; noutros termos, são sempre exemplos distantes da realidade. Constituem criações, milimetricamente elaboradas, apenas com um intuito: conferir credibilidade e aplicabilidade ao funcionalismo.

Não há um só caso concreto, ocorrido em qualquer tribunal, especialmente no Brasil, que não tenha sido resolvido com as tradicionais teorias do crime, sejam elas quais forem, nisso incluindo o causalismo, o neokantismo ou o finalismo. Até mesmo entre causalismo e finalismo, por mais que se busque, inexistem diferenças cruciais a ponto de *prejudicar* um réu, somente porque o magistrado adotou o causalismo ou o finalismo.

Comungamos das críticas feitas ao funcionalismo pela doutrina finalista nacional e estrangeira. Luiz Regis Prado esmiúça, ponto a ponto, tais críticas, expondo os equívocos tanto de Roxin quanto de Jakobs.[39] Referido autor procura destacar, sempre, a falta de uma linguagem comum entre os adeptos do funcionalismo, cada qual propondo uma solução diversa para casos similares. Não há um método próprio e um funcionalista pretende, sempre, resolver a falha de outro. Termina por dizer que, "longe de obter a uniformização dos critérios de imputação e a necessária coerência lógico-sistemática, a teoria da imputação objetiva do resultado – levada ao extremo – pode introduzir uma verdadeira *confusão* metodológica, de índole *arbitrária*, no sistema jurídico-penal, como construção científica dotada de grande coerência lógica, adstrita aos valores constitucionais democráticos, e que deve ter sempre no inarredável respeito à liberdade e à dignidade da pessoa humana sua pedra angular".[40]

O total desapego do funcionalismo a critérios e conceitos ontológicos, ligados à realidade das coisas, permite o surgimento de um *crime abstrato*, inteiramente funcional, voltado à realização da justiça nos moldes apregoados pela política criminal estatal do momento. Como bem lembrou Bitencourt, o funcionalismo pode servir muito bem a um Estado Democrático de Direito (autêntico), como a Alemanha; no entanto, em nossa visão, está muito distante de ser útil a um país como o Brasil, que se intitula Estado Democrático de Direito, mas nem mesmo tem uma política criminal definida. Além de não a possuir, ainda tem a capacidade de descumprir as leis penais e de execução penal, transformando o cumprimento da pena num caos total, a ponto de inexistir definição científica para esse quadro.

---

[38] *Tratado de direito penal*, v. 1, p. 270.

[39] *Tratado de direito penal*, v. 2, p. 201-249 (teoria de Roxin); p. 249-254 (teoria de Jakobs). Após, ingressa na análise crítica de ambas (p. 257 e ss.).

[40] *Tratado de direito penal*, v. 2, p. 367.

Roxin ainda preserva, claramente, as liberdades públicas em seu sistema funcional, com a teoria personalista da ação, preocupação que nem mesmo se encontra em Jakobs, diante da sua teoria da evitabilidade individual.

Além de alterar as categorias do crime (fato típico, antijurídico e culpável), retirando qualquer sombra de vontade humana, para compor tais fatores com figuras normativas (vide o conceito de conduta para Roxin e para Jakobs), o funcionalismo cultua a imputação objetiva, vinculada ao nexo causal. Afirmando que se deve, *democraticamente*, imputar ao agente do fato um crime de modo *objetivo*, olvida-se por completo o lado subjetivo típico da vontade humana. As consequências disso serão analisadas no capítulo referente ao nexo causal.[41]

Essa "abertura metodológica", nas palavras de Cezar Roberto Bitencourt,[42] apresentada por Roxin pode ser pertinente para o estudo teórico do direito penal e suas categorias, permitindo-se aplicar alguns de seus conceitos a casos concretos, com alguma utilidade. No entanto, os autores brasileiros, que hoje se intitulam funcionalistas, ainda não forneceram exemplos *concretos* de que somente com a adoção dessa teoria não haveria injustiça no julgamento realizado pelo Poder Judiciário.

2.5.2. Sistêmico

Jakobs volta-se ao funcionalismo sistêmico, cujo objetivo é garantir a estrutura do próprio sistema acima de tudo. Portanto, define conduta penalmente relevante, separando a ação da omissão. Ação é a causação inevitável do resultado e a omissão é a não evitação evitável de um resultado. Então, a conduta pode ser vista como a evitabilidade de uma diferença de resultado.[43]

Como exposto linhas atrás, a definição da conduta humana leva à credibilidade do conceito de crime – ou não. Segundo o nosso entendimento, pretender desvincular o lado ontológico da atuação humana significa, simplesmente, tornar ininteligível o conceito de conduta.

Normatizar ou valorar o *agir* humano não produz nenhum fruto positivo, pois o retira do mundo real, lançando-o no virtual universo dos conceitos. E cada um trabalha conceitos como bem quer, inclusive tachando de evitável o que não é. Logo, podendo punir quem não merece.

Muito se critica a ideia da autonomia da vontade, cultivada tanto pelo neokantismo como pelo finalismo, afirmando ser *impossível* demonstrá-lo na prática. Tudo, no campo penal, é uma questão de prova. Pode ser inviável detectar o livre arbítrio de determinado réu para compor o conjunto do fato típico, antijurídico e culpável, alcançando a condenação. No entanto, isso acontece por *falta de provas*. Sob outro aspecto, podem sobrar provas do querer humano em certo delito, de modo que o *evitável* ou *não evitável* é inócuo.

---

[41] Aliás, segundo Zaffaroni e Pierangeli, "talvez, a que maior atenção está por merecer, seja a sua teoria da imputação ao tipo objetivo. Sustenta que nas três sistematizações precedentes o tipo objetivo é reduzido à causalidade, propondo a sua substituição pela produção de um risco não permitido no âmbito protetor da norma, com o que a categoria natural ou lógica da causalidade fica substituída por uma regra de trabalho, orientada por valores jurídicos. Acha seus antecedentes nos anos 1930, nas pesquisas do neokantiano Honig e do neo-hegeliano Larenz" (*Manual de direito penal* – parte geral, p. 363).

[42] *Tratado de direito penal*, v. 1, p. 271.

[43] *Derecho penal* – parte general, p. 32.

Eis a razão pela qual Paulo Busato também critica o funcionalismo de Jakobs, demonstrando o seguinte: "no que se refere à culpabilidade, sua função na teoria de Jakobs, é justamente de caracterizar a motivação do autor como uma daquelas que estão em desconformidade com a norma, gerando o conflito. Assim, entende Jakobs que, quando 'há um déficit de motivação jurídica, deve-se castigar o autor'. Trata-se, sem dúvida alguma, de uma evidente pretensão de determinação do comportamento conforme a norma, muito mais próximo da intenção de uma regulação moral do que jurídica, com tintas nitidamente totalitárias".[44]

Zaffaroni e Pierangeli narram que Jakobs "radicaliza ainda mais profundamente do que Roxin a tendência da construção funcional. Inverte, exatamente, a premissa de Welzel, sustentando que não existem conceitos – e não somente a ação e a culpabilidade – no direito penal, vinculados a dados pré-jurídicos, porque todos são construídos em função da própria tarefa do direito penal. Todos os conceitos do sistema, segundo Jakobs, sofrem a insegurança de depender da compreensão que o intérprete tenha da função do direito penal". Terminam afirmando tratar-se de um retorno ao neokantismo (causalismo) disfarçado. A originalidade decorre, basicamente, do aprofundamento e da adoção de perspectivas sociológicas mais modernas.[45]

A bem da verdade, o funcionalismo sistêmico já mostrou a que veio, pois é de Jakobs a ilógica teoria denominada *direito penal do inimigo*, repleta de conceitos confusos e totalitários, que iremos comentar em capítulo próprio.

2.6. Teoria da ação significativa

A teoria da ação significativa, presente nos debates doutrinários da década de 1990 para cá, lastreia-se no sentido da linguagem na comunicação existente em sociedade e na possibilidade de se construir um discurso pragmático da linguagem, permitindo uma visão global do sistema penal, envolvendo tanto o aspecto ontológico – ligado à conduta humana – quanto o aspecto normativo – vinculado aos elementos do crime. Buscar-se-ia suprir determinadas lacunas do finalismo, como a falta de intenção em várias condutas (ou a imensa dificuldade de detectá-las), além de superar o radicalismo funcional, que rejeitou toda e qualquer influência ontológica no sistema criado.

Os estudos de Tomás Salvador Viver Antón, bem como a metodologia desenvolvida por Habermas, avançando para a semiótica, permitiriam extrair do *crime* não somente aspectos ontológicos de quase todas as suas categorias, nem apenas valorações normativas, mas um significado lastreado em dois pontos: a conduta e a norma.

A pretensão de quem sustenta essa teoria ontológico-funcional não é reescrever, eliminando os estudos até hoje realizados, a estrutura tripartida do crime, mas conferir-lhe outro significado. Nesse particular, assemelha-se ao funcionalismo, que promete o mesmo. No entanto, a teoria da ação significativa volta-se a um alicerce rejeitado pelos funcionalistas, pois ontológico, que é a *liberdade de ação*, conduta humana por excelência, logo, permeada por vontade e consciência. A diferença está em ser considerada irrelevante, *para fins penais*, a finalidade dessa conduta. Noutros termos, não se nega a conduta humana, nem se criam categorias normativas impossíveis de decifrar – tal como faz o funcionalismo: manifestação

---

[44] *Direito penal* – parte geral, p. 244-245. E termina o autor dizendo que o sistema proposto por Jakobs é "uma estrutura completamente desprezível tanto no seu aspecto de técnico-jurídico quanto político-criminal" (idem, p. 245).

[45] *Manual de direito penal* – parte geral, p. 364.

de personalidade ou evitabilidade individual –, mas também não se concentra a adequação da conduta ao tipo à finalidade do agente. Tipifica-se a ação ou omissão conforme o *significado* que apresentem para o direito.

Outra das ideias centrais desse movimento concentra-se na evolução dinâmica da sociedade, não acompanhada, em nível dogmático, nem pelo causalismo, que engessa a conduta, nem pelo finalismo, que a valora em demasia, nem pelo funcionalismo, que a desconstitui. A sociedade, hoje, não mais se divide em classes e seus valores são totalmente diversos. Fala-se, atualmente, na sociedade de consumo e a inclusão social se dá pela força de consumo ou pelo não consumo de alguém. Nesse cenário é que o direito penal deve trabalhar.

A linguagem domina o Planeta desde os primórdios; com ela, surgem os discursos opressivos ou libertários, movendo uma sociedade para a democracia ou para o totalitarismo.[46] Ela precisa, portanto, ser bem entendida e manipulada positivamente também no universo penal.

Qualquer conduta humana tem um sentido ou um significado; fatos, no entanto, não têm sentido e comportam apenas descrições.[47]

Desvincular a conduta de sua finalidade, aproveitando-se esse *objetivo* de agir do ser humano no campo da ilicitude, como propõe a teoria significativa da ação, parece tese desinteressante, pois somente teria sentido, em nosso entendimento, para quem adotar a teoria dos elementos negativos do tipo.

Por princípio, calcar a teoria do crime no ontológico aspecto da liberdade de ação do ser humano, onde ingressa, sem dúvida, em nossa visão, o livre-arbítrio, seria um fator positivo, pois não concebemos *liberdade de ação* desprovida de *livre-arbítrio*. No entanto, essa "promessa" da teoria significativa da ação não é cumprida, bastando checar a sua imensa dificuldade para conceituar, de maneira simples, a conduta humana para fins penais.[48] E mais: *nega-se*, de modo absoluto, trabalhar com o livre-arbítrio.[49]

A partir daí, cabe estudar, ponto a ponto, a teoria significativa da ação, buscando aplicá-la para resolver problemas concretos do direito penal brasileiro. Afinal, uma teoria somente tem valor intrínseco, quando permite a sua aplicação, sem distorcer o campo dos direitos e garantias individuais, mantendo-se os ângulos imprescindíveis do Estado Democrático de Direito. Até o momento, não vislumbramos nenhuma vantagem na adoção do *significativismo*, nem mesmo por meio de exemplos concretos de solução plausível de situações criminais reais.

Como procuramos mencionar, na análise de outras teorias do crime, pensamos que o conceito de conduta é o primeiro passo. Se ocorre grave falha no início, o restante da teoria cai literalmente por terra.

---

[46] Sobre a linguagem legal e seus vários estilos, em diferentes épocas, para expressar preceitos jurídicos, que nem sempre se coadunam com a moral ou com a justiça, consultar Gustav Radbruch (*Introdução à ciência do direito*, p. 23-35).

[47] Paulo Busato, um dos introdutores da teoria no Brasil (*Direito penal* – parte geral, p. 252).

[48] Temos insistido, com cada vez mais convicção, que nenhuma teoria *nova* do crime escapa a uma singela avaliação: como define a conduta humana para fins penais. Se a teoria precisa expor em páginas e páginas um conceito simples, indo e voltando, sem chegar a uma definição precisa e firme, não serve para outra coisa senão confundir o operador do direito. E este pode ser o objetivo de muitas teorias, marcando o território como fronteiras do saber exclusivo, vale dizer, somente entende a *nova teoria* quem a deglute com todos os seus pressupostos, sem críticas e questionamentos.

[49] Busato, *Direito penal*, v. 1, p. 554, *in fine*.

Embora não consideremos ter havido *fracasso* do modelo finalista, tampouco do *causalismo*, nenhum impedimento existe para que se evolua no estudo das categorias do crime, desde que não se parta para soluções radicais, como fez o funcionalismo, cuja aplicabilidade somente pode, em tese, dar certo em países como a Alemanha, uma sociedade organizada e tranquila, sem grandes modificações, na sua composição, há décadas. Normatizar, integralmente, a teoria do crime não produz absolutamente nada de útil, a não ser que se possua um Judiciário perfeitamente confiável, um Legislativo cooperativo e um Executivo honesto e eficiente. Qualquer sociedade, permeada de desvios na atuação dos Três Poderes, deve passar longe do funcionalismo, pois seria entregar poder excessivo nas mãos dos operadores do direito, sem aspectos ontológicos (calcados em juízos de realidade) para barrá-los, freando o instinto punitivo dos seres humanos, ainda imperfeitos.

Sob o prisma da ação significativa, não mais se falaria em *ação típica*, mas em *tipo de ação*, pois se está tipificando uma livre conduta humana, sob o sentido que ela deverá merecer conforme a interpretação feita pelo operador do direito. Para isso, não vale a intenção do agente, mas a compreensão linguística da definição exposta no tipo penal em confronto com a conduta realizada. Ajunta-se a isso, para limitar a tipificação excessiva, o princípio da intervenção mínima, sob a ótica contemporânea. Não se tipifica o que é inofensivo – permite-se, desde logo, unir a tipicidade material e a antijuridicidade material. Até aqui, nenhuma novidade efetiva.

Num segundo prisma, a aferição do elemento subjetivo do crime, que continua a fazer parte do tipo penal, dá-se considerando a análise de suas manifestações externas – e não do seu efetivo querer subjetivo, quase impalpável. Interpreta-se a conduta humana efetivada para se buscar, dentro do seu significado, o dolo ou a culpa.

A bem da verdade, é exatamente o que os tribunais andam fazendo ao procurar diferenciar a culpa consciente do dolo eventual – missão praticamente impossível, quando se volta à avaliação do *exato querer do agente* e o que *se passou na sua mente* no momento da ação criminosa. Ilustre-se com o exemplo do *racha*. Quando o motorista, em competição não autorizada, na via pública, atinge e mata um pedestre, logo emerge a discussão: dolo eventual ou culpa consciente. Vários tribunais têm julgado o caso *pela observação* do que *fez* o autor. Não se trata de imaginar o que se passa em sua mente, mas de *interpretar* a sua conduta, uma manifestação externa do seu querer. Desse modo, chegam ao veredicto *interpretando* a atitude: se dolo eventual ou culpa consciente. No entanto, a adoção dessa postura, pelos tribunais, não significa o acolhimento de nenhuma particular teoria do crime.

A ilicitude seria meramente formal, pois já se verificou no tipo todo o conteúdo material de lesividade da conduta. No entanto, conteria a intenção do agente de praticar o ilícito ou agir sob o manto de uma causa de justificação. Adota-se, pois, o elemento subjetivo das excludentes. Apenas age em legítima defesa quem possua essa intenção. Afinal, é preciso checar o compromisso do agente em face da violação do bem jurídico: se pretendia o ilícito ou não. Parece-nos uma conclusão correta, que o finalismo tem perfeita possibilidade de alcançar, justamente porque toda conduta humana tem um objetivo, inclusive o de se defender. Contudo, migrar outros elementos para a ilicitude – como a inexigibilidade de conduta diversa – deturpa integralmente o sentido da culpabilidade e perturba a noção de antijuridicidade.

A culpabilidade permanece como juízo de reprovação ou de censura, exercido sobre o imputável, que atua com consciência do ilícito. O dolo continua despido da consciência da ilicitude, inserindo-se no tipo. Não mais se debate, na culpabilidade, a ideia de poder agir deste ou daquele modo, por livre-arbítrio. A liberdade de ação, por livre-arbítrio, de caráter ontológico, já foi verificada no primeiro passo, sob o prisma da conduta. Portanto, tendo havido a referida liberdade, houve tipificação. Essa é a promessa não cumprida da teoria significativa da ação. Na verdade, cai-se no vazio: ora acolhe-se a liberdade de ação, de fundo ontológico, ora nega-se o livre-arbítrio e sua relevância para a tipificação de condutas, como mencionamos.

Acrescenta-se, ainda, na culpabilidade, de caráter normativo, a necessidade da pena, possivelmente uma mescla do que hoje se trata de punibilidade.

Em suma, os defensores da teoria significativa da ação procuram superar as divergências anteriores entre causalistas, finalistas e funcionalistas, valendo-se de elementos da linguagem e da interpretação dos significados das condutas humanas, tornando o sistema penal mais coerente, mas não o fazem. Trocam elementos do crime de lugar, inserindo, por ilustração, a coação moral irresistível e a obediência como causas de justificação (ilicitude) *fracas* (sic),[50] trabalham com uma antijuridicidade meramente formal, algo ultrapassado pela doutrina majoritária, querem conferir um toque de aspecto ontológico ao que denominam *liberdade de ação* para caracterizar a conduta humana, mas negam sejam esta finalística; em suma, mesclam elementos, sob o fundamento da simbologia da linguagem, deixando a teoria do crime complexa e, com a devida vênia, desinteressante, para não dizer equivocada.

Finalizando, como dissemos, linhas atrás, é preciso colocá-la em prática para sentir os seus reais benefícios, resolvendo casos concretos com mais justiça e segurança que as demais teorias, sob pena de cair no vazio.

2.7. Síntese

As teorias causalistas e finalista são as mais utilizadas, no Brasil, há muitos anos. Esse emprego se dá no âmbito do Judiciário, resolvendo problemas e fazendo justiça no cenário criminal. Jamais houve qualquer dilema para o julgador, ao aplicar as normas penais ao caso concreto, adotando a doutrina causalista ou finalista. Por isso, temos apontado a indiferença para acolher uma ou outra.

Teoricamente, convencem-nos os postulados finalistas, que reputamos mais coerentes que as ideias causalistas, embora não nos furtemos a consultar autores tradicionais, que muito têm a nos ensinar.

Provavelmente, na maior parte dos problemas concretos, se o julgador adotar o funcionalismo, também não fará diferença alguma, até porque essa teoria é despida de utilidade na sua essência. Como já esclarecemos, os funcionalistas não conseguem trabalhar com exemplos do cotidiano. Quando não *inventam* ilustrações surreais, forçam a interpretação de casos simples, de modo a pretender convencer o operador do direito da modernidade do funcionalismo. Alguns se valem de exemplos batidos, que sempre foram solucionados a contento pelo causalismo ou pelo finalismo, para expor a *amplitude* do funcionalismo.

Os funcionalistas pretendem afastar as teorias causal e finalística de conduta, porque entendem que ambas se norteiam por critérios não jurídicos, logo, inadequados. Aliás, mencionam que as duas partem dos mesmos pressupostos, e a única diferença substancial é que o finalismo acrescenta ao conceito de conduta a finalidade do agente ao movimentar-se, regido pela vontade e pela consciência. Quanto à teoria social da conduta, entendem estar ela ínsita ao conceito proposto, que é, no entender dos funcionalistas, mais amplo.

---

[50] BUSATO, *Direito penal*, v. 1, p. 501.

O funcionalismo intitula-se corrente pós-finalista, portanto, um aperfeiçoamento do finalismo. Como diz Jakobs, "a discussão que se está produzindo atualmente, sob o nome de imputação objetiva, acerca da relevância jurídica de atos causais, é a prolongação, ou, melhor dizendo, a precisão da controvérsia relativa ao conceito de ação. Se Welzel tivesse integrado sua teoria da adequação social na teoria da ação, teria superado meio século de evolução".[51]

Em nossa visão, como exposto linhas atrás, o finalismo ainda é a mais correta definição de *conduta*, pois *não envolve* política criminal, que tende a ser volúvel como são os governos. A ideia de se ter um conceito *jurídico* de conduta – e não ontológico – é incabível. Tudo se faz, no mundo jurídico, por meio de conceitos e a ótica finalista faz parte disso, logo, é também um conceito jurídico, embora baseado em juízos de realidade. Ao *criar* um conceito denominado *jurídico*, tanto Roxin quanto Jakobs caíram no vazio. E, o que é pior, inexiste um *único* funcionalismo, mas o de Roxin e o de Jakobs, que chegam a conclusões diversas em vários pontos relevantes. Revendo conceitos para ilustrar: a conduta é manifestação da personalidade, diz Roxin; a conduta é ação capaz de evitar um resultado, diz Jakobs. Muitos escritos existem, sem conseguir *definir*, de maneira segura e inteligível, o que vem a ser *manifestação da personalidade* para fins penais. E muito menos o que *se pode evitar* e o que *não se consegue evitar*, sem usar um puro *juízo de valor*, conforme a política criminal do momento. A autorização para o juiz utilizar a política criminal, no campo penal, pode servir para oprimir pessoas e transformar o direito penal num instrumento de força descomunal, sem balizas realísticas.

O funcionalismo pode denominar-se de diversas maneiras, inclusive como pós-finalismo, mas isso não significa avanço. Trata-se de um pós-finalismo rumo ao incerto, bastando mencionar que nem mesmo os funcionalistas se entendem, como já frisado.

No confronto entre o finalismo e o funcionalismo, de maneira certeira, Luiz Regis Prado enuncia que "só o método finalista, ao partir do homem como ser responsável, permite que o Direito Penal cumpra sua missão, pois tão somente o homem é influenciável pelo sentido das proibições e dos mandamentos, e pode realizar ou abster-se de realizar determinadas ações e evitar a lesão ou o perigo de lesão a bens jurídicos. Uma ordem normativa que pretenda ser eficaz deve se dirigir ao homem enquanto *pessoa* capaz de dirigir o acontecer causal, selecionar meios e modos de execução e orientar o seu atuar rumo à consecução do objetivo pretendido. (...) A doutrina finalista não prega essa diretriz perigosa e alheia à realidade, mas sim disciplina condutas reais, humanas, e tem como fim atender aos anseios sociais sem ignorar a própria sociedade e seus membros".[52]

Por derradeiro, emerge outra teoria, pós-funcionalista, denominada teoria significativa da ação, que busca conciliar dados ontológicos com conceitos normativos, voltando-se ao estudo da linguagem. Poderia, em tese, ser uma saída para a evolução do direito penal, se mostrasse a que veio, quando estiver mais desenvolvida, trabalhando com casos concretos, para demonstrar a sua efetiva utilidade.[53]

---

[51] *Fundamentos de direito penal*, p. 59.

[52] *Tratado de direito penal*, v. 2, p. 124.

[53] Quase todos os exemplos fornecidos por Paulo Busato ao comentar os elementos do crime foram extraídos de autores causalistas, finalistas, funcionalistas, ou então contêm citações de exemplos absolutamente conhecidos de qualquer leitor, como o pai que castiga o filho, mandando-o ao quarto (exercício regular de direito) ou o lutador de boxe que soca o adversário (exercício regular de direito). Não se trata de uma crítica, mas de uma curiosidade por encontrar alguma coisa completamente diferente do tradicional para justificar o aprofundamento do estudo da teoria significativa da ação. Pode ser apenas

Há quem visualize um futuro promissor a essa tendência, como existem os que a consideram inútil. Preferimos aguardar o seu desenvolvimento, se houver.

Luiz Regis Prado menciona: "ainda que doutrina isolada, trata-se o conceito de ação significativa de mais um esforço teórico com vistas a superar as construções anteriores, sem nenhum êxito".[54]

Cezar Roberto Bitencourt, por seu turno, diz que, "na verdade, parece-nos que está surgindo uma nova e promissora *teoria da ação* que, certamente, revolucionará toda a *teoria geral do delito*, a exemplo do que ocorreu, a seu tempo, com o finalismo de Welzel".[55]

Por enquanto, a teoria significativa da ação ainda não convenceu a maioria da doutrina, sejam causalistas, finalistas e funcionalistas.

3. DIFERENÇA ENTRE CRIME E CONTRAVENÇÃO PENAL

Acesse e assista ao vídeo sobre Crime e contravenção penal.
> http://uqr.to/1yvdl

O direito penal estabeleceu diferença entre crime (ou delito) e contravenção penal, espécies de infração penal. Entretanto, essa diferença não é ontológica ou essencial, situando-se, tão somente, no campo da pena.

Os crimes sujeitam seus autores às penas de reclusão e detenção, enquanto as contravenções, no máximo, implicam prisão simples. Embora sejam penas privativas de liberdade, veremos as diferenças existentes entre elas em capítulo próprio. Além disso, aos crimes cominam-se penas privativas de liberdade, isolada, alternativa ou cumulativamente com multa, enquanto, para as contravenções penais, admite-se a possibilidade de fixação unicamente da multa (o que não ocorre com os crimes), embora a penalidade pecuniária possa ser cominada com a prisão simples ou esta também possa ser prevista ou aplicada de maneira isolada (art. 1.º da Lei de Introdução ao Código Penal).

Como diz Costa e Silva, comentando o art. 8.º do Código Penal de 1890, "todos os esforços envidados pela ciência para descobrir um traço de diferenciação, claro e preciso, entre o crime e a contravenção têm sido improfícuos".[56] Assim também é a lição de Antolisei, para quem o único método seguro de distinguir o crime da contravenção é ater-se ao direito positivo, verificando a qualidade e a quantidade da pena atribuída à infração penal, vale dizer, a gravidade que o legislador quis atribuir ao fato.[57]

Convém acrescentar a criação das infrações de menor potencial ofensivo, a partir da edição da Lei 9.099/1995, abrangendo os crimes cuja pena máxima prevista em abstrato, no

---

uma falha nossa ou até mesmo a incapacidade de compreender tão intrincada teoria; continuaremos tentando, modestamente.

[54] *Tratado de direito penal*, v. 2, p. 104.
[55] *Tratado de direito penal*, v. 1, p. 297.
[56] Apud Frederico Marques, *Tratado de direito penal*, v. 2, p. 49.
[57] *Manuale di diritto penale* – Parte generale, p. 190.

tipo penal, não ultrapasse dois anos (reclusão ou detenção) ou quando se trate de contravenção penal. Desse modo, o legislador colocou em grupo único, com as mesmas possibilidades de transação e inserção num rito sumaríssimo, delitos e contravenções.

Seguindo preceito constitucional, que faz previsão para a existência dessa espécie de infração, viabilizando a transação penal e mitigando o princípio da obrigatoriedade da ação penal, a política criminal indicou ser suficiente essa modalidade de punição, criando as referidas infrações de menor potencial ofensivo.

O resultado científico é a perda, cada vez maior, da identidade das espécies de infração penal – crime, de um lado; contravenção penal, de outro. Afinal, quando se cuidarem de infrações de menor potencial ofensivo, inexiste qualquer diferença prática entre o delito e a contravenção.

RESUMO DO CAPÍTULO

▶ **Conceito material de crime:** cuida-se da *voz* da sociedade a respeito do fenômeno intitulado *crime*, que é um ilícito no âmbito penal. Significa o ato ilícito que, por ser considerado grave pela sociedade, deveria ser reputado delito, ameaçado de pena. É o princípio criminológico para que o legislador leve em conta alguma conduta perniciosa o suficiente para tornar-se infração penal.

▶ **Conceito formal de crime:** é o ato ilícito, ameaçado de pena, devidamente previsto em lei.

▶ **Conceito analítico de crime:** entre várias opções, a majoritária, que reputamos correta, prevê como delito o fato típico, antijurídico e culpável.

▶ **Causalismo:** cuida-se da teoria que conceitua a conduta penalmente relevante de maneira naturalista: ação ou omissão, voluntária e consciente, que provoca movimentos corpóreos. Em razão dessa definição, o elemento subjetivo do crime situa-se na culpabilidade – e não na tipicidade.

▶ **Finalismo:** é a teoria que insere outro conceito de conduta (ação ou omissão, voluntária e consciente, que movimenta o corpo humano, com uma finalidade). A partir do momento em que a finalidade da conduta é inserida no próprio conceito de conduta, por óbvio, ao tipificar-se a ação ou omissão, está-se também verificando o elemento subjetivo do delito. Portanto, dolo e culpa concentram-se na tipicidade.

▶ **Teoria social da ação:** pretendendo ser a solução entre causalistas e finalistas, estabelece o conceito de conduta como a ação ou omissão voluntária e consciente que interessa à sociedade. A teoria não possui elementos seguros para definir o que é socialmente relevante e o que não é.

▶ **Funcionalismo:** a teoria tem por finalidade expurgar do conceito de conduta qualquer menção ligada ao naturalismo, transformando a definição em bases meramente jurídicas. Por isso, os funcionalistas dividem-se entre a corrente teleológica (conduta é uma manifestação da personalidade) e a sistêmica (conduta é fruto da evitabilidade individual quanto a um resultado).

▶ **Teoria da ação significativa:** buscando preservar o alicerce ontológico da conduta, em bases naturais, associa-se a elementos normativos. A ação ou omissão é fruto da *liberdade*, conduta humana por excelência (livre-arbítrio), mas deve ser analisada sob o prisma da linguagem do direito penal, verificando-se se ela é interessante à tipificação ou não. Independentemente da finalidade da conduta, esta tem significado próprio conforme o bem jurídico tutelado.

ESQUEMAS

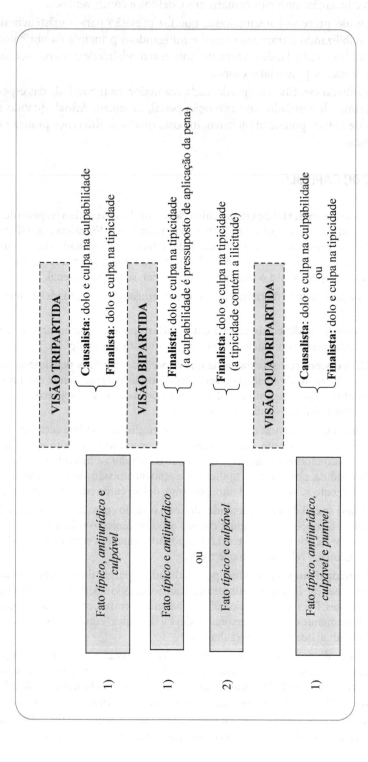

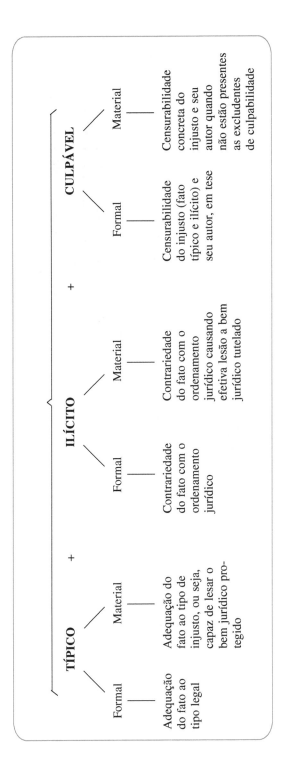

ESTRUTURA DO CRIME

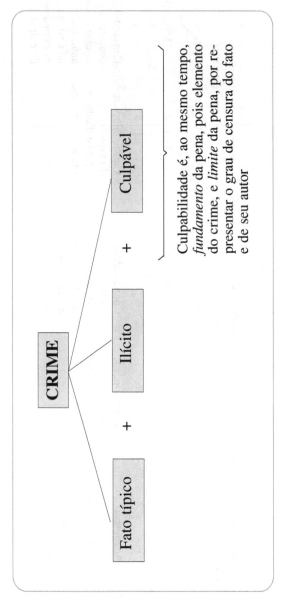

Capítulo XV
Sujeitos e Objetos do Crime

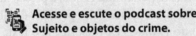

Acesse e escute o podcast sobre Sujeito e objetos do crime.
> http://uqr.to/1yvdm

1. SUJEITO ATIVO

Sujeito ativo é a pessoa que pratica a conduta descrita pelo tipo penal. Animais e coisas não podem ser sujeitos ativos de crimes, nem autores de *ações*, pois lhes falta o elemento *vontade*. Entretanto, nem sempre foi assim. A história registra casos de animais condenados por suas *atuações criminosas*: "Cita-se o caso do elefante Charlie que foi absolvido por legítima defesa; é notável o exemplo de um galo condenado à morte por haver bicado os olhos de uma criança; recorda-se também o processo instaurado contra o papagaio que dava vivas ao rei, infringindo assim as novas concepções revolucionárias; assinalam-se exemplos, por igual, de cavalos homicidas, veados infanticidas e de cachorros acusados de *crimen bestialitatis*".[1]

E também: "historicamente, contudo, registra-se larga incriminação de atos não humanos, incluso de fatos produzidos por animais: na primeira metade do século XIX, um pesquisador francês (BERRIAT SAINT-PRIX) relacionou, por espécies, os animais levados a julgamento penal, de 1120 a 1741, em diferentes tribunais: a primazia esteve com porcos, 21 vezes; em seguida: cavalos

---
[1] MARCELLO JARDIM LINHARES, *Legítima defesa*, p. 167.

(20), bois e vacas (12), asnos e mulas (10), ratos e ratazanas (7), cabras e ovelhas (5), cachorros (5) etc. A propósito, durante a Revolução Francesa (em que pesem as antecedentes perorações ideológicas de BECCARIA, de VOLTAIRE, de VERRI etc.), um cachorro foi ritualmente condenado à morte, um dia depois da execução de seu dono, um e outro como coagentes contrarrevolucionários. Ao que parece terá sido considerado o primeiro cachorro reacionário ou fundamentalista consagrado pela História".[2]

1.1. A pessoa jurídica como sujeito ativo de crime

Objeto de debate acirrado na doutrina sempre foi a possibilidade de a *pessoa jurídica poder ser autora de uma infração penal,* o que muitos negam sistematicamente, por razões variadas. Esclarecem ORTS BERENGUER e GONZÁLEZ CUSSAC que "tradicionalmente a responsabilidade penal das pessoas jurídicas era negada (*societas delinquere et punire non potest*), alegando-se que não possuem capacidade de ação, capacidade de culpabilidade, ou capacidade de sofrer penas. Por isso, os sistemas clássicos somente castigavam como autores dos delitos as pessoas físicas. No entanto, durante o século XX a tendência foi invertendo-se, devido à necessidade de castigar os delitos socioeconômicos e financeiros (delinquência de colarinho-branco), a criminalidade organizada e também por razões de legalidade (...) Há que se lembrar que mais de 80% dos delitos socioeconômicos são cometidos através de empresas".[3]

As *principais objeções* são as seguintes: a) a pessoa jurídica não tem vontade, suscetível de configurar o dolo e a culpa, indispensáveis presenças para o direito penal moderno, que é a culpabilidade (*nullum crimen sine culpa*); b) a Constituição Federal não autoriza expressamente a responsabilidade penal da pessoa jurídica, e os dispositivos porventura citados – arts. 173, § 5.º, e 225, § 3.º – são meramente declaratórios. Assim, à pessoa jurídica reservam-se as sanções civis e administrativas e unicamente à pessoa física podem-se aplicar as sanções penais. Nessa ótica, a posição de JOSÉ ANTONIO PAGANELLA BOSCHI: "Já o texto do § 3.º do art. 225 da CF apenas reafirma o que é do domínio público, ou seja, que as pessoas naturais estão sujeitas a sanções de natureza penal e que as pessoas jurídicas estão sujeitas a sanções de natureza administrativa. O legislador constituinte, ao que tudo indica, em momento algum pretendeu, ao elaborar o texto da Lei Fundamental, quebrar a regra por ele próprio consagrada (artigo 5.º, inciso XLV) de que responsabilidade penal é, na sua essência, inerente só aos seres humanos, pois estes, como afirmamos antes, são os únicos dotados de consciência, vontade e capacidade de compreensão do fato e de ação (ou omissão) conforme ou desconforme ao direito";[4] c) as penas destinadas à pessoa jurídica não poderiam ser privativas de liberdade, que constituem o cerne das punições de direito penal. Afinal, para aplicar uma multa, argumenta-se, basta o disposto no direito administrativo ou civil; d) as penas são personalíssimas, de forma que a punição a uma pessoa jurídica certamente atingiria o sócio inocente, que não tomou parte na decisão provocadora do crime. Há outros fundamentos, embora estes sejam os principais.

Em sentido contrário, estão aqueles que defendem a possibilidade de a pessoa jurídica responder pela prática de um delito. Argumentam: a) as pessoas jurídicas têm vontade, não somente porque têm existência real, não constituindo um mito, mas pelo fato de fazerem "com que se reconheça, modernamente, sua vontade, não no sentido próprio que se atribui ao ser

---

[2] RICARDO DIP; MORAES JÚNIOR, *Crime e castigo,* p. 166.

[3] *Compendio de derecho penal* – parte general, p. 307-308 (tradução livre).

[4] *Das penas e seus critérios de aplicação,* p. 133.

humano, resultante da própria existência natural, mas em um plano pragmático-sociológico, reconhecível socialmente. Essa perspectiva permite a criação de um conceito novo denominado 'ação delituosa institucional', ao lado das ações humanas individuais";[5] b) ainda que não tivessem vontade própria, passível de reconhecimento por meio do dolo e da culpa, é preciso destacar existirem casos de responsabilidade objetiva, no direito penal, inclusive de pessoa física, como se dá no contexto da embriaguez voluntária, mas não preordenada; c) as penas não são a única característica marcante do direito penal, além do que, atualmente, está-se afastando, até mesmo para a pessoa física, a pena de encarceramento, porque não reeducativa e perniciosa; d) os artigos constitucionais mencionados – 173, § 5.º, e 225, § 3.º – são expressos ao admitirem a responsabilidade penal da pessoa jurídica, especialmente o art. 225, § 3.º; e) no tocante às penas serem personalíssimas, o que não se nega, é preciso destacar que a sanção incidirá sobre a pessoa jurídica, e não sobre o sócio. Se este vai ser prejudicado ou não pela punição é outro ponto, aliás, fatal de ocorrer em qualquer tipo de crime. Se um empresário for condenado e levado à prisão, pode sua família sofrer as consequências, embora não tenha participado da prática da infração penal; f) a responsabilidade penal das pessoas jurídicas não pode ser entendida à luz da responsabilidade individual e subjetiva, mas segundo os critérios de uma responsabilidade social.[6]

Cremos estar a razão com aqueles que sustentam a viabilidade de a pessoa jurídica responder por crime no Brasil, após a edição da Lei 9.605/1998, que cuida dos delitos contra o meio ambiente, por todos os argumentos supracitados.

E vamos além: seria possível, ainda, prever outras figuras típicas contemplando a pessoa jurídica como autora de crime, mormente no contexto dos delitos contra a ordem econômica e financeira e contra a economia popular (art. 173, § 5.º, CF). Depende, no entanto, da edição de lei a respeito. No mais, é preciso lembrar que, historicamente, o Tribunal de Nuremberg chegou a condenar, por crimes de guerra contra a humanidade, não somente pessoas físicas, mas corporações inteiras, como a Gestapo e as tropas da SS. Confira-se, também, o caso retratado por SIDNEI BENETI, a respeito da primeira condenação de pessoa jurídica na Justiça francesa.[7]

No Brasil, já se tem registro de condenação de pessoa jurídica por delito contra o meio ambiente.[8] Nos Tribunais Superiores (STF e STJ) pacificou-se o entendimento de que é possível a responsabilidade penal da pessoa jurídica.

Sob outro aspecto, temos defendido que a pessoa jurídica, à falta de expressa menção no art. 3.º da Lei 9.605/1998, pode responder sozinha, ou seja, mesmo que não se apure a

---

[5]   SÉRGIO SALOMÃO SHECAIRA, *Responsabilidade penal da pessoa jurídica*, p. 148; ver, ainda, p. 94-95.

[6]   Neste sentido, RODRIGO IENNACO (*Responsabilidade penal da pessoa jurídica*, p. 89). Acolhendo a responsabilidade penal da pessoa jurídica: EDUARDO LUIZ SANTOS CABETTE (*Responsabilidade penal da pessoa jurídica*, p. 136-139).

[7]   Responsabilidade penal da pessoa jurídica: notas diante da primeira condenação na justiça francesa, *RT* 731/471.

[8]   Apenas para exemplificar: "Penal. Crime contra o meio ambiente. Extração de produto mineral sem autorização. Degradação da flora nativa. Arts. 48 e 55 da Lei 9.605/1998. Condutas típicas. Responsabilidade penal da pessoa jurídica. Cabimento. (...) Segundo entendimento doutrinário e jurisprudencial predominante, a Constituição Federal (art. 225, § 3.º), bem como a Lei 9.605/1998 (art. 3.º), inovaram o ordenamento penal pátrio, tornando possível a responsabilização criminal da pessoa jurídica" (TRF-4.ª Região, Ap. 2001.72.04.002225-0-SC, 8.ª T., rel. Élcio Pinheiro de Castro, 06.08.2003, v.u.).

responsabilidade penal da pessoa física executora direta da conduta típica. Nesse sentido já se posicionou o STF.[9]

Adotam a responsabilidade penal da pessoa jurídica atualmente, além do Brasil: Estados Unidos, Inglaterra, Canadá, Austrália, Cuba, México, China, Japão, Holanda, Portugal, Escócia, França, Áustria, Noruega, Finlândia, Irlanda, Islândia, Eslovênia e Dinamarca. Note-se o disposto no Código Penal do Alabama (EUA), disciplinando o conceito de sujeito ativo do crime: "um ser humano, e, onde for apropriado, uma empresa pública ou privada, uma associação, uma sociedade, um governo ou uma instituição governamental" (art. 13-A, 1-2).

1.1.1. A responsabilidade penal da pessoa jurídica além da fronteira do crime ambiental

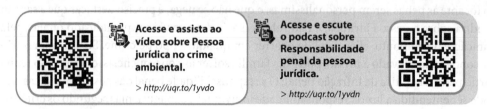

Acompanha-se o desenvolvimento da responsabilidade penal da pessoa jurídica na doutrina e na jurisprudência há muito tempo; particularmente, a partir de 1988, quando o art. 225, § 3.º, da CF, dispôs: "as condutas e atividades consideradas lesivas ao meio ambiente sujeitarão os infratores, pessoas físicas ou jurídicas, a sanções penais e administrativas, independentemente da obrigação de reparar os danos causados". Embora de leitura e interpretação cristalina, autorizadora da responsabilidade penal da pessoa jurídica, houve (e há) os penalistas contrários à letra da Constituição Federal. Invocando preceitos doutrinários, negam *efeito* ao referido parágrafo.

Chega a ser interessante, pois hoje os tribunais (incluindo o STF) acolhem, em maioria, a referida responsabilidade penal. E mais interessante é o disposto no art. 173, § 5.º: "a lei, sem prejuízo da responsabilidade individual dos dirigentes da pessoa jurídica, estabelecerá a responsabilidade desta, sujeitando-a às punições compatíveis com sua natureza, nos atos

---

[9] "É admissível a condenação de pessoa jurídica pela prática de crime ambiental, ainda que absolvidas as pessoas físicas ocupantes de cargo de presidência ou de direção do órgão responsável pela prática criminosa. Com base nesse entendimento, a 1.ª Turma, por maioria, conheceu, em parte, de recurso extraordinário e, nessa parte, deu-lhe provimento para cassar o acórdão recorrido. Neste, a imputação aos dirigentes responsáveis pelas condutas incriminadas (Lei 9.605/1998, art. 54) teria sido excluída e, por isso, trancada a ação penal relativamente à pessoa jurídica. Em preliminar, a Turma, por maioria, decidiu não apreciar a prescrição da ação penal, porquanto ausentes elementos para sua aferição. Pontuou-se que o presente recurso originara-se de mandado de segurança impetrado para trancar ação penal em face de responsabilização, por crime ambiental, de pessoa jurídica. Enfatizou-se que a problemática da prescrição não estaria em debate, e apenas fora aventada em razão da demora no julgamento. Assinalou-se que caberia ao magistrado, nos autos da ação penal, pronunciar-se sobre essa questão. Vencidos os Ministros Marco Aurélio e Luiz Fux, que reconheciam a prescrição. O Min. Marco Aurélio considerava a data do recebimento da denúncia como fator interruptivo da prescrição. Destacava que não poderia interpretar a norma de modo a prejudicar aquele a quem visaria beneficiar. Consignava que a lei não exigiria a publicação da denúncia, apenas o seu recebimento e, quer considerada a data de seu recebimento ou de sua devolução ao cartório, a prescrição já teria incidido" (RE 548.181-PR, 1.ª T., rel. Min. Rosa Weber, 06.08.2013, m.v., *Informativo* 714).

praticados contra a ordem econômica e financeira e contra a economia popular". Ora, está mais que aberta a porta para a pessoa jurídica ser penalmente responsável por crimes econômicos, financeiros e contra a economia popular. Afinal, a pessoa jurídica já responde, com as punições compatíveis, pelos delitos ambientais. E o legislador, embora aja de modo camuflado, após a edição da Lei 12.846/2013 (Lei Anticorrupção), fixou a responsabilidade penal (chamada ingenuamente, no texto legal, de "responsabilidade judicial") da pessoa jurídica nos crimes de corrupção.

Pensamos ser momento de reflexão autêntica no Direito Penal brasileiro, seguindo os passos desejados pela sociedade, representada pelo Parlamento. Se a pessoa jurídica já responde por crimes ambientais, por que não pode responder por outros? Crimes, aliás, perfeitamente compatíveis com a autoria de quem está atuando no mercado econômico-financeiro e lidando com consumidores, tomando por base o mencionado art. 173, § 5.º, da CF. Sob outro prisma, no campo dos delitos contra a honra, a pessoa jurídica passou a ser sujeito passivo do crime de calúnia, ao menos no tocante aos delitos ambientais. Muitos penalistas (e julgados) já consideram viável que a pessoa jurídica figure, também, como sujeito passivo do crime de difamação.

Agora, estende-se a questão: pode a pessoa jurídica ser sujeito ativo de crime contra a honra, particularmente calúnia e difamação, que atribuem fatos negativos a terceiros? Parece-nos que sim. Afinal, a pessoa jurídica pode *cometer* crimes ambientais, de modo que poderia caluniar outra pessoa jurídica, imputando-lhe a falsa prática de delito igualmente ambiental. O mesmo substrato para garantir a responsabilidade penal da pessoa jurídica nos delitos contra o meio ambiente pode ser utilizado para demonstrar a viabilidade de uma pessoa jurídica cometer calúnia e difamação contra particulares ou outras empresas. Ilustrando, pode publicar em veículo de comunicação um texto atribuindo uma lesão ambiental à sua concorrente, também pessoa jurídica, sabendo ser esta inocente. Ademais, quem age, pela pessoa jurídica, são as pessoas físicas que a compõem. A vontade desse conjunto de seres humanos termina por formar a vontade da pessoa jurídica, nada afastando a autenticidade dessa vontade consciente de praticar o tipo penal incriminador. Logo, são perfeitamente viáveis o dolo e até mesmo o elemento subjetivo específico. Surge peculiar questão para se debater: se a pessoa jurídica tem condições ativas legítimas de figurar como autora de crimes ambientais, pode, sem dúvida, ter as mesmas condições para outros delitos, como os pertinentes à sua prática diuturna (crimes econômicos, financeiros e contra o consumidor).

Se a pessoa jurídica pode ser caluniada pela prática indevida de crimes ambientais, parece-nos viável que atue, igualmente, como sujeito ativo de calúnia contra outra pessoa, seja física ou jurídica. Se parte da doutrina brasileira, a despeito de nítida previsão de responsabilidade penal da pessoa jurídica para crimes ambientais (art. 225, § 3.º, CF), *nega* essa responsabilidade, torna-se, *a contrario sensu*, perfeitamente adequado sustentar que, autorizada pela CF, a responsabilidade penal da pessoa jurídica para delitos ambientais, por interpretação extensiva, está também legitimada para outros crimes, dependendo apenas da análise do caso concreto.

Tudo isso merece o cômputo da previsão formulada pelo art. 173, § 5.º, da mesma Constituição Federal, que *delegou* à lei ordinária a possibilidade de chamar a pessoa jurídica para os crimes econômicos, financeiros e contra o consumidor. Para dizer o mínimo.

2. SUJEITO PASSIVO

Sujeito passivo é o titular do bem jurídico protegido pelo tipo penal incriminador, que foi violado. Conforme esclarece ROCCO, "cada delito, enquanto consiste numa *ilicitude*, em um ilícito jurídico, enquanto é *violação* (ou ofensa) *de direito*, lesiona ou ameaça um determinado bem ou interesse jurídico ou um determinado direito subjetivo cujo sujeito é o sujeito passivo do delito".[10]

Divide-se em: a) *sujeito passivo formal* (ou constante): é o titular do interesse jurídico de punir, que surge com a prática da infração penal. É sempre o Estado; b) *sujeito passivo material* (ou eventual): é o titular do bem jurídico diretamente lesado pela conduta do agente. Podem repetir-se na mesma pessoa o sujeito passivo formal e o material.

Lembremos que inexistem as seguintes possibilidades: a) animais, coisas e mortos como sujeitos passivos; b) confusão, na mesma pessoa, do sujeito ativo e passivo, levando-se em consideração uma única conduta. Assim, não há caso em que, mediante determinada conduta, o agente possa ferir-se exclusivamente, provocando a ocorrência de um crime. Para isso, seria necessário punir a autolesão, o que não ocorre no Brasil. Entretanto, é possível haver, no mesmo crime, uma pessoa que seja tanto sujeito ativo quanto passivo, como ocorre na rixa. A situação viabiliza-se porque o delito é constituído de condutas variadas, cada qual tendo por destinatário outra pessoa. Não se deve confundir, ainda, o que foi afirmado – inexistência de delito punindo a autolesão – com situações similares, contendo certamente agressões que o agente faz contra si mesmo, mas cujo bem jurídico protegido é de pessoa diversa. É o que ocorre, por exemplo, no caso do estelionato com fraude para o recebimento de indenização ou valor de seguro (art. 171, § 2.º, V). O agente, nesse caso, pode lesar o próprio corpo ou a saúde (dirige a agressão contra si mesmo), mas com o fim de prejudicar a seguradora, logo, é crime patrimonial, nada tendo a ver com a punição da autolesão.

3. OBJETOS DO CRIME

3.1. Objeto material

É o bem jurídico, de natureza corpórea ou incorpórea, sobre o qual recai a conduta criminosa. Como explica FREDERICO MARQUES, "*bem* é vocábulo que designa tudo quanto é apto a satisfazer uma necessidade humana. Ele pode consistir em um objeto do mundo exterior, ou em uma qualidade do sujeito. Pode ainda ter natureza incorpórea, pelo que, ao lado dos bens materiais, existem os bens imateriais ou ideais, que têm particular importância para o Direito Penal".[11]

Por isso, sustentamos que todo delito possui objeto material, como, aliás, demonstramos nas classificações das infrações penais feitas na Parte Especial. Exemplos de objetos materiais incorpóreos: a) o casamento no crime de bigamia; b) a reputação na calúnia e na difamação; c) a autoestima na injúria. Salientemos, no entanto, que há posições em *sentido contrário*, não aceitando a possibilidade da existência de crimes cujo objeto material seja incorpóreo. Para ROCCO, o objeto material somente pode ser homem ou coisa.[12] Igualmente, DAVID TEIXEIRA DE AZEVEDO.[13]

---

[10] *El objeto del delito y de la tutela jurídica penal*, p. 11.

[11] *Tratado de direito penal*, v. II, p. 39.

[12] *El objeto del delito y de la tutela jurídica penal*, p. 11.

[13] *Dosimetria da pena*: causas de aumento e diminuição, p. 33.

3.2. Objeto jurídico

É o interesse protegido pela norma penal, como a vida, o patrimônio, a honra, a fé pública, entre outros. Segundo ROCCO, o objeto jurídico é o bem ou interesse, eventualmente um verdadeiro e próprio direito subjetivo, protegido por uma norma jurídica imposta sob sanção penal e violada mediante uma ação delituosa. Naturalmente, ademais, e por isso mesmo, o objeto jurídico do delito é também a *norma jurídica* que tutela o bem ou interesse e em cuja transgressão consiste o delito, assim como a *obrigação* ou *dever jurídico* de onde deriva aquela norma e a cujo cumprimento o cidadão está obrigado, e ainda a *pretensão jurídica* que corresponde a essa obrigação; também a *relação jurídica* que deriva daquela obrigação e dessa pretensão.[14]

Assim, exemplificando, no caso do furto de um veículo: o sujeito ativo é a pessoa que subtraiu o carro; o sujeito passivo é o proprietário do automóvel (sendo sujeito passivo formal o Estado); o objeto material é o veículo; o objeto jurídico é o patrimônio.

RESUMO DO CAPÍTULO

- ▶ **Sujeito ativo:** é a pessoa que pratica a conduta descrita pelo tipo penal.
- ▶ **Sujeito passivo:** é o titular do bem jurídico protegido pelo tipo penal incriminador, que foi violado.
- ▶ **Objeto material:** é o bem jurídico, de natureza corpórea ou incorpórea, sobre o qual recai a conduta criminosa.
- ▶ **Objeto jurídico:** é o interesse protegido pela norma penal, como a vida, o patrimônio, a honra, a fé pública, entre outros.

---

[14] *El objeto del delito y de la tutela jurídica penal*, p. 12.

Capítulo XVI
Classificação dos Crimes

 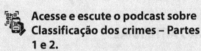

Acesse e escute o podcast sobre Classificação dos crimes – Partes 1 e 2.
> http://uqr.to/1yvdp

1. BASE CIENTÍFICA DA CLASSIFICAÇÃO

Classificar significa a distribuição ou a divisão de algo em classes ou grupos, de acordo com um sistema ou um método próprio. Não se trata de um procedimento vago, aberto e assistemático; muito menos de um ato livre de qualquer freio, dando margens à imaginação do classificador, que poderia criar e inventar *pastas* estranhas e bizarras para *arquivar* seus objetos.

A classificação dos crimes possui o objetivo de apontar, por conta de um método, *como* alguns crimes se agrupam em certas *pastas*, com as mesmas características, daí resultando uma solução prática para o operador do direito. Assim, a primeira classificação feita pelo próprio legislador constitui a divisão do Código Penal em Parte Geral, contendo normas gerais, com princípios e regras aplicáveis a qualquer delito, e Parte Especial, indicando os bens jurídicos tutelados e os tipos penais incriminadores. Há uma razão para isso e não se cuida de *dar asas à imaginação*: visa-se à facilidade com que o leitor do Código – na maior parte, os estudantes e operadores do direito – poderá reconhecer uma norma de aplicabilidade genérica, distinguindo-a de outra, contida na Parte Especial, aplicável somente a uma espécie de crime ou a um grupo determinado de tipos incriminadores. Favorece, ainda, à nítida divisão entre os conceitos fundamentais de direito penal, inseridos na Parte Geral, e as figuras típicas, prevendo um a um dos delitos puníveis na legislação brasileira, constantes da Parte Especial.

Por isso, a Parte Especial constitui a mais franca e clara visão do princípio da legalidade (não há crime sem lei que o *defina*: eis a função básica do tipo penal). Por outro lado, a Parte Geral carrega a relevante função de indicar os conceitos fundamentais para aplicar a lei penal; criminalizar ou descriminalizar uma conduta; reconhecer um fato típico, mas permitir a exclusão da sua ilicitude; ditar as hipóteses em que o injusto penal não merece censura, logo, pena; enumerar as espécies de punição e *como* se devem aplicá-las; apontar, além da pena, a outra modalidade sancionatória, firmada na medida de segurança; elencar as alternativas para excluir a punição do agente, embora tenha havido crime.

Magalhães Noronha, abrindo os seus comentários à Parte Especial do Código Penal, demonstra o relevo da classificação dos crimes e seus diferentes métodos ao longo do tempo, partindo de Roma, passando pelas Escolas Clássica e Positiva, além de outras escolas mistas. Aponta, ainda, a rejeição apresentada por alguns penalistas ao critério classificador, embora constitua a minoria das opiniões coletadas. No mais, ensina que "a classificação sistemática dos delitos é um dos mais sólidos elementos com que pode contar a hermenêutica. Sem ela, o intérprete mover-se-ia com indecisão e incerteza, na busca do bem tutelado, objeto da interpretação finalística ou teleológica, de todas a mais importante".[1]

Em razão do exposto, cremos necessária a classificação *básica* dos crimes, dentro de um método, que seja capaz de apontar os grupos de delitos e a razão pela qual, uma vez inseridos numa só *pasta*, pode-se compreender qual é o objeto tutelado, qual o sujeito ativo e/ou passivo, se e quando cabe tentativa, se e quando cabe prisão em flagrante, entre outros fatores facilitadores da operacionalização do direito penal.

2. A CLASSIFICAÇÃO ARTIFICIAL

Embora pareça um item desnecessário, na realidade, cuida-se de crítica construtiva voltada a evitar que o quadro da classificação dos crimes continue a crescer desmesuradamente, sem critério e despido de método, com a *criação* de *novas* categorias dia após dia. Esse fenômeno, proveniente da doutrina, pode extravasar as raias da razoabilidade, perturbando conceitos fundamentais de direito penal e, sobremaneira, criando obstáculos para a compreensão dos diversos institutos penais.

Há vários exemplos de classificações artificiais, que não preenchem o conhecimento útil do operador do direito. Detecta-se a sua inutilidade quando o operador do direito não a usa para resolver problemas concretos, solucionando seus casos do cotidiano.

3. AS CLASSIFICAÇÕES MAIS RELEVANTES

3.1. Crimes comuns e próprios

Quanto ao sujeito ativo, são considerados *comuns* os delitos que podem ser cometidos por qualquer pessoa (exemplo: homicídio, roubo, falsificação); são *próprios* os crimes que exigem sujeito ativo especial ou qualificado, isto é, somente podem ser praticados por determinadas pessoas.

---

[1] *Direito penal*, v. 2, p. 6-9.

As qualidades do sujeito ativo podem ser *de fato*, referentes à natureza humana ou à inserção social da pessoa (exemplo: mulher no autoaborto; mãe no infanticídio; enfermidade no perigo de contágio venéreo), ou *de direito*, referentes à lei (exemplo: funcionário público, em vários delitos do Capítulo I, Título XI, da Parte Especial; testemunha no falso testemunho; perito na falsa perícia).

Os *próprios* podem ser subdivididos em puros e impuros. Os *puros* dizem respeito aos delitos que, quando não forem cometidos pelo sujeito indicado no tipo penal, deixam de ser crime, caso a conduta se concretize por ato de outra pessoa (exemplo: advocacia administrativa – art. 321. Nesse caso, somente o funcionário pode praticar a conduta; se for outra pessoa, não haverá infração penal). Os *impuros* referem-se aos delitos que, se não cometidos pelo agente indicado no tipo penal, transformam-se em figuras delituosas diversas (exemplo: se a mãe mata o filho recém-nascido, após o parto, em estado puerperal, é infanticídio; caso um estranho mate o recém-nascido, sem qualquer participação da mãe, cuida-se de homicídio). Nessa ótica, conferir a lição de Nilo Batista.[2]

3.1.1. Crimes de mão própria

No universo dos crimes próprios encontram-se, ainda, os crimes *de mão própria*, que exigem sujeito ativo qualificado, devendo este cometer direta e pessoalmente a conduta típica. Assim, neste último caso, não admitem coautoria, mas somente participação. É o caso do falso testemunho: apenas a testemunha pode, diretamente, cometer o crime, apresentando-se ao juiz para depor e faltando com a verdade. Mencione-se, ainda, o crime de reingresso de estrangeiro expulso (art. 338): somente a pessoa que foi expulsa pode cometê-lo, reingressando no território nacional.

Há quem sustente poder o crime de mão própria ser comum, isto é, praticado por qualquer pessoa, desde que o faça diretamente. Em nosso entendimento, tal proposta é inviável. O delito de mão própria somente tem significado se pudermos considerá-lo um crime próprio, vale dizer, cometido por sujeito ativo qualificado. Anotemos a precisa lição de Maurach: "Há determinados tipos que são necessariamente concebidos, conforme seu conteúdo de ilícito, de tal modo que somente pode ser autor dos mesmos aquele que estiver em condições de realizar, pessoal e diretamente, a conduta proibida. (...) Os terceiros podem chegar a ser cúmplices dos delitos de mão própria (o termo foi criado por Binding), mas não podem ser autores, isto é, nem como coautores, nem como autores mediatos. (...) A participação nos delitos de mão própria (indução e cumplicidade) é possível de forma restrita, posto que o partícipe coopera na ação *de outro*, e, em consequência, não precisa ter a qualidade de autor".[3]

No mesmo prisma, Welzel cita como exemplos de delitos de mão própria somente os casos de crimes que são igualmente próprios, como o falso testemunho, o incesto (que não temos no Brasil), a deserção, entre outros.[4] Conferir, também, a lição de Nilo Batista: "Os crimes de mão própria não admitem coautoria nem autoria mediata na medida em que o seu conteúdo de injusto reside precisamente na pessoal e indeclinável realização da atividade proibida".[5] E assim deve ser.

---

[2]   *Concurso de agentes*, p. 96.

[3]   *Derecho penal* – Parte general, v. 1, p. 368-369.

[4]   *Derecho penal alemán*, p. 128-129.

[5]   *Concurso de agentes*, p. 97.

Somente para argumentar, tomemos como ilustrações as seguintes: as duas modalidades de aborto provocado por terceiro (arts. 125 e 126, CP) são espécies de crimes comuns, logo, jamais serão de mão própria, até pelo fato de ser perfeitamente possível que haja coautoria (exemplo: duas parteiras realizam, em conjunto, o aborto da gestante), bem como é viável a autoria mediata (alguém utiliza pessoa inimputável ou induzida em erro para a realização do referido aborto). Se o crime pode ser cometido por interposta pessoa (autoria mediata) ou permite a realização em coautoria, deixou de ser de mão própria, qualidade da infração penal que somente aceita a participação (no falso testemunho, por exemplo, pode-se induzir alguém a mentir, mas nunca se poderá *mentir em conjunto*, pois depoimento não é jogral, tampouco pode a testemunha valer-se de terceiro para depor em seu lugar).

Portanto, para o surgimento do delito de mão própria é fundamental que o sujeito ativo detenha uma qualidade especial, que o tornará único e habilitado à realização da ação típica de forma direta e pessoal. Lembremos, no entanto, em nosso entendimento, que a vedação à autoria mediata diz respeito ao sujeito ativo qualificado que, por deter especial condição, não consegue valer-se de terceira pessoa para o ato. Eventualmente, podemos conceber a hipótese de alguém, valendo-se de coação moral irresistível, obrigar uma testemunha a mentir. Responderia por falso testemunho como autor mediato. O cerne da questão, entretanto, é que a testemunha não tem condições de agir como autor mediato, isto é, valer-se ela de terceira pessoa para em seu lugar depor. Nesses termos é que afastamos a autoria mediata do cenário do crime de mão própria.

3.2. Crimes instantâneos e permanentes

 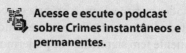

Acesse e escute o podcast sobre Crimes instantâneos e permanentes.
> http://uqr.to/1yvdq

Quanto ao momento consumativo, instantâneos são aqueles cuja consumação se dá com uma única conduta, não produzindo um resultado prolongado no tempo. Assim, ainda que a ação possa arrastar-se no tempo, o resultado é instantâneo (exemplo: homicídio, furto, roubo). Os delitos permanentes são os que se consumam com uma única conduta, embora a situação antijurídica gerada se prolongue no tempo até quando queira o agente. Exemplo disso é o sequestro ou cárcere privado. Com a ação de tirar a liberdade da vítima, o delito está consumado, embora, enquanto esteja esta em cativeiro, por vontade do agente, continue o delito em franca realização. Outros exemplos: extorsão mediante sequestro, porte ilegal de arma e de substância entorpecente.

Para a identificação do crime permanente, oferece a doutrina duas regras: a) o bem jurídico afetado é imaterial (exemplo: saúde pública, liberdade individual etc.); b) normalmente é realizado em duas fases, a primeira, comissiva, e a segunda, omissiva (sequestra-se a pessoa por meio de uma ação, mantendo-a no cativeiro por omissão). Essas regras não são absolutas, comportando exceções. No crime de introdução de animais em propriedade alheia, causando prejuízo (art. 164, CP), podemos ter a forma permanente e há ofensa a bem jurídico material. Por outro lado, é possível cometer o crime na forma omissiva apenas (o carcereiro, que legalmente custodiava o preso, ao receber o alvará de

Cap. XVI – Classificação dos Crimes

soltura do juiz não o libera, praticando cárcere privado) ou só na forma comissiva (tortura exercida contra alguém por meio de vários atos).

O delito permanente admite prisão em flagrante enquanto não cessar a sua realização, além de não ser contada a prescrição até que finde a permanência.

3.2.1. Os crimes instantâneos de efeitos permanentes (delitos de estado)

Inserem-se na categoria de crimes instantâneos – e não em uma classe à parte – os crimes instantâneos de efeitos permanentes, que nada mais são do que os delitos instantâneos com a aparência de permanentes em virtude do seu método de execução. A bigamia é exemplo disso. Ao contrair o segundo casamento, o agente torna-se bígamo, estado que perdura com o passar do tempo. Assim, *parece* ser um delito permanente, que continuaria a afrontar o casamento, mas, em verdade, é instantâneo. Infelizmente, parte considerável da doutrina nacional o considera um crime, cujo resultado é definitivo e cita o exemplo do homicídio. Nesse caso, para que serve a classificação? Para absolutamente nada. É o mesmo pensamento exposto por PACELLI e CALLEGARI, fornecendo outra conceituação, igualmente correta, dessa classe de delitos: "o que poderia qualificá-lo enquanto espécie diversa seria a continuidade ou a *permanência da lesão* ao bem jurídico, em *momento posterior* àquele da realização do tipo, sem, contudo, a permanência temporal da ação já praticada".[6]

Outro exemplo é o crime de loteamento clandestino. Realizada a partição do solo em lotes, sem autorização legal, o crime se consuma; porém, como os lotes continuam visíveis, havendo a introdução de outras melhorias por longo tempo à frente do momento consumativo, a impressão é que continuam a consumar-se. Não é essa a realidade. O delito concretizou-se, embora os efeitos causados continuem provocando a impressão de *permanência*. Detectar essa categoria de crimes impede o cômputo equivocado da prescrição, vale dizer, tratando-se de delito instantâneo de efeitos permanentes, conta-se o prazo prescricional como o crime instantâneo (art. 111, I, CP), e não com a regra do delito permanente (art. 111, III, CP).

Para cessar a discussão no tocante à expressão *instantâneo de efeitos permanentes*, que induz vários penalistas em franco erro, ao exemplificar com o homicídio (morreu e morreu permanentemente), que é um crime instantâneo, LUZÓN PEÑA cuida dessa modalidade de classificação como *delitos de estado*. São os que criam uma situação antijurídica em face da consumação, mas essa ilicitude permanece, pois a sua mantença não depende da vontade do agente. Por isso, são os crimes cuja consumação é instantânea, mas *parecem* permanentes, pois o que se passa a ver, na realidade, são os seus efeitos, o seu rastro. E o autor cita a bigamia, a injúria, os matrimônios ilegais, a ameaça, entre outros.[7]

Há, ainda, outras espécies de crimes instantâneos, que possuem formas peculiares de consumação. É o caso dos delitos instantâneos de continuidade habitual, isto é, aqueles que se consumam por meio de uma única conduta provocadora de um resultado instantâneo, mas que exige, em seguida, para a configuração do tipo, a reiteração de outras condutas em formato habitual. Note-se o caso do art. 228 (favorecimento à prostituição): "Induzir ou atrair alguém à prostituição...". A mera indução (dar a ideia) é a conduta do agente e o resultado não depende da sua vontade, configurando-se tão logo a pessoa se prostitua. Mesmo podendo-se falar em "resultado instantâneo", pois o que se pune é apenas o *favorecimento à prostituição*,

---

[6] *Manual de direito penal*, p. 205.

[7] *Lecciones de derecho penal* – parte general, p. 163.

e não o comércio do próprio corpo, depende-se, para a perfeita configuração típica, de prova concreta da reiterada conduta da vítima, pois *prostituição* implica habitualidade. É o que ocorre também nos delitos previstos nos arts. 230 e 247, I e II.

Existe, também, o crime instantâneo de habitualidade preexistente, que é a figura típica passível de concretização pela prática de uma única conduta, com resultado instantâneo, embora exija, para tanto, o desenvolvimento habitual de outro comportamento preexistente. Trata-se da hipótese da venda de mercadoria proibida pela lei brasileira, introduzida clandestinamente no País, *no exercício de atividade comercial* (art. 334-A, § 1.º, IV, CP). Não existindo anteriormente a prática habitual do comércio, não se configura o delito nesse tipo penal previsto, não obstante seja ele instantâneo.

Por derradeiro, vale mencionar o denominado *crime eventualmente permanente*, que é o delito instantâneo, como regra, mas que, em caráter excepcional, pode realizar-se de modo a lesionar o bem jurídico de maneira permanente. Exemplo disso é o furto de energia elétrica. A figura do furto, prevista no art. 155, concretiza-se sempre instantaneamente, sem prolongar o momento consumativo, embora, como o legislador equiparou à coisa móvel, para efeito punitivo, a energia elétrica (art. 155, § 3.º), permite-se, certamente, lesionar o bem jurídico (patrimônio), desviando a energia de modo incessante, causando prejuízo continuado à distribuidora de energia. Observação interessante, que merece registro, é feita por Giovanni Grisolia, no sentido de que muitos delitos, considerados instantâneos, podem transformar-se em permanentes, desde que a atividade possa se prorrogar no tempo. Tal situação ocorre porque cada fato-crime é composto por uma conduta conforme a vontade do agente. E cada conduta tem uma dimensão temporal, uma duração, que pode ser brevíssima ou pode estender-se longamente no tempo: tudo depende da natureza da atividade, do bem sobre o qual incide a conduta e da vontade do agente. Uma violência sexual pode estender-se mais ou menos no tempo, por exemplo.[8]

3.3. Crimes comissivos e omissivos (próprios e impróprios)

Quanto ao modo de execução, os delitos comissivos são os cometidos por intermédio de uma ação (exemplo: estupro); os omissivos são praticados mediante uma abstenção (exemplo: omissão de socorro); os comissivos por omissão são os delitos de ação, excepcionalmente praticados por omissão, restrita aos casos de quem tem o dever de impedir o resultado (art. 13, § 2.º); os omissivos por comissão são os cometidos, normalmente, por meio de uma abstenção, mas que podem ser, excepcionalmente, praticados pela ação de alguém (exemplo: é o caso do agente que impede outrem, pelo emprego da força física, de socorrer pessoa ferida).[9]

3.4. Crimes de atividade e de resultado (materiais, formais, mera conduta e exauridos)

Quanto à necessidade de ocorrência de um resultado naturalístico para a consumação, denominam-se delitos de atividade os que se contentam com a ação humana esgotando a descrição típica, havendo ou não resultado naturalístico. São também chamados de formais ou de mera conduta. É o caso da prevaricação (art. 319). Contenta-se o tipo penal em prever punição para o agente que deixar de praticar ato de ofício para satisfazer interesse pessoal,

---

[8] *Il reato permanente*, p. 4.

[9] Quanto à última hipótese, consultar Juarez Tavares (*Teoria dos crimes omissivos*, p. 302).

ainda que, efetivamente, nada ocorra no mundo naturalístico, ou seja, mesmo que a vítima (no caso, o Estado) não sofra prejuízo.

Embora controversa, há quem estabeleça diferença entre os crimes de atividade, vislumbrando situações diversas quanto aos formais e aos de mera conduta. Os formais (também conhecidos como *crimes de resultado cortado*) seriam os crimes de atividade que comportariam a ocorrência de um resultado naturalístico, embora não exista essa exigência (reportamo-nos ao exemplo da prevaricação). Os de mera conduta seriam os delitos de atividade que não comportariam a ocorrência de um resultado naturalístico, contentando-se unicamente em punir a conduta do agente (exemplo: violação de correspondência, reingresso de estrangeiro expulso, ato obsceno e algumas formas da violação de domicílio).

Na categoria dos crimes de atividade, especificamente nos delitos formais, insere-se o crime *exaurido*, delito que continua a produzir resultado danoso depois de estar consumado. É o que ocorre, por exemplo, no delito formal da prevaricação: se o agente prevaricador, que consumou o crime somente por deixar de praticar o ato de ofício, ainda conseguir prejudicar, efetivamente, a vítima, terá provocado o exaurimento do delito. Por vezes o exaurimento leva à exasperação da pena: ver arts. 317, § 1.º, e 329, § 1.º.

Os crimes de resultado (também denominados materiais ou causais) são aqueles que somente se concretizam se atingirem um resultado naturalístico, isto é, uma efetiva modificação do mundo exterior. Nas palavras de MANOEL PEDRO PIMENTEL, delito material "é aquele em que a descrição feita no preceito primário da norma inclui, como elemento essencial do fato típico, a produção de um determinado resultado. É o crime de dano por excelência. O efeito lesivo deve se concretizar em uma exteriorização destacada da ação".[10] Exemplos: homicídio, roubo, dano, estelionato.

3.5. Crimes de dano e de perigo

Acesse e assista ao vídeo sobre Crime de dano e crime de castigo.
> http://uqr.to/1yvdr

Quanto à espécie de resultado produzido ao bem jurídico protegido, os delitos de dano são os que se consumam com a efetiva lesão ao bem jurídico tutelado. Trata-se da ocorrência de um prejuízo efetivo e perceptível pelos sentidos humanos. Os crimes de perigo, por outro lado, são os que se contentam, para a consumação, com a mera probabilidade de haver um dano.

Os delitos de perigo, como regra, são editados para evitar a prática dos crimes de dano. Funcionam como uma blindagem ao bem jurídico protegido. Logo, espera-se que tenham penas mais brandas que as infrações de dano, com as quais apresentem ligação. Afinal, a *probabilidade* de dano é menos lesiva do que o dano em si, motivo pelo qual cabe o respeito ao princípio da proporcionalidade. Nem sempre isso é seguido pelo próprio legislador.

A criação dos tipos penais incriminadores funda-se num juízo de probabilidade, que respeita a normalidade dos fatos, ou seja, alinha-se aos acontecimentos habituais ou costumeiros.

---

[10] *Crimes de mera conduta*, p. 76.

A melhor teoria, segundo cremos, para definir o perigo é a mista ou integrativa, para a qual o perigo é tanto uma hipótese quanto um trecho da realidade. Quando alguém dirige perigosamente, quer-se dizer que há a hipótese de que outra pessoa termine ferida por conta de um eventual atropelamento, mas também existe a realidade fenomênica, perceptível pelos sentidos humanos da alta velocidade desenvolvida e dos riscos inerentes às manobras perpetradas.

A razão de se punir os crimes de perigo é a mesma que um pai possui em relação ao seu filho pequeno desobediente: evitar maiores e mais graves problemas. Se o Estado punir o perigo gerado, tende a evitar punir, no futuro, o dano. Embora cuidando dos delitos de mera conduta, a lição de MANOEL PEDRO PIMENTEL é precisa: "Dir-se-á que o homem é livre para querer, mesmo o mal, devendo apenas responder pelos seus atos voluntários. Entretanto, esse liberalismo excessivo é liberticida. Ninguém seria capaz de deixar uma criança caminhar imprudentemente sobre os trilhos da estrada de ferro, sem se importar com a proximidade de um trem; ou deixá-la brincar com um vidro de ácido; ou permitir que ela se entretivesse com uma arma carregada. Certamente a criança seria impedida de prosseguir, pois estaria arriscando a própria integridade e a dos demais. Seria castigada pela sua falta, com um castigo brando – pois nenhum mal ainda praticara –, mas castigada para que não prosseguisse na sua caminhada sobre os trilhos, não entornasse o ácido, não disparasse a arma e, o que é mais, para que aprendesse que aquelas situações deveriam ser evitadas no futuro, para o seu próprio bem e para o bem de todos. Ninguém se rebelaria contra um castigo brando que fosse infligido à criança, pois todos compreendemos a sua finalidade. Diríamos o mesmo em relação a um pai que castigasse o filho omisso nos seus deveres escolares, pela significação dessa falta e pela necessidade de reprimi-la, para evitar uma situação mais grave, projetada no porvir. Ninguém negará a função preventiva e educativa desses castigos".[11]

Deve-se diferenciar o crime de perigo *concreto* do perigo *abstrato*. Considera-se o primeiro como a probabilidade de ocorrência de um dano que necessita ser devidamente provada pelo órgão acusador, enquanto o segundo significa uma probabilidade de dano presumida pela lei, que independe de prova no caso concreto. O legislador, neste último caso, baseado em fatos reais, extrai a conclusão de que a prática de determinada conduta leva ao perigo, por isso tipifica a ação ou omissão, presumindo o perigo.

Exemplos: a) *perigo concreto*: o delito consistente em expor a vida ou a saúde de uma pessoa a perigo *direto e iminente* necessita da prova da situação fática (dar um tiro na direção de alguém), bem como da prova do perigo (demonstração de que o disparo passou próximo ao corpo da pessoa); b) *perigo abstrato*: os delitos de tráfico e porte de entorpecentes (arts. 33 e 28 da Lei de Drogas) consistem em punir o sujeito que traz consigo substância entorpecente, porque tal conduta quer dizer um perigo para a saúde pública. Assim, para a tipificação desses delitos, basta a acusação fazer prova do fato (estar portando a droga), prescindindo-se da prova do perigo, que é presumido.

Ensina MIGUEL REALE JÚNIOR: "nos crimes de perigo abstrato, para aperfeiçoamento do modelo típico, há uma presunção absoluta, *juris et de jure*, da situação de perigo. Essa presunção não é, todavia, arbitrária, desvinculada da realidade, mas a constrói o legislador a partir da constatação da existência de condutas particulares, que, pela experiência e lógica, revelam ínsita uma situação de perigo".[12]

---

[11] *Crimes de mera conduta*, p. 137.

[12] Crime de gestão temerária, *Problemas penais concretos*, p. 18.

Criticando a terminologia usualmente utilizada a respeito do *perigo abstrato*, diz José de Faria Costa que "o perigo nos chamados crimes de perigo abstrato não é elemento do tipo legal de crime, mas unicamente motivação do legislador. Em verdadeiro rigor, com efeito, uma tal qualificação do tipo legal de crime não é muito correta. Se o perigo está fora do tipo e só serviu de razão justificadora ao legislador para criar uma norma incriminadora cujo sentido primacial é, neste caso, o de um dispositivo tipicamente imperativo, não vemos o motivo para uma tal designação. Ou melhor: só o descortinamos quando numa visão translata, de leitura a dois níveis de captação da norma (o nível conformador e extranormativo e a dimensão já tipicamente normativa) se quer dar a ideia de que há um elo de ligação entre os chamados crimes de perigo concreto e os crimes de perigo abstrato. Mas essa aparência é indutora de erros. Se o perigo é motivo de criação de normas incriminadoras, a sua análise, estudo e qualificação não tem que ver com o 'antes' que levou à sua produção".[13]

Hassemer é outro crítico dos perigos abstratos: "é fácil de se ver porque o legislador escolheu esse caminho. A forma do delito de perigo abstrato facilita, demasiadamente, a aplicação do direito penal. Quando se renuncia à comprovação de um dano, então não mais se depende da comprovação da causalidade. Consequentemente resta na comprovação da atuação incriminadora, cuja periculosidade não se encontra na condenação do juiz, mas no motivo do legislador quando da incriminação dessa ação. A tarefa do juiz torna-se assim extremamente facilitada (...)". No seu entender, com o passar do tempo, começa-se a sentir o volume de condenações injustas, afinal, no perigo abstrato, o ilícito penal termina sendo constatado não por um resultado naturalístico, mas pelo mero cálculo de um perito.[14]

Não somos partidários da tese de que todo crime de perigo abstrato padece de inconstitucionalidade, pois não se permite ao réu a prova em contrário de que inexistiu qualquer probabilidade de dano ao bem tutelado. Gostemos ou não, os crimes de perigo abstrato constituem, cada vez mais, parte da criminalidade contemporânea, como se vê no porte de arma de fogo, no tráfico ilícito de drogas, na formação de organização criminosa etc.

O importante é concentrar os esforços na elaboração da lei penal, quando gera um tipo penal incriminador de perigo abstrato. Ele deve ser, realmente, fruto de vários experimentos e do conhecimento efetivo do legislador no sentido de que tem a nítida probabilidade de causar danos graves. No entanto, caso o legislador construa tipos penais incriminadores de perigo abstrato, cuja potencialidade lesiva é pífia, cabe ao Judiciário demandar, em lugar do abstrato, o perigo concreto. Não sendo possível, cabe ao juiz proclamar a inconstitucionalidade do tipo, pois lesivo ao princípio da intervenção mínima (ofensividade).

Deve-se, também, apontar a diversidade entre o crime de perigo individual e o de perigo coletivo. O primeiro expõe uma só pessoa ou um número determinado de pessoas a perigo – são os delitos previstos no capítulo III do Título I da Parte Especial do Código Penal. O perigo coletivo expõe um número indeterminado de pessoas – são os crimes previstos no Capítulo I do Título VIII da Parte Especial do Código Penal.

Como exposto linhas atrás, para a criação de crimes de perigo abstrato deve o legislador respeitar fielmente o princípio da proporcionalidade. Crimes de perigo não podem ter penas superiores ao dano que têm por fim proteger.

---

[13] *Tentativa e dolo eventual*, p. 56.

[14] *Direito penal libertário*, p. 199.

Note-se, entretanto, o disposto no art. 15 da Lei 10.826/2003: "Disparar arma de fogo ou acionar munição em lugar habitado ou em suas adjacências, em via pública ou em direção a ela, *desde que essa conduta não tenha como finalidade a prática de outro crime*: Pena – reclusão, de 2 (dois) a 4 (quatro) anos, e multa" (grifamos). Ora, se o agente dispara a arma de fogo em lugar habitado com o objetivo de provocar lesão corporal leve (crime de dano), sofreria uma pena de detenção, de três meses a um ano (art. 129, *caput*, CP), dependente, ainda, de representação da vítima (ação pública condicionada). Parece-nos um desvirtuamento do panorama lógico-sistemático no quadro dos delitos de perigo e de dano. Os de perigo não poderiam ser apenados mais gravemente que os de dano, como regra, repita-se. Inverte-se, no fundo e pouco a pouco, o horizonte a ser alcançado pelo direito penal nesse cenário. Quem provoca lesão corporal leve dolosa, em função de disparo de arma de fogo, comete infração penal de menor potencial ofensivo; aquele que dá um disparo de revólver num terreno baldio de determinada cidade, sem atingir ninguém, pode ser processado e condenado (ação pública incondicionada) a uma pena de, no mínimo, dois anos de reclusão. É preciso coerência, o que não vem sendo a realidade jurídica na criação de leis penais no Brasil.

Aliás, basta constatar que o delito de perigo, previsto no art. 273 do Código Penal, possui pena cominada de reclusão, de dez a quinze anos, e multa, superior, portanto, ao crime de homicídio simples (art. 121, *caput*, CP). Nessa hipótese, em particular, vários tribunais vêm decidindo que, em lugar do crime de falsificação de medicamentos (art. 273, CP), deve-se aplicar a pena do delito de tráfico de drogas (art. 33, Lei 11.343/2006). Insere-se o princípio da proporcionalidade para corrigir o desvio legislativo: se carregar consigo droga ilícita gera uma pena mínima de 5 anos, é inviável que a mera adulteração de droga lícita possibilite a sanção mínima de 10 anos de reclusão. Portanto, aplica-se a pena do crime mais grave (tráfico de drogas), em vez de fixar a pena prevista para o menos grave. Alguns julgados, diante da mesma contradição, optam por absolver o acusado.

Por derradeiro, outro diferencial a merecer anotação se dá em relação ao elemento subjetivo. O dolo de dano é a vontade de causar lesão a um bem jurídico tutelado. O dolo de perigo, no entanto, significa a vontade de vivenciar uma situação de risco intolerável e juridicamente vedada. Constituem diferentes *vontades* humanas. A primeira delas é firmada pela certeza subjetiva do agente de provocar um dano; a segunda, assumida pela vontade do sujeito de fazer algo potencialmente danoso, que pode provocar efetiva lesão ao bem tutelado ou não.

3.6. Crimes unissubjetivos e plurissubjetivos

Quanto ao número necessário de agente para a configuração do crime, dividem-se em unissubjetivos, os que podem ser praticados por uma só pessoa (exemplo: aborto, extorsão, epidemia, homicídio, constrangimento ilegal, entre outros), e plurissubjetivos, aqueles que somente podem ser cometidos por mais de uma pessoa (exemplo: rixa, associação criminosa, bigamia, entre outros).

Isto não significa, no caso dos plurissubjetivos, que todas as pessoas devam ser penalmente punidas. É o caso da bigamia, exigindo, pelo menos, duas pessoas para a sua configuração, embora uma delas possa não ser responsabilizada, pois não é casada, nem sabe que a outra o é.

Os delitos plurissubjetivos são, ainda, conhecidos pelas seguintes denominações: crimes convergentes, delitos de encontro, crimes de concurso necessário, delitos coletivos, crimes multitudinários e crimes de autoria múltipla.

3.7. Crimes simples e complexos

Quanto à formação de tipos penais, existem os crimes simples e os complexos. Os primeiros são constituídos por uma conduta típica única; os complexos formam-se pela junção de tipos penais. Na forma simples, vê-se o homicídio. Na modalidade complexa, há o roubo, constituído da união do furto, da lesão corporal e da ameaça.

Os delitos complexos são formados pela continência explícita, ou seja, quando um tipo engloba outro de maneira clara, bastando a simples leitura do modelo incriminador. É exatamente o que ocorre no caso do roubo.

Quando o fenômeno da continência (um tipo abrange outro) é implícita, embora possa tratar-se de crime simples, também é denominado de delito progressivo. O exemplo supracitado do homicídio configura essa hipótese. O homicídio contém, implicitamente, a lesão corporal; noutros termos, sem passar pela lesão corporal não se atinge o resultado *morte*.

No cenário dos delitos complexos, remanesce a divisão entre os *complexos em sentido estrito*, significando a autêntica forma de crime complexo, pois cuida-se de um tipo penal formado pela junção evidente de dois ou mais tipos incriminadores, como o exemplo do roubo, e os *complexos em sentido amplo*, cuja constituição se dá pela união de um tipo incriminador associado a uma conduta lícita qualquer. Exemplo disso é o estupro, que vincula o constrangimento ilegal ao ato libidinoso. Constranger a vítima à prática de ato libidinoso, por meio do emprego de violência ou grave ameaça, evidencia exatamente um constrangimento ilegal (art. 146, CP) específico, vale dizer, com a especialidade de chegar o agente à satisfação da lascívia.

Parte da doutrina, no entanto, critica a denominação de *crime complexo em sentido amplo*. Alega-se que o verdadeiro crime complexo, como indicado no art. 101 do Código Penal, significa um tipo penal formado por outros *crimes*, e não englobando apenas um. Entretanto, preferimos considerar existentes as duas formas de crimes complexos, afinal, o mencionado art. 101 estaria fazendo referência, exclusivamente, ao delito complexo *em sentido estrito*, sem eliminar a possibilidade de existência da forma em sentido amplo. Sobre a natureza jurídica do crime complexo, ensina NURIA CASTELLÓ NICÁS que não deixa de ser um concurso de delitos, pois, de acordo com sua configuração técnico-legislativa, em lugar de se castigarem separadamente as lesões a variados bens jurídicos, opta-se pela figura complexa, mais específica, estabelecendo uma valoração conjunta dos fatos concorrentes.[15]

3.8. Crimes progressivos e progressão criminosa

Utiliza-se o contraste entre as duas expressões com a finalidade de provocar o intérprete a perceber que o delito progressivo constitui uma forma de continência implícita, enquanto a progressão criminosa, embora haja a proximidade da nomenclatura, nada tem a ver com o cenário da complexidade do delito em sua formação típica.

A progressão criminosa é a evolução da vontade do agente, fazendo-o passar, embora num mesmo contexto, de um crime a outro, normalmente voltado contra o mesmo bem jurídico protegido. Denomina-se progressão criminosa propriamente dita ou progressão em sentido estrito, como ensina FREDERICO MARQUES, a ocorrência de um crime progressivo cujos atos se apresentam, por exceção, desgarrados, temporariamente afastados.[16] Ilustrando, quer o agente lesionar a vítima; após um período, delibera matá-la. Será punido unicamente

---

[15] *El concurso de normas penales*, p. 52.
[16] *Tratado de direito penal*, v. II, p. 474.

pelo fato mais grave. Difere essa situação (progressão criminosa) do crime progressivo, em função do elemento subjetivo.

Na progressão, a intenção inicial era a lesão, que evoluiu para o homicídio, enquanto no progressivo, o agente delibera matar, passando, por necessidade, pela lesão. O mesmo exemplo é utilizado por ANTOLISEI, que denomina essa modalidade de progressão de *progressão criminosa em sentido estrito*.[17]

Há, ainda, na progressão criminosa o que se chama de *fato antecedente não punível*, significando que um delito serviu de meio para se atingir outro, desde que se trate do mesmo contexto delituoso. Usa-se o critério da absorção. É o que ocorre no caso do agente que contrabandeia um produto (art. 334-A) para, depois, vendê-lo (art. 334, § 1.º, IV). Por derradeiro, fala-se, também, no *fato posterior não punível*, que é a sucessão de fato menos grave, contra objeto jurídico já atingido por delito mais grave, inexistindo motivo para a dupla punição. Exemplo disso ocorre quando o sujeito envenena água potável (art. 270) e, em seguida, entrega-a para consumo (art. 270, § 1.º). O mesmo se dá quando o agente furta um objeto (art. 155, CP) e, na sequência, o destrói (art. 163, CP). Nesse caso, no entanto, conforme lição de NURIA CASTELLÓ NICÁS, com a qual concordamos, a não punição do dano, que se seguiu ao furto, é mera política criminal, evitando-se a cumulação de sanções penais. Afinal, rigorosamente falando, deveria o agente ser punido em concurso material, pois, no caso de simples furto, o dono da coisa ainda tem a expectativa de recuperá-la. Se for destruída, perde-se para sempre.[18] Esse último caso é a denominada *progressão criminosa em sentido lato*.

3.9. Crime habitual

Quanto à constituição do delito para fins de consumação, é aquele que somente se consuma por meio da prática reiterada e contínua de várias ações, traduzindo um estilo de vida indesejado pela lei penal. Logo, pune-se o conjunto de condutas habitualmente desenvolvidas, e não somente uma delas, que é atípica. São requisitos para o seu reconhecimento: a) reiteração de vários fatos; b) identidade ou homogeneidade de tais fatos; c) nexo de habitualidade entre os fatos.[19]

Cuida-se de modalidade específica de crime, não admitindo confusão com os instantâneos e os permanentes.[20] Configura, em nosso entender, equívoco a classificação que aponta a convivência da habitualidade com a permanência, isto é, o crime habitual não é permanente, nem o permanente se torna habitual.

O crime permanente consuma-se em única conduta e o resultado prolonga-se no tempo, enquanto o habitual exige a prática de várias condutas, analisadas em conjunto no momento da aplicação da lei penal, a fim de verificar se houve ou não habitualidade. Logo, os crimes habituais, diferentemente dos permanentes, não admitem tentativa, tampouco suportam prisão em flagrante.

A impossibilidade de se aceitar essa modalidade de prisão quanto aos delitos habituais explica-se por que jamais a polícia teria condições de se certificar o momento exato no qual o crime habitual se consumou, isto é, de constatar a atualidade da conduta. Além disso, o

---

[17] *Manuale di diritto penale* – Parte generale, p. 538.

[18] *El concurso de normas penales*, p. 55.

[19] MARINO PETRONE, *Reato abituale*, p. 17.

[20] Embora os instantâneos e permanentes também se liguem à consumação, eles focam o *momento* consumativo, se há prolongamento ou não. O habitual, por outro lado, para *existir* depende da prática de várias condutas, pois se visa à punição do estilo de vida do agente – e não de uma só ação.

crime habitual não tem suporte para configurar uma situação duradoura, persistente no tempo, passível de constatação e controlável, justificando a prisão em flagrante. A conduta do delito habitual é, por natureza, nebulosa e impossível de verificação à primeira vista. Em outro prisma, a flagrância não se dá no delito habitual porque o seu cometimento é dilatado no tempo, não representando uma *surpresa* (como exigiria o flagrante), mas apenas uma comprovação da habitualidade, ou seja, da frequência dos atos.[21]

Quanto ao flagrante, há posição em sentido contrário admitindo-o. É justamente o argumento com o qual não concordamos de que o delito habitual, quando se consuma, torna-se permanente, vale dizer, seu resultado se prolonga no tempo. No entanto, isso não é correto, em nosso juízo, pois o delito permanente independe de várias condutas; basta uma para a consumação, e, após, a omissão do agente é determinante para o prolongamento do resultado. No crime habitual, sob outro ângulo, uma só conduta não serve para a sua configuração; quando consumado, a omissão do agente desconfigura a habitualidade.

Deve-se, ainda, distinguir o delito habitual próprio do impróprio. Aquele é o delito habitual propriamente dito (denominado habitualidade constitutiva), que somente se tipifica apurando-se a reiteração de condutas do agente, de modo a configurar um estilo próprio de vida, enquanto o habitual impróprio (chamado de habitualidade delitiva) é a reiteração na prática de crimes instantâneos ou permanentes (exemplo: pessoa que vive do cometimento de furtos repetidamente realizados). Acrescente-se, também, a existência da habitualidade agravante, quando é inserida a reiteração da prática criminosa como causa de aumento da pena, embora o delito seja instantâneo ou permanente (exemplo: o crime de lavagem de dinheiro reiteradamente praticado provoca a elevação de um a dois terços, conforme disposto no art. 1.º, § 4.º, da Lei 9.613/1998).

3.10. Crimes unissubsistentes e plurissubsistentes

Quanto ao número de atos indispensáveis para a configuração do crime, os delitos unissubsistentes são os que admitem a sua configuração por intermédio de um único *ato*, enquanto os plurissubsistentes exigem vários atos.

Não se confunda o *ato* com a ação, que é o conjunto de atos. Ilustrando, para o cometimento de um homicídio, cujo verbo do tipo é *matar*, são necessários vários atos (carregar um revólver com projéteis, procurar pela vítima, desferir um tiro etc.: vários atos, mas uma só ação).

É exemplo de crime unissubsistente a injúria verbal. Não se admite tentativa nesse caso. Como exemplo de crime plurissubsistente podem-se mencionar, além do homicídio, o roubo, o furto, o estupro, entre outros.

3.11. Crimes de forma livre e de forma vinculada

Quanto ao modo de execução previsto no tipo penal, são delitos de forma livre os que podem ser praticados de qualquer modo pelo agente, não havendo, no tipo incriminador, qualquer vínculo com o método. Exemplo: apropriação indébita, infanticídio, lesão corporal, entre outros.

São delitos de forma vinculada aqueles que somente podem ser cometidos por meio de fórmulas expressamente previstas no tipo penal, como demonstra o caso do curandeirismo (art. 284, CP).

---

[21] Nessa ótica, MARIO PETRONE (*Reato abituale*, p. 82-83).

3.12. Crimes vagos (multivitimários ou de vítimas difusas)

Quanto ao sujeito passivo, denominam-se *vagos* os que não possuem sujeito passivo determinado, sendo este a coletividade, sem personalidade jurídica. São os casos da perturbação de cerimônia funerária (art. 209) e da violação de sepultura (art. 210), entre outros.[22]

Identificá-los torna mais fácil o entendimento de que há infrações penais cujo bem jurídico tutelado é de interesse da sociedade, mas de nenhuma pessoa em particular. Evita-se o erro de apontar como vítima do crime de vilipêndio ao cadáver (art. 212, CP), somente para ilustrar, a família do morto, pois esta não é *dona* do corpo. O bem jurídico é o respeito à memória dos mortos, um interesse da sociedade, para se manterem a ética e a honestidade pública.

3.13. Crimes remetidos

Quanto à forma de construção do tipo penal, denominam-se remetidos os crimes, cujos tipos penais fazem expressa remissão a outros. Exemplo: uso de documento falso (art. 304). Para serem entendidos e se tornarem aplicáveis, é fundamental conhecer os tipos para os quais se fez a remissão.

3.14. Crimes condicionados

Quanto ao elemento constitutivo da consumação, são condicionados os delitos que dependem do advento de uma condição qualquer, prevista no tipo (interna) ou não (externa), para se configurarem. Exemplo: o crime falimentar depende, em regra, do advento da sentença de falência.

Não admitem tentativa, pois a condição é o elemento fulcral para haver crime ou não. Ocorrendo a condição fixada pela norma penal, consuma-se o delito; não ocorrendo, cuida-se de fato atípico.

3.15. Crimes de atentado (ou de empreendimento)

Quanto à equiparação da tentativa à forma consumada, denominam-se *crimes de atentado* os que preveem, no tipo penal, a forma tentada equiparada à modalidade consumada. Exemplos: *evasão mediante violência contra a pessoa* (art. 352. Evadir-se ou tentar evadir-se o preso ou o indivíduo submetido a medida de segurança detentiva, usando de violência contra a pessoa); golpe de Estado (art. 359-M. Tentar depor, por meio de violência ou grave ameaça, o governo legitimamente constituído).

Cuida-se de categoria de delitos que não admite tentativa, tendo em vista que a forma tentada é equiparada, para fins de configuração e aplicação da pena, à consumada.

3.16. Crimes militares próprios e impróprios

Quanto à natureza jurídica, são delitos militares os que estiverem previstos na legislação especial, no caso, o Código Penal Militar. No entanto, entre eles, podem-se destacar os exclusivamente militares, ou seja, só podem ser cometidos por militares e nunca por civis. São os militares próprios. Exemplo: deserção.

---

[22] São também considerados *crimes sem vítima*, como expõe Alessandra Greco. Refere-se à criminalidade difusa, em que a vítima é a coletividade. Exemplos: crime organizado, tráfico de drogas, crimes ambientais etc. (*A autocolocação da vítima em risco*, p. 161).

Cap. XVI – Classificação dos Crimes

A outra categoria de crimes militares é igualmente prevista no Código Penal comum, como o homicídio, o estupro, o roubo, entre outros. São os militares impróprios. Se cometido num quartel, por um militar, o homicídio deve ser punido de acordo com o Código Penal Militar. No entanto, pode ser praticado por civil, enquadrando-se no Código Penal.

3.17. Crimes comuns e políticos

Quanto à natureza jurídica, são considerados políticos os delitos previstos pelos artigos 359-L e seguintes do Código Penal, pois atentam contra o Estado Democrático de Direito. Afora os políticos, os demais, sob tal prisma, são comuns.

A identificação do crime político desloca a competência de julgamento para a Justiça Federal.

RESUMO DO CAPÍTULO

- ▸ **Crimes comuns e próprios:** comuns são os que podem ser cometidos por qualquer pessoa; próprios são os que somente podem ser praticados por pessoa qualificada.
- ▸ **Crimes de mão própria:** trata-se de um desdobramento do delito próprio, exigindo sujeito ativo qualificado, que deve cometer o delito direta e pessoalmente.
- ▸ **Crimes instantâneos e permanentes:** os primeiros são os que possuem um momento consumativo determinado na linha do tempo; os segundos são os que, uma vez consumados, pela prática da conduta típica, permitem que a consumação se prolongue no tempo.
- ▸ **Crimes instantâneos de efeitos permanentes:** são os delitos instantâneos, que aparentam ser permanentes; no entanto, consumam-se num momento determinado e o que se passa, após a consumação, nada mais é do que seus *efeitos*. Por isso, parecem ser permanentes, mas são instantâneos, cujos rastros perduram.
- ▸ **Crimes comissivos e omissivos:** os primeiros são os que se consumam com uma ação; os segundos, com uma omissão. Denominam-se omissivos por comissão os que, por meio de uma ação, chegam a um resultado típico omissivo. Chamam-se comissivos por omissão os que, por meio de uma omissão, conseguem produzir um resultado típico comissivo.
- ▸ **Crimes de atividade e de resultado:** denominam-se de atividade os que se consumam com a mera prática da conduta (também se chamam formais ou de mera conduta); são de resultado os que necessitam de um resultado naturalístico para que se configurem (também se denominam materiais).
- ▸ **Crimes de dano e de perigo:** os de dano representam, quando consumados, uma visível lesão ao bem jurídico tutelado; os de perigo simbolizam uma potencialidade lesiva ao bem jurídico efetivamente protegido.
- ▸ **Crimes unissubjetivos e plurissubjetivos:** os primeiros podem ser cometidos por uma só pessoa; os segundos só se realizam, no plano típico, se houver mais de um agente.
- ▸ **Crimes simples e complexos:** os primeiros são constituídos de uma única conduta punível; os segundos são formados por mais de uma conduta.
- ▸ **Crimes progressivos e progressão criminosa:** o primeiro é um fenômeno derivado da continência implícita, ou seja, para chegar a determinado resultado típico, obrigatoriamente, passa-se por outro delito; o segundo representa a passagem de um crime menor a um maior, por livre vontade do agente.

- **Crime habitual:** é aquele que somente pune o conjunto de condutas, demonstrativas de um estilo de vida ou de um comportamento impróprio aos olhos do legislador.

- **Crimes unissubsistentes e plurissubsistentes:** os primeiros aperfeiçoam-se num único ato; os segundos dependem de vários atos para chegar à consumação.

- **Crimes de forma livre e forma vinculada:** os primeiros não contêm, no tipo, uma forma especial para a sua prática; os segundos dependem da consecução dos atos descritos no tipo penal para a sua configuração.

- **Crimes vagos:** são os que não possuem um sujeito passivo determinado. Na realidade, o sujeito passivo é a sociedade.

- **Crimes remetidos:** são aqueles cujo tipo penal se refere a outro para ganhar significado.

- **Crimes condicionados:** são os que dependem do advento de determinada condição, interna ou externa ao tipo, para que se possam consumar.

- **Crimes de atentado:** são os delitos cuja tentativa é igual à forma consumada para fins de punição.

- **Crimes militares próprios e impróprios:** os próprios são aqueles que somente podem ser praticados por militares; os impróprios podem ser praticados tanto por militares como por civis, dependendo das circunstâncias do caso concreto.

- **Crimes comuns e políticos:** por exclusão, os políticos são aqueles previstos pelos artigos 359-L e seguintes do Código Penal, representando uma ameaça ao Estado Democrático de Direito.

ESQUEMAS

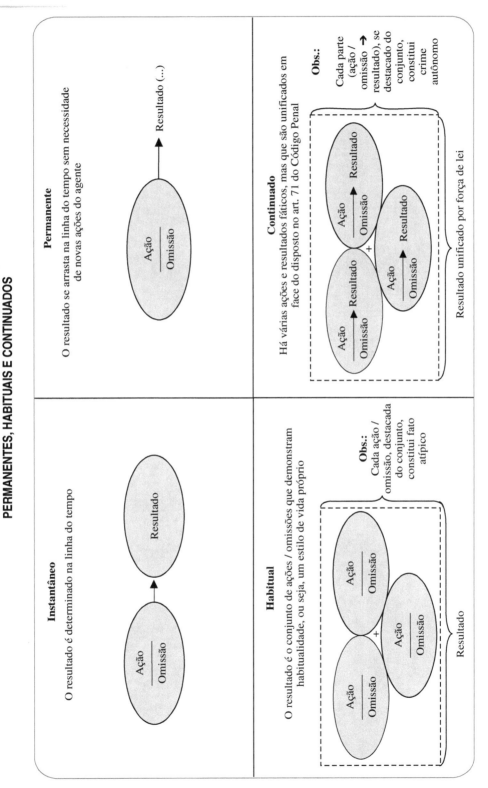

Capítulo XVII
Tipo e Tipicidade

1. PRIMEIRAS CONSIDERAÇÕES

No campo do direito, há o lícito e o ilícito. O que pertence ao campo do *lícito* significa não estar vedado ou proibido por lei; pode até enfrentar um juízo moral ou ético, mas, sendo juridicamente permitido, nunca poderá ser crime. Sob outro prisma, as condutas pertencentes ao cenário do *ilícito* são as juridicamente proibidas ou vedadas; podem, inclusive, estender sua significação para os campos moral e ético. Aliás, geralmente, o que é considerado ilícito também é imoral ou antiético. Nem sempre, no entanto, pois a moral e a ética são mais dinâmicas que o próprio direito, mormente o *codificado*. Não são raros os exemplos de condutas, ainda consideradas *criminosas*, que, entretanto, já deixaram o campo da imoralidade ou da ausência de ética.

Contudo, como regra, um dos mais relevantes tópicos no direito penal, para a sua justa aplicação, é diferenciar, com segurança, o ilícito extrapenal do ilícito penal. Esse método tornou-se mais fácil com o advento da teoria do tipo penal, desde 1906, com os trabalhos de Ernst von Beling. Diante disso, pode-se dizer que o primeiro passo para se desvendar o caráter criminoso de uma conduta é verificar se ela preenche algum *tipo penal*. Se o fizer, trata-se conduta típica.

Nas palavras de Beling, "a prática jurídico-penal comum havia estendido de tal modo o poder judicial, que o juiz podia punir toda ilicitude culpável. Toda ação antijurídica e culpável era por si só uma ação *punível*. Contra isso, o liberalismo nascente do século XVIII dirigiu seus ataques, afirmando a insegurança jurídica que tal sistema implicava: na falta de uma firme delimitação das ações que pudessem ser consideradas puníveis, o juiz podia submeter à pena toda ação que lhe desagradasse, reputando-a antijurídica e podia impor arbitrariamente uma pena grave ou leve para toda ação considerada punível. Seguindo esse movimento liberal, a legislação posterior restringiu o conceito de ação antijurídica. Do comum domínio da ilicitude culpável foram recortados e extraídos determinados tipos delitivos (assassinato, furto etc.). Para cada um desses tipos foi prevista uma pena concreta e precisamente determinada; e assim resultaram como não puníveis certas formas de agir antijuridicamente que não correspondiam a nenhum desses tipos enumerados. Assim obteve expressão um valioso pensamento: o de que apenas certos modos de conduta antijurídica (os "típicos") são suficientemente relevantes para a intervenção da retribuição pública e que, além disso, devem todos ser colocados em uma escala fixa de valores. A proteção jurídica do indivíduo foi, pois, reforçada, assumindo o próprio legislador o monopólio da faculdade de construir os tipos e de impor-lhes a pena, com exclusão do direito consuetudinário e da analogia (...). Desse modo, o atual Direito Penal é reduzido a *um catálogo de tipos delitivos*. (...) A ação punível é apenas a ação *tipicamente* antijurídica e culpável".[1]

A conhecida teoria do tipo, atribuída a BELING, na realidade, denomina-se teoria do *delito-tipo (gesetzlicher Tatbestand)*. Em verdade, *Tatbestand* não significa *tipo penal*, como é exposto por muitos. Na explicação de SEBASTIAN SOLER, em sentido literal, *Tat* = fato; *bestehen* = consistir aquilo em que o fato consiste, logo, a essência legal do fato. Diante disso, trata-se de um fato juridicamente relevante.[2] E assim o é porque se associa ao modelo previsto em lei, formando o delito-tipo. Por tais razões, pode-se dizer que o *delito-tipo* ou simplesmente tipo penal incriminador é o modelo legal de conduta proibida. É o que BELING chama de "esquema" para a figura delitiva "correspondente".[3] Tudo isso no campo abstrato; quando um fato concreto ocorre, faz-se a adequação de tal fato ao *delito-tipo* (tipo penal incriminador), gerando a tipicidade.[4]

O tipo penal, portanto, é uma garantia do indivíduo contra qualquer abuso estatal. Para que uma conduta possa ser considerada criminosa não interessa o seu grau de ilicitude, ou mesmo de rejeição pelo corpo social. Não importa se é imoral ou antiética. O único foco para *criminalizá-la* é encontrar, em primeiro lugar, um tipo penal que a abrigue.

2. CONCEITO DE TIPO PENAL E SUA ESTRUTURA

Tipo penal é a *descrição abstrata de uma conduta*, tratando-se de uma conceituação puramente funcional, que permite concretizar o princípio da reserva legal (não há crime sem lei anterior que o defina).

A existência dos tipos penais incriminadores (modelos de condutas vedadas pelo direito penal, sob ameaça de pena) tem a função de *delimitar* o que é penalmente ilícito e o que é penalmente irrelevante; tem, ainda, o objetivo de dar *garantia* aos destinatários da norma, pois ninguém será punido senão pelo que o legislador considerou delito, bem como tem a finalidade de conferir *fundamento* à ilicitude penal. Note-se que o tipo não *cria* a conduta, mas apenas a valora, transformando-a em *crime*.

---

[1] *A ação punível e a pena*, p. 27-28.

[2] Nota do tradutor, in: BELING, *Esquema de derecho penal. La doctrina del delito-tipo*, p. 42.

[3] *Esquema de derecho penal. La doctrina del delito-tipo*, p. 44.

[4] Tipicidade é denominada por BELING de *adequação ao catálogo*, vale dizer, o fato se amolda a um dos modelos legais de condutas proibidas constantes do Código Penal (*Esquema de derecho penal*, p. 37).

O tipo penal vem estruturado da seguinte forma: a) *título ou "nomen juris"*: é a rubrica dada pelo legislador ao delito (ao lado do tipo penal incriminador, o legislador confere à conduta e ao evento produzido um *nome*, como *homicídio simples* é a rubrica do modelo de comportamento "matar alguém"). Sobre a importância do título, escreve David Teixeira de Azevedo que "o legislador, ao utilizar o sistema de rubricas laterais, fornece uma síntese do bem protegido, apresentando importante chave hermenêutica. A partir da identificação do bem jurídico protegido é que se extrairá do texto legal sua virtude disciplinadora, concluindo quanto às ações capazes de afligir ou pôr em risco o objeto jurídico";[5] b) *preceito primário*: é a descrição da conduta proibida, quando se refere ao tipo incriminador, ou a da conduta permitida, referindo-se ao tipo penal permissivo. Dois exemplos: o preceito primário do tipo incriminador do art. 121 do Código Penal é "matar alguém"; o preceito primário do tipo permissivo do art. 25 do Código Penal, sob a rubrica "legítima defesa", é repelir injusta agressão, atual ou iminente, a direito próprio ou de terceiro, usando moderadamente os meios necessários; c) *preceito secundário*: é a parte sancionadora, que ocorre somente nos tipos incriminadores, estabelecendo a pena. Exemplo: no crime de homicídio simples, o preceito secundário é "reclusão, de seis a vinte anos".

2.1. Elementos do tipo penal incriminador

Considerando-se o tipo penal como modelo legal abstrato de conduta proibida,[6] que dá forma e utilidade ao princípio da legalidade (não há crime sem lei anterior que o defina, nem pena sem lei anterior que a comine), fixando as condutas constitutivas dos crimes e contravenções penais, convém esmiuçar o estudo dos seus componentes.

O tipo incriminador forma-se com os seguintes elementos:

1.º) *objetivos*: todos aqueles que não dizem respeito à vontade do agente, embora por ela devam estar envolvidos. Estes se subdividem em: a1) *descritivos*: componentes do tipo passíveis de reconhecimento por juízos de realidade, isto é, captáveis pela verificação sensorial (sentidos humanos). Assim, quando se estuda o tipo penal do homicídio, verifica-se ser composto integralmente por elementos descritivos. *Matar alguém* não exige nenhum tipo de valoração ou interpretação, mas apenas constatação. *Matar* é eliminar a vida; *alguém* é pessoa humana; a2) *normativos*: componentes do tipo desvendáveis por juízos de valoração, ou seja, captáveis pela verificação espiritual (sentimentos e opiniões). São os elementos mais difíceis de alcançar qualquer consenso, embora sua existência tenha justamente essa finalidade. Quando se discute, no crime de ato obsceno (art. 233), o conceito de *obscenidade*, sabe-se que este último termo não tem outra análise senão valorativa. A *obscenidade*, no cenário dos crimes contra a dignidade sexual, encontra variadas formas de visualização, motivadas por opiniões e por condições de lugar e tempo. Enfim, o elemento normativo produz um juízo de valor distante da mera descrição de algo. Podemos apontar, ainda, os juízos de

---

[5] *Dosimetria da pena*: causas de aumento e diminuição, p. 34.

[6] Na realidade, o tipo penal que realmente interessa é o *incriminador*, pois é o delimitador entre o ilícito extrapenal e o ilícito penal. O tipo incriminador confere segurança para saber o que é delito e o que não é. Concentra-se o estudo, portanto, nessa modalidade de tipo. A nomenclatura de tipos permissivos e tipos devidos é secundária.

valoração cultural (como a referida *obscenidade* nos crimes sexuais) e os juízos de valoração jurídica (como o conceito de *cheque*, no estelionato). Nas palavras de Roxin, "um elemento é 'descritivo' quando se pode perceber sensorialmente, vale dizer, ver e tocar o objeto que designa. Neste sentido, o conceito de 'ser humano', ao qual se referem os tipos de homicídio, é um elemento descritivo. Pelo contrário, fala-se de um elemento 'normativo' quando somente existe no âmbito das representações valorativas e, por isso, somente pode ser compreendido espiritualmente. Assim ocorre com o conceito de *alheio* em meu segundo exemplo inicial [furto]. O fato de uma coisa ser propriedade de alguém não se pode ver, senão apenas entender-se espiritualmente conhecendo os contextos jurídicos";[7]

2.º) *subjetivos*: todos os elementos relacionados à vontade e à intenção do agente. Denominam-se *elementos subjetivos do tipo específicos*, uma vez que há tipos que os possuem e outros que deles não necessitam. Determinadas figuras típicas, como o homicídio ("matar alguém"), prescindem de qualquer finalidade especial para se concretizar. Logo, no exemplo citado, pouco importa a razão pela qual A mata B; o tipo penal pode integralizar-se por completo. Entretanto, há tipos penais que demandam, expressamente, finalidades específicas por parte do agente; do contrário, não se realizam. Só se pode falar em prevaricação (art. 319) caso o funcionário público deixe de praticar ou retarde o ato de ofício *para satisfazer interesse ou sentimento pessoal*. Aí está o elemento subjetivo do tipo específico da prevaricação. Se não estiver presente, pode-se falar de mera falta funcional.

Há vários modos de introduzir no tipo essas finalidades específicas: "para si ou para outrem" (furto); "com o fim de obter, para si ou para outrem, qualquer vantagem, como condição ou preço do resgate" (extorsão mediante sequestro), entre outros. Pode ocorrer, ainda, a existência de elemento subjetivo específico implícito, vale dizer, que não consta expressamente no tipo penal, mas deduz-se a sua presença oculta. É o que se dá no contexto dos crimes contra a honra. Para a configuração de qualquer crime contra a honra, embora não esteja expressamente inserido no tipo penal (vide arts. 138, 139 e 140, CP), exige-se a *especial intenção de humilhar e menosprezar* a vítima. Quando o tipo penal possui finalidade específica expressa, chama-se *delito de intenção* (ou de resultado cortado); quando a finalidade específica é implícita, denomina-se *delito de tendência*.

2.2. Classificação do tipo

Ao cuidarmos da classificação dos crimes, tivemos a oportunidade de esclarecer qual é o objetivo de uma ordenação de qualquer categoria em grupos e subgrupos. Toda classificação há de facilitar o estudo e o entendimento do operador do direito; busca-se o mesmo intento ao *classificar* o tipo penal. A doutrina adota, entre várias, as seguintes:

2.2.1. Tipo fechado e aberto

O primeiro é constituído somente de elementos descritivos, que não dependem do trabalho de complementação do intérprete, para que sejam compreendidos (exemplo: art. 121, *matar alguém* – os dois elementos são puramente descrições, sem qualquer valoração

---

[7]   *La teoría del delito en la discusión actual*, p. 197.

a exigir do intérprete conceitos que vão além do vernáculo). Defende ANÍBAL BRUNO que, quanto mais fechado o tipo, ou seja, quanto mais restrita a sua compreensão, maior a garantia que dele decorre para as liberdades civis.[8]

O segundo é aquele que contém elementos normativos ou subjetivos, de modo que depende da interpretação de quem o conhece, para que adquira um sentido e tenha aplicação (exemplo: art. 233, *praticar ato obsceno* – o tipo exige que se faça um juízo valorativo acerca do termo *obsceno*, que não é meramente descritivo, mas normativo). Normalmente, os tipos culposos são abertos, embora exista exceção (art. 180, § 3.º, CP).

2.2.2. Tipo objetivo e subjetivo

O primeiro é a parte do tipo penal referente unicamente aos elementos objetivos, aqueles que não dizem respeito à vontade do agente (exemplo: art. 155, subtrair coisa alheia móvel). Como diz CARNELUTTI, não há necessidade de definir a circunstância objetiva. São todas as circunstâncias que *não são subjetivas* (não há necessidade de dar mais que esta noção negativa).[9]

O segundo é constituído da parte do tipo ligada à vontade do sujeito, podendo ela estar implícita, como ocorre com o dolo, bem como explícita, quando houver expressa menção no tipo penal a respeito de finalidade (exemplo: no caso do furto, pode-se dizer que o tipo subjetivo é o dolo e também a específica finalidade *para si ou para outrem*).[10]

2.2.3. Tipo básico e derivado

O primeiro é a composição fundamental do crime, sem a qual não se poderia falar na infração penal, tal como intitulada pelo Código Penal. É a conduta nuclear com seus indispensáveis complementos. Como regra, encontra-se prevista no *caput* dos artigos (exemplo: art. 163, destruir, inutilizar ou deteriorar coisa alheia). Faltando os verbos e qualquer dos complementos – coisa ou alheia –, não há crime de dano.

O segundo é composto pelas circunstâncias especiais que envolvem a prática do delito, trazendo consequências na esfera da aplicação da pena (exemplo: art. 163, parágrafo único: se o crime é cometido: I – com violência à pessoa ou grave ameaça; II – com emprego de substância inflamável ou explosiva, se o fato não constitui crime mais grave; III – contra o patrimônio da União, de Estado, do Distrito Federal, de Município ou de autarquia, fundação pública, empresa pública, sociedade de economia mista ou empresa concessionária de serviços públicos; IV – por motivo egoístico ou com prejuízo considerável para a vítima). Assim, para

---

[8]   *Sobre o tipo no direito penal*, p. 61.

[9]   *Lecciones de derecho penal* – El delito, p. 177.

[10] BELING nunca aprovou essa classificação, pois *Tatbestand* não significa *tipo*, mas *fato*. A partir disso, a doutrina passou a entender que, juridicamente, seria o fato descrito pela norma penal, formando um modelo de conduta; agora sim o *tipo penal*. Logo, tratar o tipo como *objetivo* e *subjetivo*, segundo BELING, poderia levar à confusão entre o *tipo subjetivo* e a *situação espiritual do autor* e o *conceito de culpabilidade* (*A ação punível e a pena*, p. 39). Essa rejeição era compreensível, desde que se considerasse a teoria causalista, que inseria o dolo e a culpa na culpabilidade. Chamar de *tipo subjetivo* o elemento subjetivo do crime não teria mesmo sentido. Entretanto, verificando-se a nomenclatura pelo lado finalista, que insere o dolo e a culpa no tipo, pode-se falar em tipo subjetivo, sem qualquer confusão.

a existência do delito de dano, basta a configuração do tipo básico, previsto no *caput*, mas, se as circunstâncias especiais previstas no parágrafo único, componentes do tipo derivado, se realizarem, a pena é aumentada.

2.2.4. Tipo simples e misto

O primeiro é composto de uma única conduta punível – como regra, há um só verbo no tipo (exemplo: art. 184, *violar* direitos do autor e os que lhe são conexos); o segundo é constituído por mais de uma conduta punível – como regra, há mais de um verbo no tipo, dividindo-se em tipo misto alternativo, quando a prática de uma ou várias das condutas previstas no tipo leva à punição por um só delito (art. 271, corromper ou poluir água potável). Tanto faz que o agente corrompa (adultere) ou suje (polua) a água potável ou faça as duas condutas, pois haverá um só delito.

A outra forma do tipo misto é o cumulativo, quando a prática de mais de uma conduta, prevista no tipo, indica a realização de mais de um crime, punidos em concurso material (exemplo: art. 208, escarnecer de alguém publicamente, por motivo de crença ou função religiosa; impedir ou perturbar cerimônia ou prática de culto religioso; vilipendiar publicamente ato ou objeto de culto religioso). Nesse caso, se o agente escarnecer de alguém, impedir cerimônia religiosa e vilipendiar objeto de culto religioso, deve responder por três delitos. Outro exemplo é encontrado no art. 358 (impedir, perturbar ou fraudar arrematação judicial *e* afastar ou procurar afastar concorrente ou licitante, por meio de violência, grave ameaça, fraude ou oferecimento de vantagem).

Vale registrar a visão de Cláudio Brandão a respeito. No tocante ao tipo alternativo, que contenha mais de um verbo, "a matéria da proibição é conhecida pelo complemento comum dos verbos, que traduz a existência de um único objeto material, ainda que mais de um verbo no infinitivo seja realizado. Na hipótese, a imputação jurídica de mais de um crime seria a manifestação de verdadeiro *bis in idem*, porque a mesma matéria de proibição estaria sendo tutelada com a pena mais de uma vez". Quanto ao tipo cumulativo, "cada verbo no infinitivo tem um complemento diferente. Isto posto, o tipo traz várias matérias de proibição, que não se comunicam entre si, que se realizam individualmente de forma autônoma e independente. Nestas hipóteses, nas quais as matérias de proibição não se comunicam, as ações atingirão objetos materiais diversos, não havendo *bis in idem* na aplicação de mais de uma pena, se mais de uma conduta proibida for realizada".[11]

2.2.5. Tipo de injusto (ou tipo-total de injusto)

Conhecido como integrante da teoria dos elementos negativos do tipo, que não nos parece correta, é aquele que congrega, na sua descrição, embora implicitamente, as causas de justificação. Assim, falar em tipicidade seria considerar, ao mesmo tempo, a antijuridicidade, como se o tipo penal fosse construído da seguinte forma: furto seria "subtrair coisa alheia móvel, para si ou para outrem, *desde que* não fosse em estado de necessidade". Por isso, quem subtrai algo, sob o manto do estado de necessidade, praticaria fato atípico.

Há vários problemas, apontados por Juarez Tavares, para a adoção do tipo-total de injusto: 1.º) altera-se a estrutura sistemática do delito, no seu aspecto dogmático (fato típico, antijurídico e culpável), tornando confusa a sua metodologia – afinal, foram anos de esforço

---

[11] *Tipicidade penal*, p. 102.

para separar os componentes do crime, de maneira analítica. Inexiste vantagem prática na reunião do típico ao antijurídico; 2.º) não devem as causas de justificação ser consideradas *exceções* à regra, mas sim limitações de seu conteúdo, diante de um *fato concreto*. "O tipo, portanto, como categoria abstrata, é um limitador do arbítrio e uma segurança para o cidadão. A antijuridicidade retira sua validade do caso concreto." O tipo penal incriminador do homicídio existe para proteger a vida humana, bem jurídico maior. Logo, somente no caso concreto é que se admite haver um homicídio, porque foi cometido em legítima defesa. A excludente de ilicitude realiza-se no campo concreto e jamais no contexto abstrato do tipo penal; 3.º) a junção do tipo à antijuridicidade traz dificuldades para o enquadramento sistemático das excludentes de ilicitude previstas em outros ramos do direito, logo, extrapenais. A sua "incorporação ao tipo resultaria duvidosa, ainda que sob o enfoque de seu elemento negativo".[12]

2.2.6. *Tipo indiciário*

Trata-se da posição de quem sustenta ser a tipicidade um indício de antijuridicidade. Preenchido o tipo penal incriminador, está-se constituindo uma presunção de que o fato é ilícito penal, dependente, pois, da verificação concreta da existência – ou não – de causas de justificação (excludentes de ilicitude). Nessa ótica, preceitua MUÑOZ CONDE que "a tipicidade de um comportamento não implica, no entanto, a antijuridicidade do mesmo, mas sim um *indício* de que o comportamento pode ser antijurídico *(função indiciária do tipo)*".[13]

Criticando essa nomenclatura, professa JUAREZ TAVARES que, "em vez de perquirir se existe uma causa que exclua a antijuridicidade, porque o tipo de injusto já a indicia, o que constituiria uma presunção *juris tantum* de ilicitude, deve-se partir de que só se autoriza a intervenção se não existir em favor do sujeito uma causa que autorize sua conduta. Neste caso, o tipo não constitui indício de antijuridicidade, mas apenas uma etapa metodológica de perquirição acerca de todos os requisitos para que a intervenção do Estado possa efetivar-se".[14] Embora exponha o tema, valendo-se de palavras distintas, não deixa de reconhecer que a tipicidade, uma vez preenchida, tem potencial para acarretar a ilicitude da conduta. Dizer que é uma *etapa metodológica* ou um *indício de ilicitude*, com a devida vênia, não torna o assunto mais claro.

Na lição de CLÁUDIO BRANDÃO, "todas as condutas típicas são *em princípio* também antijurídicas, já que elas são tidas como dignas de uma pena, em face da violação do bem jurídico, isto é, em face do desvalor do seu resultado. Porém, no caso de concorrer uma causa de justificação, a antijuridicidade é afastada, pois o ordenamento jurídico não tornou definitivo o desvalor inicialmente verificado, ao autorizar a realização da conduta típica em face da justificadora".[15] Logo, inexiste equívoco ao mencionar que a tipicidade preenchida constitui um indício de ilicitude.

2.2.7. *Tipo permissivo*

É aquele formado por conduta autorizadora, ou seja, é o constituído por uma excludente de ilicitude ou causa de justificação (exemplo: art. 25, legítima defesa). Essa denominação

---

[12] *Teoria do injusto penal*, p. 166-167.

[13] *Derecho penal* – Parte general, p. 283.

[14] *Teoria do injusto penal*, p. 163.

[15] *Tipicidade penal*, p. 57; grifamos.

tem pouca utilidade, a menos que se utilize o operador do direito da *teoria dos elementos negativos do tipo*, ou seja, entenda integrados tipo e ilicitude, de modo que o crime seria um fato típico (com ilicitude ínsita) e culpabilidade. Considerando-se o delito como fato típico, ilícito e culpável, não se utiliza a denominação *tipo permissivo*.

2.2.8. *Tipo formal e material*

O primeiro é o tipo legal de crime, ou seja, a descrição feita pelo legislador ao construir os tipos incriminadores, inseridos na Parte Especial do Código Penal (exemplo: art. 129, ofender a integridade corporal ou a saúde de outrem); o segundo é o tipo legal adequado à lesividade, que possa causar a bens jurídicos protegidos, bem como socialmente reprovável. Exemplo: no caso das lesões corporais, somente se pode dar a tipicidade material, caso haja o preenchimento dos elementos do art. 129, associados à efetiva lesão do bem jurídico tutelado, de maneira reprovável. O furo na orelha de uma criança, por exemplo, para a colocação de um brinco, pode ser formalmente uma lesão à integridade corporal, mas, materialmente, trata-se de fato atípico, pois adequado socialmente. O delito do art. 129 tem por finalidade punir aquele que, fugindo aos parâmetros éticos e socialmente adequados, fere a integridade do corpo humano.

Para apurar a tipicidade material, vale-se a doutrina dos princípios da adequação social e da insignificância. No tocante à *adequação social,* pode-se sustentar que uma conduta aceita e aprovada consensualmente pela sociedade, ainda que não se constitua em causa de justificação, pode ser entendida como não lesiva ao bem jurídico tutelado. É o caso da colocação do brinco, situação tradicionalmente aceita, como meta de embelezamento, embora se possa cuidar, ao menos na aparência, de lesão à integridade física. Convém citar a posição de MUÑOZ CONDE, contrária à utilização da adequação social como causa de exclusão da tipicidade material, devendo ser usada somente como critério de interpretação do tipo penal. Leciona o autor que "a adequação social pode ser um critério que permita, em alguns casos, uma interpretação restritiva dos tipos penais que, redigidos com excessiva amplitude, estendem em demasia o âmbito da proibição. Mas esta é uma consideração fática que não pode pretender validade geral, dada sua relatividade e insegurança".[16] Parece-nos, entretanto, que a *adequação social* é, sem dúvida, motivo para exclusão da tipicidade, justamente porque a conduta consensualmente aceita pela sociedade não se ajusta ao modelo legal incriminador, tendo em vista que este possui, como finalidade precípua, proibir condutas efetivamente lesivas a bens jurídicos tutelados. Ora, se determinada conduta é acolhida como socialmente adequada, deixa de ser considerada lesiva a qualquer bem jurídico, tornando-se um indiferente penal.[17]

A evolução do pensamento e dos costumes, no entanto, é o fator decisivo para a verificação dessa excludente de tipicidade. Atualmente, não mais se considera lesão corporal a utilização de tatuagem, por exemplo. Houve tempo, entretanto, que referida prática chocava a sociedade. Confira-se na lição de MONIZ DE ARAGÃO: "O uso de *tatuagem* ('cicatrizes ideográficas, como define LACASSAGNE, coradas pela introdução de partículas corantes nas malhas do tecido subepidérmico'), tão frequente entre os criminosos, está também ligado a essa insensibilidade física, a essa percepção menor das sensações dolorosas: é uma consequência, talvez

---

[16] *Derecho penal* – Parte general, p. 286.

[17] Sobre o tema, MA. ÁNGELES RUEDA MARTÍN, La teoría de la adecuación social, in: HIRSCH, CEREZO MIR e ALBERTO DONNA, *Hans Welzel en pensamiento penal de la modernidad*, p. 485-572.

uma prova mesmo da analgesia e disvulnerabilidade dos delinquentes. 'Em 142 criminosos examinados por mim, informa LOMBROSO, cinco traziam tatuagens na verga; um desenhara aí uma cabeça de mulher, disposta de modo que a boca era formada pela extremidade do meato urinário, sobre o dorso da verga estavam figuras as armas do Rei; outro aí pintou as iniciais de sua amante, outro um ramalhete de flores. Estes fatos provam uma falta absoluta de pudor, e, mais ainda, uma estranha insensibilidade, porque não há região mais sensível à dor...' E conforme o mestre italiano, é principalmente atávico o impulso que leva os malfeitores a esse hábito singular, tão generalizado entre os selvagens".[18]

Vale mencionar, ainda, para ilustrar como tem origem e forma a adequação social, o seguinte exemplo espanhol: "a violência culturalmente aceita adota diversas formas de se manifestar, fora das quais esta mesma violência não é tolerada. Um claro exemplo disso encontramos nas lutas com touros na Espanha: é um fato culturalmente aceito [pelos espanhóis] a tortura e morte de um touro em uma arena; no entanto, não é culturalmente aceita a violência dirigida contra o mesmo animal fora deste contexto (suponhamos atiradores disparando no animal em campo aberto)".[19] Isto não significa a imutabilidade da conduta socialmente adequada em determinada época. Nada impede que, por força dos argumentos de entidades protetoras dos animais, a sociedade passe a repudiar a matança dos touros; assim ocorrendo, a conduta torna-se ofensiva a bem jurídico tutelado e o seu autor pode ser criminalmente punido.

Nesse cenário, diz ROXIN: "a vida diária nos apresenta uma quantidade de privações de liberdade adequadas ao tipo nas quais o observador natural não pensaria nem mesmo em perguntar a respeito de justificação para o fato, pois 'essa ação se desenvolve completamente dentro dos limites de ordem histórico-ético-social da vida em comunidade e é permitida por esta ordem'. É o que acontece, por exemplo, nos casos em que os modernos meios de transporte privam a liberdade pessoal do particular, permitindo que desça apenas nos lugares onde está previsto e não simplesmente onde queira".[20]

Além da tatuagem, inserem-se no contexto da adequação social tanto o *piercing* (colocação de objetos perfurantes em partes variadas do corpo) quanto outras formas de lesão corporal praticada pelo agente em seu próprio corpo. A revista *Superinteressante* (n. 213, maio 2005) publicou artigo demonstrando outras formas de mutilação que vêm sendo perseguidas por alguns adeptos: a) bifurcação de língua: "procedimento cirúrgico que divide parte da língua em duas metades, dando a aparência de uma língua de lagarto ou cobra. Com o tempo, é possível mexer as duas partes individualmente"; b) *branding*: "aplicação de metal aquecido na pele, deixando uma queimadura que eventualmente se transforma em cicatriz"; c) escarificação: "também conhecida como *scarification* ou simplesmente *scar* (cicatriz em inglês). É a fabricação de cicatrizes, com intenções espirituais (como é comum em tribos africanas) ou estéticas; d) implante: "um objeto, que pode ser de vários materiais (silicone, plástico, osso, metal) e formatos, é inserido sob a pele, criando um relevo. Nos implantes transdermais, a base fica sob a pele e a ponta fica para fora"; e) nulificação: "é a remoção voluntária de partes do corpo, como testículos, dedos, dentes, mamilos e até mesmo remoção de membros inteiros". Esses procedimentos, embora possam parecer estranhos a muitas pessoas, para a maioria

---

[18] *As três escolas penais*: clássica, antropológica e crítica – Estudo comparativo, p. 145.

[19] MARGARITA BECEIRO CANEIRO, Las dimensiones de la violencia: hacia uma tipología de la conducta antisocial, *La mente criminal*, p. 55, traduzimos.

[20] *Teoria del tipo penal* – Tipos abertos y elementos del deber jurídico, p. 15.

figuram como atitudes individualizadas, concernentes a quem os deseja, logo, totalmente ignoradas no contexto social. Por isso, penalmente irrelevantes.

Analisar a conduta *socialmente* adequada possui alguns critérios: a) é preciso considerar a sociedade como um todo; no caso do Brasil, o Código Penal possui âmbito de validade nacional; b) excepcionalmente, uma conduta socialmente aceita em determinada região do País – e não em outras – pode afastar a tipicidade; d) quando se aponta a adequação *social*, é preciso considerar a conduta realmente ignorada pela sociedade em sua ampla maioria, vale dizer, quase uma unanimidade (como colocar brincos nas orelhas); não se inclui no cenário do *socialmente* adequado o ato considerado por alguns irrelevante, mas, por vários outros, relevante. Noutros termos, a adequação social não é uma simples *pesquisa de opinião*, cuja maioria vence. Deve-se observar, em todo o universo brasileiro, como se comporta a sociedade diante da conduta em foco. Retornando ao exemplo dos brincos ou da tatuagem, ninguém mais liga para isso; e) não se exige unanimidade da sociedade, pois seria isso impossível de verificação; cabe ao julgador, no caso concreto, interpretar o valor dado a certa conduta, conforme a sua experiência e dentro da sua esperada imparcialidade.

Outro elemento a influir na constituição do tipo incriminador – se meramente formal ou se formal e material – é o critério da insignificância, também conhecido como *crime de bagatela*. Sustenta-se que o direito penal, diante de seu caráter subsidiário, funcionando como *ultima ratio* no sistema punitivo, não se deve ocupar de bagatelas.

Acesse e escute o podcast sobre Crime de bagatela.
> http://uqr.to/1yvds

Com efeito, essa postura decorre do princípio da intervenção mínima, que, no Estado Democrático de Direito, demanda *mínima ofensividade* ao bem tutelado para legitimar o braço punitivo estatal. O acolhimento da insignificância, no campo penal, gerando atipicidade material, deve respeitar, basicamente, três requisitos: a) *consideração do valor do bem jurídico em termos concretos*. Há de se avaliar o bem tutelado sob o ponto de vista da vítima, do agressor e da sociedade. Não se pode cultivar um direito penal elitista, preocupado apenas com a lesão a bens de valor economicamente superiores à média, pois essa posição afastaria a tutela estatal em relação aos mais pobres. Nem é preciso ressaltar os males advindos desse quadro, que, além de injusto, fomentaria divisão de classes sociais, incentivo para o exercício arbitrário das próprias razões e o descrédito no monopólio punitivo do Estado; b) *consideração da lesão ao bem jurídico em visão global*. O bem lesado precisa inserir-se num contexto maior, envolvendo o agente do delito, pois a prática de pequenas infrações, com frequência, pode ser tão danosa quanto um único crime de intensa gravidade. Diante disso, réus com maus antecedentes ou reincidentes não merecem a aplicação do princípio da insignificância; c) *consideração particular aos bens jurídicos imateriais de expressivo valor social*. Não basta o foco no valor individualizado do bem, nem a análise da pessoa do agente. Torna-se fundamental captar a essência do bem tutelado, verificando a sua real abrangência e o interesse despertado para a sociedade. Não se pode, por exemplo, tratar a corrupção como algo irrelevante; quem se corrompe por pouco não comete *delito de bagatela* em face do interesse social relevante despertado pela conduta ilícita.

Há quem defenda seja levado em conta apenas o valor *objetivo* do bem em questão, independentemente das condições pessoais do agente. Portanto, se ele for reincidente, com péssimos antecedentes, teria direito ao benefício caso subtraísse, por exemplo, uma coisa de ínfimo valor. Somos contrários a essa posição. Em primeiro lugar, não há previsão legal para o princípio da insignificância, de modo que cabe à doutrina e à jurisprudência formar os seus requisitos. Em segundo, autorizar a pessoa reincidente, com maus antecedentes, a *perpetuar* a prática de crimes, embora de pequena monta, é um visível incentivo ao delito. Em terceiro, mesmo o agente, primário, sem antecedentes, que pratique sucessivamente vários furtos de pouca monta, não pode ter todas as suas condutas consideradas insignificantes; afinal, no conjunto, ganham relevo lesivo.

Na jurisprudência, embora o assunto continue levando os tribunais a duas posições (aceitação da insignificância para absolver o réu; não aceitação, por inexistir no ordenamento jurídico), tem prevalecido a primeira, vale dizer, é possível se considerar atípico (materialmente) o *crime de bagatela*, desde que respeitados os seus requisitos. Esta posição já foi admitida inclusive nos Tribunais Superiores, como o STF e o STJ.[21]

2.2.9. Tipo conglobante

Insere-se no mesmo contexto da tipicidade formal e material a análise do *tipo conglobante*, que é a verificação do tipo legal, associada às demais normas que compõem o sistema. Assim, algo pode preencher o tipo legal, mas, avaliando-se a conduta conglobantemente, isto é, com as demais regras do ordenamento jurídico, constata-se que o bem jurídico protegido não foi afetado.

Na lição de ZAFFARONI e PIERANGELI, a "tipicidade conglobante consiste na averiguação da proibição através da indagação do alcance proibitivo da norma, não considerada isoladamente, e sim *conglobada* na ordem normativa. A *tipicidade conglobante é um corretivo da tipicidade legal*, posto que pode excluir do âmbito do típico aquelas condutas que apenas aparentemente estão proibidas...". E dizem, ainda, que, além dos casos de justificação (tipos permissivos), a atipicidade conglobante surge em função de "*mandatos* ou *fomentos* normativos ou de *indiferença* (por insignificância) da lei penal".[22]

---

[21] Bagatela imprópria: não existe, formalmente, no ordenamento jurídico brasileiro nem tampouco é admitida pelos tribunais pátrios, com a mesma aceitação do princípio da insignificância (bagatela própria). Além disso, é questionável do ponto de vista doutrinário. Cuida-se de uma *invenção*, entre tantas, afirmando que o fato pode ser típico, "no início", mas, no final das contas, termina-se verificando que a pena é inútil. Logo, não se aplica a sanção ao réu. Se a política criminal, do prisma do operador do direito, puder selecionar o que se pune e o que não se sanciona, o universo da legalidade se deteriora gravemente. Seria um fruto do funcionalismo: no cenário da culpabilidade, somente se aplica a pena se houver real interesse preventivo. No Brasil, entretanto, havendo a pena mínima, para os tipos incriminadores, inexiste a viabilidade de deixar de aplicar a pena, porque *conveniente* ao caso concreto. Aliás, admitida essa hipótese, poder-se-ia fazer qualquer coisa, incluindo, como já houve situação em jurisprudência isolada, conceder perdão judicial a crimes considerados menos ofensivos (ex.: furto simples de coisa móvel alheia, quando não se pode acolher a tese da bagatela, pois o bem não é insignificante, mas o agente é primário, sem antecedentes). Aberta a porta, inúmeras outras decisões judiciais poderiam "legislar" em cima de algo inusitado. O crime de bagatela advém de vários anos de apoio doutrinário e, depois, jurisprudencial. Com o seu reconhecimento, exclui-se a própria tipicidade material. A chamada "bagatela imprópria" é um esforço para introduzir a tese funcionalista – necessidade ou desnecessidade da aplicação da pena –, no cenário jurídico-penal. Entretanto, há precedente do STJ acolhendo a tese.

[22] *Manual de direito penal brasileiro*, p. 413-421.

2.2.10. Tipo congruente e incongruente

O primeiro é o tipo penal que espelha a coincidência entre a face objetiva e o lado subjetivo (exemplo: no caso do homicídio, quando o agente extermina a vida da vítima, preenche o tipo objetivo – matar alguém – ao mesmo tempo que perfaz, plenamente, o tipo subjetivo – vontade de matar alguém).

O segundo é o tipo penal que permite a inadequação do lado objetivo, nele previsto, com o que subjetivamente almeja o agente, embora considere-se consumado o delito (exemplo: na extorsão mediante sequestro – crime essencialmente patrimonial –, o tipo objetivo prevê o sequestro de pessoa, com o fim de obter vantagem, como condição ou preço do resgate, demonstrando que a finalidade do agente é patrimonial. Entretanto, ainda que somente o sequestro se realize, bastando haver o intuito de obter resgate, está consumado o crime). Há incongruência entre o desejado pelo agente e o efetivamente alcançado.

2.2.11. Tipo normal e anormal

O primeiro é o tipo, tal como originalmente idealizado por BELING, composto apenas de elementos descritivos, que não exigiriam valoração por parte do intérprete, para a exata compreensão da figura típica (exemplo: matar alguém).

O segundo é o tipo penal no qual se inseriram elementos normativos ou subjetivos, tornando-o passível de interpretação e valoração, para que possa ser convenientemente aplicado ao caso concreto (exemplo: assédio sexual, inserindo-se a finalidade de "obter vantagem ou favorecimento sexual").

Nas palavras de JIMÉNEZ DE ASÚA, os tipos normais são aqueles que ratificam a função da lei penal, na parte especial, consistente em fazer uma mera descrição objetiva, enquanto anormais são o resultado da impaciência do legislador, que proporcionou a inserção, na descrição da conduta incriminada, de juízos valorativos pertinentes à antijuridicidade, incluindo os elementos normativos ou as excessivas alusões a elementos subjetivos do injusto.[23]

2.2.12. Tipo de tendência interna subjetiva transcendente

Trata-se do tipo penal que possui elemento subjetivo específico implícito, não se contentando com o dolo (exemplo: crimes contra a honra).

2.2.13. Tipo remetido

Cuida-se de um tipo penal incriminador de construção externa complexa, fazendo remissão a outro(s) tipo(s) penal(ais) para que possa ser aplicado. A referência pode se dar tanto no preceito primário quanto no preceito sancionador. Um exemplo das duas situações pode ser encontrado no art. 304 do Código Penal: "Fazer uso de qualquer dos papéis falsificados ou alterados, a que se referem os arts. 297 a 302: Pena – a cominada à falsificação ou à alteração".

---

[23] *Principios de derecho penal – La ley y el delito*, p. 254-255.

2.2.14. Tipo de ação

É o tipo penal previsto na teoria significativa da ação, considerando-se que a conduta humana é, ontologicamente, livre. Uma vez praticada, deve-se verificar o seu significado diante dos elementos do tipo penal para haver ou não adequação (tipicidade). Portanto, subsumindo-se a conduta ao tipo, em lugar de se falar ter havido uma *ação típica* concentra-se a força no tipo, referindo-se, então, ao *tipo de ação*.

2.3. Tipicidade

Trata-se da adequação do fato ao tipo penal. A tipicidade é o fenômeno representado pela confluência entre o fato ocorrido do mundo real e o fato previsto no mundo abstrato das normas. Exemplo: quando A mata B (fato), o operador do direito elabora o juízo de tipicidade, ou seja, promove a adequação desse fato ao modelo de conduta previsto no art. 121 do Código Penal ("matar alguém"). Bem anota CLÁUDIO BRANDÃO que a "a tipicidade é a primeira condição a ser satisfeita para que o método penal possa dar relevância a um acontecimento humano e, via de consequência, para que uma pena possa ser aplicada".[24]

Há, ainda, a denominada *tipicidade por extensão*, que é a aplicação conjunta do tipo penal incriminador, previsto na Parte Especial do Código Penal, a uma norma de extensão, disposta na Parte Geral, tendo por finalidade construir a tipicidade por assimilação de determinado delito. É o que se dá, por exemplo, com a tentativa.

Não há, na Parte Especial, como regra, a descrição de crime tentado. Para a construção da tipicidade da tentativa é imprescindível a união entre o tipo incriminador e a norma prevista no art. 14, II, do Código Penal. Assim, a tentativa de roubo tem a seguinte tipicidade: art. 157, *caput*, c.c. o art. 14, II, do Código Penal.

Outro exemplo é a utilização do art. 13, § 2.º, do Código Penal, demonstrativo das obrigações do garante (pessoa que tem o dever legal de agir para impedir o resultado), na configuração dos crimes omissivos impróprios. Tendo em vista que o referido art. 13, § 2.º, estabelece deveres, é também chamado de *tipo devido*. Forma-se a tipicidade de um crime cometido pelo garante, provocador da morte de alguém, também por extensão: art. 121, *caput*, c.c. o art. 13, § 2.º, *a*, do Código Penal.

2.3.1. Tipicidade, antinormatividade e antijuridicidade

A adequação perfeita do fato ao tipo penal incriminador (modelo de conduta proibida) faz nascer a tipicidade.

O tipo penal é um modelo afirmativo, como já vimos (homicídio = matar alguém), mas a *norma penal* nele embutida diz exatamente o contrário (é proibido matar, sob ameaça de pena de reclusão de 6 a 20 anos). Logo, todo tipo penal carrega consigo a antinormatividade (afirma algo, que não deve ser praticado). Isso ocorre porque o tipo é apenas um instrumento do direito penal para facilitar a aplicação do princípio da legalidade: não há crime sem lei anterior que o defina. Assim, a definição do crime encontra-se no tipo penal.

A tipicidade é, naturalmente, antinormativa. No entanto, tal situação não se confunde com a antijuridicidade, que é a contrariedade da conduta (ou do fato típico) com o

---

[24] *Tipicidade penal*, p. 38.

ordenamento jurídico. O fato típico ("A" matou "B") é antinormativo, pois feriu-se a norma "é proibido matar". No entanto, essa é a norma geral, que todo tipo incriminador traz.

É preciso verificar que o fato típico ocorrido é também antijurídico (ilícito), pois, exemplificando, se foi praticado em legítima defesa, não será crime (arts. 23, II, e 25, CP).

Todo fato típico, em que se verifica a tipicidade, é antinormativo, mas nem sempre antijurídico. Como bem explica Cláudio Brandão, "a averiguação da tipicidade, portanto, não é conhecida com a contradição da conduta com o ordenamento jurídico, que é a antijuridicidade, mas com a contradição da norma proibitiva, isto é, com a antinormatividade. A antinormatividade é plenamente concretizada com a realização de uma conduta que se amolde a um tipo penal, pois toda conduta amoldada àquele viola a norma que logicamente se extrai da sua definição legal".[25]

3. EXCLUDENTES DE TIPICIDADE

Há excludentes legais, expressamente previstas nas normas penais, embora sem poder apontar um único artigo ou capítulo para abrigá-las em conjunto. Essas excludentes estão espalhadas pelo Código Penal. Assim, como exemplos, podem-se citar: a) crime impossível (art. 17, CP); b) intervenção médico-cirúrgica e impedimento de suicídio (art. 146, § 3.º, CP); c) retratação no crime de falso testemunho (art. 342, § 2.º, CP); d) anulação do primeiro casamento no crime de bigamia (art. 235, § 2.º, CP).

Além dessas, existem a anistia e a *abolitio criminis*, que constam como causas de exclusão da punibilidade no Código Penal (art. 107, II e III), mas, na essência, são autênticas causas de afastamento da tipicidade. A primeira (anistia) é uma forma de clemência do Estado, concedida pelo Poder Legislativo, voltada ao "esquecimento" de fatos considerados criminosos. Se o fato *desaparece* do mundo jurídico, é natural que não mais possa ser considerado típico. A segunda (*abolitio criminis*) significa que lei posterior deixa de reputar crime determinada conduta. Se assim ocorre, eliminando-se o tipo penal, afasta-se logicamente a tipicidade.

Por outro lado, existem as excludentes supralegais, que afastam a tipicidade, embora não estejam expressamente previstas no Código Penal, como ocorre com os princípios da adequação social e da insignificância. Confira-se nesse prisma: "Paralelamente à descriminalização legislativa, assume papel significativo o reconhecimento dos princípios da adequação social e da insignificância, formas judiciais de descriminalização fática. A adequação social exclui desde logo a conduta em exame do âmbito de incidência do tipo, situando-se entre os comportamentos normalmente permitidos, isto é, materialmente atípicos. (...) O princípio da insignificância, por seu turno, equivale à desconsideração típica pela não materialização de um prejuízo efetivo, pela existência de danos de pouquíssima importância".[26]

Comentamos as definições desses princípios no item 2.2.8, para o qual se remete o leitor. Entretanto, acrescentamos mais alguns aspectos nos itens a seguir.

3.1. Princípio da adequação social

Renovando o conceito, o princípio tem por fundamento a inviabilidade de punição de quem pratica um fato socialmente adequado, aceito pela sociedade para a qual existe a

---

[25] *Tipicidade penal*, p. 61.
[26] Sérgio Salomão Shecaira e Alceu Corrêa Junior, *Teoria da pena*, p. 155.

legislação penal. Logo, se um fato é um irrelevante social, não há de preencher a tipicidade material.

3.1.1. Lesões na prática de esportes

É preciso que a adequação social seja verificada no caso concreto, conforme os costumes da época, levando-se em conta uma situação de natural consenso. Dessa forma, costuma-se considerar *socialmente adequada* a ocorrência de lesões durante a prática de esportes – não se está fazendo referência aos violentos, como o boxe, pois, nessa circunstância, há exercício regular de direito – como ocorre com entradas violentas em jogos de futebol.

Entende-se que a violência praticada no campo deve ser solucionada no próprio campo, isto é, pelos mecanismos naturais de expulsão e outras sanções. Entretanto, nem sempre é assim, e muitas vezes nota-se a evolução do próprio entendimento social a respeito de algo que parecia consolidado.

Atualmente, conforme o caso, as lesões ocorridas no campo de futebol começam a fugir do âmbito da adequação social, ingressando no contexto das sanções admitidas pelo direito. Não se evoluiu a ponto de ser considerada uma lesão corporal, passível de punição pelo direito penal, mas já começam a surgir casos de indenização na esfera cível. Isso não significa que uma lesão grave, provocada com nítido dolo, possa ficar alheia ao contexto penal. No entanto, como já mencionado, a adequação social necessita de verificação caso a caso, em situações concretas.

3.2. Princípio da insignificância

Considerar insignificante um fato típico implica reconhecer a completa ausência de lesividade em face da conduta praticada. Tendo em vista inexistirem os requisitos dessa excludente previstos em lei, o STF estabeleceu alguns cumulativos: a) a mínima ofensividade da conduta do agente; b) a nenhuma periculosidade social da ação; c) o reduzidíssimo grau de reprovabilidade do comportamento; e d) a inexpressividade da lesão jurídica provocada. Além disso, o STJ editou a Súmula 599: "o princípio da insignificância é inaplicável aos crimes contra a administração pública".

3.2.1. Antecedentes do agente

Como regra, reiterando aspecto já mencionado, não se concede o benefício da atipicidade, por insignificância, quando se constata a reincidência ou os maus antecedentes do agente. A explicação para isso concentra-se no fato de não existir disciplina legal a respeito, razão pela qual é preciso que a doutrina e a jurisprudência construam os requisitos para a sua aplicação.

Objetivamente, o valor intrínseco do bem é relevante. No entanto, subjetivamente, é fundamental verificar que se não se trata de agente que reitera a prática criminosa, inclusive valendo-se da individual consideração da bagatela. Seria uma imunidade penal inconcebível. Entretanto, o STF decidiu que a avaliação dos antecedentes deve guardar correspondência com o caso presente. Se o agente responde por furto e antes cometeu lesão corporal, os fatos não se relacionam, podendo-se acolher a tese da insignificância. Parece-nos correta essa visão. Aliás, como sustentamos em nossa obra *Individualização da pena*, o mesmo critério deve ser utilizado para analisar as circunstâncias judiciais (art. 59, CP). Se o réu possui condenação anterior por furto e o juiz está sentenciando uma tentativa de homicídio passional, não se deve usar o referido antecedente para elevar a pena-base; afinal, o crime patrimonial não possui nenhum vínculo com o delito contra a vida. Entretanto, se foi condenado por furto e, depois, comete roubo, o antecedente deve ser levado em conta.

3.2.2. *Violência doméstica*

Corretamente, os tribunais vêm aplicando com maior rigor as penalidades possíveis para o cenário dos crimes desenvolvidos no ambiente da violência doméstica. Cuida-se de um problema grave, de natureza sociocultural, mas também de abrigo jurídico. Portanto, tem o juiz o dever de proporcionar dificuldades e não facilidades ao *agressor da mulher*. Eis o motivo pelo qual não se pode considerar a conduta criminosa em violência doméstica como de mínima ofensividade. Sob esse prisma, o STJ editou duas Súmulas: **588**: "A prática de crime ou contravenção penal contra a mulher com violência ou grave ameaça no ambiente doméstico impossibilita a substituição da pena privativa de liberdade por restritiva de direitos"; **589**: "É inaplicável o princípio da insignificância nos crimes ou contravenções penais praticados contra a mulher no âmbito das relações domésticas".

RESUMO DO CAPÍTULO

▸ **Tipo penal:** é a descrição abstrata de uma conduta, tratando-se de conceituação puramente funcional, que permite concretizar o princípio da reserva legal (não há crime sem lei anterior que o defina).

▸ **Elementos do tipo incriminador:** a) objetivos: são os termos que não envolvem a vontade do agente; b) subjetivos: são os termos que se referem à vontade do agente. No furto (art. 155, CP), são objetivos: *subtrair, coisa, alheia, móvel*; são subjetivos: *para si, para outrem*.

▸ **Tipo fechado e aberto:** o fechado contém somente elementos descritivos (juízos de realidade); o aberto contém também elementos normativos e subjetivos (juízos de valoração).

▸ **Tipo objetivo e subjetivo:** denomina-se objetivo o conjunto de termos constantes do tipo penal, que não dizem respeito à vontade do agente; subjetivo é o conjunto de termos relativos à vontade do autor.

▸ **Tipo básico e derivado:** a parte básica é composta pelas elementares do crime (termos constantes do tipo sem os quais inexiste delito); a parte derivada é formada pelas circunstâncias do crime (aquilo que volteia a conduta principal), dirigindo-se à fixação da pena.

▸ **Tipo simples e misto:** o simples é configurado contendo uma única conduta punível (um verbo); o misto possui várias condutas, podendo ser: a) alternativo: mesmo que o agente pratique várias condutas, responde por um só crime; b) cumulativo: se o agente praticar mais de uma conduta, responde por mais de um crime.

▸ **Tipo de injusto:** é a teoria dos elementos negativos do tipo, significando que o tipo contém a ilicitude. Portanto, há tipos incriminadores (art. 121: matar alguém) e tipos permissivos (art. 25: legítima defesa); matar em legítima defesa é fato atípico.

▸ **Tipo indiciário:** é a teoria que vislumbra o preenchimento do tipo penal incriminador como um indício de que é também antijurídico, a menos que se prove o contrário.

▸ **Tipo formal e material:** o primeiro é formado pelos elementos previstos em lei, sem mais referências; o segundo é constituído pelos elementos constantes da lei penal acrescido da efetiva lesão ao bem jurídico tutelado. Sob tal perspectiva, para que haja crime, é preciso o preenchimento concomitante das duas partes: formal e material.

- **Tipo conglobante:** significa que o tipo penal incriminador somente se perfaz se, contrastados com outras normas, se verifique, ainda assim, haver lesão ao bem jurídico tutelado. É outro modo de compreender o tipo formal e o material.
- **Tipo congruente e incongruente:** o primeiro apresenta coincidência entre os tipos objetivo e subjetivo; no segundo, há o preenchimento do tipo subjetivo e parte do objetivo, mas, mesmo assim, o delito se configura.
- **Tipo normal e anormal:** o primeiro é o tipo fechado; o segundo, aberto.
- **Tipo de tendência interna subjetiva transcendente:** é o tipo que possui elemento subjetivo implícito.
- **Tipo remetido:** é o modelo de conduta que faz referência a outros tipos para ser compreendido.
- **Tipo de ação:** advém da teoria significativa da ação e leva em conta ser a conduta humana ontologicamente livre; para ser considerada típica, analisa-se o seu significado diante dos elementos constantes do tipo incriminador.
- **Tipicidade:** é a adequação do fato ocorrido na vida real ao modelo de conduta incriminador previsto no tipo.
- **Princípio da adequação social:** significa que a conduta socialmente aceita pela sociedade não pode ser considerada típica, pois não lesa nenhum bem jurídico.
- **Princípio da insignificância:** significa que a conduta infimamente lesiva a um bem jurídico não se tipifica, pois o direito penal não se ocupa de bagatelas.

Capítulo XVIII

Conduta e Resultado

1. CONCEITO DE CONDUTA

"Etimologicamente, a palavra conduta é latina e significa conduzida ou guiada; quer dizer que todas as manifestações compreendidas no termo de conduta são ações conduzidas ou guiadas por algo que está fora das mesmas: pela mente. Dessa maneira, o estudo da conduta, considerada assim, assenta sobre um dualismo ou uma dicotomia corpo-mente, sobre a tradição do mais puro idealismo, no qual a mente tem existência própria e é o ponto de origem de todas as manifestações corporais; segundo essa perspectiva, o corpo é somente um instrumento ou um veículo do qual se vale a mente (alma) para se manifestar."[1]

No prisma jurídico, o conceito de conduta adquire diferentes pontos de vista. Na visão *finalista*, que adotamos, conduta é a ação ou omissão, voluntária e consciente, implicando um comando de movimentação ou inércia do corpo humano, voltado a uma finalidade.[2]

Há finalistas, no entanto, que não admitem a possibilidade de se elaborar um conceito genérico de conduta, envolvendo ação e omissão, preferindo visualizar a ação separada da omissão.[3] Parece-nos, no entanto, que, embora a omissão tenha regramento particularizado e uma existência diferenciada da ação, não é inviável considerá-la, para efeito de estudo da conduta humana, como a *ação negativa*, pois tanto a ação propriamente dita (positiva) quanto a omissão (negativa) são frutos finalísticos da atuação do ser humano. Sobre a inclusão de ação

---

[1] BLEGER, *Psicologia da conduta*, p. 23.

[2] PIERANGELI, *Escritos jurídico-penais*, p. 441; WELZEL, *Derecho penal alemán*, p. 238; este último dizendo que "ação e omissão de uma ação são duas subclasses independentes dentro da 'conduta' susceptível de ser regida pela vontade final".

[3] LUIZ REGIS PRADO, *Curso de direito penal brasileiro*, v. 1, p. 247-248.

e omissão no contexto da conduta – ou não –, diz Assis Toledo que "essa questão puramente terminológica parece-nos irrelevante, no caso. Não tem evidentemente o condão de solucionar problemas que, se realmente existentes, seriam de natureza insuperável por uma simples troca de expressão linguística e, além disso, não oferece utilidade prática para o direito penal, em cujo domínio a ação e a omissão apresentam um aspecto comum, verdadeiramente relevante: ambas são, em certas circunstâncias, domináveis pela vontade e, por isso, podem ser dirigidas finalisticamente, isto é, podem ser orientadas para a consecução de determinados objetivos. Por essa razão, empregamos, indiferentemente, como sinônimos, os termos 'ação', 'comportamento' e 'conduta'".[4]

Além da visão finalista, no entanto, há outras correntes conceituando conduta: a) *teoria causalista*: conduta é a ação ou omissão voluntária e consciente que determina movimentos corpóreos. Note-se que, para essa visão, não se inclui a finalidade na sua conceituação, pois é objeto de estudo no contexto da culpabilidade, em que se situa o elemento subjetivo do crime (dolo e culpa). Assim é a lição de Noronha: "A ação positiva é sempre constituída pelo movimento do corpo, quer por meio dos membros locomotores, quer por meio de músculos, como se dá com a palavra ou o olhar. Quanto à ação negativa ou omissão, ingressa no conceito de ação (*genus*), de que é espécie. É também um comportamento ou conduta e, consequentemente, manifestação externa, que, embora não se concretize na materialidade de um movimento corpóreo – antes é abstenção desse movimento –, por nós é percebida como *realidade*, como *sucedido ou realizado*";[5] b) *teoria social*: conduta é o comportamento voluntário e consciente socialmente relevante. Tem por finalidade servir de ponte entre o causalismo e o finalismo, pois, em verdade, prega que o mais importante para a consideração da conduta como penalmente relevante é o seu *significado ou relevo social*. Tendo em vista que se trata de conceito vago e abstrato o que vem a ser *socialmente importante*, sofreu inúmeras críticas, sem encontrar muitos adeptos no Brasil; c) *teoria funcional*: a conduta pode significar uma manifestação da personalidade ou uma a evitabilidade de um resultado. De qualquer forma, sob a ótica funcionalista, evita-se qualquer apego ao mundo natural, deslocando-se o conceito para o campo puramente normativo; d) *teoria significativa*: a conduta é a expressão simbólica de uma atividade, deixando o mundo do ser, para ter valor no mundo dos tipos penais. Pode haver conduta sem tipo, mas não pode existir tipo sem conduta (ação ou omissão). A ação não está no universo ôntico, tampouco no axiológico, mas resulta da inter-relação de ambos. Por isso, a teoria nega um único conceito de ação, afirmando existirem tantos conceitos quantos modelos de condutas relevantes (ou formalmente típicas).[6]

Analisamos essas posições no capítulo referente à teoria do crime.

2. ELEMENTOS DA CONDUTA

Para a caracterização da conduta, sob qualquer dos prismas anteriormente expostos, é indispensável a existência do binômio vontade e consciência. Vontade é o querer ativo, apto a levar o ser humano a praticar um ato, livremente. "Jung define vontade como a energia que está à disposição da consciência ou do ego. O desenvolvimento da vontade está associado com valores culturais apreendidos, padrões morais e correlatos. A vontade tem poder apenas sobre o pensamento e a ação conscientes, e não pode afetar diretamente processos instintivos

---

[4] *Princípios básicos de direito penal*, p. 91-92.

[5] *Direito penal*, v. 1, p. 95.

[6] Paulo Busato, *Direito penal*, v. 1, p. 267-276.

ou outros processos inconscientes, embora tenha um poder indireto substancial entre eles." E WILLIAM JAMES diz que vontade "é o processo que mantém uma escolha entre alternativas o tempo suficiente para permitir que a ação ocorra (...). Querer não é ato em si mesmo. O querer orienta a consciência de maneira que a ação desejada possa revelar-se por si própria".[7]

Portanto, *não há voluntariedade* nos seguintes atos: a) movimentos obtidos por *coação física irresistível* (exemplo: *A* é empurrado violentamente por *B*, caindo em cima de *C*, que se lesiona. Não se pode dizer que *A* praticou uma "ação", pois lhe faltou vontade).[8] "É indiscutível que a impossibilidade do autor de atuar de outro por razões físicas (*vis absoluta*) não exclui a culpabilidade em sentido estrito, senão a própria *ação*";[9] b) *movimentos reflexos*, que são as reações motoras, secretórias ou fisiológicas, produzidas pela excitação de órgãos do corpo humano (exemplo: tosse, espirro etc.). No contexto dos movimentos reflexos, é preciso distinguir tais movimentos das ações semiautomáticas, pois estas são penalmente relevantes, uma vez que resultam de um processo de formação da vontade, originalmente existente, que se concentrou no subconsciente através da prática. Embora não seja dirigida pela consciência atual de quem a desenvolve, é passível de dominação. Exemplo de movimento reflexo em contraposição a uma conduta semiautomática: se o motorista de um veículo é picado por uma vespa perto do olho, durante a condução, e, em face de um instintivo movimento de defesa, move bruscamente o volante, causando um acidente, não existe conduta penalmente relevante, pois o movimento é reflexo, provocado pela dor originária da picada. Trata-se de atitude involuntária. No entanto, se uma vespa ingressa no interior do veículo e começa a voltear a cabeça do motorista, perturbando-o, e fazendo com que, num gesto brusco, visando a atingir a vespa, colocando-a para fora do carro, vire o volante, causando um acidente, temos uma ação semiautomática. Trata-se de conduta penalmente relevante, pois passível de dominação;[10] c) movimentos resultantes da *hipnose*, que é um estado mental semelhante ao sono, provocado artificialmente por alguém, levando o hipnotizado a agir como se fosse um autômato, obedecendo ordens e comandos. É um "sonambulismo provocado".

A consciência, a outra parte do binômio, é a possibilidade que o ser humano possui de separar o mundo que o cerca dos próprios atos, realizando um julgamento moral das suas atitudes. Significa ter noção clara da diferença existente entre realidade e ficção. Para FLAVIO FORTES D'ANDREA, o consciente "é uma parte relativamente pequena e inconstante da vida mental de uma pessoa. Corresponde a tudo aquilo de que o indivíduo está ciente em determinado instante e cujo conteúdo provém de duas fontes principais: o conjunto dos estímulos atuais, percebidos pelo aparelho sensorial, e as lembranças de experiências passadas, evocadas naquele instante". Por outro lado, o inconsciente "é a área da vida psíquica, onde se encontram os impulsos primitivos que influenciam o comportamento, e dos quais não se tem consciência e um grupo de ideias, carregadas emocionalmente, que uma vez foram conscientes, mas em vista de seus aspectos intoleráveis foram expulsas da consciência para um plano mais profundo, de onde não poderão vir à tona voluntariamente".[11] Anote-se, ainda, o preceituado por SUSAN CLONINGER, para quem o consciente refere-se "às experiências que a pessoa percebe, incluindo lembranças e ações intencionais. A consciência funciona de modo realista, de acordo com as regras do tempo

---

[7]   FRADIMAN e FRAGER, *Teorias da personalidade*, p. 60 e 159-160.

[8]   É o que BELING denomina de *movimento passivo* (*Esquema de derecho penal*, p. 21).

[9]   MIR PUIG, *Estado, pena y delito*, p. 163.

[10] MAURACH e ZIPF, *Derecho penal* – Parte general, v. 1, p. 247.

[11] *Desenvolvimento da personalidade*, p. 17.

e do espaço", enquanto o inconsciente é "o depósito de lixo daquilo que a consciência joga fora. É emocionalmente perturbador e menos civilizado do que a consciência".[12]

Não há consciência: a) no *sonambulismo*, doença de quem age ou fala durante o sono, tornando seus sentidos obtusos. Trata-se de um "sono patológico", quando o enfermo nem percebe estar dormindo, embora mantenha a sua atividade locomotora; b) na *narcolepsia*, outra doença que provoca acessos repentinos de sono, transportando o enfermo a um estado de irrealidade, permitindo-lhe, no entanto, continuar a ter movimentos e relações com o meio ambiente. Saliente-se que ação é o prisma da conduta que implica um fazer.

Como exemplo de ação voluntária, porém inconsciente, lastreada no sonambulismo, em York, na Grã-Bretanha, um rapaz de 22 anos foi absolvido da acusação de estupro contra uma jovem em razão disso: "O caso ocorreu em março. Depois de sair com uma amiga de 22 anos, James Bilton convidou a jovem para ir para sua casa, oferecendo a ela o quarto enquanto dormia na sala. Dias depois, a moça reclamou à polícia ter sido acordada quando Bilton a estuprava. Bilton, que é sonâmbulo desde os 13 anos, garantiu ao juiz que não se lembrava de nada do que aconteceu naquela noite. A Justiça convocou então um especialista em problemas do sono. O médico atestou que Bilton é sonâmbulo, motivo pelo qual pode não se recordar, ao acordar, das coisas que faz quando está dormindo. O réu foi então absolvido".[13]

É evidente que, se o sujeito for informado a respeito de seu problema sonambúlico, provocador de resultados danosos a terceiros (lembremos que há sonâmbulos inofensivos), sem tomar providências para se tratar, poderá responder criminalmente pela lesão eventualmente causada, aplicando-se a teoria da *actio libera in causa* (ação livre na origem), que será mais bem analisada ao tratarmos da embriaguez, no contexto das excludentes de culpabilidade. Antecipando, se o agente sabia que adormecia repentinamente e, com isso, gerava perigo com suas atitudes, uma vez que não se tratou porque não quis, deve responder pelos seus atos. No exemplo supracitado, se Bilton tinha conhecimento de algum ato anterior seu, decorrente do sonambulismo, que tivesse gerado algum dano a outra pessoa, deveria responder pelo estupro cometido. Entretanto, se aquela foi a primeira vez em que atuou com violência, sem disso ter consciência, a decisão absolutória era, realmente, o caminho indicado. No mais, há outras situações de perda da consciência ou mesmo da vontade que são tratadas em outro cenário, porque decorrentes de intoxicação química ou doenças mentais. O primeiro caso tem solução equivalente à embriaguez; o segundo integra o contexto da inimputabilidade, que sujeita o autor da lesão a uma medida de segurança. Trataremos de ambas no contexto da culpabilidade.

Resume Dotti que a ausência de conduta decorre "de fatores que impeçam a livre formação e o desenvolvimento normal da vontade, como se verifica nos casos de violência física ou moral, dos atos reflexos, dos estados sonambúlicos, das sugestões hipnóticas ou da submissão da pessoa à intoxicação pelo álcool ou substâncias afins, como as que podem determinar dependência fisiopsíquica".[14]

2.1. Enfoque particular da hipnose

Trata-se de matéria controversa aceitar que a hipnose seja causa suficiente para eliminar a vontade e a consciência de alguém. Entretanto, há vários estudos nesse sentido. Freud

---

[12] *Teorias da personalidade*, p. 40.

[13] *Jornal da Tarde*, Caderno A, p. 12, 21.12.2005.

[14] *O incesto*, p. 95.

esclarece que a "hipnose, quando tem seu mais pleno êxito, nada mais é do que o sono comum, coisa tão conhecida de todos nós, embora, sob muitos aspectos, sem dúvida ainda não a compreendamos; e, por outro lado, quando menos completamente desenvolvida, a hipnose corresponde às diferentes fases do processo do adormecer. É verdade que, no sono, perdemos nosso equilíbrio psíquico, e a atividade de nosso cérebro durante o sono é uma atividade desordenada que, em muitos aspectos, lembra a loucura; esta analogia, contudo, também não impede que despertemos do sono com renovada força mental".[15]

E continua dizendo que "o fato principal do hipnotismo consiste na possibilidade de colocar uma pessoa num estado especial da mente (ou, mais precisamente, do cérebro), que se assemelha ao sono. Esse estado é conhecido como hipnose. Um segundo conjunto de atos consiste na maneira como esse estado é produzido (e encerrado). Isto parece ser possível de três modos: (1) pela influência psíquica que uma pessoa exerce sobre outra (sugestão); (2) pela influência (fisiológica) de determinados métodos (fixação), por ímãs, pela mão do hipnotizador etc.; e (3) pela autoinfluência (autossugestão). No entanto, apenas o primeiro desses métodos está estabelecido: a produção por ideias – sugestão. Em nenhuma das outras formas de produzir a hipnose parece possível excluir a ação da sugestão, de uma ou de outra forma. Um terceiro grupo de fatos diz respeito à conduta da pessoa hipnotizada. *Quando a pessoa está sob hipnose, é possível exercer, pela sugestão, os mais amplos efeitos sobre quase todas as funções do sistema nervoso e, entre elas, sobre aquelas atividades cuja dependência com relação aos processos que ocorrem no cérebro é geralmente estimada como bastante reduzida.* O fato de a influência do cérebro sobre as funções orgânicas poder tornar-se mais intensa sob hipnose do que no estado de vigília certamente se harmoniza pouco com as teorias dos fenômenos hipnóticos que procuram considerá-los como 'depressores da atividade cortical', uma espécie de imbecilidade experimental. (...) Outros *fatos inquestionáveis são a dependência da atividade mental da pessoa hipnotizada em relação à do hipnotizador e a produção daquilo que se conhece como efeitos 'pós-hipnóticos' na pessoa hipnotizada – isto é, a determinação de atos psíquicos que só são executados muito tempo depois de cessada a hipnose.* Por outro lado, há toda uma série de afirmativas que relatam as mais interessantes atividades executadas pelo sistema nervoso (clarividência, sugestão mental etc.), mas que, atualmente, não podem ser arroladas como fato; e embora um exame científico dessas afirmações não deva ser recusado, deve-se ter em mente que um esclarecimento satisfatório das mesmas envolve as mesmas dificuldades".[16]

Quanto à deturpação das finalidades da hipnose, FREUD alerta que, "se colocarmos de lado o mau uso da hipnose com fins ilegítimos – possibilidade esta que existe em todos os outros métodos terapêuticos eficazes –, o problema principal que teremos de considerar é a tendência de as pessoas com neurose grave, depois de se repetir a hipnose, entrarem em hipnose espontaneamente. Cabe à capacidade do médico proibir essa hipnose espontânea, que parece ocorrer somente em pessoas muito impressionáveis. As pessoas cuja impressionabilidade vai a ponto de poderem ser hipnotizadas contra sua vontade também podem ser protegidas, de modo bastante completo, pela sugestão de que apenas seu médico será capaz de hipnotizá-las".[17]

---

[15] *Artigos sobre hipnotismo e sugestão*. A psicoterapia da histeria, p. 26.

[16] FREUD, *Artigos sobre hipnotismo e sugestão*. A psicoterapia da histeria, p. 29 – grifamos.

[17] *Artigos sobre hipnotismo e sugestão*. A psicoterapia da histeria, p. 46.

Por derradeiro, vale mencionar uma experiência concreta de hipnose que deu certo: "Tratava-se de uma mãe que era incapaz de amamentar seu bebê recém-nascido, até haver a intervenção da sugestão hipnótica. Suas experiências com um filho anterior e com outro, subsequente, serviram de controle do êxito terapêutico, tal como raramente se consegue lograr. (...) Ao chegar a época do nascimento do primeiro filho de seu casamento (que era um casamento feliz), a paciente pretendia amamentar o bebê. O parto não foi mais difícil do que o habitual numa primípara já não tão jovem; foi concluído por fórceps. Entretanto, embora sua constituição física parecesse favorável, ela não conseguia amamentar satisfatoriamente a criança. Havia pouca produção de leite, surgiam dores quando o bebê era posto a mamar, a mãe perdeu o apetite e se mostrava alarmantemente sem vontade de se alimentar, tendo noites agitadas e insones. Por fim, após uns quinze dias, a fim de evitar algum risco maior para a mãe e a criança diante do fracasso, abandonou-se a tentativa e a criança passou a ser alimentada por uma ama de leite. Com isso, todos os problemas da mãe desapareceram. (...) Três anos mais tarde nasceu o segundo bebê; nessa ocasião, circunstâncias externas somaram-se ao fato de ser desejável evitar a ama de leite. Mas os esforços da própria mãe para amamentar a criança pareciam ainda menos bem-sucedidos e pareciam provocar sintomas ainda mais desagradáveis do que da primeira vez. (...) Logo tratei de induzir a hipnose por meio de fixação do olhar, ao mesmo tempo que fazia constantes sugestões referentes aos sintomas do sono. Três minutos depois, a paciente estava deitada, com a fisionomia tranquila de alguém que dorme profundamente. (...) Utilizei a sugestão para contestar todos os temores dela e os sentimentos em que esses temores se baseavam: 'Não tenha receio! Você vai poder cuidar muito bem do seu bebê, ele vai crescer forte. O seu estômago está perfeitamente calmo, o seu apetite está excelente, você já está na expectativa da próxima refeição etc.'. A paciente continuou dormindo, o que permiti por alguns minutos, e, depois que a despertei, ela revelou amnésia para o que ocorrera". Não houve o resultado aguardado, partindo FREUD para a segunda tentativa: "Produzi então a segunda hipnose, que a levou ao estado de sonambulismo, tão rapidamente como da primeira vez, e agi com maior energia e confiança. (...) Na terceira tarde, quando retornei, a paciente recusou-se a prosseguir qualquer tratamento. Já não havia mais nenhum problema, disse ela: tinha excelente apetite e muito leite para o bebê, não havia a menor dificuldade quando este era posto a mamar etc. (...) A mãe amamentou a criança por oito meses; e com satisfação tive repetidas oportunidades de me inteirar de que ambos passavam bem".[18]

2.2. Enfoque particular da omissão

Sob o prisma finalista, a omissão é a conduta negativa, voluntária e consciente, implicando um não fazer, voltado a uma finalidade. O que se disse acerca dos elementos da ação tem a mesma aplicação no contexto da omissão.

Conforme GIMBERNAT ORDEIG, "a omissão é uma *espécie* do *gênero* não fazer, espécie que vem caracterizada porque, dentre todos os possíveis comportamentos passivos, selecionam-se (normativamente) somente aqueles que merecem um juízo axiológico negativo: a omissão é um não fazer que *se deveria fazer* ou, em outras palavras, a *diferença específica* da omissão frente ao gênero não fazer, ao qual pertence, é a de que consiste em um não fazer desvalorado".[19]

---

[18] *Artigos sobre hipnotismo e sugestão*. A psicoterapia da histeria, p. 47-50.

[19] *Estudios sobre el delito de omisión*, p. 2.

2.3. Ações em curto-circuito e gestos habituais ou mecânicos

As primeiras são as reações primitivas do ser humano, nas quais existe um estímulo externo, não registrando totalmente a presença de uma personalidade desenvolvida, surgindo, à superfície, de improviso, ações momentâneas e impulsivas ou mecanismos anímicos profundos, bem como reações explosivas. Exemplos: reações explosivas que se seguem ao encarceramento, estados de embriaguez patológica, estados crepusculares afetivos etc.[20]

As denominadas ações em curto-circuito permitem a liberação do inconsciente, que "contém a força propulsora por trás de todos os comportamentos e é o depósito de forças que não conseguimos ver ou controlar". É a "moradia dos instintos, aqueles desejos que regem o nosso comportamento".[21]

Ou ainda, nas palavras de ROQUE DE BRITO ALVES: "As reações de curto-circuito são muito violentas, pois respondem a um forte estímulo externo inesperado – uma ofensa à honra, a visão ou descoberta de infidelidade conjugal, uma resistência imprevista a um assalto ou a uma relação sexual etc. – e existindo simultaneamente uma situação afetiva intensa do agente. Combinam-se ou relacionam-se intimamente, assim, um fator ou estímulo externo muito forte e um excepcional estado afetivo que produzem a reação extrema, inesperada, violenta do agente. Constituem típicos exemplos (tais reações) ou sintomas de ruptura do equilíbrio psíquico da personalidade".[22]

Discute-se, na doutrina, se tais reações podem ser consideradas condutas, para fins penais, ao que se responde, majoritariamente, de modo afirmativo, pois existe um *querer prévio* que participa da genética do movimento corporal. Esse querer prévio pode ser controlado pela atenção do agente. Trata-se de uma espécie de *actio libera in causa*.

Quanto aos gestos habituais ou mecânicos, são os movimentos repetidos do ser humano, alheios à sua vontade, pois automaticamente realizados. Nessa hipótese, igualmente, existe um *querer prévio*, sendo possível ao agente controlar, pela atenção, a instalação do gesto habitual. Constituem condutas, entretanto, no âmbito penal.

3. CONCEITO DE RESULTADO

Há dois critérios para analisar o *resultado*: a) *naturalístico*: é a modificação sensível do mundo exterior. O evento está situado no mundo físico, de modo que somente se pode falar em resultado quando existe alguma modificação passível de captação pelos sentidos. Exemplo: a morte de uma pessoa é um *resultado* naturalisticamente comprovável. Apoiam essa teoria do resultado: ANTOLISEI, GRISPIGNI, FLORIAN, BETTIOL, PETROCELLI, HAUS, SOLER, FREDERICO MARQUES, MAGALHÃES NORONHA;[23] b) *jurídico ou normativo*: é a modificação gerada no mundo jurídico, seja na forma de dano efetivo ou na de dano potencial, ferindo interesse protegido pela norma penal. Sob esse ponto de vista, toda conduta que fere um interesse juridicamente protegido causa um resultado. Exemplo: a invasão de um domicílio, embora possa

---

[20] KRETSCHMER, Medizinische Psychologie, in: EDMUNDO MEZGER, *Tratado de derecho penal*, t. I, p. 216, traduzimos.

[21] SCHULTZ & SCHULTZ, *Teorias de personalidade*, p. 49.

[22] *Ciúme e crime*, p. 33.

[23] MANOEL PEDRO PIMENTEL, *Crimes de mera conduta*, p. 90.

nada causar sob o ponto de vista naturalístico, certamente provoca um resultado jurídico, que é ferir o direito à inviolabilidade de domicílio do dono da casa.

O critério jurídico foi o adotado pelo legislador, bastando analisar o disposto na Exposição de Motivos do Código Penal de 1940, que a Reforma Penal de 1984 manteve, mencionando que "não há crime sem resultado". Aliás, interessante crítica foi feita por MANOEL PEDRO PIMENTEL, dizendo que a expressão "não há crime sem resultado" equivale a dizer o óbvio: "não há crime sem crime".[24] Apoiam a teoria do resultado jurídico: PANNAIN, DELITALA, VANNINI, PERGOLA, RANIERI, JIMÉNEZ DE ASÚA, NÉLSON HUNGRIA, BASILEU GARCIA e ANÍBAL BRUNO.[25] Prevalece, na doutrina pátria, no entanto, o conceito naturalístico de resultado. Justamente por isso, faz-se diferença entre crimes de atividade (formais e de mera conduta) e de resultado (materiais). Em verdade, a relação de causalidade somente tem real importância no cenário dos crimes materiais, isto é, aqueles que necessariamente relacionam a conduta a um resultado concreto, previsto no tipo. Não ocorrendo o resultado, não há consumação do crime. Os delitos de atividade (formais ou de mera conduta), que se configuram na mera realização da conduta, pouco importando se há ou não resultado naturalístico, pouco se valem da teoria do nexo causal.

RESUMO DO CAPÍTULO

- **Conduta:** é a ação ou omissão, voluntária e consciente, que provoca movimentos corpóreos, voltados a uma finalidade.

- **Vontade:** é o querer ativo, apto a levar o ser humano a praticar um ato, livremente.

- **Consciência:** é a possibilidade que o ser humano possui de separar o mundo que o cerca dos próprios atos, realizando um julgamento moral das suas atitudes.

- **Ações em curto-circuito:** são as reações primitivas do ser humano, nas quais existe um estímulo externo, não registrando totalmente a presença de uma personalidade desenvolvida, surgindo, à superfície, de improviso, ações momentâneas e impulsivas ou mecanismos anímicos profundos, bem como reações explosivas.

- **Gestos habituais ou mecânicos:** são os movimentos repetidos do ser humano, alheios à sua vontade, pois automaticamente realizados.

- **Resultado:** sob o prisma *naturalístico*: é a modificação sensível do mundo exterior; sob o ângulo *jurídico*: é a modificação gerada no mundo jurídico, seja na forma de dano efetivo ou na de dano potencial, ferindo interesse protegido pela norma penal.

---

[24] *Crimes de mera conduta*, p. 14.

[25] PIMENTEL, *Crimes de mera conduta*, p. 90.

Capítulo XIX
Elementos Subjetivos do Crime: Dolo e Culpa

1. CONCEITO DE DOLO

 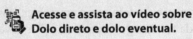

Acesse e assista ao vídeo sobre Dolo direto e dolo eventual.
> http://uqr.to/1yvdt

Na ótica finalista, o dolo é a vontade consciente de praticar a conduta típica (denomina-se *dolo natural*). Na doutrina clássica, de visão causalista, o dolo é a vontade consciente de praticar a conduta típica, acompanhada da consciência de que se realiza um ato ilícito (denomina-se *dolo normativo*). Nas palavras de Hungria: "O nosso direito penal positivo concebe o dolo como *intenção criminosa*. É o mesmo conceito do *dolus malus* do direito romano, do *böser Vorsatz* do Código Penal austríaco, ou da *malice* da lei inglesa".[1]

Observa-se inexistirem diferenças essenciais entre a conceituação do dolo no âmbito finalista e no contexto funcionalista. Roxin limita-se a estabelecer três formas distintas de dolo, cujo conteúdo não deixa de ser o conhecimento e a vontade. Para ele, o dolo divide-se

---

[1] *A legítima defesa putativa*, p. 27. Segundo Filippo Gramatica, "o *dolus*, na realidade, é um instituto principalmente de Direito civil". Após, sustenta-se o dolo romano, no campo do *dolus malus* como a vontade de cometer o ilícito, com o impulso depravado e malvado (*Principios de derecho penal subjetivo*, p. 48).

em: a) *intenção* ou *propósito* (dolo direto de primeiro grau); b) dolo direto (dolo direto de segundo grau); c) dolo eventual (dolo eventual, tal como conhecemos).

No Brasil, o dolo direto envolve tanto o dolo de primeiro quanto o de segundo grau, construindo-se, portanto, duas categorias apenas: dolo direto e dolo eventual.

No contexto da teoria significativa da ação, "o dolo e a imprudência, por outro lado, são instâncias de imputação da antinormatividade, vinculadas ao plano substantivo e não conceitual da atribuição de conduta ao sujeito. Assim, para a concepção significativa da ação, que aqui se subscreve, a 'intenção subjetiva' corresponde à atribuição concreta de intenções ao sujeito e não define, por si mesma, a ação, mas sim a imputação. (...) O dolo é, pois, não apenas normativo, mas identificado concretamente como o *compromisso para com a produção do resultado*, expressa em uma decisão contra o bem jurídico".[2]

Em primeiro lugar, deve-se distinguir a ideia de *dolo normativo* do causalismo e da teoria significativa da ação. Ambos são dolos *valorados*, porém de modos diferentes. O primeiro contém a consciência da ilicitude, significando que o agente, ao agir com dolo (vontade e consciente de praticar o tipo), sabe que faz algo *proibido*. O segundo é um dolo *valorado* pelo terceiro observador, no caso o juiz, que poderá imputar ao agente ter agido com dolo ou não, conforme as circunstâncias do caso concreto. Essa tendência, embora sem correlação expressa com a teoria significativa da ação, já vem sendo utilizada, especialmente nos momentos de confronto, quase insolúvel, se dependermos do que se passou na *mente do autor* do crime, buscando diferenciar dolo eventual e culpa consciente.

De nossa parte, parece-nos promissora essa última categoria do dolo, quando a finalidade do agente realmente não pode ser identificada, pelas provas constantes dos autos, de maneira clara e segura. Assim sendo, as manifestações externas do acusado, dentro de um critério valorativo, podem determinar se ele *sabia* que lesionava o bem jurídico tutelado.[3]

No tocante ao elemento volitivo, o dolo não é um simples desejo; por isso, o próprio finalismo exige a conformação do dolo como um *querer ativo*, capaz de influenciar o resultado. Essa é também a visão da teoria significativa da ação: "a vontade que inspira o dolo deve ser a vontade realizável relacionada com a atuação, pressupondo a possibilidade real de influir no curso causal do fato. Essa é a razão pela qual não se pune o envio do amigo para comprar pães às 18:00 horas, com a pretensão de que, dado o horário de *rush*, o fluxo exagerado de veículos resulte no seu atropelamento".[4]

---

[2] Paulo Busato, *Direito penal*, v. 1, p. 409-410.

[3] Conferir, também, Paulo Busato, *Direito penal*, v. 1, p. 411.

[4] Paulo Busato, *Direito penal*, v. 1, p. 413. Nesse campo, adere-se, no próprio finalismo, integralmente à tese de que o dolo é um querer capaz de realizar o resultado, e não uma simples aspiração do agente. Essa definição do dolo, em nível volitivo, faz caírem por terra vários exemplos dados pela teoria da imputação objetiva, como aquela velha e tradicional situação do sobrinho que envia o tio ao bosque, na esperança de que caia um raio, eliminando-se para ficar com a herança. Nesse quadro, existe somente um desejo, que jamais pode ser denominado *dolo*, visto ser incapaz de dominar as forças da natureza. E, também, "a teoria da imputação objetiva, entretanto, não alterou a solução final, no sentido da inexistência de tipicidade, da dogmática anterior a ela. Com efeito, Welzel, ao analisar esta mesma situação, já reconhecia a ausência de tipicidade por não se adequar a conduta do sobrinho acima referida ao tipo subjetivo. O dolo é a vontade capaz de realizar o resultado, como a vontade humana não é capaz de produzir a descarga elétrica oriunda do raio, não há adequação ao tipo subjetivo" (Cláudio Brandão, *Tipicidade penal*, p. 105).

Cap. XIX – Elementos Subjetivos do Crime: Dolo e Culpa

Em síntese, em nosso entendimento, o dolo é a vontade e a consciência de realizar a conduta típica, pouco interessando se o agente sabia ou não da proibição. A concepção finalista chama-se *dolo natural*, pois não se insere, nesse conceito, nenhum elemento de valoração.[5]

2. DISTINÇÃO ENTRE DOLO GENÉRICO E DOLO ESPECÍFICO

Tradicionalmente, a doutrina clássica costuma fazer diferença entre o dolo genérico, que seria a vontade de praticar a conduta típica, sem qualquer finalidade especial, e o dolo específico, que seria o complemento dessa vontade, adicionada de uma especial finalidade. Essa finalidade específica pode ser expressa no tipo penal incriminador (para o fim de...) ou pode estar implícita (com a finalidade de humilhar, como ocorre nos crimes contra a honra).

Na conceituação finalista, o dolo é apenas um: vontade consciente de realizar a conduta típica. As finalidades específicas expressas ou implícitas são denominadas de *elementos subjetivos específicos* do tipo (expressos ou implícitos).

Alguns autores, ainda, apreciam a denominação *elemento subjetivo do injusto* ou *elemento subjetivo do ilícito* para compor o universo do dolo e das suas específicas finalidades. Entendemos desnecessárias essas últimas duas denominações, bastando considerar a existência do dolo e de suas finalidades específicas, que constituem o elemento subjetivo específico, podendo ser explícito ou implícito.

3. CARACTERÍSTICAS DO DOLO

O dolo, como conhecimento e vontade, possui as seguintes características importantes:

a) *abrangência*: o dolo deve envolver todos os elementos objetivos do tipo, aquilo que MEZGER chama de "valoração paralela na esfera do leigo". Ilustrando, espera-se, no crime de homicídio, queira o autor *matar* (eliminar a vida), tendo por objeto *alguém* (pessoa humana). Se faltar dolo em qualquer dos elementos objetivos do tipo incriminador, inexiste possibilidade de se configurar o homicídio, ao menos na sua forma dolosa;

b) *atualidade*: o dolo deve estar presente no momento da ação, não existindo *dolo subsequente*, nem *dolo anterior*. Algumas vozes sustentam a viabilidade de se constatar o dolo subsequente, citando, como exemplo, a apropriação indébita. O sujeito receberia um determinado bem, havendo a transferência de posse; posteriormente, quando o proprietário o pede de volta, o agente nega, apropriando-se. Ele estaria agindo com dolo *subsequente* à conduta, considerando-se esta como a entrega do bem. O equívoco dessa posição concentra-se na análise do verbo do tipo, que é *apropriar-se*. O autor somente se *apropria* do bem quando se recusa a devolvê-lo (dolo atual), e não quando o recebeu do proprietário em confiança;

---

[5] PAULO QUEIROZ, mesmo não sendo causalista, deixa claro adotar a teoria do *dolus malus*, ou seja, o dolo com consciência do ilícito. Na sua visão, o dolo sem o conhecimento da ilicitude do fato é uma pura ficção (*Curso de direito penal*, v. 1, p. 245). Embora não nos pareça coerente essa posição, a menos que se ampare a teoria causalista ou clássica do direito penal, o autor fornece argumentos interessantes para sustentar sua teoria.

312 Curso de Direito Penal – Parte Geral – Vol. 1 • Nucci

c) *possibilidade de influenciar o resultado*: é indispensável que a vontade do agente seja capaz de produzir o evento típico. Na lição de Welzel, "a vontade impotente não é um dolo relevante de um ponto de vista jurídico penal".[6] E ainda: "A vontade de realização do tipo objetivo pressupõe a possibilidade de *influir no curso causal*, pois tudo o que estiver fora da possibilidade de influência concreta do agente pode ser desejado ou esperado, mas não significa querer realizá-lo. Somente pode ser objeto da norma jurídica algo que o agente possa realizar ou omitir".[7]

Considerando-se a noção de *dolo* algo particular ao campo da ciência penal, há de se conferir a essa *vontade* humana um *plus* em relação ao mero desejo. Se uma pessoa *deseja* que outra morra, caso esta seja vítima de um ataque cardíaco, não há cometimento de homicídio. O desejo é uma vontade passiva, sem atuação do agente, logo, inócua ao direito penal. Aliás, há muito se sabe que os pensamentos são imunes ao direito penal. Quando se fala em *dolo*, está-se referindo a uma vontade ativa, aquela que provoca a efetiva atuação do agente em busca do seu objetivo (praticar o tipo penal), tendo potencial para atingir o resultado. Dolo não é um *pensamento*, tampouco um simples *presságio*; não é uma vontade desprovida de *efetividade*. Cuida-se de uma vontade potente, apta a atingir exatamente o objetivo almejado.

4. CONCEITO DE DOLO DIRETO

Trata-se da vontade consciente do agente dirigida especificamente à produção do resultado típico, abrangendo os meios utilizados para tanto. Exemplo: o agente quer subtrair bens da vítima, valendo-se de grave ameaça. Dirigindo-se ao ofendido, aponta-lhe um revólver, anuncia o assalto e carrega consigo os bens encontrados em seu poder. A vontade se encaixa com perfeição ao resultado.

4.1. Dolo direto de primeiro grau e dolo direto de segundo grau

Explica Claus Roxin dividir-se o dolo em três espécies: a) intenção ou dolo direto de primeiro grau: querer matar X e desferir tiros contra ele; b) dolo direto de segundo grau (dolo de consequências necessárias, dolo de efeitos colaterais ou simplesmente dolo necessário): querer matar X, desferindo os tiros, mas sabendo que irá atingir e matar, também, Y, ao lado de X; c) dolo eventual: querer matar X, saber que também matará Y e assumir o risco de que projéteis atinjam terceiros, pois estão em via pública.[8]

Ingeborg Puppe define o dolo direto de segundo grau como a ação do autor, que atua na consciência de que o resultado ocorrerá com certeza ou grande probabilidade, desde que ele obtenha um de seus objetivos.[9]

Sob o prisma da legislação brasileira, estão abrigados sob o mesmo conceito de dolo direto (primeira parte do art. 18, I, do Código Penal) o dolo direto de primeiro e de segundo

---

[6] *Derecho penal alemán,* p. 221-222.

[7] Cezar Roberto Bitencourt, *Erro de tipo e de proibição,* p. 27.

[8] *Derecho penal* – parte general, p. 415.

[9] *A distinção entre dolo e culpa,* p. 138.

graus. Para a doutrina italiana, o dolo divide-se em *dolo intencional*, que é o dolo direto de 1.º grau; *dolo direto*, que é o dolo direto de 2.º grau; e, finalmente, *dolo eventual ou indireto*.[10]

5. CONCEITO DE DOLO INDIRETO OU EVENTUAL

É a vontade do agente dirigida a um resultado determinado, porém vislumbrando a possibilidade de ocorrência de um segundo resultado, não desejado, mas admitido, unido ao primeiro. Por isso, a lei utiliza o termo "assumir o risco de produzi-lo".

Nesse caso, de situação mais complexa, o agente não quer o segundo resultado diretamente, embora sinta que ele pode se materializar com o seu objetivo, o que lhe é indiferente. Exemplo: A está desferindo tiros contra um muro, no quintal da sua residência (resultado pretendido: dar disparos contra o muro para treinar), vislumbrando, no entanto, a possibilidade de os tiros vararem o obstáculo, atingindo terceiros que passam por detrás. Ainda assim, desprezando o segundo resultado (ferimento ou morte de alguém), continua a sua conduta. Caso atinja, mortalmente, um passante, responderá por homicídio doloso (dolo eventual).

Sobre o dolo eventual, ensina JOSÉ DE FARIA COSTA que "o não querer aqui avençado nada tem de afirmação positiva da vontade, pretendendo antes expressar a atitude psíquica da passividade com que o agente encara o resultado. Certo é também, cumpre dizê-lo, que o agente sempre poderia dizer não. Sucede que não o faz porque a vontade de praticar a ação principal como que arrasta no seu halo a sujeição à passividade psíquica no que toca ao resultado possível. O que vale por afirmar: o agente *quer* a ação principal e como que é conivente, diríamos por omissão, com as ações acessórias tão só eventualmente representadas".[11]

Extrai-se o dolo eventual, na maioria dos casos, da situação fática desenhada e não da mente do agente, como seria de se supor. Nesse sentido, conferir o preciso relato do Ministro FELIX FISCHER: "O dolo eventual não é, na verdade, extraído da mente do autor, mas sim das circunstâncias... Por exemplo, dizer-se que o fogo não mata porquanto existem pessoas com cicatrizes de queimaduras, *data venia*, não é argumento válido nem no *judicium causae*... Todos, desde cedo, independentemente do grau de instrução, sabem que brincar com fogo é muito perigoso. O fogo pode matar... Além do mais, se fogo não mata, então o que dizer do tipo previsto no art. 121, § 2.º, inciso III ('fogo') do Código Penal? Desnecessário responder!" (STJ, REsp 192.049/DF, 5.ª T., 09.02.1999, m.v., *DJU* 1.º.03.1999). E continua, em outra decisão, FELIX FISCHER: STJ: "O dolo eventual, na prática, não é extraído da mente do autor, mas, isto sim, das circunstâncias. Nele, não se exige que o resultado seja aceito como tal, o que seria adequado ao dolo direto, mas que a aceitação se mostre, no plano do possível, provável" (REsp 247263/MG, 5.ª T., 05.04.2001, m. v., *DJ* 20.08.2001, p. 515).

Essa mostra de ilustrações jurisprudenciais evidencia a ideia de que o dolo deve ser valorado pelas circunstâncias a fim de ser atribuído ao agente, pois nem sempre resta claro o seu autêntico *querer* ou mesmo a *assunção do risco*. Cuida-se de uma lenta, mas constante transformação do próprio conceito do dolo, caminhando para uma trilha normativa, embora em alicerces ontológicos.

---

[10] PAOLO VENEZIANI, *Motivi e colpevolezza*, p. 122.

[11] *Tentativa e dolo eventual*, p. 46.

5.1. Dolo eventual nos graves delitos de trânsito

Atualmente, a jurisprudência pátria tem considerado a atuação do agente em determinados crimes cometidos no trânsito não mais como culpa consciente, e sim como dolo eventual. As inúmeras campanhas realizadas, demonstrando o risco da direção perigosa e manifestamente ousada, têm sido suficientes para esclarecer os motoristas da vedação legal de certas condutas, tais como o racha, a direção em alta velocidade sob embriaguez, entre outras.

Se, apesar disso, continua o condutor do veículo a agir dessa forma nitidamente arriscada, demonstrará seu desapego à incolumidade alheia, podendo responder por delito doloso. Convém mencionar uma das primeiras decisões do STF, a respeito da consideração do dolo eventual em crime de trânsito: "a conduta social desajustada daquele que, agindo com intensa reprovabilidade ético-jurídica, participa, com o seu veículo automotor, de inaceitável disputa automobilística realizada em plena via pública, nesta desenvolvendo velocidade exagerada – além de ensejar a possibilidade de reconhecimento de dolo eventual inerente a esse comportamento do agente –, ainda justifica a especial exasperação da pena, motivada pela necessidade de o Estado responder, grave e energicamente, à atitude de quem, em assim agindo, comete os delitos de homicídio doloso e de lesões corporais" (HC 71.800-1/RS, 1.ª T., rel. Celso de Mello, *DJ* 20.06.1995, *RT* 733/478).

6. EXIGIBILIDADE DO DOLO DIRETO E DO DOLO EVENTUAL

A lei não faz distinção entre o dolo direto e o eventual para fins de configuração do crime e, depois, para a aplicação da pena. Assim, o juiz poderá, em tese, fixar a mesma pena para quem agiu com dolo direto e para quem atuou com dolo eventual.

Como regra, os tipos penais que nada falam a respeito do elemento subjetivo do delito são dolosos (exemplo: "matar alguém" – art. 121, CP, em que nada se diz acerca do dolo), podendo-se aplicar tanto o direto quanto o indireto.

Excepcionalmente, quando a lei exigir unicamente o dolo direto, tal circunstância vem claramente definida no tipo penal, como se pode observar no caso da denunciação caluniosa ("imputando-lhe crime, infração ético-disciplinar ou ato ímprobo de que o *sabe* inocente"), do art. 339 do Código Penal.

Contrariando o entendimento majoritário da doutrina e da jurisprudência de que a expressão "sabe" equivale à referência ao dolo direto e, como regra, a expressão "deve saber" tem correlação com o dolo eventual, está a posição de DAVID TEIXEIRA DE AZEVEDO. Menciona o autor que "o 'sabe' e 'deve saber' têm o mesmo sentido de explicitar um aspecto intelectivo do dolo, não se ligando – e aqui a confusão da doutrina – com o aspecto volitivo, que é o decisivo para a configuração do dolo direto ou eventual. (...) O tipo penal doloso em sua estrutura encarna necessariamente as modalidades do dolo direto e do dolo indireto. Não fora assim, necessário seria que em norma da parte geral ou em cada norma incriminadora se excepcionasse a forma indireta do dolo, para não se ver violado o direito penal da culpa. A inclusão no tipo de elementos intelectivos e volitivos particulares *não pode nem deve constituir previsão do dolo eventual*, pois já natural e necessariamente participante da estrutura do tipo doloso. A adição de tais elementos no tipo visa, muito ao contrário, a *maior restrição do aparecimento da forma eventual*". Em suma, conclui que é possível haver tipo penal contendo a expressão "que sabe", embora possa ser cometido com dolo eventual, o que contraria o entendimento predominante de que se constitui indicativo único de dolo direto. Cita como exemplo a denunciação caluniosa: "O agente que, conhecendo plenamente a inocência do imputado, encaminha *com animus injuriandi vel diffamandi* carta acusadora a um Procurador de Justiça, antecipando mentalmente e aceitando a alta probabilidade de este oficiar à Polícia ou mesmo instaurar procedimento investigatório ou oferecer denúncia, comete o delito com dolo eventual. Aceita o resultado de ataque ao bem jurídico (administração da justiça) como consequência de sua ação".[12]

Permitimo-nos discordar desse entendimento. Em primeiro lugar, cumpre ressaltar que todo delito possuidor de elemento subjetivo específico já dificulta, por natureza, a incidência do dolo eventual. Não é impossível, mas apenas mais improvável a sua concretização. Imagine-se o furto, em que se exige o ânimo de posse definitiva e do lucro. É difícil imaginá-lo praticado na forma do dolo eventual, pois o agente precisaria assumir o risco de estar subtraindo coisa móvel que *pode* ser alheia. Na dúvida, mas movido pelo elemento subjetivo específico, a respeito do qual não pode haver dubiedade, leva a coisa que tanto pode ser sua quanto de terceiro. Seria o furto praticado na modalidade do dolo eventual. A situação, frise-se, não é comum. Entretanto, se o tipo penal viesse construído "subtrair, para si ou para outrem, coisa móvel *que sabe ser alheia*", segundo nos parece, somente poderia o furto ser praticado com dolo direto.

A intelecção completa dos elementos do tipo e a vontade específica de ter a coisa para si tornam inviável a produção do resultado a título de assunção de risco. O elemento volitivo somente se aperfeiçoa na esfera do dolo direto. Se o agente *sabe* que a coisa móvel é de terceira pessoa e a quer para si, não nos sinaliza possível a existência de dolo eventual. Somente o modo direto faz sentido. Logo, a inserção da fórmula *que sabe* no tipo penal tem o intuito de delimitar a incidência do dolo eventual. No exemplo supracitado por DAVID TEIXEIRA DE AZEVEDO, referente à denunciação caluniosa, temos o agente, conhecendo plenamente a inocência de alguém, encaminhando carta a um membro do Ministério Público para narrar a prática de crime inexistente. Ora, para concretizar a denunciação caluniosa é preciso que ele também tenha em mente a específica vontade de dar margem à instauração de procedimento criminal contra o imputado (provocar prejuízo à administração da justiça). Sem essa vontade especial, não se trata de denunciação caluniosa, mas somente de calúnia. E quanto ao elemento subjetivo específico, de qualquer delito, não nos parece possa ele ser preenchido pela assunção do risco, isto é, pela eventualidade de existir ou não.

No mais, se o agente comunica tal fato ao Ministério Público, com vontade de que haja procedimento criminal, ele não pode ser acusado de denunciação caluniosa somente porque *assumiu o risco* de que o Procurador de Justiça tomasse providências legais. Tal conduta, segundo a lei, deve ser certa. O contrário seria prevaricação ou infração de dever funcional, em face da obrigatoriedade da ação penal. Aliás, se mandar a carta e o Ministério Público não agir, está o agente no campo da tentativa de denunciação caluniosa, pois seu intento foi impedido por terceiro. No entanto, o dolo é direto, trazido pela expressão "de que o sabe inocente".

6.1. Sobre a aplicação da pena

Não nos soa justo que o julgador fixe idêntica reprimenda a quem atuou com dolo direto e a quem cometeu o mesmo delito com dolo eventual. Imagine-se o caso do latrocínio. O acusado X rouba, com dolo direto, matando a vítima, igualmente com dolo direto. Por outro lado, o acusado Y rouba, com dolo direto, mas mata a vítima com dolo eventual. No momento de individualizar a pena, deveria o réu X ter uma pena-base superior ao réu Y. Do contrário,

---

[12] O crime de receptação e formas de execução dolosa, *Atualidades no direito e processo penal*, p. 31 e 39.

está-se equiparando *quem realmente almeja um resultado* àquele que *somente assumiu um risco*. A possibilidade de consumação e o perigo ao bem jurídico são maiores na primeira hipótese.

Não são poucos os casos de delitos, cometidos com dolo eventual, que terminam por não atingir o resultado mais grave, justamente por se tratar de um *risco* (potencialidade lesiva).

7. OUTRAS CLASSIFICAÇÕES DO DOLO

7.1. Dolo alternativo

Significa querer o agente, indiferentemente, um resultado ou outro. Não se trata, como alerta Maurach, de uma forma independente de dolo, mas sim de uma aplicação das regras pertinentes à congruência dos tipos objetivos e subjetivos.[13]

Cita, como exemplo, o caso do ladrão que encontra uma carteira, envolta num pano, na praia. Não sabe se foi deixada ali por um banhista que foi à água ou se alguém a esqueceu ali e foi para casa. Leva-a, de todo modo. Somente a análise do caso concreto irá determinar se houve furto (art. 155, CP) ou apropriação (art. 169, parágrafo único, II, CP).

Para Ingeborg Puppe, diversamente, "haverá dolo alternativo, quando, para a consciência do autor, há dois resultados típicos possíveis, mas de maneira unicamente alternativa, não cumulativa. O autor realiza, portanto, ambos os tipos subjetivos, mas ainda assim comete menos ilícito do que aquele que considera ambos os resultados cumulativamente possíveis. Por isso, acredita-se ser injusto condená-lo com base nos dois tipos e se vê nisso um problema do dolo. (...) Na verdade, trata-se de um problema de concurso de delitos. (...) Essa solução não é vista porque imagina-se como caso de concurso formal aquele em que as duas realizações do tipo nada têm em comum uma com a outra, além de um movimento de parte do corpo (...). Na realidade, o concurso formal existe para dar tratamento adequado à possibilidade de que o injusto de duas realizações de tipos seja parcialmente idêntico (...)". Aplicar a pena cominada somente ao mais grave dos crimes realizados "é a solução adequada ao problema da identidade parcial do injusto de diversas realizações de tipos".[14]

Em verdade, a teoria do dolo alternativo apresentada por Puppe pretende diferenciar o dolo alternativo do dolo cumulativo. Neste, o agente intenciona realizar dois resultados típicos na sequência e merece responder pelos dois crimes em concurso material, salvo se houver absorção de um delito (crime-meio) por outro (crime-fim). (Ver o item 7.2 *infra*.) No entanto, se o agente pretende atingir somente *um resultado típico*, embora vislumbre outro resultado típico como possível, mas de maneira *alternativa* e nunca cumulativa, não deve ser apenado como se o seu dolo fosse cumulativo. Eis por que se utilizaria da regra do concurso formal, mesmo que a ação humana não seja única.

A complexidade da análise do chamado dolo alternativo, na doutrina, é imensa. Portanto, analisá-lo sob um único prisma é basicamente inviável. Desse modo, preferimos acreditar como mais adequada a teoria exposta por Maurach. Afinal, o que Puppe propõe, na prática, é quase impossível de demonstrar (senão impossível), e essa alternatividade, na mente do agente, parece a eterna diferença entre dolo eventual e culpa consciente, vale dizer, inexpugnável na maioria dos casos.

---

[13] *Derecho penal* – Parte general, p. 385.

[14] *A distinção entre dolo e culpa*, p. 142-143.

7.2. Dolo cumulativo

Significa pretender o agente alcançar dois resultados, em sequência. Deseja surrar a vítima (lesão corporal), para depois matá-la (homicídio). A questão não pode ser equacionada como se houvesse outra espécie de dolo (além do direto e do eventual), mas, sim, sob o ponto de vista de existir uma progressão criminosa.

Deve o sujeito responder por um ou mais delitos que cometer, conforme sua intenção de atingir um ou mais resultados, obtendo progresso. Tomando por base a ilustração *supra*, a sua progressão na ideia criminosa vai conduzi-lo a responder apenas por homicídio consumado ou tentado.

7.3. Dolo antecedente

Trata-se de elemento subjetivo inadequado para a teoria do crime. O autor deve agir, sempre, com dolo *atual,* isto é, concomitante à conduta desenvolve-se a sua intenção de realização do tipo penal.

Logo, se alguém deseja matar o seu desafeto num determinado dia, mas muda de ideia, atropelando-o, acidentalmente, no dia seguinte, não pode ter a sua intenção transportada de um dia para outro, como se o dolo pudesse ser *antecedente* à conduta idônea a produzir o resultado. Por todos, contrariando a existência do dolo antecedente, ver MAURACH e ZIPF.[15]

7.4. Dolo subsequente

Cuida-se de outra hipótese inadequada, pelas mesmas razões já apontadas. Imagine-se o sujeito que atropela, acidentalmente, seu desafeto. Quando sai do carro, reconhecendo o inimigo, sente-se realizado por ter conseguido algo que almejava, embora não tenha agido para isso.

Não pode responder por homicídio, pois significaria reconhecer a existência de um dolo *subsequente* à conduta idônea a causar o evento típico. Por todos, contrariando a existência do dolo subsequente, ver MAURACH e ZIPF.[16]

Sobre o particular caso da apropriação indébito, em que há posição sustentando a viabilidade do dolo *subsequente* (primeiro o sujeito pega a coisa; depois, em momento subsequente, não a devolve), já tivemos a oportunidade expor o equívoco dessa ideia. O instante de consumação do crime, em que está presente o dolo atual, é o da *apropriação*, vale dizer, quando o agente se recusa a devolver o bem que lhe foi entregue em confiança.

7.5. Dolo geral

Também denominado erro sucessivo ou *aberratio causae*, trata-se, em verdade, de uma hipótese de engano quanto ao meio de execução do delito, terminando por determinar o resultado visado.

É um erro sobre a causalidade, mas jamais quanto aos elementos do tipo, tampouco quanto à ilicitude do que se pratica. Típico exemplo é o do agente que, pretendendo matar o inimigo, esgana-o. Imaginando-o morto, o que não ocorreu de fato, estando a vítima apenas desmaiada, atira o corpo no rio, tendo por fim eliminar a evidência do crime.

---

[15] *Derecho penal* – Parte general, v. I, p. 383.

[16] *Derecho penal* – Parte general, v. I, p. 383.

Nessa ocasião, a morte se produz por afogamento. Deve responder por homicídio consumado, tendo em vista a perfeita congruência entre o que fez e o que pretendia fazer, pouco importando seu equívoco, quanto ao método que lhe permitiu atingir o resultado. Trata-se de um acontecimento unitário, como defende a maioria da doutrina. Ensina BAUMANN que "é impossível exigir um *conhecimento exato* do curso causal. Segundo a doutrina dominante e a jurisprudência, basta que o autor tenha uma ideia aproximada do curso do episódio e que o resultado que se tenha representado não difira consideravelmente (quanto ao valor) do resultado que se tenha produzido: 'divergências irrelevantes entre o curso causal representado e o que tenha sido produzido não afetam o dolo do autor'".[17]

NORONHA, por sua vez, assinala não ser "preciso que o dolo persista ou perdure durante todo o fato; basta que a ação desencadeante do processo causal seja dolosa".[18] E lembra PAULO JOSÉ DA COSTA JR., com pertinência: "pouco importa que o agente, que pretendia a obtenção de determinado evento, tenha conseguido alcançá-lo com uma mudança do nexo causal. Se no campo objetivo a *aberratio causae* é de todo indiferente ao direito penal, não o será fatalmente no terreno subjetivo, em que poderá apresentar certa relevância, sobretudo na motivação da conduta".[19]

Realmente. O agente pode ter dado um tiro na vítima e, crendo-a morta, atirou-a ao rio, quando ocorre a morte por afogamento. Não se pode qualificar o homicídio por conta de a morte ter decorrido de asfixia, pois o dolo do agente não abrangeu tal circunstância; porém, é um visível homicídio doloso consumado.

Outros, no entanto, preferem solução diversa. MAURACH admite a possibilidade de punição por homicídio consumado, desde que o agente, na dúvida em relação à morte da vítima, atira-a ao rio, assumindo o risco de matá-la na segunda conduta (dolo eventual). Entretanto, se acreditava ter sido idônea a sua primeira conduta, o lançamento de seu corpo ao rio já não pode ser considerado doloso, devendo resolver-se no contexto da culpa. Assim, responderia ele por tentativa de homicídio, seguida de homicídio culposo.[20]

Por fim, acrescentamos a lição de JUAREZ TAVARES, com a qual concordamos, no sentido de que o correto é falar apenas em dolo direto e dolo eventual, deixando de lado concepções como dolo alternativo, de ímpeto, determinado ou indeterminado, entre outras, uma vez que, adotado o finalismo, o dolo é associado somente ao sentido da atividade.[21]

8. CONCEITO DE CULPA

Trata-se do comportamento voluntário desatencioso, voltado a um determinado objetivo, lícito ou ilícito, embora produza resultado ilícito, não desejado, mas previsível, que podia ter sido evitado. Nas palavras de JOSÉ IRURETA GOYENA, "a culpa consiste na execução ou na

---

[17] *Derecho penal* – Conceptos fundamentales y sistema (introducción a la sistemática sobre la base de casos), p. 244.

[18] Questões sobre a tentativa, p. 245.

[19] *O crime aberrante*, p. 78-79.

[20] *Derecho penal* – Parte general, v. 1, p. 411. Assim, também, FREDERICO MARQUES, na doutrina nacional (*Tratado de direito penal*, v. II, p. 335).

[21] *Teoria do injusto penal*, p. 141.

abstenção de um ato, cuja consequência da abstenção ou da execução sobrevém uma lesão de direito que não foi prevista nem desejada, mas que podia ter sido prevista".[22]

O dolo é a regra; a culpa, exceção. Para se punir alguém por delito culposo, é indispensável que a culpa venha expressamente delineada no tipo penal. Embora constitua um dos elementos subjetivos do crime, pode-se definir a natureza jurídica da culpa como um elemento *psicológico-normativo*. Psicológico, porque é elemento subjetivo do delito, implicando a ligação do resultado lesivo ao querer interno do agente por meio da previsibilidade. Normativo, porque é formulado um juízo de valor acerca da relação estabelecida entre o *querer* do agente e o resultado produzido, verificando o magistrado se houve uma norma a cumprir, que deixou de ser seguida.

Note-se o conceito de culpa extraído do Código Penal Militar, bem mais completo do que o previsto no Código Penal comum: "Diz-se o crime: (...) II – culposo, quando o agente, deixando de empregar a cautela, atenção, ou diligência ordinária, ou especial, a que estava obrigado em face das circunstâncias, não prevê o resultado que podia prever ou, prevendo-o, supõe levianamente que não se realizaria ou que poderia evitá-lo" (art. 33).

8.1. Culpa e tipicidade

A culpa e o dolo, na ótica finalista, situam-se no tipo penal, pois são decorrências naturais da conduta humana. A finalidade do agente, quando detectada, deve ser valorada pelo juiz, identificando-se o dolo (querer atingir o resultado ou assumir o risco de produzi-lo) ou a culpa (não desejar o resultado, mas tê-lo por previsível e continuar a desenvolver o comportamento descuidado). Assim, partilhamos do entendimento segundo o qual a previsibilidade, objetiva ou subjetiva, encontra-se na conduta humana e, por consequência, no tipo. As condições pessoais do agente, para captar e expressar essa previsibilidade, serão deslocadas para a culpabilidade somente no contexto da aplicação da pena.

Em suma: a possibilidade de prever o resultado danoso, objetivamente considerada (sob o prisma do *homem médio* ou do *homem prudente*) e subjetivamente avaliada (conforme a situação concreta do autor), é elemento da tipicidade. Após, concluído ter havido crime culposo, no momento de fixação da pena, quando se leva em conta a outra face da culpabilidade, devem-se considerar os fatores pessoais do agente (grau de cultura, antecedentes e conduta social etc.).

Confira-se a posição de MARCO ANTONIO TERRAGNI: "Essas comparações indicam que a previsibilidade, como substantivo que é, constitui um requisito do tipo. Assim se compara a conduta que se realizou com outra cujos resultados seriam previstos por um homem cuidadoso. Isso não implica desconhecer que as condições pessoais de quem realizou o injusto imprudente devem constituir um elemento do juízo de reprovação, que estrutura a culpabilidade. E que, declarado penalmente responsável, tenham incidência os fatores pessoais para determinar a graduação de seu demérito".[23]

9. DISTINÇÃO ENTRE CULPA INCONSCIENTE E CONSCIENTE

A primeira modalidade é a culpa por excelência, ou seja, a culpa sem previsão do resultado. O agente não tem previsão (ato de prever) do resultado, mas a mera previsibilidade

---

[22] *El delito de homicidio*, p. 88, tradução livre. Trata-se do conceito de culpa inconsciente.

[23] *El delito culposo*, p. 25.

(possibilidade de prever). Na maior parte das vezes, configura-se, no âmbito dos delitos culposos, a culpa inconsciente. Ilustrando, o agente conduz o seu veículo, por via pública, em velocidade compatível com o local, mas com a *cabeça longe, distante, pensando em problemas*, quando não percebe o fechamento do semáforo (farol vermelho). Há, então, uma batida de carros e alguém se fere. O motorista nunca almejou esse resultado, que, a bem da verdade, nem se desenhou na sua mente (não previu). No entanto, pela sua condição de motorista, a atenção (prudência) lhe era exigível, jamais se deixando levar por outros fatores. A chegada ao cruzamento e o fechamento do sinal, impedindo a sua trajetória, com a vinda de carros da outra via pública eram situações perfeitamente previsíveis. Previsíveis, sim, mas não previstas.

A segunda é a chamada *culpa com previsão*, ocorrendo quando o agente prevê que sua conduta pode levar a certo resultado lesivo, embora acredite, firmemente, que tal evento não se realizará, confiando na sua atuação (vontade e capacidade) para impedir o resultado. Valendo-se do mesmo exemplo, imagine-se o motorista que, visualizando o semáforo à sua frente, em vias de fechar, pois já sinalizou a luz amarela, acelera seu carro apressadamente, acreditando poder ultrapassar o cruzamento a tempo. Entretanto, o farol torna-se desfavorável *antes* da sua chegada ao local; quando um veículo arranca na via transversal, porque o sinal *verde* lhe surgiu, ocorre a batida, com lesões corporais para certa vítima. Esse motorista também foi imprudente, mas com a diferença de ter percebido claramente a alteração do sinal de trânsito. Ele arriscou passar. Tinha a *previsão* do resultado (bater o carro), mas esperava sinceramente que não iria acontecer, vale dizer, que acelerando seu veículo teria condições de realizar o cruzamento a tempo.

10. ELEMENTOS DA CULPA

São componentes da estrutura da culpa:

a) *concentração na análise da conduta voluntária do agente*: o mais importante na culpa é a análise do comportamento, e não do resultado; portanto, o desvalor da ação ou omissão é o enfoque mais relevante. O resultado, por ser involuntário, não desejado pelo agente, não é valorado com a mesma precisão. Note-se, ilustrando, possuir o homicídio doloso (reclusão, de seis a vinte anos) uma pena muito superior à pena destinada ao homicídio culposo (detenção, de um a três anos). No entanto, uma vida humana perdeu-se do mesmo modo, sem que se possa qualificar qual a vida mais importante; o ponto fulcral nesse contexto é que, na primeira situação, o agente quis matar a vítima; no segundo caso, o resultado *morte* foi involuntário. Mescla-se a questão referente à diversidade de pena à própria função e finalidade da sanção penal. O homicida doloso precisa ser mais severamente punido, porque sua intenção de matar resultou nítida; sob qualquer enfoque (retributivo ou preventivo), requer mais tempo de privação da liberdade. O agente culposo necessita menor tempo ou até outra forma de cumprimento da pena, que não seja prisão, pois a sua conduta foi negativa, de modo que esse é o objetivo da punição – e não o resultado por ele produzido. Nem todas as legislações estrangeiras possuem a mesma benevolência que a brasileira para o fim de punir o autor de crime culposo, especialmente em casos de homicídio; porém, é o que possuímos atualmente;

b) *ausência do dever de cuidado objetivo*: significa ter o agente deixado de seguir as regras básicas de atenção e cautela, exigíveis de todos os que vivem em sociedade. Essas regras gerais de cuidado derivam da proibição de ações de risco, que vão além daquilo que a comunidade juridicamente organizada está disposta a tolerar.[24] O denominado *dever de cuidado objetivo* representa a obrigação de quem vive em comunidade de seguir certas regras impostas a todos, por isso, são objetivas, não dependentes de interpretação subjetiva de seus destinatários, nem de habilidades especiais. Tais regras formam-se por inúmeros meios, desde leis até costumes. Elas sintonizam-se no objetivo de evitar danos, logo, pretendem evitar o perigo (potencialidade de dano) e mostram-se em vários lugares indistintamente. O caderno de regras de cuidado objetivo mais conhecido é o Código de Trânsito Brasileiro, demonstrando exatamente o que pode e o que não pode ser realizado quando se dirige um automóvel. A mera infração a uma regra de trânsito (dever de cuidado) não gera, automaticamente, a culpa, no sentido penal, pois é preciso preencher *todos* os seus elementos formadores;

c) *resultado danoso involuntário*: como regra, os crimes culposos – ao menos os mais relevantes – são de dano; aguarda-se, então, a ocorrência de um resultado naturalístico danoso, porém *involuntário*. Esse resultado nunca poderá ter origem, mesmo remota, no querer do agente. Quem age de forma culposa produz uma conduta descuidada, desatenciosa e ilícita, mas não tem a mente voltada para o que pode acontecer, como um fato certo. Passando-se à esfera do resultado provável, o autor da conduta ingressa no território do dolo eventual. No máximo, sai da culpa consciente e chega somente até a culpa inconsciente. De todo modo, é imprescindível que o evento lesivo jamais tenha sido desejado ou acolhido pelo agente;

d) *previsibilidade*: é a possibilidade de prever o resultado lesivo, inerente a qualquer ser humano normal. Ausente a previsibilidade, afastada estará a culpa, pois não se exige da pessoa uma atenção extraordinária e fora do razoável. O melhor critério para constatar a *previsibilidade* é o critério objetivo-subjetivo,[25] ou seja, verifica-se, no caso concreto, se a média da sociedade (*homem médio ou prudente*) teria condições de prever o resultado, mediante a diligência e da perspicácia comuns, passando-se em seguida à análise do grau de visão do agente do delito, vale dizer, verifica-se a capacidade pessoal que o autor tinha para evitar o resultado. É o que sustenta MAGALHÃES NORONHA,[26] seguido por ROMEU DE ALMEIDA SALLES JÚNIOR.[27]

E como esclarece MARCO ANTONIO TERRAGNI: "Em primeiro lugar, lembrar que essa palavra expressa a possibilidade de prever não se refere à previsão concreta. Em segundo, a previsibilidade se relaciona àquilo que um homem ideal, em igualdade de condições, poderia prever. Esse conceito, *homem ideal*, não se refere ao ser comum, como o modelo das qualidades de que está dotado o cidadão médio. O homem modelo é aquele que deveria estar realizando a mesma atividade do sujeito cuja conduta se julga. O contrário implicaria desconhecer que alguém, por mais atento, diligente ou cauteloso que fosse, não poderia realizar atividades para as quais não está especialmente treinado (como pilotar uma aeronave, por exemplo)".[28]

---

[24] MARCO ANTONIO TERRAGNI, *El delito culposo*, p. 29.

[25] Há mais dois critérios: a) objetivo: leva-se em conta a previsibilidade – capacidade de previsão – do *homem médio* apenas; pode haver erro, pois o réu detém qualidades ou defeitos específicos que o colocam acima ou abaixo da média; b) subjetivo: leva-se em consideração a previsibilidade do réu somente, pois é quem está em julgamento; pode haver erro, pois o acusado pode ser desleixado e não se manter atencioso, como deveria.

[26] *Do crime culposo*, p. 91-92. IRURETA GOYENA esclarece que, "se um fato não poderia ter sido previsto, escapa naturalmente à noção e aos caracteres da culpa, inserindo-se no campo do caso fortuito" (El delito de homicidio, p. 96, tradução livre).

[27] *Homicídio culposo*, p. 28-29.

[28] *El delito culposo*, p. 24.

Há quem sustente haver temor doutrinário, em relação à figura do denominado *homem médio* ou *homem prudente* (ou mesmo *homem ideal* e várias outras figuras sinônimas), pois ele não é o réu, a pessoa em carne e osso, que está em julgamento. Poderia haver falha de percepção no tocante ao referido *homem médio*, que não existe no mundo real. Com a devida vênia, essa pretensa preocupação não se realiza na prática. Qualquer magistrado trabalha com abstrações jurídicas para aplicar aos inúmeros casos concretos a julgar. Como identificar o dolo? Como captar a culpa? Como diferenciar dolo e culpa? Em suma, um dos critérios, que não é imutável, nem fórmula "mágica", é o olho do juiz para o *homem médio*, que está na sua mente, pois o julgador é pessoa humana. Todos sabem o que significa *ter cuidado, ser atencioso, agir com prudência*. Pode-se ter alguma diferença entre uns e outros, mas o senso comum é a própria alma do direito. Aliás, se assim não fosse, inexistiriam os princípios gerais do direito. Diante disso, jamais se conseguirá abstrair e remover a figura do *homem prudente* para servir de base à avaliação da previsibilidade dos resultados;

e) *ausência de previsão*, ou seja, o agente não prevê nenhum resultado danoso, constituindo a base da culpa *inconsciente*. Este item merece, entretanto, ser complementado por outra opção, caracterizadora da culpa *consciente*. Portanto, pode haver *previsão do resultado pelo agente*, embora *esperando, sinceramente, que não ocorra*.

Este tópico é um dos mais complexos. A parte referente à ausência de previsão (culpa inconsciente) não é tão controversa; porém, a previsão do resultado, crendo não ser atingido (culpa consciente), é mais difícil de encontrar campo pacífico tanto na doutrina quanto nos julgamentos, já que se aproxima bastante do dolo eventual;

f) *tipicidade*: há especial atenção para esse ponto, pois, como já foi mencionado, o crime culposo precisa estar *expressamente* previsto no tipo penal. Exemplo: não existe menção, no art. 155 do Código Penal, à culpa, de forma que não há "furto culposo";

g) *nexo causal*: somente a ligação, por meio da previsibilidade, entre a conduta do agente e o resultado danoso pode constituir o nexo de causalidade no crime culposo, já que o agente não deseja a produção do evento lesivo.

10.1. Princípio da confiança

Cuida-se de um dos principais princípios regentes do cenário da culpa. Observe-se que um dos elementos da sua estrutura é justamente o *dever de cuidado objetivo*, impondo a quem vive em sociedade tomar certas cautelas para não provocar lesões a terceiros.

Eis o princípio da confiança, sem o qual não haveria condições de *sair de casa*, pois tudo de mau poderia acontecer. Portanto, *confiamos* que as outras pessoas irão seguir as mesmas regras de dever de cuidado objetivo e todos chegaremos ilesos aonde pretendemos.

Um exemplo simples do princípio da confiança: parado no semáforo desfavorável (vermelho), o motorista aguarda o sinal verde para se locomover; acendendo o referido sinal, o motorista dá andamento ao veículo, *confiando* que, da rua transversal, onde o sinal tornou-se *vermelho*, os carros estarão parados. E, como regra, assim se dá. Se alguém passar o sinal *vermelho*, a chance de provocar uma batida entre veículo é imensa, pois esse motorista infringiu o princípio da confiança.

O mesmo acontece quando o pedestre, percebendo o sinal verde para que ele possa principiar a travessia, assim o faz. Se o veículo, cujo sinal semafórico para ele encontra-se *vermelho*, colocar o automóvel em marcha, fatalmente atropelará o pedestre. Este confiou no dever de cuidado objetivo e começou a travessia. O motorista infringiu a regra e *traiu a confiança* do pedestre.

O princípio da confiança é essencial no campo da culpa.

11. SITUAÇÕES PECULIARES NO CAMPO DA CULPA

11.1. Culpa presumida

Não mais se sustenta a denominada *culpa presumida*, cuja base era a infração de regras de cuidado, sem maiores verificações. Noutros termos, valendo-se de um exemplo: se o motorista do veículo ultrapassar a velocidade permitida, atropelando um pedestre, presumia-se a sua culpa; afinal, ele infringiu uma regra de cuidado.

Atualmente, não mais se concebe essa modalidade de *presunção*. Utilizando o mesmo caso: se o motorista ultrapassar a velocidade permitida, atropelando alguém, é fundamental verificar os demais elementos formadores da culpa, em particular, a previsibilidade. Havia possibilidade de prever que àquela velocidade, naquele lugar, poder-se-ia perceber a chance de atropelamento? Nem sempre isso ocorre. Basta imaginar que o pedestre, pretendendo suicidar-se, surgiu do *nada* e saltou à frente do carro, sem que o motorista jamais pudesse prever a sua presença.

Desse modo, a infração ao dever de cuidado objetivo não gera a culpa presumida do autor, se desvinculada de outros elementos, em especial a previsibilidade do resultado.

11.2. Graus de culpa

Não existem graus de culpa para configurar o crime, no contexto do direito penal, pouco importando se a culpa é levíssima, leve ou grave.[29]

É imperioso conferir, nas hipóteses de delitos culposos, todos os elementos da estrutura da culpa. Se estiverem completos, haverá crime culposo.

Se a imprudência, a negligência ou a imperícia do agente forem consideradas excessivas, leia-se, uma desatenção fora do comum, o juiz pode (e deve) levar tal fato em conta no momento de fixar a pena.

Não se quer afirmar a *inexistência* de graus da culpa (mais leviano ou menos leviano o comportamento do agente), embora essa mensuração seja inóspita para a tipificação.

Das duas, uma: existe infração do cuidado objetivo, associado aos outros fatores, de modo a compor a culpa ou não existe.

Caso exista, tipificada estará a infração penal culposa. Os graus dessa culpa constituem, agora, circunstâncias do crime, na esfera de atuação do art. 59 do Código Penal para estabelecer a pena *justa*.[30]

Os graus só interessam para a individualização da pena e para excluir do campo da culpa os casos em que a imprudência ou negligência sejam insignificantes e não possam ser considerados requisitos para a concretização do tipo penal.[31]

---

[29] No mesmo sentido, Romeu de Almeida Salles Júnior, *Homicídio culposo*, p. 24.

[30] Igualmente, Romeu de Almeida Salles Júnior, ob. cit., p. 24.

[31] Marco Antonio Terragni, *El delito culposo*, p. 33.

11.3. Compensação de culpas

Não há, em direito penal, compensação de culpas, entendendo-se que tal fundamento se concentra no caráter público do direito penal e não se pode considerar o crime como um débito, a ser compensado com outro delito, como se dívidas civis fossem. Havendo, em tese, compensação de culpas, estar-se-á retornando ao método da *lei mosaica* (talião), ou seja, olho por olho, dente por dente.

Na prática, no entanto, em várias situações concretas, acaba havendo uma *compensação* por razões processuais. Imagine-se um acidente automobilístico causado pela culpa dos motoristas A e B, que provocam lesões recíprocas. Considerando-se que a lesão culposa, após a edição da Lei 9.099/1995, é de ação púbica condicionada à representação da vítima, o que se tem observado é a falta de representação de ambos os lados (já que ambos foram culpados). Assim ocorrendo, não se confere autorização para o Ministério Público agir e tanto o motorista A quanto o motorista B ficam impunes.

É interessante observar que, antes da referida Lei 9.099/1995, a ação era pública incondicionada. Recordamo-nos de casos em que o Ministério Público terminava denunciando A e B por lesões recíprocas, a contragosto de ambos. No momento da produção da prova, tornava-se muito difícil obter dados suficientes para condenar ambos.

Sobre o tema, ROMEU DE ALMEIDA SALLES JÚNIOR expressa-se: "parece-nos decisivo o argumento de que o delito culposo, para sua plena caracterização, deve apresentar um momento ou comportamento inicial contrário ao dever ou ao direito. O agente, devendo e podendo agir de maneira conforme com as exigências da vida em sociedade, não o faz. Esse comportamento desconforme com o dever não se torna conforme pela conduta também culposa da vítima".[32]

11.4. Concorrência de culpas

Essa situação é denominada de "coautoria sem ligação psicológica", demonstrando que mais de uma pessoa pode causar um resultado danoso, embora eles não estejam vinculados, agindo em conjunto.

Pode-se ilustrar este tópico com os motoristas, cada qual desconhecido do outro e dirigindo seu próprio veículo, e ambos descumprem o dever de cuidado objetivo, provocando um acidente, cuja vítima é um terceiro.

Há dois delitos separados, embora exista uma só vítima. Cada motorista responde pelo que causou, em visível concorrência de culpas.

Somente seria concurso de pessoas, quando os dois motoristas responderiam pelo mesmo delito, se houvesse vínculo psicológico entre eles.

11.5. Culpa imprópria

É a denominada *culpa com previsão*, ou seja, ocorre quando o agente deseja atingir determinado resultado, embora o faça porque está envolvido pelo erro (falsa percepção da realidade) inescusável (não há justificativa para a conduta, pois, com maior prudência, teria sido evitada).

---

[32] *Homicídio culposo*, p. 63.

Nessa situação, o que se dá, concretamente, é uma atuação com vontade de atingir o resultado (dolo), embora esse desejo somente tenha ocorrido ao agente porque se viu envolvido em falsa percepção da realidade. "Na verdade, *antes da ação*, isto é, durante a elaboração do *processo psicológico*, o agente valora mal uma situação ou os meios a utilizar, incorrendo em erro, *culposamente*, pela falta de cautela nessa avaliação; já, no momento subsequente, *na ação propriamente dita*, age *dolosamente*, finalisticamente, objetivando o resultado produzido, embora calcado em erro culposo".[33]

Em suma, trata-se de uma conduta dolosa, cuja origem é a própria imprudência do agente. Exemplo: imaginando-se atacado por um desconhecido, o sujeito atira para matar, visando à sua proteção. Após o fato, constata-se não ter havido agressão injusta. Houve dolo, no entanto, pois o tiro foi dado com intenção de matar ou ferir, ainda que para garantir a defesa pessoal. Entretanto, a lei penal prevê que, nesse caso, se o erro for escusável, estará configurada a legítima defesa putativa (art. 20, § 1.º), não havendo punição. No entanto, caso o erro seja inescusável, deve haver punição a título de culpa. Cuida-se exatamente da culpa imprópria, isto é, a culpa com previsão do resultado.

Pensamos que, mesmo havendo culpa imprópria, não se acolhe a possibilidade de tentativa, uma vez que a lei penal dá, a essa situação, o tratamento de culpa e esta não admite, em qualquer hipótese, tentativa.

12. ESPÉCIES DE CULPA

12.1. Imprudência

A imprudência é a forma ativa de culpa, significando um comportamento sem cautela, realizado com precipitação ou com insensatez. Exemplo: a pessoa que dirige em alta velocidade dentro da cidade, onde há passantes por todos os lados, age com nítida *imprudência*.

Essa modalidade de culpa seria a *culpa no sentido ativo*, ou seja, o agente faz algo, produz alguma coisa, embora de maneira descuidada e infringindo o dever de cuidado objetivo.

12.1.1. Sucessão de imprudências

É possível que, para atingir o resultado danoso, duas ou mais pessoas atuem com imprudência, embora sem o conhecimento uma da conduta da outra. Embora se possa designar essa situação como *concorrência de culpas*, na verdade, existe a hipótese de uma autêntica sucessão de culpas. Tomemos um exemplo de Carrara. Imagine-se que o dono de uma casa deixe em cima da mesa da cozinha um pacote contendo arsênico: primeira imprudência. A cozinheira acredita ser sal e, sem maior cuidado ou verificação, coloca na comida, originando a morte de uma ou mais pessoas: segunda imprudência. Esta segunda imprudência é a causa imediata da morte, mas isso não afasta a responsabilidade do dono da casa, ao colocar um veneno em cima da mesa da cozinha (causa mediata da morte). Embora pareça uma situação controversa, parece-nos devam ambos responder pela morte da(s) vítima(s).[34]

---

[33] CEZAR ROBERTO BITENCOURT, *Erro de tipo e de proibição*, p. 45.

[34] *Apud* IRURETA GOYENA, *El delito de homicidio*, p. 103.

12.2. Negligência

A negligência é a forma passiva de culpa, ou seja, o agente assume uma atitude passiva, inerte, omissiva, material e psiquicamente, por conta do seu descuido ou desatenção. Graças à sua inação, infringe o dever de cuidado objetivo e pode dar causa a um resultado danoso involuntário.

Ilustrando, negligente é o pai que larga a sua arma de fogo ao alcance de seus filhos menores, e um deles toma o revólver e provoca um dano. Outro exemplo é o do motorista que não conserta o seu veículo, sabendo possuir defeito, a partir do que causa um acidente.

12.3. Imperícia

Trata-se da imprudência no campo técnico, pressupondo uma arte, um ofício ou uma profissão. Consiste na incapacidade ou falta de conhecimento necessário para o exercício de determinado mister, que exige especialização.

Como diz Frederico Marques, é a "imprudência qualificada". Exemplo: o médico deixa de tomar as cautelas devidas de assepsia em uma sala de cirurgia, demonstrando sua nítida inaptidão para o exercício profissional, situação que provoca a morte do paciente.

Existe uma tradição jurídica de milênios, identificando culpa por imperícia com falta de sabedoria, prática, experiência ou habilidade em determinada arte ou profissão. Por isso, nas palavras de Marco Antonio Terragni, "a imperícia é a atuação inexperta ou inidônea em uma tarefa que demanda uma especial destreza. Uma exigência maior se formula a quem se dedica a um trabalho que carrega risco e que, por isso, deve ser desenvolvido com especial habilidade". Na realidade, está em jogo uma questão de confiança: aquela gerada nas pessoas de que o profissional, ou quem se supõe seja idôneo para determinada atividade, detenha todos os conhecimentos necessários para o desempenho que a sua atuação requer.[35]

As três espécies de culpa – imprudência, negligência e imperícia – são inúteis, pois tudo se resume em imprudência ou negligência, bastando apontar para a falta de cumprimento do dever de cuidado objetivo.

Das três, a mais complexa e merecedora de eliminação é a imperícia. Afinal, quem é imperito (deveria conhecer certa habilidade ou técnica, mas não conhece) é indiscutivelmente uma pessoa imprudente.

Como em outros ordenamentos jurídicos, cremos essencial ajuntar a culpa em um único conceito: imprudência ou negligência, abolindo-se a imperícia.

12.3.1. Distinção entre imperícia e erro profissional

A deficiência profissional, que acarreta um dano a alguém, nem sempre pode ser caracterizada como imperícia. Enquanto esta é um erro grosseiro, que a média dos profissionais de determinada área não cometeria, em circunstâncias normais, o erro profissional faz parte da precariedade dos conhecimentos humanos, pois nem todos possuem o mesmo talento, a mesma cultura e idêntica habilidade.

Quando houver erro, resolver-se-á na esfera civil. Flamínio Fávero divide os erros de diagnóstico dos médicos em inevitáveis e evitáveis. Os primeiros "têm a sua causa nas condições de insuficiência da própria medicina, e vão diminuindo à medida que ela avança

---

[35] *El delito culposo*, p. 72.

em progresso. (...) Culpe-se a medicina com a qual o médico pode errar". Os segundos, ao contrário, "envolvem a responsabilidade do médico. Às vezes, é uma gravidez confundida com um tumor abdominal ou vice-versa".[36]

Em ambos os casos não se trata de imperícia, mas de erro profissional: o inevitável não é passível nem mesmo de indenização; o evitável deve ser indenizado na esfera cível.

13. DIFERENÇA ENTRE CULPA CONSCIENTE E DOLO EVENTUAL

Acesse e escute o podcast sobre Dolo eventual e culpa consciente.
> http://uqr.to/1yvdu

Trata-se de distinção teoricamente plausível, embora, na prática, seja muito complexa e difícil. Em ambas as situações, o agente tem a previsão do resultado originário de sua conduta, apesar de, na culpa consciente, não o admitir como possível, esperando, sinceramente, a sua não ocorrência; no dolo eventual, admite a possibilidade de se concretizar, sendo-lhe indiferente. É o que se denomina *assumir o risco*. Portanto, nas duas situações (culpa consciente e dolo eventual) o agente busca um determinado resultado (R1); ao persegui-lo, de acordo com a conduta assumida, percebe ser possível atingir também outro resultado (R2); o autor quer apenas o primeiro resultado (R1), não desejando diretamente o segundo (R2). Emerge, agora, a diferença: na culpa, ele diz para si mesmo que não vai acontecer o segundo resultado (R2), enquanto no dolo ele vê esse segundo resultado (R2) de modo indiferente.

Na prática, as provas nem sempre conduzem, com clareza, à definição precisa e determinada a respeito do elemento subjetivo existente, quando se depara o juiz com a hipótese passível de acolher o dolo eventual ou a culpa consciente. Vislumbra-se, atualmente, em vários casos, optar o juízo pelo dolo eventual para garantir uma punição mais *justa* à situação concreta, tendo em vista que a pena pelo crime culposo é muito inferior à conferida ao delito doloso. Assim, parece-nos ter chegado o momento de se separar a culpa consciente da inconsciente, criando uma terceira faixa punitiva. Seriam três esferas: a) referente ao dolo (direto ou eventual); b) condizente com a culpa consciente; e c) relacionada à culpa inconsciente. Todas elas com penas distintas. Em verdade, no Código de Trânsito Brasileiro, o legislador já apontou essa diversidade, ao prever para o crime de racha (art. 308), por exemplo, se houver culpa quanto ao resultado mais grave (morte), a pena de reclusão, de 5 a 10 anos. Isso já indica a faixa condizente à culpa consciente. É preciso ampliar essa previsão para todo o Código Penal. Ainda assim, a apuração exata entre dolo eventual e culpa consciente não depende de ingressar na mente do agente (algo impossível), mas captar as circunstâncias do crime para deduzir qual o elemento subjetivo indicativo. Em nossa obra *Princípios constitucionais penais e processuais penais*, havíamos sugerido a eliminação dessa diferença, fazendo a culpa consciente ser absorvida pelo dolo eventual – como, atualmente, sugerem os adeptos da teoria puramente cognitiva do dolo.

Cremos, no entanto, não ser a mais adequada solução, mas, sim, dividir em três faixas punitivas o dolo (direto e eventual), a culpa consciente e a culpa inconsciente, pois estamos

---

[36] *Medicina legal*, p. 73.

convictos de que há diferença, na conduta do agente, entre dolo eventual e culpa consciente, quanto ao fator volitivo, não devendo uma situação absorver a outra. Entretanto, é fundamental não equiparar a sanção voltada à culpa consciente e à culpa inconsciente. A consciente é mais grave, sem dúvida, devendo ser punida de modo mais rigoroso.

Ensina JUAREZ TAVARES que, enquanto no dolo eventual o agente refletiu e está consciente acerca da *possibilidade* de causar o resultado típico, embora não o deseje diretamente, na culpa consciente o agente está, igualmente, ciente da possibilidade de provocar o resultado típico, embora não se coloque de acordo com sua realização, esperando poder evitá-lo, bem como confiando na sua atuação para isso. "A distinção, assim, deve processar-se no plano volitivo e não apenas no plano intelectivo do agente"[37].

Mais uma vez, é difícil aferir o que se passou na mente do agente, mas, realmente, não é impossível, e cada *caso é um caso*, existindo elementos concretos a demonstrar uma atitude ou outra. As circunstâncias do delito são fatores fundamentais para a avaliação do elemento subjetivo do delito. Visualizando as provas, o julgador forma a sua convicção no sentido de ter havido dolo eventual ou culpa consciente conforme o cenário e seus detalhes. Em verdade, é impossível extrair-se do *pensamento* do agente, reconhecendo a sua efetiva vontade, a real situação pertinente ao dolo eventual ou à culpa consciente, e isso nem é exigível. Afinal, a avaliação de dolo eventual e culpa inconsciente também envolve elementos calcados na prova dos autos, nem sempre precisos e totalmente confiáveis. O mais importante é haver três linhas diversas de punição: *dolo (direto ou eventual), culpa consciente* e culpa inconsciente. Sobre o tema, consultar a nossa atual posição no capítulo *Dolo eventual e culpa consciente* (Coleção 80 anos do Código Penal, v. 1, Reale Jr. e Assis Moura (coord.), p. 149 e ss.).

RESUMO DO CAPÍTULO

▶ **Conceito de dolo:** na ótica finalista, o dolo é a vontade consciente de praticar a conduta típica (denomina-se *dolo natural*). Na doutrina clássica, de visão causalista, o dolo é a vontade consciente de praticar a conduta típica, acompanhada da consciência de que se realiza um ato ilícito (denomina-se *dolo normativo*).

▶ **Distinção entre dolo genérico e dolo específico:** o dolo genérico é a vontade de praticar a conduta típica, sem qualquer finalidade especial, e o dolo específico, que seria o complemento dessa vontade, adicionada de uma especial finalidade. Essa finalidade específica pode ser expressa no tipo penal incriminador (para o fim de...) ou pode estar implícita (com a finalidade de humilhar, como ocorre nos crimes contra a honra). Na ótica finalista, há apenas o dolo e o elemento subjetivo específico.

▶ **Características do dolo:** a) *abrangência*: o dolo deve envolver todos os elementos objetivos do tipo, aquilo que MEZGER chama de "valoração paralela na esfera do leigo"; b) *atualidade*: o dolo deve estar presente no momento da ação, não existindo *dolo subsequente*, nem *dolo anterior*; c) *possibilidade de influenciar o resultado*: é indispensável que a vontade do agente seja capaz de produzir o evento típico. Na lição de WELZEL, "a vontade impotente não é um dolo relevante de um ponto de vista jurídico penal".

▶ **Conceito de dolo direto:** trata-se da vontade consciente do agente dirigida especificamente à produção do resultado típico, abrangendo os meios utilizados para tanto.

---

[37] *Teoria do injusto penal*, p. 283-284.

- **Conceito de dolo indireto ou eventual:** é a vontade do agente dirigida a um resultado determinado, porém vislumbrando a possibilidade de ocorrência de um segundo resultado, não desejado, mas admitido, unido ao primeiro. Por isso, a lei utiliza o termo "assumir o risco de produzi-lo".

- **Exigibilidade do dolo direto e do dolo eventual:** a lei não faz distinção entre o dolo direto e o eventual para fins de configuração do crime e, depois, para a aplicação da pena. Assim, o juiz poderá, em tese, fixar a mesma pena para quem agiu com dolo direto e para quem atuou com dolo eventual. Excepcionalmente, quando a lei exigir unicamente o dolo direto, tal circunstância vem claramente definida no tipo penal, como se pode observar no caso da denunciação caluniosa ("imputando-lhe crime, infração ético-disciplinar ou ato ímprobo de que o *sabe* inocente"), do art. 339 do Código Penal.

- **Dolo alternativo:** significa querer o agente, indiferentemente, um resultado ou outro.

- **Dolo cumulativo:** significa pretender o agente alcançar dois resultados, em sequência. Deseja surrar a vítima (lesão corporal), para depois matá-la (homicídio). A questão não pode ser equacionada como se houvesse outra espécie de dolo (além do direto e do eventual), mas, sim, sob o ponto de vista de existir uma progressão criminosa.

- **Dolo antecedente:** trata-se de elemento subjetivo inadequado para a teoria do crime. O autor deve agir, sempre, com dolo *atual*, isto é, concomitante à conduta desenvolve-se a sua intenção de realização do tipo penal.

- **Dolo subsequente:** cuida-se de outra hipótese inadequada, pelas mesmas razões já apontadas. Imagine-se o sujeito que atropela, acidentalmente, seu desafeto. Quando sai do carro, reconhecendo o inimigo, sente-se realizado por ter conseguido algo que almejava, embora não tenha agido para isso.

- **Dolo geral:** também denominado de erro sucessivo ou *aberratio causae*, trata-se, em verdade, de uma hipótese de engano quanto ao meio de execução do delito, terminando por determinar o resultado visado.

- **Conceito de culpa:** trata-se do comportamento voluntário desatencioso, voltado a um determinado objetivo, lícito ou ilícito, embora produza resultado ilícito, não desejado, mas previsível, que podia ter sido evitado.

- **Distinção entre culpa inconsciente e consciente:** a primeira modalidade é a culpa por excelência, ou seja, a culpa sem previsão do resultado. O agente não tem previsão (ato de prever) do resultado, mas a mera previsibilidade (possibilidade de prever). Na maior parte das vezes, configura-se, no âmbito dos delitos culposos, a culpa inconsciente. Ilustrando, o agente conduz o seu veículo, por via pública, em velocidade compatível com o local, mas com a *cabeça longe, distante, pensando em problemas*, quando não percebe o fechamento do semáforo (farol vermelho). Há, então, uma batida de carros e alguém se fere. O motorista nunca almejou esse resultado, que, a bem da verdade, nem se desenhou na sua mente (não previu). No entanto, pela sua condição de motorista, a atenção (prudência) lhe era exigível, jamais se deixando levar por outros fatores. A chegada ao cruzamento e o fechamento do sinal, impedindo a sua trajetória, com a vinda de carros da outra via pública eram situações perfeitamente previsíveis. Previsíveis, sim, mas não previstas.

- **Elementos da culpa:** a) *concentração na análise da conduta voluntária do agente*: o mais importante na culpa é a análise do comportamento, e não do resultado; portanto, o desvalor da ação ou omissão é o enfoque mais relevante; b) *ausência* *do dever de cuidado objetivo*: significa ter o agente deixado de seguir as regras básicas de atenção e cautela, exigíveis de todos que vivem em sociedade; c) *resultado danoso involuntário*: como regra, os crimes culposos – ao menos os mais relevantes – são de dano; aguarda-se, então, a ocorrência de um resultado naturalístico danoso, porém *involuntário*. Esse resultado nunca poderá ter origem, mesmo remota, no querer do agente; d) *previsibilidade*: é a possibilidade de prever o resultado lesivo, inerente a qualquer ser humano normal. Ausente a previsibilidade, afastada estará a culpa, pois não se exige da pessoa uma atenção extraordinária e fora do razoável; e) *ausência de previsão*, ou seja, o agente não prevê nenhum resultado danoso, constituindo a base da culpa *inconsciente*. Este item merece, entretanto, ser complementado, por outra opção, caracterizadora da culpa *consciente*. Portanto, pode haver *previsão do resultado pelo agente*, embora *esperando, sinceramente, que não ocorra*; f) *tipicidade*: há especial atenção para esse ponto, pois, como já foi mencionado, o crime culposo precisa estar *expressamente* previsto no tipo penal; g) *nexo causal*: somente a ligação, por meio da previsibilidade, entre a conduta do agente e o resultado danoso pode constituir o nexo de causalidade no crime culposo, já que o agente não deseja a produção do evento lesivo.

▸ **Princípio da confiança:** cuida-se de um dos principais princípios regentes do cenário da culpa. Observe-se que um dos elementos da sua estrutura é justamente o *dever de cuidado objetivo*, impondo a quem vive em sociedade tomar certas cautelas para não provocar lesões a terceiros.

▸ **Culpa presumida:** não mais se sustenta a denominada *culpa presumida*, cuja base era a infração de regras de cuidado, sem maiores verificações. Noutros termos, valendo-se de um exemplo: se o motorista do veículo ultrapassar a velocidade permitida, atropelando um pedestre, presumia-se a sua culpa; afinal, ele infringiu uma regra de cuidado.

▸ **Graus de culpa:** não existem graus de culpa para configurar o crime, no contexto do direito penal, pouco importando se a culpa é levíssima, leve ou grave. É imperioso conferir, nas hipóteses de delitos culposos, todos os elementos da estrutura da culpa. Se estiverem completos, há crime culposo.

▸ **Compensação de culpas:** não há, em direito penal, compensação de culpas, entendendo-se que tal fundamento se concentra no caráter público do direito penal e não se pode considerar o crime como um débito, a ser compensado com outro delito, como se dívidas civis fossem. Havendo, em tese, compensação de culpas, estar-se-ia retornando ao método da *lei mosaica* (talião), ou seja, olho por olho, dente por dente.

▸ **Concorrência de culpas:** essa situação é denominada de "coautoria sem ligação psicológica", demonstrando que mais de uma pessoa pode causar um resultado danoso, embora eles não estejam vinculados, agindo em conjunto.

▸ **Culpa imprópria:** é a denominada *culpa com previsão*, ou seja, ocorre quando o agente deseja atingir determinado resultado, embora o faça porque está envolvido pelo erro (falsa percepção da realidade) inescusável (não há justificativa para a conduta, pois, com maior prudência, teria sido evitada).

▸ **Espécies de culpa:** a) imprudência (forma ativa de culpa, significando um comportamento sem cautela, realizado com precipitação ou com insensatez); b) negligência (forma passiva de culpa, ou seja, o agente assume uma atitude passiva, inerte, omissiva, material e psiquicamente, por conta do seu descuido ou desatenção); c) imperícia (imprudência no campo técnico, pressupondo uma arte, um ofício ou uma profissão. Consiste na incapacidade ou falta de conhecimento necessário para o exercício de determinado mister, que exige especialização).

▶ **Diferença entre culpa consciente e dolo eventual:** trata-se de distinção teoricamente plausível, embora, na prática, seja muito complexa e difícil. Em ambas as situações o agente tem a previsão do resultado que sua conduta pode causar, embora na culpa consciente não o admita como possível, esperando, sinceramente, a sua não ocorrência; no dolo eventual, admite a possibilidade de se concretizar, sendo-lhe indiferente. É o que se denomina por *assumir o risco*.

ESQUEMAS

DOLO DIRETO DE 1º GRAU

DOLO DIRETO DE 2º GRAU

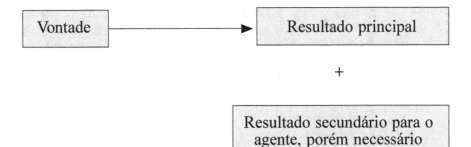

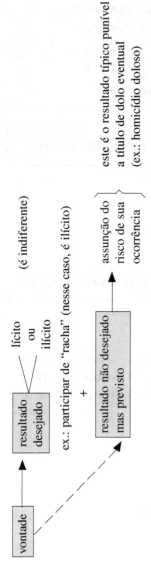

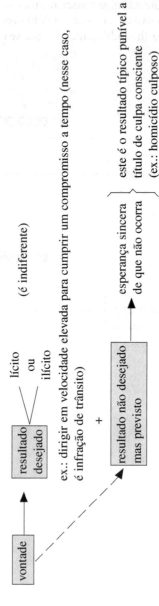

CULPA INCONSCIENTE

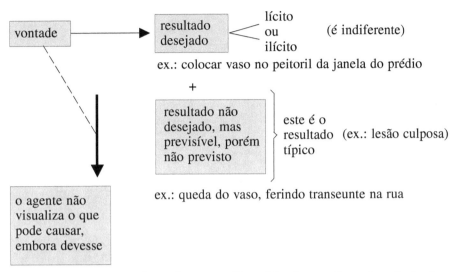

ex.: o agente nem nota, diante da sua manifesta falta de atenção, a situação de risco

---

NOTAS IMPORTANTES:

1) No dolo direto, a vontade do agente, em busca do resultado criminoso é retilínea. Ex: se quer matar a vítima, age para que isso ocorra.

2) No dolo eventual, a vontade do agente busca um determinado resultado, mas visualiza a possibilidade de atingir um segundo resultado, que não quer, mas assume o risco de produzir.

3) Na culpa consciente, a vontade do agente busca um determinado resultado, mas visualiza a possibilidade de atingir outro, que não deseja, esperando, sinceramente, ser possível evitar.

4) Na culpa inconsciente, o agente quer atingir determinado resultado e não visualiza um outro, que não quer, mas lhe é previsível. Difere da culpa consciente, pois *não vê* o mal que pode causar. Deveria visualizar, se agisse com mais cautela, embora não o faça no caso concreto. Logo, não assume o risco de atingir o resultado danoso, nem tem esperança de não atingi-lo, pois simplesmente não o enxerga.

Capítulo XX

Nexo Causal

 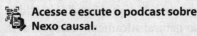

Acesse e escute o podcast sobre Nexo causal.

> http://uqr.to/1yvdv

1. CONCEITO DE NEXO CAUSAL

É o vínculo estabelecido entre a conduta do agente e o resultado por ele gerado, com relevância para formar o fato típico. Portanto, a relação de causalidade tem reflexos diretos, em nosso entender, na tipicidade. *Causalidade* significa sucessão no tempo. "Literalmente, significa que o tempo se segue, que um tempo se segue a um outro. Por conseguinte, KANT diz, por exemplo: 'tempos diversos não são ao mesmo tempo, mas são um depois do outro'. O tempo 'flui constantemente'. Sua 'constância' é o fluir."[1]

1.1. Causa

Significa toda ação ou omissão indispensável para a configuração do resultado concreto, por menor que seja o seu grau de contribuição. Não há qualquer diferença entre causa, condição (aquilo que permite à causa produzir o seu efeito) e ocasião (circunstância acidental que favorece a produção da causa), para fins de aplicação da relação de causalidade.

---

[1] HEIDEGGER, *A essência da liberdade humana*: introdução à filosofia, p. 180.

Para apurar se alguma circunstância fática é causa do crime, deve-se utilizar o critério do *juízo hipotético de eliminação*, ou seja, abstrai-se determinado fato do contexto e, se ainda assim o resultado se produzisse, não seria ele causa do resultado. Exemplo: a vítima B morre em razão de ferimentos causados por disparos de arma de fogo dados por A; este, por sua vez, adquiriu o revólver de C; D, taxista, levou A até onde estava B. São causas do resultado *morte*: dar o tiro + taxista conduzir A até o local onde se encontra B + C vender a arma para A. Em juízo hipotético, subtrai-se o disparo de arma de fogo de A contra B = o resultado não teria ocorrido, logo, o disparo é causa da morte de B; elimina-se a condução do taxista, levando A até onde B se encontra = o resultado teria ocorrido do mesmo modo, pois havia vários táxis disponíveis para A, portanto levar A até B não é causa do evento *morte*; vender a arma de fogo para A = sem a arma, não haveria disparo e B não teria morrido = o resultado não teria acontecido, logo, a venda da arma é causa da morte de B.

Essa é a teoria da equivalência dos antecedentes ou das condições, inserida no art. 13, *caput*, do Código Penal.

1.2. Resultado

Há dois critérios para analisar o *resultado* no âmbito do nexo causal. São eles:

a) *naturalístico:* é a modificação sensível do mundo exterior. O evento está situado no mundo físico, de modo que somente se pode falar em resultado quando existe alguma modificação passível de captação pelos sentidos. Exemplo: a morte de uma pessoa é um *resultado* naturalisticamente comprovável. Apoiam essa teoria do resultado: ANTOLISEI, GRISPIGNI, FLORIAN, BETTIOL, PETROCELLI, HAUS, SOLER, FREDERICO MARQUES, MAGALHÃES NORONHA;[2]

b) *jurídico ou normativo:* é a modificação gerada no mundo jurídico, seja na forma de dano efetivo ou na de dano potencial, ferindo interesse protegido pela norma penal. Sob esse ponto de vista, toda conduta que fere um interesse juridicamente protegido causa um resultado. Exemplo: a invasão de um domicílio, embora possa nada causar sob o ponto de vista naturalístico, certamente provoca um resultado jurídico, que é ferir o direito à inviolabilidade de domicílio do dono da casa.

O critério jurídico foi o adotado pelo legislador, bastando analisar o disposto na Exposição de Motivos do Código Penal de 1940, que a Reforma Penal de 1984 manteve, mencionando que "não há crime sem resultado". Aliás, interessante crítica foi feita por MANOEL PEDRO PIMENTEL, dizendo que a expressão "não há crime sem resultado" equivale a dizer o óbvio: "não há crime sem crime".[3] Apoiam a teoria do resultado jurídico: PANNAIN, DELITALA, VANNINI, PERGOLA, RANIERI, JIMÉNEZ DE ASÚA, NÉLSON HUNGRIA, BASILEU GARCIA e ANÍBAL BRUNO.[4]

Prevalece, na doutrina pátria, no entanto, o conceito naturalístico de resultado. Justamente por isso, faz-se diferença entre crimes de atividade (formais e de mera conduta) e de

---

[2]   Cf. MANOEL PEDRO PIMENTEL, *Crimes de mera conduta*, p. 90.

[3]   *Crimes de mera conduta*, p. 14.

[4]   Cf. PIMENTEL, *Crimes de mera conduta*, p. 90.

resultado (materiais). Em verdade, a relação de causalidade somente tem real importância no cenário dos crimes materiais, isto é, aqueles que necessariamente relacionam a conduta a um resultado concreto, previsto no tipo. Não ocorrendo o resultado, não há consumação do crime. Os delitos de atividade (formais ou de mera conduta), que se configuram na mera realização da conduta, pouco importando se há ou não resultado naturalístico, pouco se valem da teoria do nexo causal.

2. TEORIAS DO NEXO CAUSAL

2.1. Equivalência dos antecedentes

A *teoria da equivalência dos antecedentes* (teoria da equivalência das condições ou teoria da condição simples ou generalizadora), como exposto em item anterior, é a teoria adotada pelo Código Penal (art. 13), concentrando-se num juízo naturalístico dos antecedentes causais do evento criminoso.

Desse modo, por essa teoria, qualquer das condições que compõem a totalidade dos antecedentes é causa do resultado, pois a sua inocorrência impediria a produção do evento. É a teoria denominada *conditio sine qua non* (sem o antecedente, não há resultado), que sustenta que a "causa da causa também é causa do que foi causado" (*causa causae est causa causati*).

Utilizando o exemplo anterior (subitem 1.1), a venda da arma e a condução feita pelo taxista, mesmo em atividades lícitas, são consideradas causas do resultado (morte), porque sem a arma não teria havido os tiros fatais e, sem a condução, A não teria alcançado B. Essa é a mais simples e segura teoria de nexo causal. Não vemos nenhum inconveniente para adotá-la.

Lembre-se, pois muito relevante: *não se está apurando, nesta fase, a responsabilidade penal, que depende de dolo ou culpa, mas somente apura-se o nexo causal*. Portanto, sinteticamente, como regra, somente responderia pelo homicídio de B o agente A. C (vendedor da arma) e D (taxista), embora façam parte do nexo causal, não agiram com dolo ou culpa e não são responsabilizados. No entanto, somente para argumentar, caso C tenha vendido a arma de propósito, sabendo que ela seria usada para um homicídio, poderá responder como partícipe; ainda hipoteticamente, se o taxista, amigo de A, tem plena consciência de que o leva para matar B, também poderá responder como partícipe.

2.2. Causalidade adequada

Igualmente conhecida como teoria das condições qualificadas, significa que um determinado evento somente será produto da ação humana quando esta tiver sido reputada apta e idônea a gerar o resultado. Noutros termos, consideram-se causa do evento delituoso apenas os antecedentes comuns e razoáveis a gerar aquele tipo de resultado.

No exemplo supracitado (subitem 1.1), se a venda da arma advier do comércio lícito, expedida nota fiscal e autorização da Polícia Federal, é razoável supor não seja causa do evento morte de B, pois essa espécie de venda de arma, como regra, não se destina à prática de homicídios, mormente já premeditados. Quanto ao taxista, do mesmo modo, tratando-se de um profissional estranho, que apenas levou A até onde B se encontrava, sem nada saber, exclui-se do nexo causal, pois razoável e normal a corrida realizada. Resta, como causa da morte de B, o tiro disparado por A, visto ser anormal e sem qualquer razoabilidade.

A venda lícita de uma arma de fogo e uma corrida de táxi não são consideradas ações idôneas para gerar o resultado *morte* de B. Utiliza-se, para a causalidade adequada, um juízo de bom senso e as ocorrências normais da vida, buscando descartá-las como causas de um delito.

Entretanto, se o vendedor, mesmo realizando uma venda lícita, com nota fiscal e autorização da Polícia Federal, sabia do intento de A e ainda lhe dá orientações de como bem utilizar a arma para o homicídio, age com dolo, podendo responder como partícipe, pois sua ação foi idônea a gerar o resultado. Diga-se o mesmo do taxista.

O corte do nexo causal em ambas as teorias (equivalência dos antecedentes e causalidade adequada) é feito de maneira diversa, embora se chegue ao mesmo resultado, ou seja, não haverá punição ao vendedor ou ao taxista que, sem tomar parte ativa e consciente na atividade criminosa, entregou a arma ao comprador ou levou-o ao local do crime.

2.3. Imputação objetiva

Trata-se de uma teoria originária dos trabalhos de LARENZ (1927), um civilista, e, posteriormente, HONIG (1930), que a levou para o campo penal, permanecendo adormecida por vários anos, na Alemanha, até obter seu grande impulso, a partir da década de 1970, pelas mãos de CLAUS ROXIN – um dos seus principais teóricos da atualidade –, tendo por função, como expõe CHAVES CAMARGO, "a limitação da responsabilidade penal".[5] Assim, segundo o autor, "a atribuição de um resultado a uma pessoa não é determinado pela relação de causalidade, mas é necessário um outro nexo, de modo que esteja presente a realização de um risco proibido pela norma".

A adoção da teoria da imputação objetiva, segundo seus defensores, transcende o contexto do nexo causal, impondo-se como uma alternativa ao finalismo, fazendo parte do contexto daqueles que aderiram ao funcionalismo – corrente intitulada *pós-finalista* –, cujas premissas básicas seriam "a necessidade de legitimação do Direito Penal, com novos conceitos de suas categorias, com o fim de justificar a intervenção do Estado na sociedade moderna", bem como a busca de "transformações radicais nos institutos jurídico-penais, quer quanto ao conteúdo dogmático, quer quanto às classes e tipos de sanções a serem aplicadas", em face das constantes mudanças sociais.[6]

Possui a imputação objetiva, embora em linha diversa da adotada por ROXIN, outro defensor nos dias de hoje, que é GÜNTHER JAKOBS. É inequívoco, no entanto, que seu maior campo de atuação é na análise do nexo causal, gerador da tipicidade, como se pode notar pelas críticas tecidas às teorias da equivalência dos antecedentes (ou das condições) e da causalidade adequada, bem como pelos exemplos dados e debatidos pelos adeptos dessa linha de pensamento. Nesse sentido está a lição de WOLFGANG FRISCH, mencionando que o lugar-comum da imputação objetiva está intrinsecamente ligado a um concreto problema de um determinado grupo de casos, a saber, trata-se da questão relativa ao nexo necessário entre a atuação do autor e a produção do resultado nos delitos de resultado.[7]

A imputação objetiva, em síntese, exige, para que alguém seja penalmente responsabilizado por conduta que desenvolveu, a criação ou o incremento de um perigo juridicamente intolerável e não permitido ao bem jurídico protegido, bem como a concretização desse perigo em resultado típico. Exemplificando: o sujeito que, dirigindo em alta velocidade, em

---

[5] *Imputação objetiva e direito penal brasileiro*, p. 70.

[6] CHAVES CAMARGO, *Imputação objetiva e direito penal brasileiro*, p. 42.

[7] *La imputación objetiva*: estado de la cuestión, p. 31.

zona habitada, perde o controle do carro, sobe na calçada e atropela um pedestre, caminhando calmamente em local permitido, deve responder por homicídio. O motorista gerou um perigo intolerável e não permitido ao correr pela rua, em área da cidade habitada, sem que a vítima tivesse atuado de qualquer forma para isso, tampouco tenha ocorrido qualquer outro fator interferindo na situação de perigo gerada. Nota-se, pois, que a imputação objetiva se vale da teoria da equivalência dos antecedentes – *conditio sine qua non* –, que é naturalística, para estabelecer o vínculo entre conduta e resultado, sobre o qual aplicará seus conceitos. O veículo chocou-se contra a vítima, provocando-lhe ferimentos, que foram causa determinante de sua morte. Até esse ponto, utiliza-se o liame causal previsto no art. 13 do Código Penal – "considera-se causa a ação ou omissão sem a qual o resultado não teria ocorrido" –, mas, a partir daí e antes de ingressar no contexto do elemento subjetivo – se houve dolo ou culpa, sob o prisma finalista; ou se houve ilicitude e culpabilidade, sob a ótica causalista –, a imputação objetiva analisa se a conduta do agente gerou para a vítima um risco de lesão intolerável e não permitido, sem ter havido qualquer curso causal hipotético a determinar o resultado de qualquer forma, nem ter o ofendido contribuído, com sua atitude irresponsável ou dando seu consentimento, para a geração do resultado. Feito isso, imputa a morte ao motorista. Somente em seguida verificar-se-á o elemento subjetivo. Portanto, interpõe-se, na constatação da tipicidade, entre o nexo causal naturalístico e o elemento subjetivo.

A teoria da imputação objetiva ainda não se construiu completamente. Somente para ilustrar, a mesma imputação objetiva é vista de maneira diversa por Roxin e Jakobs. *Ad argumentandum*, se um juiz adotar a teoria da imputação objetiva de Roxin pode condenar o réu pelo mesmo fato que outro magistrado, ao aplicar a imputação objetiva de Jakobs, absolveria.[8] Não bastasse, ela se vincula ao funcionalismo, cuja crítica já elaboramos no item 2.3 do Capítulo XIV, teoria que busca afastar-se do conceito ontológico de conduta humana, normatizando-o, fundando-se em grande parte dos temas à política criminal do Estado.

2.3.1. Avaliação da imputação objetiva por meio de exemplos

Observa-se que a mencionada teoria não costuma trabalhar com exemplos comuns, extraídos do cotidiano forense, enfim, situações do dia a dia julgadas nos fóruns e tribunais brasileiros aos milhares. Parece-nos que a imputação objetiva para o crime *normal* não tem nenhuma serventia. No entanto, mesmo as ilustrações ímpares, trazidas pelos defensores da imputação objetiva, são perfeitamente solucionadas pelas conhecidas teorias da causalidade e por outros instrumentos expostos tanto pelo causalismo como pelo finalismo. Portanto, a sua pretensa *modernidade* é questionável, até pelo fato de seu início se dar na década de 30 do século passado.

Exemplo 1: o inimigo do condenado, acompanhando os momentos precedentes à sua execução pelo carrasco, saca um revólver e dispara contra o sentenciado, matando-o; não

---

[8] Luís Greco, *Um panorama da teoria da imputação objetiva*, p. 42-43 e 48-49. Eis uma leitura recomendada para se compreender, de forma didática, a imputação objetiva, cujo autor, logo no início, dispõe-se a tentar *desmistificar* a referida teoria. Na realidade, segundo modestamente nos parece, ela continua com a sua "aura de obscuridade e esoterismo" (nas palavras de Greco) mesmo com o seu instigante convite ao leitor para fazer um "passeio pela teoria" na mencionada obra. A verdade é que a imputação objetiva não resolve nenhum problema que outras teorias da causalidade já não tenham solucionado antes. Pode ser uma teoria inteligente e profunda, porém possui mais desacertos que correções positivas no cenário penal.

deve ter sua conduta considerada causa do resultado, pois este se daria de qualquer modo. Teria havido um curso causal hipotético impeditivo. Se assim é, o homicida seria absolvido.[9]

Avaliação: a solução é absurda, pois ninguém tem o direito de tirar a vida humana, substituindo-se ao Estado, quando este oficializa a pena de morte. Ademais, no último minuto, pode haver uma comunicação do Governador ou do Presidente concedendo graça ou comutação da pena ao sentenciado. Note-se, também, que o exemplo nem mesmo é aplicável ao Brasil, que não dispõe de pena de morte.

Exemplo 2: o vendedor de bebidas fornece refrigerante a alguém, podendo prever que o líquido será utilizado para matar, por envenenamento, a família do comprador; não deve responder, pois existe, como corolário da imputação objetiva, a proibição de regresso. A conduta imprudente de alguém, interferindo no curso causal doloso de outra pessoa, deve ser considerada irrelevante para efeito de determinar o nexo de causalidade.[10]

Avaliação: o vendedor de bebidas não seria punido nem pela teoria da equivalência dos antecedentes nem pela causalidade adequada. No caso da primeira, dir-se-ia que a venda da bebida, onde se inseriu o veneno, seria *causa* da morte das vítimas; porém, o vendedor atuou sem dolo, nem culpa, não sendo punido. *Poder prever* que a bebida *seria* usada para um envenenamento é totalmente irrelevante, pois o vendedor não é garante da segurança pública, nem da segurança individual alheia. Não é a *proibição de regresso* que resolve o caso.

Exemplo 3: alguém resolve acompanhar o motorista prestes a disputar um *racha*, sabendo dos riscos que a atividade envolve, colocando-se em posição de perigo voluntariamente. Caso haja um acidente, morrendo o acompanhante do motorista, não deve este responder por homicídio, uma vez que a vítima assumiu o risco por sua própria conta.[11]

Avaliação: outra solução insustentável diante da legislação penal brasileira seria, para a imputação objetiva, a *autocolocação da vítima em risco*. Ocorre que, para se aceitar que a vítima se ponha em situação de risco, concedendo *imunidade* para terceiro, é fundamental que se trate de *bem disponível*, o que não é o caso da *vida humana*. Quem disputa um *racha*, levando consigo um passageiro, comete, por si só, um crime de perigo, previsto no Código de Trânsito Brasileiro. Além disso, entende-se, hoje, na jurisprudência nacional, atuar o piloto de *racha* com dolo eventual, pois assume o risco de provocar um desastre com morte para outrem. É exatamente o caso. O motorista deve, sim, ser punido, pois assumiu o risco de *matar* o passageiro. A autocolocação deste último em perigo é irrelevante. Fosse simples, como quer a imputação objetiva, qualquer um poderia pedir a outro que o matasse para facilitar seu suicídio, já que a vida seria *somente sua* e o Estado não teria nada a ver com isso. Sob outro ponto de vista, quando a vítima se põe em situação de risco, para praticar um esporte perigoso qualquer, sofrendo uma lesão simples, pode-se admitir que o seu consentimento elimina a ilicitude do fato, caso envolva um terceiro no mesmo cenário. No entanto, não há necessidade da imputação objetiva para se resolver essa hipótese. E mais um argumento vem à cena. Se duas pessoas resolvem mergulhar juntas (esporte

---

[9] DAMÁSIO, *Imputação objetiva*, p. 31. Para DAMÁSIO, não deve ser considerada causa a conduta do sujeito que se antecipou ao carrasco, mas para ROXIN, em citação de CHAVES CAMARGO, deve responder, pois "o contrário levaria à situação insustentável de descontrole em relação à competência para agir" (*Imputação objetiva e direito penal brasileiro*, p. 78). Observe-se a insegurança da teoria.

[10] CHAVES CAMARGO, *Imputação objetiva e direito penal brasileiro*, p. 151. Idêntico exemplo é citado por JAKOBS, apenas servindo-se de um padeiro, que vende uma bengala de pão, a ser utilizada para envenenamento de alguém (*La imputación objetiva en derecho penal*, p. 107).

[11] CHAVES CAMARGO, *Imputação objetiva e direito penal brasileiro*, p. 160.

de risco), caso uma delas morra porque não conferiu o nível de oxigênio do seu cilindro e resolveu afundar a níveis inadequados, a outra não será punida, tendo em vista não ser garante do companheiro e não poder controlar seus atos embaixo d'água. A bem da verdade, o mergulhador sobrevivente nem ingressa no nexo causal, pois todas as atitudes erradas foram tomadas pelo outro, que terminou morrendo, colocando a sua própria vida em risco, de maneira solitária.

Exemplo 4: um estudante de biologia ganha um dinheiro extra, trabalhando como garçom, e, quando é encarregado de servir uma salada exótica, descobre nela uma fruta que sabe, por seus estudos, ser venenosa; ainda assim, serve o prato e o cliente morre. Não deve sua conduta ser considerada causa do resultado, pois seus conhecimentos especiais de biologia não diziam respeito à atividade exercida, como garçom, de modo que seu comportamento não excedeu aos níveis do risco permitido. No máximo, responderia por omissão de socorro.[12]

Avaliação: o estudante de biologia/garçom deve, sim, responder por homicídio – doloso ou culposo, conforme o caso. Ele faz parte do nexo causal, na medida em que, reconhecendo uma fruta venenosa, mesmo assim levou o prato à mesa para o cliente; poderia ter evitado isso e a vítima estaria viva. Além disso, ele possui conhecimento especial de biologia e identificou, naquela atitude do cozinheiro (imagine-se que este quisesse matar o cliente) o transcurso do *iter criminis*, aderindo à vontade do primeiro. Pode haver coautoria ou participação por simples aderência ao resultado, mesmo que os coautores ou partícipes não tenham realizado um acordo prévio. Por outro lado, ao identificar o fruto venenoso e, mesmo assim, levá-lo à mesa para o cliente comer, está propiciando a sua morte de maneira direta, restando saber se o faz por dolo ou culpa. Inexiste sentido em afirmar que ele não atuava como *biólogo*, mas como garçom, pois o fato real é que *sabia* estar servindo veneno à vítima, levando-a à morte.

Exemplo 5: um empresário, dono de uma fábrica, permite a entrega de pincéis com pelo de cabra chinesa a seus funcionários, sem a devida desinfecção, como mandam os regulamentos, e pessoas morrem; não se poderia considerar sua conduta penalmente relevante, desde que, posteriormente, se constatasse que o desinfetante indicado para utilização nos pincéis era mesmo inócuo contra o bacilo. Para a imputação objetiva, sob o prisma de que o resultado se daria de qualquer modo, inexistiria responsabilidade para o empresário, no contexto da culpa. E, tivesse ele agido com dolo, deveria ser punido somente por tentativa de homicídio.[13]

Avaliação: o empresário foi nitidamente negligente, para dizer o mínimo. Foi também a causa direta da entrega do pincel *infectado* aos seus funcionários; deve responder por homicídio culposo. Há nexo causal e negligência, pouco interessando se o desinfetante seria inócuo ou não. Aliás, se o tal desinfetante, produzido por alguém para aqueles determinados pincéis, não funcionar, pode-se estender a participação criminosa a quem o fabricou, também de modo imprudente ou negligente. Adotar a imputação objetiva significa aceitar a morte de vários funcionários e um patrão impune, justamente quem entregou os pincéis *sem a devida desinfecção*, como *mandam os regulamentos* (dever de cuidado objetivo). Esse argumento de que o *resultado ocorreria de qualquer maneira* já foi usado no exemplo do sujeito que matou o condenado momentos antes da execução – e foi refutado. O fato de o desinfetante ser inócuo – constatação feita *posteriormente* – não serve para afastar o nexo causal e o elemento

---

[12] Jakobs, *La imputación objetiva en derecho penal*, p. 137. Esse é um dos meus exemplos preferidos, pois a situação chega a ser surreal, fruto de imaginação fértil.

[13] É o que sustentam Roxin (*La imputación objetiva en el derecho penal*, p. 113) e Chaves Camargo (*Imputação objetiva e direito penal brasileiro*, p. 79). Para Damásio, no entanto, haveria punição, pois "já havia risco diante da periculosidade do material, aumentada sua intensidade pela conduta omissiva do industrial" (*Imputação objetiva*, p. 79). Embora se diga ser esse exemplo extraído de um caso verídico, convenhamos que a chance de ocorrer novamente é raríssima.

subjetivo, afinal, o dono da fábrica aumentou, sem dúvida, o risco de dano aos empregados. Note-se, ademais, que a utilização do desinfetante, como determinava o regulamento, poderia ter demonstrado, a tempo, que ele era inútil, salvando vidas e impedindo maiores danos.

Exemplo 6: o sobrinho envia o tio ao bosque, em dia de tempestade, na esperança de que um raio o atinja, matando-o e dando margem a que lhe possa herdar os bens; a sua conduta não seria considerada causa do resultado, conforme a imputação objetiva, pois o que realizou (induzir alguém a ir ao bosque) é lícito e tolerável, inexistindo norma proibitiva nesse sentido. O que houve na floresta, com a queda do raio, não lhe pode ser *objetivamente* imputado.

Avaliação: o sobrinho pode ser considerado *causa* da morte do tio, porque o induziu a ir ao bosque; sem a sua indução, o resultado *morte* do tio não teria ocorrido. Entretanto, não há dolo nem culpa. O dolo, como já expusemos, não é um singelo desejo, mas um querer ativo. O sobrinho, com sua atitude, simplesmente *desejou* a morte do tio, pois ele não tem nenhum controle ou domínio sobre a queda de raios. Inexiste punição ao sobrinho, não havendo necessidade de se socorrer da imputação objetiva. Aliás, sobre esse exemplo do sobrinho, diz FRISCH o seguinte: "os casos como o da herança do tio rico são certamente exemplos de cátedra muito bonitos, mas, de um ponto de vista prático, não têm nenhuma significação: quem tentaria matar seu inimigo – prescindindo de todas as dificuldades forenses da prova do subjetivo – de forma tão estranha e pouco frutífera?".[14]

Exemplo 7: o funcionário de uma loja de armas de fogo, ao efetuar uma venda, não gera um risco juridicamente intolerável ou não permitido, mesmo porque o estabelecimento comercial é legalizado e a entrega de armas de fogo a particulares é regulamentada por lei. Assim, se alguém se valer da arma adquirida para matar outra pessoa, independentemente do que se passou no íntimo do vendedor – se sabia ou não que a arma seria para isso usada –, não responde este funcionário por homicídio. Afinal, a sua atitude – vender a arma – era juridicamente tolerada e admissível. Não se pode considerá-la *causa* do evento.

Avaliação: como regra, o funcionário da loja de armas de fogo não responderá por homicídio nem pela equivalência dos antecedentes nem pela causalidade adequada. Na realidade, pode-se até considerar a venda da arma como causa do evento morte. No entanto, inexiste dolo ou culpa do vendedor. Não há punição. Sob outro prisma, enquanto a imputação objetiva retira o funcionário do nexo causal de qualquer modo, as outras teorias avaliarão o elemento subjetivo. Se o vendedor, apesar de estar na loja, conhecer perfeitamente o intuito do comprador e ainda lhe der orientação de como usar aquela arma para ter pleno sucesso no homicídio planejado, deverá, sim, responder como partícipe indutor ou instigador do crime de homicídio. No mais, se o funcionário apenas desconfiar da utilização daquela arma para o cometimento de um crime, não sendo garante (art. 13, § 2.º, CP) da segurança pública, também não responde pelo evento. A sua omissão é penalmente irrelevante.

2.3.2. *Crítica à teoria da imputação objetiva*

Do exposto, cremos que a teoria da imputação objetiva pode ser uma alternativa à teoria da equivalência dos antecedentes – embora se valha desta para ser aplicada – ou à teoria da causalidade adequada, embora seja desnecessária e, em muitos casos, inadequada.

---

[14] *Sobre el estado de la teoria del delito*, p. 39. Convém citar novamente: "a teoria da imputação objetiva, entretanto, não alterou a solução final, no sentido da inexistência de tipicidade, da dogmática anterior a ela. Com efeito, WELZEL, ao analisar esta mesma situação, já reconhecia a ausência de tipicidade por não se adequar a conduta do sobrinho acima referida ao tipo subjetivo. O dolo é a vontade capaz de realizar o resultado, como a vontade humana não é capaz de produzir a descarga elétrica oriunda do raio, não há adequação ao tipo subjetivo" (CLÁUDIO BRANDÃO, *Tipicidade penal*, p. 105).

Convém mencionar a crítica formulada por PAULO QUEIROZ, citando ENRIQUE GIM-BERNAT ORDEIG, segundo o qual, "relativamente aos crimes culposos, se o agente se mantém dentro do risco permitido, não há imputação objetiva simplesmente porque não existe, em tal caso, culpa, já que o autor, atuando dentro do risco socialmente tolerado, não infringe, assim, o dever objetivo de cuidado, de sorte que não é necessário, para tanto, apelar à imputação objetiva". No tocante aos delitos dolosos, em muitos casos, o que a imputação objetiva oferece é um método de afastamento da punição daqueles que, realmente, já não seriam punidos por qualquer outra teoria, porque os exemplos oferecidos dizem respeito a cogitações maldosas, sem que o agente possa influenciar no resultado, efetivamente. E diz: "O legislador não pode proibir meros pensamentos nem intenções se estes não se exteriorizam num comportamento com mínima aparência delitiva (...), porque, se tal resultasse proibido (tipificado), então não se estaria castigando fatos – que são absolutamente corretos –, senão unicamente pensamentos que não se traduziram numa manifestação exterior que ofereça aparência alguma de desvalor". Finaliza PAULO QUEIROZ, ainda mencionando GIMBERNAT, que a "teoria da imputação objetiva é uma teoria que não se sabe exatamente o que é, nem qual é o seu funcionamento".

Ademais, a enorme divergência entre os autores que a sustentam – o que se viu pelos exemplos mencionados, alguns sugerindo a punição e outros, evitando-a – termina por levar à conclusão de que, realmente, ainda é uma teoria em estudos e em desenvolvimento, como reconhecem seus próprios defensores.[15]

Por ora, parece-nos mais eficiente e menos sujeita a erros a teoria da equivalência dos antecedentes, adotada, expressamente, pelo direito penal brasileiro, mantendo-se, para sua aplicação, a ótica finalista. Aliás, convém citar a precisa crítica feita por LUIZ REGIS PRADO, a respeito da teoria da imputação objetiva, que se autoproclama pós-finalista, pretendendo promover um juízo de tipicidade desvinculado do elemento subjetivo, algo que, sem dúvida, descaracterizaria o finalismo: "A imputação objetiva do resultado enseja um risco à *segurança jurídica* e, além disso, conduz lentamente à *desintegração* da categoria dogmática da tipicidade (de cunho altamente *garantista*), não delimita os fatos culposos penalmente relevantes e provoca um perigoso aumento dos tipos de injusto dolosos. Acaba, dessa forma, por atribuir ao agente perigos juridicamente desaprovados – e ainda que totalmente imprevisíveis do ponto de vista subjetivo – através de um tipo objetivo absolutamente desvinculado do tipo subjetivo. Esse procedimento pode representar um perigo inequívoco, na medida em que, se utilizado o tipo objetivo para atribuir a alguém algo que não está abarcado por sua vontade (p. ex., um perigo juridicamente desaprovado constante só da esfera de conhecimento de outra pessoa – a comunidade social, uma pessoa inteligente, um espectador objetivo etc.), imputa-se a essa pessoa algo que não é obra *sua*. Longe de obter a uniformização dos critérios de imputação e a necessária coerência lógico-sistemática, a teoria da imputação objetiva do resultado introduz uma verdadeira *confusão* metodológica, de índole *arbitrária*, no sistema jurídico-penal, como construção científica dotada de grande coerência lógica, adstrita aos valores constitucionais democráticos, e que deve ter sempre no inarredável respeito à liberdade e à dignidade da pessoa humana sua pedra angular".[16] E ainda a lição de CEZAR ROBERTO BITENCOURT: "Sintetizando, seus reflexos devem ser muito mais modestos do que o *furor de perplexidade* que está causando no continente latino-americano. Porque a única *certeza*, até agora, apresentada pela teoria da imputação objetiva é a *incerteza* dos seus enunciados,

---

[15] ANDRÉ LUÍS CALLEGARI, A imputação objetiva no direito penal, p. 435 e 452.

[16] *Curso de direito penal brasileiro*, v. 1, p. 282.

a imprecisão dos seus conceitos e a insegurança dos resultados a que pode levar! Aliás, o próprio CLAUS ROXIN, maior expoente da teoria em exame, afirma que 'o conceito de risco permitido é utilizado em múltiplos contextos, mas sobre o seu significado e posição sistemática reina a mais absoluta falta de clareza'. (...) Propõe-se, na verdade, a discutir *critérios objetivos limitadores dessa causalidade*, sendo desnecessário, consequentemente, projetar-se critérios positivos, mostrando-se suficientes somente critérios negativos de atribuição. (...) A *relação de causalidade* não é suficiente nos *crimes de ação*, nem sempre é necessária nos *crimes de omissão* e é absolutamente irrelevante nos *crimes de mera atividade*; portanto, a teoria da imputação objetiva tem um espaço e importância reduzidos".[17]

2.3.2.1. Crítica à teoria da equivalência dos antecedentes por meio de um exemplo

"ENGISH propôs o seguinte exemplo: o carrasco A vai executar o assassino X às 6 da manhã; B, pai da vítima, que assiste no pátio do cárcere os preparativos da execução, deixando-se levar pela vingança pelas próprias mãos, a poucos segundos para as 6, lança-se contra o carrasco, afasta-o e aperta o mesmo botão acionador da guilhotina, que, às 6 em ponto, cai sobre X, decapitando-o. Se suprimirmos o comportamento de B (que colocou em funcionamento a guilhotina), o resultado (morte de X) não desaparece, já que nesse caso teria sido o carrasco que teria atuado, falecendo o condenado à mesma hora e nas mesmas circunstâncias. De acordo com a fórmula da *conditio sine qua non*, haveria de ser negada a condicionalidade da ação de B para a morte de X; mas, como o carrasco tampouco a causou, já que ele não teve oportunidade de atuar, encontraríamos uma morte real (a de X) que não poderia ser imputada a nenhum comportamento, embora, evidentemente, alguém teve que guilhotinar o morto. Disso, segue-se que, para determinar se um comportamento é condição de um resultado, não se há que formular hipoteticamente o juízo do que poderia ter acontecido, senão averiguar o que realmente aconteceu e se uma conduta influenciou científico-naturalmente no resultado concreto."[18]

Não nos parece acertada a conclusão exposta no referido exemplo. No mundo fenomênico, os fatos acontecem de determinada maneira porque não ocorreram de forma diversa. Não se trata de frase sem sentido, mas de pura realidade. Em primeiro lugar, o direito existe para regular as relações sociais dentro de certos parâmetros; o direito penal tem seu lugar para impedir que as pessoas lesadas, por ilícitos praticados por outras, considerados particularmente graves, façam justiça pelas próprias mãos. Portanto, não cabe ao pai da vítima executar o réu. Essa atividade compete ao Estado (no país que adota a pena de morte). Somente por isso, *antecipar-se* ao carrasco, apertando o botão, *deu causa* à morte de X *da forma como ocorreu*. Em segundo lugar, poderia haver a interrupção da execução, segundos antes, pela concessão de graça por parte do Governador ou do Presidente, seja a quem cabe essa clemência. Se B aperta o botão *antes* do carrasco, esse perdão não poderia ocorrer e X teria morrido *exclusivamente* por força da conduta do pai da vítima. Em terceiro, é preciso evitar exemplos absolutamente fantásticos, como se B tivesse acesso ao botão de execução dois segundos antes do carrasco. Se é necessário construir uma ilustração praticamente absurda para criticar uma teoria, isto significa, com nitidez, ser ela acertada. Resolve, com precisão, 99,9% de todas as situações jurídicas, no plano real. Se ainda se mencionar um restante de 0,01%, cai-se no argumento ao qual nos referimos em primeira linha: a ninguém é dado substituir o Estado para *fazer justiça*.

---

[17] *Erro de tipo e erro de proibição*, p. 20-21.

[18] GIMBERNAT ORDEIG, *Estudios sobre el delito de omisión*, p. 50-51.

Assim sendo, pode-se abstrair a conduta de B e a morte de X não aconteceria *como ocorreu*. Simples assim, como é a teoria da equivalência dos antecedentes. Afirmar que se trata de uma teoria *cega*, promotora do regresso ao infinito, naturalística, não representa nada no plano prático. O Estado, na figura da autoridade policial, para conduzir uma investigação, *jamais* vai ao infinito para buscar *causadores* do resultado. Tampouco o órgão acusatório age desse modo, pois simplesmente desnecessário. No exemplo citado anteriormente (dar o tiro; transportar o assassino; vender a arma), a investigação de um homicídio trabalha com hipóteses críveis; a autoridade policial, no inquérito, firma o nexo causal no âmbito dos disparos da arma e concausas porventura existentes. Pode estender a investigação ao vendedor da arma, se observar a sua participação no delito. Entretanto, por uma singela questão de bom senso, não atinge o proprietário da fábrica regular de armas de fogo. Em suma, a teoria adotada pelo Código Penal tem sido seguramente aplicada há décadas.

2.3.2.2. Críticas às teorias da equivalência dos antecedentes e da causalidade adequada

Quanto à equivalência dos antecedentes, adotada pelo Código, lembrando-se do exemplo do vendedor de arma e do taxista, argumenta-se que a venda e o transporte feito pelo taxista ao local do crime são considerados causas do delito, mas o vendedor e o taxista não são punidos, uma vez que não agiram com dolo ou culpa. Realizaram a venda e o transporte sem ter noção da finalidade do uso da arma. Sofre a crítica de ser uma teoria *cega* – geradora de uma regressão ao infinito –, colocando no nexo causal condutas que, dentro da lógica, são despropositadas, como a venda lícita de uma arma (poder-se-ia considerar causa do crime de homicídio até mesmo o momento da concessão de funcionamento da fábrica da arma e assim por diante) e o trabalho no taxista.

Alguns autores, defensores da imputação objetiva ou da causalidade adequada, argumentam que, pela regressão possível, conforme a teoria da equivalência dos antecedentes, poder-se-ia dizer que os pais do homicida constituem *causa* da morte da vítima, pois *produziram* o assassino. Sim, é verdade. Seria possível dizer isso. No entanto, retorna-se a indagação: e quem seria o operador do direito, obtuso e ignorante o suficiente, para fazer isso? Quando um delegado investiga um homicídio, ele percorre os antecedentes do evento *morte* dentro da mais pura racionalidade, de modo que, pelo menos até hoje, não se tem notícia do indiciamento dos pais do autor de um crime por conta de terem gerado o delinquente.

Na segunda teoria, como já exposto, a ação do vendedor ou do taxista não é razoável, nem idônea, para produzir o resultado *morte*, até mesmo porque foi lícito o negócio. Como regra, a venda da arma e o transporte ao local do crime são excluídos do nexo causal por um juízo de adequação e razoabilidade. Sofre, no entanto, a crítica de vincular, em demasia, causalidade e culpabilidade, colocando o juiz numa posição especial de análise do nexo causal (o que foi e o que não foi idôneo).

Noutros termos, em caso de dúvida sobre a participação do vendedor da arma ou do transporte feito pelo taxista, questiona-se a presença do dolo ou da culpa para *fechar o nexo causal*. Portanto, *antecipa-se* a análise do elemento subjetivo do crime para momento inadequado. Sobre o tema, analisando as críticas e defendendo a teoria da causalidade adequada, ver PAULO JOSÉ DA COSTA JÚNIOR.[19]

---

[19] *Nexo causal*, p. 90-91.

3. CAUSAS INDEPENDENTES E RELATIVAMENTE INDEPENDENTES

As causas independentes (aquelas que surgem, no curso causal de um evento, e, por si mesmas, são aptas a produzir o resultado) cortam, naturalmente, o nexo causal. Exemplo: um raio que atinja a vítima, matando-a, pouco antes de ela ser alvejada a tiros pelo agente, é suficiente para cortar o nexo de causalidade (é a chamada "causalidade antecipadora").

Por outro lado, existem causas *relativamente* independentes, que surgem de alguma forma ligadas às causas geradas pelo agente (por isso, são *relativamente* independentes), mas *possuindo força suficiente* para gerar o resultado por si mesmas. Exemplo tradicional da doutrina: se, por conta de um tiro, a vítima vai ao hospital e, lá estando internada, termina morrendo queimada num incêndio que toma conta do nosocômio, é preciso considerar que o fogo foi uma causa relativamente independente, a produzir o resultado *morte*. É causa do evento porque não fosse o tiro dado e o ofendido não estaria no hospital, embora o incêndio seja algo imprevisível. Daí por que o legislador resolveu criar uma válvula de escape ao agente, a fim de não responder por algo imponderável.

A causa relativamente independente tem força para cortar o nexo causal, fazendo com que o agente responda somente pelo que já praticou, desde que se respeitem dois requisitos: a) previsibilidade do agente quanto ao resultado mais grave; b) força da causa superveniente para provocar, sozinha, o resultado.

No exemplo supramencionado do incêndio no hospital, trata-se de evento imprevisível pelo agente, de modo que, mesmo tendo produzido o motivo que levou a vítima ao nosocômio (dando-lhe um tiro), não deve responder pelo resultado mais grave, fora do seu alcance e da sua previsibilidade.

O incêndio não se encontra, nas palavras de DE MARSICO, na "linha evolutiva do perigo", razão por que serve para cortar o nexo. Além disso, o fogo teve força para causar a morte da vítima, por si só, tanto que provocou outras mortes também, de pessoas não feridas por tiros. O agente do disparo responderá somente pelo já praticado antes do desastre ocorrido: tentativa de homicídio ou lesão corporal consumada, conforme a sua intenção.

Registre-se interessante exemplo de discussão, em caso real, para o corte ou não do nexo causal: "no caso específico destes autos, o diligente Dr. Defensor Dativo esforçou-se para sustentar que a morte da vítima ocorrida cerca de dois anos após a data em que foram desferidos os disparos de arma de fogo contra ela não guardaria relação de causalidade com esse fato pretérito. A discussão, portanto, insere-se na interpretação da norma do art. 13, § 1.º, do Código Penal, primeira parte: 'a superveniência de causa relativamente independente exclui a imputação quando, por si só, produziu o resultado'. Mas não houve, no que se refere à pessoa vitimada da forma descrita na denúncia, superveniência de causa relativamente independente que, por si só, tenha produzido o resultado morte. Houve, ao contrário, superveniência de causa inteiramente decorrente do fato de a vítima ter sido atingida pelos disparos de arma de fogo descritos na denúncia, com agravamento com o passar do tempo, tudo como foi bem definido por avaliação médica confiável, segura e convincente. (...) Consta, ademais, do relatório médico de fls. 432/433 e de avaliação médica subscrita pelo diretor técnico de núcleo do Instituto Médico-Legal (fl. 436) que os ferimentos provocados pelo apelante na vítima foram a causa determinante de sua morte: 'analisando o prontuário médico da vítima, inferimos que a mesma veio a falecer de complicações ocorridas durante o tratamento médico-cirúrgico de lesões relacionadas e decorrentes da paraplegia, havendo portanto, s.m.j., nexo causal entre os fatos'. Por outras palavras, na mesma linha didática mencionada por GUILHERME DE SOUZA NUCCI, se a vítima não houvesse sido lesionada por aqueles disparos, não teria ficado paraplégica, não teria sido acometida de sérias dificuldades de locomoção com importantes complicações no período pós-operatório até a falência geral dos órgãos de que resultou a sua morte. Tudo isso como direta consequência da ação dolosa inicial descrita na denúncia, isto é, referida ação se constituiu em verdadeira 'conditio sine qua non' para a produção do resultado futuro (morte), a conhecida 'teoria da equivalência das condições' adotada pelo Código Penal brasileiro no art. 13 já mencionado acima (...)".[20]

3.1. Concausas e seus efeitos

Concausa é a confluência de uma causa exterior à vontade do agente na produção de um mesmo resultado, estando lado a lado com a ação principal. Nas palavras de ENRIQUE ESBEC RODRÍGUEZ, concausa é fator estranho ao comportamento do agente, que se insere no processo dinâmico, de modo que o resultado é diferente do que seria esperado em face do referido comportamento.[21]

Exemplificando: o incêndio produzido no hospital (referência *supra*) não deixa de ser uma concausa, pois, com a ação do atirador, que levou a vítima à internação, causou os ferimentos geradores da morte. A lei penal cuidou, especificamente, somente da ocorrência da concausa superveniente relativamente independente. Nada falou sobre as concausas preexistentes (também denominadas de "estado anterior") e concomitantes à ação do agente, levando a crer que há punição, sem qualquer corte do nexo causal.

Assim, se a vítima é hemofílica (outro exemplo tradicional de concausa preexistente) e sofre um tiro, que produz hemorragia incontrolável, causando-lhe a morte, o agente do disparo responde por homicídio consumado.[22] Essa analogia, apregoada por COSTA JÚNIOR, é inviável, porque ilógica. Quando se trata de causa superveniente, pode-se debater se o agente tinha ou não previsibilidade do resultado mais grave, uma vez que a referida causa ocorre *depois* da cessação de seus atos executórios. Assim, ele pode não mais deter o controle causal do que já fez. No tocante às causas preexistentes e concomitantes, quando forem *relativamente* independentes, é mais que óbvio tenha o autor a perfeita possibilidade de prever a sua ocorrência. Quem desfere um tiro no hemofílico (sem saber da doença), querendo matá-lo e acaba conseguindo o resultado pretendido, pois a hemorragia produzida é fatal, tem plena noção de que o tiro pode matar e, por uma questão de senso comum, a pessoa humana *pode* ter alguma enfermidade oculta ou defeito genético que a impulsione mais rapidamente à morte. Quem desfecha o disparo de arma de fogo contra alguém, pretendendo matá-lo, assume todo e qualquer risco de que o tiro se associe a uma manifestação orgânica da vítima levando-a justamente ao resultado pretendido (a morte). No mesmo prisma, o agente que desfere um tiro na pessoa, que se encontra à beira de um precipício, tem perfeita noção de que o disparo tem potencialidade para ferir e igualmente levar à queda do sujeito. Logo, quando a concausa

---

[20] TJSP, Ap. 0052978-60.2009.8.26.0576, 2.ª C., rel. Antonio Luiz Pires Neto, 25.03.2013, v.u.

[21] *Psicología forense y tratamiento jurídico-legal de la discapacidad*, p. 164.

[22] No mesmo prisma: WALTER VIEIRA DO NASCIMENTO, *A embriaguez e outras questões penais*. Doutrina – legislação – jurisprudência, p. 10. Em sentido contrário, torna-se importante mencionar a posição de PAULO JOSÉ DA COSTA JÚNIOR: "Embora o § 1.º se refira somente às causas supervenientes, entendemos que também as causas antecedentes ou intercorrentes que tenham sido por si sós suficientes (em sentido relativo) para produzir o evento prestam-se à exclusão do vínculo causal penalmente relevante. Trata-se de uma analogia *in bonam partem*, admissível em direito penal" (*Comentários aos crimes do novo Código Nacional de Trânsito*, p. 12).

concomitante surge (tiro + queda), acarretando a morte da vítima, deve o autor responder por homicídio consumado. Ele tem previsibilidade da concretude da concausa concomitante. Em suma, a analogia *in bonam partem*, suscitada acima, é desprovida de fundamento em qualquer situação, desde que se trate de concausa *relativamente* independente. Por óbvio, as concausas *absolutamente* independentes servem para cortar o nexo causal sempre.

4. RELAÇÃO DE CAUSALIDADE NOS CRIMES OMISSIVOS PRÓPRIOS E OMISSIVOS IMPRÓPRIOS

São delitos omissivos próprios aqueles cuja conduta envolve um *não fazer* típico, que pode – ou não – dar causa a um resultado naturalístico. Na lição de João Bernardino Gonzaga, "o sujeito se abstém de praticar um movimento tendente a obter determinado efeito útil ou deixa de impedir a atuação de forças modificadoras da realidade, possibilitando o surgimento do mal".[23] Exemplo: deixar de prestar assistência, quando possível fazê-lo sem risco pessoal, à criança abandonada ou extraviada configura o delito de omissão de socorro – art. 135, CP –, porque o *não fazer* é previsto no tipo penal, como modelo de comportamento proibido.

São crimes omissivos impróprios os que envolvem um *não fazer*, que implica a falta do dever legal de agir, contribuindo, pois, para causar o resultado. Não há tipos específicos, gerando uma tipicidade por extensão. Para que alguém responda por um delito omissivo impróprio é preciso que tenha o dever de agir, imposto por lei, deixando de atuar, dolosa ou culposamente, auxiliando na produção do resultado. Exemplo: um policial acompanha a prática de um roubo, deixando de interferir na atividade criminosa, propositadamente, porque a vítima é seu inimigo. Responderá por roubo, na modalidade comissiva por omissão.

4.1. Natureza jurídica da omissão própria

Há duas posições:

a) *existência normativa*: a omissão não tem existência no plano naturalístico, ou seja, existe apenas no mundo do dever-ser, sendo uma abstração. Afirmam alguns que "do nada, nada surge", por isso a existência da omissão é normativa. Somente pune--se o agente que nada fez porque a lei assim determina;

b) *existência física*: a omissão é um trecho do mundo real, embora não tenha a mesma existência física da ação. Trata-se de um fenômeno perceptível aos sentidos humanos. Contrapondo-se à afirmação que "do nada, nada surge", explica Baumann: "A meu juízo, o sofisma da não existência da causalidade da conduta omissiva se baseia sobretudo na circunstância de que à omissão falta evidência. Na ação positiva pode-se sempre observar algo e na omissão não se vê, quase sempre, nada. Se a omissão tornar-se evidente, perde rapidamente terreno a tese segundo a qual *ex nihilo nihil fit*". E continua dizendo que, se alguém deixa descer ladeira abaixo um carrinho de bebê até um obstáculo formado por A, caso este, cansado de ser o obstáculo, quando o carrinho se aproxima, deixa-o passar, caindo no precipício, não há dúvida quanto à causalidade da conduta de A e a morte do bebê. O mesmo aconteceria se A tivesse freado o carrinho com o corpo e depois tivesse saído do lugar.[24]

---

[23] Crimes comissivos por omissão, p. 250.

[24] *Derecho penal* – Conceptos fundamentales y sistema, p. 142.

Na realidade, cremos ter o Código Penal adotado uma teoria eclética quanto à omissão, dando relevo à existência física, no *caput* do art. 13, tal como diz a Exposição de Motivos: "Pôs-se, portanto, em relevo a ação e a omissão como as duas formas básicas do comportamento humano", embora concedendo especial enfoque à existência normativa no § 2.º do mesmo artigo. Há, na omissão, no ensinamento de MIGUEL REALE JÚNIOR, um dado naturalístico, sujeito a um enfoque normativo.[25]

4.2. Natureza jurídica da omissão imprópria e significado da expressão *penalmente relevante*

Diversamente da omissão própria, cujo *não fazer* pode ser visto como um contraponto ao *fazer*, compondo o universo naturalístico, a omissão imprópria possui existência normativa, como deixa claro o art. 13, § 2.º, do Código Penal.

A omissão, quando não faz parte do tipo penal incriminador (exemplo: o *não fazer* deixa de constar expressamente num tipo penal, como no caso da omissão de socorro – art. 135, CP), somente se torna *relevante* para o direito penal caso o agente tenha o *dever de agir*. Do contrário, não se lhe pode exigir qualquer conduta. Exemplo: qualquer do povo que acompanhe a execução de um furto *pode* agir para impedir o resultado, mas não é *obrigado*. Daí por que, mesmo que aja dolosamente, não pode ser punido, pois não tinha o dever jurídico de impedir o resultado. A situação é diferente se a pessoa que acompanha o furto sem agir, de propósito, é o vigilante contratado para zelar pela coisa subtraída: responderá por furto.

Por isso a cautela legal de inserir na lei a expressão *penalmente relevante* para dar significado à omissão de quem devia e podia atuar para evitar o resultado.

4.2.1. A expressão *podia agir*

Significa que o agente, fisicamente impossibilitado de atuar, não responde pelo delito, ainda que tivesse o dever de agir. Assim, se o vigilante presencia um furto, mas não tem tempo de impedir o resultado porque sofre um desmaio, não será responsabilizado pelo evento.

Por outro lado, é possível ocorrer causa impeditiva decorrente de lei, contrato, medida judicial ou outra situação fática, que afaste o garante de seu natural posto. Por essa razão, inexiste, igualmente, possibilidade de atuação.

Não se equipara ao *poder de agir* qualquer manifestação de medo ou bloqueio psicológico, pois a pessoa é garantidor (ou garante) da situação. A possibilidade de agir deve cingir-se ao cenário físico.

Esclarece SHEILA BIERRENBACH que o "poder de agir constitui pressuposto do dever de agir. Há de ser interpretado como a capacidade por parte do omitente de agir com êxito para conjurar o perigo que paira sobre o bem, salvando-o e, em consequência, afastando a ocorrência do evento típico. (...) Imprescindível, pois, que o garante esteja psicofisicamente em situação de planejar a ação imposta pela lei (com o fim de salvar o bem em perigo), encontrando os meios e impulsionando seu projeto de ação".[26]

---

[25] *Parte Geral do Código Penal* – Nova interpretação, p. 43.

[26] *Crimes omissivos impróprios*, p. 82.

4.3. Dever de agir advindo de lei

A legislação impõe a várias pessoas o dever de cuidar, proteger e vigiar outras, tal como o faz com os pais em relação aos filhos menores, com os tutores em relação aos tutelados, com os curadores em relação aos curatelados e até mesmo com o administrador de um presídio em relação aos presos. Assim, se um detento está gravemente enfermo e o administrador da cadeia, dolosa ou culposamente, deixa de lhe conferir tratamento adequado, pode responder por homicídio, se houver morte.

Convém mencionar a explicação de LUIZ LUISI: "Neste dispositivo o nosso legislador se referiu não apenas à lei, mas especificou os deveres de cuidado, proteção e de vigilância, e adotando essa redação não se limitou à chamada teoria formal, mas acolheu a teoria das fontes. Trata-se de deveres que são impostos pela ordem jurídica *lato sensu*. Não são apenas obrigações decorrentes de lei em sentido estrito, mas de qualquer disposição que tenha eficácia de forma a poder constituir um vínculo jurídico. É o caso dos decretos, dos regulamentos, das portarias, e mesmo das sentenças judiciais e provimentos judiciários em geral, e até de ordem legítima de autoridade hierarquicamente superior. Podem tais deveres, outrossim, derivar de norma penal, como de norma extrapenal, tanto de direito público como de direito privado".[27]

4.4. Dever de agir de quem assumiu a responsabilidade de evitar o resultado

É o dever decorrente de negócios jurídicos ou de relações concretas da vida. No primeiro caso, o vigia contratado para tomar conta das casas de um determinado condomínio não pode ficar inerte ao acompanhar a ocorrência de um furto. Se agir dolosamente, responderá pelo crime contra o patrimônio tal como os agentes da subtração. No entanto, deve-se frisar que, caso o garante deixe de atuar por negligência, somente poderá ser punido se o crime comportar a forma culposa; não é a hipótese do furto.

No segundo, se alguém assume a posição de *garante* (ou garantidor) da segurança alheia, fica obrigado a interferir caso essa segurança fique comprometida. No tradicional exemplo da doutrina do exímio nadador que convida o amigo para uma travessia de um rio, prometendo-lhe ajuda, em caso de emergência, fica obrigado a intervir se o inexperiente nadador começar a se afogar. Afinal, não houvesse a promessa de auxílio, quem não sabe nadar com desenvoltura não atravessaria o rio daquela forma.

4.5. Dever de agir por ter gerado o risco

É o dever surgido de ação precedente do agente, que deu causa ao aparecimento do risco. Exemplo: alguém joga outro na piscina, por ocasião de um trote acadêmico, sabendo que a vítima não sabe nadar. Fica obrigado a intervir, impedindo o resultado trágico, sob pena de responder por homicídio. Aliás, nessa hipótese, há as duas formas: dolosa e culposa. Se não salvou quem se afogava de propósito, responderá por homicídio doloso; se não o fez por negligência, responderá por homicídio culposo.

4.6. Questões controversas no cenário do nexo causal

4.6.1. *Omissão de socorro quanto ao agressor*

"A", depois de rechaçar uma ação ilícita, lesiona seu agressor "B", permitindo que ele morra sangrando; deve responder por um delito de omissão imprópria (homicídio) ou somente por

---

[27] *Os princípios constitucionais penais*, p. 108.

omissão de socorro? Ao se defender de uma agressão injusta, "A" praticou um ato lícito (desde que, valendo-se dos meios necessários, moderadamente). A partir disso, surge o dever de solidariedade, imposto pelo art. 135 do CP (omissão de socorro), para salvar vidas. Portanto, deve responder por omissão de socorro. Não cabe inserir "A" na figura do homicídio (doloso ou culposo), com base no art. 13, § 2.º, c, do Código Penal (com seu comportamento anterior, criou o risco da ocorrência do resultado), pois quem se defende não está *gerando* um risco inaceitável (objeto do art. 13, § 2.º, c, do CP); ao contrário, produz um risco perfeitamente lícito, pois encontra-se na defesa de seu direito.

Para ilustrar, a doutrina alemã se divide nessa questão. Pela omissão imprópria (homicídio): KAUFMANN/HASSEMER; WELP; HERZBERG; BAUMANN/WEBER; SONNEN; MAURACH/GÖSSEL. Pela omissão própria (omissão de socorro): RUDOLPHI; PFLEIDERER; SCHÜNEMANN; STRATENWERTH; SCHMIDHÄUSER; OTTO/BRAMMSEN; ROXIN; BOCKELMANN; GALLAS; FREUND; WESSELS; STREE; KÖHLER.[28]

4.6.2. Relação de garantia entre pais e filhos maiores

Entre os pais e os filhos maiores de idade existe uma relação de garantia? É certo que o pai deve zelar pelo filho pequeno, cuidando, protegendo e vigiando, nos termos do art. 13, § 2.º, a, do Código Penal. Esse dever é previsto na legislação civil e conhecido por poder familiar.

A partir do momento em que o filho completa 18 anos, não mais subsiste o mencionado poder familiar. Nenhuma ascendência legal tem o pai no tocante ao filho. Por isso, não vemos como poderia o pai continuar garante da segurança do filho, que pode fazer o que bem entende. Por outro lado, também não se torna o filho o garante da segurança do pai. O preceituado pelo art. 229 da Constituição Federal ("os pais têm o dever de assistir, criar e educar os filhos menores, e os filhos maiores têm o dever de ajudar e amparar os pais na velhice, carência ou enfermidade") é uma norma de apoio e assistência, a realizar-se no âmbito civil (pagamento de pensão, por exemplo). Não traz nenhum comando pertinente à função de garante, pois não se fala em cuidar, proteger ou vigiar.

Entretanto, como adverte GIMBERNAT ORDEIG, diferentes respostas são encontradas na doutrina e na jurisprudência, abrangendo avós e netos, irmãos, tios e sobrinhos etc. Outra dúvida, se houver uma posição de garante, o dever de evitar o resultado se limitaria aos bens jurídicos mais relevantes, como vida, liberdade e integridade física ou também outros, como a propriedade? Como não acolhemos a posição de garante nessas hipóteses, é irrelevante o bem jurídico a ser protegido.[29]

4.6.3. Relação de garantia em relacionamentos diversos

Existe a posição de garante decorrente de outros relacionamentos? Exemplo: união estável, cônjuges, cônjuges separados de fato. Não nos parece exista o dever de impedir o resultado, nos moldes preconizados pelo art. 13, § 2.º, do Código Penal, tendo em vista que companheiros ou cônjuges não têm o dever jurídico de cuidar, proteger ou vigiar o outro.

Companheiros e cônjuges têm o dever de assistência mútua, mas não são *crianças*, que dependam de cuidados, proteção ou vigilância. Assim também entre amigos, namorados, vizinhos etc.

---

[28] GIMBERNAT ORDEIG, *Estudios sobre el delito de omisión,* p. 273.

[29] *Estudios sobre el delito de omisión,* p. 277.

A única situação a permitir a hipótese de garante seria a *assunção voluntária da responsabilidade de evitar determinado resultado*. No entanto, essa obrigação serve para qualquer pessoa, não implicando relação afetuosa.

4.6.4. Concorrência de ações em homicídio

Suponha-se que 'A' coloca veneno num alimento de "X" e "B" crava a navalha também em "X". A autópsia somente pode determinar que a morte de X se deveu com 99% de probabilidades ao veneno, mas não se pode descartar a possibilidade de 1% de que a morte tenha decorrido do apunhalamento. A solução, para GIMBERNAT ORDEIG, é aplicar tanto a 'A' quanto a 'B' um delito contra a vida em grau de tentativa; não se pode condenar 'A' por um tipo que requer *ter matado alguém* quando existe uma mínima possibilidade que não tenha sido 'A' quem efetivamente matou.[30]

Não podemos discordar da conclusão do autor, desde que "A" e "B" não estejam juntos, com unidade de propósitos, para matar "X". Se estiverem, conseguiram o almejado, pouco importando por qual meio. Respondem por homicídio consumado. Caso eles não estejam atuando juntos, cada qual responde por tentativa de homicídio. No entanto, esse laudo pericial, se apresentado desse modo (99% e 1%), seria uma raridade; talvez possa existir num país de Primeiro Mundo. No Brasil, o laudo, nesse caso, diria certamente, quando muito bem-feito, que a navalhada e a ingestão do veneno levaram à morte da vítima. Logo, ambos terminariam respondendo por homicídio consumado em autoria colateral.

4.6.5. O surgimento de novas causas geradoras do dever de garante

Houve época, antes da Reforma Penal de 1984, que o art. 13 do CP não possuía o disposto, hoje, pelo § 2.º (omissão penalmente relevante). Trabalhava-se, portanto, com uma lacuna capaz de desenvolver intenso debate doutrinário acerca da figura do garante. Sem especificar, claramente, em lei, o *dever de agir para impedir o resultado* seria possível punir por homicídio (e não por omissão de socorro) o pai que deixasse seu filho afogar-se na piscina, mesmo sabendo o adulto nadar? Seria viável, do mesmo modo, punir a babá, em face de seu contrato de trabalho, por homicídio se a criança pequena se afogasse em piscina rasa? Seria adequado punir quem atirou o amigo no rio para fazer uma brincadeira, mas ele se afogou porque não sabia nadar?

Muitos penalistas defendiam a resposta afirmativa a essas indagações, alegando o *dever de agir* tacitamente previsto em lei; ademais, defendiam que a omissão, tanto quanto a ação, tem aptidão para causar resultados naturalísticos. Seria a teoria física da omissão. Outros, no entanto, respondiam negativamente às perguntas, gerando apenas a responsabilidade por omissão de socorro. Geralmente, eram os adeptos da teoria normativa da omissão.

De todo modo, o debate tinha um fundamento jurídico, pois é inquestionável o dever do pai de cuidar de seu filho pequeno (poder familiar e seus deveres – Código Civil); é indubitável que se contrata uma babá para tomar conta da criança pequenina (deveres do contrato de trabalho); é lógico esperar do causador do perigo que salve a vítima. Em suma, havia um *dever de agir*, senão claro, tácito em lei.

Apresentam-se, atualmente, outras fontes de geração do dever de agir, extravasando – e muito – a expectativa de absorção do Direito Penal, em face do princípio da legalidade.

---

[30] *Estudios sobre el delito de omisión*, p. 285.

JANAÍNA PASCHOAL destaca as seguintes fontes: a *comunidade de vida* e a *comunidade de perigo*. A primeira seria originária do convívio entre duas ou mais pessoas, criando um vínculo entre elas, como uma república de estudantes; logo, se um estudante tivesse um ataque cardíaco, o seu companheiro de morada deveria procurar salvá-lo, sob pena de responder por *homicídio* – e não por omissão de socorro. Ora, de onde veio o dever de agir que tornou os habitantes daquela república os garantes uns da segurança dos outros? Uma vida em comunidade encontra-se em pensões, favelas, debaixo de viadutos etc.; nem por isso alastra-se o dever de agir por onde se instala um grupo de conviventes. Outro exemplo é a comunidade de perigo, valendo para os companheiros de um esporte perigoso, como escalar montanhas ou esquiar. Se um deles sofre uma queda, necessitando de auxílio, quem não o ajudar, permitindo a sua morte, responderá por *homicídio* – e não por omissão de socorro. O dever de agir nasceu exatamente onde? Da prática de uma atividade de lazer em conjunto?[31]

Enfim, cremos que a própria autora responde a tais questões ao dizer que "o direito penal passa a ser utilizado como instrumento de controle do cidadão que não descumpre a lei, mas do cidadão que não se comporta como seria o esperado. O problema é que não está escrito, em lugar algum, o que seria o esperado. As reações aos fatos da vida variam de acordo com a educação de cada qual, com a religião de cada qual, com a concepção de dignidade humana de cada qual".[32] Cremos lesivas ao princípio da legalidade as "novas fontes" do dever de agir.

RESUMO DO CAPÍTULO

▶ **Conceito de nexo causal:** é o vínculo estabelecido entre a conduta do agente e o resultado por ele gerado, com relevância para formar o fato típico. Portanto, a relação de causalidade tem reflexos diretos na tipicidade.

▶ **Causa:** significa toda ação ou omissão indispensável para a configuração do resultado concreto, por menor que seja o seu grau de contribuição. Não há qualquer diferença entre causa, condição (aquilo que permite à causa produzir o seu efeito) e ocasião (circunstância acidental que favorece a produção da causa), para fins de aplicação da relação de causalidade.

▶ **Resultado:** pode-se conceituá-lo como *naturalístico*, significando a modificação sensível do mundo exterior; ou pode-se defini-lo como *jurídico* ou *normativo*, demonstrativo da modificação gerada no mundo jurídico, ferindo interesse ou bem tutelado pela norma, sem necessidade de qualquer evento no mundo naturalístico. Tem predominado na doutrina o conceito naturalístico de resultado.

▶ **Nexo causal:** trata-se do liame existente entre a conduta (ação ou omissão) e o resultado, permitindo encaixar o fato gerado ao tipo penal, formando a tipicidade.

▶ **Teoria da equivalência dos antecedentes:** forma-se o nexo causal levando-se em consideração todas as condutas anteriores ao resultado sem as quais este não ocorreria. Vale-se do juízo de eliminação hipotética. Quando se retira um antecedente da linha de tempo, se o resultado desaparecer, aquele antecedente é causa do evento. Retirando-se o antecedente da linha do tempo, caso o resultado continue, aquela circunstância não é causa do evento. Lembre-se que ser causa do resultado não gera, automaticamente, a responsabilidade criminal. É a teoria adotada pelo art. 13, *caput*, do Código Penal.

---

[31] *Ingerência indevida*, p. 56-57.

[32] JANAÍNA PASCHOAL, *Ingerência indevida*, p. 63.

- **Teoria da causalidade adequada:** forma-se o nexo causal considerando-se como causa todos os antecedentes que sejam aptos e idôneos a produzir o resultado, dentro de um juízo de bom senso e razoabilidade.

- **Teoria da imputação objetiva:** constitui-se o nexo causal levando-se em conta os antecedentes que sejam considerados ilícitos e potencialmente aptos a gerar o resultado, tanto que o fizeram.

- **Causas independentes:** são as que provocam o resultado, surgindo em meio ao curso causal, sem qualquer ligação com outras condutas realizadas. Exemplo: um raio que atinja a vítima, matando-a, pouco antes de ela ser alvejada a tiros pelo agente, é suficiente para cortar o nexo de causalidade (é a chamada "causalidade antecipadora").

- **Causas relativamente independentes:** elas surgem de alguma forma ligadas às causas geradas pelo agente (por isso, são *relativamente* independentes), mas *possuindo força suficiente* para gerar o resultado por si mesmas. Exemplo tradicional da doutrina: se, por conta de um tiro, a vítima vai ao hospital e, lá estando internada, termina morrendo queimada num incêndio que toma conta do nosocômio, é preciso considerar que o fogo foi uma causa relativamente independente, a produzir o resultado *morte*. É causa do evento porque não fosse o tiro dado e o ofendido não estaria no hospital, embora o incêndio seja algo imprevisível.

- **Concausa:** é a confluência de uma causa exterior à vontade do agente na produção de um mesmo resultado, estando lado a lado com a ação principal.

- **Concausa preexistente:** é a causa existente antes da conduta do agente; quando esta se dá, junta-se com a primeira e ambas têm aptidão para gerar o resultado. Exemplo: agredir uma pessoa hemofílica pode causar-lhe uma hemorragia incontrolável, levando-a à morte.

- **Concausa concomitante:** é a causa ocorrente com a conduta do agente, fazendo com que ambas, unidas, levem ao resultado. Exemplo: dar um tiro em pessoa próxima a um precipício; a vítima é ferida no ombro pelo projétil, mas termina caindo e fraturando o pescoço.

- **Concausa superveniente:** é a causa que acontece após a conduta principal do agente, mas que com ela se liga, propiciando a ocorrência do resultado. Exemplo: levando um tiro, a vítima vai ao hospital; durante a cirurgia, sofre um choque anafilático e morre. Responsabiliza-se o agente por homicídio.

- **Concausa superveniente que por si só provoca o resultado:** é a causa que ocorre após a conduta principal do agente, mas que com ela se liga, provocando o resultado pela sua própria força. Exemplo: levando um tiro, a vítima segue ao hospital; enquanto aguarda atendimento, fora de perigo de morte, o lugar sofre um incêndio; falecendo a vítima, observa-se que a causa superveniente *relativamente* independente (incêndio) foi forte o suficiente para gerar a morte, mesmo desprezando-se o ferimento pelo projétil. É a hipótese do art. 13, § 1.º. O agente, que disparou o tiro, responde somente por tentativa de homicídio.

- **Omissão penalmente relevante:** há crimes omissivos próprios, cujo não fazer está descrito no tipo penal (omissão de socorro – art. 135, CP); o agente responde pela sua abstenção. No entanto, há crimes de ação (como o homicídio), que podem ser cometidos por omissão (chamada omissão imprópria). Nessa hipótese, a omissão do agente precisa ser considerada *penalmente* relevante, ou seja, é fundamental que o agente assuma a posição de garante, com o dever de impedir o resultado. Exemplo: o médico cuida dos pacientes da UTI; ausenta-se, permitindo que um dos internos sofra um declínio rápido em sua saúde, morrendo; o médico é o garante da segurança dos pacientes, logo, deve responder por homicídio (doloso ou culposo, conforme o caso concreto).

ESQUEMAS

TEORIA DA EQUIVALÊNCIA DAS CONDIÇÕES (OU DOS ANTECEDENTES) – (ART. 13, *CAPUT*, CP)

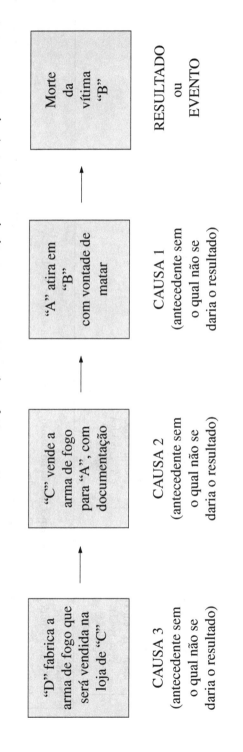

Notas:

a) Somente "A" será punido criminalmente pela morte de "B", pois deu causa ao resultado com dolo

b) "C" e "D" praticaram condutas que constituem causas eficientes para a ocorrência do resultado, mas não serão penalmente responsabilizados, pois não agiram com dolo ou culpa

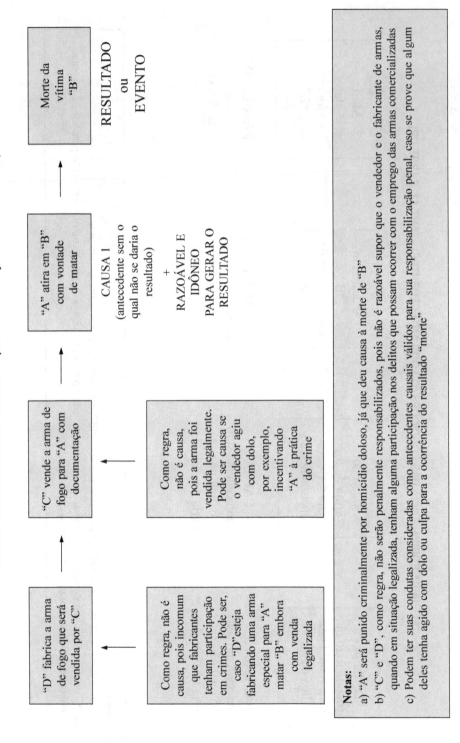

Cap. XX – Nexo Causal 357

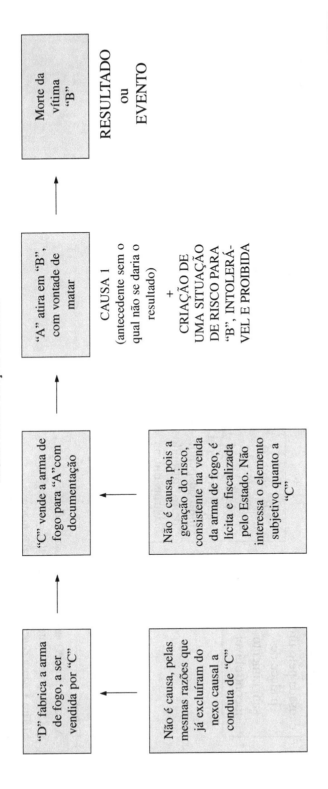

Notas:
a) "A" será punido pela prática de homicídio doloso, pois deu causa à morte de "B", o que é juridicamente proibido
b) "C" e "D" realizaram suas condutas dentro da legalidade, sob "as vistas" do Estado, não podem ser incluídos no nexo causal, pouco interessando se agiram com dolo ou culpa
c) "C" e "D" somente responderiam criminalmente e suas condutas seriam incluídas no nexo causal, caso fizessem venda e fabrico clandestinos da arma de fogo, pois, nessas situações, criariam um risco intolerável e proibido

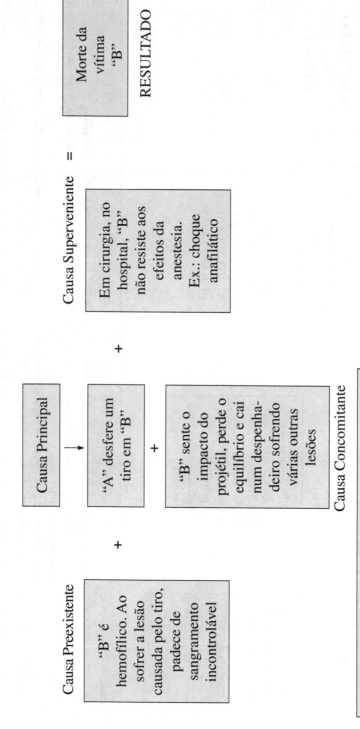

CAUSA SUPERVENIENTE, QUE CORTA O NEXO CAUSAL (ART. 13, § 1.º, CP)

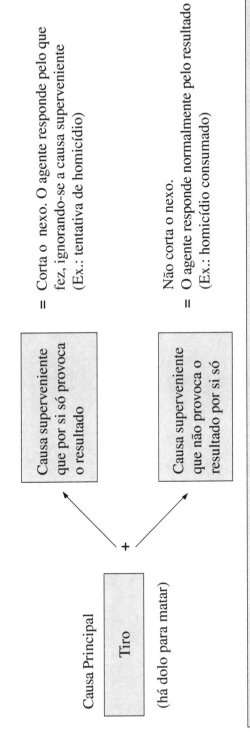

Notas:

a) O disposto no art. 13, § 1.º, do Código Penal, é uma excepção à regra da equivalência dos antecedentes, prevista no "caput". Pode-se dizer que é um abrandamento à regra, trazido pela teoria da causalidade adequada

b) No exemplo dado, seria uma causa superveniente relativamente independente, que por si só causou o resultado, um incêndio ocorrido no hospital, onde "B" se trata do tiro, morrendo queimado

c) Ainda no mesmo exemplo, seria uma causa superveniente relativamente independente, que não provocou por si só o resultado, o choque anafilático, sofrido por "B", durante a cirurgia para cuidar da lesão provocada pelo tiro

d) Há dois critérios para apurar se a causa superveniente é suficiente para cortar o nexo causal: *previsibilidade do agente* (é uma situação possível, como regra, de acontecer?) + força individual (é uma situação que tem potencial para tornar vítimas outras pessoas, além de "B", ferido a tiro, por "A"?). Se as respostas forem afirmativas, corta-se o nexo causal e "A" responde somente por tentativa de homicídio

Capítulo XXI

Crimes Qualificados pelo Resultado

1. CONCEITO

É o delito que possui um fato-base, definido e sancionado como crime, embora tenha, ainda, um evento qualificador, aumentando-lhe a pena, em razão da sua gravidade objetiva, bem como existindo entre eles um nexo de ordem física e subjetiva.

Quando, de um roubo (fato-base), ocorre o resultado *morte da vítima em face da violência empregada* (evento qualificador), está-se diante de um crime qualificado pelo resultado, cuja pena é bem maior que a prevista para o delito-base. A pena para o roubo é de 4 a 10 anos de reclusão, enquanto para o latrocínio varia de 20 a 30 anos.

O delito qualificado pelo resultado advém de política criminal, determinadora da construção de um tipo penal composto por mais de um resultado. O objetivo é conferir uma pena mais elevada para a figura qualificada pelo resultado. Não houvesse a referida figura típica, a punição deveria calcar-se no concurso de crimes, com penas menores.

Tomando-se o roubo como exemplo, tem-se o seguinte quadro: com a figura qualificada pelo resultado (roubo seguido de morte – art. 157, § 3.º, II, CP), tem-se a prática do delito de roubo (art. 157, CP) seguido de um homicídio (art. 121, CP). Se for doloso ou culposo o homicídio, não importa. A pena para o roubo seguido de morte resulta em reclusão, de 20 a 30 anos e multa. Imagine-se, agora, não haver a figura qualificada pelo resultado do art. 157, § 3.º. O juiz seria levado a aplicar a pena por um crime de roubo (pena de reclusão de 4 a 10 anos e multa) associada a um delito de homicídio (se doloso, reclusão de 6 a 20; se culposo, detenção, de 1 a 3 anos). Somando-se, ter-se-ia a pena de 4 + 6 = 10 ou 4 + 1 = 5. A pena pela soma é bem menor que a do crime qualificado pelo resultado.

Dessa forma, para buscar uma pena superior àquela que seria cabível em virtude do mero somatório de penas, o legislador construiu os tipos penais qualificados pelo resultado. Uma das razões para essa construção específica é justamente a relativa habitualidade com que isso ocorre, vale dizer, de um roubo (executado com violência ou grave ameaça) pode resultar a morte da vítima. Eis o fundamento de uma pena mais rigorosa, sob a concepção de desestimular o agente do roubo a matar o ofendido.

2. DISTINÇÃO ENTRE CRIME QUALIFICADO PELO RESULTADO E DELITO PRETER-DOLOSO

Há quem diferencie tais infrações penais, o que resulta, fundamentalmente, da tradição da doutrina italiana. Confira-se a lição de CEZAR ROBERTO BITENCOURT: "Tem-se utilizado, a nosso juízo equivocadamente, as expressões *crime preterdoloso* e *crime qualificado pelo resultado* como sinônimas. No entanto, segundo a melhor corrente, especialmente na Itália, no crime *qualificado pelo resultado*, ao contrário do *preterdoloso*, o resultado ulterior, mais grave, derivado *involuntariamente* da conduta criminosa, lesa um bem jurídico que, por sua natureza, não contém o bem jurídico precedentemente lesado. Assim, enquanto a *lesão corporal seguida de morte* (art. 129, § 3.º) seria preterintencional, o *aborto seguido de morte da gestante* (arts. 125 e 126 combinados com o 127, *in fine*) seria crime qualificado pelo resultado".[1]

Na realidade, o crime qualificado pelo resultado é o gênero no qual há a espécie preterdolosa. Esta última é, particularmente, caracterizada por admitir somente *dolo* na conduta antecedente (fato-base) e *culpa* na conduta consequente (produtora do evento qualificador), além de exigir que o interesse jurídico protegido seja o mesmo, tanto na conduta antecedente como na consequente – ou pelo menos do mesmo gênero.

Tal situação pode ocorrer, com exatidão, na lesão corporal seguida de morte, mas não no roubo seguido de morte, por exemplo. Os crimes qualificados pelo resultado, nos quais está incluído o delito preterdoloso, podem ser caracterizados por uma infração penal que se desenvolve em duas fases, havendo as seguintes modalidades, conforme o caso concreto: a) dolo na antecedente e dolo na subsequente (exemplo: latrocínio); b) dolo na antecedente e culpa na consequente (exemplo: lesão corporal seguida de morte); c) culpa na antecedente e culpa na consequente (exemplo: incêndio culposo com resultado lesão grave ou morte).

Não se admite, por impropriedade lógica, a modalidade culpa na conduta antecedente e dolo na consequente. Torna-se impossível agir sem desejar o resultado quanto ao fato-base e almejar, ao mesmo tempo, o resultado qualificador. É um autêntico contrassenso. A propósito, convém mencionar a posição de ESTHER DE FIGUEIREDO FERRAZ: "Em todos os casos em que o delito-base é culposo (crimes culposos contra a incolumidade pública agravados, por exemplo, pela ocorrência de 'lesão corporal' ou 'morte'), o resultado qualificativo pode integrar, no máximo, um crime culposo, pois a existência do dolo, em relação a esse resultado, *se chocaria com a culpa* que informa o *minus delictum*".[2]

Não se acolhe, ainda, a possibilidade de existência de dolo de perigo na conduta antecedente e dolo de dano em relação ao resultado qualificador. São incompatíveis, por lógica. Se o agente quer apenas expor a perigo a incolumidade alheia, não pode pretender que o resultado mais grave aconteça como fruto do seu desejo, seja na modalidade de dolo direto, seja na de dolo eventual.

---

[1] *Erro de tipo e de proibição*, p. 47.

[2] *Os delitos qualificados pelo resultado no regime do Código Penal de 1940*, p. 87.

Há quem cite, de maneira equivocada, como exemplo de crime qualificado pelo resultado, possibilitando culpa na conduta antecedente e dolo na consequente o art. 121, § 4.º, do Código Penal. Trata-se, na verdade, do homicídio culposo com *causa de aumento de pena*, e não com resultado qualificador. Para mais detalhes, consultar o capítulo em que tratamos do homicídio, particularmente essa hipótese.

3. EXIGÊNCIA DO ELEMENTO SUBJETIVO NO RESULTADO QUALIFICADOR

Discutia-se, antes da Reforma Penal de 1984, a respeito do elemento subjetivo e sua presença no resultado qualificador. Vozes não faltavam, na doutrina e na jurisprudência, a sustentar que era dispensável averiguar se o resultado mais grave era ou não permeado de dolo ou culpa.

Afirmavam alguns que o resultado seria imputável ao acusado de qualquer modo, bastando, para tanto, a prova do nexo causal entre a primeira conduta (fato-base) e a segunda (resultado qualificador). Constituía uma modalidade de responsabilidade penal objetiva.

Introduziu-se o art. 19 na Parte Geral do Código Penal, por meio da Lei 7.209/1984, afirmando que o resultado qualificador precisa dar-se ao menos culposamente. Noutros termos, há de exigir dolo ou culpa quanto a ele.

4. CLASSIFICAÇÃO DOS CRIMES QUALIFICADOS PELO RESULTADO

Acesse e assista ao vídeo sobre Crime qualificado pelo resultado e preterdolo.
> http://uqr.to/1yvdw

Podem-se dividir as figuras típicas previstas na Parte Especial da seguinte maneira:

1) crimes agravados pelo resultado cometidos com *dolo na conduta antecedente e dolo na subsequente* ou *dolo antecedente e culpa na subsequente*: roubo seguido de lesão grave (art. 157, § 3.º, inciso I) e roubo seguido de morte, ou seja, latrocínio (art. 157, § 3.º, inciso II), extorsão com resultado lesão grave ou morte (art. 158, § 2.º), extorsão mediante sequestro, com resultado lesão grave ou morte (art. 159, §§ 2.º e 3.º), lesão corporal grave com incapacidade para as ocupações habituais por mais de trinta dias, com debilidade permanente de membro, sentido ou função e com aceleração de parto (art. 129, § 1.º, incisos I, III, IV), lesão corporal gravíssima, com incapacidade permanente para o trabalho, com enfermidade incurável, com perda ou inutilização de membro, sentido ou função e com deformidade permanente (art. 129, § 2.º, incisos I, II, III e IV), entrega de filho a pessoa inidônea, quando o menor é levado para o exterior (art. 245, § 1.º) e violação do sigilo funcional, quando há dano para a Administração Pública ou outrem (art. 325, § 2.º). Trata-se de posição majoritária tanto na doutrina quanto na jurisprudência;

2) crimes agravados pelo resultado praticados com *culpa na conduta antecedente e culpa na subsequente*: crimes culposos de perigo comum, resultando lesão corporal grave ou morte (art. 258, c.c. os arts. 250, § 2.º, 251, § 3.º, 252, parágrafo único, 256, parágrafo único), crimes culposos contra

a segurança dos meios de comunicação e transportes qualificados por resultados mais graves (art. 263, c.c. os arts. 260, § 2.º, 261, § 2.º, 262, § 2.º), crimes culposos contra a saúde pública, agravados pelos eventos lesão corporal e morte (art. 267, § 2.º, art. 285, c.c. o art. 258 e arts. 270, § 2.º, 271, parágrafo único, 272, § 2.º, 273, § 2.º, 278, parágrafo único, 280, parágrafo único);

3) crimes agravados pelo resultado na hipótese de serem cometidos com *dolo de perigo na conduta antecedente e culpa na subsequente*: crimes de periclitação da vida e da saúde, com resultado lesão grave ou morte (arts. 133, §§ 1.º e 2.º, 134, §§ 1.º e 2.º, 135, parágrafo único, 136, §§ 1.º e 2.º), crimes de perigo comum dolosos, com resultado lesão grave ou morte (art. 258, c.c. os arts. 250 a 257), crimes dolosos contra a saúde pública, exceto o art. 267, com resultado lesão grave e morte (art. 285, c.c. os arts. 268 a 284), rixa, com resultado lesão grave ou morte (art. 137, parágrafo único), crimes contra a segurança dos transportes e meios de comunicação dolosos, com resultado lesão corporal e morte (art. 258, c.c. os arts. 260 a 262), arremesso de projétil, com resultado lesão e morte (art. 264, parágrafo único), epidemia dolosa, com resultado morte (art. 267, § 1.º). Quando houver dolo de perigo no antecedente, somente é possível culpa no consequente, pois dolo de dano neste último caso seria totalmente incompatível com o de perigo;

4) crimes qualificados pelo resultado que são polêmicos: a jurisprudência exige *dolo no antecedente* e *culpa no consequente*, pois se houvesse dolo seguido de dolo estaríamos diante de dois delitos. A doutrina majoritária segue o mesmo caminho, justificando que seria "injusta" a pena a ser aplicada caso houvesse *delito qualificado pelo resultado* no caso de dolo no antecedente e dolo no consequente. No exemplo do estupro seguido de morte, havendo dolo e culpa, estar-se-ia aplicando a pena do art. 213, § 2.º, ou seja, 12 anos no mínimo. No entanto, estando presente dolo no antecedente e dolo eventual no evento subsequente, por exemplo, vinham entendendo a doutrina e a jurisprudência dominantes ser injustificada, porque reduzida, a pena de 12 anos, de forma que a aplicação correta seria o concurso de dois delitos (estupro seguido de homicídio qualificado), com pena mínima de 18 anos. A doutrina, ainda minoritária, em que nos encontramos por acreditar na tese, continua a sustentar, em especial após a reforma trazida pela Lei 12.015/2009, que não há nada na lei a sinalizar para a exigência de haver somente dolo no antecedente e culpa no consequente nesses delitos, podendo ser aceita a posição dolo no antecedente e, também, dolo no subsequente. Confira-se, por todos, a precisa lição de ESTHER DE FIGUEIREDO FERRAZ[3] com as seguintes justificativas: a) não há, em nenhum desses artigos, uma proibição para o resultado mais grave ser punido a título de dolo. O legislador não excluiu o dolo expressamente como fez com o art. 129, § 3.º; b) não há incompatibilidade entre o intuito de praticar o antecedente (estupro, por exemplo) e o intuito, mesmo que indireto, de praticar o consequente (morte, por exemplo); c) a culpa deve ser sempre expressamente prevista. Se fosse somente punível a título de culpa, teria o legislador redigido o tipo na forma do art. 129, § 3.º, do Código Penal.

Seguem outros delitos qualificados pelo resultado, com idêntica polêmica: aborto com resultado lesão grave e morte (art. 127); lesão com perigo de vida (art. 129, § 1.º, II), lesão seguida de aborto (art. 129, § 2.º, V), crimes sexuais (estupro, estupro de vulnerável) com resultado lesão grave e morte (arts. 213, §§ 1.º e 2.º, 217-A, §§ 3.º e 4.º). Insistimos que absolutamente nada na lei transmite a ideia de que não pode o agente atuar com dolo na conduta antecedente e dolo ou culpa na consequente;

---

[3] *Os delitos qualificados pelo resultado no regime do Código Penal de 1940.*

5) crime qualificado pelo resultado que somente pode ser cometido com *dolo na conduta antecedente e culpa na consequente* (preterdolo): lesão corporal seguida de morte (art. 129, § 3.º). Trata-se da única hipótese pacífica na doutrina e na jurisprudência em que é possível haver somente dolo no antecedente e culpa no consequente, afinal o legislador deixou isso expresso ("Se resulta morte e as circunstâncias evidenciam que o agente *não quis o resultado, nem assumiu o risco* de produzi-lo", grifamos);

6) delito qualificado pelo resultado, cuja prática exige *dolo na conduta antecedente* e *dolo na consequente*: furto de veículo automotor que venha a ser transportado para outro Estado ou para o exterior (art. 155, § 5.º).

RESUMO DO CAPÍTULO

▶ **Crime qualificado pelo resultado:** é o delito que possui um fato-base, definido e sancionado como crime, embora tenha, ainda, um evento qualificador, aumentando--lhe a pena, em razão da sua gravidade objetiva, bem como existindo entre eles um nexo de ordem física e subjetiva.

▶ **Crime preterdoloso:** trata-se de uma espécie de crime qualificado pelo resultado, que somente pode dar-se com dolo na conduta antecedente (fato-base) e culpa na conduta subsequente (resultado qualificador). Isso ocorre por absoluta impropriedade de admitir outra formação (dolo seguido de culpa).

Capítulo XXII

Ilicitude

1. CONCEITO DE ILICITUDE (ANTIJURIDICIDADE)

1.1. Terminologia

O conceito de antijuridicidade ou ilicitude é um dos que, na teoria do crime, aproxima quase todas as tendências, de causalistas a funcionalistas. Apenas a teoria dos elementos negativos do tipo a inclui no tipo-total de injusto, unindo tipo e ilicitude numa só figura, resultando o crime como um fato típico (abrangente da ilicitude) e culpável.

No mais, causalistas tradicionais, como HUNGRIA, a definiam como *injuridicidade*: "o caráter essencial do crime é ser um fato contrário ao direito, é a sua relação de desconformidade ou de contradição com a lei".[1] Os causalistas de uma segunda fase (neokantistas ou clássicos), como NORONHA, a adotavam como uma ação contrária ao direito. Já se fazia a diferença entre o ilícito formal ("a oposição a uma norma legal") e o material ("projeta-se fora do direito positivo, pois se constitui da contrariedade do fato às condições vitais de coexistência social ou de vida comunitária, as quais, protegidas pela norma, se transformam em bens jurídicos..."). A ilicitude material é a sua posição.[2]

Na ótica finalista, representada por PIERANGELI e ZAFFARORI, a antijuridicidade "é, pois, o choque da conduta com a ordem jurídica, entendida não só como uma ordem normativa (antinormatividade), mas como uma ordem normativa e de preceitos permissivos. O método, segundo o qual se comprova a presença da antijuridicidade, consiste na constatação de que a conduta típica (antinormativa) não está permitida por qualquer causa de justificação (preceito

---

[1]   *Comentários ao Código Penal*, v. 2, p. 266.

[2]   *Direito penal*, v. 1, p. 97.

permissivo), em parte alguma da ordem jurídica (não somente no direito penal, mas tampouco no civil, comercial, administrativo, trabalhista etc.)".[3]

No âmbito do funcionalismo, seja de ROXIN (teleológico) ou de JAKOBS (sistêmico), os conceitos são similares. Diz ROXIN que o conceito de injusto é reunido em três categorias delitivas da ação, tipicidade e antijuridicidade. Associando-se a culpabilidade, torna-se crime. No entanto, quanto à antijuridicidade, adotando a material, preceitua: "a importância prática da antijuridicidade material é tripla: permite realizar graduações do injusto e aproveitá-las dogmaticamente (nm. 7), proporciona meios auxiliares de interpretação para a teoria do tipo e do erro e para solucionar outros problemas dogmáticos (nm. 8), havendo a possibilidade de formular os princípios nos quais se baseiam as causas de exclusão do injusto e determinar o seu alcance (nm. 9)".[4] JAKOBS, confirmando o caráter universal da antijuridicidade, ao que denomina de "conceito unitário de antijuridicidade", sustenta que "o Código Penal e as leis penais especiais não mencionam a maior parte das causas de justificação, como, por exemplo, a do exercício de cargo; estas causas se encontram mais definidas no Direito escrito ou não escrito de diversos âmbitos de regulação do Direito privado e público".[5]

No *significativismo*, a ilicitude seria meramente formal, pois já se verificou no tipo todo o conteúdo material de lesividade da conduta. Por outro lado, abandonando a ilicitude material, *consagrada na doutrina há tempos*, está empurrando o ilícito para dentro do tipo penal, pois, formalmente, a antijuridicidade é apenas a contrariedade da conduta com o direito. Possivelmente, para não ocorrer esse esvaziamento da ilicitude, a teoria traz, para seu contexto, elementos nítidos de culpabilidade – como a inexigibilidade de conduta diversa, a coação moral irresistível e a obediência hierárquica. Com isso, a culpabilidade termina com imputabilidade e consciência de ilicitude, voltada a cumprir a ideia de aplicação da pena se a política criminal assim determinar.[6]

1.2. Ilicitude formal e material

A ilicitude formal é a contrariedade de uma conduta com o direito. Não é suficiente, pois o tipo penal incriminador também contém uma norma proibitiva, vale dizer, no tipo do homicídio ("matar alguém", reclusão, de seis a vinte anos) está ínsita a norma: não matar. O modelo de conduta proibida é afirmativo: *matar alguém*, justamente para ser preenchido e formar a conduta típica. Entretanto, a norma é proibitiva: não mate, sob pena de ser condenado a uma pena de reclusão de seis a vinte anos.

Assim, mantida a opção pela ilicitude formal, estar-se-ia criando um *clone* do tipo penal incriminador, que também é a contrariedade da conduta com o direito.

Diante disso, a ilicitude, sob o critério tripartido do delito (fato típico, antijurídico e culpável), é mais que a singela contrariedade da conduta com o direito, pois isso o tipo penal preenche. Ela significa a contrariedade da conduta com todo o ordenamento jurídico, causando lesão a um bem jurídico tutelado. Por isso, é *material*. Quando o agente atua em legítima defesa, pode praticar um fato típico (matar alguém), contrário ao direito (não mate), mas não feriu bem jurídico protegido, pois a vida do agressor, sob o critério do art. 25 do Código Penal, não é tutelada.

---

[3] *Manual de direito penal brasileiro* – parte geral, p. 510.

[4] *Derecho penal* – parte general, p. 558-559.

[5] *Derecho penal* – parte general, p. 422.

[6] BUSATO, *Direito penal*, v. 1, p. 469 e ss.

MIR PUIG demonstra a mesma ideia afirmando que, no sentido *formal*, a antijuridicidade é a *relação de contradição* de um fato com o direito penal. No entanto, esse conceito não responde à questão acerca do conteúdo do fato para que possa ser considerado ilícito. A resposta vem do conceito de antijuridicidade penal *material*. Não se limita o ilícito ao campo penal; ao contrário, extraindo o ilícito do ordenamento jurídico em geral é que o direito penal pode, tipificando-o, constituir o *injusto penal*. A antijuridicidade material baseia-se na viabilidade de produzir uma lesão ou colocar em risco um bem jurídico.[7]

Nas palavras de ZAFFARONI e PIERANGELI, "a antijuridicidade é una, material porque invariavelmente implica a afirmação de que um bem jurídico foi afetado, formal, porque seu fundamento não pode ser encontrado fora da ordem jurídica".[8] No mesmo prisma encontra-se a lição de MUÑOZ CONDE, mencionando como exemplos a falsificação da assinatura de uma personalidade famosa por puro passatempo ou a confecção de um título de crédito com finalidade didática. Tais situações não constituem, *materialmente*, uma ação antijurídica, pois não colocam em risco o bem jurídico protegido.[9]

Pensamos que, nessa hipótese, não se pode utilizar a teoria da atipicidade material tendo em vista que a conduta não é socialmente adequada (aceita por consenso pela sociedade), mas reconhece-se a licitude das condutas exemplificadas por ausência de lesão concreta a qualquer bem jurídico tutelado.

2. EXCLUDENTES DE ILICITUDE

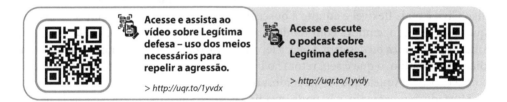

Ensina MAGGIORE que o conceito de justificação não é particular e exclusivo do direito penal, pertencendo ao direito em geral, tanto público como privado, pois é faculdade do ordenamento jurídico decidir se uma relação determinada é contrária ao direito ou está de acordo com ele. A excludente de antijuridicidade torna lícito o que é ilícito.[10]

É possível que a ilicitude seja lançada dentro do tipo penal, como ocorre, por exemplo, no caso do crime de invasão de domicílio ("Entrar ou permanecer, clandestina ou astuciosamente, *ou contra a vontade expressa ou tácita de quem de direito*, em casa alheia ou em suas dependências" – art. 150, CP, grifamos). Assim ocorrendo, quando alguém entra em casa alheia *com consentimento do dono*, está praticando fato atípico, tendo em vista que a

---

[7] *Derecho penal* – parte general, p. 160-161. Afirma o autor que a *teoria dos elementos negativos do tipo* leva às últimas consequências a aproximação neokantiana: se o tipo é um juízo de valor, não há de ser somente provisório, mas definitivo. Assim, a tipicidade implica sempre a antijuridicidade e vice-versa. As excludentes de ilicitude afastam a tipicidade (p. 168).
[8] *Manual de direito penal brasileiro* – Parte geral, p. 512.
[9] *Derecho penal* – Parte general, p. 337.
[10] *Derecho penal*, v. 1, p. 387-388.

concordância do morador elimina um dos elementos do tipo penal – ainda que se esteja tratando, na essência, de ilicitude. Do contrário, quando a excludente está fora do tipo, a conduta pode ser considerada típica, mas não será antijurídica, tal como acontece com o agente que mata em legítima defesa.

As excludentes de ilicitude podem ser divididas da seguinte forma: a) previstas na Parte Geral do Código Penal e válidas, portanto, para todas as condutas típicas estabelecidas na Parte Especial ou em leis penais especiais: a1) estado de necessidade (arts. 23, I, e 24); a2) legítima defesa (arts. 23, II, e 25); a3) estrito cumprimento do dever legal (art. 23, III); a4) exercício regular de direito (art. 23, III); b) previstas na Parte Especial do Código Penal e válidas, apenas, para alguns delitos. Exemplo: aborto necessário (art. 128, I, CP); c) previstas em legislação extrapenal.

É interessante destacar que essas excludentes podem constituir modalidades específicas de estado de necessidade, legítima defesa, cumprimento de dever ou exercício de direito, mas que se voltam a situações peculiares, descritas em leis não penais. Se não existissem, seria possível que o crime se concretizasse, pois a excludente penal não seria cabível ao caso. Exemplo disso é a legítima defesa prevista no Código Civil (art. 1.210, § 1.º). *In verbis*: "O possuidor turbado, ou esbulhado, poderá manter-se ou *restituir-se por sua própria força*, contanto que o faça logo; os atos de defesa, ou de *desforço*, não podem ir além do indispensável à manutenção, ou restituição da posse" (grifamos).

O Código Penal prevê a hipótese de utilização da legítima defesa apenas em caso de agressão atual (presente) ou iminente (futuro próximo), mas jamais em situação de agressão que já cessou (vide a nota 134 ao art. 25 do nosso *Código Penal Comentado*). Entretanto, o Código Civil é mais flexível e admite a busca da *restituição*, mediante o emprego de força, do que já foi tomado, embora com moderação. Fala-se no Código Civil em *desforço*, cujo significado é *vingança ou desforra*. Logo, a lei civil autoriza que o possuidor, embora já tenha perdido, por esbulho, o que é seu, retome o bem usando a força. Essa amplitude não existe no contexto penal. Aquele que for agredido, ainda que logo após, não pode *vingar-se*. Aquele que foi furtado, por exemplo, não pode invadir a casa do autor da subtração e de lá retirar, à força, o que lhe pertence – seria exercício arbitrário das próprias razões; d) consentimento do ofendido, que é excludente supralegal (não prevista expressamente em lei), consistente no desinteresse da vítima em fazer valer a proteção legal ao bem jurídico que lhe pertence.

Os pressupostos fáticos que sustentam a excludente de ilicitude devem durar durante todo o tempo em que o crime se consumar, mormente quando se trata de delito permanente. Portanto, exemplificando, se alguém coloca em cárcere privado uma testemunha, que iria mentir em juízo, essa privação somente encontraria justificativa até que a audiência ocorresse, em razão de eventual legítima defesa ou estado de necessidade. Após a audiência, não haveria mais como sustentar a licitude do cárcere privado.

3. ELEMENTO SUBJETIVO NAS EXCLUDENTES

Discute-se se o agente, ao invocar qualquer das excludentes de ilicitude, precisa atuar consciente de que está se defendendo ou se valendo de um direito ou de um dever. Seria a excludente de natureza meramente objetiva ou exigiria, também, o aspecto subjetivo? É possível que alguém, sem saber que está em estado de necessidade (por exemplo, está em vias de ser atacado por um animal descontrolado), invada um domicílio. Responde pela invasão, em razão de não ter ingressado na casa alheia com conhecimento de que fugia de um perigo ou deve ser reconhecido o estado de necessidade, que era situação real, em seu favor? Ou, ainda, seria possível aplicar a legítima defesa a quem, pretendendo matar o inimigo, mas sem saber que este também deseja a sua morte, encontra-o, desferindo um tiro fatal, estando a vítima igualmente à procura do agente do disparo, para o mesmo fim? Estava ele na iminência de ser agredido, mas disso não tinha ciência.

Há *duas teorias* para solucionar a questão: objetiva e subjetiva.

Sustentando a *teoria objetiva*,[11] confira-se a lição de MAGALHÃES NORONHA: "É causa objetiva de excludente da antijuridicidade. 'Objetiva' porque se reduz à apreciação 'do fato', qualquer que seja o estado subjetivo do agente, qualquer que seja sua convicção. Ainda que pense estar praticando um crime, se a 'situação de fato' for de legítima defesa, esta não desaparecerá. O que está no psiquismo do agente não pode mudar o que se encontra na realidade do acontecido. A convicção errônea de praticar um delito não impede, fatal e necessariamente, a tutela de fato de um direito".[12]

E prossegue, em relação à excludente de ilicitude: "Situa-se no terreno físico ou material do fato, prescindindo de *elementos subjetivos. O que conta é o fim objetivo da ação, e não o fim subjetivo do autor*". Ilustrando, alega que, "se, *v.g.*, um criminoso se dirige à noite para sua casa, divisando entre arbustos um vulto que julga ser um policial que o veio prender e, para escapar à prisão, atira contra ele, abatendo-o, mas verifica-se a seguir que se tratava de um assaltante que, naquele momento, de revólver em punho, ia atacá-lo, age em legítima defesa, porque de legítima defesa era a situação. *O que se passa na mente da pessoa não pode ter o dom de alterar o que se acha na realidade do fato externo*".[13]

Sobre o tema, pronuncia-se HUNGRIA: "O preconizado critério *subjetivo*, em matéria de legítima defesa, só é compreensível para o efeito do *relativismo* com que, ocorrendo *efetivamente* uma agressão ou perigo de agressão, se deve apreciar o 'erro de cálculo' do agente, no tocante à gravidade da *real* agressão ou do *real* perigo, e consequente *excessus* no *modus* da reação. Somente para se saber se o *excessus defensionis* é doloso, culposo ou *isento de qualquer culpabilidade* é que se pode e deve indagar da *subjetividade* da ação".[14]

Como regra, adotam a teoria objetiva os autores causalistas, que não inserem no tipo penal o elemento subjetivo do crime (dolo e culpa). A tipicidade é tão objetiva quanto a antijuridicidade para essa corrente. Logo, as excludentes de ilicitude, com muito mais razão, devem abster-se de qualquer elemento subjetivo. Eis a afirmativa de ANTOLISEI: "as causas de justificação, as quais pelas consequências que provocam são comumente denominadas 'descriminantes' ou 'eximentes', pela sua própria natureza têm eficácia objetiva, no sentido de que funcionam pelo único fato de existirem, qualquer que seja a opinião do agente em questão. Desse modo, quem acredita cometer ação ilícita, mas exerce um direito, não comete crime".[15]

Pensamos, entretanto, que, adotada a posição finalista em relação ao crime, não há como deixarmos de apoiar, também nesse ponto, a *teoria subjetiva*. Afinal, se a finalidade do agente era invadir casa alheia, no exemplo supracitado, sem saber que corria perigo, não é merecedor

---

[11] Para aprofundar-se nesse tema, consultar ALICIA GIL GIL (*La ausencia del elemento subjetivo de justificación*).

[12] *Direito penal*, v. 1, p. 188.

[13] *Direito penal*, v. 1, p. 193.

[14] *A legítima defesa putativa*, p. 141.

[15] *Manuale di diritto penale*, v. 1, p. 268 (tradução livre). Outros causalistas pensam do mesmo modo: BENTO DE FARIA (*Código Penal brasileiro comentado*, p. 190 e ss.); GALDINO SIQUEIRA (*Tratado de direito penal*, v. 1, p. 301), entre outros.

da excludente, certamente não idealizada para privilegiar a má-fé e o ato injusto. Em idêntico sentido, não sabendo que seria atacado, não pode invocar a excludente da legítima defesa, quando, em verdade, queria matar o seu oponente.

Nesse sentido, Bustos Ramírez e Valenzuela Bejas ensinam que o que interessa ao ordenamento jurídico é que exista a motivação de preservar um bem jurídico, que seja considerado valioso e cuja preservação seja analisada no caso concreto.[16] Melhor teria agido o legislador se tivesse feito constar, expressamente, na lei penal, como o fez o Código Penal italiano, a *consciência da necessidade* de valer-se da excludente (arts. 52, 53 e 54). Aliás, a importância do ânimo de se defender ou de realizar a defesa de terceiros é tão intensa que algumas legislações expressamente exigem, em situações peculiares, como a defesa de pessoas estranhas, que o agente defensor não atue impulsionado pelo desejo de vingança, ressentimento ou outro motivo ilegítimo (nessa linha está o art. 10, § 6.º, do Código Penal chileno). E complementa Del Rio: "Como temos mencionado, o legislador quis deixar aberto o caminho ao indivíduo que, movido por sentimentos generosos de humanidade e justiça, acode em defesa de um semelhante em perigo; mas, ao mesmo tempo, quis evitar que este defensor possa aproveitar a ocasião que se lhe apresenta para causar um mal ao agressor, movido por vingança, ressentimento ou outro motivo ilegítimo".[17]

Cremos exagerada tal disciplina, o que não ocorre na nossa lei. Se o agente efetivamente defender terceira pessoa, ainda que esteja aproveitando a ocasião para se vingar de inimigo, que é o agressor, configura-se a legítima defesa, pois deve prevalecer o intuito de defesa. Logicamente, sabendo-se da relação de inimizade entre defensor e agressor, releva observar, com maior cautela, os elementos referentes à necessariedade dos meios empregados e à moderação. Se houver excesso, naturalmente, deverá o defensor ser punido. Não é preciso qualquer sentido ético à conduta defensiva, bastando o ânimo de se defender – ou defender terceira pessoa. Assim, também, a lição de Maurach.[18]

Devemos destacar, ainda, que a consciência exigida não é da situação de *injustiça* (ilicitude) da agressão, pois, se assim fosse, inimputáveis (loucos e menores de idade) e ébrios não poderiam utilizar a legítima defesa, já que não teriam noção do que é certo e do que é errado (aliás, justamente por isso, não respondem por crime). As pessoas privadas da consciência do ilícito podem, sem dúvida, defender sua própria pessoa e seus bens e interesses, desde que tenham a *consciência* de estarem sendo vítimas de uma agressão. O instinto de preservação, mormente nas situações do estado de necessidade e da legítima defesa, está acima da capacidade de ciência do lícito ou do ilícito, conforme as leis vigentes. Um doente mental, inserido em um contexto de incêndio, vai procurar escapar de todo modo, ainda que tenha de machucar outras pessoas para atingir o seu objetivo.

Os exageros cometidos pelo inimputável ou embriagado, ao buscar valer-se das excludentes de ilicitude, serão analisados e julgados como se fossem fatos criminosos comuns. A eles podem ser aplicadas as medidas alternativas de segurança ou socioeducativas, conforme o caso. Quanto ao ébrio, tudo vai depender da origem da embriaguez: se fortuita (art. 28, § 1.º, CP) ou voluntária ou culposa (art. 28, II, CP). Em suma, é mais difícil que inimputáveis em geral atuem em exercício regular de direito ou estrito cumprimento do dever legal, mas é bem provável que ajam em estado de necessidade ou legítima defesa, com plena consciência da situação perigosa da qual buscam escapar. Nos exemplos supramencionados, em relação àqueles que querem fazer

---

[16] *Derecho penal latinoamericano comparado*, p. 228.
[17] *Derecho penal* – Parte general, t. II, p. 171.
[18] *Derecho penal* – Parte general, v. 1, p. 449.

o mal (invadir domicílio ou matar alguém), de maneira consciente, não há a menor noção de estado de necessidade ou legítima defesa. Pensam em delinquir e não se salvar de algo.

Sisco faz uma relevante consideração, buscando demonstrar que, em momentos de perigo, o ser humano tende ao desespero e não raciocina corretamente. Diante disso, analisar o seu estado subjetivo, o seu íntimo, o seu querer, é muito importante, até mesmo para delimitar se houve proporcionalidade na suposta reação a uma agressão.[19] Legítima defesa, como a principal das excludentes, sem o elemento subjetivo (vontade de se defender) é uma arma perigosa, legitimada pelo Estado.

Pedro Vergara afirma, com razão: "se tudo, na vontade é subjetivo – inclusive os fatos externos, refletidos, já, no psiquismo, e por ele assimilados e transformados –, e se a defesa é ato de vontade – como desconhecer-lhe o subjetivismo que a informa, e como recusar que psique se assenhoreou – à sua maneira e com seus meios – da objetividade que provoca a sua excitação e move todas as suas integridades?".[20] E complementa ser "subjetivamente – isto é – com o seu psiquismo – que o agredido vê a *atualidade da agressão* – encarada, sempre, essa, em termos de perigo apenas – não de ofensas, já forçosamente desencadeadas; é *subjetivamente*, do mesmo modo, que o agredido vê a *necessidade* de reagir – isto é – de anular ou obviar o perigo; e é ainda *subjetivamente*, que tem como *proporcionais* as armas que deve usar e o modo ou a intensidade por que executará e consumará a sua ação".[21]

Seguindo a trilha da exigência do elemento subjetivo nas eximentes, Gonzalo D. Fernández argumenta: "se a proibição penal (ativa ou omissiva) e a norma permissiva se expressam sob a forma de um tipo legal, que exige a realização objetiva e subjetiva do suposto fato correspondente, não cabe senão reivindicar a identidade estrutural entre o tipo proibitivo e a causa de justificação, pois esta última adiciona também à realização material do fato um componente subjetivo. (...) Assim, o tipo permissivo, tanto como o tipo proibitivo, guardam uma estrutura interna simétrica e ambos se desdobram em componentes objetivos e subjetivos que concorrem ou convergem à sua formação. E o mencionado componente subjetivo não é senão o elemento subjetivo de justificação".[22]

A explicação fundada nos tipos incriminadores e nos tipos permissivos é nítida e, sem dúvida, garante o mais adequado entendimento da questão. Se há o tipo incriminador do homicídio, há também o tipo permissivo da legítima defesa. Ambos, no campo da tipicidade, devem contar com o elemento subjetivo: a vontade de matar e a vontade de se defender.

Pode-se, porém, levantar um ponto importante: e as excludentes de ilicitude situadas fora do direito penal, por exemplo, a chamada "legítima defesa da posse do direito civil", cujas bases são diversas da legítima defesa do art. 25 do Código Penal? Não se pode sustentar que também no Código Civil existam tipos penais permissivos. Como fica o elemento subjetivo nessas causas de justificação? Deve-se entender serem elas, por certo, normas permissivas, ainda que não *tipos permissivos*; desse modo, ingressa no contexto da consciência e da vontade. Não é possível conceber um proprietário expulsando posseiros das suas terras sem a vontade de defender a sua propriedade. Portanto, as permissividades advindas de fora do direito penal contam, igualmente, com o elemento subjetivo para que possam anular o tipo penal incriminador. Não fosse assim, haveria uma ilogicidade insustentável.

---

[19] *La defensa justa*, p. 150-151.

[20] *Da legítima defesa subjetiva*, p. 11.

[21] *Da legítima defesa subjetiva*, p. 16.

[22] *El elemento subjetivo de justificación en derecho penal*, p. 69-70 (tradução livre).

4. ESTADO DE NECESSIDADE

4.1. Conceito e fundamento

É o sacrifício de um interesse juridicamente protegido, para salvar de perigo atual e inevitável o direito do próprio agente ou de terceiro, desde que outra conduta, nas circunstâncias concretas, não era razoavelmente exigível (art. 24, CP).

4.2. Espécies de estado de necessidade

4.2.1. Estado de necessidade justificante e exculpante

Quanto ao bem sacrificado:

a) *estado de necessidade justificante*: trata-se do sacrifício de um bem de menor valor para salvar outro de maior valor ou o sacrifício de bem de igual valor ao preservado. Exemplo: o agente mata um animal agressivo, porém patrimônio de outrem, para salvar alguém sujeito ao seu ataque (patrimônio *x* integridade física).

Há quem sustente, como o faz CEZAR ROBERTO BITENCOURT, que o sacrifício de bem de igual valor não é amparado pelo direito, ficando para o contexto do estado de necessidade exculpante,[23] com o que não podemos concordar. Se um ser humano mata outro para salvar-se de um incêndio, buscando fugir por uma passagem que somente uma pessoa consegue atravessar, é natural que estejamos diante de um estado de necessidade justificante, pois o direito jamais poderá optar entre a vida de um ou de outro. Assim, é perfeitamente razoável, conforme preceitua o art. 24 do Código Penal, exigir o sacrifício ocorrido. E, no prisma que defendemos, confira-se a lição de ANÍBAL BRUNO[24] e IVAIR NOGUEIRA ITAGIBA.[25]

Excelente exemplo de um típico estado de necessidade encontra-se na literatura pátria, pelas mãos de ÁLVARES DE AZEVEDO, em sua obra *Noite na taverna*: "*Isso tudo, senhores, para dizer-vos uma coisa muito simples... um fato velho e batido, uma prática do mar, uma lei do naufrágio – a antropofagia. Dois dias depois de acabados os alimentos restavam três pessoas: eu, o comandante e ela. Eram três figuras macilentas como o cadáver, cujos olhares fundos e sombrios se injetavam de sangue como a loucura. O uso do mar – não quero dizer a voz da natureza física, o brado do egoísmo do homem – manda a morte de um para a vida de todos. Tiramos a sorte... o comandante teve por lei morrer. Então o instinto de vida se lhe despertou ainda. Por um dia mais de existência, mais um dia de fome e sede de leito úmido e varrido pelos ventos frios do norte, mais umas horas mortas de blasfêmia e de agonia, de esperança e desespero, de orações e descrença, de febre e de ânsia, o homem ajoelhou-se, chorou, gemeu a meus pés... Olhai, dizia o*

---

[23] *Teoria geral do delito*, p. 133.
[24] *Direito penal*, t. I, p. 397.
[25] *Do homicídio*, p. 274.

miserável, esperemos até amanhã... Deus terá compaixão de nós... Por vossa mãe, pelas entranhas de vossa mãe! por Deus se ele existe! deixai-me ainda viver! (...) Eu ri-me porque tinha fome. Então o homem ergueu-se. A fúria se levantou nele com a última agonia. Cambaleava, e um suor frio lhe corria no peito descarnado. Apertou-me nos seus braços amarelentos, e lutamos ambos corpo a corpo, peito a peito, pé por pé... por um dia de miséria! *A luz amarelada erguia sua face desbotada, como uma meretriz cansada de uma noite de devassidão, o céu escuro parecia zombar desses dois moribundos que lutavam por uma hora de agonia... O valente do combate desfalecia... caiu: pus-lhe o pé na garganta, sufoquei-o e expirou... Não cubrais o rosto com as mãos –* faríeis o mesmo... *Aquele cadáver foi nosso alimento dois dias...*" (grifamos).

Relembrando Asúa, Ivair Nogueira Itagiba fornece outro exemplo: "Eram xifópagas as duas índias. Radica adoeceu de tuberculose. Para não contagiar a irmã, cogitou-se de uma operação cirúrgica. Firmou-se desde logo o diagnóstico de que Radica não resistiria ao choque operatório. Um médico fez a operação, com intento de salvar as duas moças. Radica morreu, e Doodica sobreviveu. Trata-se de um caso de necessidade. No conflito de duas vidas, o médico tratou de salvar uma";[26]

b) *estado de necessidade exculpante*: ocorre quando o agente sacrifica bem de valor maior para salvar outro de menor valor, não lhe sendo possível exigir, nas circunstâncias, outro comportamento. Trata-se, pois, da aplicação da teoria da inexigibilidade de conduta diversa, razão pela qual, uma vez reconhecida, não se exclui a ilicitude, e sim a culpabilidade. Exemplo: um arqueólogo que há anos buscava uma relíquia valiosa, para salvá-la de um naufrágio, deixa perecer um dos passageiros do navio.

É natural que o sacrifício de uma vida humana não pode ser considerado razoável para preservar-se um objeto, por mais valioso que seja. Entretanto, no caso concreto, seria demais esperar do cientista outra conduta, a não ser a que ele teve, pois a decisão que tomou foi fruto de uma situação de desespero, quando não há tranquilidade suficiente para sopesar os bens que estão em disputa. Não poderá ser absolvido por excludente de ilicitude, visto que o direito estaria reconhecendo a supremacia do objeto sobre a vida humana, mas poderá não sofrer punição em razão do afastamento da culpabilidade (juízo de reprovação social).

Cremos indispensável fazer um destaque nesse ponto: embora a doutrina defenda o ponto de vista suprassustentado (proporcionalidade entre os bens em conflito, não se podendo preservar um bem de valor menor sacrificando um de maior valor), a Exposição de Motivos da Parte Geral do Código Penal de 1940, nessa parte não alterada pela atual Exposição de Motivos, mencionou: "No tocante ao *estado de necessidade*, é igualmente abolido o critério anti-humano com que o direito atual lhe traça os limites. Não se exige que o direito sacrificado seja *inferior* ao direito posto a salvo, nem tampouco se reclama a 'falta *absoluta* de outro meio menos prejudicial'. O critério adotado é outro: identifica-se o *estado de necessidade* sempre que, nas circunstâncias em que a ação foi praticada, não era razoavelmente exigível o sacrifício do direito ameaçado. O estado de necessidade não é um conceito absoluto: deve ser reconhecido desde que ao indivíduo era 'extraordinariamente' difícil um procedimento diverso do que teve. O crime é um fato 'reprovável', por ser a violação de um dever de conduta, do ponto de vista da disciplina social ou da ordem jurídica. Ora, essa reprovação deixa de existir e não há crime a punir, quando, em face das circunstâncias em que se encontrou o agente, uma conduta diversa da que teve não podia ser exigida do *homo medius*, do comum dos homens".

---

[26] *Do homicídio*, p. 276.

Pelo texto mencionado, parece-nos clara a intenção do legislador, à época, de acenar com a inserção da inexigibilidade de conduta diversa no contexto do estado de necessidade, tornando possível tanto o reconhecimento do estado de necessidade justificante quanto do exculpante, embora esta não tenha sido a posição seguida pela doutrina e pela jurisprudência.

4.2.2. Estado de necessidade agressivo e defensivo

Quanto à origem do perigo:

a) *estado de necessidade defensivo*: ocorre quando o agente pratica o ato necessário contra a coisa da qual promana o perigo para o bem jurídico. Exemplo: A, atacado por um cão bravo, vê-se obrigado a matar o animal. Agiu contra a coisa da qual veio o perigo;

b) *estado de necessidade agressivo*: ocorre quando o agente se volta contra pessoa ou coisa diversa da qual provém o perigo para o bem jurídico. Exemplo: para prestar socorro a alguém, o agente toma o veículo alheio, sem autorização do proprietário. Não se inclui no estado defensivo a *pessoa*, pois, quando o perigo emana de ser humano e contra este se volta o agente, estar-se-á diante de uma hipótese de legítima defesa. Uma ilustração real: um gato ficou preso do lado de fora da janela do apartamento dos seus donos (exatamente entre a tela de proteção e o vidro), no 15.º andar, de um prédio no bairro de Higienópolis, em São Paulo, possivelmente por esquecimento. Um vizinho detectou e acionou o zelador, que alertou o subsíndico. Num primeiro momento, este nada quis fazer, pois os proprietários viajavam e somente poderiam ingressar no apartamento se houvesse invasão de domicílio, arrombando a porta, o que seria crime, em tese. Com a pressão da imprensa e de uma ONG de proteção a felinos, terminou-se concordando com a invasão, salvando-se o gato. Dois interesses entraram em confronto (inviolabilidade de domicílio e a proteção aos animais). Elegeu-se o mais importante, naquele caso concreto, porém "agredindo-se" a inviolabilidade domiciliar.[27]

4.3. Requisitos do estado de necessidade

4.3.1. Existência de perigo atual

Atual é o que está acontecendo, portanto, uma situação *presente*. Na ótica de Hungria, é o perigo concreto, imediato, reconhecido objetivamente, não se podendo usar a excludente quando se trata de perigo incerto, remoto ou passado.[28] Igualmente: Aníbal Bruno.[29] Não se inclui, propositadamente, na lei o perigo *iminente*, visto ser uma situação futura, nem sempre fácil de ser verificada. Um perigo que está por acontecer é algo imponderável, não autorizando o uso da excludente.

Como leciona Enrico Contieri, "o perigo, em sentido próprio, é sempre efetivo; o perigo de um perigo ou perigo futuro não é perigo".[30] Exemplo: vislumbrando o princípio de um naufrágio e, consequentemente, um perigo *iminente*, não pode o passageiro do navio

---

[27] *Folha de S. Paulo*, Cotidiano, 02.01.2008, p. 4.
[28] *Comentários ao Código Penal*, v. I, t. II, p. 273.
[29] *Direito penal*, t. I, p. 395.
[30] *O estado de necessidade*, p. 55.

agredir ou ferir outra pessoa a pretexto de estar em estado de necessidade. Por outro lado, quando se fala de perigo atual, está-se tratando de um dano *iminente*, daí por que se autoriza a utilização do estado de necessidade.

4.3.2. Involuntariedade na geração do perigo

É certo que a pessoa que deu origem ao perigo não pode invocar a excludente para sua própria proteção, pois seria injusto e despropositado. Tratando-se de bens juridicamente protegidos e lícitos que entram em conflito por conta de um perigo, torna-se indispensável que a situação de risco advenha do infortúnio. Não fosse assim, exemplificando, aquele que causasse um incêndio poderia sacrificar a vida alheia para escapar, valendo-se da excludente, sem qualquer análise da origem do perigo concretizado.

Questão polêmica, desenvolvida na doutrina, é a da *valoração da vontade:* se pode ela dar origem a um perigo dolosa e culposamente ou somente dolosamente. Preferimos a posição defendida por MAGALHÃES NORONHA, embora alterando seu exemplo: "A nós nos parece que também o *perigo culposo* impede ou obsta o estado de necessidade. A ordem jurídica não pode *homologar* o sacrifício de um direito, favorecendo ou beneficiando quem já atuou contra ela, praticando um ilícito, que até pode ser crime ou contravenção. Reconhecemos, entretanto, que na prática é difícil aceitar solução unitária para todos os casos. Será justo punir quem, por imprudência, pôs sua vida em perigo e não pôde salvar-se senão lesando a propriedade alheia?".[31]

Embora com ressalvas, coloca-se no mesmo sentido ASSIS TOLEDO, argumentando ser possível provocar um perigo *culposo* e não caber a invocação do estado de necessidade.[32] Assim também HUNGRIA: "Cumpre que a situação de perigo seja alheia à vontade do agente, isto é, que este não a tenha provocado intencionalmente ou por grosseira inadvertência ou leviandade".[33]

Ensina ENRICO CONTIERI: "Poderia perguntar-se por que razão emprega a lei o termo 'voluntariamente' e não o de 'dolosamente'. É assim porque, não sendo o perigo da situação de necessidade o evento de uma infração, seria impróprio empregar um termo reservado para os delitos. O uso do termo 'dolosamente' provocaria, além disso, confusões, permitindo pensar que se referia a toda situação de necessidade e, portanto, também à inevitabilidade do fato necessitado, cujo evento constitui o evento de um determinado tipo de infração".[34] No mesmo prisma, ANDRÉ DE OLIVEIRA PIRES faz uma diferenciação entre *provocação do perigo* e *provocação do resultado.* (...) "Na provocação do perigo, ao contrário, o agente manifesta uma vontade de agir, mas não de provocar o resultado. A vontade do sujeito está dirigida à prática da ação, em princípio lícita. Todavia, poderá o agente, na prática da ação pretendida, agir com imprudência, negligência ou imperícia, acarretando, assim, um resultado não pretendido. Dessa maneira, embora tenha o perigo sido provocado por um ato voluntário do agente, caracterizada estará uma conduta culposa quanto ao resultado, portanto, crime culposo".[35]

---

[31] *Direito penal,* v. 1, p. 191.

[32] *Princípios básicos de direito penal,* p. 186.

[33] *Comentários ao Código Penal,* v. I, t. II, p. 273.

[34] *O estado de necessidade,* p. 83-84.

[35] *Estado de necessidade,* p. 41-42.

É o mais correto. A letra da lei fala em perigo não provocado por *vontade* do agente, não nos parecendo tenha aí o significado de *dolo*, ou seja, causar um perigo intencionalmente. O sujeito que provoca um incêndio culposo criou um perigo que jamais poderá deixar de ser considerado fruto da sua *vontade*; o contrário seria admitir que nos delitos culposos não há voluntariedade na conduta. Por isso, preferimos nos colocar contra a possibilidade de o agente do perigo originário da culpa poder invocar a excludente, embora façamos a mesma ressalva de MAGALHÃES NORONHA.[36]

O caso concreto poderá ditar a solução mais justa e adequada. Assim, tomando o exemplo do incêndio culposo: se o sujeito que causou o incêndio tiver de fugir do local, não poderá tirar a vida de pessoa inocente, que perigo nenhum causou, para salvar-se, ainda arguindo em seu benefício o estado de necessidade. Por outro lado, se, na mesma situação, para fugir do lugar, houver de agredir fisicamente uma pessoa inocente, causando-lhe lesão leve, mas para salvar sua própria vida, certamente poderá alegar estado de necessidade.

Parece-nos que é essencial ponderar os bens em conflito: no primeiro caso, estão em conflito bens de igual valor, merecendo perecer o bem jurídico da pessoa que deu origem, por sua vontade, à situação de perigo; na segunda situação, estão em conflito bens de diferentes valores, merecendo perecer o de menor valor, ainda que seja o da pessoa inocente, que não provocou o perigo.

Reconhecemos, entretanto, que a maior parte da doutrina tem preferido a corrente que afasta a aplicação do estado de necessidade somente quando o perigo foi causado *dolosamente* pelo agente, valorando o termo *voluntariamente* no contexto do dolo.[37]

4.3.3. Inevitabilidade do perigo e inevitabilidade da lesão

Uma característica fundamental do estado de necessidade é que o perigo seja inevitável, bem como seja imprescindível, para escapar da situação perigosa, a lesão a bem jurídico de outrem. Podendo afastar-se do perigo ou podendo evitar a lesão, deve o autor do fato necessário fazê-lo.

No campo do estado de necessidade, impõe-se a fuga, sendo ela possível. Exemplo: alguém se vê atacado por um cachorro feroz, embora possa, fechando um portão, esquivar-se da investida; não pode matar o cão, a pretexto de estar em estado de necessidade. O perigo era evitável, assim como a lesão causada. Concordamos com o alerta feito por ANÍBAL BRUNO no sentido de que o agente do fato necessário deve atuar de modo a causar o menor estrago possível. Assim, entre o dano à propriedade e a lesão a alguém, o correto é a primeira opção; entre a lesão a várias pessoas e a uma só, melhor esta última.[38]

---

[36] JUAREZ CIRINO DOS SANTOS sustenta a viabilidade de invocar o estado de necessidade quem tenha dado causa ao perigo por sua imprudência, alegando que a antiga sentença "quem cria perigo, morra por isso" está ultrapassada (*Direito penal – parte geral*, p. 250). No mesmo sentido, TULLIO PADOVANI (*Diritto penale*, p. 223-224).

[37] BENTO DE FARIA (*Código Penal brasileiro comentado*, v. 2, p. 195); ANÍBAL BRUNO (*Direito penal*, t. I, p. 397); PAULO QUEIROZ (*Curso de direito penal*, v. 1, p. 344); BITENCOURT (*Tratado de direito penal*, v. 1, p. 420); FRAGOSO (*Lições de direito penal, parte geral*, p. 190); ANDRÉ ESTEFAM (*Direito penal*, v. 1, p. 272), entre outros.

[38] *Direito penal*, t. I, p. 395.

4.3.4. Proteção a direito próprio ou de terceiro

Não pode alegar estado de necessidade quem visa à proteção de bem ou interesse juridicamente desprotegido. Assim, exemplificando, impossível invocar a excludente quem pretenda, a pretexto de preservar carregamento de substância entorpecente de porte não autorizado, sacrificar direito alheio.

4.3.5. Proporcionalidade do sacrifício do bem ameaçado

Trata-se da condição que constitui o estado de necessidade *justificante*, já abordado. Somente se admite a invocação da excludente, interpretando-se a expressão "cujo sacrifício, nas circunstâncias, não era razoável exigir-se", quando para salvar bem de maior ou igual valor ao do sacrificado. No mais, pode-se aplicar a hipótese do estado de necessidade exculpante.

4.3.5.1. A recusa de transfusão de sangue por testemunhas de Jeová

Cuida-se de um tema recorrente em sala de aula, quando surge a questão do estado de necessidade em contraposição aos adeptos da religião denominada *testemunhas de Jeová*, que consideram incabível receber sangue de outra pessoa, por razões bíblicas, não suscetíveis de debate nesta nota. As opiniões colhidas sempre divergiam, mas se chegava, no passado, ao consenso de que a vida é o bem jurídico mais relevante, quando colocado em confronto com a *liberdade de culto e crença*. Por isso, a recusa da testemunha de Jeová deveria ser ignorada pelo médico, especialmente quando estivesse em estado de necessidade. O tempo passou e, atualmente, além de ter a medicina evoluído consideravelmente, inclusive no campo da autonomia da vontade do paciente, criando regras éticas, uma das quais de importante repercussão: os médicos estão autorizados a respeitar o desejo final de quem está desenganado, permitindo a sua morte, como fundamenta a ortotanásia. Nunca se debateu com tanta profundidade a questão da recusa da transfusão de sangue das testemunhas de Jeová possivelmente pelos raros casos concretos. No entanto, mesmo que sejam poucos, merecem a devida consideração pelo universo do Direito, em particular, da área penal.

A vida continua a ser um bem jurídico indisponível; caso alguém esteja em pronto-socorro de hospital, após um grave acidente, em estado de necessidade – receber sangue ou morrer –, o médico responsável deve proceder à transfusão, decidindo pelo bem de maior relevo (no conflito entre vida e crença). Todavia, cessa a intervenção médica, contra a vontade do paciente, caso este esteja consciente e plenamente capaz, sem a urgência da decisão. Se o médico indagar a respeito da transfusão a quem está, naquele momento, livre de morrer, cabe ao paciente decidir o que fazer; o médico somente fará a transfusão, como mencionado, se houver inconsciência ou falta de capacidade momentânea e a necessidade de salvar a vida.

O STF decidiu dois casos e fixou teses a respeito: "1 – Testemunhas de Jeová, quando maiores e capazes, têm o direito de recusar procedimento médico que envolva transfusão de sangue, com base na autonomia individual e na liberdade religiosa. 2 – Como consequência, em respeito ao direito à vida e à saúde, fazem jus aos procedimentos alternativos disponíveis no SUS podendo, se necessário, recorrer a tratamento fora de seu domicílio" (RE 979.742-AM, Pleno, rel. Luís Roberto Barroso, 25.09.2024, v.u.). "1 – É permitido ao paciente, no gozo pleno de sua capacidade civil, recursar-se a se submeter a tratamento de saúde por motivos religiosos. A recusa a tratamento de saúde por motivos religiosos é condicionada à decisão inequívoca, livre, informada e esclarecida do paciente, inclusive quando veiculada por meio de diretiva antecipada de vontade. 2 – É possível a realização de procedimento médico disponibilizado a todos pelo Sistema Único de Saúde, com a interdição da realização de transfusão sanguínea ou outra medida excepcional, caso haja viabilidade técnico-científica de sucesso, anuência da equipe médica com a sua realização e decisão inequívoca, livre, informada e esclarecida do paciente" (RE 1.212.272-AL, Pleno, rel. Gilmar Mendes, 25.09.2024, v.u.). Observe-se que a decisão tomada pelo Supremo Tribunal Federal ratifica o entendimento que expusemos linhas acima. Fica bem claro que as pessoas maiores e capazes, bem-esclarecidas e informadas, podem refutar a transfusão de sangue; em sentido contrário, os incapazes não podem. Ademais, o exercício pleno da sua vontade liga-se a um tratamento de saúde e não está inserido no cenário de salvaguarda imediata da vida, tanto que se debateu nesses casos a utilização dos serviços do SUS, no Brasil, pelos que quiserem obter um tratamento e até mesmo se submeter a uma cirurgia, sem a transfusão de sangue, por motivo de crença. Indica-se, nas decisões apontadas, a viabilidade, *se possível*, com *aval médico*, de cuidados alternativos. Em nenhuma das hipóteses o STF sinalizou pela liberdade de crença, quando em confronto direto e imediato com a vida, devendo o médico optar pela religião.

4.3.5.2. A recusa da transfusão de sangue em crianças e adolescentes provocada pelos pais ou representante legal

De acordo com o exposto na nota anterior, nesse caso, o paciente é incapaz de decidir por si mesmo, valendo a voz dos pais. No entanto, lida-se com a vida humana. Nem mesmo se pode garantir, com absoluta precisão, que aquela criança ou jovem, no futuro, quando maior e capaz, abrace a religião dos pais, testemunhas de Jeová. Por isso, se houver resistência dos pais à transfusão de sangue, que pode salvar a vida do infante ou adolescente, parece-nos perfeitamente cabível levar a questão ao juízo da infância e da juventude para que possa suprir o *não* consentimento dos genitores, autorizando a referida transfusão. No mesmo sentido está a posição de Miguel Ángel Núñez Paz.[39]

4.3.6. Dever legal de enfrentar o perigo

O dever legal é o resultante de lei, considerada esta em seu sentido lato. Entretanto, deve-se ampliar o sentido da expressão para abranger também o dever *jurídico*, aquele que advém de outras relações previstas no ordenamento jurídico, como o contrato de trabalho ou mesmo a promessa feita pelo garantidor de uma situação qualquer.[40]

No prisma da ampliação do significado, pode-se citar o disposto na Exposição de Motivos da Parte Geral de 1940 (não alterada pela atual, conforme se vê no item 23): "A abnegação em face do perigo só é exigível quando corresponde a um *especial dever jurídico*". Por isso, têm o dever de enfrentar o perigo tanto o policial (dever advindo de lei) quanto o segurança particular contratado para a proteção do seu empregador (dever jurídico advindo do contrato de trabalho). Nas duas situações, não se exige da pessoa encarregada de enfrentar o perigo qualquer ato de heroísmo ou abdicação de direitos fundamentais, de forma que o bombeiro não está obrigado a se matar, em um incêndio, para salvar terceiros, nem o policial a enfrentar perigo irracional somente pelo disposto no art. 24, § 1.º. A

---

[39] *Homicidio consentido, eutanasia y derecho a morir con diginidad*, p. 121.

[40] Identicamente: Bento de Faria (*Código Penal brasileiro comentado*, v. 2, p. 197).

finalidade do dispositivo é evitar que pessoas obrigadas a vivenciar situações de perigo, ao menor sinal de risco, se furtem ao seu compromisso.

Em contrário, posiciona-se Hungria, ressalvando que somente o dever advindo de *lei* é capaz de impedir o estado de necessidade.[41]

4.4. Causa de diminuição de pena

Essa causa somente é compatível com a situação do estado de necessidade exculpante, quando não reconhecido como excludente de culpabilidade. Eventualmente, salvando um bem de menor valor e sacrificando um de maior valor, não se configura a hipótese de inexigibilidade de conduta diversa, o que ainda permite ao juiz considerar a situação como *menos culpável*, reduzindo a pena.

4.5. Indispensabilidade da prova

Assim como as demais excludentes de ilicitude, quando se configura o fato típico, para que não se concretize o crime, é fundamental *provar* a sua ocorrência. O estado de necessidade, conforme demonstram os seus requisitos, é situação excepcional, de modo que não basta o acusado alegar a sua existência; depende-se de prova para acolhê-lo. É certo que o ônus, em princípio, cabe ao réu, pois a alegação é de sua lavra (art. 156, CPP). Entretanto, o órgão acusatório, igualmente, deve comprovar a ocorrência do crime, por inteiro, significando um fato típico, ilícito e culpável. Desse modo, afirmada a excludente de ilicitude, ambas as partes têm interesse em participar da sua prova, pelo sim ou pelo não.

5. LEGÍTIMA DEFESA

5.1. Conceito e fundamento

É a defesa necessária empreendida contra agressão injusta, atual ou iminente, contra direito próprio ou de terceiro, usando, para tanto, moderadamente, os meios necessários. Trata-se do mais tradicional exemplo de justificação para a prática de fatos típicos. Por isso, sempre foi acolhida, ao longo dos tempos, em inúmeros ordenamentos jurídicos, desde o direito romano, passando pelo direito canônico, até chegar à legislação moderna. Valendo-se da legítima defesa, o indivíduo consegue repelir agressões indevidas a direito seu ou de outrem, substituindo a atuação da sociedade ou do Estado, que não pode estar em todos os lugares ao mesmo tempo, por meio dos seus agentes. A ordem jurídica precisa ser mantida, cabendo ao particular assegurá-la de modo eficiente e dinâmico.[42]

O Estado, a partir do momento em que chamou a si a responsabilidade de distribuir justiça, aplicando a lei ao caso concreto, pretendeu terminar com a *vingança privada*, geradora de inúmeros excessos e incidentes incontroláveis. Entretanto, não podendo estar, por meio dos seus agentes, em todos os lugares ao mesmo tempo, deve facultar à pessoa agredida a legítima defesa de seus direitos, pois, do contrário, o direito haveria de ceder ao injusto, o que é inadmissível. Como leciona Jescheck, a legítima defesa tem dois ângulos distintos,

---

[41] *Comentários ao Código Penal*, v. I, t. II, p. 279-280.

[42] Sobre a legítima defesa dos Estados, em face da guerra e da agressão, consultar Yoram Dinstein (*Guerra, agressão e legítima defesa*).

mas que trabalham conjuntamente: a) no prisma jurídico-individual, é o direito que todo homem possui de defender seus bens juridicamente tutelados. Deve ser exercida no contexto individual, não sendo cabível invocá-la para a defesa de interesses coletivos, como a ordem pública ou o ordenamento jurídico; b) no prisma jurídico-social, é justamente o preceito de que o ordenamento jurídico não deve ceder ao injusto, daí por que a legítima defesa manifesta-se somente quando for essencialmente *necessária*, devendo cessar no momento em que desaparecer o interesse de afirmação do direito ou, ainda, em caso de manifesta desproporção entre os bens em conflito. É desse contexto que se extrai o princípio de que a legítima defesa merece ser exercida da forma menos lesiva possível.[43]

Cuida-se, praticamente, de um direito natural, tornado legal por força da previsão feita no Código Penal. Aliás, o instinto de preservação do ser humano, mormente quando diz respeito às agressões à sua integridade física, é indeclinável e *fala mais alto*. Portanto, ainda que não houvesse lei, resguardando o uso da legítima defesa, seria esta utilizada identicamente, mesmo que, posteriormente, o agente respondesse, na esfera criminal, diante do Estado, *ad argumentandum*. Confira-se interesse trecho da oração de Cícero: "Há, sem dúvida, Juízes, esta lei, *não escrita, mas congênita, que não aprendemos, ouvimos ou lemos, mas participamos, bebemos e tomamos da mesma natureza*, na qual não fomos ensinados, mas formados, nem instruídos, mas criados: que se a nossa vida cair em algumas ciladas, e em insultos e armas de inimigos e ladrões, todo o modo de a salvar nos seja lícito. Porque as leis guardam silêncio entre as armas; nem mandam que as esperem, quando aquele que as quiser esperar primeiro há de pagar a pena injusta do que satisfazer-se da merecida".[44]

Convém, ainda, lembrar a lição de Américo de Carvalho: "*justificação* não é, pois, mera e estrita exclusão da ilicitude, não é um mero obstáculo ou impedimento ao juízo de ilícito, não é apenas a negação da negatividade; é, sim, expressão de uma valoração positiva de uma conduta praticada numa situação de conflito de interesses jurídicos, é positividade jurídica. (...) Daqui que toda a causa de justificação, enquanto possibilidade jurídica, seja, no mínimo, um direito de ação ou um *direito de intervenção*, e, enquanto concretização de um direito de intervenção, implique um dever de tolerância por parte do titular do bem concreto objeto da intervenção".[45]

É, ainda, interessante a visão de Lacruz López, afirmando que a legítima defesa tem duplo fundamento como causa de justificação: supraindividual e individual. No campo supraindividual, a legítima defesa torna-se necessária para a defesa do ordenamento jurídico, representada pela ideia de que o Direito não deve ceder ao injusto. Sob o prisma individual, ela serve para a defesa de uma pessoa ou de determinados bens jurídicos.[46]

5.2. Elementos da legítima defesa

São elementos da legítima defesa, expostos no art. 25 do Código Penal:

a) *relativos à agressão*: a.1) injustiça; a.2) atualidade ou iminência; a.3) contra direito próprio ou de terceiro; b) *relativos à repulsa*: b.1) utilização de meios necessários (*mezzi*); b.2) moderação (*grado*); c) *relativo ao ânimo do agente*: elemento subjetivo, consistente na vontade de se defender.

---

[43] *Tratado de derecho penal* – Parte general, p. 459-461.

[44] Célio de Melo Almada, *Legítima defesa*, p. 34, grifos do original.

[45] *A legítima defesa*, p. 171-172.

[46] *Curso de derecho penal* – parte general, p. 430-431.

A Lei 13.964/2019 introduziu o parágrafo único no art. 25 do Código Penal, nos seguintes termos: "Observados os requisitos previstos no *caput* deste artigo, considera-se também em legítima defesa o agente de segurança pública que repele agressão ou risco de agressão a vítima mantida refém durante a prática de crimes".

5.2.1. Conceito de agressão

É a "conduta humana que põe em perigo ou lesa um interesse juridicamente protegido".[47] Eis por que não se admite legítima defesa contra animal ou coisa, que não são capazes de *agredir* alguém (inexiste ação, como ato voluntário e consciente), mas apenas atacar, no sentido de *investir contra*.

Animais que atacam e coisas que colocam pessoas em risco podem ser danificados ou eliminados, mas estaremos diante do estado de necessidade defensivo. Nesse prisma, a lição de BUSTOS RAMÍREZ e VALENZUELA BEJAS: "O perigo deve provir de uma *conduta humana* – também compreendido o inimputável –, pois, do contrário, surge o estado de necessidade. Isso porque somente se pode falar do justo e do injusto em relação ao homem".[48]

Em sentido contrário, porém minoritário, o ensinamento de MEZGER: "O ataque deve partir de um ser dotado de vida. Os objetos inanimados, ainda quando deles possa emanar um perigo, não podem atacar. Por outro lado, podem realizar uma agressão os animais vivos".[49]

Animais que atacam podem ser utilizados como *instrumentos* de uma pessoa para ferir alguém, de modo que, nesse caso, a sua eliminação não constituirá estado de necessidade, mas legítima defesa, tendo em vista que eles serviram apenas de *arma* para a agressão, advinda do ser humano.

Certamente que uma agressão pode se realizar nas duas modalidades da conduta (positiva = ação; ou negativa = omissão). Como bem exemplifica MEZGER, o carcereiro que tem a obrigação de libertar um recluso, uma vez que sua pena findou, pode gerar uma agressão, por meio da sua omissão ilícita.[50]

5.2.1.1. Cautela na verificação das posições de agressor e vítima

Há, sem dúvida, uma tendência por parte de alguns operadores do direito, particularmente quanto a juízes e membros do Ministério Público, a visualizar a *vítima* de uma agressão como *inocente*, enquanto aquele que agride é considerado *culpado*. Em outras palavras, utilizando um exemplo, se A mata B, como regra, a vítima fatal seria a parte perdedora, "presumindo-se" a sua inculpabilidade, enquanto o sobrevivente passaria a ter o ônus de demonstrar o contrário. Muito embora se deva ter cuidado em aceitar a legítima defesa como justificativa para a "resolução pessoal de conflitos", pois seria possível incentivar a *vingança privada*, não é menos correto lembrar que há um nítido cenário de necessidade quando alguém, agredido, vê-se desprovido do amparo estatal.

Cremos que não deva existir qualquer tipo de *presunção* para a análise equilibrada e justa de uma situação de conflito entre pessoas, com resultado danoso para um ou mais dos

---

47 FREDERICO MARQUES, *Tratado de direito penal*, v. 2, p. 149.

48 *Derecho penal latinoamericano comparado*, p. 213.

49 *Tratado de derecho penal*, t. I, p. 454.

50 *Tratado de derecho penal*, t. I, p. 453.

envolvidos. Não é o sobrevivente (ou o *menos lesado*) aquele que detém o ônus da prova. Desde a investigação policial, urge buscar elementos para verificar, minuciosamente, quem deu início ao embate, em que termos e quais seriam as opções para os envolvidos. Portanto, não é suficiente considerar que, na ilustração *supra*, se A matou B, cabe-lhe demonstrar tê-lo feito em legítima defesa.

Nesse sentido, convém registrar o alerta de AMÉRICO DE CARVALHO: "Esta tendência a converter em exclusivamente vítima aquele que, muitas vezes, não foi senão um agressor (que só a si deverá imputar os danos que sofreu), ou que, no caso de ter havido excesso, é, simultaneamente, agressor (infrator) e vítima, é uma tendência que, para além de injusta e de juridicamente reprovada, é socialmente perigosa, ao neutralizar, na prática, a legítima e necessária dinâmica social preventivo-geral da legítima defesa".[51]

5.2.2. Injustiça da agressão

Entende-se, majoritariamente, na doutrina que *injustiça* é o mesmo que *ilicitude*, vale dizer, contrário ao direito. Valer-se da legítima defesa estaria a demandar a existência de uma agressão ilícita (não necessitando que se constitua em infração penal).[52]

Há quem entenda que a agressão não precisa ser considerada antijurídica, bastando que seja "injusta" sob o prisma do agredido, e não do agressor.[53] Cremos melhor a primeira posição, pois permitir a ampliação da excludente de ilicitude, admitindo-se que a *injustiça* da agressão se resolve na esfera individual do agredido, é criar um flanco inadequado para o cometimento de atos abusivos e criminosos, especialmente no campo dos delitos contra a vida.

5.2.3. Atualidade ou iminência da agressão

Atual é o que está acontecendo (presente), enquanto iminência é o que está em vias de acontecer (futuro imediato). Diferentemente do estado de necessidade, na legítima defesa admitem-se as duas formas de agressão: atual ou iminente. Tal postura legislativa está correta, uma vez que a agressão iminente é um perigo atual, portanto passível de proteção pela defesa necessária do art. 25. Não é possível haver legítima defesa contra agressão *futura* ou *passada*, que configura autêntica vingança, tampouco contra meras provocações, pois justificaria o retorno ao tempo do famigerado *duelo*.[54]

Cabe destacar que o estado de *atualidade* da agressão necessita ser interpretado com a indispensável flexibilidade, pois é possível que uma atitude hostil cesse momentaneamente, mas o ofendido pressinta que vai ter prosseguimento em seguida. Continua ele legitimado a agir, sob o manto da atualidade da agressão. É o que ocorre, *v.g.*, com o atirador que, errando os disparos, deixa a vítima momentaneamente, em busca de projéteis para recarregar a arma e novamente atacar. Pode o ofendido investir contra ele, ainda que o colha pelas costas, desde que fique demonstrada a sua intenção de prosseguir no ataque. Igualmente, não se descaracteriza a atualidade ou iminência de uma agressão simplesmente pelo fato de existir inimizade capital

---

[51] *A legítima defesa*, p. 165.

[52] Confira-se em: ANÍBAL BRUNO (*Direito penal*, t. I, p. 376); ASSIS TOLEDO (*Princípios básicos de direito penal*, p. 195), MARCELLO JARDIM LINHARES (*Legítima defesa*, p. 300-301).

[53] Sobre o tema, consultar HIRSCH (La antijuridicidad de la agresión como presupuesto de la defensa necesaria, In: *Obras*, t. III, p. 205 e ss.).

[54] Em idêntico prisma: BENTO DE FARIA (*Código Penal brasileiro comentado*, v. 2, p. 204).

entre agressor e ofendido. Lembra Marcello Jardim Linhares que ambos, pelas regras da prudência, devem se evitar, mas, se houver um encontro casual, é possível a utilização da legítima defesa se um deles iniciar agressão injusta.[55]

Quanto à agressão futura, que se tenha por certa e inevitável, o caminho não deve ser invocar a legítima defesa, que não renuncia à *atualidade* ou *iminência*, mas, eventualmente, a inexigibilidade de conduta diversa. No contexto da iminência, deve-se levar em conta a situação de perigo gerada no espírito de quem se defende. Seria demais exigir que alguém, visualizando agressão impendente, tenha de aguardar algum ato de hostilidade manifesto, pois essa espera lhe poderia ser fatal. Exemplo: o avanço do inimigo na direção do outro, carregando revólver na cintura, proferindo ameaças de morte, autoriza a reação. Aguardar que o agressor saque da arma e dê o primeiro disparo é contar com a sorte, já que o único tiro dado pode ser certeiro e mortal.

5.2.3.1. Legítima defesa presumida

Está excluída, no direito brasileiro, a possibilidade de existência da legítima defesa *presumida*, anteriormente admitida no direito romano, como bem coloca Jorge Alberto Romeiro: "A noite autorizava, ainda, para os romanos, a presunção de legítima defesa em favor daquele que matasse um ladrão, quando surpreendido furtando, pelo justo receio do seu ataque".[56]

No entanto, em outros ordenamentos jurídicos, há hipótese expressa de *presunção de legítima defesa*, como nos EUA, no México e em outros locais. Tomando por exemplo o México, o art. 15, IV, do Código Penal Federal prevê a presunção de legítima defesa para quem invadir o domicílio alheio, onde se encontra a família, que merece proteção de qualquer agressão. Assim, havendo reação do dono da casa, presume-se a legítima defesa.[57]

A hipótese, nessa específica situação, não beira nenhum absurdo, pois a simples invasão de domicílio já é crime, logo, uma agressão injusta. Portanto, existe uma *presunção implícita* de que o dono da casa, reagindo, está se defendendo; afinal, em anos de magistratura, jamais julguei um único caso de pura e simples invasão de domicílio. Todas estavam envolvidas num objetivo maior: roubo, furto, homicídio, sequestro etc.

O ponto alto dessa situação sempre se concentrará, na realidade, no *modo de reação*: meios necessários e moderação. Quem invadiu está armado? Essa arma é de fogo e foi visualizada? Quem entrou é criança, jovem ou adulto? Está em estado normal ou drogado/alcoolizado? E assim por diante. Pode-se reagir disparando um alarme, soltando um cão ou sendo obrigado a atirar, dependendo do caso.

5.2.4. *Agressão contra direito próprio ou de terceiros*

Tal como no estado de necessidade, somente pode invocar a legítima defesa quem estiver defendendo bem ou interesse juridicamente protegido. Não há possibilidade de defesa contra agressão a bem sem proteção jurídica (exemplo: não pode invocar a excludente quem está defendendo, contra subtração alheia, a substância entorpecente, não autorizada, que mantém em seu poder). Permitir que o agente defenda terceiros que nem mesmo conhece é uma das

---

[55] *Legítima defesa*, p. 323-324.

[56] A noite no direito e no processo penal, p. 183.

[57] Javier Jiménez Martínez, *Elementos de derecho penal mexicano*, p. 606.

hipóteses em que o direito admite e incentiva a solidariedade. Como explica La Medica, "o princípio humanitário de poder defender-se qualquer pessoa estranha, que estivesse em perigo extremo, não era reconhecido pelas leis de Roma. O triunfo desse princípio estava reservado para outros legisladores, e essa honra coube, essencialmente, ao cristianismo".[58]

Admite-se a defesa, como está expresso em lei, de direito próprio ou de terceiro, podendo o terceiro ser pessoa física ou jurídica, inclusive porque esta última não tem condições de agir sozinha. Merecem destaque, ainda, as especiais situações do feto e do cadáver, que não são titulares de direitos, pois não são considerados *pessoa*, isto é, não possuem personalidade, atributo que permite ao homem ser titular de direitos (arts. 2.º e 6.º, CC). Entretanto, como bem ressalta Manzini, tanto em um caso quanto em outro, é admissível a legítima defesa, tendo em vista a proteção que o Estado lhes confere, criando tipos penais específicos para essa finalidade (aborto e destruição de cadáver). No caso do nascituro, o próprio art. 2.º do Código Civil menciona que a lei põe a salvo alguns de seus direitos desde a concepção, voltando-se o direito penal, então, para a proteção da vida uterina. No outro, leva-se em consideração o respeito aos mortos. De qualquer forma, são interesses da sociedade. Quando são protegidos por alguém, em última análise dá-se cumprimento fiel ao disposto no art. 25, pois são direitos reconhecidos pelo Estado. Por isso, trata-se de hipótese plausível.[59]

5.2.4.1. Legítima defesa de terceiro e consentimento do agredido

Para a configuração da hipótese de legítima defesa de terceiro, torna-se necessário que este dê o seu consentimento para que seja protegido de um ataque? Cremos que depende do interesse em jogo. Tratando-se de bem indisponível, como a vida, é natural que o consentimento seja desnecessário. Assim também a posição de Marcello Jardim Linhares, citando o seguinte exemplo: "A amásia, rudemente espancada pelo amante, que, pressentindo a iminente reação de um circunstante, a este se oponha, para que não seja ofendida a pessoa amada, preferindo suportar os castigos físicos a vê-la vitimada por uma intervenção inamistosa de terceiro".[60]

Não se deve, nessa situação, depender do consentimento da agredida para socorrê-la, tendo em vista que está sendo severamente espancada, o que refoge ao seu âmbito de aceitação, por tratar-se de bem indisponível. Em igual prisma, explica Américo de Carvalho que, "sendo indisponível o bem jurídico agredido (casos de agressões mortais ou de ofensas corporais graves), é claro que não pode existir qualquer dúvida de que a agressão é ilícita, pois que, mesmo que houvesse consentimento do agredido na heterolesão em curso, este seria irrelevante, seria ineficaz".[61]

No entanto, caso se trate de algo disponível, como o patrimônio ou mesmo a integridade física, quando se tratar de lesões leves, parece-nos importante conseguir o consentimento da vítima, caso seja possível. Note-se o exemplo ilustrativo narrado por Zipf para justificar a busca do consentimento: cliente de hotel agride a camareira, quando esta lhe entrega uma conta. Resolve, em seguida, violentá-la. O dono do lugar, vendo a cena, dá um tiro de advertência e, sem resultado, abre fogo contra o homem, atingindo a vítima. Essa lesão não está acobertada, no seu entender, pela legítima defesa, pois não houve o consentimento da ofendida. Ela não concordou que sua vida corresse risco, para escapar da agressão sexual. Dessa forma, o

---

[58] *O direito de defesa*, p. 17.

[59] *Trattato di diritto penale italiano*, v. 2, p. 387-388.

[60] *Legítima defesa*, p. 279.

[61] *A legítima defesa*, p. 334.

consentimento da vítima, ao menos presumido, o que será deduzido diante da gravidade da agressão, deve ser buscado pelo agente da legítima defesa.[62]

Contudo, é fundamental mencionar a possibilidade de haver uma legítima defesa putativa, isto é, sem saber que a pessoa ofendida se opõe a qualquer tentativa de reação contra o agressor, ainda que se cuide de bem disponível, alguém poderá agir em legítima defesa de terceiro, na credulidade de se tratar de conduta lícita e desejável.

5.2.5. Utilização dos meios necessários para a reação

São os eficazes e suficientes para repelir a agressão ao direito, causando o menor dano possível ao atacante. Quanto à utilização do meio *menos gravoso* ao agressor, subsume-se essa situação no próprio conceito de *necessariedade* (indispensável, essencial, inevitável).[63]

Na ótica de ROXIN, "a necessidade da defesa não está vinculada à proporcionalidade entre o dano causado e o impedido. Assim, pois, quem somente pode escapar de uma surra apunhalando o agressor, exerce a defesa necessária e está justificado pela legítima defesa ainda que a lesão do bem jurídico causado pelo homicídio seja muito mais grave do que a que teria sido produzido pela surra".[64]

Não se exige, no contexto da legítima defesa, tal como se faz no estado de necessidade, a fuga do agredido, já que a agressão é injusta. Pode ele enfrentar a investida, usando, para isso, os meios que possuir ao seu alcance, sejam eles quais forem. A exigência de fuga, como lembra BETTIOL, degrada a personalidade moral, mas isso não significa que, de propósito, o sujeito procure passar próximo do local onde está o agressor, que já o ameaçou, para gerar uma situação de legítima defesa.[65] LUÍS SISCO complementa dizendo que a generalidade dos autores admite, hoje, que não se pode impor a fuga ao injustamente agredido, mesmo que possa fazê-lo.[66]

É curial, no entanto, mencionar a correta ressalva feita por BENTO DE FARIA no sentido de que, "em casos excepcionais, a fuga se impõe sem acarretar vergonha, mas, ao contrário, elevando os sentimentos de quem a pratica. Assim, o filho que, embora possa reagir, prefere fugir à agressão injusta de seu pai, para não matá-lo ou molestá-lo".[67]

É o que se chama de *commodus discessus*, ou seja, o cômodo afastamento do local, evitando-se a situação de perigo ou agressão, em nome da prudência, sem qualquer ofensa à imagem do ofendido. Não há cálculo preciso no uso dos meios necessários, sendo indiscutivelmente fora de propósito pretender construir uma relação perfeita entre ataque e defesa. Como lembra MARCELLO JARDIM LINHARES, "a escolha dos meios deve obedecer aos reclamos da situação concreta de perigo, não se podendo exigir uma proporção mecânica entre os bens em conflito", tampouco a paridade absoluta de armas. Utilizam-se as armas da razão.[68]

---

[62]   *Derecho penal* – Parte general, v. 1, p. 460.

[63]   AMÉRICO DE CARVALHO, *A legítima defesa*, p. 317.

[64]   *Derecho penal* – parte general, p. 632.

[65]   *Diritto penale* – Parte generale, p. 260. Em igual linha: MANZINI, CARRARA, RANIERI, SABATINI, SANTORO, VANNINI, WELZEL, ANTOLISEI, MAGGIORE, VENDITTI (citações de JARDIM LINHARES, que com a tese concorda, *Legítima defesa*, p. 353).

[66]   *La defensa justa*, p. 197-198.

[67]   *Código Penal brasileiro comentado*, v. 2, p. 205.

[68]   *Legítima defesa*, p. 343-344.

O agressor pode estar, por exemplo, desarmado e, mesmo assim, a defesa ser realizada com emprego de arma de fogo, se esta for o único meio que o agredido tem ao seu alcance. O ponto alto é singelo: o direito não deve ceder ao injusto, seja a que pretexto for.

Confira-se, ainda, a lição de Bento de Faria: "O homem que é subitamente agredido não pode, na perturbação e na impetuosidade da sua defesa, proceder à operação de medir e apreciar a sangue frio e com exatidão se há algum outro recurso para o qual possa apelar, que não o de infligir um mal ao seu agressor; se há algum meio menos violento a empregar na defesa, se o mal que inflige excede ou não o que seria necessário à mesma defesa. É preciso considerar os fatos como eles ordinariamente se apresentam, e reconhecer as fraquezas inerentes à natureza humana, não se exigindo dela o que ela não pode dar; reconhecer mesmo as exigências sociais, que podem justificar o emprego de certos meios de defesa, suposto não seja absoluta a necessidade desse emprego".[69]

5.2.6. Moderação da reação

Cuida-se da razoável proporção entre a defesa empreendida e o ataque sofrido, que merece ser apreciada no caso concreto, de modo relativo, consistindo na *medida dos meios necessários*. Se o meio se fundamentar, por exemplo, no emprego de arma de fogo, a moderação basear-se-á no número de tiros necessários para deter a agressão. Não se trata de conceito rígido, admitindo-se ampla possibilidade de aceitação, uma vez que a reação de uma pessoa normal não se mede por critérios matemáticos ou científicos.[70] Como ponderar o número de golpes de faca que serão suficientes para deter um atacante encorpado e violento? Daí por que a liberdade de apreciação é grande, restando ao magistrado valer-se de todo o bom senso peculiar à espécie a fim de não cometer injustiça.

Quanto às brigas ocorridas entre presos, narra Percival de Souza: "Cada acerto de contas é um duelo sem interferência, uma briga que geralmente só termina com a morte de um. São cenas rápidas, geralmente assistidas por privilegiados espectadores que tudo fazem para que nenhum funcionário veja o que está acontecendo e interfira para impedir o desfecho. Correr, fugir da luta, tentar escapar da morte se torna impossível. Mais do que isso, se torna imperdoável: se um dos envolvidos na briga sair correndo, não faltará quem lhe passe o pé para derrubá-lo ao chão. A briga, quando começa, tem de chegar ao fim, com um deles morto, ou perfurado a estilete".[71]

A escolha do meio defensivo e o seu uso importarão na eleição daquilo que constitua a menor carga ofensiva possível, pois a legítima defesa foi criada para legalizar a defesa de um direito, e não para a punição do agressor.[72]

5.2.7. Proporcionalidade na legítima defesa

A lei não a exige (art. 25, CP), mas a doutrina e a jurisprudência brasileiras posicionam-se no sentido de ser necessária a proporcionalidade (critério adotado no estado de necessidade)

---

[69] *Código Penal brasileiro comentado*, v. 2, p. 207.

[70] Como narra Pedro Vergara, "exigir, portanto, que os homens, para estar dentro da lei ou de fórmulas herméticas e hieráticas, se coloquem for a da sua psicologia, de si movediça e instável – é violentar e forças a sua própria natureza. Os que forem fortes e heroicos ficarão calmos e manterão uma atitude de aparente indiferença, diante do maior e do mais grave perigo. Há homens que oferecem o peito às balas, mas há também aqueles que oferecem as costas" (*Da legítima defesa subjetiva*, p. 166-167).

[71] *A prisão*, p. 18-19.

[72] Jardim Linhares, *Legítima defesa*, p. 368.

também na legítima defesa. Por tal razão, se o agente defender bem de menor valor fazendo perecer bem de valor muito superior, deve responder por excesso. É o caso de defender a propriedade à custa da vida. Aquele que mata o ladrão que, sem emprego de grave ameaça ou violência, levava seus pertences fatalmente não poderá alegar legítima defesa, pois terá havido excesso, doloso ou culposo, conforme o caso.

ROBERTO REYNOSO D'ÁVILA bem resume o tema: "é inegável o direito que se tem à defesa do patrimônio, já que todos os bens podem ser defendidos; mas não se deve entender essa defesa de forma ilimitada, pois para que o ato defensivo seja coberta pela excludente requer-se que seja *necessário e proporcional*, porque do contrário poderia se converter, de um instituto eminentemente jurídico, em uma medida de sacrifícios brutalmente absurdos, como ocorre se o ofendido por privado da vida por ter furto um comerciante".[73]

5.2.7.1. Ofendículos

5.2.7.1.1. Conceito e natureza jurídica

Proveniente o termo da palavra *offendiculum*, que quer dizer obstáculo, impedimento, significa o aparelho, engenho ou animal utilizado para a proteção de bens e interesses. São autênticos obstáculos ou impedimentos posicionados para atuar no momento da agressão alheia.

Debate-se, na doutrina, a natureza jurídica do ofendículo, havendo duas posições:

a) *exercício regular de direito*, sob a ótica de que os obstáculos instalados na propriedade constituem o uso legítimo de um direito. Enfoca-se, com isso, o momento de instalação do ofendículo e não de seu funcionamento, que é sempre futuro. Aliás, como alerta MARCELLO JARDIM LINHARES, quando a armadilha entra em ação, não mais está funcionando o homem, motivo pelo qual não se pode admitir esteja ocorrendo uma situação de legítima defesa, mas sim de exercício de direito. E mesmo quando atinja um inocente, como uma criança que se fira em pontas de lança de um muro, atua o exercício de direito, pois não se pode considerar uma reação contra quem não está agredindo;[74]

b) *legítima defesa preordenada*, voltando-se os olhos para o instante de funcionamento do obstáculo, que ocorre quando o infrator busca lesionar algum interesse ou bem jurídico protegido. Posicionamo-nos nesse sentido.[75] O aparelho ou animal é colocado em uma determinada propriedade para funcionar no momento em que esse local é invadido contra a vontade do morador, portanto serve como defesa necessária contra injusta agressão. É certo que o ofendículo, por constituir situação de legítima defesa, precisa respeitar os mesmos requisitos do art. 25. Deve ser necessário e moderado, pois qualquer excesso fará com que o instalador do ofendículo responda pelo resultado típico causado, por dolo ou culpa, conforme o caso concreto.

---

[73] *Teoría general del delito*, p. 131 (tradução livre).

[74] *Estrito cumprimento de dever legal*. Exercício regular de direito, p. 256-257. Assim: BENTO DE FARIA (*Código Penal brasileiro comentado*, v. 2, p. 217), ANÍBAL BRUNO (*Direito penal*, t. 2, p. 9), MIRABETE (*Manual de direito penal*, v. I, p. 187), JAIR LEONARDO LOPES (*Curso de direito penal – Parte geral*, p. 142), PAULO JOSÉ DA COSTA JR. (*Direito penal – Curso completo*, p. 105).

[75] E também HUNGRIA (*Comentários ao Código Penal*, v. I, t. II, p. 293), NORONHA (*Direito penal – Parte geral*, p. 189), ASSIS TOLEDO (*Princípios básicos de direito penal*, p. 206), FREDERICO MARQUES (*Tratado de direito penal*, v. II, p. 151), FLÁVIO AUGUSTO MONTEIRO DE BARROS (*Direito penal – Parte geral*, p. 307), ROMEU DE ALMEIDA SALLES JÚNIOR (*Homicídio culposo*, p. 69-70).

5.2.7.1.2. Critérios para a sua utilização

Na ótica de ROXIN, dispositivos perigosos para a vida não são necessários quase nunca para a defesa de bens (minas explosivas, disparos automáticos). Basta um alarme, descargas elétricas rápidas ou um cão.[76] Não é diversa a visão de ROMEU DE ALMEIDA SALLES JÚNIOR: "parece-nos impossível admitir-se como válida a colocação de aparelhos de defesa que podem causar a morte para preservar a propriedade. Existe, no caso, flagrante desproporção entre o bem visado pelo ataque e o bem suprimido pela repulsa".[77]

Uma fórmula interessante para detectar a licitude do uso de ofendículos é proposta por RANIERI, que menciona o seguinte: se forem colocados de modo visível, é evidente a sua legitimidade como meio defensivo, sem qualquer restrição de intensidade, porque o agressor, conhecendo o perigo ao qual se expõe, afronta-o deliberadamente. Entretanto, se for colocado de modo oculto, somente terá legitimidade como meio de defesa se for necessário e moderado, conforme o caso concreto.[78]

Embora creiamos ter validade essa regra para auxiliar o juiz a decidir acerca da maior ou menor reprovação que a conduta do defensor possa merecer em caso de exagero, quando o obstáculo atuar de modo intenso, ceifando a vida do agressor do patrimônio, por exemplo, tornamos ao problema da proporcionalidade, exigida majoritariamente pela jurisprudência de nossas Cortes. Trata-se, afinal, de bem indisponível (vida), pouco valendo o fato de o ofendículo estar à vista ou não. Por outro lado, quando atingir um inocente (exemplo: criança que se fere em cacos de vidro colocados em cima do muro, porque foi buscar uma pipa presa em uma árvore), pode-se invocar a *legítima defesa putativa*, desde que não haja, também nessa hipótese, flagrante exagero nos meios empregados para a defesa.

Em igual sentido, encontra-se a posição de HUNGRIA: "Suponha-se, entretanto, que ocorra uma *aberratio in persona*, isto é, que, ao invés do ladrão, venha a ser vítima do insidioso aparelho uma pessoa inocente. A nosso ver, a hipótese deve ser tratada como de legítima defesa putativa, uma vez que se comprove que o proprietário ou ocupante da casa estava persuadido de que a armadilha somente poderia colher o ladrão noturno: se foram tomadas as precauções devidas para que a armadilha não fosse fiel à sua finalidade, o evento lesivo não pode ser imputado a título de dolo, nem a título de culpa; caso contrário, configurar-se-á um crime culposo".[79] HEINZ ZIPF, no entanto, questiona o seu funcionamento contra inocentes, afirmando que, nessa hipótese, o instalador do ofendículo deve responder pelo evento causado. Alega ser "duvidosa a justificação desses meios porque eles não permitem uma individualização em seu funcionamento: um disparador automático opera não somente contra o ladrão de galinhas, senão também contra o hóspede que tenha confundido a porta de entrada. Se a instalação funciona como meio defensivo, o autor estará justificado. Do contrário, não cabe legítima defesa".[80]

Essa postura é exagerada, uma vez que, fosse assim, os ofendículos estariam inviabilizados por completo, pois nunca se poderá garantir o seu funcionamento exclusivo contra agressores reais. Aliás, se o direito acolhe a putatividade para garantir a absolvição daquele que,

---

[76] *Derecho penal* – parte general, p. 634-635.

[77] *Homicídio culposo*, p. 70.

[78] *Manuale di diritto penale* – Parte generale, v. 1, p. 145.

[79] *A legítima defesa putativa*, p. 130-132.

[80] *Derecho penal* – Parte general, v. 1, p. 458. No mesmo sentido, CLAUS ROXIN (*Derecho penal* – parte general, p. 634-635).

justificadamente, vendo-se agredido – embora seja fruto do erro –, termina ferindo inocente, é natural que se dê o mesmo no contexto do ofendículo. Há basicamente dois tipos de obstáculos: coisas e animais. Quanto aos aparelhos e engenhos (como cercas eletrificadas, pontas de lança, arame farpado etc.), o controle do proprietário e a regulagem em relação ao funcionamento são maiores e mais eficientes. Se alguém se ferir em um portão que, no alto, possui pontas de lanças, porque pretendia invadir a propriedade, ainda que morra, configura-se nítida situação de legítima defesa preordenada, necessária e moderada. A vítima, percebendo o perigo da ultrapassagem do obstáculo, aventurou-se, até por ingenuidade, acreditando poder evitar a lesão.

Confira-se caso real: "Ontem, dois pequenos moradores da Zona Norte acabaram se ferindo em lanças de portão enquanto brincavam durante a tarde nesse período de recesso escolar. Um perfurou o tórax ao cair de um rombo nas telhas da garagem de seu prédio, às 16 h, no Jardim Peri, e outro perfurou a mão na proteção, às 17 h, em Parada de Taipas. A bola colorida ainda continuava presa no telhado quando B.H.J.R., 9 anos, entrava no Centro Cirúrgico do Hospital das Clínicas (HC), Zona Oeste, para retirar a ponta da lança da grade que entrou em seu peito direito, bem na hora em que o menino escorregou para salvar a pelota isolada no jogo de futebol disputado no quintal. (...) Para o vizinho que ajudou no salvamento, o acidente era previsível. 'Eles sempre ficam pulando para lá e para cá nessas cercas. E o pior é que, para segurança mesmo, essas lanças não adiantam nada', disse R.S., 29 anos".[81]

A cerca eletrificada para, apenas, repelir o invasor é, também, ofendículo razoável e moderado; se, por azar, na queda após o choque, o agressor terminar se lesionando mais gravemente, não se pode debitar ao proprietário, a título de excesso, esse episódio. É fruto do caso fortuito. Por outro lado, a cerca eletrificada para provocar choque fatal deve ser considerada ofendículo imoderado.

5.2.7.1.3. Uso de animais

Quanto aos animais, especialmente cães de guarda, o proprietário tem menor controle sobre suas reações, pois são seres vivos, que atuam por instinto de preservação do território e do dono. Não há regulagem, visto não serem aparelhos. Portanto, se um invasor for atacado por cães e terminar morrendo em virtude das lesões sofridas, trata-se de caso fortuito, não configurador de excesso. É lícito tê-los em qualquer residência ou lugar de comércio, desde que em área não acessível ao público que, legitimamente, frequenta o lugar. No mais, aquele que, durante a noite, por exemplo, invade propriedade alheia, murada, para qualquer atividade, pode ser atacado por cães, que protegem por instinto seu espaço, e morrer, configurando-se, ainda assim, a legítima defesa.

Note-se que, se fosse o proprietário a dar um tiro em um mendigo invasor, poderíamos falar em excesso; porém, cães não têm discernimento para separar o invasor mendigo e o invasor assaltante, atacando-os igualmente. O proprietário do animal, por certo, não pode treiná-lo para ataques fulminantes, pois isto seria o mesmo que preparar uma cerca para matar eletrocutado o invasor. No entanto, o treinamento de defesa ou mesmo a ausência de adestramento deixa o cão trabalhar com seus instintos, que, dependendo do acontecimento, pode levar a um resultado fatal.

Tal situação torna-se particularmente viável quando há mais de um cão de guarda, seja de que raça for, pois nasce aí o *instinto de matilha*, representado pelo ataque conjunto dos cães, um incentivando o outro a dar cabo da presa. Por isso, não pode o proprietário

---

[81] *Jornal da Tarde*, Caderno A, p. 4, 14.12.2006.

ser responsabilizado por um ofendículo que lida com o instinto de animal. Por outro lado, se alguém preferir utilizar animais diferenciados para a proteção de sua propriedade, como cobras venenosas ou felinos selvagens (leões, tigres etc.), teremos a possibilidade de levantar a imoderação do ofendículo, uma vez que a possibilidade de controle se torna ainda menor. O ideal, porém, é sempre analisar a situação concreta, sem fórmulas preconcebidas.

5.2.7.1.4. Exemplos de ofendículos

Além dos casos já retratados nos itens acima, diversas são as hipóteses de ofendículos, pois tudo depende da imaginação humana, seja para agredir, seja para produzir um contra-ataque.

Podemos enumerar as seguintes alternativas, entre abstratas e concretas:

a) a Lei 13.654/2018 alterou os arts. 155 e 157, com vistas a reprimir mais severamente o uso de explosivos para consumar crimes patrimoniais.

Há certos dispositivos, instalados pelos estabelecimentos bancários, que disparam um forte jato de vapor/ar/poeira em cima de quem está próximo ao caixa eletrônico, ao menor sinal de violação. Além disso, é possível, inclusive, o uso de fogos de artifício, bem como outros instrumentos para *evitar* a subtração. Cuida-se de um conjunto de ofendículos. Nessas hipóteses, verifica-se um aparato moderado;

b) em nossa trajetória como professor, ouvimos de um aluno o seguinte caso de ofendículo. Em uma cidade litorânea, no Estado de São Paulo, certo proprietário tinha uma casa de veraneio, que sofria furtos frequentemente. Sem caseiro, esse dono da casa resolveu inovar e, com a ajuda de um amigo, colocou um chimpanzé na varanda da sua residência. Essa varanda, na frente da casa, situava-se entre a piscina e o muro da rua. Ensinou-se ao macaco atirar cocos verdes a quem colocasse a cabeça acima do muro, pretendendo ingressar no imóvel. O chimpanzé, preso à varanda, atirou os cocos contra os potenciais invasores (a maioria, adolescentes infratores). Esse novo ofendículo foi útil no início e impediu a entrada de estranhos no imóvel. No entanto, quando chegou a fase de calmaria (sem novas invasões), o macaco começou a ficar tedioso. Então, à falta de gente colocando a cabeça acima do muro, o chimpanzé principiou um *treino por conta própria*. Passou a atirar os cocos verdes cada vez mais longe. Um dia, ele atirou um coco que ultrapassou o muro e atingiu a via pública. Continuando a sua atividade, certa vez, o coco verde caiu na cabeça de uma mulher, que caminhava pela rua. Ela morreu. Iniciou-se, então, o debate: esse ofendículo poderia ser considerado moderado ou deveria ser visto como excessivo? Parece-nos ser um ofendículo marcado pelo excesso, pois não se poderia confiar na atuação do macaco (extraído de um circo em decadência). Por isso, restaria a discussão acerca do elemento subjetivo: dolo ou culpa. Nessa esteira, dependendo do caso concreto, supomos tratar-se de um caso envolto pela culpa, logo, homicídio culposo para o proprietário da casa.

5.3. Outras questões polêmicas envolvendo a legítima defesa

5.3.1. Legítima defesa da honra

 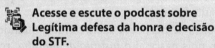

Acesse e escute o podcast sobre Legítima defesa da honra e decisão do STF.

> http://uqr.to/1yve0

Tormentosa questão é saber se a honra pode ser defendida, validamente, pela excludente da legítima defesa, bem como – e principalmente – se existe legítima defesa da honra no adultério. BASILEU GARCIA defendia não ser possível falar em legítima defesa da honra, porque se trata de bem imaterial, não susceptível de perecimento. Uma vez ofendida, a pessoa pode conseguir reparação nas esferas penal e civil, não sendo necessário valer-se da legítima defesa. Essa posição tornou-se minoritária, pois a própria Constituição garante o direito à honra e o Código Penal (art. 25) não faz distinção entre os direitos passíveis de proteção por meio do instituto da legítima defesa.

A maioria da doutrina, atualmente, sustenta a possibilidade de reação contra agressão à honra, na esteira da lição de MEZGER: "É indiferente a índole do interesse juridicamente protegido contra o qual o ataque se dirige: pode ser o corpo ou a vida, a liberdade, a honra, a honestidade, a inviolabilidade de domicílio, a situação jurídica familiar, o patrimônio, a posse etc. (...) Todo bem jurídico é susceptível de ser defendido legitimamente",[82] com o que concordamos plenamente.

Aliás, alguns textos legais, a fim de evitar qualquer dúvida nesse campo, mencionam, explicitamente, a possibilidade de defesa da honra. É o caso do Código Penal mexicano, art. 15, III.[83] Na ótica de ROXIN, se o ofensor profere uma injúria e cessa, não cabe legítima defesa da honra; porém, se o agressor continua pronunciando insultos e injúrias, de modo a prolongar a agressão, pode dar-se a legítima defesa, visando calar o agressor.[84]

O ponto fundamental, na legítima defesa da honra, reside na moderação e no uso dos meios absolutamente necessários. Caso o agressor à honra persista, pode o ofendido defender-se, inclusive valendo-se da violência física ou grave ameaça. Porém, não está autorizado a exagerar, vale dizer, combater uma agressão verbal com graves lesões físicas e, muito menos, com a morte. Se assim for feito, configura-se excesso punível por dolo ou culpa, conforme o caso concreto.

5.3.1.1. Legítima defesa da honra no contexto do adultério

Permanece, no entanto, discutível a sua utilização no contexto do adultério. Nesse caso, o grande dilema é descortinar qual é a honra atingida: do cônjuge inocente ou do adúltero? Pregando a impossibilidade, argumentam FREDERICO MARQUES e MAGALHÃES NORONHA que a honra é individual e não pode ser "partilhada" entre os cônjuges, cada qual possuindo a sua. Além disso, a honra de quem foi infiel é que foi atingida, pois foi a parte que infringiu os deveres do casamento. Em terceiro plano, deve-se considerar que não haveria mais atualidade na agressão, uma vez que já consumada com o simples início da relação adúltera. Finalmente, se o cônjuge inocente age para salvar sua honradez, em verdade provoca, com a violência empregada, um público conhecimento do acontecido.

Por outro lado, é preciso verificar que a sociedade atual não coloca a questão da forma como, idealmente, deveria. Vê-se o cônjuge inocente e enganado como o maculado, o frouxo, aquele que teve a sua reputação manchada, mormente se nada faz no exato momento em que constata o flagrante adultério. Admissível, pois, em nosso entender, que possa agir para

---

[82] *Tratado de derecho penal*, t. I, p. 454. Igualmente: BENTO DE FARIA (*Código Penal brasileiro comentado*, v. 2, p. 200).

[83] PAVON VASCONCELOS, *Manual de derecho penal mexicano* – Parte general, p. 287.

[84] *Derecho penal* – parte general, p. 622.

preserver os laços familiares ou mesmo a sua honra objetiva, usando, entretanto, violência moderada. Exemplo: pode expulsar o amante da esposa de casa, mesmo que para isso deva empregar força física. Não deve responder por lesões corporais.

Nesse prisma, já teve oportunidade de se pronunciar LUIZ VICENTE CERNICCHIARO: "O casamento acarreta obrigações recíprocas. Uma delas, a fidelidade do ponto de vista conjugal. Daí a conduta de uma pessoa casada não ser exclusivamente de interesse seu, mas também do outro cônjuge, dada a obrigação recíproca da fidelidade. Se fizermos investigação histórica quanto a esse problema tão polêmico, suscitado neste recurso, ver-se-á, no correr do tempo, que a sociedade brasileira vem interpretando-o de modo diverso". O que certamente não se deve tolerar jamais é a prática do homicídio contra o cônjuge adúltero como forma de "reparar" a honra ofendida, pois há evidente desproporcionalidade entre a injusta agressão e a reação. Encontra-se importante passagem em acórdão citado por MARCELLO JARDIM LINHARES, apregoando ser inadmissível que se "possa 'lavar' a alvura da honra maculada, tingindo-a no sangue de uma vida, que nem por mal vivida é vida que nos pertença. Não se pode tolerar que o homicídio por adultério passe a ser, contra a tradição civilizadora do país, 'contra toda a doçura de nossos foros jurídicos', o único delito punido com pena de morte. E morte infligida não pelo Estado, através das garantias e consectários do processo judicial, mas morte imposta pelo ofendido, sem forma nem figura de juízo, num pretório de paixão, em que falam, apenas, as vozes cegas da cólera e da vingança".[85]

Entretanto, convém mencionar a posição pessoal de MARCELLO JARDIM LINHARES, taxativa no sentido de se acolher a legítima defesa da honra no contexto do adultério, inclusive, se necessário, com a prática de homicídio contra o cônjuge traidor: "Não nos parece censurável conceder-se a legítima defesa ao marido que, surpreendendo a esposa em flagrante adultério, dentro do lar conjugal, fere ou mata os amantes, ou qualquer deles". Justifica sua linha de pensamento, alegando que há profunda influência do ambiente e da herança na formação da alma das raças humanas, motivo pelo qual seria preciso considerar a essência da concepção do brasileiro médio acerca da honra conjugal, como valor absoluto, ressaltando que não se legisla somente para o intelectual, ou para o homem que vive em uma metrópole, mais tolerante quanto aos costumes, mas também para o espírito conservador do homem médio. Destaca a pressão do meio contra o cônjuge traído, narrando que este se torna ridículo aos olhos da sociedade que o cerca se nenhuma providência tomar ao deparar-se com adultério flagrante. "O homem de caráter para o brasileiro não pode ser o tipo conjuntivo, manso e resignado, falho de emotividade, amorfo ou apático da classificação de Heymans, ante o mundo circundante, que acaso aceite compassivamente a cena de um flagrante adultério dentro de seu próprio lar (...). Não é esse o tipo *médio* do brasileiro. O caráter que prevalece dentro de nossa comunidade, compatível com a dignidade da pessoa humana, é o que resguarda com a pronta reação o plano de valores espirituais e morais que esse universalismo criou". E termina sustentando que à mulher traída idêntico direito assistiria.[86]

Ousamos discordar dessa posição, uma vez que o direito também tem, inegavelmente, a missão de educar a sociedade, incentivando, por meio da edição de normas, pensamentos e posturas mais nobres – e outra não é a explicação para combatermos a tortura, as penas degradantes e cruéis e caminhos menos elevados para a dignificação da vida em sociedade. Dessa forma, ainda que o brasileiro *médio* possua a concepção de que a "honra se lava com

---

[85] *Legítima defesa*, p. 222-223.
[86] *Legítima defesa*, p. 232-249.

sangue" – e tal postura é exercitada não somente no contexto do flagrante adultério –, torna-se indispensável que o legislador, sensível à importância do valor da vida, jamais deixe de se voltar ao direito ideal e não apenas ao pensamento coletivo real, por vezes envolto de banalidade, agressividade, egoísmo e mesquinharias de toda ordem. Não se descura, em aspecto relevante para a honra objetiva do cônjuge traído, da possibilidade de haver uma reação momentânea, quando se depara com uma ofensa à sua imagem, mormente no delicado contexto do adultério.

Toda a energia e paixão geradas em seu espírito não podem motivar, com o beneplácito da lei, um julgamento sumário, feito em regime puramente emocional, sem qualquer chance de defesa, ceifando a vida do cônjuge traidor e mesmo do amante. Por vezes, é possível encontrar uma razão mais do que plausível para ter ocorrido a traição – uma mulher maltratada pelo marido sistematicamente, que encontra amparo emocional e psicológico em seu amante; uma mulher farta das traições do próprio marido, que resolve levar vida sexual desgarrada dos deveres impostos pelo casamento; um marido massacrado por exigências injustas e frequentes da esposa tirana, entre tantos outros aspectos –, o que convida à meditação sobre o caráter da legítima defesa da honra. Desnecessária, certamente, a solução fatal, impondo *pena de morte* a quem comete o deslize. Repita-se que o mais condizente, nessa situação, é aceitar uma reação moderada, expulsando de casa o ofensor, destruindo algum bem do traidor ou mesmo do amante, enfim, demonstrando seu inconformismo, mas sempre com o controle que se espera do ser humano preparado a viver em sociedade. A honra sexual não pode tornar-se o grande apanágio a justificar a inversão de valores e a submissão da vida à reputação, mesmo porque inúmeros mecanismos existem para reparar a situação. Atualmente, tem-se até mesmo admitido a indenização por dano moral a quem se julga traído pelo cônjuge. A evolução do pensamento humano é esperada e deve ser fomentada pelo direito, sem jamais se esquecer o legislador da realidade. O homicídio, caso aceito pelo direito como solução legítima para reparar a honra ferida, seria o atestado nítido de involução, de regressão aos costumes mais bárbaros, passo indesejável quando se pretende construir, cada vez mais, uma sociedade amparada pelo respeito aos valores e direitos fundamentais do ser humano.

Em suma, mesmo que se possa admitir a legítima defesa da honra – visto que se trata de um bem jurídico protegido constitucionalmente (art. 5º, X, CF) –, o ponto fundamental é haver moderação. Por conta de absolvições injustas, ocorridas no contexto do Tribunal do Júri, reconhecendo a legítima defesa da honra para justificar o ato extremado de um homem traído contra a mulher, o STF proferiu decisão apontando a inconstitucionalidade dessa tese no cenário do feminicídio, o que é correto e prudente.

Eis a ementa do julgado: "1. 'Legítima defesa da honra' não é, tecnicamente, legítima defesa. A traição se encontra inserida no contexto das relações amorosas. Seu desvalor reside no âmbito ético e moral, não havendo direito subjetivo de contra ela agir com violência. Quem pratica feminicídio ou usa de violência com a justificativa de reprimir um adultério não está a se defender, mas a atacar uma mulher de forma desproporcional, covarde e criminosa. O adultério não configura uma agressão injusta apta a excluir a antijuridicidade de um fato típico, pelo que qualquer ato violento perpetrado nesse contexto deve estar sujeito à repressão do direito penal. 2. A 'legítima defesa da honra' é recurso argumentativo/retórico odioso, desumano e cruel utilizado pelas defesas de acusados de feminicídio ou agressões contra a mulher para imputar às vítimas a causa de suas próprias mortes ou lesões. Constitui-se em ranço, na retórica de alguns operadores do direito, de institucionalização da desigualdade entre homens e mulheres e de tolerância e naturalização da violência doméstica, as quais não tem guarida na Constituição de 1988. 3. Tese violadora da dignidade da pessoa humana, dos direitos à vida e à igualdade entre homens e mulheres (art. 1º, inciso III, e art. 5º, *caput* e inciso I, da CF/1988), pilares da ordem constitucional brasileira. A ofensa a esses direitos concretiza-se, sobretudo, no estímulo à perpetuação da violência contra a mulher e do feminicídio. O acolhimento da tese tem a potencialidade de estimular práticas violentas contra as mulheres ao exonerar seus perpetradores da devida sanção. 4. A 'legítima defesa da honra' não pode ser invocada como argumento inerente à plenitude de defesa própria do tribunal do júri, a qual não pode constituir instrumento de salvaguarda de práticas ilícitas. Assim, devem prevalecer a dignidade da pessoa humana, a vedação a todas as formas de discriminação, o direito à igualdade e o direito à vida, tendo em vista os riscos elevados e sistêmicos decorrentes da naturalização, da tolerância e do incentivo à cultura da violência doméstica e do feminicídio. 5. Na hipótese de a defesa lançar mão, direta ou indiretamente, da tese da 'legítima defesa da honra' (ou de qualquer argumento que a ela induza), seja na fase pré-processual, na fase processual ou no julgamento perante o tribunal do júri, caracterizada estará a nulidade da prova, do ato processual ou, caso não obstada pelo presidente do júri, dos debates por ocasião da sessão do júri, facultando-se ao titular da acusação recorrer de apelação na forma do art. 593, III, a, do Código de Processo Penal. 6. Medida cautelar parcialmente concedida para (i) firmar o entendimento de que a tese da legítima defesa da honra é inconstitucional, por contrariar os princípios constitucionais da dignidade da pessoa humana (art. 1º, III, da CF), da proteção à vida e da igualdade de gênero (art. 5º, *caput*, da CF); (ii) conferir interpretação conforme à Constituição aos arts. 23, inciso II, e 25, *caput* e parágrafo único, do Código Penal e ao art. 65 do Código de Processo Penal, de modo a excluir a legítima defesa da honra do âmbito do instituto da legítima defesa; e (iii) obstar à defesa, à acusação, à autoridade policial e ao juízo que utilizem, direta ou indiretamente, a tese de legítima defesa da honra (ou qualquer argumento que induza à tese) nas fases pré-processual ou processual penais, bem como durante o julgamento perante o tribunal do júri, sob pena de nulidade do ato e do julgamento. 7. Medida cautelar referendada" (ADPF 779 MC-REF/DF, Plenário, rel. Dias Toffoli, 15.03.2021, v. u. Em agosto de 2023, o STF confirmou integralmente essa decisão).

5.3.2. Legítima defesa da honra versus legítima defesa efetiva: a tragédia da Piedade (o assassinato de Euclides da Cunha)

A história registra a traição conjugal sofrida pelo célebre escritor Euclides da Cunha (autor de *Os Sertões*), casado com Anna de Assis, que se enamorou do jovem Dilermando, 17 anos mais novo. Descoberta a infidelidade, a conhecida "tragédia da Piedade" assim ocorreu: "1. Domingo, 15 de agosto de 1909. Na casa de número 214 na Estrada Real de Santa Cruz, na Piedade, no Rio de Janeiro, entra um homem agitado e nervoso. Era Euclides da Cunha, o autor de 'Os Sertões'. Bate palmas, é recebido pelo jovem Dinorah de Assis, a quem manifesta o propósito de avistar o dono da casa, Dilermando de Assis, aspirante do Exército. Vai logo entrando na sala de visitas. Aí, saca de um revólver e diz: 'vim para matar ou morrer!'. Entra no interior da casa e atira duas vezes em Dilermando que, atingido, cai. Dinorah, vendo o irmão ferido, tenta arrebatar a arma de Euclides. Ouvem-se mais dois disparos. Outro tiro e Dinorah é atingido na coluna vertebral, junto à nuca, que ficaria, posteriormente, inutilizado para o resto da vida. Dilermando, embora ferido, consegue apanhar o revólver, atira duas vezes sem atingir Euclides. Euclides aperta o gatilho de novo e recebe um tiro de Dilermando que lhe fere o pulso. Duelo de vida e morte. Tiros de ambos os lados e um projétil atinge o pulmão direito de Euclides, que cai morto ao solo. Assim foi o que se denominou 'A Tragédia da Piedade'.

"2. No dia 4 de maio de 1911, inicia-se o julgamento, perante o Tribunal do Júri do Rio de Janeiro, de Dilermando de Assis. Seu advogado de defesa foi o grande criminalista Evaristo de Morais. A acusação ficou a cargo do promotor público Pio Duarte. Depois de fazer a apologia de Euclides da Cunha, o promotor declarou, categoricamente, que o mesmo partiu para a casa onde se achava Dilermando, com a esposa do escritor, Ana, com a evidente intenção de matar ou morrer. O advogado Evaristo de Morais, em aparte, agradeceu aquela confissão do Ministério Público. Narrou em seguida, o acusador público, o diálogo de Euclides com o filho Solon, dizendo ao rapaz que sua mãe era adúltera. Relembrou que ele já havia encontrado a própria mãe em Piedade com o réu, condenando seu comportamento e tentando convencê-la a voltar para a casa da família, onde seria aceita novamente pelo marido, como acontecera anteriormente, mesmo depois de outros episódios de infidelidade. Declarou o promotor que era direito de Euclides invadir a casa para reaver o filho, que mesmo nascido da união da esposa adúltera com o réu não tivera, porém, sua filiação contestada pelo escritor. Ressaltou também o depoimento da mulher do escritor, Ana, que, embora elogiasse o marido, chamando-o de homem bom e amoroso, não podia corresponder a essa atenção, pois amava Dilermando, o réu. Refere-se à confissão de Ana, segundo a qual tivera dois filhos com Dilermando, mas argumenta, longamente, com o fato de ter Euclides o direito de reclamar sua mulher e filhos, responsabilizando Dilermando pelo resultado letal. Falou que Euclides conhecia os fatos que lhe enodoavam a honra, concluindo que, assim agindo, guardando o segredo de sua desdita, demonstrara que não era um desequilibrado nem um desvairado, mas um verdadeiro forte. Guardou o segredo de sua mágoa. Demonstrou, assim, que não era um desequilibrado nem um desvairado, mas um homem forte. Por último, em nome dos brios do Exército, pediu a condenação de Dilermando de Assis.

"3. Pela defesa falou o advogado Delamare Garcia e, em seguida, Evaristo de Moraes. O grande tribuno carioca iniciou a defesa formulando um repto ao promotor público, alegando que, na época, se propalava que o réu Dilermando fora um protegido de sua vítima. Se a acusação pública conseguisse descobrir nos autos uma frase ou palavra que provasse tal proteção, abandonaria, de imediato, a tribuna de defesa. Se tal ocorresse, não teria aceito o encargo da defesa. Falou do passado do réu, dizendo que na sua infância fora educado por um tio, conhecido por Quincas Rato. Demonstrou por meio de provas documentais que Dilermando jamais fora socorrido por Euclides da Cunha. Este conhecera Euclides muito tempo depois de ser amante de sua mulher. Relembrou Santo Agostinho e Jean-Jacques Rousseau, aos quais chamou de sinceros por terem confessado os seus pecados carnais. Quem não teve desses pecados aos 17 anos? Em seguida, sustentou a doutrina que admite o adultério, desde que o seu responsável tenha pouca idade, classificando de convenções sociais as manifestações hipócritas dos que não têm coragem de confessar suas fraquezas. Demorou-se em divagações acerca da diferença da responsabilidade do adolescente e do adulto, citando vários autores, procurando demonstrar que não se pode falar em sinceridade dos atos de um adolescente, porque, o mesmo nunca é imoral nem moral, mas simplesmente amoral. Divagou sobre a ação da imprensa que rebaixou o réu a categoria de homicida comum. Negou o direito, defendido pelo promotor, de Euclides da Cunha entrar na casa de Dilermando. Falou, por fim, do exercício de legítima defesa por parte do réu, não só em relação à sua própria pessoa, como em defesa da adúltera. Justificou a impossibilidade de Dilermando fugir, alegando o ridículo do aspirante a oficial fugir em trajes menores, pés nus, dando as costas ao agressor de sua própria casa. A própria lei – argumentou Evaristo de Moraes – sustenta que não se pode fugir, sempre que essa fuga seja vergonhosa e perigosa. Fez menção ao tiro de misericórdia que Dilermando teria dado, da soleira da porta, quando Euclides já se achava abatido, alegando que não se pode dimensionar a repulsa de um homem atacado com a exatidão absoluta da medida do ataque, lendo vários autores e doutrinadores. Analisou a alegada condescendência de Euclides da Cunha com o adultério, alegada pelo promotor, aludindo que o grupo social repelia essa condescendência, que seria um verdadeiro *menage à trois*, só sustentável quando a família estivesse destruída pelo amor livre. Argumentou que a condenação, ainda que mínima, seria um absurdo, dentro das circunstâncias. Ou tudo ou nada! Se o Júri reconhecesse a culpabilidade do réu, como assassino perverso, ingrato, miserável, que traiu seu protetor que o condenasse; caso contrário, estava na obrigação moral de absolvê-lo. Evaristo de Moraes conclamou os jurados a exercer a sua nobre função, sem medo da opinião alheia e apreciações de censura ou de aplauso.

"O Conselho de Sentença reconheceu a legítima defesa adotada pelos defensores e absolveu Dilermando de Assis, em 5 de maio de 1911. Foi posto em liberdade. No dia 4 de julho de 1916, Dilermando de Assis, já quite com a Justiça, absolvido por duas vezes no processo de homicídio contra o escritor Euclides da Cunha, chegou ao Cartório do 2.º Ofício da 1.ª Vara de Órfãos da então capital da República, por volta das 13 horas. Dirigiu-se ao escrevente Meilhac, inquirindo-o sobre a decisão que fora proferida por parte do juiz, a propósito da tutoria de Manoel Afonso Cunha. Em seguida pediu ao escrevente autorização para tomar conhecimento das declarações feitas naquele processo por Nestor da Cunha e, como a resposta fora afirmativa, começou a ler os autos, apoiado no corrimão da grade que divide em duas partes a sala. Não havia lido ainda as 15 linhas quando ouviu uma detonação atrás de si, sentindo-se ferido – suas pernas fraquejaram e a vista se lhe turvou. Dilermando de Assis voltou-se para a direita e viu recuando um vulto trajado de escuro com o brilho de metais, deixando parecer que se tratava de um aspirante da Marinha. Apesar de não ter visto o seu rosto, presumiu logo que se tratava de Euclides da Cunha Filho, filho do famoso escritor, o único aspirante da Marinha que podia tentar contra sua vida. Lembrando-se de que se tratava de um filho da mulher com quem há pouco se casara, e portanto um irmão de seus próprios filhos, procurou retirar-se, dirigindo-se a passos rápidos para a porta da rua, sem no entanto correr. Percebeu, porém, que seu agressor continuava a disparar a arma e a feri-lo, sem que ninguém o socorresse, mas, ao contrário, fugiam do local apavorados. Sentindo que sua vida corria sério risco, procurou tirar do bolso de sua calça o revólver Smith and Wesson, calibre 32. Com muito custo, disparou contra seu agressor que ainda estava de revólver em punho. Morria o aspirante Euclides da Cunha Filho que tentara vingar a morte do pai. O *Jornal do Comércio* de 28 de setembro daquele ano reproduziu a brilhante defesa de Evaristo de Moraes, que, entre outras alegações, se manifestou: 'ora, por mais rigoroso que se pretende ser, julgando o tenente Dilermando de Assis, não se pode desconhecer: 1.º) que ele tinha sérios motivos para sentir a sua vida em perigo, quando, já gravissimamente ferido, buscava a porta e era ainda alvejado pelo agressor, que ninguém continha; 2.º) que não se lhe apresentara, ao espírito, naquela ocasião, outro meio de escapar à morte, diverso do que empregou; 3.º) que ele não estava apenas emocionado, mas, sim, completamente perturbado, em razão das graves lesões recebidas, das quais quatro, porém, eram mortais. Não cremos haja aí quem pense na possibilidade de fuga para escapar à agressão. Em primeiro lugar, cumpre ter em vista que o primeiro tiro fora disparado com surpresa e os três seguintes enquanto Dilermando não se tinha armado e estava à mercê do agressor. A fuga não mais evitaria, pois, a efetuação do dano à integridade física do agredido. Mas a lei e a doutrina, em verdade, não aconselhavam a fuga em homem nas condições do acusado'. Depois de relacionar a opinião de vários doutrinadores nacionais e estrangeiros de que a possibilidade de uma fuga vergonhosa ou perigosa não exclui a legalidade da defesa, mas a defesa deixa de ser legal, se é possível escapar à agressão sem ignomínia ou sem perigo, Evaristo de Moraes acentuou: 'no caso do tenente Dilermando de

Assis, todas essas ponderações jurídicas são acrescidas de uma importantíssima ponderação médico-psicológica: ele não era no momento de principiar a reagir uma pessoa apenas agredida, um oficial militar apenas atacado por um seu inferior; era, já, um homem mortalmente ferido, em cujo organismo se operavam fenômenos depressivos e perturbadores de inegável gravidade e de alta significação refletindo na sua inteligência e na sua vontade. O acusado tinha lesados os dois pulmões, o diafragma e o fígado; o seu aparelho respiratório, de cuja função depende essencialmente a vida, estava prejudicado; não o estavam menos os órgãos circulatórios, também primordiais na manutenção da harmonia vital. (...) A condenação do acusado, pela recusa da justificativa da legítima defesa, equivaleria, além de tudo, a um triste conselho de covardia e de vilipêndio pessoal, transmitido aos oficiais do brioso Exército Brasileiro'. A Auditoria de Guerra da Capital Federal, em 27 de setembro de 1916, absolveu o acusado com base na justificativa da legítima defesa, prevista no artigo 26, parágrafo 2.º, do Código Penal Militar. Tendo havido apelação ao Supremo Tribunal Militar, este, em 8 de novembro do mesmo ano, decidiu: 'um organismo ferido de morte, em quase desfalecimento, reage irregularmente sobre o que o rodeia e assim sem condições de medir a reação... com os fundamentos aludidos, negando provimento à apelação e confirmando a decisão proferida pelo Conselho de Guerra, mandam que o réu seja posto em liberdade'. As defesas produzidas em favor do tenente Dilermando de Assis nos processos de homicídio de Euclides da Cunha e Euclides da Cunha Filho, perante a Justiça Comum e a Militar, constituem um dos pontos mais altos da grande carreira de advogado criminalista de Evaristo de Moraes".[87]

Estudantes e operadores do direito devem conhecer a *tragédia da Piedade*, que terminou envolvendo dois homicídios, além de lesões corporais graves. Debate-se, nesse cenário, que, longe de mera ficção, constituíram-se realidade a legítima defesa da honra, a legítima defesa real e seus limites, a imposição ou desnecessidade de fuga do agredido, a revanche e as circunstâncias envolvendo valores familiares. É verdade inconteste ter sido Euclides da Cunha traído pela esposa. Àquela época (transição do século XIX para o século XX), a infidelidade conjugal produzia danos irreparáveis à imagem do cônjuge traído – não sendo muito diferente até os dias atuais, em determinadas localidades. Entretanto, quando Euclides invade a residência de Dilermando, de arma em punho, dizendo ter ali comparecido para matar ou morrer, disparando o revólver, cria a situação típica, descrita pelo art. 25 do Código Penal, de *agressão injusta* (ilícita), além de *atual* (presente) contra a vida de terceiro. A legítima defesa da honra jamais serviu de suporte legítimo para ceifar a vida humana, embora algumas decisões proferidas pelo Tribunal Popular tenham absolvido quem assim agiu. Assim sendo, considerando-se *ilícita* a busca de *lavar a honra com sangue*, autoriza-se a reação de Dilermando com os meios necessários – o uso da arma de fogo – desferindo os tiros suficientes para barrar a agressão (moderação). Por isso, foi justa a absolvição de Dilermando no Tribunal do Júri. Na sequência, por vingança, o filho mais velho de Euclides também desfere tiros contra Dilermando. Outra não poderia ser a sua reação – uma vez mais – senão repelir com o meio necessário (emprego de arma de fogo), desfechando os tiros suficientes para a repulsa. Não se autoriza, no direito brasileiro, em hipótese alguma, a vingança, podendo-se, em certas situações, considerá-la um motivo torpe. Por isso, novamente, Dilermando foi absolvido, agora pela Justiça Militar, com integral justiça.

---

[87] PEDRO PAULO FILHO, Grandes advogados, grandes julgamentos, Depto. Editorial OAB-SP. Disponível em: <http://www.oabsp.org.br/institucional/grandes-causas/as-mortes-de-euclides-da-cunha-e-seu-filho>. Acesso em: 27 jul. 2014.

5.3.3. Legítima defesa contra legítima defesa (legítima defesa recíproca) ou contra qualquer outra excludente de ilicitude

Não existe tal possibilidade, pois a agressão não pode ser injusta, ao mesmo tempo, para duas partes distintas e opostas. Se "A" agride "B", injustamente, permite que "B" se defenda, licitamente. Logo, "B" está em legítima defesa e "A", agressor, não tem do que se defender. Entretanto, pode haver legítima defesa real contra legítima defesa putativa (ou contra outra excludente putativa), uma vez que a primeira é reação contra agressão verdadeiramente injusta e a segunda é uma reação a uma agressão imaginária, embora na mente da pessoa que se defende ela exista.

No primeiro caso, exclui-se a antijuridicidade; no segundo, afasta-se a culpabilidade. Convém destacar, ainda, a possibilidade de absolvição de ambos os contendores, caso ambos aleguem ter agido em legítima defesa, pelo fato de não se apurar, durante a colheita da prova, de quem partiu a primeira agressão, considerada injusta. Absolve-se não pelo reconhecimento da legítima defesa recíproca, mas por insuficiência de provas.

5.3.4. Legítima defesa contra pessoa jurídica

Há quem argumente somente ser possível agir em legítima defesa contra agressão de ser humano; logo, seria inconcebível defender-se contra pessoa jurídica. Entretanto, é fundamental considerar a viabilidade, hoje, no Brasil, de responder por crime ambiental a pessoa jurídica. Pode, então, assumir conduta ilícita, que se volte contra alguém, autorizando, sim, a legítima defesa. Exemplo: para impedir que uma empresa derrube área florestal preservada, um sujeito provoca danos em tratores pertencentes à referida pessoa jurídica quando não há empregados. O prejuízo causado é exclusivo da empresa, configurando legítima defesa contra pessoa jurídica.

Sabe-se que a pessoa jurídica materializa a sua vontade por meio de seres humanos, constituindo, pois, abertura razoável para haver injusta agressão. Outra ilustração: se um funcionário vê um aviso, dependurado no mural da empresa em que trabalha, contendo flagrantes impropérios contra a sua pessoa, poderá destruir o vidro que o separa do referido aviso para eliminá-lo, em defesa de sua honra.[88]

5.3.5. Legítima defesa contra agressão de inimputáveis

É cabível, pois a lei exige apenas a existência de agressão injusta e as pessoas inimputáveis podem agir voluntária e ilicitamente, embora não sejam culpáveis. Hungria dizia ser hipótese de estado de necessidade, equiparando o inimputável ao ser irracional, embora não se deva chegar a esse extremo. No mesmo sentido: "quando a causa do perigo da lesão de um direito subjetivo alheio é uma pessoa que não tem capacidade para cometer um ilícito jurídico (e é o caso das pessoas que, por efeito de uma causa natural, não têm capacidade de direito penal), a ofensa ameaçada não é injusta, e, em consequência, não existe a situação de legítima defesa, mas, desde que estejam presentes todos os requisitos da situação de necessidade, existe esta".[89]

---

[88] Nesse prisma, De Marsico (*Diritto penale* – Parte generale, p. 105); Célio de Melo Almada (*Legítima defesa*, p. 66-67).

[89] Enrico Contieri, *O estado de necessidade*, p. 116.

Como já ressaltado, no entanto, entendemos tratar-se de hipótese de legítima defesa. No entanto, para reagir contra agressão de inimputável, exige-se cautela redobrada, justamente porque a pessoa que ataca não tem consciência da ilicitude do seu ato. É o que se chama de "legítima defesa ético-socialmente limitada".[90]

Vale mencionar a lição de HEINZ ZIPF no sentido de que, diante da agressão de crianças, enfermos mentais, ébrios, pessoas em estado de erro, indivíduos tomados por violenta emoção, enfim, que não controlam, racionalmente, seus atos, cabe invocar a legítima defesa, pois não deixam de se constituir em atitudes, ilícitas (agressões injustas), mas não cabe o exercício de uma defesa *ofensiva*. Esses tipos de agressão devem ser contornados, na medida do possível, iludindo-se o agressor, em lugar de feri-lo.[91]

Outro exemplo, trazido por CÉLIO DE MELO ALMADA: "A solução da controvérsia, porém, quer nos parecer, depende do exame do caso concreto. *A* está no interior de sua casa, que é invadida por *B*, cujo estado de alienação mental aquele desconhece. *B* avança contra *A*, de arma em punho, ameaçando-o de agressão. *A* revida a agressão iminente e fere ou mata *B*. As condições objetivas do fato levam a admitir a excludente da legítima defesa".[92]

5.3.6. Legítima defesa sucessiva

Trata-se da hipótese em que alguém se defende do excesso de legítima defesa. Assim, se um ladrão é surpreendido furtando, cabe, por parte do proprietário, segurá-lo à força até que a polícia chegue (constrangimento admitido pela legítima defesa), embora não possa propositadamente lesar sua integridade física. Caso isso ocorra, autoriza o ladrão a se defender (é a legítima defesa contra o excesso praticado).

Outro exemplo: "A" estupra "B"; a vítima consegue se desvencilhar, pega um revólver e desfere um tiro, fazendo cessar a agressão. Caso "B" continue a atirar contra "A", pretendendo tirar-lhe a vida, torna-se *excesso de legítima defesa*, autorizando a defesa de "A", em legítima defesa sucessiva.

5.3.7. Legítima defesa contra multidão

É admissível, pois o que se exige é uma agressão injusta, proveniente de seres humanos, pouco interessando sejam eles individualizados ou não. Reforce-se a ideia com a dissertação de MARCELLO JARDIM LINHARES: "não deixará de ser legítima a defesa exercitada contra a multidão, conquanto em seu todo orgânico reúna elementos nos quais se possa reconhecer culpa e inocência, isto é, pessoas ativas ao lado de outras inertes (...) não seria a culpa dos componentes do grupo que daria origem à legítima defesa, mas a ofensa injusta, considerada do ponto de vista do atacado. Na multidão há uma unidade de ação e fim, no meio da infinita variedade de seus movimentos com uma só alma".[93]

Em sentido contrário, visualizando, nessa hipótese, estado de necessidade, porque a multidão não tem personalidade jurídica, provocando somente um perigo, mas não uma agressão, a lição de DE MARSICO.[94]

---

[90] AMÉRICO DE CARVALHO, *A legítima defesa*, p. 254.

[91] *Derecho penal* – Parte general, v. 1, p. 453.

[92] *Legítima defesa*, p. 66.

[93] *Legítima defesa*, p. 166.

[94] *Diritto penale* – Parte generale, p. 105.

5.3.8. Legítima defesa contra provocação

Como regra, é inadmissível, pois a provocação (insulto, ofensa ou desafio) não é suficiente para gerar o requisito legal, que é a *agressão*. Nessa ótica, a preleção de Eusebio Gómez, dizendo ser imperioso distinguir a agressão da simples provocação, questão difícil de resolver, já que não serve para gerar o estado de perigo necessário para considerar-se legítima a defesa.[95]

Fazemos, no entanto, uma ressalva: quando a provocação for insistente, torna-se verdadeira agressão, justificando, pois, a reação, sempre respeitado o requisito da moderação. Observe-se, ainda, que não se elimina a possibilidade de alguém agir em legítima defesa, embora tenha provocado outra pessoa. Da mesma forma que se sustenta ser inadmissível agir em legítima defesa contra provocação, deve-se acolher a ideia de que, quando alguém reagir contra a provocação, está, na verdade, agredindo injustamente. Exemplificando: se A provocar B e este, em represália, buscar agredi-lo fisicamente, é natural que A possa agir em legítima defesa. O que se pretende frisar é o correto uso da legítima defesa, destinada a evitar danos irreparáveis, e não a servir de instrumento de vingança.

5.3.9. Legítima defesa nas relações familiares

Nesse delicado cenário, vários aspectos a considerar: a) pode o filho se defender da agressão do pai ou da mãe? Depende do caso concreto. O poder familiar confere aos pais o direito de educar seus filhos menores de 18 anos, razão pela qual alguns cerceamentos de liberdade ou constrangimentos impostos constituem quadro de exercício regular de direito, não cabendo legítima defesa; b) pode um terceiro intervir, no processo educacional, em defesa do filho menor contra o pai ou a mãe? Não há uma resposta segura. É inadmissível uma agressão excessiva contra o filho, pois educar não significa lesionar a integridade física; se isso ocorrer, qualquer pessoa pode defender o menor em legítima defesa de terceiro, mesmo contra os genitores.

Aliás, atualmente, está em vigor a chamada *Lei da Palmada*, que introduziu modificações no Estatuto da Criança e do Adolescente, vedando castigos físicos por parte dos pais. Mesmo assim, torna-se essencial discernir entre dois direitos: o decorrente do poder familiar, previsto no Código Civil, autorizando os pais a educar seus filhos, exigindo deles respeito, *versus* o decorrente da norma firmada no ECA, proibindo castigos físicos e humilhantes. O meio-termo há de ser a solução, pois o poder familiar não concede *carta branca* aos pais para castigar seus filhos menores; tampouco estes ficam completamente imunes a castigos, em prol de uma escorreita educação. No entanto, é preciso tratar-se de uma visível e nítida agressão desmedida; do contrário, a intervenção de um estranho no contexto familiar representará autêntica agressão injusta; c) pode o marido constranger a esposa (ou o companheiro a companheira)? A igualdade no casamento ou na união estável não permite tal situação. Dependendo do tipo de constrangimento, o casal deve resolver na Vara de Família. No entanto, a violência doméstica configura evidente abuso (agressão injusta), autorizando a legítima defesa, seja por parte da esposa/companheira agredida, seja por terceiro.

Outro aspecto não mais suportável é a antiga possibilidade de o marido exigir da mulher a conjunção carnal, mediante o uso de violência ou grave ameaça; se tal se der, consideramos perfeitamente lícita a utilização, pela mulher assediada com rudeza pelo esposo, da legítima defesa. Finalmente, um aspecto relevante se liga ao *respeito* permanente dos filhos em relação aos seus pais. Por isso, se um filho maior for corrigido de maneira abusiva pelo pai ou mãe,

---

[95] *Tratado de derecho penal*, t. I, p. 562.

pode reagir, em legítima defesa, mas com extrema moderação. Afinal, cuida-se de seu genitor ou genitora. Uma reação explosiva e desmedida conduz ao excesso ilícito.

5.3.10. Legítima defesa por omissão

Embora hipótese rara, é viável. Imagine-se que o carcereiro, único do estabelecimento penal, tenha sido ameaçado de morte por determinado preso perigoso, dizendo este que, ao primeiro momento possível, irá matá-lo. Antes de qualquer providência, como a transferência do detento para outro estabelecimento penal ou a remoção do próprio carcereiro ameaçado, chega o alvará de soltura. É possível que esse agente penitenciário não o cumpra de imediato, para evitar agressão iminente e injusta contra sua vida, tendo em vista a concretude da ameaça realizada. Em tese, estaria praticando o delito de cárcere privado, mas assim age para garantir, antes, a sua transferência do presídio, deixando ao seu sucessor a tarefa de cumprir o mencionado alvará. Em decorrência disso, o potencial agressor ficaria, por exemplo, preso um dia a mais.

Em situação normal, constituiria o referido delito de cárcere privado. Naquela circunstância específica, entretanto, representou a defesa do carcereiro contra agressão iminente. É possível que se diga poder o condenado, depois de solto, sair ao encalço do agente penitenciário, buscando efetivar a ameaça realizada. Não importa. Ainda assim, o carcereiro não está obrigado a ele mesmo, vítima em potencial, abrir a cela para ser morto de imediato. Que outro o faça, enquanto ele registra a ocorrência de ameaça, toma providências legais, busca proteção, enfim, procura outros mecanismos para evitar o mal que o ronda. Note-se: não se está sustentando deva o condenado, cuja pena terminou, ficar preso indefinidamente somente porque resolveu matar certo carcereiro. Argumenta-se, apenas, com a hipótese de não ser obrigado o próprio ameaçado a cumprir a ordem de soltura, colocando a sua vida em risco de imediato. Sua inércia em não soltar o algoz, até que se julgue protegido, é medida de legítima defesa. Aliás, o carcereiro também pode cometer uma agressão injusta, deixando de soltar o preso, ao chegar o alvará de soltura, caso não tenha justificado motivo para tanto.

5.3.11. Legítima defesa praticada por inimputáveis

É admissível. As pessoas deficientes mentais ou em crescimento, bem como embriagadas, podem ter perfeita noção de autopreservação. Em situações de perigo, como as desenhadas pela legítima defesa, têm elas noção suficiente, como regra, de que se encontram em situação delicada e precisam salvar-se.

No caso do ébrio, ensina CÉLIO DE MELO ALMADA, comentando acórdão do Tribunal de Justiça de São Paulo, que afastou a legítima defesa praticada por pessoa embriagada, o seguinte: "A embriaguez só oblitera a consciência no estado mais evoluído. Afirmar-se, pois, que esse estado impede que o agredido tenha consciência da defesa do seu direito, como fez o aresto citado, não nos parece muito exato. Acresce que no exercício da descriminante, como já assinalamos antes, fala alto o instinto de conservação, embora não seja este a justificação jurídica do instituto. Assim, um ébrio que receba de inopino uma agressão a que deu causa, sentindo a injustiça dessa agressão, porque ainda não em estado de comoção cerebral, pode revidá-la e acredito que ninguém dirá que não o tenha feito em legítima defesa".[96]

---

[96] *Legítima defesa*, p. 66.

5.3.12. Legítima defesa da comunidade

É preciso cautela, pois alguns bens jurídicos, como a paz social, são vagos, a ponto de não permitir a legítima defesa, em certas situações, sob pena de se permitir o estabelecimento de pretensos *guardiães da ordem*. É também o bom argumento tecido por Claus Roxin.[97]

Se fosse possível defender um bem jurídico tão amplo, de difícil conceituação, como a referida paz social, haveria mais prejuízo do que vantagem para a sociedade se o cidadão comum resolvesse agir por conta própria. Isto não significa que está totalmente excluída a legítima defesa desse contexto. Imagine-se quem danifica o veículo de outrem para que certa associação criminosa não o utilize para a prática de crimes.

Em tese, há legítima defesa. Entretanto, não há cabimento tolerar que *vigilantes* ou *justiceiros*, em prol da paz social, resolvam agir contra pretensos criminosos para garantir a ordem. Sob outro aspecto, enfocando-se o meio ambiente, que é um bem jurídico não pertencente a ninguém, mas de interesse de toda a sociedade, cabe legítima defesa. Afinal, os objetos protegidos são mais nítidos (fauna, flora etc.).

5.3.13. Legítima defesa contra animais

Não é admissível, pois o cerne da legítima defesa é permitir uma reação moderada, com os meios necessários, contra *agressão injusta*. *Agredir* é ato humano, enquanto se pode dizer que animais atacam. A agressão pressupõe vontade, algo incompatível com o instinto animal.

Aliás, animais também não produzem atos injustos (ilícitos). Não quer isso dizer que um ataque de qualquer bicho deva ser assimilado pela pessoa-alvo. Pode-se utilizar o estado de necessidade defensivo. Ilustrando, se um cão bravo escapa de uma casa e ataca um pedestre, este pode se defender, da maneira mais adequada, para contornar a situação de perigo.

5.3.13.1. Legítima defesa *em prol* de animais

Em tópico anterior, discutiu-se a inviabilidade de legítima defesa *contra* animais (usa-se o estado de necessidade defensivo). Neste item, há de se visualizar a possibilidade de defesa *dos* animais, muitos dos quais são maltratados e até torturados por pessoas. Cabe legítima defesa, pois o bem jurídico tanto pode ser a ética social ou a honestidade pública, quando se trata de maltrato de animal doméstico, como pode ser a fauna, cuidando-se de animal selvagem, tutelado pela Lei 9.605/1998.

Como diz Roxin, pode-se defender a "compaixão humana em face do animal martirizado".[98] Para complementar, admitindo-se legítima defesa em prol de pessoa jurídica e, também, do feto (que ainda não tem personalidade reconhecida), por certo, os animais devem ser tutelados.

5.3.14. Legítima defesa contra atos preparatórios

Como regra, é inadmissível a legítima defesa contra atos preparatórios de um delito, pois não se poderia falar em atualidade ou iminência, embora, em casos excepcionais, seja possível. Nas palavras de Magalhães Noronha, "a agressão há de ser atual ou iminente, porém não se

---

[97] *Derecho penal* – parte general, p. 625.
[98] *Derecho penal* – parte general, p. 625.

exclui a justificativa contra os atos preparatórios, sempre que estes denunciarem a iminência de agressão: o subtrair a pessoa a arma que um indivíduo comprou para matar um terceiro não constitui furto, agindo ela em legítima defesa de terceiro".[99]

5.3.15. Legítima defesa contra crime impossível

Pode ser admissível na forma putativa. Tratando-se verdadeiramente de delito impossível, há de se considerar a completa inviabilidade de ocorrer lesão ao bem jurídico, seja por ineficácia absoluta do meio empregado pelo agente ou por absoluta impropriedade do objeto da agressão. Se inexiste potencialidade lesiva, não cabe legítima defesa real, mas a forma putativa, ligada ao erro, torna-se viável em certos casos. Imagine-se que "P", resolvendo matar "R", surge à sua frente, empunhando um revólver e faz menção de atirar. Esqueceu-se o agente "P" de carregar a arma (meio absolutamente ineficaz), mas a vítima "R" não sabe disso. Vendo-se em situação de agressão injusta (na sua mente), defende-se. É a legítima defesa putativa.

Outro exemplo: "M" ingressa na casa de "Z" para matá-lo. Este, no entanto, morrera de infarto horas antes. Penetrando no quarto, onde "Z" encontra-se morto, dispara vários tiros contra seu cadáver. "L", parente de "Z", ouvindo os tiros, invade o cômodo e agride violentamente "M", visando a barrar a agressão. Embora esta fosse voltada contra objeto absolutamente impróprio (não há como matar quem já morreu), "L" não tinha ciência disso. Outra hipótese de legítima defesa putativa. Contudo, como alerta ROXIN, se a potencial vítima sabe que a arma do agente está descarregada, não pode agir em legítima defesa, nem mesmo putativa; afinal, sabe que não há perigo algum.[100]

5.3.16. Legítima defesa putativa e pretexto de legítima defesa

A legítima defesa putativa, quando autêntica, configura hipótese de erro, logo, sendo justificável, pode conduzir à absolvição (art. 20, § 1.º, CP). No entanto, há a possibilidade de o agente *simular* uma situação em que estaria sob agressão, a fim de poder atacar outrem. Esse simulacro de legítima defesa não pode ser considerado erro, merecendo punição.

"Evidentemente, não é de confundir-se a legítima defesa putativa com o chamado *pretexto de legítima defesa*, em que o indivíduo age na plena consciência de que, com a sua conduta violenta, não se acha em estado de legítima defesa. E ainda mesmo que o agente proceda na *dúvida* sobre a identidade entre a sua ação e a ação autorizada *in abstrato* pela lei, já não há falar-se em legítima defesa putativa: apresenta-se também, em tal caso, um crime doloso, pois que, como diz DE MARSICO, *chi arrischia vuole.*"[101]

5.3.17. Legítima defesa contra autoridades e agentes policiais

Sem dúvida, é viável, pois nada impede que a autoridade policial ou seu agente exceda-se no cumprimento da lei, transformando um ato constritor à liberdade em ilegal. Imagine-se que um policial deseja prender e levar à delegacia Fulano, sem ordem judicial e sem flagrante delito. Caso Fulano tenha como se defender, pode fazê-lo e estará agindo em legítima defesa.

---

[99] *Direito penal*, v. 1, p. 190. Assim também a posição de MARCELLO JARDIM LINHARES (*Legítima defesa*, p. 320).

[100] *Derecho penal* – parte general, p. 612.

[101] HUNGRIA, *A legítima defesa putativa*, p. 114.

Luis P. Sisco demonstra que, "em um povo civilizado, a autoridade é a executora da lei, e esta deve prestar todo o apoio a quem designou para merecê-lo; o cumprimento da lei é o oposto do *abuso*, pois se assim for deixa-se de cumprir a lei para incorrer na sua violação, representando prejuízo aos semelhantes. Contra esses atos, torpes e reprováveis, pode o particular defender-se (...) a sua defesa é tão justa como se defendesse sua pessoa de alguém que não é autoridade".[102]

5.3.18. Legítima defesa em favor de refém

Admite-se, claramente, no *caput* do art. 25, a legítima defesa de terceiro (no caso, por exemplo, a vítima refém). Então, não havia necessidade dessa *ampliação*, em prol dos agentes de segurança pública, incluída pela reforma da Lei 13.964/2019. Em suma, aprovou-se a inserção do parágrafo único no art. 25, mas isto não veio do acaso. Situações concretas em grandes cidades brasileiras demonstraram que atiradores profissionais da Polícia Militar (*snipers*) abateram infratores, em diferentes quadros, que mantinham vítimas como reféns. Segundo nos parece, a inclusão desse parágrafo apenas *ratifica* o que sempre existiu: a legítima defesa de terceiro. Portanto, há de se interpretar que o agente de segurança pública pode repelir (rechaçar, defender) agressão (leia-se: atual, que está ocorrendo) ou risco de agressão (leia-se: iminente, que está em vias de acontecer), buscando defender vítima tomada como refém.

6. ESTRITO CUMPRIMENTO DO DEVER LEGAL

Acesse e escute o podcast sobre Exercício regular do direito e estrito cumprimento do dever legal.

> http://uqr.to/1yve1

6.1. Conceito e fundamento

Trata-se da ação praticada em cumprimento de um dever imposto por lei, penal ou extrapenal, mesmo que cause lesão a bem jurídico de terceiro. Pode-se vislumbrar, em diversos pontos do ordenamento pátrio, a existência de deveres atribuídos a certos agentes que, em tese, podem configurar fatos típicos. Para realizar uma prisão, por exemplo, o art. 292 do Código de Processo Penal prevê que, "se houver, ainda que por parte de terceiros, resistência à prisão em flagrante ou à determinada por autoridade competente, o executor e as pessoas que o auxiliarem *poderão usar dos meios necessários* para defender-se ou para vencer a resistência..." (grifamos).

Diga-se o mesmo da previsão feita no art. 245, §§ 2.º e 3.º, do mesmo Código, tratando da busca legal e autorizando o emprego de força para cumprir o mandado judicial. Para se considerar *dever legal* é preciso que advenha de lei, ou seja, preceito de caráter geral, originário de poder público competente, embora no sentido lato (leis ordinárias, regulamentos, decretos etc.).

---

[102] *La defensa justa*, p. 135-136.

Algumas dessas situações – e outras que também constituem cumprimento de dever legal – podem ser deslocadas para o campo da tipicidade. Por exemplo: o médico tem o dever de comunicar doença de notificação obrigatória à autoridade sanitária, sob pena de, não o fazendo, configurar o crime previsto no art. 269 do Código Penal. Logo, se fizer a comunicação, trata-se de fato atípico, não se necessitando utilizar a excludente de ilicitude do estrito cumprimento do dever legal. Em suma, quando a abstenção do cumprimento do dever configurar fato típico, o seu exercício constitui o oposto (fato atípico). No entanto, quando o cumprimento do dever permitir a formação do fato típico (lesão corporal durante a execução de uma prisão), valemo-nos da excludente de ilicitude referente ao estrito cumprimento do dever legal.

6.2. Situações específicas de cumprimento do dever legal

Constituem casos típicos de estrito cumprimento de dever legal as seguintes hipóteses: a) a execução de pena de morte feita pelo carrasco, quando o sistema jurídico admitir (no caso do Brasil, dá-se em época de guerra, diante de pelotão de fuzilamento); b) a morte do inimigo no campo de batalha produzida pelo soldado em tempo de guerra; c) a prisão em flagrante delito executada pelos agentes policiais; d) a prisão militar de insubmisso ou desertor; e) a violação de domicílio pela polícia ou servidor do Judiciário para cumprir mandado judicial de busca e apreensão ou mesmo quando for necessário para prestar socorro a alguém ou impedir a prática de crime; f) a realização de busca pessoal, nas hipóteses autorizadas pelo Código de Processo Penal; g) o arrombamento e a entrada forçada em residência para efetuar a prisão de alguém, durante o dia, com mandado judicial; h) a apreensão de coisas e pessoas, na forma da lei processual penal; i) o ingresso em casa alheia por agentes sanitários para finalidades de saúde pública; j) a apreensão de documento em poder do defensor do réu, quando formar a materialidade de um crime, de acordo com a lei processual penal; l) o ingresso em casa alheia por agentes municipais para efeito de lançamento de imposto; m) a comunicação da ocorrência de crime por funcionário público à autoridade, quando dele tenha ciência no exercício das suas funções; n) a denúncia à autoridade feita por médicos, no exercício profissional, da ocorrência de um crime; o) a denúncia feita por médicos à autoridade sanitária, por ocasião do exercício profissional, tomando conhecimento de doença de notificação obrigatória; p) a violência necessária utilizada pela polícia ou outro agente público para prender alguém em flagrante ou em virtude de mandado judicial, quando houver resistência ou fuga.[103]

7. EXERCÍCIO REGULAR DE DIREITO

7.1. Conceito e fundamento

É o desempenho de uma atividade ou a prática de uma conduta autorizada por lei, que torna lícito um fato típico. Se alguém exercita um *direito*, previsto e autorizado de algum modo pelo ordenamento jurídico, não pode ser punido, como se praticasse um delito. O que é lícito em qualquer ramo do direito, há de ser também no direito penal. Exemplo: a Constituição Federal considera o domicílio asilo inviolável do indivíduo, sendo vedado o ingresso nele sem consentimento do morador, salvo em caso de flagrante delito ou desastre, bem como para prestar socorro (art. 5.º, XI, CF). Portanto, se um fugitivo da justiça se esconde na casa de um

---

[103] Marcello Jardim Linhares, *Estrito cumprimento de dever legal. Exercício regular de direito*, p. 120-121.

amigo, a polícia somente pode penetrar nesse local durante o dia, constituindo exercício regular de direito impedir a entrada dos policiais durante a noite, mesmo possuindo um mandado.

Acrescente-se, ainda, que o termo *direito* deve ser interpretado de modo amplo e não estrito – afinal, cuida-se de excludente de ilicitude, e não de norma incriminadora. Logo, compreende "todos os direitos subjetivos pertencentes a toda categoria ou ramo do ordenamento jurídico, direta ou indiretamente reconhecido, como afinal são os costumes".[104]

7.1.1. Diferenças entre o estrito cumprimento do dever legal e exercício regular de direito

Aponta MARCELLO JARDIM LINHARES, com precisão, as *três principais diferenças* existentes entre os dois institutos: a) a primeira excludente é de natureza compulsória, irrecusável, enquanto a segunda é facultativa; b) na primeira, o agente deve limitar-se a atender ao comando existente em lei, enquanto na segunda detém ele o poder de agir, legitimado pela norma; c) na primeira, o dever de agir somente pode ter origem em lei, enquanto na segunda o direito pode surgir de qualquer fonte do direito.[105]

7.2. Situações específicas de exercício regular de direito

Constituem casos típicos de exercício de direito as seguintes hipóteses: a) o aborto, quando a gravidez resulte de estupro, havendo o consentimento da gestante; b) a correção disciplinar dos pais aos filhos menores, quando moderada. Lembre-se da edição da Lei da Palmada, introduzindo o art. 18-A no Estatuto da Criança e do Adolescente, vedando castigos físicos e tratamentos degradantes ou humilhantes. Há de se interpretar esse novel dispositivo com cautela e bom senso para não suprimir o poder familiar dos pais, tornando crianças e adolescentes imunes a qualquer espécie de correção. Para mais detalhes, consultar o nosso *Estatuto da criança e do adolescente comentado*; c) a ofensa irrogada na discussão da causa pela parte ou seu procurador; d) a crítica literária, artística ou científica; e) a apreciação ou informação do funcionário público, no exercício da sua função; f) o tratamento médico e a intervenção cirúrgica, quando admitidas em lei; g) o tratamento médico e a intervenção cirúrgica, mesmo sem o consentimento do paciente, quando ocorrer iminente risco de vida (nesta hipótese, diante dos termos do art. 146, § 3.º, I, do Código Penal, é mais acertado considerar excludente de tipicidade; ver a nota 15 ao art. 146 do nosso *Código Penal Comentado*); h) a coação para impedir suicídio (nessa hipótese, diante dos termos do art. 146, § 3.º, II, do Código Penal, é mais acertado considerar excludente de tipicidade; ver a nota 16 ao art. 146 do nosso *Código Penal Comentado*); i) a violação de correspondência dos pais com relação aos filhos menores e nos demais casos autorizados pela lei processual penal; j) a divulgação de segredo, ainda que prejudicial, feita com justa causa; k) a subtração de coisa comum fungível; l) a conservação de coisa alheia perdida pelo prazo de 15 dias; m) a prática de jogo de azar em casa de família; n) a publicação dos debates travados nas Assembleias; o) a crítica às leis ou a demonstração de sua inconveniência, desde que não haja incitação à sua desobediência, nem instiguem à violência; p) o uso dos ofendículos (para quem os considera exercício regular de direito); q) o direito de greve sem violência; r) a separação dos contendores em caso de rixa; s) o porte legal de arma de fogo; t) a venda de rifas paras fins filantrópicos, sem fim comercial, como assentado no costume e na jurisprudência; u) a doação de órgãos, tecidos e partes do corpo humano para

---

[104] MARCELLO JARDIM LINHARES, *Estrito cumprimento de dever legal*. Exercício regular de direito, p. 111.

[105] *Estrito cumprimento do dever legal*. Exercício regular de direito, p. 63.

fins de transplante, sem fins comerciais; v) a livre manifestação do pensamento, ainda que desagrade a alguns; w) a esterilização nos termos da lei; x) a prestação de auxílio a agente de crime, feita por ascendente, descendente, cônjuge ou irmão; y) os casos previstos na lei civil, como o penhor legal, a retenção de bagagens, o corte de árvores limítrofes, entre outros.[106]

7.2.1. Utilização de cadáver por faculdade de medicina

Uma situação peculiar é prevista na Lei 8.501/1992, que autoriza o uso de cadáver para estudos e pesquisas científicas. É certo que se considera bem jurídico penalmente tutelado o respeito à memória dos mortos, punindo-se a destruição ou o vilipêndio ao cadáver (arts. 211 e 212, CP), embora haja, no caso mencionado, autorização legal para excepcionar a regra.

Dispõe o art. 2.º da Lei 8.501/1992 que "o cadáver não reclamado junto às autoridades públicas, no prazo de trinta dias, poderá ser destinado às escolas de medicina, para fins de ensino e de pesquisa de caráter científico". Cabe tal destinação ao cadáver sem qualquer documentação ou, quando identificado, sobre o qual inexistem informações relativas a endereço de parentes ou responsáveis legais (art. 3.º). Não se autoriza o uso do cadáver caso haja indício de que a morte seja resultado de ação criminosa.

7.3. Hipóteses polêmicas no contexto do exercício regular de direito

7.3.1. O estupro da esposa praticado pelo marido

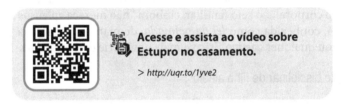

Acesse e assista ao vídeo sobre Estupro no casamento.

> http://uqr.to/1yve2

Há quem entenda ser exercício regular de direito o fato de o marido obrigar a esposa a com ele manter, mesmo valendo-se de violência ou grave ameaça, conjunção carnal, pois o débito conjugal seria exercício regular de direito, decorrente do dever de fidelidade. Nessa ótica, conferir: "A mulher não pode se opor ao legítimo direito do marido à conjunção carnal, desde que não ofenda ao pudor nem exceda os limites normais do ato. Decorre daí o direito do marido de constrangê-la, mediante o uso de moderada violência".[107]

Não se aceita mais tal entendimento, tendo em vista que os direitos dos cônjuges na relação matrimonial são iguais (art. 226, § 5.º, CF) e a mulher dificilmente atingiria o mesmo objetivo agindo com violência contra seu marido, inclusive porque não existe precedente cultural para essa atitude. De outra parte, deve-se resolver na esfera civil qualquer desavença conjugal, jamais se servindo de métodos coercitivos para qualquer finalidade. Seria ofensivo à dignidade da pessoa humana utilizar violência ou grave ameaça para atingir um ato que deveria ser, sempre, inspirado pelos mais nobres sentimentos, e não pela rudeza e imposição.

---

[106] MARCELLO JARDIM LINHARES, *Estrito cumprimento de dever legal. Exercício regular de direito*, p. 122-125.
[107] MARCELLO JARDIM LINHARES, *Legítima defesa*, p. 308.

7.3.2. O trote acadêmico ou militar

Embora seja, reconhecidamente, pela força da tradição imposta pelo costume, o exercício de um direito, não se pode olvidar que o grande dilema, nesse contexto, não é o uso moderado da costumeira instituição, mas sim o exagero.

Deve-se coibir o trote violento, que constitui um autêntico abuso, afastando-se da previsão legal, que fala em "exercício *regular* de direito".

7.3.3. Os castigos dos pais e dos professores

Quanto aos primeiros, continuam sendo exercício regular de direito, pois condizentes com o poder familiar, desde que presente o *animus corrigendi*, que é o elemento subjetivo específico (vontade de corrigir) para justificar a utilização da excludente, sem abusos e exageros. E com bastante atenção, nos tempos atuais, pois a *lei da palmada* pretende vedar várias espécies de castigos há muito impostos pelos nossos pais, avós e outros ascendentes. Conferir o art. 18-A da Lei 8.069/1990.

Quanto aos mestres, há muito mudou o conceito educacional no País, de modo que não há mais permissivo legal para que exista qualquer tipo de correção física ou moral violenta contra alunos, admitindo-se, no máximo, advertências ou suspensões, dentro das regras próprias do estabelecimento de ensino. Nesse ponto, não podemos concordar com JUAREZ CIRINO DOS SANTOS, com a devida vênia, ao dizer que pode ser aplicado castigo por professores e educadores no âmbito da escola, com o consentimento expresso ou presumido dos responsáveis; seria exercício regular de direito. E completa o autor que o castigo com fins educativos pode até comportar castigo corporal, no seio familiar, embora "não mereça aplausos".[108] Na realidade, a Lei 13.010/2014, conhecida como *lei da palmada*, de maneira exagerada – diga-se a bem da verdade – vedou qualquer castigo físico e mais uma série de outros (art. 18-A do ECA).

7.3.3.1. Correção disciplinar de filho alheio

Como regra, somente se podem admitir admoestação e exortação, mas não castigo físico ou injurioso, e desde que seja necessário para corrigir excessos prejudiciais a terceiros.

Por outro lado, quando se trata de membros de uma mesma família, a solução pode ser diversa. Caso vivam sob o mesmo teto, sob cuidado de tios, por exemplo, menores podem ser castigados, pois se cuida de reação natural de quem educa, em lugar dos pais. E, quanto aos irmãos, os mais velhos somente podem aplicar correções disciplinares aos menores – especialmente as que importem em privações – caso tenham assumido a condução da família, em lugar dos pais. Do contrário, não lhes é reconhecido o exercício regular de direito.

7.3.4. As lesões praticadas no esporte

Trata-se, como regra, de exercício regular de direito, quando respeitadas as normas regentes do esporte praticado. Exemplo disso é a luta de boxe, cujo objetivo é justamente nocautear o adversário. A lesão corporal provocada é considerada exercício regular de direito. Fugindo das normas esportivas, entretanto, deve o agente responder pelo abuso ou valer-se de outra modalidade de excludente, tal como o consentimento do ofendido, ou mesmo do princípio da adequação social.

---

[108] *Direito penal* – parte geral, p. 269.

Em uma partida de futebol, quando há violência exagerada entre os jogadores, a tendência da sociedade é visualizar o evento como se fosse algo inerente à prática desse esporte, devendo a punição, se cabível, cingir-se à esfera desportiva (adequação social). Por outro lado, quando os jogadores começam a produzir uma partida agressiva de ambos os lados, caso haja ferimento, pode-se sustentar a excludente do consentimento do ofendido. Enfim, depende da situação concreta.

8. CONSENTIMENTO DO OFENDIDO

8.1. Conceito e fundamento

Trata-se de uma causa supralegal e limitada de exclusão da antijuridicidade, permitindo que o titular de um bem ou interesse protegido, considerado disponível, concorde, livremente, com a sua perda.

Não se trata de matéria de aceitação pacífica, tanto na doutrina quanto na jurisprudência. Entretanto, pode-se observar que a maioria tem perfilhado o entendimento de que se trata de excludente de ilicitude aceitável, embora não prevista expressamente em lei. Acolhendo a tese, escreve FREDERICO MARQUES que, "quando surge o consenso, em relação a determinados bens deixa de subsistir a situação de fato em relação à qual deve entrar em vigor a norma penal, o que acontece naqueles casos em que o interesse do Estado não seja tal que prescinda da vontade do particular. É que, em ocorrendo tais situações, o interesse público do Estado não pode exigir mais do que isto: que os bens individuais não sejam atingidos contra a vontade dos respectivos sujeitos. O interesse estatal se identifica com a conservação de bens individuais enquanto esta corresponda à vontade do titular; consequentemente, esses bens não podem ser tidos como lesados quando o respectivo sujeito manifestou sua vontade em sentido favorável à lesão".[109]

Ratificando esse entendimento, SALGADO MARTINS leciona que "as causas ilidentes da antijuridicidade não podem limitar-se às estritas prescrições da lei positiva, mas devem ser examinadas dentro de quadro mais amplo, isto é, à luz de critérios sociológicos, éticos, políticos, em suma, critérios que se situam antes do Direito ou, de certo modo, fora do âmbito estrito do Direito positivo".[110]

Há vários penalistas que, embora acolhendo o consentimento do ofendido como causa de exclusão da ilicitude, ressalvam que tal somente pode ocorrer quando os bens forem considerados *disponíveis*. Nessa ótica, diz FRAGOSO que "o consentimento jamais terá efeito quando se tratar de bem jurídico *indisponível*, ou seja, aquele bem em cuja conservação haja interesse coletivo. A honra, a liberdade, a inviolabilidade dos segredos, o patrimônio são

---

[109] *Tratado de direito penal*, v. 2, p. 189.
[110] *Direito penal* – Introdução e parte geral, p. 179.

bens disponíveis. A vida e a administração pública, por exemplo, são bens irrenunciáveis ou indisponíveis. A nosso ver a integridade corporal também é bem jurídico disponível, mas não é esse o entendimento que prevalece em nossa doutrina".[111]

Cremos, igualmente, que o consentimento somente pode se dar quando se tratar de bens disponíveis, embora prefiramos não elaborar uma relação daqueles que são disponíveis e dos que são indisponíveis, pois somente a evolução dos costumes e dos valores na sociedade poderá melhor acertar e indicar qual bem ou interesse ingressa na esfera de disponibilidade do lesado.

Atualmente, somente para exemplificar, vem sendo praticada a ortotanásia, aprovada, inclusive, como conduta ética dos médicos pela Resolução 1.805/2006 do Conselho Federal de Medicina: "Na fase terminal de enfermidades graves e incuráveis é permitido ao médico limitar ou suspender procedimentos e tratamentos que prolonguem a vida do doente, garantindo-lhe os cuidados necessários para aliviar os sintomas que levam ao sofrimento, na perspectiva de uma assistência integral, respeitada a vontade do paciente ou de seu representante legal".[112]

Cuida-se de procedimento comum nos hospitais, apoiado não somente pelos médicos, mas pelos próprios interessados – os pacientes terminais – e seus parentes. Atinge o âmbito do consentimento do ofendido, mas, antes de tudo, consiste em conduta socialmente adequada, logo, atípica. Pode-se debater, no cenário do consentimento do ofendido, a eutanásia (homicídio piedoso na forma ativa).

Em ampla abordagem do consentimento do ofendido, ANÍBAL BRUNO não deixa de mencionar a importância dos costumes na avaliação da ilicitude do fato. Como regra, diz o autor, a integridade física e a saúde são bens jurídicos indisponíveis, mas, em determinadas situações, o consentimento do ofendido pode ter poder descriminante, desde que a lesão não ponha em perigo a vida ou não afronte a capacidade do indivíduo como valor social.[113]

Em sentido contrário, posiciona-se minoria da doutrina, entre os quais destacam-se SOLER[114] e NÉLSON HUNGRIA, professando que "só se pode falar, do ponto de vista penal, em bem ou interesse jurídico *renunciável* ou *disponível*, a exclusivo arbítrio do seu titular, nos estritos casos em que a própria lei penal, explícita ou implicitamente, o reconheça. Não há investigar alhures as hipóteses de *livre disponibilidade* de direitos (bens, interesses) penalmente tutelados. É este o ponto intransponível para os que, seduzidos pelas chamadas *questões elegantes* de interpretação do *jus positum* em matéria penal, defendem o critério aceito pelo ilustre projetista".[115]

Nesse contexto, HUNGRIA está criticando o projeto redigido por ALCÂNTARA MACHADO, que havia previsto expressamente o consentimento do ofendido como excludente de ilicitude. Os exemplos dados pelo autor do referido projeto, justificadores da excludente, foram da lesão havida na prática desportiva e do crime de dano. E, para tanto, NÉLSON HUNGRIA diz que a lesão no esporte não passa de *exercício regular de direito*, pois regulado pela própria lei do Estado, além do que, se houver morte ou lesão grave, o fato somente poderia deixar de ser punido

---

[111] *Lições de direito penal*, p. 193. No mesmo prisma: PAULO JOSÉ DA COSTA JR. (*Direito penal* – Curso completo, p. 109); FLÁVIO AUGUSTO MONTEIRO DE BARROS (*Direito penal* – Parte geral, p. 275); CAMARGO ARANHA (*Crimes contra a honra*, p. 41).

[112] *DOU* 28.11.2006, Seção I, p. 169.

[113] *Direito penal* – Parte geral, t. 2, p. 22. Consulte-se, ainda, a precisa monografia de JOSÉ HENRIQUE PIERANGELI, *O consentimento do ofendido na teoria do delito*.

[114] *Derecho penal argentino*, t. I, p. 303-307.

[115] *Comentários ao Código Penal*, v. I, t. II, p. 269.

pela ausência de culpabilidade. No tocante ao delito de dano, menciona que o consentimento está ínsito ao tipo penal, visto ser crime patrimonial; logo, se houvesse consentimento, seria conduta atípica. Quanto a este, não há dúvida que podemos resolver no campo da tipicidade.

Entretanto, no outro caso, pensamos que HUNGRIA olvidou a possibilidade de haver esporte violento não autorizado pelo Estado, do qual tomassem parte pessoas adultas que consentissem nas lesões recíprocas. Imagine-se que tivessem ocorrido apenas lesões leves. Teria havido conduta criminosa? Note-se que não está ínsito ao tipo da lesão corporal o dissentimento da vítima, pois a tradição, no direito penal, é considerar indisponível a integridade física. Aliás, até o advento da Lei 9.099/1995 o delito de lesões leves era de ação pública incondicionada. Atualmente, apesar de ser de ação pública condicionada à representação da vítima, pode-se continuar a debater o tema. Afinal, havendo consentimento do ofendido, segundo entendemos, não há crime, logo, nem mesmo cabe falar em direito à representação. Não se trata, pois, de uma mera *questão elegante* de interpretação do direito posto, como afirmado, mas sim de uma evolução da análise da esfera de proteção obrigatória dada pelo direito penal, colocando inúmeros bens e interesses em patamares intocáveis (indisponíveis), não mais condizentes com a realidade. No exemplo dos esportes violentos não regulamentados pelo Estado, é possível que a parte lesada consinta nos danos sofridos sem que isso se transforme em drama criminal, somente sanável pela intervenção do direito penal. Embora possamos falar em fato típico, certamente o consentimento afasta a ilicitude, dentro da esfera razoável de disponibilidade do ofendido. É preciso salientar, por derradeiro, que o consentimento do ofendido vem ingressando no ordenamento jurídico, como fator excludente de responsabilidade penal, já há algum tempo. Exemplo disso é a edição da Lei 9.434/1997, que dispõe sobre a possibilidade de pessoa viva doar órgãos, tecidos e outras substâncias, desde que não haja o fito de comercialização. Trata-se de autêntico consentimento para a realização de uma lesão grave ou gravíssima, embora admitida expressamente em lei.

8.1.1. *Consentimento do ofendido e tipicidade*

Não há dúvida que, em certos casos, o consentimento do ofendido influencia no juízo de tipicidade, fugindo ao âmbito da antijuridicidade. Quando a discordância do sujeito passivo estiver presente, expressa ou implicitamente, como elemento do tipo penal, deve-se afastar a tipicidade quando houver o consentimento para a realização da conduta. A doutrina costuma indicar que, nos delitos patrimoniais, de invasão de domicílio ou violação de correspondência ou segredo, além dos delitos contra a liberdade sexual e contra a liberdade individual, havendo o consentimento do ofendido é caso de atipicidade.

No mais, em alguns casos de crimes contra a pessoa e nos delitos contra a honra, a título de ilustração, não se pode dizer que o consentimento do ofendido esteja ínsito no tipo penal, motivo pelo qual prevalece a tese da exclusão da antijuridicidade. A análise a respeito de ser o consentimento do ofendido causa de exclusão da tipicidade ou da ilicitude pode representar, no entanto, alguns aspectos complexos, dependendo, a nosso sentir, da conformação do tipo penal.

É certo que, no caso dos delitos patrimoniais, sem violência ou grave ameaça à pessoa, torna-se possível haver o consentimento do ofendido como causa excludente da própria tipicidade. Afinal, como regra, existe a livre disponibilidade dos bens materiais, que podem ser objeto de transação e também de mera doação. Se alguém permite que outrem subtraia coisa móvel sua, está, em verdade, doando incondicionalmente, o que não possibilita a constituição do furto.

Por outro lado, ingressando na tipicidade a violência ou a grave ameaça, como ocorre, *v.g.*, com o roubo, já não se extrai a mesma conclusão. Aliás, nessa hipótese, por ora, nem mesmo se pode falar em exclusão da ilicitude por consentimento do ofendido. É possível supor o caso de alguém que, assaltado, termine concordando com a perda do objeto, por compreender que o agente está passando por alguma privação de índole econômica, e, embora não tenha pretendido doar o bem, resolve aquiescer à subtração, que se deu, de início, com grave ameaça. Nessa situação, típica sem dúvida é a conduta, mas seria igualmente ilícita? O consentimento do ofendido, como se sabe, somente pode tocar bens disponíveis, quando não afronte os bons costumes e a ética social. Não se tem por disponível a subtração de coisa móvel ao envolver violência ou grave ameaça, uma vez que constitui interesse geral a punição do assaltante. Logo, causa repulsa à sociedade que o agente de roubo fique livre, porque houve o consentimento do ofendido, sabendo-se, por certo, que, movido pelo interesse patrimonial, pelo lucro fácil, pode voltar a ferir terceiros, caso não haja pronta intervenção e ação do Estado.

Do exposto, podemos concluir que, nos tipos penais em que se constate a presença da violência ou grave ameaça, não é de acolher, de pronto, a tese da atipicidade, quando houver consentimento da vítima. É preciso checar até que ponto existe disponibilidade para validar a concordância esboçada.

No contexto dos crimes contra a liberdade individual, há aqueles que possuem tipos constituídos dos elementos "violência" ou "grave ameaça" (arts. 146 – constrangimento ilegal; 147 – ameaça; 149 – redução de alguém a condição análoga à de escravo) e o que nada menciona a respeito desses elementos (art. 148 – sequestro ou cárcere privado, na figura do *caput*). Assim, caso haja concordância do ofendido em se deixar prender em algum lugar, desde que não fira a ética ou os bons costumes, o fato é atípico. Quando houver violência ou grave ameaça, não se pode admitir que o consentimento conduza à atipicidade, até porque, como regra, é conduta que interessa à sociedade punir (como vimos no exemplo do roubo).

Em suma, quando o delito pressupuser o dissenso da vítima para que se aperfeiçoe, inexistindo violência ou grave ameaça (que fazem presumir a discordância), surgindo o consentimento do ofendido, deve-se concluir tratar-se de hipótese de atipicidade. Contudo, em caso de violência ou grave ameaça, bem como em tipos penais que não pressuponham a concordância do ofendido, se esta existir, deve-se analisar a questão sob o ponto de vista da exclusão da ilicitude, quando possível. Cumpre destacar, ainda, que, havendo adequação social ou insignificância, trata-se sempre de caso de atipicidade, ainda que haja violência ou grave ameaça. Em exemplos já explorados anteriormente, se alguém permite que lhe seja feita uma tatuagem, pode-se dizer que a lesão praticada é atípica, uma vez que a conduta é socialmente adequada. Afinal, o consenso da sociedade quanto a determinado resultado afasta a possibilidade de preenchimento da tipicidade material.

Deve-se resolver, então, na esfera da ilicitude, analisando se é possível considerar a disponibilidade do bem jurídico protegido no caso concreto. E se por um lado pode-se afirmar não haver *adequação social*, por outro pode-se dizer que há preparo da sociedade para permitir que cada um, individualmente, disponha do seu corpo como bem lhe aprouver, respeitados os limites que os costumes da época imponham.[116] Uma conduta é socialmente adequada quando há consenso na sociedade em relação à sua prática. Uma conduta pode ser praticada contra determinado bem jurídico, quando este for considerado disponível

---

[116] Debate-se, nesse campo, a disponibilidade da vida humana, quando alguém se encontra gravemente enfermo, padecendo severo sofrimento.

pelo ofendido, embora a conduta em si possa ser socialmente reprovável.[117] Outro exemplo: aquele que pratica esporte violento não regulamentado pelo Estado e sofre lesões. Não nos parece deva ser resolvida a questão pela atipicidade, pois a conduta não é socialmente aprovada, mas é possível afastar a ilicitude, pois disponível o bem lesado. A linha entre tipicidade e ilicitude, quando há o consentimento do ofendido, é de fato tênue, merecendo ser descortinada, sempre, no caso concreto.

8.2. Requisitos da excludente do consentimento do ofendido

Para que se possa reconhecer presente a excludente, absolvendo o réu por ausência de ilicitude da conduta, é indispensável que determinados requisitos estejam presentes:

a) *concordância do ofendido* (pessoa física ou jurídica), que deve ser obtida *livre de qualquer tipo de vício, coação, fraude ou artifício*. Quanto ao consentimento dado por pessoa embriagada, depende do caso concreto. Se a embriaguez, apesar de voluntária, não se voltava a inserir o agente em situação de risco, o seu consentimento não é válido; porém, se a embriaguez ocorrer em situação arriscada, pode-se aceitar o consentimento;

b) *consentimento* dado de maneira *explícita ou implícita*, desde que seja possível reconhecê-lo. Não se admite o consentimento presumido. Se alguém, por exemplo, concorda com uma determinada agressão física uma vez, não quer significar que aquiesça sempre. Logo, a presunção não tem lugar nesse contexto;

c) *capacidade para consentir*. Não havendo a excludente em nosso sistema jurídico, naturalmente inexiste uma idade legal para que o consentimento seja dado. Parece-nos razoável partir da idade penal, ou seja, 18 anos para estabelecer um limite. Afinal, aquele que tem capacidade para responder por seus atos, na esfera criminal, sem dúvida pode dispor, validamente, de bens ou interesses seus. Por outro lado, deve haver flexibilidade na análise da capacidade de consentimento, pois um menor, com 17 anos, por exemplo, certamente tem condições de discernir sobre a perda de algum bem;

d) *disponibilidade do bem ou interesse*. Verifica-se a disponibilidade do bem ou interesse quando a sua manutenção interessa, sobremaneira, ao particular, mas não é preponderante à sociedade. E mais: quando a conduta não ferir os bons costumes e a ética social. Logicamente que tal análise somente se faz, com maior precisão, no caso concreto, analisando-se os costumes e valores sociais do momento, o que é passível de evolução. Registre-se o conteúdo do art. 13 do Código Civil: "Salvo por exigência médica, é defeso o ato de disposição do próprio corpo, quando importar diminuição permanente da integridade física, ou *contrariar os bons costumes*. Parágrafo único. O ato previsto neste artigo será admitido para fins de transplante, na forma estabelecida em lei especial" (grifamos);

e) *consentimento* dado *antes ou durante* a prática da conduta do agente. Não se deve admitir que o consentimento seja dado após a realização do ato, pois o crime já se consumou, não devendo ter a vítima controle sobre isso. Aceitar o consentimento

---

[117] É o que acontece nos crimes que consideram a tutela da prostituição, como nos artigos 227, 228, 229 e 230 do Código Penal; mesmo que a prostituta não se sinta lesada, mantém-se tais tipos penais por conta de reprovação social.

após a prática da infração penal equivale ao acolhimento do perdão, que difere substancialmente da concordância na perda do bem ou do interesse;

f) *consentimento revogável a qualquer tempo*. Embora aceita a prática da conduta inicialmente, pode o titular do bem jurídico afetado voltar atrás a qualquer momento, desde que o ato não se tenha encerrado;

g) *conhecimento do agente* acerca do consentimento do ofendido. É fundamental que o autor da conduta saiba que a vítima aquiesceu na perda do bem ou interesse, como se dá, aliás, nas demais excludentes de ilicitude.

9. EXCESSOS NO CONTEXTO DAS EXCLUDENTES

Os excessos no contexto das excludentes estão concentrados nos seguintes aspectos: a) no *estado de necessidade*, concentra-se o excesso no "agir de outro modo para evitar o resultado". Se o agente afasta a ocorrência do resultado, valendo-se de meios dispensáveis, que acabem produzindo dano em bem jurídico alheio, terá agido com excesso; b) na *legítima defesa*, o excesso está firmado na falta do emprego dos meios necessários para evitar a agressão ou no uso desses meios, embora de maneira imoderada; c) no *estrito cumprimento do dever legal*, o excesso está focalizado no "dever legal". Quando a lei impõe um modo para o agente atuar, deve ele seguir exatamente os parâmetros fixados; fugindo a eles, responde pelo excesso; d) no *exercício regular de direito*, o excesso está no exercício *abusivo* de direito, isto é, exercitar um direito, embora de modo irregular e prejudicando direito alheio.

9.1. Excesso doloso

Ocorre o excesso doloso quando o agente consciente e propositadamente causa ao agressor, ao se defender, maior lesão do que seria necessário para repelir o ataque. Atua, muitas vezes, movido pelo ódio, pela vingança, pelo rancor, pela perversidade, pela cólera, entre outros motivos semelhantes. O excesso doloso, uma vez reconhecido, elimina a possibilidade de se reconhecer a excludente de ilicitude, fazendo com que o autor da defesa exagerada responda pelo resultado típico que provocou no agressor. Pode, por vezes, funcionar como circunstância que leve à diminuição da pena ou mesmo a uma atenuante (violenta emoção após injusta provocação da vítima).

9.2. Excesso culposo

É o exagero decorrente da falta do dever de cuidado objetivo ao repelir a agressão. Trata-se do *erro de cálculo*, empregando maior violência do que era necessário para garantir a defesa. Se presente o excesso, o agente responde pelo resultado típico provocado a título de culpa. No contexto do excesso culposo, podem ser aplicadas, ainda, as mesmas regras atinentes aos erros de tipo e de proibição (neste último caso, como mencionado, quando o agente se equivoca quanto aos limites da excludente).

9.3. Excesso exculpante

Trata-se de uma causa supralegal de exclusão da culpabilidade, não prevista expressamente em lei. Como vimos defendendo na possibilidade do reconhecimento de excludentes supralegais, o excesso exculpante seria o decorrente de medo, surpresa ou perturbação de ânimo, fundamentadas na inexigibilidade de conduta diversa. O agente, ao se defender de um ataque inesperado e violento, apavora-se e dispara seu revólver mais vezes do que seria necessário para repelir o ataque, matando o agressor. Pode constituir-se uma hipótese de flagrante imprudência, embora justificada pela situação especial por que passava.

Registre-se a lição de Welzel na mesma esteira, mencionando que os estados de cansaço e excitação, sem culpabilidade, dificultam a observância do cuidado objetivo por um agente inteligente, não se lhe reprovando a inobservância do dever de cuidado objetivo, em virtude de medo, consternação, susto, fadiga e outros estados semelhantes, ainda que atue imprudentemente.[118]

Convém mencionar, também, que, no direito espanhol, o medo chega a se constituir causa de exclusão da culpabilidade, conforme a situação (art. 20, 6.º, CP espanhol). Narra Enrique Esbec Rodríguez que o medo é um autêntico sobressalto do espírito, produzido por um temor fundado de um mal efetivo, grave e iminente, que obscurece a inteligência e domina a vontade, determinando alguém a realizar um ato que, sem essa perturbação psíquica, deveria ser considerado criminoso. Para a apreciação dessa excludente é imprescindível que o medo seja o móvel único da ação.[119]

Embora no direito brasileiro não se possa considerar o medo como excludente de culpabilidade, é certo que ele pode dar margem a reações inesperadas por aquele que o sente, valendo levar esse estado de espírito em conta na análise da legítima defesa e do estado de necessidade, em especial quando se discute ter havido excesso.[120] Finalmente, deve-se considerar que a hipótese do excesso exculpante vem prevista no Código Penal Militar (art. 45, parágrafo único: "Não é punível o excesso quando resulta de escusável surpresa ou perturbação de ânimo, em face da situação"), inexistindo razão para deixar de considerá-lo também no direito penal comum.

9.4. Excesso acidental

Trata-se do exagero que decorre do caso fortuito, embora não em intensidade suficiente para cortar o nexo causal. Por vezes, o agente se excede na defesa, mas o exagero é meramente acidental. Não se pode dizer ter havido moderação na defesa, pois o dano provocado no agressor foi além do estritamente necessário para repelir o ataque, embora o exagero possa ser atribuído ao fortuito. Disparos de arma de fogo são dados contra o autor de uma agressão, que cai sobre um gramado, sobrevivendo. Os mesmos disparos podem ser desferidos e o agressor cair sobre o asfalto, batendo a cabeça na guia, situação que, associada aos tiros sofridos, resulta na sua morte. Teria havido moderação? É possível que, considerando o resultado havido, no

---

[118] *Derecho penal alemán*, p. 216.

[119] *Psicología forense y tratamiento jurídico legal de la discapacidad*, p. 124.

[120] No mesmo prisma, Hermes Vilchez Guerrero, *Do excesso em legítima defesa*, p. 166.

primeiro caso o juiz (ou o Conselho de Sentença) considere ter sido razoável a reação, embora no segundo, por conta da morte, chegue-se à conclusão de ter havido um excesso.

Seria esse excesso meramente acidental, pois o caso fortuito estava presente, não podendo o agente responder por dolo ou culpa. Trata-se de um excesso *penalmente irrelevante*.[121]

Além das situações retratadas, ALTAYR VENZON enumera outras. "É possível que, no momento da repulsa a uma agressão atual ou iminente e injusta de outrem, sobrevenha um acontecimento imprevisível e inevitável. Pode decorrer de fenômenos naturais, por exemplo, meteorológicos: um raio, um tremor de terras, um desabamento, um vulcão, uma inundação, uma seca. Pode, ainda, decorrer de fatos humanos, vinculados à ação do homem e suas falhas: um incêndio, uma queda de avião, uma violência esportiva. Se o fato ocorrer no momento da reação a uma agressão atual ou iminente e injusta de outrem, estará configurada a legítima defesa."[122]

9.5. Excessos intensivo e extensivo

Há quem classifique o excesso nas excludentes sob os prismas *intensivo* e *extensivo*. O primeiro seria o autêntico excesso, vale dizer, respeitado o aspecto temporal (atualidade ou iminência, conforme o caso), o agente extrapolaria na necessariedade do meio ou no contexto da moderação. O segundo seria a extrapolação do limite de tempo para oferecer a resposta, ou seja, o agente, uma vez agredido, mas já fora do cenário da atualidade ou iminência, promove a reação. Concordamos com a doutrina que rechaça essa nomenclatura, uma vez que o denominado *excesso extensivo* não passa de um contra-ataque indevido, configurando outra forma de atuação (vingança, violenta emoção, inexigibilidade de conduta diversa etc.), diversa das modalidades de excesso.[123]

RESUMO DO CAPÍTULO

- ▶ **Ilicitude:** é a contrariedade de uma conduta com o direito, causando lesão a um bem jurídico protegido. Trata-se de um prisma que leva em consideração o aspecto formal da antijuridicidade (contrariedade da conduta com o direito), bem como o seu lado material (causando lesão a um bem jurídico tutelado).

- ▶ **Excludentes de ilicitude:** as excludentes de ilicitude podem ser divididas da seguinte forma: a) previstas na Parte Geral do Código Penal e válidas, portanto, para todas as condutas típicas estabelecidas na Parte Especial ou em leis penais especiais: a.1) estado de necessidade (arts. 23, I, e 24); a.2) legítima defesa (arts. 23, II, e 25); a.3) estrito cumprimento do dever legal (art. 23, III); a.4) exercício regular de direito (art. 23, III); b) previstas na Parte Especial do Código Penal e válidas, apenas, para alguns delitos. Exemplo: aborto necessário (art. 128, I, CP); c) previstas em legislação extrapenal.

- ▶ **Elemento subjetivo nas excludentes:** a estrutura do crime, no formato analítico, tem três partes (tipicidade, ilicitude e culpabilidade), porém, de maneira didática, é o que se estuda, mas o crime é um fenômeno único, que não comporta divisões.

---

[121] ALBERTO SILVA FRANCO; ADRIANO MARREY e RUI STOCO, *Teoria e prática do júri*, p. 489.

[122] *Excessos na legítima defesa*, p. 66.

[123] Nesse sentido: AMÉRICO DE CARVALHO, *A legítima defesa*, p. 348-350.

Diante disso, demandando-se *finalidade* para as condutas humanas, da mesma maneira que se exige a prova do objetivo do agente para o preenchimento do tipo penal incriminador, há de se cobrar a mesma intenção para o preenchimento das excludentes de ilicitude. Não existe maneira de se defender, por exemplo, sem noção do que se está fazendo. A defesa (tomando-se a legítima defesa, por exemplo) não é um ato mecânico, puramente objetivo. A consciência de se encontrar em estado de *defesa* é fundamental para *justificar* o emprego da reação legítima. Por isso, deve-se visualizar a finalidade tanto para a configuração da tipicidade quanto para a sustentabilidade de qualquer excludente de ilicitude. Há de se exigir, enfim, o elemento subjetivo nas excludentes.

▶ **Estado de necessidade:** é o sacrifício de um interesse juridicamente protegido, para salvar de perigo atual e inevitável o direito do próprio agente ou de terceiro, desde que outra conduta, nas circunstâncias concretas, não era razoavelmente exigível.

▶ **Legítima defesa:** é a defesa necessária empreendida contra agressão injusta, atual ou iminente, contra direito próprio ou de terceiro, usando, para tanto, moderadamente, os meios necessários. Trata-se do mais tradicional exemplo de justificação para a prática de fatos típicos.

▶ **Estrito cumprimento do dever legal:** trata-se da ação praticada em cumprimento de um dever imposto por lei, penal ou extrapenal, mesmo que cause lesão a bem jurídico de terceiro. Pode-se vislumbrar, em diversos pontos do ordenamento pátrio, a existência de deveres atribuídos a certos agentes que, em tese, podem configurar fatos típicos.

▶ **Exercício regular de direito:** é o desempenho de uma atividade ou a prática de uma conduta autorizada por lei, que torna lícito um fato típico. Se alguém exercita um *direito*, previsto e autorizado de algum modo pelo ordenamento jurídico, não pode ser punido, como se praticasse um delito. O que é lícito em qualquer ramo do direito há de ser também no direito penal.

▶ **Consentimento do ofendido:** é uma causa supralegal de ilicitude, consistente na aquiescência do ofendido quanto à perda do bem jurídico tutelado, por ato voluntário, considerando-se o referido bem disponível, desde que o consentimento seja válido e concomitante à ação do agente.

▶ **Excesso nas excludentes:** no uso das excludentes é possível que haja excesso, qualificando-se de doloso ou culposo, segundo a lei penal. No entanto, a doutrina e a jurisprudência acolhem igualmente os excessos exculpantes e acidentais, permitindo-se a absolvição de acusados.

ESQUEMA

DIFERENÇAS ENTRE O ESTADO DE NECESSIDADE E A LEGÍTIMA DEFESA

Estado de Necessidade	Legítima Defesa
1) Há um conflito entre titulares de bens ou interesses juridicamente protegidos	1) Há um conflito entre o titular de um bem ou interesse juridicamente protegido e um agressor, agindo ilicitamente
2) A atuação do agente do fato necessário pode voltar-se contra pessoas, animais e coisas	2) A atuação do titular do bem ou interesse ameaçado somente se pode voltar contra pessoas
3) O bem ou interesse juridicamente tutelado está exposto a um perigo atual	3) O bem ou interesse juridicamente tutelado está exposto a uma agressão atual ou iminente
4) O agente do fato necessário pode voltar-se contra terceira parte totalmente inocente	4) O titular do bem ou interesse ameaçado somente está autorizado a se voltar contra o agressor
5) Pode haver ação contra agressão justa (estado de necessidade recíproco)	5) Deve haver somente ação contra agressão injusta (ilícita)
6) Deve haver proporcionalidade entre o bem ou interesse sacrificado e o bem ou interesse salvo pela ação do agente do fato necessário	6) É discutível a necessidade da proporcionalidade entre o bem ou interesse sacrificado, pertencente ao agressor, e o bem ou interesse salvo, pertencente ao agredido
7) Há, como regra, ação	7) Há, como regra, reação
8) O agente do fato necessário, se possível, deve fugir da situação de perigo para salvar o bem ou interesse juridicamente tutelado (subsidiariedade do estado de necessidade)	8) O agredido não está obrigado a fugir, podendo enfrentar o agressor, que atua ilicitamente

Capítulo XXIII

Culpabilidade

1. CONCEITO E FUNDAMENTO

Trata-se de um juízo de reprovação social, incidente sobre o fato e seu autor, devendo o agente ser imputável, atuar com consciência potencial de ilicitude, bem como ter a possibilidade e a exigibilidade de atuar de outro modo, seguindo as regras impostas pelo direito (teoria normativa pura, proveniente do finalismo).

Como explica Assis Toledo, "se indagarmos aos inúmeros seguidores da corrente finalista o que é a culpabilidade e onde pode ela ser encontrada, receberemos esta resposta: 1.ª) culpabilidade é, sem dúvida, um juízo valorativo, um juízo de censura que se faz ao autor de um fato criminoso; 2.ª) esse juízo só pode estar na cabeça de quem julga, mas tem por objeto o agente do crime e sua ação criminosa".[1]

O conceito de culpabilidade apresentou significativa evolução, podendo-se mencionar várias posições. Entretanto, como narra Davi de Paiva Costa Tangerino, "a foz interessada da evolução histórica que se conduziu acerca do conceito de culpa é o tratamento que ele recebeu, pela primeira vez, na obra de Karl Binding. Sensível à insuficiência teórica da *imputatio* para a delimitação dos delitos negligentes, Binding resolve enfrentar o tema; fruto desse labor é a publicação, em 1872, da célebre *As normas e suas violações*, em cuja introdução confessa que 'mostrou-se-me claro que o problema da ação negligente representa apenas um dentre uma gama de problemas, que se encontram reciprocamente relacionados e que tentativas de lidar com uma parte isolada do problema como um todo não poderiam conduzir a um resultado

---

[1] *Princípios básicos de direito penal*, p. 229-230.

adequado". Como resultado, inaugura-se uma concepção de culpa dentro de uma perspectiva sistemática, vale dizer, *como elemento integrante de uma teoria do ilícito penal*".[2]

1.1. Culpabilidade formal e material

A culpabilidade formal é a censurabilidade merecida pelo autor do fato típico e antijurídico, dentro dos critérios que a norteiam, isto é, se houver imputabilidade, consciência potencial da ilicitude e exigibilidade de atuação conforme o direito. Formalmente, a culpabilidade é a fonte inspiradora do legislador para construir o tipo penal na parte sancionadora. Surgindo um tipo penal incriminador inédito, quais serão os limites mínimo e máximo de punição? De acordo com o grau abstrato de censura, estabelece a lei, por exemplo, reclusão de 1 a 5 anos.

No entanto, a culpabilidade material é a censura realizada concretamente, visualizando-se o fato típico e antijurídico e conhecendo-se o seu autor, imputável, com consciência potencial do ilícito e que, valendo-se do seu livre-arbítrio, optou pelo injusto sem estar fundado em qualquer causa de exclusão da culpabilidade, por fatores de inexigibilidade de conduta diversa. Serve, então, a culpabilidade material a fundamentar a pena, auxiliando o juiz, na etapa seguinte, que é atingir o seu limite concreto.

1.2. Coculpabilidade

Trata-se de uma reprovação conjunta que deve ser exercida sobre o Estado, tanto quanto se faz com o autor de uma infração penal, quando se verifica não ter sido proporcionada a todos a igualdade de oportunidades na vida, significando, pois, que alguns tendem ao crime por falta de opção.

Esclarecem ZAFFARONI e PIERANGELI que "há sujeitos que têm um menor âmbito de autodeterminação, condicionado desta maneira por causas sociais. Não será possível atribuir estas causas sociais ao sujeito e sobrecarregá-lo com elas no momento da reprovação de culpabilidade". Assim, deveria haver a aplicação da atenuante inominada do art. 66.[3]

Não nos parece correta essa visão. Ainda que se possa concluir que o Estado deixa de prestar a devida assistência à sociedade, não é por isso que nasce qualquer justificativa ou amparo para o cometimento de delitos, implicando fator de atenuação da pena. Aliás, fosse assim, existiriam muitos outros "coculpáveis" na rota do criminoso, como os pais que não cuidaram bem do filho ou o colega na escola que humilhou o companheiro de sala, tudo a fundamentar a aplicação da atenuante do art. 66 do Código Penal, vulgarizando-a.

Embora os exemplos narrados possam ser considerados como fatores de impulso ao agente para a prática de uma infração penal qualquer, na realidade, em última análise, prevalece a sua própria vontade, não se podendo contemplar tais circunstâncias como suficientemente *relevantes* para aplicar a atenuante.

Há de existir uma causa efetivamente importante, de grande valor, pessoal e específica do agente – e não comum a inúmeras outras pessoas, não delinquentes, como seria a situação de pobreza ou o descaso imposto pelo Estado –, para implicar a redução da pena. Ressalte-se que os próprios autores que defendem a sua aplicação admitem não possuir essa circunstância sustentação expressa no texto legal do Código Penal.[4] Aliás, sobre a inadequação da denominada

---

[2] *Culpabilidade*, p. 63-64, grifamos.

[3] *Manual de direito penal brasileiro* – Parte geral, p. 547.

[4] PIERANGELI e ZAFFARONI (Ob. cit., p. 744).

coculpabilidade para atenuar a pena, diz Von Hirsch que, "se os índices do delito são altos, será mais difícil tornar a pobreza uma atenuante que diminua o castigo para um grande número de infratores. Recorrer a fatores sociais pode produzir justamente o resultado oposto: o ingresso em considerações de risco que ainda piorem a situação dos acusados pobres. (...) Não seria fácil, nem mesmo em teoria, determinar quando a pobreza é suficientemente grave e está suficientemente relacionada com a conduta concreta para constituir uma atenuante".[5]

1.3. Tipo positivo e negativo de culpabilidade

Cuida-se de uma proposta de um tipo total de culpabilidade, idealizado por Jakobs, na teoria funcionalista, estabelecendo, quanto ao tipo positivo de culpabilidade, que esta pressupõe o injusto e o autor somente pode ser responsável pelo déficit de motivação jurídica se, ao cometer o referido injusto, tiver condições de questionar a validade da norma (imputabilidade).

Por outro lado, quanto ao tipo negativo de culpabilidade, calca-se na atuação do agente fundada em ânimo exculpante ou em contexto exculpante. O injusto praticado não será considerado culpável se o autor estava envolvido em situação de desgraça, que retirou sua motivação para seguir os parâmetros impostos pela norma.[6]

1.4. Culpabilidade do fato e do autor

A culpabilidade é o elemento essencial, moral e ético, que serve de ligamento entre crime e pena, justamente por estar presente nos dois cenários: é imprescindível para a constatação do crime, mas também para a aplicação da pena. Em outros termos, é o fundamento e o limite da pena. Cometido o fato típico e antijurídico, para verificarmos se há crime, é imperioso constatar a existência de reprovabilidade do fato e de seu autor, devendo este ser imputável, agir com consciência potencial de ilicitude (para os causalistas, inclui-se, também, ter atuado com dolo ou culpa) e com exigibilidade e possibilidade de um comportamento conforme o direito. Reconhecida a censurabilidade do injusto (fato típico e antijurídico), encontramos o *crime*, logo, impõe-se a condenação. Passa-se, a partir desse ponto, ao contexto da aplicação da pena, tornando-se à análise da culpabilidade, aliás, expressamente mencionada no art. 59 do Código Penal, para encontrar a justa medida da pena. Entretanto, agora está ela despida de outros elementos específicos, significando apenas o grau de censura merecido pelo agente em face do que fez. Nesse ponto, em especial, para que não se julgue o ser humano apenas pelo que ele é ou pela sua conduta de vida, devemos voltar os olhos ao que fez.

Em nossa obra *Individualização da pena*, deixamos claro que o direito penal do Estado Democrático de Direito necessita valer-se, primordialmente, da culpabilidade do fato, sem perder de vista a culpabilidade do autor, como ponto secundário de apoio. Em outras palavras, o particular modo de agir e pensar do agente, que desabrocha na análise da personalidade, traduz uma forma de censura ao fato e ao seu autor. Entretanto, tal reprovação não pode transbordar as fronteiras do fato praticado. Ninguém deve ser culpado ou ter sua pena elevada por conta de uma conduta de vida ou por eventuais características negativas de personalidade. Porém, se essa faceta negativa de sua personalidade o impulsionar ao crime, sem dúvida, o juiz deverá considerá-la para mensurar a pena. Exemplificando: o sujeito agressivo, que vive arrumando confusão e provocando pessoas que nada lhe fazem, quando efetivamente lesionar a integridade

---

[5] *Censurar y castigar*, p. 154 e 165.

[6] Jakobs, *Derecho penal* – Parte general, p. 598-601.

corporal de outrem, até mesmo matando alguém, precisa receber maior pena, pois a censurabilidade do que fez é mais grave. Não fosse assim, o termo *personalidade* – encontrado no Código Penal e em leis especiais, para utilização em vários momentos – perderia a razão de ser. O mesmo sujeito agressivo, no entanto, caso cometa um estelionato, não deve ter a sua personalidade, nesse ponto, levada em conta, pois ser agressivo não se relaciona com o delito patrimonial, não violento, praticado. Se o julgador assim fizer, utilizará, primordialmente, a culpabilidade do autor, olvidando a culpabilidade do fato.

No primeiro exemplo (o agressivo que lesa ou mata), se tiver sua pena aumentada, considerou-se a culpabilidade do fato, ou seja, a lesão corporal ou o homicídio torna-se mais grave, possibilitando pena mais elevada, porque não soube o autor controlar esse aspecto negativo de sua personalidade (agressividade). Evitando-se a confusão de termos, preferimos considerar que, para a aplicação da pena, o juiz deve ter em conta a *culpabilidade do fato*: analisa-se *o que foi praticado* à luz da personalidade do agente. Se algum lado negativo desta se aplicar ao crime, sua pena será aumentada. Do contrário, não. Logicamente, pode-se usar algum aspecto positivo da personalidade do agente, quando ligado ao fato praticado, para reduzir sua pena (exemplo: por ser extremamente caridoso, termina por furtar, destinando todo o montante auferido a um orfanato, que se encontra em sérias dificuldades financeiras). Caso usássemos a culpabilidade do autor, como meta principal, pouco interessaria o que foi feito. Qualquer aspecto negativo da personalidade serviria para o aumento da pena. Essa posição é injusta, pois ninguém é perfeito, apresentando um modo de agir corretíssimo, sem qualquer desvio de conduta. Portanto, se alguém comete um crime que não se relaciona a determinado aspecto negativo da sua personalidade, não deve ser julgado pelo que é, mas pelo que fez, à luz do que é. Todos somos imperfeitos. Temos aspectos positivos e negativos de personalidade.

Quando o art. 59 do Código Penal – e vários outros dispositivos em relação a outros institutos – faz incluir a análise da personalidade para a aplicação da pena, quer demonstrar o seguinte: o aspecto negativo, que se torna incontrolável, impulsionando o agente ao delito, deve ser ponderado na fixação da pena. Não quer significar que todos os defeitos de conduta devem ser levados em consideração. Fosse assim, não existiria pena mínima, pois, como dissemos, ninguém é santo. O tema está longe de atingir um consenso. O que não se pode afirmar, em hipótese alguma, é ter o Código Penal assumido, claramente, qual o modo pelo qual se deve encarar a culpabilidade, no momento de fixação da pena. Afinal, a personalidade do agente deve ser vista à vontade pelo juiz, dissociada do fato praticado, ou deve ser encarada no contexto do crime cometido exclusivamente? A lei penal não responde a tal indagação. Preferimos sustentar a segunda opção, vale dizer, a personalidade deve ser analisada sob o enfoque da infração penal materializada. Consagra-se um direito penal condizente com o Estado Democrático de Direito, pois ninguém será julgado pelo que é, repita-se, mas pelo que fez, em virtude do que é. Por derradeiro, não se deve confundir a discussão envolvendo *culpabilidade do fato* e *culpabilidade do autor* com o princípio penal da culpabilidade, que diz respeito a não poder existir crime sem ter o agente atuado com dolo ou culpa (*nullum crimen sine culpa*), ou seja, busca evitar a consagração da responsabilidade penal objetiva.

Permitimo-nos reproduzir um trecho desenvolvido no item que cuida da personalidade no capítulo da *aplicação da pena*. Mantovani tece suas considerações a respeito das relações entre delito e autor, dizendo que a história do direito penal oscila entre três correntes: a) um direito penal do puro fato, constituindo a fria e exclusiva consideração do fato na sua imóvel tipicidade; b) um direito penal do autor, que despreza o centro do fato e constitui a máxima personalização do ilícito penal para fins preventivos; c) um direito penal misto do fato e da personalidade do autor, que se lastreia no princípio garantista do fato como base imprescindível de cada conse-quência penal, mas tem em conta a valoração da personalidade do agente, com o exclusivo fim de determinar o tipo, a quantidade e a duração das consequências penais aplicáveis. E afirma ser este último o sistema italiano.[7]

É exatamente isso que vimos tentando passar há muito tempo, enquanto os penalistas ligados à primeira corrente (direito penal do fato) *fingem* não compreender, tachando a nossa posição como *direito penal do autor*. Temos sustentado que não existe um crime sozinho, per-dido no mundo, sem um autor, autor esse que possui uma personalidade única. Portanto, para individualizar corretamente a pena, torna-se fundamental analisar o fato e checar se a persona-lidade do autor liga-se a ele. Bem didático: fato + personalidade do autor = individualização da pena. GUSTAV RADBRUCH bem anota que, "hoje, também no criminoso houve a progressão do vício humano, da rusticidade à dissimulação. O criminoso profissional não é mais o assaltante e assassino de profissão, é o vigarista com todo aprimoramento psicológico, o ladrão com todo aprimoramento técnico".[8]

2. TEORIAS DA CULPABILIDADE

2.1. Psicológica (causalista)

A culpabilidade é importante elemento do crime, na medida em que representa o seu enfoque subjetivo, isto é, dolo e culpa. Para essa corrente, ao praticar o fato típico e antijurídico (aspectos objetivos do crime), somente se completaria a noção de infração penal se estivesse presente o dolo ou a culpa, que vincularia, subjetivamente, o agente ao fato por ele praticado (aspecto subjetivo do crime). Em suma, culpabilidade é dolo ou culpa. A imputabilidade penal é, apenas, pressuposto de culpabilidade, portanto somente se analisa se alguém age com dolo ou culpa, caso se constate ser essa pessoa imputável (mentalmente sã e maior de 18 anos).

A teoria psicológica apresenta falhas variadas, embora a principal, em nosso entendi-mento, seja a inviabilidade de demonstrar a inexigibilidade de conduta diversa, uma vez que não se faz nenhum juízo de valor sobre a conduta típica e antijurídica. Assim, aquele que é imputável e atua com dolo, por exemplo, ainda que esteja sob coação moral irresistível, poderia ser considerado culpável, o que se afigura ilógico.

2.2. Psicológico-normativa (neokantista ou clássica)

Dando ênfase ao conteúdo normativo da culpabilidade, e não simplesmente ao aspecto psicológico (dolo e culpa), acrescentou-se o juízo de reprovação social ou de censura que se deve fazer em relação ao autor de fato típico e antijurídico, quando considerado imputável (a imputabilidade passa a ser elemento da culpabilidade, e não mero pressuposto), bem como se tiver agido com dolo (que contém a consciência da ilicitude) ou culpa, além de haver prova da exigibilidade e da possibilidade de atuação conforme as regras do direito.

A teoria continua ideal para quem siga os passos do causalismo.

---

[7]   *Los principios de derecho penal*, p. 469-470 (tradução livre).

[8]   *Introdução à ciência do direito*, p. 112.

2.3. Normativa pura (finalista)

A conduta, sob a ótica do finalismo, é uma movimentação corpórea, voluntária e consciente, com uma finalidade. Logo, ao agir, o ser humano possui uma finalidade, que é analisada, desde logo, sob o prisma doloso ou culposo. Portanto, para tipificar uma conduta – conhecendo-se de antemão a finalidade da ação ou da omissão –, já se ingressa na análise do dolo ou da culpa, que se situam, pois, na tipicidade – e não na culpabilidade.

Nessa ótica, culpabilidade é um juízo de reprovação social, incidente sobre o fato típico e antijurídico e seu autor, agente esse que precisa ser imputável, ter agido com consciência potencial da ilicitude (esta não mais está inserida no dolo) e com exigibilidade e possibilidade de um comportamento conforme o direito.

Há quem sustente, em prisma finalista, a incidência do juízo de reprovação social somente sobre o autor – e não igualmente sobre o fato –, devendo o agente ser imputável, ter consciência potencial da ilicitude e por não ter agido de acordo com o direito, quando lhe era possível e exigível tal conduta.[9]

Preferimos crer que a censura recai não somente sobre o autor do fato típico e antijurídico, mas igualmente sobre o fato. A reprovação é inerente ao que foi feito e a quem fez.[10] Este, por sua vez, deverá ser censurado somente se for imputável, tiver atuado com consciência potencial da ilicitude e com exigibilidade e possibilidade de atuação conforme as regras impostas pelo direito. Em outras palavras, há roubos (fatos) mais reprováveis que outros, bem como autores (agentes) mais censuráveis que outros. Sob outro prisma, para a prática do mesmo roubo (idêntica reprovabilidade), como fato, podem-se censurar diversamente os coautores, autores do fato, na *medida da sua culpabilidade* (art. 29, parte final, CP). Aliás, a posição que sustentamos, quanto ao conceito de culpabilidade no cenário da teoria do crime, incidindo a reprovação sobre o fato e seu autor, fortalece, quando tornamos ao tema *culpabilidade*, na teoria da pena, a restrição da gradação da censura, para efeito de aplicação de maior ou menor punição, à culpabilidade de fato – e não simplesmente à culpabilidade de autor.[11]

2.4. Funcionalista

Embora sem consenso, autores denominados pós-finalistas passaram a sustentar um conceito de culpabilidade que se vinculasse às finalidades preventivo-gerais da pena, bem como à política criminal do Estado. Por isso, não poderia fundamentar-se exclusivamente numa concepção naturalística e improvável do livre-arbítrio (poder atuar, ou não, conforme as regras impostas pelo direito).[12]

Nas palavras de Günther Jakobs, a culpabilidade representa uma falta de fidelidade do agente com relação ao direito.[13] Essa falta de motivação para seguir as normas jurídicas

---

[9] Por todos, Cezar Roberto Bitencourt, *Tratado de direito penal*, v. 1, p. 304.

[10] Tangerino afirma: "o que se reprova, em princípio, não é o autor, porém a formação de sua vontade, de sorte que 'toda culpabilidade é, assim, culpabilidade da vontade' [citando Welzel]" (*Culpabilidade*, p. 91).

[11] Assis Toledo, *Princípios básicos de direito penal*, p. 235.

[12] "A culpabilidade é o âmbito no qual se comprovam as possibilidades psíquicas de motivação normal do autor de um comportamento antijurídico por parte da norma penal. Somente quando tal possibilidade de motivação normal concorra, será o autor 'culpável' e terá sentido realizar a ameaça penal em sua pessoa" (Mir Puig, *Estado, pena y delito*, p. 174, traduzimos).

[13] *Derecho penal* – Parte general, p. 566-567.

é um conceito determinado normativamente, e por tal fundamento realiza-se o juízo de culpabilidade. Por conseguinte, analisar se há ou não déficit motivacional por parte do agente, para seguir as normas jurídicas, é tarefa que independe de prova da exigibilidade ou inexigibilidade de poder agir conforme o direito. Deduz-se a infidelidade ao direito sem análise individualizada do agente, mas sob o prisma social, considerando-se os fins da pena. Exemplo: um doente mental, inimputável, portanto, não tem condições de se motivar a agir conforme o direito, pois encontra limitação física. Logo, não é culpável, pois incapaz de contestar a validez da norma.

Esse afastamento da atuação do livre-arbítrio do ser humano, voltando-se à mera verificação, sob critérios contestáveis, de ter sido o agente *fiel* ou *infiel* às regras jurídicas, de estar *motivado* ou *imotivado*, dentro de uma estrutura socialmente voltada às finalidades preventivas gerais da pena, torna-se incontrolável. Da mesma forma que a infidelidade ao direito pode ser vista com complacência, garantindo-se, até por medida de política criminal, a não aplicação da pena, pode também servir a uma análise rigorosa, buscando a aplicação de sanções penais desmedidas, que possam se prestar de exemplo à sociedade.

A culpabilidade não mais seria analisada sob o prisma individual, deixaria de ser fundamento *real* para a pena e nem mais poderia ser útil ao *limite* da pena, pois tudo não passaria de critérios ligados à política criminal.

Outros autores, como ROXIN, criticando a posição de JAKOBS, mas sem refutá-la por completo, também não aceitam a concentração da análise da culpabilidade no livre-arbítrio humano (poder ou não agir conforme as regras do direito), pois seria requisito não sujeito à demonstração empírica. Logo, a capacidade humana de culpabilidade, em sua visão, deve ser uma verificação científico-empírica, valendo-se de critérios fornecidos pela psicologia e pela psiquiatria, medindo-se o autocontrole do agente por meio de dados técnicos e menos abstratos. Sustenta que sua posição prescinde da disputa filosófica e das ciências naturais acerca do livre-arbítrio.[14] Permanece vinculado ao conceito funcional de culpabilidade como resultado da política criminal do Estado e de uma justificação social para a fixação da pena.

Portanto, separa-se do funcionalismo de JAKOBS na medida em que defende a culpabilidade como fundamento e limite para a aplicação da pena, a fim de coibir abusos do Estado, que não pode valer-se do indivíduo, ao destinar-lhe uma sanção penal, como mero instrumento de reafirmação dos valores do direito penal.[15]

2.5. Significativismo

A posição que se pretende pós-finalismo e pós-funcionalismo, na realidade, mescla um pouco de tudo e acredita, com isso, ter *criado* uma teoria inédita. Segundo PAULO BUSATO, a "culpabilidade é um juízo de valor meramente normativo, expressando a reprovação ao sujeito conforme possa ser considerado *justo* exigir o comportamento devido de quem atuou concretamente, a partir da verificação de seus condicionamentos pessoais e sociológicos, bem como de sua capacidade motivacional e de compreensão da norma. A concepção da culpabilidade é nada mais do que a concepção de exigibilidade de ajuste ao direito, levando em consideração

---

[14] *Derecho penal* – Parte general, p. 808.

[15] *Derecho penal* – Parte general, p. 813-814. Por vezes, a análise do *funcionalismo* impulsiona alguns penalistas a se posicionar dentro dessa corrente, mas usar argumentos finalistas para tanto. Um exemplo é a inserção da *exigibilidade de conduta diversa*, que demanda o *livre-arbítrio*, negado pelos funcionalistas, no rol dos elementos da culpabilidade (GUSTAVO JUNQUEIRA e PATRÍCIA VANZOLINI, *Manual de direito penal* – parte geral, p. 175).

as condições situacionais do sujeito. 'Atuará culpavelmente a pessoa de quem se possa exigir atuar conforme as normas'".[16]

A ânsia de "superar" o que vem dando certo há muito tempo, como é o caso do finalismo, criando teses novas a encantar alunos e pós-graduandos, chega a certos impasses simplesmente ingênuos.

A teoria significativa da ação, que almeja manter-se fiel a aspectos ontológicos da conduta – para diferenciar-se do funcionalismo e conquistar, quem sabe, parte dos finalistas –, apenas promete, mas não cumpre. Acreditam seus defensores que afirmar a *liberdade de ação* e ponto final – independentemente de finalidade – já é o caráter ontológico da conduta humana. Ora, nenhuma teoria – causalista, finalista, funcionalista e quantas mais forem eleitas – despreza a liberdade de ação, para categorizar a conduta penalmente relevante. Inexiste doutrina a afirmar que um ato involuntário serve para tipificar alguma coisa. Então, essa narrativa é simplesmente uma cortina de fumaça.

Atingindo a culpabilidade – e não podendo defini-la como fazem os finalistas e os funcionalistas, já que os causalistas foram totalmente ignorados –, os defensores da teoria significativa da ação *negam* ligar-se a qualquer aspecto do livre-arbítrio,[17] possivelmente para atrair funcionalistas. Sob outro aspecto, já se contradizendo, afirma-se que "a pretensão de reprovação, então, visa identificar, dentro da situação concreta, a possibilidade ou não de exigir-se do autor que se comportasse conforme o direito".[18]

Ora, se o juízo de reprovação recai sobre o autor que pode agir conforme o direito, mas não o faz, está-se indicando o livre-arbítrio como medida racional do ser humano para fazer ou deixar de fazer qualquer coisa. A propósito, um alerta: livre-arbítrio não possui conteúdo moral; não se está no âmbito religioso para se indicar o pecado e não se pretende debater moral e ética. O livre-arbítrio coordena as ações humanas pela sua própria natureza. É simplesmente ontológico que uma pessoa aja sempre com uma finalidade e de acordo com o que decide fazer por sua conta e risco: pode tornar-se um herói ou um criminoso.

Surpreende-me, de fato, que se considere (parte da doutrina) superado o finalismo, justamente por querer adotar um juízo de realidade. Pretender transformar a teoria do crime num juízo meramente normativo foi o grande equívoco do funcionalismo, que se apegou a quesitos – estes sim, incomprováveis – de déficit motivacional ou infidelidade ao direito, bem como a utilização de dados de psiquiatria e psicologia para *testar* o autocontrole do sujeito do injusto. Essas *provas* são absolutamente impossíveis de se fazer, sem existir um juízo puramente subjetivo da parte do julgador. Como provar, nos autos, a infidelidade do autor ao direito? Com testemunhas? Provas periciais? Com base na palavra do réu? Na verdade, será um julgamento subjetivo do julgador. Como reprovar um autor de injusto penal por critérios externos de medidas do autocontrole do acusado, com base em outras ciências, se não terminar sendo um puro juízo autocrático, sem nenhum liame de realidade? O juiz alemão, *ad argumentandum*, bem formado culturalmente, com poucos casos na sua mesa para julgar, de crimes de média lesividade, talvez possa meditar sobre a política criminal de um país sério, de baixa criminalidade, para chegar a um veredicto sadio e justo acerca da culpabilidade funcionalista. Basta transportar tudo isso para o juiz brasileiro, com pilhas de processos, num país que nem legislar com base em uma

---

[16] *Direito penal*, v. 1, p. 555-556.

[17] Vide BUSATO, *Direito penal*, v. 1, p. 554, *in fine*.

[18] BUSATO, *Direito penal*, v. 1, p. 554.

política criminal definida consegue e tantos outros problemas e poder-se-á aquilatar o que significa migrar a culpabilidade para o caráter puramente normativo.

No entanto, tudo isso, referente ao funcionalismo, foi manifestado no ventre da teoria significativa da ação, porque ela é um apanhado de dados do finalismo e do funcionalismo e não chega a lugar nenhum. A referida teoria diz que a culpabilidade é juízo de valor normativo (já diz o finalismo com a sua teoria normativa pura). Essa reprovação será feita ao sujeito se for considerada *justa* (?!) para exigir um comportamento conforme o direito. Abstraindo-se o livre-arbítrio (sua pretensão), essa *justiça* será alcançada por "condicionamentos sociológicos e pessoais" e da sua "capacidade de compreensão da norma". Queremos crer que o último fator diga respeito à imputabilidade. Porém, o que são "condicionamentos pessoais e sociológicos"? Haverá perícia? Laudo antropológico? Quais são esses "fatores pessoais", que se supõe sejam "inéditos", pois a teoria se proclama como tal? Quais são os "condicionamentos sociológicos"? Seria o determinismo do universo no qual está inserido o réu, impulsionado ao crime pela pobreza? Pode ser, pois o autor que defende essa teoria faz menção expressa à coculpabilidade (levantada pelo finalista ZAFFARONI), embora a tenha distorcido; não é a definição do seu principal autor. Note-se, portanto, que a teoria significativa da ação é um banquete de ideias requentadas de outras teorias, que não serve para superar nenhuma das teorias anteriores: desde o causalismo até o funcionalismo. Qualquer delas parece ser mais segura, ao menos para a compreensão do operador do direito, do que esta, chamada *significativa*, que se vale, em tese apenas, da semiótica, mas, no seu discurso, dela se distancia.

2.6. Síntese

Permanecemos fiéis à teoria normativa pura, que não nos parece defeituosa; ao contrário, é a única que congrega fatores de valoração com a concreta situação do ser humano e de sua capacidade inegável de agir de acordo com seu livre-arbítrio.

Não concordamos com as posições que criticam essa utilização. Por todos, JAKOBS diz que colocar o livre-arbítrio como pressuposto geral da culpabilidade, já que ele não comporta prova no caso concreto, fomenta um conceito carecedor de dimensão social. A culpabilidade não teria um efeito social, mas somente seria a desvalorização do indivíduo.[19] Não nos parece seja assim. A possibilidade e a exigibilidade de alguém agir conforme as regras impostas pelo ordenamento jurídico, em nosso entendimento, são perfeitamente comprováveis. Como SCHÜNEMANN afirma, o livre-arbítrio é uma parte da reconstrução social da realidade, vale dizer, é real.[20]

DÍEZ RIPOLLÉS, em crítica à culpabilidade funcional, diz ser ela lastreada em critérios normativos, como o da motivação normal, sendo preciso considerar que a substituição da análise psicológico-individual por processos de imputação também gera déficits, empobrecendo o conteúdo da culpabilidade em discutíveis pressupostos: seja porque não se têm os instrumentos técnicos precisos para conhecer os efeitos preventivo-gerais das normas, seja porque o conceito de motivabilidade leva, afinal, ao mesmo dilema que a capacidade de atuar de outro modo, seja a capacidade de autodeterminação média que, não somente é difícil de precisar, senão que nos passa uma informação irrelevante numa perspectiva individualizadora.[21]

---

[19] *Derecho penal* – Parte general, p. 584-586.

[20] Citação de ROXIN, *Derecho penal* – Parte general p. 809.

[21] *Los elementos subjetivos del delito,* p. 205.

E continua o autor afirmando que "opta em definitivo por um enfoque fundamentalmente psicológico-normativo na formulação e constatação dos elementos subjetivos da teoria do delito (...). Entre as razões para tanto tem-se: a) sua correspondência com a edificação do Direito Penal e da sociedade democrática em seu conjunto, em torno da pessoa em sua individualidade e com sua responsabilidade, algo reconhecido constitucionalmente; as referências à psique individual são fundamentais; desprezá-las seria uma violação à dignidade da pessoa humana; b) a natureza garantista do Direito Penal nos mostra que, com todos os seus defeitos, dificilmente se pode encontrar um ponto de referência mais sólido e crível quanto ao conteúdo dos elementos subjetivos do que a sua realidade psicológico-individual. Consegue-se frear o arbítrio judicial. Deve-se rechaçar energicamente a ideia de que os princípios garantistas do Direito Penal material, e especialmente do processual, suponham um argumento em favor de bases normativistas; c) a sua legitimação se dá por meio das convicções gerais da sociedade".[22]

Por isso, cremos ter o julgador condições de analisar, pelas provas dos autos, se o agente tinha possibilidade de atuar conforme o direito. E, com certeza, não fará juízo de censura se verificar, dentro dos critérios de razoabilidade, que o autor do injusto optou por interesses e valores mais importantes, no caso concreto, que não poderiam ser desprezados. Exemplificando: se o gerente de um banco tem a família sequestrada, sob ameaça de morte, ordenando-lhe o sequestrador que vá ao estabelecimento onde trabalha e de lá retire o dinheiro do cofre, pertencente ao banqueiro. O que poderá fazer? Coagido irresistivelmente, cede e subtrai o dinheiro do patrão para entregar a terceiro. Seu livre-arbítrio poderia tê-lo conduzido a outro caminho? Sem dúvida. Poderia ter se negado a agir assim, mesmo que sua família corresse o risco de morrer. Seria, no entanto, razoável e justo? Que sociedade teria condições de censurar o pai que salva a vida dos seus filhos, embora tenha optado pelo caminho do juridicamente injusto (furto)? Em suma, é natural supor que o gerente tivesse dois caminhos – aceitar ou não a ordem recebida –, optando pelo respeito às regras jurídicas, que coíbem a subtração de coisa alheia, ou pelo desrespeito delas, justamente por estar em situação de inexigibilidade de conduta diversa.

O livre-arbítrio pode levar o agente a subtrair coisa pertencente a terceiro, porém em situação excepcional. A análise dessa anormalidade pode ser feita por qualquer magistrado, de modo que não há necessidade de recorrer a critérios normativos ou funcionais, nem ao menos à política criminal. Independe de análise do denominado "déficit motivacional", pois é patente que o livre-arbítrio se encaminhou daquela maneira por ausência de alternativas razoáveis e justas. A culpabilidade, pois, deve ser um juízo de censura voltado ao imputável, que tem consciência potencial da ilicitude, e, dentro do seu livre-arbítrio (critério da realidade), perfeitamente verificável, opte pelo caminho do injusto sem qualquer razão plausível a tanto.

Concentramos nessa síntese as críticas àqueles que negam, *com um método lógico*, o livre-arbítrio, tal como os funcionalistas.

Note-se, pois, que culpabilidade é *fundamento* e *limite* da pena, integrativa do conceito de *crime*, e não mero *pressuposto* da pena, como se estivesse fora da conceituação. *Pressuposto* é fato ou circunstância considerada antecedente necessário de outro, mas não, obrigatoriamente, elemento integrante. Reputar a culpabilidade como pressuposto da pena é retirar o seu caráter de *fundamento* da pena, pois *fundamento* é base, razão sobre a qual se ergue uma concepção, ou seja, é verdadeiro motivo de existência de algo. Logo, culpabilidade, se presente, fornece a razão de aplicação da pena, e o crime nada mais é do que o fato típico e antijurídico, merecedor de punição, tendo em vista que o tipo incriminador é formado – e isto é inegável – pela descrição

---

[22] *Los elementos subjetivos del delito*, p. 268-269.

de uma conduta, seguida de uma pena (exemplo: "Matar alguém: Pena – reclusão, de seis a vinte anos", constituindo o homicídio). Portanto, torna-se incabível, a nosso ver, desmembrar a pena da conduta, acreditando que uma subsista sem a outra, no universo dos tipos penais incriminadores, ou seja, no contexto do crime. Um fato típico e antijurídico, ausente a culpabilidade, não é uma infração penal, podendo constituir-se em um ilícito de outra natureza. Sem a reprovação da conduta, deixa de nascer o crime. Pensar de modo diverso é esvaziar o conceito de delito.

3. EXCLUDENTES DE CULPABILIDADE

3.1. Excludentes concernentes ao agente do fato

3.1.1. Imputabilidade penal

A "imputabilidade é o conjunto de condições pessoais que dão ao agente capacidade para lhe ser juridicamente imputada a prática de um fato punível. Constitui, como se sabe, um dos elementos da culpabilidade".[23] Ou, como ensina Odin Americano: "é a roda mestra do mecanismo da culpabilidade, pois toda a força animada ou inanimada, alheia ao bem ou ao mal, não poderá responder pelo evento que 'causou' por não ser causa consciente e livre".[24]

A antiga Parte Geral do Código Penal, antes da reforma de 1984, classificava esse título como "Da responsabilidade", o que, de fato, merecia ser alterado. Enquanto imputabilidade é a capacidade de ser culpável e culpabilidade é juízo de reprovação social que pode ser realizado ao imputável, responsabilidade é decorrência da culpabilidade, ou seja, trata-se da relação entre o autor e o Estado, que merece ser punido por ter cometido um delito. Os conceitos não se confundem, embora possam ser interligados. O que está preceituado no Título III do Código Penal (arts. 26 a 28) é matéria de imputabilidade, e não de responsabilidade, observando-se, ademais, que a opção legislativa se concentrou em fixar as causas de exclusão da imputabilidade penal, mas não o seu conceito, exatamente nos moldes de outros Códigos, como ocorre na Espanha.[25]

3.1.2. Doença mental e desenvolvimento mental incompleto ou retardado

Para ter condições pessoais de compreender o que fez, o agente necessita de *dois elementos*: I) *higidez biopsíquica* (saúde mental + capacidade de apreciar a criminalidade do fato); II) *maturidade* (desenvolvimento físico-mental que permite ao ser humano estabelecer relações sociais bem adaptadas, ter capacidade para realizar-se distante da figura dos pais, conseguir estruturar as próprias ideias e possuir segurança emotiva, além de equilíbrio no campo sexual).

No Brasil, em vez de se permitir a verificação da maturidade, caso a caso, optou-se pelo critério cronológico, isto é, ter *mais de 18 anos*. Os *critérios* para averiguar a inimputabilidade, quanto à higidez mental, são os seguintes: a) *biológico*: leva-se em conta exclusivamente a saúde mental do agente, isto é, se o agente é ou não doente mental ou possui ou não um desenvolvimento mental incompleto ou retardado. A adoção restrita desse critério faz com que o juiz fique absolutamente dependente do laudo pericial; b) *psicológico*: considera-se unicamente a

---

[23] Aníbal Bruno, *Direito penal* – Parte geral, t. II, p. 39.

[24] Da culpabilidade normativa, p. 330.

[25] Cf. Enrique Esbec Rodríguez, *Psicología forense y tratamiento jurídico legal de la discapacidad*, p. 114.

capacidade que o agente possui para apreciar o caráter ilícito do fato ou de comportar-se de acordo com esse entendimento. Acolhido esse critério de maneira exclusiva, torna-se o juiz a figura de destaque nesse contexto, podendo apreciar a imputabilidade penal com imenso arbítrio; c) *biopsicológico*: tomam-se em conta os dois critérios anteriores unidos, ou seja, verifica-se se o agente é mentalmente são e se possui capacidade de entender a ilicitude do fato ou de determinar-se de acordo com esse entendimento. É o princípio adotado pelo Código Penal, como se pode vislumbrar no art. 26.

Constitui, também, o sistema de outras legislações, como a espanhola, ressaltando ENRIQUE ESBEC RODRÍGUEZ que o perito se pronuncia sobre as bases antropológicas e o juiz sobre a imputação subjetiva. Logo, não é suficiente que haja algum tipo de enfermidade mental, mas que exista prova de que esse transtorno afetou, realmente, a capacidade de compreensão do ilícito, ou de determinação segundo esse conhecimento, à época do fato.[26]

3.1.2.1. Conceito de doença mental

Trata-se de um quadro de alterações psíquicas qualitativas, como a esquizofrenia, as doenças afetivas (antes chamadas de psicose maníaco-depressiva ou acessos alternados de excitação e depressão psíquica) e outras psicoses.[27]

O conceito deve ser analisado em sentido lato, abrangendo as doenças de origem patológica e de origem toxicológica. São exemplos de doenças mentais, que podem gerar inimputabilidade penal: epilepsia (acessos convulsivos ou fenômenos puramente cerebrais, com diminuição da consciência, quando o enfermo realiza ações criminosas automáticas; a diminuição da consciência chama-se "estado crepuscular"); histeria (desagregação da consciência, com impedimento ao desenvolvimento de concepções próprias, terminando por falsear a verdade, mentindo, caluniando e agindo por impulso); neurastenia (fadiga de caráter psíquico, com manifesta irritabilidade e alteração de humor); psicose maníaco-depressiva (vida desregrada, mudando humor e caráter alternativamente, tornando-se capaz de ações cruéis, com detrimento patente das emoções); melancolia (doença dos sentimentos, que faz o enfermo olvidar a própria personalidade, os negócios, a família e as amizades); paranoia (doença de manifestações multiformes, normalmente composta por um delírio de perseguição, sendo primordialmente intelectual; pode matar acreditando estar em legítima defesa); alcoolismo (doença que termina por rebaixar a personalidade, com frequentes ilusões e delírios de perseguição); esquizofrenia (perda do senso de realidade, havendo nítida apatia, com constante isolamento; perde-se o elemento afetivo, existindo introspecção; não diferencia realidade e fantasia); demência (estado de enfraquecimento mental, impossível de remediar, que desagrega a personalidade); psicose carcerária (a mudança de ambiente faz surgir uma espécie de psicose); senilidade (modalidade de psicose, surgida na velhice, com progressivo empobrecimento intelectual, ideias delirantes e alucinações).

Convém, no entanto, mencionar o alerta oportuno de TOBIAS BARRETO, nesse contexto: "Não há dúvida que, se todas as afecções mórbidas, exclusivas da imputabilidade, tivessem uma rubrica legal, havia mais garantias contra a injusta condenação de alienados, tidos em conta de espírito normais, e não menos injusta absolvição de verdadeiros facínoras, tomados por insensatos. Mas isso será possível? Talvez que não; e esta impossibilidade, que se

---

[26] *Psicología forense y tratamiento jurídico legal de la discapacidad*, p. 118-119.

[27] Cf. WAGNER F. GATTAZ, Violência e doença mental: fato ou ficção?

levanta em terreno comum aos juristas e aos médicos, provém menos do lado do direito do que do lado da medicina. A proposição pode causar uma certa estranheza, porém, não deixa de ser verídica. Na falta de outras provas, bastaria lembrar o seguinte fato: ainda hoje os alienistas psiquiatras não estão de acordo sobre o modo exato de denominar as moléstias mentais, determinar o seu conceito e sujeitá-las a uma classificação. Cada autor apresenta a sua maneira de ver, que pode ser mais ou menos aceitável, mas não é definitiva. (...) A exuberância de termos, que fazem o cortejo de uma ideia, encerra alguma coisa de parecido com o guarda-roupa de um *dandy*. Assim como este, dentre seus vinte *fracs*, tem sempre um que mais lhe assenta, ou de dentre as suas cinquenta gravatas, sempre uma, que melhor lhe fica, da mesma forma sucede com o pensamento. A riqueza dos sinônimos não o inibe de achar uma expressão, que mais lhe convenha. Mas isto mesmo é o que não se dá na questão, que nos ocupa. Ao ser sincera, a ciência deve confessar que ainda não chegou a indicar o termo mais apropriado ao conceito de alienação do espírito, e a formular uma definição que se adapte a todo o definido".[28] A preocupação do autor, exposta em 1884, não obteve alteração até o presente. Definir, com precisão, *doença mental*, estabelecendo seus limites e, com exatidão, seus casos concretos, está distante de ocorrer.

3.1.2.2. Conceito de desenvolvimento mental incompleto ou retardado

Trata-se de uma limitada capacidade de compreensão do ilícito ou da falta de condições de se autodeterminar, conforme o precário entendimento, tendo em vista ainda não ter o agente atingido a sua maturidade intelectual e física, seja por conta da idade, seja porque apresenta alguma característica particular, como o silvícola não civilizado ou o surdo sem capacidade de comunicação.

3.1.2.3. A questão do indígena

O índio pode ser considerado inimputável ou semi-imputável, se não estiver integrado à civilização. Portanto, depende da análise de cada caso concreto. Além disso, nem sempre há necessidade de se elaborar um laudo antropológico.

3.1.2.4. Doenças da vontade e personalidades antissociais

São anomalias de personalidade que *não excluem a culpabilidade*, pois não afetam a inteligência, a razão, nem alteram a vontade. Exemplo: o desejo de aparecer; os defeitos ético-sexuais; a resistência à dor; os intrometidos, entre outros. Denominam-se *personalidades instáveis*. No mesmo contexto estão as chamadas personalidades antissociais: "São as predisponentes para atos contra a sociedade, tais como indiferença pelos sentimentos alheios; desrespeito por normas sociais; incapacidade de manter relacionamentos, embora não haja dificuldades em estabelecê-los; baixo limiar para descarga de agressão e violência; incapacidade de experimentar culpa e aprender com a experiência, particularmente punição; propensão marcante para culpar os outros ou para oferecer racionalizações plausíveis para o comportamento que levou ao conflito com a sociedade".[29]

---

[28] *Menores e loucos em direito criminal*, p. 88-90.

[29] Wagner G. Gattaz, Violência e doença mental: fato ou ficção?

Como bem diz ROBERTO LYRA, "a especificação psicológica ou psiquiátrica detém-se nas fronteiras. Loucura, anormalidade, normalidade? Em relação a quê? Notas caracterológicas, por exemplo, não são sintomas mórbidos. Neuroses, simples colorações psicofísicas da conduta, não afetam os processos mentais".[30] Na mesma ótica, ensina MARIO FEDELI o seguinte: "Pode-se dizer que 'em todos os homens encontramos traços' de mecanismos neuróticos, 'ainda que de maneira menos vistosa e menos persistente, ao passo que uma perfeita compensação e equilíbrio entre o Eu racional e as forças inconscientes é um fenômeno muito raro e dificilmente realizável'. Essas palavras do psiquiatra inglês Storr fixam um conceito fundamental: que a obtenção da perfeita e completa integração psíquica é muito rara no homem e que, consequentemente, os limites entre o 'normal' e o 'patológico' são indefinidos e incertos em psicologia".[31]

Por isso, é preciso muita cautela, tanto do perito quanto do juiz, para averiguar as situações consideradas limítrofes, que não chegam a constituir normalidade, pois que personalidade antissocial, mas também não caracterizam a anormalidade a que faz referência o art. 26. Pessoas que se valem, durante muito tempo, de substâncias entorpecentes de toda ordem ou são naturalmente agressivas podem desenvolver processos explosivos que as conduzem ao crime – ainda que violento e perverso –, sem que isso implique a constatação de doença mental ou mesmo perturbação da saúde mental. Devem responder pelo que fizeram, sofrendo o juízo pertinente à culpabilidade, sem qualquer benefício – e por vezes até com a pena agravada pela presença de alguma circunstância legal. Lembremos o alerta feito por CARLOTA PIZARRO DE ALMEIDA: "Em caso algum, uma personalidade antissocial deverá ser considerada indício de doença mental, ou sujeita a medidas de 'tratamento'. Muitos criminosos (e não só...) têm personalidades antissociais, sem que isso seja motivo de internamento".[32]

Aliás, alguns autores chamam a *personalidade antissocial* de *loucura moral*. Confira-se em ROQUE DE BRITO ALVES: "Entendemos que o grande perverso é sempre aquele cuja personalidade não tem, não apresenta inibições ou freios morais, éticos, insensível sempre às exigências morais e afetivas mais elementares ou comuns, indiferente ou desajustado, assim, ao seu grupo ou ambiente social".[33] "Inclusive, é capaz de dormir o sono mais tranquilo após praticar o delito mais atroz, em sono mais profundo do que o sono dos justos... A sua geralmente terrível conduta criminosa é mais em termos de instintos os mais primitivos, sem freio inibitório algum, moral ou afetivo, simples produto de sua maldade ou egoísmo anômalo".[34] "Ou seja: o louco moral, a personalidade psicopática amoral entende racionalmente, coincidentemente, o que faz e tem controle e determinação quanto à sua conduta, porém está privado, não tem inibição ou freio afetivo ou moral para não fazer o mal e nem sentirá dor ou sofrimento em fazer o mal, terá prazer, e não sente ou experimenta prazer ou satisfação em fazer o bem, não se motivando em tal sentido, apenas para o mal ou maldade (Ferrio, Leyrie, Biondi, Ponti)".[35]

É, em suma, a loucura moral distintamente como doença dos sentimentos, anomalia da afetividade, eliminadora do senso moral, porém deixando íntegros o intelecto e a vontade. É "incapacidade de sentimentos morais com capacidade intelectual ou volitiva, distúrbio da afetividade sem distúrbio simultâneo cognoscitivo ou volitivo".[36]

---

[30] *Criminologia*, p. 86.

[31] *Temperamento, caráter, personalidade* – Ponto de vista médico e psicológico, p. 253.

[32] *Modelos de inimputabilidade*: da teoria à prática, p. 102.

[33] *Crime e loucura*, p. 119.

[34] *Crime e loucura*, p. 120.

[35] *Crime e loucura*, p. 121.

[36] *Crime e loucura*, p. 127.

3.1.2.5. Importância da perícia médica

Tendo em vista que a lei penal adotou o critério misto (biopsicológico), é indispensável haver laudo médico para comprovar a doença mental ou mesmo o desenvolvimento mental incompleto ou retardado (é a parte biológica), situação não passível de verificação direta pelo juiz. Entretanto, existe, ainda, o lado psicológico, que é a capacidade de se conduzir de acordo com tal entendimento, compreendendo o caráter ilícito do fato. Essa parte pode ser de análise do juiz, conforme as provas colhidas ao longo da instrução. É certo que se diz que o magistrado não fica vinculado ao laudo pericial, valendo-se, inclusive, do disposto no art. 182 do Código de Processo Penal, embora seja imprescindível mencionar que a rejeição da avaliação técnica, no cenário da inimputabilidade, não pode conduzir à substituição da avaliação do perito pela análise pessoal do juiz. Portanto, caso não creia na conclusão pericial, deve determinar a realização de outro exame, mas não simplesmente substituir-se ao experto, pretendendo avaliar a doença mental como se médico fosse. A parte cabível ao magistrado é a psicológica, e não a biológica.

3.1.2.6. Natureza jurídica da decisão absolutória imprópria

Trata-se, na essência, de uma imposição de sanção penal, consistente em medida de segurança. Logo, tal decisão é condenatória. Afirma-se, entretanto, cuidar-se de sentença absolutória, pois inexiste crime. Em virtude da técnica apresentada pela lei processual penal, a decisão é absolutória. De todo modo, a referida decisão não é capaz de gerar antecedentes criminais ou outro efeito secundário.

3.1.2.7. Conceito de perturbação da saúde mental

Não deixa de ser também uma forma de doença mental, embora não retirando do agente, completamente, a sua inteligência ou a sua vontade. Perturba-o, mas não elimina a sua possibilidade de compreensão, motivo pelo qual o parágrafo único do art. 26 tornou a repetir o "desenvolvimento mental incompleto ou retardado", bem como fez referência a não ser o agente *inteiramente* capaz de entender o caráter ilícito do fato ou mesmo de se determinar de acordo com tal entendimento.

Nesse caso, não há eliminação completa da imputabilidade; logo, pode o agente sofrer o juízo de reprovação social inerente à culpabilidade, embora o juiz seja levado a *atenuar* a censura feita, reduzindo a pena de 1/3 a 2/3. Além disso, caso a *perturbação da saúde mental* (como dissemos, uma forma de doença mental) seja intensa o suficiente, de modo a justificar um especial tratamento curativo, o magistrado ainda pode substituir a pena privativa de liberdade por medida de segurança (internação ou tratamento ambulatorial), conforme o art. 98 do Código Penal.

3.1.2.8. Critério para a diminuição da pena e isenção de pena

Há de se considerar, após o laudo pericial evidenciar a semi-imputabilidade, o grau de perturbação da saúde mental. Quanto mais perturbado, maior a diminuição da pena (2/3); quanto menos, menor a diminuição (1/3).

O semi-imputável não deve ser, jamais, absolvido, pois sofre juízo de culpabilidade (e não puramente de periculosidade como o inimputável). Imposta a pena, há a diminuição prevista no art. 26, parágrafo único. Logo, existe condenação. Caso a perturbação da saúde mental demande tratamento médico, o juiz *pode* convertê-la em medida de segurança. No entanto, a absolvição é destinada, unicamente, ao inimputável.

3.1.3. A verificação de inimputabilidade penal e o princípio processual da prevalência do interesse do réu (in dubio pro reo)

A questão é complexa e não comporta resposta única. Primeiramente, relembremos que o princípio processual invocado determina que, havendo dúvida razoável, deve o juiz decidir em favor do réu – afinal, seu estado natural é o de inocência. Prevalece, em situação duvidosa, o interesse do acusado. Pois bem: por outro lado, acabamos de expor o grau de dificuldade existente para apurar a inimputabilidade, em especial quando proveniente de doença mental e sua capacidade de influenciar no discernimento do agente no momento da prática da conduta. Imaginemos que, no caso concreto, os peritos que avaliaram o réu não consigam chegar a uma conclusão unânime – se imputável ou inimputável –, deixando o magistrado em dúvida. Qual o caminho a seguir? Valendo-se da prevalência do interesse do réu, deve o juiz considerá-lo imputável, aplicando-lhe pena, ou inimputável, submetendo-o a medida de segurança?

Podemos destacar, ao menos, três posições: a) o julgador estaria atrelado ao que foi alegado pelo réu, em sua defesa, ou seja, se sustentou ser inimputável, requerendo, inclusive, a realização do exame de insanidade mental, essa deve ser a solução adotada; se, porventura, alegou imputabilidade, em caso de dúvida, o juiz assim deve considerá-lo; b) a presunção natural é a de que as pessoas são capazes, razão pela qual o estado de inimputabilidade é anormal. Assim sendo, em caso de dúvida, deve-se considerar o réu imputável, com a consequente aplicação de pena; c) o estado de inimputabilidade e suas consequências têm origem normativa, razão pela qual, somente na situação concreta, caberá ao juiz decidir se é melhor para o réu considerá-lo imputável ou inimputável.[37]

A primeira posição não nos afigura adequada, pois o que está em jogo é a liberdade do acusado e, o que é mais grave, se o Estado deve puni-lo, aplicando a pena, ou submetê-lo a tratamento curativo, firmando a medida de segurança. Portanto, não se trata de direito disponível e de livre escolha da defesa. A segunda posição parece-nos simples demais. É verdade que todos nascemos presumidamente sãos, sendo esse o nosso estado natural. Entretanto, decidir em função somente dessa presunção pode acarretar grave erro judiciário, impondo pena e remetendo ao cárcere uma pessoa que não tinha condições de entender o ilícito, comportando-se de acordo com esse entendimento. Em suma, mais adequada é a terceira posição. O juiz, em caso de dúvida quanto à insanidade do réu, deve verificar, no caso concreto, conforme o tipo de doença mental afirmado por um ou mais peritos, bem como levando em consideração o fato criminoso cometido, qual caminho é o melhor a ser trilhado, em função da prevalência do interesse do acusado. Deve, ainda, o julgador lembrar-se do disposto no art. 183 da Lei 7.210/1984 (Lei de Execução Penal), permitindo a conversão da pena em medida de segurança. Uma pessoa mentalmente saudável, colocada entre doentes mentais, tende a sofrer muito mais – e até enlouquecer; um indivíduo insano, colocado entre os que sejam mentalmente sãos, em face de seu limitado grau de compreensão, inclusive quanto à sua situação, padece menos, além do que é juridicamente possível, a qualquer tempo, transformar sua pena em medida de segurança.

---

[37] Cf. Carlota Pizarro de Almeida, *Modelos de inimputabilidade*: da teoria à prática, p. 56-60.

3.1.4. Embriaguez decorrente de vício

A embriaguez, quando decorrente de vício (alcoolismo), é catalogada como *enfermidade mental*, recebendo o mesmo tratamento que qualquer outra doença mental. Retirando integralmente a capacidade de entendimento do agente, é caso de inimputabilidade (art. 26, *caput*, CP). Retirando parcialmente o entendimento, torna-se situação de semi-imputabilidade (art. 26, parágrafo único, CP).

3.1.5. Menoridade

Trata-se da adoção, nesse contexto, do critério puramente biológico, isto é, a lei penal criou uma presunção absoluta de que o menor de 18 anos, em face do desenvolvimento mental incompleto, não tem condições de compreender o caráter ilícito do que faz ou capacidade de determinar-se de acordo com esse entendimento.

Analisando-se, estritamente, a condição psicológica do jovem e a sua maturidade, associada à capacidade de entendimento, não mais é crível que menores com 16 ou 17 anos, por exemplo, deixem de ter condições de compreender o caráter ilícito do que praticam. O desenvolvimento mental acompanha, como é natural, a evolução dos tempos, tornando a pessoa mais precocemente preparada para a compreensão integral dos fatos da vida. Em 1988, pela primeira vez, inseriu-se na Constituição Federal matéria nitidamente pertinente à legislação ordinária, como se vê no art. 228: "São penalmente inimputáveis os menores de dezoito anos, sujeitos às normas da legislação especial".

No mesmo prisma, encontra-se o disposto no art. 27 do Código Penal. A única via para contornar essa situação, permitindo que a maioridade penal seja reduzida, seria por meio de emenda constitucional, algo perfeitamente possível, tendo em vista que, por clara opção do constituinte, a responsabilidade penal foi inserida no capítulo *da família, da criança, do adolescente e da pessoa idosa*, e não no contexto dos direitos e garantias individuais (Capítulo I, art. 5.º, CF). Não podemos concordar com a tese de que a irresponsabilidade penal é um direito humano fundamental solto em outro trecho da Carta, por isso também *cláusula pétrea*, inserida na impossibilidade de emenda prevista no art. 60, § 4.º, IV, CF, pois se sabe que há "direitos e garantias de conteúdo material" e "direitos e garantias de conteúdo formal".

O simples fato de ser introduzida no texto da Constituição Federal como *direito e garantia fundamental* uma determinada norma é suficiente para transformá-la, formalmente, como tal, embora possa não ser assim considerada materialmente. São os casos da proibição de identificação criminal para o civilmente identificado e da competência para o julgamento do autor de crimes dolosos contra a vida pelo Tribunal do Júri, que são garantias fundamentais apenas porque foram colocados no art. 5.º, mas não fazem parte de direitos internacionalmente reconhecidos como *fundamentais* – como diz Pontes de Miranda, os *supraestatais*, aqueles que procedem do direito das gentes, o direito humano no mais alto grau. Por isso, a maioridade penal, além de não ser direito fundamental em sentido material, em nosso entendimento, também não o é no sentido formal. Assim, não há qualquer impedimento para a emenda constitucional suprimindo ou modificando o art. 228 da Constituição.

Nesse sentido, pronuncia-se Marcelo Fortes Barbosa: "Se o menor com mais de 16 anos e menos de 18 torna-se cidadão pelo direito de voto; se a mulher casada se emancipa, civilmente, com o casamento aos 16 anos; até uma Lei chegou a ser aprovada (posteriormente vetada pelo Presidente da República) autorizando que o maior de 16 anos pudesse dirigir veículos, não se compreende que não possa responder pelos atos ilícitos que, porventura, praticar. É uma concepção unilateral da cidadania, pois o agente torna-se cidadão pelo voto facultativo aos 16 anos, mas não tem o dever de responder pelos crimes eleitorais que eventualmente praticar. À primeira vista, considerando-se a garantia da cidadania do art. 1.º da Constituição Federal, e o art. 14 da mesma, no tocante à aquisição dos direitos políticos, verifica-se inconstitucionalidade na posição daqueles que defendem a permanência do critério biológico, com a idade fixada em 18 anos, a despeito do art. 228 da Constituição Federal, que não pode contrapor-se às regras de cidadania".[38]

Sob outro prisma, não se deve pretender que a redução da maioridade penal sirva, de algum modo, para o combate à criminalidade. Há de se compreender alguns aspectos: o jovem evoluiu quanto ao seu processo de amadurecimento e, em tese, seria viável reduzir a capacidade penal; a redução da idade seria possível pela edição de uma emenda à Constituição, modificando o art. 228; a alteração da responsabilidade penal não produz nenhum efeito direto na diminuição da prática de infrações penais. Diante disso, embora sob o prisma técnico, a redução da maioridade penal fosse viável, sob o ângulo da política criminal, não tem cabimento. Tendo em vista que os presídios se encontram superlotados, para os maiores de 18 anos, a redução da idade penal implicaria, em particular ao Poder Executivo, maiores gastos com a ampliação do número de vagas. Portanto, a contar com o descaso havido há anos em relação aos estabelecimentos penais no Brasil, tal solução está distante de se realizar. Pensamos, pois, que *dos males o menor*: mantém-se a idade penal aos 18 anos, evitando-se aumentar o caos do sistema carcerário, mas se modifica o disposto no Estatuto da Criança e do Adolescente, permitindo punições mais severas a determinados adolescentes infratores, tratados, hoje, com extremada leniência (tempo máximo de internação fixado em três anos), apesar dos gravíssimos atos infracionais que praticam.

3.1.5.1. Início da maioridade penal aos 18 anos

Predomina o entendimento de ser a partir do primeiro instante do dia do aniversário. Em outro prisma, há os que defendem que a maioridade somente tem início no término do dia do aniversário de 18 anos.[39] Há, também, os que sustentam o atingimento dos 18 anos exatamente na hora do nascimento do dia do aniversário.

Trata-se de *presunção*, que não depende nem se sujeita a prova em sentido contrário, ou seja, presunção absoluta.

Aos menores de 18 anos, aplica-se o Estatuto da Criança e do Adolescente para todos os fins, inclusive para a prática de atos infracionais.

3.1.5.2. Inimputabilidade e crime permanente

Levando-se em consideração que o delito permanente é aquele cuja consumação se prorroga no tempo, é possível que alguém, inimputável (com 17 anos, por exemplo), dê início a um crime permanente, como o sequestro. Se atingir a idade de 18 anos enquanto o delito se encontrar em plena consumação, será por ele responsabilizado.

Entretanto, é preciso destacar que a parte do crime referente à sua menoridade (inimputabilidade) não poderá ser levada em conta para qualquer finalidade, inclusive para a

---

[38] *Latrocínio*, p. 97.

[39] José Antonio Paganella Boschi, *Das penas e seus critérios de aplicação*, p. 264.

fixação da pena. Exemplo: o menor, com 17 anos, age com crueldade contra a vítima; depois, ao completar 18 anos, tal conduta não mais ocorre. Esse cenário permite concluir que o juiz não pode levar em conta a crueldade para agravar a pena, tendo em vista que ocorreu durante o período em que o agente era penalmente irresponsável.[40]

3.2. Excludentes concernentes ao fato

3.2.1. Coação moral irresistível

A coação moral irresistível e a obediência hierárquica constituem causas de exclusão da culpabilidade e se situam no contexto da inexigibilidade de conduta diversa. O direito não pode exigir das pessoas comportamentos anormais ou heroicos, pretendendo que a lei penal seja aplicada cegamente, sem uma análise minuciosa da situação concreta na qual se vê envolvido o autor de um injusto (fato típico e antijurídico).

Assim, havendo coação moral insuportável, não é exigível que o coato resista bravamente, como se fosse um autômato cumpridor da lei. O mesmo se diga da obediência hierárquica, pois, havendo uma ordem do superior para o subordinado, dificilmente se pode exigir deste último que questione o autor da determinação. A lei não definiu nem apresentou os elementos componentes das duas excludentes, restando à doutrina e à jurisprudência a tarefa de fazê-lo. A coação irresistível, referida no artigo, é a coação moral, uma vez que a coação física afeta diretamente a voluntariedade do ato, eliminando, quando irresistível, a própria conduta. Trata-se de uma grave ameaça feita pelo coator ao coato, exigindo deste último que cometa um crime contra terceira pessoa, sob pena de sofrer um mal injusto e irreparável. Quanto à obediência hierárquica, é a ordem de duvidosa legalidade dada pelo superior hierárquico ao seu subordinado, para que cometa um delito, sob pena de responder pela inobservância da determinação.

3.2.1.1. Elementos da coação moral irresistível

São cinco requisitos:

a) *existência de uma ameaça* de um dano grave, injusto e atual, extraordinariamente difícil de ser suportado pelo coato. A coação moral irresistível pressupõe a existência de uma ameaça exercida contra o coato, e não um ato violento. Logo, num primeiro momento, deve-se descartar a ocorrência de violência real no cenário da coação moral. Ocorre que se torna viável, para a geração da ameaça séria e grave, o uso de violência real. O exemplo fornecido por IVAIR NOGUEIRA ITAGIBA é convincente: "um delinquente amarra o inimigo num tronco. Em seguida chicoteia, fere, esbordoa o filho covarde que, para se libertar de dores maiores e da morte temida, anui à vontade do perverso criminoso, matando o próprio pai".[41]

b) *inevitabilidade do perigo* na situação concreta do coato;

c) *ameaça voltada diretamente contra a pessoa do coato ou contra pessoas queridas a ele ligadas*. Se não se tratar de pessoas intimamente ligadas ao coato, mas estranhos que sofram a grave ameaça, caso a pessoa atue, para proteger quem não conhece, pode-

---

[40] No mesmo sentido: GIOVANNI GRISOLIA, *Il reato permanente*, p. 65.

[41] *Do homicídio*, p. 259.

-se falar em inexigibilidade de conduta diversa, conforme os valores que estiverem em disputa;

d) *existência de, pelo menos, três partes* envolvidas, como regra: o coator, o coato e a vítima;

e) *irresistibilidade da ameaça* avaliada segundo o critério do homem médio e do próprio coato, concretamente. Portanto, é fundamental buscar, para a configuração dessa excludente, uma intimidação forte o suficiente para vencer a resistência do homem normal, fazendo-o temer a ocorrência de um mal tão grave que lhe seria extraordinariamente difícil suportar, obrigando-o a praticar o crime idealizado pelo coator. Por isso, costuma-se exigir a existência de três partes envolvidas: o coator, que faz a ameaça; o coato, que pratica a conduta injusta; a vítima, que sofre o dano.

Exemplo que, lamentavelmente, tem se tornado comum atualmente: um gerente de banco tem sua família sequestrada, sob ameaça de morte, para obrigá-lo, acompanhando um dos integrantes de uma quadrilha, a abrir o cofre do estabelecimento bancário e entregar o dinheiro aos ladrões. Apesar de o gerente ter praticado um fato típico (art. 155, CP) e ilícito (não há excludente de antijuridicidade em seu favor), não pode ser punido, pois inexigível, de sua parte, conduta diversa. Elimina-se, pois, a culpabilidade.

Vale mencionar, ainda, outro exemplo interessante de coação moral irresistível: "conta-se que Rosamunda, a esposa de Alboin, rei dos *Langobardos*, utilizou o seguinte procedimento para induzir ao assassinato (por razões que, ainda que fossem compreensíveis, não vêm ao caso aqui) de seu marido: ocupou, sem ser reconhecida, o lugar de concubina de um dos vassalos do rei; com isso lhe surpreendeu, apesar de que este estava desprevenido e não tinha razão alguma para suspeitar de algo. Quando se deu por conta depois do coito diante do vassalo, que estava completamente surpreendido, resumiu a situação da seguinte maneira: (...) O vassalo queria realizar um ato completamente adequado do ponto de vista social, e nenhuma pessoa razoável, em seu lugar, poderia suspeitar de algo mau, mas apesar disso não pôde se distanciar da barbaridade de ter mantido relações sexuais com a esposa do rei, já que na sociedade em que ocorre esta lenda faz parte das condições imprescindíveis para poder instalar-se na realidade que não se produzam tais desajustes do ordenamento estabelecido. Se de todas as maneiras se produz esse desajuste, rei e vassalo já não podem continuar vivendo juntos sobre a face da Terra".[42] Assim, o vassalo matou o rei, sob coação moral irresistível exercida pela rainha, que o ameaçou de contar ao soberano a relação sexual mantida por ambos, embora por engano. Em verdade, a rainha utilizou o vassalo para assassinar o esposo. O serviçal jamais poderia negar o pleito que lhe foi formulado, atuando em situação de inexigibilidade de conduta diversa.

3.2.1.2. Existência de apenas duas pessoas no âmbito da coação moral irresistível

A despeito da predominância da tese oposta (haver pelo menos três partes envolvidas), a jurisprudência tem aceitado, em casos excepcionais, a configuração da excludente com somente duas partes: o coator e o coato. Nesse caso, o coator seria a própria vítima. A grave e injusta ameaça exercida pelo coator contra a pessoa do coato seria tão intensa e difícil de suportar que ele se voltaria contra o próprio coator, matando-o, por exemplo.

---

[42] GÜNTHER JAKOBS, *Fundamentos do direito penal*, p. 50-51.

Note-se que a intenção do coator não seria obrigar o coato a realizar qualquer ato contra terceiro, mas seria infligir um mal futuro qualquer que atingiria o próprio coato. Este, no entanto, não estaria em legítima defesa, por ausência de agressão atual ou iminente, mas se encontraria em situação desesperadora, causada pelo coator, contra quem terminaria agindo para livrar-se da situação de agonia.[43]

Por outro lado, precedentes do Superior Tribunal de Justiça mostram que, eventualmente, a coação pode não vir diretamente do coator, e sim da própria sociedade, com seus costumes e padrões rígidos.[44]

Cuidando-se de excludente de culpabilidade, não basta a afirmação do acusado de que se encontrava, à época do delito, sob coação moral irresistível. Como se pode vislumbrar quanto aos elementos da excludente, a pressão sobre o agente há de ser insuperável, consistente em fato – e não em mera hipótese – de modo que é preciso prova nos autos.

3.2.2. *Elementos da obediência hierárquica*

São cinco requisitos:

a) *existência de uma ordem não manifestamente ilegal*, ou seja, de duvidosa legalidade (essa excludente não deixa de ser um misto de inexigibilidade de outra conduta com erro de proibição);

b) *ordem emanada de autoridade competente* (excepcionalmente, quando se cumpre ordem de autoridade incompetente, pode-se configurar um "erro de proibição escusável");

c) *existência, como regra, de três partes* envolvidas: superior, subordinado e vítima;

d) *relação de subordinação* hierárquica entre o mandante e o executor, em direito público. Não há possibilidade de sustentar a excludente na esfera do direito privado, tendo em vista que somente a hierarquia no setor público pode trazer graves consequências para o subordinado que desrespeita seu superior (no campo militar, até a prisão disciplinar pode ser utilizada pelo superior, quando não configurar crime: CPM, art. 163: "Recusar obedecer a ordem do superior sobre assunto ou matéria de serviço, ou relativamente a dever imposto em lei, regulamento ou instrução: Pena – detenção, de um a dois anos, se o fato não constitui crime mais grave");

e) *estrito cumprimento da ordem*. Neste último caso, cremos que, tratando-se de ordem de duvidosa legalidade, é preciso, para valer-se da excludente, que o subordinado fixe os exatos limites da determinação que lhe foi passada. O exagero descaracteriza a excludente, pois se vislumbra ter sido exigível do agente outra conduta, tanto que extrapo-

---

[43] Exemplo do STF: "O quesito que propõe a vítima como agente da coação moral irresistível não delira da lógica jurídica, nem apresenta coação absurda em tese" (HC 62.982-2, rel. Francisco Rezek, *RT* 605/380).

[44] "Tecnicamente não há dúvida, a coação pressupõe coator e coacto. Entretanto, o Tribunal do Júri é soberano. Vários precedentes indicam, como coator, a sociedade, que, através da sua cultura, exigiria reação violenta do coagido, no caso o réu. Exemplificativamente, nos crimes passionais, onde, em determinadas regiões, a própria sociedade exige que o traído sentimentalmente deve praticar determinados atos, sob pena de receber qualificativos desairosos no ambiente em que mora" (REsp 5.329-0/GO, 6.ª T., rel. José Cândido, 31.08.1992, v.u. – embora antigo, mantivemos a referência ao julgado, pois a situação é rara e peculiar).

lou o contexto daquilo que lhe foi determinado por sua própria conta – e risco. Registre-se, nesse sentido, o disposto no Código Penal Militar: "Se a ordem do superior tem por objeto a prática de ato manifestamente criminoso, ou há *excesso nos atos ou na forma da execução*, é punível também o inferior [hierárquico]" (art. 38, § 2.º, grifamos).

3.2.2.1. Análise da legalidade da ordem

Ao verificar se a ordem dada pelo superior foi legal, ilegal ou de duvidosa legalidade (somente esta última justifica a excludente da obediência hierárquica), deve-se checar, entre outros fatores, a proporcionalidade entre o comando dado e o resultado a ser atingido. Por vezes, uma ordem soa legal, na aparência, porém, confrontando-a com os efeitos gerados, percebe-se a inviabilidade de seu atendimento. Confira-se no seguinte exemplo concreto: um motorista de ambulância alegou obediência hierárquica para não prestar socorro à vítima, após solicitação de policiais militares, afirmando que somente poderia fazê-lo com autorização superior. O Tribunal de Justiça do Rio Grande do Sul não reconheceu a excludente sustentando que "a orientação verbal [de não transportar pessoas sem autorização superior] não pode sobrepor-se à lei na hierarquia de valores do motorista de ambulância, pois ele presta um serviço de utilidade pública, ambulância é transporte próprio para socorrer pessoas em emergências, com problemas de saúde, podendo, inclusive, estar sob risco de vida, como o caso. A finalidade da orientação da Secretaria não foi a de negar a assistência e socorro como fez o réu (...). A ordem, mesmo sob a forma de orientação, é manifestamente ilegal, logo não sustenta a excludente de culpabilidade".[45]

3.2.2.2. Punição do coator ou do autor da ordem

Poderá responder somente pelo resultado lesivo produzido pelo coato ou pelo subordinado, embora também possa responder, em concurso formal, pela coação exercida contra o coato ("Constitui crime de tortura: I – constranger alguém com emprego de violência ou grave ameaça, causando-lhe sofrimento físico ou mental: (...) *b*) para provocar ação ou omissão de natureza criminosa" – art. 1.º, Lei 9.455/1997, que define os crimes de tortura) ou pelo abuso cometido contra o subordinado (arts. 167 a 176 do Código Penal Militar).

3.2.3. Embriaguez decorrente de caso fortuito ou força maior

3.2.3.1. Embriaguez voluntária ou culposa

A embriaguez é uma intoxicação aguda provocada no organismo pelo álcool ou por substância de efeitos análogos.[46] Na lição de DI TULLIO, a respeito de embriaguez: "A consciência está fortemente obnubilada, produzem-se estados crepusculares com fenômenos de

---

[45] TJRS, Ap. 70003697117, 3.ª C., rel. Elba Aparecida Nicolli Bastos, 05.09.2002, v.u.). Foi condenado por omissão de socorro, com resultado morte (art. 135, parágrafo único, CP). O julgado é antigo, mas mantido apenas para servir de ilustração da parte teórica.

[46] "O álcool é um narcótico, não um estimulante. Seu suposto efeito estimulante deve-se à perda dos mecanismos inibidores, em virtude de seu efeito narcótico sobre o córtex cerebral. Introduzido no organismo, alcança ele rapidamente a corrente sanguínea, havendo uma correlação estreita entre o conteúdo do álcool no sangue, cérebro, liquor e ar alveolar" (LOURIVAL VILELA VIANA, *Embriaguez no direito penal*, p. 10).

desorientação, perturbações humorais profundas, desordens psicossensoriais sob a forma de fenômenos ilusórios e alucinatórios, alterações da forma e especialmente do conteúdo ideativo até ao delírio".[47]

Há que se distinguir da embriaguez voluntária ou culposa o alcoolismo, que constitui uma embriaguez crônica, caracterizada por um "abaixamento da personalidade psicoética", tornando o enfermo lento nas suas percepções ou levando-o a percepções ruins, a ponto de ter "frequentes ilusões", fixando mal as recordações e cansando-se ao evocá-las, ao mesmo tempo que "a associação das ideias segue por caminhos ilógicos".[48] Portanto, é uma doença mental.

Pode-se constatar o estado de embriaguez de três maneiras diferentes: a) *exame clínico*: que é o contato direto com a pessoa, analisando-se o hálito, o equilíbrio físico, o controle neurológico, as percepções sensoriais, o modo de falar, a cadência da voz, entre outros; b) *exame de laboratório*: que é a dosagem etílica (quantidade de álcool no sangue); c) *prova testemunhal*: que pode atestar as modificações de comportamento do agente. Naturalmente, o critério mais adequado e seguro é a união dos três, embora somente um deles possa, no caso concreto, demonstrar a embriaguez.

A embriaguez voluntária é a desejada livremente pelo agente e a culposa é aquela que ocorre por conta da imprudência do bebedor. Preceitua o Código Penal que, nesses casos, não se pode excluir a imputabilidade do agente, vale dizer, não se pode afastar a sua culpabilidade. É preciso destacar que o sujeito embriagado completamente, no exato momento da ação ou da omissão, está com sua consciência fortemente obnubilada, retirando-lhe a possibilidade de ter agido com dolo ou culpa. Portanto, ainda que se diga o contrário, buscando sustentar teorias opostas à realidade, trata-se de uma nítida *presunção* de dolo e culpa estabelecida pelo legislador, isto é, a adoção da responsabilidade penal objetiva, já que não havia outra forma de contornar o problema.

Correta a análise de Paulo José da Costa Júnior: "não se pode estender o princípio [falando da *actio libera in causa*] à embriaguez voluntária, em que o agente ingere a bebida alcoólica somente para ficar bêbado, ou à embriaguez culposa, em que se embriaga por imprudência ou negligência. Em nenhuma dessas hipóteses, porém, pretendia o agente praticar ulteriormente o crime. O legislador penal, ao considerar imputável aquele que em realidade não o era, fez uso de uma ficção jurídica. Ou melhor, adotou nesse ponto a responsabilidade objetiva, que se antagoniza com o *nullum crimen sine culpa*, apresentado como ideia central do novo estatuto. É forçoso convir: no capítulo da embriaguez, excetuada aquela preordenada, o Código fez reviver a velha fórmula medieval do *versari in re illicita*. (...) Entendemos que, com base em medidas de política criminal, pudesse ser adotada a solução perfilhada pelo Código. Seria, entretanto, mister que o legislador afirmasse corajosamente, em alto e bom som, que foi compelido a aceitar a responsabilidade objetiva, nesse ponto, para evitar as escusas absolutórias que passariam os criminosos a buscar, com o uso abusivo do álcool e substâncias similares".[49]

Destacando a responsabilidade penal objetiva que ainda impregna o contexto da embriaguez voluntária, conferir a lição de René Ariel Dotti: "Desprezando as lições mais adequadas cientificamente, o Código não empresta nenhum relevo à embriaguez voluntária ou culposa, tratando-as como se fossem iguais à preordenada. Se é verdade que em relação a esta o Código prevê uma agravação (art. 56, II, *c* [o autor cuida do CP anterior a 1984]), também

---

[47] *Apud* Enrico Altavilla, *Psicologia judiciária*, v. 1, p. 283.

[48] Enrico Altavilla, *Psicologia judiciária*, v. 1, p. 284.

[49] *Comentários ao Código Penal*, p. 126.

é certo que considera todas num mesmo plano para negar a isenção de pena. O anteprojeto Hungria e os modelos em que se inspirava resolviam muito melhor o assunto. O art. 31 e §§ 1.º e 2.º estabeleciam: 'A embriaguez pelo álcool ou substância de efeitos análogos, ainda quando completa, não exclui a responsabilidade, salvo quando fortuita ou involuntária. § 1.º Se a embriaguez foi intencionalmente procurada para a prática do crime, o agente é punível a título de dolo. § 2.º Se, embora não preordenada, a embriaguez é voluntária e completa e o agente previu e podia prever que, em tal estado, poderia vir a cometer crime, a pena é aplicável a título de culpa, se a este título é punível o fato'. Também o Código Penal de 1969 revelou--se indiferente ao problema da embriaguez voluntária e culposa, não lhes dando qualquer tratamento diversificado e ignorando-as como causas de isenção ou substituição de pena".[50]

3.2.3.2. Embriaguez voluntária e legítima defesa putativa

É inviável acolher a tese de putatividade, por quem se embriaga voluntariamente e, nesse estado, imagina estar sendo agredido por outra pessoa, reagindo e ferindo um inocente. Pronuncia-se, a respeito, Narcélio de Queiroz: "Um indivíduo, por estar em estado de embriaguez, julga-se na iminência de uma agressão por parte de outro, e o mata, no pres-suposto de que legitimamente se defendia. Evidentemente, a convicção da iminência da agressão só foi possível devido ao estado de perturbação mental do agente, produzida pelo álcool. Essa deficiência da capacidade de crítica das circunstâncias do fato, capaz de gerar aquela falsa convicção, resultou, pois, de uma ação voluntária, praticada num estado de plena imputabilidade penal. O defeito da inteligência, causa imediata do ato delituoso, estava em direta relação de causalidade com a ação voluntária, causa mediata do evento. Só no caso de se tratar de uma embriaguez acidental poderia o agente, sem culpa na criação daquele defeito de inteligência, invocar a seu favor uma legítima defesa putativa...".[51]

A conclusão está de acordo com o princípio segundo o qual a embriaguez voluntária ou culposa, mas não preordenada, espelha uma responsabilidade penal objetiva e jamais a teoria da *actio libera in causa*. Portanto, se, embriagado voluntariamente, o agente não conseguiu perceber a situação como, de fato, ocorria, agredindo um inocente, deve responder pelo delito, sem poder alegar legítima defesa putativa (ou qualquer outra excludente putativa).

3.2.3.3. A teoria da *actio libera in causa*

Com base no princípio de que a "causa da causa também é causa do que foi causado", leva-se em consideração que, no momento de se embriagar, o agente pode ter agido dolosa ou culposamente, projetando-se esse elemento subjetivo para o instante da conduta criminosa.

Assim, quando o indivíduo, resolvendo encorajar-se para cometer um delito qualquer, ingere substância entorpecente para colocar-se, propositadamente, em situação de inimpu-tabilidade, deve responder pelo que fez *dolosamente* – afinal, o elemento subjetivo estava presente no ato de ingerir a bebida ou a droga. Por outro lado, quando o agente, sabendo que irá dirigir um veículo, por exemplo, bebe antes de fazê-lo, precipita a sua imprudência para o momento em que atropelar e matar um passante. Responderá por homicídio culposo, pois o elemento subjetivo do crime projeta-se do momento de ingestão da bebida para o instante do delito.

---

[50] *O incesto*, p. 181-182.

[51] *Teoria da* actio libera in causa, p. 72.

Desenvolve a Exposição de Motivos da Parte Geral do Código Penal de 1940 a seguinte concepção: "Ao resolver o problema da embriaguez (pelo álcool ou substância de efeitos análogos), do ponto de vista da responsabilidade penal, o projeto aceitou em toda a sua plenitude a teoria da *actio libera in causa ad libertatem* relata, que, modernamente, não se limita ao estado de inconsciência preordenado, mas se estende a todos os casos em que o agente se deixou arrastar ao estado de inconsciência" (nessa parte não alterada pela atual Exposição de Motivos).

Tal assertiva não é compatível com a realidade, pois nem todos os casos em que o agente "deixou-se arrastar" ao estado de inconsciência podem configurar uma hipótese de "dolo ou culpa" a ser arremessada para o momento da conduta delituosa. Há pessoas que bebem por beber, sem a menor previsibilidade de que cometeriam crimes no estado de embriaguez completa, de forma que não é cabível a aplicação da teoria da *actio libera in causa* nesses casos. Conferindo: "suponha-se, porém, que o mesmo motorista, com a sua jornada de trabalho já encerrada, depois de recolher normalmente o veículo à garagem, saia a se divertir com amigos. Horas após, inteiramente bêbado, recebe aviso inédito para fazer um serviço extra. Em estado sóbrio, jamais poderia supor fosse chamado para aquela tarefa. Era praxe rigorosa da empresa onde trabalhava não utilizar os empregados fora do expediente normal. Mas ele dirige-se à garagem e ali, ao pôr o carro em movimento, atropela o vigia. (...) Evidentemente, (...) não se situa nos domínios da *actio libera in causa*".[52]

De outra parte, se suprimirmos a responsabilidade penal dos agentes que, embriagados totalmente, matam, roubam ou estupram alguém, estaremos alargando, indevidamente, a impunidade, privilegiando o injusto diante do justo. No prisma de que a teoria da *actio libera in causa* ("ação livre na sua origem") somente é cabível nos delitos preordenados (tratando-se de dolo) ou com flagrante imprudência no momento de beber estão os magistérios de FREDERICO MARQUES, MAGALHÃES NORONHA, JAIR LEONARDO LOPES, PAULO JOSÉ DA COSTA JÚNIOR, JÜRGEN BAUMANN, MUNHOZ NETO, entre outros, com os quais concordamos plenamente.

No restante dos casos, aplica-se, para punir o embriagado que comete o injusto penal, a responsabilidade penal objetiva. Convém mencionar, ainda, a posição de NARCÉLIO DE QUEIROZ, que busca sustentar a existência de dolo direto ou eventual no tocante ao *ato de beber*: "São os casos em que alguém, no estado de não imputabilidade, é causador, por ação ou omissão, de algum resultado punível, tendo se colocado naquele estado, ou propositadamente, com a intenção de produzir o evento lesivo, ou sem essa intenção, mas tendo previsto a possibilidade do resultado, ou, ainda, quando a podia ou devia prever".[53]

Porém, há contrariedade. Cite-se WALTER VIEIRA DO NASCIMENTO: "Como se nota, a *actio libera in causa* (...) sofreu a mais ampla flexibilidade, mas sem qualquer fundamento plausível. O que se fez foi forçar soluções que extrapolavam os limites desta teoria. Nem se diga que a definição de Narcélio de Queiroz autorizava tamanha e extravagante liberalidade. Como seria possível, em determinados estados de embriaguez fora da preordenada e da não acidental, estabelecer a relação de causalidade que liga a ação volitiva à atividade não livre?".[54]

Conferir, ainda, a posição de NELSON DA SILVA: "Não se admite a aplicação da teoria da *actio libera in causa*, nos crimes cometidos em estado de embriaguez voluntária ou culposa. (...) Aplicar a teoria da *actio libera in causa*, nos delitos cometidos em estado de embriaguez

---

[52] WALTER VIEIRA DO NASCIMENTO, *A embriaguez e outras questões penais* (doutrina – legislação – jurisprudência), p. 23.

[53] *Teoria da* actio libera in causa, p. 40.

[54] *A embriaguez e outras questões penais* (doutrina – legislação – jurisprudência), p. 22.

voluntária ou culposa, é negar a realidade de que o ébrio, quando ingeriu a substância tóxica, não tinha a intenção de cometer crime".[55]

Historicamente, o direito canônico foi o primeiro ordenamento a fixar que era inimputável o agente embriagado, considerando, no entanto, que a embriaguez era altamente censurável. Posteriormente, os práticos italianos fixaram as raízes da teoria da *actio libera in causa*, ao preceituarem que o agente que cometeu o crime em estado de embriaguez deveria ser punido pelo fato antecedente ao crime, pois durante o delito não tinha consciência do que fazia. Exceção era feita quando a embriaguez era deliberada para a prática do crime.

Na Idade Média, passou-se a punir tanto o crime cometido quanto a embriaguez. No Código Criminal do Império de 1830 (art. 18, § 9.º) e no Código Penal de 1890 (art. 42, § 10), tratava-se de uma atenuante. Nessa ocasião, ainda não se tinha uma clara noção a respeito da *actio libera in causa*, não se absolvendo o réu que estava, ao tempo do crime, totalmente embriagado. A partir de 1890, em face do disposto no art. 27, § 4.º, do Código Penal da República ("Os que se acharem em estado de completa privação de sentidos e de inteligência no ato de cometer o crime" não são considerados criminosos), começou-se a equiparar a embriaguez completa à privação dos sentidos, provocando, então, decisões absolutórias. Assim, ainda que válida a teoria no campo dos crimes preordenados, implicando até o reconhecimento de uma agravante (art. 61, II, *l*, CP), não se pode ampliá-la para abranger outras situações de embriaguez. O problema é, igualmente, sentido em outras legislações. No direito penal alemão, pretendendo contornar o aspecto de quem bebe, voluntariamente, mas sem a intenção de cometer crimes, nem assumindo o risco de fazê-lo, criou-se figura típica específica: "quem se coloque em um estado de embriaguez premeditada ou negligentemente por meio de bebidas alcoólicas ou de outras substâncias estimulantes, será punido com pena privativa de liberdade de até cinco anos ou com multa quando cometa neste estado um fato ilícito e por esta causa não possa ser punido, porque como consequência da embriaguez seja inimputável" (art. 323a, CP alemão). A pena não poderá ser superior àquela que seria imposta pelo fato cometido no estado de embriaguez (art. 323a, II, CP alemão).

Em suma, a *actio libera in causa* pode ter aplicação para a embriaguez preordenada (o agente bebe, já com o intuito de praticar infração penal, ou bebe, devendo imaginar que, na sua situação, pode cometer infração penal), conforme foi concebida. Noutros casos, envolvendo a embriaguez voluntária ou culposa, quando o agente bebe por beber, sem a menor noção de que pode vir a cometer algum ilícito, aplica-se, quando for preciso, a responsabilidade penal objetiva. É medida de exceção, sem dúvida, mas necessária.

Aliás, está mais que na hora de superar essa teoria e ajustar os elementos da culpabilidade, como outros países já fizeram.[56]

3.2.3.4. *Actio libera in causa* e consentimento do ofendido

Uma situação que não se pode ignorar ou desprezar é a possibilidade de existir consentimento do ofendido, excludente de ilicitude, nas condutas daqueles que se embriagam para ter coragem de aceitar algum tipo de violência ou lesão. Tal episódio não é incomum no contexto dos crimes sexuais violentos, em que se pode constatar a prática de sadomasoquismo em certos relacionamentos.

---

[55] *A embriaguez e o crime*, p. 35-36.

[56] Sobre uma crítica à teoria da *actio libera in causa*, consultar Schünemann ("La *actio libera in causa*", *Obras*, t. I, p. 458-464).

Portanto, se alguém se embriaga voluntariamente e, nesse estado, consente em ser violentado, não pode alegar, posteriormente, ter sido vítima de estupro, ainda que se invoque o disposto no art. 217-A, § 1.º, do Código Penal. Do mesmo modo que o embriagado voluntário não se exime do crime cometido, é viável admitir o consentimento dado por quem, embriagado, sabe que irá envolver-se em situação de risco.

3.2.3.5. Caso fortuito ou força maior

É *fortuita* a embriaguez decorrente do acaso ou meramente acidental, quando o agente não tinha a menor ideia de que estava ingerindo substância entorpecente (porque foi ludibriado por terceiro, por exemplo) ou quando mistura o álcool com remédios que provocam reações indesejadas, potencializando o efeito da droga, sem estar devidamente alertado para isso.

Exemplo típico dado por ANTOLISEI é o do operário de destilaria que se embriaga inalando os vapores do álcool, presentes na área de trabalho. Embriaguez decorrente de *força maior* é a que se origina de eventos não controláveis pelo agente, tal como a pessoa que, submetida a um trote acadêmico violento, é amarrada e obrigada a ingerir, à força, substância entorpecente. Ambas, no fundo, são hipóteses fortuitas ou acidentais. Essa causa dá margem a uma excludente de culpabilidade se, por conta dessa ingestão forçada ou fortuita, o agente acaba praticando um injusto. É preciso, no entanto, que esteja totalmente incapacitado de entender o caráter ilícito do fato ou de determinar-se de acordo com esse entendimento por conta da embriaguez completa.

A ocorrência de embriaguez acidental, levando o agente à prática de um fato criminoso, afasta a sua culpabilidade, razão pela qual será ele absolvido, sem a aplicação de qualquer tipo de sanção. É inadequado juridicamente impor-lhe medida de segurança, pois esta somente se torna viável a quem for considerado inimputável (doente mental ou viciado em álcool ou outra droga qualquer).

3.2.3.6. Embriaguez incompleta fortuita

É possível admitir a hipótese da embriaguez incompleta, que, no entanto, há de ser fortuita ou resultante de força maior, bem como suficiente para gerar, ao tempo da conduta, entendimento dificultado do caráter ilícito do fato ou determinação do comportamento de acordo com esse entendimento. Como, nessa situação, o agente é imputável, portanto, culpável, há possibilidade de ser condenado, embora com redução da pena, tendo em vista que a reprovação social é menor.

3.2.4. Inexigibilidade de conduta diversa

Há intensa polêmica na doutrina e na jurisprudência a respeito da aceitação da *inexigibilidade de outra conduta* como tese autônoma, desvinculada das excludentes da coação moral irresistível e da obediência hierárquica. Cremos ser perfeitamente admissível o seu reconhecimento no sistema penal pátrio. O legislador não definiu *culpabilidade*, tarefa que restou à doutrina, reconhecendo-se, praticamente à unanimidade, que a exigibilidade e a possibilidade de conduta conforme o direito são um dos seus elementos. Ora, nada impede que de dentro da culpabilidade se retire essa tese para, em caráter excepcional, servir para excluir a culpabilidade de agentes que tenham praticado determinados injustos. É verdade que a *inexigibilidade de conduta diversa* faz parte da coação moral irresistível e da obediência hierárquica, embora se possa destacá-la para atuar isoladamente.

Narra ODIN AMERICANO os casos concretos que primeiramente deram origem à tese, no início do século XX, na Alemanha. Primeiro caso ocorrido: *Leinenfanger* (cavalo indócil que não obedece às rédeas): "O proprietário de um cavalo indócil ordenou ao cocheiro que o montasse e saísse a serviço. O cocheiro, prevendo a possibilidade de um acidente, se o animal disparasse, quis resistir à ordem. O dono o ameaçou de dispensa caso não cumprisse o mandado. O cocheiro, então, obedeceu e, uma vez na rua, o animal tomou-lhe as rédeas e causou lesões em um transeunte. O Tribunal alemão absolveu o cocheiro sob o fundamento de que, se houve previsibilidade do evento, não seria justo, todavia, exigir-se outro proceder do agente. Sua recusa em sair com o animal importaria a perda do emprego, logo a prática da ação perigosa não foi culposa, mercê da inexigibilidade de outro comportamento". Outro caso, também na Alemanha: *Klaperstorch* (cegonha que traz os bebês), ocorrido num distrito mineiro alemão: "A empresa exploradora de uma mina acordou com os seus empregados que, no dia do parto da esposa de um operário, este ficaria dispensado do serviço, sem prejuízo de seus salários. Os operários solicitaram da parteira encarregada dos partos que, no caso de nascimento verificado em domingo, declarasse no Registro Civil que o parto se verificara em dia de serviço, ameaçando-a de não procurar seu mister se não os atendesse. Temerosa de ficar sem trabalho, a parteira acabou em situação difícil, por atender à exigência, e tornou-se autora de uma série de declarações falsas no Registro de Nascimento". Foi absolvida, por inexigibilidade de conduta diversa.[57]

Pode-se admitir, portanto, que em certas situações extremadas, quando não for possível aplicar outras excludentes de culpabilidade, a *inexigibilidade de conduta diversa* seja utilizada para evitar a punição injustificada do agente. Convém mencionar, pela importância que o tema exige, o ensinamento de ASSIS TOLEDO: "A inexigibilidade de outra conduta é, pois, a primeira e mais importante causa de exclusão da culpabilidade. E constitui verdadeiro princípio de direito penal. Quando aflora em preceitos legislados, é uma causa legal de exclusão. Se não, deve ser reputada causa supralegal, erigindo-se em princípio fundamental que está intimamente ligado com o problema da responsabilidade pessoal e que, portanto, dispensa a existência de normas expressas a respeito".[58] E também a precisa lição de BAUMANN: "Se se admite que as causas de exclusão da culpabilidade reguladas na lei se baseiem no critério da inexigibilidade, nada impede que, por via da analogia jurídica, se postule a inexigibilidade como causa geral de exclusão da culpabilidade".[59]

Em igual prisma, defende MARCO ANTONIO NAHUM que "no Brasil, reconhecida taxativamente a lacuna do sistema jurídico quanto às hipóteses de *inexigibilidade*, há que se admiti-la como causa supralegal e excludente de culpabilidade, sob pena de não se poder reconhecer um pleno direito penal da culpa".[60]

4. EMOÇÃO E PAIXÃO

4.1. Emoção

É "um estado de ânimo ou de consciência caracterizado por uma viva excitação do sentimento. É uma forte e transitória perturbação da afetividade, a que estão ligadas certas variações somáticas ou modificações particulares das funções da vida orgânica (pulsar

---

[57] *Da culpabilidade normativa*, p. 348-349.

[58] *Princípios básicos de direito penal*, p. 328.

[59] *Derecho penal* – Conceptos fundamentales y sistema, p. 70-71.

[60] *Inexigibilidade de conduta diversa*, p. 98.

precípite do coração, alterações térmicas, aumento da irrigação cerebral, aceleração do ritmo respiratório, alterações vasomotoras, intensa palidez ou intenso rubor, tremores, fenômenos musculares, alteração das secreções, suor, lágrimas etc.)".[61]

FREUD diz que "as emoções são as vias para o alívio da tensão e a apreciação do prazer. Elas também podem servir ao ego ajudando-o a evitar a tomada de consciência de certas lembranças e situações". É preciso considerar que "não somos basicamente animais racionais, mas somos dirigidos por forças emocionais poderosas cuja gênese é inconsciente". Segundo PERLS, "emoções são a expressão de nossa excitação básica, as vias e os modos de expressar nossas escolhas, assim como de satisfazer nossas necessidades". Elas provocam os denominados "furos de nossa personalidade".[62]

A emoção pode apresentar tanto um estado construtivo, fazendo com que o comportamento se torne mais eficiente, como um lado destrutivo; pode ainda fortalecer como enfraquecer o ser humano.[63] E as emoções vivenciadas pelo ser humano podem ser causas de alteração do ânimo, das relações de afetividade e até mesmo das condições psíquicas, proporcionando, por vezes, reações violentas, determinadoras de infrações penais. São exemplos de emoções a alegria, a tristeza, a aversão, a ansiedade, o prazer erótico, entre outras. Não servem para anular a imputabilidade, sem produzir qualquer efeito na culpabilidade. O agente que, emocionado, comete um delito responde normalmente pelo seu ato. No máximo, quando essa emoção for violenta e provocada por conduta injusta da vítima, pode receber algum benefício (privilégio ou atenuante). Lembremos que a emoção é controlável; logo, quando alguém, violentamente emocionado, agride outra pessoa, podemos invocar a teoria da *actio libera in causa*.

Confira-se a lição de NARCÉLIO DE QUEIROZ: "Se o delito resultou de um estado emocional que podia ter sido evitado e só foi possível pela falta de disciplina do agente, da ausência de *self-control* – não pode haver dúvida de que o ato por ele praticado possa ser, de certa maneira, considerado como voluntário na sua causa. E a punição dos crimes assim praticados, num estado de perturbação emocional, deve encontrar a sua justificação não na chamada responsabilidade objetiva, ou legal, mas na teoria da *actio libera in causa*".[64]

4.1.1. Espécies de emoções

Embora a lei não estabeleça distinção, existem dois tipos de emoções: a) *astênicas:* são as emoções resultantes daquele que sofre de debilidade orgânica, gerando situações de medo, desespero, pavor; b) *estênicas:* são as emoções decorrentes da pessoa que é vigorosa, forte e ativa, provocando situações de cólera, irritação, destempero, ira. Há situações fronteiriças, ou seja, de um estado surge outro.

Sob outro prisma, KAHAN e NUSSBAUM demonstram haver duas formas básicas de entender o papel das emoções no comportamento humano: a) mecanicista, que tende a ver as emoções como "forças", "impulsos" ou "apetites" que não contêm pensamentos, nem respondem fundamentalmente à razão, senão que mais a perturba ou dificulta. É uma visão cética acerca da possibilidade de reconhecer qualquer responsabilidade no tocante

---

[61] NÉLSON HUNGRIA, *Comentários ao Código Penal*, v. 1, p. 367.

[62] FRADIMAN e FRAGER, *Teorias da personalidade*, p. 25.

[63] D. O. HEBB, citação de ANTONIO GOMES PENNA, *Introdução à motivação e emoção*, p. 83.

[64] *Teoria da actio libera in causa*, p. 77.

às emoções; b) avaliativa, sustentando que as emoções encarnam e expressam valorações acerca de determinados objetos; tais valorações são acessíveis a uma avaliação crítica em que as pessoas podem configurar as suas próprias emoções, por meio da educação moral, por exemplo. Assim, as emoções não somente não estão discordes da razão, como supõe a visão mecanicista, senão que implicam necessariamente um pensamento acerca do objeto ao qual se referem.[65]

4.2. Paixão

Originária da emoção, a paixão é uma excitação sentimental levada ao extremo, de maior duração, causando maiores alterações nervosas ou psíquicas.[66] Como dizia Kant, lembrado por Hungria, é o "charco que cava o próprio leito, infiltrando-se, paulatinamente, no solo". Ainda que possa interferir no raciocínio e na vontade do agente, é passível de controle, razão pela qual não elide a culpabilidade. São exemplos: ódio, amor, vingança, ambição, inveja, ciúme, entre outros.

RESUMO DO CAPÍTULO

▸ **Culpabilidade:** trata-se de um juízo de reprovação social, incidente sobre o fato e seu autor, devendo o agente ser imputável, atuar com consciência potencial de ilicitude, bem como ter a possibilidade e a exigibilidade de atuar de outro modo, seguindo as regras impostas pelo direito (teoria normativa pura, proveniente do finalismo).

▸ **Culpabilidade formal:** é a censura merecida pelo agente do fato típico e ilícito, desde que haja imputabilidade, consciência potencial da ilicitude e exigibilidade de atuação conforme o direito. É um conceito abstrato, que serve de base para o legislador estabelecer o mínimo e o máximo da pena, ao criar um tipo incriminador inédito.

▸ **Culpabilidade material:** é a censura realizada concretamente, visualizando-se o fato típico e antijurídico e conhecendo-se o seu autor, imputável, com consciência potencial do ilícito e que, valendo-se do seu livre-arbítrio, optou pelo injusto sem estar fundado em qualquer causa de exclusão da culpabilidade, por fatores de inexigibilidade de conduta diversa. Serve, então, a culpabilidade material a fundamentar a pena, auxiliando o juiz, na etapa seguinte, que é atingir o seu limite concreto.

▸ **Coculpabilidade:** trata-se de uma reprovação conjunta que deve ser exercida sobre o Estado, tanto quanto se faz com o autor de uma infração penal, quando se verifica não ter sido proporcionada a todos igualdade de oportunidades na vida, significando, pois, que alguns tendem ao crime por falta de opção.

▸ **Tipo positivo de culpabilidade:** trata-se do conceito funcionalista de Jakobs, demonstrando que o autor do injusto penal (fato típico e antijurídico) somente será censurado se houver déficit motivacional para cumprir a lei.

▸ **Tipo negativo de culpabilidade:** embora autor do injusto (fato típico e ilícito), o agente não será censurado, pois estava envolvido em situação de desgraça, que retirou sua motivação para seguir a lei.

---

[65] Peñaranda Ramos, *Estudios sobre el delito de asesinato*, p. 50-51.
[66] Antonio Gomes Penna, *Introdução à motivação e emoção*, p. 113.

Cap. XXIII – Culpabilidade

▶ **Culpabilidade de fato:** censura-se o autor do fato típico e antijurídico pelo que ele fez e não pelo que ele é em matéria comportamental.

▶ **Culpabilidade de autor:** censura-se o autor do fato típico e ilícito pelo que ele é, levando-se em conta fatores comportamentais independentes do fato praticado. É preciso lembrar que o processo de individualização da pena expõe a ideia de culpabilidade de autor, pois envolve critérios pessoais de personalidade, conduta social, antecedentes, motivos. No entanto, deve ser conjugado com a culpabilidade de fato, ou seja, analisa-se *quem* é o réu *em face do que ele fez*.

▶ **Teorias da culpabilidade:** a) causalista: teoria psicológica (dolo e culpa compõem a culpabilidade); b) neokantista ou clássica: teoria psicológica-normativa (dolo e culpa ainda compõem a culpabilidade, mas a eles se junta o juízo de reprovação social sobre o imputável, que age com consciência de ilicitude e exigibilidade de um comportamento conforme o direito); c) finalista: teoria normativa pura (dolo e culpa situam-se no tipo; resta na culpabilidade o juízo de reprovação social, sobre o imputável, com consciência potencial de ilicitude e exigibilidade de comportamento conforme o Direito; d) funcionalista (dolo e culpa no tipo; a culpabilidade pode ser uma censura feita sobre quem não mostrou fidelidade ao direito ou sobre o agente que não possuiu autocontrole para seguir as regras jurídicas, além de se levar em conta a necessidade da pena, conforme a política criminal; e) *significativismo* (dolo e culpa no tipo); a culpabilidade é um juízo de valor, voltado ao sujeito, desde que seja *justo* exigir-lhe um comportamento conforme o direito, com base na verificação de seus condicionamentos pessoais e sociológicos e sua capacidade motivacional e compreensiva da norma.

▶ **Imputabilidade:** conjunto de condições pessoais que dão ao agente capacidade para lhe ser juridicamente imputada a prática de um fato punível. Constitui, como se sabe, um dos elementos da culpabilidade.

▶ **Critério biopsicológico:** é a forma escolhida pelo Código Penal para se apurar a imputabilidade. Há de se verificar, por perícia, se há enfermidade mental (aspecto biológico) e em face das demais provas do processo se o agente era capaz de entender o caráter ilícito do fato e comportar-se de acordo com tal entendimento (aspecto psicológico).

▶ **Embriaguez:** quando decorrente de vício (alcoolismo), é catalogada como *enfermidade mental*, recebendo o mesmo tratamento que qualquer outra doença mental. Retirando integralmente a capacidade de entendimento do agente, é caso de inimputabilidade (art. 26, *caput*, CP). Retirando parcialmente o entendimento, torna-se situação de semi-imputabilidade (art. 26, parágrafo único, CP).

▶ **Menoridade:** trata-se da adoção do critério puramente biológico, isto é, a lei penal criou uma presunção absoluta de que o menor de 18 anos, em face do desenvolvimento mental incompleto, não tem condições de compreender o caráter ilícito do que faz ou capacidade de determinar-se de acordo com esse entendimento.

▶ **Coação moral irresistível:** é uma excludente de culpabilidade, que afasta a exigibilidade de um comportamento conforme o direito. Demanda-se a existência de uma ameaça de dano grave, injusto e atual; a inevitabilidade do perigo na situação concreta do coato; a ameaça deve voltar-se contra o coato ou pessoas queridas a ele ligadas; existência de três partes: coator, coato e vítima; irresistibilidade da ameaça.

▶ **Obediência hierárquica:** é uma excludente de culpabilidade, que afasta a exigibilidade de um comportamento conforme o direito. Exige-se, para a sua configuração, a existência de uma ordem não manifestamente ilegal; ordem emanada de autoridade competente; existência, como regra, de três partes: superior, subordinado e vítima; relação de subordinação hierárquica entre mandado e executor de direito público; estrito cumprimento da ordem.

▶ **Embriaguez voluntária e culposa:** a embriaguez voluntária é a desejada livremente pelo agente e a culposa, aquela que ocorre por conta da imprudência do bebedor. Preceitua o Código Penal que, nesses casos, não se pode excluir a imputabilidade do agente, vale dizer, não se pode afastar a sua culpabilidade.

▶ **Embriaguez fortuita:** advinda de força maior ou caso fortuito, essa modalidade de embriaguez exclui a culpabilidade, pois o agente perde a capacidade de entender o ilícito de maneira acidental.

▶ **Inexigibilidade de conduta diversa:** é a *tese-mãe*, que dá abrigo à coação moral irresistível e à obediência hierárquica, mas não consta expressamente em lei. Se o sujeito enfrenta uma situação absolutamente diferenciada, que lhe retira a possibilidade de atuação conforme o direito, pode ser absolvido. Trata-se, hoje, de causa supralegal (implícita) de exclusão da culpabilidade.

▶ **Emoção:** cuida-se de um sentimento exacerbado; não serve para excluir a culpabilidade.

▶ **Paixão:** trata-se também de um sentimento exagerado, que não serve para excluir a culpabilidade.

Capítulo XXIV
Erro de Tipo e Erro de Proibição

1. ERRO E IGNORÂNCIA

O erro é a falsa representação da realidade ou o falso conhecimento de um objetivo (trata-se de um estado positivo); a ignorância é a falta de representação da realidade ou o desconhecimento total do objeto (trata-se de um estado negativo). Erra o agente que pensa estar vendo, parado na esquina, seu amigo, quando na realidade é um estranho que ali se encontra; ignora quem está parado na esquina a pessoa que não tem ideia do outro que ali se encontra. No terreno jurídico, prevalece a *unidade* dos dois conceitos.

2. ERRO DE TIPO

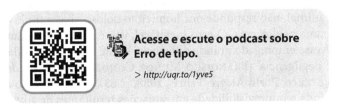

Acesse e escute o podcast sobre Erro de tipo.
> http://uqr.to/1yve5

É o erro que incide sobre elementos objetivos do tipo penal, abrangendo qualificadoras, causas de aumento e agravantes. O engano a respeito de um dos elementos que compõem o modelo legal de conduta proibida sempre exclui o dolo, podendo levar à punição por crime culposo. Exemplo tradicional da doutrina: o caçador imagina que atrás de uma moita existe um animal feroz contra o qual atira, atingindo, no entanto, outro caçador que ali estava à espreita da caça, matando-o. Pretendia o atirador matar um animal, e não um ser humano. Ocorreu erro sobre o elemento "alguém" do tipo penal do homicídio ("matar alguém" – art. 121, CP).

Vimos, anteriormente, que o dolo deve ser *abrangente*, o que não ocorreu no caso mencionado, pois a vontade de praticar a conduta típica inexistiu por completo: querer matar um animal é bem diferente de matar um ser humano. Assim, está excluído o dolo. Pode subsistir a forma culposa, como veremos em nota seguinte.

Vale frisar que o exemplo supracitado do caçador que atira em seu companheiro de caça, pensando tratar-se de um animal, incidindo em erro, tem origem em caso concreto, julgado pelo Tribunal de Justiça de São Paulo: "A prova dos autos revela que, em 31.12.87, por volta das 18h, os dois réus e a vítima E.S.S., menor de 14 anos de idade, irmão de F., todos armados de espingardas, embora não dispusessem de licença da autoridade competente, saíram de suas casas no distrito de São João de Iracema à caça de capivaras nas margens do rio São José. Chegando ao sítio de propriedade de H. R. H., escolheram um ponto nas proximidades de um arrozal, onde se colocaram à espera de atirar nos animais que, para comerem, saíssem da água, e, para tanto, F. aboletou-se no alto de uma árvore; A. deixou-se ficar em meio da referida plantação; e a vítima subiu em um barranco. Permaneceram nessas posições, utilizando apitos à guisa de chamariz, sem, todavia, nada lograrem até cerca das 23h, quando a vítima, ao dessedentar-se, avistou luzes e, em vez de retornar ao barranco, foi à procura de A. para deixarem o local, temendo serem apanhados pela Polícia Florestal. Por isso, o ofendido veio caminhando em direção do arrozal, e, então, ouvindo o barulho desse movimento, A., pensando ser uma presa, efetuou um disparo que atingiu a vítima no abdome e causou-lhe lesões corporais de natureza grave, pois, penetrante o ferimento, exigindo laparotomia, sigmoidectomia e transversorrafia com colostomia, acarretou perigo de vida. A r. sentença entendeu inexistir culpa e consignou que: 'Embora A. tenha atirado 'por palpite' de que se tratava de uma capivara, na verdade tinha ele razões de sobra para assim pensar, pois a vítima trocou a blusa inicial por outra de cor diferente, o réu ouviu barulho próprio da capivara, a vítima não avisou que estava em movimento e nem sequer trazia seu farolete aceso...' (fls. 64, textual). Na realidade, porém, o erro de tipo – incidente, no caso, sobre o objeto material das lesões corporais – *ex vi* do *caput* do art. 20 do CP – exclui o dolo, mas permite a punição por crime culposo, se previsto em lei, porque: 'Dolo e erro de tipo são dois fenômenos que se excluem. O mesmo não se diga com relação a erro de tipo e culpa *stricto sensu* (negligência, imprudência ou imperícia), dois fenômenos que andam de mãos dadas' (FRANCISCO DE ASSIS TOLEDO, *O erro no direito penal*, São Paulo, Saraiva, 1977, p. 51). Logo, o erro de tipo, salvantes as hipóteses de caso fortuito ou força maior, denota culpa, da qual só se eximirá quem nele incorreu se o erro era inevitável, pois: 'Quem dispara contra uma pessoa, confundindo-a com um animal, não responde por homicídio doloso, mas a título de homicídio, se o erro derivar de uma negligência. O erro inevitável, isto é, aquele que o autor não poderia superar nem se tivesse empregado grande diligência, exclui a responsabilidade tanto a título de dolo como de negligência' (FRANCISCO MUÑOZ CONDE, *Teoria geral do delito*, trad. de Luiz Regis Prado e outro, Porto Alegre, Fabris, 1988, p. 63), ou se o evento era imprevisível, pois: 'Admite-se ainda a imprevisibilidade em situações resultantes de atividades da própria vítima ou de terceiro interveniente, com as quais o agente não pôde contar' (JUAREZ TAVARES, *Direito penal da negligência*, São Paulo, RT, 1985, p. 180). Ora, na hipótese aqui apreciada, o erro era perfeitamente vencível, não fosse a desatenção do réu A., pois, conforme ele próprio se incumbiu de dizer, percebendo algo movimentar-se no arrozal, não utilizou o farolete para não espantar a caça (fls. 17v. e 37v.), e, além disso, a aproximação de um dos companheiros de expedição era perfeitamente previsível, principalmente a da vítima, pois esta participava pela primeira vez e nada previamente se combinara acerca do procedimento a adotarem quando, durante a caçada, um deles tivesse de deslocar-se até o lugar ocupado pelo outro (fls. 45v.). Logo, não se exigia de A. nada que exorbitasse da normal cautela reclamada pelas apontadas circunstâncias, motivo pelo qual, não se certificando, antes de disparar, sobre poder fazê-lo sem atentar contra a incolumidade de outrem, se bem lhe bastasse apenas empregar o farolete, agiu com manifesta imprudência, daí se impondo responsabilizá-lo pelas lesões causadas à vítima". O réu foi condenado como incurso nas penas do art. 129, § 6.º, do CP, a seis meses de detenção (embora julgada extinta a punibilidade pelo advento da prescrição).[1]

No entanto, cumpre destacar, há voto vencido, considerando que o erro foi escusável, proferido por RULLI JÚNIOR: "Caçador que atira em vulto imaginando tratar-se de capivara que não era, durante a noite, ferindo companheiro. Aquele que se faz passar por capivara, durante a noite, para fugir da ação da Polícia Florestal, iludindo inclusive o caçador que se acha nas proximidades e deste recebe um tiro, retira do atirador o elemento da previsibilidade indispensável à configuração do tipo penal (art. 129, § 6.º, do CP). Voto de forma divergente, tão somente para promover a absolvição do apelante A. M. R. da acusação de infração ao art. 129, § 6.º, do CP, com fulcro no art. 386, III, do CPP, ou seja, por não constituir o fato infração penal".[2]

2.1. Elemento constitutivo do tipo

Trata-se de cada componente que constitui o modelo legal de conduta proibida. No crime de lesão corporal temos os seguintes elementos: ofender + integridade corporal + saúde + outrem. O engano sobre qualquer desses elementos pode levar ao erro de tipo.

No tocante ao erro de tipo, como regra, a lei penal faz referência ao tipo incriminador, aquele que cuida da definição da conduta proibida, sob ameaça de pena.

2.2. Permissão para punição por crime culposo

Quando há erro de tipo – escusável ou inescusável –, exclui-se o dolo. No entanto, é preciso verificar se o erro havido não derivou da desatenção ou descuido indevido do agente. Se todos têm o dever de cuidado objetivo, até mesmo para cometer erros, é imprescindível analisar se não houve infração a tal dever. Caso o agente tenha agido com descuido patente, merece ser punido pelo resultado danoso involuntário a título de culpa. No exemplo citado: se o caçador, com maior atenção e prudência, pudesse ter evitado o disparo, isso significa ter infringido o dever de cuidado objetivo, o que pode resultar na punição por crime culposo (lesão ou homicídio, conforme o caso).

2.3. Erro escusável e inescusável

A falsa percepção de elemento constitutivo do tipo penal incriminador pode ser escusável ou inescusável. A escusabilidade concentra-se na absoluta impossibilidade de ser detectada a situação verdadeira envolvendo o agente. Logicamente, considerando-se uma das características do dolo, que é ser abrangente, devendo envolver todos os elementos objetivos do tipo, faltando apenas um deles, incide o erro de tipo, afastando-se o dolo.

Levando-se em conta a prudência do homem médio, calcada no bom senso, deve-se verificar se houve, nesse erro, algum fator componente da culpa (imprudência, negligência ou imperícia). Inexistindo, afasta-se também a culpa.

---

[1] Ap. 567.959-0, 2.ª C., rel. Haroldo Luz, 09.08.1990, m. v., *RT* 663/300.

[2] Ap. 567.959-0, 2.ª C., rel. Haroldo Luz, 09.08.1990, m. v., *RT* 663/300.

Desse modo, afastando-se dolo e culpa, para a ótica finalista, inexiste fato típico. Na doutrina tradicional (causalistas ou clássicos), situando-se o dolo e a culpa na culpabilidade, o fato pode até ser típico e ilícito, mas não é culpável. Inexiste crime do mesmo jeito.

Por outro lado, havendo erro de tipo, o dolo sempre é afastado, mas pode remanescer a figura culposa, desde que o referido erro tenha sido provocado pela imprudência, negligência ou imperícia do agente. Assim ocorrendo, permite-se a punição pelo delito culposo remanescente, mas *se houver o tipo incriminador culposo*.

Ilustrando, havendo erro de tipo no homicídio, considerando-se ter remanescido a imprudência do agente, afasta-se o dolo, mas ele responde por homicídio culposo (art. 121, § 3.º, CP). No entanto, se houver erro de tipo no furto, na modalidade culposa, o agente não responde, pois inexiste, no Código Penal, furto culposo.

2.4. Erro essencial e acidental

O erro essencial é o que recai sobre elemento constitutivo do tipo penal, levando às soluções já aventadas no item anterior; o erro acidental é o que recai sobre elementos secundários ou acessórios dos elementos constitutivos.

Portanto, esses acessórios não fazem parte do tipo penal, razão pela qual não se tem configurado o erro de tipo. Exemplo: se o agente, pretendendo furtar uma caneta, leva, em seu lugar, uma lapiseira pertencente à vítima, praticou furto. A qualidade da coisa subtraída é irrelevante, pois o tipo penal do art. 155 do Código Penal protege a "coisa alheia móvel", pouco importando qual seja. É esse o sentido do § 3.º do art. 20: se o agente, pretendendo matar A, confunde-o com B, alvejando mortalmente este último, responde normalmente por homicídio, uma vez que o tipo penal protege o ser humano, pouco importante seja ele A ou B.

Eis a explicação de BELING sobre o erro acidental: "o erro sobre circunstâncias concretas *que não* correspondam ao delito-tipo, que não são tipicamente relevantes, isto é, *com ou sem elas* o delito-tipo objetivamente realizado subsiste da mesma maneira. É tipicamente irrelevante, por exemplo, o nome do morto; por isso subsiste a intenção homicida mesmo que o autor acredite que aquele se chamava 'Francisco X' quando, na verdade, chamava-se 'Fernando X', ou que se chamasse X, sendo que se chamava Y?".[3]

2.5. Erro quanto à pessoa

No do erro quanto à pessoa, as condições ou qualidades individuais, do alvo pretendido, são levadas em conta para a configuração do delito e sua punição; interessa a vítima virtual, e não as da vítima real.

Exemplo: pretendendo matar seu desafeto, o agente atira, em ledo engano, atingindo seu próprio pai, mas não responderá por parricídio, com a agravante do art. 61, II, *e*, do Código Penal. Embora tenha morrido seu genitor, a intenção era atingir pessoa estranha.

2.6. Erro determinado por terceiro

Se um terceiro leva o agente a incidir em erro, deve responder pelo delito. Exemplo real e recente ocorreu no México, durante as filmagens de "La Venganza del Escorpión", em Cuernavaca, quando o ator mexicano Antonio Velasco foi morto por um disparo efetuado por colega seu.

---

[3] *A ação punível e a pena*, p. 70.

Consta que o ator Flavio Penichedo recebeu da produção um revólver carregado com balas de verdade no lugar das de festim. Desferiu dois tiros e percebeu que o amigo estava ferido. O produtor do filme e um contrarregra desapareceram após o evento. Assim, note-se que alguém, desejando matar o ator Velasco, aproveitando-se da cena de disparo de arma de fogo com balas de festim, substituiu os projéteis por verdadeiros, entregando o instrumento ao outro ator, que, sem saber e não pretendendo *matar alguém*, puxa o gatilho, causando a tragédia.

Nessa situação, o terceiro que trocou as balas responderá por homicídio, mas não o ator Penichedo, que foi envolvido em erro. Eventualmente, podem ocorrer outras situações: a) se o ator que recebeu o revólver deveria ter checado a munição, como regra imposta de cautela e não o fez, pode responder por homicídio culposo (é o que se chama de participação culposa em ação dolosa de outrem); b) se quem entregou a arma deveria ter checado os projéteis por segurança, assim como o ator que a recebeu, agiram os dois levianamente e são coautores em crime culposo; c) se apenas quem entregou a arma deveria checar a munição, mas não o ator que a utiliza, este não é punido (é a típica situação prevista neste parágrafo), mas somente o terceiro que provocou o erro (por dolo ou culpa, conforme o caso).

3. ERRO DE PROIBIÇÃO

Acesse e escute o podcast sobre Erro de proibição.
> http://uqr.to/1yve6

Cuida-se do erro incidente sobre a ilicitude do fato. O agente atua sem consciência de ilicitude, servindo, pois, de excludente de culpabilidade. O erro de proibição, até a Reforma Penal de 1984, era considerado apenas uma atenuante, na antiga redação do art. 48, III: "São circunstâncias que sempre atenuam a pena: (...) III – a ignorância ou a errada compreensão da lei penal, quando escusáveis".

Agiu bem o legislador ao incluir no rol das excludentes de culpabilidade o erro quanto à ilicitude do fato, uma vez ser possível o agente desejar praticar uma conduta típica, sem ter noção de que é proibida. Exemplo: um soldado, perdido de seu pelotão, sem saber que a paz foi celebrada, mata um inimigo, acreditando ainda estar em guerra. Trata-se de um erro quanto à ilicitude do fato, uma vez que, durante o período de guerra, é lícito eliminar o inimigo.

3.1. Diferença entre desconhecimento da lei e erro quanto à ilicitude

Acesse e assista ao vídeo sobre Atenuante do desconhecimento da lei – art. 65, II, do CP.
> http://uqr.to/1yve7

O desconhecimento da lei, isto é, da norma escrita, não pode servir de desculpa para a prática de crimes, pois seria impossível, dentro das regras estabelecidas pelo direito codificado, impor limites à sociedade, que não possui, nem deve possuir, necessariamente, formação jurídica. Aliás, esse é o conteúdo da Lei de Introdução às Normas do Direito Brasileiro: "Ninguém se escusa de cumprir a lei, alegando que não a conhece" (art. 3.º). Portanto, conhecer a norma escrita é uma presunção legal absoluta, embora o conteúdo da lei, que é o ilícito, possa ser objeto de questionamento.

Essa lei é a escrita, publicada no Diário Oficial, cuja presunção de conhecimento faz valer o direito codificado. Por tal razão, não se pode alegar sua ignorância.

A pessoa que, por falta de informação devidamente justificada, não teve acesso ao conteúdo da norma poderá alegar *erro de proibição*. Esse conteúdo é o *certo* e o *errado*; o *permitido* e o *proibido*, as *obrigações* e os *deveres*.

Entretanto, o *conteúdo da lei* é adquirido pela vivência em sociedade, e não pela leitura de códigos ou do *Diário Oficial*. Captar-se em conversas com amigos, em jornais e revistas, na Internet, nas informações produzidas na televisão, no rádio e em vários outros pontos. Desde que nascemos, somos lançados numa sociedade de informação e passamos a acumular conhecimento, inclusive jurídico.

Atualmente, no entanto, tendo em vista a imensa complexidade do sistema jurídico brasileiro, o *desconhecimento da lei*, embora não seja uma desculpa, pode ser invocado pelo réu como atenuante (art. 65, II, CP).

Mencione-se, ainda, a lição de BITENCOURT: "A *ignorantia legis* é matéria de aplicação da lei, que, por ficção jurídica, se presume conhecida por todos, enquanto o erro de proibição é matéria de culpabilidade, num aspecto inteiramente diverso. Não se trata de derrogar ou não os efeitos da lei, em função de alguém conhecê-la ou desconhecê-la. A incidência é exatamente esta: a relação que existe entre a lei, em abstrato, e o conhecimento que alguém possa ter de que seu comportamento esteja contrariando a norma legal. E é exatamente nessa relação – de um lado a norma, em abstrato, plenamente eficaz e válida para todos, e, de outro lado, o comportamento em concreto e individualizado – que se estabelecerá ou não a *consciência da ilicitude*, que é matéria de culpabilidade, e nada tem que ver com os princípios que informam a estabilidade do ordenamento jurídico".[4]

3.2. Erro de proibição escusável e inescusável

A ausência de consciência *atual* da ilicitude, que acarreta apenas um erro inescusável, com possibilidade de redução da pena de um sexto e um terço, significa que o agente, no exato momento do desenvolvimento da conduta típica, não tinha condições de compreender o caráter ilícito do fato, embora tivesse potencialidade para tanto, bastando um maior esforço de sua parte.

A falta de consciência *potencial* de ilicitude, que provoca a excludente de culpabilidade, significa que o agente não teve, no momento da prática da conduta típica, noção da ilicitude, nem teria condições de saber, em razão das circunstâncias do caso concreto. Em síntese, para se configurar o erro de proibição escusável, torna-se indispensável que o agente não saiba, nem tenha condições de saber, que o ato praticado é ilícito, ainda que típico.

Sob outro prisma, quando o erro sobre a ilicitude do fato é impossível de ser evitado, valendo-se o ser humano da sua diligência ordinária, trata-se de uma hipótese de exclusão da culpabilidade. Exemplo: um jornal de grande circulação, na esteira de grande debate anterior acerca do assunto, por engano, divulga que o novo Código Penal foi aprovado e entrou em vigor, trazendo, como causa excludente da ilicitude, a eutanásia. Um leitor, possuindo parente

---

[4] *Erro de tipo e de proibição*, p. 84-85.

desenganado em leito hospitalar, apressa sua morte, crendo agir sob o manto protetor de uma causa de justificação inexistente. Trata-se de um erro escusável, pois não lhe foi possível, a tempo, constatar a inverdade da informação recebida.

Considera-se um erro sobre a ilicitude do fato, que não se justifica, quando o agente, se tivesse havido um mínimo de empenho em se informar, poderia ter tido conhecimento da realidade. Exemplo: abstendo-se do seu dever de se manter informado, o agente deixa de tomar conhecimento de uma lei, divulgada na imprensa, que transforma em crime determinada conduta. Praticando o ilícito, não poderá ver reconhecida a excludente de culpabilidade, embora lhe sirva ela como causa de redução da pena, variando de um sexto a um terço.

3.2.1. *Critérios para identificar o erro inescusável ou evitável*

São os seguintes: a) quando o agente atua com consciência de que está fazendo algo errado; b) quando o agente não possui essa consciência, mas lhe era fácil, nas circunstâncias, obtê-la; c) quando o agente não tem consciência do ilícito, porque, de propósito, não se informou; d) quando não possui essa consciência, não se informando quando deveria tê-lo feito, tendo em vista tratar-se de atividade regulamentada em lei.[5]

3.3. Diferença entre crime putativo e erro de proibição

São hipóteses inversas, pois, no crime putativo, o agente crê estar cometendo um delito (age com consciência do ilícito), mas não é crime; no erro de proibição, o agente acredita que nada faz de ilícito, quando, na realidade, trata-se de um delito.

3.4. Conceito de descriminantes putativas

As *descriminantes* são excludentes de ilicitude; *putativo* é imaginário, suposto, aquilo que aparenta ser verdadeiro. Portanto, as descriminantes putativas são as excludentes de ilicitude que aparentam estar presentes em uma determinada situação, quando, na realidade, não estão. Situação exemplificativa: o agente pensa estar agindo em legítima defesa, defendendo-se de um assalto, por exemplo, quando, em verdade, empreendeu desforço contra um mendigo que, aproximando-se de inopino da janela de seu veículo, pretendia apenas lhe pedir esmola.

3.4.1. *Divisão das descriminantes putativas*

Podem ser de *três espécies*: a) *erro quanto aos pressupostos fáticos de uma causa de exclusão de ilicitude*. Nesse caso, o agente, como visto no exemplo *supra*, pensa estar em *situação* de se defender, porque lhe representa, o assédio do mendigo, um ataque, na verdade inexistente. Ora, sabendo-se que a excludente de ilicitude (legítima defesa) é composta de requisitos, entre eles a agressão injusta, o erro do agente recaiu justamente sobre esse elemento. Pensou estar diante de um ataque injusto (situação de fato), em realidade inexistente; b) *erro quanto à existência de uma causa excludente de ilicitude*. Pode o agente equivocar-se quanto à existência de uma excludente de ilicitude. Imagine-se que alguém, crendo estar aprovado um novo Código Penal no Brasil, prevendo e autorizando a eutanásia, apressa a

---

[5] Francisco de Assis Toledo, *Princípios básicos de direito penal*, p. 270.

morte de um parente desenganado. Agiu em "falsa realidade", pois a excludente não existe no ordenamento jurídico, por enquanto; c) *erro quanto aos limites de uma excludente de antijuridicidade*. É possível que o agente, conhecedor de uma excludente (legítima defesa, por exemplo), creia poder defender a sua honra, matando aquele que a conspurca. Trata-se de um flagrante excesso, portanto um erro nos limites impostos pela excludente.

3.4.2. *Natureza jurídica das descriminantes putativas*

Quanto às duas últimas situações (erro quanto à existência ou quanto aos limites da excludente), é pacífica a doutrina, admitindo tratar-se de uma hipótese de erro de proibição, como será visto a seguir.

Entretanto, em relação à primeira situação (erro quanto aos pressupostos fáticos da excludente), não chega a doutrina a um consenso, havendo nítida divisão entre os defensores da *teoria limitada (ou restritiva) da culpabilidade*, que considera o caso um típico *erro de tipo permissivo*, permitindo a exclusão do dolo, tal como se faz com o autêntico erro de tipo, e os que adotam a *teoria extremada da culpabilidade*, que considera o caso um *erro de proibição*, logo, sem exclusão do dolo.

Segundo Roxin, "trata a situação de maneira análoga ao erro de tipo, admitindo-se a exclusão do dolo e a viabilidade de punição por culpa (...) Denomina-se esta doutrina a 'teoria restritiva da culpabilidade' porque segundo ela o erro sobre circunstâncias justificantes não é tratado – como o erro de proibição – como problema da culpabilidade, senão como uma questão de dolo do tipo. É difícil de entender a denominação. Mas, já que obteve carta de cidadania na discussão científica, deveria ser reconhecida. Objetivamente considero que é correta a teoria restritiva da culpabilidade, ou seja, o tratamento do erro sobre circunstâncias justificantes, de maneira análoga ao erro de tipo".[6]

Na visão atual do Código Penal, deu-se ao erro quanto aos pressupostos fáticos que compõem a excludente de ilicitude um tratamento de erro de tipo, adotando-se a teoria limitada da culpabilidade. No entanto, segundo nos parece, na essência, cuida-se de um autêntico erro de proibição. Inserida a hipótese no § 1.º do art. 20 (erro de tipo), bem como se delineando, claramente, que, havendo erro derivado de culpa, pune-se o agente por delito culposo, é fatal concluir que se tratou dessa situação tal como se faz no *caput* do artigo com o erro de tipo. Assim, naquele exemplo da legítima defesa, o motorista que, crendo defender-se de um assaltante, usa de força contra o mendigo, está agindo em erro de tipo. Fica excluído o dolo, mas pode ser punido pelo que causar, de maneira inescusável, a título de culpa.

A despeito de reconhecermos a posição legal, continuamos adotando a teoria extremada da culpabilidade, ou seja, vemos, nessa hipótese, um autêntico erro de proibição, que foi *tratado* como erro de tipo. O motorista que se engana e agride o mendigo certamente o fez com dolo, exatamente o mesmo dolo que há quando alguém se defende de um marginal, pretendendo lesioná-lo ou até mesmo matá-lo. O seu engano recai sobre a proibição: ele não estava autorizado a agir contra o mendigo, porque este não pretendia assaltá-lo, e sim lhe pedir uma ajuda. Logo, dolo houve, embora possa ter sido afetada a sua consciência de ilicitude. E, se erro houve, pode-se fazer um juízo de culpabilidade por fato culposo.

---

[6] *La teoría del delito en la discusión actual*, p. 217-218.

Cap. XXIV – Erro de Tipo e Erro de Proibição

A desigualdade evidente de tratamento entre as três modalidades de descriminantes putativas, em nosso entender, não deveria existir e todas elas mereceriam o mesmo acolhimento no contexto do erro de proibição. Adotar a teoria limitada da culpabilidade, onde se sustenta a exclusão do dolo, pode trazer consequências indesejáveis, enumeradas por CEZAR ROBERTO BITENCOURT: "a) um fato praticado, com erro invencível, afasta o injusto típico, não podendo ser considerado como um fato antijurídico. Nessas circunstâncias, a vítima do erro terá que suportá-lo como se se tratasse de um fato lícito, sendo inadmissível a legítima defesa; b) não seria punível a participação de alguém que, mesmo sabendo que o autor principal incorre em erro sobre os pressupostos fáticos de uma causa de justificação, contribui de alguma forma na sua execução. A punibilidade do partícipe é afastada pelo princípio da acessoriedade limitada da participação, que exige que a ação principal seja típica (afastada pela eliminação do dolo) e antijurídica; c) a tentativa não seria punível, nesses casos, pois sua configuração exige a presença do dolo. Mesmo que o erro fosse vencível, o fato ficaria impune, pois os crimes culposos não admitem tentativa".[7]

RESUMO DO CAPÍTULO

- ▸ **Erro e ignorância:** o erro é a falsa representação da realidade ou o falso conhecimento de um objetivo; a ignorância é a falta de representação da realidade ou o desconhecimento total do objeto.

- ▸ **Erro de tipo:** é o erro que incide sobre elementos objetivos do tipo penal, abrangendo qualificadoras, causas de aumento e agravantes. Detectado, exclui o dolo, que deve ser abrangente, envolvendo todos os elementos típicos. No entanto, pode remanescer a forma culposa (por imprudência, negligência ou imperícia).

- ▸ **Erro acidental:** é o erro sobre elementos secundários do tipo. Exemplo: o agente subtrai prata em lugar de ouro. É irrelevante, pois deve responder por furto.

- ▸ **Erro essencial:** é o erro sobre elementos constitutivos do crime.

- ▸ **Erro quanto à pessoa:** se o agente se confunde e, em vez de matar X, mata Y, é irrelevante. Afinal, a meta da norma é proteger a vida humana.

- ▸ **Erro determinado por terceiro:** significa que a pessoa que iludiu e induziu outra em erro deve responder pelo crime.

- ▸ **Diferença entre desconhecimento da lei e erro quanto à ilicitude:** desconhecimento da lei, isto é, da norma escrita, não pode servir de desculpa para a prática de crimes, pois seria impossível, dentro das regras estabelecidas pelo direito codificado, impor limites à sociedade, que não possui, nem deve possuir, necessariamente, formação jurídica. Aliás, esse é o conteúdo da Lei de Introdução às Normas do Direito Brasileiro: "Ninguém se escusa de cumprir a lei, alegando que não a conhece" (art. 3.º). O erro quanto à ilicitude é composto de requisitos, entre eles a agressão injusta, e o erro do agente recaiu justamente sobre esse elemento. Pensou estar diante de um ataque injusto (situação de fato), em realidade inexistente; b) *erro quanto à existência de uma causa excludente de ilicitude*. Pode o agente equivocar-se quanto à existência de uma excludente de ilicitude. Imagine-se que alguém, crendo estar aprovado um novo Código Penal no Brasil, prevendo e auto-

---

[7] *Erro de tipo e de proibição*, p. 93.

rizando a eutanásia, apressa a morte de um parente desenganado. Agiu em "falsa realidade", pois a excludente não existe no ordenamento jurídico, por enquanto; c) *erro quanto aos limites de uma excludente de antijuridicidade*. É possível que o agente, conhecedor de uma excludente (legítima defesa, por exemplo), creia poder defender a sua honra, matando aquele que a conspurca. Trata-se de um flagrante excesso, portanto um erro nos limites impostos pela excludente.

▸ **Descriminantes putativas:** as *descriminantes* são excludentes de ilicitude; *putativo* é imaginário, suposto, aquilo que aparenta ser verdadeiro. Portanto, as descriminantes putativas são as excludentes de ilicitude que aparentam estar presentes em uma determinada situação, quando, na realidade, não estão. Situação exemplificativa: o agente pensa estar agindo em legítima defesa, defendendo-se de um assalto, por exemplo, quando, em verdade, empreendeu desforço contra um mendigo que, aproximando-se de inopino da janela de seu veículo, pretendia apenas lhe pedir esmola.

▸ **Natureza jurídica das descriminantes:** podem ser consideradas erro de tipo permissivo ou erro de proibição incerto. Esta última nos parece a melhor. Ver o item 3.4.2.

ESQUEMAS

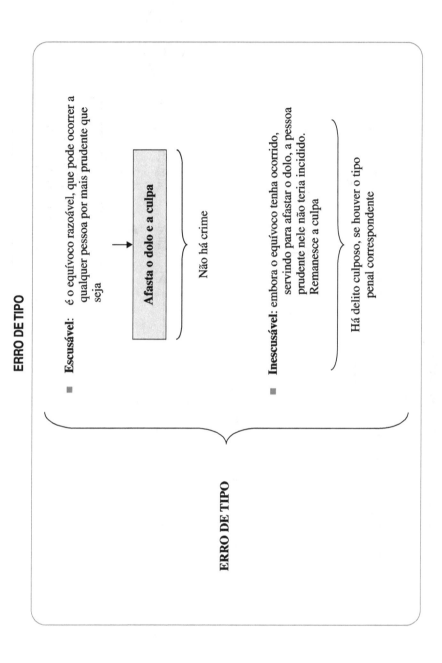

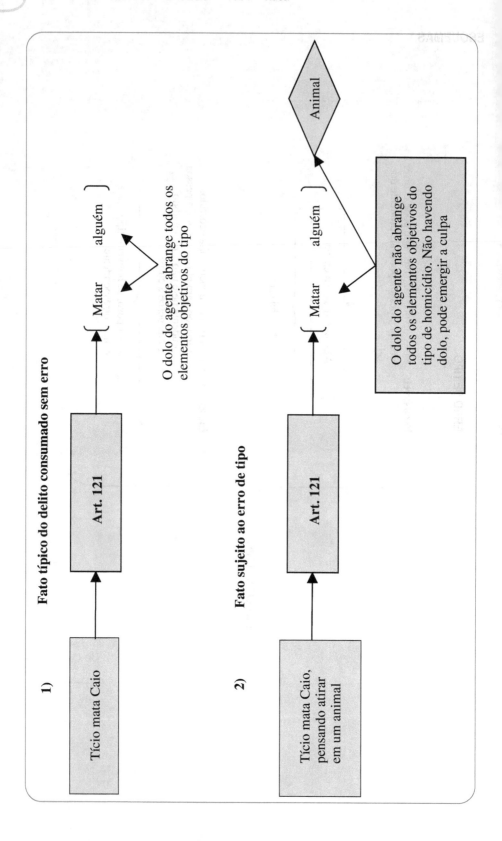

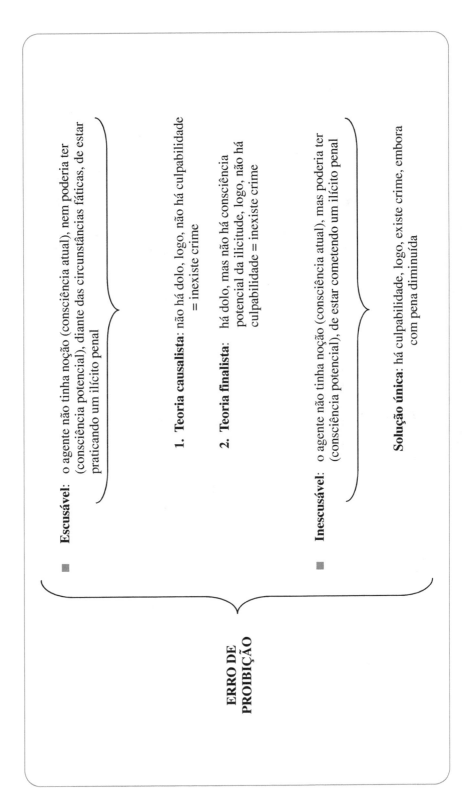

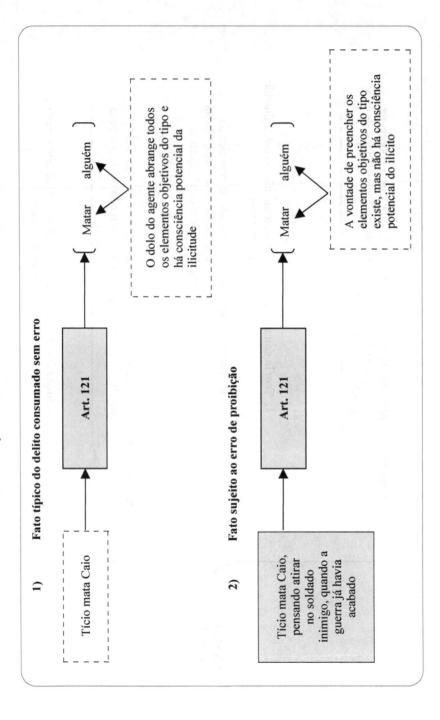

Capítulo XXV
Crime Consumado e Tentativa

1. CRIME CONSUMADO

É o tipo penal integralmente realizado, ou seja, quando o tipo concreto se enquadra no tipo abstrato. Exemplo: quando A subtrai um veículo pertencente a B, com o ânimo de assenhoreamento, produz um crime consumado, pois sua conduta e o resultado materializado encaixam-se, com perfeição, no modelo legal de conduta proibida descrito no art. 155 do Código Penal.

2. TENTATIVA

2.1. Conceito de crime tentado

Trata-se da realização incompleta da conduta típica, que não é punida como crime autônomo. Como diz Aníbal Bruno, é a tipicidade não concluída. O Código Penal não faz previsão, para cada delito, da figura da tentativa, embora a grande maioria comporte a figura tentada. Preferiu-se usar uma *fórmula de extensão*, ou seja, para caracterizar a tentativa de homicídio, não se encontra previsão expressa no art. 121 da Parte Especial.

Nesse caso, aplica-se a figura do crime consumado em associação com o disposto no art. 14, II, da Parte Geral. Portanto, o crime tentado de homicídio é a união do "matar alguém" com o início de execução, que não se consumou por circunstâncias alheias à vontade do agente. Pode-se ler: quem, pretendendo eliminar a vida de alguém e dando início à execução, não conseguiu atingir o resultado *morte* praticou uma tentativa de homicídio.

Denomina-se *tentativa branca* ou *incruenta*, quando não há derramamento de sangue, portanto sem a ocorrência de lesões na vítima.

2.1.1. Significado da expressão "salvo disposição em contrário"

Quando o legislador deseja, pune a tentativa com a mesma pena do crime consumado, embora, nessa situação, exista expressa previsão no tipo penal. Exemplo: "Evadir-se ou tentar evadir-se o preso ou o indivíduo submetido a medida de segurança detentiva, usando de violência contra a pessoa" (art. 352, CP).

2.1.2. Tentativa qualificada

São os fatos puníveis já consumados quando há a desistência de prosseguir na execução do crime ou ocorre arrependimento eficaz.[1]

2.2. Natureza jurídica da tentativa

Trata-se de uma "ampliação da tipicidade proibida, em razão de uma fórmula geral ampliatória dos tipos dolosos, para abranger a parte da conduta imediatamente anterior à consumação".[2]

De fato, tendo em vista que o legislador não criou "tipos tentados", mas permite a aplicação da tentativa à maioria dos delitos, é preciso utilizar o tipo do crime consumado, unindo-o, como já explicado em nota anterior, à previsão legal da tentativa (art. 14, II, CP), conseguindo-se atingir e punir a parte anterior à consumação.

Há outras opiniões doutrinárias acerca do tema. Entre elas, destacam-se as seguintes: a) *delito imperfeito ou frustrado*: "Não é como crime autônomo que se pune a tentativa, mas como forma frustrada de determinado crime, punível sob esse caráter".[3] Em igual prisma, JIMÉNEZ DE ASÚA,[4] embora não deixe de fazer referência expressa de que também significa uma causa de extensão da pena; HUNGRIA, mencionando que a tentativa corresponde, objetivamente, a um "fragmento da conduta típica do crime (faltando-lhe apenas o evento condicionante ou característico da consumação)";[5] FREDERICO MARQUES;[6] b) *regra de extensão da pena*: "Tanto a tentativa como a participação constituem fórmulas de ampliação ou extensão de pena de um delito especificado na lei, razão pela qual é impossível conciliar entre si duas figuras extensivas sem relacioná-las com o tipo legal. A tentativa é uma espécie de delito, que não chega a consumar-se e que se articula com uma fórmula de extensão de pena, situada na Parte Geral, mas

---

[1] ROBERTO REYNOSO D'AVILA, *Teoría general del delito*, p. 313; WELZEL, *Derecho penal alemán*, p. 235.

[2] EUGENIO RAÚL ZAFFARONI e JOSÉ HENRIQUE PIERANGELI, *Da tentativa*, p. 27.

[3] ANÍBAL BRUNO, *Direito penal*, t. 2, p. 244.

[4] *Princípios de derecho penal – La ley y el delito*, p. 474-475.

[5] *Comentários ao Código Penal*, v. I, t. II, p. 78.

[6] *Tratado de direito penal*, v. II, p. 369.

que está vazia, enquanto não se conecte com o delito concreto que o agente queira consumar. Se uma das normas é a principal (a definição do tipo na lei) e a outra é a secundária (a que nos oferece o conceito de tentativa), não vemos como dessa conjunção nascer um novo título autônomo de delito";[7] c) *delito autônomo, com estrutura completa, objetiva e subjetivamente:* "A estrutura do delito tentado é completa, situando-se seu relacionamento com o delito consumado apenas na convergência dos conjuntos de meios tutelares que se empregam em dois momentos diversos sobre o mesmo bem. O grau de ataque ao bem jurídico (delito consumado: efetiva lesão; delito tentado: potencial ou parcial lesão) justifica a construção típica da forma tentada, guardando-se o bem jurídico e preservando-se o valor que a ele adere do risco de negação. A proporcionalidade punitiva, por isso, deve ser respeitada, não se podendo, para a simples ameaça do dano, determinar pena igual àquela da efetiva lesão ao bem. Nenhuma outra razão, senão o bem jurídico, objetivamente considerado, e a modalidade do ataque contra ele dirigido, justifica a redução da margem punitiva".[8]

2.3. Teorias fundamentadoras da punição da tentativa

São basicamente quatro:

a) *subjetiva* (voluntarística ou monista): leva em conta, para justificar a punição da tentativa, fundamentalmente, a vontade criminosa, desde que nítida, podendo ela estar presente e identificada tanto na preparação quanto na execução. Considera-se apenas o *desvalor da ação*, não importando, para a punição, o *desvalor do resultado*. Nesse caso, inicia-se a possibilidade de punir a partir do momento em que o agente ingressa na fase da preparação. Como o objetivo é punir aquele que manifesta vontade contrária ao direito, nem sempre deve o juiz atenuar a pena;

b) *objetiva* (realística ou dualista): o objetivo da punição da tentativa volta-se ao perigo efetivo que o bem jurídico corre, o que somente se configura quando os atos executórios, de caráter unívoco, têm início, com idoneidade, para atingi-lo. É a teoria adotada pelo art. 14, II, do Código Penal brasileiro. Levam-se em consideração tanto o *desvalor da ação* quanto o *desvalor do resultado*. A redução da pena torna-se, então, obrigatória, uma vez que somente se poderia aplicar a pena igual à que seria cabível ao delito consumado se o bem jurídico se perdesse por completo – o que não ocorre na figura da tentativa. A subdivisão da teoria objetiva em formal, material e individual está exposta a seguir;

c) *subjetivo-objetiva* (teoria da impressão): o fundamento da punição é representado pela junção da avaliação da vontade criminosa com um princípio de risco ao bem jurídico protegido. Nas palavras de ROXIN, "a tentativa é punível, quando e na medida em que é apropriada para produzir na generalidade das pessoas uma impressão juridicamente 'abaladora'; ela põe, então, em perigo a paz jurídica e necessita, por isso, de uma sanção correspondente a esta medida".[9] Como se consideram a vontade criminosa e o abalo que a sua manifestação pode causar à sociedade, é faculdade do juiz reduzir a pena;

d) *teoria sintomática*: preconizada pela Escola Positiva, entende que o fundamento de punição da tentativa concentra-se na análise da periculosidade do agente. Poder-se-iam punir os atos preparatórios, não se necessitando reduzir a pena, de caráter eminentemente preventivo.

---

[7] ROBERTO REYNOSO D'AVILA, *Teoría general del delito,* p. 304.

[8] DAVID TEIXEIRA DE AZEVEDO, *Dosimetria da pena,* p. 100.

[9] Resolução do fato e começo da execução na tentativa, *Problemas fundamentais de direito penal,* p. 296.

2.4. Dolo e culpa na tentativa

Não há tentativa de crime culposo, pois o agente não persegue resultado algum. No contexto da culpa, o resultado típico atingido deve ser sempre involuntário (ver comentário quanto à possibilidade de haver tentativa na culpa imprópria).

Quanto ao dolo, no crime tentado, é exatamente o mesmo do delito consumado. Afinal, o que o agente almeja é atingir a consumação, em ambas as hipóteses, consistindo a diferença no fato de que, na tentativa, foi impedido por causas exteriores à sua vontade. Portanto, não existe "dolo de tentativa". O crime tentado é subjetivamente perfeito e apenas objetivamente defeituoso.

Na lição de Roxin, está presente o dolo "quando os motivos que pressionam ao cometimento do delito alcançaram preponderância sobre as representações inibitórias, embora possam ainda subsistir umas últimas dúvidas. Quem somente considera a possibilidade de cometer o crime, ou quem indeciso hesita, não está ainda resolvido. Para quem, no entanto, chegar ao estágio da execução com uma dominante vontade de cometer o crime, as dúvidas porventura ainda existentes não impedem a aceitação de uma resolução do fato e de uma tentativa, sendo, todavia, de valorar sempre como reserva de desistência...".[10] Por isso, inexiste diferença, no campo do dolo, entre crime tentado e consumado, já que a resolução é exatamente a mesma.

2.5. Conceito e divisão do *iter criminis*

Trata-se do percurso para a realização do crime, que vai da cogitação à consumação. Divide-se em duas fases – interna e externa –, que se subdividem:

a) *fase interna*, que ocorre na mente do agente, percorrendo, como regra, as seguintes etapas: a.1) *cogitação*: é o momento de ideação do delito, ou seja, quando o agente tem a ideia de praticar o crime; a.2) *deliberação*: trata-se do momento em que o agente pondera os prós e os contras da atividade criminosa idealizada; a.3) *resolução*: cuida do instante em que o agente decide, efetivamente, praticar o delito. Tendo em vista que a *fase interna* não é exteriorizada, logicamente não é punida, pois *cogitationis poenam nemo patitur* (ninguém pode ser punido por seus pensamentos), conforme já proclamava Ulpiano (*Digesto*, lib. XLVIII, título 19, lei 18);

b) *fase externa*, que ocorre no momento em que o agente exterioriza, por meio de atos, seu objetivo criminoso, subdividindo-se em: b.1) *manifestação*: é o momento em que o agente proclama a quem queira e possa ouvir a sua resolução. Embora não possa ser punida essa fase como tentativa do crime almejado, é possível tornar-se figura típica autônoma, como acontece com a concretização do delito de ameaça; b.2) *preparação*: é a fase de exteriorização da ideia do crime, por meio de atos que começam a materializar a perseguição ao alvo idealizado, configurando uma verdadeira ponte entre a fase interna e a execução. O agente ainda não ingressou nos atos executórios, daí por que não é punida a preparação no direito brasileiro, como regra. Exemplo de Hungria, em relação aos atos preparatórios não puníveis: "Tício, tendo recebido uma bofetada de Caio, corre a um armeiro, adquire um revólver, carrega-o com seis balas e volta, ato seguido, à procura do seu adversário, que, entretanto, por cautela

---

[10] *Problemas fundamentais de direito penal*, p. 301.

ou casualmente, já não se acha no local da contenda; Tício, porém, não desistindo de encontrar Caio, vai postar-se, dissimulado, atrás de uma moita, junto ao caminho onde ele habitualmente passa, rumo de casa, e ali espera em vão pelo seu inimigo, que, desconfiado, tomou direção diversa. Não se pode conceber uma série de atos mais inequivocamente reveladores da intenção de matar, embora todos eles sejam meramente *preparatórios*".[11] Excepcionalmente, diante da relevância da conduta, o legislador pode criar um tipo especial, prevendo punição para a preparação de certos delitos, embora, nesses casos, exista autonomia do crime consumado. Exemplo: possuir substância ou engenho explosivo, gás tóxico ou asfixiante ou material destinado à sua fabricação (art. 253, CP) não deixa de ser a preparação para os crimes de explosão (art. 251, CP) ou de uso de gás tóxico (art. 252, CP), razão pela qual somente torna-se conduta punível pela existência de tipicidade incriminadora autônoma. Atualmente, a Lei 13.260/2016 tipificou os atos preparatórios do crime de terrorismo: "art. 5.º Realizar atos preparatórios de terrorismo com o propósito inequívoco de consumar tal delito: Pena – a correspondente ao delito consumado, diminuída de um quarto até a metade"; b.3) *execução*: é a fase de realização da conduta designada pelo núcleo da figura típica, constituída, como regra, de atos idôneos e unívocos para chegar ao resultado, mas também daqueles que representarem atos imediatamente anteriores a estes, desde que se tenha certeza do plano concreto do autor (consultar, sobre a passagem da preparação para a execução, as teorias expostas na nota 32 *infra*). Exemplo: comprar um revólver para matar a vítima é apenas a preparação do crime de homicídio, embora dar tiros na direção do ofendido signifique atos idôneos para chegar ao núcleo da figura típica "matar"; b.4) *consumação*: é o momento de conclusão do delito, reunindo todos os elementos do tipo penal.

2.6. Os critérios para a verificação da passagem da preparação para a execução do crime

Não se trata de tema fácil e uniforme. Há, basicamente, *duas teorias* acerca do assunto:

a) *subjetiva*: não existe tal passagem, pois o importante é a vontade criminosa, que está presente, de maneira nítida, tanto na preparação quanto na execução do crime. Ambas trazem punição ao agente;

b) *objetiva*: o início da execução é, invariavelmente, constituído de atos que principiem a concretização do tipo penal. Trata-se da teoria adotada pelo Código Penal e sustentada pela doutrina pátria. Há, pois, maior segurança para o agente, que não será punido simplesmente pelo seu "querer", salvo quando exteriorizado por atos que sejam próprios e adequados a provocar o evento típico, causando um perigo real ao bem jurídico protegido pela norma penal. Ainda assim, dentro da teoria objetiva, a doutrina se divide em várias correntes, embora haja o predomínio das seguintes:

b.1) *teoria objetivo-formal*, preconizando que ato executório é aquele que "constitui uma parte real do fato incriminado pela lei" (VON LISZT, BIRKMEYER), ou, nas palavras de BELING, atos executórios são os que fazem parte do núcleo do tipo (verbo).[12] Ainda no contexto da teoria objetivo-formal, pode-se destacar a *teoria da hostilidade ao bem jurídico*, sustentando ser ato executório aquele que *ataca* o bem jurídico, retirando-

---

[11] *Comentários ao Código Penal*, v. I, t. II, p. 79.

[12] Cf. HUNGRIA, *Comentários ao Código Penal*, v. I, t. II, p. 83-84.

-o do "estado de paz". É a teoria adotada por MAYER e seguida por HUNGRIA.[13] É a teoria que sustenta serem atos executórios apenas os idôneos e unívocos para atingir o resultado típico. Em seu apoio, além de HUNGRIA, estão FREDERICO MARQUES[14] e PAULO JOSÉ DA COSTA JUNIOR;[15]

b.2) *teoria objetivo-material*, afirmando que atos executórios não são apenas os que realizam o núcleo do tipo ou atacam o bem jurídico, mas também aqueles imediatamente anteriores ao início da ação típica, valendo-se o juiz do critério do terceiro observador, para ter certeza da punição.[16] É a teoria adotada pelo Código Penal português: art. 22.2 "São atos de execução: a) os que preencherem um elemento constitutivo de um tipo de crime; b) os que forem idôneos a produzir o resultado típico; ou c) *os que, segundo a experiência comum e salvo circunstâncias imprevisíveis, forem de natureza a fazer esperar que se lhes sigam atos das espécies indicadas nas alíneas anteriores*" (grifamos);

b.3) *teoria objetivo-individual*, defendendo que os atos executórios não são apenas os que dão início à ação típica, atacando o bem jurídico, mas também os praticados imediatamente antes, desde que se tenha prova do plano concreto do autor.[17] Logo, a diferença entre esta última teoria e a objetivo-material é que não se necessita do terceiro observador; ao contrário, deve-se buscar prova do plano concreto do agente, sem avaliação exterior.

A primeira teoria – objetivo-formal, abrangendo a da hostilidade ao bem jurídico – predominava no Brasil por ser, em tese, mais segura na averiguação da tentativa. Entretanto, as duas últimas vêm crescendo na prática dos tribunais, especialmente porque, com o aumento da criminalidade, têm servido melhor à análise dos casos concretos, garantindo punição a quem está em vias de atacar o bem jurídico, sendo desnecessário aguardar que tal se realize, desde que se tenha prova efetiva disso. Exemplo sob a ótica das teorias: se alguém saca seu revólver, faz pontaria, pretendendo apertar o gatilho para matar outrem, somente seria ato executório o momento em que o primeiro tiro fosse disparado (sob o critério das teorias objetivo-formal e da hostilidade ao bem jurídico), tendo em vista que unicamente o disparo poderia *atacar* o bem jurídico (vida), retirando-o do seu *estado de paz*, ainda que errasse o alvo.

Para as duas últimas teorias (objetivo-material e objetivo-individual), poderia ser o agente detido quando apontasse a arma, com nítida intenção de matar, antes de apertar o gatilho, pois seria o momento imediatamente anterior ao disparo, que poderia ser fatal, consumando o delito. Não se trata de punir a mera *intenção* do agente, pois esta estaria consubstanciada em atos claros e evidentes de seu propósito, consistindo o instante de *apontar a arma* um autêntico momento executório, pois coloca em risco o bem jurídico (vida). Nessa ótica, confira-se a ilustração de AMÉRICO DE CARVALHO: "Já será agressão atual o gesto de *A* de agarrar o revólver, que tem à cinta – e não apenas o empunhar e apontar essa arma –, quando, no contexto da azeda troca de palavras entre *A* e *B*, nada indica que ele não irá utilizar, de fato, a arma contra *B*. Salvo circunstâncias concretas muito claras no sentido de que ele não dispararia, em hipótese alguma, a arma contra *B* (hipótese muito

---

[13] *Comentários ao Código Penal*, v. I, t. II, p. 84.

[14] *Tratado de direito penal*, v. II, p. 373-374.

[15] *Comentários ao Código Penal*, 7. ed., p. 50.

[16] Cf. exposição de ZAFFARONI e PIERANGELI, *Da tentativa*, p. 56.

[17] ZAFFARONI e PIERANGELI, *Da tentativa*, p. 56.

improvável e que ter-se-ia de provar), assistia a *B* um direito de legítima defesa que poderia, se necessário, conduzir à morte de *A*".[18]

Parece-nos a teoria objetivo-individual a mais acertada. Ademais, a teoria objetivo-formal é extremamente restritiva, pretendendo punir somente atos idôneos e unívocos para atingir o resultado, desprezando os imediatamente anteriores, igualmente perigosos ao bem jurídico, o que, de certo modo, significa aguardar em demasia o percurso criminoso do agente. De todo o exposto, no entanto, deve-se ressaltar que qualquer teoria, à luz do caso concreto, pode ganhar contornos diferenciados, pois tudo depende das provas produzidas nos autos do inquérito (antes do oferecimento da denúncia ou queixa, voltando-se à formação da convicção do órgão acusatório) ou do processo (antes da sentença, tendo por fim a formação da convicção do julgador). Por isso, encontrar, precisamente, a passagem da preparação para a execução não é tarefa fácil, somente sendo passível de solução à vista da situação real.

Confira-se caso real: "C.H.S., de 24 anos, foi o protagonista de um inusitado caso policial. Às 23 horas de anteontem, ele foi içado pelo guincho do Corpo de Bombeiros do interior da chaminé de uma padaria em Bauru, interior de São Paulo. Os policiais foram chamados pelos vizinhos, que ouviram gritos vindos do alto da padaria. Quando chegaram, encontraram o homem preso pelo tórax. Depois de retirado pelos bombeiros, S. foi levado ao pronto-socorro, onde tratou as escoriações. (...) O homem revelou que frequentava a padaria e *decidiu furtá-la*, entrando pela chaminé, mas calculou mal. (...) O delegado M.G. indiciou S. por *tentativa de furto*...".[19] À luz da teoria objetivo-formal, o ato não passaria de uma preparação malsucedida. No entanto, levando-se em conta a teoria objetivo-individual, o ato imediatamente anterior à subtração (ingressar no estabelecimento comercial), associado ao plano concreto do autor (afirmou querer furtar bens do local), permitiu a sua prisão por *tentativa* de furto. Não se considerou, para análise, a teoria sintomática (reputa-se o grau de periculosidade do agente para efeito de aplicação de pena a crimes tentados), há muito superada pelos sistemas legislativos tanto do Brasil quanto de outros países.

2.7. Tentativa e dolo eventual

É perfeitamente admissível a coexistência da tentativa com o dolo eventual, embora seja de difícil comprovação no caso concreto. É a precisa lição de Nélson Hungria: "Se o agente *aquiesce* no advento do resultado específico do crime, previsto como possível, é claro que este entra na órbita de sua volição: logo, se, por circunstâncias fortuitas, tal resultado não ocorre, é inegável que o agente deve responder por tentativa". E arremata, quanto à dificuldade probatória: "A dificuldade de prova não pode influir na conceituação da tentativa".[20] Idêntico o posicionamento de Frederico Marques.[21] Leciona, nesse sentido, Welzel: "Na tentativa o tipo objetivo não está completo. Ao contrário, o tipo subjetivo deve dar-se integralmente, e por certo do mesmo modo como tem que aparecer no delito consumado. Se, por isso, para a consumação é suficiente o dolo eventual, então também é suficiente para a tentativa".[22]

---

[18]   *A legítima defesa*, p. 272.
[19]   *Jornal da Tarde*, Caderno A, p. 7, 22.11.2006, grifamos.
[20]   *Comentários ao Código Penal*, v. I, t. II, p. 90.
[21]   *Tratado de direito penal*, v. II, p. 384.
[22]   *Derecho penal alemán*, p. 224.

Em contrário, colha-se o magistério de MAIA GONÇALVES, comentando que não há tentativa no contexto do dolo eventual, porque o art. 22 do Código Penal português expressamente se refere à prática de atos de execução de um crime *que decidiu cometer*, logo, não pode o agente ter assumido o risco.[23] Admite, no entanto, que o STJ português aceita a tentativa em caso de dolo eventual, pois nessa forma de dolo também existe *representação* e *vontade*, embora "enfraquecidas ou degradadas".

Em monografia sobre o tema, JOSÉ DE FARIA COSTA enumera três pontos fundamentais para rejeitar a possibilidade de haver tentativa no contexto do dolo eventual: a) na tentativa pressupõe-se uma "irrecusável e inequívoca *decisão* de querer praticar um crime", razão pela qual não se pode conceber que o agente *assuma* o risco de atingir o resultado como forma de compor o tipo penal tentado; b) nos casos de existência de "elemento subjetivo específico", como ocorre no furto, é exigida uma vontade específica de ter para si a coisa subtraída e não há como praticar uma tentativa de furto com dolo eventual. Diz o autor: "O agente não pode ter uma intenção de uso e simultaneamente uma intenção de apropriação. São realidades que mesmo só ao nível psicológico se excluem mutuamente e que também penalmente não admitem acasalamento. O que pode suceder é o agente, para além do seu querer intencional de apropriação, duvidar quanto à propriedade do objeto de que se quer apoderar, considerando nessa perspectiva ser eventualmente possível o objeto ser seu, mas mesmo que assim não seja conformar-se-á com a produção do resultado. Resumindo: o agente nunca pode duvidar no ato intencional; pode, isso sim, é permitir que a dúvida se instale no seu espírito relativamente ao conteúdo de um elemento normativo, mas, como nos parece de singular clareza, tal dúvida não pode bulir minimamente com o ato intencionado"; c) o terceiro ponto de vista defende que a prática de atos idôneos para atingir o resultado – fator de destaque para o ingresso na fase executória do crime – não é possível de ser atingida no campo do dolo eventual. "O certo é que se o agente representa o resultado unicamente de modo eventual é manifesto que, pelo menos para o infrator, os atos que levariam ao fim desejado não podem ser tidos como idôneos. Pois, por mais plasticidade que se atribua ao conceito de idoneidade, este não se compadece com a dúvida que a representação como possível acarreta. Contudo, argumentar-se-á: estamos no domínio da pura objetividade, não tendo, por conseguinte, aqui, cabimento o apelo a qualquer elemento do dolo, mesmo que da zona da pura cognoscibilidade". Menciona, ainda, que a impossibilidade de convivência entre tentativa e dolo eventual é a posição hoje predominante na doutrina italiana.

Por todos, JOSÉ DE FARIA COSTA cita MANTOVANI: "Quem visando outros fins aceita, todavia, o risco de vir a verificar-se um delito não representa e não quer os atos como diretos à produção do mesmo delito. O que quer dizer que só há delito tentado se o sujeito age com dolo intencional e que não é possível punir a tentativa com dolo eventual sem violar a proibição *in malam partem*". Para fortalecer sua tese, fornece o seguinte exemplo: "*A* quer incendiar uma casa, mas representa como possível a morte de uma pessoa que aí vive, conformando-se, todavia, com esse resultado. Perante esta situação e pressuposto que a pessoa não morreu, os autores que advogam a compatibilidade entre o dolo eventual e a tentativa punem o agente da infração por crime de incêndio em concurso com tentativa de homicídio. Mas será isto razoável? Ou melhor: será isto dogmaticamente correto?" Respondendo, o autor diz que, caso o incêndio provocado fosse idôneo realmente para provocar o resultado morte, ainda assim o agente não poderia ser punido por tentativa de homicídio porque "a sua conformação é

---

[23] *Código Penal português anotado*, p. 131.

com o resultado, não se podendo daí concluir, como também já vimos, que aquela postura da consciência jurídico-normativa permite extrair que a conformação se estenda também à tentativa. Se *B* saiu ileso, não obstante a situação de real perigo a que esteve sujeito, perante este quadro subjetivo não há tentativa de homicídio".[24]

Em oposição a tais argumentos, podemos enumerar os seguintes: a) sustentar que a *decisão* para o cometimento do crime é o único móvel da tentativa, incompatível, pois, com o dolo eventual, tendo em vista representar este elemento subjetivo apenas a assunção de um risco, não nos parece correta. Segundo a lei penal brasileira, configura-se a tentativa quando o agente deu início à execução de um crime que não se consumou por circunstâncias alheias à sua vontade, motivo pelo qual ele pode ingressar no estágio de execução movido pela assunção do risco e não necessariamente por uma vontade clara e direta de atingir o resultado. A partir do momento em que se encontra em plena fase executória, a interrupção, por ação de terceiros, leva à configuração da tentativa; b) para a realização completa do tipo, em nível subjetivo, exige-se que o dolo envolva todos os elementos objetivos. É possível, então, valendo-se do exemplo supramencionado do furto, supor que o agente queira apoderar-se ("para si") de determinado bem ("coisa móvel"), mas tenha dúvida quanto ao elemento normativo do tipo ("alheia"). O dolo eventual incidiria justamente nessa forma: assumir o risco de levar coisa alheia em lugar de coisa própria. Se for surpreendido nessa atividade, admitindo-se que exista prova suficiente desse seu querer, do risco de levar coisa alheia em lugar da sua e pertencendo o objeto subtraído realmente a terceiro, nada impediria a configuração de tentativa de furto. Afinal, o bem jurídico correu o risco de se perder do mesmo modo que aconteceria se o agente tivesse agido com dolo direto; c) não se trata de analogia *in malam partem* tampouco de incompatibilidade do querer do agente com o conhecimento da sua própria vontade em face da idoneidade dos meios utilizados. Busca-se, em verdade, transformar a mente humana em algo mais hermético do que efetivamente é. Há, em nosso entender, zonas cinzentas do querer, totalmente compatíveis com a previsão legal do dolo eventual.

Em outras palavras, é perfeitamente viável a atuação do agente que, buscando determinado resultado, admite como possível a ocorrência de outro, que, embora não desejado diretamente, é assimilado, acolhido, sufragado, ainda que camufladamente. O sujeito que desfere, por exemplo, vários tiros em uma delegacia de polícia para aterrorizar a vizinhança e os policiais, buscando fragmentar o poder estatal, não quer, de forma direta, matar este ou aquele agente policial – aliás, pode nem saber se há algum no plantão –, mas, sem dúvida, *assume* o risco de fazê-lo. A representação do resultado *morte* passa-lhe na mente, ainda que como resultado secundário, admitido no íntimo, ou mesmo ignorado, quando não deveria sê-lo, o que permite a configuração de uma tentativa de homicídio caso o bem jurídico – *vida* – tenha efetivamente corrido risco. Ingressou na esfera executória (os tiros configuram atos idôneos para matar), estando esta indubitavelmente no âmbito do seu conhecimento, o que é mais do que suficiente para a concretização de uma tentativa, desde que haja a interrupção da trajetória por intervenção exterior à sua vontade. E frise-se: não interessa para a configuração da tentativa que a vontade seja direta, bastando que exista e haja previsão legal para a punição de um crime por dolo eventual.

A solução almejada para o exemplo do incêndio, fornecido por José de Faria Costa, não é convincente. Deve o agente responder por crime de incêndio (houve dolo direto para causar perigo comum) e por tentativa de homicídio (houve a assunção do risco de matar alguém, que

---

[24] *Tentativa e dolo eventual*, p. 89, 91-92, 103-104, 108-109.

parecia estar dentro da casa). Assim, se realmente o incêndio era meio idôneo para matar e havia, de fato, pessoa na casa, o agente pode ser punido também por tentativa de homicídio, frisando-se que resposta em sentido contrário parece sinalizar para a existência de "dolo de tentativa" (querer tentar matar), o que a doutrina francamente já afastou. O autor do crime de incêndio queria certamente esse resultado como sua meta principal, conformando-se, no entanto, que alguém morresse em razão disso. Eis o dolo eventual e, saindo *B* ileso, por circunstâncias alheias ao querer do agente, é natural seja o incendiário punido pela tentativa de homicídio que concretizou. Na prática, temos encontrado situações em que é possível aplicar a tentativa nesse contexto. Imagine-se a hipótese daquele que ingressa em um bar, saca o revólver e começa a efetuar disparos a esmo, atingindo garrafas e móveis, enquanto pessoas se jogam ao chão, apavoradas. Advertido de que os disparos podem atingir alguém, o autor manifesta-se expressamente no sentido de que pouco lhe interessa o resultado e não vai cessar sua ação. Se for detido por terceiros, antes mesmo de atingir alguém com um tiro, pode ser processado por tentativa de homicídio, pois nítido foi seu desprezo pela vida, caracterizando o dolo eventual.

No sentido que defendemos, pela compatibilidade da tentativa com o dolo eventual, está a posição de JORGE DE FIGUEIREDO DIAS, argumentando, inclusive, que essa é a posição majoritária na doutrina portuguesa e na estrangeira. Sintetiza, com correção, que, na tentativa, o dolo pode assumir qualquer uma de suas formas.[25]

2.8. Tentativa e crime de ímpeto

O delito de ímpeto é caracterizado pelo acesso de fúria ou paixão, fazendo com que o agente, sem grande reflexão, resolva agredir outrem. Argumenta-se que o momento de cólera poderia retirar qualquer possibilidade de nítida identificação do *iter criminis*, isto é, poderia o agente, com sua atitude, em momento instantâneo, atingir o resultado, sem possibilidade de fracionamento dos atos executórios. O ímpeto de seu gesto inviabilizaria a tentativa, até porque ficaria impossível discernir quanto ao seu elemento subjetivo. Tudo não passa, no entanto, como já se demonstrou na nota anterior, cuidando do dolo eventual, de uma questão de prova.

É bem possível que o sujeito, sacando seu revólver em um momento de fúria, dispare contra alguém, com vontade de matar, errando o alvo e sendo imediatamente seguro por terceiros. Teremos uma tentativa de homicídio ocorrida em crime de ímpeto. Alerta HUNGRIA que "não se deve levar para a doutrina do dolo e da tentativa o que apenas representa a solução de uma dificuldade prática no terreno da prova. A tentativa tanto pode existir nos crimes de ímpeto quanto nos crimes refletidos. É tudo uma questão de prova, posto que a indagação do *animus* não pode deixar de ser feita *ab externo*, diante das circunstâncias objetivas".[26] Na realidade, pode haver dificuldade, em certas situações, para se detectar, por exemplo, quando se trata de lesão corporal consumada ou tentativa de homicídio, justamente porque o agente atuou inopinadamente, sem qualquer reflexão. Desejaria ele ferir ou matar? Essa dúvida, no entanto, não pode extirpar, no campo teórico, a viabilidade de existência da tentativa no caso de crime de ímpeto. Se persistir a incerteza, é melhor punir o agente por lesão corporal consumada em lugar da tentativa de homicídio, o que não significa que esta jamais possa existir. É também a posição de FREDERICO MARQUES.[27]

---

[25] *Direito penal – parte geral*, t. I, p. 694-695.

[26] *Comentários ao Código Penal*, v. I, t. II, p. 89.

[27] *Tratado de direito penal*, v. II, p. 385.

2.9. Infrações que não admitem a tentativa

São infrações que não permitem tentativa:

a) *delitos culposos*, pois o resultado é sempre involuntário.[28] Há quem a admita no caso de culpa imprópria (decorrente do erro). HUNGRIA menciona o seguinte exemplo: "Supondo que o 'vigilante noturno' é um ladrão que me invade o quintal de casa, tomo de um revólver e, sem maior indagação, inconsideravelmente, faço repetidos disparos contra o policial, que, entretanto, escapa ileso ou fica apenas ferido. É inquestionável, em face do Código, que se apresenta uma *tentativa de homicídio culposo*";[29] FREDERICO MARQUES;[30] NORONHA.[31] Pensamos, no entanto, que tal solução não é a ideal. Se, no contexto do erro, prefere a lei a configuração do tipo culposo – e, neste, não há resultado desejado –, torna-se incompatível a figura da tentativa, devendo haver punição apenas pelo resultado efetivamente atingido. No exemplo de HUNGRIA, o agente que ferir, por erro inescusável, o policial deve responder por lesão corporal culposa;

b) *crimes preterdolosos* (havendo dolo na conduta antecedente e culpa na consequente, possuindo o mesmo bem jurídico protegido nas duas fases), pois se necessita do resultado mais grave para a constituição do tipo (exemplo: lesão corporal seguida de morte);

c) *crimes unissubsistentes*, pois são constituídos de ato único (exemplo: ameaça verbal), não admitindo a divisão do *iter criminis*;

d) *crimes omissivos próprios*, pois o não fazer, descrito no tipo, também não admite fracionamento: ou o agente não faz a conduta devida, configurando o tipo, ou faz, constituindo conduta atípica;

e) *delitos habituais próprios*, que são os que se configuram somente quando determinada conduta é reiterada, com habitualidade, pelo agente. Não pode admitir a figura tentada, uma vez que atos isolados são penalmente irrelevantes. Como defendemos: NORONHA;[32] FREDERICO MARQUES.[33] Em sentido contrário, admitindo a tentativa: MARIO PETRONE;[34]

f) *contravenções penais*, pois a Lei das Contravenções Penais diz ser não punível a tentativa (art. 4.º); nessa situação, cuida-se de política criminal, pois, no campo fático, em várias situações a tentativa é admissível, pois o *iter criminis* é divisível;

g) *delitos condicionados*, pois submetidos, para a sua concretização, à superveniência de uma condição. Exemplo: o crime de induzimento, instigação ou auxílio ao suicídio ou à automutilação (art. 122, CP) somente se configura se houver lesão grave ou morte da vítima, de modo que não há possibilidade de haver tentativa;

---

[28] "A culpa é inconciliável, juridicamente, com a tentativa (...) Quem dá causa a uma morte por imprudência não teve a intenção de violar nenhuma norma penal (...). Em outros termos, para que haja tentativa é preciso que se tenha empenhado em executar um delito (...)" (JOSÉ IRURETA GOYENA, *El delito de homicidio*, p. 109, tradução livre).

[29] *Comentários ao Código Penal*, v. I, t. II, p. 86.

[30] *Tratado de direito penal*, v. II, p. 376 e 383.

[31] *Direito penal*, v. 1, p. 125.

[32] *Direito penal*, v. 1, p. 124.

[33] *Tratado de direito penal*, v. II, p. 377.

[34] *Reato abituale*, p. 67.

Acesse e escute o podcast sobre Crime de incitação ao suicídio e à automutilação.

> http://uqr.to/1yve9

h) *crimes de atentado* (delitos de empreendimento), cuja tentativa é punida com pena autônoma ou igual à do crime consumado (vide exemplo já mencionado do art. 352 do Código Penal: "Evadir-se ou tentar evadir-se...");

i) *crimes permanentes na forma omissiva*, pois não há *iter criminis* possível de diferenciar a preparação da execução. Exemplo: quando um carcereiro recebe um alvará de soltura e decide não dar cumprimento, deixando preso o beneficiado, comete o delito de cárcere privado na modalidade omissiva, sem possibilidade de fracionamento;

j) *crimes que punem somente os atos preparatórios*: quando o tipo penal é constituído de atos formadores da fase preparatória de outro delito, é natural que não admita tentativa, pois seria ilógico punir a "tentativa de dar início à preparação de outro delito". Como já exposto, os atos preparatórios normalmente não são punidos, a menos que estejam expressamente previstos como tipos autônomos. E, quando isso ocorre, é a exceção idealizada pelo legislador, que, por sua vez, não admite tentativa, ou seja, deixa-se fora do contexto penal a "exceção da exceção". Exemplos: arts. 253 (fabrico, fornecimento, aquisição, posse ou transporte de explosivos ou gás tóxico ou asfixiante) e 277 (substância destinada à falsificação). No sentido que defendemos, conferir a lição de ROBERTO REYNOSO D'AVILA: "quando a lei excepcionalmente erige em tipos delitivos condutas humanas que ontologicamente não são outra coisa que verdadeiros atos preparatórios ou de tentativa, é conceitualmente impossível ampliar a base típica desses delitos, pois todos os atos anteriores aos que se refere dita base carecem de natureza executiva".[35] Permitimo-nos acrescentar outros argumentos. Quando atos preparatórios de um determinado crime são tipificados à parte, como exceção à regra do art. 14, II, do CP, não deve o delito admitir tentativa. Como exemplo já referido, mencionemos o art. 253 (fabrico, fornecimento, aquisição, posse ou transporte de explosivos ou gás tóxico, ou asfixiante), que é preparação do crime previsto no art. 251 (explosão). Registre-se, no entanto, que ambos estão no mesmo capítulo, voltados à proteção do mesmo bem jurídico, que é a incolumidade pública. Por isso, a tentativa de prática do delito preparatório, excepcionalmente tipificado (como o art. 253), não pode comportar tentativa, que seria uma ampliação indevida, quase beirando a cogitação, esta, sim, sempre impunível. Por sua vez, há atos preparatórios de crimes que possuem tipicidade própria, totalmente independente do delito para o qual possam tender, constituindo, pois, crime completo. Estes admitem tentativa. Exemplo: o crime de porte ilegal de arma, ainda que seja preparação para outro delito (homicídio, roubo etc.), pode comportar tentativa (embora, no exemplo ofertado, de difícil configuração). Em contrário, admitindo tentativa para os delitos que punem atos preparatórios: ZAFFARONI E PIERANGELI;[36]

k) *crimes cujo tipo penal é formado por condutas, extremamente abrangentes*, impossibilitando, na prática, a existência de atos executórios dissociados da consumação. Exemplo

---

[35] *Teoría general del delito*, p. 306.
[36] *Da tentativa*, p. 15-16.

disso é o crime de loteamento clandestino ou desautorizado: "Dar início, *de qualquer modo*, ou efetuar loteamento ou desmembramento do solo para fins urbanos, sem autorização do órgão público competente" (art. 50, I, Lei 6.766/1979, grifamos). Nessa linha está o trabalho de Paulo Amador Thomas Alves da Cunha Bueno.[37] Mencione-se, ainda, a lição de David Teixeira de Azevedo, ao cuidar do delito de loteamento clandestino: "Retroage o legislador a tutela jurídica para momento anterior ao da realização mesma do loteamento, de modo a incriminar, nesta hipótese, o ato de início de execução como se crime consumado fora. O legislador equipara, neste tipo penal, os atos executórios primeiros de 'dar início' à modalidade consumada de 'efetuar' loteamento. É suficiente, por isso, 'dar início' a loteamento, ou seja, praticar atos direcionados à realização do loteamento, atos que por sua natureza e qualidade se insiram como execução preliminar do loteamento. Esses atos assim encaminhados como início de execução de um loteamento hão de ser unívocos, reveladores da intencionalidade e materialmente mesmo capazes de corporificar ações hábeis à feitura do loteamento".[38]

2.10. Critério para a diminuição da pena na tentativa

O juiz deve considerar apenas e tão somente o *iter criminis* percorrido, ou seja, tanto maior será a diminuição quanto mais distante ficar o agente da consumação, bem como tanto menor será a diminuição quanto mais se aproximar o agente da consumação do delito. Não se reputa qualquer circunstância – objetiva ou subjetiva –, tais como crueldade no cometimento do delito ou péssimos antecedentes do agente. Trata-se de uma causa de diminuição obrigatória, tendo em vista que se leva em conta o perigo que o bem jurídico sofreu, sempre diferente na tentativa se confrontado com o crime consumado.

Criticando a punição mais branda da tentativa, confira-se a lição de Moniz de Aragão: "E essa doutrina absurda e imoral, repugnante aos sentimentos naturais de justiça e senso moral comum dos homens honestos, está consignada nos dispositivos legais do nosso código criminal, modelado, como é, pelo espírito da Escola Clássica. Relativamente à punibilidade, já dissemos, o mesmo critério se observa: o crime consumado é punido com mais rigor do que a tentativa, não obstante em ambos os casos a intenção delituosa ser a mesma igualmente perversa".[39]

Há, no entanto, exceção à regra da diminuição obrigatória da pena, prevista no ordenamento pátrio: "Pune-se a tentativa com a pena correspondente ao crime, diminuída de um a dois terços, *podendo o juiz, no caso de excepcional gravidade*, aplicar a pena do crime consumado" (art. 30, parágrafo único, do Código Penal Militar, grifamos).

2.11. Distinção entre tentativa perfeita e imperfeita

A tentativa *perfeita* (acabada, frustrada ou crime falho) é a hipótese que se configura quando o agente faz tudo o que pode para chegar à consumação do crime, mas não sobrevém o resultado típico. Exemplo: o agente desfere inúmeros tiros certeiros na vítima e, acreditando que morreu, afasta-se do local. Ocorre que, socorrido por terceiros, o ofendido se salva. Trata-se de tentativa que merece menor diminuição da pena.

---

[37]   *O fato típico nos delitos da Lei do Parcelamento do Solo Urbano* – Lei n. 6.766, de 19 de dezembro de 1979, p. 82.

[38]   O crime de loteamento clandestino, *Atualidades no direito e processo penal*, p. 17.

[39]   *As três escolas penais*: clássica, antropológica e crítica (estudo comparativo), p. 134.

A tentativa *imperfeita* (inacabada) é a situação gerada quando o agente, não conseguindo praticar tudo o que almejava para alcançar a consumação, é interrompido, de maneira inequívoca e indesejada, por causas estranhas à sua vontade. Exemplo: pretendendo dar fim à vida da vítima a tiros, começa a descarregar sua arma, quando, antes de findar os atos executórios, pois crente que o ofendido ainda está vivo, é barrado pela ação de terceiros. Pode merecer diminuição maior da sua pena, pois a fase executória do *iter criminis*, nesse caso, pode ter apenas começado.

2.12. Diferença entre crime falho e tentativa falha

O crime falho é a denominada *tentativa perfeita*, enquanto a tentativa falha é a tentativa que se constitui com base em impedimento íntimo do agente, quando acredita não poder prosseguir na execução, embora pudesse.

Note-se que, nessa hipótese, inexiste interferência de elemento externo, nascendo o bloqueio para a continuação do percurso criminoso na mente do próprio agente. Não se trata de desistência voluntária, pois esta demanda a cessação dos atos executórios por *vontade livre* do autor. Exemplo: o agente aponta arma para a vítima e terceiro o convence de que o revólver está descarregado. Ele abaixa a arma, convicto de que *falhou* o seu plano. Trata-se de tentativa, e não de desistência voluntária. O agente não vê alternativa a não ser baixar a arma.[40]

3. DESISTÊNCIA VOLUNTÁRIA

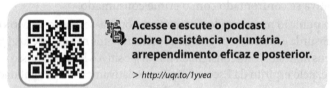

Acesse e escute o podcast sobre Desistência voluntária, arrependimento eficaz e posterior.

> http://uqr.to/1yvea

3.1. Conceito e natureza jurídica

Trata-se da desistência no prosseguimento dos atos executórios do crime, feita de modo voluntário, respondendo o agente somente pelo que já praticou. "O abandono é voluntário quando ocorre independentemente de impedimentos obrigatórios; é voluntário quando o autor diz a si mesmo: não quero, mas posso; não voluntário, quando diz a si mesmo: não posso, mas quero."[41]

Há pelo menos três correntes debatendo a natureza jurídica da desistência voluntária:

a) *causa de exclusão da tipicidade* (FREDERICO MARQUES, HELENO FRAGOSO, BASILEU GARCIA): o tipo penal da tentativa é formado com a utilização do art. 14, inciso II, do Código Penal, que prevê o início da execução e a não consumação por circunstâncias *alheias* à vontade do agente. Daí por que, se a desistência for voluntária, não há que se falar em causa *alheia* à vontade, afastando-se a tipicidade da conduta. O agente,

---

[40] ROXIN, *Problemas fundamentais de direito penal*, p. 339.
[41] Cf. FRANK, *apud* WELZEL, *Derecho penal alemán*, p. 235.

segundo a regra do art. 15, responde somente pelo que já praticou. Exemplo: se estava tentando matar A e desiste, já tendo alvejado a vítima, responderá unicamente pelas lesões corporais causadas. Nas palavras de FREDERICO MARQUES: "Não tem sentido dizer que a tentativa já foi perpetrada e por isso não pode haver efeito *ex tunc* do arrependimento ou da desistência. (...) Os atos de execução, quando o delito não se consuma, de per si, são atividades atípicas. Não fosse a norma de extensão sobre o *conatus*, e todo o processo executivo, em tais casos, seria irrelevante para o Direito Penal. Ora, se do próprio conteúdo dessa norma, que possibilita a adequação típica indireta, tira-se a ilação de que a tentativa só existirá se a consumação não ocorrer por motivos alheios à vontade do agente, é mais que evidente que não há adequação típica quando a não consumação decorre de ato voluntário do autor dos atos executivos do delito";[42]

b) *causa de exclusão da culpabilidade* (WELZEL, ROXIN): tendo em vista que o agente desistiu de prosseguir no crime idealizado, não deve mais sofrer juízo de reprovação social, resultando no afastamento da sua culpabilidade quanto ao delito principal, porém respondendo pelo que já concretizou;

c) *causa pessoal de exclusão da punibilidade* (ZAFFARONI, PIERANGELI, ROBERTO REYNOSO D'AVILA, ANÍBAL BRUNO, PAULO JOSÉ DA COSTA JR., MAGALHÃES NORONHA, HUNGRIA): afasta-se, no caso, a punibilidade do agente, mas não a tipicidade ou a culpabilidade. Se o agente, exemplificando, estava atirando contra A para matá-lo, cada tiro que desferia e errava, por si só, configurava uma tentativa de homicídio, de modo que, ao cessar os atos executórios, afasta a possibilidade de ser punido, embora não se possa apagar uma tipicidade já existente. Trata-se de um *prêmio* pela desistência do agente. Não se pode suprimir retroativamente a tipicidade.

Explicam ZAFFARONI e PIERANGELI: "A principal objeção que se pode formular contra o argumento daqueles que pretendem ver na desistência uma atipicidade, seja objetiva, seja subjetiva, encontra-se na impossibilidade de ter a desistência a virtualidade e tornar atípica uma conduta que antes era típica. Se o começo de execução é objetivo e subjetivamente típico, não se compreende como um ato posterior possa eliminar o que já se apresentou como proibido, situação que muito se assemelha à do consentimento subsequente".[43] Esta última corrente é, em nosso entender, a mais adequada. Aliás, a opção pela excludente pessoal de punibilidade produz reflexos concretos, como ocorre no contexto do concurso de pessoas. Imagine-se a hipótese de um homicídio encomendado. O mandante efetua o pagamento, embora, no momento da execução, o agente-executor desiste voluntariamente de prosseguir. Assim, não responderia este por tentativa de homicídio, mas somente pelo que já praticou, enquanto o mandante, que não desistiu de prosseguir, seria punido por tentativa de homicídio.[44]

3.2. Desistência momentânea

Cuida-se de ato consistente para determinar a desistência voluntária, pois houve *voluntariedade* na conduta, embora possa não haver espontaneidade. Se o agente desistir de prosseguir na execução do delito, porque achou que o momento era inconveniente, pretendendo

---

[42] *Tratado de direito penal*, v. II, p. 387.

[43] *Da tentativa*, p. 87.

[44] Em idêntica visão: WELZEL, *Derecho penal alemán*, p. 235.

continuar em outra época, deve ser beneficiado pela excludente. É o pensamento majoritário. Na lição de Hungria: "Mesmo no caso em que o agente desiste da atividade executiva com o desígnio de repeti-la em outra ocasião (desistência da consumação, sem abandono total do propósito criminoso), há desistência voluntária".[45]

Há diferença, no entanto, entre *adiamento* da execução e *pausa* na execução, isto é, quando o agente suspende a execução, aguardando momento mais propício para concluir o delito, com nítida proximidade de nexo temporal. Exemplo: espera o ladrão, que havia iniciado o arrombamento de uma janela, a passagem do vigia noturno pela rua, a fim de dar prosseguimento no intento de praticar o furto. Se for surpreendido, durante a *pausa*, haverá tentativa de furto.

Em contrário, não aceitando a hipótese de desistência momentânea, ressalte-se da posição de Costa e Silva: "Não existe desistência, quando o agente suspende a execução com o pensamento de continuá-la depois, em ocasião propícia. Assim também quando deixa apenas de repetir o ato. A desfecha em B, com o intuito de matá-lo, um tiro de seu revólver. A bala não fere o alvo: perde-se no espaço. Dispondo ainda de mais projéteis em sua arma, deixa A de deflagrá-los. Segundo algumas opiniões, há na hipótese uma desistência, que torna a tentativa impunível. Temos como mais jurídica a solução contrária. O tiro que falhou representa uma tentativa perfeita ou acabada. A inação, consistente na abstenção de novos tiros, não corresponde à exigência legal de voluntário impedimento do resultado. Nem *de lege ferenda* as aludidas opiniões se justificam. Elas criam uma situação de favor para o indivíduo que cautelosamente carrega todo o cilindro de seu revólver. O que dispõe só de uma bala incorre em tentativa punível. O que dispõe de várias, não. É palpável o absurdo".[46]

3.3. A questão da execução retomada

Trata-se da hipótese de pretender o autor realizar o crime mediante um determinado método, considerado infalível. Este, no entanto, não dá certo. Ele poderia prosseguir de maneira diversa, retomando a execução, mas *renuncia* à continuidade.

Para parte da doutrina, cuida-se da denominada tentativa falha, devendo haver punição. Estaria inserido o agente na denominada *teoria do ato isolado*, ou seja, cada ato parcial que, antes da execução, o agente considerava suficiente para atingir o resultado serve para fundamentar uma tentativa acabada e falha, caso não venha a atingir o seu fim. No entanto, para outros, com os quais concordamos, trata-se de desistência voluntária. Roxin, nessa ótica, diz que posicionamento contrário, além de caminhar em sentido oposto ao da lei, não convence sob o ponto de vista da política criminal de *premiar* aquele que, de uma forma ou de outra, desde que fruto da sua vontade, cesse os atos executórios antes da consumação.[47] Afinal, completa ele, não se pode aceitar uma teoria cuja consequência seria, no caso de tentativa de homicídio, tornar a morte da vítima mais vantajosa do que poupá-la, pois há a possibilidade de ficar impune, caso o crime se consume.[48]

Criticando aqueles que sustentam a punibilidade da conduta do agente, no caso da execução retomada, conferir o magistério de Zaffaroni e Pierangeli: "Se, durante a execução,

---

[45] *Comentários ao Código Penal*, v. I, t. II, p. 98.

[46] *Código Penal*, p. 92-93.

[47] *Problemas de direito penal*, p. 356-357.

[48] *Problemas de direito penal*, p. 359.

o autor se cientificar de que a força é insuficiente e decidir pelo emprego de uma força maior do que aquela que, em princípio, pensava usar, nada fará mais do que seguir em frente com a mesma tentativa. Nenhuma importância terá o fato de o agente decidir matar com um único golpe e, comprovando não ser ele suficiente para produzir a morte, desferir-lhe mais cinco, com os quais consegue o seu objetivo, porquanto não haverá, em tal hipótese, um concurso de tentativa de homicídio com homicídio consumado. (...) Sendo assim, não vemos por que razão se há de considerar que a tentativa está fracassada quando o agente pode lograr o seu objetivo mediante uma variação não significativa do plano original, modificando a forma de execução do delito".[49]

4. ARREPENDIMENTO EFICAZ

4.1. Conceito e natureza jurídica

Trata-se da desistência que ocorre entre o término dos atos executórios e a consumação. O agente, nesse caso, já fez tudo o que podia para atingir o resultado, mas resolve interferir para evitar a sua concretização. Exemplo: o autor ministra veneno a B; os atos executórios estão concluídos; se nada fizer para impedir o resultado, a vítima morrerá. Por isso, o autor deve agir, aplicando o antídoto para fazer cessar os efeitos do que ele mesmo causou.

Exige a norma do art. 15 que o arrependimento do agente seja realmente *eficaz*, ou seja, capaz de impedir o resultado. Não se aplica o benefício previsto neste artigo caso o autor dos atos executórios, embora arrependido, não consiga evitar que o resultado se produza, por qualquer causa. Exemplificando: se o agente dá veneno, pretendendo matar a vítima, mas, antes que esta morra, arrepende-se e resolve ministrar o antídoto; caso o ofendido não se salve (seja porque o antídoto falhou ou mesmo porque a vítima não quis ingeri-lo), responderá por homicídio consumado.

Confira-se a lição de MAGALHÃES NORONHA: "A responsabilidade perdura, a nosso ver, mesmo que outra causa concorra. Ainda na hipótese em questão, se, apresentado o antídoto, a vítima recusar-se a tomá-lo, por achar-se desgostosa da vida e querer consumar seus dias, não há isenção de pena ao agente, pois seu arrependimento *não teve eficácia*. A recusa da vítima não rompe o nexo causal entre a ministração do tóxico e a morte (por mais miraculosa fosse essa vontade, não teria o condão de fazer *aparecer veneno* nas vísceras do sujeito passivo). Por outro lado, é patente ser essa vontade uma *concausa* (não ter observado o regime médico-higiênico reclamado por seu estado)".[50]

4.2. Distinção entre voluntariedade e espontaneidade

No contexto do direito penal, há diferença entre *voluntário* e *espontâneo*. Agir voluntariamente significa atuar *livremente*, sem qualquer coação. Agir *espontaneamente* quer dizer uma vontade *sincera*, fruto do mais íntimo desejo do agente. No caso da desistência e do arrependimento eficaz, exige-se apenas *voluntariedade*, mas não *espontaneidade*. Se o agente deixar de prosseguir na trajetória criminosa porque se *arrependeu* do que vinha fazendo, terá

---

[49] *Da tentativa*, p. 93-94.
[50] *Direito penal*, v. 1, p. 127.

agido de modo voluntário e espontâneo, embora não seja necessário este último requisito para configurar a excludente.

4.3. Diferença entre desistência ou arrependimento e tentativa

Nas duas primeiras hipóteses, o agente, voluntariamente, não mais deseja chegar ao resultado, cessando a sua atividade executória (desistência voluntária) ou agindo para impedir a consumação (arrependimento eficaz), enquanto na terceira hipótese o agente quer atingir o resultado, embora seja impedido por fatores estranhos à sua vontade.

5. ARREPENDIMENTO POSTERIOR

5.1. Conceito e natureza jurídica

É a reparação do dano causado ou da restituição da coisa subtraída nos delitos cometidos sem violência ou grave ameaça, desde que por ato voluntário do agente, até o recebimento da denúncia ou da queixa. Chama-se "posterior" para diferençá-lo do eficaz. Quer dizer que ocorre *posteriormente* à consumação do delito.

A sua natureza jurídica é de causa pessoal de redução da pena, que pode variar de um a dois terços. Aliás, sua inserção pelo legislador no contexto da teoria do crime foi indevida, merecendo situar-se no capítulo pertinente à aplicação da pena.

5.2. Requisitos para a aplicação

Trata-se de requisito indispensável para a aplicação do benefício, embora se devesse, em futura modificação da lei penal, ampliá-lo para qualquer delito que produza efeito patrimonial, *independentemente* de ter sido praticado com violência ou grave ameaça. Ao roubo, cometido com grave ameaça ou lesão leve, por exemplo, cujo agente, arrependido do que fez, procure a vítima ou a polícia, devolvendo, integralmente, a coisa subtraída, bem como pagando qualquer dano remanescente, deveria ser efetivada a causa de diminuição da pena. Não se privilegiam, no direito penal pátrio, de maneira eficiente, as formas de arrependimento do autor. Se, por um lado, quer-se que a pena sirva – e é a concepção mais difundida atualmente – de instrumento para a reeducação, quando se vislumbra uma forma real de arrependimento, significando uma natural reeducação, não se dá valor.

Note-se a mesma incongruência com a *confissão espontânea*, mera atenuante, e não uma causa de diminuição que permita aplicar a pena abaixo do mínimo legal. Há que se alterar esse quadro, permitindo que o agente possa dar mostra de seu arrependimento, recebendo efetivo benefício por isso. Confira-se no artigo publicado no jornal *Folha de S. Paulo* (20.05.1999): "M. S., 28, perdeu o emprego há um ano e meio, depois de trabalhar dez anos como vendedor de autopeças em Bauru. No final de abril, sem dinheiro para pagar o aluguel atrasado da casa onde moram a ex-mulher e o filho, ele assaltou uma lotérica, depois de mais uma manhã em busca de uma vaga. Levou R$ 279 em dinheiro, usando um acendedor de fogão em forma de revólver. Arrependido, no último sábado, ele procurou a polícia, confessou o crime e disse que quer trabalhar para devolver o valor roubado". A ele, no entanto, não se pode aplicar o arrependimento posterior.

5.2.1. *Violência culposa, presumida e imprópria*

É admissível a aplicação da causa de redução de pena, caso o delito, produzindo efeitos patrimoniais, tenha sido praticado com violência culposa. Assim é a hipótese de haver lesões culposas – afinal, o resultado lesivo não foi, de forma alguma, desejado pelo agente. Ensina DANTE BUSANA: "O arrependimento posterior (art. 16, CP) alcança também os crimes não patrimoniais em que a devolução da coisa ou o ressarcimento do dano seja possível, ainda que culposos e contra a pessoa. Neste último caso, a violência que atinge o sujeito passivo não é querida pelo agente, o que impede afirmar tenha sido o delito *cometido*, isto é, praticado, realizado, perpetrado, *com violência*, pois esta aparece no resultado e não na conduta".[51]

No caso de violência presumida, já que os casos retratados em lei demonstram ser a violência fruto da inibição da vontade da vítima, não há possibilidade de aplicação da redução do arrependimento posterior. Aliás, acrescente-se que o universo dos crimes onde se fala em violência presumida é composto por delitos dolosos, cuja violência contra a pessoa, ainda que na forma ficta, termina ocorrendo como decorrência natural da vontade do agente – diferentemente da violência culposa, que é involuntária –, bem como são eles crimes não patrimoniais e sem efeitos patrimoniais (vide o campo dos delitos contra a liberdade sexual), logo incabível qualquer reparação do dano. E ressaltemos, ainda, que a violência presumida é uma forma de violência própria, isto é, presume-se que a vítima, não podendo consentir validamente, foi fisicamente forçada. A denominada violência imprópria – forma de redução da capacidade de resistência da vítima por meios indiretos, como ministrando droga para sedar quem se pretende roubar – também não autoriza a aplicação do benefício do arrependimento posterior. Na essência, adjetivar a violência como *imprópria*, em nosso entendimento, não é correto. Quando alguém reduz a capacidade de resistência da vítima por meios físicos indiretos, encaixa-se justamente na hipótese prevista no art. 224, *c*, do CP [atualmente, tipificada no art. 217-A] ("não pode, por qualquer outra causa, oferecer resistência"). É violência contra a pessoa, tanto quanto a física exercida de maneira direta. Tanto é verdade que a utilização da denominada violência imprópria provoca o surgimento do roubo, e não do furto, em caso de subtração por tal meio. Logo, é crime violento.

5.2.2. A indevida reparação

Deve ser feita de modo integral. Sendo parcial, não se pode aplicar o benefício ao agente. Entretanto, é preciso ressaltar que a verificação da completude do reparo ou da restituição deve ficar a cargo da vítima, salvo em casos excepcionais. Exemplificando: se o agente furta o veículo do ofendido, devolvendo-o sem as calotas, é possível que a vítima se dê por satisfeita, podendo-se considerar concretizado o arrependimento posterior. Entretanto, se o agente devolvesse somente os pneus do veículo, ainda que a vítima concordasse, seria uma forma de burlar o texto legal, não o aceitando o juiz. Adotando posicionamento diverso, PAULO JOSÉ DA COSTA JR. diz que é possível que a reparação do dano não seja integral, correspondendo, então, a uma menor diminuição da pena do que ocorreria se fosse completa.[52]

Assim também é o magistério de WALÉRIA GARCELAN LOMA GARCIA, sustentando que a reparação não precisa ser completa para haver a incidência do art. 16, pois, se assim fosse, também não poderia incidir a atenuante do art. 65, tendo em vista que os fundamentos são os mesmos.[53] Não nos parece que deva haver esse padrão de comparação entre a causa de diminuição de pena do art. 16 e a atenuante do art. 65, até porque esta última menciona

---

[51] Cf. WALÉRIA GARCELAN LOMA GARCIA, *Arrependimento posterior*, p. 105.

[52] *Comentários ao Código Penal*, 7. ed., p. 61.

[53] *Arrependimento posterior*, p. 89.

não somente a reparação do dano, mas também a possibilidade de o agente "evitar-lhe ou minorar-lhe as consequências", o que permitiria, então, falar em reparação parcial do dano.

5.2.3. *Necessidade de efeito patrimonial*

A causa de diminuição de pena prevista nesse artigo exige, para sua aplicação, que o crime seja patrimonial ou possua efeitos patrimoniais. Afinal, somente desse modo seria sustentável falar em *reparação do dano* ou *restituição da coisa*. Em uma hipótese de homicídio, por exemplo, não teria o menor cabimento aplicar o arrependimento posterior, uma vez que não há nada que possa ser restituído ou reparado. No furto, ao contrário, caso o agente devolva a coisa subtraída ou pague à vítima indenização correspondente ao seu valor, tornar-se-á viável a diminuição da pena. Não descartamos, por certo, outras hipóteses que não sejam crimes patrimoniais, como ocorreria com o peculato doloso. Em caso de restituição da coisa ou reparação total do dano, parece-nos viável a aplicação da redução da pena.

Em sentido contrário, ensina WALÉRIA GARCELAN LOMA GARCIA: "Acatando a orientação de que o dispositivo aplica-se a qualquer espécie de crime, ausente a violência e a grave ameaça contra a pessoa, não podem ser afastados aqueles delitos que ensejam unicamente um dano não patrimonial e um dano moral. Assim, o crime de sedução [quando era considerado crime], os crimes contra a honra, contra a inviolabilidade de correspondência, contra a inviolabilidade dos segredos, contra a propriedade imaterial, contra o sentimento religioso e contra o respeito aos mortos etc. Certo que em alguns desses crimes coexistem danos patrimoniais, não patrimoniais e morais. Trata-se de um benefício legal, e ao intérprete não compete restringir o sentido ou alcance do dispositivo em prejuízo do agente, resultando, assim, somente enfrentar e dirimir as questões da aferição do dano e a forma de sua reparação".[54]

Permitimo-nos discordar dessa posição, destacando que, em alguns dos exemplos citados, torna-se até mesmo impossível não somente mensurar o dano (violação de sepultura ou perturbação de cerimônia religiosa, entre outros), mas, sobretudo, identificar a vítima, isto é, a pessoa destinatária da indenização.

5.2.3.1. A reparação do dano moral

Não cremos que seja sustentável a aplicação da redução da pena caso o agente busque reparar apenas o dano moral provocado pelo crime. Em primeiro lugar, o dano moral é de mensuração totalmente imprecisa, nem mesmo havendo lei expressa para dispor sobre seu montante. Em segundo plano, destaquemos o fato de que há lesões que não podem comportar qualquer tipo de reparação, pelo menos que contem com benefícios penais, como ocorre com o homicídio.

A vida humana não tem preço para que possa comportar reparação. Embora familiares do morto possam requerer, na esfera cível, indenização por danos morais, tal situação não deve servir de parâmetro para a aplicação da diminuição da pena. Em terceiro lugar, justamente porque a mensuração do dano moral é complexa e controversa, pode levar muito tempo até que haja uma decisão judicial definitiva sobre o tema. E antes disso, certamente, o processo criminal já deverá ter iniciado – sob pena de prescrição –, afastando a possibilidade de aplicação da causa de redução da pena. Permitir que o agente pague à vítima ou aos seus familiares (em caso de dano moral) qualquer quantia seria ainda pior, pois não se estaria verificando,

---

[54] *Arrependimento posterior*, p. 85.

concretamente, se houve reparação total do dano. O juiz não pode aceitar qualquer tipo de pagamento, pois, se o fizesse, estaria maltratando a norma penal.

Em contrário, aceitando o dano moral para o fim de aplicar a diminuição da pena: WALÉRIA GARCELAN LOMA GARCIA.[55]

5.2.4. Negativa da vítima em receber a indenização ou a coisa

Pode ocorrer a hipótese de o ofendido recusar-se a receber a coisa subtraída ou a correspondente reparação do dano, por variadas razões, entre as quais destaque-se o desejo de prejudicar o agente. Nesse caso, parece-nos sensata a possibilidade de utilização da ação de consignação em pagamento para desonerá-lo.

Assim que o juiz autorizar o depósito, pode-se juntar prova no inquérito, antes do recebimento da denúncia ou queixa, como exige o art. 16, e estará configurada a possibilidade de haver redução da pena em virtude do advento do arrependimento posterior. Em certos casos, não é preciso ingressar com a consignação, pois, tratando-se de devolução da coisa furtada, por exemplo, se pode entregá-la diretamente à autoridade policial, que mandará lavrar o auto de apreensão, para posterior restituição à vítima.

Aliás, quando da sentença, deve-se aplicar a atenuante prevista no art. 65, III, *b*, do Código Penal.

5.2.5. Voluntariedade e espontaneidade

Nesse caso, como já se viu, há necessidade de uma reparação ou restituição feita livremente pelo agente, mas não significando que, de fato, está arrependido do que fez, ou seja, não se exige espontaneidade.

Em idêntica posição, separando o ato voluntário do espontâneo, encontra-se a lição de WALÉRIA GARCIA ao definir este último: "(...) reveste-se da qualidade de arrependimento; é um ato que nasce unicamente da vontade do agente (autodeterminação), sem qualquer interferência externa na ideia inicial".[56] Justamente para evidenciar o requisito da voluntariedade é que se exige seja a devolução ou reparação feita *pessoalmente* pelo agente.

Se for por interposta pessoa, é preciso uma razão comprovada, pois pode não representar uma restituição voluntária. Imagine-se a mãe do autor do furto que, por sua conta, resolva, sem que o filho saiba, devolver a coisa subtraída. É natural não ter havido, no caso, "ato voluntário do agente". Entretanto, se o filho estiver hospitalizado, por alguma razão, poderá valer-se de terceiro para proceder à reparação do dano ou restituição da coisa.

5.2.6. Critérios para a diminuição

Devem ser levados em consideração dois fatores: a) espontaneidade do agente; b) celeridade na devolução. Quanto mais sincera e rápida for a restituição ou reparação, maior será a diminuição operada. Na jurisprudência, para ilustrar: STJ: "A causa de diminuição de pena relativa ao artigo 16 do Código Penal (arrependimento posterior) somente tem aplicação se houver a integral reparação do dano ou a restituição da coisa antes do recebimento da

---

[55] *Arrependimento posterior*, p. 81.

[56] *Arrependimento posterior*, p. 93.

denúncia, variando o índice de redução da pena em função da *maior ou menor celeridade* no ressarcimento do prejuízo à vítima" (REsp 1.302.566/RS, 6.ª T., rel. Maria Thereza de Assis Moura, 27.06.2014, v.u., grifamos).

No entanto, o requisito da causa de diminuição não pode servir como critério de redução, porque consistiria num autêntico *bis in idem* às avessas, dado que favorável ao réu, mas inadequado, pois estar-se-ia tergiversando. Seria o mesmo que levar em conta não se ter consumado o crime – que é requisito para haver tentativa – como critério para a redução da pena. Portanto, os requisitos de reconhecimento de um benefício diferem dos critérios usados para mensurá-lo.

5.2.7. Análises das Súmulas 554 e 246 do STF

Diz a Súmula 554 do STF: "o pagamento de cheque emitido sem provisão de fundos, após o recebimento da denúncia, não obsta ao prosseguimento da ação penal": a consequência extraída da Súmula é que o pagamento do cheque sem fundo *antes* do recebimento da denúncia tem força para obstruir a ação penal. Há uma combinação com a Súmula 246 do mesmo tribunal ("Comprovado não ter havido fraude, não se configura o crime de emissão de cheque sem fundos").

No entanto, com o advento da Reforma Penal de 1984, introduzindo-se o arrependimento posterior, passou grande parte da doutrina a sustentar que já não tinha aplicação a Súmula 554, embora os tribunais não tenham acolhido tal proposição, sob o argumento de não se tratar de causa de arrependimento posterior, mas sim de falta de justa causa para a ação penal, por inexistência do ânimo de fraude.

Em nosso entendimento, correta está a posição que sustenta ser caso de arrependimento posterior o pagamento de cheque sem fundos, dado com ânimo de fraudar, antes do recebimento da denúncia ou da queixa. Embora os Tribunais Superiores venham aplicando as Súmulas 554 e 246, observa-se que esta última é inútil, pois é certo que para todas as hipóteses de estelionato é indispensável haver o elemento subjetivo do tipo específico, que é a vontade de fraudar, motivo pelo qual a Súmula apenas declara o óbvio. Por outro lado, quanto à Súmula 554, nota-se que ela é aplicada indistintamente, ou seja, para qualquer situação de pagamento de cheque dado sem provisão de fundos, ainda que tenha havido a intenção de fraude. Tal postura está equivocada, pois o crime de estelionato já se encontrava aperfeiçoado e, no máximo, dever-se-ia aplicar a causa de redução da pena, mas não impedir que o órgão acusatório proponha a ação penal, que é pública incondicionada. Correta a análise e a conclusão de WALÉRIA GARCIA nesse sentido: "Com as Súmulas 246 e 554, ou sem elas, haverá crime de estelionato se houver fraude, e não haverá crime quando ausente a fraude. Isto é de lei. Referidas súmulas, invocadas e aplicadas de forma distorcida, estão trazendo o descrédito ao Poder Judiciário, representando, a deturpação da ideia originária do Direito Sumular, uma séria ameaça ao Direito".[57]

5.2.8. Incomunicabilidade da causa de diminuição da pena no concurso de pessoas

Sendo causa pessoal de diminuição da pena, parece-nos que a devolução da coisa ou a reparação do dano precisa ser voluntariamente praticada por todos os coautores e partícipes

---

[57] *Arrependimento posterior*, p. 143.

para que obtenham o favor legal. Assim, o arrependimento de um não serve para beneficiar os demais automaticamente; depende da vontade de cada um dos concorrentes em restituir a coisa ou reparar o dano.

Em contrário, há jurisprudência permitindo a extensão do benefício aos coautores, baseado no art. 30 do CP. Defende o mesmo VICTOR EDUARDO RIOS GONÇALVES, invocando o disposto no referido art. 30 e dizendo tratar-se de circunstância de caráter objetivo.[58] Ora, se fosse puramente objetivo, em nossa visão, não haveria motivo para o legislador inserir no art. 16 a *voluntariedade* da conduta do agente. Imagine-se que um coautor quer ressarcir e outro não deseja. O primeiro apresentou voluntariedade e o segundo, não. Inexiste razão para ambos serem beneficiados pela causa de diminuição da pena.

6. CRIME IMPOSSÍVEL

Acesse e escute o podcast sobre Crime impossível.
> http://uqr.to/1yveb

6.1. Conceito e natureza jurídica

Cuida-se da tentativa não punível, porque o agente se vale de meios absolutamente ineficazes ou volta-se contra objetos absolutamente impróprios, tornando impossível a consumação do crime. É também denominada tentativa inidônea, impossível, inútil, inadequada ou quase crime. Trata-se de uma autêntica "carência de tipo", nas palavras de ANÍBAL BRUNO.[59] Exemplos: atirar, para matar, contra um cadáver (objeto absolutamente impróprio) ou atirar, para matar, com uma arma descarregada (meio absolutamente ineficaz).

A natureza jurídica é de uma causa excludente da tipicidade.

6.2. Fundamento da não punição do crime impossível

Adota-se, no Brasil, a teoria objetiva, vale dizer, leva-se em conta, para punir a tentativa, o risco objetivo que o bem jurídico corre. No caso da tentativa inidônea, o bem jurídico não sofreu risco algum, seja porque o meio é totalmente ineficaz, seja porque o objeto é inteiramente impróprio. Daí por que não há punição.

Acrescenta MARCELO SEMER, expondo as várias teorias acerca do crime impossível, ter o Código Penal adotado a teoria objetiva *temperada* ou *moderada*. A diferença básica entre a objetiva pura e a objetiva temperada está na exigência de meio ou objeto *absolutamente* ineficaz ou impróprio (temperada) e meio ou objeto *relativamente* ineficaz ou impróprio (pura). Isto significa, ilustrativamente, que um sujeito, ao tentar envenenar alguém, usando substância letal, mas em dose insuficiente (meio relativamente ineficaz), pela teoria adotada no Brasil, deve responder por tentativa de homicídio. Somente não responderia se utilizasse substância totalmente inofensiva para a vítima, no caso concreto (meio absolutamente ineficaz).

---

[58] *Curso de direito penal*, p. 177.
[59] Sobre o tipo no direito penal, p. 56.

Conclui o autor que, para "a teoria objetiva temperada, em resumo, crime impossível é a tentativa realizada com meios absolutamente inidôneos ou dirigidos a um objetivo inidôneo. Em ambas as situações está ausente o perigo real que deve acompanhar, em todo caso como consequência, tanto o crime consumado como o tentado. A tentativa, pois, não seria punível, eis que ausente seu caráter objetivo. *A contrario sensu*, a tentativa está caracterizada – afastado, portanto, o delito impossível – quando os meios forem relativamente inidôneos".[60]

6.3. Diferença entre tentativa inidônea e erro de tipo

Na primeira hipótese, o agente acredita que poderá atingir o resultado almejado, apesar de não poder, agindo com dolo.

Na segunda, o agente não atua com dolo, pois não prevê que poderá causar o resultado, embora possa. Melhor análise do erro de tipo será feita em capítulo próprio.

6.4. Diferença entre crime impossível e crime putativo

O primeiro constitui a hipótese do agente que, pretendendo cometer um delito, não atinge a consumação porque se valeu de instrumento absolutamente ineficaz ou voltou-se contra objeto absolutamente impróprio.

O segundo, por seu turno, prevê a hipótese do agente que, pretendendo cometer um delito, não consegue seu intento porque a conduta eleita não constitui fato típico. Exemplos: no crime impossível, o agente desfere tiros, com o intuito de cometer homicídio, contra pessoa que já morreu; no crime putativo, o agente deixa de pagar dívida, instrumentalizada por meio de nota promissória, crendo ser infração penal, quando, na realidade, não o é.

6.5. Requisitos essenciais para o reconhecimento do crime impossível

6.5.1. Ineficácia absoluta do meio

A lei penal exige que o meio utilizado seja *totalmente* ineficaz, devendo-se avaliar a eficácia no caso concreto, jamais teoricamente. Em tese, uma arma descarregada não é um meio idôneo para matar, porém, se a vítima for cardíaca, poderá morrer pelo susto dos pretensos disparos feitos contra sua pessoa. Nesse caso, não houve crime impossível, pois o agente atingiu o resultado desejado.

Outra ilustração, perfazendo o crime impossível, cuida-se do agente que, ingressando em loja de venda de celulares, toma o aparelho em suas mãos e sai correndo do local; entretanto, o referido celular está preso por um cabo de aço ao mostrador; o sujeito então é detido por segurança do estabelecimento. A viabilidade de consumação do furto é zero, pois jamais ele conseguiria retirar o aparelho, ligado a cabo de aço, da loja. Configura-se o delito impossível.

6.5.2. Absoluta impropriedade do objeto

O mesmo comentário feito em nota anterior, sobre o termo "absoluta", vale para esse caso. Deve-se avaliar a impropriedade total do objeto no caso concreto. Nesse contexto, é preciso cautela quando se tratar de impropriedade *relativa*. Exemplo: se o agente, pretendendo matar a vítima, ingressa no quarto onde julga que se encontra, desferindo vários tiros contra o leito

---

[60] MARCELO SEMER, *Crime impossível e a proteção aos bens jurídicos*, p. 36-38.

vazio, mas o ofendido se acha no quarto ao lado, conseguindo fugir, não se trata de crime impossível, mas de tentativa incruenta de homicídio, ou seja, sem lesões à vítima. O objeto almejado existia e podia ter sido atingido.

6.5.3. Momento de avaliação da idoneidade do meio ou do objeto

Deve-se fazê-lo após a ocorrência do fato. Trata-se do único método seguro para analisar se o objeto era, realmente, *absoluta ou relativamente* impróprio e se o meio era *absoluta ou relativamente* ineficaz.

Adverte MARCELO SEMER que "a aferição da idoneidade *ex ante* é a tônica da teoria objetiva moderada. Indica a análise de que o meio empregado era, antes de iniciada a execução do delito, e sem levar em consideração as circunstâncias em que os fatos se desenvolveram, apto ou inapto para provocar a consumação do crime. Trata-se, pois, de uma verificação *in abstrato* da idoneidade dos meios, consoante propugna a doutrina ora estudada: a tentativa só se exclui se o meio era essencialmente ineficaz. Tem-se propugnado, no entanto, que a verificação da idoneidade ou inidoneidade dos meios empregados pelo agente deve levar em conta as circunstâncias em que os fatos transcorreram, fazendo-se, assim, uma aferição *ex post*". E conclui, mais adiante, com pertinência: "Deve-se privilegiar a aferição *ex post* desde que se pretenda a incorporação, na aferição da idoneidade dos meios ou do objeto, das circunstâncias que concretamente atuaram no desenrolar dos fatos – o que, aliás, é mais consentâneo com a própria noção de tipicidade. Bem ainda analisar-se a idoneidade dos meios ou objeto de acordo com o plano concreto do agente – vale dizer, em relação ao propósito a que se lançara na empreitada delituosa".[61]

6.6. Flagrante provocado ou preparado

Trata-se de crime impossível, também denominado *crime de ensaio*, ou seja, quando um terceiro provoca o agente à prática do delito, ao mesmo tempo que age para impedir o resultado. Havendo eficácia na atuação do agente provocador, não responde pela tentativa quem a praticou. É o disposto na Súmula 145 do STF ("Não há crime, quando a preparação do flagrante pela polícia torna impossível a sua consumação").

Embora a súmula faça referência somente à polícia, é natural que seja aplicável, também, em outros casos. Assim, se um policial se disfarça de vítima, expondo objetos de valor para provocar um furto ou um roubo, cercado por outros agentes disfarçados, havendo ação da parte de alguém, preso imediatamente sem nada conseguir levar, evidencia-se a hipótese do crime impossível.

Outra ilustração: delegado que apresenta livro de sua propriedade para comerciante, pedindo-lhe que extraia fotocópia do exemplar inteiro, buscando caracterizar o crime de violação de direito autoral (art. 184, CP), dando-lhe voz de prisão logo após o término do serviço, constitui, igualmente, crime impossível.

No tocante ao crime de tráfico ilícito de drogas, deve-se salientar haver 18 verbos alternativos no tipo penal incriminador do art. 33 da Lei 11.343/2006. Por isso, quando policiais se passam por usuários, pedindo ao traficante que lhes venda droga, dá-se voz de prisão em flagrante não pela venda (pois impossível), mas pelas outras condutas, de caráter permanente,

---

[61] *Crime impossível e a proteção aos bens jurídicos*, p. 87-89.

como ter em depósito, guardar ou trazer consigo. No entanto, se policiais pedem a um usuário que lhes consiga droga, passando-se por compradores, ofertando preço bem acima do mercado, podem induzir o referido usuário a conseguir a droga de um traficante. Nesse caso, trata-se de crime impossível, pois o flagrante é nitidamente preparado. O usuário não tinha a droga; foi buscá-la com terceiro somente porque foi instigado a isso pelos agentes policiais.

6.7. Flagrante esperado

Nesse caso, inexiste agente provocador, embora chegue à polícia a notícia de que um crime será praticado em determinado lugar. Montando-se guarda, é possível prender os autores em flagrante, no momento de sua prática.

Como regra, não se trata de crime impossível, tendo em vista que o delito pode se consumar, uma vez que os agentes policiais não armaram o crime, mas simplesmente aguardaram a sua realização, que poderia acontecer de modo totalmente diverso do esperado. Não descartamos, no entanto, que o flagrante esperado se torne delito impossível, caso a atividade policial seja de tal monta, no caso concreto, que torne absolutamente inviável a consumação da infração penal.

6.8. Questões polêmicas

6.8.1. Furto sob vigilância

Trata-se de hipótese extremamente polêmica, suscitando correntes que apoiam a ocorrência de crime impossível, enquanto outras a rejeitam. Entretanto, em nossa visão, inclusive prática, julgando, no Tribunal de Justiça, vários casos similares, a resposta não comporta avaliação radical: sim ou não.

Iniciemos a análise pelo disposto na Súmula 567 do Superior Tribunal de Justiça: "sistema de vigilância realizado por monitoramento eletrônico ou por existência de segurança no interior de estabelecimento comercial, por si só, não torna impossível a configuração do crime de furto". A edição da referida súmula teve por finalidade contornar o radicalismo das posições, mas não surtiu o efeito desejado. Na realidade, os seus termos, em nosso entendimento, estão muito bem colocados, bastando boa vontade para a interpretação.

Enuncia o STJ que a *simples* existência de sistema de vigilância eletrônico ou segurança no estabelecimento, *por si só*, não torna impossível a configuração do furto. Corretíssimo, pois tudo depende do *caso concreto*. Há sistemas falhos de vigilância eletrônica; há seguranças desatentos ou em número insuficiente. Então, alegar a defesa que o estabelecimento comercial era monitorado por segurança eletrônica ou outra forma não torna, automaticamente, a tentativa de furto em crime impossível.

Pensamos haver duas possibilidades nesse caso. Quando o agente se encontra em um supermercado, por exemplo, vigiado em *todos* os corredores por câmeras, bem como por *seguranças que o acompanham o tempo todo*, sem perdê-lo de vista, não é razoável defender a hipótese de que, ao chegar à saída do estabelecimento, seja detido em flagrante por tentativa de furto. Qual seria a viabilidade de consumação do crime se foi acompanhado o tempo todo por funcionários do supermercado? Nenhuma. Logo, é crime impossível.

Entretanto, caso o agente, ainda que visualizado por alguma câmera furtando, *não seja acompanhado o tempo todo*, propiciando que os *seguranças o percam de vista*, é possível cuidar de tentativa de furto, pois, no caso concreto, havia viabilidade para a consumação do furto.

Cap. XXV – Crime Consumado e Tentativa

Em hipóteses assim, o agente termina detido já fora do estabelecimento, no estacionamento ou nas imediações.

Somente o caso concreto, com ampla visualização dos fatos ocorridos, permitirão ao julgador uma decisão coerente pelo reconhecimento do crime impossível ou pela sua negação.

6.8.2. *Tiros em carro blindado*

Esta é outra situação, que, em tese, merece análise no caso concreto. No entanto, pode-se extrair uma regra para a blindagem-padrão, realizada no Brasil, para carros de passeio, autorizada pelo Exército, de nível III-A, que detém o impacto de armas de calibre 39 a 9 mm.

No entanto, sabe-se que vários tiros desferidos contra o mesmo local é conduta apta a romper essa blindagem. Aliás, justamente por isso que o motorista do carro blindado aprende algumas dicas de direção defensiva, para retirar o veículo do local da abordagem.

Sob outro aspecto, a ousadia de certos agentes é tamanha que podem abordar um carro blindado com um fuzil e, nessa hipótese, o tiro disparado pode romper a blindagem, matando quem se encontra na direção.

Ainda sob outro lado, a blindagem de máxima proteção, como a utilizada na limusine presidencial americana, apta a suportar armas pesadas, se atingida por um tiro disparado por um revólver calibre 22, por óbvio, configura crime impossível.

Assim sendo, é preciso checar o crime objetivado – roubo, sequestro, homicídio etc. – e, também, o armamento possuído pelo agente, além da sua conduta concreta no sítio dos acontecimentos.

Como regra, para carros de passeios comuns, na perspectiva de armas de calibre 38 e superior, trata-se de tentativa do crime almejado, pois a blindagem pode se romper.

RESUMO DO CAPÍTULO

- **Crime consumado:** é o tipo penal integralmente realizado, ou seja, quando o tipo concreto se enquadra no tipo abstrato. Exemplo: quando A subtrai um veículo pertencente a B, com o ânimo de assenhoreamento, produz um crime consumado, pois sua conduta e o resultado materializado encaixam-se, com perfeição, no modelo legal de conduta proibida descrito no art. 155 do Código Penal.

- **Tentativa:** trata-se da realização incompleta da conduta típica, que não é punida como crime autônomo. Preferiu-se usar uma *fórmula de extensão*, ou seja, para caracterizar a tentativa de um crime, como o homicídio, não se encontra previsão expressa no art. 121 da Parte Especial. Nesse caso, aplica-se a figura do crime consumado em associação com o disposto no art. 14, II, da Parte Geral. Portanto, o crime tentado de homicídio é a união do "matar alguém" com o início de execução, que não se consumou por circunstâncias alheias à vontade do agente.

- **Natureza jurídica da tentativa:** é uma ampliação do tipo penal incriminador, em virtude de uma fórmula geral, aplicável a todos os delitos; sem essa fórmula (art. 14, II, CP), não haveria punição para a figura tentada do delito.

- **Teoria fundamentadora da tentativa:** é a objetiva (realística ou dualista), significando que o foco da punição da tentativa se volta ao perigo efetivo que o bem jurídico correu, quando os atos executórios tiveram início. Levam-se em consideração tanto o *desvalor da ação* quanto o *desvalor do resultado*.

▶ **Dolo e culpa na tentativa:** não há tentativa de crime culposo, pois o agente não persegue resultado algum. No contexto da culpa, o resultado típico atingido deve ser sempre involuntário. Quanto ao dolo, no crime tentado, é exatamente o mesmo do delito consumado. Afinal, o que o agente almeja é atingir a consumação, em ambas as hipóteses, consistindo a diferença no fato de que, na tentativa, foi impedido por causas exteriores à sua vontade. Portanto, não existe "dolo de tentativa". O crime tentado é subjetivamente perfeito e apenas objetivamente defeituoso.

▶ *Iter criminis:* trata-se do percurso do agente para a realização do crime. Possui a fase interna, composta pela cogitação (ter a ideia), a deliberação (ponderar prós e contras) e a resolução (decidir pelo crime); e a fase externa, composta pela manifestação (expressa a sua vontade de cometer o crime); preparação (exterioriza a sua ideia, por meio de atos); execução (pratica atos idôneos e eficazes para atingir o resultado); consumação (preenche o tipo penal, chegando ao resultado). Segundo o disposto pelo Código Penal, somente a partir da execução é que se pode punir o agente.

▶ **Passagem da preparação para a execução:** tem sido mais usado o critério objetivo--individual, ou seja, considera-se ato executório o que estiver compatível com o objetivo do autor, apresentando-se capaz de provocar o resultado.

▶ **Infrações que não admitem tentativa:** a) delitos culposos; b) crimes preterdolosos autênticos; c) delitos unissubsistentes; d) crimes omissivos próprios; e) delitos habituais próprios; f) contravenções penais; g) delitos condicionados; h) crimes de atentado; i) crimes permanentes na forma omissiva; j) crimes que punem somente os atos preparatórios de outros; k) crimes cujo tipo penal é formado por condutas extremamente abrangentes, impossibilitando, na prática, a existência de atos executórios dissociados da consumação.

▶ **Critério para a diminuição da pena na tentativa:** leva-se em conta apenas o *iter criminis*; quanto mais próximo chegar o agente da consumação, menor será a diminuição da sua pena; quanto mais distante ficar de atingir a consumação, maior será a diminuição da sua pena.

▶ **Desistência voluntária:** trata-se da desistência no prosseguimento dos atos executórios do crime, feita de modo voluntário, respondendo o agente somente pelo que já praticou (art. 15, CP).

▶ **Arrependimento eficaz:** cuida-se da desistência no prosseguimento do crime, que ocorre após o encerramento dos atos executórios e antes de se dar a consumação, ou seja, o agente consegue evitar a ocorrência do resultado, respondendo somente pelo que fez até esse momento (art. 15, CP).

▶ **Arrependimento posterior:** é uma causa de diminuição de pena para o agente de crime patrimonial ou com efeitos patrimoniais, sem violência ou grave ameaça, quando, voluntariamente, devolve a coisa ou repara o dano, antes do recebimento da denúncia (art. 16, CP).

▶ **Crime impossível:** cuida-se da tentativa inidônea, ou seja, o agente não chegará ao resultado em hipótese alguma, porque optou por meio absolutamente ineficaz ou voltou-se contra objeto absolutamente impróprio (art. 17, CP). Não se pune.

Cap. XXV – Crime Consumado e Tentativa 495

ESQUEMAS

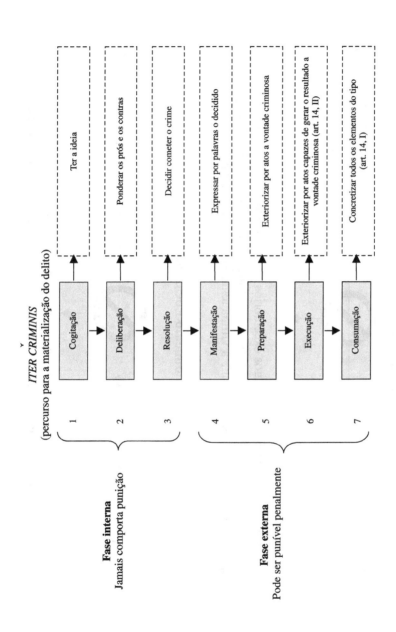

DESISTÊNCIA VOLUNTÁRIA E ARREPENDIMENTO EFICAZ

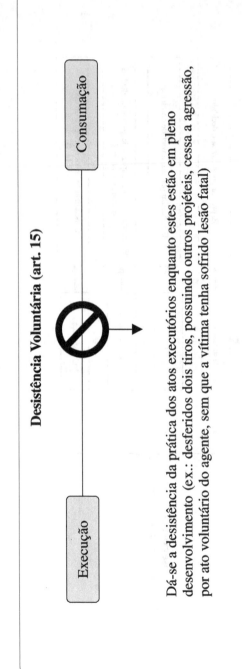

Iniciados os atos executórios, pode ocorrer:

- **Tentativa**: cessa a execução, antes da consumação, por circunstâncias *alheias* à vontade do agente (art. 14, II e parágrafo único)

- **Desistência voluntária**: cessa a execução, durante seu desenvolvimento por *vontade* do agente (art. 15)

- **Arrependimento eficaz**: cessada a execução, o resultado não é atingido por *vontade* do agente, que desfaz o que havia produzido (art. 15)

- **Arrependimento posterior**: consumado o crime, nas condições do art. 16, o agente repara o dano ou restitui a coisa, merecendo diminuição de pena

- **Crime impossível**: por ineficácia absoluta do meio ou absoluta impropriedade do objeto o resultado jamais pode ocorrer (art. 17)

- **Consumação**: o resultado é atingido e o bem jurídico protegido, lesado (art. 14, I)

Capítulo XXVI

Concurso de Pessoas

 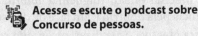
Acesse e escute o podcast sobre Concurso de pessoas.
> http://uqr.to/1yvec

1. CONCEITO E NATUREZA JURÍDICA

Trata-se da cooperação desenvolvida por várias pessoas para o cometimento de uma infração penal. Chama-se, ainda, em sentido lato: coautoria, participação, concurso de delinquentes, concurso de agentes, cumplicidade.

Há, primordialmente, *três teorias* que cuidam do assunto:

a) *teoria unitária* (monista): havendo pluralidade de agentes, com diversidade de condutas, mas provocando apenas um resultado, há somente um delito. Nesse caso, portanto, todos os que tomam parte na infração penal cometem idêntico crime. É a teoria adotada, como regra, pelo Código Penal (Exposição de Motivos, item 25);

b) *teoria pluralista* (cumplicidade do delito distinto, autonomia da cumplicidade): havendo pluralidade de agentes, com diversidade de condutas, ainda que provocando somente um resultado, cada agente responde por um delito. Trata-se do chamado "delito de concurso" (vários delitos ligados por uma relação de causalidade). Como exceção, o Código Penal adota essa teoria ao disciplinar o aborto (art. 124 – "Provocar aborto em si mesma ou consentir que outrem lho provoque" – e art. 126 – "Provocar aborto com o consentimento da gestante"), fazendo com que a gestante que permita a prática do aborto em si mesma responda como incursa no art. 124 do Código Penal, enquanto o agente provocador do aborto, em vez de ser coautor dessa infração, responda como incurso no art. 126 do mesmo Código. A teoria aplica-se, igualmente, no contexto da corrupção ativa e passiva (arts. 333 e 317, CP) e da bigamia (art. 235, *caput* e § 1.º, CP);

c) *teoria dualista*: havendo pluralidade de agentes, com diversidade de condutas, causando um só resultado, devem-se separar os coautores, que praticam um delito, e os partícipes, que cometem outro.

2. TEORIAS ACERCA DA AUTORIA NO CONCURSO DE PESSOAS

O Código Penal de 1940 equiparou os vários agentes do crime, não fazendo distinção entre o coautor e o partícipe, podendo o juiz aplicar uma pena padronizada para todos. Trata-se da teoria subjetiva, ou seja, o conceito extensivo de autor. Uma das provas disso é a redação dada ao tipo do art. 349 (favorecimento real), em que somente se fala em "coautoria", pois à época a expressão envolvia tanto o autor (ou coautor) e o partícipe.

Coube à doutrina fazer a separação entre coautoria e participação, além do que a Reforma Penal de 1984 terminou por reconhecer que essa distinção é correta, acolhendo-a (Exposição de Motivos, item 25: "Sem completo retorno à experiência passada, curva-se, contudo, o Projeto aos críticos dessa teoria, ao optar, na parte final do art. 29, e em seus dois parágrafos, por regras precisas que distinguem a *autoria da participação*. Distinção, aliás, reclamada com eloquência pela doutrina, em face de decisões reconhecidamente injustas").

Prevaleceu a teoria objetiva, vale dizer, o *conceito restrito de autor*. Para tanto, autor é quem realiza a figura típica e partícipe é aquele que comete ações fora do tipo, ficando praticamente impune, não fosse a regra de extensão que os torna responsáveis. Atualmente, é a concepção majoritariamente adotada (ANÍBAL BRUNO, SALGADO MARTINS, FREDERICO MARQUES, MIRABETE, RENÉ ARIEL DOTTI, BEATRIZ VARGAS RAMOS, FRAGOSO).[1] Exemplo: aquele que aponta o revólver, exercendo a grave ameaça, e o outro que subtrai os bens da vítima são coautores de roubo, enquanto o motorista do carro que aguarda para dar fuga aos agentes é o partícipe (os dois primeiros praticaram o tipo do art. 157; o último apenas auxiliou);

Em nossa visão, a teoria objetiva é mais harmônica ao disposto no art. 29 do Código Penal, além de ser eficiente quanto ao seu uso nos casos concretos. Desse modo, o autor é aquele que pratica, de algum modo, a figura típica, enquanto ao partícipe fica reservada a posição de auxílio material ou suporte moral (em que se incluem o induzimento ou a instigação) para a concretização do crime. Consegue-se, com isso, uma clara visão entre dois agentes distintos na realização do tipo penal – o que ingressa no modelo legal de conduta proibida e o que apoia, de fora, a sua materialização –, proporcionando uma melhor análise da culpabilidade. É certo que o juiz pode aplicar penas iguais ao coautor e ao partícipe, bem como pode infligir pena mais severa ao partícipe, desde que seja recomendável. Exemplo disso é o partícipe que atua como mentor do delito, organizando a atividade dos executores: merece maior sanção penal, "na medida da sua culpabilidade", como estipula o art. 29 do Código Penal.

---

[1] *Apud* NILO BATISTA, *Concurso de agentes*, p. 61.

2.1. Autoria mediata e Autoria imediata

Introduzida por Welzel, na concepção finalista, aponta como autor não somente quem executa, diretamente, a conduta típica, mas também quem possui o controle final do fato.[2] Diante disso, permite-se distinguir, no âmbito da *autoria*, o autor mediato e o autor imediato. A autoria mediata se dá quando o agente utiliza, como instrumento para o cometimento do crime, uma pessoa não culpável, ou que tenha atuado sem dolo ou culpa.

São situações que admitem a autoria mediata:

a) valer-se de inimputável (doente mental, criança ou embriagado). Exemplo interessante de autoria mediata é de Aníbal Bruno, fazendo referência ao agente que, em situação de imputabilidade, delibera cometer um crime, fazendo de si mesmo um instrumento para tal fim, praticando-o no estado de embriaguez, segundo o comando anterior;[3] *b)* coação moral irresistível (o coator força o coato a lesar a vítima); *c)* obediência hierárquica (o superior dá uma ordem de duvidosa legalidade para o subordinado agir contra a vítima); *d)* erro de tipo escusável, provocado por terceiro (alguém induz outrem em erro para o fim de atingir um terceiro); *e)* erro de proibição escusável, provocado por terceiro (alguém induz outrem para que atinja um terceiro, afirmando a licitude da situação).

Outra ilustração: o agente utiliza um doente mental, ludibriando-o, para matar um desafeto. Portanto, quem se vale do enfermo mental é o autor mediato (tem o comando do resultado final da conduta do seu instrumento – o doente mental), e a pessoa enferma, atuando por ordem de outrem, é o autor imediato, pois realiza diretamente o ato executório. A autoria mediata pode dar-se no caso de crimes comuns ou próprios. Dentre estes, há, ainda, os denominados crimes de *mão própria*, que devem ser executados, pessoalmente, pelo autor. Há quem negue a viabilidade da autoria mediata nessa hipótese. Conforme o caso, cremos admissível. Ilustrando: "F" coage (coação moral irresistível) "M" a mentir em juízo, como testemunha. Ora, a qualidade de testemunha é exclusivamente de "M" e está presente para configurar o falso testemunho, prejudicando a administração da justiça. Entretanto, quem deve responder pelo crime é "F" (coator). "M" não é culpável (coação moral irresistível), tendo servido de instrumento para "F" alcançar seu objetivo. Além disso, "F" responde pelo crime de tortura (art. 1.º, I, *b*, da Lei 9.455/1997). A atuação de "F" está longe de representar simples *participação*, pois ele age como *coator*.

2.2. Teoria do domínio do fato

A teoria do domínio do fato sustenta ser autor quem possui o pleno comando e integral poder sobre alguém, a ponto de determinar a atuação desta pessoa, incapaz de resistir por razões variadas. É nesse contexto que se encaixa a autoria mediata e a autoria imediata, pois o autor mediato tem o domínio da ação do autor imediato.[4]

Note-se que o dominador não é um colaborador do dominado; não são concorrentes para a consecução do delito; inexiste entre eles um autêntico concurso de pessoas. Afinal,

---

[2] Bitencourt, *Tratado de direito penal*, v. 1, p. 386; Prado, *Curso de direito penal*, v. 1, p. 396; Estefam, *Direito penal*, v. 1, p. 309.

[3] *Das penas*, p. 110.

[4] Cf. Pierangeli e Zaffaroni, *Manual de direito penal* – parte geral, p. 598-599.

o autor imediato é vítima do autor mediato, que o comanda; por isso, um terceiro termina lesado pela atuação de ambos.

Sob outro aspecto, ROXIN acrescenta a viabilidade de se considerar a autoria mediata no cenário da organização criminosa, pois o líder possui o comando nítido da conduta típica. Desse modo, o chamado *homem de trás* tem poder quase absoluto sobre o executor, que está sempre disponível e pode ser facilmente substituído.[5] Nas palavras de LUÍS GRECO, "a mais notória consequência da construção de Roxin, contudo, é a figura de *autoria mediata por meio de aparatos organizados de poder*".[6] E prossegue: "aquele que, servindo-se de uma organização verticalmente estruturada e apartada, dissociada da ordem jurídica, emite uma ordem cujo cumprimento é entregue a executores fungíveis, que funcionam como meras engrenagens de uma estrutura automática, não se limita a instigar, mas é verdadeiro autor mediato dos fatos realizados. Isso significa que pessoas em posições de comando em governos totalitários ou em organizações criminosas ou terroristas são autores mediatos...".[7]

Somos levados a concordar com ROXIN e LUÍS GRECO, pois o domínio do fato é um poder imenso nas mãos de alguém de modo a praticamente anular a autonomia de decisão de outros, como ocorre no crime organizado. O chefão dá uma ordem e o executor cumpre quase na mesma medida em que uma criança realiza a determinação de seu pai.

3.   A PUNIÇÃO DO PARTÍCIPE

Para que seja o partícipe punido, impera, no Brasil, a teoria da acessoriedade limitada, ou seja, é preciso apurar se o autor praticou um fato típico e antijurídico, pelo menos. Se faltar tipicidade ou ilicitude, não há cabimento em punir o partícipe.

Outras teorias existem: acessoriedade extrema, que exige, para a punição do partícipe, que tenha o autor praticado um fato típico, antijurídico e culpável, bem como a acessoriedade mínima, impondo que o autor tenha praticado apenas um fato típico.

A primeira posição nos parece a mais justa. O cometimento de um fato típico e antijurídico configura a prática do injusto penal, vale dizer, da conduta penalmente proibida. Por isso, o partícipe somente ingressa no contexto do ilícito, caso sejam preenchidos esses dois requisitos. Não se inclui a culpabilidade, pois esta traz questionamentos de ordem pessoal, muito próprios à análise da situação de cada um dos autores e partícipes, vista individualmente. Logo, independentemente de culpabilidade, o partícipe pode ser punido. Exemplo: "A", com dezessete anos, desfere tiros em "B", matando-o. "C" emprestou o revólver a "A". Deve "C" responder como partícipe em homicídio? Sem dúvida, pois "A" praticou um fato típico e antijurídico, previsto no art. 121 do Código Penal, embora não seja culpável, logo, não tenha praticado um crime. Contudo, "C" tomou parte no injusto cometido e, sendo culpável, merecendo reprovação, praticou um delito. Não se pode, também, exigir somente o fato típico, pois seria insuficiente. Exemplo: "A" mata "B" para defender sua própria vida. Age, portanto, em legítima defesa, situação lícita. "C" havia emprestado o revólver para "A". Não há sentido em responder como partícipe, pois a conduta de "A", sob o prisma do ordenamento jurídico, é correta, lícita. Inexiste injusto penal, portanto, inexiste participação criminosa.

---

[5]   *La teoría del delito en la discusión actual*, p. 532-533.

[6]   O que é e o que não é a teoria do domínio do fato sobre a distinção entre autor e partícipe no direito penal, p. 81.

[7]   O que é e o que não é a teoria do domínio do fato sobre a distinção entre autor e partícipe no direito penal, p. 71-72.

4. CONCURSO DE AGENTES E CRIME PLURISSUBJETIVO

Esta espécie de delito se configura quando há duas ou mais pessoas envolvidas (exemplo: associação criminosa, rixa, bigamia etc.), enquanto o crime unissubjetivo pode ser praticado por uma só pessoa (exemplo: homicídio, roubo, estupro etc.).

O crime plurissubjetivo, justamente porque exige mais de uma pessoa para sua configuração, não demanda a aplicação da norma de extensão do art. 29 (quem concorre para o crime incide nas suas penas), pois a presença de dois ou mais autores é garantida pelo tipo penal. Assim, exemplificando, as três ou mais pessoas que compõem uma associação criminosa são autores do delito previsto no art. 288 do Código Penal. Por outro lado, quando o crime é unissubjetivo, mas, na prática, é cometido por dois ou mais agentes, utiliza-se a regra do art. 29 para tipificar todas as condutas, pois certamente cada um agiu de um modo, compondo a figura típica total. Em um roubo, como já se mencionou, é possível que um autor aponte o revólver, exercendo a grave ameaça, enquanto outro proceda à subtração. Ambos praticaram o tipo penal do art. 157 em concurso de pessoas, necessitando-se empregar a regra do art. 29.

Não se confunde o crime plurissubjetivo (concurso necessário) com o delito de *participação necessária*. Nesse caso, há crimes que são cometidos por um só autor, embora o tipo penal exija a participação necessária de outra pessoa, que é o sujeito passivo e não é punido. Como exemplos, podemos mencionar o tráfico de pessoa para fim de exploração sexual, o favorecimento da prostituição ou outra forma de exploração sexual, o rufianismo, entre outros.

5. REQUISITOS PARA CONFIGURAR O CONCURSO DE AGENTES

São cinco requisitos cumulativos: *a)* existência de dois ou mais agentes; *b)* relação de causalidade material entre as condutas desenvolvidas e o resultado; *c)* vínculo de natureza psicológica ligando as condutas entre si com vistas ao mesmo resultado. Não há necessidade de *ajuste prévio* entre os coautores. Exemplo: uma empregada, decidindo vingar-se da patroa, deixa propositadamente a porta aberta para que entre o ladrão. Havendo o furto, são colaboradores a empregada e o agente direto da subtração, porque suas vontades se ligam, pretendendo o mesmo resultado, embora nem mesmo se conheçam. Nessa hipótese, pode ocorrer a denominada *coautoria sucessiva*. Se o ladrão estiver retirando as coisas da casa, cuja porta foi deixada aberta pela empregada, pode contar com a colaboração de outro indivíduo que, passando pelo local, resolva aderir ao fato e, também, retirar as coisas da casa;[8] *d)* reconhecimento da prática da mesma infração para todos; *e)* existência de fato punível.

Marcelo Jardim Linhares coloca como requisitos os seguintes, que se assemelham aos anteriormente expostos: a) pluralidade de sujeitos ativos; b) pluralidade de condutas criminosas; c) eficiência causal da conduta; d) ciência da participação; e) unidade do crime.[9]

---

[8] Nilo Batista, *Concurso de agentes*, p. 116.

[9] *Coautoria*, p. 12.

6. INOVAÇÕES INTRODUZIDAS PELA REFORMA PENAL DE 1984

6.1. Inserção da expressão *na medida da sua culpabilidade* no *caput* do art. 29

Trata-se de expressão introduzida pela Reforma Penal de 1984, com a nítida meta de diferençar o coautor do partícipe (e, também, os coautores entre si), propiciando ao juiz que aplique a pena conforme o juízo de reprovação social que cada um merece.

É bem possível que um coautor mereça uma pena mais severa do que um partícipe, pois agiu de modo direto contra a vítima, embora se possa ter o contrário, como referido *supra*, aplicando-se ao partícipe pena superior, justamente por conta da sua maior *culpabilidade*.

Tem-se verificado, na prática, no entanto, um relativo desprezo por essa modificação legislativa, terminando o juiz por equiparar, quase sempre, a conduta dos coautores e destes à do(s) partícipe(s), alegando que, sem este(s), aquele(s) poderia(m) não ter realizado o delito. Portanto, todos merecem receber idêntica pena.

A generalização contém um erro lamentável, pois o partícipe, tomando-o como exemplo, ainda que mereça punição, jamais, em algumas situações, deveria ser igualado ao autor executor. Exemplo: um assaltante que, invadindo uma residência, atormentando a vítima, por meio de atos violentos e muitas ameaças, quebrando utensílios e agindo com selvageria ímpar, precisa ser mais gravemente apenado do que o partícipe que ficou fora da casa, dentro do carro, aguardando para dar fuga. Com a devida vênia, o equívoco está em nivelar as penas pelo mínimo legal. Se ao partícipe for atribuída a pena de 5 anos e 4 meses (mínimo para o roubo com emprego de arma e concurso de duas pessoas), é de se esperar que ao agente mais lesivo e perigoso em suas atitudes seja imputada pena mais severa, e não a mesma sanção. A equiparação é injusta, pois não se está levando em conta a "medida da culpabilidade" (entendida, nesse caso, como juízo de censura), determinada pelo legislador, conforme os atos que cada um tomou durante a prática da infração penal.

6.2. Participação de menor importância

Reiterando a adoção da distinção entre coautor e partícipe, pela Reforma Penal de 1984, que introduziu os §§ 1.º e 2.º no art. 29, destaca-se, agora, o preceituado no § 1.º. É possível, como já afirmado, que o partícipe mereça, "na medida da sua culpabilidade", idêntica pena à do coautor ou até sanção mais rigorosa, embora seja, também, possível admitir e reconhecer que há participações de somenos importância.

Tais participações receberam um tratamento especial do legislador, pois foi criada uma *causa de diminuição da pena*. Assim, o partícipe que pouco tomou parte na prática criminosa, colaborando minimamente, deve receber a pena diminuída de um sexto a um terço, o que significa a possibilidade de romper o mínimo legal da pena prevista em abstrato. Exemplo: imagine-se que o partícipe, apesar de ter instigado outrem à prática do crime, arrependa-se e aja para impedir o resultado, embora não obtenha sucesso. Merece ser beneficiado pela diminuição da pena.

Outra ilustração, trazida por MARCELO FORTES BARBOSA: "Entendemos que, em face da acessoriedade limitada, esta situação [cuidando da participação de menor importância no contexto do latrocínio] é possível, porque o motorista, por exemplo, que se limitou a levar os latrocidas ao local do crime, sequer esperando-os para lhes dar fuga, com evidência teve participação de menor importância".[10]

Trata-se, no entanto, de outra modificação legislativa muito pouco utilizada na prática, sob o pretexto, utilizado por vários operadores do direito, de que toda *participação* é importante para a configuração do crime. Mais uma vez, está-se generalizando a aplicação da lei, o que fere o disposto neste parágrafo. Destaque-se, por fim, que essa causa de diminuição se refere à "participação" (ação praticada), e não à pessoa do agente, que pode ser perigoso ou reincidente, merecendo, ainda assim, a diminuição, caso tenha auxiliado em baixo grau o cometimento do delito.

6.3. Participação em crime menos grave (cooperação dolosamente distinta)

Trata-se de um benefício criado ao acusado, pois, como dizia FLORIAN, é possível haver "desvios subjetivos" entre os coautores ou partícipes. A lei utiliza o termo "concorrente", o que permite supor ser possível aplicar o disposto neste parágrafo tanto a coautores como aos partícipes. O agente que desejava praticar um determinado delito, sem condição de prever a concretização de crime mais grave, deve responder pelo que pretendeu fazer, não se podendo a ele imputar outra conduta, não desejada, sob pena de se estar tratando de responsabilidade objetiva, que a Reforma Penal de 1984 pretendeu combater.

Quando um sujeito se coloca no quintal de uma casa, vigiando o local, para que outros invadam o lugar, subtraindo bens, quer auxiliar o cometimento de crime de furto. Se, dentro do domicílio, inadvertidamente, surge o dono da casa, que é morto pelos invasores, não deve o vigilante, que ficou fora da casa, responder igualmente por latrocínio. Trata-se de uma cooperação dolosamente distinta: um quis cometer o delito de furto, crendo que o dono da casa estava viajando, e, portanto, jamais haveria emprego de violência; os outros, que ingressaram no domicílio e mataram o proprietário, evoluíram na ideia criminosa sozinhos, passando do furto para o latrocínio. A cada um deve ser aplicada a pena justa.

6.3.1. A previsibilidade do resultado mais grave

Constante essa expressão do § 2.º do art. 29 do Código Penal, justamente porque, em certos casos, é possível imaginar que algo mais sério ocorra, o legislador inseriu a regra de que, se este resultado mais grave acontecer, a pena será aumentada da metade.

Se, no exemplo dado na nota anterior, o partícipe que ficou fora da casa tivesse a possibilidade de prever que algo mais grave poderia acontecer, justamente porque todos os que invadiram o lugar estavam armados, ainda assim receberá a pena do furto, que pretendia praticar, aumentada da metade.

Tal dispositivo também vem sendo muito pouco aplicado na jurisprudência pátria. Vários tribunais se valem da tese do dolo eventual, ou seja, a previsibilidade do resultado mais grave seria tão evidente que configuraria a sua aceitação. Por isso, em lugar de aplicar a pena do crime menos grave, termina-se por impingir a sanção do delito mais sério. Entretanto, não se poderia generalizar, o que, na realidade, vem ocorrendo em várias cortes brasileiras.

---

[10] *Latrocínio*, p. 54.

7. CONCURSO ENTRE MAIOR E MENOR DE 18 ANOS

Nem todas as vezes que um menor de 18 anos toma parte no cometimento do injusto penal é ele um instrumento do maior (configurando a autoria mediata). Podem ser coautores, vale dizer, ambos desejam e trabalham para atingir o mesmo resultado, de modo que não é o menor um mero joguete do maior.

Chama-se a essa modalidade de colaboração – tendo em vista que um é penalmente responsável e o outro não –, de "concurso impropriamente dito", "pseudoconcurso" ou "concurso aparente".

A inimputabilidade do menor de 18 anos é absoluta (art. 228, CF; art. 27, CP) para o fim de gerar qualquer espécie de responsabilidade penal. Isso não significa que o adolescente deixe de ter, na realidade, a vontade de integrar o quadro delituoso, associando-se ao maior. A medida de política criminal, isolando o jovem da punição penal, não se mescla com a efetividade de seu ânimo associativo. Tanto assim que o concurso entre dois maiores e um menor é suficiente para gerar o delito do art. 288 do Código Penal (associação criminosa), que demanda três ou mais pessoas.

8. COAUTORIA E PARTICIPAÇÃO EM CRIME CULPOSO

Admite-se, no contexto do delito culposo, a coautoria, mas não a participação. Sendo o tipo do crime culposo aberto, composto sempre de "imprudência, negligência ou imperícia", segundo o disposto no art. 18, II, do Código Penal, não é aceitável dizer que uma pessoa auxiliou, instigou ou induziu outrem a ser imprudente, sem ter sido igualmente imprudente.

Portanto, quem instiga outra pessoa a tomar uma atitude imprudente está inserido no mesmo tipo penal. Exemplo: "A" instiga "B" a desenvolver velocidade incompatível com seu veículo, próximo a uma escola. Caso haja um atropelamento, respondem "A" e "B" como coautores de um crime culposo (homicídio ou lesão corporal).[11] Na ótica de NILO BATISTA, "a participação é conduta essencialmente *dolosa*, e deve dirigir-se à interferência num delito também *doloso*. (...) Não é pensável uma participação culposa: tal via nos conduziria inevitavelmente a hipóteses de autoria colateral".[12]

Embora concordemos totalmente que a participação somente se dá em crime doloso, somos levados a afirmar que, havendo contribuição de alguém à conduta culposa de outrem, configura-se a coautoria e não uma mera autoria colateral. Esta, em nosso entendimento, demanda a contribuição para o resultado sem noção de que se está atuando em auxílio de outra pessoa. A autoria colateral, no cenário da culpa, para nós, caracteriza a denominada *culpa concorrente*, pois reservamos a expressão "autoria colateral" para o dolo.

ROGÉRIO GRECO apresenta uma posição peculiar, afirmando que dois sujeitos estão num veículo (motorista e passageiro). O motorista empreende velocidade anormal, instigado pelo passageiro. Diz, então, que o motorista é autor, pois pratica conduta contrária ao dever de cuidado objetivo; o passageiro seria partícipe, pois estimulou alguém a realizar conduta contrária ao dever de cuidado.[13] Nessa primeira parte, já nos soa algo ilógico. O motorista

---

[11] No mesmo prisma: WALTER VIEIRA DO NASCIMENTO, *A embriaguez e outras questões penais*. Doutrina, legislação, jurisprudência, p. 79.

[12] *Concurso de agentes*, p. 158.

[13] *Direito penal*, v. 1, p. 579.

correu e infringiu o dever de cuidado objetivo (dever que cabe a todos que vivem em sociedade); o passageiro, que o estimulou, não infringiu o mesmo dever de cuidado? Por acaso o passageiro encontra-se imune ao dever de cuidado objetivo? Não pode ter sido o passageiro o maior "culpado" pelo acidente, pois o motorista, sozinho, jamais teria aumentado a velocidade? Em nosso entendimento, ambos infringiram o mesmo dever de cuidado, pouco importando quem está com o pé no acelerador. Logo, são coautores. Imagine-se que o passageiro estivesse com um litro de pinga na mão e, enquanto ingeria o álcool, jogava uns goles também para o motorista. Na tese de que somente quem pisa no acelerador é autor; quem toma álcool e faz o motorista tomar, não. Seria um singelo partícipe. No entanto, despertada a curiosidade, acompanhamos da página 579 à página 580 da obra de Rogério Greco e visualizamos a citação de Miguel Reale Júnior, que estaria no mesmo sentido de Rogério Greco (embora o trecho citado não demonstre isso, sendo preciso ir à obra original de Reale). O trecho citado na p. 580 fala apenas em concurso de pessoas (nada mais). Folheando a obra *Instituições de direito penal* de Reale Jr. pudemos conferir que ele justifica a sua posição, porque o motorista no caso tinha o domínio do fato "como o poder de fazer ou deixar de fazer a conduta instigada pelo cúmplice".[14] Justifica a sua posição de que o motorista é autor e o passageiro, partícipe, com base no domínio do fato.

Em suma, Miguel Reale Jr. trabalha com o domínio do fato *em crime culposo*. Voltando algumas páginas na obra de Rogério Greco, visualizamos a sua afirmação no sentido de que "a teoria do domínio do fato tem aplicação nos delitos dolosos, *não sendo cabível, contudo, quando a infração penal tiver a natureza culposa...*".[15]

Concluindo, estamos convictos de que, no delito culposo, a coautoria é lógica e admissível, mas jamais a participação.

9. AUTORIA COLATERAL

Ocorre quando dois agentes, desconhecendo a conduta um do outro, agem convergindo para o mesmo resultado, que, no entanto, realiza-se por conta de um só dos comportamentos ou em virtude dos dois comportamentos, embora sem que haja a adesão de um ao outro. É uma modalidade de autoria, mas ambos não agem em concurso de pessoas, pois não aderem um à conduta do outro.[16]

Exemplo: "A" e "B", matadores profissionais, colocam-se em um desfiladeiro, cada qual de um lado, sem que se vejam, esperando a vítima "C" passar para eliminá-la. Quando "C" aproxima-se, os dois disparam, matando-a. Responderão por homicídio em autoria colateral. Não podem ser considerados coautores (concorrentes para o mesmo crime), já que um não tinha a menor ideia da ação do outro (falta vínculo psicológico entre eles). Se, porventura, um deles atinge "C" e o outro erra, sendo possível detectar que o tiro fatal proveio da arma de "A", este responde por homicídio consumado, enquanto "B", somente por tentativa. Caso não se saiba de qual arma teve origem o tiro fatal, ambos respondem por tentativa (aplica-se o princípio geral do *in dubio pro reo*). Se "A" acertar "C", matando-o instantaneamente, para

---

[14] *Instituições de direito penal*, p. 320.

[15] *Direito penal*, v. 1, p. 536, grifamos.

[16] Há quem considere a autoria colateral um concurso de pessoas. Uma posição ilógica, pois os *autores* (e não coautores) não aderem à conduta um do outro. Que liame é esse para gerar o concurso? Inexistente, na verdade.

depois "B" alvejá-lo igualmente, haverá homicídio consumado para "A" e crime impossível para "B". Finalmente, caso um deles atinja "C", matando-o instantaneamente e o outro, em seguida, acertar o cadáver, não se sabendo quem deu o tiro fatal, ambos serão absolvidos por crime impossível (aplica-se novamente o princípio do *in dubio pro reo*).

Ilustrando, *snipers* australianos, valendo-se de dois fuzis Barret, modelo M82 A1, calibre 12.7x99mm, abateram um comandante Taleban a uma distância de 2.815 metros. Nesta hipótese, como os atiradores sabiam do objetivo, poderiam ser considerados concorrentes (unidade de desígnio presente), mas não se conseguiu apurar qual deles atingiu efetivamente o alvo, pois os disparos foram concomitantes. Um deles alcançou o alvo, não sendo possível determinar qual dos atiradores o fez. Tem-se um *concurso de agentes*: um *sniper* efetivamente matou o inimigo; o outro *sniper* participou da empreitada. Se fosse um delito de homicídio, ambos responderiam por isso em concurso de pessoas. Caso, porventura, dois atiradores fizessem o mesmo sem que um soubesse do outro, quando um deles atingisse o alvo, sem se descobrir qual dos dois o fez, seria uma *autoria colateral incerta*.[17]

9.1. Autoria incerta

É a hipótese ocorrida no contexto da autoria colateral, quando não se sabe qual dos autores conseguiu chegar ao resultado. Tomando-se o exemplo dos dois atiradores, mencionado na nota anterior, caso ambos disparem, mas um só dos tiros atinja a vítima, matando-a, não se sabendo de qual arma veio aquele disparo, tem-se a hipótese de autoria incerta.

10. COAUTORIA E PARTICIPAÇÃO NOS CRIMES OMISSIVOS

Há dois tipos de delitos a enfocar: a) omissivos próprios; b) omissivos impróprios. Quanto aos crimes omissivos próprios – aqueles cuja omissão vem descrita no tipo penal (como a omissão de socorro, art. 135, CP) –, são perfeitamente viáveis tanto a coautoria como a participação. Se duas pessoas se deparam com um ferido e deixam de socorrê-lo, *em comum acordo*, são coautores. Se um terceiro as instiga a não socorrer a pessoa machucada, por telefone, estando distante do local, sem qualquer possibilidade de agir por conta própria, não pode ser considerado coautor da omissão, mas partícipe. Em contrário, há posição doutrinária defendendo a inviabilidade da coautoria, mas sustentando autoria colateral. Confira-se em NILO BATISTA: "A exemplo da linha argumentativa perfilhada no exame dos crimes culposos, o dever de atuar a quem está adstrito o autor do delito omissivo é infracionável. Por outro lado, como diz Bacigalupo, a falta de ação priva de sentido o pressuposto fundamental da coautoria, que é a divisão do trabalho (...). Quando dois médicos omitem – ainda que de comum acordo – denunciar moléstia de notificação compulsória de que tiveram ciência (art. 269, CP), temos dois autores diretos individualmente consideráveis. A inexistência do acordo (que, de resto, não possui qualquer relevância típica) deslocaria para uma autoria colateral, sem alteração substancial na hipótese. No famoso exemplo de Kaufmann, dos cinquenta nadadores que assistem passivamente ao afogamento do menino, temos cinquenta autores diretos da omissão de socorro. A solução não se altera se se transferem os casos para a omissão imprópria: pai e mãe que deixam o pequeno filho morrer à míngua de alimentação são autores diretos do

---

[17] *Defesanet*. Sniper – Novo Recorde de Distância. Disponível em: https://www.defesanet.com.br/armas/noticia/8716/sniper-novo-recorde-de-distancia-2-815m/. Acesso em: 18 set. 2023.

homicídio; a omissão de um não 'completa' a omissão do outro; o dever de assistência não é violado em 50% por cada qual".[18]

O dever de atuar, ínsito aos tipos penais omissivos, pode envolver mais de uma pessoa, o que é indiferente. Portanto, não se trata de analisar se esse dever é fracionável ou não. O importante é verificar se os agentes, associados, vinculados psicologicamente ao mesmo resultado, a este prestaram sua contribuição, ingressando no tipo penal e perfazendo o necessário à configuração da coautoria. Se cada qual age por sua conta, omitindo-se, pratica o crime como autor; porém, havendo aderência de condutas omissivas, gera-se a coautoria.[19]

No tocante aos crimes omissivos impróprios (comissivos por omissão) – aqueles cuja omissão do garante é relevante penal, conforme o art. 13, § 2.º, do CP –, há possibilidade de o omitente ser autor do delito, porque se omitiu dolosamente (exemplo: vendo a ocorrência de um furto, o policial não intervém de propósito, respondendo pelo crime como autor). Nesse sentido, consideramos o omitente um verdadeiro autor, e não partícipe, pois não se vincula subjetivamente ao ladrão. A participação, no crime omissivo impróprio, soa-nos viável, visto ser possível que alguém incentive o policial a não agir na execução do furto para se vingar do proprietário da coisa. O policial é o autor; o instigador, o partícipe.

10.1. Participação por omissão em crime comissivo

É possível. Confira-se por meio de um exemplo: imagine-se que o carcereiro, ciente da prisão de um estuprador, deixa de trancar a sua cela para que outros presos possam acessá-la e violentá-lo. Comungam todos do mesmo objetivo: estuprar o agente estuprador. Os outros detentos, que realizam a conduta sexual, são coautores; o carcereiro, garante da segurança do ofendido, ao se omitir, tomou parte no delito não como autor, mas na figura de partícipe.

10.2. Conivência

Trata-se da participação por omissão, quando o agente não tem o dever de evitar o resultado, tampouco aderiu à vontade criminosa do autor. Não é punível pela lei brasileira, pois inexiste um dever legal de agir, mas somente um dever moral. Se alguém, visualizando a ocorrência de um delito, podendo intervir para impedir o resultado, não o faz, torna-se conivente (falha moral). É o chamado *concurso absolutamente negativo*.

11. PARTICIPAÇÃO POSTERIOR À CONSUMAÇÃO

Trata-se de hipótese impossível, em nosso entendimento. Uma vez que o crime se consuma, já não se pode falar em participação. De fato, somente pode o sujeito tomar parte daquilo que está em andamento, e não findo.

O indivíduo que esconde, em sua casa, um criminoso fugitivo, logo após a consumação do crime, responde pelo delito de favorecimento pessoal (art. 348, CP). Entretanto, se ele prometeu, *antes da consumação* do crime, esconder o autor, torna-se partícipe, pois incentivou a sua prática.

---

[18] *Concurso de agentes*, p. 86-87.

[19] No mesmo sentido que defendemos, encontra-se a posição de Cezar Roberto Bitencourt, *Tratado de direito penal*, v. 1, p. 398.

Há quem admita a ocorrência da denominada *coautoria sucessiva* para um crime já consumado, mas ainda não exaurido. Na realidade, haveria dois tipos de coautoria sucessiva: a) aquela que ocorreria durante a execução do crime, mas antes da sua consumação (exemplo de ROGÉRIO GRECO:[20] "'A' percebe que seu irmão 'B' está agredindo 'C'. Querendo auxiliá-lo, 'A' se une a 'B' para que, juntos, espanquem 'C'. Como o crime de lesões corporais já estava em andamento, o ingresso de 'A' no fato é tido como caso de coautoria sucessiva"); b) aquela que se daria quando, consumada a infração, ingressaria o coautor antes do exaurimento (exemplo de NILO BATISTA: "Pode ocorrer a coautoria sucessiva não só até a simples consumação do delito, e sim até o seu exaurimento, que Maurach chama de 'punto final'. Dessa forma, o agente que aderisse à empresa delituosa de extorsão (art. 158, CP) por ocasião da obtenção da indevida vantagem econômica (que está situada após a consumação, configurando mero exaurimento) seria coautor sucessivo".[21]

Não nos parecem válidas ambas as situações. A primeira delas (ingresso de coautor quando os atos executórios já tiveram início, mas ainda não houve consumação) não passa de singela coautoria. De sucessiva não tem nada, até porque não há utilidade prática nessa distinção. *Sucessivo* é o que vem depois, em seguida a algo. Se o crime encontra-se em pleno desenvolvimento executório, ainda que alguém ingresse depois do seu início, torna-se coautor. *Sucessividade* implica a ideia de, finda a execução, atingida a consumação, alguém ingressar *em seguida* à prática da infração penal. Note-se o que acontece na chamada *legítima defesa sucessiva*, simbolizando a reação contra o excesso na defesa. Aquele que, pretendendo defender-se de um ladrão, já o tendo dominado, parte para a agressão, autoriza o autor do furto, agora sim *sucessivamente* a se defender do abuso, do excesso. Encerrou-se a *legítima* defesa e começou uma agressão injustificada. Por isso se fala em legítima defesa *sucessiva* (que vem em seguida à primeira). Em consequência, enquanto o crime está em desenvolvimento, cada um que nele ingressar torna-se coautor ou partícipe, conforme a sua atuação, e o juiz fixará a pena merecida *na medida da sua culpabilidade*, como determina o art. 29, *caput*.

A segunda hipótese (exemplo de NILO BATISTA) poderia ser caracterizada como coautoria sucessiva, uma vez que o crime estaria consumado quando o coautor dele tomou parte. No entanto, a despeito disso, não nos parece válida essa modalidade de coautoria. O exemplo dado da extorsão é de consumação complexa, havendo três estágios: o agente constrange a vítima na primeira etapa; a vítima cede e faz o que ele quer na segunda; o agente consegue a indevida vantagem econômica na terceira. Assim, caso apenas exista a primeira, o crime está em execução (o ingresso de qualquer pessoa faz com que seja inserida na categoria de coautora ou partícipe, conforme o caso); se a segunda fase se findar, fazendo a vítima o que o agente determinou, consuma-se a infração (não há mais possibilidade, a partir daí, de ingresso de coautor ou partícipe, mas apenas de pessoas que possam favorecer a atividade criminosa, que é outra figura típica); a terceira é somente o exaurimento (qualquer atuação de terceiro indica igualmente favorecimento).

Raciocinemos com um exemplo: "A" determina a "B" que retire seu carro da concessionária, onde se encontra para uma revisão, levando-o a determinado local, sob pena de seu filho ser morto. "B", cedendo à grave ameaça, vai ao estabelecimento comercial, retira o carro e leva ao local indicado; "A" se apossa, então, do veículo. Um terceiro somente ingressa como coautor até o momento em que "B" retira o carro da concessionária e leva ao local. Se esse terceiro é enviado por "A" para pegar o carro no lugar onde está estacionado, conduzindo-o a

---

[20] *Direito penal*, v. 1, p. 545.
[21] *Concurso de agentes*, p. 117.

outro local, não se trata de *coautoria sucessiva*, mas simplesmente de favorecimento. O crime se consumou quando o ofendido cedeu ao mando do autor. Depois disso, em fase de exaurimento, não há o menor sentido em inserir a coautoria, que é a colaboração de várias pessoas para o *cometimento* do crime. É certo que o delito está *cometido* quando ocorre a consumação, e não por ocasião do exaurimento. *Concorrer* para o crime, como está estipulado no art. 29, *caput*, é colaborar, auxiliar, dar suporte à sua realização, leia-se, consumação. O que vem depois é o esgotamento da infração, não mais pertinente ao concurso de pessoas, havendo figuras típicas específicas para quem dá apoio ao criminoso (arts. 348 e 349, CP). Continuamos a sustentar não haver participação ou coautoria após a consumação.[22]

11.1. Coautoria sucessiva

A sucessividade no cenário da coautoria pode dar-se quando a conduta do autor inicial chegou a um determinado ponto culminante e é terminada por outrem, que adere à vontade inicial, chegando a crime mais grave. Se "A" espanca "B", deixando-o no chão, chega "C" e lhe desfere uma paulada. Ambos respondem por coautoria sucessiva pelo crime de lesões corporais graves.

É preciso não banalizar a coautoria sucessiva. Se "A" está agredindo (situação presente) "B", quando "C" se aproxima e, aderindo à conduta, insere-se nessa agressão, não há sucessividade, mas concomitância.

Aliás, no contexto da legítima defesa, quando o agredido ultrapassa as raias da moderação, passando ao excesso doloso contra o agressor inicial, contando com a ajuda de um terceiro, dá-se também a coautoria sucessiva.[23]

12. PARTICIPAÇÃO E CUMPLICIDADE

Há quem estabeleça diferença entre ambos os termos, em *três visões* distintas: *a)* cúmplice é a pessoa que presta auxílio à atividade criminosa de outrem, sem ter consciência disso. Exemplo: dar carona para o bandido não sabendo que este está fugindo; *b)* cúmplice é a pessoa que presta auxílio material ao agente (partícipe material), como se encontra a lição

---

[22] ROGÉRIO GRECO afirma ser perfeitamente possível a participação *após* a consumação (item 5.10, do seu *Curso de direito penal*, v. 1, p. 558, edição de 2016). O exemplo dado é o da extorsão mediante sequestro. O autor diz que a vítima *ainda está no cativeiro*, enquanto os sequestradores negociam sua liberdade. Nesse intervalo (vítima no cativeiro + negociações), alguém, que até então não havia atuado no crime, estimula o grupo a permanecer no firme propósito de obter vantagem. Menciona: "aqui, acreditamos, seria possível o raciocínio da participação após a consumação, uma vez que, no tipo indicado, ela teria ocorrido no exato instante em que a vítima se viu privada de sua liberdade. No entanto, como, a partir daquele momento *ainda estava sendo mantida em cativeiro*, aguardando as negociações, antes da entrega da vantagem ainda seria possível o raciocínio correspondente à participação (...)". Com este exemplo, ROGÉRIO GRECO busca convencer de que há participação *após* a consumação do crime. Esse exemplo não nos parece cabível, pois mostra o ingresso de partícipe *durante* a consumação, em plenos atos executórios. Esse indivíduo que instigou o bando de sequestradores a *manter* a vítima no cativeiro é partícipe, sem dúvida. No entanto, o crime de extorsão mediante sequestro (art. 159, CP) é permanente, logo, enquanto a vítima está presa no cativeiro, o crime está em *franca consumação*. Qualquer um que ingresse nesta fase, por óbvio, é partícipe ou coautor, dependendo do que fizer. Está-se debatendo se é possível participação *após* a consumação, vale dizer, o que vem *depois*; respeita uma linha de sucessão do tempo, portanto a consumação já *terminou*.

[23] Nessa ótica, MARCELO JARDIM LINHARES, *Coautoria*, p. 104.

de Nilo Batista;[24] *c)* "é o sujeito que dolosamente *favorece* a prática de uma infração dolosa, mesmo sem o conhecimento do autor, vale dizer, dispensando um prévio ou concomitante acordo de vontades".[25]

Parece-nos, no entanto, melhor equiparar o conceito de cúmplice a coautor ou partícipe, indiferentemente, no âmbito da legislação brasileira.[26] Assim, quem colabora para a prática do delito é cúmplice, na modalidade de coautoria ou de participação.

12.1. Participação em cadeia

Define Nilo Batista ser a situação de alguém que instiga outrem a instigar ou auxiliar o delito, ou auxilia a instigar ou auxiliar. "Considera-se que a instigação à instigação é *instigação mediata*, e os demais casos configuram *cumplicidade mediata*."[27]

Logicamente, todas as hipóteses são igualmente puníveis pelo direito brasileiro, como participação, de modo que essa denominação é inócua e sem nenhuma utilidade prática.

13. EXECUTOR DE RESERVA

É o colaborador destacado para certificar-se do sucesso na concretização do crime, porém sem que consiga realizar ato executório efetivamente importante para a consumação.

Discute-se se ele seria coautor ou partícipe. Pensamos que esta última opção é a mais adequada, uma vez que sua colaboração termina no campo moral (incentivo, instigação, apoio) sem que tenha conseguido, pelas circunstâncias, ingressar no tipo penal.

Em contrário, consulte-se Nilo Batista: "Suponha-se que *A*, munido de revólver, e *B*, munido de faca, previamente resolvidos, ataquem *C*, ao deparar com ele numa estrada; ainda a uns trinta metros, *A* dispara um tiro letal, que atinge *C* na cabeça, de tal modo que, quando *B* lhe desfecha facadas, está na verdade esfaqueando um defunto. Os partidários de um critério formal-objetivo teriam que deslocar a conduta de *B* para a área de participação, porque não realizou ele qualquer ato típico do art. 121 do CP, e recorreriam a fórmulas como 'força moral cooperativa', 'acoroçoar e encorajar pela certeza de sua solidariedade' etc. Aquele que comparece ao local da realização na qualidade de 'executor de reserva' é coautor: sua desistência interferiria no *Se*, tanto quanto sua assistência determina o *Como* do fato".[28]

Parece-nos inadequada a ideia de que o *executor de reserva* é coautor, mormente no exemplo supracitado. A eventual desistência de um partícipe pode não alterar em absolutamente nada o curso causal. Afinal, o executor principal é quem desfecha os tiros. Eventualmente, se o chamado *executor de reserva* vai até a vítima para conferir se esta está morta e, percebendo que se encontra viva, desfere-lhe facadas, matando-a, torna-se coautor. Entretanto, nesse caso, desfaz-se a noção do *executor de reserva*, idealizada somente para explicar a situação de quem verifica o resultado sem tomar parte ativa na execução.

---

[24] *Concurso de agentes*, p. 186.

[25] René Ariel Dotti, *O incesto*, p. 156.

[26] O mesmo sentido tem a cumplicidade para Beling: *a figura da cumplicidade traçada pela lei consiste na prestação de ajuda com conselhos ou ações ao autor de um crime* (*Esquema de derecho penal*, p. 113).

[27] *Concurso de agentes*, p. 177.

[28] *Concurso de agentes*, p. 109.

14. PARTICIPAÇÃO EM *AÇÃO* DOLOSA OU CULPOSA ALHEIA

Em face da teoria monista adotada pelo direito brasileiro, aquele que toma parte na prática de um delito deve responder por esse crime, tanto quanto os demais colaboradores. Assim, havendo vários coautores e partícipes, devem eles agir com o mesmo elemento subjetivo.

Não há possibilidade de se encontrar um partícipe atuando com dolo, enquanto os coautores agem com culpa, ou mesmo um partícipe auxiliando, culposamente, os coautores, que atuam com dolo. Seria o mesmo que admitir a possibilidade de existência de um crime, ao mesmo tempo, doloso e culposo.

Em suma, não há participação culposa em crime doloso, nem participação dolosa em crime culposo. Contudo, é preciso destacar que há viabilidade na possibilidade de tomar parte em ação alheia, movido por elemento subjetivo distinto. Assim, é possível haver participação culposa em *ação* dolosa, bem como participação dolosa em *ação* culposa. Nesse caso, no entanto, existem dois delitos.

Quem colaborou culposamente na ação dolosa alheia responde por crime culposo, enquanto o autor será punido por crime doloso. É o que acontece no caso do funcionário público que, culposamente, concorre para a realização dolosa de crime alheio contra a administração (art. 312, § 2.º, CP). O funcionário responde por peculato culposo, enquanto o outro deverá ser punido pelo crime doloso cometido.

15. CIRCUNSTÂNCIAS INCOMUNICÁVEIS

São aquelas que não se transmitem aos coautores ou partícipes, pois devem ser consideradas individualmente no contexto do concurso de agentes.

Dividem-se em *circunstâncias de caráter pessoal* e *condições de caráter pessoal*. A circunstância de caráter pessoal é a situação ou particularidade que envolve o agente, sem constituir elemento inerente à sua pessoa. Exemplo: a confissão espontânea proferida por um coautor não faz parte da sua pessoa, tampouco se transmite, como atenuante que é, aos demais concorrentes do delito. Outro exemplo é o da futilidade do motivo. A condição de caráter pessoal é o modo de ser ou a qualidade inerente à pessoa humana. Exemplo: menoridade ou reincidência. O coautor menor de 21 anos não transmite essa condição, que funciona como atenuante, aos demais, do mesmo modo que o partícipe, reincidente, não transfere essa condição, que é agravante, aos outros.

15.1. Circunstâncias e condições de caráter objetivo

Diz o texto legal (art. 30, CP) que as situações ou qualidades que envolvem o agente precisam ser *pessoais*, nada mencionando quanto às objetivas, também passíveis de existir.

Resta, pois, a dúvida: comunicam-se aos coautores e partícipes? Entende a doutrina predominante, com a qual concordamos, que, afastada a aplicação da responsabilidade objetiva, deve o coautor atuar, ao menos com previsibilidade, quanto à circunstância material que não causou diretamente. Exemplo: "A" manda "B" matar "C", entregando-lhe, inclusive, um revólver para a tarefa. "B", no entanto, resolve cumprir o mandato criminoso empregando "tortura" e, lentamente, dá fim à vida da vítima. Não responderá "A" por homicídio qualificado pela tortura, caso não tenha noção de que "B" poderia assim agir.

Por todos, a lição de Basileu Garcia: "O texto penal não esclareceu se a comunicabilidade dessas circunstâncias se dá em todos os casos. Cumpre resolver a questão invocando-se, mais uma vez, as normas da causalidade material e psíquica. É preciso saber se a circunstância pode ser havida como materialmente causada pelo participante e se é abrangida pelo seu dolo, mesmo eventual, isto é, se, pelo menos, o participante assumiu o risco da produção daquela circunstância, cooperando para ela...".[29]

15.2. Elementares do crime

A elementar do crime é constituída por um elemento integrante do tipo penal incriminador. Exemplo: "matar" e "alguém" são elementares do delito de homicídio.

Há determinadas circunstâncias ou condições de caráter pessoal que são integrantes do tipo penal incriminador, de modo que, pela expressa disposição legal, nessa hipótese, transmitem-se aos demais coautores e partícipes. Exemplo: se duas pessoas – uma, funcionária pública, outra, estranha à Administração – praticam a conduta de subtrair bens de uma repartição pública, cometem peculato-furto (art. 312, § 1.º, CP). A condição pessoal – ser funcionário público – é elementar do delito de peculato, motivo pelo qual se transmite ao coautor, desde que verificada a ciência deste em relação àquela condição pessoal.

16. A POLÊMICA RELATIVA AO CONCURSO DE PESSOAS NO INFANTICÍDIO

Intenso é o debate doutrinário acerca da coautoria e da participação no contexto desse crime, que não deixa de significar uma forma *privilegiada* do homicídio. A mãe, por estar em estado puerperal, mata o próprio filho recém-nascido, após o parto, recebendo, pois, pena bastante atenuada em relação à que está prevista no art. 121.

Por isso, muitos autores, capitaneados, antigamente, por Hungria chegaram a sustentar a incomunicabilidade dessa circunstância de caráter pessoal, afinal, o puerpério é perturbação físico-mental exclusiva da mãe. Não seria *justo*, dizem, que o coautor ou partícipe fosse favorecido, uma vez que se estaria cuidando de circunstância *personalíssima*. Passaram a adotar essa visão: Bento de Faria;[30] Vicente Sabino;[31] Aníbal Bruno.[32]

Entretanto, cumpre ressaltar que o próprio Nélson Hungria alterou seu entendimento, na 5.ª edição de sua obra: "Nas anteriores edições deste volume, sustentamos o mesmo ponto de vista, mas sem atentarmos no seguinte: a incomunicabilidade das *qualidades* e *circunstâncias pessoais*, seguindo o Código helvético (art. 26), é irrestrita (...), ao passo que perante o Código pátrio (também art. 26) [atual art. 30 do CP] é feita uma ressalva: 'Salvo quando elementares do crime'. Insere-se nesta ressalva o caso de que se trata. Assim, em face do nosso Código, mesmo os terceiros que concorrem para o infanticídio respondem pelas penas a este cominadas, e não pelas do homicídio".[33] O mesmo fez Heleno Fragoso.[34]

---

[29] *Instituições de direito penal*, t. I, p. 424.

[30] *Código Penal brasileiro comentado*, v. IV, p. 39.

[31] *Direito penal*, v. I, p. 274.

[32] *Direito penal*, t. 4, p. 151-152.

[33] *Comentários ao Código Penal*, 5. ed., v. 5, p. 266.

[34] *Apud* Fernando de Almeida Pedroso, *Direito penal*, p. 559.

Restam, atualmente, poucos autores que sustentam a possibilidade de punir por homicídio aquele que tomou parte no infanticídio praticado pela mãe, ou mesmo quando executou o núcleo do tipo, a pedido da mãe, que não teve forças para fazê-lo sozinha. São diversos os argumentos nessa ótica, mas, em suma, todos voltados a corrigir uma injustiça promovida pela própria lei penal, que deveria ter criado uma exceção pluralística à teoria monística. Não o fez. Assim, há quem pretenda a aplicação do art. 29, § 2.º, dizendo que, se o executor matar o recém-nascido, porém com o consentimento da mãe, esta teria querido participar de crime menos grave, isto é, aquele teria desejado cometer homicídio e a genitora, infanticídio.

Olvida-se, nessa tese, que a vontade de matar é exatamente a mesma e que o infanticídio é apenas uma forma privilegiada de homicídio, como, aliás, já alertava FREDERICO MARQUES. Logo, tanto o estranho quanto a mãe querem "matar alguém". O delito somente se torna *unitariamente* (pela teoria adotada pelo Código Penal, que não pode ser rompida por desejo de correção de injustiça) considerado em face da *circunstância* de estar a mãe envolvida pelo estado puerperal, após o nascimento de seu filho. É nitidamente incabível o § 2.º do art. 29, tendo em vista ser este a figura da cooperação dolosamente distinta.

Aliás, não nos parece nem um pouco correta a ideia de que o dolo deve envolver o elemento "estado puerperal", pois trata-se de situação de perturbação psíquica, logo, subjetiva, tanto quanto é o dolo (elemento subjetivo do crime). Outras soluções tentam apontar para a utilização, para a mãe, do disposto no art. 26, parágrafo único, enquanto, para o executor, estranho à criança, seria reservado o homicídio. Ora, trata-se, ainda que com eufemismo, de quebra da unidade do delito. Não houve homicídio, com participação de pessoa perturbada (no caso, a mãe). A circunstância especial de perturbação da saúde mental está prevista em um tipo penal especial, que deve ser aplicado, goste-se ou não da solução, entenda-se ou não ser ela injusta. Logo, se ocorreu um infanticídio, por expressa aplicação da comunicabilidade prevista no art. 30, outra não é a solução senão ambos punidos por infanticídio.

A doutrina firmou entendimento nesse sentido, conferindo-se a partir de PAULO JOSÉ DA COSTA JÚNIOR: "Diante dos termos precisos do art. 30 do CP, entretanto, é inadmissível outro entendimento. A regra, aí inserida, é a de que as circunstâncias e as condições de caráter pessoal não se comunicam. E a exceção, constante da parte final do dispositivo, determina que haverão elas de comunicar-se, desde que elementares do crime. Ora, *in casu*, o estado puerperal, embora configure uma condição personalíssima, é elementar do crime. Faz parte integrante do tipo, como seu elemento essencial. Logo, comunica-se ao coautor. Aquele que emprestar sua cooperação à prática do infanticídio é infanticida, e não homicida".[35] E ainda a lição de NORONHA: "não há dúvida alguma de que o *estado puerperal é circunstância* (isto é, estado, condição, particularidade etc.) *pessoal* e que, sendo *elementar* do delito, comunica-se, *ex vi* do art. 30, aos copartícipes. *Só mediante texto expresso tal regra poderia ser derrogada*".[36] Acrescente-se: MIRABETE;[37] FREDERICO MARQUES;[38] DELMANTO;[39] DAMÁSIO;[40]

---

[35] *Direito penal* – curso completo, p. 263-264.

[36] *Direito penal*, v. 2, p. 59, grifamos.

[37] *Manual de direito penal*, v. 2, p. 73.

[38] *Tratado de direito penal*, v. II, p. 176, com a ressalva de que a participação do estranho deve ser acessória.

[39] *Código Penal comentado*, p. 247.

[40] *Código Penal anotado*, p. 389.

FERNANDO DE ALMEIDA PEDROSO;[41] ALBERTO SILVA FRANCO;[42] BASILEU GARCIA;[43] ESTHER DE FIGUEIREDO FERRAZ;[44] IVAIR NOGUEIRA ITAGIBA.[45]

Logo, tanto faz se o estranho auxilia a mãe a matar o recém-nascido, após o parto, em estado puerperal, ou se ele mesmo, a pedido da genitora, executa o delito: ambos respondem por infanticídio.

É indispensável que o concorrente tenha noção da condição ou da circunstância de caráter pessoal do comparsa do delito, pois, do contrário, não se poderá beneficiar do disposto no art. 30. Assim, caso uma pessoa não saiba que está prestando auxílio a um *funcionário público* para apropriar-se de bens móveis pertencentes ao Estado (peculato para o funcionário – art. 312, CP), responderá por furto.

17. CASOS DE IMPUNIBILIDADE

Previsão feita no art. 31 do Código Penal, pretende a lei atribuir o termo *impunibilidade* ao fato, e não ao agente, pois, no caso apresentado, trata-se de causa de atipicidade. Impuníveis são o ajuste, a determinação, a instigação e o auxílio, logo, condutas atípicas.

Vimos, anteriormente, que a tentativa somente se torna fato típico, portanto, passível de punição do seu autor, se há o ingresso na fase executória. Entretanto, é natural que condutas anteriores, ainda que relevantes, sejam atípicas (meramente preparatórias), caso não se dê início à execução do delito.

O disposto o art. 31, diante do art. 14, II, do Código Penal, é supérfluo. Ademais, se houver disposição expressa em contrário (leia-se: existência de um tipo incriminador autônomo), é evidente que o ajuste, a determinação, a instigação e o auxílio podem ser punidos.

Exemplo disso é "associarem-se 3 (três) ou mais pessoas, para o fim específico de cometer crimes" (art. 288, CP), que constitui delito autônomo (associação criminosa). Não fosse o estipulado no mencionado art. 288 e o ajuste entre os integrantes de um bando não seria punível, caso não tivesse começo a execução do delito arranjado.

As situações descritas no art. 31 – ajuste, determinação, instigação ou auxílio ao crime – consolidam a teoria objetiva temperada, adotada pelo Código Penal, em relação à punição da tentativa, utilizada no contexto do crime impossível.

Explica MARCELO SEMER: "Porque tanto o ajuste, determinação ou instigação quanto o crime impossível revelam uma intenção delituosa manifestada, sem que, no entanto, os atos executivos sejam iniciados – ou iniciados de forma idônea – a impunibilidade revela a opção do ordenamento pela objetividade. O objeto da ação delituosa não correu qualquer perigo. Na legislação anterior a adoção parcial da teoria sintomática previa tanto no crime impossível quanto nas hipóteses de ajuste e determinação a aplicação da medida de segurança, demonstrada a periculosidade dos agentes".[46]

---

[41] *Direito penal*, p. 557-559.

[42] *Código Penal e sua interpretação jurisprudencial*, p. 1.650.

[43] *Instituições de direito penal*, v. I, t. I, p. 422.

[44] *A codelinquência no direito penal brasileiro*, p. 41.

[45] *Do homicídio*, p. 94.

[46] *Crime impossível e a proteção aos bens jurídicos*, p. 74-75.

Sobre os conceitos dos termos usados no referido art. 31 do Código Penal: a) *ajuste*: é o acordo ou o pacto celebrado entre pessoas; b) *determinação*: é a ordem dada para alguma finalidade; c) *instigação*: é a sugestão ou estímulo à realização de algo; d) *auxílio*: é a ajuda ou a assistência dada a alguém.

RESUMO DO CAPÍTULO

▸ **Concurso de pessoas:** trata-se da cooperação desenvolvida por várias pessoas para o cometimento de uma infração penal. Chama-se, ainda, em sentido lato: coautoria, participação, concurso de delinquentes, concurso de agentes, cumplicidade.

▸ **Natureza jurídica:** adota-se a teoria monista ou monística, ou seja, não importa o número de autores/partícipes, pois há um só crime.

▸ **Conceito de autor:** prevalece o conceito restrito de autor. Este é a pessoa que se insere no tipo penal, praticando qualquer de suas partes. Partícipe é aquele que, instigando, induzindo ou auxiliando, corre por fora para a realização do tipo.

▸ **Teoria do domínio do fato:** é a teoria que determina ser o autor direto aquele que domina o fato; o autor mediato é quem segue as ordens do dominante, sem condições de resistir, pois é inimputável, coato, subordinado ou envolvido em erro.

▸ **A medida da culpabilidade:** em virtude do juízo de censura (culpabilidade para fins de aplicação da pena), deve o julgador fixar as penas dos coautores e/ou partícipes na exata medida em que forem censurados (para mais ou para menos), conforme suas condutas na execução do delito.

▸ **Participação de menor importância:** destina-se essa causa de diminuição da pena somente aos partícipes (moral ou material), que podem contribuir para o crime de maneira ínfima.

▸ **Cooperação dolosamente distinta:** significa que um dos coautores ou partícipes entende e quer participar de delito menos grave. Por isso, ser-lhe-á aplicada a pena deste. Se for previsível o resultado mais grave, a sua pena será aumentada da metade.

▸ **Requisitos do concurso de agentes:** para a sua configuração, demanda-se: a) existência de dois ou mais agentes; *b)* relação de causalidade material entre as condutas desenvolvidas e o resultado; *c)* vínculo de natureza psicológica ligando as condutas entre si com vistas ao mesmo resultado. Não há necessidade de *ajuste prévio* entre os coautores; *d)* reconhecimento da prática da mesma infração para todos; *e)* existência de fato punível.

▸ **Autoria colateral:** ocorre quando dois agentes, desconhecendo a conduta um do outro, agem convergindo para o mesmo resultado, que, no entanto, realiza-se por conta de um só dos comportamentos ou em virtude dos dois comportamentos, embora sem que haja a adesão de um ao outro. É uma modalidade de autoria, mas ambos não agem em concurso de pessoas, pois não aderem um à conduta do outro.

▸ **Autoria incerta:** no cenário da autoria colateral, denomina-se *incerta* a autoria quando não se sabe qual dos autores provocou o resultado.

▸ **Executor de reserva:** é o colaborador destacado para certificar-se do sucesso na concretização do crime, porém sem que consiga realizar ato executório efetivamente importante para a consumação.

- **Circunstâncias incomunicáveis:** são aquelas que não se transmitem aos coautores ou partícipes, pois devem ser consideradas individualmente no contexto do concurso de agentes (dividem-se em *circunstâncias de caráter pessoal* e *condições de caráter pessoal*).

- **Elementares do crime:** a elementar do crime é constituída por um elemento integrante do tipo penal incriminador. Elas se transmitem aos coautores e partícipes.

- **Casos de impunibilidade:** previsão feita no art. 31 do Código Penal, pretende a lei atribuir o termo *impunibilidade* ao fato, e não ao agente, pois, no caso apresentado, trata-se de causa de atipicidade. Impuníveis são o ajuste, a determinação, a instigação e o auxílio, logo, condutas atípicas.

Capítulo XXVII

Teoria Geral da Pena

1. CONCEITO DE PENA

É a sanção imposta pelo Estado, por meio do devido processo legal, ao criminoso como *retribuição* ao delito perpetrado e *prevenção* a novos crimes.[1]

Havíamos sustentado que a pena teria diversas finalidades; entretanto, após a publicação da nossa obra *Criminologia*, concluímos possuir a sanção penal duas *funções* e três *finalidades*.

Em primeiro lugar, deve-se diferenciar a *função* e a *finalidade* da pena. Tem-se por função a razão pela qual ela existe e a maneira como é prevista e aplicada no ambiente penal, representando o *instrumento adequado* para que possa atingir suas finalidades. De tal ponto de vista, a pena tem as *funções retributiva e ressocializadora*. A função retributiva simboliza uma aflição para despertar a consciência do condenado de que agiu de maneira equivocada e a função ressocializadora indica a possibilidade de o condenado rever os seus valores, adaptando-se às normas legais, existentes em sociedade, obrigatórias a todos.

Se essas funções forem bem cominadas, aplicadas e cumpridas, haverá uma ampla probabilidade de que o apenado não torne a delinquir e retome o seu convívio social. É importante destacar que a *função retributiva* é imposta pelo Estado obrigatoriamente, mas, quanto à *reeducação*, os órgãos públicos devem ofertar as oportunidades e os instrumentos para isso, como trabalho e estudo, dependendo da autodeterminação do sentenciado para revisar os seus valores e alterar o seu comportamento.

---

[1] No direito romano, "pena era o mal que, em retribuição por um delito cometido, se impunha a uma pessoa, em virtude de sentença judicial e com fundamento em preceitos legais, ou com base em costumes que tinham força de lei" (THEODOR MOMMSEN, *Derecho penal romano*, p. 345; tradução livre).

Quando se menciona a função retributiva, cumpre verificar o dever estatal de impor um alerta vigoroso, não dizendo respeito a uma *vingança* ou à imposição do *mal pelo mal*, embora não se possa exigir da sociedade e da vítima que não pensem desse modo. A função retributiva da pena vem expressa em lei, como se vê no disposto no art. 59: "O juiz, atendendo à culpabilidade, aos antecedentes, à conduta social, à personalidade do agente, aos motivos, às circunstâncias e consequências do crime, bem como ao comportamento da vítima, estabelecerá, conforme seja *necessário* e *suficiente* para *reprovação* e prevenção do crime: I – as penas aplicáveis dentre as cominadas; II – a quantidade de pena aplicável, dentro dos limites previstos; III – o regime inicial de cumprimento da pena privativa de liberdade; IV – a substituição da pena privativa de liberdade aplicada, por outra espécie de pena, se cabível" (grifamos). Além disso, não é demais citar o disposto no art. 121, § 5.º, do Código Penal, salientando ser possível ao juiz aplicar o perdão judicial, quando as consequências da infração atingirem o próprio agente de maneira *tão grave* que a sanção penal se torne *desnecessária*, evidenciando o caráter retributivo da pena. É relevante interpretar esses dispositivos como parcelas da *função* da pena.

Ademais, o aspecto retributivo é um fator de estabilidade e equilíbrio no contexto da proporcionalidade entre a lesão gerada pelo delito e a sanção correspondente. Desvincular todo e qualquer lado punitivo da sanção pode produzir efeito inverso, permitindo que o Estado comine penas muito mais rigorosas do que o crime cometido, visando, por exemplo, apenas a critérios preventivos. Não se vivencia mais, em quadros democráticos, a ideia de uma pena rancorosa, representando uma nítida desforra, para impor igual ou maior sofrimento ao delinquente do que o dano produzido pela sua atitude criminosa. Fosse assim, o homicídio deveria ser punido pela morte, quiçá precedida de tortura; o estupro teria por consequência idêntica violação sexual ao agente; o roubo, cometido com violência, demandaria igual expressão, com ferimento dolorido ao autor; enfim, se no passado esse era o pensamento, na atualidade, alterou-se para funções e finalidades compatíveis com a dignidade da pessoa humana. Tanto é verdade que a Constituição Federal brasileira impõe o dever judicial de individualizar a pena (art. 5.º, XLVI), evitando-se a sanção puramente padronizada e, por isso, injusta, na medida em que as pessoas são diferentes e, ainda que cometam o mesmo crime, podem fazê-lo por motivos completamente díspares e valendo-se de meios de execução diversos. Outro destaque pode ser indicado no art. 10, *caput*, da Lei de Execução Penal: "a assistência ao preso e ao internado é dever do Estado, objetivando *prevenir* o crime e *orientar o retorno à convivência* em sociedade" (grifamos).

Na sequência, nota-se a *função ressocializadora*: "a assistência social tem por finalidade amparar o preso e o internado e *prepará-los para o retorno à liberdade*" (art. 22 da Lei de Execução Penal, grifamos). Porém, tanto a função retributiva, que serve de alerta, quanto a ideia de ressocialização, propiciando instrumentos para o apenado revisar o seu comportamento, podem não dar certo e haver reincidência. O Estado não tem um remédio definitivo e absoluto contra o crime. Não se pretende a pena milagrosa, mas somente a sanção disponível, dentro dos meios existentes a cada época da história.

Sob outro aspecto, há três finalidades buscadas pela cominação, aplicação e efetivo cumprimento da pena, podendo-se apontar o seguinte: a) *finalidade legitimadora do direito penal*, cujo objetivo é demonstrar à sociedade a eficiência estatal para combater o crime, além de que as normas penais devem ser respeitadas, pois constituem legítimos instrumentos punitivos, criados por lei; b) *finalidade intimidante*, representando o modo pelo qual o Estado faz a sociedade enxergar, antes do cometimento do crime, quais são as condutas penalmente intoleráveis e exatamente quais as punições para elas previstas. Há um aspecto de intimidação, dentro do quadro civilizado de toda e qualquer sociedade, que não opera somente com leis penais, mas, igualmente, com ilícitos civis, trabalhistas, tributários, processuais, ambientais, administrativos etc., acompanhados de suas sanções devidamente cominadas em leis extrapenais; c) *finalidade protetora*, simbolizando a indispensabilidade de aplicar, para crimes graves, a pena de reclusão, em regime inicial fechado, segregando o indivíduo do convívio social por um período. Nem todas as sanções penais precisam ser isolantes, consistentes em efetivo claustro, pois existem inúmeras outras penas em regime de liberdade vigiada, assistida ou fiscalizada, bem como as sanções restritivas a outros direitos diversos da liberdade e as pecuniárias.

Na tradicional visão da doutrina penal, que já chegamos a adotar, a pena teria duas finalidades básicas: retribuição e prevenção. Neste último campo, seriam encontradas as seguintes finalidades específicas: a) preventivo-geral positiva (legitimação do direito penal); b) preventivo-geral negativa (intimidação); c) preventivo-especial positiva (reeducação); d) preventivo-especial negativa (segregação).

Atualmente, preferimos visualizar duas funções e três finalidades, embora todas sejam cabíveis à pena. Não aquiescemos com a ideia de possuir a pena somente uma finalidade, como, por exemplo, a prevenção geral positiva, pois qualquer delas, isoladamente considerada, não é suficiente para fundamentar de modo justo a aplicação da pena em decorrência da prática do crime.

Na ótica de MIR PUIG, "ninguém pode negar que a pena *é um mal* que se impõe como *consequência de um delito*. A pena é, sem dúvida, *um castigo*. Aqui não valem eufemismos, e também a teoria preventiva deve começar a reconhecer o caráter de castigo da pena. Entretanto, uma coisa é o que seja a pena e outra, distinta, qual seja a sua função e o que legitima o seu exercício. Noutro aspecto, contrapõem-se as concepções retributiva e preventiva. Os retribucionistas creem que a pena serve à realização da Justiça e que se legitima suficientemente como exigência de pagar o mal com outro mal. Os prevencionistas estimam, noutro prisma, que o castigo da pena se impõe para evitar a delinquência na medida do possível e que somente está justificado o castigo quando resulta necessário para combater o delito. Retribuição e prevenção supõem, pois, duas formas distintas de legitimação da pena. Rechaço a legitimação que oferece a retribuição. Inclino-me pela prevenção".[2]

2. FUNDAMENTOS DA PENA

Há primordialmente *seis fundamentos* para a existência da pena: a) *denúncia*: fazendo com que a sociedade desaprove a prática do crime; b) *dissuasão*: desaconselhando as pessoas de modo geral e, particularmente, o próprio criminoso à prática delitiva; c) *incapacitação*: protegendo a sociedade do criminoso, retirando-o de circulação; d) *reabilitação*: reeducando o ofensor da lei penal; e) *reparação*: trazendo alguma recompensa à vítima; f) *retribuição*: dando ao condenado uma pena proporcional ao delito cometido.[3]

2.1. Sistemas celulares de cumprimento da pena

Durante muitos séculos, a pena representou um castigo físico ou a morte. A ideia de prisão consistia em momento antecedente à aplicação da pena, vale dizer, adequava-se ao

---

[2]   *Estado, pena y delito*, p. 41.

[3]   LORD LONGFORD, *Punishment and the punished*, p. 182. Sobre o tema, ver OSWALDO HENRIQUE DUEK MARQUES, *Fundamentos da pena*, p. 51-110.

período da prisão provisória. Em vários pontos começaram a surgir penas cumpridas em cárcere, mas os modelos mais evidentes advieram dos Estados Unidos.

Nas palavras de CEZAR ROBERTO BITENCOURT, "a primeira prisão norte-americana foi construída pelos *quacres* em *Walnut Street Jail*, em 1776".[4] Tratava-se do sistema pensilvânico ou filadélfico. Impunha-se o sistema celular ou de isolamento; havia a crença de que o preso haveria de orar em solidão, alheio a qualquer tentação corruptora do mundo exterior. Seria estabelecida uma relação do condenado com a Bíblia.

No entanto, havia críticas generalizadas de que o silêncio, muitas vezes, terminava por anular socialmente o indivíduo, produzindo distorções de ordem mental e perturbações de comportamento, além de problemas físicos.[5]

Passa-se, então, ao modelo novaiorquino de Auburn, com a indicação do Capitão Elam Lynds como diretor, segundo consta uma pessoa dura e insensível, em 1823. A base do sistema era rígida, com castigos corporais caso houvesse a prática de faltas. Buscando um novo método, havia o silêncio absoluto à noite e a ressocialização, pelo trabalho, durante o dia. Espalha-se pelos Estados Unidos. Segue-se, depois, a outros países.[6]

3. TEORIAS ACERCA DO CRIME E DA PUNIÇÃO

3.1. Abolicionismo penal

Fruto dos estudos e dos artigos de LOUK HULSMAN (Holanda), THOMAS MATHIESEN e NILS CHRISTIE (Noruega) e SEBASTIAN SCHEERER (Alemanha), pode-se conceituar o abolicionismo penal como um novo método de vida, apresentando uma nova forma de pensar o direito penal, questionando o significado das punições e das instituições, bem como construindo outras formas de liberdade e justiça.

O movimento trata da *descriminalização* (deixar de considerar infrações penais determinadas condutas hoje criminalizadas) e da *despenalização* (eliminação – ou intensa atenuação – da pena para a prática de certas condutas, embora continuem a ser consideradas delituosas) como soluções para o caos do sistema penitenciário, hoje vivenciado na grande maioria dos países. O método atual de punição, eleito pelo direito penal, que privilegia o encarceramento de delinquentes, não estaria dando resultado e os índices de reincidência estariam extremamente elevados. Por isso, seria preciso buscar e testar novos experimentos no campo penal, pois é sabido que a pena privativa de liberdade não tem resolvido o problema da criminalidade.

A sociedade, no fundo, segundo o pensamento abolicionista, não tem sucumbido diante do crime, como já se apregoou que aconteceria, sabendo-se que há, no contexto da Justiça Criminal, uma imensa *cifra negra*, ou seja, existe uma diferença entre os crimes *ocorridos* e os delitos *apurados* e entre os crimes *denunciados* e os delitos *processados*.[7] A maioria dos crimes

---

[4]   *Tratado de direito penal*, v. 1, p. 163.

[5]   Cf. RODRÍGUEZ MAGARIÑOS e NISTAL BURÓN, *La historia de las penas*, p. 68. Conferir, também, o Capítulo III, item 1, desta obra.

[6]   BITENCOURT, ob. cit., p. 165 e seguintes; RODRÍGUEZ MAGARIÑOS e NISTAL BURÓN, ob. cit., p. 70-72.

[7]   Nas palavras de GARCÍA-PABLOS DE MOLINA, a cifra negra ou zona oculta "alude a um quociente (conceito aritmético) que expressa a relação entre o número de delitos efetivamente cometidos e o de delitos estatisticamente refletidos. De outro lado, o termo *campo negro* ou *zona obscura* compreende o âmbito ou conjunto genérico de ações delitivas que não encontram reflexo nas estatísticas oficiais e é,

cometidos não seria nem mesmo levada ao Judiciário, porque não descoberta a autoria ou porque não conhecida da autoridade policial a sua prática, querendo isso dizer que a sociedade teria condições de absorver os delitos cometidos sem a sua desintegração.

Portanto, a descriminalização e a despenalização de várias condutas, hoje consideradas criminosas, poderiam facilitar a reeducação de muitos delinquentes, mediante outras formas de recuperação. Para isso, o *abolicionismo* recomenda, em síntese, a adoção dos seguintes princípios: *a) abolicionismo acadêmico,* ou seja, a mudança de conceitos e linguagem, evitando a construção de resposta punitiva para situações-problema; *b)* atendimento prioritário à vítima (melhor seria destinar dinheiro ao ofendido do que construindo prisões); *c)* guerra contra a pobreza; *d)* legalização das drogas; *e)* fortalecimento da esfera pública alternativa, com a liberação do poder absorvente dos meios de comunicação de massa, restauração da autoestima e da confiança dos movimentos organizados de baixo para cima, bem como a restauração do sentimento de responsabilidade dos intelectuais.

Não há dúvida de que, por ora, o *abolicionismo penal* é somente uma utopia, embora traga à reflexão importantes conceitos, valores e afirmativas, demonstrando o fracasso do sistema penal atual em vários aspectos, situação que necessita ser repensada e alterada. Manifesta-se LUIGI FERRAJOLI sobre o tema: "O abolicionismo penal – independentemente dos seus intentos liberatórios e humanitários – configura-se, portanto, como uma utopia regressiva que projeta, sobre pressupostos ilusórios de uma sociedade boa ou de um Estado bom, modelos concretamente desregulados ou autorreguláveis de vigilância e/ou punição, em relação aos quais é exatamente o direito penal – com o seu complexo, difícil e precário sistema de garantias – que constitui, histórica e axiologicamente, uma alternativa progressista".[8]

O propósito de exposição da chamada *cifra negra* ou *zona obscura,* para algumas teorias, como o abolicionismo, mas também para a teoria da rotulação social, é *demonstrar* que o Estado não controla o crime como gostaria, contentando-se em punir alguns bodes expiatórios. Noutros termos, há muito mais delitos do que efetivas punições. Não é preciso ser um perito em estatística, nem um criminólogo exemplar para concluir isso. Em qualquer campo do direito, consideradas todas as possibilidades de infrações e atos ilícitos, pune-se muito menos do que as ocorrências geradas. Há inúmeras infrações trabalhistas que não chegam à Justiça do Trabalho; existe um número incalculável de ilícitos civis, cuja solução é simplesmente o esquecimento das partes lesadas; encontra-se um conjunto de ilícitos tributários muito maior do que os órgãos públicos conseguem detectar; há um imensurável número de ilícitos ambientais do que o Estado tende a controlar e assim por diante. Nem por isso, ingressar-se-ia no campo abolicionista do direito como um todo, permitindo que a sociedade resolva seus problemas de outras formas, quiçá longe do Poder Judiciário, que, ademais, nem precisaria existir. Ocorre que há um erro de princípio no argumento da *cifra negra* a gerar um sofisma. Ela existe, inequivocamente, mas não é privilégio do direito penal. Nunca a humanidade poderá, neste plano de evolução em que hoje nos encontramos, estancar conflitos de todos os matizes, mas os Poderes de Estado precisam agir, na parte conhecida da imensa cifra de ilícitos ocorridos, justamente para assegurar o cumprimento da lei.

Nem se trata de uma regra ou teoria criminológica, mas de puro bom senso: se ocorrerem 100 homicídios e o Estado somente conseguir punir 10 homicidas, por certo, há 90

---

portanto, um conceito muito mais ambíguo que se conforma em descrever, sem nenhuma quantificação aritmética, a discordância existente entre uns e outros valores" (*Criminologia,* p. 42-43).

[8] *Direito e razão,* p. 275.

soltos e impunes. No entanto, eles continuarão matando pessoas? Vários deles procurarão uma vida organizada e limpa, justamente para não serem encontrados – isto porque existe lei e o Estado poderá usá-la contra eles a qualquer momento. Outros – desses 90 – permanecerão em constante fuga, sempre preocupados, atemorizados, pensando que poderão ser descobertos a qualquer tempo – gera-se uma emenda natural. Vários desses 90 realmente se arrependem do que fizeram e mudam de vida. Enfim, dos 90 soltos, *porque existe lei penal e não é branda para o homicídio*, muitos estancam sua atividade criminosa, que pode limitar-se a um único crime.

Por outro lado, os milhares de pessoas que acompanharam o julgamento e a punição daqueles dez assassinos encontrados, processados e presos reconhecem o valor do direito penal, a força estatal punitiva e, para muitos, em número incalculável, representa a punição efetiva daqueles dez um fator intimidatório real, a ponto de não resolverem seus problemas eliminando a vida do inimigo ou adversário.

No fundo, parte do que se está colocando é o conteúdo da teoria da prevenção geral, tão defendida por funcionalistas como se fosse o ideal e a contraposição notória à teoria retributiva da pena. Não reconhecemos um único fator para fundamentar a pena, mas um caráter multifacetado, onde ingressam vários elementos retributivos e preventivos.

O ensejo proporcionado pela crítica ao mau uso da referida *cifra negra* diz respeito apenas à conclusão a que se pretende chegar. Ela existe? Sim. Por causa disso, elimina-se o direito penal? Não. Parece-nos simples assim. Um determinado crime não deixa de ser grave porque não foi descoberto; logo, quando é desvendado, a sociedade aguarda do Estado, que chamou a si o monopólio punitivo, uma reação à altura. Pode-se – e deve-se – graduar a punição conforme a gravidade do delito, em homenagem à proporcionalidade. Pode-se – e deve-se – descriminalizar várias condutas sem a menor relevância para permanecer na esfera penal. Tudo isso é perfeitamente viável pela porta do direito penal mínimo, sem a menor necessidade de se sustentar o abolicionismo penal.

A respeito da inconveniência dos princípios apregoados pelo abolicionismo penal, escreveu PHILIP SHISHKIN para o *Wall Street Journal*[9] que, em 1998, Vidar Sandli foi preso com mais de dois quilos de haxixe e condenado a três anos de prisão. "Mas como o país tem um problema crônico de falta de espaço na rede penitenciária e ele não havia cometido um crime violento, Sandli foi avisado de que iria ter de esperar meses ou até anos para poder cumprir a sentença. (...) Aqui na Noruega isso é chamado de 'fila para a prisão'. O sistema é um reflexo da antiga tradição humanitária e abordagem branda da Noruega em relação ao encarceramento. (...) Nils Christie, criminologista da Universidade de Oslo, chama a fila de 'um sinal de civilidade de uma sociedade humana, porque indica que a maioria dos criminosos são pessoas comuns, capazes de esperar na fila como qualquer outra pessoa'. Mas hoje a Noruega convive com um aumento no índice de criminalidade e a fila está ficando fora de controle. Nos últimos quatro anos, o número de condenados esperando para cumprir sentenças quase triplicou para 2.762 – quase o mesmo que toda a população carcerária do país, de 2.900 presidiários. (...) Para acelerar a fila, o país planeja construir o primeiro presídio desde 1997 e recentemente transformou um acampamento militar em uma prisão de 40 lugares. Autoridades do setor carcerário esperam ganhar espaço para outros 450 presos até 2006. O Ministério da Justiça também espera que os legisladores possam liberar mais celas ao permitir que juízes

---

[9]   *O Estado de S. Paulo*, 10.06.2003, p. B9.

sentenciem multas e serviços comunitários em vez de aprisionamento para crimes menores como porte de maconha. Embora a maior parte dos criminosos na fila de espera na Noruega seja de condenados por crimes relativamente pequenos, não violentos, uma pequena minoria cometeu crimes mais sérios, como violência doméstica e atentado ao pudor. Os que cometem crimes mais graves, como assassinato ou estupro, são enviados diretamente para a prisão."

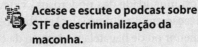

Acesse e escute o podcast sobre STF e descriminalização da maconha.
> http://uqr.to/1yved

O tempo passa e as coisas mudam; as pessoas alteram seu comportamento porque novos pensamentos passam a incorporar-lhes a lógica e o senso. NILS CHRISTIE apresenta uma forma mais adequada, a nosso sentir, de analisar o abolicionismo. Em primeiro lugar, considera, corretamente, que o crime é muito e nada. É somente um conceito livre para manobras. "O desafio é entender seu uso nos vários sistemas e, por intermédio desse entendimento, ser capaz de avaliar seu uso e quem o usa." Indaga-se, então: abolir a punição? E CHRISTIE responde: "concordo com o pensamento que está por trás dessas questões, mas não posso seguir os abolicionistas até o fim. O mais radical dos abolicionistas quer eliminar a lei penal e, de resto, toda punição formal. No entanto, levada ao extremo, essa posição leva a graves problemas".[10]

Outra das bases do abolicionismo, que é a justiça restaurativa, também não tem cabimento em certas situações. Ao menos, por ora, no estágio em que se encontra a humanidade. CHRISTIE narra o evento ocorrido em Oslo, quando três neonazistas assassinaram a facadas um garoto negro de 15 anos. Houve uma mobilização geral da população. Após mostrar o desprezo pelo nazismo, tece a seguinte consideração, em forma de pergunta: "devo insistir em sustentar a justiça restaurativa para esses casos?".[11] Apontando outro caso de homicídio e estupro de duas garotas, o autor considera ser "perfeitamente compreensível e moralmente acima de qualquer reprovação que os parentes da vítima optem pela punição do ofensor". Poderia haver mediação? No atual estágio, impossível. O que fazer? "Não há outra forma senão a convencional: contra-argumentar, trocar ideias, tentar esclarecer. A escolha da política criminal é uma questão cultural. Não se trata de ações e reações instintivas, mas de uma área repleta de questões morais profundas. (...) Não podemos abolir totalmente o sistema penal."[12] Cremos que nada mais precisa ser dito, mas apenas que alguns *abolicionistas*, no Brasil, possam registrar e assimilar essa análise. CHRISTIE não defende o aumento de penas nem de prisões, mas também não é radical para querer impor, pela força de uma ideia surreal, a abolição de todo um sistema de punições, que acompanha a humanidade há séculos e precisa ser tratado pela força do diálogo para aprimorar-se.

---

[10] *Uma razoável quantidade de crimes*, p. 16 e 124.
[11] *Uma razoável quantidade de crimes*, p. 128.
[12] *Uma razoável quantidade de crimes*, p. 130.

3.2. Direito penal mínimo

Caracteriza-se o direito penal mínimo como um conjunto de normas adequado ao princípio da intervenção mínima, utilizando-se o Direito Penal apenas para crimes graves.

Convém, ainda, mencionar as soluções mais apropriadas de HASSEMER e MUÑOZ na ótica do *direito penal mínimo*: *a)* promover uma busca de alternativas à prisão, que principalmente afeta aos setores sociais mais baixos; *b)* realizar uma investigação que possa clarear o âmbito obscuro da "criminalidade dos poderosos", vinculada a reflexões políticas sobre a igualdade da criminalização em direito penal; *c)* estabelecer uma política de descriminalização da criminalidade menor ou de bagatela no âmbito da criminalidade "clássica"; *d)* efetuar investigações sobre a práxis do princípio da oficialidade na persecução dos delitos, unidas à busca de funções substitutivas desejáveis político-criminalmente.[13]

Entretanto, qualquer solução que se adote, na esfera legislativa, passa, necessariamente, pelas mãos do Poder Executivo, que precisa liberar verbas para a implementação de inúmeros programas de prevenção, punição e recuperação de criminosos. Não é possível que o Parlamento modifique sistematicamente leis, fornecendo a impressão de que isso basta à solução no combate à criminalidade, sem que o administrador libere as verbas necessárias ao seu implemento.

Note-se que até hoje várias cidades brasileiras – tome-se como exemplo a maior delas, São Paulo – não possuem a *Casa do Albergado*, lugar destinado ao cumprimento da pena em regime aberto, gerando certamente impunidade, quando se encaminhar o condenado para o regime de prisão-albergue domiciliar, sem qualquer fiscalização eficaz. De que adiantam, então, quaisquer mudanças se não houver vontade política de cumprir e fazer cumprir a lei? Logo, antes de se alterar descompassadamente a legislação, melhor seria implementar o que já possuímos. Antes de se criarem, somente para parecer original, penas alternativas novas, seria fundamental fazer valer as que já estão previstas em lei, bem pouco aplicadas, de fato, mas não por culpa dos juízes brasileiros, e sim por falta de estrutura para sua implementação prática. O Poder Judiciário não detém recursos para concretizar o previsto na lei penal, aliás, nem mesmo é sua função, motivo pelo qual torna-se imprescindível que os estudiosos do direito penal, antes de singelamente criticar o magistrado ou mesmo a lei pela crise de impunidade existente, voltem-se para a concretude da legislação vigente; antes de cooptarem anteprojetos de mudança de leis penais, participem da cobrança de instrumentos ainda não existentes da alçada do Poder Executivo.

Não vemos incompatibilidade entre o direito penal mínimo e o sistema garantista. Por isso, adotamos as ideias de ambos os sistemas.

3.3. Direito penal máximo (tolerância zero) e teoria das janelas quebradas

O denominado *direito penal máximo* é um modelo de direito penal caracterizado pela excessiva severidade, pela incerteza e imprevisibilidade de suas condenações e penas, voltado à garantia de que nenhum culpado fique impune, ainda que à custa do sacrifício de algum inocente, também conhecido como "tolerância zero".[14]

Sobre o método implantado em Nova York, na década de 1980, denominado *tolerância zero* – símbolo do direito penal máximo, HASSEMER esboça o seguinte: "a Tolerância Zero

---

[13] *Introducción a la criminología y al derecho penal*, p. 62.
[14] Conferir: LUIGI FERRAJOLI, *Direito e razão*, p. 84-85.

Cap. XXVII – Teoria Geral da Pena

('zero tolerance') é um conceito surpreendente. Ele conquistou, em pouco tempo, o mundo da segurança interna. Atua acima dos limites partidários e pode remeter a sucessos espetaculares na esfera de Nova York. Ele está na boca de todos e, somente por isso, já é importante. Demais disso, o conceito da tolerância zero se adapta em uma dualidade de maneiras às nossas tradições policiais e jurídico-policiais. Pode ser lido como tentativa, ao lado da 'segurança', de também a 'ordem' ser vista novamente como tarefa de realização da polícia, depois que, nos últimos anos, a 'ordem' iniciara a sua despedida paulatina das leis estaduais concernentes à polícia, restando presente nelas somente a 'segurança'".[15]

Segundo SHECAIRA, "é o período dos Governos Reagan/Bush nos EUA e Thatcher (seguido de John Major) na Inglaterra, em que o neoconservadorismo recebe a feição hoje conhecida do *Law and Order Movement*, tendo como seus representantes Van den Haag, Wilson James, Edward Benfield, Freda Adler dentre outros. (...) Paralelamente ao pensamento da Lei e da Ordem concebido nesse período, e que está se denominando de realismo de direita, surge o programa de tolerância zero, que tem sua origem em um famoso artigo publicado por James Q. Wilson em parceria com George Kelling, no ano de 1982".[16]

A *teoria das janelas quebradas* retrata a ideia de que a deterioração de uma área, pública ou privada, termina por incentivar o surgimento de crimes; a partir disso, ocorre a queda do padrão de vida e o isolamento social daquela região. Portanto, não se deve permitir que uma única casa, com *janelas quebradas* (ou um veículo estacionado nos mesmos moldes), permaneça no local sem reparo. Do contrário, é um chamamento à criminalidade. Muitos retiram dessa ilustração a bandeira para justificar um direito penal mais rigoroso, que puna as mais leves infrações como exemplo, a fim de evitar o crescimento de delitos mais graves.

Sobre a *teoria das janelas quebradas*, explica HASSEMER: "na imagem das 'janelas quebradas', o veículo de propaganda de maior sucesso em relação ao novo conceito, torna-se palpável para todos que a violação de um bem jurídico não surge apenas de uma mecânica acanhada, como sugerem as normas do direito penal ou do direito policial – como se alguém se decidisse, com dolo e consciência do injusto, pelo mal – e, então, se pusesse a agir sistematicamente e esperasse pela devida penalização. Não, o mal surge também da oportunidade e da sedução da situação: quando o carro ou a casa com as janelas quebradas (*broken windows*) é saqueada completamente ou quando vândalos barulhentos se transformam, de repente, em batedores. Nisso se percebe a mensagem de que a violação não surge do nada, que, muito mais, existe uma relação entre desordem e prejuízo".[17]

O americano goza de um *status* privilegiado, no Planeta, pois integra a sociedade do país mais rico e poderoso do mundo. Desse modo, além de se tornar alvo de grupos fanáticos mundo afora, é também invejado por nações mais pobres. Disso decorre o imenso afluxo imigratório com destino aos EUA, que termina por perturbar a sossegada classe média (e alta) americana. Não bastasse, o rigoroso sistema penal demonstra que o crime e a pena se relacionam na exata medida da retribuição, tanto assim que inexiste o instituto da prescrição para crimes graves, como o homicídio doloso. Se alguém praticou um mal grave, há de pagar, nem que para isso passem-se décadas.

De toda forma, a política da tolerância zero, que renovou o centro turístico de Nova York (*Times Square, por exemplo*), recolhendo mendigos, pedintes, vendedores ambulantes,

---

[15] *Direito penal libertário*, p. 173.

[16] *Criminologia*, p. 291.

[17] *Direito penal libertário*, p. 173-174.

prostitutas, bêbados, drogados etc., trouxe tranquilidade para os empresários da região e seus negócios. No entanto, há que se ponderar o seguinte: em primeiro lugar, a política criminal adotada, de prestígio à punição de pequenas infrações, liga-se ao critério materialista de que a pobreza pode conduzir ao crime; em segundo, mostrando-se a teoria das janelas quebradas, quer-se fazer crer serem os espaços públicos, quando deteriorados pela presença dessas pessoas desafortunadas, um lugar típico para transformar-se em antro criminoso, afinal, se uma casa com janelas quebradas consegue prejudicar um bairro inteiro, o mesmo poderia ocorrer na *Times Square* ou qualquer outra região; em terceiro, há de se ressaltar que a política rigorosa ali utilizada contou com o apoio financeiro do município, além de estar de acordo com os valores da chamada "sociedade dos cotovelos" (uma das precípuas atividades do direito, na sociedade burguesa, deveria ser proibir a utilização dos cotovelos, como meio de se progredir na vida; uma sociedade ideal não reage a empurrões fortes, mas a pretensões justas).[18]

Em suma, a teoria das janelas quebradas não deve ser interpretada como uma tese indicativa de que as punições devem aumentar ou que se deva manter as infrações mais leves e alguns outros ilícitos que nem mesmo no campo penal deveriam estar. Ao contrário, a referida teoria apenas exibe o óbvio: a ocasião faz o ladrão. Esse é um dos elementos evidentes da origem de certos crimes, especialmente os patrimoniais. A teoria das janelas quebradas não fundamenta integralmente a tolerância zero. Esta é fruto de pura política criminal do Estado; a outra retrata um fenômeno geralmente comum em qualquer comunidade, especialmente nas grandes cidades, vale dizer, nem todos os agentes, como expressou HASSEMER, cometem crimes premeditados, organizados, dolosos, com absoluta certeza de que realizam o mal.

Antes de pensar em adotar qualquer medida radical, em face das referidas janelas quebradas, talvez fosse o caso de simplesmente acionar os órgãos públicos para interditar alguns locais, multar seus proprietários, inserir iluminação pública e cuidar dos espaços vazios dentro de normas municipais de convivência, abstraindo-se a ação policial, cuja respaldo haverá de ser penal (maximizado).

Ademais, como bem salienta HASSEMER, "concretamente: a polícia não está em condições de transformar uma 'sociedade de cotovelos' [aquela na qual as pessoas querem subir dando cotoveladas em outras] em uma sociedade de indivíduos atenciosos. Ela não está em condições de substituir ou de apoiar normas sociais em atrofia, bem como normas legais por meio de medidas policiais".[19]

Como qualquer *teoria* ou *política criminal*, jamais se poderá atestar o seu resultado como *zero*. Os EUA conseguiram – e ainda suportam em vários Estados – um rigorismo nítido em face de crimes porque possuem dinheiro suficiente para fazer frente às várias prisões. Naturalmente, há presídios lotados, mas outros tantos com capacidade adequada, situação bem diversa do que acontece em estabelecimentos penais no Brasil.

Em suma, é preciso captar o que dá certo e repudiar o errado; é necessário obter um modelo específico para o Brasil e jamais copiar estruturas estrangeiras de Primeiro Mundo, venham de onde vierem.[20] Há inúmeros estudos de criminologia no nosso país; a maioria

---

[18] HASSEMER, *Direito penal libertário*, p. 174-175.

[19] *Direito penal libertário*, p. 180.

[20] Permitimo-nos discordar de HUGO LEONARDO RODRIGUES SANTOS, quando diz que "da popularização do discurso da tolerância zero decorreram alguns dos problemas mais evidentes do sistema criminal brasileiro (...) o aumento da população carcerária tornou ainda maior o problema penitenciário, agravando as violações decorrentes do descumprimento das normas reguladoras da execução" (*Estudos*

detecta com perfeição as teorias existentes mundo afora, a evolução da ciência, os inúmeros erros penais e processuais penais brasileiros, mas (eis o ponto) não propõem absolutamente nada de concreto para resolver o problema.[21]

3.4. Garantismo penal

Trata-se de um modelo normativo de direito, que obedece a estrita legalidade, típico do Estado Democrático de Direito, voltado a minimizar a violência e maximizar a liberdade, impondo limites à função punitiva do Estado.

Nas palavras de DOUGLAS FISCHER, em primeira acepção, o garantismo representa um "modelo normativo de direito". Politicamente, é uma técnica de tutela capaz de minimizar a violência, aumentando a liberdade. É garantista o sistema penal que se ajusta normativamente a esse modelo. O garantismo também indica uma teoria jurídica de validade e efetividade como categorias distintas não somente entre si, mas ainda no tocante à existência e vigência das normas. O garantismo, enfim, designa uma filosofia política, impondo ao direito e ao Estado a carga da defesa dos bens para os quais existem.[22]

O modelo garantista de direito penal é simples e privilegia os seguintes axiomas: *a)* não há pena sem crime (*nulla poena sine crimine*); *b)* não há crime sem lei (*nullum crimen sine lege*); *c)* não há lei penal sem necessidade (*nulla lex poenalis sine necessitate*); *d)* não há necessidade de lei penal sem lesão (*nulla necessitatis sine injuria*); *e)* não há lesão sem conduta (*nulla injuria sine actione*); *f)* não há conduta sem dolo e sem culpa (*nulla actio sine culpa*); *g)* não há culpa sem o devido processo legal (*nulla culpa sine judicio*); *h)* não há processo sem acusação (*nullum judicium sine accusatione*); *i)* não há acusação sem prova que a fundamente (*nulla accusatio sine probatione*); *j)* não há prova sem ampla defesa (*nulla probatio sine defensione*).[23]

---

críticos de criminologia e direito penal, p. 102). Oficialmente, o sistema penal brasileiro passou longe do discurso e da política da *tolerância zero*. A única lei mais rigorosa, editada em 1990, foi a Lei dos Crimes Hediondos, cuja origem adveio dos inúmeros sequestros de empresários no Rio de Janeiro e porque a CF determinava a sua criminalização. Após, em 1995, originou-se a Lei das Infrações de Menor Potencial Ofensivo. Em 1998, a Lei 9.714 trouxe várias penas alternativas e aumentou o montante para a substituição, passando de menos de um ano de prisão para até quatro anos. Em 2003, a Lei 10.792, modificando o art. 112 da LEP, aboliu o parecer da Comissão Técnica de Classificação para *facilitar* a progressão. Em 2011, a Lei 12.403 modificou amplamente o capítulo da prisão cautelar no CPP e previu várias medidas alternativas ao cárcere. Em 2006, o STF possibilitou a progressão de regime ao condenado por crime hediondo e equiparado. Em 2007, o Congresso referendou essa decisão. Em 2012, o STF novamente declarou a inconstitucionalidade da Lei dos Crimes Hediondos na parte que obrigava o regime fechado inicial. Sem contar que o mesmo Pretório Excelso declarou inconstitucionais vários pontos em leis especiais, que obrigavam a prisão (Lei de Armas, Lei de Drogas). Enfim, não há absolutamente nenhuma aderência à política da tolerância zero no Brasil. O que existe é a "cultura prisional", mormente voltada à prisão cautelar, que não consta em lei, mas provém do entendimento e interpretação das autoridades judiciárias. Essa valoração da prisão também é de *longa data*, sem relação com a tal política da tolerância zero.

[21] Em vários pontos desta obra (e de outras) temos nos referido a uma primeira solução para os incontáveis dramas penais e processuais penais no Brasil: que se *cumpra a lei vigente*. Parece óbvio, mas nem isso parece ocorrer a muitos dos críticos.

[22] O que é garantismo (penal) integral?, In: CALABRICH, FISCHER e PELELLA, *Garantismo penal integral*, p. 35-36.

[23] FERRAJOLI, *Direito e razão*, p. 74-75.

Não há segredo algum em adotar o garantismo penal, compatível com os preceitos constitucionais brasileiros, além dos acolhidos pelo Código Penal. Na realidade, fomenta-se a inverdade de que o garantismo pode acarretar impunidade e aumento da criminalidade, como se fosse um sistema permissivo e libertário, sem medidas.

Incentivar o garantismo nada mais representa do que apoiar os princípios constitucionais penais e processuais penais da Constituição Federal do Brasil, continuando a lutar contra a criminalidade sob o foco imprescindível de respeito aos direitos humanos fundamentais.[24]

Cremos ser adequado sustentar o *garantismo*, em consonância com o *direito penal mínimo*, proporcionando um direito penal limitador do poder punitivo do Estado, mas sem utopias e devaneios de abolição das leis penais, como se a sociedade atual estivesse preparada para isso.

4. DIREITO PENAL DO INIMIGO

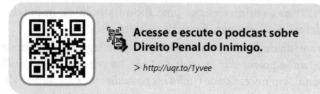

Acesse e escute o podcast sobre Direito Penal do Inimigo.
> http://uqr.to/1yvee

Trata-se de um modelo de direito penal, cuja finalidade é detectar e separar, dentre os cidadãos, aqueles que devem ser considerados os *inimigos* (terroristas, autores de crimes sexuais violentos, criminosos organizados, entre outros), o que somente é viável sob o funcionalismo sistêmico proposto por JAKOBS. Esclarecem RODRÍGUEZ MAGARIÑOS e NISTAL BURÓN que "o conceito de *direito penal do inimigo* foi introduzido no debate científico por GÜNTHER JAKOBS a partir de uma primeira fase em um congresso celebrado em Frankfurt no ano de 1985, no contexto de uma reflexão sobre a tendência na Alemanha no tocante à 'criminalização no estado prévio da lesão' ao bem jurídico. Nesta visão, JAKOBS manifesta a necessidade de separar em caso excepcional o Direito penal do inimigo do Direito penal dos cidadãos com o fim de conservar o Estado liberal; tese esta que, naquele momento, não teve maior transcendência". Por óbvio, anos depois, quando os atentados terroristas realmente começaram a atingir a Europa e os Estados Unidos reinaugurou-se a ideia de um *direito penal do inimigo*.[25]

Os inimigos não merecem do Estado as mesmas garantias humanas fundamentais, pois, como regra, não respeitam os direitos individuais. Portanto, estariam situados *fora do sistema*,

---

[24] Nem todos assim pensam. ADEL EL TASSE diz que, ao "legitimar o poder punitivo previamente e de forma teórica, a partir da ideia de menor mal ao condenado, o garantismo termina por legitimar todo o poder punitivo, seja ele exercido de forma regular ou tirana, pois não possui meios de conter as variáveis interpretativas que são absolutamente humanas, portanto guiadas pelos valores subjetivos e preconceitos de quem as realiza" (*Criminologia*, p. 97). Legitimar o poder punitivo não deixa de ser importante, pois uma das relevantes funções do direito penal é limitar o referido poder punitivo; sem legitimá-lo, impossível limitá-lo. Por outro lado, não cremos que o garantismo legitime o poder punitivo tirano, pois ele é calcado em princípios constitucionais rígidos. O que pode flexibilizar esse poder, transformando-o em tirania, é a interpretação do Poder Judiciário. No entanto, a nosso juízo, é humanamente impossível retirar a valoração da lei do magistrado, por mais que leis a limitem. Enfim, permanecemos fiéis à ideia garantista, como uma bandeira do respeito à estrita legalidade no campo do direito penal.

[25] *La historia de las penas*, p. 141, tradução livre.

sem merecerem, por exemplo, as garantias do contraditório e da ampla defesa, podendo ser flexibilizados, inclusive, os princípios da legalidade, da anterioridade e da taxatividade.

São pessoas perigosas, em guerra constante contra o Estado, razão pela qual a eles caberia a aplicação de medidas de segurança e seus atos já seriam passíveis de punição quando atingissem o estágio da preparação. Admite-se, ainda, que contra eles sejam aplicadas sanções penais desproporcionais à gravidade do fato praticado.[26]

Na realidade, à luz do sistema penal brasileiro, essa postura seria manifestamente inconstitucional. Parece-nos que, para evitar que cheguemos, um dia, a esse estágio de comportamento estatal (já em vigor nos EUA, por exemplo, com relação aos terroristas presos na base militar de Guantánamo), é fundamental termos instrumentos eficientes de combate à criminalidade perigosa, certamente existente, jamais perdendo de vista, pois desnecessário e imprudente, o amplo quadro dos direitos e garantias humanas fundamentais.

Lembra, com acerto, MIR PUIG que "os transportes rápidos, como os aviões, facilitam também a mobilidade dos delinquentes e das organizações criminosas de caráter internacional. Isso está *internacionalizando* formas graves de delinquência e dificultando sua persecução. Não faz falta recordar nesses momentos que os aviões se converteram inclusive em armas de destruição em massa acessíveis a terroristas suicidas, como os que os conduziram contra as torres gêmeas de Nova York e contra o Pentágono. Este foi o episódio desencadeante do drástico corte de garantias fundamentais do cidadão (...). A luta contra o narcotráfico, que evidentemente tem uma dimensão internacional, também gerou um agravamento considerável das penas e ocupa uma parte fundamental da justiça penal de países".[27]

A globalização da economia, dos meios de comunicação, do mercado financeiro, dos transportes, do turismo, entre outros fatores, trouxe também a *globalização do crime*. Os Estados devem estar preparados para enfrentar esse tipo de delito por meio de um direito penal eficiente, sem perder de vista as conquistas trazidas pelos direitos humanos fundamentais. É pura ilusão acreditar que a política criminal dos países sujeitos a atentados terroristas permanecerá intocável, como se nada estivesse ocorrendo. A modificação de vários ordenamentos demonstra a intensa atividade legislativa em função da garantia à segurança pública ou, pelo menos, ao reclamo da sociedade. No Brasil, embora ainda não tenha acontecido um atentado terrorista, o crime organizado já se instalou há um bom tempo e contra essa chaga há de se combater com firmeza.

Em suma, respeitar os direitos constitucionais, em matéria penal e processual penal, não significa ser leniente com organizações criminosas, cujo objetivo é justamente esgarçar a estrutura democrática do Estado.

Ademais, equiparar terroristas, capazes de derrubar aviões e edifícios, matando milhares de pessoas, a criminosos comuns, como os agressores sexuais, é um devaneio de quem pretende aplicar a integralidade do direito penal do inimigo. Chega a ser lastimável, pois determinados organismos terroristas encampam uma autêntica guerra de cunho militar, que passa bem distante da legislação penal comum.

Se há uma guerra entre países ou entre grupos organizados e países, invoque-se o direito militar, mas não o direito penal para resolver tais conflitos. Portanto, não vemos razoabilidade para cultuar aspectos do chamado direito penal do inimigo.

---

[26] GÜNTHER JAKOBS, *Derecho penal del inimigo.*

[27] *Estado, pena y delito*, p. 10.

Sobre a *criminalidade organizada*, HASSEMER esclarece não ser "qualitativamente novo que a criminalidade praticada por meio de bandos e que opera internacionalmente sob a utilização de modernas tecnologias de comunicação ou sob a utilização de recursos financeiros consideráveis seja apenas uma intensificação quantitativa da prática criminosa anterior. Nossas leis penais estão orientadas basicamente para essa realidade, elas deveriam para isso, no máximo, ser cuidadosamente adaptadas e não fundamentalmente alteradas, como já foi, de fato, feito e, provavelmente, continuará a ser. Aqui seriam indicadas melhorias da prática da persecução, não o recrudescimento de leis".[28]

4.1. Prós e contras do direito penal do inimigo

Enumera JAKOBS[29] os seguintes fatores em favor da adoção do direito penal do inimigo: *a)* o direito penal do cidadão é o direito de todos; o direito penal do inimigo é daqueles que formam uma frente contra o Estado, embora possa haver, a qualquer tempo, um "acordo de paz" (p. 33); *b)* um indivíduo que se recusa a ingressar no estado de cidadania não pode participar dos benefícios do conceito de pessoa; afinal, quem ganha a guerra determina o que é norma, quem perde há de se submeter a essa determinação (p. 40-41); *c)* para não privar o cidadão do direito penal vinculado à noção do Estado de Direito, deve-se denominar de outra forma o conjunto de normas penais voltadas ao combate da criminalidade específica, em autêntica "guerra refreada" (p. 42); *d)* a vigência dos direitos humanos continua a ser sustentada, embora o seu asseguramento dependa do destinatário; o inimigo perigoso pede regras próprias (p. 55); e) um direito penal do inimigo claramente delimitado é menos perigoso, na ótica do Estado de Direito, do que impregnar todo o direito penal com regras específicas e duras, próprias do direito penal do inimigo (p. 56).

CANCIO MELIÁ, na mesma obra, enumera os fatores contrários à adoção do direito penal do inimigo: *a)* falar em direito penal do cidadão é um pleonasmo, enquanto direito penal do inimigo, uma contradição nos termos (p. 61); *b)* o direito penal do inimigo não passa da consagração do direito penal *simbólico* (produção de tranquilidade mediante a edição de normas penais, ainda que não efetivamente aplicadas) e do *punitivismo* (endurecimento das normas penais existentes à moda antiga) (p. 69-70); *c)* no aspecto político, vislumbra-se que o discurso da *lei e da ordem* produz votos, tendo sido adotado pela esquerda política, o que era monopólio da direita política, havendo, pois, um descontrole da política criminal do Estado, com incremento das sanções penais (p. 70-72); *d)* a adoção do direito penal do inimigo lança o ordenamento jurídico-penal em uma visão prospectiva (o ponto de referência passa a ser o que pode acontecer), em lugar do tradicional método retrospectivo (o ponto de referência é o fato cometido); *e)* as penas passam a ser desproporcionalmente elevadas (p. 82); *f)* as garantias processuais são relativizadas ou mesmo suprimidas (p. 81); *g)* adotar-se-ia uma terceira velocidade para o direito penal, atingindo a coexistência de penas privativas de liberdade com a flexibilização dos princípios de política criminal e das regras de imputação (a primeira velocidade seria o ordenamento privilegiar as penas privativas de liberdade, mas também as clássicas regras de imputação e princípios processuais; a segunda velocidade seria a imposição de penas pecuniárias ou privativas de direitos, em função da menor gravidade de certos delitos, (p. 82); *h)* o direito penal do inimigo seria um discurso do Estado para ameaçar seus inimigos, e não para falar aos seus cidadãos (p. 86); *i)* nos campos de atuação do direito

---

[28] *Direito penal libertário*, p. 140-141.

[29] GÜNTHER JAKOBS, *Derecho penal del inimigo*.

penal do inimigo (cartéis de drogas, criminalidade de imigração, criminalidade organizada, terrorismo) cuida-se de combater inimigos no sentido pseudorreligioso, e não no sentido propriamente militar; seria a "demonização" do infrator (p. 88); *j)* promoveria a consagração do direito penal do autor, e não do direito penal do fato (p. 93-94 e 100-102); *k)* cuida-se de algo politicamente equivocado e inconstitucional, além de não contribuir para a prevenção fática dos crimes (p. 89-90); *l)* os candidatos a "inimigos do Estado" não parecem colocar efetivamente em risco os parâmetros fundamentais da sociedade num futuro previsível (p. 99-100).

5. JUSTIÇA RETRIBUTIVA *VERSUS* JUSTIÇA RESTAURATIVA

A *justiça retributiva* desloca suas forças para punir o infrator; a *restaurativa* faz da prevenção ao crime a sua bandeira. Mesmo depois de cometida a infração penal, a *justiça restaurativa* continua insistindo em solução cordata, buscando conciliar os interesses em jogo, como o da vítima e o do infrator. Por enquanto, a justiça penal, no Brasil, possui contornos nitidamente retributivos.

O direito penal sempre se pautou pelo critério da retribuição ao mal concreto do crime com o mal concreto da pena, segundo as palavras de HUNGRIA. A evolução das ideias e o engajamento da ciência penal em outras trilhas, mais ligadas aos direitos e garantias fundamentais, vêm permitindo a construção de um sistema de normas penais e processuais penais preocupado não somente com a punição, mas, sobretudo, com a proteção ao indivíduo em face de eventuais abusos do Estado. O cenário das punições tem, na essência, a finalidade de pacificação social, muito embora pareça, em princípio, uma contradição latente falar, ao mesmo tempo, em *punir e pacificar*. Entretanto, é exatamente assim que ainda funciona o mecanismo humano de equilíbrio entre o bem e o mal. Se, por um lado, o crime jamais deixará de existir no atual estágio da Humanidade, em países ricos ou pobres, por outro, há formas humanizadas de garantir a eficiência do Estado para punir o infrator, corrigindo-o, sem humilhação, com a perspectiva de pacificação social.

O Estado chamou a si o monopólio punitivo – medida representativa, a bem da verdade, de civilidade. A partir disso, não se pode permitir que alguns firam interesses de outros sem a devida reparação. E, mais, no cenário penal, é inviável que se tolerem determinadas condutas lesivas, ainda que a vítima permita (exemplo: tentativa de homicídio). Há valores indisponíveis, cuja preservação interessa a todos, e não somente a um ou outro indivíduo (exemplo: meio ambiente). Portanto, se "A" destruir uma floresta nativa, existente na propriedade de "B", não cabe ao Estado perguntar a este último se deve ou não punir o agente infrator. O interesse é coletivo. A punição estatal, logo oficial, realizada por meio do devido processo legal, proporciona o necessário contexto de Estado Democrático de Direito, evitando-se a insatisfatória e cruel *vingança privada*.

A *justiça retributiva* sempre foi o horizonte do direito penal e do processo penal. Desprezava-se, quase por completo, a avaliação da vítima do delito. Obrigava-se, quase sempre, a promoção da ação penal por órgãos estatais, buscando a punição do infrator. Levava-se às últimas consequências a consideração de bens indisponíveis, a ponto de quase tudo significar ofensa a interesse coletivo. Eliminavam-se, na órbita penal, a conciliação, a transação e, portanto, a mediação. Em suma, voltava-se a meta do direito penal a uma formal punição do criminoso como se outros valores inexistissem.

A denominada *justiça restaurativa*, aos poucos, instala-se no sistema jurídico-penal brasileiro, buscando a mudança do enfoque supramencionado. Começa-se a relativizar os interesses, transformando-os de *coletivos* em *individuais* típicos, logo, disponíveis. A partir disso, ouve-se mais a vítima. Transforma-se o embate entre agressor e agredido num processo de conciliação, possivelmente, até, de perdão recíproco. Não se tem a punição do infrator como único objetivo do Estado. A ação penal passa a ser, igualmente, flexibilizada, vale dizer, nem sempre obrigatoriamente proposta. Restaura-se o estado de paz entre pessoas que convivem, embora tenha havido agressão de uma contra outra, sem necessidade do instrumento penal coercitivo e unilateralmente adotado pelo Poder Público.

Não é preciso ressaltar ter sido a Lei 9.099/1995 (Juizados Especiais Criminais) um marco na concretização de um modelo de justiça restaurativa. Pode não ter sido, ainda, o ideal, mas foi o possível.

Entre várias atitudes do Estado para afastar-se da justiça retributiva, aproximando-se da restaurativa, ainda há muito por fazer e reparar, pois, lamentavelmente, surgem, nesse processo, as medidas demagógicas, ineptas e insossas, servindo muito mais para desacreditar a justiça penal do que para fortalecer a restauração da paz social. Lembremos que alguns pressupostos da justiça restaurativa possuem base no abolicionismo penal, logo, um alicerce frágil, a inspirar cautela. Parece-nos que o estudioso do direito penal e processual penal precisa debruçar-se sobre os caminhos a seguir nesse dicotômico ambiente de retribuição e restauração. No entanto, deve fazê-lo de maneira objetiva, aberta, comunicando-se com a sociedade e, acima de tudo, propondo meios e instrumentos eficientes para se atingir resultados concretos positivos. Por vezes, notamos a atuação legislativa vacilante e ilógica, atormentada pela mídia e pela opinião pública, sem qualquer critério científico ou, no mínimo, razoável. A justiça restaurativa pode ser um ideal válido para a política criminal brasileira nos campos penal e processual penal, mas, insistimos, sem fantasias e utopias e abstendo-se o jurista (bem como o legislador que o segue) de importar mecanismos usados em países com realidades completamente diferentes da existente no Brasil. Há crimes que merecem punição, com foco voltado mais à retribuição do que à restauração (exemplo: homicídio, extorsão mediante sequestro, tráfico ilícito de drogas). Outros, sem dúvida, já admitem a possibilidade de se pensar, primordialmente, em restauração (exemplo: crimes contra o patrimônio; crimes contra a honra; crimes contra a liberdade individual). Nenhuma solução em favor desta ou daquela justiça (retributiva ou restaurativa) pode ser absoluta. Se a retribuição, como pilar exclusivo do direito penal e do processo penal, não se manteve, não será a migração completa para a restauração que proporcionará a tão almejada situação de equilíbrio.

Por mais vantagem que possa apresentar a Justiça Restaurativa, é imperioso e indispensável a sua adoção por meio de lei, válida para todo o Brasil, prevendo os critérios e procedimentos. Não nos parece razoável a aplicação desse modelo restaurativo pelo Poder Judiciário de maneira aberta, inspirando-se em sistemas internacionais ou por conta de princípios universais, pois não haveria igualdade de todos perante a lei. Suponha-se a existência de duas comarcas contíguas. Na comarca "A", adota-se a tradicional Justiça Retributiva, prevista em lei; na comarca "B", acolhe-se a Justiça Restaurativa. Pode-se solucionar os processos criminais, cujos fatos são similares, de maneira diversa em ambas e o agente pode ser punido na comarca "A", recebendo pena de prisão, enquanto na comarca "B", submetido a processo restaurativo, recomponha-se o caso de modo diferenciado, sem a punição que o outro experimentou. Caso se aplique a Justiça Restaurativa, sem o afastamento da Retributiva, mesmo assim, numa das comarcas houve maior vantagem ao acusado, reconciliando-se com a vítima e com a sociedade, enquanto o outro réu não obteve a mesma solução. O princípio da legalidade demanda a edição de lei, pelo Congresso Nacional, para instalar-se a Justiça Restaurativa.

6. COMINAÇÃO DAS PENAS

As penas podem ser cominadas, abstratamente, da seguinte forma: a) *isoladamente*: quando somente uma pena é prevista ao agente (exemplo: a privativa de liberdade, no crime de homicídio – art. 121, CP); b) *cumulativamente*: quando ao agente é possível aplicar mais de uma modalidade de pena (exemplo: a privativa de liberdade cumulada com multa, no crime de furto – art. 155, CP). Nesse caso, aplica-se a Súmula 171 do STJ ("Cominadas cumulativamente, em lei especial, penas privativas de liberdade e pecuniária, é defeso a substituição da prisão por multa"); c) *alternativamente*: quando há possibilidade da opção entre duas modalidades diferentes (exemplo: privativa de liberdade ou multa, no crime de ameaça – art. 147, CP).

7. PRINCÍPIOS APLICÁVEIS À PENA

São princípios diretamente vinculados à pena: a) princípio da *personalidade* ou da *responsabilidade pessoal*: significa que a pena é *personalíssima*, não podendo passar da pessoa do delinquente (art. 5.º, XLV, CF); b) *princípio da legalidade*: significa que a pena não pode ser aplicada sem *prévia* cominação legal – *nulla poena sine praevia lege* (art. 5.º, XXXIX, CF); c) princípio da *inderrogabilidade*: significa que a pena, uma vez constatada a prática da infração penal, é *inderrogável*, ou seja, não pode deixar de ser aplicada (consequência da *legalidade*); d) princípio da *proporcionalidade*: significa que a pena deve ser *proporcional* ao crime, devendo guardar equilíbrio entre a infração praticada e a sanção imposta (art. 5.º, XLVI, CF). Nesse sentido, já tivemos oportunidade de expor que a Suprema Corte americana vem controlando, de modo rígido, a aplicação de penas proporcionais à espécie de delito praticado, não permitindo, por exemplo, que se aplique a pena de morte ao delito de estupro, alegando desproporcionalidade e, consequentemente, crueldade (caso Coker *vs.* Georgia, de 1978); e) princípio da *individualização* da pena: significa que, para cada delinquente, o Estado-juiz deve fixar a pena exata e merecida, evitando-se a *pena-padrão*, nos termos estabelecidos pela Constituição (art. 5.º, XLVI). Individualizar a pena é *fazer justiça*, o que, nas palavras de GOFFREDO TELLES JÚNIOR, significa "dar a cada um o que é seu";[30] f) princípio da *humanidade*: significa que o Brasil vedou a aplicação de penas insensíveis e dolorosas (art. 5.º, XLVII, CF), devendo-se respeitar a integridade física e moral do condenado (art. 5.º, XLIX).

8. ESPÉCIES DE PENAS

As penas privativas de liberdade são as seguintes: *reclusão, detenção* e *prisão simples*. As duas primeiras constituem decorrência da prática de crimes e a terceira é aplicada a contravenções penais.

Preceitua o art. 6.º da Lei das Contravenções Penais: "A pena de prisão simples deve ser cumprida, sem rigor penitenciário, em estabelecimento especial ou seção especial de prisão comum, em regime semiaberto ou aberto. § 1.º O condenado à pena de prisão simples fica

---

[30] *Preleção sobre o justo*, p. 137.

sempre separado dos condenados à pena de reclusão ou de detenção. § 2.º O trabalho é facultativo, se a pena aplicada não excede a quinze dias".

Quanto às penas restritivas de direitos, são as seguintes: prestação de serviços à comunidade, interdição temporária de direitos, limitação de fim de semana, prestação pecuniária e perda de bens e valores. Há, ainda, a pena de recolhimento domiciliar, prevista apenas para os delitos contra o meio ambiente (arts. 8.º, V, e 13 da Lei 9.605/1998).

Quanto à pena pecuniária, a única modalidade prevista na legislação brasileira é a multa.

RESUMO DO CAPÍTULO

▶ **Conceito de pena:** é a sanção imposta pelo Estado, por meio de ação penal, ao criminoso como *retribuição* ao delito perpetrado e *prevenção* a novos crimes.

▶ **Abolicionismo penal:** trata-se de um novo método de vida, apresentando uma nova forma de pensar o direito penal, questionando o significado das punições e das instituições, bem como construindo outras formas de liberdade e justiça. O movimento trata da *descriminalização* (deixar de considerar infrações penais determinadas condutas hoje criminalizadas) e da *despenalização* (eliminação – ou intensa atenuação – da pena para a prática de certas condutas, embora continuem a ser consideradas delituosas) como soluções para o caos do sistema penitenciário, hoje vivenciado na grande maioria dos países.

▶ **Direito penal mínimo:** cuida-se de um modelo que objetiva a diminuição das punições na esfera penal, respeitando o princípio da intervenção mínima. Seus postulados: *a)* promover uma busca de alternativas à prisão, que principalmente afeta os setores sociais mais baixos; *b)* realizar uma investigação que possa clarear o âmbito obscuro da "criminalidade dos poderosos", vinculada a reflexões políticas sobre a igualdade da criminalização em direito penal; *c)* estabelecer uma política de descriminalização da criminalidade menor ou de bagatela no âmbito da criminalidade "clássica"; *d)* efetuar investigações sobre a práxis do princípio da oficialidade na persecução dos delitos, unidas à busca de funções substitutivas desejáveis político-criminalmente.

▶ **Direito penal máximo (tolerância zero):** é um modelo de direito penal caracterizado pela excessiva severidade, pela incerteza e imprevisibilidade de suas condenações e penas, voltado à garantia de que nenhum culpado fique impune, ainda que à custa do sacrifício de algum inocente, também conhecido como "tolerância zero".

▶ **Teoria das janelas quebradas:** cuida-se de uma teoria demonstrativa da necessidade de pronta atuação do Estado em certas situações, para não perder o controle da segurança pública. Significa, por meio de uma ilustração, que, se num determinado bairro, uma casa abandonada apresenta janelas quebradas, será um incentivo para invasões, depredações e rebaixamento da região a zonas de tráfico de drogas e outros crimes. Logo, cuidar de uma mera janela quebrada, numa casa abandonada, tem por fim preservar toda uma região da decadência. Portanto, o direito penal não deve contentar-se em punir somente infrações graves, mas também as mais leves, que constituem as *janelas quebradas* do sistema.

▶ **Garantismo penal:** trata-se de um modelo normativo de direito, que obedece a estrita legalidade, típico do Estado Democrático de Direito, voltado a minimizar a violência e maximizar a liberdade, impondo limites à função punitiva do Estado.

Nem de longe se prega, nesse sistema, a impunidade, mas o combate ao crime com respeito aos direitos humanos fundamentais.

▸ **Direito penal do inimigo:** trata-se de um modelo de direito penal, cuja finalidade é detectar e separar, dentre os cidadãos, aqueles que devem ser considerados os *inimigos* (terroristas, autores de crimes sexuais violentos, criminosos organizados, entre outros), o que somente é viável sob o funcionalismo sistêmico proposto por JAKOBS. Os inimigos não merecem do Estado as mesmas garantias humanas fundamentais, pois, como regra, não respeitam os direitos individuais. Portanto, estariam situados *fora do sistema*, sem merecerem, por exemplo, as garantias do contraditório e da ampla defesa, podendo ser flexibilizados, inclusive, os princípios da legalidade, da anterioridade e da taxatividade. Constitui um devaneio de JAKOBS, na ânsia de construir da melhor forma possível o seu "eficiente" sistema funcionalista.

▸ **Justiça retributiva e restaurativa:** constitui uma busca incessante pela minoração da retribuição da pena, como puro castigo, para que se possa restaurar a confiança das partes envolvidas num crime (agressor e vítima), promovendo a conciliação tal como se faz em outras esferas do direito. A ideia de conciliação pode ser mais eficiente do que a vingativa teoria da pena.

▸ **Princípios aplicáveis à pena:** *a)* princípio da *personalidade* ou da *responsabilidade pessoal; b) princípio da legalidade; c)* princípio da *inderrogabilidade; d)* princípio da *proporcionalidade; e)* princípio da *individualização* da pena; *f)* princípio da *humanidade.*

▸ **Espécies de penas:** a) privativas de liberdade (reclusão, detenção e prisão simples); b) restritivas de direitos (prestação de serviços à comunidade; limitação de fim de semana; interdição temporária de direitos; prestação pecuniária e perda de bens e valores; c) pena pecuniária (multa).

Capítulo XXVIII

Penas Privativas de Liberdade

1. MODELOS PRISIONAIS

1.1. Diferenças entre as penas de reclusão, detenção e prisão simples

São basicamente *quatro*:

a) a reclusão é cumprida *inicialmente* nos regimes fechado, semiaberto e aberto; a detenção somente pode ter início no regime semiaberto ou aberto (art. 33, *caput*, CP);

b) a reclusão pode ter por *efeito da condenação* a incapacidade para o exercício do poder familiar, da tutela ou da curatela nos crimes dolosos, sujeitos a esse tipo de pena, cometidos contra outrem igualmente titular do mesmo poder familiar, contra filho, filha ou outro descendente ou contra tutelado ou curatelado (art. 92, II, CP);

c) a reclusão propicia a *internação* nos casos de medida de segurança; a detenção permite a aplicação do regime de tratamento ambulatorial (art. 97, CP);

d) a reclusão é cumprida *em primeiro lugar* (art. 69, *caput*, parte final, CP).

Em verdade, preconiza-se a extinção dessa diversa denominação, o que é bastante razoável, tendo em vista que as diferenças supra-apontadas são mínimas e, na prática, quase sempre irrelevantes. Mesmo no cenário do processo penal, outros critérios podem ser adotados para a concessão de fiança ou para outros fins, dispensando-se a distinção entre reclusão e detenção.

Nesse prisma, encontra-se a lição de Paulo José da Costa Júnior: "Inexistindo entre reclusão e detenção qualquer diferença ontológica, mesmo porque a lei não ofereceu nenhum critério diferenciador, parece não restar outra solução ao intérprete que assentar na insuficiência do critério quantitativo as bases da diversificação".[1]

Na realidade, na ótica do legislador de 1940 "foram criadas duas penas privativas de liberdade. Para crimes mais graves, a *reclusão*, de no máximo 30 anos, sujeitava o condenado a isolamento diurno por até três meses e, depois, trabalho em comum dentro da penitenciária ou, fora dela, em obras públicas. A *detenção*, de no máximo três anos, foi concebida para crimes de menor impacto: os detentos deveriam estar separados dos reclusos e poderiam escolher o próprio trabalho, desde que de caráter educativo. A ordem de separação nunca foi obedecida pelas autoridades brasileiras, e as diferenças práticas entre reclusão e detenção desapareceriam com o tempo, permanecendo válidas apenas as de caráter processual".[2]

2. REGIME INICIAL, FUNDAMENTAÇÃO E PROGRESSÃO NO CUMPRIMENTO DA PENA

O montante da pena privativa de liberdade não é a única etapa de individualização da pena; deve o julgador estabelecer o regime inicial para o cumprimento da reprimenda: fechado, semiaberto ou aberto.

Para tanto, respeita-se o disposto no art. 33, § 2.º, do Código Penal: a) para pena até 4 anos, o juiz pode impor o regime fechado, semiaberto ou aberto; b) para pena superior a 4 e até 8 anos, o julgador pode estabelecer o regime fechado ou semiaberto; c) para penas superiores a 8 anos, deve o magistrado impor o fechado.

A escolha do regime adequado, quando há opção, deve levar em conta os elementos inseridos no art. 59 do Código Penal, o que analisaremos em outro tópico.

No entanto, fixado o regime inicial, não será esse o regime até o final da pena; respeita-se o sistema progressivo de cumprimento a pena, permitindo-se ao condenado a passagem do fechado ao semiaberto; do semiaberto ao aberto. Se iniciar no aberto, por óbvio, não há progressão.

Nos termos do art. 112 da Lei de Execução Penal, "a pena privativa de liberdade será executada em forma progressiva com a transferência para regime menos rigoroso, a ser determinada pelo juiz, quando o preso tiver cumprido ao menos: I – 16% (dezesseis por cento) da pena, se o apenado for primário e o crime tiver sido cometido sem violência à pessoa ou grave ameaça; II – 20% (vinte por cento) da pena, se o apenado for reincidente em crime cometido sem violência à pessoa ou grave ameaça; III – 25% (vinte e cinco por cento) da pena, se o apenado for primário e o crime tiver sido cometido com violência à pessoa ou grave ameaça; IV – 30% (trinta por cento) da pena, se o apenado for reincidente em crime cometido com violência à pessoa ou grave ameaça; V – 40% (quarenta por cento) da pena, se o apenado for condenado pela prática de crime hediondo ou equiparado, se for primário; VI – 50% (cinquenta por cento) da pena, se o apenado for: *a)* condenado pela prática de crime hediondo ou equiparado, com resultado morte, se for primário, vedado o livramento condicional; *b)* condenado por exercer o comando, individual ou coletivo, de organização criminosa estruturada para a prática de crime hediondo ou equiparado; ou *c)* condenado pela prática do crime de constituição de milícia privada; VI-A – 55% (cinquenta e cinco por cento)

---

[1]   *Comentários ao Código Penal*, p. 146.

[2]   Luís Francisco Carvalho Filho, *A prisão*, p. 43.

da pena, se o apenado for condenado pela prática de feminicídio, se for primário, vedado o livramento condicional; VII – 60% (sessenta por cento) da pena, se o apenado for reincidente na prática de crime hediondo ou equiparado; VIII – 70% (setenta por cento) da pena, se o apenado for reincidente em crime hediondo ou equiparado com resultado morte, vedado o livramento condicional. § 1.º Em todos os casos, o apenado somente terá direito à progressão de regime se ostentar boa conduta carcerária, comprovada pelo diretor do estabelecimento, e pelos resultados do exame criminológico, respeitadas as normas que vedam a progressão. § 2.º A decisão do juiz que determinar a progressão de regime será sempre motivada e precedida de manifestação do Ministério Público e do defensor, procedimento que também será adotado na concessão de livramento condicional, indulto e comutação de penas, respeitados os prazos previstos nas normas vigentes".

Significa que, como regra, a cada período em regime mais rigoroso, pode o condenado ser transferido para regime mais brando (do fechado para o semiaberto, por exemplo), caso demonstre merecer o benefício. Quanto aos critérios para apurar o merecimento, debate-se se bastaria um atestado de conduta carcerária, emitido pelo diretor do estabelecimento ou, ainda, o exame criminológico (ver o item 2.3 infra).

Sempre que houver necessidade de o juiz aplicar o regime mais rigoroso (fechado em vez do semiaberto, por exemplo), deve existir *motivação*. Cabe ao julgador explorar todos os fatores contidos no art. 59 do Código Penal para chegar ao regime inicial ideal.

Se não fundamentar corretamente, pode haver duas consequências: a) o tribunal anula a decisão e determina que a fundamentação seja feita (é o mais correto para não haver supressão de instância); b) o tribunal pode passar o regime ao mais favorável.

2.1. Utilização do art. 59 do Código Penal para a fixação do regime de cumprimento da pena

O emprego do disposto no art. 59 é múltiplo, valendo para vários momentos diferentes da individualização da pena. Assim, as circunstâncias previstas no art. 59 – culpabilidade, antecedentes, conduta social, personalidade do agente, motivos, circunstâncias, consequências do crime e comportamento da vítima – são utilizadas desde o momento de escolha do montante da pena privativa de liberdade, passando pela eleição do regime, até culminar na possibilidade de substituição da privativa de liberdade pela restritiva de direitos ou multa e outros benefícios.

2.2. Imprescindibilidade do regime inicial fechado

Optou o legislador por criar uma presunção absoluta de incompatibilidade de cumprimento de pena superior a oito anos em regime mais brando, impondo o fechado de maneira obrigatória. Nem sempre, no entanto, o condenado a pena superior a referido patamar é mais perigoso que outro, apenado em montantes inferiores.

Na realidade, em junho de 2012,[3] o STF proclamou a inconstitucionalidade da parte da Lei dos Crimes Hediondos que estabelecia o regime fechado *inicial* obrigatório, afirmando ser contrário ao princípio constitucional da individualização da pena.

Por isso, como pode ser obrigatório o regime inicial fechado *obrigatório* para penas superiores a oito anos? O princípio da individualização da pena é o mesmo e cada caso é um caso. Logo, deveria o julgador decidir qual o regime adequado para qualquer montante de

---

[3]   HC 111.840/ES, rel. Dias Toffoli, Pleno, 27.06.2012, m.v.

pena. Em nosso entendimento, há contradição entre a decisão supramencionada (junho de 2012 para a Lei dos Crimes Hediondos) e a obrigatoriedade de regime fechado inicial para penas superiores a oito anos (art. 33, § 2.º, CP). Após a decisão do STF (junho de 2012), o Legislativo não alterou a lei, como fez com a Lei 11.464/2007, que proibiu o regime fechado integral. Segundo nos parece, cabe ao Judiciário avaliar, caso a caso, qual o regime inicial ideal para o início do cumprimento da pena privativa de liberdade, seja ela qual for.

Outra regra, estabelecida no art. 33, § 2.º, do Código Penal (ver alíneas *b* e *c* do § 2.º deste artigo), prevê o regime fechado inicial para todos os condenados reincidentes. Em tese, assim deveria ocorrer, mesmo com penas de curta duração.

Entretanto, o Superior Tribunal de Justiça editou a Súmula 269, amenizando tal regra: "é admissível a adoção do regime prisional semiaberto aos reincidentes condenados à pena igual ou inferior a quatro anos se favoráveis as circunstâncias judiciais". Amenizou-se o disposto no art. 32, § 2.º, do CP, impondo regime inicial fechado a todos os reincidentes.

Reina, por ora, algumas contradições nesse cenário: a) penas superiores a oito anos; regime fechado inicial obrigatório (se for seguida estritamente a lei penal); b) penas até quatro anos, para reincidentes, segundo a lei, deveriam inicial no regime fechado obrigatório; pode-se seguir o disposto pela Súmula 269 do STJ, aplicando-se o semiaberto; c) penas por crimes hediondos, segundo a Lei 8.072/1990, deveriam começar pelo regime fechado inicial; o STF, no entanto, proclamou ser inconstitucional tal previsão, *podendo* o julgador estabelecer regime mais favorável.

Afinal, se o princípio da individualização da pena, de nível constitucional, tem validade para toda e qualquer pena, o regime inicial deveria ser sempre estabelecido livremente pelo julgador.

2.3. Requisitos para a progressão de regime

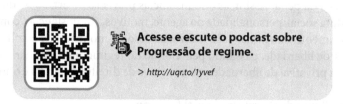

Para a progressão de regime, há o requisito objetivo e o subjetivo. O objetivo exige o cumprimento de um período de pena em determinado regime para poder pleitear a progressão ao regime mais favorável. Se iniciar no regime fechado, cumpre certo tempo e passa ao semiaberto. Depois, cumpre outro período e requer a passagem ao aberto. A tabela de progressão encontra-se prevista no art. 112 da Lei de Execução Penal.

Há, também, o requisito subjetivo, que, segundo o disposto pelo art. 33, § 2.º, do CP, diz respeito ao merecimento do sentenciado. O art. 112, § 1.º, da Lei de Execução Penal demanda o atestado de boa conduta carcerária emitido pelo diretor do estabelecimento prisional, bem como a realização do exame criminológico.

O princípio constitucional da individualização da pena permite ao magistrado valer-se tanto do atestado quanto do conteúdo do exame criminológico para chegar à conclusão de o sentenciado *merecer* ou não a progressão.

Afinal, o mérito do condenado é um juízo de valor incidente sobre a sua conduta carcerária passada e futura (diagnóstico e prognóstico), dando conta de que cumpriu, a contento, sem o registro de faltas graves no seu prontuário, a sua pena no regime mais rigoroso, além de estar preparado a enfrentar regime mais brando, demonstrando disciplina, senso crítico sobre si mesmo, perspectiva quanto ao seu futuro e ausência de periculosidade. O mérito não deve, jamais, ser avaliado segundo o crime praticado e o montante da pena aplicada, pois não é essa a disposição legal. Por seu crime, o sentenciado já foi sancionado e cumpre pena, não podendo carregar, durante toda a execução, o estigma de ter cometido grave infração penal.

O objetivo da pena, fundamentalmente, é reeducar a pessoa humana que, cedo ou tarde, voltará ao convívio social, de modo que a progressão é indicada para essa recuperação, dando ao preso perspectiva e esperança.

Deveria o merecimento ser apurado no caso concreto, contando, em alguns casos, com a avaliação da Comissão Técnica de Classificação (composição: diretor do presídio, dois chefes de serviço, um psiquiatra, um psicólogo e um assistente social), conhecedora do processo de individualização da execução penal (arts. 5.º a 9.º, LEP). Infelizmente, por pura economia de recursos, o Legislativo eliminou a tarefa da Comissão *para fins de progressão*, mantendo-a somente para o início da execução penal.

2.3.1. Merecimento e exame criminológico

A Lei 10.792/2003 trouxe alterações substanciais à Lei de Execução Penal (Lei 7.210/1984) no contexto da progressão, pois afastou o parecer da Comissão Técnica de Classificação e, também, o exame criminológico. Instituiu somente um atestado de conduta carcerária, expedido pela direção do presídio.

O art. 6.º da Lei de Execução Penal indica que a mencionada Comissão Técnica de Classificação deve elaborar o programa individualizador da pena privativa de liberdade adequada ao condenado ou preso provisório, não mais mencionando que deverá propor a progressão ou regressão.

A preocupação do legislador em eliminar a obrigatoriedade de participação da Comissão Técnica de Classificação e do exame criminológico no processo de avaliação da progressão de regime – igualmente no tocante ao livramento condicional, indulto e comutação – poderia merecer elogio, num primeiro momento, desde que se entendesse como medida desburocratizante. Em vez de, em todo e qualquer caso, dever o magistrado submeter um pedido de progressão de regime à avaliação prévia da Comissão Técnica de Classificação, somente em situações necessárias, para a formação da sua convicção, poderia determinar a colheita de elementos junto à Comissão ou mesmo à Direção do Presídio.

Enfim, a eliminação integral do referido parecer da CTC e do exame criminológico foi inadequada, tanto que o Supremo Tribunal Federal e o Superior Tribunal de Justiça permitiram que o juiz requisitasse a elaboração do criminológico em situações específicas, como os casos de condenados por crimes violentos contra a pessoa, com longas penas a cumprir e, principalmente, os que cometem faltas graves durante a execução.

Nessa ótica, a Súmula Vinculante 26 do STF: "Para efeito de progressão de regime no cumprimento de pena por crime hediondo, ou equiparado, o juízo da execução observará a inconstitucionalidade do art. 2.º da Lei 8.072, de 25 de julho de 1990, sem prejuízo de avaliar se o condenado preenche, ou não, os requisitos objetivos e subjetivos do benefício, podendo determinar, para tal fim, de modo fundamentado, a realização de exame criminológico". Na mesma trilha seguiu a Súmula 439 do STJ: "Admite-se o exame criminológico pelas peculiaridades do caso, desde que em decisão motivada".

Entretanto, a Lei 14.843/2024 modificou, novamente, esse cenário. A atual redação ao § 1.º do art. 112 passou a demandar, em todos os casos de progressão de regime, além da boa conduta carcerária, comprovada pelo atestado emitido pelo diretor do estabelecimento prisional, o exame criminológico. Dessa forma, migrou-se de um modelo, sem o referido exame para qualquer caso, a um mecanismo oposto, exigindo-se o exame criminológico para *todas as hipóteses*. Em nossa visão, exposta em artigo publicado,[4] após o STF declarar o estado de coisas inconstitucional no sistema carcerário brasileiro, torna-se inaceitável a indispensabilidade do exame criminológico para *todos* os sentenciados, tendo em vista obstar o andamento das progressões, pois não há profissionais suficientes para elaborá-lo em prazos razoáveis. Há uma inconstitucionalidade material, nesse ponto, na Lei 14.843/2024, porque ignorou o caos prisional e implantou um obstáculo capaz de impedir, por longo tempo, a passagem do fechado ao semiaberto e deste para o aberto, contribuindo para piorar a já existente lamentável situação.

Sustentamos o meio-termo, como modelo ideal: elaborar o exame criminológico, quando o juiz reputar imprescindível para proferir a sua decisão, reservando-o a casos graves, relacionados a sentenciados com longas penas, autores de delitos violentos contra a pessoa e quando tiverem cometido faltas graves durante a execução. Nem se pode aceitar a eliminação completa do criminológico, nem impor a sua realização para todos os casos. Certamente, a questão será objeto de apreciação pelo STF, quanto à constitucionalidade da medida. Se, porventura, assim não entender o STF, temos defendido que a introdução de um novo requisito, dificultando a progressão de regime, é matéria de natureza penal, motivo pelo qual somente deve incidir a quem cometer crime a partir da edição da Lei 14.843/2024.

2.4. Execução das penas resultantes de crimes hediondos e comuns

Havendo concurso de crimes, adotou o Código Penal o sistema normativo para a aplicação das penas, ou seja, os critérios são estabelecidos expressamente em lei (arts. 69, 70 e 71, CP). Portanto, quando houver mais de uma ação ou omissão provocando dois ou mais crimes, aplicam-se *cumulativamente* as penas, significando que elas devem ser *somadas* (art. 69 do CP c/c o art. 66, III, *a*, Lei de Execução Penal). Para efeito de cumprimento, devem ser unificadas (art. 111, Lei de Execução Penal).

Nota-se que as penas de reclusão, resultantes de concurso material, devem ser somadas, fazendo com que haja um montante unitário para conduzir a execução e sobre esse total incidam os benefícios e o período mínimo exigido para que eles sejam concedidos. Não importa, pois, se o condenado obteve várias condenações em diversas Varas: suas penas serão todas somadas na execução. Desse montante global extrai-se o que for necessário para permitir ou negar benefícios.

Uma questão não examinada pelo legislador – que deveria ter sido feita – é o somatório de penas privativas de liberdade, quando da mesma espécie (todas de reclusão), embora *resultantes* de delitos com características diferenciadas. Podemos encontrar vários sentenciados

---

[4] NUCCI, Guilherme de Souza. Individualização da pena e exame criminológico: análise da Lei 14.843/24. Disponível em: https://www.conjur.com.br/2024-mai-20/individualizacao-da-pena-e-exame-criminologico-analise-da-lei-14-843-2024/. Acesso em: 20 set. 2024.

Cap. XXVIII – Penas Privativas de Liberdade 545

cujas penas privativas de liberdade formam um todo resultante de crimes hediondos, dos equiparados a hediondos e de crimes não hediondos, que, para esse fim, chamaremos de comuns.

Há viabilidade de progressão para qualquer crime, bastando respeitar os montantes previstos no art. 112 da Lei de Execução Penal em suas frações diferenciadas para delitos diversos (hediondos e equiparados ou comuns, violentos ou não) com agentes de condições diferentes (primários ou reincidentes).

Quanto ao livramento condicional, no entanto, o sentenciado deve cumprir, pelo menos, dois terços da pena do delito hediondo e um terço da parte relativa ao crime comum (se primário e de bons antecedentes) ou metade (se reincidente ou de maus antecedentes) para pedir o benefício.

2.5. Critérios para a regressão a regime mais rigoroso

Estabelece o art. 112 da Lei de Execução Penal (Lei 7.210/1984) que a pena será cumprida em forma progressiva, fixando vários lapsos diferenciados (ver o item 2 do Cap. 1 *supra*).

Entretanto, quando o condenado cometer falta grave, prevista na Lei de Execução Penal, o que afeta seu merecimento, eliminando a sua possibilidade de imediata progressão, deve cumprir mais um período para pleitear novamente o benefício.

Ocorre que, antes de concedido o benefício, ele foge (falta grave). Recapturado, precisa cumprir mais um sexto no regime fechado, antes de novamente ter direito à progressão. Trata-se de decorrência lógica do sistema gradual de cumprimento da pena, pois, ao cometer a falta grave, demonstrou ausência de preparo para o regime mais brando, necessitando novo estágio para renovar sua possibilidade de transferência, mesmo porque há autorização legal para a regressão em caso de falta grave (art. 118, I, LEP). Ora, se pode retornar ao regime mais rigoroso, é natural que tenha a obrigação de preencher, após a falta grave, o lapso temporal de um sexto novamente. Sobre o cometimento da falta grave, conferir a Súmula 526 do STJ que dispõe: "o reconhecimento de falta grave decorrente do cometimento de fato definido como crime doloso no cumprimento da pena prescinde do trânsito em julgado de sentença penal condenatória no processo penal instaurado para apuração do fato".

A existência, por si só, de um inquérito policial em trâmite, para apurar eventual crime cometido pelo condenado, não pode servir de obstáculo à concessão de progressão de regime ou outro benefício qualquer, desde que ele tenha preenchido o lapso temporal e os demais requisitos do merecimento (laudos favoráveis). Entretanto, necessita-se, ao menos, o ajuizamento de ação penal.

2.5.1. Falta grave e prescrição

Temos sustentado que o mais adequado prazo é de 180 dias, previsto pela Lei Federal 8.112/1990, disciplinando o regime jurídico dos servidores públicos civis da União, das autarquias e das fundações públicas federais (art. 142, III).

A maior parte da jurisprudência, no entanto, opta pela analogia com a pena, o que nos parece um equívoco, pois a falta disciplinar se dá no âmbito interno do presídio, constituindo *sanção administrativa*. Na escolha por qual prazo de prescrição mínima adotar, há julgados sugerindo acompanhar a menor prescrição para a pena privativa de liberdade (3 anos), sendo esta a posição acolhida pelo STJ; outros buscam a menor prescrição no Código Penal, que é da multa, em tese (2 anos); há também os que utilizam o prazo mínimo para o menor de 21 ou maior de 70 anos: ora 1 ano e 6 meses (se levar em conta os 3 anos da privativa de liberdade), ora 1 ano (considerando-se os 2 anos da multa).

2.5.2. Adaptação do regime e regressão

Há, basicamente, *duas situações* que desencadeiam essa transferência:

a) *adaptação do regime*: nos termos do art. 111 da Lei de Execução Penal, "quando houver condenação por mais de um crime, no mesmo processo ou em processos distintos, a determinação do regime de cumprimento será feita pelo resultado da soma ou unificação das penas, observada, quando for o caso, a detração ou a remição". E mais: "Sobrevindo condenação no curso da execução, somar-se-á a pena ao restante da que está sendo cumprida, para determinação do regime". Portanto, se o sujeito foi condenado a uma pena de seis anos, em regime semiaberto, por um processo, e a quatro anos, em regime aberto, por outro, é curial que o juiz da execução penal estabeleça um regime único para o cumprimento de dez anos de reclusão, que, aliás, demanda o regime fechado;

b) *regressão*: nos termos do art. 118 da mesma lei, o condenado pode ser regredido a regime mais rigoroso quando "praticar fato definido como crime doloso ou falta grave" ou "sofrer condenação, por crime anterior, cuja pena, somada ao restante da pena em execução, torne incabível o regime". No caso de cometimento de crime doloso, é preciso, num primeiro momento, *sustar* os benefícios do regime em que se encontra (se está no aberto, será transferido, cautelarmente, para o fechado), aguardando-se a condenação com trânsito em julgado. Caso seja absolvido, restabelece-se o regime sustado; se for condenado, regride-se a regime mais severo. No entanto, o STJ editou a Súmula 526: "o reconhecimento de falta grave decorrente do cometimento de fato definido como crime doloso no cumprimento da pena prescinde do trânsito em julgado de sentença penal condenatória no processo penal instaurado para apuração do fato".

2.5.3. Sustação cautelar do regime semiaberto ou aberto

Trata-se de uma providência correta e fruto do poder geral de cautela do juiz. Melhor que promover a regressão sem uma devida apuração do ocorrido (descumprimento de condições, por exemplo), mas, também, assegurando-se disciplina no cumprimento da pena e proteção à sociedade, pois trata-se de um condenado acusado de ter cometido uma falta grave no curso da execução da pena, é fundamental que o magistrado utilize seu poder de cautela, sustando o regime até solução definitiva para a imputação.

2.5.4. A questão da falta grave

Para considerar e registrar no prontuário do sentenciado uma falta grave, é indispensável haver sindicância administrativa, assegurada ampla defesa. Quanto aos critérios para apurar se houve ampla defesa, há *duas correntes*: a) *é preciso garantir defesa técnica* ao sentenciado, inclusive com a possibilidade de produção de provas. Hoje é o posicionamento majoritário; b) *basta assegurar ao condenado que se defenda* (autodefesa) com a possibilidade de ser ouvido, dando suas explicações e propondo meios de prova, não sendo necessária a defesa técnica. Era a posição que adotávamos, porque, em grande parte das situações, a defesa técnica era *pro forma.* Pelo menos, se o condenado promovesse a sua própria defesa, ainda havia a chance de reclamar do resultado da sindicância ao juiz das execuções. Assim, se ocorresse a atuação de *defesa técnica* meramente formal no presídio, o magistrado, depois, nem mesmo ouviria as reclamações do sentenciado, alegando que foi "defendido" tecnicamente na execução.

Entretanto, havemos de reconhecer a alteração legislativa, passando a exigir a atuação da Defensoria Pública, como órgão da execução penal, em todos os casos tramitando no presídio, como processos administrativos para apurar faltas dos presos, bem como no procedimento para o recebimento de benefícios (progressão de regime, livramento condicional etc.). Desse modo, a atuação da defesa técnica tornou-se mais eficiente e é a mais adequada forma para a tutela dos direitos do condenado.

O número de defensores públicos tem aumentado consideravelmente e, com isso, a viabilidade de defesa no processo de execução aprimorou-se. De toda forma, a autodefesa (ouvir diretamente o sentenciado) continua a ser exigível, em particular, por força de lei, quando houver a possibilidade de regressão de regime em decorrência da prática de falta grave.

Registre-se o disposto pelo art. 59 da Lei de Execução Penal: "Praticada a falta disciplinar, deverá ser instaurado o procedimento para sua apuração, conforme regulamento, assegurado o *direito de defesa*. Parágrafo único. A decisão será motivada" (grifamos).

2.5.4.1. Relação entre falta grave e crime

Pode ocorrer que uma falta grave cometida pelo condenado seja igualmente figura típica de crime, o que ocasionaria dupla investigação e processo. Exemplo: se o condenado foge, valendo-se de violência contra o carcereiro, responderá pelo delito previsto no art. 352 do Código Penal (haverá a instauração de inquérito e, depois, processo), bem como sofrerá processo administrativo para inscrição de falta grave em seu prontuário.

Entretanto, se, por qualquer motivo, for absolvido no processo-crime, já não se pode mais anotar no prontuário a falta grave. Ainda que se possa dizer serem distintas as esferas penal e administrativa, não se aplica essa regra neste contexto. A única razão de existência da falta grave é justamente a sua exata correspondência com figura típica incriminadora. Ora, afastada esta, não pode subsistir aquela, menos importante.

2.5.4.2. Falta grave e previsão legal

O rol previsto no art. 50 da Lei 7.210/1984 (Lei de Execução Penal) é exaustivo. Não é viável a criação, por meio de resolução, portaria ou decreto, de outras espécies, sob pena de ofensa à legalidade, até porque o registro de falta grave no prontuário do condenado pode inviabilizar a progressão de regime, o reconhecimento da remição, o indulto e outros benefícios.

Aliás, sob o nosso entendimento, nem mesmo as faltas médias e leves podem ser criadas a não ser por lei estadual (nunca resoluções ou outros atos administrativos). Infelizmente, como mencionamos antes, várias Resoluções ou Portarias são editadas pelo Poder Executivo, disciplinando e criando faltas médias e leves, a pretexto de que se trata de direito penitenciário. Logo, conforme dispõe o art. 24 da Constituição Federal, o Estado teria competência supletiva para *legislar* sobre o tema. Sem dúvida, o Estado pode editar *leis* prevendo faltas médias e leves; *legisla-se* por meio do Poder Legislativo. O Executivo chamou a si a função e, prevendo absurdos ou não, pode prejudicar seriamente o cumprimento da pena do sentenciado, pois anotações de faltas sempre geram um comportamento aquém do esperado; se o juiz levar em conta (e leva), termina por impedir a progressão do condenado.

É uma afronta ao princípio da legalidade no ambiente da execução penal. O Judiciário poderia simplesmente refutar a aplicação desses atos administrativos, mas não o faz. Muitos magistrados justificam que, por ausência de leis do Poder Legislativo, é melhor que o Executivo faça alguma coisa do que não se ter nada para o contexto das faltas médias e leves.

Muito se critica a execução penal no Brasil – e com razão –, mas não se observa fielmente o princípio da legalidade durante o cumprimento da pena, situação a ser devidamente controlada pelo Poder Judiciário.

2.6. A (in)viabilidade da progressão *por salto*

Deve-se observar, como regra, o disposto no Código Penal e na Lei de Execução Penal para promover a execução da pena, sem a criação de subterfúgios contornando a finalidade da lei, que é a da reintegração gradativa do condenado, especialmente daquele que se encontra em regime fechado, à sociedade. Assim, é incabível, como regra, a execução da pena "por saltos", ou seja, a passagem do regime fechado para o aberto diretamente, sem o necessário estágio no regime intermediário (semiaberto).

De acordo com esse entendimento, o STJ editou a Súmula 491: "É inadmissível a chamada progressão *per saltum* de regime prisional".[5]

Atualmente, entretanto, vários condenados são beneficiados, por decisão judicial, pela progressão do regime fechado ao semiaberto, embora, por falta de vagas – culpa exclusiva do Executivo – terminem aguardando no regime mais rigoroso, ingressando numa *fila*, indevidamente. Por isso, vários julgados têm determinado que o condenado seja transferido diretamente para o aberto, em que aguardaria a tal vaga para o semiaberto.

Ocorre que, estando bem colocado no aberto, não haveria sentido em retrocedê-lo ao semiaberto. Acaba-se consumando a *execução por salto* do fechado ao aberto por única culpa do Executivo, que não providencia o número de vagas suficientes nas colônias penais.

2.7. Cumprimento das penas mais graves em primeiro lugar

As penas mais graves devem ser cumpridas em primeiro lugar, independentemente da ordem de chegada das guias de recolhimento. Seguindo-se o disposto pelo art. 69, *caput*, parte final, deste Código, quando aplicadas cumulativamente penas de reclusão e detenção, primeiro cumpre-se a reclusão, depois a detenção, em tese.

No entanto, esse é um sistema que jamais deu certo, pois não há separação entre reclusos e detentos; na realidade, o importante atualmente é o regime para o condenado, se fechado, semiaberto ou aberto. Para fins de cumprimento, todas as penas privativas de liberdade devem ser unificadas, nos termos do art. 111 da Lei de Execução Penal ("Quando houver condenação por mais de um crime, no mesmo processo ou em processos distintos, a determinação do regime de cumprimento será feita pelo resultado da soma ou unificação das penas, observada, quando for o caso, a detração ou remição").

Apesar disso, havendo penas impostas pela prática de crimes hediondos, devem estas ser cumpridas em primeiro lugar, pois são consideradas mais severas, até porque o regime inicial

---

[5]   Nesse sentido, ainda, ver artigo de Sérgio Marcos de Moraes Pitombo, *RT* 583/312. Esse é o ideal.

Cap. XXVIII – Penas Privativas de Liberdade

pode ser o fechado, bem como estipulam um prazo maior para a obtenção do livramento condicional e para a progressão.

Sobre a progressão de crimes hediondos e delitos comuns, cumpridas as penas juntas pelo preso, ver o item 2.4 *supra*.

2.8. Exigência da reparação do dano ou devolução do produto do ilícito para a progressão de regime

A Lei 10.763, de 12 de novembro de 2003, introduziu mais um empecilho à progressão de regime, demandando que o condenado por crime contra a Administração Pública, ainda que possua merecimento, seja obrigado a reparar previamente o dano causado ou devolver o produto do ilícito. Tal reclamo pode ser, em nosso entender, inconstitucional se essa exigência for taxativa, sem contemplar os casos de insolvência do sentenciado. Afinal, para outros condenados, inexiste esse óbice. Ressalte-se, no entanto, que o STF considerou constitucional esse dispositivo.

Primeiramente, deve-se ressaltar que a pena tem a finalidade tríplice de configurar uma resposta ao crime perpetrado (castigo), ser uma prevenção a novas infrações (seja na ótica positiva geral – reafirmação dos valores e da eficiência do sistema penal –, seja na visão negativa geral – servir de alerta à sociedade), bem como se valer como fator de reeducação e ressocialização (prevenção positiva especial), este último, aliás, constante da Declaração Americana dos Direitos Humanos, subscrita pelo Brasil e em pleno vigor, além do art. 1.º da Lei de Execução Penal.

Logo, não há, como função ou finalidade da pena, a meta de reparação do dano à vítima, seja ela quem for. Portanto, o condenado que esteja em regime fechado, dando mostras de plena recuperação, cumprido o período mínimo de um sexto, sem o cometimento de falta grave, tampouco possuindo laudos ou pareceres desfavoráveis dos componentes da Comissão Técnica de Classificação, tem o direito inafastável de progredir.

A individualização, preceito constitucional (art. 5.º, XLVI, primeira parte), desenvolve-se em três fases, como já abordado (legislativa, judiciária e executória), razão pela qual o mais importante é verificar se o sentenciado mostra sinais de recuperação; assim sendo, quando viável sua ressocialização, a passagem para regime mais brando é direito indiscutível. É bem verdade que há exigência semelhante, por exemplo, no campo do livramento condicional ("tenha reparado, *salvo efetiva impossibilidade de fazê-lo*, o dano causado pela infração" – art. 83, IV, CP, grifamos), mas não se deve olvidar que o livramento condicional não é regime de cumprimento de pena, embora esteja inserido no universo das medidas de política criminal para permitir a redução do tempo de prisão, propiciando a concessão antecipada da liberdade.[6]

Por outro lado, no caso mencionado, pelo menos deixou claro o legislador a hipótese de não ser possível ao condenado efetuar a reparação do dano. Ora, tal previsão não se fez no § 4.º do art. 33, o que demonstraria um desnível entre o sentenciado por crime contra a administração e os demais. Um estelionatário, *v.g.*, não tendo condições financeiras, deixa de indenizar a vítima e consegue o livramento condicional. No campo da progressão, então, nem mesmo precisa demonstrar que podia ou não reparar o dano. Um condenado por corrupção, no

---

[6] BITENCOURT também não concorda com esse requisito na íntegra, pois pode inviabilizar muitas progressões. Propõe, então, que se siga o disposto para o livramento condicional (art. 83, IV, CP), ou seja, o sentenciado deve ter reparado o dano, *salvo efetiva impossibilidade de fazê-lo* (*Tratado de direito penal*, v. 1, p. 634).

entanto, haveria de reparar o prejuízo de qualquer modo, do contrário não receberia benefício algum, ao menos no contexto da progressão. Tal medida é discriminatória e fere não somente a finalidade da pena, prejudicando a individualização, como também lesa o princípio geral da igualdade de todos perante a lei.

Resta a impressão de que a inserção do § 4.º ao art. 33 teve endereço certo: os mais conhecidos autores de crimes contra a Administração Pública, que são condenados por vários delitos, possuem penas elevadas a cumprir, estão no regime fechado e a inoperância do sistema estatal de repressão ao crime nem mesmo sabe em que lugar teriam guardado os valores desviados dos cofres públicos. Enfim, o mais indicado a fazer seria desenvolver um conjunto de medidas eficientes para a busca e recuperação do montante auferido pelos autores de crimes contra a Administração Pública, valendo-se das medidas assecuratórias do processo penal, levando-se, se preciso for, o caso à esfera cível, mas não invadir, indevidamente, o campo da individualização executória da pena.

De toda maneira, qualquer sentenciado por crime contra a administração pública, se for insolvente, tem direito à progressão, mesmo não reparando o dano, em nosso entendimento. Deve prevalecer o princípio da igualdade de todos perante a lei.

2.9. Inviabilidade de alteração do regime inicial fixado na condenação pelo juiz da execução

Essa é a regra, pois o título executivo formou-se validamente. Somente pode ser alterado diante de nova lei penal benéfica ou de interpretação favorável de Tribunal Superior. Debatia-se, por exemplo, se o juiz da execução penal poderia alterar o disposto na sentença condenatória, com trânsito em julgado, em relação à imposição de regime fechado integral para os crimes hediondos e equiparados, a pretexto de considerar inconstitucional tal fixação.

Embora continuemos a defender que o juiz da execução penal somente pode alterar o título executivo se houver o advento de lei penal mais favorável, passamos também a considerar viável a modificação do disposto na sentença condenatória definitiva, quando houver interpretação benéfica de lei penal, feita pelo STF ou pelo STJ.

Portanto, no caso presente, como já mencionamos, entendendo o STF ser cabível a progressão de regime, em qualquer situação, é natural que o juiz da execução penal possa desconsiderar o regime fechado *integral*, fixado na sentença condenatória, autorizando, quando for o caso, regime mais favorável para qualquer espécie de delito. Tal posição, que sustentávamos, perdeu o sentido, pois a Lei 11.464/2007, modificando o disposto no art. 2.º, § 1.º, da Lei 8.072/1990, estabeleceu, para os crimes hediondos e equiparados, o regime *inicial* fechado. Restaria, em tese, a seguinte discussão: se o juiz fixar para o condenado por crime hediondo o regime semiaberto, não havendo recurso por parte do Ministério Público, poderia o juiz da execução estabelecer o fechado? Cremos que não, pois estaria agindo contra a coisa julgada e em prejuízo do réu.

2.10. Permissão legal para o juiz da condenação fixar o regime inicial em função da detração

O art. 387, § 2.º, do Código de Processo Penal foi alterado pela Lei 12.736/2012, permitindo ao juiz da condenação que leve em conta a detração para, conforme o caso, fixar o regime inicial para o réu.

Em primeiro lugar, a detração é benefício penal, constante do art. 42 do Código Penal, preceituando que o tempo de prisão cautelar experimentado pelo preso pode ser descontado na sua pena definitiva. Como regra, quem faz esse cálculo é o juiz da execução penal, pois ele concentra todas as eventuais condenações do sentenciado. Ilustrando: uma pena de dois anos pode dar margem ao regime aberto; no entanto, se o condenado possuir outras quatro penas de dois anos, o total é de dez anos de reclusão e o regime aberto é incompatível, devendo ser estabelecido o regime fechado.

Entretanto, a modificação do referido art. 387, § 2.º, do CPP permite ao julgador, no caso concreto, fazer o desconto da detração antecipadamente para verificar o regime inicial aplicável. Exemplo: condenado a cinco anos de reclusão, o regime cabível (mínimo) seria o semiaberto; porém o juiz nota que o réu ficou um ano preso provisoriamente e só tem aquele processo na sua folha de antecedentes. Assim sendo, reputando conveniente, desconta um ano da pena de cinco, resultando quatro anos e concede o regime aberto.

Lembre-se que essa operação feita pelo julgador é uma possibilidade, e não uma obrigação. Afinal, réus que tenham mais anotações na folha de antecedentes deverão ter o seu regime inicial firmado pelo juiz da execução penal, que tem maior visão do conjunto.

3. REGIME FECHADO

3.1. Local de cumprimento da pena no regime fechado

Segundo dispõe a lei, é a penitenciária, alojando-se o condenado em cela individual, contendo dormitório, aparelho sanitário e lavatório, com salubridade e área mínima de seis metros quadrados (arts. 87 e 88, Lei de Execução Penal).

A legislação veda o cumprimento da pena em cadeia pública, destinada a recolher unicamente os presos provisórios (art. 102, LEP). Lamentavelmente, por falta de vagas, há muitos sentenciados cumprindo pena, sem qualquer condição de salubridade e distante dos objetivos da individualização da execução, nas cadeias e distritos policiais.

Por outro lado, o disposto claramente em lei, sobre as condições da cela do preso, é uma ficção no Brasil. Não é preciso ser operador do direito para ter perfeita noção de que não há cela individual e os presos, na maior parte dos estabelecimentos penais, ficam amontoados em lugares insalubres e pequenos. Diante desse quadro estarrecedor, como se pode dizer que o Estado brasileiro respeita o princípio da humanidade, não aplicando penas cruéis? O Judiciário tem perfeita ciência dessa realidade, mas nada faz de concreto, não interditando presídios desse péssimo nível, sob o argumento de que o ruim pode ficar pior. Com essa complacência de um Poder de Estado em relação ao desleixo do outro, a situação carcerária não sai do lugar.

Temos nos manifestado sempre que possível, denunciando esse pérfido sistema, mas também não concordamos com os penalistas que, simplesmente, atiram pedras na vidraça, sem propor nada útil para resolver o problema. Em lugar de se sustentar que a *pena de prisão está falida* e ponto, aguarda-se uma lista de propostas para resolver o problema, pois, em nosso país, o pior que ocorre é o *descumprimento da lei* pelo próprio Poder Executivo, encarregado de aplicá-la.

Portanto, se o Judiciário agir, interditando locais insalubres, penalistas fizerem um manifesto em prol da legalidade e a sociedade conhecer mais da realidade, possivelmente, o governante teria um pouco mais de pressão para solucionar o caótico sistema.

Em suma, a solução desse caos penitenciário chega a ser irônica: *basta cumprir a lei existente.*

Some-se a essa posição a análise correta de OTÁVIO TOLEDO e BRUNO CAPECCE, demonstrando que "a falta de coincidência entre a situação fática e o sistema legal e regulamentar vigente decorre diretamente do desinteresse dos governantes na realização de investimentos no setor".[7] A questão, lamentavelmente, leva à nítida conclusão de que, no Brasil, preso não rende votos aos políticos. Até mesmo a sociedade se esquece que o péssimo tratamento transmitido no sistema carcerário produzirá um condenado ainda mais revoltado e que, ao sair, poderá praticar infrações muito mais graves. Cuidar bem do sistema carcerário faz parte – e importante – do cenário da segurança pública.

3.2. Regime fechado e gravidade do crime

A gravidade abstrata do crime, por si só, não é motivo para estabelecer o regime fechado. A eleição do regime inicial de cumprimento da pena obedece aos mesmos critérios do art. 59, conforme determinação expressa do § 3.º do art. 33. Afinal, o regime de cumprimento da pena está intrinsecamente ligado ao sentenciado e suas condições pessoais. Portanto, ilustrando, se o réu é reincidente, pode-se falar em regime fechado para iniciar o cumprimento. No entanto, somente pelo fato de ter cometido um roubo, crime abstratamente grave, não significa que deva o regime ser o fechado. Nos termos da Súmula 718/STF, "a opinião do julgador sobre a gravidade em abstrato do crime não constitui motivação idônea para a imposição de regime mais severo do que o permitido segundo a pena aplicada".

Sob outro aspecto, caso o delito de roubo tenha sido praticado em circunstâncias particularmente graves, evidenciando a *concretude* da gravidade do crime e eventual periculosidade do agente, torna-se possível o regime inicial fechado. Exemplo: o roubador invade uma residência e tortura a família por horas a fio, agredindo fisicamente e ameaçando o tempo todo, deixando todos traumatizados.

Se o condenado tiver maus antecedentes, é também hipótese viável para a fixação do regime fechado. O art. 33, § 3.º, do mesmo Código indica os critérios do art. 59 para a determinação do regime inicial de cumprimento da pena. Nesse contexto, encontram-se os antecedentes, dando ensejo à interpretação de que o réu, com maus antecedentes, pode começar no regime fechado. Tudo depende das demais circunstâncias judiciais e do *quantum* da pena privativa de liberdade.

3.3. A aplicação do regime fechado à pena de detenção

Há polêmica se é possível aplicar, inicialmente, o regime fechado a crimes apenados com detenção, formando-se *duas correntes*:

a) é possível aplicar o *regime fechado*, quando o réu for reincidente e outras circunstâncias do art. 59 forem desfavoráveis. O § 2.º, *b* e *c*, do art. 33 do CP deve *prevalecer* sobre o *caput*;

b) somente é possível aplicar o *regime semiaberto*, mesmo que o réu seja reincidente. O *caput* do art. 33 *prevalece* sobre o § 2.º. É a posição majoritária da doutrina e da jurisprudência.

A melhor posição é a segunda. Há, de fato, uma contradição entre o *caput* e o § 2.º do art. 33, que precisa ser resolvida em favor do réu. Aliás, o próprio legislador confirmou tal tendência ao editar a Lei 9.455/1997 (crimes de tortura), prevendo o regime inicial fechado a todos os

---

[7] *Privação de liberdade*, p. 443.

Cap. XXVIII – Penas Privativas de Liberdade

delitos apenados com reclusão, exceto para o único crime apenado com detenção (art. 1.º, § 2.º – omissão de quem tinha o dever de agir para impedir a tortura).

3.4. Escolha do regime em caso de aplicação concomitante de reclusão e detenção

A inutilidade da divisão das penas privativas de liberdade em reclusão e detenção, na medida em que são cumpridas praticamente da mesma forma, sem qualquer distinção de estabelecimento prisional. Em suma, reclusos e detentos, quando estão no regime fechado, encontram-se no mesmo presídio; quando no semiaberto, terminam na mesma colônia penal; inseridos no aberto, podem frequentar a mesma Casa do Albergado.

Entretanto, como são penas privativas de liberdade diferentes, não admitem soma no momento da condenação, obrigando o magistrado a aplicá-las, quando for o caso, cumulativamente. Ex.: por um estelionato (art. 171, CP), três anos de reclusão; por uma fraude no comércio, um ano de detenção; pela prática de fraude à execução, mais um ano de detenção, em concurso material (art. 69, CP). Condena-se o réu a cumprir três anos de reclusão e dois anos de detenção, não podendo somar os dois montantes, totalizando cinco anos.

Preceitua o art. 69, *caput*, parte final, do Código Penal que a reclusão deve ser cumprida em primeiro lugar. Porém, o Superior Tribunal de Justiça tem permitido a aplicação da unificação das penas privativas de liberdade, nos termos do art. 111 da Lei de Execução Penal, para determinar o regime e providenciar a progressão.

O ideal é simplesmente eliminar as espécies de pena (reclusão, detenção e prisão simples), passando todas a uma só designação: pena de prisão.

3.5. Pena fixada no mínimo e regime prisional mais severo

Há *duas posições* a esse respeito:

a) quando a pena for fixada no mínimo legal, porque todas as circunstâncias do art. 59 do Código Penal são favoráveis, não há razão para estabelecer regime mais severo.

b) a fixação de pena no mínimo legal não leva, necessariamente, ao estabelecimento do regime mais brando, pois os requisitos do art. 59 devem ser analisados em duas fases: primeiramente, para a fixação do montante da pena e, em segundo plano, para a escolha do regime de cumprimento.

Pensamos ser muito difícil para o magistrado separar completamente os requisitos do art. 59 em duas fases distintas, conseguindo argumentos suficientes para dar pena mínima, ao mesmo tempo que extrai outros para estabelecer regime mais severo. Afinal, se o crime é grave – não pela simples descrição típica, mas pelos aspectos fáticos que envolve –, a pena não deveria situar-se no mínimo, atendendo-se ao disposto nos elementos "circunstâncias e consequências do crime", previstos no art. 59. Muitas vezes, ocorre a predominância da indevida *política da pena mínima*, isto é, a praxe de muitos magistrados tendente a estabelecer sempre a pena mínima, embora, em seguida, resolvam fixar regime mais severo, porque o crime, abstratamente considerado, é grave. Com isso não concordamos.

Exemplificamos com o caso do roubo: se for praticado por duas ou mais pessoas, a pena padrão é de 5 anos e 4 meses de reclusão. Depois, no momento de fixar o regime de cumprimento, porque se trata de "crime grave" – não porque foi cometido em peculiares circunstâncias fáticas, mas pelo simples fato de ser um "roubo", delito que assola as grandes metrópoles –, estabelece-se o regime fechado. Ora, nada justifica tal postura, uma vez que o regime de cumprimento da pena deve obedecer, fielmente, os critérios do art. 33, especialmente o disposto no § 3.º, que remete ao art. 59. Logo, se o réu recebeu pena mínima, porque todas as circunstâncias judiciais eram favoráveis, o fato de ter cometido delito considerado *abstratamente grave* não é motivo para colocá-lo em regime mais severo. Pode-se utilizar o regime inicial fechado para o crime de roubo, quando o modo de o praticar foi excepcional, tal como utilizar violência desnecessária contra a vítima já rendida, demonstrando sadismo. Entretanto, nessa hipótese, merece a pena ser estabelecida acima do mínimo legal. Portanto, embora não seja teoricamente impossível a fixação da pena no mínimo e regime mais severo, cremos ser inviável padronizar o entendimento seja num sentido, seja noutro. Direito penal não é ciência exata, e cada caso merece avaliação de per si, fazendo-se justiça no caso concreto, e não em abstrato.

Em síntese: recebendo pena no mínimo, a regra é que o regime seja, também, o mais favorável. Elevando-se a pena acima do piso, é lógico que o magistrado possa estabelecer regime mais rigoroso. Em situações excepcionais, poder-se-iam admitir a pena no mínimo e regime mais severo. Concluindo, o mais importante nesse cenário é a fundamentação da decisão, seja no tocante à fixação do *quantum* da pena privativa de liberdade, seja no que concerne à escolha do regime. Consulte-se o disposto na Súmula 719 do STF: "A imposição do regime de cumprimento mais severo do que a pena aplicada permitir exige motivação idônea".

3.6. Regime disciplinar diferenciado

Não se trata de um quarto regime, mas de um especial modo de cumprimento da pena inserido no regime fechado. Introduzido pela Lei 10.792/2003, o regime disciplinar diferenciado é, em síntese, caracterizado pelo seguinte: *a)* duração máxima de até dois anos, sem prejuízo de repetição da sanção por nova falta grave de mesma espécie; *b)* recolhimento em cela individual; *c)* visitas de duas pessoas (da família ou outra, autorizada pelo juiz), quinzenalmente, com duração de duas horas, sem permitir contato físico; *d)* direito de saída da cela para banho de sol por duas horas diárias, em grupos de até quatro presos, não sendo da mesma organização criminosa; *e)* entrevistas monitoradas, exceto as mantidas com o defensor, em instalações adequadas para evitar o contato físico e a passagem de objetos, salvo autorização judicial em contrário; *f)* fiscalização do conteúdo da correspondência; *g)* participação em audiências judiciais preferencialmente por videoconferência, garantindo-se a participação do defensor no mesmo ambiente do preso (art. 52, I a VII, da Lei 7.210/1984).

A esse regime serão encaminhados os presos que praticarem *fato previsto como crime doloso* (note-se bem: *fato* previsto como crime, e não *crime*, pois se esta fosse a previsão, dever-se-ia aguardar o julgamento definitivo do Poder Judiciário, em razão da presunção de inocência, o que inviabilizaria a rapidez e a segurança que o regime exige), considerado *falta grave*, desde que ocasione a subversão da ordem ou disciplina interna, *sem prejuízo da sanção penal cabível*.

O regime é válido para condenados ou presos provisórios, nacionais ou estrangeiros. Podem ser incluídos no mesmo regime os presos que apresentem alto risco para a ordem e a segurança do estabelecimento penal ou da sociedade (art. 52, § 1.º, I, LEP), bem como aqueles que (provisórios ou condenados) estiverem envolvidos ou participarem – com fundadas suspeitas –, a qualquer título, de organizações criminosas, associação criminosa ou milícia privada (art. 52, § 1.º, II, LEP).

Enfim, três são as hipóteses para a inclusão no RDD: *a)* quando o preso provisório ou condenado praticar fato previsto como crime doloso, conturbando a ordem e a disciplina interna do presídio onde se encontre; *b)* quando o preso provisório ou condenado representar alto risco para a ordem e a segurança do estabelecimento penal ou da sociedade; *c)* quando o preso provisório ou condenado estiver envolvido com organização criminosa, associação criminosa ou milícia privada, bastando fundada suspeita.

Havendo indícios de que o preso exerça liderança em organização criminosa, associação criminosa ou milícia privada, ou atuação criminosa em dois ou mais Estados da Federação, deverá cumprir o RDD em presídio federal, obrigatoriamente (art. 52, § 3.º, LEP). Conferir, ainda, o teor da Súmula 639 do STJ: "Não fere o contraditório e o devido processo decisão que, sem ouvida prévia da defesa, determine transferência ou permanência de custodiado em estabelecimento penitenciário federal".

Cabe ao magistrado da execução penal por decisão judicial fundamentada, precedida de manifestação do Ministério Público e da defesa, proferida no máximo em 15 dias (art. 54, § 2.º, LEP). O requerimento para a inclusão deve partir do diretor do estabelecimento ou outra autoridade administrativa (art. 54, § 1.º, LEP).

Embora o juiz tenha o prazo máximo de 15 dias para decidir a respeito, a autoridade administrativa, em caso de urgência, pode isolar o preso preventivamente, por até dez dias, aguardando a decisão judicial (art. 60, LEP). Os prazos, no entanto, deveriam coincidir, ou seja, se o juiz tem até 15 dias para deliberar sobre o regime disciplinar diferenciado, o ideal seria que a autoridade administrativa tivesse igualmente 15 dias para isolar o preso, quando fosse necessário. Nada impede, aliás, tudo recomenda, no entanto, que o juiz, alertado de que o preso já foi isolado, decida em dez dias, evitando-se alegação de constrangimento ilegal. O tempo de isolamento provisório será computado no período total de regime disciplinar diferenciado, como uma autêntica detração.

Observa-se a severidade inconteste do mencionado regime, infelizmente criado para atender às necessidades prementes de combate ao crime organizado e aos líderes de facções que, de dentro dos presídios brasileiros, continuam a atuar na condução dos negócios criminosos fora do cárcere, além de incitarem seus comparsas soltos à prática de atos delituosos graves de todos os tipos. Por isso, é preciso que o magistrado encarregado da execução penal tenha a sensibilidade que o cargo lhe exige para avaliar a real e efetiva necessidade de inclusão do preso no RDD, especialmente do preso provisório, cuja inocência pode ser constatada posteriormente.

A Lei 10.792/2003 prevê, ainda, a utilização de detectores de metais, nos estabelecimentos penais, aos quais devem submeter-se "todos que queiram ter acesso ao referido estabelecimento, ainda que exerçam qualquer cargo ou função pública" (art. 3.º). A segurança nos presídios, portanto, torna-se expressamente mais severa, devendo todos, de modo igualitário, às suas normas se sujeitar (magistrados, promotores, advogados, delegados, Secretários de Estado, Governadores etc.). O art. 4.º da mencionada Lei dispõe que os estabelecimentos penais, especialmente os que possuírem o regime disciplinar diferenciado, deverão dispor de equipamento bloqueador de telecomunicação para celulares, radiotransmissores e outros meios.

Espera-se que haja a devida e suficiente destinação de verba pelo Poder Executivo para tanto, a fim de que a norma não seja considerada ineficaz. Novamente, estipula-se a missão da União Federal para a construção de presídios em local distante da condenação para recolher os condenados, no interesse da segurança pública ou do próprio sentenciado (art. 86, § 1.º, LEP). Fica claro que cabe ao juiz da execução penal definir o estabelecimento prisional adequado para o cumprimento da pena ou para abrigar o preso provisório (art. 86, § 3.º, LEP). No segundo semestre de 2006, finalmente, a União cumpriu o fixado em lei e assumiu a sua parte na responsabilidade de guardar presos considerados perigosos à segurança pública, construindo o primeiro presídio federal situado no Município de Catanduvas, no Estado do Paraná. Outros foram construídos após essa data, mas ainda em número insuficiente.

3.6.1. A constitucionalidade do regime disciplinar diferenciado (RDD)

Tivemos a oportunidade de desenvolver esse tema, em nossa obra *Leis penais e processuais penais comentadas* – vol. 2 (nota 124 ao art. 52 da Lei 7.210/1984). Nosso entendimento baseia-se na *constitucionalidade* do novo regime, pois não se combate o crime organizado, dentro ou fora dos presídios, com o mesmo tratamento destinado ao delinquente comum. Se todos os dispositivos do Código Penal e da Lei de Execução Penal fossem fielmente cumpridos, há muitos anos, pelo Poder Executivo, encarregado de construir, sustentar e administrar os estabelecimentos penais, certamente o crime não estaria, hoje, organizado, de modo que não precisaríamos de regimes como o estabelecido pelo art. 52 da Lei de Execução Penal.

A realidade distanciou-se da lei, dando margem à estruturação do crime, em todos os níveis. Contudo, pior, a marginalidade organizou-se *dentro* do cárcere, uma situação inconcebível, mormente se pensarmos que o preso deve estar, no regime fechado, à noite, isolado em sua cela, bem como, durante o dia, trabalhando ou desenvolvendo atividades de lazer ou aprendizado. Dado o fato, não se podem voltar as costas à realidade. Por isso, o regime disciplinar diferenciado tornou-se um *mal necessário*, mas está longe de representar uma pena cruel. Severa, sim; desumana, não.

Aliás, proclamar a inconstitucionalidade desse regime, fechando os olhos aos imundos cárceres aos quais estão lançados muitos presos no Brasil, é, com a devida vênia, uma imensa contradição, eivada de demagogia. Pior ser inserido em uma cela coletiva, repleta de condenados perigosos, com penas elevadas, muitos deles misturados aos presos provisórios, sem qualquer regramento e completamente insalubre, do que ser colocado em cela individual, longe da violência de qualquer espécie, com mais higiene e asseio, além de não se submeter a nenhum tipo de assédio de outros criminosos.

Há presídios brasileiros onde não existe o RDD, mas presos matam outros, rebeliões são uma atividade constante, fugas ocorrem a todo o momento, a violência sexual não é contida e condenados contraem doenças gravíssimas. Pensamos ser essa situação mais séria e penosa do que o regime disciplinar diferenciado. Obviamente, poder-se-ia argumentar que *um erro não justifica outro*, mas é fundamental lembrar que o *erro essencial e primário* provém, primordialmente, do descaso de décadas com o sistema penitenciário, gerando e possibilitando o crescimento do crime organizado dentro dos presídios. Ora, essa situação necessita de controle imediato, sem falsa utopia. Ademais, não há direito absoluto, como vimos defendendo em todos os nossos estudos, razão pela qual a harmonia entre direitos e garantias é fundamental. Se o preso deveria estar inserido em um regime fechado ajustado à lei – e não o possui no plano real –, a sociedade também tem direito à segurança pública.

Por isso, o RDD tornou-se uma alternativa viável para conter o avanço da criminalidade incontrolada, constituindo meio adequado para o momento vivido pela sociedade brasileira. Em lugar de combater, idealmente, o regime disciplinar diferenciado, cremos ser mais ajustado defender, por todas as formas possíveis, o fiel cumprimento às leis penais e de execução penal, buscando implementar, na prática, os regimes fechado, semiaberto e aberto, que, em

Cap. XXVIII – Penas Privativas de Liberdade

muitos lugares, constituem meras quimeras. A jurisprudência admite, à quase unanimidade, a sua constitucionalidade.

3.7. O trabalho externo do sentenciado

O condenado à pena privativa de liberdade é obrigado a trabalhar, conforme suas "aptidões e capacidade" (arts. 31 e 39, V, LEP). Não o fazendo, apesar de ter condições pessoais a tanto, constitui falta grave (art. 50, VI, LEP), o que o impedirá de conseguir benefícios, como a progressão ou o livramento condicional.

Não é obrigatório o trabalho, no entanto, para o preso político (art. 200, LEP), nem para o preso provisório (art. 31, parágrafo único, LEP). É facultativa para os condenados por contravenção penal sujeitos a prisão simples, não excedente de quinze dias (art. 6.º, § 2.º, Lei das Contravenções Penais). No tocante ao preso provisório, é preciso considerar que a Lei de Execução Penal foi editada em 1984, quando ainda não se falava de execução provisória da pena. Atualmente, esta é viável, ou seja, o preso provisório, enquanto aguarda o processamento de seu recurso, completando o tempo no fechado, pode pedir transferência para o semiaberto. No entanto, um dos requisitos para isso é ter bom comportamento carcerário, que implica trabalhar; a recusa ao trabalho gera falta grave. Para conciliar a facultatividade do trabalho do preso provisório e da oportunidade de execução provisória, há duas alternativas: a) o preso provisório não trabalha e não almeja a progressão provisória; b) o preso provisório, que deseja a progressão provisória, deve se oferecer para trabalhar.

O art. 32 da Lei de Execução Penal estabelece: "na atribuição do trabalho deverão ser levadas em conta a habilitação, a condição pessoal e as necessidades futuras do preso, bem como as oportunidades oferecidas pelo mercado. § 1.º Deverá ser limitado, tanto quanto possível, o artesanato sem expressão econômica, salvo nas regiões de turismo. § 2.º Os maiores de 60 (sessenta) anos poderão solicitar ocupação adequada à sua idade. § 3.º Os doentes ou deficientes físicos somente exercerão atividades apropriadas ao seu estado".

Quanto ao trabalho externo de quem cumpre pena em regime fechado, é admissível em serviço ou obra pública realizados por órgãos da administração direta ou indireta; em entidades privadas depende da concordância do preso. No entanto, em ambos os casos, sob escolta. Para ser autorizada essa modalidade de trabalho, torna-se indispensável o cumprimento de, pelo menos, um sexto da pena (arts. 36 e 37, LEP). Na prática, não tem ocorrido, por absoluta falta de pessoas aptas a exercer a vigilância dos presos.

3.8. Permissão de saída

Podem os condenados em regime fechado ou semiaberto ou os presos provisórios receber permissão para sair do estabelecimento prisional, devidamente escoltados, quando houver falecimento ou doença grave de cônjuge, companheira, ascendente, descendente ou irmão ou necessidade de tratamento médico (art. 120, LEP).

Vale registrar o fato inusitado, ocorrido no dia 14 de outubro de 2006, na Penitenciária José Parada Neto, em Guarulhos, Estado de São Paulo, quando a mulher de um preso considerado perigoso faleceu. Ele não pôde ir ao velório, pois os responsáveis pela escolta ficaram com medo de ocorrer um eventual resgate. Diante disso, o caixão foi levado para ser velado na prisão, com autorização da Coordenadoria dos Estabelecimentos Penitenciários da Capital e Grande São Paulo.[8]

---

[8] *Jornal da Tarde*, 20.10.2006, p. 7A.

3.9. Cômputo da pena em dobro em decorrência de situação degradante

Temos acompanhado o caos do sistema penitenciário, no Brasil, há décadas, sem que o poder público tome efetivas providências para sanar esse estado. Uma das principais providências imediatas que o Poder Executivo – administrador dos presídios e injetor das verbas que os mantêm – deveria adotar é o cumprimento da lei já existente, tanto os dispositivos do Código Penal quanto os da Lei de Execução Penal.

O estado de coisas inconstitucional, reconhecido pelo STF, em relação ao sistema carcerário em nosso país, poderia ser ao menos remediado com a maior atenção de quem administra, efetivamente, os presídios, mas não segue a lei. Por outro lado, os Poderes Legislativo e Judiciário precisariam colaborar, de algum modo, para que a situação do regime fechado se tornasse mais amena e houvesse maior empenho para restaurar o correto cumprimento das normas penais e de execução penal.

Os outros dois regimes – semiaberto e aberto – padecem igualmente. Não são executadas as normas que os regulam da forma como previstas no Código Penal e na Lei de Execução Penal. Por isso, temos o entendimento de que, sem uma eficiente política criminal bem definida, o problema continuará indefinidamente.

De todo modo, é um marco significativo a decisão do Superior Tribunal de Justiça, seguindo entendimento da Corte Interamericana de Direitos Humanos, considerando o cumprimento da pena em determinado presídio do Estado do Rio de Janeiro como degradante e estabelecendo, como solução possível, o cômputo da sua sanção em dobro.

Eis o conteúdo: "Trata-se de Recurso em *habeas corpus* interposto por O. O. S. em face de acordão do Tribunal de Justiça do Rio de Janeiro (HC n. 0056922-61.2020.8.19.0000). Consta dos autos que a defesa impetrou *habeas corpus* em favor do ora recorrente, perante a Corte estadual, pleiteando o cômputo em dobro de todo o período em que o paciente cumpriu pena no Instituto Penal Plácido de Sá Carvalho, vale dizer, de 09 de julho de 2017 a 24 de maio de 2019. (...) Nesta sede, pretende o recorrente seja o seu recurso provido para que, uma vez reformada a decisão atacada, que o período de pena cumprida pelo apenado, no Complexo Prisional de Gericinó, em Bangu/RJ, seja considerado em dobro, por se tratar de pena cumprida de maneira degradante e desumana, conforme determinação da Corte Interamericana de Direitos Humanos. Aduz que a contagem em dobro deve incidir sobre o total da pena cumprida de forma degradante, o que levaria o recorrente a alcançar o período necessário tanto para a progressão de regime quanto para o livramento condicional. Em sede de manifestação, o Ministério Público opina pelo provimento do recurso ordinário em *habeas corpus*. É o relatório. Decido. A hipótese dos autos diz respeito ao notório caso do Instituto Penal Plácido de Sá Carvalho no Rio de Janeiro (IPPSC). A referida unidade prisional foi objeto de inúmeras inspeções que culminaram com a Resolução da Corte IDH de 22/11/2018, que ao reconhecer referido instituto inadequado para a execução de penas, especialmente em razão de os presos se acharem em situação degradante e desumana, determinou no item n. 4, que se computasse '*em dobro cada dia de privação de liberdade cumprido no IPPSC, para todas as pessoas ali alojadas, que não sejam acusadas de crimes contra a vida ou a integridade física, ou de crimes sexuais, ou não tenham sido por eles condenadas, nos termos dos Considerandos 115 a 130 da presente resolução*'. Ao denegar a ordem, o Tribunal *a quo*, no acórdão recorrido, assim pronunciou, no que aqui interessa (e-STJ fls 72): '(...) *Nesta toada, forçoso concluir-se quanto à obrigatoriedade da determinação contida na Resolução da Corte Interamericana de Direitos Humanos, de 22 de novembro de 2018, que determinou o cômputo em dobro do período de cumprimento de pena privativa de liberdade dos apenados no Instituto Penal Plácido de Sá Carvalho. Posto isto, não se discute o direito à contagem em dobro da pena, tanto o é, que o pleito foi acolhido pelo juízo impetrado. Referida resolução foi omissa quanto* marco a quo *da contagem, de forma que se deve aplicar as regras do ordenamento jurídico brasileiro, que confere efetividade e coercibilidade as decisões, na data de sua notificação formal,* in casu, *no dia 14 de dezembro de 2018'.* O Juízo da Execução, por sua vez, sobre o tema ventilado, assim havia se manifestado, no que interessa (e-STJ fls. 57): '(...) *No que se refere ao* termo a quo *a partir do qual a medida ora em escopo é aplicável, deve-se ter como parâmetro o dia 14/12/2018, data em que o Brasil foi formalmente notificado pela Corte Interamericana de Direitos Humanos para cumprimento das medidas dispostas na Resolução de 22/11/2018. Pelo vigo de todo o exposto, DEFIRO o pleito. CUMPRA-SE a Resolução CIDH de 22/11/2018, computando-se EM DOBRO o tempo de pena cumprida pelo penitente no Instituto Plácido Sá Carvalho de 17.08.2018 até 06.09.2019, conforme TFD, ou seja, pelo período em que esteve configurada a situação constatada pela CIDH. Registre-se o incidente de 'remição', explicitando-se o período de prisão ora 'dobrado'.* Conforme se extrai dos trechos transcritos, a controvérsia se cinge ao termo inicial de efetividade da já mencionada a Resolução da Corte IDH, de 22 de novembro de 2018, no que concerne ao item 4, onde se determinou que se computasse *'em dobro cada dia de privação de liberdade cumprido no IPPSC, para todas as pessoas ali alojadas, que não sejam acusadas de crimes contra a vida ou a integridade física, ou de crimes sexuais, ou não tenham sido por eles condenadas, nos termos dos Considerandos 115 a 130 da presente resolução'.* Vale asseverar, por oportuno, que conforme constatado pelo Juiz da Execução, na hipótese, *'não houve vulneração da integridade física das vítimas'* (e-STJ fls. 56), situação que, de plano, afasta qualquer necessidade de digressão acerca do tema, ante os termos do item 4 retrotranscrito. Posta tal premissa, a aprovação da Convenção Americana de Direitos Humanos (CADH), também conhecida como Pacto de San Jose da Costa Rica, em 1969, trouxe aos Estados americanos, signatários do documento internacional, uma série de direitos e deveres envolvendo o tema. A partir do Decreto 4.463, de novembro de 2002, o Brasil submeteu-se à jurisdição contenciosa da Corte IDH e passou a figurar no polo passivo de demandas internacionais, o que resultou em obrigações de ajustes internos para que suas normas pudessem se coadunar com a Convenção Americana de Direitos Humanos. Ao sujeitar-se à jurisdição da Corte IDH, o País amplia o rol de direitos das pessoas e o espaço de diálogo com a comunidade internacional. Com isso, a jurisdição brasileira, ao basear-se na cooperação internacional, pode ampliar a efetividade dos direitos humanos. As sentenças emitidas pela Corte IDH, por sua vez, têm eficácia vinculante aos Estados que sejam partes processuais, não havendo meios de impugnação aptos a revisar a decisão exarada. Em caso de descumprimento da sentença, a Corte poderá submetê-la à análise da Assembleia Geral da Organização, com o fim de emitir recomendações para que as exigências sejam cumpridas e ocorra a consequente reparação dos danos e cessação das violações dos direitos humanos. A supervisão de cumprimento de sentença ocorre pela própria Corte, a qual pode requerer informações ao Estado-parte, quando consideradas pertinentes. Essa característica deriva do princípio internacional do *pacta sunt servanda.* Isto é, parte-se da premissa que os Estados têm de cumprir suas obrigações e deveres de boa-fé ao assumirem a responsabilidade diante da comunidade internacional. Tal princípio evita que os Estados se eximam das obrigações adimplidas, perante o Direito Internacional, em razão de seu direito interno, o qual deve se coadunar com as resoluções e documentos internacionais dos quais faça parte. A propósito, o artigo 26 da CADH afirma que os Estados-partes se comprometem a adotar, tanto no âmbito interno quanto no internacional, as providências necessárias para conseguir o desenvolvimento progressivo e a plena efetividade dos direitos constantes da Carta da Organização dos Estados Americanos, inclusive para prevenir a violação dos direitos humanos. Portanto, a sentença da Corte IDH produz autoridade de coisa julgada internacional, com eficácia vinculante e direta às partes. Todos os órgãos e poderes internos do país encontram-se obrigados a cumprir a sentença. Sobre o tema vale destacar o art. 69 da CADH que afirma que a *'sentença da Corte deve ser notificada às partes no caso e transmitida aos Estados Partes na Convenção'*. Contudo, na hipótese, as instâncias inferiores ao diferirem os efeitos da decisão para o momento em que o Estado Brasileiro tomou ciência da decisão proferida pela Corte Interamericana, deixando com isso de computar parte do período em que o recorrente teria cumprido pena em situação considerada degradante, deixaram de dar cumprimento a tal mandamento, levando em conta que as sentenças da Corte possuem eficácia imediata para os Estados Partes e efeito meramente declaratório. De fato, não se mostra possível que a determinação de cômputo em dobro tenha seus efeitos modulados como se o recorrente tivesse cumprido parte da pena em condições aceitáveis até a notificação e a partir de então tal estado de fato tivesse se modificado. Em realidade, o substrato fático que deu origem ao reconhecimento da situação degradante já perdurara anteriormente, até para que pusesse ser objeto de reconhecimento, devendo, por tal razão, incidir sobre todo o período de cumprimento da pena. Nesse ponto, vale asseverar que, por princípio interpretativo das convenções sobre direitos humanos, o Estado-parte da CIDH pode ampliar a proteção dos direitos humanos, por meio do princípio *pro personae*, **interpretando a sentença da Corte IDH da maneira mais favorável possível aquele que vê seus direitos violados**. No mesmo diapasão, as autoridades públicas, judiciárias inclusive, devem exercer o controle de convencionalidade, observando os efeitos das disposições do diploma internacional e adequando sua estrutura interna para garantir o cumprimento total de suas obrigações frente à comunidade internacional, uma vez que os países signatários são guardiões da tutela dos direitos humanos, devendo **empregar a interpretação mais favorável a indivíduo**. Logo, os juízes nacionais devem agir como juízes interamericanos e estabelecer o diálogo entre o direito interno e o direito internacional dos direitos humanos, até mesmo para diminuir violações e abreviar as demandas internacionais. É com tal espírito hermenêutico que se dessume que, na hipótese, a melhor interpretação a ser dada, é pela aplicação a Resolução da Corte Interamericana de Direitos Humanos, de 22 de novembro de 2018 a todo o período em que o recorrente cumpriu pena no IPPSC. Ante o exposto, **dou provimento** ao recurso ordinário em *habeas corpus*, para que se efetue o cômputo em dobro de todo o período em que o paciente cumpriu pena no Instituto Penal Plácido de Sá Carvalho, de 09 de julho de 2017 a 24 de maio de 2019" (RHC 136.961-RJ, decisão monocrática, rel. Reynaldo Soares da Fonseca, 28.04.2021, grifos no original).

4. REGIME SEMIABERTO

4.1. Local de cumprimento da pena no regime semiaberto

O local adequado para o cumprimento da pena em regime semiaberto é a colônia agrícola, industrial ou similar, podendo o condenado ser alojado em compartimento coletivo, com salubridade, além de ser feita uma seleção adequada dos presos e observado o limite de capacidade, conforme a individualização da pena (arts. 91 e 92, LEP).

Segundo o disposto pelo Código Penal, o exame criminológico de classificação é obrigatório para quem ingressa no regime semiaberto; no entanto, o art. 8.º, parágrafo único, da Lei de Execução Penal preceitua ser facultativo.

Esse conflito de normas, em nossa visão, deve ser resolvido pela realização do exame, pois é mais benéfico ao sentenciado, conhecendo-se seus dados particulares e permitindo à direção da colônia destinar-lhe o trabalho adequado e outras condições peculiares ao seu perfil.

4.2. Saídas temporárias e trabalho externo

Segundo a lei, o trabalho externo é admissível. O ideal seria a atividade laborativa desenvolvida na própria colônia, mas a falta de estrutura, ocasionada pelo próprio Poder Executivo, termina obrigando o juiz da execução a autorizar o trabalho externo como regra. Utiliza-se o mesmo critério para o estudo do sentenciado. Há colônias, hoje, funcionando como autênticas *casas do albergado* (regime aberto), pois o condenado sai pela manhã para trabalhar e volta no fim do dia para passar a noite.

As saídas temporárias, sem fiscalização direta (embora possa haver monitoramento eletrônico), podem dar-se apenas para frequência a cursos profissionalizantes, de 2º grau ou superior, e durante o tempo necessário para as atividades discentes.

A autorização depende, entretanto, de comportamento adequado do sentenciado, sem a prática de faltas graves.

Debate-se a necessidade de cumprimento mínimo de um sexto da pena (se primário) ou de um quarto (se reincidente), nos termos do art. 123, II, da LEP, tanto para as referidas saídas temporárias como para o trabalho externo. Verifique-se, ainda, a Súmula 40 do Superior Tribunal de Justiça: "Para obtenção dos benefícios de saída temporária e trabalho externo, considera-se o tempo de cumprimento da pena no regime fechado". Em literal interpretação, quem ingressa no regime semiaberto, caso já tenha cumprido um sexto da pena no fechado, pode conseguir, de pronto, o benefício do trabalho externo ou da saída temporária. No entanto, quem inicia o cumprimento da pena no semiaberto, precisaria cumprir um sexto, para, então, almejar os mencionados benefícios.

No entanto, em interpretação lógico-sistemática, quem começa no semiaberto – regime nitidamente mais brando – pode obter, desde logo, a saída temporária ou a viabilidade do trabalho externo. Essa foi a decisão tomada pelo STF, no conhecido caso "mensalão", no tocante aos sentenciados que iniciaram a pena no regime semiaberto. Além disso, temos acompanhado, no entanto, o aumento considerável de casos de autorizações de saída para trabalho externo, sem qualquer vigilância, que vêm sendo concedidas por inúmeros magistrados no Estado de São Paulo. A despeito de medida contrária ao texto da Lei de Execução Penal, torna-se, em determinadas situações, a única saída que o juiz encontra para controlar rebeliões, fugas e revoltas. Como já mencionamos, a errática situação geral do sistema carcerário impera em quase todos os lugares. Tendo em vista que o regime aberto está ausente, pois não existem Casas do Albergado, bem como o semiaberto apresenta nítida deficiência de vagas, o trabalho externo termina por ser a forma que o magistrado dispõe para reintegrar o preso à vida em comunidade, para, depois, conceder-lhe o regime de prisão albergue domiciliar (PAD), retornando-o, de vez, à liberdade.

Melhor seria, de fato, a extinção do regime aberto e a criação de dois estágios no semiaberto: um que mantivesse o condenado sem possibilidade de saídas e outro que passasse a permitir suas saídas externas, até mesmo para trabalhar.

Legalmente, inexiste prisão domiciliar no regime semiaberto. Na verdade, conforme dispõe o art. 117 da LEP, apenas no regime aberto pode-se contar com a modalidade de prisão-albergue domiciliar (enfermos, mulheres grávidas ou com filho menor ou deficiente, maiores de 70 anos).

Sobre a autorização para a saída temporária, há muitos anos, o Judiciário vinha *delegando* ao diretor do estabelecimento prisional a concessão dessa saída, mediante condições. Fixa-se uma *portaria* pelo juiz da execução, com requisitos, para que a autoridade administrativa coloque em prática o benefício.

Entretanto, considerando-se o caráter jurisdicional da execução penal, bem como a saída temporária como benefício, deveria ser autorizada, a cada preso dela merecedor, pelo magistrado. Nessa ótica, o STJ editou a Súmula 520, que dispõe: "o benefício de saída temporária no âmbito da execução penal é ato jurisdicional insuscetível de delegação à autoridade administrativa do estabelecimento prisional".

4.3. Situação do índio

Preceitua o art. 56 da Lei 6.001/1973 (Estatuto do Índio) que, "no caso de condenação de índio por infração penal, a pena deverá ser atenuada e na sua aplicação o juiz atenderá também ao grau de integração do silvícola. Parágrafo único. As penas de reclusão e de detenção serão cumpridas, se possível, *em regime especial de semiliberdade*, no local de funcionamento do órgão federal de assistência aos índios mais próximos da habitação do condenado" (grifamos).

Nesse caso, pouco importando o *quantum* da pena, deve-se inserir o condenado indígena em regime semiaberto. A expressão *se possível* diz respeito à existência de colônia penal no lugar da condenação, bem como à possibilidade de o sentenciado adaptar-se à semiliberdade. Afinal, tratando-se de pessoa perigosa, embora índio, deve ser recolhido ao regime fechado.

4.4. Falta de vagas no regime semiaberto

4.4.1. *Regime inicial semiaberto e falta de vagas em colônia*

Quando o juiz da condenação fixa o regime semiaberto para o *início* do cumprimento da pena, não há cabimento em determinar que o réu aguarde preso, em regime fechado, a vaga no semiaberto, ao qual tem legítimo direito por sentença condenatória. Cuida-se de patente ilegalidade.

Deve ser imediatamente transferido ao semiaberto, independentemente de "fila"; não cumprindo a decisão, além de responsabilidade funcional do integrante do Executivo, deve-se transferir o sentenciado ao aberto, para que ali aguarde a vaga no semiaberto, ou até mesmo nesse regime permaneça, conforme as condições do caso concreto. Ver o próximo tópico, com decisão do STF a respeito.

4.4.2. *Progressão para o semiaberto e falta de vagas na colônia*

Infelizmente, chega-se a esse ponto porque o Poder Executivo é inapto para cumprir a lei. Há *duas posições* a respeito: *a)* deve o sentenciado aguardar no regime fechado, pois a sociedade não deve correr riscos por ineficiência do Estado. Afinal, o regime semiaberto não é de liberdade, mas prisional; *b)* deve o condenado aguardar a vaga no regime aberto, pois a ineficiência do Estado em gerar espaço no semiaberto não pode ser atribuída ao indivíduo.

Esta última posição tem merecido a atenção dos Tribunais Superiores, como o STF e o STJ. Concordamos, plenamente, com tal posição. O indivíduo é a parte fraca na relação com o Estado e cabe a este zelar pela legalidade e fiel cumprimento da lei em todos os sentidos.

Se há decisão judicial *determinando* a transferência do condenado do regime fechado ao semiaberto, não existe fundamento legal para que ele espere a sua vez, algo que pode levar meses e até mais de ano. O Executivo desobedece a ordem do Judiciário, sob a singela alegação de não haver vagas. E, pior, o Judiciário aceita, em sua maioria, passivo, a desculpa dada.[9]

Na data de 29 de maio de 2016, o STF arrematou a questão, editando Súmula *Vinculante*, portanto o único jeito de obrigar os juízes e desembargadores a cumprir o que ficou decidido no RE 641.320 (a seguir, a ementa).

Esse é o conteúdo: Súmula Vinculante 56 (29.6.2016): "A falta de estabelecimento penal adequado não autoriza a manutenção do condenado em regime prisional mais gravoso, devendo-se observar, nessa hipótese, os parâmetros fixados no RE 641.320/RS".

No RE 641.320/RS, o Tribunal, por maioria e nos termos do voto do Relator, deu parcial provimento ao recurso extraordinário, apenas para determinar que, havendo viabilidade, em vez da prisão domiciliar, observe-se: (i) a saída antecipada de sentenciado no regime com falta de vagas; (ii) a liberdade eletronicamente monitorada do recorrido, enquanto em regime semiaberto; (iii) o cumprimento de penas restritivas de direito e/ou estudo ao recorrido após progressão ao regime aberto, vencido o Ministro Marco Aurélio, que desprovia o recurso. Em seguida, o Tribunal, apreciando o tema 423 da repercussão geral, fixou tese nos seguintes termos: a) a falta de estabelecimento penal adequado não autoriza a manutenção do condenado em regime prisional mais gravoso; b) os juízes da execução penal poderão avaliar os estabelecimentos destinados aos regimes semiaberto e aberto, para qualificação como adequados a tais regimes. São aceitáveis estabelecimentos que não se qualifiquem como "colônia agrícola, industrial" (regime semiaberto) ou "casa de albergado ou estabelecimento adequado" (regime aberto) (art. 33, § 1.º, alíneas "b" e "c"); c) havendo déficit de vagas, deverá determinar-se: (i) a saída antecipada de sentenciado no regime com falta de vagas; (ii) a liberdade eletronicamente monitorada ao sentenciado que sai antecipadamente ou é posto em prisão domiciliar por falta de vagas; (iii) o cumprimento de penas restritivas de direito e/ou estudo ao sentenciado que progride ao regime aberto. Até que sejam estruturadas as medidas alternativas propostas, poderá ser deferida a prisão domiciliar ao sentenciado. Ausente, justificadamente, o Ministro Dias Toffoli (Presidiu o julgamento o Ministro Ricardo Lewandowski, Plenário, 11.05.2016, rel. Gilmar Mendes, m.v.).

A decisão do STF, embora represente para alguns um retrocesso, consagra os direitos humanos fundamentais, pois *ninguém* deve cumprir *mais* pena do que lhe fixou o Judiciário. É um acinte à legalidade manter o preso no regime fechado, quando o próprio Poder Julgador lhe defere o semiaberto. Ou, quando deste, deve seguir ao aberto.

4.5. A questão do estrangeiro

Constituía posição majoritária ser incompatível a situação do estrangeiro condenado no Brasil, desde que sofresse processo de expulsão, com o regime semiaberto, devendo cumprir

---

[9] Temos a consciência tranquila de nos mantermos coerentes. O que escrevemos em nossas obras colocamos em prática nas decisões tomadas, como relator, no Tribunal de Justiça. Nesse caso, em particular, a 16.ª Câmara Criminal tem concedido ordem de *habeas corpus* para que o condenado, beneficiado pelo semiaberto, seja imediatamente transferido à colônia ou colocado de pronto em regime aberto.

toda a sua pena no regime fechado para, depois, ser expulso.[10] No entanto, atualmente, têm-se permitido a progressão e o livramento condicional. Tais medidas independem do processo de expulsão, ao qual está sujeito administrativamente. Essa nova posição, adotada principalmente pelos Tribunais Superiores, está correta, pois não deve haver distinção alguma entre brasileiros e estrangeiros para o fim de aplicar benefícios penais, que lidam com a liberdade individual, direito humano fundamental.

Acima de tudo, respeita-se a dignidade da pessoa humana. *Ad argumentandum*, se colocado no regime aberto ou em livramento condicional, for expulso, trata-se de medida discricionária do Poder Executivo, que poderia dar-se, inclusive, durante o cumprimento da pena em regime fechado. Logo, inexiste razão para manter o estrangeiro encarcerado, sob o singelo argumento de *ser cidadão de outro país*. Essa condição não o torna um ser humano inferior, nem deve o Brasil dar esse mau exemplo para o mundo. Pode-se, ainda, argumentar que a concessão de certos benefícios, como o regime aberto e o livramento condicional, implica a obrigatoriedade de ter trabalho honesto, mas o estrangeiro está proibido de exercer qualquer atividade laborativa. Ora, das duas, uma: o Judiciário autoriza que ele trabalhe, porque cumpre pena, logo, trata-se de caráter excepcional; o Judiciário autoriza que ele permaneça em gozo do benefício mesmo sem trabalhar, para não conflitar com outra lei (Estatuto do Estrangeiro). Em suma, inexiste justificativa válida para segurar o estrangeiro no regime fechado integral.

5. REGIME ABERTO

5.1. Local de cumprimento da pena no regime aberto

O local adequado, legalmente, para o cumprimento da pena em regime aberto é a Casa do Albergado, um prédio situado em centro urbano, sem obstáculos físicos para evitar fuga, com aposentos para os presos e local adequado para cursos e palestras (arts. 93 a 95, LEP).

Tendo em vista a inexistência de Casas do Albergado, consolidou-se a utilização do regime de *prisão-albergue domiciliar* (PAD), originalmente destinada a condenados maiores de 70 anos, condenados acometidos de doença grave, sentenciadas com filho menor ou deficiente físico ou mental e condenada gestante (art. 117, LEP).

É interessante um pouco da história desse instituto, que foi desprestigiado pelo Poder Executivo em geral, no Brasil, desde o início. A Parte Geral do Código Penal foi modificada pela Lei 7.209/1984 e entrou em vigor no início de 1985. Havia a clara previsão do regime progressivo de cumprimento das penas e, por via de consequência, a existência não somente da Casa do Albergado, para o regime aberto, como da colônia penal agrícola ou industrial, para o semiaberto.

Os operadores do direito, especialmente os que exerciam suas atividades na execução penal, aguardaram, esperançosos, as novas Casas do Albergado (e mais colônias penais). Enquanto elas não eram efetivadas pelo Poder Executivo, o Judiciário assumiu uma posição mais rígida; se o preso fosse progredido para o regime aberto e não houvesse ainda a Casa do Albergado, aguardava na colônia, portanto, preso. O mesmo se fazia em relação à progressão do fechado ao semiaberto; a falta de vaga implicava esperar no fechado. Eram posições praticamente consensuais.

---

[10] MIRABETE, *Execução penal*, p. 265.

Cap. XXVIII – Penas Privativas de Liberdade   565

Com o passar do tempo, percebendo que o Executivo não se movimentava para criar as Casas do Albergado, alguns juízes da execução penal começaram a usar, por analogia *in bonam partem*, o art. 117 da LEP, que previa, para casos especiais, a prisão-albergue domiciliar. Muitos recursos, àquela época, foram interpostos pelo Ministério Público, contrário à tese. E vários agravos em execução foram providos, cancelando a prisão domiciliar.

Entretanto, continuava o Executivo a ignorar a nova lei penal (e de execução penal). Com isso, aos poucos, foi ganhando corpo a tese de que, inexistindo Casa do Albergado, não por culpa do condenado, óbvio, deveria ele seguir para a prisão-albergue domiciliar. E assim consolidou-se a jurisprudência hoje basicamente sem divergências.

Continuou o problema relativo à falta de vagas em colônia penal (semiaberto). Lá se vão mais de 30 anos e alguns Governos Estaduais não conseguiram abrir vagas em número suficiente para abrigar os condenados com direito ao semiaberto. A única explicação plausível é falta de vontade política. É a ausência completa de política criminal que o Estado brasileiro cultiva há décadas.

Em suma, quando estudarmos o sistema penal brasileiro, não basta compreender a teoria, nem mesmo as leis. Possa até mesmo ser incrível, mas no âmbito penal também existem as leis "que pegam" e as "que não pegam". Lidando com direitos humanos fundamentais, seria o último cenário em que seria viável deparar-se com essa indiferença.

5.2. A fixação do regime aberto na sentença condenatória

Seguindo-se, fielmente, o disposto em lei, caberia ao juiz da condenação fixar, como regime inicial, o aberto. Ao juiz da execução competiria inserir o sentenciado nesse regime, da forma como fosse viável. No entanto, como se trata de fato público e notório não haver Casa do Albergado, tem-se admitido que o juiz da condenação já coloque, na sentença, que o regime inicial será o aberto, na modalidade de prisão-albergue domiciliar.

Com isso, pelo menos, evita-se qualquer *confusão* e já se possibilita marcar a audiência admonitória para exibir ao sentenciado as regras do regime domiciliar.

5.3. Regime aberto e crime militar

Não se aplicam as regras previstas na Lei de Execução Penal (Lei 7.210/1984) aos condenados por crime militar, cuja pena será cumprida no estabelecimento militar adequado. Afinal, a esfera penal militar é especial, contando, pois, com regras igualmente específicas, no universo da disciplina e da hierarquia diferenciadas.

5.4. Condições para o regime aberto

Estabelece o art. 115 da Lei de Execução Penal existirem condições gerais e obrigatórias para o cumprimento da pena em regime aberto. Por outro lado, o magistrado pode fixar outras condições especiais, que julgar adequadas, embora não previstas expressamente em lei. Entretanto, não pode haver tergiversação na opção por condições especiais, ou seja, é vedado ao juiz fixar, como condição, qualquer espécie de pena restritiva de direitos. Afinal, essa modalidade de pena é substitutiva da privativa de liberdade; e, caso não seja cumprida, tornará à pena original (privativa de liberdade), sendo inviável considerá-la, novamente, agora como condição do regime aberto. Pacificando a questão, o STJ editou a Súmula 493: "É inadmissível a fixação de pena substitutiva (art. 44 do CP) como condição especial ao regime aberto".

In verbis: "art. 115. O juiz poderá estabelecer condições especiais para a concessão de regime aberto, entre as quais, a fiscalização por monitoramento eletrônico, sem prejuízo das seguintes condições gerais e obrigatórias: I – permanecer no local que for designado, durante o repouso e nos dias de folga; II – sair para o trabalho e retornar, nos horários fixados; III – não se ausentar da cidade onde reside, sem autorização judicial; IV – comparecer a Juízo, para informar e justificar as suas atividades, quando for determinado".

Essas condições são estabelecidas, igualmente, para quem cumpre em prisão-albergue domiciliar. Por isso, em virtude da ausente fiscalização do Estado, somente se percebe que o sentenciado não está seguindo as condições quando fatos inusitados ocorrem, tais como prisão em flagrante durante a madrugada; não comparecimento em juízo; mudar de cidade e não avisar; ser surpreendido, por *batida policial,* fora de sua casa em horário incompatível etc.

5.5. Hipóteses de regressão do aberto a regime mais rigoroso

Há *quatro situações:*

a) prática de fato definido como crime doloso. Nesse caso, o melhor a fazer é *sustar* cautelarmente o regime aberto, determinando a colocação do sentenciado em regime fechado ou semiaberto, conforme o caso, aguardando o término do processo instaurado. Se for condenado, consolida-se a regressão; sendo absolvido, o regime será retomado, respeitada a detração. No entanto, há posição mais rigorosa da jurisprudência, inclusive do STF, autorizando a regressão pela mera prática do delito, desde que haja início da ação penal;

b) frustração dos fins da execução. Trata-se da hipótese de prática de falta grave, deixando de trabalhar ou até ausentando-se da Casa do Albergado durante o repouso noturno;

c) não pagamento da multa cumulativamente aplicada, podendo fazê-lo. Se o condenado se encontra no regime aberto, trabalhando, intimado a pagar a multa, deixa de efetuar o recolhimento, está obrigando o Estado a promover a execução forçada, o que é incompatível com o senso de "responsabilidade e disciplina" exigido pelo regime. Nessa hipótese, há posição mais confortável ao sentenciado, alegando que a multa, por ser considerada dívida de valor (de caráter civil), após o trânsito em julgado da decisão que a impôs, não pode mais gerar, em hipótese alguma, a prisão do condenado, mesmo que por meios indiretos. A jurisprudência é claudicante na avaliação desse tema. Como dissemos, podendo pagar a multa, que advém de sentença penal condenatória, não importa *como* e *onde* ela será compulsoriamente cobrada; é obrigação do preso para gozar do regime aberto; não o fazendo, pensamos caber regressão para regime mais severo;

d) condenação por crime anteriormente praticado, mas que torne a soma das penas incompatível com o regime (ex.: cumprindo três anos de reclusão em prisão--albergue domiciliar, o condenado recebe nova pena de seis anos. Não poderá permanecer no regime aberto, devendo ser transferido). Lembremos que a regressão pode dar-se do regime aberto a qualquer dos regimes mais severos (semiaberto ou fechado), dependendo das circunstâncias. Afinal, seria inconcebível que alguém, inserido no aberto, cometesse, por exemplo, um latrocínio e não fosse transferido para o fechado. Entretanto, há posição em sentido contrário, sustentando que, em caso de regressão, não pode ela ir além do regime estabelecido na sentença condenatória (ex.: se o juiz fixou o semiaberto, passando o condenado, depois, para o aberto, caso haja regressão, ele teria de retornar para o semiaberto, mas não poderia ir para o fechado). Esta não é a posição prevalente na jurisprudência.

6. DIREITOS DO PRESO

6.1. Direitos constitucionais e gerais

Na Constituição Federal, encontra-se: "é assegurado aos presos o respeito à integridade física e moral" (art. 5.º, XLIX).

No Código Penal, estipula-se, no art. 38: "o preso conserva todos os direitos não atingidos pela perda da liberdade, impondo-se a todas as autoridades o respeito à sua integridade física e moral".

No mesmo enfoque estão os arts. 40 e 41 da Lei de Execução Penal (direitos do preso: *a)* alimentação suficiente e vestuário; *b)* atribuição de trabalho e sua remuneração; *c)* previdência social; *d)* constituição de pecúlio; *e)* proporcionalidade de tempo entre trabalho, descanso e recreação; *f)* participação de atividades profissionais, intelectuais, artísticas e desportivas, compatíveis com sua pena; *g)* assistência material, jurídica, educacional, social, religiosa e à saúde; *h)* proteção contra qualquer tipo de sensacionalismo; *i)* entrevista direta com o advogado; *j)* visita de cônjuge, companheira, parentes e amigos, em dias determinados; *l)* chamamento nominal; *m)* igualdade de tratamento, salvo quanto às exigências da individualização da pena; *n)* avistar-se com o diretor do presídio; *o)* possibilidade de representação e petição a qualquer autoridade; *p)* contato com o mundo exterior por meio de correspondência escrita, da leitura e de outros meios de informação que não comprometam a moral e os bons costumes); *q)* atestado de pena a cumprir, emitido anualmente.

Confiram-se, ainda, os arts. 82, § 1.º ("A mulher e o maior de sessenta anos, separadamente, serão recolhidos a estabelecimento próprio e adequado à sua condição pessoal"), e 89 ("Além dos requisitos referidos no art. 88, a penitenciária de mulheres será dotada de seção para gestante e parturiente e de creche para abrigar crianças maiores de 6 (seis) meses e menores de 7 (sete) anos, com a finalidade de assistir a criança desamparada cuja responsável estiver presa") da Lei de Execução Penal.

6.2. Direito à visita íntima

Trata-se de polêmica não resolvida, de modo expresso, pela Lei de Execução Penal (inexiste entre os direitos assegurados pelo art. 41 da Lei 7.210/1984), de modo que não se pode considerar um *direito* absoluto do preso. A previsão feita no inciso X do art. 41 refere--se à visitação de cônjuge, parentes e amigos, com fim de convivência social e familiar, sem qualquer pretensão de ordem sexual.

Observa-se, entretanto, que, atualmente, é uma prática comum nos grandes presídios, autorizada pela direção, como forma de acalmar a população carcerária, evitar a violência sexual no seu interior e fomentar os laços familiares do preso com suas companheiras ou esposas. Tornou-se um *costume*.

Assim sendo, embora não expresso em lei, é imperioso que o Estado, por intermédio da direção do presídio, respeite, ao menos, o direito à igualdade dos condenados. Se for concedido a determinados presos, por uma questão de lógica, deve ser estendido a outros, igualmente. A arbitrariedade e a excessiva discricionariedade dos órgãos diretivos dos estabelecimentos penitenciários, nesse campo, devem ser evitadas.

Acresça-se, ainda, que, a partir da edição do Decreto Federal 6.049/2007, cuidando do funcionamento dos presídios federais, previu-se como existente o *direito* à visita íntima (art. 95), a despeito de ser matéria de cunho legal, relativa à execução da pena, logo, inviável de ser regulada por decreto.

Outro detalhe merece ser acrescido. A Lei 14.994/2024 incluiu o § 2.º ao art. 41, nos seguintes termos: "O preso condenado por crime contra a mulher por razões da condição do sexo feminino, nos termos do § 1.º do art. 121-A do Decreto-Lei nº 2.848, de 7 de dezembro de 1940 (Código Penal), não poderá usufruir do direito previsto no inciso X em relação à visita íntima ou conjugal". Esse dispositivo reconheceu indiretamente o *direito à visita íntima ou conjugal*, pois o negou a condenados por crime contra a mulher; não haveria sentido em vedar um direito inexistente.

6.3. Direito de cumprir a pena no local do seu domicílio e inclusão em presídio federal

Não existe, como regra, o direito do preso de escolher o presídio onde vai cumprir a pena. Aliás, geralmente, o sentenciado cumpre pena no lugar do cometimento do delito. Quando viável, pode-se proporcionar maior proximidade do condenado com seus familiares.

Entretanto, deve-se lembrar que os presídios federais, para criminosos perigosos, muitos dos quais autores de delitos hediondos e integrantes de organizações criminosas, estão situados em pontos estratégicos do País, impedindo, naturalmente, que o preso possa optar por qual Estado da Federação deseja cumprir pena. Por isso, também não lhes cabe o direito de escolher entre presídio estadual ou federal.

6.4. Direito do preso à execução provisória da pena

Tem sido posição predominante, atualmente, tanto na doutrina quanto na jurisprudência, poder o condenado a pena privativa de liberdade executá-la provisoriamente, em especial quando pretende a progressão de regime, pleiteando a passagem do fechado para o semiaberto. Consolidou-se de tal maneira esse direito que conta com Resolução do Conselho Nacional de Justiça, regulamentando-o.

Entretanto, se fizéssemos um confronto direto com o disposto pelo art. 5.º, LVII, da Constituição Federal ("ninguém será considerado culpado até o trânsito em julgado de sentença penal condenatória") a execução *provisória* da pena seria inconstitucional. Afinal, como se pode executar a pena de um *inocente* para todos os fins de direito? Seria um contrassenso.

Vale, pois, um pouco de história acerca do nascimento desse *novo direito* do preso, mais um decorrente da inaptidão do Estado brasileiro em cumprir leis e, nesse particular caso, envolve a impressionante lentidão da Justiça para julgar recursos. No final da década de 1980, alguns presos, com prisão preventiva decretada, terminavam condenados, por exemplo, por roubo, ao cumprimento da pena de seis anos de reclusão e multa. Recorriam ao Tribunal e aguardavam muitos meses ou anos para ocorrer o trânsito em julgado (lembremos que da 2.ª instância ainda podiam ingressar com recurso especial ao STJ e extraordinário ao STF). Em suma, quando a decisão se tornava definitiva, o condenado já a tinha cumprido praticamente inteira no regime fechado – sem direito à progressão.

Iniciaram-se, então, as impetrações de *habeas corpus*, reclamando da lentidão e pretendendo a passagem para regime mais brando. No começo, juízes e tribunais negavam a execução provisória, justamente valendo-se do princípio da presunção de inocência e pelo fato de que, na Lei de Execução Penal, consta que o cumprimento da pena somente se faz após a expedição da guia de recolhimento, após o trânsito em julgado da condenação.

A partir dos anos 1990, aos poucos, a situação tornou-se insustentável. Na ocasião, eu era juiz da execução penal de uma Vara do interior do Estado de São Paulo e posso narrar dois casos concretos, a título de exemplo: a) "N", primária e sem outros antecedentes, foi sentenciada ao cumprimento de dez anos de reclusão pela prática de homicídio; após cinco anos no regime fechado (considerando-se o tempo de prisão cautelar), pleiteou a progressão para o regime semiaberto; neguei, pois nem havia começado a execução da sua pena, por ausência do trânsito em julgado; o Tribunal de Justiça concedeu ordem de *habeas corpus* para que ela progredisse, chamando a atenção para o fato de que, na prática, ela já cumprira metade da pena; b) "A" e "B", primários e sem outros antecedentes, foram condenados por roubo à pena de seis anos de reclusão, em regime inicial fechado; "A" recorreu e "B" conformou-se; computando-se o tempo de prisão provisória, logo após a condenação ter transitado em julgado, "B" foi progredido para o semiaberto; portanto, cerca de um ano e alguns meses depois do fato, "B" estava na colônia penal; "A" continuava no regime fechado, pois se encontrava em prisão cautelar; pleiteou a progressão e lhe foi negada, pois era considerado preso provisório; dessa vez, neguei a progressão e o Tribunal confirmou a decisão.

Em suma, terminamos nos convencendo da relevância da execução provisória da pena, inclusive porque os direitos e garantias humanas fundamentais não podem ser usados *contra* os interesses dos indivíduos. São autênticos escudos protetores dos abusos estatais; negar a execução provisória seria cometer uma injustiça contra quem deseja recorrer, valendo-se do duplo grau de jurisdição.

Em 1999, o Conselho Superior da Magistratura de S. Paulo deliberou que, se o juiz entendesse cabível, poderia determinar a execução provisória e competente para isso seria o juiz da execução penal – e não o da condenação. Passou-se a expedir a guia de recolhimento provisória.

Posteriormente, após a criação do Conselho Nacional de Justiça, houve Resolução nesse sentido. Note-se que o CNJ não *determina* a progressão, pois não tem poder jurisdicional para tanto; apenas padronizou a expedição da guia para que o magistrado da execução penal possa decidir se defere (ou não) a progressão e em quais condições (com ou sem recurso do MP para elevar a pena).

Em matéria de decisão jurisdicional, os tribunais acolheram a tese, inclusive o STF, embora não exista um padrão único para os requisitos necessários à progressão provisória.

A viabilidade, segundo entendíamos, somente estaria presente quando a decisão, no tocante à pena, tivesse transitado em julgado para o Ministério Público, pois, assim, haveria um teto máximo para a sanção penal. Ou se a decisão do magistrado estivesse baseada no máximo em abstrato previsto para o delito. Não mais comungamos dessa posição, pois, a qualquer momento, se o recurso do Ministério Público tiver sucesso, pode-se rever o montante da pena na execução, readequando-se o regime ou o benefício, conforme a situação. Injusto seria esperar todo esse lento trâmite para, então, promover a progressão do sentenciado. Sob outro aspecto, a pretexto de se tratar de *prisão provisória*, cautelarmente decretada durante a instrução, não se pode obstar esse direito, uma vez que, existindo eventual triunfo da defesa, por ocasião do julgamento de seu recurso, o máximo que poderá ocorrer será a sua imediata liberação – quando houver absolvição ou diminuição da pena.

Lembremos que o tempo de prisão provisória será computado como se pena cumprida fosse, em virtude da detração (art. 42, CP), o que fortalece, ainda mais, a possibilidade de se conceder ao sentenciado algum benefício, caso tenha preenchido o requisito objetivo, concernente ao tempo de prisão. Aliás, o art. 2.º, parágrafo único, da Lei 7.210/1984 prevê a possibilidade de se aplicar ao preso provisório o disposto nessa Lei, o que permite supor estar incluída a progressão. Logicamente, esta não será automática, respeitando-se os demais requisitos para a concessão, como o merecimento.

6.4.1. Execução provisória e prisão especial

Há possibilidade de progressão de regime também ao preso provisório colocado em prisão especial, em função da edição da Súmula 717 do STF.

Permitimo-nos discordar, reproduzindo a nossa visão, exposta anteriormente:[11] "esta modalidade de prisão, como já comentamos, é autêntica regalia legal a uma categoria privilegiada de brasileiros, quando deveria valer para todos, ou seja, a separação dos presos mereceria um critério único, sem distinção por grau universitário ou outro título qualquer. Parte dessa situação de desigualdade foi corrigida pelo STF, que, por unanimidade, declarou não recepcionado o art. 295, VII, do CPP ("os diplomados por qualquer das faculdades superiores da República"), pela Constituição de 1988. Permanecem, ainda, outras prisões especiais, como se pode observar nos demais incisos do referido art. 295 e, também, em leis especiais.

A despeito disso, os réus sujeitos à prisão especial contam com mais um benefício – e dos mais importantes – que é possibilidade de auferir a progressão de regime, quando ainda estão confinados nessas celas privativas. É o teor da Súmula 717 do STF: 'Não impede a progressão de regime de execução da pena, fixada em sentença não transitada em julgado, o fato de o réu se encontrar em prisão especial'. Com a devida vênia, com isso não podemos concordar.

"O acusado colocado em prisão especial não conta com o mesmo tratamento dos demais presos provisórios. Estes, quando almejam a progressão de regime, são transferidos para o sistema penitenciário, para que possam ser avaliados pela Comissão Técnica de Classificação (merecimento para a progressão – art. 33, § 2.º, CP), bem como para que possam trabalhar regularmente (obrigação de todo preso para poder pleitear a progressão de regime – arts. 31 e 39, V, da Lei 7.210/1984 – Lei de Execução Penal). É certo que o art. 31, parágrafo único, da Lei de Execução Penal abre exceção para o preso provisório, ou seja, preceitua ser facultativo o trabalho para essa categoria de presos (registre-se que essa norma foi elaborada quando não se imaginava possível a progressão de regime em plena custódia cautelar). Ocorre que, nos demais casos, quando o custodiado pretende a progressão, ele é levado ao sistema penitenciário justamente para que possa trabalhar, como qualquer outro, na medida em que pleiteia benefício típico de quem já se encontra cumprindo pena. Em verdade, permitir a progressão de regime ao preso sujeito à prisão especial representará, no Brasil, cujo sistema processual é lento e repleto de recursos procrastinatórios, praticamente o impedimento do cumprimento da pena em regime carcerário severo. Como exemplo: determinada autoridade, condenada a 6 anos de reclusão, em regime fechado inicial, por ter cometido variados delitos, encontra-se presa preventivamente, recolhida em prisão especial. Enquanto aguarda o arrastado trâmite processual, seu tempo de 'cumprimento de pena' encontra-se em decurso. Assim,

---

[11] *CPP comentado.*

antes mesmo de transitar em julgado a decisão condenatória, quase certamente já atingiu o regime aberto (cumprido um ano – um sexto – pode pedir o semiaberto; depois, outro sexto cumprido, tem direito ao aberto). Sai da prisão especial diretamente para a liberdade recolhido no sistema denominado de *prisão-albergue domiciliar*".

7. TRABALHO DO PRESO

7.1. Distinção entre trabalho forçado e obrigatório

O trabalho é considerado um dever do preso e faz parte da laborterapia inerente à execução da pena do condenado, que necessita de reeducação; nada melhor do que fazê-lo por intermédio do trabalho. Se o preso não quiser trabalhar, não será forçado a fazê-lo, mas terá uma falta grave anotada no seu prontuário. Logo, quando quiser benefícios penais, não terá merecimento para isso.

Por outro lado, a Constituição Federal veda a pena de trabalhos forçados (art. 5.º, XLVII, c), o que significa não se poder exigir do preso o trabalho sob pena de castigos corporais e sem qualquer benefício ou remuneração. Diz LUIZ VICENTE CERNICCHIARO: "Extinta a escravatura, não faz sentido o trabalho gratuito, ainda que imposto pelo Estado, mesmo na execução da sentença criminal. A remuneração do trabalho está definitivamente assentada. O Direito Penal virou também a página da história. O Código Criminal do Império estatuía no art. 46: 'A pena de prisão com trabalho obrigará os réus a ocuparem-se diariamente no trabalho que lhes for designado dentro do recinto das prisões, na conformidade das sentenças e dos regulamentos policiais das mesmas prisões'. A superação do trabalho gratuito caminha paralelamente à rejeição do confisco de bens".[12]

7.2. Trabalho do preso e remição

A *remição* é o resgate da pena pelo trabalho ou estudo, permitindo-se o abatimento do montante da condenação, periodicamente, desde que se constate estar o preso em atividade laborativa ou estudando.

O trabalho, segundo a Lei de Execução Penal (art. 31), é obrigatório, mas não forçado. Deve trabalhar o condenado que almejar conseguir benefícios durante o cumprimento da pena, pois a sua recusa pode configurar falta grave (art. 51, III, c.c. o art. 39, V, da Lei de Execução Penal – 7.210/1984) e, consequentemente, o impedimento à progressão de regime e ao livramento condicional.

A remição é um incentivo à laborterapia. São requisitos para o reconhecimento da remição: a) três dias de trabalho por um dia de pena; b) apresentar *merecimento*, auferido pela inexistência de registro de faltas graves no seu prontuário; c) cumprir o mínimo de seis horas diárias (máximo de oito), com descanso aos domingos e feriados. É viável a concessão de horário especial de trabalho, quando o preso for designado para serviços de conservação e manutenção do presídio (art. 33, parágrafo único, da Lei de Execução Penal); d) apresentar atestado de trabalho fornecido pelo presídio, com presunção de veracidade; e) exercício de trabalho reconhecido pela direção do estabelecimento prisional.

---

[12] *Direito penal na Constituição*, p. 133.

7.2.1. Perda dos dias remidos e falta grave

Tratava-se de jurisprudência amplamente majoritária que o condenado, ao praticar falta grave, perdia *todos* os dias remidos, iniciando-se novo cômputo a partir da data da falta. Era a aplicação literal da antiga redação do art. 127 da Lei de Execução Penal: "o condenado que for punido por falta grave perderá o direito ao tempo remido, começando o novo período a partir da data da infração disciplinar".

Embora alguns sustentassem haver, nesse caso, direito adquirido, ou seja, uma vez reconhecida a remição de parte da pena, cometida a falta grave, não se poderia perder o que já foi conquistado, aplicava-se exatamente o disposto no mencionado art. 127 – afinal, a própria lei estipulava não haver nem direito adquirido, tampouco coisa julgada material em relação ao reconhecimento do benefício. Desde logo, vale mencionar a existência de Súmula Vinculante do Supremo Tribunal Federal a respeito: "Súmula 9: O disposto no artigo 127 da Lei 7.210/1984 (Lei de Execução Penal) foi recebido pela ordem constitucional vigente, e não se lhe aplica o limite temporal previsto no *caput* do artigo 58".

A questão encontra-se, agora, regulada pela nova redação ao referido art. 127, dada pela Lei 12.433/2011, fixando-se o máximo de 1/3 ("até 1/3") para a perda dos dias remidos em caso de falta grave. Em nossa visão, há erro nessa previsão, pois o tempo de perda deveria ser certo, e não subjetivo e vago. Ao mencionar *até um terço*, abre-se a possibilidade de haver decretação de perda de um único dia, para uns, como o montante de um terço (máximo), para outros. Não vemos justiça nisso.

Entretanto, tem havido um grave erro por parte de alguns juízes de execução penal, cujas decisões terminam confirmadas por tribunais. A lei estipulou a perda de *até* um terço, significando que esse é o montante máximo; logo, pode ocorrer a perda de montante menor. Para a escolha do *quantum* a perder, pela prática de falta grave, o juiz, nos precisos termos da Constituição Federal (toda decisão judicial será fundamentada), precisa motivar a sua opção.

Não tem ocorrido isso. Ao contrário, vários juízes, por puro comodismo ou com despachos padronizados, determinam a perda de 1/3, ou seja, o máximo. Várias Câmaras ou Turmas de Tribunais, igualmente incidindo em erro, confirmam. De nossa parte, temos anulado *todas* as decisões de perda de 1/3 dos dias remidos, quando *não fundamentadas*. No entanto, muitos magistrados são *teimosos* e persistem com o despacho-padrão, impondo a perda do máximo permitido em lei, sem motivar no caso concreto. Diante do descalabro da execução penal no Brasil, quando se vê, com clareza, o Poder Executivo descumprindo a lei e o Judiciário fechando os olhos, nada mais deve nos espantar.

A decretação de perda dos dias remidos deve ocorrer após sindicância realizada no presídio, garantindo-se ao preso a ampla defesa.

Vale lembrar que a fuga do preso é considerada falta grave, acarretando a perda de parte dos dias remidos, mas a tentativa de fuga não é elencada como *falta grave*. Em virtude do princípio da legalidade, não pode acarretar a perda dos dias remidos.

7.2.2. Inexistência de oportunidade de trabalho e preso provisório

Segundo a literalidade da lei, só cabe a remição se houver efetivo trabalho ou estudo pelo sentenciado. Tecnicamente, e levando-se em conta a individualização executória da pena, não há dúvida de ser indispensável a atividade laborativa e estudantil. No entanto, o que se deve ponderar é a *inexistência* de trabalho e de estudo proporcionados pela administração penitenciária, cuja obrigação para tanto decorre de lei expressa.

No Brasil, tem-se acompanhado o imenso descaso dos governantes no tocante aos presídios, preferindo-se retirar o trabalho do preso e terceirizar tudo o que é possível para empresas privadas. A política criminal há de determinar um caminho para o preso que deseja trabalhar ou estudar e *não pode* porque o Estado *não permite*. Essa omissão estatal não pode mais penalizar o sentenciado, sendo indispensável que o Judiciário atue nesse cenário. Parece-nos deva o juiz das execuções penais determinar a instauração de incidente de desvio de execução[13] e, ao final, proferir decisão determinando a regularização desse quadro; não sendo atendido, cremos ser viável declarar remidos os dias em que o preso esteve à disposição para trabalhar e/ou estudar, sem que lhe fosse possível por integral responsabilidade da administração do presídio. As normas e decisões de tribunais internacionais têm recomendado a humanização dos estabelecimentos penais, inclusive permitindo o cômputo em dobro da pena para cada dia em que estiver o preso inserido em local inadequado.[14] Na sequência, caberia solução similar, permitindo o cômputo da remição se o Estado não oportunizar trabalho e estudo ao sentenciado.

Aliás, confira-se o disposto na Lei 13.163/2015, que torna *obrigatória* a oferta de ensino médio nos presídios. Em decisão promissora, o Superior Tribunal de Justiça, por unanimidade, reconheceu a viabilidade de computar a remição, mesmo sem ter o sentenciado efetivamente trabalhado, em decorrência das restrições impostas pela pandemia da covid-19. Outras soluções equivalentes poderão ser tomadas no futuro, pois os órgãos de administração penitenciária deixam de cumprir a lei, omitindo-se em proporcionar trabalho e/ou estudo ao condenado. Conferir: "Com efeito, entendo que o princípio da dignidade da pessoa humana conjugado com os princípios da isonomia e da fraternidade (este último tão bem trabalhado pelo em. Min. Reynaldo Soares da Fonseca) não permitem negar aos indivíduos que tiveram seus trabalhos ou estudos interrompidos pela superveniência da pandemia de covid-19 o direito de remitir parte da sua pena tão somente por estarem privados de liberdade. Não se observa nenhum discrímen legítimo que autorize negar àqueles presos que já trabalhavam ou estudavam o direito de remitir a pena durante as medidas sanitárias restritivas. (...) Nada obstante a interpretação restritiva que deve ser conferida ao art. 126, § 4º, da LEP, os princípios da individualização da pena, da dignidade da pessoa humana, da isonomia e da fraternidade, ao lado da teoria da derrotabilidade da norma e da situação excepcionalíssima da pandemia de covid-19, impõem o cômputo do período de restrições sanitárias como de efetivo estudo ou trabalho em favor dos presos que já estavam trabalhando ou estudando e se viram impossibilitados de continuar seus afazeres unicamente em razão do estado pandêmico" (Recurso Especial 1.953.607 – SC, Terceira Seção, rel. Ribeiro Dantas, 14.09.2022, v. u.).

7.2.3. Remição pelo estudo

Após intenso debate doutrinário e jurisprudencial, a Lei 12.433/2011 instituiu a remição pelo estudo voltada a quem cumpre pena em regime fechado ou semiaberto. Far-se-á à razão de um dia de pena a cada doze horas de frequência escolar (atividade de ensino fundamental, médio, inclusive profissionalizante ou superior, bem como requalificação profissional), podendo-se conjugar com o trabalho (um dia de pena a cada três de trabalho).

---

[13] Embora o art. 185 da Lei de Execução Penal preceitue caber o referido incidente para casos em que se verifique algum ato praticado "além dos limites fixados na sentença, em normas legais ou regulamentares", soa-nos adequado invocar o *desvio de execução* diante de práticas ilegais, como a omissão estatal em proporcionar trabalho e estudo.

[14] Consultar o item 3.9 *supra*.

A Lei 13.163/2015 torna obrigatório o oferecimento do ensino médio nos presídios. Devemos acreditar que isso será feito, sem se basear no descaso do Executivo com o sistema carcerário. Afinal, lei por lei, a própria Lei de Execução Penal não é cumprida há anos, conforme o seu literal ordenamento.

Se o preso concluir o ensino fundamental, médio ou superior, tem direito a um acréscimo de um terço. Permanece a possibilidade de revogar a remição concedida, em caso de falta grave, mas limitada a um terço, o que também era uma bandeira defendida pela doutrina majoritária.

Acrescentou-se, com o advento da Lei 12.433/2011, nitidamente, que o tempo remido será computado como pena cumprida, para todos os efeitos, outra posição já sustentada doutrinária e jurisprudencialmente. Restou claro, ainda, caber remição ao preso provisório.

Em linhas gerais, a lei trouxe avanços para o cenário da remição. Alguns pontos, lançados pela novel lei, ficam na obscuridade, portanto em aberto: a) o preso impossibilitado de trabalhar ou estudar, por acidente, continua a se beneficiar da remição (art. 126, § 4.º, LEP). Que tipo de acidente? Se for provocado pelo próprio preso, vale o desconto do tempo de prisão?; b) o estudo precisa ter algum resultado? A mera frequência a cursos, sem aproveitamento algum, proporciona a remição?; c) o condenado, em regime aberto e em liberdade condicional, pode remir a pena pelo estudo (art. 126, § 6.º, LEP) em que amplitude?

Em tese, quanto ao acidente sofrido pelo preso, a questão deveria ter ficado bem clara, inserindo-se na lei a que tipo se refere e em que moldes. Do contrário, a abertura pode dar margem a tergiversações. No tocante ao estudo, o mínimo que se deveria demandar é haver algum resultado positivo, pois somente a frequência não significa progresso. Por fim, a possibilidade de remir a pena pelo estudo no regime aberto ou em livramento condicional afronta a lógica, visto ser obrigação do sentenciado trabalhar honestamente quando estiver inserido nesses sistemas de cumprimento da pena. Logo, deveria igualmente estudar, se quiser, pois já se encontra em situação favorável, sem direito à remição.

7.2.4. Remição imprópria

Deve-se considerar pena cumprida, em determinadas situações anômalas, quando se decreta a prisão cautelar do réu, que dura tempo razoável para, depois, ser ele apenado com pena restritiva de direito. Embora o art. 42 do Código Penal preceitue que se deva computar na pena *privativa de liberdade* o tempo de prisão provisória, seria ilógico não se poder computar na pena restritiva de direito (de menor severidade) o período de prisão cautelar (de maior gravidade). É o que se denomina *remição imprópria*.

Ilustre-se com a situação recorrente nos casos de prisão cautelar decretada para acusado de tráfico ilícito de drogas (art. 33, Lei 11.343/2006), quando, na sentença condenatória, o juiz desclassifica o delito para porte de drogas para consumo pessoal (art. 28, Lei 11.343/2006), fixando a pena de advertência, prestação de serviços à comunidade ou medida educativa, não há o menor sentido em deixar de se levar em conta os seis meses de prisão provisória. Por isso, ocorrendo a desclassificação, deve o magistrado reputar cumprida a sanção penal, extinguindo a punibilidade do acusado.

7.2.5. Remição humanitária (ou sui generis)

O cumprimento de pena privativa de liberdade, em regime fechado, em condições degradantes e desumanas, situação encontrada em presídios brasileiros, levou a Corte Interamericana de Direitos Humanos a emitir a Resolução de 28 de novembro de 2018, determinando o cômputo em dobro do tempo de prisão dos alojados no Complexo do Curado (Recife-PE), onde há superlotação, extrema insalubridade, falta de acesso à água tratada, más condições carcerárias e precariedade no atendimento à saúde. Foram excluídos apenas os processados e condenados por crimes contra a vida, a integridade física e a dignidade sexual, que precisam ser submetidos a exame criminológico para apontar se a pena pode ser computada em dobro ou não. O Supremo Tribunal Federal determinou o cumprimento dessa Resolução (HC 208.337 MC-EXTN/PE, rel. Edson Fachin, 19.12.2022, decisão monocrática).

Posteriormente, o STJ deferiu o cômputo em dobro do período de cumprimento de pena de sentenciado no Instituto Penal Plácido de Sá Carvalho (de 9 de julho de 2017 a 24 de maio de 2019), situado no Complexo Prisional de Gericinó, em Bangu/RJ, porque os alojados se encontravam em condições degradantes e desumanas. Decorre essa decisão, igualmente, da Resolução da Corte Interamericana de Direitos Humanos, de 22 de novembro de 2018 (RHC 136.961-RJ, decisão monocrática, rel. Reynaldo Soares da Fonseca, 28.04.2021).

Observa-se, portanto, uma maneira encontrada para *remediar* o drama carcerário no Brasil, contando-se a pena em dobro, vale dizer, cada dia efetivamente cumprido equivale a dois, enquanto o preso estiver em estabelecimento penitenciário considerado impróprio. Por isso, trata-se de um modelo de remição por razões humanitárias.[15]

7.3. Preso provisório e remição

Havia, basicamente, *duas correntes* opostas nesse tema:

a) *admitia-se a remição* porque o art. 2.º, parágrafo único, da Lei de Execução Penal determina que o disposto nessa lei seja também aplicado aos presos provisórios, incluindo, pois, o direito à remição. Por outro lado, aplicava-se o disposto no art. 31, parágrafo único, da LEP: "para o preso provisório, o trabalho não é obrigatório e só poderá ser executado no interior do estabelecimento";

b) *não se admitia a remição* porque seria um autêntico *bis in idem* diante da detração, que já é o benefício para quem está preso provisoriamente, além do que o art. 126 da LEP diz que a remição só cabe a *condenado*.

Atualmente, a questão está superada pela edição da Lei 12.433/2011, deixando claro o direito do preso provisório à remição (art. 126, § 7.º, LEP). E o fez com justiça, pois já se consagrou o direito à execução provisória da pena, não tendo cabimento algum impedir o trabalho do segregado; se ele pode progredir de regime, por óbvio, pode (e deve) trabalhar para mostrar merecimento.

7.4. Benefícios previdenciários

Nos termos do art. 201 da CF, "a previdência social será organizada sob a forma do Regime Geral de Previdência Social, de caráter contributivo e de filiação obrigatória, observados critérios que preservem o equilíbrio financeiro e atuarial, e atenderá, na forma da lei, a: (...) IV – salário-família e auxílio-reclusão para os dependentes dos segurados de baixa renda".

---

[15] O Supremo Tribunal Federal reconheceu o estado de coisas inconstitucional no sistema carcerário brasileiro, determinando várias medidas para a solução desse problema, dentre as quais, estudos e planos concretos, elaborados pelos Estados e pela União, para apresentar em curto espaço de tempo para fins de homologação pela Corte (ADPF 347, Plenário, rel. Marco Aurélio, red. Luís Roberto Barroso, 04.10.2023, v. u.).

Conforme dispõe o art. 80 da Lei 8.213/1991: "O auxílio-reclusão, cumprida a carência prevista no inciso IV do *caput* do art. 25 desta Lei, será devido, nas condições da pensão por morte, aos dependentes do segurado de baixa renda recolhido à prisão em regime fechado que não receber remuneração da empresa nem estiver em gozo de auxílio-doença, de pensão por morte, de salário-maternidade, de aposentadoria ou de abono de permanência em serviço". Nos termos do art. 11, § 1.º, IX, do Decreto 3.048/1999, podem filiar-se, facultativamente, "o presidiário que não exerce atividade remunerada nem esteja vinculado a qualquer regime de previdência social".

O Decreto 3.048/1999 estabelece as condições para a obtenção do auxílio-reclusão pelos dependentes do preso, em particular no art. 116: "O auxílio-reclusão, cumprida a carência prevista no inciso IV do caput do art. 29, será devido, nas condições da pensão por morte, aos dependentes do segurado de baixa renda recolhido à prisão em regime fechado que não receber remuneração da empresa nem estiver em gozo de auxílio por incapacidade temporária, de pensão por morte, de salário-maternidade, de aposentadoria ou de abono de permanência em serviço. § 1.º Para fins de concessão do benefício de que trata este artigo, considera-se segurado de baixa renda aquele que tenha renda bruta mensal igual ou inferior a R$ 1.425,56 (um mil quatrocentos e vinte e cinco reais e cinquenta e seis centavos), corrigidos pelos mesmos índices de reajuste aplicados aos benefícios do RGPS, calculada com base na média aritmética simples dos salários de contribuição apurados no período dos doze meses anteriores ao mês do recolhimento à prisão. § 2.º O requerimento do auxílio-reclusão será instruído com certidão judicial que ateste o recolhimento efetivo à prisão e será obrigatória a apresentação de prova de permanência na condição de presidiário para a manutenção do benefício. § 2.º-A. O INSS celebrará convênios com os órgãos públicos responsáveis pelo cadastro dos presos para obter informações sobre o recolhimento à prisão. § 2.º-B. A certidão judicial e a prova de permanência na condição de presidiário serão substituídas pelo acesso à base de dados, por meio eletrônico, a ser disponibilizada pelo Conselho Nacional de Justiça, com dados cadastrais que assegurem a identificação plena do segurado e da sua condição de presidiário. § 3.º Aplicam-se ao auxílio-reclusão as normas referentes à pensão por morte e, no caso de qualificação de cônjuge ou companheiro ou companheira após a prisão do segurado, o benefício será devido a partir da data de habilitação, desde que comprovada a preexistência da dependência econômica. § 4.º A data de início do benefício será: I – a do efetivo recolhimento do segurado à prisão, se o benefício for requerido no prazo de cento e oitenta dias, para os filhos menores de dezesseis anos, ou de noventa dias, para os demais dependentes; II – a do requerimento, se o benefício for requerido após os prazos a que se refere o inciso I (...)". No art. 117: "O valor do auxílio-reclusão será apurado na forma estabelecida para o cálculo da pensão por morte, não poderá exceder o valor de um salário mínimo e será mantido enquanto o segurado permanecer em regime fechado. § 1.º Até que o acesso à base de dados a que se refere o § 2.º-B do art. 116 seja disponibilizado pelo Conselho Nacional de Justiça, o beneficiário apresentará trimestralmente atestado de que o segurado continua em regime fechado, que deverá ser firmado pela autoridade competente. § 2.º No caso de fuga, o benefício será suspenso e, se houver recaptura do segurado, será restabelecido a contar da data em que esta ocorrer, desde que esteja ainda mantida a qualidade de segurado. § 3.º Se houver exercício de atividade dentro do período de fuga, o mesmo será considerado para a verificação da perda ou não da qualidade de segurado".

O art. 118 estabelece que, "na hipótese de óbito do segurado recluso, o auxílio-reclusão que estiver sendo pago será cessado e será concedida a pensão por morte em conformidade com o disposto nos art. 105 ao art. 115". Finalmente, dispõe o art. 119 ser "vedada a concessão do auxílio-reclusão após a soltura do segurado". O valor do auxílio-reclusão será de cem por cento do valor da aposentadoria que o segurado recebia ou daquela a que teria direito se aposentado por invalidez na data do falecimento (art. 39, § 3.º). Em razão disso, além de poder contar com o referido benefício do auxílio-reclusão, que, na verdade, serve aos seus dependentes, privados da renda da pessoa presa, conta tempo para a aposentadoria e, saindo do cárcere, contará com outros serviços da previdência social. Registremos, ainda, que há outras possibilidades de concessão de auxílio-reclusão, como ocorre com os servidores públicos civis da União, das Autarquias e das Fundações Públicas Federais, nos termos da Lei 8.112/1990 ("art. 229. À família do servidor ativo é devido o auxílio-reclusão, nos seguintes valores: I – dois terços da remuneração, quando afastado por motivo de prisão, em flagrante ou preventiva, determinada pela autoridade competente, enquanto perdurar a prisão; II – metade da remuneração, durante o afastamento, em virtude de condenação, por sentença definitiva, a pena que não determine a perda de cargo. § 1.º Nos casos previstos no inciso I deste artigo, o servidor terá direito à integralização da remuneração desde que absolvido; § 2.º O pagamento do auxílio-reclusão cessará a partir do dia imediato àquele em que o servidor for posto em liberdade, ainda que condicional; § 3.º Ressalvado o disposto neste artigo, o auxílio-reclusão será devido, nas mesmas condições da pensão por morte, aos dependentes do segurado recolhido à prisão".

8. SUPERVENIÊNCIA DE DOENÇA MENTAL

É preciso distinguir a doença mental que acomete o sentenciado, durante a execução da sua pena e a enfermidade que possui o agente no momento da conduta delituosa. A este último, aplica-se o disposto no art. 26 do Código Penal, vale dizer, não se aplica pena, mas medida de segurança, ocorrendo a chamada *absolvição imprópria*. O juiz, apesar de absolver o réu, impõe--lhe medida de segurança (internação ou tratamento ambulatorial), que será, nos termos do art. 97, § 1.º, do Código Penal, indeterminada, até que haja a cessação da periculosidade (afinal, cometeu um injusto no estado de insanidade).

A superveniência de doença mental ao condenado, no entanto, apesar de poder levar à conversão da pena em medida de segurança, nos termos do disposto no art. 41 do Código Penal, em combinação com o art. 183 da Lei de Execução Penal, não pode ser por tempo indeterminado, respeitando-se o final da sua pena. Afinal, o sistema do duplo binário (aplicação de pena e medida de segurança) foi abolido em 1984, de forma que, se o réu foi condenado, por ter sido considerado imputável à época do crime, recebendo a reprimenda cabível, por tempo determinado, não pode ficar o resto dos seus dias submetido a uma medida de segurança penal. Assim, terminada a sua pena, estando ele em hospital de custódia e tratamento psiquiátrico, deve ser colocado à disposição do juízo civil, tal como acontece com qualquer pessoa acometida de uma enfermidade mental incurável.

Por derradeiro, se a doença mental for curável e passageira, não há necessidade de conversão da pena em medida de segurança, mas tão somente a transferência do preso para tratamento em hospital adequado, por curto período. Assim: "O internamento ou a sujeição ao ambulatório podem constituir providência temporária. Uma vez cessada a causa determinante daquela medida o agente voltará a cumprir a pena computando-se no seu tempo o período em que esteve internado".[16] E, na mesma ótica, conferir a lição de Aníbal Bruno: "tomada a pena, como hoje é geralmente admitida, sobretudo na sua fase executiva, como um processo recuperador do delinquente para o seu ajustamento à vida social, com este coincide o tratamento que visa à normalização do seu estado mental. Esse tratamento não se divorcia da corrente de atividades que a execução da pena faz que se exerçam sobre o sentenciado". Computar o tempo de tratamento como se fosse cumprimento da pena é "uma exigência não só de piedade e de justiça, mas de lógica do sistema. Assim, o sentenciado recolhido a hospital ou manicômio conta o tempo em que ali permanece como de execução da pena".[17]

9. DETRAÇÃO

9.1. Conceito

Cuida-se do cômputo no tempo da pena privativa de liberdade e da medida de segurança do período em que ficou detido o condenado em prisão provisória, no Brasil ou no exterior, de prisão administrativa ou mesmo de internação em hospital de custódia e tratamento. Ex.: se o sentenciado foi preso provisoriamente e ficou detido por um ano até a condenação transitar em julgado, tendo sido apenado a seis anos de reclusão, cumprirá somente mais cinco.

A detração é matéria da competência do juízo da execução penal, como regra. Portanto, o desconto será efetivado após o trânsito em julgado e início do cumprimento da pena.

9.2. Cômputo da prisão provisória na medida de segurança

O desconto deve ser feito no prazo mínimo de internação ou tratamento ambulatorial (um a três anos), e não no tempo total de aplicação da medida de segurança. Assim, se o juiz fixa dois anos de internação mínima, mas o apenado já ficou preso por um ano, preventivamente, deve ser realizado o exame de cessação de periculosidade dentro de um ano (e não em dois, como originalmente determinado).

Expõe a doutrina que "a regra da detração em relação à medida de segurança se justifica não para o fim de ser levantada a medida, como é curial, mas para o efeito de contar o tempo para a realização obrigatória do exame de averiguação de periculosidade ao termo do prazo mínimo".[18]

9.3. Ligação entre a prisão provisória e a pena concreta para aplicar a detração

São formas de prisão cautelar, previstas no processo penal: *a)* prisão temporária; *b)* prisão preventiva; *c)* prisão em decorrência de flagrante; *d)* prisão decorrente da pronúncia; *e)* prisão em virtude de sentença condenatória recorrível.

Sobre a ligação entre a prisão provisória e a pena aplicada, para ser aplicada a detração, há basicamente *duas correntes*:

---

[16] Miguel Reale Júnior, René Ariel Dotti, Ricardo Antunes Andreucci e Sérgio Marcos de Moraes Pitombo, *Penas e medidas de segurança no novo Código*, p. 119.

[17] *Das penas*, p. 77.

[18] Miguel Reale Júnior, René Ariel Dotti, Ricardo Antunes Andreucci e Sérgio Marcos de Moraes Pitombo, *Penas e medidas de segurança no novo Código*, p. 123.

Cap. XXVIII – Penas Privativas de Liberdade 579

a) *deve haver ligação entre o fato criminoso, a prisão provisória decretada e a pena aplicada.* Essa tem sido a posição majoritária na jurisprudência;

b) *não precisa haver ligação entre o fato criminoso praticado, a prisão provisória e a pena,* desde que haja absolvição, extinção da punibilidade ou redução da pena em outro processo por crime anteriormente cometido, mas prisão decretada depois. Ex.: se o réu comete um roubo, no dia 20 de março de 1990, e depois pratica um furto, pelo qual tem a prisão preventiva decretada, no dia 13 de maio de 1990, caso seja absolvido pelo furto e condenado pelo roubo, poderá computar o tempo de prisão provisória na pena do crime pelo qual foi apenado. O que não se pode aceitar, de modo algum, é a aplicação da detração quando o fato criminoso pelo qual houve condenação tenha sido praticado posteriormente ao delito que trouxe a prisão provisória e a absolvição. Seria o indevido "crédito em conta-corrente". Ex.: o sujeito pratica um roubo, pelo qual é preso em flagrante, mas é absolvido; depois comete um furto, pelo qual vem a ser condenado. Se pudesse descontar o tempo do flagrante do roubo na pena do furto, estaria criando um "crédito" contra o Estado para ser utilizado no futuro, o que é ilógico.

Cremos correta a segunda corrente, desde que se respeite a regra básica supramencionada, impedindo de se criar, para o condenado, um autêntico crédito para cometer novos delitos.

9.4. Detração e pena de multa

Deve-se aplicar, por analogia, no desconto da pena de multa o tempo de prisão provisória. Assim, quem foi preso preventivamente para, ao final, ser condenado apenas à pena pecuniária não terá nada a pagar. Afinal, se o réu já suportou a pesada prisão preventiva, que poderia ser descontada de uma pena privativa de liberdade, não tem sentido algum, apenado somente com multa, ser obrigado a quitá-la.

Cuida-se de uma detração imprópria, mas necessária. O mesmo ocorre quando alguém, acusado de tráfico ilícito de drogas (art. 33, Lei 11.343/2006), fica preso preventivamente até o advento da sentença, que, no entanto, desclassifica o delito para a forma de uso (art. 28, Lei 11.343/2006). Não tem cabimento, depois de sofrer preso provisoriamente um bom tempo, ser levado a juízo para cumprir penas bem menores, como a mera advertência.

9.5. Detração e determinação do regime inicial da pena

Sob o prisma formal, a detração não se relaciona com a fixação do regime inicial de cumprimento da pena. Noutros termos, se o réu ficasse preso por um ano e recebesse cinco anos de pena privativa de liberdade, o regime inicial somente poderia ser o semiaberto ou o fechado, mas não o aberto, tendo em vista tratar-se de penalidade superior a quatro anos (art. 33, § 2.º, *b*, CP). Por certo, na execução penal, o sentenciado cumpriria apenas quatro anos, descontado um ano de prisão provisória. Essa posição sempre foi a dominante na doutrina e na jurisprudência, mas não era a mais justa.

O primeiro ponto a observar consiste no advento da execução provisória da pena, que permitiu a progressão de regime, enquanto se aguarda o trânsito em julgado da decisão condenatória. Ora, se o tempo de prisão provisória já está sendo computado para tal finalidade, por que não poderia o juiz dele se servir para escolher o regime inicial? Eis o exemplo: o acusado fica preso provisoriamente por dois anos. Condenado por furto, recebe a pena de cinco. Sabe-se que ele não poderá cumprir cinco, mas somente três. Tem-se por certo, ainda, a lentidão injusta do Judiciário para julgar o caso definitivamente, motivo pelo qual inserir o réu no regime semiaberto não representaria nada mais do que simples formalismo, pois, assim que proclamada a sentença, ele já poderia pedir a transferência ao aberto (antes mesmo do trânsito em julgado). Certo disso, o juiz sentenciante poderia justificar na sua decisão tal situação concreta e visível, estabelecendo, desde logo, o regime inicial aberto, evitando-se, com isso, o desgaste inútil para a execução provisória da pena. Ademais, o regime inicial, nos dias de hoje, em muitos locais, representa mero simbolismo, pois, na realidade, o Estado não o coloca em prática.

O condenado ao fechado fica em sistema caótico, incompatível com a previsão legal; o destinado ao semiaberto termina aguardando a sua vaga no fechado, como se nada houvesse; o sentenciado ao aberto vai direto para casa, em prisão domiciliar, por patente falta de Casa do Albergado em inúmeras Comarcas. Em face desse quadro comum, no Brasil, era mesmo preciso introduzir a detração em seu cenário real – e não fictício –, pois a prisão provisória terminou sendo antecipação de pena, em decorrência da mórbida lentidão da máquina judiciária. Se detração é abatimento de pena, nada mais justo que se desconte diretamente na conta do regime inicial de cumprimento, quando o acusado merecer e o magistrado tiver noção completa da sua situação processual (se cumpre outras penas, por exemplo).

A partir do advento da Lei 12.736/2012, modificando a redação do art. 387 do Código de Processo Penal, introduziu-se expressa autorização para computar a detração na fixação do regime inicial de cumprimento da pena. *In verbis*: "§ 2.º O tempo de prisão provisória, de prisão administrativa ou de internação, no Brasil ou no estrangeiro, será computado para fins de determinação do regime inicial de pena privativa de liberdade". Saliente-se, entretanto, deva o julgador computar a detração, abatendo-se o montante da pena fixada em razão do tempo de prisão provisória, não significando seja obrigado a estabelecer, sempre, o regime mais favorável. Aliás, a individualização da pena envolve a escolha do regime de cumprimento, abrangendo o fechado, o semiaberto e o aberto. Ilustrando, caso seja o réu condenado a nove anos de reclusão, estando preso há dois, cumprirá, como pena definitiva, somente sete. Em tese, poderia receber o regime inicial semiaberto, desde que tenha merecimento. Imagine-se um acusado reincidente, com vários fatores negativos relativos aos elementos do art. 59 do Código Penal: deve iniciar no regime fechado, cabendo ao juiz da execução penal avaliar o momento ideal para a progressão.

9.6. Detração e suspensão condicional da pena

O desconto deve operar-se na pena privativa de liberdade fixada, se vier a ser cumprida, caso revogado o *sursis*, mas não no tempo de suspensão. Imagine-se, por exemplo, que o réu seja condenado a dois anos de reclusão, tendo ficado preso provisoriamente por seis meses. Recebe o benefício da suspensão condicional da pena pelo prazo de dois anos. Caso seja revisto o *sursis*, em vez de cumprir dois anos, cumprirá somente um ano e seis meses. Em nada poderá interferir a prisão provisória no período de prova – afinal, se a condenação fosse de apenas um ano e seis meses, do mesmo modo caberia o *sursis* pelos mesmos dois anos.

9.7. Detração e medidas cautelares alternativas à prisão

Instituídas pela Lei 12.403/2011, as medidas cautelares previstas no art. 319 do CPP têm por fim evitar a decretação da prisão provisória, porém implicam restrição antecipada à liberdade individual. Algumas possuem maiores limitações que outras e, sob tal enfoque, entendemos deva ser apreciada a viabilidade de detração.

Não se pode *compensar* com a pena privativa de liberdade, aplicada na sentença, toda e qualquer medida cautelar alternativa, pois seria despropositado. Imagine-se a imposição de *não se ausentar* da *Comarca sem autorização judicial*, perdurando por dois anos (durante o trâmite do processo), a ser descontada na pena de dois anos de reclusão: o acusado nada cumpriria e o objetivo punitivo perderia toda a essência. Note-se que a condenação a dois anos de privação de liberdade é totalmente diversa da restrição de ir e vir aplicada como cautelar.

Por outro lado, se a medida consistir em *não frequentar determinados lugares* e, após, a condenação se baseie em idêntica penalidade (art. 47, IV, CP), parece-nos justo aplicar a detração, valendo-se de analogia *in bonam partem*.

RESUMO DO CAPÍTULO

▸ **Penas privativas de liberdade de reclusão, detenção e prisão simples:** há, basicamente, quatro diferenças, na essência, meramente formais: *a)* a reclusão é cumprida *inicialmente* nos regimes fechado, semiaberto e aberto; a detenção somente pode ter início no regime semiaberto ou aberto (art. 33, *caput*, CP); *b)* a reclusão pode ter por *efeito da condenação* a incapacidade para o exercício do poder familiar, da tutela ou da curatela nos crimes dolosos, sujeitos a esse tipo de pena, cometidos contra outrem igualmente titular do mesmo poder familiar, contra filho, filha ou outro descendente ou contra tutelado ou curatelado (art. 92, II, CP); *c)* a reclusão propicia a *internação* nos casos de medida de segurança; a detenção permite a aplicação do regime de tratamento ambulatorial (art. 97, CP); *d)* a reclusão é cumprida *em primeiro lugar* (art. 69, *caput*, parte final, CP). A prisão simples é a pena atribuída à contravenção penal e deve ser cumprida em regime semiaberto ou aberto.

▸ **Regimes iniciais de cumprimento da pena:** são três: fechado, semiaberto e aberto. Para a fixação, na sentença condenatória, respeita-se o disposto no art. 33, § 2.º, do Código Penal: a) para pena até quatro anos, o juiz pode impor o regime fechado, semiaberto ou aberto; b) para pena superior a quatro e até oito anos, o julgador pode estabelecer o regime fechado ou semiaberto; c) para penas superiores a oito anos, deve o magistrado impor o fechado. A escolha do regime adequado, quando há opção, deve levar em conta os elementos inseridos no art. 59 do Código Penal.

▸ **Requisitos para a progressão de regime:** há, basicamente, dois: a) objetivo: cumprir o lapso temporal de 1/6 no regime anterior para crimes comuns (2/5 para condenados primários por delitos hediondos e similares; 3/5 para condenados reincidentes por delitos hediondos e assemelhados; b) subjetivo: merecimento, que é apurado pela apresentação de atestado de conduta carcerária e, quando crime violento, exame criminológico.

▸ **Critérios para a transferência a regime mais rigoroso:** há, basicamente, *duas situações* que desencadeiam essa transferência: a) *adaptação do regime*: nos termos do art. 111 da Lei de Execução Penal, "quando houver condenação por mais de um crime, no mesmo processo ou em processos distintos, a determinação do regime de cumprimento será feita pelo resultado da soma ou unificação das penas, observada, quando for o caso, a detração ou a remição". E mais: "Sobrevindo condenação no curso da execução, somar-se-á a pena ao restante da que está sendo cumprida, para determinação do regime". Portanto, se o sujeito foi condenado a uma pena de seis anos, em regime semiaberto, por um processo, e a quatro anos, em regime aberto, por outro, é curial que o juiz da execução penal estabeleça um regime único para o cumprimento de dez anos de reclusão, que, aliás, demanda o regime fechado; b) *regressão*: nos termos do art. 118 da mesma lei, o condenado pode ser regredido a regime mais rigoroso quando "praticar fato definido como crime doloso ou falta grave" ou "sofrer condenação, por crime anterior, cuja pena, somada ao restante da pena em execução, torne incabível o regime". No caso de cometimento de crime doloso, é preciso, num primeiro momento, *sustar* os benefícios do regime em que se encontra (se está no aberto, será transferido, cautelarmente, para o fechado), aguardando-se a condenação com trânsito em julgado. Caso seja absolvido, restabelece-se o regime sustado; se for condenado, regride-se a regime mais severo. No entanto, o STJ editou a Súmula 526: "o reconhecimento de falta grave decorrente do cometimento de fato definido como crime doloso no cumprimento da pena prescinde do trânsito em julgado de sentença penal condenatória no processo penal instaurado para apuração do fato".

▶ **Regime fechado:** segundo dispõe a lei, é a penitenciária, alojando-se o condenado em cela individual, contendo dormitório, aparelho sanitário e lavatório, com salubridade e área mínima de seis metros quadrados (arts. 87 e 88, LEP). A legislação veda o cumprimento da pena em cadeia pública, destinada a recolher unicamente os presos provisórios (art. 102, LEP). Lamentavelmente, por falta de vagas, há muitos sentenciados cumprindo pena, sem qualquer condição de salubridade e distante dos objetivos da individualização da execução, nas cadeias e distritos policiais.

▶ **Regime disciplinar diferenciado:** não se trata de um quarto regime, mas um especial modo de cumprimento da pena inserido no regime fechado. Introduzido pela Lei 10.792/2003 e reformulado pela Lei 13.964/2019, o regime disciplinar diferenciado é, em síntese, caracterizado pelo seguinte: a) duração máxima de até dois anos, sem prejuízo de repetição da sanção por nova falta grave de mesma espécie; b) recolhimento em cela individual; c) visitas quinzenais de duas pessoas (da família ou outra, autorizada pelo juiz), com duração de duas horas; d) direito de saída da cela para banho de sol por duas horas diárias em grupos de até quatro presos, se não forem da mesma organização criminosa; e) entrevistas monitoradas, exceto do advogado, impedindo o contato físico e a passagem de objetos; f) fiscalização do conteúdo da correspondência; g) participação em audiências preferencialmente por videoconferência, assegurada a presença do defensor onde está o preso (art. 52, I a VII, da Lei 7.210/1984).

▶ **Regime semiaberto:** o local adequado para o cumprimento da pena em regime semiaberto é a colônia agrícola, industrial ou similar, podendo o condenado ser alojado em compartimento coletivo, com salubridade, além de ser feita uma seleção adequada dos presos e observado o limite de capacidade, conforme a individualização da pena (arts. 91 e 92, LEP).

▶ **Regime aberto:** o local adequado, legalmente, para o cumprimento da pena em regime aberto é a Casa do Albergado, um prédio situado em centro urbano, sem obstáculos físicos para evitar fuga, com aposentos para os presos e local adequado para cursos e palestras (arts. 93 a 95, LEP). Tendo em vista a inexistência de Casas do Albergado, consolidou-se a utilização do regime de *prisão-albergue domiciliar* (PAD), originalmente destinada a condenados maiores de 70 anos, condenados acometidos de doença grave, sentenciadas com filho menor ou deficiente físico ou mental e condenada gestante (art. 117, LEP).

Cap. XXVIII – Penas Privativas de Liberdade

▶ **Execução provisória da pena:** trata-se de direito reconhecido aos presos provisórios para, depois de condenados, enquanto aguardam o resultado de seus recursos, pleitear a execução provisória da pena aplicada, podendo progredir de regime ou obter outros benefícios.

▶ **Trabalho forçado e obrigatório:** o trabalho é considerado um dever do preso e faz parte da laborterapia inerente à execução da pena do condenado, que necessita de reeducação; nada melhor do que fazê-lo por intermédio do trabalho. Se o preso não quiser trabalhar, não será forçado a fazê-lo, mas terá uma falta grave anotada no seu prontuário. Logo, quando quiser benefícios penais, não terá merecimento para isso.

▶ **Remição:** é o resgate da pena pelo trabalho ou estudo, permitindo-se o abatimento do montante da condenação, periodicamente, desde que se constate estar o preso em atividade laborativa ou estudando. A remição é um incentivo à laborterapia. São requisitos para o reconhecimento da remição: a) três dias de trabalho por um dia de pena; b) apresentar *merecimento*, auferido pela inexistência de registro de faltas graves no seu prontuário; c) cumprir o mínimo de seis horas diárias (máximo de oito), com descanso aos domingos e feriados. É viável a concessão de horário especial de trabalho, quando o preso for designado para serviços de conservação e manutenção do presídio (art. 33, parágrafo único, da Lei de Execução Penal); d) apresentar atestado de trabalho fornecido pelo presídio, com presunção de veracidade; e) exercício de trabalho reconhecido pela direção do estabelecimento prisional. Pode também haver a remição pelo estudo.

▶ **Detração:** cuida-se do cômputo no tempo da pena privativa de liberdade e da medida de segurança do período em que ficou detido o condenado em prisão provisória, no Brasil ou no exterior, de prisão administrativa ou mesmo de internação em hospital de custódia e tratamento. Ex.: se o sentenciado foi preso provisoriamente e ficou detido por um ano até a condenação transitar em julgado, tendo sido apenado a seis anos de reclusão, cumprirá somente mais cinco.

Capítulo XXIX

Penas Restritivas de Direitos

1. CONCEITO E NATUREZA JURÍDICA DAS PENAS RESTRITIVAS DE DIREITOS

São penas alternativas às privativas de liberdade, expressamente previstas em lei, tendo por fim evitar o encarceramento de determinados criminosos, autores de infrações penais consideradas mais leves, promovendo-lhes a recuperação por meio de restrições a certos direitos. É o que NILO BATISTA define como um movimento denominado "fuga da pena", iniciado a partir dos anos 70, quando se verificou, com maior evidência, o fracasso do tradicional sistema punitivo no Brasil.[1]

Quanto à natureza jurídica, são sanções penais autônomas e substitutivas. Apresentam-se como substitutivas porque derivam da permuta que se faz com a pena privativa de liberdade, após a aplicação, na sentença condenatória.

Não há tipos penais prevendo, no preceito secundário, pena restritiva de direito. Portanto, quando juiz aplicar uma pena privativa de liberdade, pode substituí-la por uma restritiva, pelo mesmo prazo da primeira.

São autônomas porque subsistem por si mesmas após a substituição. O juiz das execuções penais vai, diretamente, cuidar de fazer cumprir a restrição de direito, e não mais a privativa de liberdade, salvo necessidade de conversão por fatores incertos e futuros.[2]

---

[1] Alternativas à prisão no Brasil, p. 76.

[2] Ver MIGUEL REALE JÚNIOR, RENÉ ARIEL DOTTI, RICARDO ANTUNES ANDREUCCI e SÉRGIO MARCOS DE MORAES PITOMBO, *Penas e medidas de segurança no novo Código*, p. 138.

2. ESPÉCIES DE PENAS RESTRITIVAS DE DIREITOS

A prestação pecuniária consiste no pagamento em dinheiro feito à vítima e seus dependentes ou a entidade pública ou privada, com destinação social, de uma importância fixada pelo juiz, não inferior a um salário mínimo nem superior a 360 salários mínimos. Possui, entre outras, a finalidade de antecipar a reparação do dano causado pelo crime à vítima.

A perda de bens e valores representa a perda, em favor do Fundo Penitenciário Nacional, de bens e valores adquiridos licitamente pelo condenado, integrantes do seu patrimônio, tendo como teto o montante do prejuízo causado ou o proveito obtido pelo agente ou terceiro com a prática do crime, o que for maior.

A prestação de serviços à comunidade ou entidades públicas é a atribuição de tarefas gratuitas ao condenado nas entidades assistenciais, hospitais, orfanatos e outros estabelecimentos similares, em programas comunitários ou estatais. Trata-se, em nosso entender, da melhor sanção penal substitutiva da pena privativa de liberdade, pois obriga o autor de crime a reparar o dano causado por meio do seu trabalho, reeducando-se, enquanto cumpre pena. Nesse sentido, note-se a lição de PAUL DE CANT: "A ideia de fazer um delinquente executar um trabalho 'reparador' em benefício da comunidade tem sido frequentemente expressa nestes últimos anos. O fato mais admirável é que parece que Beccaria já havia pensado em uma pena dessa natureza ao escrever, no século XVIII, que 'a pena mais oportuna será somente aquela espécie de servidão que seja justa, quer dizer, a servidão temporária que põe o trabalho e a pessoa do culpado a serviço da sociedade, porque este estado de dependência total é a reparação do injusto despotismo exercido por ele em violação ao pacto social'".[3]

A interdição temporária de direitos é a autêntica pena restritiva de direitos, pois tem por finalidade impedir o exercício de determinada função ou atividade por um período determinado, como forma de punir o agente de crime relacionado à referida função ou atividade proibida.

A limitação de fim de semana refere-se ao estabelecimento da obrigação do condenado de permanecer, aos sábados e domingos, por cinco horas diárias, em Casa do Albergado ou lugar adequado, a fim de participar de cursos e ouvir palestras, bem como desenvolver atividades educativas.

3. REQUISITOS OBJETIVOS PARA A CONCESSÃO DAS PENAS RESTRITIVAS DE DIREITOS

Os requisitos apresentados no art. 44 são cumulativos, juntando-se, pois, os objetivos e os subjetivos para que se possa conceder a pena alternativa ao réu.

Lembre-se que a gravidade abstrata do crime não serve de obstáculo à substituição da pena privativa de liberdade pela restritiva de direitos. É imperioso haver prova da gravidade concreta. Aliás, a exceção a tal regra concentra-se justamente na violência doméstica, cuja gravidade concreta emerge da própria situação, cuidada pela Lei Especial da Violência Doméstica.

Em primeiro lugar, como requisito objetivo, deve-se destacar que todos os delitos culposos podem receber o benefício da substituição, qualquer que seja a pena privativa de liberdade aplicada, bem como os crimes dolosos, desde que a pena não ultrapasse quatro anos e não houver violência ou grave ameaça à pessoa.

---

[3] O trabalho em benefício da comunidade: uma pena de substituição?, p. 47.

Não cabe ao juiz estabelecer exceção não criada pela lei, de forma que estão excluídos todos os delitos violentos ou com grave ameaça, ainda que comportem penas de pouca duração. No caso da lesão corporal dolosa – leve, grave ou gravíssima (pouco importando se de "menor potencial ofensivo" ou não) –, para efeito de aplicação da substituição da pena, não mais tem cabimento a restritiva de direitos. O juiz, em caso de condenação, poderá conceder o *sursis* ou fixar o regime aberto para cumprimento.

Há quem defenda que lesões dolosas simples ou culposas, por serem caracterizadas como de menor potencial ofensivo, poderiam receber o benefício da pena alternativa. Somos contrários a esse entendimento. A lei é bem clara, excluindo todo delito violento ou ameaçador, ao menos no tocante à figura dolosa. Note-se, por exemplo, o que vem ocorrendo no caso da violência doméstica, geralmente cometida por meio de lesão corporal simples e ameaça (crimes de menor potencial ofensivo). No entanto, os Tribunais Superiores são taxativos em negar a pena restritiva de direitos a tais situações.

Violência é violência; por vezes começa de maneira leve e termina em homicídio, motivo pelo qual, por uma questão de política criminal, a pena restritiva de direitos não é o caminho adequado para a punição. Há outros benefícios para tanto, como o *sursis*.

Sobre a violência presumida e a imprópria, temos sustentado que a violência abrange as formas física e moral, mas o legislador preferiu separá-las, quando as menciona nas normas penais, falando sempre de uma e outra, individualmente. Deveria ter mencionado apenas a palavra *violência*. Não sendo assim, quando se lê *grave ameaça*, entende-se a modalidade de violência moral; quando se lê *violência*, vê-se a física. A violência presumida é forma de violência física, pois resulta da incapacidade de resistência da pessoa ofendida.[4] Quem não consegue resistir, porque o agente se valeu de mecanismos indiretos para dobrar seu esforço (drogando a vítima, por exemplo), está fisicamente retirando o que lhe pertence. Por isso, o que se denomina de violência *imprópria* não passa da violência presumida, que é, no caso do art. 44, igualmente impeditiva da concessão de penas alternativas.

3.1. Delação premiada

A Lei 12.850/2013 autorizou, em caso de colaboração premiada, pouco importando o *quantum* da pena, se doloso ou culposo o crime, a concessão de pena alternativa para o delator, conforme dispõe o art. 4.º: "o juiz poderá, a requerimento das partes, conceder o perdão judicial, reduzir em até 2/3 (dois terços) a pena privativa de liberdade ou substituí-la por restritiva de direitos daquele que tenha colaborado efetiva e voluntariamente com a investigação e com o processo criminal, desde que dessa colaboração advenha um ou mais dos seguintes resultados: I – a identificação dos demais coautores e partícipes da organização criminosa e das infrações penais por eles praticadas; II – a revelação da estrutura hierárquica e da divisão de tarefas da organização criminosa; III – a prevenção de infrações penais decorrentes das atividades da organização criminosa; IV – a recuperação total ou parcial do produto ou do proveito das infrações penais praticadas pela organização criminosa; V – a localização de eventual vítima com a sua integridade física preservada".

---

[4] Lembremos que se pode cometer *roubo* com violência presumida (ver art. 157 do CP).

3.2. Crimes hediondos e equiparados

Como regra, não cabe a substituição da pena privativa de liberdade por restritiva de direitos, por falta do requisito objetivo: a pena é superior a 4 anos ou o delito é cometido com violência ou grave ameaça à pessoa. Atualmente, mesmo o tráfico ilícito de drogas, quando obtém o benefício da diminuição da pena, previsto no § 4.º do art. 33, permite a substituição da pena privativa de liberdade por restritiva de direitos, como decidiu o STF, considerando inconstitucional a proibição existente no art. 44 da Lei de Drogas.

3.3. Violência doméstica ou familiar

Embora já tenhamos abordado o tema, é preciso aprofundar-se na questão. Em primeiro lugar, o art. 44 do Código Penal veda a concessão de penas alternativas a delitos violentos ou com emprego de grave ameaça.

Além disso, a maioria dos casos de violência contra a mulher, particularmente, envolve os delitos de ameaça, perseguição e violência psicológica, cujas penas giram em torno de poucos meses. Assim sendo, não comportam nem mesmo, somente para argumentar, prestação de serviços à comunidade (cabível apenas para penas superiores a seis meses). Não bastasse a época em que alguns juízes transformaram a agressão à mulher na contraprestação de cestas básicas, ao arrepio da lei, atualmente, vê-se ainda parcela (mínima, por certo) do Judiciário fixando penas alternativas ineficientes, como limitação de fim de semana (não havendo Casa do Albergado, o condenado deve passar cinco horas no sábado e no domingo em prisão domiciliar, sem qualquer fiscalização).

3.4. Reincidência em crime doloso

Antes da Lei 9.714/1998, somente era possível substituir a pena privativa de liberdade pela restritiva de direitos em caso de não reincidente. Atualmente, restringiu-se tal possibilidade ao reincidente *por crime doloso*, embora ainda comporte exceção (art. 44, § 3.º, CP).

Há *dois requisitos* estabelecidos em lei para que o juiz opere a substituição da pena privativa de liberdade por restritiva de direitos ao condenado reincidente por crime doloso: *a)* ser *socialmente recomendável*, o que é de análise extremamente subjetiva, embora assim deva ser, cabendo ao magistrado, no caso concreto, verificar se a hipótese de reincidência comporta a substituição, tendo em conta a maior possibilidade de reeducação do condenado. Não é *socialmente recomendável* encarcerar um sujeito que tenha duas penas leves a cumprir, podendo ficar em liberdade, prestando serviços à comunidade, por exemplo; *b) não ter havido reincidência específica*. Finalmente, nessa hipótese, o legislador definiu o que vem a ser reincidência específica – o que não fez na Lei dos Crimes Hediondos, dando margem a profundas divergências doutrinárias e jurisprudenciais –, considerando como tal a reiteração do *mesmo crime*, ou seja, o mesmo tipo penal. Os dois requisitos são cumulativos, e não alternativos.

Quanto à expressão *socialmente recomendável*, embora sem um sentido claro e determinado, deve ser avaliada conforme a política criminal estabelecida pela imposição de penas alternativas. O correto é evitar o encarceramento de quem possui um curto prazo de pena privativa de liberdade a cumprir. Assim, mesmo sendo reincidente, é socialmente recomendável aplicar a substituição da pena de prisão pela restritiva de direitos, mesmo em caso de reincidência (não específica).

4. REQUISITOS SUBJETIVOS À CONCESSÃO DAS PENAS ALTERNATIVAS

Cabe ao juiz, dentro do seu prudente critério, novamente invocando os elementos contidos no art. 59 do Código Penal, optar pela substituição da pena privativa de liberdade pela restritiva de direitos, considerando a culpabilidade, os antecedentes, a conduta social e a personalidade do condenado, além dos motivos que o levaram ao delito, bem como as circunstâncias gerais de prática da infração.

Nessa análise, de ordem subjetiva, o magistrado pode levar em conta a diferença existente entre um traficante internacional e um traficante de ocasião, como já mencionado em nota anterior, aplicando a substituição, quando for o caso, concretizando, nas palavras de RENÉ ARIEL DOTTI, um "Direito Penal liberto de tantas superstições e quantas opressões; um Direito Penal que permita aos magistrados o exercício mais livre da sensibilidade nos domínios da lei, do Direito e da Justiça".[5]

4.1. Concessão da pena alternativa para estrangeiro

Se o estrangeiro possuir residência e visto de permanência no Brasil, inexiste qualquer óbice. Caso seja estrangeiro de passagem pelo país, poderia surgir a mesma polêmica que envolve o *sursis*. Nessa hipótese, como não tem vínculo com o Brasil, podendo ser expulso a qualquer tempo, não cumpriria pena alguma.

Ainda que tal situação seja real, é preferível conceder a pena alternativa, quando preenchidos os requisitos do art. 44, ao estrangeiro de passagem pelo País, pois cuida-se de condenação a pena não elevada, por crime menos gravoso, constituindo medida exagerada determinar o seu encarceramento quando, para o brasileiro, em igual situação, seria possível a concessão da pena restritiva de direitos. Se o estrangeiro, beneficiado pela pena alternativa, for expulso ou retirar-se voluntariamente do Brasil, tanto melhor. Trata-se de melhor política criminal permitir que o estrangeiro, autor de crime considerado de menor importância, parta do território nacional do que mantê-lo encarcerado até que cumpra pena de curta duração.

5. CONVERSÃO DURANTE O CUMPRIMENTO DA PENA

Na hipótese de a pena privativa de liberdade não ter sido substituída por restritiva de direitos, no momento da condenação, ainda existe essa possibilidade durante a execução da pena, respeitado o disposto no art. 180 da Lei de Execução Penal: *a)* pena privativa de liberdade não

---

[5] *Bases e alternativas para o sistema de penas*, p. 103.

superior a dois anos; *b)* cumprimento da pena em regime aberto; *c)* ter cumprido pelo menos 1/4 da pena; *d)* antecedentes e personalidade do condenado indiquem ser conveniente a conversão.

5.1. Composição com o disposto no art. 60, § 2.°, do Código Penal

Preceitua o art. 60, § 2.°, que "a pena privativa de liberdade aplicada, não superior a 6 meses, pode ser substituída pela de multa, observados os critérios dos incisos II e III do art. 44 deste Código", enquanto o § 2.° deste artigo menciona ser possível a substituição de penas iguais ou inferiores a um ano por multa.

Assim, há a impressão de ter havido conflito entre os dispositivos. Para a pena privativa de liberdade superior a seis meses e igual ou inferior a um ano pode ou não ser aplicada a substituição? Há *duas posições*:

a) os que entendem ter o art. 44, § 2.°, por ser o mais recente (lei posterior afasta a aplicação de lei anterior – aplicação do critério da sucessividade), revogado o disposto no art. 60, § 2.°, razão pela qual a substituição é possível;[6]

b) aqueles que sustentam ser compatível a aplicação dos dois dispositivos, reservando-se à pena igual ou inferior a seis meses a possibilidade de substituição por multa (aplicando-se o art. 60, § 2.°) ou por restritiva de direitos (aplicando-se o art. 44, § 2.°), conforme o caso, bem como à pena superior a seis meses e igual ou inferior a um ano somente uma pena restritiva de direitos.

Preferimos a última posição, pois a possibilidade de harmonia é evidente: penas menos elevadas (seis meses ou inferiores) podem ser convertidas em multa ou restritiva de direitos, enquanto penas mais elevadas (mais de seis meses até um ano) podem ser substituídas por uma única pena restritiva, já que para penalidades acima de um ano é indispensável fixar duas restritivas de direito ou uma restritiva acompanhada de uma multa. Essa interpretação, compondo as duas normas, é a mais indicada, também por outros fatores. Deve-se salientar que o art. 60 é especial em relação ao art. 44. Este último cuida da aplicação de penas restritivas de direitos, substancialmente, somente tangenciando a questão relativa à multa.

Por outro lado, o título do art. 60 bem demonstra a sua inserção no capítulo relativo à aplicação da pena: "critérios especiais da pena de multa". Ora, se para a fixação da pena pecuniária deve o magistrado levar em consideração *principalmente* a situação econômica do réu e não os demais requisitos comuns às penas privativas de liberdade, é natural supor que o § 2.°, tratando da *multa substitutiva*, deva ser considerado, em igualdade de condições, específico para essa possibilidade de substituição. Ademais, seria ilógico conceder, por exemplo, uma pena de multa para um furto simples, cuja pena não ultrapasse um ano, podendo o juiz aplicar, igualmente, somente uma pena de multa para o furto privilegiado (art. 155, § 2.°, CP), quando considerar de pequeno valor a coisa subtraída e primário o autor do crime. Estar-se-ia equiparando, indevidamente, situações francamente desiguais. Portanto, se a aplicação exclusiva da pena de multa foi reservada para a melhor das hipóteses de furto privilegiado, tudo leva a crer que a pena pecuniária não é compatível com delitos

---

[6] Optando por essa posição, Jamil Chaim Alves, citando, ainda, Bitencourt e Luiz Flávio Gomes (*Penas alternativas*, p. 98).

de sanção superior a seis meses. Parece-nos a melhor exegese a ser extraída do confronto entre os arts. 44, § 2.º, e 60, § 2.º, do Código Penal. No sentido que defendemos, checar a lição de Sérgio Salomão Shecaira e Alceu Corrêa Junior: "Deve prevalecer, portanto, a interpretação no sentido da subsistência e da compatibilidade dos dois dispositivos legais, ou seja, o art. 60, § 2.º, sendo aplicável para pena de até seis meses (substituição por multa), e o art. 44, § 2.º, aplicável para pena superior a seis meses e igual ou inferior a um ano (substituição por multa ou por restritiva de direitos)".[7]

Essa norma não se aplica aos delitos contra o meio ambiente, previstos na Lei 9.605/1998, podendo-se substituir penas superiores a um ano por apenas uma restritiva de direitos, desde que respeitado o teto de quatro anos para crimes dolosos.

6. RECONVERSÃO DA PENA RESTRITIVA DE DIREITOS EM PRIVATIVA DE LIBERDADE

Trata-se de um incidente na execução penal. Não cumprindo as condições impostas pelo juiz da condenação, poderá o sentenciado perder o benefício que lhe foi concedido, retornando à pena original, ou seja, voltando à privativa de liberdade.

O descumprimento das condições pode ocorrer nos seguintes casos:

a) na *prestação de serviços à comunidade* e na *limitação de fim de semana*, quando o condenado não for encontrado por estar em lugar incerto e não sabido ou deixar de atender à intimação por edital; quando não comparecer, sem justo motivo, à entidade assistencial para prestar o serviço ou recolher-se no fim de semana; quando o sentenciado recusar-se, sem motivo válido, a prestar o serviço que lhe foi imposto ou a participar das atividades determinadas pelo juiz; quando praticar falta grave; quando for condenado por outro crime à pena privativa de liberdade, cuja execução, não suspensa, tornar incompatível o cumprimento da restritiva de direitos (art. 181, § 1.º, LEP);

b) na *interdição temporária de direitos*, quando o condenado exercer o direito interditado, sem motivo justo; quando o sentenciado não for localizado para cumprir a restrição, por estar em lugar incerto e não sabido ou desatender à intimação por edital; quando sofrer condenação por crime sujeito à pena privativa de liberdade incompatível com a restrição;

c) na *prestação pecuniária* e na *perda de bens ou valores*, caso deixe de efetuar o pagamento da prestação fixada ou deixe de entregar os bens ou valores, declarados perdidos por sentença. Ao editar a Lei 9.714/1998, criando essas duas penas no universo do Código Penal, deveriam ter sido estabelecidas, claramente, as condições para o cumprimento, para a execução e, especialmente, as consequências do inadimplemento. Não o fazendo, é preciso aplicar a Lei de Execução Penal, no que for cabível. O Ministério Público tem legitimidade para executar as penas, devendo ser o condenado intimado para efetuar o pagamento (prestação pecuniária) ou para entregar o bem ou valor (perda de bens ou valores), nos termos dos arts. 164 e seguintes da referida lei (processo para a execução da pena de multa). Se, durante o processo executivo, ficar demonstrado que o sentenciado está, deliberadamente,

---

[7] *Teoria da pena*, p. 231.

frustrando o cumprimento da pena restritiva de direitos, é natural que se faça a reconversão para pena privativa de liberdade. Quando, no entanto, perceber-se que a prestação pecuniária não foi paga, por absoluta impossibilidade financeira do condenado, bem como deixar de ser entregue ao Estado o bem declarado perdido, por ter perecido ou estando deteriorado, por motivo de força maior, é preciso aplicar, por analogia, o disposto no art. 148 da Lei de Execução Penal, ou seja, o juiz da execução pode, entendendo ser cabível, aplicar outra pena restritiva de direitos. Aliás, no específico caso da prestação pecuniária, o magistrado pode valer-se do disposto no § 2.º do art. 45 do Código Penal (substituição por prestação de outra natureza). Nesses casos fortuitos, não se deve deixar de cumprir a pena, tampouco convertê-la em privativa de liberdade, buscando-se, pois, suprir a lacuna deixada pelo legislador.

Assim, em síntese: inicialmente, cabe ao Ministério Público executar as penas de prestação pecuniária e perda de bens e valores, na forma do art. 164 e seguintes da LEP (pena de multa); frustrando-se o pagamento por malícia do condenado, deve haver reconversão para pena privativa de liberdade; não ocorrendo o pagamento por impossibilidade financeira ou motivo de força maior, o juiz deve aplicar outra pena restritiva de direitos. Justamente por isso é que o juiz da condenação deve reservar tais penas (prestação pecuniária e perda de bens e valores) aos réus que, efetivamente, têm condições financeiras para suportá-las, sob pena de iludir a finalidade das novas penalidades.

Como regra, a reconversão da pena restritiva de direitos em privativa de liberdade é um incidente da execução, pois é esse juízo o competente para acompanhar o cumprimento da sanção aplicada. Entretanto, cabe ao juízo da condenação promover a audiência admonitória, como pacificado nos dias de hoje, advertindo o sentenciado acerca de suas obrigações (*sursis*, regime aberto e restritiva de direitos) para, na sequência, encaminhar o feito à execução. Ora, se o condenado nem mesmo comparece à referida audiência, ainda que intimado a tanto, o benefício estabelecido pelo juiz *perde o efeito*, retornando-se a pena ao seu patamar primário, ou seja, privativa de liberdade, sob determinado regime. Nem é caso de se nomear essa situação como reconversão. Não se pode reconverter o que ainda não entrou em vigor. Portanto, é da competência do juízo do mérito da causa declarar, nos autos, a perda do efeito da substituição.

6.1. Saldo da pena privativa de liberdade após a reconversão

Corrigiu-se, nesse ponto, uma injustiça anteriormente existente na lei penal. Aplicando--se, literalmente, o disposto na antiga redação do Código Penal, quando o juiz reconvertesse a pena restritiva de direitos em privativa de liberdade deveria fazê-lo pelo tempo integral desta última. Portanto, se o condenado viesse cumprindo regularmente uma pena de prestação de serviços à comunidade de oito meses, por exemplo, mas abandonasse sua obrigação depois de já ter executado quatro meses, deveria haver a reconversão pelo total, ou seja, iria cumprir oito meses de reclusão ou detenção.

Atualmente, o tempo já cumprido de restrição de direito será devidamente descontado, ou seja, no exemplo supramencionado, teria o sentenciado mais quatro meses a cumprir. Dispôs, ainda, a lei penal que, havendo reconversão, deverá ser respeitado o saldo mínimo de 30 dias de reclusão ou detenção. Ex.: o condenado que deixar de cumprir sua pena, faltando 15 dias para findar, deverá cumprir o mínimo de 30 dias de pena privativa de liberdade. Não teria mesmo cabimento operar a reconversão para obrigar o sentenciado a cumprir uma semana de reclusão, que não daria nem mesmo para ser fiscalizada a contento, caso fosse fixado o regime mais brando, que é o aberto.

6.2. Reconversão facultativa por condenação a pena privativa de liberdade

Com a nova redação da lei penal, dada pela Lei 9.714/1998, não basta, para a reconversão da pena restritiva de direitos em privativa de liberdade, que a nova condenação seja por pena privativa de liberdade não suspensa – é imprescindível que haja impossibilidade de cumprimento cumulativo das penas (restritiva de direitos + privativa de liberdade).

Assim, se a segunda pena, apesar de privativa de liberdade, for cumprida no regime aberto, mormente na modalidade de *prisão-albergue domiciliar*, nada impede que o condenado execute, concomitantemente, a restritiva de direitos, consistente em prestação de serviços à comunidade, por exemplo.

6.3. Reconversão fundada em lei e não em desejo do condenado

A reconversão da pena restritiva de direitos, imposta na sentença condenatória, em pena privativa de liberdade, para qualquer regime, a depender do caso concreto, depende do advento dos requisitos legais, não bastando o mero intuito do sentenciado de cumprir pena, na prática, mais fácil. Em tese, o regime carcerário, mesmo o aberto, é mais prejudicial ao réu do que a pena restritiva de direitos; sabe-se, no entanto, ser o regime aberto, quando cumprido em prisão-albergue domiciliar, muito mais simples do que a prestação de serviços à comunidade, até pelo fato de inexistir fiscalização.

Por isso, alguns condenados manifestam preferência pelo regime aberto em lugar da restritiva de direitos. A única possibilidade para tal ocorrer será pela *reconversão* formal, vale dizer, ordena-se o cumprimento da restritiva e ele não segue a determinação. Outra forma é inadmissível.

7. PARTICULARIDADES QUANTO AO CUMPRIMENTO DAS PENAS RESTRITIVAS DE DIREITOS

7.1. Prestação pecuniária

Não depende a aplicação dessa pena de consenso ou aceitação da parte beneficiária, pois seria ilógico e inaplicável o juiz, por ocasião da sentença condenatória, abrir prazo para a manifestação de quem quer que seja. Trata-se de um problema de execução, não esclarecido pela lei, mas que pode naturalmente ser contornado. Quanto à entidade pública ou privada, é consequência natural que haverá quem se interesse por receber uma doação em dinheiro, sem qualquer ônus ou obrigação.

Quanto à vítima e seus dependentes, na maior parte dos casos, a indenização deve ser prontamente recebida, até porque há uma deficiência legal no Brasil quanto à garantia de recomposição do dano causado pelo crime. Entretanto, se, eventualmente, houver recusa, o juiz, valendo-se da possibilidade de adaptar a restrição de direito aplicada, como lhe autoriza a Lei de Execução Penal, poderá destinar o dinheiro a uma entidade qualquer. A aceitação do beneficiário somente é exigível no caso do art. 45, § 2.º, ou seja, prestação de outra natureza, como se verá a seguir.

Considerando-se a sua finalidade precípua de antecipar a reparação de danos causados pelo crime, deve guardar correspondência justamente com o montante aproximado do prejuízo experimentado pelo ofendido. Não pode ser muito superior, para não gerar enriquecimento à custa do delito, nem muito inferior, a ponto de constituir indenização ínfima, fugindo ao propósito da prestação pecuniária.

Lembremos, ainda, que, quando instituída, em 1998, não havia a possibilidade de o ofendido pleitear diretamente na ação penal a reparação civil desejada, algo previsto a partir da reforma de 2008. Portanto, se a vítima pleitear indenização, no processo criminal movido contra o autor do delito, não deve o juiz fixar prestação pecuniária, ao menos destinada ao ofendido, pois este já requer o que julga cabível. Não pedida a reparação do dano, no feito criminal, impossibilitando-se o julgador de fixá-la de ofício, cabe a condenação, quando possível, em prestação pecuniária, destinada à vítima da infração penal.

A prestação pecuniária é uma sanção penal, restritiva de direitos, embora tenha, ainda, a conotação de antecipação de indenização civil. Quando a prestação pecuniária for destinada à vítima do delito ou aos seus dependentes, em futura ação de indenização civil, o valor pago será devidamente descontado, evitando-se o enriquecimento sem causa por parte do ofendido. Entretanto, se o valor for destinado integralmente à entidade pública ou privada com destinação social, a pena não tem qualquer conotação civil.

7.1.1. Hipótese de despenalização

Compreendido este termo como a não aplicação de pena a uma conduta considerada criminosa – diferente da descriminalização, que é não mais considerar crime uma conduta –, está-se diante dessa situação, no caso da prestação pecuniária, quando destinado o pagamento em pecúnia diretamente à vítima ou seus dependentes. Isto porque a lei penal estabeleceu que, efetuado o pagamento, poderá ser descontado de futura indenização civil. Ora, se assim é, qual pena efetivamente cumpriu o condenado? Em verdade, pagou ao ofendido o dano que causou, algo que seria devido de qualquer modo, passível de ser conseguido em ação civil. Por isso, determinando o juiz penal que o pagamento em dinheiro seja realizado à vítima, antecipando uma indenização civil, está-se despenalizando a conduta, de maneira indireta.

7.1.2. Prestação de outra natureza

Pouco esclareceu o legislador o disposto no § 2º do art. 45, criando uma brecha inadequada para a aplicação da lei penal. Ao estabelecer que é possível substituir a pena de prestação pecuniária por "prestação de *outra natureza*", deu origem a uma pena indeterminada, o que pode tornar-se ilegal, uma vez que abusiva e inadequada.

O juiz está autorizado a transformar a prestação em pecúnia em prestação de *outra natureza*, ou seja, não pecuniária, podendo representar a entrega de um bem ou valor (o que a confundirá com a perda de bem ou valor), equivalente ao montante da prestação (1 a 360 salários mínimos, conforme a fixação do magistrado), ou mesmo, segundo informou a Exposição de Motivos da Lei 9.714/1998, consistente em entrega de cestas básicas ou fornecimento de mão de obra. Ora, nesse último enfoque, é natural que ela precise da concordância do beneficiário, pois é mais difícil encontrar entidades ou vítimas dispostas a receber serviços diretos por parte do condenado.

Há de existir cautela redobrada do juiz para impor tal prestação: primeiro, para não transformar uma prestação pecuniária em perda de bens ou valores; segundo, para não dar a ela um caráter de transação – algo não admitido, pois não se cuida de crime de menor potencial ofensivo –, o que poderia ocorrer caso fosse vulgarizada a prestação oferecida, por exemplo, "pintar uma cerca num final de semana", ou a ser utilizada por ocasião da condenação (quando se ouviria a vítima antecipadamente); terceiro, porque a prestação de outra natureza não pode ser algo abusivo, como obrigar o condenado a passar semanas cuidando de crianças num orfanato, o que fatalmente iria confundi-la com a prestação de serviços à comunidade. É de se criticar, pois, o disposto nesse parágrafo, devendo o juiz cuidar para que a eventual substituição tenha perfeita sintonia com a prestação pecuniária, ou seja, não podendo pagar dez salários mínimos, *v.g.*, o condenado poderá ser obrigado a fornecer seus serviços profissionais em tempo e quantidade equivalentes aos dez salários (se for mecânico, ficaria obrigado a consertar veículos de um hospital público, em quantidade equivalente ao que representaria o serviço por dez salários mínimos). Além disso, a outra sugestão – entrega de cestas básicas – é totalmente descabida. Troca-se "seis por meia dúzia", pois, se o condenado não tem como pagar a prestação pecuniária, como iria comprar as cestas básicas para entregar a terceiros? Logicamente, pena de cestas básicas não existe e, caso fixada, ofende o princípio da legalidade. O abuso, nesse campo, tornou-se tão evidente que a Lei 11.340/2006 (Violência Doméstica) chegou a vedar a pena de cesta básica expressamente (art. 17).

Jamil Chaim Alves defende a inconstitucionalidade dessa espécie de penalidade, porque fere o princípio da legalidade, por meio da taxatividade, ou seja, não pode haver pena indefinida.[8] De fato, lançar em lei penal uma *prestação qualquer de outra natureza*, podendo ser *algo* indefinido, é uma afronta à legalidade, aliás, mais uma das praticadas pelo legislador contra os princípios constitucionais penais. Por ora, tem-se observado a sua falta de aplicação, das duas uma: a) juízes não a entenderam e preferem não aplicar; b) juízes aplicam de modo completamente equivocado, já substituindo na sentença condenatória a prestação pecuniária por prestação de outra natureza, como ocorreu no caso de doação de cestas básicas para entidades assistenciais. Esta última hipótese tornou-se uma aberração jurídica, pois o juiz da condenação, ou da homologação de transação, sem consultar a beneficiária (entidade social), determina ao acusado que doe cestas básicas. Ora, essas cestas custam dinheiro e não deixam de ser uma prestação pecuniária disfarçada. Enfim, uma contradição em cima da outra.

7.1.3. *Competência para aplicação da prestação de outra natureza*

Cabe ao juízo das execuções penais. Não é admissível que o juiz da condenação, para obter a "aceitação" do beneficiário, tenha de ouvir, antes de proferir sentença, a vítima, seus dependentes ou qualquer entidade pública ou privada.

Compete ao juiz da execução penal, uma vez não paga a prestação pecuniária fixada, por absoluta impossibilidade financeira, transformá-la em prestação de *outra natureza*. Se o magistrado da condenação perceber que o réu não tem condições de arcar com esse tipo de pena, por ser pobre, deve optar por outra, dentre as previstas no Código Penal, pois não terá como fixar prestação de "outra natureza" sem ouvir, antes, o beneficiário. Ouvindo, transformará, indevidamente, sua sentença numa autêntica transação.

7.2. Perda de bens e valores

O bem é "coisa material ou imaterial que tem valor econômico e pode servir de objeto a uma relação jurídica. Nessa acepção, aplica-se melhor no plural. Para que seja objeto de uma relação jurídica será preciso que apresente os seguintes caracteres: a) idoneidade para

---

[8]   *Penas alternativas*, p. 194.

satisfazer um interesse econômico; b) gestão econômica autônoma; c) subordinação jurídica ao seu titular ou tudo aquilo que pode ser apropriado".[9]

O valor é o "papel representativo de dinheiro, como cheque, letra de câmbio etc. (direito cambiário), ou preço de uma coisa (direito civil e comercial)".[10]

Quanto à natureza jurídica da perda de bens e valores, trata-se de uma sanção penal, de caráter confiscatório, levando à apreensão definitiva por parte do Estado de bens ou valores de origem lícita do indivíduo. Afirma a Exposição de Motivos da Lei 9.714/1998 não ter tal pena a conotação de confisco, porque o crime é motivo mais do que justo para essa perda, embora não se esteja discutindo a justiça ou injustiça da medida, mas apenas o ato do Estado de apoderar-se de bens ou valores do condenado, ainda que por razão justificada. Aliás, a perda dos instrumentos e produtos do crime em favor do Estado (art. 91, II, *a* e *b*, CP) também é chamada de confisco e há justa causa para tanto. A Constituição Federal expressamente previu tal modalidade de pena (art. 5.º, XLVI, *b*), de modo que se trata de um "confisco legal".

É preciso esclarecer que os instrumentos utilizados para a prática do crime, o produto do delito ou o valor auferido como proveito pela prática do fato criminoso são confiscados, como efeito da condenação (art. 91, CP), não sendo cabível aplicar, como pena restritiva de direitos, a perda desses objetos ou valores. A perda deve recair sobre patrimônio de origem lícita do sentenciado, justamente para ter o caráter aflitivo de pena. Por outro lado, o limite para a imposição dessa penalidade, a fim de não se tornar abusiva e autenticamente um confisco sem causa, é o montante do prejuízo produzido (ex.: no crime de dano, o valor do bem destruído) ou do provento obtido pelo agente (ex.: no crime de furto, o valor conseguido pelo criminoso, inclusive com os lucros auferidos). Leva-se em conta o maior valor.

7.3. Prestação de serviços à comunidade ou a entidades públicas

É a pena restritiva de direitos, embora com conotação privativa de liberdade, pois o condenado fica sujeito a recolher-se em entidades públicas ou privadas, durante determinadas horas da sua semana, para atividades predeterminadas. Explica SÉRGIO SALOMÃO SHECAIRA: "As penas restritivas de direitos molestam o exercício do direito de liberdade, sem, contudo, retirar o homem do convívio social. Eis aí a diferença da pena prisional".[11]

Esclarecem RODRÍGUEZ MAGARIÑOS e NISTAL BURÓN que "o trabalho em benefício da comunidade nasce no campo do direito penal dos jovens nas medidas abertas para tratar de envolvê-los em critérios de responsabilidade. (...) A sanção da pena de trabalhos em benefício da comunidade que surgiu no novo Código Penal [espanhol] de 1995 tem certa tradição no resto da Europa. Assim, esta sanção já se achava prevista no século XIX em alguns Estados alemães e parecia já reconhecida pelo Código Penal norueguês em 1902. (...) Estabelece-se como uma sanção que limitava o tempo livre do autor sem privá-lo totalmente da sua liberdade (...). Existe como pena autônoma e como alternativa à pena privativa de liberdade, estando muito vinculada à *probation*".[12]

---

[9]   MARIA HELENA DINIZ, *Dicionário jurídico*, v. 1, p. 390.

[10] MARIA HELENA DINIZ, *Dicionário jurídico*, v. 1, p. 694.

[11] *Prestação de serviços à comunidade*, p. 45.

[12] *La historia de las penas*, p. 213.

Somente após a edição da Lei 9.714/1998 estabeleceu-se um piso mínimo para a aplicação da pena de prestação de serviços à comunidade, provavelmente para incentivar o magistrado a aplicar outras modalidades de restrição de direitos, como a prestação pecuniária ou a perda de bens e valores, bem como para facilitar a fiscalização e o cumprimento – afinal, é dificultosa a mobilização para cumprir apenas um ou dois meses de prestação de serviços, escolhendo o local, intimando-se o condenado e obtendo-se resposta da entidade a tempo de, se for o caso, reconverter a pena em caso de desatendimento.

Prevê-se, na Lei do Meio Ambiente (Lei 9.605/1998), que a prestação de serviços à comunidade consistirá na atribuição de tarefas gratuitas junto a parques e jardins públicos e unidades de conservação ambiental. Quando se tratar de dano ao particular, poderá consistir na restauração, se for possível. A pessoa jurídica, por sua vez, deverá prestar os seguintes serviços à comunidade: a) custeio de programas e projetos ambientais; b) execução de obras de recuperação de áreas degradadas; c) manutenção de espaços públicos; d) contribuições a entidades ambientais ou culturais públicas.

Há de se fixar ao condenado tarefas conforme a sua aptidão. Trata-se de justa disposição feita pela lei, pois não é de se admitir que a pena de prestação de serviços à comunidade, por meio da reeducação pelo trabalho, transforme-se em medida humilhante ou cruel. Por isso, torna-se indispensável estabelecer ao condenado atividades que guardem sintonia com suas aptidões. Não há razão para se colocar um médico, *v.g.*, lavando roupa num hospital, se ele poderia ali estar oferecendo seus préstimos e dando consultas.

O legislador optou por um sistema diferente do anterior, quando o condenado cumpria sete horas por semana, durante todo o montante da pena fixada, sem poder finalizar antecipadamente. Atualmente, é preciso converter a pena em dias para se ter noção do número de horas que devem ser prestadas pelo sentenciado, inclusive porque ele pode pretender antecipar o cumprimento. Assim, há maior flexibilidade na prestação dos serviços, podendo ser fixado um cronograma de trabalho variável, tudo para não prejudicar a jornada normal de labor do condenado. Não deixa de haver certa contradição desse dispositivo com o art. 10 do Código Penal, que prevê a contagem dos dias, meses e anos pelo calendário comum, vale dizer, sem converter anos em meses, meses em dias ou dias em horas. No caso do art. 46, § 3.º, do Código Penal, no entanto, se o juiz não converter a pena estabelecida (meses ou anos) em um número certo de dias para, depois, encontrar o número de horas, fica praticamente impossível cumpri-la a contento. Trata-se, pois, de uma exceção somente para a execução penal.

O condenado pode antecipar a finalização da sua pena, desde que o montante ultrapasse um ano, justamente porque se aumentou o teto para a substituição para quatro anos. Seria injusto obrigar o condenado a permanecer por quatro anos prestando serviços a alguma entidade, diária ou semanalmente, sem que pudesse antecipar o cumprimento. Para não banalizar a antecipação, entretanto, prescreveu a lei que o término prematuro só possa atingir metade da pena fixada. Ex.: se o condenado recebeu dois anos de reclusão, substituída por dois anos de prestação de serviços à comunidade, tem a oportunidade de antecipar um ano. Portanto, durante um ano *deverá* cumprir a pena, podendo resgatar antecipadamente o outro ano. Destaque-se que a antecipação não pode ser obrigação estabelecida pelo juiz da condenação ou da execução, pois a lei é clara ao mencionar que é *facultativa*.

Em caso de inexistência de local apropriado para o cumprimento da prestação de serviços à comunidade ou a entidades públicas, embora atualmente tal situação seja rara de ocorrer, há, a nosso ver, somente duas soluções viáveis: a) aguardar a prescrição, enquanto o Estado não oferece condições concretas para o cumprimento da pena, o que é o correto, já que o mesmo se daria se estivesse foragido; b) dá-se a pena por cumprida, caso o tempo transcorra, estando o condenado à disposição do Estado para tanto. Essa não é a melhor alternativa, pois, paralelamente, somente para ilustrar, sabe-se que muitos mandados de prisão deixam de ser cumpridos por falta de vagas em presídios e nem por isso as penas "fingem-se" executadas.

Quanto ao prazo da prescrição executória, deve-se contar o início do prazo prescricional a partir do trânsito em julgado da decisão condenatória para as partes, nos termos do art. 112, I, do Código Penal, conforme entendimento do STF;[13] a causa de interrupção ocorre quando há o princípio do cumprimento da pena, conforme art. 117, V, deste Código. Ora, *cumprir a pena de prestação de serviços* significa dar início ao trabalho comunitário designado pelo juízo das execuções criminais. A mera retirada do ofício de encaminhamento a qualquer entidade (ou a singela ciência do local para onde deve seguir) é insuficiente para representar *efetivo cumprimento de pena.*

7.4. Interdição temporária de direitos

7.4.1. *Proibição do exercício de cargo, função ou atividade pública, bem como de mandato eletivo, profissão, atividade ou ofício dependentes de autorização ou regulamentação do poder público, embora na esfera privada*

Para a pessoa jurídica, estabelece-se, como interdição temporária de direitos, a suspensão total ou parcial das atividades, quando não obedecer às disposições legais ou regulamentares de proteção ao meio ambiente; a interdição temporária do estabelecimento, obra ou atividade, caso esteja funcionando sem autorização; a proibição de contratar com o poder público, ou dele receber subsídios, subvenções ou doações, por até dez anos (art. 22, Lei 9.605/1998). Para a pessoa física, aplicam-se as restrições que forem compatíveis, nos termos do art. 8.º da Lei 9.605/1998.

No mais, utiliza-se o inciso I para proibir o sujeito de exercer cargo, função ou atividade *pública*, bem como mandato eletivo, que não deixa de ser um cargo público. Adota-se o inciso II para proibir o condenado de exercer profissão, atividade ou ofício dependentes de autorização ou regulamentação do poder público, embora se encontrem na esfera privada.

As modalidades de penas previstas no art. 47 do Código Penal (proibição do exercício de cargo, função ou atividade pública, bem como de mandato eletivo; proibição do exercício de profissão, atividade ou ofício que dependam de habilitação especial, de licença ou autorização do poder público; suspensão de autorização ou de habilitação para dirigir veículo; proibição de frequentar lugares; proibição de inscrever-se em concurso, avaliação ou exame públicos) são totalmente dissociadas dos propósitos regeneradores da pena. Qual a utilidade de se proibir o condenado de exercer uma profissão ou atividade lícita? Nenhuma.

Se ele errou no exercício funcional, certamente deve pagar pelo que fez, mas jamais com a imposição estatal de não poder se autossustentar. Caso o erro seja muito grave, deve deixar o cargo, a função, a atividade, o mandato, o ofício ou a profissão em definitivo. A proibição temporária é mais severa, pois implica desorientação e desativação da vida profissional, seja ela qual for, por um determinado período, vale dizer, não se parte para outro foco de atividade de uma vez por todas, porém não se sabe se haverá condições de retornar ao antigo posto com dignidade. Imagine-se o médico que seja obrigado a permanecer um ano sem exercer sua profissão. Ele fecha o consultório, dispensa os pacientes e faz o que da sua vida? Sustenta

---

[13] ARE 848.107, Plenário, Rel. Dias Toffoli, 30.06.2023.

a si e à sua família de que modo? Não se tem notícia de sucesso nessa jogada do Estado para punir crimes cometidos no exercício profissional. Por outro lado, passado um ano, como esse médico terá condições de reabrir o consultório e reativar sua antiga clientela? É humanamente impossível tal proeza, mormente em cidades do interior, onde todos conhecem o que se passa e torna-se inviável ocultar o cumprimento da pena. Se ele for obrigado a mudar de cidade para retomar sua vida, recria-se a pena de banimento indireto ou mesmo de ostracismo, o que é cruel. Somos contrários à proibição de exercício profissional de qualquer espécie.

7.4.2. Proibição de dirigir

Diante do disposto no Código de Trânsito Brasileiro, que regulou, completamente, a pena de suspensão ou proibição de dirigir veículos, bem como sendo necessária a aplicação deste dispositivo somente aos crimes de trânsito, como determina o art. 57 do Código Penal, está ele parcialmente revogado, restando unicamente a possibilidade de o juiz determinar a suspensão de autorização para dirigir veículo, que não foi prevista na Lei do Trânsito. A autorização destina-se a ciclomotores.

7.4.3. Proibição de frequentar lugares

A proibição de frequentar determinados lugares é uma condição imposta no contexto de outras penas ou benefícios da execução penal ou de leis especiais, como o livramento condicional (art. 132, § 2.º, c, da Lei de Execução Penal), o regime aberto (art. 115 da Lei de Execução Penal, como condição geral), a suspensão condicional da pena (art. 78, § 2.º, a, do Código Penal) ou a suspensão condicional do processo (art. 89, § 1.º, II, da Lei 9.099/1995). Ainda assim é quase impossível a sua devida fiscalização, podendo-se, eventualmente e de maneira casual, apenas descobrir que o condenado ou réu vem frequentando lugares proibidos, como botequins ou zonas de prostituição.

Estabelecer tal proibição como pena restritiva de direitos autônoma e substitutiva da privativa de liberdade, com a devida vênia, foi um arroubo.[14] Imagine-se substituir uma pena de furto qualificado de dois anos de reclusão pela proibição de frequentar bares e boates por igual prazo... Se já existe descrédito na sua efetivação como condição de pena ou benefício, não cremos deva o juiz aplicá-la como alternativa à privativa de liberdade. Quiçá no futuro, quando o sistema penitenciário e de execução penal possuir efetivos métodos de cumprimento e fiscalização de penas alternativas e benefícios legais.

7.4.4. Proibição de se inscrever em certames públicos

A pena restritiva de direitos consistente em proibir o condenado de se inscrever em certames (concursos, avaliações ou exames públicos) pode ter interesse punitivo àquele indivíduo realmente programado para ingressar em carreira pública ou prestar exame ou avaliação pública. E, mesmo assim, não poderia ser a pena única; somente teria eficiência, como punição, caso cumulada com outra restrição de direitos. Afinal, as penas para o tipo penal do art. 311-A, para o qual seria aplicável tal restrição, variam de um a seis anos, logo, são elevadas.

---

[14] Nas palavras de BITENCOURT, "em relação à 'nova alternativa' [proibição de frequentar lugares], só temos de deplorar a *pobreza inventiva* do legislador, *incapaz* de 'criar' qualquer coisa de razoável qualidade técnico-jurídico-penal" (*Penas alternativas*, p. 169).

7.5. Limitação de fim de semana

A limitação de fim de semana consiste em permanecer na Casa do Albergado, ou outro local específico, durante cinco horas no sábado e cinco no domingo, para ouvir palestras educativas e participar de cursos.

Nas comarcas onde não houver Casa do Albergado ou local específico para isso deve ser essa pena evitada, para não gerar franca impunidade. Não é de se admitir que, nos moldes do regime aberto, a cumpra o sentenciado em seu próprio domicílio (prisão-albergue domiciliar), pois totalmente inexequível, por falta de fiscalização e adequação às finalidades da pena.

RESUMO DO CAPÍTULO

▶ **Penas restritivas de direito:** são as denominadas *penas alternativas*, porque funcionam por autênticas alternativas à pena privativa de liberdade. O julgador aplica, a sentença condenatória, a pena de prisão cabível; depois, se preenchidos os requisitos legais, substitui por pena restritiva de direitos, por medida de política criminal, evitando-se o encarceramento desnecessário como método punitivo principal.

▶ **Natureza jurídica:** as penas alternativas são *substitutivas* e *autônomas*. *Substituem* sempre a pena privativa de liberdade aplicada pelo juiz na sentença condenatória (exceto quando já conste do preceito secundário do tipo penal, como ocorre em alguns delitos do Código de Trânsito Brasileiro) e adquirem *autonomia*, devendo ser executadas com independência pelo juiz da execução penal.

▶ **Espécies de penas restritivas de direitos:** são as seguintes: a) prestação pecuniária; b) perda de bens e valores; c) prestação de serviços à comunidade ou entidades assistenciais; d) interdição temporária de direitos; e) limitação de fim de semana.

▶ **Requisitos para a substituição:** a) pena aplicada não superior a quatro anos, para crimes dolosos, e qualquer montante, para crimes culposos; b) crime cometido sem violência ou grave ameaça; c) não ser reincidente em crime doloso; d) a culpabilidade, os antecedentes, a conduta social e a personalidade do condenado, bem como os motivos e as circunstâncias indicarem que essa substituição seja suficiente.

▶ **Prestação pecuniária:** é o pagamento de 1 a 360 salários mínimos à vítima ou seus dependentes ou, na falta, a entidade social. Esse pagamento deve levar em conta o prejuízo causado pelo crime. Por outro lado, o pagamento feito na esfera criminal vale como adiantamento de indenização civil, razão pela qual chega a ser um instituto misto, de natureza penal-civil.

▶ **Prestação de outra natureza:** trata-se de uma oportunidade concedida pela lei para que o juiz da execução penal substitua a pena de prestação pecuniária por prestação de outra natureza, como serviços prestados pelo condenado, desde que haja concordância do beneficiário.

▶ **Perda de bens e valores:** é a pena aplicável aos crimes que possuam réus com poder aquisitivo, pois o juiz imporá a perda de bens ou valores lícitos, em lugar de cumprir pena privativa de liberdade.

▶ **Prestação de serviços à comunidade:** é a mais acertada pena alternativa, pois obriga o condenado a servir a comunidade, por intermédio de entidades assistenciais ou programas estatais, por meio de hora-tarefa (uma hora por dia de condenação). O sentenciado pode antecipar o cumprimento da pena se for superior a um ano e o juiz somente pode conceder essa pena alternativa para penas de prisão superiores a seis meses.

- **Interdição temporária de direitos:** são as seguintes: a) proibição do exercício de cargo, função ou atividade pública, bem como de mandato eletivo; b) proibição do exercício de profissão, atividade ou ofício que dependam de habilitação especial, de licença ou autorização do poder público; c) suspensão de autorização ou de habilitação para dirigir veículo; d) proibição de frequentar determinados lugares; e) proibição de inscrever-se em concurso, avaliação ou exame públicos.

- **Limitação de fim de semana:** é o recolhimento do sentenciado à Casa do Albergado, ou local específico, durante cinco horas no sábado e cinco horas no domingo, para participar de cursos e palestras educativas.

Capítulo XXX

Pena Pecuniária

1. CONCEITO E DESTINAÇÃO DA MULTA

Trata-se de uma sanção penal consistente no pagamento de uma determinada quantia em pecúnia, previamente fixada em lei, destinada ao Estado.

No caso do Estado de São Paulo, há o FUNPESP (Fundo Penitenciário do Estado de São Paulo), podendo haver iguais fundos em outras unidades da federação, com o objetivo de recolher a multa aplicada em sentenças condenatórias.

Preceitua o art. 2.º, V, da Lei Complementar federal 79/1994, criando o Fundo Penitenciário Nacional, que constituem recursos do FUNPEN as "multas decorrentes de sentenças penais condenatórias com trânsito em julgado". Entretanto, não especifica a origem de tais multas, isto é, se decorrentes de crimes previstos no Código Penal ou em leis especiais. O entendimento firmado pela Corregedoria-Geral da Justiça do Estado de São Paulo, bem como pela Secretaria da Justiça, não questionado pela União, foi no sentido de que a lei complementar federal mencionada não confere exclusividade ao Fundo Penitenciário Nacional para ser o único destinatário das multas criminais aplicadas. Afinal, a matéria vincula-se ao direito penitenciário, proporcionando a Constituição competência concorrente para legislar sobre o assunto tanto à União quanto aos Estados e Distrito Federal (art. 24, I). Assim, quando a lei federal dispuser especificamente sobre o destino da multa, cabe-lhe decidir em última análise. No entanto, quando nada mencionar a respeito, possibilita ao Estado a destinação da pena pecuniária para fundo de sua administração, como determina a Lei estadual 9.171/1995 (FUNPESP).

Em síntese, pois, o que se vislumbra é a possibilidade de a União e o Estado legislarem, concorrentemente, sobre direito penitenciário – matéria que versa sobre a destinação do valor da multa –, de forma que a mera criação do Fundo Penitenciário Nacional não faz destinar todas as penas pecuniárias para os cofres da União, sendo indispensável que haja expressa previsão legal para isso ocorrer. O Estado de São Paulo criou o Fundo Penitenciário Estadual, mencionando expressamente que as multas aplicadas em decorrência de crimes previstos no Código Penal lhe são destinadas. No mesmo prisma, confira-se a lição de FERNANDO GALVÃO: "Não se pode interpretar que a Lei Complementar 79/1994 discipline a destinação das multas aplicadas no âmbito da Justiça Estadual. Em primeiro lugar, porque ela não se refere às condenações proferidas na Justiça Estadual. Depois, porque a interpretação de que a lei complementar refere-se indistintamente às multas aplicadas na Justiça Estadual e Federal impõe forma centralizada de controle que desrespeita a competência legislativa concorrente dos Estados-membros para disporem sobre os interesses locais. É o Estado-membro que deve disciplinar como aplicar os recursos provenientes das multas provenientes de condenações criminais proferidas no âmbito da sua justiça. A disciplina estadual deve atender aos princípios gerais estabelecidos na norma federal, mas a competência legislativa da União é restrita à edição de normas gerais".[1]

2. CRITÉRIO PARA A INDIVIDUALIZAÇÃO DA PENA DE MULTA

Em primeiro lugar, convém destacar que a pena de multa obedece a um patamar variável de 10 a 360 dias-multa; cada dia-multa pode valer de 1/30 do salário mínimo até cinco vezes o valor do salário mínimo (art. 49, CP).

A concretização da pena pecuniária deve obedecer a um particular *critério bifásico*:

a) firma-se o número de dias-multa (mínimo de 10 e máximo de 360), valendo-se do sistema trifásico previsto para as penas privativas de liberdade;

b) estabelece-se o valor do dia-multa (piso de 1/30 do salário mínimo e teto de 5 vezes esse salário), conforme a situação econômica do réu.

Analisando, em maior profundidade, a questão relativa à aplicação da pena pecuniária (em nosso livro *Individualização da pena*), observamos que nada impede – ao contrário, tudo recomenda – utilize o julgador o mesmo critério estabelecido pelo art. 68 do Código Penal para a concretização do número de dias-multa. Portanto, levará em consideração não somente as circunstâncias judiciais (art. 59, CP), como também as agravantes e atenuantes, além das causas de aumento e diminuição da pena. Tal medida permite ao réu conhecer exatamente os passos que levaram o magistrado a chegar a determinado número de dias-multa.

Não há uniformidade quanto a tal método. Determinados julgados continuam entendendo ser suficiente, para o estabelecimento do número de dias-multa, apenas a avaliação dos requisitos do art. 59 do Código Penal. Outros, no entanto, seguem o critério geral para a aplicação da pena privativa de liberdade (três fases).

Em verdade, o que defendemos é um critério bifásico, cuja primeira fase é composta de três estágios, como se prevê no art. 68 do CP. Sintetizando: 1.ª fase) aplica-se a pena-base (número de dias multa); lançam-se agravantes e/ou atenuantes; finaliza-se com os aumentos e diminuições; 2.º fase) elege-se o valor de cada dia-multa.

Ilustrando, um condenado merecedor de pena privativa de liberdade acima do mínimo legal fará com que o julgador eleve, igualmente, o número de dias-multa. Outro sentenciado,

---

[1] *Direito penal* – Parte geral, p. 564.

Cap. XXX – Pena Pecuniária   605

cuja pena privativa de liberdade for fixada no mínimo legal, merece a sanção pecuniária em idêntico patamar. Não se pode olvidar, entretanto, o peculiar fator determinado pela lei para a fixação da pena de multa: o magistrado deve atentar *principalmente* para a situação econômica do réu (art. 60, *caput*, CP).

Verificando-se que sua situação financeira é consistente e elevada, deverá ter o valor de cada dia-multa estabelecido em valores superiores a um trigésimo do salário mínimo. Se, feito isso, continuar insuficiente, pode o juiz elevar o número de dias-multa. O mais relevante é que a sanção pecuniária tenha *repercussão considerável* no patrimônio do condenado.

Não se compreende a razão pela qual haja, atualmente, tanto descuido para a fixação da pena de multa, tratando o julgador, por vezes, com minúcia da pena privativa de liberdade e *padronizando* a multa em "10 dias-multa, calculado cada dia no mínimo legal". Talvez a explicação se concentre na execução da pena de multa, transferida (indevidamente) ao juízo civil e, por via de consequência, não executada na prática pelos baixos valores atingidos.

2.1. Exceções ao critério do dia-multa

Existem exceções a esse critério estabelecidas em leis penais especiais e, também, no Código Penal. Exemplo deste último é o art. 244 (abandono material), que fixa a pena em salário mínimo ("Pena – detenção de 1 (um) a 4 (quatro) anos, e multa, de uma a dez vezes o maior salário mínimo vigente no País").

Quanto às leis especiais, pode-se mencionar as disposições da Lei 8.245/1991 (Lei de Locação de Imóveis Urbanos), que prevê multa equivalente ao valor do último aluguel atualizado, bem como o art. 337-P do Código Penal, apontando que a multa não poderá ser inferior a 2% do valor do contrato licitado ou celebrado com contratação direta (no capítulo II-B: dos crimes em licitações e contratos administrativos).

3. INVIABILIDADE DE SUPORTAR O PAGAMENTO DA PENA DE MULTA OU DAS CUSTAS

Não cabe ao juiz da condenação isentar o condenado do pagamento da pena pecuniária, da mesma maneira que descabe qualquer consideração quanto ao afastamento da pena privativa de liberdade, por qualquer motivo, a não ser pelas causas expressamente previstas em lei.

Além disso, inexiste previsão legal para a referida isenção da multa. Isso significa que a inadimplência eventual do executado deve ser discutida no juízo da execução. O mesmo raciocínio aplica-se às custas, quando existentes.

4. CONSTITUCIONALIDADE DA FIXAÇÃO DO VALOR DO DIA-MULTA EM SALÁRIO MÍNIMO

Há quem sustente (hoje em menor número) ser inconstitucional o estabelecimento de sanção penal valendo-se do salário mínimo como base para o cálculo, pois o art. 7.º, IV, da Constituição vedou a sua "vinculação para qualquer fim".

Entretanto, essa não é a posição majoritária – nem acertada, em nosso entender. É nítida a finalidade do referido art. 7.º: se o salário mínimo é nacionalmente unificado e deve atender às necessidades básicas de quem o recebe, além de dever ser reajustado com periodicidade, para lhe preservar o *poder aquisitivo*, é certo que a vedação para vinculá-lo a *qualquer fim* tem o objetivo de impedir a sua utilização como índice econômico. Se assim fosse feito, cada vez que houvesse um aumento salarial, os preços subiriam e de nada teria valido o aumento concedido.

Logicamente que, sendo usado somente para efeito penal, não há nenhuma possibilidade de isso ocorrer, de modo que está atendida a finalidade do constituinte. No prisma de que a finalidade foi evitar a "indexação da economia" por meio do salário mínimo, embora tratando de outro tema, está a posição do Supremo Tribunal Federal.

O contexto da vedação deve ser corretamente analisado, pois se está tratando dos "direitos sociais", e não dos individuais, onde estaria inserido o direito penal. Aliás, como bem salienta VICENTE GRECO FILHO, "se pensamos em 'dia-multa', queremos, de certa forma, vincular o valor da pena a um período salarial ou de trabalho do acusado, de modo que a sanção corresponda não apenas a uma quantidade de dinheiro, mas também a uma parcela do esforço pessoal do réu".[2] Por isso, está correta a correlação do dia-multa com o salário mínimo, ressaltando-se que o Código de Trânsito Brasileiro, lei publicada em 1997, tornou a revalidar, expressamente, a existência do art. 49, § 1.º, do Código Penal (art. 297).

5. CONSTITUCIONALIDADE DA ATUALIZAÇÃO MONETÁRIA DA MULTA

Há quem defenda ser inconstitucional a incidência de correção monetária sobre a pena de multa, pois isso seria equivalente a estabelecer uma "pena indeterminada", o que poderia ferir o princípio da legalidade. O réu não saberia, por ocasião da prolação da sentença, o *quantum* a que estaria obrigado a pagar. Além disso, argumenta-se que, por incidir correção monetária sobre o valor fixado em salário mínimo, estaria havendo *bis in idem*, uma vez que o salário mínimo é variável e a correção também – seria uma "atualização de atualização".

Tais fundamentos, não nos convencem. Em primeiro lugar, é preciso destacar que a correção monetária não é pena, mas uma simples atualização do valor da moeda. Não se está "aumentando" a penalidade aplicada ao réu, sem que ele saiba quanto exatamente vai pagar. Ao contrário. A sanção é fixada em dias-multa com base no salário mínimo da *época do fato*, de modo que a atualização monetária pode ser feita por qualquer pessoa, não se constituindo em algo imponderável.

Por outro lado, se o valor do salário mínimo é o vigente à época do fato, é preciso destacar que não há "atualização sobre atualização", mas uma única: a partir da data do fato em diante. Não variam, ao mesmo tempo, o salário mínimo e a correção monetária.[3]

5.1. Termo inicial de incidência da correção monetária

Muito já se debateu acerca dessa questão, havendo posições sustentando que: a) o início da atualização monetária deveria ser a partir da data da sentença condenatória (quando se concretiza a sanção penal); b) a partir do trânsito em julgado da sentença condenatória para o réu (momento em que ela se torna imutável para quem deve pagar); c) a partir do trânsito em julgado para as partes (instante em que o título se torna passível de execução); d) a partir da citação do réu para pagamento (quando a multa se torna exigível); e) a partir dos cinco

---

[2] *Tóxicos*, p. 183.

[3] Assim também o ensinamento de JAIR LEONARDO LOPES, *Curso de direito penal* – Parte geral, p. 199.

Cap. XXX – Pena Pecuniária

dias – utilizando a Lei 6.830/1980 – decorridos da citação (quando há mora); f) a partir de dez dias após o trânsito em julgado da sentença condenatória (aplicação do art. 50, CP).

Tornou-se majoritária – e correta – a posição que defende a incidência da correção monetária a partir da data do cometimento da infração penal. Esta última é a posição acertada, porque o valor do dia-multa, como demonstra o § 1.º do art. 49, estabelecido com base no salário mínimo, leva em conta o salário vigente "ao tempo do fato". Logo, é perfeitamente natural que se atualize a multa, para que ela não decresça o seu montante, ligado à desvalorização da moeda, deixando de ter caráter aflitivo e tornando-se, até mesmo, inexequível, a partir da data do fato. Nem se diga que está havendo "retroatividade" indevida, pois a correção monetária não é pena, mas simples atualização do valor da moeda.

6. MULTA COMO DÍVIDA DE VALOR

6.1. A competência judiciária para a execução da pena pecuniária

A reforma da Parte Geral, promovida em 1984, inseriu a pena pecuniária em valor variável, contornando o grave problema da corrosão da moeda pela inflação, que tornava pífias as multas aplicadas. Optou-se pelo critério do *dia-multa*, fixando-se cada dia em montante referente ao salário mínimo (de 1/30 do salário mínimo até cinco vezes esse salário). Permitiu-se, em caso do não pagamento de devedor solvente, a conversão dos dias-multa em dias de prisão, seguindo critério adotado por várias legislações estrangeiras. A redação anterior do art. 51 era a seguinte: "A multa converte-se em pena de detenção, quando o condenado solvente deixa de pagá-la ou frustra a sua execução. Modo de conversão: § 1.º Na conversão, a cada dia-multa corresponderá um dia de detenção, não podendo esta ser superior a um ano. Revogação da conversão: § 2.º A conversão fica sem efeito se, a qualquer tempo, é paga a multa".

Entretanto, a partir da vigência da nova Parte Geral, em 1985, houve uma série de conversões da pena de multa em prisão (por tantos dias quantos fossem os dias-multa não quitados) de maneira frequente e ausente o indispensável critério de, antes, buscar-se a execução e constatar-se a intenção do devedor de, sendo solvente, furtar-se ao pagamento deliberadamente. Noutros termos, em lugar de executar, o Ministério Público terminava por pedir a intimação do devedor para pagar e, caso este não o fizesse espontaneamente, muitas vezes era requerida a conversão em prisão, o que terminava deferido pelo Judiciário. Houve excesso de conversões e, com isso, para um sistema carcerário, desde sempre superlotado, gerou-se uma grave crise para o recolhimento de pessoas condenadas a 10 ou 20 dias de prisão (depois de realizada a conversão dos dias-multa em dias de prisão).

Sensível a isso, o legislador editou a Lei 9.268/1996, alterando a redação do art. 51, *caput*, e revogando os §§ 1.º e 2.º. Inseriu que a multa, após o trânsito em julgado, seria considerada dívida de valor, passível de execução nos termos da dívida ativa da Fazenda Pública. Evitava-se, com isso, a conversão da multa em prisão. Desde aquela época, sempre sustentamos que a natureza jurídica da multa continuava a ser penal e deveria ser executada pelo Ministério Público na Vara das Execuções Penais. Porém, prevaleceu o entendimento, no Superior Tribunal de Justiça, de ser competente o juízo das execuções fiscais para tanto, autorizando que a Procuradoria da Fazenda promovesse a cobrança.

Em 2015, o Plenário do Supremo Tribunal Federal sinalizou, com clareza, ter a multa a natureza jurídica de sanção penal, pois o seu inadimplemento deliberado pelo devedor poderia até mesmo impedir a sua progressão de regime (Agravo Regimental na Progressão de Regime na Execução Penal 16, Plenário, rel. Luís Roberto Barroso, 15.04.2015, m.v.).

Posteriormente, em 2018, julgando a Ação Direta de Inconstitucionalidade 3.150, o Supremo Tribunal Federal deixou nítido o caráter de sanção penal da multa, afirmando a legitimidade do Ministério Público para a cobrança. Do voto do relator, Ministro Luís Roberto Barroso: "A referida modificação legislativa *não retirou da multa o seu caráter de pena*, de sanção criminal. O *objetivo da alteração legal foi simplesmente evitar a conversão da multa em detenção*, em observância à proporcionalidade da resposta penal, e para 'facilitar a cobrança da multa criminal, afastando obstáculos que, presentemente, têm conduzido à prescrição essa modalidade de sanção' (Exposição de Motivos nº 288, de 12 de julho de 1995, do Ministro da Justiça). Em rigor, *a alteração legislativa nem sequer poderia cogitar de retirar da sanção pecuniária o seu caráter de resposta penal*, uma vez que o art. 5º, XLVI, da Constituição, ao cuidar da individualização da pena, faz menção expressa à multa, ao lado da privação da liberdade e de outras modalidades de sanção penal. Coerentemente, o art. 32 do Código Penal, ao contemplar as espécies de pena, listou expressamente a multa (art. 32, III). (...) Como tenho sustentado em diversas manifestações, o sistema punitivo no Brasil encontra-se desarrumado. E cabe ao Supremo Tribunal Federal, nos limites de sua competência, contribuir para sua rearrumação. Nas circunstâncias brasileiras, o direito penal deve ser moderado, mas sério. Moderado significa evitar a expansão desmedida do seu alcance, seja pelo excesso de tipificações, seja pela exacerbação desproporcional de penas. Sério significa que sua aplicação deve ser efetiva, de modo a desempenhar o papel dissuasório da criminalidade, que é da sua essência. Em matéria de criminalidade econômica, *a pena de multa há de desempenhar papel proeminente. Mais até do que a pena de prisão* – que, nas condições atuais, é relativamente breve e não é capaz de promover a ressocialização –, cabe à multa o *papel retributivo e preventivo* geral da pena, desestimulando, no próprio infrator ou em infratores potenciais, a conduta estigmatizada pela legislação penal. Por essa razão, sustentei no julgamento da Ação Penal 470 que a multa deveria ser fixada com seriedade, em parâmetros razoáveis, e que seu pagamento fosse efetivamente exigido" (ADI 3.150-DF, Plenário, rel. Luís Roberto Barroso, 13.12.2018, m.v., grifamos).

Na sequência, a Lei 13.964/2019 alterou o art. 51, incluindo, expressamente, ser competente para a execução da pena de multa o juízo das execuções penais e, por óbvio, caber ao Ministério Público dar início ao procedimento de cobrança, embora continue a prevalecer o entendimento de que a multa deve ser tratada como se fosse *dívida de valor*, não cabendo prisão em face do seu inadimplemento.

Antes de iniciar essa execução, no entanto, parece-nos ideal que o juiz da condenação (ou mesmo o da execução penal) determine a intimação do sentenciado, nos termos do art. 50 do Código Penal, a pagá-la em dez dias, voluntariamente. Se houver insucesso, o executado deve ser citado (pelo correio, pessoalmente ou por edital) para, no prazo de 5 (cinco) dias, pagar a dívida atualizada pela correção monetária. O devedor, então, pode efetuar o depósito, oferecer fiança bancária, nomear bens à penhora ou indicar à penhora bens oferecidos por terceiros e devidamente aceitos. Se não o fizer, devem ser penhorados bens suficientes para garantir a execução. Após, realizar-se-á leilão público.

6.2. A extinção da punibilidade da pena de multa enviando-se certidão de dívida ativa para a esfera cível

Após ter se tornado jurisprudência majoritária, no sentido de que a competência para executar a pena de multa cabia à Vara Cível, surgiu outra questão a complicar o cenário.

Alguns julgados começaram, a pedido do condenado, a julgar extinta a sua punibilidade na órbita penal, mesmo *sem o pagamento da multa*, sob o pretexto de enviar o caso à competência executória do juiz civil. Noutros termos, o juiz da execução penal (ou o Tribunal) declarava extinta a punibilidade e, após, enviava certidão da dívida para ser executada no cível.

Ora, assim fazendo, a pretensa dívida civil perdia seu lastro, consistente na punibilidade do acusado, afinal, a multa não vinha do nada, mas, sim, da prática de um crime. Sempre que um delito é cometido, nasce a pretensão punitiva do Estado. Reconhecida a procedência da ação penal, a pretensão punitiva se concretiza, podendo realizar-se por meio da pena de multa. A partir disso, emerge a pretensão executória do Estado, que se calca na punitiva. Quando se extingue a pretensão punitiva, desfaz-se a executória.

Restava a seguinte indagação: o que se pretendia cobrar no cível? De onde emergia a legitimidade do título executório, pois o direito material foi eliminado? Segundo sempre sustentamos, caso se julgasse – indevidamente – extinta a punibilidade na esfera criminal, o título executivo civil perdia a sua força e não poderia mais ser cobrado. A visão segundo a qual a extinção da punibilidade no âmbito penal não tinha nada a ver com o título executivo civil, gerado pela inscrição da dívida, era equivocada *na mesma medida* em que se pode defender que o tributo anistiado por lei não mais pode ser cobrado, mesmo se já inscrita a dívida. Afinal, se o direito material fenece, inexiste execução independente.

Enfim, a situação nos parece corrigida, agora, encaminhando-se a execução da multa penal para a Vara das Execuções Criminais, *sem possibilidade de extinção de punibilidade, antes do pagamento*. Essa é a posição atualmente adotada pelo Superior Tribunal de Justiça. Há, entretanto, uma exceção criada por esta Corte Superior: se o devedor da multa, cumulada com pena privativa de liberdade, tiver cumprido esta última, comprovando a sua hipossuficiência em face da pena pecuniária, ainda não quitada, pode-se extinguir a sua punibilidade. Baseia-se na dignidade da pessoa humana que não poderia permanecer com vários direitos suspensos, por ainda dever a pena de multa ao Estado, em função de sua miserabilidade. É preciso, no entanto, *comprovar* em juízo de execução penal a hipossuficiência demonstrando, em confronto, os ganhos do devedor (ou ausência de salário) em face do débito existente, que, inclusive, pode ser parcelado, conforme dispõe a Lei 7.210/1984.

6.3. Multa irrisória

Havia esse debate quando a pena de multa era fixada em valores monetários (exemplo, à época: CR$ 1.000,00). Em tempos de inflação galopante, o valor da moeda era continuamente desfigurado, a ponto de ser apto a gerar uma situação paradoxal: no momento de pagar a multa, nem mais havia a moeda referente à condenação.

Por isso, muitos penalistas defenderam, no passado, a inviabilidade de se cobrar multa de valor irrisório, pois o seu recolhimento, se pudesse ser realizado, nem cobriria os custos do processo.

Atualmente, a multa é estabelecida em dias-multa, valendo cada dia de 1/30 a cinco vezes o salário mínimo, além de existir a incidência de correção monetária; portanto, inexiste multa de valor irrisório. Qualquer montante tem sempre lastro na moeda vigente para efeito de cobrança.

Todas as quantias devem ser devidamente exigidas dos sentenciados, de modo a evitar a impunidade.

6.4. Condenado preso e cobrança da multa

Pode-se cobrar do preso, se o sentenciado trabalhar e tiver remuneração. Nesse caso, desconta-se uma quantia – de 1/4 a 1/10, conforme o caso – do que ele receber mensalmente. A execução, no entanto, só tem início quando ele estiver em liberdade, mesmo que em gozo de livramento condicional ou outro benefício (art. 170, LEP).

O parcelamento encontra-se previsto na Lei de Execução Penal. Em nosso entendimento, mesmo seguindo os padrões de execução fixados para as dívidas ativas da Fazenda Pública, nada impede a facilitação para a quitação do débito.

Assim, de acordo com o disposto nos arts. 168 e 169 da Lei de Execução Penal, pode-se determinar a cobrança da multa por meio de desconto no vencimento ou salário do condenado, observado o limite máximo de 1/4 da remuneração percebida e o mínimo de 1/10. O parcelamento pode ser requerido pelo sentenciado e concedido pelo juiz, para ser realizado em prestações iguais e sucessivas, de acordo com a situação econômica que apresente.

6.5. *Habeas corpus* e pena de multa

O uso do *habeas corpus*, para discutir questões concernentes à multa, é incabível, por ausência de constrangimento à liberdade, mormente hoje, quando não mais cabe a conversão da pena pecuniária em privativa de liberdade.

6.6. Causas interruptivas e suspensivas da prescrição

Suspende-se a prescrição enquanto não for localizado o devedor ou não forem encontrados bens sobre os quais possa recair a penhora (art. 40 da Lei 6.830/1980). Segundo o disposto no art. 174, parágrafo único, do Código Tributário Nacional, interrompe-se a prescrição: "I – pelo despacho do juiz que ordenar a citação em execução fiscal; II – pelo protesto judicial; III – por qualquer ato judicial que constitua em mora o devedor; IV – por qualquer ato inequívoco ainda que extrajudicial, que importe em reconhecimento do débito pelo devedor".

No entanto, o *prazo* prescricional continua regido pelo Código Penal, art. 114 (dois anos, quando a multa for a única cominada ou aplicada; no mesmo prazo da pena privativa de liberdade quando estiver a ela atrelada, abstrata ou concretamente).

RESUMO DO CAPÍTULO

▸ **Multa:** é a sanção pecuniária, imposta pelo Estado, em valores concernentes a dias-multa, cujo recolhimento deve seguir ao Fundo Penitenciário (federal ou estadual).

▸ **Montante e valor da pena de multa:** a pena de multa equivale de 10 a 360 dias-multa; cada dia-multa pode valer de 1/30 a 5 vezes o salário mínimo.

▸ **Fixação da pena de multa:** o sistema é bifásico da seguinte forma: a) em primeiro lugar, o juiz deve fixar quantos dias-multa; para isso, respeita o sistema trifásico (pena-base, com fundamento no art. 59 do CP; agravantes e atenuantes; causas de aumento e diminuição); b) em segundo lugar, o julgador deve escolher o valor do dia-multa, que deve variar entre 1/30 do salário mínimo até cinco vezes o salário mínimo. Essa fixação precisa obedecer a capacidade econômica do acusado.

▸ **Competência para executar a pena de multa:** a atual redação do art. 51 do Código Penal é clara, indicando ser o juízo das execuções penais. O órgão legitimado a cobrá-la é o Ministério Público.

Capítulo XXXI

Cominação de Penas

1. CONCEITO DE COMINAÇÃO DE PENAS

É a prescrição, em abstrato, de penas, formulada no preceito secundário do tipo penal incriminador. Exemplo: Homicídio, art. 121: "Matar alguém" (preceito primário): "Pena – reclusão, de 6 (seis) a 20 (vinte) anos" (preceito secundário). Em nota ao Capítulo I, deste Título, demonstrou-se que a cominação se faz de modo isolado, cumulativo ou alternativo.

2. PENAS PRIVATIVAS DE LIBERDADE

Dispõe o art. 53 do Código Penal que "as penas privativas de liberdade têm seus limites estabelecidos na sanção correspondente a cada tipo legal de crime". Trata-se da previsão específica exigida pelo princípio constitucional da legalidade: não há crime nem pena sem lei anterior que os defina (art. 5.º, XXXIX, CF).

Por essa razão, os limites mínimo e máximo não podem ser rompidos, no momento de aplicação da pena, nem pelas circunstâncias judiciais (art. 59, CP), tampouco pelas agravantes e atenuantes (arts. 61 a 66, CP). As causas de aumento e diminuição da pena podem alterar os limites porque sempre estão jungidas ao tipo penal.

3. PENAS RESTRITIVAS DE DIREITOS

O art. 54 do Código Penal demonstra que as penas restritivas de direitos podem ser aplicadas, mesmo sem previsão específica nos preceitos secundários dos tipos penais incriminadores. Por isso, as penas alternativas constam somente na Parte Geral do Código (art. 43, CP) e possuem o caráter substitutivo das penas privativas de liberdade.

Aliás, o referido art. 54 está defasado, pois menciona a viabilidade de substituição quando a pena privativa de liberdade for inferior a um ano ou em crimes culposos. No entanto, a Lei 9.714/1998 alterou esse montante, possibilitando a substituição, como se pode constatar pelo art. 44 do Código Penal, a penas de até quatro anos de reclusão ou detenção e qualquer quantidade para delitos culposos.

As penas de prestação de serviços à comunidade ou a entidades públicas, interdição temporária de direitos e limitação de fim de semana devem ter a mesma duração das penas privativas de liberdade, justamente porque o preceito secundário dos tipos penais incriminadores não traz o montante, em abstrato, das penas restritivas de direitos (art. 55, CP). Assim, necessita o juiz aplicar a pena privativa, dentro dos critérios de individualização, para, depois, substituí-la pela restrição de direitos. O inciso III, mencionado no art. 55, não tem aplicação, pois dizia respeito à pena de recolhimento domiciliar, que foi vetada.

Há somente uma pena restritiva de direitos que pode ser antecipada, que é a prestação de serviços à comunidade ou entidades públicas, pois não teria cabimento antecipar a limitação de fim de semana ou a interdição de direitos, por absoluta incompatibilidade com a finalidade da pena e com o modo de cumprimento.

Pretende o legislador estabelecer a substituição de pena privativa de liberdade por interdição temporária de direitos somente nas hipóteses em que o exercício do direito vetado tivesse direta ligação com o crime praticado. Assim, nos casos de "proibição do exercício de cargo, função ou atividade pública, bem como de mandato eletivo" e de "proibição do exercício de profissão, atividade ou ofício que dependam de habilitação especial, de licença ou autorização do poder público", torna-se imperiosa a vinculação da atividade exercida pelo agente com o delito cometido, tal como seria se o médico, no exercício da sua profissão, cometesse uma lesão culposa ou um homicídio culposo, bem como no caso do funcionário público que, no exercício do cargo, praticasse peculato.

O descumprimento injustificado da interdição de direitos pode levar a duas situações: a) dá margem à reconversão da pena restritiva de direitos em privativa de liberdade, como firmado pelos arts. 44, § 4.º, do Código Penal e 181, § 3.º, da Lei de Execução Penal; b) provoca a reconversão e, também, incide o agente na figura típica do art. 359 do Código Penal: "Exercer função, atividade, direito, autoridade ou múnus, de que foi suspenso ou privado por decisão judicial".

A primeira corrente é a mais adequada, pois o não cumprimento da restrição imposta pelo juiz já possui sanção específica na lei, que é a reconversão da pena em privação da liberdade. Não há cabimento em punir o réu duas vezes. Por outro lado, há que ressaltar a existência do art. 307 do Código de Trânsito Brasileiro, prevendo que a violação da suspensão ou proibição de se obter a permissão ou habilitação para dirigir veículo é crime. Nesse caso, quando a pena restritiva imposta for cumulativa com sanção privativa de liberdade, não havendo como proceder à reconversão, deve o agente ser punido pelo crime autônomo. Entretanto, se a pena restritiva de proibição de dirigir for substitutiva da privativa de liberdade, é preciso aplicar a reconversão, sem incidência no mencionado art. 307 – idêntico tratamento que se dá à interpretação do art. 359 do Código Penal.

Por derradeiro, é preciso ressaltar não mais ter aplicação o disposto pelo art. 47, III, do Código Penal, ao qual se refere o art. 57, na parte referente à habilitação para dirigir veículos, pois se encontra integralmente regulada pelo Código de Trânsito Brasileiro. Resta a suspensão da autorização para dirigir automotor.

4. MULTA

Antes da Reforma Penal de 1984, os tipos penais incriminadores traziam, no preceito secundário, os montantes concernentes às multas (exemplo: no crime de furto – art. 155 – previa-se a pena de multa de mil cruzeiros a vinte mil cruzeiros). Tal sistema foi abolido, especialmente por conta da corrosão do valor da moeda imposta por períodos de inflação, que tornava inútil a aplicação da pena pecuniária. Houve substituição pelo critério do "dia-multa", como exposto no capítulo que cuidou da pena de multa.

RESUMO DO CAPÍTULO

▸ **Cominação de pena:** significa fixar a pena abstrata (da mínima à máxima) para o tipo penal incriminador. É tarefa do Poder Legislativo, ao criar um delito novo.

▸ **Limites da pena:** a privativa de liberdade traz, no tipo secundário, também chamado de preceito sancionador, o mínimo e o máximo previstos para o delito (ex.: homicídio simples, pena: reclusão, de seis a vinte anos), que não devem ser ultrapassados, a não ser que haja, no processo de fixação da pena, causas de aumento ou diminuição expressos em lei.

▸ **Penas restritivas de direito:** são sempre substitutivas das penas privativas de liberdade.

▸ **Multa:** é a pena pecuniária, calculada, em abstrato, em dias-multa, com o mínimo de 10 dias-multa e o máximo de 360 dias-multa.

Capítulo XXXII

Aplicação da Pena

1. CONCEITO

Trata-se de um processo judicial de discricionariedade juridicamente vinculada visando à suficiência para prevenção e reprovação da infração penal. O juiz, dentro dos limites estabelecidos pelo legislador (mínimo e máximo, abstratamente fixados para a pena), deve eleger o *quantum* ideal, valendo-se do seu livre convencimento (discricionariedade), embora com fundamentada exposição do seu raciocínio (juridicamente vinculada). A jurisprudência tem consagrado esse entendimento, destacando não existir um critério aritmético para a escolha do *quantum* da pena aplicada, ratificando a discricionariedade do julgador, desde que justifique o seu entendimento e atue com senso de justiça.[1]

Consiste na aplicação prática do princípio constitucional da individualização da pena (art. 5.º, XLVI, CF). Na visão de LUIZ LUISI, "é de entender-se que na individualização judiciária da sanção penal estamos frente a uma 'discricionariedade juridicamente vinculada'. O Juiz está preso aos parâmetros que a lei estabelece. Dentre deles o Juiz pode fazer as suas opções, para chegar a uma aplicação justa da lei penal, atento às exigências da espécie concreta, isto é, às suas singularidades, às suas nuanças objetivas e principalmente à pessoa a que a sanção se destina. Todavia, é forçoso reconhecer estar habitualmente presente nesta atividade do julgador um coeficiente criador, e mesmo irracional, em que, inclusive inconscientemente, se projetam a personalidade e as concepções de vida e do mundo do Juiz. Mas, como acentua Emílio Dolcini, não existe uma irremediável e insuperável antinomia entre o 'caráter criativo e o caráter

---

[1] Superior Tribunal de Justiça: AgRg nos EDcl no AREsp 1.800.443/PR, 6.ª T., rel. Rogerio Schietti Cruz, 08.03.2022, *DJe* 16.03.2022; AgRg no HC 736.390/RS, 5.ª T., rel. Reynaldo Soares da Fonseca, 24.05.2022, *DJe* 30.05.2022.

vinculado da discricionariedade', pois este componente emocional e imponderável pode atuar na opção do Juiz determinando-lhe apenas uma escolha dentre as alternativas explícitas ou implícitas contidas na lei".[2]

Diz a Exposição de Motivos do Código de Processo Penal: "A sentença deve ser *motivada*. Com o *sistema do relativo arbítrio judicial na aplicação da pena*, consagrado pelo novo Código Penal, e o do *livre convencimento* do juiz, adotado pelo presente projeto, é a *motivação* da sentença que oferece garantia contra os excessos, os erros de apreciação, as falhas de raciocínio ou de lógica ou os demais vícios de julgamento. No caso de absolvição, a parte dispositiva da sentença deve conter, de modo preciso, a razão específica pela qual é o réu absolvido. É minudente o projeto, ao regular a *motivação* e o *dispositivo* da sentença" (grifamos). Desde 1940, o legislador atribuiu ao juiz imensa discricionariedade na fixação da pena, determinando-lhe alguns parâmetros dos quais não se deve furtar.

Entretanto, no dizer de Roberto Lyra, "é preciso que o juiz, habituado ao angustioso formalismo do sistema anterior, se compenetre desse arbítrio para enfrentá-lo desassombra- damente e exercê-lo desembaraçadamente, a bem da efetividade da individualização, dentro da indeterminação relativa da pena".[3] Nessa tarefa, o magistrado transcende as vestes de juiz e deve averiguar quem é o ser humano em julgamento, valendo-se de sua habilidade de cap- tação dos informes trazidos pelo processo, além de seu natural bom senso. A aplicação da pena é uma atividade significativa do julgador e não merece ser atrelada a critérios estreitos, tampouco deve-se desmerecer o juiz, alegando não possuir ele capacidade para conhecer e aplicar elementos extraídos da psicologia, da sociologia e das demais ciências humanas.

Welzel, sobre a adaptação individual da pena ao autor do crime, professa que "a pena deve ser adequada ao autor individual. Uma mesma pena (eventualmente reclusão) para o mesmo fato pode ser para um dos autores um episódio curto, único, em sua vida (e, portanto, justo), ao passo que, para outro, pelo contrário (eventualmente um empregado) pode significar o fracasso de sua vida (e por isso ser injusta)".[4]

Michel Foucault esclarece que "a operação penal inteira carregou-se de elementos e personagens extrajurídicos. Pode-se dizer que não há nisso nada de extraordinário, que é do destino do direito absorver pouco a pouco elementos que lhe são estranhos. Mas uma coisa é singular na justiça criminal moderna: se ela se carrega de tantos elementos extrajurídicos, não é para poder qualificá-los juridicamente e integrá-los pouco a pouco no estrito poder de punir; é, ao contrário, para poder fazê-los funcionar no interior da operação penal como elementos não jurídicos; é para evitar que essa operação seja pura e simplesmente uma punição legal; é para escusar o juiz de ser pura e simplesmente aquele que castiga".[5]

Sobre a aplicação individualizada da pena, Ivair Nogueira Itagiba menciona o se- guinte: "no exame do crime, afora a causalidade material, tem o julgador, que não é mecânico aplicador da lei, mas, à verdade, moralista, sociólogo e jurisperito, de proceder à cautela, prudentemente, ao pesquisar a causalidade psíquica. O macrocosmo do crime abre margem a modalidades complexas e infinitiformes. Um caso concreto pode semelhar-se a outro. Não são, todavia, iguais. Aqui reponta uma particularidade, ali surge uma minudência, acolá aparece uma circunstância diversa. Critérios aprioristicos, objetivos e dosimétricos, moldes e tarifas,

---

[2]   *Os princípios constitucionais penais*, p. 38.

[3]   *Comentários ao Código Penal*, v. 2, p. 180-181.

[4]   *Derecho penal alemán*, p. 306, traduzimos.

[5]   *Vigiar e punir*, p. 23.

nada existe capaz de servir com precisão matemática de roteiro infalível a todos os casos. Há elementos indicativos na lei, na doutrina e na jurisprudência que orientam a inteligência em busca da verdade. Subjetivar e individualizar, concretizar o espiritual, e espiritualizar o concreto, coisas que o juiz é forçado a fazer na fixação da pena, imposta de conformidade com o característico quantitativo e qualificativo do dolo, é, sem mínima dúvida, tarefa ingente".[6]

Há uma enorme vantagem aos réus, especialmente os primários e de bons antecedentes, a individualização da pena, pois é a única válvula de escape para que não sejam comparados e padronizados aos delinquentes profissionais ou habituais. Se as penas forem *matematicamente* aplicadas, somente com critérios objetivos, até mesmo entre primários, sem antecedentes, haverá injustiça, pois os comportamentos de ambos, no cometimento do mesmo crime, podem ser totalmente diversos. Somente aspectos subjetivos podem permitir ao juiz distinguir entre réus, ainda que use o fato praticado como parâmetro para julgá-los.

Desenvolvemos detalhadamente o tema da aplicação da pena em nosso trabalho *Individualização da pena*.

2. CIRCUNSTÂNCIAS JUDICIAIS

São as circunstâncias que envolvem o crime, nos aspectos objetivo e subjetivo, extraídas da livre apreciação do juiz, desde que respeitados os parâmetros fixados pelo legislador no art. 59 do Código Penal, constituindo efeito *residual* das circunstâncias legais.

Em outras palavras, encontrado o tipo básico, isto é, havendo prova da ocorrência do crime (ex.: homicídio = matar alguém), passa o magistrado a aplicar a pena. Para tanto, serve-se de todas as circunstâncias (elementos que envolvem a infração penal), devendo ter a cautela de identificar, logo de início, as que são legais – previstas expressamente em lei (qualificadoras/privilégios; causas de aumento/diminuição; agravantes/atenuantes) – das que são judiciais – extraídas da construção do juiz, conforme dados fáticos encontrados nos autos.

Por isso, embora o magistrado inicie a fixação da pena pela análise das denominadas circunstâncias judiciais do art. 59, não é demais ressaltar que elas são residuais, ou seja, se não constituírem qualificadoras/privilégios, causas de aumento/diminuição ou agravantes/atenuantes, podem ser levadas em conta na eleição do *quantum* da pena-base. Exemplo: no homicídio, o motivo fútil materializa uma qualificadora (art. 121, § 2.º, II, CP), logo, não pode ser considerado no item *motivos*, previsto igualmente no art. 59. E, também, não pode ser levado em conta na análise das agravantes, que envolvem o *motivo fútil* (art. 61, II, *a*, CP).

Em suma, a circunstância que não estiver expressamente prevista em lei como qualificadora/privilégio, causa de aumento/diminuição ou agravante/atenuante pode servir ao

---

[6] *Do homicídio*, p. 132.

magistrado para compor, livremente, mas com fundamento nas provas dos autos, o contexto das circunstâncias judiciais do art. 59.

Convém mencionar interessante argumento utilizado por CHOCLÁN MONTALVO, ao justificar o emprego de analogia para estabelecer um parâmetro entre as circunstâncias judiciais, que são vagas, com as circunstâncias legais (agravantes e atenuantes), visando à maior segurança ao próprio condenado: "com a cláusula da analogia exposta, a individualização da pena ganha em segurança jurídica: o Juiz penal poderá motivar suficientemente por que um fato merece maior ou menor sanção em função do parentesco de significado com algumas das circunstâncias de agravação ou atenuação contidas na parte geral do Código ou nos tipos da parte especial (...). Neste contexto, e assim entendido o problema, é possível considerar a *agravante por analogia* como fator de individualização da pena".[7]

2.1. Momentos de ocorrência e de avaliação

As circunstâncias do crime – judiciais ou legais – são utilizadas para a fixação da pena; porém, como regra, o juiz deve avaliar apenas as circunstâncias, positivas ou negativas, de caráter subjetivo, *anteriores* à data do fato criminoso. Ex.: personalidade, conduta social, antecedentes.

Outras precisam ser avaliadas no momento da prática do delito, tais como motivos e circunstâncias. Algumas podem ser examinadas antes e depois do crime, como o comportamento da vítima. E há aquela a ser verificada após o delito: consequências da infração penal.

Assim, por ocasião da sentença condenatória, para individualizar a pena, toda a vida do réu, *antes* do delito, será devidamente analisada. O que acontecer após essa data, abrangendo sua vida pessoal, durante a investigação ou o processo, não serve de base para a mensuração da pena.

3. A POLÍTICA DA PENA MÍNIMA

Tem sido hábito de vários juízes brasileiros, de qualquer grau de jurisdição, optar, quase sempre, pela aplicação da pena mínima aos acusados em julgamento. Desprezam-se, em verdade, os riquíssimos elementos e critérios dados pela lei penal para escolher, dentre o mínimo e o máximo cominados para cada infração penal, a pena ideal e concreta para cada réu.

Não se compreende, de maneira racional, o que leva o Judiciário, majoritariamente, a eleger a pena mínima como base para a aplicação das demais circunstâncias legais. Afinal, o art. 59, mencionando oito elementos diversos, almeja a aplicação da pena em parâmetros diferenciados para os réus submetidos a julgamento. A padronização da pena é contrária à individualização, de modo que é preciso alterar essa conduta ainda predominante. Não se está em busca da *pena máxima*, mas da pena justa. Ser contrário à *política* da pena mínima significa ser a favor do princípio constitucional da individualização da pena. Os acusados, mesmo quando autores de delitos advindos de idêntico tipo penal, não são seres humanos iguais; cada um tem a sua personalidade, o seu modo de ser e agir, a sua particular conduta social, podendo registrar – ou não – antecedentes.

Sob outro prisma, ilustrando, dois roubos jamais são idênticos, até mesmo no modo de execução e nas consequências produzidas. As vítimas são diversas e o seu comportamento

---

[7] *Individualización judicial de la pena* – Función de la culpabilidad y la prevención en la determinación de la sanción penal, p. 180.

também. A lamentável *política da pena mínima* simboliza um desapego notório aos elementos expostos no art. 59 do Código Penal, seja por puro comodismo, seja por desconhecimento. É dever do julgador motivar suas sentenças; o dispositivo, em que se fixa a pena, é parcela relevante da decisão e não prescinde de fundamentação. Dizer que o estabelecimento da pena mínima faz presumir que todas as circunstâncias do art. 59 são favoráveis é um contorcionismo jurídico apenas e tão somente para evitar o trabalhoso processo de justificação. Fosse assim, absolver o réu, igualmente, prescindiria de motivação, afinal, vigora o princípio constitucional da presunção de inocência. Se ele for considerado *inocente*, encontra-se em seu estado natural, logo, independe de motivação. Presume-se não ter havido provas para condená-lo. Por óbvio, cuida-se de um sofisma, o mesmo que pode ser utilizado no cenário da *política da pena mínima*, buscando eximir o juiz de cumprir seu dever.

Inexiste preceito legal autorizando a *ausência de fundamentação* de qualquer decisão judicial; aliás, se existisse, seria inconstitucional, considerando o disposto pelo art. 93, IX, da CF. Demonstrando sua contrariedade a esse método e cuidando da reprovação social prevista no art. 59 do Código Penal, manifesta-se LUIZ ANTONIO GUIMARÃES MARREY nos seguintes termos: "Esse juízo de reprovação tem por base a conduta realizada pelo agente, cabendo ao juiz ponderar, na aplicação da pena, 'a forma e o modo de execução da ação descuidada, em face das exigências concretas de cuidado', para estabelecer 'a gradação material do perigo'. Justifica-se, portanto, o aumento da pena-base, em atenção à culpabilidade do acusado e às circunstâncias em que delinquiu, quando menos para não assimilar hipóteses distintas a situações rotineiras, como se não apresentassem uma gravidade específica, peculiar e inconfundível com modestas vulnerações à ordem pública. A lei procura, claramente, separar o joio do trigo, recomendando o aumento da pena de modo proporcional aos efeitos da conduta, tanto mais quando sempre manda ter em conta, na primeira fase do cálculo, as 'consequências' do crime (*CP, art. 59*). Logicamente, a maior extensão dos danos deve repercutir na dimensão das penas, forçando a elevação do castigo. *A despeito disso, há anos generalizou-se no foro o hábito de impor os castigos nos limites mínimos, com abstração das circunstâncias peculiares a cada delito. Entretanto, pena- -base não é sinônimo de pena mínima.* Não se sabe bem o que leva Magistrados tão diferentes, das mais diversas comarcas do Estado, a assimilar os mais distintos casos, para puni-los, quase invariavelmente, no mesmo patamar, como se não apresentassem uma gravidade específica, própria e inconfundível. Decididamente, não é por falta, na lei, de parâmetros adequados.

"Tome-se o delito de roubo, para análise: na figura fundamental, dispõe o julgador de generosa escala (4 a 10 anos de reclusão), para acomodar os diversos episódios delituosos. Apesar disso, pouco importando as circunstâncias e consequências do delito, a culpabilidade revelada pelo autor, a conduta social deste e os motivos de sua prática, quase sempre se pune o assaltante, na base, com o quatriênio, como se todos aqueles fatores pudessem ser desconsiderados na composição da reprimenda. Com a indiscriminada imposição das penas mínimas, vem-se tratando de modo igual situações completamente distintas, de sorte a que, na prática, não se notem diferenças sensíveis na punição, que é a mesma ou quase a mesma, tenha sido o roubo cometido sob um impulso momentâneo, figurando como objeto bem de escasso valor, com subjugação de uma única vítima, sem requintes de perversidade, ou decorra, ao contrário, de um premeditado projeto, lentamente acalentado, com intimidação de diversas pessoas, para obtenção de lucro fácil, destinado a sustentar o ócio de profissionais da malandragem. Essa tendência encerra, em verdade, dupla injustiça. A mais evidente é com a própria sociedade, pois, devendo a sentença refletir no castigo o senso de justiça das pessoas de bem, não atende a tão elevado propósito essa praxe de relegar a plano subalterno os critérios legais de fixação da pena, preordenados a torná-la 'necessária e suficiente para reprovação e prevenção do crime' (Código Penal, art. 59, *caput*)".[8] Sobre o tema, inclusive com pesquisa feita na Vara das Execuções Criminais de São Paulo, o leitor poderá encontrar mais dados em nosso livro *Individualização da pena*.

3.1. Fixação acima do mínimo legal

É defeso ao magistrado deixar de levar em consideração as oito circunstâncias judiciais existentes no art. 59, *caput*, para a fixação da pena-base. Apenas se todas forem favoráveis, tem cabimento a aplicação da pena no mínimo. Não sendo, deve ela situar-se acima da previsão mínima feita pelo legislador.[9]

Esse é um ponto estratégico na individualização da pena, justamente para evitar a nociva padronização. A quem merece pena superior ao mínimo, deve o juiz saber aplicá-la, por uma questão de justiça.

4. POSSIBILIDADE DE APLICAÇÃO DA PENA MÁXIMA

O critério da individualização da pena, evitando-se a indevida padronização da sanção penal, é fruto de dispositivo constitucional e de detalhado critério estabelecido pelo Código Penal, merecendo, pois, ser aplicado, quando for cabível. Nessa trilha, mantendo pena máxima aplicada a réu, considerado "justiceiro" perigoso, tivemos a oportunidade de aplicar ao réu a pena máxima. O Tribunal de Justiça de São Paulo a confirmou: "ocorre que, *in casu*, o d. Magistrado fundamentou a pena, vale repetir, com inegável acerto, determinando o seguinte: '(...) Assim, estabeleço, novamente, o montante de trinta anos como pena-base, porque o réu possui personalidade integralmente voltada e dedicada ao crime, caráter francamente deturpado, vida social baseada no cometimento de gravíssimos delitos a sangue frio, necessitando de plena reeducação. Note-se que, no caso presente, a vítima foi executada na frente dos familiares, em típica atividade de extermínio, chaga social na cidade de São Paulo. A Constituição e o Código Penal determinam que o magistrado individualize a pena dentre o mínimo e o máximo possíveis. Não creio que exista outra hipótese fática que comporte a aplicação do máximo previsto em lei, já que o réu, 'justiceiro', confesso e orgulhoso de suas proezas, como demonstram suas entrevistas aos jornais, evidencia insensibilidade incomum. Delinquente contumaz, condenado a mais de duzentos anos, deve ser apenado no máximo previsto em lei. Se a pena mínima existe para ser usada aos primários, de bons antecedentes, sem qualquer especial circunstância que agrave a reprimenda, é natural que a máxima também deva ser utilizada quando o caso recomende. Se as penas são variáveis entre um mínimo e um máximo, é preciso distinguir os réus e aplicar a pena justa. Não fosse assim e seria inútil individualizar a reprimenda, já que a pena máxima nunca seria aplicada...'".[10]

---

[8] Protocolado 15.553/2000, art. 28 do CPP, Inq. 222/1997, Comarca de Guarulhos, 01.03.2000, grifamos. O referido expediente do Ministério Público trouxe relevante entendimento acerca da aplicação da pena.

[9] A título de exemplo, STF: "no caso, o magistrado, ao fixar a pena-base do paciente, observou fundamentadamente todas as circunstâncias judiciais constantes do art. 59 do Código Penal, o que justifica o *quantum* acima do mínimo legal" (HC 95.738/MS, 1.ª T., rel. Ricardo Lewandowski, 03.03.2009, v.u. Embora antigo, o entendimento permanece o mesmo).

[10] Rev. 282.549-3/4, São Paulo, 1.º Grupo de Câmaras Criminais, rel. Jarbas Mazzoni, 11.12.2000, v.u. O julgado é antigo, mas raro e diz respeito à mantença de decisão por nós proferida, quando atuando como juiz presidente do Tribunal do Júri de São Paulo.

Na doutrina, explica Mariângela Gama de Magalhães Gomes que "o máximo abstrato de pena constitui, por sua vez, expressão da garantia da culpabilidade, posto ser a medida extrema do sacrifício que se pode impor ao autor do delito a fim de que corresponda às circunstâncias do caso concreto e sirva para que outros não sigam o exemplo negativo do delito; essa medida máxima representa o limite até o qual o ordenamento está disposto a assegurar a eficácia concreta da tutela penal, representando, conforme assinalado, a dialética entre necessidade de estabilização social e princípio de culpabilidade. (...) A tarefa do intérprete consiste em aplicar a sanção proporcionalmente ao ilícito cometido, considerando a valoração legislativa no sentido de cominar o mínimo aos casos que, adequando-se ao mesmo tipo penal abstrato, demonstrarem menor lesividade ao bem jurídico e cujos agentes apresentarem menor grau de culpabilidade, assim como impor o máximo aos casos em que evidenciarem maior gravidade na ação e maior culpabilidade do agente".[11]

A pena máxima cominada nos tipos penais incriminadores não é figura decorativa; consta do preceito sancionador para ser aplicada quando necessário. É incompreensível que alguns sustentem, sem critério algum, não poder o julgador ultrapassar da pena média, vale dizer, jamais pode chegar ao máximo. Entre alguns discursos, colhe-se o argumento de que, se o magistrado atingir o máximo ao aplicar a pena-base, caso exista alguma agravante, ele não poderá fixá-la, pois não pode romper o teto. E daí? Inexiste problema algum, pois o mesmo se faz se a pena estiver no mínimo legal e existir atenuante. A reprimenda continuará no patamar mínimo. Quem atingiu o máximo de censura (culpabilidade) durante a fase da pena-base não precisa de indicativos, como agravantes, para orientar o juiz a majorar a sanção. No entanto, se ainda houver causa de aumento, o teto máximo, previsto no tipo, pode ser rompido aumentando a sanção.

4.1. Viabilidade de o Tribunal reavaliar as circunstâncias judiciais

O magistrado, ao proferir a sentença condenatória, deve proceder a uma análise pormenorizada das circunstâncias do art. 59, valendo-se do quadro resultante para a fixação da pena-base. Entretanto, havendo recurso da acusação, é perfeitamente possível que o Tribunal faça nova valoração das mesmas circunstâncias e, em consequência disso, eleve a pena do réu, havendo recurso do Ministério Público. Exemplo: se o juiz analisou a agressividade do réu, como fator de personalidade, sem lhe dar a devida importância, pode o Tribunal, fundado no mesmo elemento, valorar de maneira diversa e proporcionar a elevação da pena-base.

Muitas vezes, o responsável pela política da pena mínima é, também, o órgão do Ministério Público, que toma ciência de uma pena mínima (indevida) e não recorre.

No tocante ao recurso da defesa, pode o Tribunal alterar a pena, em favor do acusado, mesmo que o defensor tenha deixado de pedir tal pleito especificamente. O recurso da defesa devolve o amplo conhecimento da causa à Corte, e o recurso do Ministério Público somente o conhecimento da questão aventada na peça recursal.

5. CULPABILIDADE

Trata-se da culpabilidade em sentido lato, ou seja, a reprovação social que o crime e o autor do fato merecem. A culpabilidade em sentido estrito já foi analisada para compor a existência do delito (em que, além da reprovação social, analisaram-se a imputabilidade, a

---

[11] *O princípio da proporcionalidade no direito penal*, p. 164-165.

potencial consciência de ilicitude e a exigibilidade e possibilidade de agir conforme o direito). Esse conceito de culpabilidade foi adotado pelo relatório final do grupo de trabalho do Conselho Nacional de Justiça (2022) acerca da dosimetria da pena, indicando ser um juízo de reprovabilidade ou censurabilidade da conduta criminosa, conforme as circunstâncias fáticas do caso concreto e as condições pessoais do agente.[12]

Entretanto, volta o legislador a exigir do juiz a avaliação da censura que o crime merece – o que, aliás, demonstra não incidir esse juízo somente sobre o autor, mas também sobre o que ele cometeu –, justamente para norteá-lo na fixação da sanção penal merecida. Frisando que culpabilidade incide tanto sobre o fato quanto sobre o seu autor: Miguel Reale Júnior, René Ariel Dotti, Ricardo Antunes Andreucci e Sérgio Marcos de Moraes Pitombo.[13]

Levar em consideração um mesmo fator em diferentes estágios não é incomum: o próprio art. 59 é utilizado tanto para a fixação da pena como para a análise de uma série de benefícios penais (substituição por pena restritiva de direitos, concessão de *sursis*, concessão do regime aberto etc.).

A culpabilidade, acertadamente, veio substituir as antigas expressões "intensidade do dolo" e "graus da culpa". Para compor o fato típico, verifica o magistrado se houve dolo ou culpa, pouco interessando se o dolo foi "intenso" ou não, se a culpa foi "grave" ou não. O elemento subjetivo, portanto, não deve servir para guiar o juiz na fixação da pena, pois, nesse contexto, o importante é a reprovabilidade gerada pelo fato delituoso.[14]

Pode-se sustentar que a culpabilidade, prevista neste artigo, é o conjunto de todos os demais fatores unidos: antecedentes + conduta social + personalidade do agente + motivos do crime + circunstâncias do delito + consequências do crime + comportamento da vítima = culpabilidade maior ou menor, conforme o caso. Não destoa dessa visão, embora limitando o alcance da culpabilidade, Miguel Reale Jr.: "são, portanto, especificações do termo genérico 'culpabilidade' as indicações dos critérios: antecedentes, conduta social, personalidade, motivos".[15]

Observe-se ter sido a culpabilidade o fundamento da estrutura do crime; o alicerce que permitiu ao magistrado considerar o injusto penal (fato típico e antijurídico) um delito. Após, a culpabilidade passa a valer como o limite da pena, conforme os elementos trazidos pelo art. 59 do Código Penal. A culpabilidade, como critério limitador da pena, justifica-se, uma vez que, no dizer de Choclán Montalvo, "a função político-criminal do princípio da culpabilidade fundamenta-se na limitação do poder estatal à medida da culpabilidade pelo fato, pois o indivíduo, em um Estado que se autoclassifique de Estado Social e Democrático

---

[12] Disponível em: https://www.google.com/url?sa=t&source=web&rct=j&url=https://www.cnj.jus.br/wp-content/uploads/2022/09/relatorio-gt-dosimetria-da-pena-v5.pdf&ved=2ahUKEwiDicbsoKn6AhXl-nGoFHdW6A5cQFnoECBwQAQ&usg=AOvVaw3a93q_170INlzaxQRXnPwE. Acesso em: 22 set. 2022.

[13] *Penas e medidas de segurança no novo Código*, p. 175.

[14] Com razão, lembra Rodrigo Duque Estrada Roig que "a mensuração do dolo e da culpa para fins de aferição da culpabilidade também representa uma permanência da prática judicial tradicional, transcendendo a própria reforma legislativa. A quantificação do dolo e da culpa para efeito de aplicação da pena encontra-se afastada do ordenamento penal brasileiro desde a reforma da parte geral de 1984, que não mais se valeu de tais categorias". No entanto, continua-se a ler em decisões judiciais os chamados "dolo intenso" e "culpa grave" para mensurar a culpabilidade (*Aplicação da pena*, p. 138).

[15] *Instituições de direito penal*, p. 406.

de Direito, que tenha como centro a pessoa e sua dignidade, não pode utilizar o indivíduo como instrumento a serviço dos fins de prevenção geral. Ademais, a pena se distingue da medida de segurança conforme o sistema da dupla via precisamente pela sua conexão com o fato cometido. De outro lado, as exigências de prevenção especial devem presidir a fase de individualização judicial da pena adequada à culpabilidade, de sorte que o sistema de sanções deve contemplar inclusive os substitutivos penais, que permitam no caso concreto uma suspensão ou substituição da pena adequada à culpabilidade quando a imposição da pena não resulte necessária, atendida a personalidade do sujeito para a qual será aplicada e não se ressinta, com isso, a defesa da ordem jurídica".[16]

BACIGALUPO, rebatendo a crítica de que a culpabilidade não pode servir de parâmetro para a fixação da pena, em face da prevalência dos fins preventivos da sanção penal sobre o caráter retributivo, afirma que tal postura somente poderia ser aceita se se pudesse determinar de uma maneira exata a idoneidade da pena para alcançar certo fim. Isso requereria, em relação às teorias preventivas geral e especial, uma demonstração empírica, que até o momento a ciência não tem conseguido alcançar. Assim, a medida da pena fundada em critérios exclusivos de prevenção é extremamente duvidosa, devendo valer, em seu lugar, a medida da culpabilidade, voltada à gravidade do fato, pois não se usa a pessoa humana para atingir fins que não se sabe se serão possíveis. A defesa da culpabilidade como fundamento e limite da pena vale inclusive para os adeptos da teoria da prevenção geral positiva, uma vez que essa corrente pode até afirmar que a estabilização da norma requer a aplicação da pena, mas não tem condições de lhe determinar a quantidade.[17]

5.1.   Dolo intenso e culpa grave

Após a reforma penal da Parte Geral do Código Penal, em 1984, eliminou-se a expressão *intensidade do dolo e grau da culpa*, substituindo-a pela correta terminologia: culpabilidade (grau de reprovação).

O dolo, definido como a vontade consciente de praticar a conduta típica, é incompatível com *intensidade*, vale dizer, com graduação. Inexiste, no âmbito anímico da pessoa humana, maior vontade de matar, por exemplo, ou menor vontade de matar. Quem deseja eliminar a vida de outrem age com dolo. E ponto. Quando algum operador do direito queria, no passado, referir-se ao chamado *dolo intenso*, na realidade, fazia menção a outros fatores, ligados à personalidade do agente, tais como premeditação, sadismo, maquiavelismo, enfim, condutas que levavam ao preparo e planejamento do delito com mínimos detalhes. Durante a execução, por vezes, era possível observar a crueldade no extermínio da vítima, mas isso não faz "crescer" o dolo; afirma apenas a personalidade sádica.

Dá-se o mesmo no campo da culpa. A questão é simples: há – ou não – um comportamento desatencioso (imprudente, negligente ou imperito), levando a um resultado danoso involuntário? Nessa avaliação, torna-se contraproducente afirmar que a culpa é grave; ou

---

[16]   *Individualización judicial de la pena* – Función de la culpabilidad y la prevención en la determinación de la sanción penal, p. 52-53. Igualmente, cf. JESCHECK, *Tratado de derecho penal* – Parte general, p. 24-25. Há posição contrária, exposta por CARMEN SALINERO ALONSO, defendendo que a culpabilidade deve servir unicamente para a atribuição do injusto ao autor, mas jamais para agravar a pena. No máximo, pode-se considerá-la para atenuar ou excluir a sanção penal (*Teoría general de las circunstancias modificativas de la responsabilidad criminal y artículo 66 del Código Penal*, p. 130-140).

[17]   *Principios de derecho penal* – Parte general, p. 111.

média; ou leve. Quer-se dizer exatamente o quê? Nada, no campo técnico. Não se absolve quem agiu com imprudência (muita desatenção ou pouca desatenção...). O importante é detectar, para fins penais, a desatenção típica, que permite a configuração do crime culposo. Nada mais. Para a fixação da pena, igualmente, não se trabalha com o elemento subjetivo. Volta-se, em verdade, à personalidade do agente. Quem é extremamente descuidado, com certeza, apresenta desvio de personalidade, justamente o que vai determinar um aumento da pena-base. Contudo, não é o *grau da culpa* o fator a elevar ou a reduzir a sanção.

6. ANTECEDENTES

Trata-se de tudo o que existiu ou aconteceu, no campo penal, ao agente antes da prática do fato criminoso, ou seja, a sua vida pregressa em matéria criminal. Antes da Reforma de 1984, podia-se dizer que os antecedentes abrangiam todo o passado do réu, desde as condenações porventura existentes até os seus relacionamentos na família ou no trabalho.

Atualmente, no entanto, destacando-se a conduta social de dentro dos antecedentes, terminou sendo esvaziado este último requisito, merecendo circunscrever sua abrangência à folha de antecedentes. É verdade que os autores da Reforma mencionam que os antecedentes "não dizem respeito à 'folha penal' e seu conceito é bem mais amplo (...) deve-se entender a forma de vida em uma visão abrangente, examinando-se o seu meio de sustento, a sua dedicação a tarefas honestas, a assunção de responsabilidades familiares".[18]

Entretanto, ao tratar da conduta social, os mesmos autores frisam que ela se refere "ao comportamento do réu no seu trabalho, no meio social, cidade, bairro, associações a que pertence", entre outros. Ora, não se pode concordar que os *antecedentes* envolvam mais do que a folha corrida, pois falar em "meio de sustento", "dedicação a tarefas honestas" e "responsabilidades familiares" tem a ver com conduta social.

6.1. Maus antecedentes

Para fins penais, tratava-se de outra questão polêmica, firmando-se o entendimento de que *antecedentes* são os aspectos passados da vida criminosa do réu. Há dois aspectos a considerar: a) no âmbito penal, em particular, por conta da edição da Súmula 444 do STJ. ("É vedada a utilização de inquéritos policiais e ações penais em curso para agravar a pena-base"), somente se podem considerar as condenações, com trânsito em julgado, existentes antes da prática do delito; b) sob o prisma processual, em que o foco é a prisão cautelar, hão de se verificar *todos* os registros existentes na folha de antecedentes do acusado. Afinal, quem tem, por exemplo, vários processos por roubo em andamento, ao praticar mais um, por certo, apresenta fator evidente para a prisão preventiva. Nessa hipótese, não importam as condenações, pois a prisão cautelar não é pena, mas a viabilidade de perpetuação da prática delituosa.

Roberto Lyra já escreveu "os precedentes penais caracterizam a reincidência, mas os processos arquivados ou concluídos com a absolvição, sobretudo por falta de provas, os registros policiais, as infrações disciplinares e fiscais, podem ser elementos de indiciação veemente".[19] E igualmente opinava Cernicchiaro: "O julgador, porque fato, não pode deixar

---

[18] Miguel Reale Júnior, René Ariel Dotti, Ricardo Antunes Andreucci e Sérgio Marcos de Moraes Pitombo, *Penas e medidas de segurança no novo Código*, p. 161.

[19] *Comentários ao Código Penal*, v. 2, p. 211.

de conhecer e considerar outros processos findos ou em curso, como antecedentes, partes da história do réu. Urge integrar a conduta ao *modus vivendi* anterior. Extrair a conclusão coerente com o modo de ser do acusado. Evidentemente com a necessária fundamentação para que se conheça que não ponderou como precedente o que é só antecedente penal.[20]

Essas relevantes opiniões restam preservadas para fins de prisão cautelar, mas não subsistem no contexto penal, quando se vai fixar a pena. Ademais, afora o antecedente, existe a conduta social, que permite ao magistrado analisar outros fatores diversos do envolvimento criminal do réu.

É importante considerar que os antecedentes criminais do acusado jamais podem ser valorados no contexto da conduta social ou da personalidade, visto terem específica previsão no art. 59 do Código Penal.[21]

6.2. Caducidade dos maus antecedentes

Diversamente da reincidência, os maus antecedentes não caducam. Essa ainda é a posição majoritária da jurisprudência. O período depurador relativo à reincidência (art. 64, I, CP), de cinco anos, justifica-se porque essa circunstância acarreta vários gravames ao acusado/ condenado. Eis o motivo pelo qual há um prazo para caducar. Os antecedentes criminais, para fins penais, só têm um efeito, figurando como circunstância judicial (art. 59, CP), visando a mensurar a pena-base.

Por outro lado, comprovada a reincidência, deve o juiz aplicar a agravante (art. 61, I, CP), que pode gerar uma elevação da pena, na segunda fase da fixação da pena, de um sexto ou mais. Quanto aos antecedentes, a sua aplicação depende do critério do julgador, sendo de consideração facultativa. Ademais, os maus antecedentes devem ser avaliados pelo magistrado no caso concreto, justamente para que demonstrem alguma conexão com o crime cometido pelo agente. Ilustrando, se o réu apresenta um antecedente antigo de lesão corporal, nem merece ser levado em conta na fixação da pena, caso seja condenado por estelionato. Por outro lado, mesmo passados alguns anos, se o acusado foi anteriormente sentenciado por homicídio e torna a cometer um crime violento contra a pessoa, deve-se considerar aquela condenação.

A maioria da jurisprudência desconsidera qualquer período depurador. O Supremo Tribunal Federal definiu a questão, em julgamento ocorrido no Plenário, nos seguintes termos: "o Tribunal, por maioria, apreciando o Tema 150 da repercussão geral, deu parcial provimento ao recurso extraordinário e fixou a seguinte tese: 'Não se aplica para o reconhecimento dos maus antecedentes o prazo quinquenal de prescrição da reincidência, previsto no art. 64, I, do Código Penal', nos termos do voto do Relator, vencidos os Ministros Ricardo Lewandowski, Marco Aurélio, Gilmar Mendes e Dias Toffoli (Presidente)" (RE 593.818/SC, Plenário, rel. Roberto Barroso, Sessão Virtual de 07.08.2020 a 17.08.2020). Depois, o STF modulou essa decisão apontando que antecedentes muito antigos e/ou relativos a crimes de menor ofensividade podem não ser considerados para agravar a pena, conforme o critério do julgador: "3. No julgamento dos embargos de declaração, o Pleno decidiu no sentido de que pode 'o julgador, fundamentada e eventualmente, não promover qualquer incremento da pena-base em razão de condenações pretéritas, quando as considerar desimportantes, ou

---

[20] *Direito penal na Constituição*, p. 116.

[21] Superior Tribunal de Justiça: REsp 1.794.854/DF, 3.ª S., rel. Laurita Vaz, 23.06.2021, *DJe* 1º.07.2021. Há diversos outros julgados na mesma linha.

demasiadamente distanciadas no tempo, e, portanto, não necessárias à prevenção e repressão do crime, nos termos do comando do artigo 59, do Código Penal'. 4. Agravo parcialmente provido para determinar ao Juízo de Primeiro grau que reavalie a possibilidade de afastamento da desvaloração dos maus antecedentes".[22]

Era o que já vínhamos sustentando e, embora não se deva ignorar os antecedentes que ultrapassem o período de cinco anos (como se faz com a reincidência), é preciso ter cautela e bom senso, pois alguns desses antecedentes podem ser muito antigos, fazendo valer o *direito ao esquecimento*, sem força para significar aumento de pena para o réu.[23]

6.3. Maus antecedentes e reincidência

Pode o juiz levar em consideração ambos os elementos, desde que não tenham, como base, as mesmas condenações. Nesse contexto, saliente-se o disposto na Súmula 241 do Superior Tribunal de Justiça: "A reincidência penal não pode ser considerada como circunstância agravante e, simultaneamente, como circunstância judicial". Assim, caso alguns processos signifiquem *maus antecedentes*, outros podem levar ao reconhecimento da reincidência.

6.4. Prova dos antecedentes

A folha de antecedentes é o documento normalmente utilizado para comprovar esse fato. Entretanto, é preciso cautela, pois nem todos os registros ali constantes são efetivos; podem ter sido alterados em face de um recurso do réu ou até mesmo de uma revisão criminal. Parecia-nos mais correto e seguro que o juiz requisitasse certidões dos cartórios onde correm os processos indicados na folha de antecedentes para então ter certeza de que podem ser utilizados para prejudicar o réu, provocando o aumento da pena-base. Porém, atualmente, com o processo digital, a folha de antecedentes apresenta um grau de confiabilidade muito maior e isto é reconhecido pela Súmula 636 do STJ: "A folha de antecedentes criminais é documento suficiente a comprovar os maus antecedentes e a reincidência".

6.5. Atos infracionais não servem como antecedentes

Quando o menor de 18 anos pratica um ato infracional deve ser avaliado e julgado na órbita da Justiça da Infância e da Juventude, sem qualquer relação com o cenário criminal do

---

[22] RHC 224682 AgR, 1.ª T., rel. Gilmar Mendes, 08.08.2023, v.u.

[23] Há, também, outros julgados: Superior Tribunal de Justiça: REsp 1.707.948/RJ, 6.ª T., rel. Rogerio Schietti Cruz, 10.04.2018, *DJe* 16.04.2018; AgRg no REsp 1.915.306/RJ, 6.ª T., rel. Antonio Saldanha Palheiro, 22.02.2022, *DJe* 25.02.2022.

Código Penal. Assim sendo, não é viável considerar qualquer ato infracional como *antecedente*, para o fim de mensurar a pena-base do réu.[24]

7. CONDUTA SOCIAL

É o papel do réu na comunidade, inserido no contexto da família, do trabalho, da escola, da vizinhança etc. O magistrado precisa conhecer a pessoa que julgará, a fim de saber se merece uma reprimenda maior ou menor, daí a importância das perguntas que devem ser dirigidas ao acusado, no interrogatório, e às testemunhas, durante a instrução. Um péssimo pai e marido violento, em caso de condenação por lesões corporais graves, merece pena superior à mínima, por exemplo. Nesse prisma, torna-se oportuno demonstrar a argumentação de um julgado: "Na espécie, a conduta social foi negativamente sopesada pelas instâncias ordinárias com base em relatos de que o réu tem por hábito a ingestão desmesurada de bebida alcoólica, 'adotando postura violenta, o que já foi constatado pela própria vítima e pelos seus genitores', de que, 'em certas ocasiões, a conduta alcoolizada do denunciado era tão repudiável que a própria esposa se recusava a dormir com ele, fazendo com que a menor com ele repousasse' e, ainda, no fato de que ingestão imoderada de bebida alcoólica 'fez com que o réu importunasse a menor e sua família após o conhecimento das autoridades, telefonando para a casa deles e dirigindo-se até o portão, só saindo após acionarem a Polícia Militar' (e-STJ fl. 291), causando diversos conflitos familiares (e-STJ fl. 292), fundamentação que se revela concreta, suficiente e idônea para justificar o afastamento da pena-base do seu mínimo legal".[25]

A apuração da conduta social pode ser feita por várias fontes, mas é preciso boa vontade e dedicação das partes envolvidas no processo, bem como do juiz condutor da instrução. Em primeiro lugar, é dever das partes arrolar testemunhas, que possam depor sobre a conduta social do acusado. Tal medida vale para a defesa e, igualmente, para a acusação. O magistrado, interessado em aplicar a pena justa, pode determinar a inquirição de pessoas que saibam como se dava a conduta do réu, anteriormente à prática do crime.

Saliente-se que as chamadas "testemunhas de antecedentes", em verdade, constituem, hoje, "testemunhas de conduta social", pois a prova dos antecedentes criminais somente se faz por meio documental. O destaque se faz na inutilidade de certas testemunhas, arroladas pela parte sem nem mesmo conhecer o réu, somente para preencher uma formalidade processual. Ora, realmente, fica impossível ao magistrado *adivinhar* como era a conduta social do acusado antes do cometimento do delito.

Seria preciso maior sensibilidade das partes para eleger testemunhas que efetivamente tenham noção de quem é o réu, em especial *antes* do fato criminoso praticado, para que possam relatar ao magistrado situações relevantes, contribuindo para a escolha da pena-base. Um fator levado em conta pelos tribunais é o temor causado pelo acusado na região onde mora, antes da prática do crime.[26]

---

[24] Supremo Tribunal Federal: HC 211.261 AgR, 1.ª T., rel. Dias Toffoli, 11.04.2022, *DJe* 26.05.2022. Superior Tribunal de Justiça: EREsp 1.916.596/SP, 3.ª S., rel. Joel Ilan Paciornik, rel. p/ Acórdão Laurita Vaz, 08.09.2021, *DJe* 04.10.2021.

[25] Superior Tribunal de Justiça: AgRg no AREsp 2.001.304/MG, 5.ª T., rel. Reynaldo Soares da Fonseca, 26.04.2022, *DJe* 29.04.2022.

[26] Superior Tribunal de Justiça: AgRg no REsp 1.960.385/MT, 5.ª T., rel. Reynaldo Soares da Fonseca, 09.11.2021, *DJe* 12.11.2021; AgRg no HC 678.916/MA, 6.ª T., rel. Rogerio Schietti Cruz, 21.09.2021, *DJe* 29.09.2021.

É natural que a simples leitura a folha de antecedentes não presta para afirmar ser a conduta do acusado boa ou ruim. Mesmo no caso de existirem registros variados de inquéritos arquivados, processos em andamento ou absolvições por falta de provas, há ausência de substrato concreto para deduzir ser o réu pessoa de má conduta social. Afinal, inicialmente, prevalece o princípio constitucional da presunção de inocência. Se ele não foi condenado criminalmente, com trânsito em julgado, é considerado inocente e tal estado não pode produzir nenhuma medida penal concreta contra seu interesse. Entretanto, conforme o caso, tanto a acusação como o próprio juiz podem valer-se da folha de antecedentes para levantar dados suficientes, que permitam arrolar pessoas com conhecimento da efetiva conduta social do acusado.

Lembremos que *conduta social* não é mais sinônimo de *antecedentes criminais*. Deve-se observar como se comporta o réu em sociedade, ausente qualquer figura típica incriminadora.

Outro fator ponderável, sem dúvida, é a situação social do infrator, não se devendo esquecer de que educação e boas condições de vida proporcionam maior equilíbrio emocional e acurada formação da integridade física e mental, preservando o ser humano do descumprimento das regras sociais que o levariam ao crime. Por outro lado, "a pobreza é de fato uma experiência traumática que deixa marcas profundas. Faz o ser humano ser mais vulnerável às patologias mentais porque se trata de uma experiência de violência social à integridade física e mental da pessoa. (...) A pobreza, como o maior fator de risco para as patologias, é uma forma de sofrimento social coletivo, componente da política econômica global".[27] Nessa ótica, a pessoa, ao sofrer privações de toda ordem, particularmente no tocante à sua própria sobrevivência, tem maior probabilidade de infringir regras, cometendo delitos, sobretudo patrimoniais. Cabe ao julgador analisar a conduta social e a inserção social do delinquente como fatores precedentes à prática da infração penal, podendo, então, graduar a pena-base conforme seja mais ou menos censurável o ato ilícito.

Outro ponto relevante para a análise da conduta e da inserção social do agente é o contexto familiar. Não há dúvida de que a maior ou menor violência ou agressividade com que muitos autores de crime agem provém de lares desgastados ou de um processo de criação diferenciado e distanciado do ideal. Exemplo disso é a utilização frequente de violência para a educação da criança e do adolescente, fazendo com que termine este aprendendo que a força física constitui procedimento adequado para a solução de conflitos.[28]

Enfim, avaliar a conduta social do acusado é perfeitamente possível, desde que haja responsabilidade das partes ofertando provas ao julgador e este também pode buscá-las. O que jamais deve ocorrer é um exercício de adivinhação de quem seria o réu antes do crime. A conduta social, embora de análise subjetiva, é composta por fatos objetivos, bastando a sua inserção, por meio das provas, nos autos.

8. PERSONALIDADE

Trata-se do conjunto de caracteres exclusivos de uma pessoa, parte herdada, parte adquirida. "A personalidade tem uma estrutura muito complexa. Na verdade, é um conjunto somatopsíquico (ou psicossomático) no qual se integra um componente morfológico, estático, que é a

---

[27] VIRGÍNIA MOREIRA; TOD SLOAN, *Personalidade, ideologia e psicopatologia crítica*, p. 221.

[28] ESTHER ROMERA GARCÍA, Teorías del aprendizaje social, *La mente criminal*, p. 115.

conformação física; um componente dinâmico-humoral ou fisiológico, que é o temperamento; e o caráter, que é a expressão psicológica do temperamento (...) Na configuração da personalidade congregam-se elementos hereditários e socioambientais, o que vale dizer que as experiências da vida contribuem para a sua evolução. Esta se faz em cinco fases bem caracterizadas: infância, juventude, estado adulto, maturidade e velhice."[29]

É imprescindível, no entanto, uma análise do meio e das condições em que o agente se formou e vive, pois o bem-nascido, sem ter experimentado privações de ordem econômica ou abandono familiar, quando tende ao crime, deve ser mais severamente apenado do que o miserável que tenha praticado uma infração penal para garantir a sua sobrevivência. Por outro lado, personalidade não é algo estático, mas encontra-se em constante mutação. Já dizia TOBIAS BARRETO: "Se por força da seleção natural ou artística, até as aves mudam a cor das plumas, e as flores a cor das pétalas, por que razão, em virtude do mesmo processo, não poderia o homem mudar a direção da sua índole?".[30] Estímulos e traumas de toda ordem agem sobre ela. Não é demais supor que alguém, após ter cumprido vários anos de pena privativa de liberdade em regime fechado, tenha alterado sobremaneira sua personalidade.

Invadir o âmago do réu, por meio da análise de sua personalidade, para conhecê-lo melhor, não como mero objeto da aplicação da pena, mas como sujeito de direitos e deveres, enfim como pessoa humana, torna a pena mais justa e sensata no seu *quantum* e no seu propósito. Diz MICHEL FOUCAULT que "a alma do criminoso não é invocada no tribunal somente para explicar o crime e introduzi-la como um elemento na atribuição jurídica das responsabilidades; se ela é invocada com tanta ênfase, com tanto cuidado de compreensão e tão grande aplicação 'científica', é para julgá-la, ao mesmo tempo que o crime, e fazê-la participar da punição".[31] E acrescentamos a inquestionável afirmativa de FLAVIO FORTES D'ANDREA de que "não há personalidades idênticas como não existem duas pessoas idênticas",[32] razão pela qual a individualização da pena é uma questão de necessidade se buscarmos fórmula justa e democrática de dar a cada um o que é seu, o que efetivamente merece.

Merece registro o alerta feito por ANABELA MIRANDA RODRIGUES no sentido de que a personalidade que se deve levar em conta para a fixação da pena é aquela manifestada no fato cometido, só devendo ser apreciada sob o ponto de vista do direito. Portanto, *não se trata de um juízo moral*, o que equivale a dizer que condenações anteriores podem ser levadas em consideração, já que o agente demonstra uma personalidade em desconformidade com o direito. Trata-se, pois, nessa ótica, de uma "personalidade particularmente desrespeitadora dos valores jurídico-criminais que fundamenta aquela agravação da pena".[33]

O cuidado do magistrado, nesse prisma, é indispensável para realizar justiça. São exemplos de fatores positivos da personalidade: bondade, calma, paciência, amabilidade, maturidade, responsabilidade, bom humor, coragem, sensibilidade, tolerância, honestidade, simplicidade, desprendimento material, solidariedade.

---

[29] GUILHERME OSWALDO ARBENZ, *Compêndio de medicina legal*.

[30] *Menores e loucos em direito criminal*, p. 43.

[31] *Vigiar e punir*, p. 20.

[32] *Desenvolvimento da personalidade*, p. 9.

[33] *A determinação da medida da pena privativa de liberdade*, p. 668-669. É o que temos, insistentemente, denominado de censura ao autor pelo que ele é, mas baseado no que ele fez. Logo, não tem relação com a doutrina da culpabilidade de autor. Só assim não enxerga quem não quer.

São fatores negativos: maldade, agressividade (hostil ou destrutiva), impaciência, rispidez, hostilidade, imaturidade, irresponsabilidade, mau humor, covardia, frieza, insensibilidade, intolerância (racismo, homofobia, xenofobia), desonestidade, soberba, inveja, cobiça, egoísmo.

Segundo nos parece, a simples existência de inquéritos e ações em andamento, inquéritos arquivados e absolvições por falta de provas não são instrumentos suficientes para atestar a personalidade do réu, nos mesmos moldes que não servem para avaliar a conduta social. Em verdade, não servem nem mesmo para comprovar maus antecedentes. Aliás, personalidade distingue-se de maus antecedentes e merece ser analisada, no contexto do art. 59, separadamente. Por isso, é imprescindível cercar-se o juiz de outras fontes, tais como testemunhas, documentos etc., demonstrativos de como age o acusado na sua vida em geral, independentemente de acusações no âmbito penal. Somente após, obtidos os dados, pode-se utilizar o elemento *personalidade* para fixar a pena justa. Na doutrina, confira-se a lição de MARIÂNGELA GAMA DE MAGALHÃES GOMES: "a consideração da pessoa do infrator e o escopo de prevenção especial impõem, na determinação da medida penal, a ponderação de condições não apenas de fato, mas relativas ao próprio homem, agente infrator, de modo a considerar, inclusive, sua personalidade".[34]

Para grande parcela da doutrina italiana, valorar a personalidade do acusado é dar-lhe a consideração que merece, pois é um indivíduo único e deve ser assim respeitado. MANTOVANI muito bem esclarece que "a personalidade do autor é o momento iluminado e humanizante do Direito Penal moderno, cujo verdadeiro objeto não pode estar constituído pela 'ação de um homem que tem uma personalidade própria'. Isto não somente implica compreender o fato em suas raízes, em sua história, em suas finalidades: fato ilícito e réu não são uma unidade inseparável, sendo o fato a projeção da personalidade do autor e vivendo o autor compenetrado nesse fato".[35] Mais adiante, o autor tece suas considerações a respeito das relações entre delito e autor, dizendo que a história do direito penal oscila entre três correntes: a) um direito penal do puro fato, constituindo a fria e exclusiva consideração do fato na sua imóvel tipicidade; b) um direito penal do autor, que despreza o centro do fato e constitui a máxima personalização do ilícito penal para fins preventivos; c) um direito penal misto do fato e da personalidade do autor, que se lastreia no princípio garantista do fato como base imprescindível de cada consequência penal, mas tem em conta a valoração da personalidade do agente, com o exclusivo fim de determinar o tipo, a quantidade e a duração das consequências penais aplicáveis. E afirma ser este último o sistema italiano.[36]

É exatamente isso que vimos tentando passar há muito tempo, enquanto os penalistas ligados à primeira corrente (direito penal do fato) fingem não compreender, tachando a nossa posição como *direito penal do autor*. Temos sustentado que não existe um crime sozinho, perdido no mundo, sem um autor, o qual possui uma personalidade única. Portanto, para individualizar corretamente a pena, torna-se fundamental analisar o fato e checar se a personalidade do autor se liga a ele. Bem didático: fato + personalidade do autor = individualização da pena.

---

[34] *O princípio da proporcionalidade no direito penal*, p. 159.

[35] *Los principios del derecho penal*, p. 17-18 (tradução livre).

[36] *Los principios del derecho penal*, p. 469-470 (tradução livre).

8.1. Agressividade e personalidade antissocial

Por si só, a agressividade não deve ser, automaticamente, considerada um fator negativo da personalidade. Devemos dividi-la em três aspectos: a) *instrumental*: significando a garra que o ser humano desenvolve para obter algo que muito deseja; b) *defensiva*: querendo dizer a força realizada para a proteção da vida ou de interesses; c) *hostil* (destrutiva): que representa as manifestações de violência. Esta última, que é o fator negativo da personalidade, subdivide-se em: c.1) *direta*: que é a destruição de pessoas, coisas ou animais; c.2) *indireta*: que é fruto da maldade (maledicência), da inveja (olhar maldoso ou ódio) ou do sadismo (agressividade associada à libido, desejando atingir a subjugação de terceiros). Na lição de HUNGRIA: "Pouco importa que o agente tenha sido induzido ao erro pelo seu temperamento especial: também o delinquente doloso é arrastado ao crime pela sua índole própria, e nem por isso deixa de ser plenamente responsável".[37]

Quanto à personalidade antissocial, inexiste desculpa alguma para a prática do crime, visto que, sem qualquer possibilidade de exclusão da culpabilidade, porque não são consideradas causas de inimputabilidade, devem ser mais severamente apenados, conforme o caso concreto. Denominam-se personalidades antissociais as que "são predisponentes para atos contra a sociedade, tais como indiferença pelos sentimentos alheios; desrespeito por normas sociais; incapacidade de manter relacionamentos, embora não haja dificuldades em estabelecê-los; baixo limiar para descarga de agressão e violência; incapacidade de experimentar culpa e aprender com a experiência, particularmente punição; propensão marcante para culpar os outros ou para oferecer racionalizações plausíveis para o comportamento que levou ao conflito com a sociedade".[38] Como bem diz ROBERTO LYRA, "a especificação psicológica ou psiquiátrica detém-se nas fronteiras. Loucura, anormalidade, normalidade? Em relação a quê? Notas caracterológicas, por exemplo, não são sintomas mórbidos. Neuroses, simples colorações psicofísicas da conduta, não afetam os processos mentais".[39] Os indivíduos antissociais tendem a se considerar como vítimas da sociedade, justificando os atos agressivos que contra esta praticam. Costumam desenvolver métodos psicológicos para "escapar" das suas responsabilidades, neutralizando seu natural sentimento de culpa.[40] Ao contrário, pois, de menor censura, devem ser mais severamente apenados pelo magistrado.

8.2. Perversidade

Não olvidemos a realidade, ou seja, existem pessoas perversas (más, cruéis, sádicas), capazes de atos abomináveis, que, ainda assim, dormem tranquilas e suas consciências não apresentam nenhum motivo para remordimento. São sujeitos frios, insensíveis e, por vezes, calculistas. Valem-se de sua inteligência, não raramente privilegiada, para cometer os mais atrozes delitos, ao menos à vista do senso comum.

O ser humano maldoso sente prazer em atuar dessa forma. Do mesmo modo que o altruísta se sente aliviado ao promover o bem ao próximo, o perverso age em sentido oposto. O seu alívio advém da maldade concretizada ao semelhante. Geralmente, em grande parte, compõe o universo das denominadas personalidades antissociais (item *supra*).

---

[37] *A legítima defesa putativa*, p. 121.

[38] WAGNER G. GATTAZ, Violência e doença mental: fato ou ficção?

[39] *Criminologia*, p. 86.

[40] PABLO ESPINOSA, *La mente criminal* – Teorías del razonamiento sociomoral, p. 175.

Não se constituem doentes ou alienados mentais, pois têm inteligência e vontade preservadas. Tais agentes merecem ser apenados mais severamente pelo que fizeram. Cabe ao julgador avaliar, no caso concreto, o aumento de pena, a ser aplicado na fase do art. 59 do Código Penal, elevando a pena-base a patamares justos.

8.3. Personalidade voltada ao crime

Trata-se de expressão utilizada com certa frequência, em decisões judiciais, embora não obedeça a qualquer critério científico de análise e conceituação da personalidade. O modo de ser e agir do ser humano, advindo do seu temperamento e do seu caráter, não se reduz a uma determinada prática, mas a uma qualidade ou defeito. Portanto, mencionar que o réu tem *personalidade voltada ao crime* equivale a declará-lo delinquente por natureza, algo mais afeto à teoria de Lombroso (*o homem delinquente*) do que, propriamente, à personalidade.

Quem comete vários delitos, por certo, possui algum desvio de personalidade, restando ao julgador apontá-lo, conforme as provas colhidas. Pode ser um sujeito agressivo e, por conta disso, ter praticado várias lesões corporais ou homicídios. Quiçá, um indivíduo preguiçoso e irresponsável, tendendo ao cometimento de delitos patrimoniais. Em suma, não há *personalidade voltada à prática de crimes*, devendo-se cessar o uso de tal expressão, como fundamento para agravar a pena-base do acusado.

8.4. Momento de avaliação da personalidade

Deve-se focar o período antecedente à data do fato criminoso, não importando o comportamento do réu subsequente a ela. É importante ressaltar tal aspecto, pois a personalidade é mutável e dinâmica, não se congelando no tempo. Portanto, quando do cometimento da infração penal, avalia-se quem era o acusado e o que ele praticou à custa disso. Após, muitas novas situações podem ter ocorrido, inclusive a passagem pela prisão (fator de modificação da personalidade), não espelhando exatamente o modo de ser e agir do autor do delito.

8.5. Possibilidade de avaliação da personalidade pelo julgador

Algumas vozes na doutrina e na jurisprudência levantam-se contra a análise da personalidade do réu pelo julgador, afirmando não ser este um técnico capacitado a tanto. Argumentam inexistir laudo psicológico para esse perfil, de modo que *elevar* a pena, com fundamento na personalidade, seria temerário. Essa posição é rechaçada pelos Tribunais Superiores[41], pois a verificação da personalidade deve ser avaliada segundo critérios comuns, distante de qualquer análise técnica, visto que o julgador levará em conta os atributos da personalidade para fixar uma pena e não para determinar uma terapia ou qualquer enfoque psicológico ou psiquiátrico.

Na verdade, foge-se ao real âmbito da questão por variadas razões: a) o elemento *personalidade* encontra-se legalmente previsto não somente no art. 59 deste Código, mas em vários outros dispositivos da legislação brasileira, demonstrando o interesse efetivo do legislador nesse

---

[41] STJ: AgRg no REsp 1.301.226/PR, rel. Maria Thereza de Assis Moura, 6.ª T., 11.03.2014, *DJe* 28.03.2014; AgRg no REsp 1.198.076/PR, rel. Sebastião Reis Júnior, 6.ª T., 06.02.2014, *DJe* 27.02.2014; REsp 1.416.326/PR, rel. Nefi Cordeiro, 10.10.2014, publicado em 17.10.2014; REsp 1.434.031/PR, rel. Moura Ribeiro, 5.ª T., 29.05.2014, publicado em 03.06.2014; AREsp 299.025/DF, rel. Marco Aurélio Bellizze, 5.ª T., 13.08.2014, publicado em 15.08.2014.

quadro do ser humano; b) a análise feita pelo magistrado, na sentença, é *vulgar*, no sentido de não se equiparar a um laudo feito por perito psicólogo. A decisão judicial não representa um teste de personalidade para fins de tratamento. O juiz avalia a personalidade do acusado exatamente como está autorizado a verificar o seu elemento subjetivo (dolo ou culpa). Não se alega que o magistrado é incapaz de checar a *vontade* ou o *conhecimento* do agente no tocante à conduta praticada; desse modo, é inócuo afirmar que a personalidade é algo intangível pelo julgador; c) dizer que a personalidade é um elemento eminentemente técnico significa desconhecer a realidade, pois qualquer pessoa avalia outra, quanto ao seu comportamento – positivo ou negativo; d) outro erro das opiniões contrárias à avaliação da personalidade é afirmar que ela permitiria um aumento indevido da pena; ora, a personalidade também é utilizada para reduzir a pena-base, quando positiva. Ilustrando, a personalidade positiva é capaz de ser compensada com os maus antecedentes e isso é no mais absoluto interesse do réu. Em suma, não vemos como subsistir essa repulsa à análise da personalidade do agente por ocasião da sentença condenatória.

Aqueles que continuam contrários à aplicação do elemento *personalidade* para a aplicação da pena deveriam sustentar a sua inconstitucionalidade, buscando convencer os órgãos legitimados a tanto a propor, perante o STF, a ação competente para extirpar esse ponto do art. 59 (e de várias outras normas). O que é insustentável é o singelo desprezo por tal circunstância, como se nada estivesse gravado em lei.

9. MOTIVOS DO CRIME

São os precedentes que levam à ação criminosa. "O motivo, cuja forma dinâmica é o móvel, varia de indivíduo a indivíduo, de caso a caso, segundo o interesse ou o sentimento. Tanto o dolo como a culpa se ligam à figura do crime em abstrato, ao passo que o móvel muda incessantemente dentro de cada figura concreta de crime, sem afetar a existência legal da infração. Assim, o homicídio pode ser praticado por motivos opostos, como a perversidade e a piedade (eutanásia), porém a todo homicídio corresponde o mesmo dolo (a consciência e a vontade de produzir morte)."[42]

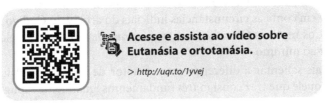

O motivo é fator qualificativo da vontade humana, fornecendo o colorido indispensável à compreensão de qualquer conduta: existiu por quê? Para quê? Do mesmo modo que sustentamos inexistir ação ou omissão sem finalidade, pois ninguém age por agir – a não ser que se cuide de gestos reflexos, sujeitos à coação física irresistível ou mesmo fruto da hipnose –, não há crime sem motivo.

O legislador, ao elaborar o art. 59, fazendo referência a *motivos* do crime, foi feliz, pois o juiz deve buscar *as* razões de ser da conduta, bem como *os* objetivos a serem alcançados pelo

---

[42] ROBERTO LYRA, *Comentários ao Código Penal*, v. 2, p. 218.

agente em qualquer delito. Encontrando-os, valorando-os, para bem ou para mal, terá um quadro concreto a respeito de um dos fatores a compor a maior ou menor reprovação ao agente.

Explica PAOLO VENEZIANI que os motivos determinantes do crime devem ser analisados no contexto da *capacidade para delinquir* ou em circunstâncias baseadas em *motivos particulares*, funcionando, pois, como a causa psíquica, o estímulo, a mola, o impulso, o sentimento, o instinto que alavanca a ação ou omissão, que faz eclodir a vontade. Os motivos implicam uma inclinação afetiva, em que se podem achar todos os sentimentos humanos: amor, ódio, desejo sexual, vingança, altruísmo, inveja, cupidez, sadismo, honra, instinto de conservação, patriotismo etc.[43]

Todo crime tem um motivo, que pode ser mais ou menos nobre, mais ou menos repugnante. A avaliação disso faz com que o juiz exaspere ou diminua a pena-base. Lembremos, ainda, que o motivo pode ser consciente (vingança) ou inconsciente (sadismo), além do que pode figurar como causa ou razão de ser da conduta (agir por paga para matar alguém) ou como objetivo da conduta (atuar por promessa de recompensa para matar alguém), indiferentemente.

Outro interessante ponto a ser destacado concerne à possibilidade de coexistência de dois ou mais motivos para o mesmo delito. Por vezes, a multiplicidade motivacional liga-se a um só gênero, desdobrando-se em espécies diferentes. Ilustrando com um caso real, que tivemos a oportunidade de julgar, quando Presidente do Tribunal do Júri, em São Paulo: o réu matou a vítima por três razões, todas elas torpes. O Ministério Público as descreveu na denúncia, porém, para efeito de qualificadora, bastaria um fundamento. No entanto, os outros dois não poderiam ser esquecidos. São os motivos do homicídio: a) pretendendo assumir a liderança de facção criminosa, quis mostrar força matando alguém; b) tencionando vingar-se da pretensa traição de sua namorada, escolheu o atual companheiro dela para matar; c) havia uma recomendação feita por um *pai-de-santo* para matar alguém, a fim de conseguir um *trabalho* para enriquecer sem trabalhar. Enfim, o agente eliminou o ofendido para ascender no crime (torpeza), para vingar-se da ex-namorada (torpeza) e para dar cabo de um *trabalho espiritual* (torpeza, senão futilidade).

Ponderamos, ao fixar a pena-base, que o motivo torpe fora reconhecido pelos jurados como qualificadora, mas com base na ascensão do réu no crime organizado. Por isso, a faixa de aplicação da pena situava-se entre 12 e 30 anos de reclusão. No estabelecimento da pena-base, levando-se em conta as circunstâncias judiciais do art. 59 do Código Penal, tornamos a ressaltar os outros motivos faltantes (vingança e *trabalho espiritual*) e elevamos a pena a patamar superior ao mínimo.

Não é demais salientar a diferença entre o autor de crime, impulsionado por *único* motivo torpe, e aquele que traz consigo *três* fundamentos igualmente repugnantes para tirar a vida humana.

9.1. Motivo do crime e premeditação

Concordamos com a lição de RICARDO LEVENE ao mencionar que "não se deve confundir o motivo com a resolução prolongada ou reflexiva que é a premeditação. Nada tem a ver com ela o motivo. Pode haver, inclusive, um homicídio que se cometa sem motivo, como no caso do homicídio por instinto de perversidade brutal; entretanto, na premeditação a base é a reflexão,

---

[43] *Motivi e colpevolezza*, p. 3, tradução livre.

que varia de homem a homem, pois existem os reflexivos, pouco reflexivos e irreflexivos, bem como há indivíduos que têm frieza de ânimo e outros, não".[44]

Chegamos, inclusive, a ressaltar que a premeditação é fruto da personalidade do agente, fazendo emergir os aspectos de maldade e deslealdade, passíveis de maior reprovação. No entanto, é relevante observar que grande parte das legislações estrangeiras considera a premeditação, especialmente no caso do homicídio, uma causa de aumento de pena. À falta dessa hipótese legal, no Brasil, é preciso valorá-la no cenário da personalidade do acusado. Confirmando a ideia de afetar a personalidade do agente, explica IRURETA GOYENA que "aquele que premedita se desintegra espiritualmente: pensa na situação depois de cometido o crime perante a sociedade e sua família, pensa nos efeitos materiais e morais da condenação, na maneira de escapar da justiça; pensa, em uma palavra, em si mesmo ao mesmo tempo que pensa em matar (...)".[45]

Nos julgados dos Tribunais Superiores, encontra-se o entendimento de constituir a premeditação uma relevante causa de aumento da pena, concentrada na análise da culpabilidade, prevista no art. 59 do Código Penal.[46]

10. CIRCUNSTÂNCIAS DO CRIME

São os elementos acidentais não participantes da estrutura do tipo, embora envolvendo o delito. Quando expressamente gravadas na lei, as circunstâncias são chamadas de *legais* (agravantes e atenuantes, por exemplo). Quando genericamente previstas, devendo ser formadas pela análise e pelo discernimento do juiz, são chamadas de *judiciais*. Um crime pode ser praticado, por exemplo, em local ermo, com premeditação, para dificultar a sua descoberta e a apuração do culpado, constituindo circunstância gravosa.

10.1. Espécie de arma e homicídio

Não se deve levar em consideração a espécie de arma utilizada para o cometimento do homicídio – se faca pequena ou grande; se arma de calibre mais ou menos potente; se flecha ou lança etc. –, a menos que se trate de instrumento causador de uma qualificadora especificamente prevista em lei. Exemplo: usar um alicate para arrancar dedos e outros membros da vítima, até que morra. O simples alicate configura, na realidade, tortura, qualificando o delito. Fora disso, inexiste razoabilidade para mensurar a espécie de arma usada para o homicídio e crimes afins.

10.2. Gravidade do delito servindo para aumentar a pena-base

Há possibilidade. Afinal, há, no art. 59, expressa menção às circunstâncias do crime. Entretanto, é fundamental tratar-se de gravidade *concreta*, demonstrada por fatos, provados

---

[44] *El delito de homicidio*, p. 175.

[45] El delito de homicidio, p. 156. Assim, também, pronuncia-se ALESSANDRA ORCESI PEDRO: "a premeditação demonstra maior periculosidade por parte do sujeito ativo, na medida em que o tempo passa, mas o instinto homicida dele não se esvai; pelo contrário, fica incubado, infeccionando seu raciocínio e seus objetivos. A premeditação, ou seja, aquele desejo de matar cultivado e alimentado pelo autor com antecedência, deveria constar expressamente como qualificadora do homicídio" (Homicídio doloso qualificado, p. 75).

[46] Supremo Tribunal Federal: RHC 134.491 AgR, 1.ª T., rel. Rosa Weber, 19.11.2018, *DJe* 26.11.2018; Superior Tribunal de Justiça: HC 585.731/SC, 6.ª T., rel. Laurita Vaz, 6.ª T, 28.06.2022, *DJe* 1º.07.2022; AgRg no REsp 1.883.324/AC, 6.ª T., rel. Sebastião Reis Júnior, 02.03.2021, *DJe* 09.03.2021.

Curso de Direito Penal – Parte Geral Vol. 1 • Nucci

nos autos, não sendo suficiente a gravidade abstrata, constante meramente da previsão no tipo penal e em face da pena cominada.

11. CONSEQUÊNCIAS DO CRIME

Constituem o mal causado pelo crime, que transcende ao resultado típico. É lógico que num homicídio, por exemplo, a consequência natural é a morte de alguém e, em decorrência disso, uma pessoa pode ficar viúva ou órfã. Entretanto, diversamente, quando o agente sabe que a morte da vítima colocará em risco uma família, pode-se considerar o fato para mensurar a pena.[47]

Ainda outro exemplo, quando o indivíduo assassina a esposa na frente dos filhos menores, causando-lhes um trauma sem precedentes; precisa ser mais severamente apenado, pois trata-se de uma consequência não natural do delito.

No alerta de DAVID TEIXEIRA DE AZEVEDO, observa-se a relevância da cautela de evitar a dupla punição pelo mesmo fato: "é defeso ao magistrado elevar a sanção, no trabalho de motivação e aplicação da pena, em razão da virulência do ataque ou da gravidade da lesão ao bem jurídico, tomando circunstâncias já consideradas no tipo incriminador. Se assim o fizer, incidirá no *bis in idem*, repetindo para a gravidade do crime a modalidade ou o grau de intensidade da ofensa, ambos já considerados e avaliados pelo legislador ao fixar a quantidade da pena mínima".[48]

Todo cuidado do julgador é pouco para evitar a dupla punição pelo mesmo fato. A consequência do crime, insista-se, é a *anômala, diferente do que já se viu, peculiar*. Todo tipo penal incriminador tutela um bem jurídico; logo, não é a perda desse bem a consequência do crime a ser ponderada como circunstância judicial para elevar a pena. Deve ser qualquer fator transcendente ao bem tutelado, atingindo outros bens, nem mesmo previstos pelo legislador. Vide o exemplo *supra*: o pai mata a mãe na frente dos filhos. Não bastasse a gravidade em si do homicídio, essas crianças ficarão traumatizadas, evidenciando uma consequência anormal da morte da vítima.

Além disso, temos acompanhado muitos casos de violência excessiva, que terminam traumatizando a vítima, fenômeno geralmente ocorrido em delitos de roubo, quando o agente atua com sadismo e busca torturar a pessoa ofendida para que entregue os seus pertences, embora sem qualquer limite. O desenvolvimento da conduta delituosa pode gerar graves consequências psicológicas à vítima.[49]

11.1. Consequências e crime continuado

As consequências anormais, advindas de um delito, não se confundem com a continuidade delitiva, que significa cometer várias infrações penais em sequência. Ilustrando, um furto pode trazer imenso prejuízo à vítima, por envolver elevada quantia subtraída, podendo o magistrado elevar a pena-base (primeira fase), com fundamento no art. 59 do CP. Entretanto, se esse mesmo acusado comete seguidos furtos, terá outro acréscimo à sua pena, totalmente

---

[47] Ilustrando: STJ: "A morte da vítima que deixa órfãos quatro filhos menores constitui fundamento idôneo para a avaliação negativa das consequências do crime. Precedentes" (AgRg no AREsp 648151/MS, 6.ª T., rel. Ericson Maranho, 07.05.2015, v.u.).

[48] *Dosimetria da pena*: causas de aumento e diminuição, p. 42.

[49] Superior Tribunal de Justiça: AgRg no AgRg no AREsp 1.702.782/SC, 5.ª T., rel. Reynaldo Soares da Fonseca, 22.09.2020, *DJe* 28.09.2020; HC 614.057/SC, 5.ª T., rel. Ribeiro Dantas, 23.02.2021, *DJe* 26.02.2021.

distinto da mensuração feita quanto à pena-base de um deles, envolvendo uma causa de aumento, a ser aplicada na terceira fase.

12. COMPORTAMENTO DA VÍTIMA

É o modo de agir da vítima que pode levar ao crime. Segundo MIGUEL REALE JÚNIOR, RENÉ ARIEL DOTTI, RICARDO ANDREUCCI e SÉRGIO PITOMBO, "o comportamento da vítima constitui inovação com vistas a atender aos estudos de vitimologia, pois algumas vezes o ofendido, sem incorrer em *injusta* provocação, nem por isso deixa de acirrar ânimos; outras vezes estimula a prática do delito, devendo-se atentar, como ressalta a Exposição de Motivos, para o comportamento da vítima nos crimes contra os costumes [atual *crimes contra a dignidade sexual*] e em especial a exploração do lenocínio, em que há por vezes uma interação e dependência da mulher para com aquele que a explora".[50]

Esclarece JOSÉ ANTONIO PAGANELLA BOSCHI: "estudos psiquiátricos demonstram que, em certas situações, a vítima se expõe tão deliberada e intensamente ao perigo, que seu gesto pode ser interpretado como desejo de superar as ansiedades que só o próprio suicídio pode aliviar. O comportamento da vítima, desse modo, quando analisado, não pode ser separado do momento em que o juiz apreciará a própria culpabilidade, pois ao instigar, provocar ou desafiar o agente, a vítima, direta ou indiretamente, intencionalmente ou não, termina por enfraquecer a determinação do agente em manter-se obediente ao ordenamento jurídico".[51]

São exemplos: o exibicionista atrai crimes contra o patrimônio; o mundano, delitos sexuais; o velhaco, que gosta de viver levando vantagem, atrai o estelionato (ver os variados exemplos na nota 12 ao art. 171 do nosso *Código Penal Comentado*); o agressivo, o homicídio e as lesões corporais, e assim sucessivamente.

Não se quer dizer que a pessoa mundana e lasciva, por exemplo, vítima de crime sexual, não esteja protegida pela lei penal, nem mesmo que o agente deva ser absolvido, porém é óbvio que, nesse caso, a pena do autor da infração penal não deve ser especialmente agravada. Sobre o estupro da prostituta, diz JOÃO MESTIERI: "Não há dúvidas de existirem grandes diferenças entre o estupro de mulher honesta e o de prostituta. Se a distinção não é de ser feita, no campo da cominação da pena, faz-se necessário atente o julgador para essa minorante natural, o que fará dentro dos princípios do art. 42, C. Penal [atual art. 59]".[52] Diferentemente, quando se tratar de pessoa recatada e tímida, colhida em seu recanto doméstico por um agressor sexual, é natural que a pena seja exasperada, pois a vítima não deu, de modo algum, margem ao ataque sofrido.

---

[50] *Penas e medidas de segurança no novo Código*, p. 162-163.
[51] *Das penas e seus critérios de aplicação*, p. 213.
[52] *Do delito de estupro*, p. 33.

Há diversos graus de censura para analisar o comportamento da vítima: 1) *completamente inculpável*: aquela que nada fez para merecer a agressão (ex.: um sujeito metido a valente agride uma pessoa mais fraca, que nada lhe fez, na frente dos amigos, somente para demonstrar força física); 2) *parcialmente culpável*, subdividida em: 2.1) *por ignorância ou imprudência* (ex.: a mulher morre ao permitir que se lhe faça um aborto em clínica clandestina); 2.2) *com escassa culpabilidade* (ex.: a moça entrega a senha da sua conta bancária ao noivo e sofre estelionato); 2.3) *por atitude voluntária* (ex.: o doente pede para morrer, pois encontra-se sofrendo mal incurável); 3) *completamente culpável*, subdividindo-se em: 3.1) *vítima provocadora* (ex.: sofre uma agressão física porque dirige graves injúrias a alguém em público); 3.2) *vítima que busca auxiliar o agente* (ex.: no estelionato, a torpeza bilateral é fator de apoio ao agente do crime, pois a vítima também busca levar vantagem); 3.3) *falsa vítima* (ex.: é a moça que acusa o ex-namorado da prática de estupro somente para vingar-se).[53]

Por outro lado, é preciso evidenciar, também, o *processo de vitimização*, que varia de pessoa para pessoa, como narra PAULO SUMARIVA: "a) *vitimização primária*: é aquela causada pelo cometimento do crime. Provoca danos materiais, físicos e psicológicos, e ocasiona mudanças de hábitos e alterações de conduta. Exemplos: a ofensa contra a honra, a subtração da coisa; b) *vitimização secundária*: também conhecida por sobrevitimização. É decorrente do tratamento dado pelas ações ou omissões das instâncias formais de controle social (polícia, judiciário etc.). Isto é, o sofrimento adicional causado à vítima por órgãos oficiais do Estado, pelo poder midiático e pelo meio social em que está inserida. A vitimização secundária pode apresentar-se mais grave que a primária, uma vez que, além dos danos causados à vítima, ocasiona a perda de credibilidade nas instâncias formais de controle; c) *vitimização terciária*: decorre da falta de amparo dos órgãos públicos e da ausência de receptividade social em relação à vítima. Isto é, a vitimização advinda dos familiares e do grupo social da vítima, os quais a segregam, excluem e humilham em virtude do crime contra si praticado, hostilizando-a sem remorso. Tal atitude incentiva a não denunciar o delito, ocorrendo a chamada cifra negra; d) *vitimização indireta*: é o sofrimento de pessoas intimamente ligadas à vítima de um crime. Aquele que, embora não tenha sido vitimizada diretamente pelo criminoso, sofre com o sofrimento do ente querido; e) *heterovitimização*: é a autorrecriminação da vítima pela ocorrência do crime através da busca por motivos que, provavelmente, a tornaram responsável pela infração penal. Exemplos: deixar a porta do veículo destravada, assim uma folha de cheque em branco".[54]

Observa-se, na jurisprudência, um obstáculo interposto para levar em conta o comportamento da vítima contra os interesses do réu; afirma-se que a conduta da pessoa ofendida deve ser neutra ou provocadora o suficiente para amenizar a pena do réu.[55] Essa via unilateral – somente levar em conta o comportamento da vítima para abrandar a pena – não tem nenhum fundamento científico, mormente nos termos de estudos de vitimologia. A vítima completamente inculpável, que nada fez para ser alvo do delito, em situação peculiar, deveria ter o cenário analisado para o fim de agravar a pena-base do acusado. Não se pode, simplesmente, negar aplicação a preceito do art. 59 do Código Penal, caso promova elemento judicial desfavorável ao réu.

---

[53] BERISTAIN, *Victimologia*: nueve palabras clave, p. 461.

[54] *Criminologia*. Teoria e prática, p. 97, grifamos.

[55] Superior Tribunal de Justiça: HC 541.177/AC, 5.ª T., rel. Ribeiro Dantas, 04.02.2020, *DJe* 12.02.2020; AgRg no HC 497.773/AP, 5.ª T., rel. Reynaldo Soares da Fonseca, 18.06.2019, *DJe* 1º.07.2019.

13. PENA-BASE

É a primeira etapa da fixação do *quantum* da pena, quando o juiz elege um montante, entre o mínimo e o máximo previstos pelo legislador para o crime, baseado nas circunstâncias judiciais do art. 59. Sobre a pena-base incidirão as agravantes e atenuantes (2.ª fase) e as causas de aumento e de diminuição (3.ª fase).

13.1. Critérios para a fixação da pena-base

A individualização da pena, preceito constitucional (art. 5.º, XLVI, CF), será concretizada, por meio da aplicação da pena, na sentença condenatória. Para tanto, o juiz deve partir da pena-base, construindo um montante, que pode variar entre o mínimo e o máximo, em abstrato, estabelecidos pelo legislador para cada tipo penal incriminador.

A eleição desse *quantum* obedece às regras previstas no art. 59 do Código Penal, em que se encontram as circunstâncias judiciais, compostas por oito fatores, divididos da seguinte forma: a culpabilidade, que representa o conjunto dos demais, acrescida dos antecedentes, da conduta social, da personalidade, dos motivos, das circunstâncias, das consequências do crime e do comportamento da vítima. Portanto, quando os sete elementos inseridos no quadro da culpabilidade forem favoráveis, haverá mínima censurabilidade; se forem desfavoráveis, ocorrerá máxima censurabilidade.

Mensurar a pena-base, de maneira particularizada a cada acusado, é a meta fundamental do magistrado, na sentença condenatória. Esse mecanismo deve erguer-se em bases sólidas e lógicas, buscando a harmonia do sistema, mas sem implicar singelos cálculos matemáticos. Não se trata de mera soma de pontos ou frações, como se cada elemento fosse rígido e inflexível. Há de se adotar um sistema *coerente* para que o julgador não se perca, acolhendo para situações similares critérios completamente diversos ou para fatos totalmente díspares o mesmo cálculo de elevação ou diminuição da pena-base. Embora tivéssemos sugerido, anteriormente, um sistema de pesos para valorar as circunstâncias judiciais – apenas com o intuito de fornecer um horizonte para essa relevante avaliação –, parece-nos, hoje, desnecessário enfocar isso, visto que o mais importante é extrair do juiz o *seu* pessoal critério, desde que devidamente motivado e muito bem explicado, sem gerar arbítrio ou abuso, fomentando opiniões desconectadas da prova ou provenientes de preconceitos ou, ainda, fruto de qualquer espécie de discriminação.

14. CAUTELA PARA A NÃO INCIDÊNCIA NO *BIS IN IDEM*

O juiz, mormente na fase de eleição do *quantum* da pena, pode terminar, inconscientemente, aplicando duas vezes a mesma circunstância para majorar a pena, o que é indevido. Muitas circunstâncias são similares e apenas alteram a denominação (e a posição no Código Penal), embora, na essência, signifiquem o mesmo.

Ilustrando: não pode o magistrado dizer que, por ter agredido uma criança, o réu é covarde (fator de personalidade), logo, terá sua pena-base elevada, com fundamento no art. 59 do CP; depois, ao analisar as agravantes, novamente aumenta a pena, tendo em vista que se trata de delito contra criança (art. 61, II, *h*, CP). Ora, o legislador já anteviu esse fator de personalidade (covardia), nesse cenário, inserindo-o como agravante. Por isso, é vedado ao magistrado considerar a mesma circunstância por duas vezes. Deve optar pela mais relevante, que, no caso, é a circunstância legal (agravante), pois prevista pela lei de maneira expressa.

Outras situações semelhantes podem ocorrer, de modo que cabe ao julgador atuar com extremada cautela na eleição das circunstâncias que majoram a pena.

15. LIMITES MÍNIMO E MÁXIMO PREVISTOS NO PRECEITO SECUNDÁRIO DO TIPO PENAL INCRIMINADOR

Continua o legislador brasileiro arraigado à posição de que a pena tem o caráter primordial de *castigo*, pois não evita a imposição de um limite mínimo para as sanções penais. Raciocinando-se assim (pena = castigo), sem levar em conta o caráter reeducativo que ela deveria possuir, em primeiro plano, ao criar tipos penais, na chamada *individualização legislativa*, impõe-se sempre um mínimo que o juiz deve aplicar ao réu, mesmo que ele, por alguma razão, já não precise daquela sanção.

É a aplicação compulsória do castigo. Assim, para quem comete um furto simples, o mínimo possível é de um ano de reclusão. E se, no caso concreto, verificar o juiz que o autor do fato praticou a conduta em momento de desespero (não em estado de necessidade), arrependendo-se profundamente e mudando por completo a sua vida após o cometimento da infração penal? Não poderá perdoá-lo, tampouco impor-lhe uma pena menor do que um ano. Pode até substituir a pena privativa de liberdade (após a Lei 9.714/1998) por restritiva de direitos, mas igualmente por um ano.

16. FIXAÇÃO DO REGIME INICIAL DE CUMPRIMENTO DA PENA

Trata-se de importante processo de individualização da pena, pois o regime faz parte da reprimenda merecida pelo acusado. Assim, após ter fixado o montante da pena, é indispensável que o magistrado estabeleça o regime cabível, devendo fundamentar a sua opção, principalmente se escolher um regime mais severo. Portanto, se couberem os regimes fechado, semiaberto e aberto, para fixar o fechado ou o semiaberto (mais rigorosos), deverá o juiz dar o motivo do seu convencimento.

Não o fazendo, é passível de reforma a sentença. Pode o magistrado, no entanto, valer-se dos mesmos fundamentos que usou para a fixação da pena acima do mínimo, não sendo necessária a repetição, a fim de justificar a imposição de regime mais severo. Para os crimes hediondos e equiparados (exceto o delito de tortura), o regime era o fechado *integral*, segundo o disposto no art. 2.º, § 1.º, da Lei 8.072/1990. A partir de 23.06.2006, o Supremo Tribunal Federal considerou inconstitucional a vedação à progressão nos delitos hediondos e equiparados, logo, o regime passou a ser o fechado *inicial*. Ratificou-se esse entendimento pela nova redação ao art. 2.º, § 1.º, da Lei 8.072/1990, provocada pelo advento da Lei 11.464/2007. Entretanto, o STF novamente considerou inconstitucional parte da Lei 8.072/1990, voltando-se, especificamente, ao art. 2.º, § 1.º, que impunha o regime fechado inicial para delitos hediondos e equiparados (HC 111.840/ES, Pleno, rel. Dias Toffoli, 27.06.2012, m.v.).

Passa a ser de livre escolha do juiz o regime inicial, conforme o montante da pena. Outro ponto que se deve abordar é o pertinente à suspensão condicional da pena, que não é *regime de cumprimento de pena*, mas uma *forma* alternativa de cumprir a pena. Assim, se resolver conceder o *sursis*, fica o magistrado obrigado a estabelecer o regime, pois o benefício pode não ser aceito pelo réu (ele é condicionado) ou pode ser revogado.

16.1. Fixação do regime sem fundamentação

Gera nulidade da sentença, pois fere norma constitucional que obriga o magistrado a fundamentar todas as suas decisões, além de prejudicar a individualização da pena, também princípio constitucional, uma vez que não há a análise minuciosa dos elementos do art. 59 do Código Penal, conforme determinação do art. 33, § 3.º, do CP.

Entretanto, a jurisprudência tem admitido que somente pode o juiz fixar o regime de cumprimento da pena sem fundamentar quando for estabelecido o mais favorável. Nesse caso, presumem-se favoráveis ao réu (presunção para beneficiar seria admitida no direito penal) todas as circunstâncias do art. 59. Entretanto, pretendendo fixar regime mais gravoso, necessitaria sempre fundamentar, sob pena de incidir em ilegalidade.

16.2. Substituição da pena privativa de liberdade

Cuida o juiz nesse momento de verificar a possibilidade de substituir a pena privativa de liberdade por restritiva de direitos ou multa. Se conceder o *sursis*, não estará fixando um *regime* de cumprimento de pena, mas uma *forma* alternativa para cumprir a pena. Portanto, não se trata de substituição. De todo modo, o magistrado deve *motivar* a opção por conceder ou negar a substituição aventada pelo art. 59, IV, do Código Penal.

16.3. Fixação da pena no mínimo legal prescinde de motivação

Trata-se de outra situação inadmissível não somente porque todas as decisões do Poder Judiciário devem ser fundamentadas, mas também pelo fato de se abandonar o processo de individualização da pena, optando-se pelo caminho mais fácil. Em nosso entendimento, a decisão é nula. Entretanto, parcela considerável da jurisprudência vem admitindo tal possibilidade, subentendendo-se, nesse caso, que todas as circunstâncias do art. 59 foram favoráveis ao réu.

Em matéria de decisão penal, nada pode ser presumido ou subentendido, ao contrário, precisa ficar claro e nítido. Eis o motivo de a Constituição brasileira ter inserido, com clareza, o dever de todas as decisões serem motivadas.

Além de o julgador ter a sua parcela de responsabilidade nisso, deve-se incluir o membro do Ministério Público que, tomando ciência da sentença, sem fundamentação quanto à pena, omite-se em não recorrer.

17. CRITÉRIOS ESPECIAIS DA PENA DE MULTA

17.1. Aumento (e diminuição) da pena de multa

É possível que, mesmo aplicada no máximo – 360 dias-multa, calculado cada dia em 5 salários mínimos, ou seja, 1.800 salários –, a pena ainda se torne insuficiente para garantir a suficiência da punição pelo crime praticado, em razão da situação econômica privilegiada do réu. Por isso, é permitido ao juiz que triplique esse montante. Teríamos, então, um total máximo de 5.400 salários mínimos. O mesmo dispositivo encontra-se na Lei 9.605/1998, art. 18 (meio ambiente). Por outro lado, as Leis 7.492/1986, art. 33 (crimes contra o sistema financeiro), e 9.279/1996, art. 197, parágrafo único (crimes contra a propriedade imaterial), preveem a possibilidade de aumentar dez vezes o valor máximo da multa, se o juiz entender necessário.

A pena de multa, quando for a única prevista para o crime, pode ser reduzida da metade no caso de transação no Juizado Especial Criminal (art. 76, § 1.º, da Lei 9.099/1995). No mesmo prisma, prevê o art. 197, parágrafo único, da Lei 9.279/1996 que "a multa poderá ser aumentada *ou reduzida*, em até 10 (dez) vezes, em face das condições pessoais do agente e da magnitude da vantagem auferida, independentemente da norma estabelecida no artigo anterior" (grifamos).

18. AGRAVANTES E ATENUANTES

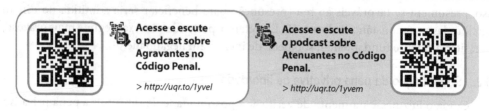

18.1. Conceito

São circunstâncias legais, objetivas ou subjetivas, que aderem ao delito sem modificar a sua estrutura típica, influindo apenas na quantificação da pena – para mais (agravantes) ou para menos (atenuantes) – em razão da particular culpabilidade do agente, devendo o juiz elevar ou minorar a pena dentro do mínimo e do máximo, em abstrato, previstos em lei.

No caso da agravante, não pode o juiz romper o teto; na hipótese da atenuante, não pode o juiz romper o piso.

18.2. *Quantum* das agravantes e atenuantes

Como circunstâncias legais, previstas na Parte Geral deste Código, servem de orientação para o julgador elevar ou diminuir a pena na segunda fase da fixação.

Preferiu o legislador deixar a critério do magistrado o montante exato para agravar ou atenuar a pena. Justamente por isso, a incidência de agravantes não pode romper o teto estabelecido para a pena máxima, no preceito sancionador do tipo penal (nem a atenuante, o piso). Ilustrando, se, avaliando a pena-base, o juiz aplica o máximo, não pode servir-se de nenhuma agravante. A recomendação feita no *caput* do art. 61 (sempre agravam a pena) deve ser lida: quando possível, dentro dos limites mínimo e máximo abstratamente previstos em lei. As agravantes não fazem parte da figura típica incriminadora, razão pela qual nem mesmo precisam constar da denúncia; o réu não se defende contra elas, pois servem de critério ao juiz. O mesmo critério é usado para a atenuante.

Diante disso, cada julgador tem o seu critério para o *quantum* da agravante/atenuante. A maioria utiliza o valor de 1/6, que é a menor causa de aumento ou diminuição existente (STJ: "Quanto à agravante da reincidência, deve ser observado o parâmetro de 1/6 utilizado por esta Corte Superior (...)" (HC nº 463.434 – MT, Terceira Seção, rel. Reynaldo Soares da Fonseca, 25.11.2020, v. u.).

Outros preferem 1/8; alguns, 1/3; terceiros se baseiam em montantes fixos, como seis meses ou um mês. Sempre sustentamos e aplicamos o aumento (ou diminuição) de um sexto, que nos parece justo.

Por outro lado, a opção pelo valor fixo é a mais equivocada. Imagine-se, em relação a uma pena de 15 anos, o singelo aumento de um mês, em virtude de agravante. Ou, então, para uma pena de um ano, o aumento de seis meses, representando metade da pena. O ideal é a elevação (ou diminuição) por fração, acompanhando a pena-base extraída da primeira fase.

19. DIFERENÇA ENTRE ELEMENTARES E CIRCUNSTÂNCIAS

As primeiras são componentes do tipo penal básico, integrando o modelo primário de conduta proibida (*caput*), enquanto as outras são apenas elementos que rodeiam o crime, podendo ou não fazer parte do tipo, sem alterar a sua existência (parágrafos). As circunstâncias que se incorporam ao tipo penal – para aumentar ou diminuir a punição – são consideradas integrantes do tipo derivado (qualificadoras ou privilégios). As que não fazem parte do tipo podem ser legais (previstas expressamente em lei, como as agravantes e atenuantes) ou judiciais (arroladas genericamente no art. 59).

O alerta feito no art. 61 do CP é para não se levar em conta, como agravante, a circunstância que tomar parte no tipo penal, vale dizer, aquelas que constituírem o tipo derivado. Ex.: um homicídio tem duas elementares: "matar" e "alguém". Bastam as duas para configurar o crime. Entretanto, se ele for cometido por motivação fútil, torna-se mais grave, porque possui o "motivo fútil" como circunstância qualificadora. Nesse caso, não se utiliza a agravante da futilidade, tendo em vista que ela já *integra* o delito, no tipo derivado.

20. NECESSIDADE DE EVITAR O *BIS IN IDEM*

Utilizando o mesmo raciocínio exposto na nota anterior, quando a circunstância agravante fizer parte do tipo derivado, como qualificadora, não será utilizada como tal, ou seja, o juiz não a levará em conta como circunstância legal.

A providência é necessária para evitar a dupla punição pelo mesmo fato (*bis in idem*). Um erro relativamente comum dá-se no cenário do Tribunal do Júri, quando o órgão acusatório pleiteia ao juiz, na quesitação, além da qualificadora do motivo fútil, que ele também leve em conta, se esta não for aceita, a agravante do motivo fútil. Trata-se de tergiversação, pois as circunstâncias fáticas são exatamente as mesmas: ter agido o sujeito por motivo fútil. Ora, se no homicídio o legislador classificou o motivo fútil como qualificadora, das duas uma: ou é reconhecido como tal ou rejeitado. Não se pode novamente questionar o júri ou mesmo o juiz aplicar de ofício a agravante do motivo fútil. Já foi afastada, como qualificadora, pela soberania popular. A dupla indagação somente seria viável se houvesse dois motivos fúteis: um ingressando como qualificadora e outro, como agravante. Essa hipótese não é impossível, mas muito rara.

Veremos mais adiante o conceito de qualificadora, embora, desde logo, saibamos que se trata de uma circunstância integrante do tipo derivado.

21. ROL TAXATIVO PARA AGRAVANTES E EXEMPLIFICATIVO PARA ATENUANTES

O elenco das agravantes, previsto no art. 61 do Código Penal, é restrito e não pode ser ampliado. Por isso, não há possibilidade de utilização de qualquer mecanismo, inclusive analogia, para aumentar as suas hipóteses de incidência.

No tocante às atenuantes, cujo rol principal está previsto no art. 65 do Código Penal, há viabilidade de extensão, pois o art. 66 explicita que podem ser reconhecidas outras atenuantes, desde que relevantes, anteriores ou posteriores ao crime, mesmo não previstas expressamente em lei.

22. DIVISÃO DO ROL DAS AGRAVANTES

A reincidência, que será mais bem analisada em tópico à parte, prevista no inciso I do art. 61 do CP, é igualmente aplicável aos delitos dolosos e culposos.

No tocante ao rol previsto no inciso II do art. 61, entende-se, majoritariamente, serem aplicáveis somente aos crimes dolosos, por absoluta incompatibilidade com o delito culposo, cujo resultado é involuntário. Como se poderia chamar de fútil o crime culposo, se o agente não trabalhou diretamente pelo resultado? Como se poderia dizer ter havido homicídio culposo cruel, se o autor nada fez para torná-lo mais sofrido à vítima? Enfim, estamos com a doutrina que sustenta haver incompatibilidade entre o rol do inciso II e o delito culposo. Nessa ótica: Sérgio Salomão Shecaira e Alceu Corrêa Junior.[56]

Ainda assim, encontra-se, embora raramente, aplicação desse inciso ao universo da culpa. Cite-se, como exemplo, um caso histórico: STF: "Não obstante a corrente afirmação apodíctica em contrário, além da reincidência, outras circunstâncias agravantes podem incidir na hipótese de crime culposo: assim, as atinentes ao motivo, quando referidas à valoração da conduta, a qual, também nos delitos culposos, é voluntária, independentemente da não voluntariedade do resultado: admissibilidade, no caso, da afirmação do motivo torpe – a obtenção do lucro fácil –, que, segundo o acórdão condenatório, teria induzido os agentes ao comportamento imprudente e negligente de que resultou o sinistro" (sobre o acidente do barco *Bateau Mouche*; HC, 05.10.1993, 1.ª T., rel. Sepúlveda Pertence, m.v.; maioria no tocante à substituição da pena para restritiva de direitos e quanto ao regime, mas não com relação à agravante, *RT* 730/407).

Entretanto, também proveniente do STF, mais recente, impedindo a aplicação da motivação torpe ao delito culposo: "A 1.ª Turma concedeu ordem de *habeas corpus* para retirar o agravamento correspondente a 1/4 da pena-base da reprimenda imposta ao condenado. Na espécie, o paciente, militar, determinara a subordinado, então condutor do veículo, que lhe entregasse a direção, embora não possuísse carteira de motorista. Após assumir a direção, ocorrera acidente pelo qual fora condenado por lesão corporal e homicídio culposo com a agravante do motivo torpe. No caso, considerara-se como qualificadora a futilidade do motivo que levou o réu a tomar para si o volante da viatura, (...) por mero capricho. A Turma entendeu que, tendo em vista que nos crimes culposos seria necessário aferir o grau de culpabilidade do agente, não seria possível, em um segundo momento, analisar circunstância, com a exceção da reincidência, que revelasse o seu maior grau de culpabilidade, sob pena de incorrer em *bis in idem*" (HC 120.165/RS, rel. Dias Toffoli, 11.02.2014).

23. REINCIDÊNCIA

23.1. Conceito

É o cometimento de uma infração penal depois de o agente já ter sido condenado definitivamente, no Brasil ou no exterior, por crime anterior. Admite-se, ainda, porque previsto expressamente na Lei das Contravenções Penais, o cometimento de contravenção penal depois de o autor ter sido anteriormente condenado com trânsito em julgado por contravenção penal.

Portanto, admite-se, para efeito de reincidência, o seguinte quadro: a) crime (antes) – crime (depois); b) crime (antes) – contravenção penal (depois); c) contravenção (antes)

---

[56] *Teoria da pena*, p. 265.

– contravenção (depois). Não se admite: contravenção (antes) – crime (depois), por falta de previsão legal.

Conforme comentário feito no art. 9.º do Código Penal, não é preciso a homologação do Superior Tribunal de Justiça para o reconhecimento da sentença condenatória definitiva estrangeira, visto que se trata apenas de um *fato jurídico*.

A reincidência também pode ser estudada sob o prisma da psicologia clínica preventiva, como fez ALVINO AUGUSTO DE SÁ. Uma de suas conclusões, para a ocorrência da reincidência, é a precocidade do cometimento da primeira infração penal. Assim ocorrendo, é mais fácil instalar uma "tendência delinquencial" e a propensão à reincidência, maior.[57] Aliás, justamente por isso é preciso cautela na punição reservada pelo Estado ao menor de 18 anos, que ainda não ingressou no sistema prisional. Conforme for, está-se criando um potencial reincidente.

23.2. Reincidência e o princípio constitucional da vedação da dupla punição pelo mesmo fato (*ne bis in idem*)

É certo que ninguém deve ser punido *duas vezes* pelo *mesmo fato*. Se Fulano subtraiu bens de Beltrano, torna-se lógico não poder sofrer duas condenações por furto. Basta uma. Algumas vozes, entretanto, sustentam que levar em consideração, ilustrando, um furto anteriormente cometido por Fulano, pelo qual já foi condenado e cumpriu pena, com o fito de, em processo por roubo posterior, noutro cenário, portanto, ser condenado como reincidente, seria uma maneira indireta de punir alguém duas vezes pelo mesmo fato.

O raciocínio seria o seguinte: se já pagou pelo delito de furto, quando for condenado por roubo, o juiz não poderia elevar a pena deste último delito, com base no anterior crime de furto. O referido aumento constituiria a punição *dupla*. A ideia, em nosso entendimento, peca pela simplicidade. O sistema de fixação de penas obedece a outro preceito constitucional, merecedor de integração com os demais princípios penais, que é a individualização da pena (art. 5.º, XLVI, CF). Não haverá pena padronizada. Cada ser humano deve valer por si mesmo, detentor de qualidades e defeitos, ponderados, quando espalhados num cenário criminoso, pelo julgador de modo particularizado.

Logo, no exemplo anterior, Fulano não está recebendo *nova punição* pelo seu anterior furto. Ao contrário, a pena do seu mais recente crime – o roubo – comporta gradação e o magistrado nada mais faz do que considerar o fato de Fulano, já tendo sido apenado pelo Estado, tornar a delinquir, desafiando a ordem pública e as leis vigentes. Demonstra persistência e rebeldia inaceitáveis para quem pretenda viver em sociedade. Destarte, sofre uma punição mais severa, *dentro da faixa* prevista para o roubo. Não se aplica a pena deste último crime no máximo e lança-se, acima disso, outra punição qualquer pelo furto anterior. Nada disso é operacionalizado. Ademais, se a reincidência fosse considerada inaplicável, como agravante, o que se diria de todas as circunstâncias judiciais do art. 59 do Código Penal? Se alguém pode sofrer penalidade mais grave simplesmente por apresentar personalidade perversa, é mais que natural deva o reincidente experimentar sanção mais elevada.

Na ótica de IVAIR NOGUEIRA ITAGIBA, "a lei considera a pessoa do agente. O delinquente, que reincida no crime, demonstra desapreço à autoridade e desprezo à lei; deslouva e esquece a pena imposta pela condenação; manifesta persistência e reiteração no mal; realça a sua periculosidade. Essas razões predeterminam a necessidade da agravante. É princípio de

---

[57] *Reincidência criminal sob o enfoque da psicologia clínica preventiva*, p. 23 e 40.

política criminal que o procedimento moral do agente constitui elemento imprescindível na conceituação da culpabilidade".[58]

Nesse sentido: STF: "É constitucional a aplicação da reincidência como agravante da pena em processos criminais (CP, art. 61, I). Essa a conclusão do Plenário ao desprover recurso extraordinário em que alegado que o instituto configuraria *bis in idem*, bem como ofenderia os princípios da proporcionalidade e da individualização da pena. Registrou-se que as repercussões legais da reincidência seriam múltiplas, não restritas ao agravamento da pena. Nesse sentido, ela obstaculizaria: a) cumprimento de pena nos regimes semiaberto e aberto (CP, art. 33, § 2.º, *b* e *c*); b) substituição de pena privativa de liberdade por restritiva de direito ou multa (CP, arts. 44, II, e 60, § 2.º); c) *sursis* (CP, art. 77, I); d) diminuição de pena, reabilitação e prestação de fiança; e e) transação e *sursis* processual em juizados especiais (Lei 9.099/1995, arts. 76, § 2.º, I, e 89). Além disso, a recidiva seria levada em conta para: a) deslinde do concurso de agravantes e atenuantes (CP, art. 67); b) efeito de lapso temporal quanto ao livramento condicional (CP, art. 83, I e II); c) interrupção da prescrição (CP, art. 117, VI); e d) revogação de *sursis* e livramento condicional, a impossibilitar, em alguns casos, a diminuição da pena, a reabilitação e a prestação de fiança (CP, arts. 155, § 2.º, 170; 171, § 1.º, 95; e CPP, art. 323, III [norma suprimida pela Lei 12.403/2011]). Consignou-se que a reincidência não contrariaria a individualização da pena. Ao contrário, levar-se-ia em conta, justamente, o perfil do condenado, ao distingui-lo daqueles que cometessem a primeira infração penal. Nesse sentido, lembrou-se que a Lei 11.343/2006 preceituaria como causa de diminuição de pena o fato de o agente ser primário e detentor de bons antecedentes (art. 33, § 4.º). Do mesmo modo, a recidiva seria considerada no cômputo do requisito objetivo para progressão de regime dos condenados por crime hediondo. Nesse aspecto, a lei exigiria o implemento de 2/5 da reprimenda, se primário o agente; e 3/5, se reincidente. O instituto impediria, também, o livramento condicional aos condenados por crime hediondo, tortura, tráfico de pessoas, terrorismo e tráfico ilícito de entorpecentes (CP, art. 83, V). Figuraria, ainda, como agravante da contravenção penal prevista no art. 25 do Decreto-lei 3.688/1941 [embora citado, o próprio STF reconheceu não ter sido recepcionado pela CF de 1988, conforme RE 583.523]. Influiria na revogação do *sursis* processual e do livramento condicional, assim como na reabilitação (CP, arts. 81, I e § 1.º, 86, 87 e 95)" (RE 453.000/RS, Plenário, rel. Min. Marco Aurélio, 04.04.2013, v.u., *Informativo* 700).

23.3. Espécies de reincidência

Denomina-se *reincidência real*, quando o agente comete novo delito depois de já ter efetivamente cumprido pena por crime anterior; *reincidência ficta*, quando o autor comete novo crime depois de ter sido condenado, mas ainda sem cumprir pena.

A ideia por trás dessa *divisão* é a seguinte: quem já cumpriu pena foi reeducado e ressocializado, logo, cometendo outro crime, a sua reincidência é *autêntica*; quem nunca cumpriu pena ainda não foi reeducado ou ressocializado, portanto a prática de nova infração o torna reincidente *ficto*.

Para efeito de funcionar como agravante, tanto faz se a reincidência é real ou ficta.

---

[58] *Do homicídio*, p. 158.

23.4. Primariedade e reincidência

É nítida a distinção feita pela lei penal, no sentido de que é primário quem não é reincidente; este, por sua vez, é aquele que comete novo delito nos cinco anos depois da extinção da sua última pena. Logo, não há cabimento algum em criar-se uma situação intermediária, como o chamado *tecnicamente primário*, legalmente inexistente.

Deixando de ser reincidente, após os cinco anos previstos no inciso I do artigo 64, torna a ser primário, embora possa ter maus antecedentes.

23.5. Cometimento de crime no dia em que transita em julgado a sentença condenatória por crime anterior

Não é capaz de gerar a reincidência, pois a lei é expressa ao mencionar "depois" do trânsito em julgado. O dia do trânsito, portanto, não se encaixa na hipótese legal.

23.6. Prova da reincidência

É preciso juntar aos autos a certidão cartorária comprovando a condenação anterior. Não se deve reconhecer a reincidência por meio da análise da folha de antecedentes, que pode conter muitos erros, pois não é expedida diretamente pelo juízo da condenação. Pode ter havido modificação na situação do acusado, provocada por recurso do réu ou até mesmo em função de revisão criminal. Parece-nos mais correto e seguro que o juiz requisite certidões dos cartórios onde correm os processos indicados na folha de antecedentes para então ter certeza de que podem ser utilizados para prejudicar o réu, provocando o aumento da pena em face da agravante da reincidência. Em sentido diverso, encontra-se a Súmula 636 do STJ: "A folha de antecedentes criminais é documento suficiente a comprovar os maus antecedentes e a reincidência".

23.7. Reincidência e pena de multa

A pena pecuniária é capaz de gerar reincidência, pois o art. 63 do CP não faz diferença alguma, para esse efeito, do tipo de pena aplicada. Portanto, basta haver condenação, pouco importando se a uma pena privativa de liberdade, restritiva de direitos ou multa.

Há posição em contrário, sustentando que a multa não gera reincidência por, basicamente, duas razões: a) o art. 77, § 1.º, do Código Penal menciona que a pena de multa, anteriormente aplicada, não impede a concessão do *sursis*. Por isso, não é suficiente para gerar a reincidência, visto não ser cabível a suspensão condicional da pena ao reincidente em crime doloso (art. 77, I, CP); b) a multa é pena de pouca monta, aplicável a crimes mais leves, não sendo suficiente, portanto, para gerar efeitos tão drásticos como os previstos para o caso de reincidência. Essas razões não são capazes de afastar a reincidência, tendo em vista que a exceção aberta no art. 77, § 1.º, do Código Penal é apenas para propiciar a concessão de *sursis* a quem já foi condenado por crime anterior a uma pena de multa, o que não significa ter afastado o reconhecimento da reincidência. Diga-se o mesmo do outro argumento: ainda que a pena aplicada seja branda, é preciso considerar que houve condenação, logo, é o suficiente para o juiz levar em conta na próxima condenação que surgir.

No mesmo prisma, defende Aníbal Bruno que a multa "pode ter caráter pouco aflitivo, mas impõe ao réu a qualidade de condenado e assim adverte-o para a comissão de

648 Curso de Direito Penal – Parte Geral Vol. 1 • Nucci

novo crime, que lhe comunicaria a condição de reincidente, com as graves consequências daí resultantes".[59]

23.8. Efeitos da reincidência

São os seguintes: a) existência de uma agravante que prepondera sobre outras circunstâncias legais (art. 67, CP); b) possibilidade de impedir a substituição da pena privativa de liberdade por restritiva de direitos ou multa (arts. 44, II, e 60, § 2.º, CP); c) quando por crime doloso, impedimento à obtenção do *sursis* (art. 77, I, CP); d) possibilidade de impedir o início da pena nos regimes semiaberto e aberto (art. 33, § 2.º, *b* e *c*, CP), salvo quando se tratar de detenção, porque há polêmica a esse respeito; e) motivo para aumentar o prazo de obtenção do livramento condicional (art. 83, II, CP); f) impedimento ao livramento condicional nos casos de crimes hediondos, tortura, tráfico de pessoas, tráfico de entorpecentes e terrorismo, tratando-se de reincidência específica (art. 83, V, CP); g) aumento do prazo de prescrição da pretensão executória em um terço (art. 110, *caput*, CP); h) causa de interrupção do curso da prescrição (art. 117, VI, CP); i) possibilidade de revogação do *sursis* (art. 81, I, CP), do livramento condicional (art. 86, I, CP) e da reabilitação (neste caso, se não tiver sido aplicada a pena de multa, conforme art. 95, CP); j) não permissão de concessão do furto privilegiado, do estelionato privilegiado e das apropriações privilegiadas (arts. 155, § 2.º, 171, § 1.º, e 170, CP); k) possibilidade de causar a decretação da prisão preventiva (art. 313, II, CPP); l) impedimento aos benefícios da Lei 9.099/1995 (arts. 76, § 2.º, I, e 89, *caput*).

23.9. Caducidade da condenação anterior

Para efeito de gerar reincidência, a condenação definitiva, anteriormente aplicada, cuja pena foi extinta ou cumprida, tem o prazo de cinco anos para perder força. Portanto, decorrido o quinquídio, não é mais possível, caso haja o cometimento de um novo delito, surgir a reincidência. Não se trata de decair a reincidência, mas sim a condenação: afinal, quem é condenado apenas uma vez na vida não é reincidente, mas sim primário.

Sobre o termo inicial do período depurador: STJ: "1. O termo *a quo* para o cômputo do prazo de extinção dos efeitos da reincidência é o da data do cumprimento da pena ou da extinção da punibilidade, e não da data do trânsito em julgado da condenação anterior. Na espécie, consta da folha de antecedentes criminais do paciente que a extinção da punibilidade da condenação anterior transitou em julgado em 04.10.2005, de modo que o quinquênio legal operou-se somente em 04.10.2010. Tendo sido o crime descrito nos presentes autos cometido em 22.07.2010, data em que o feito anterior ainda se encontrava ativo, verifica-se a não ocorrência do período depurador, restando plenamente configurada a reincidência. 2. Tratando-se de réu reincidente, é inviável a fixação do regime intermediário, nos termos do art. 33, § 2.º, alínea 'b', do Código Penal. 3. *Habeas corpus* não conhecido" (HC 319708/MS, 6.ª T., rel. Maria Thereza de Assis Moura, 05.05.2015, v.u.).

23.10. Inclusão dos prazos do *sursis* e do livramento condicional

Caso o agente esteja em gozo de suspensão condicional da pena ou de livramento condicional, não tendo havido revogação, o prazo dos benefícios será incluído no cômputo dos cinco anos para fazer caducar a condenação anterior. Ex.: se o condenado cumpre *sursis* por

---

[59] *Das penas*, p. 82.

dois anos, sem revogação – ao término, o juiz declara extinta a sua pena, nos termos do art. 82 do Código Penal, e ele terá somente mais três anos para que essa condenação perca a força para gerar reincidência.

Quanto ao livramento condicional, se alguém, condenado a 12 anos de reclusão, vai cumprir livramento por seis anos, é natural que essa condenação, ao término, sem ter havido revogação e declarada extinta a pena, nos termos do art. 90 do Código Penal, perca imediatamente a força para gerar reincidência. No caso do *sursis*, os cinco anos são contados a partir da data da audiência admonitória.

23.11. Crimes militares próprios e impróprios

São próprios os crimes militares previstos unicamente no Código Penal Militar, portanto cometidos exclusivamente por militares. O civil, sozinho, não os pode praticar, pois não preencherá o tipo penal. Exemplo: *desrespeito a superior*: "Desrespeitar superior diante de outro militar: Pena – detenção, de 3 (três) meses a 1 (um) ano, se o fato não constitui crime mais grave. Parágrafo único. Se o fato é praticado contra o comandante da unidade a que pertence o agente, oficial-general, oficial de dia, de serviço ou de quarto, a pena é aumentada da 1/2 (metade)" (art. 160, CPM).

Por outro lado, os crimes militares impróprios são capazes de gerar reincidência, pois são delitos previstos igualmente no Código Penal Militar e no Código Penal comum. Exemplo: homicídio (arts. 205, CPM, e 121, CP). Se uma pessoa comete um crime militar próprio (desrespeito a superior) e depois pratica um impróprio (furto), não é reincidente. No entanto, se cometer um estupro (art. 232, CPM) e depois um roubo (art. 157, CP), torna-se reincidente. Finalmente, é de ressaltar que gera reincidência o cometimento de um crime militar próprio e de outro delito militar próprio (art. 71, CPM), pois o que a lei quer evitar é a mistura entre crime militar próprio e crime comum.

23.12. Crimes políticos

É o que ofende interesse político do Estado, tais como integridade territorial, soberania nacional, regime representativo e democrático, Federação, Estado de Direito, a pessoa dos chefes dos poderes da União, independência etc.

Há, basicamente, *três* critérios para averiguar se o crime é político: a) *objetivo*: liga-se à qualidade do bem jurídico ameaçado ou ofendido (soberania do Estado, integridade territorial etc.); b) *subjetivo*: leva em conta a natureza do motivo que impele à ação, que deve ser sempre político (como melhoria das condições de vida da Nação); c) *misto*: é a conjunção dos dois anteriores e representa a tendência atual para a análise dos tipos penais previstos no Título XII do Código Penal (dos crimes contra o Estado Democrático de Direito). Exemplo de delito político: "art. 359-L. Tentar, com emprego de violência ou grave ameaça, abolir o Estado Democrático de Direito, impedindo ou restringindo o exercício dos poderes constitucionais: Pena – reclusão, de 4 (quatro) a 8 (oito) anos, além da pena correspondente à violência".

24. AS DEMAIS AGRAVANTES PREVISTAS NO INCISO II DO ART. 61 DO CÓDIGO PENAL

24.1. Motivo fútil

É o motivo reles, simplório, pífio, tolo; em termos jurídico-penais, cuida-se de um abismo existente entre o motivo que conduziu o agente ao crime e o resultado (art. 61, II, *a*, CP).

Exemplificando: o sujeito mata outrem porque este não lhe emprestou o passe para o ônibus; note-se que o motivo do agente (pretender um passe de ônibus) é totalmente desproporcional ao resultado *morte da vítima*. Isso se chama futilidade.

Matar uma pessoa é grave, por isso é crime. No entanto, quando o agente o faz por motivo de somenos importância, torna-se mais grave, qualificando o delito.

24.1.1. *Motivo fútil e ausência de motivo*

Fútil é o motivo de mínima importância, manifestamente desproporcional à gravidade do fato e à intensidade do motivo. Ex.: matar alguém porque perdeu uma partida de sinuca ou praticar um furto simplesmente para adquirir uma roupa elegante. O fundamento da maior punição da futilidade consiste no egoísmo intolerante, na mesquinhez com que age o autor da infração penal.

De outro lado, é bastante polêmica a possibilidade de equiparar a *ausência de motivo* ao motivo fútil. Sustentam alguns que praticar o delito sem qualquer motivo evidencia futilidade, com o que não podemos concordar.

O crime *sempre* tem uma motivação, de modo que desconhecer a razão que levou o agente a cometê-lo jamais deveria ser considerado *motivo fútil*. É possível que o Estado-a-cusação não descubra qual foi o fator determinante da ação criminosa, o que não significa *ausência de motivo*.

Uma pessoa somente é capaz de cometer um delito sem qualquer fundamento se não for normal, merecendo, nesse caso, uma avaliação psicológica, com possível inimputabilidade ou semi-imputabilidade. Por outro lado, quem comete o delito pelo mero prazer de praticá-lo está agindo com sadismo, o que não deixa de ser, então, um motivo torpe.

Ressalte-se que considerar a ausência de motivo como futilidade pode trazer sérios inconvenientes. Imagine-se o agente que tenha matado o estuprador de sua filha – circunstância que a doutrina considera *relevante valor moral* –, embora tenha fugido sem deixar rastro. Testemunhas presenciais do fato o reconhecem nas fases policial e judicial por fotografia ou porque já o conheciam de vista, mas não sabem indicar a razão do delito. Caso tenha sido denunciado por homicídio praticado por motivo fútil (pela ausência de motivo), estar-se-ia cometendo uma flagrante injustiça. Corretíssima, nesse sentido, a lição de NÉLSON HUNGRIA: "Não há crime *gratuito* ou sem motivo e é no motivo que reside a significação mesma do crime. O motivo é o 'adjetivo' do elemento moral do crime. É em razão do 'porquê' do crime, principalmente, que se pode rastrear a personalidade do criminoso e identificar a sua maior ou menor antissociabilidade".[60] Esclarece RICARDO LEVENE que o homicídio cometido *sem motivo* equivale a um homicídio praticado por impulso de perversidade brutal.[61] Se assim for, trata-se de torpeza – e nunca de futilidade.

24.1.2. *Motivo fútil e motivo injusto*

Qualquer motivo para matar alguém, exceto quando balizado pelas excludentes de ilicitude, é ilícito, logo, injusto.

---

[60] *Comentários ao Código Penal*, v. 5, p. 122-123.
[61] *El delito de homicidio*, p. 155.

Portanto, pretender equiparar o motivo fútil (de somenos importância) com o motivo injusto (ilícito) é um equívoco.

Enfim, a todos os delitos, o motivo *injusto* não possui peso algum para compor qualquer tipo de agravante.

24.1.3. A questão do ciúme

Outro ponto a merecer destaque é o *ciúme*. Não se trata, para a maioria da doutrina e da jurisprudência, de motivo fútil, pois esse sentimento doloroso de um amor inquieto, egoísta e possessivo, apesar de injusto, não pode ser considerado ínfimo ou desprezível.

Desde os primórdios da humanidade o ciúme corrói o homem e por vezes chega a configurar uma causa de diminuição da pena ou uma atenuante, quando em decorrência de "violenta emoção, provocada por ato injusto da vítima". O ciúme tem movido vários casos de homicídio passional, de forma que fútil não pode ser.

24.1.4. Embriaguez e futilidade

A *embriaguez* é, como regra, incompatível com a futilidade. O sujeito embriagado pode não ter noção exata do que faz, de forma que as suas razões para o cometimento de uma infração penal nem sempre devem ser classificadas como fúteis.

Entretanto, vigendo, na legislação brasileira, a responsabilidade objetiva no campo da ebriedade, como comentamos na primeira parte desta obra, não é demais supor que os atos do embriagado possam ser considerados *desproporcionais* ao crime praticado e, portanto, fúteis. Noutros termos, há de se ter cautela para avaliar a conduta infracional do ébrio.

Cuidando-se de tolice, advinda justamente da ebriedade, nem mesmo se deve levar em conta para tipificar a ação. Entretanto, havendo situações mais graves, o bêbado responde pelo que faz, desde que a embriaguez tenha sido voluntária ou culposa. Assim sendo, caso se vislumbre futilidade na sua atitude, a agravante deve ser inserida na imputação.

24.2. Motivo torpe e a particularidade da vingança

É o motivo repugnante, abjeto, vil, que demonstra sinal de depravação do espírito do agente (art. 61, II, *a*, CP). O fundamento da maior punição ao criminoso repousa na moral média, no sentimento ético social comum. Ex.: cometer um crime impulsionado pela ganância ou pela ambição desmedida. Por mais que parcela da doutrina não aprecie o critério do *homem médio* é desse nível que se retira o grau de torpeza de um delito – o que choca (ou não) a maior parte da sociedade.

Costumeiramente, sustenta-se ser torpe a *vingança*, o que não corresponde sempre à realidade. Nem toda vingança pode ser tachada de torpe. Note-se o exemplo já mencionado do pai que, por vingança, mata o estuprador de sua filha, ou mesmo do professor que agride, por vingança, o traficante que perturba as crianças de sua escola. São motivos de *relevante valor* – moral ou social –, mas nunca repugnantes.

Erich Fromm esclarece ser a vingança, de alguma maneira, um "ato mágico. Ao destruir aquele que tenha cometido a atrocidade, sua ação é desfeita magicamente. Isso é expresso, ainda hoje, dizendo-se que por meio do castigo 'o criminoso pagou a sua dívida'; pelo menos em teoria, passa a ser alguém que jamais cometeu um crime. A vingança pode ser tida como uma reparação mágica; mas, ainda que se admita que assim seja, por que esse desejo de reparação é tão intenso? Talvez tenha sido o homem aquinhoado com um senso elementar de justiça; isso acontece talvez porque haja um sentimento profundamente arraigado de 'igualdade existencial': todos nós nascemos de nossas mães, um dia fomos crianças indefesas, e todos haveremos de morrer. (...) O homem parece fazer justiça pelas próprias mãos, quando Deus ou as autoridades seculares não a promovem. É como se, em sua paixão por vingança, o homem se elevasse ao papel de Deus e ao dos anjos da vingança. O ato de vingança pode constituir sua hora principal, exatamente por causa dessa autoelevação".[62] Sem falso moralismo, é preciso que o juiz tenha muita cautela antes de acolher a agravante do motivo torpe fundada na vingança.

Por outro lado, é imperioso destacar a hipocrisia que ainda cerca a questão no contexto social. A moral média – espelhada em livros, revistas, contos, novelas, filmes etc. – nem sempre elege a vingança como motivo a causar asco à sociedade. Fosse assim e não existiriam tantas histórias contendo a vingança como pano de fundo, justamente praticada por aquele que foi agredido injustamente e resolve "fazer justiça pelas próprias mãos". Não se quer com isso dizer que a vingança é motivo justo ou mesmo ideal de agir, embora não se deva desconhecer que a torpeza é a motivação vil, denotativa de repulsa social ao ato praticado; daí por que nem sempre a sociedade irá considerar torpe uma vingança.

Do mesmo modo, o ciúme não deve ser considerado motivo torpe, pelas razões expostas no item anterior.

É interessante observar que, no campo do homicídio, a torpeza vem ligada a elementos mercenários (praticar o crime mediante paga ou promessa de recompensa), mas isso não ocorre no cenário das agravantes. Possivelmente, considerou a lei mais grave o homicídio mercenário, associando-o à torpeza, do que o motivo torpe para os crimes em geral.

24.3. Motivação torpe específica

Constitui um motivo torpe específico cometer um delito "para facilitar ou assegurar a execução, a ocultação, a impunidade ou vantagem de outro crime" (art. 61, II, *b*, CP).

Essa agravante cuida de um motivo torpe com formulação particular. O agente que comete um delito para facilitar ou assegurar a execução, a ocultação, a impunidade ou a vantagem de outro delito demonstra especial vileza.

Quando, eventualmente, consiga o autor atingir dois resultados (ex.: um homicídio para esconder um estelionato), pune-se utilizando a regra do concurso material. É preciso cautela para evitar o *bis in idem*.

As circunstâncias de *facilitação* – tornar mais fácil, sem grande dificuldade – e *asseguração* – garantir, tornar infalível – estão no mesmo contexto e constituem apenas uma gradação. É possível que o agente atue, visando à prática de um furto em residência, matando, dias antes, o cão de guarda. A crueldade contra animais e o dano cometido são infrações cometidas para *facilitar* a execução do delito patrimonial. No entanto, se o agente, antes do fato visado, destrói o sistema de alarme e sequestra o vigia da casa, tornando-se completamente vulnerável, alcança o estágio mais acentuado de *dar garantia* à execução infalível do furto. Nesse caso, o dano e o sequestro são crimes cometidos para *assegurar* a prática de outro. Aliás, deve o juiz valorar mais severamente aquele que promove atos criminosos para *assegurar* delito diverso do que a simples *facilitação*.

---

[62] *Anatomia da destrutividade humana*, p. 367-368.

Ocultar o crime quer dizer encobri-lo para que ninguém dele se aperceba. Volta-se, pois, à própria materialidade, e não à autoria. O agente que suprime documentos em poder de funcionário público (art. 337, CP) com o fito de esconder delito de estelionato praticado por seu amigo incide nessa agravante.

Quando se refere a *impunidade* – estado daquele que escapa à punição –, está-se voltando a circunstância à autoria de outro delito. Logo, na hipótese anteriormente mencionada, supondo-se que o estelionato já tenha sido descoberto, mas não o seu autor, o agente pode, então, subtrair documentos que indicariam como agente seu amigo.

Ao mencionar *vantagem* de outro crime, quer a norma referir-se ao proveito ou ao resultado lucrativo de outra infração. Portanto, ainda no exemplo do art. 337, o agente pode subtrair documento com o fim de impedir a descoberta de onde foi depositado o dinheiro, fruto do estelionato praticado por seu amigo (materialidade e autoria já conhecidas).

24.4. Traição, emboscada, dissimulação ou outro recurso que dificulte ou impossibilite a defesa da vítima

A traição é a consagração da deslealdade, da perfídia, da hipocrisia no cometimento de um crime. Essas referências do legislador são modos específicos de agir, que merecem maior censura no momento de aplicação da pena.

A traição divide-se em material (ou objetiva), que é a atitude de golpear alguém pelas costas, e moral (ou subjetiva), que significa ocultar a intenção criminosa, enganando a vítima. Logicamente, a traição engloba a surpresa. Como exemplo, mencionamos um caso concreto que nos foi recentemente narrado: o empregado, despedido da empresa onde trabalhava, retornou ao local do antigo serviço e pediu ao chefe do seu setor – a quem imputava o motivo de sua demissão – para ler um determinado documento que carregava consigo. A vítima não desejava fazê-lo, mas o agente insistiu bastante. Quando tomou o referido papel para ler, foi violentamente golpeada pelas costas.

A emboscada ("it. *imboscata* (1554) 'id', derivado de *imboscare* 'esconder animais ou pessoas em um bosque', este de *bosco*")[63] é o ato de esperar alguém passar por algum lugar para atacá-lo, sendo vulgarmente conhecida por tocaia ou cilada. Não deixa naturalmente de ser espécie de traição material.

A dissimulação é o despistamento da vontade hostil; escondendo a vontade ilícita, o agente ganha maior proximidade da vítima. Fingindo amizade para atacar, leva vantagem e impede a defesa.

Ingressa a interpretação analógica, apontando para *outro recurso* que torne difícil ou impossível a defesa da vítima. É natural supor que todas as ações supradescritas são recursos que prejudicam ou impossibilitam a defesa, embora nesse caso haja possibilidade de amoldar qualquer outra situação não descrita expressamente na norma penal. Trata-se de uma fórmula casuística. Há necessidade de ser uma situação análoga às que foram descritas anteriormente. Exemplo disso é o de MacBeth, que assassinou o rei Duncan enquanto o soberano dormia.

24.5. Emprego de veneno, fogo, explosivo, tortura ou outro meio insidioso ou cruel, ou de que podia resultar perigo comum

A análise conjunta do dispositivo demonstra serem meios de cometer o crime. Há três gêneros nessa agravante, com quatro espécies.

---

63   Verbete do *Dicionário Houaiss*.

O *meio insidioso* – que denota estratagema, perfídia –, a *crueldade* – significando a imposição à vítima de sofrimento além do necessário para alcançar o resultado típico pretendido –, bem como o *perigo comum* – situação que coloca em risco mais pessoas do que a visada pelo agente – são os *gêneros*, dos quais o legislador destacou exemplos específicos:

a) *emprego de veneno*: podendo significar o uso de um meio insidioso ou camuflado para agir, o que acontece especialmente no homicídio, mas também pode espelhar crueldade, quando a substância provocar morte lenta e dolorosa;

b) *o uso de fogo*: algo que tanto pode causar sofrimento exagerado à vítima como produzir perigo a outras pessoas;

c) *explosivo*: que, na definição de Sarrau, é "qualquer corpo capaz de se transformar rapidamente em gás à temperatura elevada"[64] e, assim ocorrendo, apto a provocar a violenta deslocação e destruição de matérias ao seu redor, tratando-se, evidentemente, de perigo comum;

d) *tortura*: que é o suplício imposto a alguém, constituindo evidente forma de crueldade.

Ainda sobre a crueldade, narra Anthony Storr que, "com exceção de certos roedores, nenhum outro vertebrado habitualmente destrói membros de sua própria espécie. Nenhum outro animal revela prazer no exercício de crueldade sobre outro indivíduo de sua mesma espécie. Geralmente descrevemos os mais repulsivos exemplos de crueldade como exemplos brutais e bestiais, sugerindo-se, assim, que tal comportamento seja característico de espécies inferiores. Na verdade, contudo, os extremos de comportamentos brutais confinam-se no homem".[65] E o mesmo expõe Erich Fromm: "O que é único no homem é o fato de que pode ser levado por impulsos a matar e a torturar, e o de que sente prazer em proceder dessa maneira; é o único animal que pode ser um assassino e um destruidor de sua própria espécie sem qualquer ganho racional, biológico ou econômico".[66]

Ainda sobre a crueldade, leciona Carlo Zaza que ela se manifesta em duplo aspecto da conduta humana: produção de sofrimento ao ofendido e ausência de humanidade do agente.[67]

Por isso, consideramos a crueldade uma das piores circunstâncias a voltear ao crime praticado, pois chega a evidenciar o lado selvagem do ser humano, causando profundo asco e repúdio social.

24.6. Relações familiares

Dispõe o art. 61, II, *e*, do Código Penal ser agravante o crime cometido contra ascendente, descendente, irmão ou cônjuge.

Aumenta-se a punição no caso de crime cometido contra ascendente, descendente, irmão ou cônjuge, tendo em vista a maior insensibilidade moral do agente, que viola o dever de apoio mútuo existente entre parentes e pessoas ligadas pelo matrimônio. Nesse caso, trata-se do parentesco natural ou civil. Descartam-se, apenas, as relações de afinidade, como as figuras do *pai ou da mãe de criação* e outras correlatas.

---

[64] Citação de Hungria, *Comentários ao Código Penal*, p. 166.

[65] *Apud* Antonio Gomes Penna, *Introdução à motivação e emoção*, p. 116.

[66] *Anatomia da destrutividade humana*, p. 295.

[67] *Le circostanze del reato*, p. 215.

Não se aceita, também, pelo princípio da legalidade estrita que vige em direito penal, qualquer inclusão de concubinos ou companheiros. É preciso evitar o *bis in idem*, quando a circunstância já tiver sido considerada como qualificadora ou causa de aumento.

Sobre o parricídio, na concepção atual do termo, considera-se o homicídio praticado pelo descendente contra ascendente, incidindo, pois, a agravante prevista no art. 61, uma vez que não se trata de qualificadora. Historicamente, houve diferença no emprego da palavra *parricídio*. Explica RICARDO LEVENE que, "na evolução cronológica desse termo, encontramos que, no Direito Romano, se designava assim, primitivamente, todo homicídio de homem livre ('par' – semelhante), mas o mesmo não provinha de 'parens' (parente); depois, pela Lei das Doze Tábuas o parricídio se considerou como a morte do pai pelo filho. A Lei Pompeia de parricídio o estendeu à morte da esposa, sogros, sobrinhos, primos e patrão, mas Constantino o limitou à morte dos ascendentes e descendentes".[68]

24.7. Abuso de autoridade e relações do lar

No art. 61, II, *f*, vê-se a agravante de crime praticado "com abuso de autoridade ou prevalecendo-se de relações domésticas, de coabitação ou de hospitalidade, ou com violência contra a mulher na forma da lei específica".

O abuso de autoridade, no caso dessa agravante, significa *autoridade civil*, não se confundindo com o crime de abuso de autoridade (pública).

Pune-se com maior rigor a afronta aos princípios de apoio e assistência que deve haver nessas situações. O abuso de autoridade mencionado é o abuso no campo do direito privado, vale dizer, nas relações de autoridade que se criam entre tutor-tutelado, guardião-pupilo, curador-curatelado etc.

Quanto às relações domésticas, são as ligações estabelecidas entre participantes de uma mesma vida familiar, podendo haver laços de parentesco ou não. Ex.: um primo que se integre à vida da família priva das suas relações domésticas. Coabitação, por sua vez, significa apenas viver sob o mesmo teto, mesmo que por pouco tempo. Ex.: moradores de uma pensão.

Finalmente, hospitalidade é a vinculação existente entre as pessoas durante a estada provisória na casa de alguém. Ex.: relação entre anfitrião e convidado durante uma festa.

Não é possível equiparar o casamento e a união estável para o fim de aplicar a agravante de crime cometido contra cônjuge, pois seria uma analogia *in malam partem*. No entanto, é perfeitamente admissível inserir a companheira (ou companheiro), fruto da união estável, na agravante prevista nesta alínea, no contexto: "prevalecendo-se de relações domésticas".

A parte final da alínea f do inciso II do art. 61 foi introduzida pela Lei 11.340/2006, embora possa se mostrar inócua. A mulher agredida no âmbito doméstico já gozava de particular

---

[68] *El delito de homicidio*, p. 141.

proteção de qualquer modo, o que fica demonstrado nessa mesma alínea ("prevalecendo-se de relações domésticas"), ou na alínea e ("contra ascendente, descendente, irmão ou cônjuge").

24.8. Abuso de poder e violações de dever

O abuso de poder, na alínea *g* do art. 61, II, ora retratado, é justamente o abuso de uma função pública, por isso muito fácil de ser confundido com o abuso de autoridade, previsto na Lei 13.869/2019.

É preciso, aliás, cautela para não haver *bis in idem*. Se o agente for punido com base na lei mencionada, não se pode aplicar essa agravante. Entretanto, quando não for o caso de aplicar o *abuso de autoridade*, é possível reconhecer o *abuso de poder*. Ex.: quando uma autoridade constrange alguém, mediante grave ameaça, a celebrar contrato de trabalho, responderá pelo crime descrito no art. 198 c.c. o art. 61, II, *g*, do Código Penal.

Vale destacar decisão do Supremo Tribunal Federal em que se discutiu a necessidade de liame entre o abuso de poder e a prática do crime, isto é, para que se possa aplicar a agravante, é indispensável que o agente se valha da sua posição de autoridade para a concretização da infração penal. Cuidou-se, no caso concreto, de crime contra a economia popular consistente em "promover incorporação, fazendo, em proposta, contratos, prospectos ou comunicação ao público ou aos interessados, afirmação falsa sobre a construção do condomínio, alienação das frações ideais do terreno ou sobre a construção das edificações" (art. 65 da Lei 4.591/1964) praticado pelo Presidente da Associação dos Servidores Militares do Estado do Rio de Janeiro, que também é coronel do Corpo de Bombeiros. Entendeu, com razão, o Supremo Tribunal Federal não haver relação alguma entre a situação fática gerada pelo autor e o seu cargo de coronel, além de ser de natureza civil a sua posição como presidente da referida entidade. Em suma, os deveres inerentes ao cargo de coronel não foram violados para a prática da infração penal, logo, inaplicável a agravante prevista nesse artigo.[69]

Melhor analisando o tema, permitimo-nos reformular a definição anterior, que já fizemos, acerca de *cargo*. Está-se no contexto do *abuso de poder*, mencionando-se *dever*. O cargo somente pode ser o público, criado por lei, com denominação própria, número certo e remunerado pelo Estado, vinculando o servidor à Administração estatutariamente. Não vemos, hoje, sentido em mencionar *cargo em empresa particular* (inexiste contexto de *poder* e *dever*).

Por uma questão de coerência, deve-se acrescer a *função pública* (atribuição que o Estado impõe aos seus servidores para a realização de tarefas nos três Poderes, sem ocupar cargo ou emprego). Além disso, merece inclusão, também, o emprego público (posto criado por lei na estrutura hierárquica da Administração Pública, com denominação e padrão de vencimentos próprios, ocupado por servidor contratado pelo regime da CLT). Tanto a função pública quanto o emprego público devem ser extraídos do termo *ofício*, porque assim se fazia quando o Código Penal foi editado. Entendia-se por ofício tanto o posto público quanto o privado, conforme indica ROBERTO LYRA: "no conceito de *ofício* entra, quer o ofício público, quer o privado. Ofício, em tal sentido, é toda função reconhecida e disciplinada pela lei, tanto no campo de direito público, como no campo do direito privado" (*Comentários ao Código Penal*, v. II, p. 295). Segue a mesma ideia, NORONHA, ao indicar cargo ou ofício como funções públicas, primordialmente (*Direito penal*, v. 1, p. 256). Em interpretação teleológica, mas também extensiva, onde se lê *ofício* é fundamental ler *função pública* ou *emprego público*, pois são as

---

[69] HC 84.187/RJ, 1.ª T., rel. Sepúlveda Pertence, 24.08.2004, v.u., embora antigo, o acórdão é um marco nesse contexto.

atividades que possuem deveres previstos em lei. Parece-nos que, quando LYRA aponta o ofício privado, reconhecido e disciplinado pela lei, em verdade, está indicando o que, atualmente, se denomina *profissão* (atividade de sustento, reconhecida e regulada pelo Estado), como apontamos abaixo. Não se deve, por óbvio, adotar o conceito vulgar de ofício (uma atividade que demanda conhecimento específico ou habilidade), pois seriam os exemplos de pintor, padeiro, pedreiro, dona de casa etc. Esses ofícios não são regulados pelo Estado, não estão previstos em lei, razão pela qual não possuem poderes, nem deveres, para que possam ser infringidos e, em consequência, gerar um crime com agravante.

Ministério é o exercício de atividade religiosa, devendo ser esta reconhecida pelo Estado, implicando, pois, deveres.[70] Criando-se culto novo, sem qualquer tradição, ainda que possa ser lícito, diante da liberdade de crença e culto reconhecida pela Constituição, não há o fornecimento ao juiz de parâmetro algum para checar se houve abuso no exercício do *ministério*. Um padre da Igreja católica que cometa difamação, em virtude de segredo ouvido em confessionário, pode ser punido mais gravemente. Entretanto, alguém que idealize um culto ou promova uma nova crença, eleja-se seu representante maior e arregimente fiéis, sem qualquer regramento, não pode ser acusado, igualmente, de romper *deveres* inerentes ao seu ministério se ocorresse a mesma situação.[71]

Profissão é uma atividade especializada, pressupondo preparo, devidamente regulamentada por lei, afinal, a agravante menciona violação de *dever* a ela inerente. Ora, todos conhecem ou podem tomar conhecimento dos deveres do médico ou do advogado, pois regulamentados. Podem esses profissionais, infringindo seus mandamentos, cometer crimes com a incidência dessa agravante. Não se pode dizer o mesmo de profissões não regulamentadas, que dever algum possuem em lei estabelecido, de modo que não caberia ao julgador *criar* o que bem entenda para aplicar ao réu em casos anômalos. Exemplo disso seria aquele que se declara "vendedor", "promotor de eventos" ou "modelo". Quais deveres dessas "profissões" advêm? Nenhum por certo. Nem se diga, por exemplo, que o vendedor tem o *dever* de ser leal ao vender determinado produto, pois a lealdade é qualidade de qualquer pessoa, exercendo ou não profissão regulamentada. Inaplicável, pois, a esses casos a agravante.

---

[70] Aliás, assim está expressamente reconhecido pelo Código Penal italiano.

[71] Debate a doutrina italiana, com posições contrapostas, em relação a dever ser o culto reconhecido pelo Estado ou não. Enquanto MANZINI sustenta que somente o culto católico ou outro qualquer, mas devidamente reconhecido pelo Estado, pode proporcionar a incidência da agravante, caso o réu seja ministro religioso, BETTIOL assume posição diversa, defendendo que qualquer culto, reconhecido ou não, pode proporcionar aumento de pena para o réu, uma vez que a vítima apresentou menor grau de resistência. ZAZA conclui dizendo que tudo depende do enfoque a ser dado à agravante: se do ponto de vista da resistência maior ou menor da parte ofendida, sem dúvida a posição de BETTIOL é a mais aceitável; porém, levando-se em conta a incidência da agravante por conta da maior responsabilidade que possui o ministro religioso e o prestígio de sua função, razão assiste a MANZINI (*Trattato di diritto penale italiano*, p. 256). Pensamos, como já exposto, que o réu, ministro de culto, deve apresentar-se como pregador de algum tipo de liturgia reconhecido pelo Estado, embora não oficialmente, porque não há necessidade disso, mas, ao menos, na prática cotidiana, com conhecimento das autoridades públicas, para que daí se possa extrair o conjunto de deveres que a posição ocupada pelo dirigente da igreja assume. Nessa ótica, PAGLIARO, *Principi di diritto penale* – Parte generale, p. 468.

24.9. Covardia

No art. 61, II, *h*, do Código Penal, o foco é voltado para o cometimento do crime valendo-se de covardia, pois contra *criança, maior de 60 (sessenta) anos, enfermo ou mulher grávida*.

A criança, para efeito de aplicação dessa agravante, desperta uma discussão doutrinária e jurisprudencial. Existem, basicamente, *três correntes*: a) a fase da criança vai até os sete anos completos, considerada a *primeira infância*; b) segue até os onze anos completos (doze anos incompletos), buscando conciliar o Código Penal com o Estatuto da Criança e do Adolescente; c) vai até os treze anos completos (quatorze anos incompletos), para aqueles que veem nas referências feitas no Código Penal uma maior proteção a quem possui essa faixa etária (ex.: art. 121, § 4.º, *in fine*). Segundo ALTAVILLA,[72] a fase da criança segue até os nove anos, ingressando a pessoa, após, na puberdade, que é a etapa intermediária de maturação sexual entre infância e adolescência. Mencionando ROSSEAU: "A puberdade é como um segundo nascimento; é o momento em que se nasce verdadeiramente para a vida, e nada de humano é mais estranho para o indivíduo".

Com a puberdade, completa ALTAVILLA, "começa a organizar-se uma personalidade nova, na qual predominam aquisições progressivas, muito importantes para o indivíduo e para a espécie". Após os 12 anos, temos a adolescência, fase de transformações corporais e psicológicas que se estende dessa idade até os 20 anos. Justamente porque a psicologia considera finda a fase infantil entre os 7 e os 9 anos e a lei nada fala a respeito da puberdade (ou pré-puberdade), preferia-se, majoritariamente, a primeira corrente. Dava-se, portanto, uma interpretação restritiva à definição de criança.

Entendemos, no entanto, correta a segunda posição, que hoje já se pode reputar predominante, pois não tem sentido considerar criança, para efeito de aplicar a legislação especial (Estatuto da Criança e do Adolescente), o menor de até onze anos completos, enquanto para o fim de agravamento da pena somente levar-se em conta o indivíduo que tenha até sete anos completos.[73] Essa agravante é objetiva, vale dizer, basta que a vítima tenha menos de 12 anos para que incida na formação da pena; porém, a responsabilidade penal é subjetiva, significando que o agente deve ter conhecimento da idade da vítima.

A agravante prevista nesta alínea *h*, a contar pelos ofendidos que enumerou – criança, idoso, enfermo e mulher grávida –, tem em vista assegurar punição mais severa ao autor de crime que demonstrou maior covardia e facilidade no cometimento da infração penal, justamente pela menor capacidade de resistência dessas pessoas, devendo, naturalmente, haver nexo lógico entre a conduta desenvolvida e o estado de fragilidade da vítima.

Sob outro aspecto, o agente deve conhecer essa circunstância envolvendo a idade da pessoa ofendida, aproveitando-se disso. No passado, o Código Penal mencionava caber a agravante quando o delito fosse cometido contra *velho*, que, majoritariamente, era entendido no sentido biológico, isto é, aquele que atingiu a senilidade, a decrepitude, tornando-se incapaz de se defender. Superou-se essa terminologia, de fato inadequada, para assegurar maior punição a quem fere interesse ou bem jurídico de pessoa maior de 60 anos. O critério passa a ser cronológico, sem maior discussão em torno do momento em que se atinge a *velhice*. Há, no entanto, uma falha na redação da Lei 10.741/2003, pois, no art. 1.º, mencionou ser idosa a pessoa com idade *igual* ou *superior* a 60 anos, quando bastaria citar o maior de 60 anos.

---

[72] *Psicologia judiciária*, p. 84 e ss.

[73] No mesmo sentido, SÉRGIO SALOMÃO SHECAIRA e ALCEU CORRÊA JUNIOR, *Teoria da pena*, p. 267.

Quem completa essa idade já pode ser considerado *maior de 60*, exatamente como ocorre com a pessoa que completa 18 anos, tornando-se imputável no dia do seu aniversário.

Quando comentamos o disposto no art. 203, § 2.º (crime de *frustração de direito assegurado por lei trabalhista*), que traz causa de aumento de pena ao cuidar de ofendido idoso, mencionamos o acerto da terminologia *idoso* em lugar de *velho*. E, naquele caso, uma vez que o tipo se referia a *vítima idosa*, já se podia considerar como tal a pessoa com mais de 60 anos, pois era o expressamente disposto no art. 2.º da Lei 8.842/1994, que criou a política nacional do idoso e o Conselho Nacional do Idoso. Agora há uniformidade terminológica na proteção à pessoa idosa, o que é extremamente positivo. Essa agravante é objetiva, vale dizer, basta que a vítima tenha mais de 60 anos para que incida na formação da pena; porém, a responsabilidade penal é subjetiva, significando que o agente deve ter conhecimento da idade da vítima.

Enfermo é a pessoa que se encontra doente, portadora de alguma moléstia ou perturbação da saúde, embora se possa dizer, ainda, que é a pessoa anormal ou imperfeita. Para fim de aplicação da agravante, especialmente porque o direito penal não veda a aplicação da interpretação extensiva, podemos utilizar o termo em sentido amplo, até para fazer valer o bom senso. Quem tem as resistências diminuídas em razão de algum mal é uma pessoa enferma, contra a qual, em determinadas circunstâncias, pode-se praticar um delito mais facilmente. Por isso, justifica-se a agravação da pena.

Do mesmo modo que contra a criança, o velho e a mulher grávida o agente do delito mostra sua pusilanimidade e ousadia, contra a pessoa adoentada faz o mesmo. É preciso, no entanto, checar, no caso concreto, qual é a moléstia ou a perturbação que acomete a vítima, a fim de não haver injustiça. O sujeito gripado pode ser considerado enfermo, embora não o possa ser para finalidade de aplicar a agravante. Assim, quem cometer um roubo contra o indivíduo nesse estado não merece pena mais grave, visto não ser enfermidade capaz de, em regra, diminuir sua capacidade de resistência. Diferente do outro, acometido de pneumonia, preso ao leito, contra quem se pratica um furto. Estando impossibilitado de se defender a contento, configura-se a agravante. Questão tormentosa é a do deficiente. A lei não o incluiu expressamente, como o fez a Lei 9.455/1997 (Lei da Tortura), entre os protegidos por essa agravante. O cometimento de crime contra deficiente pode configurar a agravante da enfermidade? Valemo-nos, para responder a essa indagação, do estudo feito por Luiz Alberto David Araujo sobre o tema. Diz o autor que "o conceito de deficiência reside na incapacidade do indivíduo para certas tarefas, não na falta de qualquer capacidade física ou mental. A análise isolada não poderá ser feita; pelo contrário, a deficiência deve ser sempre correlacionada a tarefa ou atividade. (...) As deficiências não se restringem, apenas, aos sentidos (visual, auditiva ou da fala), nem aos membros (locomoção ou movimentação) ou, ainda, às faculdades mentais (deficiência mental), mas também alcançam situações decorrentes das mais variadas causas (fenilcetonúria, esclerose múltipla, talassemia, renais crônicos, dentre outros, inclusive AIDS). As pessoas portadoras de deficiência apresentam graus de dificuldade de integração, com uma multiplicidade de situações, que deve ser objeto de atenção rigorosa, tanto do legislador infraconstitucional como do administrador e do juiz".[74]

Portanto, pode ser considerado enfermo o deficiente e vice-versa, dependendo, no entanto, do caso concreto. O superdotado – pessoa com coeficiente de inteligência acima do normal – pode ser, segundo ARAUJO, um sujeito com dificuldade de integração social, considerado, pois, um portador de "deficiência", visto necessitar de cuidado e tratamento especial. Esse caso trata de um deficiente que, para efeito penal, não deve ser reputado um enfermo. Por outro lado, o acometido de insuficiência renal crônica e o aidético são apontados como enfermos e, ainda, portadores de deficiência. Assim, é cabível, conforme a situação concreta que se apresentar ao juiz, aplicar a agravante da enfermidade também às vítimas portadoras de deficiência física ou mental. Finalizando, lembremos sempre que a enfermidade (abrangida a deficiência) deve ter relação com o crime praticado (quem quebrou uma perna está enfermo e, temporariamente, deficiente, mas não se pode aplicar a agravante se, realizando um negócio, for vítima de estelionato), devendo o agente ter conhecimento da doença ou elemento de incapacitação.

No tocante à mulher grávida, deve ser vista no mesmo prisma da maior dificuldade em se defender. Não é a simples existência da gravidez que torna o crime mais grave, sendo indispensável existir uma relação entre o estado gravídico e o delito perpetrado. Além disso, não basta a gravidez de alguns dias, sendo necessário um estágio mais avançado, que torne a mulher presa fácil de agentes criminosos. Abre-se exceção a tal regra se a gestação, mesmo que em estágio inicial, for conhecida do agente e o crime tiver relação com a maior exposição física e emocional que a mulher sofre, como quando é vítima do delito de tortura. De todo modo, o agente deve ter conhecimento da gestação para que incida a agravante.

A razão de ser da agravante se deve ao fato de o agente atuar com maior perversidade ao investir contra essas pessoas, demonstrando sua frieza e covardia. Naturalmente, crianças, idosos, enfermos e mulheres grávidas têm maior dificuldade de se defender e, justamente por isso, pune-se mais gravemente o crime contra eles praticado.

24.10. Proteção da autoridade

Quem está sob proteção do Estado não deve ser atacado, agredido ou perturbado (art. 61, II, *i*, CP). O agente que comete o delito contra vítima em tal situação demonstra ousadia ímpar, desafiando a autoridade estatal. Por isso, merece maior reprimenda. É o caso do linchamento, quando pessoas invadem uma delegacia para de lá retirar o preso, matando-o.

24.11. Situação de desgraça particular ou calamidade pública

Mais uma vez o legislador pretende punir quem demonstra particular desprezo pela solidariedade e fraternidade, num autêntico sadismo moral, aproveitando-se de situações calamitosas para cometer o delito (art. 61, II, *j*, CP). Vale-se da fórmula genérica e depois dos exemplos específicos. Constituem os gêneros da agravante: a) *calamidade pública*: que é a tragédia abrangendo muitas pessoas; b) *desgraça particular do ofendido*: que é a tragédia envolvendo uma pessoa ou um grupo determinado de pessoas.

Como espécies desses gêneros temos o incêndio, o naufrágio e a inundação, que podem ser ora calamidades públicas, ora desgraças particulares de alguém. Ex.: durante a inundação de um bairro, o agente resolve ingressar nas casas para furtar, enquanto os moradores buscam socorro.

---

[74] *A proteção constitucional das pessoas portadoras de deficiência*, p. 131.

24.12. Embriaguez preordenada

Não bastasse ser punido o crime cometido no estado de ebriedade, atingido pelo agente de forma voluntária, há maior rigor na fixação da pena quando essa embriaguez foi alcançada de maneira preordenada, planejada. Há pessoas que não teriam coragem de cometer um crime em estado normal – para atingirem seu desiderato, embriagam-se e, com isso, chegam ao resultado almejado.

A finalidade da maior punição é abranger pessoas que, em estado de sobriedade, não teriam agido criminosamente, bem como evitar que o agente se coloque, de propósito, em estado de inimputabilidade, podendo dele valer-se mais tarde para buscar uma exclusão de culpabilidade. Essa é a típica situação de aplicação de teoria da *actio libera in causa*, conforme expusemos no capítulo pertinente à imputabilidade penal.

24.13. Agravantes previstas em legislação especial

O legislador faz constar em leis especiais algumas circunstâncias agravantes típicas de situações determinadas. Portanto, o rol do art. 61 é taxativo para aplicação aos crimes previstos no Código Penal.

Quando se tratar de leis especiais, é possível que outras surjam, sem que haja qualquer comprometimento ao princípio da legalidade, mesmo porque estão prévia e expressamente previstas em lei. É o caso do art. 15 da Lei 9.605/1998 (meio ambiente): "São circunstâncias que agravam a pena, quando não constituem ou qualificam o crime: I – reincidência nos crimes de natureza ambiental; II – ter o agente cometido a infração: *a*) para obter vantagem pecuniária; *b*) coagindo outrem para a execução material da infração; *c*) afetando ou expondo a perigo, de maneira grave, a saúde pública ou o meio ambiente; *d*) concorrendo para danos à propriedade alheia; *e*) atingindo áreas de unidades de conservação ou áreas sujeitas, por ato do Poder Público, a regime especial de uso; *f*) atingindo áreas urbanas ou quaisquer assentamentos humanos; *g*) em período de defeso à fauna; *h*) em domingos ou feriados; *i*) à noite; *j*) em épocas de seca ou inundações; *l*) no interior do espaço territorial especialmente protegido; *m*) com o emprego de métodos cruéis para abate ou captura de animais; *n*) mediante fraude ou abuso de confiança; *o*) mediante abuso do direito de licença, permissão ou autorização ambiental; *p*) no interesse de pessoa jurídica mantida, total ou parcialmente, por verbas públicas ou beneficiada por incentivos fiscais; *q*) atingindo espécies ameaçadas, listadas em relatórios oficiais das autoridades competentes; *r*) facilitada por funcionário público no exercício de suas funções".

24.14. Agravantes no caso de crime cometido por mais de uma pessoa

A expressão *concurso de pessoas* não é exatamente precisa, pois há hipóteses de simples autoria mediata, quando não se vislumbra o autêntico concurso de agentes (art. 62, CP).

Assim, pode-se aplicar a agravante desse dispositivo legal ao caso da autoria mediata por coação moral irresistível, por exemplo, embora não seja essa situação considerada um autêntico *concurso de pessoas*.

Quanto ao mentor ou dirigente da atividade criminosa, abrange a pessoa que comanda, organiza ou favorece a prática de um delito. Naturalmente, o *cabeça* de uma associação criminosa ou o *mentor intelectual* do fato é mais perigoso que o mero executor. Este, sozinho, pode não ter condições ou coragem para o cometimento da infração penal; daí por que se pune mais gravemente quem dá força à organização da atividade delituosa.

Por isso sustentamos, nos comentários ao art. 29, que o partícipe – no caso de atuar como mentor ou dirigente – pode receber pena mais elevada do que o coautor, que executou materialmente o crime. Essa circunstância só pode ser levada em conta uma vez; havendo a agravante, deve ser nessa fase (a segunda, na fixação da pena, em que ingressam agravantes e atenuantes) – e não como circunstância judicial a ser ponderada na pena-base.

Temos sustentado que o autor intelectual do delito (ou mandante) é partícipe, pois não praticou nenhum elemento do tipo penal (quem manda matar, efetivamente, não *executa* o homicídio, por exemplo). Isso não significa que deva ter punição menor. Ao contrário, preceitua o art. 29 do Código Penal que qualquer concorrente do crime (coautor ou partícipe) responde de acordo com sua culpabilidade (grau de reprovação merecido). O mandante, em muitos casos, merece pena mais severa que a aplicada ao executor.

Aliás, esse é o motivo de existir a agravante prevista no art. 62, I, do Código Penal. Por isso, em especial no Tribunal do Júri, se o magistrado propuser o quesito de participação ("Fulano concorreu de qualquer modo para o crime, dirigindo a atividade dos executores?"), para determinar a sua concorrência para o evento e, na sequência, indagar, novamente, porém a título de agravante, se ele foi o dirigente da atividade dos executores, inexiste *bis in idem*. Os quesitos têm fundamentação e objetivação diversas. O primeiro tem por finalidade determinar se Fulano concorreu para o delito. O segundo diz respeito à circunstância agravante.

No caso da coação ou indução ao crime, o verbo *coagir* significa obrigar, enquanto induzir é dar a ideia. Tanto uma situação quanto outra tornam o coator ou indutor mais perigoso do que o mero executor. No caso da coação, é possível até que, tratando-se de coação moral irresistível, somente responda o coator (autoria mediata). Entretanto, se a coação for resistível, o coator responde por essa agravante e o coato recebe uma atenuante (art. 65, III, *c*, CP).

Instigar é fomentar ideia já existente, enquanto determinar é dar a ordem para que o crime seja cometido. A referida ordem pode ser de superior para subordinado, podendo até mesmo configurar para o executor uma hipótese de exclusão da culpabilidade (obediência hierárquica) ou de atenuante (art. 65, III, *c*, CP), podendo ainda ser dada a um inimputável, o que configura, outra vez, a autoria mediata, punindo mais gravemente o autor mediato.

Quanto ao criminoso mercenário, trata-se de uma hipótese de torpeza específica, ou seja, o agente que comete o crime ou dele toma parte pensando em receber algum tipo de recompensa. No cenário do homicídio e da lesão corporal, a Lei 12.720/2012 estabeleceu tal circunstância como causa de aumento de pena, devendo prevalecer sobre a agravante, evitando-se *bis in idem*.

25. ATENUANTES

O conceito de atenuantes já foi realizado com as agravantes no item 18.1 *supra*.

25.1. Fixação da pena abaixo do mínimo legal

Utilizando o raciocínio de que as atenuantes, segundo preceito legal, devem *sempre* servir para reduzir a pena (art. 65, CP), alguns penalistas têm defendido que seria possível romper o mínimo legal quando se tratar de aplicar alguma atenuante a que faça jus o réu.

Imagine-se que o condenado tenha recebido a pena-base no mínimo; quando passar para a segunda fase, reconhecendo a existência de alguma atenuante, o magistrado *deveria* reduzir, de algum modo, a pena, mesmo que seja levado a fixá-la abaixo do mínimo. Essa posição é minoritária. Aliás, os mesmos que a defendem não utilizam idêntico critério para as agravantes, ou seja, se a pena-base estiver no teto, havendo agravante, poderia o juiz ultrapassá-lo. São *dois pesos e duas medidas*.

Parece-nos incorreta essa visão, pois as atenuantes não fazem parte do tipo penal, de modo que não têm o condão de promover a redução da pena abaixo do mínimo legal. O mesmo se dá com as agravantes. Quando o legislador fixou, em abstrato, o mínimo e o máximo para o crime, obrigou o juiz a movimentar-se dentro desses parâmetros, sem possibilidade de ultrapassá-los, salvo quando a própria lei estabelecer causas de aumento ou de diminuição. Estas, por sua vez, fazem parte da estrutura típica do delito, de modo que o juiz nada mais faz do que seguir orientação do próprio legislador. Ex.: um homicídio tentado, cuja pena tenha sido fixada no mínimo legal (6 anos), deve ter uma redução de 1/3 a 2/3 porque a própria lei assim o determina (art. 14, parágrafo único, CP), tratando-se de uma *tipicidade por extensão*. Atualmente, está em vigor a *Súmula 231* do Superior Tribunal de Justiça: "A incidência da circunstância atenuante não pode conduzir a redução da pena abaixo do mínimo legal" (22.09.1999).

Na doutrina, mencione-se a lição de Lycurgo de Castro Santos: "Com efeito, dois são os motivos pelos quais não se pode admitir tal individualização da pena abaixo do mínimo legal: em primeiro lugar contraria o princípio da legalidade, já que a pena mínima estabelecida pelo legislador é o limite mínimo a partir do qual a pena pelo injusto culpável cumpre seus pressupostos de prevenção especial e geral. Em segundo lugar, a adoção do critério de rebaixar a pena aquém do marco mínimo traz consigo um perigo, desde o ponto de vista político criminal, à segurança jurídica".[75]

25.2. Menoridade relativa

A menoridade relativa (art. 65, I, CP) é atenuante aplicável aos indivíduos entre 18 e 21 anos na data do fato. Foi introduzida como atenuante no sistema penal a partir do Código Criminal do Império, de 1830, fixando-se, desde então, como preponderante no confronto com eventuais agravantes.

Cuida-se de uma atenuante considerada preponderante, não somente pela força da tradição, mas, também, porque faz parte do contexto da personalidade, e essa circunstância, conforme se vê do art. 67 do Código Penal, é preponderante. *In verbis*: "no concurso de agravantes e atenuantes, a pena deve aproximar-se do limite indicado pelas circunstâncias preponderantes, entendendo-se como tais as que resultam dos motivos determinantes do crime, da personalidade do agente e da reincidência".

Entende-se que o menor, nessa faixa de idade, ainda não se encontra totalmente amadurecido, merecendo a benevolência do juiz no momento da fixação da pena (note-se que, psicologicamente, pode-se considerar adolescente a pessoa até 20 anos de idade).

A prova da menoridade se faz por qualquer documento hábil, como preceitua a Súmula 74 do Superior Tribunal de Justiça.

---

[75] O princípio de legalidade no moderno direito penal, p. 193.

A entrada em vigor do novo Código Civil (Lei 10.406/2002), considerando plenamente capaz o maior de 18 anos *para os atos da vida civil,* em nada altera a aplicação dessa atenuante, que deve continuar a ser considerada pelo magistrado na aplicação da pena. Note-se que o texto do Código Penal não faz referência a *menor,* sem especificar qualquer idade, quando então poder-se-ia supor ser a pessoa civilmente incapaz. Ao contrário, a referência é nítida quanto à idade da pessoa que possui *menos* de 21 e, obviamente, mais de 18.

O mesmo critério foi utilizado para a concessão da atenuante da senilidade, quando o Código preferiu valer-se da idade certa, ao mencionar a pessoa maior de 70 anos na data da sentença. É interessante registrar que, atualmente, com a edição do Estatuto da Pessoa Idosa, busca-se conceder efetiva proteção ao maior de 60 anos, o que não serve para alterar a atenuante do art. 65, I, segunda parte.

Quanto ao maior de 70 anos, previsto no mesmo inciso I do art. 65 do Código Penal, trata-se de pessoa que, diante da idade cronologicamente avançada, pode sofrer alterações somáticas repercutindo no seu estado psíquico, de forma que o indivíduo deixa de ser mentalmente o que sempre foi, podendo agir irracionalmente. Nas palavras de FLAVIO FORTES D'ANDREA, a velhice "é o período que se inicia na década dos cinquenta anos, após o indivíduo ter atingido e vivenciado aquele platô de realizações pessoais que chamamos maturidade. (...) Se a considerarmos como um conjunto de ocorrências que representam o declínio global das funções físicas, intelectuais e emocionais, ela tende a ocorrer após os setenta anos. Em geral, só uma pessoa de mais de setenta anos possui uma série de características que a podem definir globalmente como um velho. Entre essas características podemos citar: o aspecto apergaminhado da pele, a atrofia muscular difusa, a fragilidade óssea, a canície, o desgaste e a queda dos dentes, a atrofia geral dos tecidos e órgãos, as alterações da memória, a limitação dos interesses intelectuais, a equanimidade, os sentimentos de saciedade dos impulsos etc.".[76]

Da mesma forma que o menor de 21 anos comete o delito colhido pela imaturidade, merecendo a atenuação da pena, o ser humano acima de 70 anos pode fazê-lo premido pelo abalo psíquico que a velhice pode trazer. Ambos merecem maior condescendência do juiz ao aplicar-lhes a sanção penal, justamente para que tenham melhores condições de reeducação.

Tem-se admitido que, no tocante ao maior de 70, a atenuante seja aplicada também na data do reexame feito pelo tribunal. Não nos parece ser correta essa posição, pois o legislador mencionou o fator *idade* na "data da sentença", vale dizer, da decisão de 1.º grau. Se o magistrado não pôde aplicar a atenuante na ocasião da sentença, porque o réu possuía, por exemplo, 69 anos, é ilógico que no julgamento de eventual recurso o tribunal possa fazê-lo: afinal, o juiz não se equivocou na fixação da pena. Entretanto, se o magistrado de 1.º grau absolver o réu e o tribunal o condenar, pode-se considerar o acórdão como "sentença", pois foi a primeira decisão condenatória havida nos autos.

Registre-se que o Estatuto da Pessoa Idosa, ao considerar pessoa idosa a que possui mais de 60 anos, não alterou este artigo, tendo em vista que a atenuante é voltada ao criminoso que atingiu a senilidade – presumida a partir dos 70 anos. Aliás, se houvesse intenção legislativa para isso, bastaria incluir o art. 65 na reforma trazida pela referida lei, passando a ser concedida atenuante a quem tivesse mais de 60 anos na data da sentença. Tal não se deu, motivo pelo qual a atenuação da pena continua valendo exclusivamente ao maior de 70 anos.

---

[76] *Desenvolvimento da personalidade,* p. 143.

25.3. Desconhecimento da lei

Preceitua o art. 21 do Código Penal que "o desconhecimento da lei é inescusável", embora seja possível isentar de pena o agente que erre sobre a ilicitude do fato. A diferença entre "desconhecer a lei" e "errar quanto ao conteúdo da norma" já foi abordada quando tratamos do erro de proibição. Mesmo assim, vale destacarmos a gradação entre os erros e desconhecimentos. Se o agente não sabia que era ilícito, nem tinha condições de saber, há o erro de proibição escusável (absolvição); se o agente não sabia que era ilícito, mas tinha condições de saber, bastando que se informasse um pouco mais, há o erro de proibição inescusável (causa de diminuição da pena); se o agente não sabia que era ilícito, mas tinha condições de saber, embora a informação não lhe fosse fácil, por se tratar de crime em desuso (atenuante).

Em países de direito codificado, como o Brasil, repleto de leis sobre todas as matérias, editadas e modificadas todos os dias, é natural que o agente mereça obter pelo menos uma atenuante, ao cometer um delito em desuso há muito tempo, embora existente a norma penal.

Exemplos de leis de difícil conhecimento: a Lei 5.700/1971, dispondo sobre a forma e a apresentação dos símbolos nacionais, preceitua que a execução do Hino Nacional deve ser feita conforme estipulado nesta lei ("será sempre executado em andamento metronômico de uma semínima igual a 120", em "tonalidade de si bemol para a execução instrumental simples", em "canto sempre em uníssono"; "nos casos de simples execução instrumental ou vocal, o Hino Nacional será tocado ou cantado integralmente, sem repetição" etc.); do contrário, considera-se contravenção, sujeitando o infrator à pena de multa de uma a quatro vezes o maior valor de referência vigente no País, elevada ao dobro nos casos de reincidência (art. 35).

A Lei 6.001/1973, tratando do Estatuto do Índio, estipula constituir crime contra os índios e a cultura indígena: "I – escarnecer de cerimônia, rito, uso, costume ou tradição culturais indígenas, vilipendiá-los ou perturbar, de qualquer modo, a sua prática: Pena – detenção de 1 (um) a 3 (três) meses; II – utilizar o índio ou comunidade indígena como objeto de propaganda turística ou de exibição para fins lucrativos: Pena – detenção de 2 (dois) a 6 (seis) meses; III – propiciar, por qualquer meio, a aquisição, o uso e a disseminação de bebidas alcoólicas, nos grupos tribais ou entre índios não integrados: Pena – detenção de 6 (seis) meses a 2 (dois) anos" (art. 58).

25.4. Relevante valor social ou moral

Essas atenuantes estão previstas no art. 65, III, *a*, do Código Penal, significando que o *relevante valor* é um valor importante para a vida em sociedade, tais como patriotismo, lealdade, fidelidade, inviolabilidade de intimidade e de domicílio, entre outros.

Quando se tratar de relevante valor *social*, levam-se em consideração interesses não exclusivamente individuais, mas de ordem geral, coletiva. Exemplos tradicionais: quem aprisiona um bandido, na zona rural, por alguns dias, até que a polícia seja avisada; quem invade o domicílio do traidor da pátria para destruir objetos empregados na traição.

No caso do relevante valor *moral*, o valor em questão leva em conta interesse de ordem pessoal. Ex.: lesionar o traficante que vende droga ao filho do agressor.

Vale ressaltar a diferente ótica adotada pela doutrina italiana para a configuração do motivo de relevante valor social ou moral. Diz-se relevante valor *moral* quando se fundamenta na moral média, construída ao longo dos anos no sentimento da coletividade, tradicionalmente consolidado. Por outro lado, o valor *social* é aquele que cuida de nova afirmação de sentimento, assumindo um lado evolutivo distinto, ou seja, algo contingenciado por determinada situação fática, embora não presente no sentimento coletivo.[77]

25.5. Arrependimento

O arrependimento do agente, ao executar o crime, pode conduzi-lo ao arrependimento eficaz (art. 15), ao arrependimento posterior (art. 16) ou à atenuante do arrependimento (art. 65, III, *b*, CP). Neste último caso, consumado o delito, não sendo cabível o arrependimento posterior, pode o agente tentar por sua espontânea vontade amenizar ou até mesmo evitar as consequências do crime.

No dizer de Aníbal Bruno, "é o sentimento de humanidade ou de justiça que se manifesta no gesto pelo qual, por assim dizer, o agente renega do seu crime e procura restaurar a normalidade das coisas em benefício da vítima, que faz diminuir a reprovabilidade da ação punível, sob o ponto de vista subjetivo, e justifica a atenuação da pena. A piedade que demonstrou o agente e um certo grau de consciência do dever e decisão de cumpri-lo, em oposição à aversão ao Direito, justificam a atitude do legislador em reduzir-lhe a punição".[78]

Deve reparar o dano antes do julgamento ou agir para minorar os efeitos da infração penal logo depois de sua prática. É indispensável haver *sinceridade*, pois o legislador tratou de *espontânea vontade*, e, como já vimos no capítulo referente à desistência voluntária, voluntariedade não se confunde com espontaneidade no contexto do direito penal. Exemplo disso: o agente repara o dano causado pelo furto antes do julgamento ou busca sustentar a família desamparada da pessoa que matou.

Carlo Zaza demonstra que, na Itália, predomina na doutrina e na jurisprudência o entendimento de que a reparação do dano se coliga aos aspectos subjetivos das circunstâncias do crime, uma vez que vinculada ao agente, destacando o seu arrependimento, logo, sua menor periculosidade social. Não se trata, pois, de simplesmente garantir uma objetiva diminuição do prejuízo para a vítima, senão observar no agente do crime um aspecto positivo de sua personalidade, que é a espontaneidade no reconhecimento do erro, buscando recompor-se com a parte ofendida.[79]

Em sentido oposto, prevalece na Espanha o critério de se determinar a atenuação da pena desde que o agente repare o dano causado à vítima ou diminua seus efeitos, ainda que não atue com sinceridade, leia-se, arrependido. A análise majoritária da doutrina a respeito da atenuante prevista no art. 21, 5.ª, do Código Penal espanhol, segue a ótica objetiva.[80] Não se pode negar que a norma penal espanhola deixa de mencionar qualquer elemento referente à espontaneidade do agente, logo, à sinceridade de propósito, razão pela qual o entendimento na linha objetiva pode ser aceito. No caso do nosso Código Penal, ao contrário, menciona-se a *espontaneidade* do gesto, o que é sinal de arrependimento.

---

[77] Cf. Zaza, *Le circostanze del reato*, p. 281-283.

[78] *Das penas*, p. 140.

[79] *Le circostanze del reato*, p. 62-63. Observe-se a utilização da *personalidade* do agente no contexto da atenuante de arrependimento.

[80] Cf. Alonso Fernandéz, *Las atenuantes de confesión de la infracción y reparación o disminuición del daño*, p. 28-30 e 44.

Cap. XXXII – Aplicação da Pena 667

Nosso Código terminou no meio-termo: exige espontaneidade (aspecto subjetivo), mas também não renuncia à reparação ou atenuação dos males causados (aspecto objetivo).

25.6. Coação resistível, obediência indevida e influência de emoção

A coação dá-se em três níveis. Quando é física, exclui a própria conduta (ex.: arremessar alguém contra uma vitrine não constitui, por parte do arremessado, crime de dano, pois não chegou a atuar voluntariamente); quando moral, pode ser irresistível, configurando uma causa de exclusão da culpabilidade (art. 22, CP), bem como resistível, servindo como atenuante. É possível que alguém sofra uma coação a que podia refutar, mas não o tenha feito por alguma fraqueza ou infelicidade momentânea. Ainda que não mereça uma absolvição, deve ser punido com menor rigor. Ex.: alguém furta um estabelecimento por receio de que o coator narre à sua esposa um caso extraconjugal.

Quanto ao cumprimento de ordem superior, essa ordem, dada no contexto das relações de direito público, onde há hierarquia, pode provocar também três consequências: a) ordem legal, exclui a antijuridicidade do fato, por estrito cumprimento do dever legal; b) *não manifestamente ilegal*, exclui a culpabilidade (obediência hierárquica – art. 22, CP); c) ilegal. Neste último caso, permite-se ao juiz aplicar ao agente uma atenuante, pois é sabida a dificuldade do subordinado em evitar o cumprimento de uma ordem superior, mesmo que ilícita.

Quanto à violenta emoção, é sabido que a violenta emoção pode provocar o cometimento de crimes. Quando se trata de homicídio ou lesão corporal, pode servir de causa de diminuição da pena (art. 121, § 1.º, e art. 129, § 4.º, CP), embora nesses casos exija-se "domínio" de violenta emoção "logo após" injusta provocação da vítima. Tratando-se da atenuante, o legislador foi mais complacente: basta a "influência" de violenta emoção, vale dizer, um estágio mais ameno, mais brando, capaz de conduzir à perturbação do ânimo, bem como não se exige seja cometido o delito logo em seguida à provocação, cabendo um maior lapso de tempo entre a ação e a reação.

A premeditação não se harmoniza com a violenta emoção. O agente que planeja cuidadosamente a prática do delito, não pode alegar, em hipótese alguma, estar violentamente emocionado, até porque a lei exige que o distúrbio emocional seja fruto da injusta provocação da vítima. Obviamente, além disso, há uma relação de imediatidade entre o ato da pessoa ofendida e a reação desencadeada no autor da agressão. Tal situação é inviável quando o agente tem tempo suficiente para premeditar o ataque.

25.7. Confissão espontânea

Confessar, no âmbito do processo penal, é admitir contra si por quem seja suspeito ou acusado de um crime, tendo pleno discernimento, voluntária, expressa e pessoalmente, diante da autoridade competente, em ato solene e público, reduzido a termo, a prática de algum fato criminoso.

A confissão, para valer como meio de prova, precisa ser voluntária, ou seja, livremente praticada, sem qualquer coação. Entretanto, para servir de atenuante, deve ser ainda espontânea, vale dizer, sinceramente desejada, de acordo com o íntimo do agente (art. 65, III, *d*, CP). Nessa linha, confira-se a lição de José Antonio Paganella Boschi: "foge ao sentido do texto, portanto, reconhecer a atenuante quando o agente é preso em flagrante e não tem como negar as evidências em torno da autoria ou imputar a responsabilidade pelo fato a terceiro. Inconfundíveis a confissão espontânea e a confissão voluntária. Não é aplicável, ainda, a citada causa genérica de atenuação da pena quando a confissão for realizada em juízo, após exitosa atividade policial repressiva, quando o resultado das diligências já apontava o agente".[81] O mesmo pensamento é adotado na doutrina italiana, ressaltando que a confissão deve demonstrar arrependimento e, consequentemente, uma diminuta capacidade do agente de tornar a delinquir.[82]

Há de se inserir nesse contexto a denominada *confissão qualificada*, significando a admissão da culpa, pelo indiciado ou réu, em relação aos fatos que lhe foram imputados na peça acusatória, mas revelando uma questão justificadora, cuja intenção é levar à absolvição ou a uma pena menor. Ilustrando, se o réu admite ter matado, mas o fez em legítima defesa, o que pretende, na realidade, não é colaborar com a Justiça, mas escapar da punição, recebendo um veredicto de licitude de sua conduta.

O mesmo ocorre quando o acusado é surpreendido portando drogas ilícitas; por vezes, fato testemunhado por várias pessoas; em lugar de simplesmente admitir a posse, assumindo a condição de traficante, prefere ocultar-se na personagem de consumidor, cuja pena é totalmente diversa. Não pretende colaborar com a Justiça, mas escapar à punição. Por isso, sustentamos que, na confissão qualificada, não deve ser aplicada a atenuante da confissão espontânea. É o teor da Súmula 630 do STJ: "A incidência da atenuante da confissão espontânea no crime de tráfico ilícito de entorpecentes exige o reconhecimento da traficância pelo acusado, não bastando a mera admissão da posse ou propriedade para uso próprio".

Entretanto, aparentemente, a referida Súmula 630 poderia entrar em contradição com o conteúdo da Súmula 545 do STJ: "Quando a confissão for utilizada para a formação do convencimento do julgador, o réu fará jus à atenuante prevista no art. 65, III, *d*, do Código Penal". Pode-se questionar o seguinte contexto: o traficante admite a posse das drogas, embora diga ser para o seu consumo pessoal, mas o julgador se baseia nessa confissão para dar a sentença condenatória, com base em tráfico ilícito de drogas. Cremos ser viável compatibilizar a aplicação das mencionadas súmulas. Se o julgador realmente precisar da confissão do traficante, admitindo a posse duvidosa das drogas, para chegar ao seu veredicto condenatório, mesmo que o agente diga ser para uso próprio, parece-nos indicado aplicar a Súmula 545 do STJ, aplicando-se a atenuante. Entretanto, se há provas mais que suficientes para comprovar a autoria e a materialidade do tráfico ilícito de drogas, sem que o magistrado precise da confissão do réu para chegar à sua decisão condenatória, caso o traficante alegue ser a droga para uso próprio, vale incidir a Súmula 630, não se aplicando a atenuante.

Por outro lado, a confissão parcial, como regra, não vale como atenuante. Contudo, se o magistrado utilizar, para a condenação, a parte admitida pelo réu, poderá ser usada para minorar a pena.

Outro cenário a ser analisado se concentra no campo da retratação da confissão. A simples retratação, que é um direito do acusado, não torna o novo relato o mais crível sob a ótica do julgador. Se o magistrado desprezar a confissão, depois retratada, para julgar o caso, não há aplicação da atenuante. Caso o juiz se refira à confissão realizada e não acredite na retratação feita, usando-a para formar o seu convencimento e condenar o réu, há de se aplicar a atenuante.

---

[81]   *Das penas e seus critérios de aplicação*, p. 273.

[82]   Cf. Zaza, *Le circostanze del reato*, p. 65.

25.8. Influência de multidão, em meio a tumulto

Na precisa lição de ESTHER DE FIGUEIREDO FERRAZ, "há um caso, entretanto, em que a pluralidade de agentes denuncia, ao contrário, menor periculosidade: o da multidão criminosa, a *folla delinquente.*

Sob o domínio da multidão em tumulto opera-se, por assim dizer, um fenômeno de desagregação da personalidade (art. 65, III, *e*, CP). Os bons sentimentos humanos cedem lugar à maré invasora dos maus instintos, das tendências perversas e antissociais. Facilmente se processa e se transmite de indivíduo a indivíduo a sugestão criminosa. A ideia do delito ganha terreno nessa praça de antemão conquistada. E os piores crimes passam a ser cometidos por pessoas que, individualmente, seriam incapazes de causar o menor mal a seu semelhante. Daí a pequena periculosidade do que age sob tal influência".[83]

E na opinião de ANÍBAL BRUNO: "Quando uma multidão se toma de um desses movimentos paroxísticos, inflamada pelo ódio, pela cólera, pelo desespero, forma-se por assim dizer uma alma nova, que não é a simples soma das almas que a constituem, mas sobretudo do que nelas existe de subterrâneo e primário, e esse novo espírito é que entra a influir e orientar as decisões do grupo, conduzindo-o muitas vezes a manifestações de tão inaudita violência e crueldade que espantarão mais tarde aqueles mesmos que dele faziam parte".[84] É o sentimento de "alma coletiva", em que as reações de cada um passam a ser as da massa em tumulto.[85] Ex.: linchamentos, agressões praticadas por torcidas organizadas em estádios de futebol, brigas de rua, entre outros. É requisito essencial que o agente do crime não tenha provocado o tumulto no qual se viu envolvido, bem como não se aplica àqueles que, aproveitadores da situação de desordem, conduzem a massa.

25.9. Atenuante inominada

Trata-se de circunstância legal extremamente aberta, sem qualquer apego à forma, permitindo ao juiz imenso arbítrio para analisá-la e aplicá-la (art. 66, CP). Diz a lei constituir atenuante qualquer *circunstância relevante*, ocorrida *antes* ou *depois* do crime, mesmo que não esteja expressamente prevista em lei.

Alguns a chamam de atenuante da *clemência*, pois o magistrado pode, especialmente o juiz leigo no Tribunal do Júri, levar em consideração a indulgência para acolhê-la. Um réu que tenha sido violentado na infância e pratique, quando adulto, um crime sexual (circunstância relevante anterior ao crime) ou um delinquente que se converta à caridade (circunstância relevante depois de ter praticado o delito) podem servir de exemplos.

Nesse artigo, entraria a tese da coculpabilidade, já analisada no capítulo referente à culpabilidade. PIERANGELI e ZAFFARONI defendem a aplicação dessa atenuante quando se observar que o agente do crime foi levado à sua prática por falta de oportunidades na vida, situação criada pelo Estado, que deveria zelar pelo bem-estar de todos, invocando a denominada *coculpabilidade.*

Retorna à nossa memória caso concreto que tivemos oportunidade de acompanhar na presidência de sessão do Tribunal do Júri da Capital de São Paulo: um determinado rapaz ingressou em uma danceteria e, à vista de todos, disparou sua arma na vítima, desafeto seu,

---

[83] *A codelinquência no direito penal brasileiro*, p. 71.

[84] Citação de ESTHER DE FIGUEIREDO FERRAZ, *A codelinquência no direito penal brasileiro*, p. 82.

[85] JAIR LEONARDO LOPES, *Curso de direito penal*, p. 220.

matando-o; imediatamente perseguido por amigos do ofendido, foi alcançado e levou dos vingadores aproximadamente treze tiros, que quase o mataram. Ficou internado por vários meses, recuperando-se das lesões sofridas e, quando teve alta, constatou-se ter sofrido prejuízos irreparáveis, que o incapacitavam para várias tarefas. Julgado pelo Tribunal do Júri, proposto o quesito pela defesa, o Conselho de Sentença reconheceu a atenuante inominada de *circunstância relevante posterior ao crime*, proporcionando a atenuação da pena.

25.10. Atenuantes em leis especiais

Como se mencionou no contexto das agravantes, há circunstâncias legais que atenuam a pena previstas somente em leis especiais. Exemplo disso pode ser dado pela Lei 9.605/1998 (meio ambiente): "Art. 14. São circunstâncias que atenuam a pena: I – baixo grau de instrução ou escolaridade do agente; II – arrependimento do infrator, manifestado pela espontânea reparação do dano, ou limitação significativa da degradação ambiental causada; III – comunicação prévia pelo agente do perigo iminente de degradação ambiental; IV – colaboração com os agentes encarregados da vigilância e do controle ambiental".

26. COMPENSAÇÃO DAS AGRAVANTES E ATENUANTES

Questão tormentosa é estabelecer o *quantum* das agravantes e atenuantes, pois a lei apenas mencionou, genericamente, que o juiz, presente qualquer circunstância do art. 61, deve *agravar* a pena, valendo o mesmo para as circunstâncias previstas no art. 65, que levam à *atenuação* da pena. Entretanto, em que bases e com quais valores trabalhará o magistrado? Já expusemos o nosso entendimento em item anterior (18.2). Pensamos deva valer 1/6 da pena-base (cada agravante e cada atenuante encontradas na segunda fase de fixação da pena).

Nesse prisma, torna-se perfeitamente possível compensar agravantes e atenuantes. A presença concomitante de uma agravante e de uma atenuante pode levar à anulação de qualquer aumento ou diminuição, permanecendo a pena-base no seu patamar original. Não é demais ressaltar, no entanto, que o art. 67 cuidou do *concurso* de circunstâncias agravantes e atenuantes, fornecendo um critério para o julgador.

Quando estiverem presentes, concomitantemente, agravantes e atenuantes, deve o juiz aproximar-se do limite indicado pelas *circunstâncias preponderantes* e são assim consideradas aquelas que dizem respeito aos motivos determinantes do crime, à personalidade do agente e à reincidência. Logo, no conflito entre a agravante da reincidência (preponderante, por força de lei) e uma atenuante qualquer (não preponderante), deve o magistrado elevar a pena-base.

Essa elevação ou diminuição, indicada pela preponderância, depende do critério usado pelo magistrado em relação ao *quantum* de cada agravante ou atenuante. Adotando-se o montante de um sexto para cada agravante ou atenuante, no confronto entre uma preponderante e uma não preponderante, o juiz pode elevar ou diminuir um oitavo. Exemplo: no confronto da agravante da reincidência (preponderante) e da atenuante inominada (não preponderante), o magistrado eleva a pena, na segunda fase, em um oitavo, em lugar de um sexto. Faz-se o mesmo para diminuir. A atenuante preponderante em confronto com a agravante não preponderante leva à redução de um oitavo na pena.

O norteamento não é rígido, pois cabe ao juiz estabelecer quais exatamente as preponderantes, visto que não há nenhuma agravante ou atenuante diretamente vinculada à personalidade do agente. Cuida-se de hipótese a ser trabalhada e construída pelo julgador no momento de avaliar cada uma delas. É possível, portanto, que, fruto de uma personalidade forte, erguida em bases de franqueza e sinceridade, consequentemente de valoração positiva, alguém confesse espontaneamente a autoria de um delito. Torna-se a atenuante da confissão uma daquelas a ser considerada preponderante, pois vinculada à personalidade. Em confronto com uma agravante não preponderante, deve levar o juiz a reduzir a pena-base.

Quando uma agravante preponderante se chocar com uma atenuante igualmente preponderante, segundo nos parece, evitando-se soluções contraditórias e ilógicas, deve haver compensação. A pena-base permanece em seu patamar original, sem acréscimo ou redução.

Duas ou mais agravantes em confronto com duas ou mais atenuantes devem provocar a compensação, na exata medida daquelas que, por seu maior número, preponderarem.

José Antonio Paganella Boschi, comentando o *quantum* das agravantes e atenuantes, mostra-se simpático ao estabelecimento de um montante fixo, considerando-se um sexto, para o aumento ou diminuição, mas, em sentido diverso do que propomos, defende que esse valor seja o teto para utilização pelo juiz, enquanto o mínimo seria de um dia.[86] Com isso, como já salientamos linhas anteriores, não se pode aquiescer, tendo em vista que a fixação de um aumento de apenas um dia, ao reconhecer uma agravante, pode levar à negativa de aplicação da lei. Se o legislador determina que, havendo agravante, a pena *será* aumentada, não se pode considerar fiel cumprimento da norma a elevação de um dia em uma pena, por exemplo, de seis anos. Diga-se o mesmo quanto à atenuação de um dia, em pena que some vários anos.

Outra cautela que Boschi recomenda é haver, primeiramente, o aumento imposto pela agravante, para, depois, proceder o juiz à diminuição, havendo atenuante.[87] Justifica o procedimento para evitar que a atenuante deixe de ser aplicada, caso considerada em primeiro lugar e estando a pena-base fixada no patamar mínimo, que não pode ser rompido. Ora, concordamos que os limites mínimo e máximo não podem ser ultrapassados, quando reconhecidas agravantes e atenuantes, mas não há sentido em se proceder dessa maneira. Se as agravantes e atenuantes podem ser compensadas, tanto faz qual se leva em conta em primeiro plano, pois ela será anulada por outra, em sentido oposto. Assim, nunca haverá a situação conflitante supramencionada de ser o juiz levado a não fixar a atenuante – quando analisada em primeiro lugar – porque a pena-base já se encontra no mínimo, mas, em seguida, aumentar a pena em face da presença de agravante.

Se forem apenas duas – uma atenuante e uma agravante –, elas se compensam e a pena não sairá do mínimo. Se houver, entre elas, uma preponderante, a pena será aumentada apenas (caso seja preponderante a agravante) ou permanecerá no patamar mínimo (caso seja preponderante a atenuante). Enfim, tanto faz a ordem de consideração das agravantes e atenuantes, pois não haverá importância ou resultado prático, levando-se em conta que se compensam, quando necessário.

26.1. Reincidência em confronto com a confissão espontânea

Vínhamos sustentando devesse a reincidência, por ser preponderante, superar a atenuante da confissão espontânea. Admitíamos que a confissão espontânea, para ser reconhecida como abrandamento da pena, haveria de ser sincera – o real alcance e significado de espontaneidade, sem subterfúgios, com intenção de colaborar com a Justiça. E defendíamos constituir

---

[86] *Das penas e seus critérios de aplicação*, p. 279.

[87] *Das penas e seus critérios de aplicação*, p. 281.

a espontaneidade, em alguns casos, fruto de aspecto positivo da personalidade do agente. Quando assim fosse, a confissão espontânea tornar-se-ia, igualmente, preponderante, pois personalidade é um dos elementos indicados no art. 67 do Código Penal.

Em suma, admitida a confissão espontânea como preponderante, em confronto com a reincidência, haveria compensação entre ambas. Entretanto, na nossa atividade judicante, notamos a carência de provas e dados para detectar quando a confissão espontânea é fruto da personalidade positiva do agente – e quando o seria por outros fatores. Desse modo, não se pode prejudicar o réu, buscando uma prova que, na maioria das vezes, inexiste nos autos, gerando dúvida mais que razoável acerca da origem da confissão espontânea. Por outro lado, é de se supor que, sendo espontânea, é sincera, representando, de algum modo, fiel espelho de uma personalidade íntegra no tocante à assunção dos próprios erros.

Diante disso, alteramos a nossa posição, passando a admitir a compensação entre reincidência e confissão espontânea, basicamente lastreados no princípio constitucional do *in dubio pro reo*. É o que apresentamos a partir da 5.ª edição do nosso livro *Individualização da pena*.

Na jurisprudência, o Superior Tribunal de Justiça, em julgamento proferido pela 3.ª Seção, decidiu ser viável a compensação entre a reincidência e a confissão espontânea, pois ambas as circunstâncias devem ser consideradas *preponderantes*. Do voto da Ministra, autora do desempate em favor dessa tese: "Aderindo aos que seguiram o culto relator, esta Ministra desempatou a votação, com base nos argumentos abaixo apresentados. Penso que a personalidade do agente é um universo amplo, com diversas peculiaridades a serem consideradas. Acredito até que ela pode ser valorada negativamente na fixação da pena-base, mas, à luz da confissão espontânea, apresentar peculiaridade nobre, de tal forma a, na segunda fase, repercutir, positivamente, no cômputo da pena. Nesse diapasão, é possível colher da confissão dado decisivo da personalidade do agente: 'Não cremos que exista uma solução única. Tudo depende do caso concreto. Se a confissão espontânea for, de fato, fruto de uma personalidade amigável, de quem cometeu o crime em face de um lamentável lapso, mas, moído pelo remorso, resolve colaborar com o Estado para a apuração do ocorrido, é viável considerar-se uma atenuante preponderante' (NUCCI, Guilherme de Souza. *Código Penal comentado*. 6. ed. rev., atual. e ampl. São Paulo: Ed. RT, 2006, p. 388)" (Emb. Div. em REsp 1.154.752, 3.ª S., rel. Sebastião Reis Júnior, 23.05.2012, m.v.).

26.2. Multirreincidência e confissão espontânea

Cuidando-se de confronto entre agravante preponderante (reincidência) e atenuante preponderante (confissão), parece-nos essencial distinguir a situação do acusado multirreincidente ou reincidente específico, cuja carga de reprovação é maior.

Portanto, se a simples reincidência é considerada preponderante, há necessidade, por questão de lógica, de se conferir maior relevo à multiplicidade de processos capazes de gerá-la ou à situação de quem reincide exatamente no mesmo delito. Logo, é possível elevar a pena, nesses casos, mesmo havendo confissão espontânea.

27. CÁLCULO DA PENA

27.1. Sistemas para a fixação da pena

Analisando os sistemas utilizados para a aplicação da pena, havia *dois sistemas principais* para tanto: a) *critério trifásico*, preconizado por NÉLSON HUNGRIA; b) *critério bifásico*,

Cap. XXXII – Aplicação da Pena   673

defendido por Roberto Lyra. O Código Penal optou claramente pelo primeiro, conforme se vê do art. 68: "A pena-base será fixada atendendo-se ao critério do art. 59 deste Código; em seguida serão consideradas as circunstâncias atenuantes e agravantes; por último, as causas de diminuição e de aumento".

Para Hungria, o juiz deve estabelecer a pena em três fases distintas: a primeira leva em consideração a fixação da pena-base, tomando por apoio as circunstâncias judiciais do art. 59; em seguida, o magistrado deve aplicar as circunstâncias legais (atenuantes e agravantes, dos arts. 61 a 66), para então apor as causas de diminuição e de aumento (previstas nas Partes Geral e Especial).

Lyra, por sua vez, ensina que as circunstâncias atenuantes e agravantes merecem ser analisadas em conjunto com as circunstâncias do art. 59 para a fixação da pena-base. Somente após aplicará, o juiz, as causas de diminuição e de aumento. A fundamentação para tal posicionamento consiste na coincidência das circunstâncias judiciais com as legais, não havendo razões sólidas para separá-las. E diz, a esse respeito, Frederico Marques: "Não nos parece que haja necessidade de separar as circunstâncias judiciais das circunstâncias legais, no juízo que o magistrado formula ao apreciar os elementos apontados no artigo 59. Em primeiro lugar, o exame em bloco das circunstâncias todas do crime é muito mais racional e, também, mais indicado para a individualização judiciária da pena. Em segundo lugar, como bem argumenta Basileu Garcia, as circunstâncias legais não estabelecem cálculo a efetuar, como sucede com as causas de aumento e diminuição de pena: 'Há a realizar, somente, a escolha de uma pena entre limites extremos'. Não há 'modificação quantitativa precisa' quando se reconhece a existência de uma agravante ou atenuante. Supérfluo seria, assim, separá-las das circunstâncias judiciais, para efeito do cálculo da pena entre o máximo e o mínimo cominados. Note-se, ao demais, que o artigo 59 manda que o juiz tenha em consideração circunstâncias objetivas, e subjetivas, a gravidade do crime e a personalidade do delinquente, para escolher e fixar a pena-base. Não é muito mais aconselhável que ele tenha uma visão completa e panorâmica desses elementos, do que se basear em aspectos fragmentários que só se completarão depois num segundo exame? O diagnóstico e prognóstico sobre a personalidade do delinquente não ficará muito mais perfeito se resultar do exame em conjunto das circunstâncias legais e judiciais de caráter subjetivo?".[88]

A despeito disso, como já ressaltado, prevaleceu o critério proposto por Hungria, aliás, o mais detalhado para as partes conhecerem exatamente o que pensa o juiz no momento de aplicar a pena. Havendo a separação em três fases distintas, com a necessária fundamentação para cada uma delas, torna-se mais clara a fixação da sanção penal.

É fundamental destacar que cada estágio (primário, secundário e terciário) exige fundamentação. É direito do réu acompanhar todas as etapas da individualização da sua pena (estágios e fases). A falta de motivação pode acarretar a nulidade da sentença ou, pelo menos, a redução da reprimenda ao mínimo possível.

27.2. Cuidado especial para evitar a dupla agravação pelo mesmo motivo

Justamente porque o critério eleito pela lei penal é o trifásico, e sabendo-se que as circunstâncias judiciais podem confundir-se com as legais (maus antecedentes – circunstância judicial – e reincidência – circunstância legal), deve o magistrado agir com redobrada cautela. Entretanto, quando houver o estabelecimento de duas situações distintas, dando azo à aplicação, também distinta, de circunstâncias judiciais e legais, é possível a dupla agravação.

---

[88] *Tratado de direito penal.*

27.3. Conceito de causas de aumento e diminuição

São causas obrigatórias ou facultativas de aumento ou de diminuição da pena em quantidades fixadas pelo próprio legislador, porém sem estabelecer um mínimo e um máximo para a pena. Chamam-se, ainda, *qualificadoras em sentido amplo*. Exemplos de causas legais genéricas, previstas na Parte Geral do Código Penal: arts. 14, parágrafo único; 16; 21, parte final; 24, § 2.º; 26, parágrafo único; 28, § 2.º; 29, §§ 1.º e 2.º; 69; 70 e 71. Exemplos de causas legais específicas, previstas na Parte Especial do Código Penal: arts. 121, §§ 1.º e 4.º; 129, § 4.º; 155, § 1.º; 157, §§ 2.º, 2.º-A e 2.º-B; 158, § 1.º; 168, § 1.º; 171, § 1.º; 226 etc.

As causas de aumento e de diminuição, por integrarem a estrutura típica do delito, permitem a fixação da pena acima do máximo em abstrato previsto pelo legislador, como também admitem o estabelecimento da pena abaixo do mínimo. Podem ser previstas em *quantidade fixa* (ex.: art. 121, § 4.º, determinando o aumento de 1/3) ou em *quantidade variável* (ex.: art. 157, § 2.º, determinando um aumento de 1/3 até a metade).

27.4. Conceito de qualificadoras e privilégios

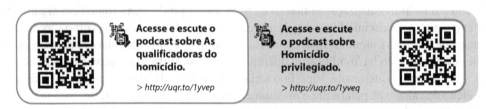

São circunstâncias legais que estão jungidas ao tipo penal incriminador, aumentando ou diminuindo a pena obrigatoriamente, dentro de um mínimo e um máximo previstos pelo legislador (exemplos de qualificadoras: homicídio qualificado, do art. 121, § 2.º; furto qualificado, do art. 155, § 4.º; quanto ao privilégio, temos: corrupção privilegiada, do art. 317, § 2.º; explosão privilegiada, do art. 251, § 1.º; favorecimento pessoal privilegiado, do art. 348, § 1.º; entre outros).

Por vezes, a figura privilegiada do crime vem prevista em tipo autônomo, como aconteceu no caso do homicídio. O verdadeiro homicídio privilegiado é o infanticídio, inserido no art. 123. A diferença fundamental entre a causa de aumento e a qualificadora consiste na alteração feita pelo legislador dos valores mínimo e máximo no caso desta última. Enquanto para a causa de aumento existe um aumento adicionado à pena prevista para o tipo básico (ex.: o furto noturno prevê o aumento de 1/3 sobre a pena do furto simples – de reclusão, de 1 a 4 anos), no caso da qualificadora o legislador altera a *faixa de fixação da pena* (ex.: o furto qualificado passa a ter penas de reclusão, de 2 a 8 anos).

Daí por que se pode afirmar que, tecnicamente, não há roubo qualificado, mas com causa de aumento (conforme art. 157, § 2.º-A, CP). Entretanto, utiliza-se o termo *roubo qualificado*, porque as causas de aumento, como mencionado, são as *qualificadoras em sentido amplo*.

27.5. Existência de duas ou mais qualificadoras

Na realidade, as circunstâncias do crime são idênticas no campo fático (ex.: o motivo fútil é sempre o mesmo, independentemente de ser classificado como qualificadora, agravante ou circunstância judicial).

Por isso, quando há mais de uma qualificadora, deve-se considerar que, a partir da segunda, aproveita-se como circunstância legal (agravante ou causa de aumento) ou circunstância judicial (art. 59, CP). A primeira qualificadora reconhecida serve para a mudança de faixa na aplicação da pena (ex.: um furto simples passa de 1 a 4 anos de reclusão para 2 a 8 anos, quando qualificado); no mais, aproveita-se a circunstância onde melhor se der (como agravante, causa de aumento ou circunstância judicial).

Outra não é a lição de José Antonio Paganella Boschi: "Como nenhuma circunstância pode ficar à margem de qualquer consideração, o entendimento da jurisprudência é no sentido de que uma das qualificadoras atuará como tal (qualquer delas) para o efeito de reposicionar o juiz perante o tipo derivado, enquanto a outra, remanescente (podendo ser uma ou mais, por óbvio), atuando como agravante, aumentará a pena na segunda fase, desde que o fato que a constitui também constitua agravante genérica. (...) Pode ocorrer, entretanto, que a(s) qualificadora(s) remanescente(s) não esteja(m) prevista(s) em lei como agravante(s) (...). Nesse caso, recomenda a jurisprudência que a(s) qualificadora(s) restante(s) atue(m) na dosimetria da pena-base como circunstância(s) judicial(is)...".[89]

Ainda assim, há polêmica na doutrina e na jurisprudência a respeito do que fazer quando houver duas ou mais qualificadoras para o mesmo crime. São *outras posições, duas delas similares ao entendimento exposto acima:* a) a segunda qualificadora, em diante, passa a valer como agravante (se existir correspondência), devendo ser lançada na 2.ª fase de individualização; b) a segunda qualificadora, em diante, funciona como circunstância judicial, ou seja, deve ser lançada na 1.ª fase de individualização para compor a pena-base; c) não é obrigatório qualquer tipo de aumento, pois a função da qualificadora é apenas mudar a faixa de aplicação da pena, o que já foi atingido pelo reconhecimento de uma delas. Esta última é a única com a qual não concordamos, pois seria ignorar a existência de circunstâncias relevantes para a individualização da pena.

27.6. Compensação entre circunstâncias judiciais e legais

A compensação somente pode acontecer dentro da mesma fase. Assim, quando o juiz estiver ponderando as circunstâncias judiciais, pode compensar os maus antecedentes com o motivo nobre para a prática do crime, ou então a personalidade agressiva do réu com o mesmo comportamento agressivo da vítima.

Na segunda fase, pode compensar a atenuante da confissão com a agravante de crime contra irmão, ou a atenuante do crime cometido sob a influência de multidão, em tumulto, com a agravante de meio de que possa resultar perigo comum.

Para a terceira fase, o sistema de compensação ganha relevo especial e será visto a seguir. É vedada, no entanto, a compensação envolvendo fases diversas. Exemplo: não pode o juiz compensar os maus antecedentes (circunstância judicial) com a confissão espontânea (circunstância legal, que configura atenuante).

27.7. Concurso entre causas de aumento e de diminuição

Todas as causas de aumento e de diminuição previstas na Parte Geral do Código Penal devem ser aplicadas, sem possibilidade de compensação. Aplicam-se, ainda, todas as causas de aumento ou diminuição previstas na Parte Geral em confronto com a Especial.

---

[89] *Das penas e seus critérios de aplicação*, p. 289.

Entretanto, as previstas na Parte Especial podem concorrer entre si, admitindo compensação da seguinte forma: tratando-se de duas ou mais causas de aumento ou duas ou mais causas de diminuição, o juiz pode aplicar a mais ampla delas ou todas. Ex.: no crime de incêndio (art. 250), tendo sido praticado com o intuito de obter vantagem pecuniária em proveito próprio (§ 1.º, com aumento de 1/3) e tendo causado lesão grave para a vítima (art. 258, com aumento de metade), o juiz pode aplicar as duas causas de aumento ou somente a mais grave. Se iguais, qualquer delas.

Em legislação especial, dá-se a aplicação do art. 68, parágrafo único, do Código Penal, valendo-se da analogia *in bonam partem*. Desse modo, no concurso dos aumentos possíveis, previstos nos arts. 19 e 20 da Lei 10.826/2003 (Estatuto do Desarmamento), pode o juiz aumentar a pena duas vezes, ou apenas uma, dependendo do caso concreto.

27.8. Critério para aplicação dos aumentos e das diminuições

Há, fundamentalmente, *três posições* a esse respeito:

1.ª) *todas as causas de aumento e de diminuição devem incidir sobre a pena-base, extraída na 2.ª fase da fixação da pena.* Ex.: chegando à pena de 6 anos de reclusão pela prática de um roubo (os limites do art. 157 estão fixados entre 4 e 10), ao levar em conta o disposto nos arts. 59, 61 a 65, o juiz passará a considerar as eventuais causas de aumento. Imaginando-se existirem duas – concurso de duas ou mais pessoas e continuidade delitiva –, os aumentos incidirão sobre os 6 anos. Portanto, 6 mais 2 (1/3 do art. 157, § 2.º) formam 8 anos. Aumentando-se mais 1 ano, por haver continuidade delitiva (1/6 do art. 71), a pena vai para 9 anos de reclusão. O mesmo critério é usado para as causas de diminuição;

2.ª) *todas as causas incidem umas sobre as outras.* No mesmo exemplo: dos 6 anos encontrados na 2.ª fase, o juiz passará a considerar as causas de aumento umas sobre as outras (*juros sobre juros*). Assim, 6 anos mais 2 (1/3 do art. 157, § 2.º) vão para 8 anos; sobre os 8 soma-se 1/6, totalizando 9 anos e 4 meses de reclusão. O mesmo critério é usado para as causas de diminuição;

3.ª) *as causas de aumento incidem sobre a pena extraída da 2.ª fase e as de diminuição incidem umas sobre as outras.* Este último critério é uma tentativa de conciliação. Nota-se que o segundo critério faz com que, em caso de aumento, a pena fique maior, justamente porque há a incidência de uma causa sobre outra. Em compensação, o primeiro critério, quando for caso de diminuição, poderá conduzir à pena *zero*. Exemplo disso: de um montante de 6 meses, o juiz deve extrair duas causas de diminuição (ambas de metade). Ora, aplicadas as duas sobre 6 meses, o magistrado encontrará que 6 meses menos 3 meses é igual a 3; novamente subtraindo 3, chegará a zero. Logo, o réu será condenado e não terá pena a cumprir. Pode até ficar o Estado devendo a ele. No caso de duas diminuições de 2/3: 6 anos menos 4 é igual a 2; novamente subtraindo 4, vai para menos 2 anos.

Tendo em vista o grave inconveniente da chamada *pena zero*, o primeiro critério não pode ser adotado na íntegra. O terceiro, por sua vez, não oferece um método seguro: para aumentar, faz-se de um modo; para diminuir, utiliza o juiz outra forma. Parece-nos – e é majoritário esse entendimento – ser adequado o segundo: as causas de aumento e de diminuição são aplicadas umas sobre as outras. Evita-se a inoportuna *pena zero* e cria-se um método uniforme para

Cap. XXXII – Aplicação da Pena   677

aumentar e diminuir a pena igualitariamente. Aliás, justamente porque o segundo critério é dominante, não se admite que existam compensações entre causas de aumento e de diminuição. Quando o juiz for aplicar um aumento de 1/3 e uma diminuição de 1/3, por exemplo, não poderá compensá-los, anulando-os. Eis o motivo: se a pena extraída da 2.ª fase for de 6 anos, aplicando-se um aumento de 1/3, alcança-se a cifra de 8 anos. Em seguida, subtraindo-se 1/3, segue-se para a pena de 5 anos e 4 meses. Portanto, é incabível compensar as duas.

RESUMO DO CAPÍTULO

▶ **Aplicação da pena:** trata-se de um processo judicial de discricionariedade juridicamente vinculada visando à suficiência para prevenção e reprovação da infração penal. O juiz, dentro dos limites estabelecidos pelo legislador (mínimo e máximo, abstratamente fixados para a pena), deve eleger o *quantum* ideal, valendo-se do seu livre convencimento (discricionariedade), embora com fundamentada exposição do seu raciocínio (juridicamente vinculada).

▶ **Pena-base:** é a primeira etapa da fixação do *quantum* da pena, quando o juiz elege um montante, entre o mínimo e o máximo previstos pelo legislador para o crime, baseado nas circunstâncias judiciais do art. 59. Sobre a pena-base incidirão as agravantes e atenuantes (2.ª fase) e as causas de aumento e de diminuição (3.ª fase).

▶ **Circunstâncias judiciais:** são as circunstâncias que envolvem o crime, nos aspectos objetivo e subjetivo, extraídas da livre apreciação do juiz, desde que respeitados os parâmetros fixados pelo legislador no art. 59 do Código Penal, constituindo efeito *residual* das circunstâncias legais.

▶ **Culpabilidade:** trata-se da culpabilidade em sentido lato, ou seja, a reprovação social que o crime e o autor do fato merecem, baseada nos outros fatores constantes do art. 59 do CP. A culpabilidade em sentido estrito já foi analisada para compor a existência do delito (em que, além da reprovação social, examinaram-se a imputabilidade, a potencial consciência de ilicitude e a exigibilidade e possibilidade de agir conforme o direito).

▶ **Antecedentes:** cuida-se de tudo o que existiu ou aconteceu, no campo penal, ao agente antes da prática do fato criminoso, ou seja, a sua vida pregressa em matéria criminal. Conforme dispõe a Súmula 444 do STJ, somente são antecedentes as condenações com trânsito em julgado.

▶ **Conduta social:** é o papel do réu na comunidade, inserido no contexto da família, do trabalho, da escola, da vizinhança etc. O magistrado precisa conhecer a pessoa que julgará, a fim de saber se merece uma reprimenda maior ou menor, daí a importância das perguntas que devem ser dirigidas ao acusado, no interrogatório, e às testemunhas, durante a instrução. Um péssimo pai e marido violento, em caso de condenação por lesões corporais graves, merece pena superior à mínima, por exemplo.

▶ **Personalidade:** trata-se do conjunto de caracteres exclusivos de uma pessoa, parte herdada, parte adquirida. Na configuração da personalidade congregam-se elementos hereditários e socioambientais, o que vale dizer que as experiências da vida contribuem para a sua evolução. Esta se faz em cinco fases bem caracterizadas: infância, juventude, estado adulto, maturidade e velhice. É o modo de ser das pessoas, seu comportamento habitual, sua maneira de reagir às ações de terceiros.

▶ **Motivos do crime:** são os precedentes que levam à ação criminosa. Podem ser antecedentes que impulsionam ao delito, como podem representar objetivos futuros a alcançar. Todo crime tem um motivo, que pode ser mais ou menos nobre, mais ou menos repugnante. A avaliação disso faz com que o juiz exaspere ou diminua a pena-base. Lembremos, ainda, que o motivo pode ser consciente (vingança) ou inconsciente (sadismo), além do que pode figurar como causa ou razão de ser da conduta (agir por paga para matar alguém) ou como objetivo da conduta (atuar por promessa de recompensa para matar alguém), indiferentemente.

▸ **Circunstâncias do crime:** são os elementos acidentais não participantes da estrutura do tipo, embora envolvendo o delito. Quando expressamente gravadas na lei, as circunstâncias são chamadas de *legais* (agravantes e atenuantes, por exemplo). Quando genericamente previstas, devendo ser formadas pela análise e pelo discernimento do juiz, são denominadas *judiciais*. Um crime pode ser praticado, por exemplo, em local ermo, com premeditação, para dificultar a sua descoberta e a apuração do culpado, constituindo circunstância gravosa.

▸ **Consequências do crime:** constituem o mal causado pelo crime, que transcende o resultado típico. É lógico que num homicídio, por exemplo, a consequência natural é a morte de alguém e, em decorrência disso, uma pessoa pode ficar viúva ou órfã. Entretanto, diversamente, quando o agente sabe que a morte da vítima colocará em risco uma família, pode-se considerar o fato para mensurar a pena.

▸ **Comportamento da vítima:** é o modo de agir da vítima que pode levar ao crime. Há pessoas que se tornam vítimas em potencial em razão da sua personalidade ou comportamento. Outras existem que não atraem o delinquente, também em virtude de seu modo de agir. Um exibicionista pode atrair o ladrão; o sujeito intrometido e fofoqueiro pode chamar a si o agressor; a pessoa de vida devassa e promíscua pode ser alvo fácil para crimes sexuais etc.

▸ **Agravantes e atenuantes:** são circunstâncias legais, objetivas ou subjetivas, que aderem ao delito sem modificar a sua estrutura típica, influindo apenas na quantificação da pena – para mais (agravantes) ou para menos (atenuantes) – em razão da particular culpabilidade do agente, devendo o juiz elevar ou minorar a pena dentro do mínimo e do máximo, em abstrato, previstos em lei.

▸ **Reincidência:** é o cometimento de uma infração penal depois de o agente já ter sido condenado definitivamente, no Brasil ou no exterior, por crime anterior. Admite-se, ainda, porque previsto expressamente na Lei das Contravenções Penais, o cometimento de contravenção penal após já ter sido o autor anteriormente condenado com trânsito em julgado por contravenção penal. Portanto, admite-se, para efeito de reincidência, o seguinte quadro: a) crime (antes) – crime (depois); b) crime (antes) – contravenção penal (depois); c) contravenção (antes) – contravenção (depois). Não se admite: contravenção (antes) – crime (depois), por falta de previsão legal.

▸ **Cálculo da pena:** havia *dois sistemas principais* para tanto: a) *critério trifásico*, preconizado por Nélson Hungria; b) *critério bifásico*, defendido por Roberto Lyra. O Código Penal optou claramente pelo primeiro, conforme se vê do art. 68: "A pena-base será fixada atendendo-se ao critério do art. 59 deste Código; em seguida serão consideradas as circunstâncias atenuantes e agravantes; por último, as causas de diminuição e de aumento". Para Hungria, o juiz deve estabelecer a pena em três fases distintas: a primeira leva em consideração a fixação da pena-base, tomando por apoio as circunstâncias judiciais do art. 59; em seguida, o magistrado deve aplicar as circunstâncias legais (atenuantes e agravantes, dos arts. 61 a 66), para então apor as causas de diminuição e de aumento (previstas nas Partes Geral e Especial).

▸ **Conceito de causas de aumento e diminuição:** são causas obrigatórias ou facultativas de aumento ou de diminuição da pena em quantidades fixadas pelo próprio legislador, porém sem estabelecer um mínimo e um máximo para a pena. Chamam-se, ainda, *qualificadoras em sentido amplo*. Exemplos de causas legais genéricas, previstas na Parte Geral do Código Penal: arts. 14, parágrafo único; 16; 21, parte final; 24, § 2.º; 26, parágrafo único; 28, § 2.º; 29, §§ 1.º e 2.º; 69; 70 e 71. Exemplos de causas legais específicas, previstas na Parte Especial do Código Penal: arts. 121, §§ 1.º e 4.º; 129, § 4.º; 155, § 1.º; 157, §§ 2.º-A e 2.º-B; 158, § 1.º; 168, § 1.º; 171, § 1.º; 226 etc. As causas de aumento e de diminuição, por integrarem a estrutura típica do delito, permitem a fixação da pena acima do máximo em abstrato previsto pelo legislador, como também admitem o estabelecimento da pena abaixo do mínimo. Podem ser previstas em *quantidade fixa* (ex.: art. 121, § 4.º, determinando o aumento de 1/3) ou em *quantidade variável* (ex.: art. 157, § 2.º, determinando um aumento de 1/3 até a metade).

▶ **Conceito de qualificadoras e privilégios:** são circunstâncias legais que estão jungidas ao tipo penal incriminador, aumentando ou diminuindo a pena obrigatoriamente, dentro de um mínimo e um máximo previstos pelo legislador (exemplos de qualificadoras: homicídio qualificado, do art. 121, § 2.º; furto qualificado, do art. 155, § 4.º; quanto ao privilégio, temos: corrupção privilegiada, do art. 317, § 2.º; explosão privilegiada, do art. 251, § 1.º; favorecimento pessoal privilegiado, do art. 348, § 1.º; entre outros). Por vezes, a figura privilegiada do crime vem prevista em tipo autônomo, como aconteceu no caso do homicídio. O verdadeiro homicídio privilegiado é o infanticídio, inserido no art. 123. A diferença fundamental entre a causa de aumento e a qualificadora consiste na alteração feita pelo legislador dos valores mínimo e máximo no caso desta última. Enquanto para a causa de aumento existe um aumento adicionado à pena prevista para o tipo básico (ex.: o furto noturno prevê o aumento de 1/3 sobre a pena do furto simples – de 1 a 4 anos), no caso da qualificadora o legislador altera a *faixa de fixação da pena* (ex.: o furto qualificado passa a ter penas de 2 a 8 anos).

ESQUEMAS

CIRCUNSTÂNCIAS JUDICIAIS (ART. 59, CP)

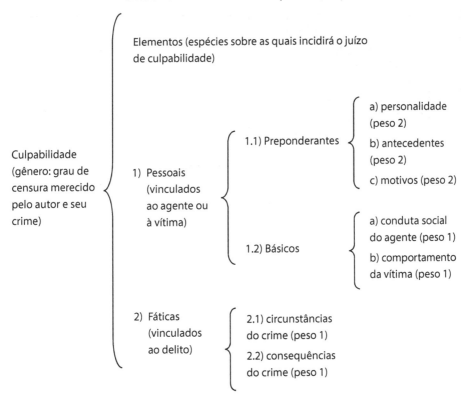

CULPABILIDADE COMO ELEMENTO DO CRIME E FUNDAMENTO DA PENA, ALÉM DE CONSTITUIR PARÂMETRO PARA O LIMITE DA PENA

antecedentes
conduta social
motivos do crime
personalidade
circunstâncias do crime
consequência do crime
comportamento da vítima

LIMITE DA PENA: quanto maior a reprovação exercida pelo autor do fato, mais elevada deve ser sua pena

CRIME = FATO TÍPICO, ILÍCITO E CULPÁVEL

Grau de censura sobre o fato e seu autor.

AUTOR

imputável
+
consciente potencialmente do ilícito
+
capaz de agir conforme as regras do Direito

FUNDAMENTO DA PENA: sem esses elementos, não há crime e, consequentemente, não há viabilidade para aplicar pena

ASPECTOS DA PERSONALIDADE NA APLICAÇÃO DA PENA

POSITIVOS   **NEGATIVOS**

Bondade _____ Maldade

Calma _____ Agressividade (ver nota)

Paciência _____ Impaciência

Amabilidade _____ Rispidez/Hostilidade

Responsabilidade _____ Irresponsabilidade

Bom-humor _____ Mau-humor

Coragem _____ Covardia

Sensibilidade _____ Frieza

Tolerância _____ Intolerância (ver nota)

Honestidade _____Desonestidade

Simplicidade _____ Soberba

Desprendimento _____ Inveja/Cobiça

Solidariedade _____ Egoísmo

Exemplos:

Matar alguém (art. 121, CP): o dolo e a culpa, quando constatados, são invariáveis

Motivo para matar alguém: os motivos (como causa e/ou objetivo) são variáveis, em hipóteses infinitas

Comparando:

"A" mata "B", por cobiça, buscando receber uma recompensa

"A" mata "B", para aliviar-lhe a dor de doença grave (ortotanásia)

motivos = diversos

dolo = idêntico

NOTAS:

a) A agressividade humana pode ser positiva ou negativa. Sob o aspecto positivo, ela divide-se em *instrumental* (gana para obter algo ou atingir algum objetivo) ou *defensiva* (proteção à vida ou outro bem). No aspecto negativo, a se ponderar para a fixação de pena, ela pode ser direta (destruição de pessoas ou coisas) ou indireta (maledicência, inveja, sadismo etc.)

b) A intolerância humana tem vários prismas. Exemplos: xenofobia, homofobia, racismo etc.

MOTIVOS DO CRIME: PODEM SER *CONSCIENTES* OU *INCONSCIENTES*

- Como *causa* da conduta delituosa
  - por momento. Ex.: mediante paga
  - por decorrência da personalidade. Ex.: sadismo

- Como *objetivo* da conduta delituosa
  - por momento. Ex.: promessa de recompensa
  - por decorrência da personalidade. Ex.: visando ao recebimento de herança, em homicídio, expondo cobiça e egoísmo

MOTIVO ≠ ELEMENTO SUBJUNTIVO DO CRIME (DOLO/CULPA)

- Motivo ⟶ dinâmico, variado, mutável, espelhando a riqueza dos pensamentos, desejos humanos Havendo a prática do crime, o motivo pode ou não ser atingido ou satisfeito

- Dolo ⟶ estático, concentrado, vinculado ao tipo, significando querer realizar a conduta típica. Não interessa a razão ou o objetivo, como regra

- Culpa ⟶ estática, concentrada, vinculada ao tipo, significando um comportamento descuidado, que devia ter sido evitado. Não importa a razão ou o objeto da conduta para configurar-se

COMPORTAMENTO DA VÍTIMA

1) COMPLETAMENTE INCULPÁVEL: | nada faz para provocar a situação da qual se torna vítima. Ex.: passando por um local, sofre uma lesão causada por tiro, advindo de tiroteio entre quadrilhas rivais

2) PARCIALMENTE CULPÁVEL: | tem alguma contribuição sua para gerar o delito do qual é vítima

2.1) Por ignorância/imprudência: Ex.: gestante morre ao permitir que lhe façam aborto fora do hospital

2.2) Escassa culpabilidade: Ex.: entrega a senha da sua conta bancária ao noivo, que faz saque inesperado e desaparece

2.3) Voluntária: Ex.: doente em estágio terminal pede para morrer

3) COMPLETAMENTE CULPÁVEL: | contribui, com sua conduta, de maneira determinante, para a realização do delito do qual se torna vítima

3.1) Provocadora: Ex.: assaltante é morto pela vítima do seu roubo

3.2) Propicia a ocorrência do delito: Ex.: há torpeza bilateral no estelionato, pois a vítima quer levar vantagem indevida

3.3) Falsa vítima (delito simulado): Ex.: acusar o namorado de estupro, quando foram relações consensuais

---

Notas:
a) O quadro foi extraído da nossa obra "Individualização da Pena" e fornecido, inicialmente, por Antonio Beristain
b) O juiz deve graduar a pena do réu, levando em conta a atitude da vítima, elevando a pena-base quando se tratar de ofendido completamente inocente e aproximando-se ou fixando no mínimo quando se tratar de vítima totalmente culpável (censurável)
c) A falsa vítima deve provocar a absolvição do réu e futuro processo contra quem simulou o delito

CONFRONTO ENTRE AGRAVANTES E ATENUANTES (ART. 67, CP)

1) agravante simples X atenuante simples: anulam-se = a pena não deve sofrer alteração na 2.ª fase

2) agravante preponderante X atenuante simples: a agravante anula a atenuante = a pena deve ser elevada se possível na 2.ª fase

3) agravante simples X atenuante preponderante: a atenuante anula a agravante = a pena deve ser reduzida se possível, na 2.ª fase

4) agravante preponderante X atenuante preponderante: anulam-se = a pena não deve sofrer alteração na 2.ª fase

5) duas agravantes simples X uma atenuante preponderante: anulam-se = a pena não deve sofrer alteração na 2.ª fase

6) uma agravante preponderante X duas atenuantes simples: anulam-se = a pena não deve sofrer alteração na 2.ª fase

---

Notas:

a) são sugestões para garantir um equilíbrio entre as agravantes e atenuantes refletindo o prisma do art. 67 do Código Penal. Porém, não é uma operação aritmética, podendo o juiz valorar como entender mais apropriado o confronto, desde que o faça sempre, fundamentando a sua convicção

b) são preponderantes:
* motivos determinantes do crime
* personalidade do agente
* reincidência

c) lembrar que a análise de personalidade é fundamental para descobrir quais agravantes ou atenuantes devem preponderar umas sobre as outras. Ex.: atuar com crueldade será uma agravante simples se houver mero acaso, porém, se advier de personalidade agressiva sádica do réu é agravante preponderante

---

FIXAÇÃO DA PENA

INDIVIDUALIZAÇÃO DA PENA

- LEGISLATIVA: ao elaborar o tipo penal incriminador, é o legislador o primeiro a fixar os valores mínimo e máximo para a pena, bem como os regimes e benefícios possíveis

- JUDICIAL: é o processo de concretização da pena feito pelo juiz no momento da sentença condenatória

- EXECUTÓRIA: é o processo de acompanhamento do cumprimento da pena do condenado, conduzido pelo juiz da execução criminal, podendo ser alterado o montante da pena, o regime de cumprimento e os benefícios concedidos

FASE JUDICIAL

1.ª) PRIMÁRIA: é o estabelecimento do montante da pena: usa-se o critério trifásico (próximo quadro)

2.ª) SECUNDÁRIA: estabelece-se o regime de cumprimento da pena (art. 33, § 3.º, CP)

3.ª) TERCIÁRIA: busca-se a aplicação, se viável, de benefícios penais (penas alternativas, multa substitutiva, suspensão condicional da pena)

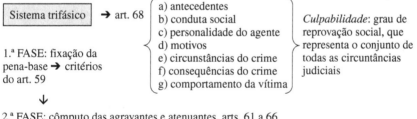

Sistema trifásico → art. 68

1.ª FASE: fixação da pena-base → critérios do art. 59

a) antecedentes
b) conduta social
c) personalidade do agente
d) motivos
e) circunstâncias do crime
f) consequências do crime
g) comportamento da vítima

Culpabilidade: grau de reprovação social, que representa o conjunto de todas as circunstâncias judiciais

↓

2.ª FASE: cômputo das agravantes e atenuantes, arts. 61 a 66

↓

3.ª FASE: cômputo das causas de aumento e de diminuição, arts. 69 a 71 (previstos na Parte Geral) + circunstâncias específicas da Parte Especial

Resultado

Observações especiais:
I) O art. 59 é utilizado como parâmetro também para a escolha do regime de cumprimento de pena (fechado, semiaberto ou aberto)
II) No mesmo prisma, vale-se o juiz das circunstância do art. 59 para resolver se cabe a substituição de pena privativa de liberdade por restritiva de direitos ou multa: art. 59, IV

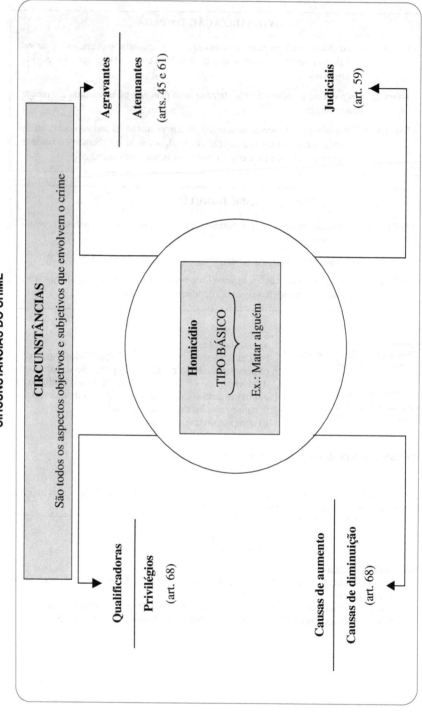

Capítulo XXXIII
Concurso de Crimes

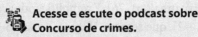

Acesse e escute o podcast sobre Concurso de crimes.

> http://uqr.to/1yver

1. CONCEITO E CRITÉRIO DE ANÁLISE

Denomina-se concurso de crimes a situação em que o agente comete duas ou mais ações, causando dois ou mais resultados e, para saber se houve *unidade* ou *pluralidade* delitiva, é preciso consultar a norma penal, tendo em vista que adotamos, no Brasil, a concepção normativa de concurso de crimes. Para tanto, cuida o Código Penal do concurso material, concurso formal e crime continuado, que serão vistos a seguir.

2. SISTEMAS CABÍVEIS AO CONCURSO DE CRIMES

2.1. Sistema da acumulação material

Significa que, tantos quantos forem as ações e os resultados causados, as penas devem ser somadas. O acúmulo material pode estar previsto na Parte Geral, como ocorre no art. 69 do Código Penal, como na Parte Especial.

Noutros termos, o sistema que impõe a acumulação (soma) de penas, além do concurso material, está presente em outras hipóteses, quando expressamente recomendada a sua utilização pela lei. É o que ocorre nos casos dos tipos penais prevendo a aplicação de determinada pena, *além* de outra, advinda da violência praticada em conjunto. Vide, como exemplo, o disposto no art. 344 do Código Penal (coação no curso do processo), estipulando a pena de 1 a 4 anos de reclusão, e multa, *além da pena correspondente à violência*. Portanto, embora por meio de uma única ação o agente tenha cometido a coação, deverá responder *também* pelo resultado gerado pela violência.

O juiz utiliza a regra do concurso material (soma das penas), ainda que tenha havido uma única ação. Outro exemplo pode ser encontrado nos delitos previstos no art. 161 (alteração de limites, usurpação de águas e esbulho possessório), conforme prevê o § 2.º ("se o agente usa de violência, incorre também na pena a esta cominada").

2.2. Sistema da acumulação jurídica

Embora não utilizado no Brasil, há outro modo de fixação da pena para o caso de concurso de crimes, levando-se em conta não a soma das penas dos delitos cometidos (como ocorre no concurso material), tampouco acarretando a aplicação da pena do mais grave deles acrescida de uma cota-parte previamente estabelecida em lei (como acontece no concurso formal e no crime continuado), mas, sim, fazendo com que exista uma média ponderada entre as várias penas previstas para os diversos crimes, impedindo que haja um excesso punitivo mediante a fixação de um teto.

Assim, o montante de pena que ultrapassar esse teto será automaticamente extinto. É o sistema adotado na Espanha (art. 76). Exemplificando: caso o agente esteja sujeito a penas diversas (5 + 4 + 4 + 3 + 2), que somam 18 anos, notando-se que a mais grave delas atinge 5 anos, a pena não poderá ultrapassar 15 (o triplo da mais grave), julgando-se extinto o montante que ultrapassar esse teto; no caso, 3 anos.

2.3. Sistema da absorção

Leva em conta que, no caso de concurso de crimes, possa haver a fixação da pena com base apenas na mais grave, restando absorvidas as demais. É o que ocorre em Portugal, no tocante ao crime continuado (art. 79): "O crime continuado é punível com a pena aplicável à conduta mais grave que integra a continuação".

Não adotamos esse sistema expressamente, mas há casos em que a jurisprudência, considerando o critério da consunção, no conflito aparente de normas, termina por determinar que o crime mais grave, normalmente o *crime-fim*, absorve o menos grave, o denominado *crime-meio* (ver nota 110 ao art. 12 do nosso *Código Penal comentado*). Evita-se, com isso, a soma de penas, valendo-se de política criminal, objetivando uma pena menor.

2.4. Sistema da exasperação da pena

É o critério que permite, quando o agente pratica mais de um crime, a fixação de somente uma das penas, mas acrescida de uma cota-parte, servindo para representar a punição por todos eles. Trata-se de um sistema benéfico ao acusado e adotado, no Brasil, nos arts. 70 (concurso formal) e 71 (crime continuado).

3. CONCURSO MATERIAL

Ocorre quando o agente, mediante mais de uma ação ou omissão, pratica dois ou mais crimes, deve ser punido pela soma das penas privativas de liberdade em que haja incorrido, porque se adota o sistema da acumulação material nesse contexto. O concurso material pode ser *homogêneo* (prática de crimes idênticos) ou *heterogêneo* (prática de crimes não idênticos).

3.1. Critérios para a aplicação da pena

Torna-se imprescindível que o juiz, para proceder à soma das penas, individualize, antes, cada uma. Ex.: três tentativas de homicídio em concurso material. O magistrado deve, em primeiro lugar, aplicar a pena para cada uma delas e, no final, efetuar a adição, pois cada uma pode ter um *iter criminis* diferenciado, conduzindo a diminuições em montantes diversos.

Por outro lado, não cabe fiança ao réu se, em concurso material, as penas mínimas para os vários crimes que praticou, somadas, forem maiores do que dois anos de reclusão (Súmula 81 do STJ).

Ao crime falimentar, como regra, não se aplica o concurso material, pois ele sempre foi considerado delito único (todos os atos praticados pelo falido contribuem para a decretação da falência), salvo quando houvesse, também, crime comum em conjunto. Nesse caso, poderia ser concurso formal perfeito ou imperfeito (desígnios autônomos).

Entretanto, a prática de várias figuras típicas da Lei Falimentar faz com que o órgão acusatório seja obrigado a descrever todas elas na denúncia, até porque garante-se a melhor possibilidade de defesa do réu.

Por outro lado, há figuras pós-falimentares, que podem experimentar o concurso material com as praticadas *antes* da falência.

3.2. Aplicação cumulativa de reclusão e detenção

Determina o art. 69, *caput*, parte final, que a reclusão seja cumprida em primeiro lugar. A inutilidade dessa disposição é evidente, na medida em que não existe diferença, na prática, entre reclusão e detenção. Na mesma ótica, confira-se a lição de PAULO JOSÉ DA COSTA JÚNIOR: "Em realidade, todavia, a disposição é inútil, pois as diferenças outrora existentes, entre reclusão e detenção, foram praticamente abolidas".[1] E também: "Na verdade, o que houve foi excesso de zelo, pois, em termos práticos, de acordo com o nosso sistema, não se vislumbra diferença entre uma e outra".[2]

O que importa para o condenado, na realidade, é o regime no qual foi inserido. Portanto, quando o julgador aplicar o concurso material, fixando, por exemplo, três anos de reclusão e dois anos de detenção, não pode fazer o somatório em cinco anos pela diversidade de espécies de penas privativas de liberdade. Para a fixação do regime e demais benefícios, especialmente quando se cuidar de delitos dolosos, no entanto, deve levar em conta o total (cinco anos de prisão). Assim sendo, não cabe o regime aberto, mas somente o semiaberto ou o fechado (art. 33, § 2.º, *b*, CP). Não é aplicável, igualmente, pena alternativa, cujo limite é de quatro anos

---

[1] *Comentários ao Código Penal*, p. 238.

[2] WALTER VIEIRA DO NASCIMENTO, *A embriaguez e outras questões penais*. Doutrina, legislação, jurisprudência, p. 90.

(art. 44, I, CP). Estabelecidos três anos de reclusão e dois de detenção, mas levando-se em conta o total de cinco anos de privação da liberdade, pois se faz a unificação (art. 111, LEP), quando o condenado cumprir uma parcela, pode o magistrado determinar a progressão a um regime mais favorável.

3.3. Concurso material moderado

Trata-se da aplicação do art. 75 do Código Penal, que prevê o máximo de cumprimento da pena em 40 anos, ao disposto no art. 69. Portanto, apesar de a soma das penas poder ser superior a esse teto, o condenado não irá cumprir mais do que quatro décadas de prisão. Por isso, o concurso material adotado, no Brasil, é moderado.

3.4. Possibilidade de cumulação de pena privativa de liberdade com restritiva de direitos

Estabelece o § 1.º do art. 69 do Código Penal a viabilidade de se cumular, por ocasião da aplicação da pena, quando o juiz reconhecer o concurso material, uma pena privativa de liberdade, com suspensão condicional da pena ou mesmo regime aberto (prisão-albergue domiciliar), com uma restritiva de direitos.

É perfeitamente possível cumprir as condições de um *sursis*, ao mesmo tempo que o condenado efetua o pagamento da prestação pecuniária. Não é cabível, por outro lado, a fixação de uma pena em regime fechado, ao mesmo tempo que se estabelece outra, na mesma sentença, de prestação de serviços à comunidade.

3.5. Cumprimento simultâneo ou sucessivo de penas restritivas de direitos

Preceitua o § 2.º do art. 69 do Código Penal que duas penas restritivas de direitos podem ser cumpridas ao mesmo tempo, desde que sejam compatíveis (ex.: prestação de serviços à comunidade e prestação pecuniária); do contrário, devem ser cumpridas sucessivamente, se incompatíveis (ex.: duas penas de limitação de fim de semana).

4. CONCURSO FORMAL

Dá-se o concurso formal quando o agente, mediante uma única ação ou omissão, provoca dois ou mais resultados típicos, devendo ser punido pela pena mais grave, ou uma delas, se idênticas, aumentada de um sexto até a metade, por meio do sistema da exasperação.

Configura-se o concurso formal *homogêneo*, quando os crimes forem idênticos, e o *heterogêneo*, quando os delitos forem não idênticos.

4.1. Concurso formal entre tipos omissivos

É perfeitamente admissível a existência de concurso formal entre crimes omissivos. No exemplo de ZAFFARONI, se um funcionário do presídio deixa uma porta aberta para que um preso fuja e outro se vingue, matando o carcereiro, temos homicídio e favorecimento.[3] Por vezes, pode ser inviável a aplicação do concurso formal entre crimes omissivos. Note-se que, na omissão de socorro e no homicídio por omissão, cometidos por uma única conduta, o

---

[3] *Tratado de derecho penal* – Parte general, p. 555.

dolo da omissão seria consumido pela tipicidade homicida. Aliás, em verdade, é um concurso aparente ou concurso impróprio.[4]

4.2. Concurso formal entre roubo e corrupção de menor

Quando o maior de 18 anos pratica o delito de roubo com o adolescente, incide no caso o concurso formal (uma só ação e dois resultados: perda patrimonial + menor corrompido). Não se deve utilizar o concurso material, pois não há uma conduta direta no tocante ao menor de 18 anos. Igualmente, não se trata de crime continuado, pois são delitos de espécies diferentes e a conduta é uma só.

4.3. Grau de aumento da pena

A elevação é limitada pelo mínimo de um sexto e o máximo de metade. Deve o julgador utilizar o mesmo critério do crime continuado, ou seja, o número de resultados provocados pela conduta do agente. Se houver dois resultados, o aumento é de um sexto. Quando vários resultados, aumenta-se a metade.

4.4. Concorrência de concursos

Trata-se de hipótese admissível. O agente pratica dois crimes em concurso formal e depois outros dois delitos, também em concurso formal. Entre esses dois concursos há um concurso material. Pode cometer dois delitos em continuidade delitiva em concurso material com outros delitos em continuidade delitiva.

De outra parte, pode haver dois concursos formais em continuidade delitiva (um homicídio doloso e um culposo + um homicídio doloso e outro culposo). Nesse caso, há divergência quanto à aplicação da pena: a) aplicam-se os dois aumentos, ou seja, do concurso formal e do crime continuado; b) aplica-se somente o aumento do delito continuado, pois é o aspecto que predomina no contexto criminoso. O crime continuado pressupõe a união de várias condutas delituosas em apenas *um crime* em continuidade. Logo, pouco importa se as condutas foram praticadas em concurso formal; todas se transformam num só delito. Essa é a melhor posição.

Como bem registra NEY FAYET JÚNIOR, também apoiando a segunda posição, "o crime continuado deve ser considerado um só crime, pouco importando que o seja por uma *fictio juris*. Nessa perspectiva, realmente não se vislumbra qualquer sentido em desmembrar a unicidade sobre a qual se constrói a figura da continuidade delitiva, a fim de proceder ao aumento da pena resultante do concurso formal (na situação concreta de haver alguns crimes em concurso formal que se relacionam, por meio da continuação, a outros, sem essa causa de majoração de pena), devendo-se, portanto, entender que o concurso formal se deixaria

---

[4] ZAFFARONI, *Tratado de derecho penal* – Parte general, p. 555.

absorver pelo crime continuado, por intermédio do princípio da consunção, incidindo apenas o aumento relativo a este, por ser o mais abrangente".[5]

4.5. Concurso formal perfeito e imperfeito

O art. 70 divide-se em duas partes. Na primeira, prevê-se o concurso formal perfeito, vale dizer, o agente pratica duas ou mais infrações penais por meio de uma única conduta. Exemplos: preso subtrai, para si, comprimidos psicotrópicos quando realiza faxina (concurso formal dos arts. 155 do CP e 28 da Lei 11.343/2006); agente leva menor para praticar roubo, tendo em mente só o produto desse delito, e não a corrupção do menor (concurso formal dos arts. 157 do CP e 244-B da Lei 8.069/1990). Nesses casos, o agente tem em mente uma só conduta, pouco importando quantos delitos vai praticar; por isso, recebe a pena do mais grave com o aumento determinado pelo legislador.

Entretanto, na segunda parte, está previsto o concurso formal imperfeito: as penas devem ser aplicadas cumulativamente se a conduta única é dolosa e os delitos concorrentes resultam de desígnios autônomos. A intenção do legislador, nessa hipótese, é retirar o benefício daquele que, tendo por fim deliberado e direto atingir dois ou mais bens jurídicos, cometer os crimes com uma só ação ou omissão. Tradicional exemplo nos fornece BASILEU GARCIA: se o agente enfileira várias pessoas e com um único tiro, de arma potente, consegue matá-las ao mesmo tempo, não merece o concurso formal, pois agiu com desígnios autônomos. Por isso, são somadas as penas.

Nesse contexto, é polêmica a conceituação do requisito *desígnios autônomos*, previsto para a aplicação do concurso formal imperfeito. *Duas posições* se formaram:

1.ª) a expressão "desígnios autônomos" significa ter agido o agente com *dolo direto* no tocante aos vários crimes praticados com uma única ação. Nesse sentido: "Entendeu o legislador que, havendo desígnios autônomos, ou seja, vontade deliberadamente dirigida aos diversos fins, não se justifica a diminuição da pena, porque subsiste íntegra a culpabilidade pelos fatos diversos. A expressão *desígnio* exclui o dolo eventual".[6] E mais: "Para a existência do concurso formal, não é exigida, em princípio, a *unidade de desígnio* ou de *intenção* (como no Código de 1890, art. 66, § 3.º), podendo ser reconhecido até mesmo no caso de ação ou omissão culposa com pluralidade de eventos lesivos. É suficiente a unidade de ação ou omissão".[7] Esclarece NURIA CASTELLÓ NICÁS que, havendo dolo direto, voltado a lesões de diversos bens jurídicos, deve-se concluir, tanto do ponto de vista da antijuridicidade como do prisma da culpabilidade, que estamos diante de vários fatos puníveis em concurso real. No entanto, quando a vontade do sujeito envolve a conduta, mas não o resultado, que não é diretamente perseguido (dolo eventual), há o verdadeiro concurso formal;[8]

2.ª) a colocação "desígnios autônomos" quer dizer qualquer forma de *dolo*, seja direto ou eventual. Por isso, quando o agente atua com dolo no que se refere aos delitos concorrentes, deve ser punido com base no concurso formal imperfeito, ou seja, a soma das penas. Nesse prisma, há vários julgados.

---

[5] *Do crime continuado*, p. 130.
[6] HELENO FRAGOSO, *Lições de direito penal*, 4. ed., p. 349.
[7] HUNGRIA, Concurso de infrações penais, p. 17.
[8] *El concurso de normas penales*, p. 41.

Esclarecedora, em nosso entender, a posição equilibrada de BASILEU GARCIA. O juiz deve, no caso concreto, deliberar qual a melhor forma de concurso a aplicar. A cozinheira que, pretendendo assassinar todos os membros de uma família para a qual trabalha, coloca veneno na refeição a ser servida, está praticando vários delitos com uma só ação. Merece, pois, ser punida pela *unidade de resolução* ("desígnios autônomos") com que agiu, recebendo a pena que seria cabível pela aplicação do concurso material (art. 70, 2.ª parte, CP). Entretanto, diz o mestre paulista, se alguém vai à sacada de um prédio, chamado por populares, e brada-lhes "Patifes!", estaria ofendendo a honra de um ou de todos? Qual teria sido sua intenção? Pelo plural utilizado, pode-se crer estar ofendendo mais de uma pessoa. Teria, no entanto, cabimento aplicar-lhe o concurso material, somando-se as penas, num total de 30 ou 40 injúrias? Obviamente que não. Não teve o agente "vários desígnios", almejando atingir várias pessoas determinadas, mas apenas um grupo de pessoas, de modo indefinido. Sugere então, finalizando o raciocínio, dever o magistrado, valendo-se da equidade, decidir à luz do caso concreto, tendo em vista a clara insuficiência de critérios legais, sem fechar questão em torno de o dolo dever ser *direto* ou *indireto*.[9]

Logicamente, altera-se totalmente o contexto se o agente colocar uma bomba num carro, desejando matar um dos ocupantes, mas tendo certeza de que, pela potência do artefato, os outros ocupantes do veículo não sobreviverão. É caso típico de ter agido com dolo direto no tocante à vítima visada e, também, quanto aos demais passageiros. Merece ser punido pela regra do art. 70, 2.ª parte, do Código Penal. Assim, em síntese, no concurso formal, pode-se sustentar: a) havendo dolo quanto ao crime desejado e culpa quanto ao(s) outro(s) resultado(s) da mesma ação, trata-se de concurso formal perfeito; b) havendo dolo quanto ao delito desejado e dolo eventual no tocante ao(s) outro(s) resultado(s) da mesma ação, há concurso formal perfeito; c) havendo dolo quanto ao delito desejado e, também, em relação aos efeitos colaterais, deve haver concurso formal imperfeito. Lembramos que o dolo direto pode ser de 1.º e de 2.º graus, o que é suficiente para configurar o concurso formal na modalidade imprópria ou imperfeita.

4.6. A dúvida e o concurso formal perfeito

Nem sempre é fácil distinguir quando o agente atua com desígnios autônomos, no tocante aos resultados concretizados. Assim sendo, o caminho correto é manter o concurso formal perfeito ou próprio, valendo-se do princípio geral da prevalência do interesse do acusado (*in dubio pro reo*).

4.7. Concurso material favorável ou benefício

Determina o parágrafo único do art. 70 ser imperiosa a aplicação do concurso material, caso seja mais favorável do que o formal. Ex.: se o réu está respondendo por homicídio doloso e lesões culposas, em concurso formal, valendo-se da regra do art. 70, a pena mínima seria de 6 anos – pelo homicídio simples – acrescida de um sexto, diante da exasperação prevista, resultando em 7 anos de reclusão. Se fosse aplicada a pena seguindo a regra do concurso material, a pena ficaria em 6 anos de reclusão e 2 meses de detenção. Portanto, já que o concurso formal é um benefício ao réu, deve ser aplicada a pena como se fosse concurso material.

---

[9] *Instituições de direito penal*, t. II, p. 576.

Observe-se que o concurso é formal, embora a aplicação da pena siga a regra do concurso material. É a opção do legislador pelo sistema do acúmulo material.

5. CRIME CONTINUADO

5.1. Conceito e aspectos históricos

Quando o agente, mediante mais de uma ação ou omissão, pratica dois ou mais crimes da mesma espécie, com condições de tempo, lugar e maneira de execução semelhantes, cria-se uma suposição de que os subsequentes são uma continuação do primeiro, formando o crime continuado.

É a forma mais polêmica de concurso de crimes, proporcionando inúmeras divergências, desde a natureza jurídica até a conceituação de cada um dos requisitos que o compõem. Narram os penalistas que o crime continuado teve sua origem entre os anos de 1500 e 1600, em teoria elaborada pelos práticos italianos, dos quais ressaltam-se os trabalhos de PROSPERO FARINACIO e JULIO CLARO. Naquela época, a lei era por demais severa, impondo a aplicação da pena de morte quando houvesse a prática do terceiro furto pelo agente (*Potest pro tribus furtis quamvis minimis poena mortis imponi*). O tratamento era, sem dúvida, cruel, mormente numa época de tanta fome e desolação na Europa.

Por isso, escreveu CLARO: "Diz-se que o furto é único, ainda que se cometam vários em um dia ou em uma noite, em uma casa ou em várias. Do mesmo modo se o ladrão confessou ter cometido vários furtos no mesmo lugar e em momentos distintos, interpretando-se tal confissão favoravelmente ao agente, isto é, que suas ações, em momentos distintos, continuadamente, são um só furto e não vários...".[10] E, ainda, FARINACIO: "Tampouco existem vários furtos senão um só, quando alguém roubar de um só lugar e em momentos diversos, mas continuada e sucessivamente, uma ou mais coisas: (...) não se pode dizer 'várias vezes' se os roubos não se derem em espécie e tempo distintos. O mesmo se pode dizer daquele que, em uma só noite e continuadamente, comete diversos roubos, em lugares distintos, ainda que de diversos objetos... a esse ladrão não se lhe pode enforcar, como se lhe enforcaria se tivesse cometido três furtos em momentos distintos e não continuados".[11]

Na Itália, conforme lição de PISAPIA, a primeira disposição legislativa a respeito do crime continuado é encontrada na Toscana pela Lei de 30 de agosto de 1795 e pela Circular de 29 de fevereiro de 1821. Diziam essas normas que se reconhece o furto continuado, mesmo tratando-se de furtos cometidos em tempo e lugar diversos, com vítimas diferentes, desde que compreendidos no prazo de 20 horas. O melhor tratamento normativo para o instituto, no entanto, foi obtido no Código Toscano de 1853, no qual se vê, no art. 80, o seguinte: "Várias violações da

---

[10] CARLOS FONTÁN BALESTRA, *Tratado de derecho penal*, t. III, p. 60.
[11] BALESTRA, *Tratado de derecho penal*, t. III, p. 61.

mesma norma penal cometidas num mesmo contexto de ações ou, mesmo que em momentos diversos, com atos executórios frutos da mesma resolução criminosa, consideram-se um só delito continuado; mas a continuidade do delito acresce a pena dentro dos seus limites legais".[12]

5.2. Natureza jurídica

Há, basicamente, *duas teorias predominantes* a respeito da natureza jurídica do crime continuado:

1.ª) trata-se de uma *ficção jurídica*. O delito continuado é uma pluralidade de crimes apenas porque a lei resolveu conferir ao concurso material um tratamento especial, dando ênfase à *unidade de desígnio*. Adotam essa teoria, entre outros, HELENO FRAGOSO, MANOEL PEDRO PIMENTEL, JAIR LEONARDO LOPES, CARRARA e MANZINI. NEY FAYET JÚNIOR, partidário dessa corrente, descreve ser essa concepção a que está de acordo com a própria origem do instituto, cuja meta é beneficiar o acusado, amenizando sua pena. Houve um sentimento humanitário para a criação do instituto.[13] CAMARGO HERNANDEZ, adotando a mesma teoria, expõe que, se cada conduta, isoladamente considerada, é crime, tem--se uma contradição visível entre a realidade e o que juridicamente se pode considerar, ou seja, um crime único (continuado).[14] MANOEL PEDRO PIMENTEL bem sintetiza os alicerces da teoria da ficção: a) "a origem do instituto, atribuída aos práticos medievais italianos, demonstra a ideia da continuação foi concebida como uma ficção, com a finalidade de tornar menos severa a punição pelo terceiro furto"; b) embora o projeto do CP italiano de 1927 não tivesse dispositivo sobre crime continuado, houve a introdução posterior, explicando-se que assim se fazia "atendendo a exigências práticas, a fim de mitigar o rigor com que se previa a punição do concurso material de infrações"; c) "se o crime continuado fosse realmente um crime único, não haveria razão para aumentar a pena cominada para esta figura, pois não haveria motivação de direito"; d) "o *desígnio criminoso* tido como a base da unidade real, está fora do quadro dos elementos constitutivos do crime";[15]

2.ª) trata-se de uma *realidade*. O crime continuado existe, porque a ação pode compor--se de vários atos, sem que isso tenha qualquer correspondência necessária com um ou mais resultados. Assim, vários atos podem dar causa a um único resultado e vice-versa. São partidários dessa corrente: BALESTRA, DELITALA e ZAFFARONI, que diz: "em nossa concepção, a consideração do delito continuado como um 'fato' ou conduta única provém do reconhecimento de uma desvaloração jurídica unitária de um conteúdo de comportamento humano final, que nada tem de ficção – e menos de mera construção jurisprudencial beneficiadora –, senão que se baseia no dado ôntico do elemento final e no componente normativo que oferece a absurda consequência de sua consideração jurídica fracionada à luz da proibição. (...) Se se considerasse que o delito continuado é uma mera ficção, sem base legal certa e fundada na equidade, não se poderia contar a prescrição desde que cessa a última parte da conduta, nem se poderia aplicar ao fato a lei mais gravosa que rege unicamente essa

---

[12] *Reato continuato*, p. 35. Seguindo a mesma linha: CÉSAR CAMARGO HERNANDEZ, *El delito continuado*, p. 19.

[13] *Do crime continuado*, p. 160.

[14] *El delito continuado*, p. 42. Tradução livre.

[15] *Crime continuado*, p. 72-73.

parte".[16] ALIMENA "resumiu o seu pensamento a respeito da unidade real dizendo que, se cada ação sucessiva pode ser considerada como um crime *per se*, a verdade é que cada uma delas não passa de um episódio da mesma consumação, *che tutte le abraccia e tutte le compreende*. Se una é a lesão e una é também a intenção, prossegue o raciocínio do eminente autor, pouco importa que múltiplas sejam as ações".[17]

O Código Penal adotou a teoria da ficção que, de fato, é a mais adequada, tendo em vista haver crimes, considerados em continuidade delitiva, por pura ficção (força de lei), sem qualquer nexo entre eles e muito menos unidade de desígnios por parte do agente, por exemplo, o cometimento de vários estupros contra vítimas diferentes.

5.3. Requisitos para o reconhecimento do crime continuado

5.3.1. *Crimes da mesma espécie*

O que são crimes da mesma espécie? Há *duas posições* a esse respeito:

a) *são delitos da mesma espécie os que estiverem previstos no mesmo tipo penal*. Nesse prisma, tanto faz sejam figuras simples ou qualificadas, dolosas ou culposas, tentadas ou consumadas. Assim: HUNGRIA, FREDERICO MARQUES – com a ressalva de que não precisam estar no mesmo artigo (ex.: furto e furto de coisa comum, arts. 155 e 156, CP) –, DAMÁSIO, JAIR LEONARDO LOPES – embora admita, excepcionalmente, casos não previstos no mesmo tipo penal. É a posição majoritária na jurisprudência; Esclarece MANOEL PEDRO PIMENTEL: "serão da *mesma espécie*, portanto conforme a doutrina predominante, os crimes que se assemelham pelos seus elementos objetivos e subjetivos. Não, porém, os que atentem contra o mesmo bem jurídico, pois casos há em que o bem jurídico *patrimônio*, por exemplo, é atacado por condutas inteiramente diversas, *v.g.*, furto e apropriação indébita";[18]

b) *são crimes da mesma espécie os que protegem o mesmo bem jurídico, embora previstos em tipos diferentes*. É a lição de BASILEU, FRAGOSO, DELMANTO, PAULO JOSÉ DA COSTA JR., WALTER VIEIRA DO NASCIMENTO.[19] Assim, seriam delitos da mesma espécie o roubo e o furto, pois ambos protegem o patrimônio. Nessa ótica, PAULO QUEIROZ afirma que esse segundo entendimento é mais razoável e não vê problema algum entre a continuidade delitiva entre crimes como homicídio e aborto, roubo e extorsão, entre outros. Alega, ainda, que a Reforma da Parte Geral em 1984 indicou a admissão de continuidade delitiva, inclusive para os crimes dolosos praticados com violência ou grave ameaça à pessoa, contra vítimas diferentes.[20]

Apesar de ser amplamente majoritária na jurisprudência a primeira, com a qual concordamos, JAIR LEONARDO LOPES traz um importante ponto para reflexão. Imagine-se um balconista que, para fazer o lanche, durante vários dias, deixa de colocar diariamente na gaveta R$ 2,00, de parte

---

[16] *Tratado de derecho penal* – Parte general, p. 543-544.

[17] *Apud* PIMENTEL, *Crime continuado*, p. 77.

[18] *Crime continuado*, p. 145.

[19] E outros autores: VICTOR EDUARDO RIOS GONÇALVES, *Curso de direito penal* – Parte geral, p. 328.

[20] *Curso de direito penal* – Parte geral, v. 1, p. 381. O exemplo trazido pelo ilustre penalista – tratando da reforma da parte geral – permite a continuidade delitiva entre crimes violentos contra vítimas diferentes. É verdade, mas isso não afetou devam tais crimes *ser da mesma espécie*, ou seja, advindos do mesmo tipo penal.

das vendas realizadas. Depois disso, durante vários outros dias, aproveitando-se da ausência do patrão, tire da mesma gaveta R$ 2,00, para o mesmo fim. A primeira ação, que seria "apropriar-se", está prevista no art. 168, § 1.º, III, do Código Penal, enquanto a segunda está prevista no art. 155, § 4.º, II, do Código Penal. É justo que lhe seja considerada a existência do crime continuado, pois a aplicação do concurso material seria extremamente severa.[21] Portanto, *excepcionalmente*, é possível considerar o furto e a apropriação indébita como delitos da mesma espécie.

No entanto, defendendo uma abertura maior para a aplicação do crime continuado, NEY FAYET JÚNIOR opta pela segunda posição: "o melhor entendimento exegético sobre essas expressões definidoras do crime continuado é aquele amplo, que requer que os crimes apresentem idêntica estrutura jurídica, não se exigindo identidade absoluta (não devendo, portanto, necessariamente, enquadrar-se em um mesmo dispositivo legal)".[22]

Compreendemos o prisma humanitário do autor, mas preferimos ladear a primeira corrente, pois captamos como crime da *mesma espécie* o conjunto dos delitos previstos no mesmo tipo penal. Furtos são da mesma espécie. Os crimes que tutelam o mesmo bem jurídico são de idêntico gênero. Furtos e roubos estão no universo dos crimes contra o patrimônio. Pensamos ser o mesmo na divisão da própria natureza das coisas: um felino é o gênero do qual se podem extrair várias espécies. Um leão e uma onça não são da mesma espécie.

5.3.1.1. Roubo e latrocínio

A tendência majoritária da jurisprudência sempre foi no sentido de negar a possibilidade de continuidade delitiva entre ambos, em especial, sustentando serem delitos de espécies diferenciadas.

Pensamos que o meio-termo é o caminho adequado para refletir sobre tal hipótese. Em primeiro lugar, roubo e latrocínio (roubo seguido de morte) são da mesma espécie, pois previstos no mesmo tipo penal (art. 157, CP, pouco importando se no *caput* ou em qualquer parágrafo). Porém, o fator elementar a ser discutido, em nosso ponto de vista, é o meio de execução. Caso haja um primeiro roubo (dolo) e, posteriormente, um roubo (dolo), seguido de morte da vítima (dolo), pensamos ser inviável a continuidade delitiva. Os meios de execução foram propositadamente diversos. Na primeira situação, o agente somente se voltou contra o patrimônio da vítima; na segunda, dolosamente, atingiu dois bens jurídicos diversos (patrimônio e vida). Entretanto, se houver um primeiro roubo (dolo) para, depois, acontecer outro (dolo), com resultado morte da vítima, decorrente de culpa (resultado mais grave involuntário, pois), parece-nos razoável aplicar o crime continuado, desde que as demais condições do art. 71 do Código Penal estejam presentes.

5.3.1.2. Estupro e estupro de vulnerável

---

[21] *Curso de direito penal*, p. 226.
[22] *Do crime continuado*, p. 286.

Não são delitos da mesma espécie, pois figuram em tipos penais diversos (art. 213 e art. 217-A, CP), logo, não cabe crime continuado entre ambos. Entretanto, tem sido admitido o crime continuado quando vários estupros de vulnerável são cometidos nos termos previstos no art. 71 do Código Penal. Exemplo disso é a conduta do agente (padrasto) contra a vítima (enteada), no mesmo cenário (residência), com o mesmo modo de execução, praticando vários atos libidinosos.

5.3.2. Condições de tempo

Assevera Nélson Hungria, com inteira razão, ser necessária para a configuração do requisito temporal "uma certa continuidade no tempo", ou seja, uma determinada "periodicidade", que imponha "um certo ritmo" entre as ações sucessivas. Não se podem fixar, a esse respeito, indicações precisas. Apesar disso, firma a jurisprudência majoritária o entendimento de que, entre as infrações, deve mediar no máximo um mês.

O juiz, por seu turno, não deve ficar limitado a esse posicionamento, embora possa tomá-lo como parâmetro. Imagine-se o agente que cometa vários delitos com intervalos regulares de dois meses entre eles. Merece o benefício do crime continuado, mesmo havendo mais de um mês entre os delitos, pois foi observado um ritmo preciso entre todos.

Recentemente, na minha Câmara de Julgamento, o Tribunal de Justiça de São Paulo, fui voto vencido, pois o relator negou o benefício do crime continuado entre dois delitos por conta de um único dia, a ultrapassar os 30 dias de critério por ele adotado. Não houve razoabilidade alguma nisso. A lei não estipula 30 dias, mas condições de tempos que *façam presumir* ser um delito continuação do outro.

5.3.3. Condições de espaço

No mesmo prisma, defende-se como critério básico a observância de certo ritmo nas ações do agente, vale dizer, que ele cometa seus delitos em localidades próximas, demonstrando uma certa *periodicidade* entre todas. Ex.: o agente comete furtos sempre em torno do eixo São Paulo-Baixada Santista (distâncias muito próximas, de menos de 100 km). Assim, ora está em Santos, ora no Guarujá, ora em São Paulo, mas sempre nessa região (são cidades distantes cerca de alguns quilômetros uma da outra).

Apregoa a jurisprudência majoritária serem mais bem indicadas, como condição de espaço, as cidades próximas, ficando a critério do magistrado definir o que venha a ser tal proximidade.

As diversidades encontradas na doutrina e nos julgados são imensas, envolvendo "mesma rua"; "mesmo bairro", "mesma cidade", "mesma região", "cidades vizinhas", "mesmo Estado da federação" e por aí vai. Por isso, chegou-se a uma maioria efêmera de se cuidarem de "cidades próximas". No entanto, está a merecer uma reforma nesse artigo para fixar detalhadamente os critérios; não é possível uma variação tão grande, que compromete até mesmo a legalidade.

5.3.4. Formas de execução

Apesar de muito difícil definir o que venham a ser formas de execução semelhantes, deve o juiz levar em conta, fundamentalmente, os métodos utilizados pelo agente para o cometimento de seus crimes, algo subjetivo, mas que pode levá-lo a estabelecer um padrão.

Esse padrão seria a semelhança apontada pela lei. Ex.: um indivíduo que sempre aplique o mesmo golpe do *bilhete premiado*, na mesma região de São Paulo, seria um típico exemplo de execução semelhante do crime de estelionato. É lógico que muitas dúvidas vão surgir.

O agente que pratique um furto por arrombamento e depois seja obrigado a escalar a morada para concretizar a subtração merece a aplicação do crime continuado? Apesar de serem, aparentemente, formas de execução diferenciadas, cremos indicado aplicar a continuidade, desde que o magistrado consiga perceber que ele ora age por escalada, ora por arrombamento, demonstrando até mesmo nesse ponto certo padrão.

Bastante discutíveis são dois pontos: a) *a variação de comparsas*. Entendem alguns que essa variação não deve impedir a aplicação do crime continuado, o que nos parece ser o melhor posicionamento; b) *a variação entre autoria e participação, ou seja, ora o sujeito age como autor, ora como partícipe*. Cremos ser irrelevante tal alternância para o reconhecimento do delito continuado, visto haver uniformidade de pessoas conluiadas para cometer o crime.

A advertência de Ney Fayet Júnior é correta, mas provoca, igualmente, alteração legal. Diz o autor que a "semelhança requerida não implica, por conseguinte, identidade absoluta. Não há, portanto, indicação de que os diferentes delitos praticados se revistam de imutável maneira de execução".[23] Somos levados a concordar integralmente com a sua afirmação, porém, é justamente nesse requisito que sobram motivos para os juízes e tribunais negarem o crime continuado a vários réus ou condenados.

5.3.5. *Outras circunstâncias semelhantes*

É lógico que estamos tratando de circunstâncias *objetivas* semelhantes, pois o critério de semelhança somente pode estar conectado aos primeiros requisitos enumerados pelo legislador, todos objetivos. No mais, qualquer tipo de componente do delito que permita demonstrar a parecença entre eles é suficiente. Ex.: obter o agente sempre do mesmo informante os dados necessários para praticar seus delitos.

É exatamente o entendimento de Fayet Júnior: "tais condições, que também perfazem a definição legal do crime continuado, devem ser interpretadas à luz das outras que, de maneira expressa, houve por bem o legislador registrar (tempo, lugar e modo de execução), isto é, devem ser avaliadas em uma dimensão objetiva – em *obsequium* à consagração da teoria puramente objetiva do crime continuado – não se reconhecendo ampliações conceituais a elementos intelectivos".[24]

5.3.6. *Delinquência habitual ou profissional*

Não se aplica o crime continuado ao criminoso habitual ou profissional, pois não *merece* o benefício – afinal, busca valer-se de instituto fundamentalmente voltado ao criminoso eventual. Note-se que, se fosse aplicável, mais conveniente seria ao delinquente cometer vários crimes, em sequência, tornando-se sua "profissão", do que fazê-lo vez ou outra.

Não se pode pensar em diminuir o excesso punitivo de quem faz do delito um autêntico meio de ganhar a vida. Essa é a posição majoritária da jurisprudência.[25] Pode-se, inclusive,

---

[23] *Do crime continuado*, p. 306.

[24] *Do crime continuado*, p. 312.

[25] No mesmo sentido: Victor Eduardo Rios Gonçalves, *Curso de direito penal* – Parte geral, p. 329.

acrescentar ter sido criado o instituto por caráter humanitário, conferindo-lhe o caráter de pura ficção. Ora, a própria lei não pode estimular o criminoso a perpetuar seus delitos, pois terá mais vantagens do que se deter a atividade infracional.

No entanto, em posição contrária, NEY FAYET JÚNIOR menciona: "sustenta-se que a criação (ou a utilização) de categorias não inscritas, explícita ou implicitamente, na norma penal, não se mostra aceitável, visto que o instituto em foco se traduz em direito público subjetivo do apenado, tendo aplicação obrigatória – se presentes, obviamente, todos os requisitos...".[26]

Porém, não menos verdadeiro é que nem os requisitos do crime continuado são explícitos, de forma clara, na norma do art. 71, cada um interpretando como bem quer. Desse modo, o simples fato de não haver *categorias* claras na lei não impede a aplicação de requisitos inexistentes (para citar um exemplo, a exigência de grande parte da doutrina e da jurisprudência do elemento *unidade de desígnio*, que não se encontra previsto no art. 71 do CPP).

5.3.7. Crime habitual continuado

Diferente da hipótese retratada no tópico anterior, referindo-se ao criminoso que, habitualmente, pratica vários delitos instantâneos ou permanentes, é possível haver crime habitual em continuidade delitiva. Assim, o agente pode cometer um crime habitual (ex.: manter casa de prostituição), havendo uma interrupção qualquer, seguida de outro delito habitual idêntico, o que configuraria o crime continuado.[27]

5.3.8. Critério de dosagem do aumento

No crime continuado, o único critério a ser levado em conta para dosar o aumento (1/6 a 2/3, no *caput*, e até o triplo, no parágrafo único do art. 71) é o número de infrações praticadas. É a correta lição de FRAGOSO.[28]

É o conteúdo da Súmula 659 do STJ: "A fração de aumento em razão da prática de crime continuado deve ser fixada de acordo com o número de delitos cometidos, aplicando-se 1/6 pela prática de duas infrações, 1/5 para três, 1/4 para quatro, 1/3 para cinco, 1/2 para seis e 2/3 para sete ou mais infrações".

Por vezes, não se tem certeza, conforme as provas dos autos, do número de infrações penais cometidas. Tal situação é relativamente comum nos crimes de estupro contra vulnerável. Não se sabe quantas vezes houve a conduta criminosa contra a pessoa menor de 14 anos. Por isso, deve-se valer o julgador do princípio geral da prevalência do interesse do réu, fixando o aumento mínimo de 1/6.

5.3.9. A unidade de desígnio no crime continuado

O principal dos requisitos a ser debatido é o referente à *unidade de desígnio*. Seria imprescindível, para o reconhecimento do crime continuado, encontrar no agente *unidade de propósito*, vale dizer, uma proposta única para o cometimento das várias ações que o levaram a praticar vários resultados típicos? Para solucionar tal questão, há fundamentalmente *três teorias*:

---

[26] *Do crime continuado*, p. 204-205.

[27] Nesse prisma: MARIO PETRONE, *Reato abituale*, p. 70.

[28] *Lições de direito penal*, p. 352.

1.ª) *subjetiva*: exige apenas unidade de desígnio para demonstrar a existência do delito continuado. É a menos utilizada pela doutrina, e, segundo SCHULTZ, trata-se de uma tese isolada seguida pela jurisprudência suíça. Por tal teoria, o delito continuado somente existiria caso o agente conseguisse demonstrar que agiu com *unidade de desígnio*, ou seja, que desde o início de sua atividade criminosa tinha um único propósito. Como isso é, praticamente, impossível de se fazer sem o auxílio dos elementos objetivos, que compõem a continuidade delituosa, não se acolhe tal posicionamento; PIMENTEL explica que "a teoria subjetiva confere maior relevo ao elemento psicológico. (...) Esta teoria, aceitando a motivação da benignidade do tratamento penal, caracteriza o crime continuado como várias infrações coligadas por um mesmo elemento subjetivo, consistente na unidade de intenção ou de desígnio, pouco importando, ou importando menos, os aspectos exteriores da ação";[29]

2.ª) *objetiva*: não exige a prova da *unidade de desígnio*, mas única e tão somente a demonstração de requisitos objetivos, tais como a prática de crimes da mesma espécie, cometidos em semelhantes condições de lugar, tempo, modo de execução, entre outras. Sustentam-na: FEUERBACH, MEZGER, LISZT-SCHMIDT, VON HIPPEL, JIMÉNEZ DE ASÚA, ANTÓN ONECA, EDUARDO CORRÊA. Na doutrina nacional: FRAGOSO, FREDERICO MARQUES, HUNGRIA, DELMANTO, PAULO JOSÉ DA COSTA JR., COSTA E SILVA, MANOEL PEDRO PIMENTEL, entre outros. Sobre a desnecessidade de se exigir a prova da unidade de desígnio, destaca ANÍBAL BRUNO que "o nosso Direito positivo vigente adota uma posição objetiva, dispensando, assim, a participação de qualquer elemento subjetivo unitário, na conceituação do crime continuado, abrangedor dos vários fatos que se sucedem". O autor ressalta, no entanto, a possibilidade *excepcional* de se usar a unidade de desígnio, quando houver dificuldade de estabelecer o vínculo de continuidade entre os fatos.[30] Vale citar a visão de MANOEL PEDRO PIMENTEL: "a consequência mais importante da teoria objetiva foi equacionar o conceito de crime continuado com a homogeneidade dos elementos exteriores da ação. (...) Desprezando a unidade de desígnio ou a unidade de resolução como elemento integrante da continuação delituosa, os objetivistas mostraram que a fundamentação do instituto não exigiria o nexo psicológico ligando as diversas ações delituosas, e assim transferiram ao juiz o encargo de deduzir da homogeneidade das condutas e das outras características enumeradas por Mezger a existência ou não do crime continuado";[31]

3.ª) *objetivo-subjetiva*: exige-se, para a prova do crime continuado, não somente a demonstração dos requisitos objetivos, mas ainda a prova da *unidade de desígnio*. Aliás, facilita-se a evidência desta última a partir dos dados objetivos. Defendem-na: WELZEL, SAUER, WEBER, MAURACH, BETTIOL, ANTOLISEI, ALIMENA, PISAPIA, MANZINI, FLORIAN, BALESTRA, SCHÖNKE-SCHRÖDER, IMPALLOMENI, CAMARGO HERNÁNDEZ, RICARDO NUÑEZ, ZAFFARONI. Na doutrina nacional: ROBERTO LYRA, BASILEU GARCIA, NORONHA, SILVA FRANCO, DAMÁSIO. Reconhece PIMENTEL: "a conceituação do crime continuado, segundo esta teoria que é hoje predominante entre os criminalistas

---

[29] *Crime continuado*, p. 93.

[30] *Das penas*, p. 168.

[31] *Crime continuado*, p. 97.

de todos os países que acolhem a doutrina da continuação delituosa, reúne os elemento subjetivo e objetivo, como vimos, sem conferir prioridade a qualquer deles".[32]

Na Itália, por expressa previsão legal (art. 81, CP), exige-se unidade de desígnio para a caracterização do crime continuado. Por isso, conforme explica ROBERTA RISTORI, é fundamental que o agente, ao dar início às infrações penais, tenha o objetivo de atingir todas elas. Da primeira à última, tudo é parte de um só programa orgânico.[33] Recentemente, afirmou a jurisprudência italiana que, para verificar a unidade de desígnio, basta a *representação* preventiva da série de crimes programados como um conjunto. A realização concreta de cada um significa uma eventualidade, e não um comportamento futuro certo da parte do agente, o que amenizou a exigência da unidade de desígnio.[34]

A corrente ideal, sem dúvida, deveria ser a terceira, tendo em vista possibilitar uma autêntica diferença entre o singelo concurso material e o crime continuado – afinal, este último exigiria a *unidade de desígnio*. Somente deveria ter direito ao reconhecimento desse benefício legal o agente criminoso que demonstrasse ao juiz o seu intuito único, o seu propósito global, vale dizer, evidenciasse que, desde o princípio, ou pelo menos durante o *iter criminis*, tinha o propósito de cometer um crime único, embora por partes. Assim, o balconista de uma loja que, pretendendo subtrair R$ 1.000,00 do seu patrão, comete vários e contínuos pequenos furtos até atingir a almejada quantia. Completamente diferente seria a situação daquele ladrão que comete furtos variados, sem qualquer rumo ou planejamento, tampouco objetivo único. Entretanto, apesar disso, a lei penal adotou claramente a segunda posição, ou seja, a teoria objetiva pura. Cremos deva-se seguir literalmente o disposto no art. 71 do Código Penal, pois não cabe ao juiz questionar os critérios do legislador. Ainda que a teoria objetivo-subjetiva seja a melhor, não se pode olvidar a escolha legal.

Diz a Exposição de Motivos do Código, item 59: "O critério da teoria puramente objetiva não revelou na prática maiores inconvenientes, a despeito das objeções formuladas pelos partidários da teoria objetivo-subjetiva". Na jurisprudência, vinha predominando de forma quase pacífica o entendimento de que a *unidade de desígnio* seria imprescindível para o reconhecimento do crime continuado. Atualmente, embora ainda prevaleça esse ponto de vista – contrário à adoção da teoria objetiva pura pela lei –, tem sido ele amenizado pelo acolhimento da teoria objetiva pura.

Respeitando, rigorosamente, a legalidade, NEY FAYET JÚNIOR aponta sua crítica a quem adota, hoje, a teoria mista (subjetiva-objetiva), dizendo que "a exigência (não contida, expressamente, na lei penal) é, sob todos os títulos, inaceitável, por afronta direta ao princípio da reserva legal, pois se colocaria um dado subjetivo – não previsto em lei – repita-se – como *conditio sine qua non* para o apenado receber o benefício legal de um tratamento punitivo menos rigoroso".[35]

---

[32] *Crime continuado*, p. 98.

[33] *Il reato continuato*, p. 6-7.

[34] *Il reato continuato*, p. 10.

[35] *Do crime continuado*, p. 260.

Nesse ponto, embora acredite devesse a lei ter adotado a teoria mista, acompanhamos os que defendem a teoria objetiva pura, pois realmente a introdução da *unidade de desígnio* é feito à força, dentro de uma interpretação fora dos padrões, pois nem extensiva ela pode ser.[36]

5.3.10. Crime continuado e delito culposo

Adotada a teoria objetiva pura, como ocorre no art. 71 do Código Penal, não se exigindo unidade de desígnio para a concretização do delito continuado, é perfeitamente admissível a continuidade no contexto dos crimes culposos (onde não há resultado desejado pelo agente).

Em sentido oposto, mas por expressa previsão legal, na Itália, a jurisprudência unanimemente exclui a possibilidade de continuidade delitiva nos crimes culposos, pois é inadmissível e ilógica a existência de *unidade de desígnio*.[37]

5.3.11. Crime continuado e inimputabilidade

Quando, durante os vários delitos que constituem o crime continuado, o agente tornar-se inimputável ou, ao contrário, iniciar a cadeia de delitos inimputável e curar-se, impõem-se duas soluções:

a) *deve ser aplicada pena e medida de segurança*: pena para quando estiver imputável e medida de segurança para quando estiver inimputável (ex.: ao praticar quatro furtos, o agente era imputável nos dois primeiros e inimputável nos dois últimos);

b) *pena ou medida de segurança*: se o último delito for praticado quando imputável, aplica-se a pena; se o último for praticado quando inimputável, aplica-se medida de segurança. Tendo em vista que o Código Penal adota a teoria objetiva pura, nada impede se considere crime continuado, portanto, uma unidade, quatro furtos cometidos em condições de lugar, tempo e modo de execução semelhantes, mesmo que dois deles sejam cometidos por agente imputável e os outros dois, por inimputável.

5.3.12. Crimes praticados contra vítimas diferentes, bens personalíssimos e cálculo específico

Houve época em que a jurisprudência era praticamente pacífica ao estipular não ser cabível crime continuado para crimes violentos cometidos contra vítimas diferentes e ofendendo bens personalíssimos, tais como vida ou integridade física.

Havia a Súmula 605 do Supremo Tribunal Federal: "Não se admite continuidade delitiva nos crimes contra a vida".

Atualmente, os acórdãos seguem tendência em sentido contrário, acolhendo o delito continuado mesmo contra vítimas diferentes e bens personalíssimos, embora com particular cautela, porque a lei mudou e foi acrescentado o parágrafo único no art. 71 do Código Penal.

---

[36] No tocante ao criminoso profissional, defendemos a corrente que evita o crime continuado a ele, por questão de política criminal. Se pretendemos deter o crime, não é possível aplicar um instituto que impulsiona o cometimento de mais delitos para, aí sim, obter benefícios.

[37] ROBERTA RISTORI, *Il reato continuato*, p. 17.

5.3.13. Ações concomitantes, contemporâneas ou simultâneas

Não podem ser havidas como continuidade delitiva, pois a lei é bastante clara ao exigir que as ações sejam subsequentes. Por isso, quando houver ações simultâneas, dever-se-á optar pelo delito único ou pelo concurso material, mas jamais pelo crime continuado. Ex.: alguém atira com uma das mãos em uma pessoa e coloca fogo em um prédio com a outra mão. Trata-se de concurso material. Por outro lado, caso atire com dois revólveres, um em cada mão, contra a mesma pessoa, está praticando crime único.

Outro exemplo, caracterizado pelo dolo direto de primeiro grau, configurando ação simultânea, é a conduta do matador que provoca a explosão de um avião, eliminando ao mesmo tempo várias pessoas. Deve ser punido pelo número de homicídios causados em concurso material.

5.3.13.1. Envenenamento e crime continuado

Se o agente planeja matar várias pessoas, que se encontram numa reunião social, colocando veneno na bebida ou na comida a ser servida a todos concomitantemente, havendo mortes, responderá em concurso material, tendo em vista a inexistência de condutas sucessivas.

Por outro lado, quando o agente, para despistar a ação da justiça, ministra todo dia um pouco de veneno na comida da vítima, até que esta, pelo acúmulo do produto, morre. Trata-se de um único homicídio. Inexistem várias tentativas de homicídio em continuidade delitiva.

Poder-se-ia tratar de crime continuado se o agente ministra veneno a várias pessoas que estejam em uma reunião social, desde que o faça copo por copo ou prato por prato, em ações sequenciais.

5.3.14. Espécies de crime continuado

Há *duas espécies*: a) *crime continuado simples*, previsto no art. 71, *caput*, do Código Penal; b) *crime continuado qualificado ou específico*, previsto no art. 71, parágrafo único, do Código Penal. Entende parte da doutrina que o art. 71, parágrafo único, ao prever a possibilidade de o juiz triplicar a pena, quando sentir necessidade, desde que preenchidos os requisitos de terem sido delitos dolosos, praticados com violência ou grave ameaça contra vítimas diferentes, além da culpabilidade, antecedentes, conduta social, personalidade do réu, motivos e circunstâncias do crime o indicarem, descaracterizou a continuidade delitiva.

O aumento, por ser aplicado no triplo, poderia levar o crime à pena semelhante àquela aplicada no caso de concurso material. A crítica não é razoável porque o juiz jamais poderá ultrapassar o critério do art. 69 (concurso material), sendo certo ainda que em crimes violentos, atingindo bens personalíssimos, a pena precisa ser aplicada com maior rigor.

O agente que praticar vários roubos contra a mesma pessoa receberá o aumento do *caput* do art. 71 (1/6 a 2/3) e outro, atuando contra vítimas diferentes, embora cometendo o mesmo tipo de delito, poderá receber uma pena triplicada.

5.3.15. Diferença entre crime continuado e delito habitual

Neste último, cada um dos episódios agrupados não é punível em si mesmo, pois pertence a uma pluralidade de atos requeridos no tipo para configurar um fato punível. No delito continuado, cada uma das condutas agrupadas reúne, por si mesma, todas as características do fato punível. Enquanto no crime habitual a pluralidade de atos é um elemento do tipo, tal como o exercício ilegal da medicina, que deve cumprir-se habitualmente, na continuidade, ao invés, cada ato é punível e o conjunto constitui um delito por obra da dependência de todos eles. Assim, três furtos podem ser um só delito, mas isso não quer dizer que cada furto não seja um delito.[38]

CAMARGO HERNANDEZ fornece a seguinte distinção, em nossa visão, correta: "a diferença aparece muito clara se, em lugar de contemplar esta série de ações em conjunto, as examinarmos isoladamente, veremos imediatamente que, no delito habitual – maioria para a doutrina alemã –, cada uma destas ações é impunível individualmente considerada e somente se torna punível, como delito único, quando se repetem manifestando um hábito em seu autor (...). Em contrário, no delito continuado a ação, isoladamente considerada, constitui um delito perfeito".[39]

5.3.16. *Diferença entre concurso de crimes e reincidência*

"A pluralidade de fatos delituosos cometidos por uma mesma pessoa, sem que nenhum deles tenha propiciado uma condenação, é o que, no tecnicismo do direito penal, se conhece por concurso de delitos. A circunstância de não existir uma condenação anterior é o que o distingue da reincidência."[40]

Continua CAMARGO HERNANDEZ demonstrando as diferenças entre um e outro: "a) por sua natureza. O delito continuado é um caso *sui generis* de concurso de delitos, enquanto que a reincidência é uma circunstância agravante; b) por seus elementos. Para que possa ser apreciada a reincidência é imprescindível que antes de que o agente comece a executar outros fatos posteriores este já esteja condenado por sentença definitiva pelos anteriores; no crime continuado, quando entre as distintas ações interpõe-se uma sentença, interrompe-se o nexo de continuidade, pois é necessário um novo propósito ou desígnio para a realização dos fatos posteriores, faltando, portanto, esta unidade indispensável para poder estabelecer a continuação".[41]

5.3.17. *Crime continuado e suspensão condicional do processo*

Preceitua o art. 89 da Lei 9.099/1995 que "nos crimes em que a pena mínima cominada for igual ou inferior a 1 (um) ano, abrangidas ou não por esta Lei, o Ministério Público, ao oferecer a denúncia, poderá propor a suspensão do processo, por 2 (dois) a 4 (quatro) anos, desde que o acusado não esteja sendo processado ou não tenha sido condenado por outro crime, presentes os demais requisitos que autorizariam a suspensão condicional da pena (art. 77 do Código Penal)".

Para tanto, levando-se em conta que o crime continuado, embora seja uma ficção jurídica, considera a prática de vários delitos como um único, em continuidade, é preciso ter em mente, para a aplicação do disposto no referido art. 89, a exasperação mínima prevista no art. 71. Assim, quando se tratar, por exemplo, de um furto simples continuado (conforme descrição feita na denúncia), não caberá a suspensão condicional do processo, pois a pena mínima prevista será de 1 (um) ano acrescida de, pelo menos, um sexto, logo, fora do âmbito

---

[38] BALESTRA, *Tratado de derecho penal*, t. III, p. 63.
[39] *El delito continuado*, p. 29. Tradução livre.
[40] EUSEBIO GÓMEZ, *Tratado de derecho penal*, t. I, p. 507.
[41] *El delito continuado*, p. 31. Tradução livre.

de aplicação do art. 89 da Lei 9.099/1995. Nesse prisma, conferir o disposto na Súmula 723 do STF: "Não se admite a suspensão condicional do processo por crime continuado, se a soma da pena mínima da infração mais grave com o aumento mínimo de 1/6 (um sexto) for superior a 1 (um) ano".

5.3.18. Referências ao art. 70, parágrafo único, e ao art. 75

A primeira cuida do aspecto já abordado em comentário anterior de que, considerando-se o concurso formal e o crime continuado expressões do sistema da exasperação da pena, logo, benefícios ao réu, não poderia jamais a pena estabelecida em virtude do crime continuado, ainda que na forma qualificada exposta no parágrafo único do art. 71, ultrapassar aquela que seria cabível se o juiz utilizasse o concurso material.

Exemplificando: se o réu responde por dois homicídios qualificados em continuidade delitiva, não pode o magistrado, ainda que o art. 71, parágrafo único, permita, aplicar a pena de um deles (12 anos, que é o mínimo), triplicando-a (36 anos), pois, usando o concurso material, a pena seria fixada em 24 anos. Logo, quando se tratar de crime continuado qualificado ou específico, o julgador deve estar atento à regra do art. 70, parágrafo único, chamada de *concurso material benéfico*.

Por outro lado, a referência ao art. 75 não tem qualquer expressão prática para a aplicação da pena, cumprindo apenas o papel de recordar que, a despeito de ser fixada uma pena superior a quarenta anos de reclusão, por conta da regra do art. 71, parágrafo único, o condenado somente cumprirá quarenta, em virtude do teto estabelecido no *caput* do mencionado art. 75. Nem se poderia entender de outra forma, uma vez que o disposto nos arts. 69, 70 e 71 diz respeito à individualização da pena, ou seja, a escolha do montante concreto dentre o mínimo e o máximo propostos pelo legislador, enquanto o art. 75 insere-se no contexto da execução penal, demonstrando que há um limite para o cumprimento das penas e que, para tal fim, deve haver unificação. Sugerir que o crime continuado qualificado, em face da menção ao art. 75, não poderia jamais suportar pena superior a quarenta anos, quando da fixação, seria esvaziar o conteúdo do previsto no art. 71, parágrafo único, que demanda maior rigor do magistrado justamente porque o agente cometeu delitos dolosos e violentos contra a pessoa, possibilitando-lhe até triplicar a pena.

Se existisse o teto de 40 anos para a individualização judiciária, um indivíduo que cometesse, *v.g.*, quatro latrocínios em continuidade delitiva receberia, no máximo, 40 anos, quando, na verdade, o que se pode esperar é uma pena de até 60 anos (triplo de 20) – sem fugir à norma do art. 70, parágrafo único (concurso material benéfico), uma vez que, fosse aplicado o concurso material, a pena atingiria no mínimo 80 anos. Em suma, em outras palavras, o autor dos quatro latrocínios em continuidade delitiva pode ser apenado pelo juiz, caso as condições específicas do art. 71, parágrafo único, estejam preenchidas, a até 60 anos (levando-se em conta o mínimo de 20 anos, somente para ilustrar), sem que se rompa a regra do concurso material benéfico (afinal, usada a regra do art. 69, a pena poderia atingir 80 anos).

6. MULTA NO CONCURSO DE CRIMES

Há duas posições nesse contexto:

a) em caso de concurso material, concurso formal ou crime continuado, o juiz deve aplicar todas as multas cabíveis somadas.[42] Ex.: quatro furtos foram praticados em

---

[42] Conforme FRAGOSO, *Lições de direito penal*, 4. ed., p. 353.

continuidade delitiva. Pode o juiz estabelecer a pena de um ano aumentada da metade (privativa de liberdade), mas terá de somar quatro multas de, pelo menos, dez dias-multa cada uma;

b) ensina PAULO JOSÉ DA COSTA JÚNIOR que o art. 72 é inaplicável ao crime continuado, pois nessa hipótese "não há concurso de crimes, mas crime único, e, desta forma, em paralelismo com a pena privativa de liberdade, a unificação deve atingir também a pena de multa".[43]

Segundo nos parece, melhor refletindo sobre o tema, a razão está com PAULO JOSÉ DA COSTA JÚNIOR, uma vez que, valendo-se da teoria da ficção, criou o legislador um verdadeiro crime único no caso do delito continuado. Assim, não há concurso de *crimes*, mas um só delito em continuação, motivo pelo qual a pena de multa também será única com o acréscimo legal.

RESUMO DO CAPÍTULO

▸ **Concurso de crimes:** denomina-se concurso de crimes a situação em que o agente comete duas ou mais ações, causando dois ou mais resultados e, para saber se houve *unidade* ou *pluralidade* delitiva, é preciso consultar a norma penal, tendo em vista que adotamos, no Brasil, a concepção normativa de concurso de crimes. Para tanto, cuida o Código Penal do concurso material, concurso formal e crime continuado, que serão vistos a seguir.

▸ **Concurso material:** configura-se quando o agente pratica várias ações, provocando diversos resultados, somando-se as penas de todos os delitos (art. 69, CP).

▸ **Concurso formal:** significa que o agente pratica uma conduta e gera dois ou mais resultados. Toma-se o resultado mais grave e aplica-se o aumento de 1/6 a metade.

▸ **Concurso formal próprio:** é exatamente a situação descrita para o concurso formal, levando-se em conta que o agente agiu com dolo e/ou culpa no tocante aos resultados.

▸ **Concurso formal impróprio:** trata-se da conduta do agente que se volta contra mais de um bem jurídico, ciente de que causará mais de um resultado. Portanto, não merece o benefício do concurso formal. Deve-se simplesmente somar as penas.

▸ **Crime continuado:** significa que o agente pratica duas ou mais ações, provocando dois ou mais resultados, mas em condições de tempo, espaço e forma de execução diferenciadas, nos termos do art. 71 do Código Penal. Assim sendo, aplica-se a pena de um único crime, acrescido de 1/6 a 2/3.

---

[43] *Comentários ao Código Penal*, p. 248.

ESQUEMAS

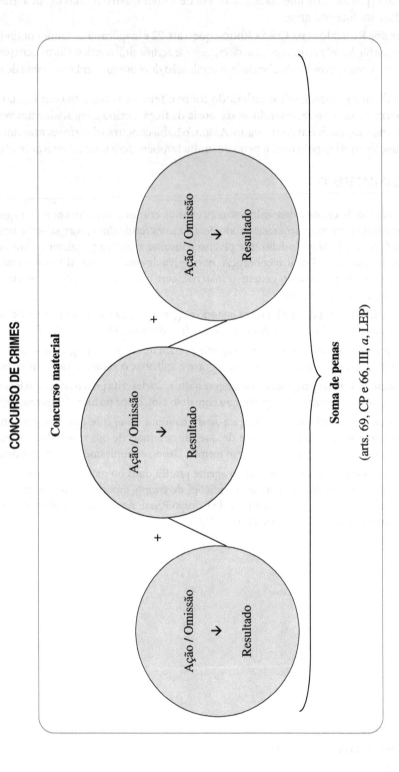

CONCURSO DE CRIMES

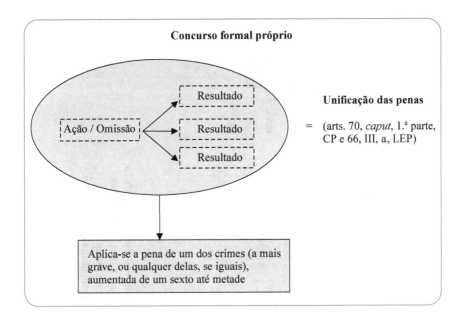

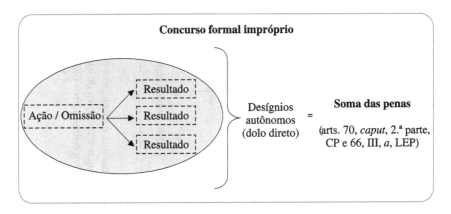

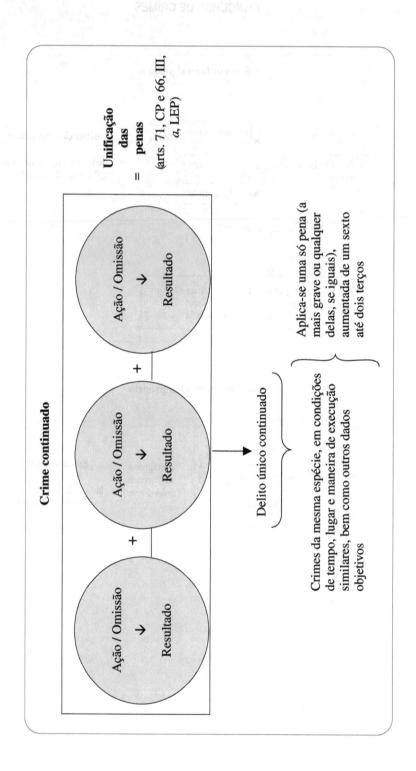

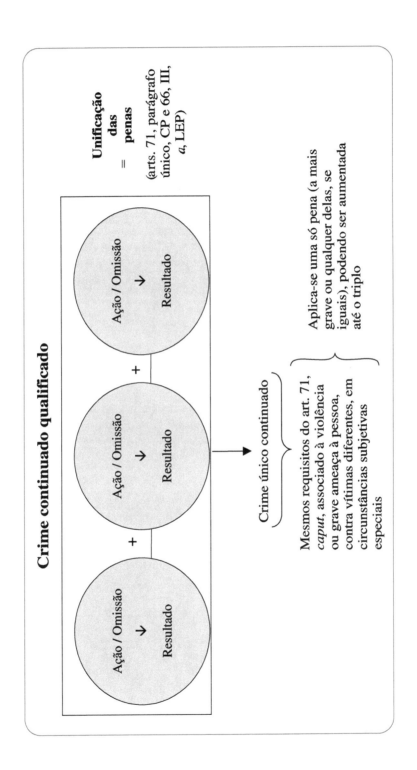

Capítulo XXXIV

Erro na Execução e Resultado Diverso do Pretendido

1. CONCEITO DE ERRO NA EXECUÇÃO (*ABERRATIO ICTUS*)

É o desvio no ataque, quanto à "pessoa-objeto" do crime.[1] Em vez de atingir a pessoa visada, alcança pessoa diversa, porque a agressão esquivou-se do alvo original. Não se altera, no entanto, o *nomen juris* do crime (ex.: se o agente atira em *A* para matar, atingindo fatalmente *B*, termina por cometer homicídio consumado), pois a alteração da vítima não abala a natureza do fato.

Na realidade, o que se efetiva nos casos de desvio no ataque é um *aproveitamento do dolo*, pois o objeto visado não se altera, incidindo a mesma tipicidade básica, apenas adaptada às circunstâncias específicas da vítima virtual.

Em outras palavras, o erro na execução envolve somente pessoas, motivo pelo qual, se o agente queria matar *A* e termina matando *B*, para a configuração do tipo básico de homicídio (matar *alguém*) é indiferente. Logo, resta fazer a adaptação das condições e circunstâncias pessoais da pessoa desejada, e não da efetivamente atingida, como se operássemos uma troca de identidade.

2. ESPÉCIES DE *ABERRATIO ICTUS* (ART. 73, CP)

São duas *as modalidades* de erro na execução: a) *aberratio com resultado único*, chamada de *unidade simples*, prevista na 1.ª parte do art. 73; b) *aberratio com resultado duplo*, chamada de *unidade complexa*, prevista na 2.ª parte do art. 73.

---

[1] Paulo José da Costa Jr., *O crime aberrante*, p. 26.

No primeiro caso (unidade simples), o agente, em vez de atingir a vítima desejada, alcança terceiro não visado. Aplica-se a regra do art. 20, § 3.º, do Código Penal, ou seja, levam-se em consideração as qualidades da vítima almejada. Assim, se a vítima atingida e morta for pai do agente, não responderá este por parricídio; ao contrário, se a vítima virtual, mas não alcançada, for pai do agente, embora tenha este matado pessoa diversa, há parricídio.

Apesar de se aplicar o art. 20, § 3.º, a *aberratio ictus* não se confunde com o erro quanto à pessoa. Esse caso diz respeito ao agente que erra quanto à identidade da vítima: pensa estar vendo Caio, quando na realidade trata-se de Mélvio; diante dessa confusão, termina atingindo Mélvio. O erro na execução, por sua vez, tem outra conotação. O agente está vendo, com certeza, Caio e atira nele, errando o tiro, que atinge Mélvio. Portanto, apesar de a solução ser a mesma, são duas hipóteses diversas.

No segundo caso (unidade complexa), o agente atinge não somente a vítima desejada, mas também terceiro não visado. Responde pela regra do art. 70 (concurso formal). Lembre-se que, nesse caso, vale o que já foi mencionado acerca de o concurso formal ser perfeito ou imperfeito.

3. SITUAÇÕES POSSÍVEIS NO CASO DE ERRO NA EXECUÇÃO

São as seguintes: a) *A* atira em *B* para matar, mas acerta fatalmente em *C* = homicídio doloso consumado como se fosse contra *B*; b) *A* atira em *B* para matar e termina atingindo, de modo fatal, *B* e *C* = homicídio doloso em concurso formal; c) *A* atira em *B* para matar e termina ferindo *C* = tentativa de homicídio contra *B*, como se a lesão de *C* fosse a da vítima desejada; d) *A* atira em *B* para matar e termina ferindo *B* e *C* = tentativa de homicídio contra *B* em concurso formal; e) *A* atira em *B* para matar, ferindo-o, mas termina matando *C* = homicídio consumado contra *B* em concurso formal.

Defendíamos, anteriormente, a punição de *A* somente por um homicídio consumado contra *B*. A lesão corporal ficaria absorvida. Alteramos nosso entendimento, inclusive para estar de acordo com a defesa que fizemos da responsabilidade penal objetiva no caso de *aberratio ictus* (vide o tópico a seguir). Se há dois resultados, querendo ou não o agente atingir mais de um, deve responder por ambos. Assim, a regra do art. 73 fica bem aplicada, quando o agente atinge quem não desejava (1.ª parte), respondendo como se tivesse atingido a vítima almejada, bem como, em concurso formal (2.ª parte), quando atinge também a pessoa que pretendia;[2] f) *A* atira em *B* para matar, fazendo-o, mas também fere *C* = homicídio consumado contra *B* em concurso formal.

4. RESPONSABILIDADE PENAL OBJETIVA NAS *ABERRATIOS*

Preceitua a lei, expressamente, que o desvio no ataque (ou quanto ao resultado) pode ocorrer por *acidente* ou por *erro*, bastando para responsabilizar o agente a existência de nexo causal. Essa é, pois, outra hipótese de responsabilidade penal objetiva constante no Código Penal.

---

[2] Nessa ótica, conferir Paulo José da Costa Jr., *Comentários ao Código Penal*, 7. ed., p. 254; *O crime aberrante*, p. 28.

Cap. XXXIV – Erro na Execução e Resultado Diverso do Pretendido

É certo que alguns penalistas sustentam não existir possibilidade de haver responsabilidade penal sem dolo e sem culpa, de modo que o resultado não desejado pelo agente somente a ele pode ser debitado caso tenha agido, no mínimo, com culpa. Não é essa, no entanto, a previsão legal, nem a aplicação que costumeiramente se encontra na jurisprudência. Análise de um exemplo: ao desferir o tiro, alguém esbarra no braço do agente, causando o desvio no ataque.[3] Imagine-se que o tiro, por conta disso, atinja não só a vítima visada, mas também outra pessoa que passava pelo local. Haverá concurso formal, sem que se possa falar em culpa no tocante ao segundo resultado. Afinal, como poderia o agente prever o esbarrão em seu braço?

No sentido de ser apenas responsabilidade objetiva pelo segundo evento está o posicionamento da doutrina majoritária na Itália, como ensina DELITALA.[4] No Brasil: "Sob o ângulo da responsabilidade objetiva, a diferença entre a hipótese contida na segunda parte do art. 73 e aquela descrita pelo art. 74 é bem menor. E isto porque, na sistemática do Código de 1984, para que o agente responda pela consequência não desejada, basta a mera relação de causalidade material".[5]

Finalmente, se houver dolo eventual quanto ao segundo resultado causado pelo erro na execução, mantém-se o concurso formal.

5. CONCEITO DE RESULTADO DIVERSO DO PRETENDIDO (*ABERRATIO CRIMINIS* OU *ABERRATIO DELICTI*)

Trata-se do desvio do crime, ou seja, do objeto jurídico do delito. O agente, objetivando um determinado resultado, termina atingindo resultado diverso do pretendido. Ex.: Tício, tendo por fim atingir Caio, vendedor de uma loja, atira uma pedra contra sua pessoa. Em lugar de alcançar a vítima, termina despedaçando a vitrine do estabelecimento comercial. Portanto, em vez de uma lesão corporal, acaba praticando um dano.

O agente responde pelo resultado diverso do pretendido somente por culpa, se for previsto como delito culposo (art. 74, 1.ª parte, CP). No exemplo supracitado, Tício não responderia por crime de dano, por inexistir a figura culposa. Entretanto, se, tentando quebrar a vitrine da loja, contra a qual atira uma pedra, termina atingindo uma pessoa, responderá o agente pela lesão culposa causada. Quando o agente alcançar o resultado almejado e, também, resultado diverso do pretendido, responderá pela regra do concurso formal (art. 74, 2.ª parte, CP).

Deve-se salientar que a hipótese do art. 74 também é um erro na execução, embora tenha outra denominação jurídica (diversa da constante do art. 73) pelo fato de não ser possível o *aproveitamento do dolo*, o que é consequência natural da alteração do objeto, com mudança da tipicidade. Note-se que, ao desviar-se no ataque contra determinada pessoa, atingindo pessoa diversa, não há problema algum em punir o agente *como se tivesse atingido* a vítima desejada (art. 73).

No entanto, por outro ângulo, seria totalmente inviável punir o autor de um disparo de arma de fogo contra um animal que, por erro na execução, termine atingindo ser humano,

---

[3] DAMÁSIO, *Código Penal anotado*, p. 321.

[4] *Scritti di diritto penale*, v. 1, p. 515.

[5] PAULO JOSÉ DA COSTA JR.. *O crime aberrante*, p. 27. Ver, ainda, tratando especificamente da *aberratio delicti*, as lições de BOSCARELLI, *Compendio di diritto penale – Parte generale*, p. 169; SANTANIELLO e MARUOTTI, *Manuale di diritto penale – Parte generale*, p. 401.

com base na mesma tipicidade. O dolo de matar animal permite a configuração do tipo penal descrito no art. 29 da Lei 9.605/1998, mas o dolo de matar alguém forma a tipicidade do art. 121 do Código Penal.

Por tal razão, o que vislumbrou o legislador foi a possibilidade de punir o sujeito que atira em um animal, mas acerta em ser humano, por culpa, já que o desvio não foi proposital, mas fruto da sua imprudência, negligência ou imperícia. Enfim, o que se pretende demonstrar é a particular situação esboçada no art. 74, vale dizer, quando o erro no ataque envolver pessoas e coisas, pessoas e animais ou coisas e animais, tornar-se-á impossível aproveitar o dolo quanto ao objeto buscado, valendo punir então pela remanescente figura culposa. Logicamente, quando viável, pode-se punir o concurso formal concretizado, visto que, além do dolo, emerge a culpa. Conferir as situações possíveis no próximo tópico.

6. SITUAÇÕES POSSÍVEIS NO CASO DE RESULTADO DIVERSO DO PRETENDIDO

São as seguintes: a) *A* atira em *B* para matar e acerta no carro de *C* = tentativa branca de homicídio contra *B* (não há dano culposo no tocante ao patrimônio particular, conforme art. 163, CP). Entretanto, se, ao atirar contra *B*, o disparo atingir bem protegido por lei, resguardando-se o patrimônio histórico (art. 62 da Lei 9.605/1998), torna-se possível o concurso formal, uma vez que há a forma culposa (art. 62, parágrafo único, da referida Lei); b) *A* atira em *B* para matar, conseguindo, mas acerta também o carro de *C* = homicídio consumado (não há dano culposo, como já exposto). Eventualmente, se atingir bem protegido por lei, pode dar-se o concurso formal; c) *A* atira uma pedra no veículo pertencente a *C*, danificando-o, mas acerta também em *B* = dano doloso + lesão culposa (em concurso formal); d) *A*, caçador, atira em animal da fauna silvestre, erra por pouco e termina acertando em *B* = cuida-se de tentativa de crime contra a fauna (art. 29, Lei 9.605/1998) em concurso formal com a lesão culposa provocada em *B*.

Há quem defenda nessa hipótese a "fiel aplicação do art. 74", motivo pelo qual deveria o agente ser punido somente pela lesão culposa. O fundamento seria a redação da norma que diz: "se *ocorre também o resultado* pretendido, aplica-se a regra do art. 70" (grifamos). Por isso, não teria ocorrido *também* a morte do animal para haver o concurso formal. Ora, a tentativa de um crime é um resultado jurídico relevante, tanto que é punível. Assim, se matar animal da fauna silvestre é crime relevante, cuja pena mínima, tratando-se de caçador profissional, é de seis meses a um ano de detenção, e multa (art. 29, § 5.º, Lei 9.605/1998), a tentativa merece ser considerada. E mais: é preciso ponderar que a lesão culposa (pena mínima de detenção de dois meses) não pode simplesmente absorver o delito mais grave, em que emergiu o dolo. Alterando posicionamento anterior, passamos a sustentar a viabilidade de punição dos dois fatos típicos gerados em concurso formal; e) *A* atira no carro de *C* e erra, quase atingindo *B* = tentativa de dano apenas, tendo em vista que não existe tentativa de crime culposo.

RESUMO DO CAPÍTULO

▶ **Erro na execução (*aberratio ictus*):** é o desvio no ataque, quanto à pessoa visada, atingindo-se outra, não desejada. O autor deve responder como se tivesse acertado a vítima virtual, e não a pessoa realmente atingida.

▶ **Espécies de *aberratio ictus* (art. 73, CP):** são duas *as modalidades* de erro na execução: a) *aberratio com resultado único*, chamada de *unidade simples*, prevista na 1.ª parte do art. 73; b) *aberratio com resultado duplo*, chamada de *unidade complexa*, prevista na 2.ª parte do art. 73.

▸ **Resultado diverso do pretendido (*aberratio criminis*):** é do desvio do crime, ou seja, do objeto jurídico do delito. O agente, objetivando um determinado resultado, termina atingindo resultado diverso do pretendido. Ex.: Tício, tendo por fim atingir Caio, vendedor de uma loja, atira uma pedra contra sua pessoa. Em lugar de alcançar a vítima, termina despedaçando a vitrine do estabelecimento comercial. Portanto, em vez de uma lesão corporal, acaba praticando um dano. Pelo resultado efetivamente alcançado deve responder por culpa, se houver a conduta tipificada em lei.

Capítulo XXXV
Limite de Penas e Unificação

1. FUNDAMENTO PARA O LIMITE DAS PENAS

Estabelece o art. 5.º, XLVII, da Constituição Federal que "não haverá penas: *a)* de morte, salvo em caso de guerra declarada, nos termos do art. 84, XIX; *b)* de caráter perpétuo; *c)* de trabalhos forçados; *d)* de banimento; *e)* cruéis". O art. 75 do Código Penal fixa o limite máximo de 40 anos para o cumprimento das penas do sentenciado, após a reforma introduzida pela Lei 13.964/2019.

Sob tal prisma, há duas razões principais para a existência do art. 75 do Código Penal:

1.ª) tendo em vista que a Constituição proíbe, explicitamente, a pena de *caráter perpétuo*, não haveria possibilidade lógica para a aceitação da soma ilimitada de penas, para cumprimento, pois conduziria o sentenciado a passar o resto da vida preso. Imagine-se a hipótese – nem um pouco irreal – do indivíduo que praticasse mais de trinta homicídios e latrocínios: seria condenado, infalivelmente, a uma pena que ultrapassaria 300 anos, se em concurso material. Estaria nesse caso fadado a passar toda a sua existência no cárcere, não fosse a existência do limite das penas;

2.ª) levando em consideração ter a Constituição adotado o princípio da humanidade, como já explicitamos em tópicos anteriores, não haveria sentido encarcerar alguém para o resto da vida, sem qualquer esperança de um dia poder ser colocado em liberdade. Seria considerada uma medida desumana. Assim explicam Reale Júnior, Dotti, Andreucci e Pitombo: "Uma vez que a Constituição Federal proíbe a *prisão perpétua*, era corolário que no Código Penal se fixasse o prazo máximo do *tempo de cumprimento*. Se o condenado não obtiver o livramento condicional e perfizer trinta anos de cumprimento de pena [hoje, 40 anos], é de ser posto em liberdade. Uma das condições para preservação da identidade moral do condenado, com positivas repercussões na disciplina carcerária, está na possibilidade de vislumbrar a liberdade. Daí fixar-se um limite no tempo de cumprimento, mesmo porque o encarceramento por mais de quinze ou vinte anos destrói por completo o homem, tornando-o inadequado à vida livre". Com a devida vênia, pode-se objetar a tais razões. Em que pese ser, de fato, desumano encarcerar alguém por mais de 40 anos, não é menos verdade que o agente merecedor de penas elevadíssimas – incapacitando-o de receber os benefícios da execução penal antes dos 40 anos – destratou o ser humano, não teve o menor cuidado de preservar os direitos e os valores da sociedade onde vive, tampouco agiu com *humanidade* ao fazer tantas vítimas. Não é uma questão de vingança mantê-lo no cárcere por 40 anos ou mais, mas um fator de segurança para a comunidade. Os próprios autores supracitados reconhecem que o encarcerado por mais de "quinze ou vinte anos" seria um homem inadequado à vida livre. Ora, se assim é, o sistema está sendo ilógico.

Por um lado, considera o princípio da humanidade para soltar o delinquente habitual ou persistente quando atingir 40 anos de cumprimento de pena, mas, por outro, não considera o número de vítimas que ele tenha atingido, nem mesmo se pessoa desse naipe está capacitada à volta ao convívio social. Melhor teria sido, nesses casos extremos, a adoção de uma medida qualquer permitindo que ele saia da cadeia ao atingir o limite de 40 anos (ou até antes), mas sem extinguir a sua pena elevada; ao contrário, mereceria receber, por exemplo, um *livramento condicional especial*, continuando em observação e podendo retornar ao cárcere caso demonstre sua inaptidão para a vida livre.

História real que se pode mencionar – sem sucesso na recuperação, frise-se – foi a soltura do famoso "Bandido da Luz Vermelha", em São Paulo, que, em 1997, atingiu 30 anos de uma pena [limite à época] de mais de 300 e foi colocado em liberdade. Inadaptado, sem assistência do Estado e mesmo da família, terminou assassinado, embora também pudesse ter cometido, antes disso, um crime contra algum inocente. Para evitar a soltura de tais delinquentes, por vezes o Ministério Público tem alegado que o condenado se tornou insano durante a execução da pena, merecendo, pois, a conversão da sua pena em medida de segurança. Se isso fosse feito, poderia permanecer detido indefinidamente, até que a periculosidade cessasse. Em que pese defendermos melhor solução para os casos de criminosos com penas muito elevadas, não nos parece ser essa a solução tecnicamente correta, pois o sistema do duplo binário (aplicação de pena e medida de segurança) foi abolido na Reforma Penal de 1984, de modo que qualquer tentativa de trazê-lo de volta, mesmo que camufladamente, é indevida.

Se o réu foi considerado imputável na época dos seus delitos e, por conta disso, recebeu pena – e não medida de segurança –, não tem cabimento operar a transformação somente para segurá-lo preso. É verdade que o art. 183 da Lei de Execução Penal ("Quando, no curso da execução da pena privativa de liberdade, sobrevier doença mental ou perturbação da saúde mental, o juiz, de ofício, a requerimento do Ministério Público, da Defensoria Pública ou da autoridade administrativa, poderá determinar a substituição da pena por medida de segurança") prevê tal possibilidade, embora, nesse caso, deva a conversão para medida de segurança obedecer o restante da pena fixada ou, no máximo, o limite de 40 anos, que é o teto para o cumprimento de qualquer pena no Brasil. E mais: se a pena foi transformada em medida de segurança e, algum tempo depois, o condenado melhorou, deve ser reconvertida à sanção original. Exemplo: alguém é condenado a 20 anos de reclusão por latrocínio. Após cinco anos adoece mentalmente. Transformada sua pena em medida de segurança, é natural que, se dois anos depois curar-se, deva retornar ao cárcere para findar o tempo restante, ou seja, 13 anos.

A matéria, no entanto, é controversa. Enquanto posições jurisprudenciais e doutrinárias assim entendem, há opiniões em sentido contrário, sustentando que a medida de segurança torna-se indefinida, ou seja, uma vez feita a conversão, somente quando cessar o estado de periculosidade pode o condenado ser liberado.[1] Ademais, nem todo condenado a penas elevadas é acometido de doença mental, justificando a referida conversão, e, ainda assim, precisaria ser controlado ao sair da prisão, porque perigoso não deixou de ser.

Outro caso emblemático de condenado que atingiu os 30 anos [limite à época], mas foi mantido preso, no Estado de São Paulo, é o do conhecido "Chico Picadinho", interditado *civilmente* pela Justiça (o Ministério Público ajuizou ação de interdição – Proc. 648/1998 –, que tramitou na 2.ª Vara Cível de Taubaté, com base no Decreto 24.559/1934, contra o acusado, alegando que não pode ser colocado em liberdade, pois é detentor de personalidade psicopática de tipo complexo: em face de sua loucura furiosa, deve ser mantido em regime de internação fechada). A solução encontrada nesse caso, pelo menos, foi tecnicamente correta, embora o lugar onde ele está internado não poderia ser exatamente o mesmo onde passou os últimos 30 anos da sanção penal. Se assim for, de nada adiantou substituir a pena, que foi extinta, pela internação civil. No entanto, tais resultados somente demonstram ainda mais a incapacidade do sistema penal para lidar com perigosos delinquentes. Insistimos: ainda que não fossem tais pessoas mantidas para sempre na prisão, seria preciso adotar medidas alternativas de vigilância e acompanhamento, e não simplesmente libertar quem estaria "inapto para a vida livre".

Além disso, outro argumento que se pode lançar diz respeito à prisão perpétua. Desumana poderia ser considerada tal penalidade caso fosse aplicada, como em alguns sistemas penais alienígenas, pela prática de um ou dois delitos. Note-se o exemplo do Código Penal do Alabama (EUA), que define o *crime capital* como a infração penal sujeita à pena de morte ou à pena de prisão perpétua, sem condicional (art. 13A-5-39). No art. 13A-5-40 são definidos os crimes sujeitos à pena de prisão perpétua. Exemplos: homicídio praticado durante um sequestro ou durante um roubo, bem como homicídio de menor de 14 anos. Assim, por um único delito, pode o réu ser condenado à morte ou à prisão perpétua. No Brasil, inexiste tal forma de punição e esta nos parece ter sido a intenção do constituinte. Para que alguém fique preso eternamente, não houvesse o art. 75 do CP, seria preciso a prática de inúmeros delitos gravíssimos, de forma que as penas seriam apenas consequências dessa persistência na senda do crime, e não uma pena única de caráter perpétuo.

Deve o legislador buscar desde logo soluções alternativas e imediatas, antes que vários condenados reconhecidamente perigosos deixem o cárcere, façam novas vítimas e, aí sim, pressionados pela opinião pública e pelo bom senso os parlamentares alterem as normas penais. E se o fizerem de maneira urgente – o que significa logo após o acontecimento de uma tragédia – não haverá tempo suficiente para a curial reflexão que as modificações do Código Penal exigem. Outras considerações sobre o tema podem ser encontradas em nossa obra *Individualização da pena*.

Por derradeiro, vale lembrar que o tempo máximo de cumprimento de prisão simples, na Lei das Contravenções Penais é de cinco anos.

---

[1] Mirabete, *Execução penal*, p. 413.

2. UNIFICAÇÃO DE PENAS

Unificar significa transformar várias coisas em uma só. Quando se fala em *unificação das penas*, referimo-nos à possibilidade legal que o juiz das execuções penais tem de transformar várias penas (vários títulos executivos, portanto) em uma única. Essa providência se dá, fundamentalmente, para atender razões de adequação típica ou por motivo de política criminal do Estado.

No primeiro caso, está-se diante do crime continuado. Não verificado a tempo que o réu realizou vários estelionatos, por exemplo, em circunstâncias de tempo, lugar e modo de execução semelhantes (art. 71, CP), mas somente quando as várias penas, aplicadas por juízes diferentes, chegaram para ser executadas pelo juízo universal da execução, cabe ao magistrado unificá-las, aplicando a mais grave delas, com a exasperação de um sexto a dois terços.

No segundo caso, está-se cuidando do previsto no art. 75 do CP, ou seja, para evitar a prisão de caráter perpétuo, seguindo política criminal do Estado, fixou-se o teto de 40 anos para o cumprimento da pena privativa de liberdade. Dessa forma, cabe também a unificação para tal finalidade, como será visto no próximo tópico.

2.1. Unificação das penas em 40 anos

O condenado tem direito à unificação de sua pena em 40 anos, como estipula o § 1.º do art. 75. A unificação, portanto, será realizada apenas e tão somente para efeito de cumprimento da pena; aliás, é esse o objeto fixado no *caput*: "O *tempo de cumprimento das penas privativas de liberdade não pode ser superior a 40 (quarenta) anos*" (grifamos). Quanto aos benefícios (progressão, livramento condicional, remição etc.), serão todos calculados sobre o total de sua condenação. É a *posição consagrada e predominante na jurisprudência*: a matéria está hoje sumulada pelo STF (Súmula 715): "A pena unificada para atender ao limite de 30 (trinta) anos de cumprimento [hoje, 40 anos], determinado pelo art. 75 do Código Penal, não é considerada para a concessão de outros benefícios, como o livramento condicional ou regime mais favorável de execução".

Na doutrina, são adeptos dessa posição (segundo PAULO JOSÉ DA COSTA JÚNIOR) HELENO FRAGOSO, MIGUEL REALE JÚNIOR e DAMÁSIO DE JESUS. Aliás, o próprio PAULO JOSÉ DA COSTA JÚNIOR, que antes adotava outra visão, mudou de ideia e escreve: "Refletindo melhor sobre a matéria, entretanto, acabamos convencendo-nos de que, persistindo naquela exegética, conceder-se-ia um *bill* de impunidade aos condenados: respeitado o limite de trinta anos, fariam o que bem entendessem".[2] Trata-se de posição majoritária na doutrina.

Há uma *segunda posição,* no entanto, sustentando que, havendo unificação da pena, vale dizer, se várias penas forem transformadas em uma única, seria decorrência natural a aplicação dos benefícios sobre o montante unificado. Não haveria mais uma série de penas, mas sim uma só, unificada. Além do mais, de que adiantaria aplicar remição sobre uma pena de 300 anos? Ou esperar 1/3 para aplicar o livramento condicional? Por isso, os benefícios seriam calculados sobre os 30 anos [hoje, 40 anos] (CERNICCHIARO, MIRABETE, SILVA FRANCO, DELMANTO – fazendo a ressalva de que melhor seria a lei ter adotado a outra corrente –, JAIR LEONARDO LOPES – admitindo que a outra é a mais usada –, PIERANGELI e ZAFFARONI).

Correta é a primeira posição. Se a igualdade de todos perante a lei deve ser uma máxima do direito e se a pena tem um enfoque reeducativo e exemplificativo, não teria sentido equiparar,

---

[2] *Comentários ao Código Penal*, 7. ed., p. 265.

para efeito de benefícios penais, aquele que, pelo cometimento de um único crime (sequestro com morte de menor de 14 anos, por exemplo), recebesse a pena de 40 anos e outro que, em face do cometimento de inúmeros delitos graves (homicídios, roubos, estupros, latrocínios), fosse apenado com mais de 300 anos, unificando sua pena para 40. Por um crime, 40 anos; por 30 crimes, 40 anos. Onde estariam a igualdade e o critério de justiça que necessitam imperar na aplicação da pena, dando a cada um o que é seu, o que efetivamente merece? Além do mais, parece-nos clara a redação da lei: a pena será unificada para atender ao limite máximo de 40 anos, ou seja, para que alguém não fique preso por tempo superior a quatro décadas.

A unificação deve ser feita desde o início do cumprimento da pena ou quando o montante ultrapassar o teto de 40 anos.

2.2. Unificação das penas e fuga do condenado

Não se pode considerar, porque hipótese não prevista em lei, a fuga do condenado como um marco interruptivo do cumprimento da pena, a ponto de ensejar o desprezo do tempo já cumprido, sob o ponto de vista da unificação. Em outras palavras, havendo a unificação do montante total das penas para o limite de 40 anos, a partir daí, caso ocorra a fuga, uma vez recapturado, continuará a cumprir o restante da trintena.

Somente pode-se desprezar o período de pena já cumprido na hipótese prevista no § 2.º do art. 75 (sobrevindo condenação por fato posterior ao início do cumprimento da pena). Ilustrando: uma pena de 100 anos, unificada em 40, começa a ser cumprida. O condenado foge, após 10 anos. Não comete outra infração penal. Quando for recapturado, deverá cumprir mais 30 anos. Por isso, não se ignora o período de 10 anos já cumpridos.

2.3. Modo de unificação

Para que o limite de cumprimento de penas (40 anos) não tornasse o sentenciado imune a qualquer outra condenação advinda durante a execução de sua pena, o legislador estabeleceu que, "sobrevindo condenação por fato posterior ao início do cumprimento da pena, far-se-á nova unificação, desprezando-se, para esse fim, o período de pena já cumprido".

Assim, temos o seguinte: a) nova condenação por fato anterior ao início do cumprimento da pena deve ser lançada no montante total já unificado, sem qualquer alteração; b) nova condenação por fato posterior ao início do cumprimento da pena deve ser lançada na pena unificada, desprezando-se o tempo já cumprido. Se for o caso (ultrapassar 40 anos), far-se-á nova unificação. Além disso, lança-se, também, no montante total, para efeito de cálculo dos benefícios. Exemplo da primeira situação: réu condenado a 300 anos recebe nova pena de 20 anos por crime cometido anteriormente ao início do cumprimento da pena. Lança-se esse *quantum* no cômputo geral, totalizando agora 320 anos, sem fazer nova unificação. Se o sentenciado entrou na cadeia no dia 10 de março de 1960, sairá da prisão no dia 9 de março de 2000. Com 300 ou 320 anos, o tempo máximo de cumprimento da pena não se altera.

Exemplo da segunda situação: réu condenado a 300 anos, com pena unificada em 40, tendo cumprido 10 anos, comete novo crime no interior do presídio. Condenado a 25 anos, esse *quantum* é lançado na pena unificada, desprezando-se o tempo já cumprido: de 40 anos, cumpriu 10, período que é desprezado; portanto, aos 30 anos faltantes para terminar a pena adicionam-se os novos 25, totalizando agora 45. Deve-se fazer nova unificação, porque o montante (45) ultrapassou o limite de 40 anos. Isso significa que, tendo começado inicialmente a cumprir a pena em 10 de março de 1960, deveria sair em 9 de março de 2000; ocorre que em 1970 recebeu mais 25 anos, que, somados aos 20 restantes, tornaram-se 45, unificados novamente em 40.

O sistema adotado pelo Código Penal é ineficaz caso o sentenciado cometa o crime logo após o início do cumprimento de sua pena. Se a pena de 300 anos, unificada em 40 (início em março de 1960 e término em março de 2000), receber nova condenação de 20 anos, por exemplo, logo no início do cumprimento da pena, por fato posterior ao início desse cumprimento, será praticamente inútil. Recebendo 20 anos em março de 1965, terminará a pena em março de 1995. Logo, por uma pena de 20 anos, o condenado cumprirá efetivamente, a mais, somente cinco anos.

Lembre-se que a unificação compete ao juiz das execuções penais (art. 66, III, *a*, LEP).

3. CUMPRIMENTO DA PENA MAIS GRAVE EM PRIMEIRO LUGAR

Estabelece a lei penal que o condenado deve cumprir suas penas não somente de forma progressiva, mas a pena mais grave em primeiro lugar. Isso significa que, cumprida a pena de reclusão, deveria passar à de detenção. É possível que o juiz tenha estipulado na sentença condenatória, por dois crimes (um estupro e um homicídio culposo), a pena de seis anos de reclusão, em regime fechado inicial, e um ano de detenção, no regime semiaberto.

Para tanto, é preciso considerar o total de sete anos e verificar a possibilidade de progressão, para o semiaberto, quando o condenado atingir um sexto. Embora comece pela pena mais grave (reclusão), o somatório, para efeito de progressão de regime, com a pena de detenção torna-se viável.

RESUMO DO CAPÍTULO

- ▶ **Limite de cumprimento das penas privativas de liberdade:** é de 40 anos.
- ▶ **Fundamentos para esse limite:** a) princípio da humanidade, pois seria cruel manter uma pessoa no cárcere por mais de quarenta anos; b) princípio da vedação da pena de caráter perpétuo: uma pena fixada em montantes muitos elevados, para efeito de cumprimento, como 100, 200 ou mais anos, faria com que o condenado não mais tivesse chance de sair do presídio.
- ▶ **Unificação de penas:** é atribuição do juiz das execuções penais. Deve ser unificado em 40 anos, para efeito de cumprimento, todo o montante de penas do sentenciado que ultrapassar esse valor; cabe ao juiz, também, unificar as penas do condenado quando notar que houve concurso de crimes, tais como crime continuado e concurso formal.

Capítulo XXXVI
Suspensão Condicional da Pena

1. CONCEITO E ASPECTOS HISTÓRICOS

Trata-se de um instituto de política criminal, tendo por fim a suspensão da execução da pena privativa de liberdade, evitando o recolhimento ao cárcere do condenado não reincidente, cuja pena não é superior a dois anos (ou quatro, se septuagenário ou enfermo), sob determinadas condições, fixadas pelo juiz, bem como dentro de um período de prova predefinido.

Historicamente, antes do advento do *sursis*, surge o *probation*, cujo termo provém do latim "*provare* e significa provar, ou de *probatus*, que se traduz como o que foi provado. O instituto reconhece a sua origem mais remota no século XIII, no direito consuetudinário, onde existia uma instituição de características similares, utilizada pelos clérigos para evitar as severas penas a que eram submetidos pelo direito inglês. Pode ser considerada uma instituição muito antiga onde suas remotas origens laicas remontam ao início do próprio sistema carcerário anglo-saxão podendo existir, em variadas formas, desde o século XIV, terminando por modelar-se, no sentido moderno, em 1878".[1] Posteriormente, emerge o *sursis*, cuja diferença do instituto *probation* é que neste o juiz deixa de aplicar a sentença condenatória, permitindo um período de prova ao réu (como se fosse o nosso *sursis* processual); no caso do *sursis* é proferida uma decisão condenatória, que fica suspensa, sob condições. O país precursor da suspensão condicional da pena é a Bélgica que o introduziu pela Lei de 21 de maio de 1888, para condenados primários e penas que não ultrapassassem três meses. A França foi o segundo país a aplicá-lo por meio da Lei de 26 de março de 1897.[2]

---

[1] RODRÍGUEZ MAGARIÑOS e NISTAL BORÓN, *La historia de las penas*, p. 203; tradução livre.

[2] RODRÍGUEZ MAGARIÑOS e NISTAL BORÓN, *La historia de las penas*, p. 206.

Como ensina Frederico Marques, o *sursis* nasceu no Brasil por meio do Decreto 4.577, de 5 de setembro de 1922, que autorizou o Poder Executivo a instituir o benefício. "Valendo-se dessa autorização legislativa, submeteu João Luiz Alves à aprovação do Presidente da República o projeto de lei que se transformou no Decreto 16.588, de 6 de setembro de 1924, o qual, segundo seus próprios dizeres, se destinava a estabelecer 'a condenação condicional em matéria penal', e isto porque, adotando o sistema belga, dentro das diretrizes gerais do continente europeu, o citado decreto declarava no art. 1.º, § 2.º, que, após o prazo da suspensão da condenação, esta ser controversa é a natureza jurídica do *sursis*.

Pode-se mencionar a existência das seguintes *posições:* a) *medida de política criminal* para evitar a aplicação da pena privativa de liberdade, consubstanciada numa outra forma de cumprimento de pena; b) *pena*; c) *benefício penal ao réu*, com o caráter de direito subjetivo."[3]

A mais adequada, em nosso entender, para configurar o instituto da suspensão condicional da pena é a primeira. Incabível dizer que o *sursis* seja pena, pois estas estão claramente enumeradas no art. 32 do Código Penal e a suspensão é medida destinada justamente a evitar a aplicação de uma delas, a privativa de liberdade. Por outro lado, não se deve sustentar ser *apenas* um benefício, pois o *sursis* traz, sempre, condições obrigatórias, consistentes em medidas restritivas da liberdade do réu. Daí por que é mais indicado tratar o *sursis* como medida alternativa de cumprimento da pena privativa de liberdade, não deixando de ser um benefício (aliás, a própria lei fala em benefício, como se vê no art. 77, II, CP), tampouco uma reprimenda.

2. ESPÉCIES DE *SURSIS*

O legislador criou *dois tipos* de suspensão condicional da pena: a) *simples*, consistente na aplicação das condições de prestação de serviços à comunidade ou limitação de fim de semana (art. 78, § 1.º); b) *especial*, consistente na aplicação das outras condições, previstas no art. 78, § 2.º (proibição de frequentar determinados lugares; proibição de ausentar-se da comarca na qual reside, sem autorização do juiz; comparecimento pessoal e obrigatório a juízo, mensalmente, para informar e justificar suas atividades). O simples é mais severo do que o especial, de forma que somente se aplicará o primeiro caso se as condições pessoais do réu ou as circunstâncias do crime assim estejam a indicar.

É tranquilo o entendimento de que as condições dos §§ 1.º e 2.º do art. 78 não podem ser aplicadas cumulativamente. Alguns autores mencionam a existência de um terceiro tipo de *sursis* – o etário –, aplicável aos maiores de 70 anos, que tenham sido condenados a pena privativa de liberdade não superior a quatro anos. Em verdade, há somente dois tipos, embora o chamado *sursis* etário seja apenas uma suspensão condicional da pena mais flexível. As condições a que se submete são as mesmas.

3. FACULDADE DO JUIZ OU DIREITO SUBJETIVO DO RÉU

Essa questão deve ser resolvida com bom senso. Na análise dos requisitos subjetivos da suspensão condicional da pena, é natural que o magistrado tenha liberdade para avaliar se cabe

---

[3] "Não se diga, como costumeiramente se faz, que a suspensão é tão só um benefício. O argumento não influi em nada na conceituação do *sursis*, pois o benefício é também um direito. Segundo Henri Capitant, o benefício é o direito atribuído a uma pessoa em caráter excepcional", na lição de Frederico Marques, *Tratado de direito penal*, v. 3, p. 341.

ou não o benefício. Não pode ser obrigado, por exemplo, a considerar escorreita a personalidade do réu ou mesmo boa a sua conduta social. Por outro lado, estando todos os requisitos preenchidos e dessa forma declarados na sentença condenatória, é direito do réu obter o *sursis*.

A suspensão condicional da pena não é mero incidente da execução da pena, mas parte do processo de conhecimento, devendo sempre ser motivada a sua concessão ou a sua negativa na sentença condenatória.

3.1. Violência doméstica

É inadmissível a substituição da pena privativa de liberdade por restritiva de direitos, nos casos de violência doméstica, por dois motivos básicos: a) trata-se de delito cometido com emprego de violência ou grave ameaça; b) por medida de política criminal, a violência doméstica não comporta penas alternativas, extremamente benéficas, ao arrepio da ideia de rigidez em relação à conduta praticada.

No entanto, cabe suspensão condicional da pena, quando a pena não for superior aos prazos estabelecidos no art. 77 do CP. Conforme o montante de pena substituída pelo *sursis* e a espécie de delito cometido, o juiz impõe as condições do § 1.º do art. 78 (mais severas) ou as do § 2.º (mais brandas).

3.2. *Sursis* e concurso de crimes

É perfeitamente possível aplicar a suspensão condicional da pena ao concurso de crimes, bastando que a pena imposta não ultrapasse o limite determinado pela lei. Dessa forma, se, em virtude de concurso material, o sentenciado obtiver uma pena de 1 ano e 6 meses, fruto de três penas de 6 meses cada uma, seria possível aplicar o benefício.

3.3. *Sursis* e indulto

A compatibilidade entre ambos, mais uma vez, comporta divergência doutrinária e jurisprudencial: a) *não é compatível*: o indulto é destinado a condenados que cumprem pena em regime carcerário, tanto que os decretos de indulto muitas vezes fazem referência a "bom comportamento carcerário". Quem está em liberdade não necessita do indulto, fruto da política de esvaziamento dos presídios; b) *é compatível* (*majoritário*): o indulto é destinado a condenados em cumprimento de pena, sendo o *sursis* uma forma alternativa de cumprimento da pena. Nada impede, pois, que o beneficiário da suspensão condicional da pena seja beneficiado pelo decreto de indulto. Se, porventura, o decreto trouxer a exigência de "bom comportamento carcerário", pode-se interpretar, em benefício do sentenciado, "bom comportamento social". A melhor posição é, de fato, a segunda. Aliás, cumpre ressaltar que os últimos decretos de indulto vêm explicitando ser cabível o indulto aos condenados em gozo de *sursis*.

3.4. Processos em andamento

Não impede a concessão do *sursis* o fato de o réu estar respondendo, concomitantemente, a mais de um processo. Eventualmente, para a corrente que sustenta serem maus antecedentes vários processos em andamento, conforme já exposto em capítulo anterior, pode não ser cabível a suspensão condicional da pena.[4]

---

[4] Essa corrente, hoje, esbarra no conteúdo da Súmula 444 do STJ (somente condenações com trânsito em julgado podem ser consideradas antecedentes criminais).

Nesse caso, no entanto, a vedação não se dá porque a lei proíba, mas pelo entendimento particularizado do requisito "antecedentes" do art. 77, II, do Código Penal. O correto deve ser a concessão e, posteriormente, havendo outras condenações, ser o benefício revogado em sede de execução penal.

4. REQUISITOS DA SUSPENSÃO CONDICIONAL DA PENA

4.1. Requisito objetivo

É a condenação a uma pena privativa de liberdade não superior a dois anos, podendo ser de reclusão, detenção ou prisão simples (no caso das contravenções penais). No caso de condenado com mais de 70 anos ou gravemente enfermo, pode a pena atingir quatro anos.

4.2. Requisitos subjetivos

São os seguintes: a) não ser o réu reincidente em crime doloso; b) culpabilidade, antecedentes, conduta social, personalidade do agente, motivos e circunstâncias do crime recomendando a concessão do *sursis*. A reincidência em crime culposo, como se vê, não impede a suspensão condicional da pena. No tocante às condições pessoais do agente, é preciso analisar o que o condenado fez e como fez, e não o perigo que ele pode representar para o futuro. Interessa, nesse caso, a boa índole do acusado no momento do crime. Quanto ao delito, é importante verificar a gravidade do que foi praticado, pois esta pode evidenciar aspectos fundamentais da personalidade do agente.

4.2.1. Sursis e crime hediondo

Não há unanimidade na apreciação da possibilidade de concessão da suspensão condicional da pena ao autor de crime hediondo. É bem verdade que, na maioria dos casos de condenação por crime hediondo, a pena é bem superior a dois anos, de modo que a suspensão condicional da pena está fora de propósito.

Entretanto, há possibilidade de haver condenação na forma tentada, por exemplo, no caso do estupro. Sendo a pena mínima estabelecida em seis anos, caso o juiz diminua o seu montante em 2/3, cairá para dois, comportando, pois, em tese, o benefício. Apesar de, objetivamente, ser possível a suspensão condicional, há *duas posições* a esse respeito: a) cabe *sursis*: pois a Lei 8.072/1990 não o vedou de modo algum, não competindo ao juiz criar restrições onde o legislador não previu. Nessa ótica, conferir a Súmula 10 do Tribunal de Justiça de Minas Gerais: "A Lei 8.072/1990 não veda a concessão do *sursis*"; b) não cabe *sursis*: pois, mesmo que a referida lei nada tenha falado a respeito, tendo praticado um delito considerado hediondo, que nem liberdade provisória admite e impõe regime fechado integral para o cumprimento da pena, seria irracional conceder o benefício. Essa posição não mais pode prevalecer, em face da edição da Lei 11.464/2007, autorizando, expressamente, a progressão de regimes em condenações por crimes hediondos e equiparados, bem como a liberdade provisória.

A corrente majoritária, entretanto, sempre foi a primeira, ainda que seja da nossa preferência adotar o meio-termo. De fato, tendo cometido um crime hediondo, não é razoável tenha o réu direito a exigir, *sempre*, a concessão do *sursis*, embora não se lhe possa negá-lo sistematicamente. A gravidade do crime faz parte dos requisitos para a obtenção do benefício (art. 77, II, CP), de modo que, conforme o caso, o juiz pode deixar de conceder a suspensão condicional da pena para o condenado por delito hediondo. Mais adequado, portanto, é analisar caso a caso com maior rigor, concedendo *sursis* ao sentenciado que, *realmente*, merecer.

4.3. Requisito objetivo-subjetivo

Somente aplica-se o *sursis* caso não caiba substituição da pena privativa de liberdade por restritiva de direitos. É nitidamente reconhecido pela doutrina e pela jurisprudência ser a pena restritiva de direitos mais favorável que a suspensão condicional, de modo que o juiz deve aplicá-la na medida do possível.

Atualmente, diante das modificações trazidas pela Lei 9.714/1998, no contexto das penas restritivas de direitos, o *sursis* tende ao esquecimento. Não há razão para aplicar a suspensão condicional da pena ao réu primário condenado a dois anos de reclusão se o mesmo sujeito, caso tivesse sido apenado a quatro anos de reclusão, poderia receber a substituição por restrição de direitos. Portanto, somente em casos excepcionais, quando não for cabível a referida substituição – por exemplo, quando se tratar de crimes violentos contra a pessoa, como a lesão corporal grave –, pode o juiz aplicar o *sursis*.

5. REINCIDÊNCIA, MULTA E *SURSIS*

A pessoa condenada por crime à pena de multa, tornando a praticar um delito, é reincidente, embora possa receber o benefício da suspensão condicional da pena (há exceção no art. 77, § 1.º, CP). Nesse sentido está a Súmula 499 do STF: "Não obsta à concessão do *sursis* condenação anterior à pena de multa". Aliás, somente teria sentido a edição de súmula nessa ótica em face de ser, realmente, reincidente o autor de crime, quando já condenado anteriormente a pena de multa. Não fosse reincidente, teria pleno cabimento a concessão da suspensão condicional da pena, independentemente de se considerar a exceção prevista em lei.

6. CIRCUNSTÂNCIAS ESPECIAIS NÃO IMPEDITIVAS À CONCESSÃO DO *SURSIS*

São as seguintes: a) condenação anterior a pena de multa (art. 77, § 1.º, CP), como já exposto. Aliás, nesse sentido, já existia a Súmula 499 do Supremo Tribunal Federal; b) réu reincidente em crime culposo, admitindo as hipóteses: condenação por crime culposo seguida de condenação por crime culposo, condenação por crime culposo seguida de condenação por crime doloso e condenação por crime doloso seguida de condenação por crime culposo; c) prescrição da pretensão punitiva do crime anterior; d) condenação anterior por contravenção, pois não é apta a gerar reincidência; e) perdão judicial anteriormente concedido, que também não gera reincidência; f) réu foragido ou revel.

A revelia não é motivo para impedir a concessão do *sursis*, embora possa ser um obstáculo, caso o condenado não compareça à audiência admonitória. Entretanto, não pode o magistrado, simplesmente porque o acusado não quis acompanhar a instrução, negar-lhe a suspensão condicional da pena.

7. CIRCUNSTÂNCIAS ESPECIAIS IMPEDITIVAS À CONCESSÃO DO *SURSIS*

Além do não preenchimento dos requisitos do art. 77, podem impedir a concessão do benefício as seguintes hipóteses: a) prescrição da pretensão executória da condenação anterior; b) condenação anterior irrecorrível, no exterior, que é capaz de gerar a reincidência (art. 63, CP); c) aplicação de medida de segurança. O *sursis* é incompatível com internação ou tratamento ambulatorial. Aos semi-imputáveis, no entanto, é cabível, pois recebem pena privativa de liberdade, embora reduzida.

8. *SURSIS* ETÁRIO E HUMANITÁRIO

O etário é o aplicado aos maiores de 70 anos na data da sentença e o humanitário é o concedido à pessoa enferma, desde que devidamente justificado, podendo a pena atingir até quatro anos. Outra exceção está prevista na Lei 9.605/1998 (Lei dos Crimes Ambientais), que admite *sursis* para penas de até três anos, para qualquer condenado (art. 16).

9. ESTRANGEIROS DE PASSAGEM PELO PAÍS E A POSSIBILIDADE DE CONCESSÃO DO *SURSIS*

Era bastante controversa a possibilidade de concessão da suspensão condicional da pena aos estrangeiros em visita ao País. O principal argumento era a possibilidade de fuga do condenado estrangeiro para o seu país de origem. Entretanto, cremos estar superada essa visão restritiva da concessão de sursis ao estrangeiro.

Dizia o art. 1.º do Decreto-lei 4.865/1942: "É proibida a concessão da suspensão condicional da pena imposta aos estrangeiros que se encontrem no território nacional em caráter temporário...". A Lei de Migração (Lei 13.445/2017) revogou, tacitamente, o disposto pelo referido Decreto. Este é o conteúdo explícito do art. 54, § 3.º: "O processamento da expulsão em caso de crime comum não prejudicará a progressão de regime, o cumprimento da pena, a suspensão condicional do processo, a comutação da pena ou a concessão de pena alternativa, de indulto coletivo ou individual, de anistia ou de quaisquer benefícios concedidos em igualdade de condições ao nacional brasileiro".

Enfim, o estrangeiro condenado possui os mesmos direitos que o brasileiro no tocante à aplicação das regras de direito penal e execução penal. Além disso, a Lei 13.445/2017 previu a transferência de condenado para cumprir pena em outro país e também a transferência de execução penal. Diante disso, nada impede que o estrangeiro, condenado no Brasil, pleiteie cumprir a sua pena em seu país de origem, incluído nesse cenário o *sursis*.

Mesmo antes do advento da Lei de Migração, parecia-nos mais adequada a concessão de suspensão condicional da pena ao estrangeiro, igualando-o, em direitos, ao brasileiro. Afinal, para deferir o *sursis*, exige-se que o réu seja primário, tenha bons antecedentes, além de culpabilidade, conduta social e personalidade indicando ser o melhor caminho. Logo, autor de infração cuja gravidade é escassa.

Na Espanha, adota-se sistema semelhante ao que defendemos, ou seja, a política criminal com relação ao estrangeiro que comete crime no país é, preferencialmente, expulsá-lo do território espanhol. Por isso, registra MERCEDES GARCÍA ARÁN que "as previsões do art. 89 CP sobre a substituição das penas dos condenados estrangeiros não residentes legalmente na Espanha ou que estejam cumprindo pena são uma mostra palpável da filosofia que preside a legislação sobre estrangeiros e que conduz à limitação de acesso e permanência em território espanhol. Neste caso, a possibilidade de substituir a pena parece conduzida pela vontade de perder de vista o condenado, estendendo-se às penas de prisão de certa gravidade, por exemplo: a) a substituição da pena de prisão inferior a seis anos por expulsão do território nacional; b) a expulsão do condenado com prisão igual ou superior a seis anos quando haja cumprido três quartos da condenação".[5]

10. REGIME PENITENCIÁRIO E *SURSIS*

Impõe-se ao juiz, segundo o disposto no art. 59, III, do Código Penal, fixar o regime de cumprimento da pena privativa de liberdade, independentemente da concessão ou não do *sursis*. Não é correto o argumento de alguns magistrados sustentando que, uma vez concedida a suspensão condicional da pena, não haveria mais necessidade de estabelecer o regime prisional, pois o condenado está em gozo de regime de pena alternativo.

Em primeiro lugar, o *sursis* não é regime de cumprimento – só existem o fechado, o semiaberto e o aberto –, mas forma alternativa de execução da pena, obrigando o magistrado a seguir o que exige o legislador no referido art. 59.

Em segundo lugar, a suspensão condicional da pena é facultativa e por isso existe a audiência admonitória (art. 160 da Lei de Execução Penal: "Transitada em julgado a sentença condenatória, o juiz a lerá ao condenado, em audiência, advertindo-o das consequências de nova infração penal e do descumprimento das condições impostas"). Tratando-se de benefício *condicionado*, é justo que o sentenciado não aceite as condições impostas, passando então a cumprir a pena no regime imposto pelo juiz. Por outro lado, há argumentos no sentido de que a fixação do regime inicial de cumprimento da pena é irrelevante, pois, uma vez concedido o *sursis*, seria óbvia a concessão do regime aberto. Daí por que, mesmo que o magistrado omita o regime, tendo em vista que as regras para o estabelecimento do aberto são praticamente as mesmas da suspensão condicional, concedida esta, aquele seria consequência natural. Assim não pensamos. Tal como posto atualmente, o regime aberto é basicamente descumprido, pois, inexistindo Casa do Albergado, impõe-se, em substituição, como já expusemos em tópico anterior, o regime de *prisão-albergue domiciliar*, ou seja, o sentenciado cumpre sua pena em casa, sem qualquer vigilância.

Eis a razão de o juiz poder fixar o *sursis*, com a obrigação de prestar serviços à comunidade por um ano, tendo em mente o réu vadio, sem desejo de trabalho lícito e autor de crime contra o patrimônio, bem como, alternativamente, impor o regime semiaberto, que permite a inserção em colônia penal agrícola. Assim, sujeitando-se à prestação de serviços à comunidade e sob prova durante dois anos, no mínimo, poderá o condenado ficar em liberdade. Não desejando permanecer nesse esquema, o melhor regime poderá ser o semiaberto. Em que pese, na maioria dos casos, ser razoável aplicar *sursis* e regime aberto, tal situação não deve constituir uma regra, pois o direito penal não é mecânico e muito menos uma ciência exata.

11. FACULTATIVIDADE DO *SURSIS* PARA O SENTENCIADO

A suspensão condicional da pena é um instrumento de política criminal, cuja aceitação, pelo réu, não é obrigatória. Diversamente da pena imposta, que tem natureza cogente, o *sursis* é uma benesse, embora possua condições. Se o sentenciado aceitar, cumprirá as condições e terá a

---

[5] *Fundamentos y aplicación de penas y medidas de seguridad en el Código Penal de 1995*, p. 124 (traduzimos).

732 Curso de Direito Penal – Parte Geral Vol. 1 • Nucci

pena privativa de liberdade suspensa por certo período. Não acatando, deve cumprir exatamente a pena imposta.

12. *SURSIS* E SUSPENSÃO DOS DIREITOS POLÍTICOS

Preceitua o art. 15, III, da Constituição Federal: "É vedada a cassação de direitos políticos, cuja perda ou suspensão só se dará nos casos de: (...) III – condenação criminal transitada em julgado, enquanto durarem seus efeitos". Logo, sendo o *sursis* uma forma alternativa de cumprimento da pena, enquanto estiver no prazo estipulado pelo magistrado para o período de prova, o beneficiário da suspensão condicional da pena está com seus direitos políticos suspensos.

13. PERÍODO DE PROVA E ESCOLHA DAS CONDIÇÕES

Deve variar o período de prova em *três patamares*: a) de 2 a 4 anos para penas que não ultrapassem 2 anos; b) de 4 a 6 anos para penas superiores a 2 anos, que não ultrapassem 4 (*sursis* etário ou para enfermo); c) de 1 a 3 anos para penas provenientes de contravenções penais. A fixação do prazo, feita acima do mínimo permitido, deve ser devidamente justificada pelo magistrado, sob pena de ser reduzida pelo tribunal.

Assim, caso o juiz opte pelo período de prova superior a dois anos, deve motivar seu convencimento, esclarecendo tratar-se, por exemplo, de réu vadio, foragido e com personalidade instável, fatores não impeditivos da concessão do *sursis*, mas que demonstram, conforme o crime praticado, a necessidade de permanecer maior tempo em observação. Quanto à eleição das condições pelo julgador, tem ele um largo critério subjetivo para fazê-lo. Deve levar em consideração que as condições do art. 78, § 1.º, são mais rigorosas que as previstas no mesmo artigo, § 2.º, conforme evidenciam os requisitos exigidos para a concessão destas últimas: "se as circunstâncias do art. 59 deste Código lhe forem inteiramente favoráveis".

13.1. Constitucionalidade das penas restritivas de direitos impostas como condições do *sursis*

Argumentam alguns serem inconstitucionais as medidas restritivas impostas como condições do *sursis* (prestação de serviços à comunidade, limitação de fim de semana, proibição de frequentar lugares determinados) porque isso seria uma dupla penalidade. Se o réu já recebeu pena privativa de liberdade, que foi suspensa, não teria cabimento eleger como condição outra pena. Teria, na prática, recebido duas penas pelo mesmo crime. Caso descumprisse a condição (limitação de fim de semana, por exemplo) depois de seis meses em gozo do *sursis*, teria o benefício revogado e iria cumprir a pena privativa de liberdade, configurando duas penas.

Ora, a tese não parece ter consistência pelas seguintes razões: a) o *sursis* é facultativo, vale dizer, o condenado não é obrigado a aceitá-lo, tampouco suas condições. Fossem penas cumulativas, seriam obrigatórias, porque penas são inderrogáveis e não se submetem à aceitação do réu. Nesse caso, pois, elas funcionam como meras condições e podem ser rejeitadas; b) nada impede ao legislador fixar, no tipo penal incriminador, em abstrato, penas privativas de liberdade cumuladas com outras (restritivas de direitos ou multa). Notem-se os seguintes exemplos: receptação (art. 180), prevendo pena privativa de liberdade e multa; homicídio culposo no trânsito (art. 302, Lei 9.503/1997), que prevê pena privativa de liberdade e restritiva de direitos, consistente na suspensão ou proibição para dirigir. Por que não se poderia estabelecer como condição do *sursis* uma restrição de direito? Sem dúvida, é juridicamente viável.

13.2. Inviabilidade da condição de prestação de serviços à comunidade

Nem sempre a condição ideal para a suspensão condicional da pena será a prestação de serviços comunitários, pois essa sanção pode se tornar muito mais gravosa quando se tratar de pena privativa de liberdade de pouca monta. Se o acusado é condenado ao cumprimento de alguns dias de detenção, aplicar-lhe o *sursis*, com um ano de prestação de serviços à comunidade, torna-se injusto e exagerado. Assim sendo, o correto é substituir a pena por restritiva de direitos. Não sendo possível (exemplo da violência doméstica), há de ser eleito o *sursis especial*.

13.3. *Sursis* incondicionado

Não há mais *sursis* sem condições. Quanto à suspensão condicional da pena, prevista na Lei das Contravenções Penais, por ser esta lei especial, seria incondicionada. Pensamos de modo diverso. Se a lei especial apenas fixou um prazo menor para o período de prova do *sursis* (um a três anos), em momento algum mencionou ser o benefício incondicionado. Por isso, aplicam-se todas as regras do instituto, previstas na Parte Geral do Código Penal. É o que defendemos nos comentários à Lei das Contravenções Penais (cf. a nota 22 ao art. 11 do nosso livro *Leis penais e processuais penais comentadas* – vol. 1).

Comentam os autores da Reforma Penal de 1984, citando MANOEL PEDRO PIMENTEL, que a suspensão condicional da pena sem rígidas condições é o mesmo que provocar no sentenciado o sentimento de que foi "absolvido com *sursis*".[6] Portanto, atualmente, qualquer suspensão da pena é condicional. Pode ocorrer, no entanto, de o magistrado olvidar as condições na sentença condenatória, tornando, na prática, o *sursis* incondicionado. Poderia o juiz da execução penal suprir a falha? A resposta é negativa, pois não cabe *reformatio in pejus*, nem revisão em favor da sociedade.

Se o órgão acusador não recorreu, transitando em julgado a decisão, é inválida qualquer tentativa de modificação da *res judicata*. Aliás, do mesmo modo, não pode ser cassado o *sursis* em 2.º grau em recurso exclusivo da defesa.

13.4. Duração do cumprimento das condições

Indica o § 1.º do art. 78 que o condenado, no *primeiro ano do prazo*, deve prestar serviços à comunidade ou submeter-se à limitação de fim de semana. Assim, também quando forem aplicadas as condições do § 2.º do art. 78, em lugar das primeiras, devem elas ser cumpridas apenas um ano, uma vez que a lei menciona que, se as condições forem favoráveis, pode haver a substituição da exigência do § 1.º pelas descritas no § 2.º, não se referindo ao prazo. Diga-se o mesmo quanto às condições peculiares previstas no art. 79.

13.5. Requisitos abertos pela própria lei

Permitiu-se ao juiz que especifique "outras condições a que fica subordinada a suspensão, desde que adequadas ao fato e à situação pessoal do condenado" (art. 79, CP). Essa disposição é pouco aplicada pelos magistrados, pois é difícil acertar uma condição que se encaixe

---

[6]   REALE JÚNIOR, DOTTI, ANDREUCCI e PITOMBO, *Penas e medidas de segurança no novo Código*, p. 210.

com perfeição à necessidade do cumprimento do *sursis*, sem configurar um abuso indevido, adentrando no cenário da ilegalidade.

14. *SURSIS* E *HABEAS CORPUS*

O *habeas corpus* não é meio idôneo, em regra, para discutir a concessão de suspensão condicional da pena, nem para a análise das condições estipuladas pelo juiz. É natural, no entanto, que em casos excepcionais a questão deva ser resolvida por intermédio do remédio constitucional, porque mais eficaz e célere.

Um magistrado, por exemplo, que deixe de conceder *sursis* a um réu que, evidentemente, mereça o benefício, impondo-lhe, ao contrário, regime fechado e negando-lhe o direito de recorrer em liberdade, pode dar margem ao tribunal para corrigir essa imperfeição. Ou então, em outro exemplo, o juiz que fixa condições aberrantes, tais como permanecer amordaçado toda vez que sair à rua ou acorrentar-se a algum membro da família para ser devidamente fiscalizado, pode ter sua pena revista diretamente por meio de *habeas corpus*, já que o descumprimento da condição imposta terá íntima ligação com a revogação do benefício e a imposição de medida detentiva, afetando a liberdade de locomoção.

15. *SURSIS* E PENAS ALTERNATIVAS OU MULTA

Constituindo o *sursis* uma medida de política criminal para evitar a aplicação da pena privativa de liberdade, consubstanciada numa outra forma de cumprimento de pena, é natural que ele não tenha qualquer aplicação para as penas restritivas de direitos (formas alternativas para evitar o encarceramento), nem para a sanção pecuniária (jamais resulta na possibilidade de prisão).

16. CAUSAS DE REVOGAÇÃO DO *SURSIS*

16.1. Condenação definitiva por crime doloso

O Código fala apenas em "condenação por crime doloso", o que, em tese, poderia ser também por multa. Entretanto, se essa penalidade não tem força de impedir a concessão do benefício, certamente não terá força para revogá-lo. Dessa forma, somente a condenação às penas privativa de liberdade ou restritiva de direitos é que tem o condão de afastar o benefício.

16.2. Não pagamento da multa ou falta de reparação do dano

Há quem defenda a impossibilidade de se revogar o *sursis* pelo não pagamento da multa, somente porque esta passou a ser considerada dívida de valor, sujeita aos trâmites impostos pela Lei 6.830/1980. Não haveria mais, em tese, viabilidade para a multa transformar-se em prisão. O argumento não é correto, pois o legislador modificou somente o art. 51, e não os demais que lidam, indiretamente, com a multa.

A suspensão condicional da pena não é sanção pecuniária, de modo que frustrar o pagamento desta última, sendo o condenado solvente, continua a ser, em nosso entendimento, motivo para cassar o *sursis*. Do mesmo modo se o sentenciado, podendo arcar com o prejuízo causado pelo delito, recusar-se a fazê-lo.

Cap. XXXVI – Suspensão Condicional da Pena

16.3. Descumprimento das condições do *sursis* simples

Deixar de cumprir a prestação de serviços à comunidade ou a limitação de fim de semana provoca a revogação do benefício. Como já comentado, o *sursis* é forma alternativa de cumprimento da sanção privativa de liberdade aplicada, razão pela qual deve ser sempre condicionado. Se o condenado aceitou as condições fixadas, não pode deixar de segui-las.

16.3.1. Concessão sem efeito

Se o sentenciado não comparecer à audiência admonitória, sem justo motivo, seja ele intimado pessoalmente ou por edital, em vez de revogação, a lei preceitua que o *sursis* fica *sem efeito* (art. 161, LEP).

16.4. Descumprimento das condições do *sursis* especial

Se o beneficiário deixar de seguir as condições do art. 78, § 2.º (proibição de frequentar determinados lugares, proibição de ausentar-se da comarca onde reside, sem autorização do juiz, e comparecimento mensal, pessoal e obrigatório a juízo para informar e justificar suas atividades), ou do art. 79 (outras condições compatíveis estabelecidas pelo juiz) do Código Penal, a suspensão condicional da pena *pode* ser revogada, ficando a decisão ao prudente critério do magistrado. O ideal é, antes de qualquer providência, buscar incentivar o condenado a cumprir as condições, tentando saber a razão pela qual vem descumprindo o pactuado.

16.5. Condenação definitiva por crime culposo ou contravenção penal

Nesses casos, é preciso que a pena imposta seja privativa de liberdade ou restritiva de direitos, mas vale, também nesse caso, invocar o prudente critério do juiz. Se o beneficiário do *sursis* fora condenado por lesão corporal grave e, posteriormente, é condenado pela contravenção de porte ilegal de arma (carregava consigo um punhal, por exemplo), pode não apresentar mérito para continuar gozando da suspensão.

16.6. Prévia audiência do sentenciado

Em homenagem aos princípios da ampla defesa e do contraditório, e porque se trata de uma forma alternativa ao cárcere, é importante ouvir, antes de qualquer medida drástica, as razões do condenado. Pode ocorrer uma justificativa razoável para não ter sido cumprido o disposto na suspensão condicional da pena.

17. PRORROGAÇÃO DO PERÍODO DE PROVA

Ocorre a *automática* dilação do período de prova do *sursis* quando o beneficiário esteja sendo processado por outro crime ou contravenção. Note-se que a lei menciona o termo *processado*, de modo que é preciso o recebimento da denúncia ou da queixa, sendo irrelevante o andamento de inquérito policial, mesmo que haja indiciamento. A prorrogação vai até o julgamento final da infração penal, independendo de decisão judicial, o que se justifica diante da causa de revogação obrigatória prevista no art. 81, I (condenação irrecorrível por crime doloso), ou da facultativa, disposta no art. 81, § 1.º, ambos do Código Penal.

18. CUMPRIMENTO DE *SURSIS* SIMULTÂNEO

É possível ao condenado cumprir simultaneamente duas suspensões condicionais de penas. Isso é plausível quando o condenado recebe o benefício em dois processos distintos, de modo que as duas audiências admonitórias acontecem quase ao mesmo tempo. Ora, a única hipótese obrigatória de revogação é a condenação irrecorrível por crime doloso *durante* o prazo do *sursis*, o que significa receber a condenação depois de realizada a audiência admonitória.

Assim, se o sentenciado for condenado duas vezes e as audiências ocorrerem depois, nada impede que cumpra simultaneamente duas suspensões, desde que compatíveis as condições estabelecidas. Há quem sustente, no entanto, que o gozo concomitante de *sursis* somente pode acontecer até que as duas condenações se tornem definitivas. Assim sucedendo, eles devem ser revogados. Posicionamo-nos atualmente pela possibilidade de cumprimento simultâneo de *duplo sursis*. Estamos convencidos de que tal hipótese não se encaixa na lei penal como causa de revogação obrigatória ou facultativa, sendo medida salutar de política criminal.

19. PRORROGAÇÃO MÁXIMA DO PERÍODO DE PROVA

Evitando a revogação do benefício, tratando-se de condenação por crime culposo ou contravenção penal ou descumprimento das condições do *sursis* especial, pode o magistrado prorrogar ao máximo o período de prova, se este já não tiver sido o estabelecido. Durante a prorrogação, entende a maioria da doutrina que as condições estabelecidas não devem acompanhá-la. Cumpre relevar não ser admissível prorrogar o período de prova pela simples instauração de inquérito policial, sendo indispensável a ação penal.

20. CONSEQUÊNCIAS DA REVOGAÇÃO

Se o benefício for cassado, o sentenciado vai cumprir integralmente a pena privativa de liberdade, em regime fechado, semiaberto ou aberto, conforme o caso. Deve-se ressaltar que a prorrogação do período de prova, quando o condenado está sendo processado por outro crime ou contravenção, é automática, mas não a revogação.

Embora a lei estipule ser causa *obrigatória* de revogação, não se valeu do termo "considera-se", como o fez com a prorrogação, mas utilizou "será revogada", o que implica decisão judicial. Por outro lado, no caso de condenação por crime doloso, durante a suspensão condicional da pena, não importa a data do fato, mas sim a data da condenação definitiva, o que não deixa de ser injusto para o réu. Se ele, por exemplo, tivesse sido condenado, no mesmo processo, a duas penas de seis meses, cada uma referindo-se a um delito diferente, poderia receber o *sursis*. Entretanto, caso esteja no gozo do benefício, por condenação a uma pena de seis meses e receber outra, também de seis meses, terá a suspensão condicional da pena revogada.

21. FINALIZAÇÃO DA SUSPENSÃO CONDICIONAL DA PENA

De acordo com o disposto no art. 82, a decisão que considera extinta a pena privativa de liberdade, uma vez expirado o prazo do *sursis*, é *declaratória*. Entretanto, a finalização do benefício não escapa da polêmica, pois é possível descobrir uma causa de revogação após o término do prazo. Seria possível revogar o *sursis*? Existem *duas posições*: a) aceitando a

Cap. XXXVI – Suspensão Condicional da Pena

possibilidade de revogação, mesmo depois de findo o prazo, mormente quando ocorrerem hipóteses de revogação *obrigatória*; b) negando essa possibilidade, pois a lei, e não o juiz, considera extinta a pena, de modo que, sem a revogação feita no prazo, não há mais fundamento para fazê-la a destempo. Cremos que deve haver conciliação.

O Código Penal considera prorrogado o período de prova, automaticamente, quando o condenado está respondendo por outro crime ou contravenção (art. 81, § 2.º), de modo que, nessa hipótese, havendo condenação, é natural poder o juiz revogar o *sursis*, porque não está findo o período de prova – foi ele prorrogado. Entretanto, se outras hipóteses acontecerem (frustração do pagamento da multa ou da reparação de dano; descumprimento das condições), sendo descobertas depois de expirado o prazo, não pode o juiz revogar a suspensão condicional da pena – o prazo não foi automaticamente prorrogado. O art. 82, nesse prisma, é cristalino: "considera-se extinta a pena", se não tiver havido revogação dentro do prazo. A *posição da jurisprudência* consagra o entendimento de que a descoberta de nova condenação após o término do período de prova é irrelevante, pois ele está automaticamente prorrogado.

RESUMO DO CAPÍTULO

- ▶ **Suspensão condicional da pena:** trata-se de medida de política criminal, cuja finalidade é evitar o encarceramento do condenado, quando apenado a montantes diminutos de pena (até dois anos, como regra), além de preenchidos outros requisitos legais. Para tanto, suspende-se o cumprimento da pena, sob certas condições.

- ▶ **Espécies de *sursis*:** simples: é a suspensão condicional da pena com a imposição de prestação de serviços à comunidade ou limitação de fim de semana; especial: consistente na aplicação das outras condições, previstas no art. 78, § 2.º (proibição de frequentar determinados lugares; proibição de ausentar-se da comarca na qual reside, sem autorização do juiz; comparecimento pessoal e obrigatório a juízo, mensalmente, para informar e justificar suas atividades).

- ▶ **Faculdade do juiz ou direito do réu:** ambos; o preenchimento de requisito objetivo não comporta valoração, a não ser a constatação; o preenchimento de requisitos subjetivos depende de avaliação do juiz. Logo, apenas se todos os requisitos forem constatados como favoráveis ao réu, tornar-se-á um direito.

- ▶ **Requisitos para a concessão do *sursis*:** a) condenação a pena não superior a dois anos (quatro anos se for idoso, maior de 70 anos, ou pessoa gravemente enferma); b) não ser o réu reincidente em crime doloso; c) culpabilidade, antecedentes, conduta social, personalidade do agente, motivos e circunstâncias do crime favoráveis ao réu; d) não caber pena alternativa.

- ▶ **Período de prova e escolha das condições:** a) de 2 a 4 anos para penas que não ultrapassem 2 anos; b) de 4 a 6 anos para penas superiores a 2 anos, que não ultrapassem 4 (*sursis* etário ou para enfermo); c) de 1 a 3 anos para penas provenientes de contravenções penais (art. 11, LCP). A fixação do prazo, feita acima do mínimo permitido, deve ser devidamente justificada pelo magistrado, sob pena de ser reduzida pelo tribunal.

- ▶ **Causas de revogação do *sursis*:** a) condenação definitiva por crime doloso; b) não pagamento da multa ou falta de reparação do dano; c) descumprimento das condições; d) condenação definitiva por crime culposo ou contravenção penal. Conforme o caso, gera-se revogação obrigatória; conforme a situação, facultativa.

▶ **Prorrogação do período de prova:** é *automática* a dilação do período de prova do *sursis* quando o beneficiário esteja sendo processado por outro crime ou contravenção. Note-se que a lei menciona o termo *processado*, de modo que é preciso o recebimento da denúncia ou da queixa, sendo irrelevante o andamento de inquérito policial, mesmo que haja indiciamento. A prorrogação vai até o julgamento final da infração penal, independendo de decisão judicial, o que se justifica diante da causa de revogação obrigatória prevista no art. 81, I (condenação irrecorrível por crime doloso), ou da facultativa, disposta no art. 81, § 1.º, ambos do Código Penal.

Capítulo XXXVII

Livramento Condicional

1. CONCEITO DE LIVRAMENTO CONDICIONAL, NATUREZA JURÍDICA E ASPECTOS HISTÓRICOS

Trata-se de um instituto de política criminal, destinado a permitir a redução do tempo de prisão com a concessão antecipada e provisória da liberdade do condenado, quando é cumprida pena privativa de liberdade, mediante o preenchimento de determinados requisitos e a aceitação de certas condições. Data da França a origem histórica do livramento condicional, instituído pelo juiz Benneville, com o nome de "liberação preparatória" (1846).[1]

Ensina FREDERICO MARQUES, citando ROBERTO LYRA, ser o livramento a última etapa do sistema penitenciário progressivo, tendo sido idealizado na França e praticado, sobretudo, na Inglaterra, propagando-se por toda a Europa, em especial na Alemanha e na Suíça. No direito brasileiro, iniciou sua trajetória no Código Penal de 1890 (arts. 50 a 52), regulamentado pelos Decretos 16.665, de 6 de novembro de 1924, e 4.577, de 5 de setembro de 1922.[2]

Convém citar parte da Exposição de Motivos do Código de 1940, ainda atual para a matéria: "O livramento condicional é restituído à sua verdadeira função. Faz ele parte de um sistema penitenciário (*sistema progressivo*) que é incompatível com as penas de curta duração. Não se trata de um benefício que se concede por simples espírito de generosidade, mas de

---

[1]   Desde o seu surgimento, é considerado um *privilégio*, e não um direito do preso; eis por que somente é concedido em razão do preenchimento de certas condições. Sob o ângulo do direito consuetudinário, pode até mesmo ser negado na sentença condenatória ou fazer parte da sentença indeterminada proferida pelo juiz (RODRÍGUEZ MAGARIÑOS e NISTAL BORÓN, *La historia de las penas*, p. 201).

[2]   *Tratado de direito penal*, v. 3.

uma medida *finalística,* entrosada, num plano de política criminal. O Decreto 24.351, de 6 de junho de 1934 (hoje, revogado), tornando possível a concessão do livramento condicional aos 'condenados por uma ou mais penas de mais de um ano', cedeu a razões de *equidade,* mas, é força reconhecê-lo, desatendeu à verdadeira finalidade desse instituto. É esta a última etapa de um gradativo processo de reforma do criminoso. Pressupõe um indivíduo que se revelou *desajustado* à vida em sociedade, de modo que a pena imposta, além do seu caráter *aflitivo* (ou *retributivo*), deve ter o fim de *corrigir,* de *readaptar* o condenado. Como derradeiro período de execução da pena pelo *sistema progressivo,* o livramento condicional é a antecipação de liberdade ao sentenciado, a título precário, a fim de que se possa averiguar como ele se vai portar em contato, de novo, com o meio social. *Esse período de experiência* tem de ser relativamente longo sob pena de resultar ilusório".

Quanto à natureza jurídica, é medida penal restritiva da liberdade de locomoção, que se constitui num benefício ao condenado e, portanto, faz parte de seu direito subjetivo, integrando um estágio do cumprimento da pena. Não se trata de um incidente da execução, porque a própria Lei de Execução Penal não o considerou como tal (vide Título VII – Dos Incidentes de Execução: Das conversões, Do excesso ou desvio, Da anistia e do indulto). Opiniões não destoantes: Hungria também o vê como um direito do sentenciado – logo, é um benefício; Silva Franco diz não ser incidente da execução, apesar de, na forma, ser um benefício e, no conteúdo, medida penal com características e propriedades típicas, sendo providência de política criminal (antecipação da liberdade) e medida penal alternativa da privação da liberdade; Reale Júnior, Dotti, Andreucci e Pitombo esclarecem ser uma medida penal restritiva de liberdade, vale dizer, uma forma de expiar a pena de reclusão ou de detenção em meio livre – ainda assim, um benefício; Mirabete e Noronha ensinam que é concessão antecipada da liberdade mediante determinados pressupostos e condições – portanto, um benefício; e Frederico Marques sustenta tratar-se de um direito público subjetivo de liberdade penal que a lei concede ao condenado. Destoando dessas vozes, está o posicionamento de Damásio, que diz tratar-se de medida penal de caráter repressivo e preventivo, restritiva da liberdade, não sendo um benefício, nem incidente da execução, nem direito público subjetivo do condenado, mas forma de execução da pena.

2. REQUISITOS DO LIVRAMENTO CONDICIONAL E PRAZO DE DURAÇÃO

A duração do livramento obedece ao tempo restante da pena privativa de liberdade a cumprir. Exemplo: condenado a 12 anos de reclusão, o sentenciado obtém livramento condicional ao atingir cinco anos de cumprimento da pena. O tempo do benefício será de sete anos.

Para a concessão do benefício, exige-se que a pena fixada seja igual ou superior a dois anos. Afinal, penas inferiores a dois anos, que não tenham merecido o *sursis,* também não fazem jus ao livramento, mas, se cumpridas a contento, podem ser convertidas, durante a execução, em restritivas de direitos (art. 180, LEP).

O condenado primário (em crime doloso) e com bons antecedentes faz jus ao livramento condicional, após cumprir 1/3 da pena. Houve uma lacuna lamentável no tocante ao primário que possua maus antecedentes. Não se pode incluí-lo com perfeita adequação nem nesse dispositivo (1/3), nem no próximo (metade), que cuida do reincidente.

Surgiram *duas posições*: a) *na falta de expressa previsão, deve ser adotada a posição mais favorável ao condenado,* ou seja, o primário, com maus antecedentes, pode receber o livramento quando completar 1/3 da pena. São as posições de Reale Júnior, Silva Franco e Damásio; b) deve-se fazer a adequação por exclusão. Não se encaixando no primeiro dispositivo, que, expressamente, exige os bons antecedentes, somente lhe resta o segundo. Assim, o primário com maus antecedentes deve cumprir metade da pena para pleitear o livramento condicional.

Quando o condenado possui mais de uma condenação, todas são enviadas ao juízo universal das execuções penais, cabendo ao magistrado *unificá-las*, para o correto estabelecimento do regime e da forma de cumprimento. Por isso, pode ser incabível considerar alguém primário, para fins de contagem do prazo de concessão do livramento condicional, fazendo-o individualmente, ou seja, processo por processo na execução penal.

Afinal, se a pena é unificada (todas são transformadas em uma), disso resulta a avaliação da sua derradeira condenação. Como regra, nesse caso, o condenado já não era primário ou tinha antecedente criminal. Excepcionalmente, pode-se ter o sentenciado primário, quando suas práticas criminosas e consequentes condenações ocorrem quase ao mesmo tempo. Mesmo unificada a pena, o preso deve ser considerado primário para o cálculo do livramento condicional.

Para o reincidente em *crime doloso* exige-se o cumprimento de pelo menos metade da pena. Analisou-se, linhas atrás, que, nessa hipótese, também se encaixa o primário com maus antecedentes.

A ocorrência de falta grave, diversamente do que acontece com a progressão de regime, não interrompe o prazo para a obtenção do livramento condicional. Inexiste previsão legal para tanto. Por óbvio, poderá o juiz analisar o contexto da falta grave no tocante ao requisito subjetivo, concernente ao comportamento satisfatório.

O livramento condicional é benefício totalmente independente da progressão de regimes. Quem ingressa no regime fechado não é obrigado a passar primeiro para o semiaberto para, depois, pleitear o livramento. Pode cumprir o período fixado nesse art. 83, no regime fechado, solicitando diretamente a liberdade condicional, desde que preencha os seus requisitos objetivos e subjetivos.

Quanto ao requisito subjetivo do bom comportamento, diz respeito à vida do sentenciado *após* a condenação. É a nova redação imposta pela Lei 13.964/2019. Esta lei também prevê que para o recebimento do livramento condicional é preciso que o condenado não cometa falta grave nos últimos 12 meses (art. 83, III, *b*, CP). Porém, o referido *bom comportamento* não significa apenas *não cometer falta grave*, mas deve-se ponderar todo o histórico prisional, vale dizer, até mesmo antes do derradeiro ano, quando o magistrado analisará o pleito de livramento condicional. Esta tem sido a posição do Superior Tribunal de Justiça, afinal, o sentenciado pode não ter falta registrada no último ano, mas ter várias infrações *antes* desses 12 meses, levando o julgador a considerar tudo o que se passou durante o cumprimento da pena.

Quanto ao bom desempenho no trabalho, salvo nos estabelecimentos penitenciários onde não houver possibilidade de o condenado trabalhar, a ausência das atividades laboristas é um impedimento à concessão do livramento condicional. Já se teve oportunidade de analisar que o trabalho, durante a execução da pena, não é forçado, mas é obrigatório. Por isso, torna-se importante verificar, no parecer da Comissão Técnica de Classificação, a parte referente ao diretor de produção e atividade laborterápica, ou seja, se o seu parecer é favorável ou não.

O requisito estabelecido em lei acerca de demonstrar ter o condenado *aptidão para trabalho honesto* é infeliz. Dificilmente, mediante qualquer laudo que se faça, atinge-se o objetivo. Excepcionalmente, com um bom parecer técnico, pode-se indicar a sua imaturidade ou irresponsabilidade para um trabalho honesto. Deveria ser requisito a ser eliminado.

Outro dos requisitos é a reparação do dano. É preciso que o sentenciado tenha reparado o prejuízo causado à vítima, salvo a efetiva demonstração de que não pôde fazê-lo, em face de sua precária situação econômica. Há muitos condenados que, pelo próprio exame realizado pela Comissão Técnica de Classificação e por serem defendidos pela Defensoria Pública, são evidentemente pessoas pobres, de modo que fica dispensada a prova de reparação do dano. Ademais, por vezes, inexiste dano material (como se dá no caso de tráfico de drogas, cujo bem jurídico tutelado é a saúde pública) ou, mesmo que haja, não é demonstrado, nem apurado durante a instrução do processo onde se deu a condenação. Leva-se, também, em conta o desaparecimento da vítima ou seu desinteresse pelo ressarcimento.

Para os crimes hediondos é necessário cumprir 2/3 da pena, salvo se for reincidente específico, que não terá direito ao livramento condicional.

Há *três posições* acerca da reincidência específica: a) quem torna a praticar qualquer dos crimes previstos na Lei dos Crimes Hediondos (ex.: latrocínio + tráfico ilícito de entorpecentes); b) quem torna a praticar crime da mesma natureza, ou seja, que protege o mesmo bem jurídico (ex.: extorsão mediante sequestro + latrocínio); c) quem torna a praticar o mesmo tipo penal (ex.: estupro + estupro). Nesse caso, já que a lei não definiu o que vem a ser *reincidência específica*, cremos ser mais adequada a primeira posição, pois todos os delitos da Lei 8.072/1990 receberam o mesmo tratamento, de modo que a sua reiteração é igualmente perniciosa à sociedade. Em contrário, sustentando dever ser o mesmo tipo penal, conferir a posição de MARCELO FORTES BARBOSA: "Em resumo, só haverá reincidência específica se o réu praticar outro latrocínio, incidindo novamente no art. 157, § 3.º, do Código Penal, após o trânsito em julgado da primeira condenação por fato idêntico".[3]

Por ocasião da Reforma Penal de 1984, aboliu-se o sistema do duplo binário, que impunha ao condenado perigoso pena e medida de segurança, de modo que ele somente seria liberado, ao término de sua pena, caso cessasse a sua periculosidade. Entretanto, no tocante ao livramento condicional, manteve-se a análise desse aspecto da personalidade do sentenciado. Para que obtenha o benefício, é preciso demonstrar estar cessada a sua periculosidade; do contrário, não poderá sair em liberdade condicional. Trata-se de uma *prognose* – juízo de periculosidade que se projeta sobre o futuro, para prever se restaram elementos criminógenos que façam antever futuras reincidências.[4] É a "quase certeza" de que, voltando à sociedade, não tornará a delinquir. Nesse contexto, prevalece o preceito *in dubio pro societate*. Aos condenados por crimes violentos ou com grave ameaça à pessoa, tal exame é indispensável.

Segundo o art. 131 da Lei de Execução Penal, é indispensável o parecer do Conselho Penitenciário. Entretanto, o juiz não fica, em tese, vinculado nem ao referido parecer, nem à opinião do Ministério Público, podendo decidir de acordo com seu livre convencimento. O mais importante, nesse contexto, é a avaliação da Comissão Técnica de Classificação (ou exame criminológico), porque se trata da visualização real do comportamento do condenado durante a execução da pena. O magistrado não acompanha o preso no seu cotidiano, de modo que está impossibilitado de desmentir o parecer da mencionada Comissão, a não ser que possua elementos concretos, o que é bastante difícil.

Continuam viáveis e exigíveis, desde que presentes as circunstâncias descritas no parágrafo único do art. 83. O condenado por crime doloso, cometido com violência ou grave ameaça à pessoa, para auferir o benefício do livramento condicional, deve ser submetido à

---

[3] *Latrocínio*, p. 48.

[4] ALTAVILLA, *Psicologia judiciária*, v. 2, p. 403.

avaliação psicológica, demonstrando, então, condições pessoais que façam presumir que não tornará a delinquir.

Idêntico procedimento será adotado na concessão de livramento condicional, indulto e comutação de penas, respeitados os prazos previstos nas normas vigentes. Ora, o art. 112, *caput*, menciona que a progressão de regime se dará quando o condenado tiver cumprido ao menos um período da pena e *ostentar bom comportamento carcerário*, comprovado pelo diretor do estabelecimento prisional. Poderia, num primeiro momento, o disposto no mencionado § 2.º do art. 112 dar a entender que bastaria, para a concessão do livramento condicional, o atestado de boa conduta carcerária, embora seja interpretação errônea.

Este benefício passa a ser utilizado pelos que possuírem *bom* comportamento. Confira-se a Súmula vinculante 26: "Para efeito de progressão de regime no cumprimento de pena por crime hediondo, ou equiparado, o juízo da execução observará a inconstitucionalidade do art. 2.º da Lei 8.072, de 25 de julho de 1990, sem prejuízo de avaliar se o condenado preenche, ou não, os requisitos objetivos e subjetivos do benefício, podendo determinar, para tal fim, de modo fundamentado, a realização de exame criminológico". Embora a referida Súmula cuide da progressão de regime, torna-se evidente a aceitação da permanência e possibilidade de realização do exame criminológico, pelo STF, para o recebimento de benefícios, durante a execução penal. Portanto, quando for pleiteado o livramento condicional, em especial, nos quadros de crimes hediondos, pode o magistrado determinar a realização do mencionado exame, para auxiliar a formação do seu convencimento.

O juiz não está adstrito ao conteúdo do parecer, seja ele favorável ou desfavorável à concessão do livramento condicional. Entretanto, para contrapor-se ao conteúdo do parecer (ou do exame criminológico), deve apresentar fundamentos consistentes, extraídos das provas dos autos. Por outro lado, demanda cautela a avaliação dos comentários feitos pelos profissionais integrantes da Comissão Técnica de Classificação, ou seja, o assistente social não pode substituir-se ao psicológico, nem este ao psiquiatra. Cada qual deve emitir sua opinião fundada em seus próprios conhecimentos. Do contrário, pode-se ignorar a conclusão atingida.

3. LIVRAMENTO CONDICIONAL E *HABEAS CORPUS*

O *habeas corpus* não é meio idôneo para discutir a concessão ou não do livramento condicional, que necessita de uma série de procedimentos especiais, incompatíveis com o regime célere do remédio constitucional.

4. O EGRESSO E O LIVRAMENTO CONDICIONAL PARA ESTRANGEIRO

Egresso é o sentenciado que foi beneficiado pelo livramento condicional, possuindo essa denominação enquanto durar o seu período de prova (art. 26, II, LEP).

Nada impede seja concedido, inclusive para manter a plena igualdade com os brasileiros. Argumenta-se, para negá-lo, não poder o estrangeiro trabalhar, legalmente, no País, ou ainda a existência de decreto de expulsão. Se o Executivo resolver expulsar o estrangeiro, durante o cumprimento da pena, cuida-se de decisão discricionária sua, devendo ser cumprida. Entretanto, caso a decisão de expulsão se dê após o cumprimento da pena, nada impede seja o sentenciado colocado em livramento condicional. E mais: se a expulsão ocorrer após o cumprimento total da pena, cabe ao Governo providenciar um atestado de regularidade para o estrangeiro poder trabalhar legalmente enquanto isso. Não há sentido o Judiciário buscar suprir a falha do Executivo. Outro ponto interessante diz respeito ao caso em que o procedimento de expulsão nem mesmo teve início, ou seja, o Executivo não sabe da condenação do estrangeiro. Nessa hipótese, cabe ao juiz, ao conceder o livramento condicional (se já não o fez antes, por ocasião da decisão condenatória), comunicar o Ministério da Justiça para as providências cabíveis. Em suma, o condenado estrangeiro, com bom comportamento, cumpridos os mesmos requisitos que o brasileiro, tem direito ao livramento condicional.

5. LIVRAMENTO CONDICIONAL CAUTELAR

Trata-se de uma hipótese surgida na Vara das Execuções Penais de São Paulo, por conta do posicionamento de alguns magistrados interessados em obter uma forma intermediária para libertar o réu, sem a necessidade de transferi-lo para o desacreditado regime aberto, na modalidade de albergue domiciliar – onde inexiste qualquer fiscalização eficaz –, e não desejando aguardar, por longo período, o parecer, por vezes demorado, do Conselho Penitenciário.

Assim, concede-se o *livramento condicional cautelar*, colocando o sentenciado em liberdade, aguardando-se o referido parecer. Se for positivo, pode-se consolidar o benefício anteriormente deferido na forma antecipada por meio do poder geral de cautela do juiz; sendo negativo, pode-se revogar o benefício, fazendo o liberado retornar ao regime de onde saiu. Essa hipótese perdeu sua força porque os próprios sentenciados ingressaram com agravo em execução para *evitar* o livramento condicional, a fim de alcançar o regime aberto, cumprindo em casa (prisão-albergue domiciliar).

6. SOMA DAS PENAS PARA EFEITO DE LIVRAMENTO CONDICIONAL

É possível que o condenado possua penas fracionadas, nenhuma igual ou superior a dois anos, de modo que lhe seria impossível obter o livramento condicional, conforme disposição do art. 83, *caput*. Entretanto, pode-se realizar a soma das penas, o que é medida salutar de política criminal, para que o sentenciado possa atingir a liberdade antes do término de sua pena. Por outro lado, é fundamental somar as penas para atingir o *quantum* total e cabível no âmbito do cômputo dos prazos para a concessão do benefício.

7. CONDIÇÕES OBRIGATÓRIAS PARA O LIVRAMENTO CONDICIONAL

São as seguintes: a) obter ocupação lícita, dentro de prazo razoável, se for apto ao trabalho. Nesse caso, o juiz deve ter redobrado bom senso, pois pessoas sem qualquer condenação têm encontrado dificuldades para arranjar um emprego, quanto mais o sentenciado em liberdade condicional; b) comunicar ao juízo sua ocupação periodicamente; c) não mudar do território da comarca do Juízo da Execução, sem prévia autorização (art. 132, § 1.º, LEP).

7.1. Condições facultativas para o livramento condicional

São elas: a) não mudar de residência sem comunicação ao juiz e à autoridade incumbida da observação cautelar e de proteção; b) recolher-se à habitação em horário fixado; c) não frequentar determinados lugares; d) utilizar equipamento de monitoração eletrônica (art. 132, § 2.º, LEP).

8. REVOGAÇÃO DO LIVRAMENTO CONDICIONAL

É da sua própria essência poder ser revogado a qualquer tempo, tendo em vista que se cuida de uma antecipação da liberdade, submetida a rigorosos requisitos para sua manutenção. ANÍBAL BRUNO, nesse contexto, ensina que "o livramento condicional é um ensaio de libertação em que se põe à prova a capacidade do condenado para a reintegração na vida livre sem perigo para a ordem de Direito. Assim, é por sua própria natureza revogável".[5]

Uma das hipóteses de revogação obrigatória é a condenação por crime durante o curso do livramento. O juiz pode ordenar a prisão do liberado, suspendendo o livramento, ouvidos o Ministério Público e o Conselho Penitenciário, até final decisão da Justiça.

Quando o crime for cometido antes da liberação, mas após a concessão do livramento condicional, não há margem para a suspensão ou revogação do benefício. A lei é clara ao determinar que é causa de revogação do livramento condicional a prática de crime *durante* a vigência do benefício. Portanto, ainda que o condenado tenha cometido o delito após a *concessão* do benefício, mas *antes* da efetiva liberação, não pode ocasionar a revogação.

Havendo condenação definitiva por crime anterior ao livramento, a revogação somente se dará se a pena recebida, somada àquela que permitiu o livramento, torne incompatível o gozo da antecipação da liberdade. Ex.: o réu, condenado a 10 anos, tendo cumprido 4 anos, obtém livramento condicional. Posteriormente, faltando ainda 6 anos, é condenado a 15, por outro crime, cometido antes do benefício. Sua pena total é de 25 anos, de modo que se torna incompatível receber livramento condicional tendo cumprido somente 4 anos, ou seja, menos de 1/5 da pena.

Quando o condenado foge do presídio após a concessão do livramento condicional, mas antes da cerimônia obrigatória determinada pelo art. 137 da Lei de Execução Penal, não é caso de revogação, mas de torná-lo *insubsistente*.

Sobre a revogação facultativa, o juiz pode retirar o benefício, devendo, sempre que possível, além de ouvir antes o liberado, fazer nova advertência, reiterando-lhe as condições estabelecidas ou até mesmo agravando tais condições (art. 140, parágrafo único, LEP).

A lei não faz referência à prisão simples, de modo que, em tese, essa modalidade de pena não permitiria a revogação do benefício. Nessa hipótese, no entanto, deve prevalecer o prudente critério do juiz, pois uma condenação por contravenção penal, cometida durante o prazo do livramento, pode ser grave, permitindo a revogação ou não, a depender do caso concreto.

Lembremos que, para haver coerência com o art. 86, I (causas de revogação obrigatória), é preciso que o delito ou contravenção, de onde se originou a pena restritiva de direitos ou multa, deve ser praticado durante a vigência do livramento.

9. EFEITOS DA REVOGAÇÃO

São os seguintes: a) réu condenado por crime (e não contravenção) cometido anteriormente à concessão do livramento condicional, cujo montante da pena não permita que continue em liberdade, pode obter novo livramento, e o período em que esteve no gozo do benefício é computado como cumprimento de pena (art. 728 do CPP: "Se a revogação for motivada por infração penal anterior à vigência do livramento, computar-se-á no tempo da pena o período

---

[5] *Das penas*, p. 200.

em que esteve solto o liberado, sendo permitida, para a concessão de novo livramento, a soma do tempo das duas penas"); b) réu condenado por crime (e não contravenção) cometido durante a vigência do livramento não pode obter novo livramento, e o tempo em que ficou em liberdade é desprezado para fins de cumprimento de pena. Em tese, poderá obter livramento condicional na segunda condenação; c) réu perde o benefício do livramento porque descumpriu as condições impostas ou foi condenado por crime ou contravenção a pena de multa ou restritiva de direitos durante o prazo do livramento: não pode mais obter livramento quanto a esta pena e não se computa o tempo em que esteve solto como cumprimento da pena.

10. PRORROGAÇÃO E EXTINÇÃO DO LIVRAMENTO CONDICIONAL

Quando o condenado estiver respondendo a processo por crime cometido durante a vigência do benefício, prorroga-se automaticamente o período a fim de se constatar se não era o caso de revogação obrigatória (art. 86, I, CP). Sendo condenado definitivamente, o livramento será revogado com as consequências fixadas no art. 88.

Sobre a suspensão cautelar como garantia e necessidade, tendo em vista o posicionamento adotado pelos Tribunais Superiores (STF e STJ) de que o livramento condicional, se não for suspenso ou revogado, antes do término do período de prova, é considerado extinto, *mesmo que o condenado tenha cometido crime durante a sua vigência*, recomenda-se aos juízes que suspendam cautelarmente o benefício, determinando o recolhimento do sentenciado ao cárcere, tão logo tenham notícia de causa apta à revogação.[6]

Se os magistrados da execução não o fizerem, crendo que o período do livramento será automaticamente prorrogado, poderão levar o caso à extinção da punibilidade. Noutros termos, segundo pensamos, o período do livramento condicional deve ser prorrogado automaticamente, assim que o sentenciado comete novo delito durante sua vigência. Portanto, somente se houvesse condenação efetiva, deveria o livramento ser revogado. Contudo, assim não é a posição dos Tribunais Superiores. Diante disso, para evitar que o sentenciado cometa uma infração penal durante o período de livramento condicional e, mesmo desse modo, nada lhe ocorra, é fundamental que o juiz das execuções penais *suspenda cautelarmente* o benefício, independentemente da oitiva prévia do condenado.

11. NATUREZA DA DECISÃO QUE CONSIDERA EXTINTA A PENA

É declaratória, pois a própria lei estabelece que, findo o livramento, sem revogação, "considera-se extinta a pena". Lembre-se que, caso o condenado esteja respondendo por novo delito, cometido durante o prazo do livramento, está automaticamente prorrogado o seu término (art. 89). No entanto, fora a hipótese do cometimento de crime, o advento de outras causas de revogação não serve para prorrogar o período do livramento. Dessa forma, o ideal é que, constatada a falha do sentenciado, em qualquer sentido, o juiz suspenda cautelarmente o benefício; se não o fizer, ao fim do período, ocorrerá a extinção da punibilidade, sem viabilidade de revogação.

---

[6] Confira-se o teor da Súmula 617 do STJ, que dispõe: "A ausência de suspensão ou revogação do livramento condicional antes do término do período de prova enseja a extinção da punibilidade pelo integral cumprimento da pena".

12. LIVRAMENTO CONDICIONAL PARA ESTRANGEIRO

É controversa a possibilidade de estrangeiro obter livramento condicional. Posiciona-va-se, *majoritariamente*, a jurisprudência no sentido negativo. A única forma de romper essa barreira era o estrangeiro provar ter visto permanente no Brasil, endereço fixo e demonstrar, por certidão, não ter sido expulso.

Essa corrente tornou-se minoritária, em particular nos Tribunais Superiores (STF e STJ). Costuma-se alegar que, sem vínculo com o País e se estiver sob a perspectiva de ser expulso por causa do crime cometido, nada obrigaria o sentenciado a cumprir as condições do seu benefício. Por isso, o ideal seria cumprir sua pena em regime fechado para, depois, deixar o território nacional. O argumento peca, em primeiro lugar, por desigualar brasileiros e estrangeiros, ofendendo o princípio da dignidade da pessoa humana. Pouco importa se o estrangeiro, em gozo do livramento condicional, pode ser expulso e não cumprir mais a pena, afinal, mesmo estando em regime fechado, conforme o critério discricionário do Poder Exe-cutivo, ele pode ser expulso (sem cumprir a pena). Então, se preenchidos os requisitos do art. 83, deve ser concedido o livramento condicional também ao estrangeiro. Essa é, atualmente, a posição que nos convence, pelos motivos já expostos. Há que se ressaltar a existência de algu-mas hipóteses em que há tratado firmado pelo Brasil e país estrangeiro, para que este cumpra a decisão prolatada por juiz brasileiro (e vice-versa). É o caso de condenados provenientes do Canadá, Argentina e Chile, uma vez que tais países possuem tratado específico com o Brasil para a troca de presos, razão pela qual a sentença condenatória brasileira pode ser reconhecida nesses lugares, valendo, então, o cumprimento do livramento condicional no exterior.

A expulsão do estrangeiro antes do cumprimento da pena é possível, diante do preceitua-do pelo Estatuto do Estrangeiro, pois constitui ato discricionário do Presidente da República. Entretanto, se o Presidente determinar a expulsão somente após a sentença condenatória ser cumprida, é viável até, antes disso, colocar o preso em livramento condicional, aguardando-se o seu término para ocorrer a referida expulsão.

13. SUSPENSÃO CAUTELAR DO LIVRAMENTO CONDICIONAL

É viável, não necessitando da prévia oitiva do condenado. Afinal, cuida-se de medida cautelar, tão logo o juiz tome conhecimento de causa propícia à revogação, desde que a repute grave e sólida em primeira análise.

14. PRÉVIA OPORTUNIDADE DE DEFESA

Para a revogação, é sempre indispensável ouvir, antes, o liberado, permitindo-lhe o direito de ampla defesa.

RESUMO DO CAPÍTULO

▶ **Livramento condicional:** trata-se de um instituto de política criminal, destinado a permitir a redução do tempo de prisão com a concessão antecipada e provisória da liberdade do condenado, quando é cumprida pena privativa de liberdade, mediante o preenchimento de determinados requisitos e a aceitação de certas condições.

▶ **Requisitos para a concessão do livramento condicional:** a) ser condenado a pena privativa de liberdade igual ou superior a dois anos; b) ter cumprido mais de um terço (primário, com bons antecedentes) ou mais da metade (reincidente em crime doloso); c) comprovado comportamento satisfatório durante a execução da pena, bom desempenho no trabalho que lhe foi atribuído e aptidão para prover a própria subsistência mediante trabalho honesto; d) tenha reparado, salvo efetiva impossibilidade de fazê-lo, o dano causado pela infração; e) cumprido mais de dois terços da pena, nos casos de condenação por crime hediondo, prática da tortura, tráfico ilícito de entorpecentes e drogas afins, e terrorismo, se o apenado não for reincidente específico em crimes dessa natureza; f) para o condenado por crime doloso, cometido com violência ou grave ameaça à pessoa, a concessão do livramento ficará também subordinada à constatação de condições pessoais que façam presumir que o liberado não voltará a delinquir.

▶ **Efeitos da revogação:** a) réu condenado por crime (e não contravenção) cometido anteriormente à concessão do livramento condicional, cujo montante da pena não permita que continue em liberdade, pode obter novo livramento, e o período em que esteve no gozo do benefício é computado como cumprimento de pena (art. 728 do CPP: "Se a revogação for motivada por infração penal anterior à vigência do livramento, computar-se-á no tempo da pena o período em que esteve solto o liberado, sendo permitida, para a concessão de novo livramento, a soma do tempo das duas penas"); b) réu condenado por crime (e não contravenção) cometido durante a vigência do livramento não pode obter novo livramento, e o tempo em que ficou em liberdade é desprezado para fins de cumprimento de pena. Em tese, poderá obter livramento condicional na segunda condenação; c) réu perde o benefício do livramento porque descumpriu as condições impostas ou foi condenado por crime ou contravenção a pena de multa ou restritiva de direitos durante o prazo do livramento: não pode mais obter livramento quanto a esta pena e não se computa o tempo em que esteve solto como cumprimento da pena.

Capítulo XXXVIII

Efeitos da Condenação

1. CONCEITO E NATUREZA JURÍDICA DOS EFEITOS DA CONDENAÇÃO

São os efeitos secundários ou acessórios extrapenais da sentença. Proferida uma decisão condenatória, há efeitos principais e secundários; penais e extrapenais. No campo penal, o efeito principal da sentença é a aplicação da pena; o efeito secundário é mais amplo: geração de mau antecedente, reincidência, aptidão para revogar algum benefício penal, como o *sursis* ou o livramento condicional, entre outros. No campo extrapenal, os efeitos são sempre secundários e dividem-se em efeitos genéricos e específicos da sentença condenatória. Os genéricos são automáticos e valem para todos os delitos, mesmo que o juiz nem faça referência a eles na decisão (estão previstos no art. 91, CP). Os específicos somente legitimam-se para determinados delitos e, para a sua aplicação, é preciso que o magistrado os fixe na sentença (art. 92, CP).

Como ensina FREDERICO MARQUES, "ao lado dos efeitos que a condenação produz como ato jurídico, consequências dela derivam como fato ou acontecimento jurídico. A sentença condenatória, de par com seus efeitos principais, tem o que alguns denominam efeitos 'reflexos e acessórios', ou efeitos indiretos, que são consequência dos efeitos principais, ou efeitos da sentença como fato jurídico".[1] Como mencionamos, efeito principal da sentença condenatória é fixar a pena. Outros efeitos podem disso advir: são os secundários, que não devem ser confundidos com as antigas *penas acessórias*, extintas por ocasião da Reforma Penal de 1984. Entretanto, é indiscutível que alguns dos chamados "efeitos da condenação" – especialmente os do art. 92 do Código Penal – ganharam ares de penas acessórias *camufladas*. Dessa opinião comunga JAIR LEONARDO LOPES.[2]

---

[1] *Tratado de direito penal*, v. 3, p. 365.

[2] *Curso de direito penal*, p. 249.

As extintas penas acessórias – definidas pela doutrina como "sanção especial, de natureza complementar, expressiva de restrições impostas à capacidade jurídica do condenado"[3] – eram as seguintes: "perda de função pública, eletiva ou de nomeação", "interdições de direitos" e "publicação da sentença" (art. 67 do Código Penal de 1940). Entre as interdições de direitos estava a "incapacidade para o exercício do pátrio poder, tutela ou curatela".

Ao conferir a relação dos efeitos da condenação prevista no art. 92 do Código Penal atual, pode-se notar, com clareza meridiana, que ali estão as antigas "penas acessórias", agora com o nome de "efeitos da condenação". Dir-se-ia que as penas acessórias diferem dos efeitos da condenação porque estes, ao menos no caso do art. 92, como se vai analisar, são facultativos. Ocorre que as penas acessórias, segundo vários julgados do STF da época, também não decorriam automaticamente da sentença condenatória, merecendo ser impostas e fundamentadas pelos magistrados. Outros poderiam dizer que a diferença se concentra no fato de as penas acessórias dependerem das principais e sua aplicação estar jungida à graduação que a sentença tenha dado à pena privativa de liberdade. Assim também muitos dos efeitos da condenação (vide, no art. 92, o inciso I, *a* e *b*, que trata do *quantum* da pena, bem como o inciso II, que menciona o tipo de pena privativa de liberdade necessário).

As antigas penas acessórias apenas ganharam melhor denominação jurídica. De fato, os efeitos do art. 92 são, como dizem REALE JÚNIOR, DOTTI, ANDREUCCI e PITOMBO, "sanções jurídicas, visando a consequências outras que não de caráter penal. Não guardam cunho retributivo. Estão presididos pela finalidade de prevenção, na medida em que inviabilizam a manutenção de situações que propiciam a prática do fato delituoso, assim o desestimulando".[4]

Nesse prisma, é mais apropriado falar em "efeitos da condenação" do que em "penas acessórias", além de se evitar sempre a impressão de estar o Estado conferindo ao condenado duas penalidades pelo mesmo fato – a principal e a acessória –, num abrigo ilógico para o malfadado *bis in idem*. Apesar da alteração da nomenclatura, embora mantidas no sistema penal, não faltam críticos para sua existência. JAIR LEONARDO LOPES diz que elas "não educam, nem corrigem, porque não têm mobilidade na execução; elas não estimulam, porque humilham o condenado no seio da sua família (incapacidade para o exercício do pátrio poder ou da autoridade marital), no seio da sociedade (suspensão dos direitos políticos), no meio do grupo profissional (incapacidade para a profissão ou atividade). Elas acompanham o condenado, silenciosamente, como uma sombra negra, que não o ajuda, que não lhe desperta outro sentimento senão o da própria inferioridade".[5]

2. EFEITO GENÉRICO DE TORNAR CERTA A OBRIGAÇÃO DE REPARAR O DANO

Trata-se de efeito automático, que não necessita ser expressamente pronunciado pelo juiz na sentença condenatória e destina-se a formar título executivo judicial para a propositura da ação civil *ex delicto* (art. 91, I, CP).

Vale mencionar o seguinte alerta de FREDERICO MARQUES: "Se a sentença penal reconhece que o fato típico não é ilícito em virtude da ocorrência de uma das justificativas do art. 23 do Código Penal, ilicitude também não existe no Direito Civil, e isto em face do próprio artigo do Código Civil, que exclui a antijuridicidade do ato danoso quando há legítima defesa,

---

[3] BENTO DE FARIA, *apud* FREDERICO MARQUES, *Tratado de direito penal*, v. 3.

[4] *Penas e medidas de segurança no novo Código*, p. 259.

[5] Tese de concurso, *Da reabilitação no direito penal, Curso de direito penal*, p. 250.

exercício regular de um direito e o estado de necessidade (art. 160, ns. I, II) [atual art. 188, I e II]. Todavia, apesar de no estado de necessidade o ato agressivo se considerar lícito, eximido não se encontra seu autor de indenizar os prejuízos causados. Vigora aí o princípio, segundo expõe Alceu Cordeiro Fernandes, de que, 'embora lícito o ato, isto é, praticado de conformidade com o direito, cria, não obstante, para o agente a obrigação de indenizar, por isso que causa dano, diminui o patrimônio de outrem'. (...) A aplicação dos arts. 1.519 e 1.520 [atuais arts. 929 e 930] do Código Civil, depois de absolvido criminalmente o acusado em virtude do estado de necessidade, não significa violação do art. 65 do Código de Processo Penal. O juiz civil aceitou, como não poderia deixar de acontecer, o que reconheceu o juiz penal; todavia, mesmo em estado de necessidade, mesmo praticando um ato lícito, o causador do prejuízo deve repará-lo, porque assim o determina o Código Civil".[6]

Nesse caso, a sentença penal faz nascer o título executório, sem mais discussão sobre a culpa (*an debeatur*), restando a análise do valor da indenização (*quantum debeatur*). Após a reforma introduzida pela Lei 11.719/2008, tornou-se possível, também, a fixação, na sentença condenatória, de valor mínimo para a indenização civil em decorrência da prática da infração penal (art. 387, IV, CPP). Sob outro prisma, a sentença absolutória não serve de título executivo, aplicando-se-lhe, entretanto, o disposto nos arts. 64 e 66 do Código de Processo Penal. Quando houver anistia, permanece o dever de indenização na esfera cível. No caso de prescrição da pretensão executória, mantém a sentença a sua força de título executório, o mesmo não ocorrendo com a prescrição da pretensão punitiva. Nesta situação, deve a vítima discutir, no cível, a culpa do réu.

3. EFEITO GENÉRICO DA PERDA EM FAVOR DO ESTADO DOS INSTRUMENTOS DO CRIME, DESDE QUE BENS E VALORES DE ORIGEM ILÍCITA

É a hipótese do confisco (art. 91, II, *a*, CP), também automático, sem necessidade de ser declarado pelo juiz na sentença, largamente utilizada na antiguidade como pena total ou parcial. Nessa época, no entanto, terminava atingindo inocentes, como a família do réu, que perdia bens licitamente adquiridos por força de uma condenação que não deveria passar da pessoa do criminoso. Era medida desumana e injusta, até que, hoje, não mais se admite o confisco alcançando terceiros não participantes do delito (art. 5.º, XLV, CF).

Os efeitos da condenação não mais se relacionam com essa modalidade de pena odiosa, porque só afetam instrumentos usados para a prática do delito ou o produto conseguido pela atividade criminosa, nada possuindo de aberrante. Os instrumentos que podem ser confiscados pelo Estado são os ilícitos, vale dizer, aqueles cujos porte, uso, detenção, fabrico ou alienação são vedados. Ex.: armas de uso exclusivo do Exército ou utilizadas sem o devido porte; documentos falsos; máquinas de fabrico de dinheiro etc.

Não cabe para instrumentos de uso e porte lícitos: cadeira, automóvel, faca de cozinha etc. Exemplo interessante é encontrado na jurisprudência, autorizando a liberação do dinheiro, na esfera penal, apreendido em tentativa de evasão de divisas (sujeito é preso em revista feita pela Polícia Federal, buscando sair do Brasil com R$ 30.000,00 em moeda nacional rumo ao Paraguai), por não se tratar de coisa ilícita.[7] Como exceção, pode-se mencionar o confisco

---

[6] *Tratado de direito penal*, v. 3, p. 377.

[7] TRF-4.ª Região, Ap. 1999.70.02.004110-8/PR, 7.ª T., rel. Vladimir Freitas, 30.04.2002, v.u. O julgado é antigo, mas mantido apenas para ilustrar a parte teórica.

especial previsto na Lei de Drogas, que recai sobre veículos, embarcações, aeronaves e quaisquer outros meios de transporte, assim como os maquinismos, utensílios, instrumentos e objetos de qualquer natureza, utilizados para a prática dos crimes definidos nessa Lei, após a sua regular apreensão.

A Constituição Federal também menciona o confisco de glebas usadas para a cultura de plantas psicotrópicas, sem pagamento de qualquer tipo de indenização (art. 243).

4. PRODUTO E PROVEITO DO CRIME

Quanto ao produto do delito, trata-se daquilo que foi diretamente conquistado com a prática delituosa, tal como o dinheiro subtraído do banco ou a coleção de armas retirada de um colecionador. Além do produto, é possível que o delinquente converta em outros bens ou valores o que auferiu por conta do crime, dando margem ao confisco. Nesse caso, fala-se no proveito do crime. Ex.: o apartamento adquirido com o dinheiro roubado do estabelecimento bancário. Em ambas as situações, a perda é automática, decorrente de mera sentença condenatória em face de quem possuía o produto ou proveito, independentemente de ter o julgador se manifestado a respeito (art. 91, II, *b*, CP).

No entanto, para garantir que esses bens não sejam passados a terceiros, durante a investigação ou a instrução processual, é importante o Ministério Público ajuizar a medida assecuratória do sequestro, prevista no Código de Processo Penal, tornando os bens indisponíveis.

4.1. Efeito da contravenção penal

O art. 91, II, *a* e *b*, CP, não menciona a possibilidade de confisco no caso de contravenção penal, pois utiliza a palavra *crime* (instrumentos do crime e produto do crime), mas a *jurisprudência majoritária* prevê a possibilidade de esse efeito da condenação ser usado no contexto das contravenções penais. Onde está escrito "crime" leia-se "infração penal". Trata-se, de fato, da interpretação extensiva mais sintonizada com a finalidade da norma penal.

4.2. Medidas para alcançar o produto e o proveito do crime

Como regra, o produto do crime é objeto de apreensão. Assim ocorre quando a polícia, verificando que o agente esconde em sua casa o dinheiro levado de um banco, por exemplo, consegue mandado de busca e apreensão, invadindo o local para apropriar-se do *produto* do crime.

Entretanto, no tocante ao proveito do delito, não cabe proceder à apreensão, pois normalmente já foi convertido em bens diversos, móveis ou imóveis, possuindo a aparência de coisas de origem lícita. O delinquente que, empregando o dinheiro subtraído do banco, compra imóveis e carros, *v.g.*, deve ter esses bens sequestrados. Utiliza-se, então, a medida assecuratória prevista nos arts. 125 e 132 do Código de Processo Penal. Confira-se, a respeito, o nosso *Código de Processo Penal comentado*, notas aos arts. 125 a 144. E mais: não se deve confundir a apreensão do produto do crime e o sequestro do proveito do delito com outras medidas assecuratórias, que são a hipoteca legal, para tornar indisponíveis bens imóveis, e o arresto, para impedir a disposição dos bens móveis. Nessas hipóteses, tem-se por fim tomar bens do patrimônio lícito do criminoso, a fim de garantir a indenização à vítima ou ao Estado.

4.3. Efeitos específicos e obrigatórios

Em leis penais especiais, podemos encontrar alguns efeitos da sentença condenatória, que são gerados obrigatoriamente, vale dizer, por força de lei, não necessitando nem mesmo constar da decisão judicial. Exemplo disso é o disposto no art. 244-A da Lei 8.069/1990 (Estatuto da Criança e do Adolescente): "Submeter criança ou adolescente, como tais definidos no *caput* do art. 2.º desta Lei, à prostituição ou à exploração sexual: Pena – reclusão de 4 (quatro) a 10 (dez) anos, e multa, além da perda de bens e valores utilizados na prática criminosa em favor do Fundo dos Direitos da Criança e do Adolescente da unidade da Federação (Estado ou Distrito Federal) em que foi cometido o crime, ressalvado o direito de terceiro de boa-fé. § 1.º Incorrem nas mesmas penas o proprietário, o gerente ou o responsável pelo local em que se verifique a submissão de criança ou adolescente às práticas referidas no *caput* deste artigo. § 2.º *Constitui efeito obrigatório da condenação a cassação da licença de localização e de funcionamento do estabelecimento*" (grifamos).

4.4. Confisco de bens lícitos como forma de compensação

A medida assecuratória de sequestro tem por finalidade apreender o produto ou o proveito do crime; entretanto, por vezes, o agente do delito oculta tais bens (móveis ou imóveis), inclusive desviando-os ao exterior. A inviabilidade de localizá-los levou à alteração da lei, propiciando ao Estado sequestrar bens lícitos do criminoso como forma de compensação (art. 91, §§ 1.º e 2.º, CP). Portanto, tornando-se indisponíveis os valores encontrados, ainda que lícitos, obriga-se o condenado a optar entre perdê-los ou indicar o paradeiro dos valores desviados. Exemplo: o sentenciado desvia a quantia de quinhentos mil reais, transferindo-a para o exterior. Assim sendo, pode o Estado providenciar o sequestro de um imóvel do réu – de valor equivalente – como forma de compensação.

4.5. Apuração de enriquecimento ilícito

A reforma da Lei 13.964/2019 acrescentou o art. 91-A ao CP, nos seguintes termos: "Na hipótese de condenação por infrações às quais a lei comine pena máxima superior a 6 (seis) anos de reclusão, poderá ser decretada a perda, como produto ou proveito do crime, dos bens correspondentes à diferença entre o valor do patrimônio do condenado e aquele que seja compatível com o seu rendimento lícito".

Há mais preceitos fixados nos §§ 1.º ("para efeito da perda prevista no *caput* deste artigo, entende-se por patrimônio do condenado todos os bens: I – de sua titularidade, ou em relação aos quais ele tenha o domínio e o benefício direto ou indireto, na data da infração penal ou recebidos posteriormente; e II – transferidos a terceiros a título gratuito ou mediante contraprestação irrisória, a partir do início da atividade criminal"), 2.º ("o condenado poderá demonstrar a inexistência da incompatibilidade ou a procedência lícita do patrimônio"), 3.º ("a perda prevista neste artigo deverá ser requerida expressamente pelo Ministério Público, por ocasião do oferecimento da denúncia, com indicação da diferença apurada"), 4.º ("na sentença condenatória, o juiz deve declarar o valor da diferença apurada e especificar os bens cuja perda for decretada") e 5.º ("os instrumentos utilizados para a prática de crimes por organizações criminosas e milícias deverão ser declarados perdidos em favor da União ou do Estado, dependendo da Justiça onde tramita a ação penal, ainda que não ponham em perigo a segurança das pessoas, a moral ou a ordem pública, nem ofereçam sério risco de ser utilizados para o cometimento de novos crimes").

Sobre o *enriquecimento ilícito*, apesar de não haver titulação neste novo artigo, o que se busca, em verdade, é identificar o enriquecimento sem causa, confiscando-se o excesso.

O procedimento submete-se à condição fixada, que é a existência de qualquer infração penal cuja pena máxima seja superior a seis anos de reclusão. Em princípio, poder-se-ia defender a pesquisa sobre crimes do colarinho branco, mas esta não foi a opção legislativa. Baseou-se no critério da pena máxima. Assim sendo, até mesmo o homicídio comporta a verificação de enriquecimento ilícito. No entanto, a maior concentração se dará nos crimes de colarinho branco.

Houve época em que projetos de lei foram elaborados no sentido de considerar crime autônomo o *enriquecimento ilícito*. Muita polêmica se criou, em particular quanto ao ônus da prova. Quem deveria provar que o patrimônio amealhado por alguém é justificado ou injustificado? Por isso, o crime não chegou a ser aprovado. Agora, de maneira diversa, estabelece-se um efeito da condenação, que é a detecção de patrimônio sem causa lícita. Não se trata de crime, mas de um efeito da condenação, quando, então, deverá o órgão acusatório demonstrar ao juiz, durante a instrução, que a diferença entre o valor do patrimônio do condenado e aquele que seja compatível com seu rendimento lícito é falaciosa. Noutros termos, com os rendimentos declarados pelo acusado, jamais teria o patrimônio amealhado.

Enumera-se no § 1.º qual é o patrimônio considerado para os fins deste artigo. Constitui-se de todos os bens de sua titularidade, ou em relação ao quais ele tenha o domínio e o benefício direto ou indireto, na data da infração penal ou recebidos posteriormente. Assim também os bens transferidos a terceiros, a título gratuito ou mediante contraprestação irrisória a partir do início da atividade criminal. Em verdade, essas transferências a título gratuito, depois do início da atividade criminal (investigação ou processo) funcionam como a fraude à execução, existente na esfera cível.

O disposto pelo § 2.º define que "o condenado poderá demonstrar a inexistência da incompatibilidade ou a procedência lícita do patrimônio". Esse interesse, por óbvio, existe, mas não se pode, jamais, concebê-lo como a inversão do ônus da prova. Cabe ao acusador essa prova. O disposto neste § 2.º nem precisaria existir.

Quanto ao pedido inicial, a fim de proporcionar a devida ampla defesa e o contraditório, o MP deve solicitar a perda patrimonial, desde a denúncia, pelo crime que também se apura, propiciando a defesa completa do réu, tanto em face da imputação criminal quanto da análise do patrimônio. Após a instrução, debatendo a parte criminal e a parte cível, caso se concretize a parte criminal, pode-se então declarar o valor da diferença apurada entre o patrimônio lícito e o ilícito, especificando-se a perda de certos bens.

Como consequência natural, os instrumentos usados para a prática do crime por organizações criminosas e milícias serão perdidos em favor da União ou do Estado. Esse confisco será imposto mesmo que não coloquem em risco a segurança das pessoas, a moral ou a ordem pública, nem ofereçam qualquer outro risco.

5. EFEITO ESPECÍFICO DA PERDA DE CARGO, FUNÇÃO PÚBLICA OU MANDATO ELETIVO

Trata-se de efeito não automático, que precisa ser explicitado na sentença, de modo fundamentado, independente de pedido da acusação, respeitados os seguintes pressupostos: a) nos crimes praticados com abuso de poder ou violação do dever para com a Administração Pública, quando a pena aplicada for igual ou superior a um ano; b) nos demais casos, quando a pena for superior a quatro anos (art. 92, I, a e b, CP). Porém, quando se tratar de crime contra a mulher, por razões da condição do sexo feminino, nos termos do § 1.º do art. 121-A do

Código Penal, esses efeitos serão automáticos, representando uma forma de punição a mais ao agressor. Além disso, o § 2.º do art. 92 criou mais um efeito: é vedada a nomeação, designação ou diplomação do agente da agressão em qualquer cargo, função pública ou mandato eletivo entre o trânsito em julgado da condenação até o efetivo cumprimento da pena.

Cargo público é o cargo criado por lei, com denominação própria, número certo e remunerado pelos cofres do Estado (Estatuto dos Funcionários Públicos Civis da União), vinculando o servidor à administração estatutariamente; *função pública* é a atribuição que o Estado impõe aos seus servidores para realizarem serviços nos Três Poderes, sem ocupar cargo ou emprego. Há dispositivo especial na Lei 7.716/1989, que dispõe sobre o racismo, a respeito da perda do cargo para o servidor público que incidir nas penas dessa lei ("Art. 16. Constitui efeito da condenação a perda do cargo ou função pública, para o servidor público, e a suspensão do funcionamento do estabelecimento particular por prazo não superior a 3 (três) meses").

Quanto ao *mandato eletivo*, a Constituição Federal trata do assunto no art. 15: "É vedada a cassação de direitos políticos, cuja perda ou suspensão só se dará nos casos de: (...) III – condenação criminal transitada em julgado, enquanto durarem seus efeitos" (vide, ainda, o art. 55, IV e VI, da CF, cuidando da perda do mandato por condenação criminal). Ressalte-se, no entanto, que, nesse caso – condenação criminal –, cabe à Câmara dos Deputados ou ao Senado Federal, tratando-se de parlamentar federal, por meio de voto secreto e por maioria absoluta, mediante provocação da Mesa ou de partido político, garantida a ampla defesa, decidir pela perda do mandato (art. 55, § 2.º, CF).

Na realidade, há duas posições: a) seguir o art. 15, III, CF, afirmando que o parlamentar condenado, com os direitos políticos suspensos, não pode exercer o mandato, que se supõe perdido em face da decisão judicial, sem necessidade de votação pelo Congresso; b) seguir o disposto pelo art. 55, § 2.º, CF, que é norma especial em relação ao referido art. 15, razão pela qual, mesmo diante de decisão judicial, impondo a perda do mandato, deve haver votação pela Casa Legislativa competente (Senado ou Câmara, conforme o caso). Esta última, como já expusemos, é a posição que defendemos. Atualmente, embora o STF esteja dividido, prevalece também a segunda.[8]

5.1. Imposição de penas alternativas à prisão

Não se elimina a viabilidade de perda do cargo, função ou mandato. Afinal, a lei menciona, apenas, a condenação a pena privativa de liberdade igual ou superior a um ano, por crime funcional. Eventuais benefícios penais, visando ao não cumprimento da pena em regime carcerário, não afeta o efeito da condenação.

5.2. Perda de emprego público e aposentadoria

Emprego público é o posto criado por lei na estrutura hierárquica da Administração Pública, com denominação e padrão de vencimentos próprios, embora seja ocupado por servidor que possui vínculo contratual, sob a regência da CLT (ex.: escrevente judiciário contratado pelo regime da CLT).

Segundo nos parece, em interpretação extensiva e sistemática, deve-se envolver o ocupante de emprego público no art. 92 do Código Penal. Afinal, se a condenação criminal permite a perda do cargo e da função, logicamente deve-se abranger o emprego público, cuja diferença única existente com o cargo é que o ocupante deste é submetido a regime estatutário, enquanto o ocupante de emprego público é submetido a regime contratual (CLT).

---

8   AP 565/RO, Plenário, rel. Min. Cármen Lúcia, 07 e 08.08.2013, m.v., *Informativo* 714.

A aposentadoria, direito à inatividade remunerada, não é abrangida pelo disposto no art. 92. A condenação criminal, portanto, somente afeta o servidor ativo, ocupante efetivo de cargo, emprego, função ou mandato eletivo. Caso já tenha passado à inatividade, não mais estando em exercício, não pode ser afetado por condenação criminal, ainda que esta advenha de fato cometido quando ainda estava ativo. Se for cabível, a medida de cassação da aposentadoria deve dar-se na órbita administrativa, não sendo atribuição do juiz criminal.

6. EFEITO ESPECÍFICO DA INCAPACIDADE PARA O PODER FAMILIAR, TUTELA OU CURATELA

Trata-se de efeito não automático e permanente, que necessita ser declarado na sentença condenatória, de maneira fundamentada, independente de pedido da acusação. É aplicável aos condenados por crimes dolosos, sujeitos à pena de reclusão, cometidos contra outrem igualmente titular do mesmo poder familiar, contra filho, filha ou outro descendente, tutelado ou curatelado, bem como aos crimes cometidos contra a mulher por razões da condição do sexo feminino, nos termos do § 1.º do art. 121-A do Código Penal (art. 92, II, CP).[9]

Pouco interessa, nesse caso, qual o montante da pena aplicada, importando somente se tratar de crime sujeito a pena de reclusão. Embora seja de aplicação rara, ou por esquecimento do magistrado ou porque este se convence de sua inutilidade no campo reeducativo e pedagógico (lembremos que o efeito é permanente, podendo fomentar o descrédito do pai ou da mãe no lar em relação ao filho, mesmo depois de cumprida a pena), o fato é que a lei civil também prevê a hipótese de perda do poder familiar em caso de condenação. No caso de delito contra a mulher, cuida-se de imposição sempre obrigatória e automática.

Dispõe o art. 1.638, parágrafo único, do Código Civil (com a redação dada pela Lei 13.715/2018) o seguinte: "perderá também por ato judicial o poder familiar aquele que: I – praticar contra outrem igualmente titular do mesmo poder familiar: a) homicídio, feminicídio ou lesão corporal de natureza grave ou seguida de morte, quando se tratar de crime doloso envolvendo violência doméstica e familiar ou menosprezo ou discriminação à condição de mulher; b) estupro ou outro crime contra a dignidade sexual sujeito à pena de reclusão; II – praticar contra filho, filha ou outro descendente: a) homicídio, feminicídio ou lesão corporal de natureza grave ou seguida de morte, quando se tratar de crime doloso envolvendo violência doméstica e familiar ou menosprezo ou discriminação à condição de mulher; b) estupro, estupro de vulnerável ou outro crime contra a dignidade sexual sujeito à pena de reclusão".

Sob outro aspecto, constitui forma de suspensão do poder familiar a condenação por sentença irrecorrível, em face de delito cuja pena ultrapasse dois anos de prisão (art. 1.637, parágrafo único, CC). Nesta hipótese, pouco importa se o crime é apenado com reclusão ou detenção (fala-se somente em *prisão*) ou mesmo se tem a infração penal como vítima o filho. O fundamento é a prisão efetiva, em regime incompatível com o exercício do poder familiar

---

[9] A Lei 13.715/2018 modificou a redação do inciso II do art. 92 do Código Penal, adaptando, de modo correto, a expressão "pátrio poder" para "poder familiar", como previsto no Código Civil. Inseriu, de modo inédito, como vítima do delito a outra pessoa que detém o mesmo poder familiar. Isso significa a hipótese de o pai agredir a mãe ou o contrário (ambos têm o poder familiar). Além disso, incluiu, no rol das vítimas do crime cometido pelo genitor, a "filha" e "outro descendente". Quanto ao termo "filha", a alteração foi desnecessária (a palavra "filho" já envolvia o feminino). Inseriu-se, ainda, devidamente, outros descendentes, como netos, bisnetos etc.

Cap. XXXVIII – Efeitos da Condenação   757

(ex.: aquele que está em regime fechado não tem condições de cuidar do filho). No entanto, se o genitor for condenado a regime semiaberto ou aberto, possuindo condições de criar os filhos, a suspensão se torna desnecessária.

6.1. Alcance da incapacidade para o exercício do poder familiar, tutela ou curatela

O pai ou a mãe, quando condenado por crime sujeito a pena de reclusão, cometido contra o outro detentor do poder familiar, do filho (filha) ou outro descendente deve perder o poder familiar no tocante a todos os descendentes – e não somente quanto ao filho agredido. O tutor ou curador deve perder a tutela ou curatela no âmbito de todos os tutelados ou curatelados – e não apenas quanto à vítima do delito.

Entendíamos de maneira diversa e alteramos a nossa posição. Parecia-nos injustificável que a perda do poder familiar se estendesse a todos os filhos, quando apenas um descendente tivesse sido agredido pelo genitor. A modificação de nosso entendimento deve-se a dois aspectos fundamentais: a) houve alteração do Código Civil (art. 1.638, parágrafo único). Nesse dispositivo, o legislador sinalizou, de maneira clara, o objetivo de afastar o poder familiar do agressor do descendente e, *também,* quando lesionar o outro detentor do poder familiar (o pai que vitimiza a mãe ou o contrário). No cenário da violência doméstica, portanto, se o companheiro cometer feminicídio de sua companheira deve perder o poder familiar no tocante aos filhos. Do mesmo modo, se estuprar uma filha, perderá o poder familiar no concernente a todos os demais descendentes. Se a mãe matar um dos filhos, não mais exercerá o poder familiar quanto aos outros; b) a vivência em inúmeros julgamentos nos fez perceber que o desafio constante para vencer a violência doméstica e familiar demanda posições seguras e determinadas quanto ao agressor. Se o marido (companheiro, namorado, noivo) agride violentamente a sua esposa está demonstrando a sua incapacidade de lidar com a família, logo, de criar e educar seus filhos com o merecido zelo e, mais que tudo, dando o exemplo de serenidade e bom senso (nesta hipótese, o efeito tornou-se automático). O ascendente, ao estuprar um descendente vulnerável, por exemplo, emite o claríssimo sinal da sua incapacidade de exercer o poder familiar não somente em relação à vítima, mas também no tocante aos demais filhos ou netos. A tutela da dignidade humana, sobretudo no cenário familiar, leva-nos a acreditar na indispensabilidade de extensão da perda do poder familiar do agressor em relação a todos os seus descendentes.

Não há mais tempo para decisões judiciais estreitas nesse contexto. Quem é capaz de agredir, com violência ou grave ameaça, os seus próprios familiares não têm condições de exercer o papel exigido pelo poder familiar, tal como exposto na lei civil. Diante disso, não importa se a lesão é voltada a um dos filhos, tutelados ou curatelados; quem o fez, evitando-se males futuros, deve perder, totalmente, o poder familiar, a tutela ou a curatela de quem quer que seja.

Atualmente, cabe ao Judiciário zelar pela defesa incontestável da família (em particular, a tutela da mulher, como prevê a Lei Maria da Penha), tomando as mais adequadas e amplas medidas contra os agressores.

7. EFEITO ESPECÍFICO DA INABILITAÇÃO PARA DIRIGIR VEÍCULO

Trata-se de efeito não automático, que precisa ser declarado na sentença condenatória e somente pode ser utilizado quando o veículo for usado como meio para a prática de crime doloso. A nova legislação de trânsito não alterou esse efeito da condenação, pois, no caso presente, o veículo é usado como instrumento de delito doloso, nada tendo a ver com os crimes culposos de trânsito.

Como lembra Frederico Marques, "quem usa do automóvel, intencionalmente, para matar ou ferir alguém, não está praticando um 'delito do automóvel', mas servindo-se desse veículo para cometer um homicídio doloso, ou crime de lesão corporal também dolosa".[10]

Convém mencionar, ainda, o caso verdadeiro, narrado por Basileu Garcia, de certo indivíduo que, com ódio de um guarda que várias vezes o havia multado por excesso de velocidade, vendo-o, certo dia, em serviço na rua, atropelou-o. Destaca o mestre paulista como o veículo pode ser não só um meio para a prática de crimes dolosos, mas, ainda, de delitos qualificados pela insídia.[11]

A Lei 13.804/2019 introduziu o art. 278-A ao Código de Trânsito Brasileiro, prevendo o seguinte: "O condutor que se utilize de veículo para a prática do crime de receptação, descaminho, contrabando, previstos nos arts. 180, 334 e 334-A do Decreto-Lei n.º 2.848, de 7 de dezembro de 1940 (Código Penal), condenado por um desses crimes em decisão judicial transitada em julgado, terá *cassado seu documento de habilitação ou será proibido de obter a habilitação para dirigir veículo automotor pelo prazo de 5 (cinco) anos.* § 1.º O condutor condenado poderá requerer sua reabilitação, submetendo-se a todos os exames necessários à habilitação, na forma deste Código. § 2.º No caso do condutor preso em flagrante na prática dos crimes de que trata o *caput* deste artigo, poderá o juiz, em qualquer fase da investigação ou da ação penal, se houver necessidade para a garantia da ordem pública, como medida cautelar, de ofício, ou a requerimento do Ministério Público ou ainda mediante representação da autoridade policial, decretar, em decisão motivada, a suspensão da permissão ou da habilitação para dirigir veículo automotor, ou a proibição de sua obtenção" (grifamos).

RESUMO DO CAPÍTULO

▸ **Efeitos da sentença condenatória:** há consequências penais e extrapenais. As penais são, principalmente, o cumprimento da pena imposta; em segundo plano, os efeitos gerados para fim de reincidência, sustação do livramento condicional ou do *sursis* etc. Há os efeitos extrapenais, que atingem outras esferas do direito. Podem ser genéricos e automáticos ou específicos e não automáticos.

▸ **Efeitos extrapenais genéricos e automáticos:** constando ou não da sentença condenatória, mas em virtude dessa decisão, o Estado pode confiscar os instrumentos ilícitos usados para o crime, bem como o produto e o proveito do delito. Além disso, torna certa a obrigação do réu de reparar o dano à vítima.

▸ **Efeitos extrapenais específicos e não automáticos:** para produzirem efeito, devem constar expressamente na sentença condenatória. O agente, quando funcionário público, pode perder o cargo, função, emprego ou mandato eletivo para crimes funcionais, cuja pena mínima seja de um ano e para qualquer crime cuja pena exceda quatro anos. Pode o condenado perder o poder familiar, a tutela ou a curatela, em crimes cometidos contra o filho, a filha, outro descendente, tutelado ou curatelado, desde que a pena seja de reclusão. Finalmente, pode perder o direito de dirigir veículo, caso este seja usado para a prática dolosa do delito. Quando o crime é contra a mulher, nos termos do art. 92, § 2.º, os efeitos dos incisos I e II desse parágrafo são automáticos.

---

[10] *Tratado de direito penal*, v. 4.

[11] Citação de Almeida Júnior e Costa Júnior, *Lições de medicina legal*, p. 257.

Capítulo XXXIX

Reabilitação

1. CONCEITO

É a declaração judicial de reinserção do sentenciado ao gozo de determinados direitos que foram atingidos pela condenação. Ou, como ensinam REALE JÚNIOR, DOTTI, ANDREUCCI e PITOMBO, "é uma medida de Política Criminal, consistente na restauração da dignidade social e na reintegração no exercício de direitos, interesses e deveres, sacrificados pela condenação".[1] Antes da Reforma Penal de 1984, era causa extintiva da punibilidade (art. 108, VI, CP/1940); atualmente é instituto autônomo que tem por fim estimular a regeneração.

2. CRÍTICA AO INSTITUTO

Tal como foi idealizado e de acordo com o seu alcance prático, trata-se, em verdade, de instituto de pouquíssima utilidade. Suas metas principais são garantir o sigilo dos registros sobre o processo e a condenação do sentenciado, bem como proporcionar a recuperação de direitos perdidos por conta dos efeitos da condenação. Ocorre que, no art. 202 da Lei de Execução Penal, consta que, "cumprida ou extinta a pena, não constarão da folha corrida, atestados ou certidões fornecidas por autoridade policial ou por auxiliares da Justiça, qualquer notícia ou referência à condenação, salvo para instruir processo pela prática de nova infração penal ou outros casos expressos em lei". Portanto, o sigilo já é assegurado pela referida norma, logo após o cumprimento ou extinção da pena. Por outro lado, poder-se-ia argumentar

---

[1] *Penas e medidas de segurança no novo Código*, p. 263.

com a recuperação de direitos perdidos em virtude dos efeitos da condenação, mas o próprio Código reduz a aplicação ao art. 92, III ("inabilitação para dirigir veículo, quando utilizado como meio para a prática de crime doloso").

Os autores da Reforma Penal de 1984 buscam justificar a importância da reabilitação dizendo que vai além do preceituado no art. 202 da LEP, pois restaura a "dignidade, ofendida pela mancha da condenação, restaurando ao condenado o seu prestígio social".[2] Com a devida vênia, nem o condenado tem interesse nessa declaração de *reinserção social*, que quase nenhum efeito prático possui, como também dificilmente o prestígio social é recuperado, pelos próprios costumes da sociedade e diante da atitude neutra e, por vezes, hostil do Estado frente ao condenado. Pode até ser que seja resgatado, mas não será por intermédio da reabilitação e sim pela nova postura adotada pelo sentenciado após o cumprimento da sua pena. E diz, com razão, JAIR LEONARDO LOPES: "Nenhum condenado quererá sujeitar-se a chamar a atenção sobre a própria condenação, depois de dois anos do seu cumprimento ou depois de extinta a punibilidade, quando já vencidos os momentos mais críticos da vida do egresso da prisão, que são, exatamente, aqueles dos primeiros anos de retorno à vida em sociedade, durante os quais teria enfrentado as maiores dificuldades e talvez a própria rejeição social, se dependesse da reabilitação, e não lhe tivesse sido assegurado o sigilo da condenação por força do art. 202 da LEP. (...) Se alguém se der ao luxo de pesquisar em qualquer comarca, tribunal ou mesmo nos repertórios de jurisprudência qual o número de pedidos de reabilitação julgados, terá confirmação da total indiferença pela declaração judicial preconizada".[3]

Assim não parece a TOURINHO FILHO, que defende a utilidade do instituto, chamando a atenção para o seguinte aspecto: menciona que o art. 202 da Lei de Execução Penal assegura o sigilo dos dados referentes a condenações anteriores de maneira mais branda do que o faz a reabilitação. Para chegar a tal conclusão, refere-se à parte final do art. 202, dizendo que o sigilo pode ser rompido "para instruir processo pela prática de nova infração penal ou outros casos expressos em lei", servindo, pois, não somente para processos criminais, mas, também, para concursos públicos, inscrição na OAB e fins eleitorais. No caso de ser concedida a reabilitação, argumenta, somente o juiz poderia quebrar o sigilo instaurado, como se vê do disposto no art. 748 do Código de Processo Penal.[4] Não nos parece tenha razão. A Lei de Execução Penal é lei mais recente, disciplinando exatamente o mesmo assunto, motivo pelo qual, nesse prisma, revogou o disposto no Código de Processo Penal. Portanto, reabilitado ou não, os dados constantes da folha de antecedentes do condenado serão exibidos sempre que houver requisição judicial ou para outros fins previstos em lei. Demonstre-se o nosso ponto de vista pela realidade. Não há interesse algum por parte de condenados de requerer a sua reabilitação, pois não veem vantagem alguma nisso, até porque os concursos públicos e demais órgãos do Estado, quando autorizados por lei, continuam, normalmente, a requisitar certidões de inteiro teor a respeito dos antecedentes do sentenciado, o que é perfeitamente viável.

3. COMPETÊNCIA E PROCEDIMENTO

A competência para a concessão de reabilitação é do juiz da condenação, nos termos do art. 743 do Código de Processo Penal, nessa parte não revogado. A Lei de Execução Penal,

---

[2]   *Penas e medidas de segurança no novo Código,* p. 268.

[3]   *Curso de direito penal,* p. 252.

[4]   *Código de Processo Penal comentado,* v. 2, p. 489-490.

nada tendo disposto a respeito do tema, não transferiu ao juiz da execução a competência para tratar da reabilitação.[5]

A denominada reabilitação *em porções é vedada*. Ela ocorreria caso o sentenciado fosse, aos poucos, se reabilitando após o cumprimento ou a extinção de cada uma de suas várias penas, o que é inadmissível. Deve, primeiro, cumprir todas as penas e somente depois pedir a reabilitação.

A reabilitação pode ser pedida dois anos após a extinção ou término da pena, incluindo nesse período o prazo do *sursis* ou do livramento condicional, se não houver revogação. Ex.: o condenado a uma pena de um ano de reclusão recebe a suspensão condicional da pena pelo prazo de dois anos. Findo o *sursis* sem revogação, o juiz declara extinta a pena. O sentenciado pode, de imediato, pedir a reabilitação, pois decorreram os dois anos necessários. Entretanto, se não receber a suspensão condicional da pena e cumprir um ano de reclusão em regime aberto, somente após dois anos da extinção da sua pena poderá pedir a reabilitação. No primeiro caso, levou dois anos para poder requerer o benefício; no segundo, foi obrigado a aguardar três anos. Lembre-se que a extinção da pena pode se dar não somente pelo seu cumprimento, mas por qualquer outra forma: prescrição, indulto, *abolitio criminis* etc. Outra nota que merece destaque é a seguinte: caso o *sursis* ou o livramento condicional tenham prazos maiores que dois anos, é natural que o condenado tenha de esperar o final para requerer a reabilitação.

A reabilitação é tratada no Título IV, Capítulo II (arts. 743 a 750), do Código de Processo Penal, não estando revogados os dispositivos compatíveis com o Código Penal de 1984, até porque a Lei de Execução Penal não cuidou do tema.[6] Assim, mantém-se o art. 744 do CPP, que exige, para instruir o pedido de reabilitação, os seguintes documentos: a) certidões de antecedentes do condenado das comarcas onde residiu durante os dois anos posteriores à extinção da pena; b) atestados de autoridades policiais ou outros documentos que mostrem ter residido nas comarcas indicadas e mantido bom comportamento; c) atestados de bom comportamento fornecidos por pessoas a cujo serviço tenha estado. O bom comportamento deve seguir durante todo o processo de reabilitação, e não somente no período de dois anos necessário para fazer o pedido; d) outros documentos que provem sua regeneração; e) prova de ter ressarcido o dano ou não poder fazê-lo. Não mais tem aplicação o art. 743 do CPP, exigindo quatro a oito anos após a execução da pena ou da medida de segurança detentiva para ingressar com o pleito de reabilitação.

Quanto à reparação do dano à vítima, há quem entenda que, não encontrada a pessoa ofendida, deve a reparação do dano ser consignada em juízo, o que não é efetivamente o espírito da lei. O critério de *reparação do dano* deve ser amplo e flexível, ainda que possa abranger atualização monetária, quando for o caso. Quando o crime não causar prejuízo – o que pode ocorrer em alguns casos, *v.g.*, alguns crimes de perigo –, não há que se exigir tal requisito do condenado.

Havendo o indeferimento da reabilitação, nesse ponto está revogado o art. 749 do Código de Processo Penal, que exigia o prazo mínimo de dois anos para renovar o pleito. Pode ser renovado assim que houver novos dados ou provas.

---

[5]   No mesmo sentido está a posição de Carlos Frederico Coelho Nogueira, Efeitos da condenação, reabilitação e medidas de segurança, p. 138.

[6]   Na mesma ótica: Carlos Frederico Coelho Nogueira, Efeitos da condenação, reabilitação e medidas de segurança, p. 138.

Aliás, da decisão denegatória da reabilitação cabe apelação. Por outro lado, quando o juiz a conceder, segundo o disposto no art. 746 do CPP, caberá recurso de ofício. Algumas vozes entendem revogada essa norma, sem que haja, no entanto, qualquer motivo a tanto. Outras modalidades de recurso de ofício subsistem normalmente no Código de Processo Penal, de forma que inexiste razão para a revogação no caso da reabilitação.[7]

Se houver decretação da extinção da punibilidade pela prescrição da pretensão punitiva, afastando o *jus puniendi* do Estado, inexiste fundamento para o pedido de reabilitação. Entretanto, a prescrição da pretensão executória, que somente tem o condão de evitar a aplicação da sanção principal decorrente da decisão condenatória, permite a reabilitação.

A reabilitação e a reincidência são institutos diversos, embora possuam conexões: a) a reabilitação não extingue a condenação anterior para efeito de reincidência, de modo que o reabilitado, cometendo novo crime, pode tornar-se reincidente; b) a reincidência pode servir para revogar a reabilitação.

Por derradeiro, a reabilitação é pessoal e não pode ser requerida por sucessores ou herdeiros, diferentemente da revisão criminal.

RESUMO DO CAPÍTULO

▶ **Reabilitação:** é a declaração judicial de reinserção do sentenciado ao gozo de determinados direitos que foram atingidos pela condenação.

▶ **Abrangência:** só há um efeito prático: permitir que a pessoa readquira o direito de dirigir veículo, retirando nova habilitação.

▶ **Procedimento:** mantém-se o art. 744 do CPP, que exige, para instruir o pedido de reabilitação, os seguintes documentos: a) certidões de antecedentes do condenado das comarcas onde residiu durante os dois anos posteriores à extinção da pena; b) atestados de autoridades policiais ou outros documentos que mostrem ter residido nas comarcas indicadas e mantido bom comportamento; c) atestados de bom comportamento fornecidos por pessoas a cujo serviço tenha estado. O bom comportamento deve seguir durante todo o processo de reabilitação, e não somente no período de dois anos necessário para fazer o pedido; d) outros documentos que provem sua regeneração; e) prova de ter ressarcido o dano ou não poder fazê-lo. Não mais tem aplicação o art. 743 do CPP, exigindo quatro a oito anos após a execução da pena ou da medida de segurança detentiva para ingressar com o pleito de reabilitação.

---

[7] Na mesma posição: J. CABRAL NETTO (Recurso *ex officio*, *RT* 692/242); CARLOS FREDERICO COELHO NOGUEIRA (Efeitos da condenação, reabilitação e medidas de segurança, p. 139).

Capítulo XL

Medidas de Segurança

1. CONCEITO E NATUREZA JURÍDICA

Trata-se de uma espécie de sanção penal, com caráter preventivo e curativo, visando a evitar que o autor de um fato havido como infração penal, inimputável ou semi-imputável, mostrando periculosidade, torne a cometer outro injusto e receba tratamento adequado. JAIR LEONARDO LOPES conceitua: "é o meio empregado para a defesa social e o tratamento do indivíduo que comete crime e é considerado inimputável".[1] E FREDERICO MARQUES ensina: "é uma sanção penal que se aplica contra aquele que praticou um fato penalmente ilícito e se revela perigoso. Ela tem por fim evitar que o delinquente volte a praticar novas infrações penais, segregando-o, assim, para o tratamento devido".[2]

Em posição análoga ao conceito que fornecemos *supra* estão os posicionamentos de PIERANGELI e ZAFFARONI, sustentando ser a medida de segurança uma forma de pena, pois, sempre que se tira a liberdade do homem, por uma conduta por ele praticada, na verdade o que existe é uma pena. Toda privação de liberdade, por mais terapêutica que seja, para quem a sofre não deixa de ter um conteúdo penoso. Assim, pouco importa o nome dado, e sim o efeito gerado.[3] É a postura majoritária.

Para LUIZ VICENTE CERNICCHIARO e ASSIS TOLEDO, no entanto, em visão minoritária, a medida de segurança é instituto de caráter "puramente assistencial ou curativo", não sendo nem mesmo necessário que se submeta ao princípio da legalidade e da anterioridade.[4] Seria medida pedagógica e terapêutica, ainda que restrinja a liberdade.

---

[1] *Curso de direito penal*, p. 252.

[2] *Tratado de direito penal*, v. 3, p. 253.

[3] *Da tentativa*, p. 29.

[4] *Princípios básicos de direito penal*, p. 41.

2. SISTEMAS DE APLICAÇÃO DA PENA E DA MEDIDA DE SEGURANÇA

Antes da Reforma Penal de 1984, prevalecia o sistema do *duplo binário*, vale dizer, o juiz podia aplicar pena mais medida de segurança. Quando o réu praticava delito grave e violento, sendo considerado perigoso, recebia pena e medida de segurança. Assim, terminada a pena privativa de liberdade, continuava detido até que houvesse o exame de cessação de periculosidade. Na prática, poderia ficar preso indefinidamente, o que se mostrava injusto – afinal, na época do delito, fora considerado imputável, não havendo sentido para sofrer dupla penalidade.

A designação – duplo binário – advém da expressão italiana *doppio binario*, que significa duplo trilho ou dupla via, como esclarece René Ariel Dotti.[5] Atualmente, prevalecendo o sistema vicariante ("que faz as vezes de outra coisa"), o juiz somente pode aplicar pena ou medida de segurança. Caso o réu seja considerado imputável à época do crime, receberá pena; se for inimputável, caberá medida de segurança. Explica Dotti que a adoção do sistema vicariante foi a melhor opção para evitar um paradoxo: "se uma das finalidades da pena de prisão é ressocializar ou reeducar o infrator, sob o pálio da prevenção especial, como se justificar um complemento que pressupõe a periculosidade, ainda persistente? Trata-se de uma *contradictio in adjecto* e, portanto, a negação de um dos objetivos da pena, assim declarados em textos constitucionais e leis ordinárias".[6] *Em oposição* à abolição do sistema do duplo binário, confira-se a posição de Carlos Frederico Coelho Nogueira: "Em matéria de medidas de segurança, a sociedade e cada um de nós estaremos *totalmente desprotegidos* pela nova Parte Geral do Código Penal. (...) Não poderá mais ser declarada a periculosidade de réus imputáveis, por mais selvagens e revoltantes os crimes por eles praticados. Apenas porque, mentalmente, são *sãos*. Numa época em que a sociedade clama por segurança, dilui-se a repressão de crimes comuns, incentivando-se o incremento da criminalidade violenta".[7]

3. CONCORRÊNCIA COM A LEI 10.216/2001 (LEI DE PROTEÇÃO DAS PESSOAS POR-TADORAS DE TRANSTORNOS MENTAIS)

Dispõe o art. 2.º, parágrafo único, da referida Lei: "são direitos da pessoa portadora de transtorno mental: I – ter acesso ao melhor tratamento do sistema de saúde, consentâneo às suas necessidades; II – ser tratada com humanidade e respeito e no interesse exclusivo de beneficiar sua saúde, visando alcançar sua recuperação pela inserção na família, no trabalho e na comunidade; III – ser protegida contra qualquer forma de abuso e exploração; IV – ter garantia de sigilo nas informações prestadas; V – ter direito à presença médica, em qualquer tempo, para esclarecer a necessidade ou não de sua hospitalização involuntária; VI – ter livre acesso aos meios de comunicação disponíveis; VII – receber o maior número de informações a respeito de sua doença e de seu tratamento; VIII – ser tratada em ambiente terapêutico pelos meios menos invasivos possíveis; IX – ser tratada, preferencialmente, em serviços comunitários de saúde mental".

Na sequência, o art. 4.º preceitua: "a internação, em qualquer de suas modalidades, só será indicada quando os recursos extra-hospitalares se mostrarem insuficientes. § 1.º O tratamento

---

[5] Visão geral da medida de segurança, p. 310.

[6] Visão geral da medida de segurança, p. 311.

[7] Efeitos da condenação, reabilitação e medidas de segurança, p. 142.

visará, como finalidade permanente, a reinserção social do paciente em seu meio. § 2.º O tratamento em regime de internação será estruturado de forma a oferecer assistência integral à pessoa portadora de transtornos mentais, incluindo serviços médicos, de assistência social, psicológicos, ocupacionais, de lazer, e outros. § 3.º É vedada a internação de pacientes portadores de transtornos mentais em instituições com características asilares, ou seja, aquelas desprovidas dos recursos mencionados no § 2.º e que não assegurem aos pacientes os direitos enumerados no parágrafo único do art. 2.º".

No art. 6.º, parágrafo único, consta: "são considerados os seguintes tipos de internação psiquiátrica: I – internação voluntária: aquela que se dá com o consentimento do usuário; II – internação involuntária: aquela que se dá sem o consentimento do usuário e a pedido de terceiro; e III – internação compulsória: aquela determinada pela Justiça". Finalmente, o art. 9.º dispõe que "a internação compulsória é determinada, de acordo com a legislação vigente, pelo juiz competente, que levará em conta as condições de segurança do estabelecimento, quanto à salvaguarda do paciente, dos demais internados e funcionários".

A Lei 10.216/2001 não revogou nem modificou o disposto no Código Penal, no tocante aos inimputáveis (ou semi-imputáveis), autores do injusto penal, que recebem medida de segurança. Em primeiro lugar, a mencionada Lei tem caráter civil, e não penal. Destina-se a regular as internações voluntárias, involuntárias e judiciais no âmbito cível. Em segundo lugar, os direitos expostos nessa Lei são perfeitamente compatíveis com o escopo da Lei de Execução Penal. Quer-se a cura da pessoa sujeita à medida de segurança, devendo-se respeitar os seus direitos como paciente em tratamento, seja internado ou em liberdade. Por outro lado, atualmente, a imposição de internação ou tratamento ambulatorial tem obedecido o critério médico, e não somente o texto legal do art. 97 deste Código. Em suma, a Lei 10.216/2001 *concorre* com o cenário das medidas de segurança, previstas e disciplinadas no Código Penal e na Lei de Execução Penal, não havendo colidência, mas simples composição de seus dispositivos.

4. PRESSUPOSTOS PARA A APLICAÇÃO DA MEDIDA DE SEGURANÇA

São duas as espécies de medidas de segurança, previstas pelo art. 96, I e II, do Código Penal: internação em hospital de custódia e tratamento psiquiátrico ou, faltando este, outro estabelecimento adequado; tratamento ambulatorial.

Tratando-se, como afirmado, de uma medida restritiva de direitos ou da liberdade, portanto uma forma de sanção penal, é imprescindível que o agente tenha praticado um injusto, vale dizer, um fato típico e antijurídico (crime, do ponto de vista *objetivo*, para a doutrina tradicional). Na lição de BAUMANN: "Também em outros casos a dogmática se vale da ação típica e antijurídica, mas não necessariamente culpável, por exemplo, nos pressupostos da participação no fato principal. Fala-se, neste caso, de 'fato punível objetivo', ou melhor, 'fato antijurídico'".[8] E, justamente por isso, também é indispensável haver o respeito ao devido processo legal.

Deve-se assegurar ao agente, mesmo que comprovada sua inimputabilidade, o direito à ampla defesa e ao contraditório. Somente após o devido trâmite processual, com a produção de provas, poderá o juiz, constatando a prática do injusto, aplicar-lhe medida de segurança. Acrescente-se que, se alguma excludente de ilicitude estiver presente, é obrigação do juiz, a despeito de se tratar de inimputável, absolvê-lo por falta de antijuridicidade, sem aplicação de

---

[8] *Derecho penal* – Conceptos fundamentales y sistema, p. 45.

medida de segurança. Aliás, o mesmo deve ocorrer caso comprovada a insuficiência de provas, seja para a materialidade do delito, seja no tocante à autoria.

Não há mais a *medida de segurança preventiva*, estabelecida no art. 378 do Código de Processo Penal, considerado revogado pela maioria da doutrina. De fato, previa-se a possibilidade de o juiz aplicar medida de segurança preventiva durante a instrução, mas essa providência era um reflexo do antigo art. 80 do Código Penal de 1940, *verbis*: "Durante o processo, o juiz pode submeter as pessoas referidas no art. 78, I [inimputáveis] e os ébrios habituais ou toxicômanos às medidas de segurança que lhes sejam aplicáveis". Revogado tal dispositivo, é natural que o direito processual penal tenha seguido o mesmo destino. Quando indispensável, pode o juiz decretar a *internação provisória do acusado nas hipóteses de crimes praticados com violência ou grave ameaça, quando os peritos concluírem ser inimputável ou semi-imputável (art. 26 do Código Penal) e houver risco de reiteração*, medida prevista no art. 319 do Código de Processo Penal.

A sentença que permite a aplicação da medida de segurança denomina-se *absolutória imprópria*, pois, a despeito de considerar que o réu não cometeu delito, logo, não é criminoso, merece uma sanção penal (medida de segurança). Dispõe o art. 386, parágrafo único, III, do CPP que, na decisão absolutória, o juiz imporá medida de segurança. Sobre o tema, há a Súmula 422 do STF: "A absolvição criminal não prejudica a medida de segurança, quando couber, ainda que importe privação da liberdade".

A imposição de internação equivale ao regime fechado da pena, pois o sujeito precisa ficar detido, sujeito a tratamento médico interno. Por sua vez, o tratamento ambulatorial submete o réu a tratamento médico externo, não necessitando ficar internado, mas obrigado a comparecer com relativa frequência ao médico.

Havendo extinção da punibilidade do acusado, é natural que provoque a cessação da aplicação da medida de segurança, pois nada mais existe a punir, encontrando-se finda a pretensão punitiva do Estado. Assim, como exemplo, caso ocorra a prescrição da pretensão punitiva, porque entre a data do recebimento da denúncia e a data da sentença transcorreu tempo suficiente para a prescrição da pena em abstrato, o juiz não impõe medida de segurança, ainda que apurada a insanidade mental do acusado. Deve julgar extinta a sua punibilidade. Se a medida de segurança já tiver sido imposta, mas a prescrição da pretensão punitiva só for constatada posteriormente, deve ser julgada extinta a punibilidade do mesmo modo e, consequentemente, finda a execução da internação ou do tratamento ambulatorial.

5. INTERNAÇÃO EM HOSPITAL DE CUSTÓDIA E TRATAMENTO PSIQUIÁTRICO

Preceitua a lei (art. 97, CP) ser obrigatória a internação do inimputável que pratica fatos típicos e antijurídicos punidos com reclusão. Entretanto, esse preceito é nitidamente injusto, pois padroniza a aplicação da sanção penal e não resolve o drama de muitos doentes mentais que poderiam ter suas internações evitadas. Imagine-se o inimputável autor de uma tentativa de homicídio, com lesões leves para a vítima. Se possuir família para abrigá-lo e ampará-lo, fornecendo-lhe todo o suporte para a recuperação, por que interná-lo? Seria mais propícia a aplicação do tratamento ambulatorial. Melhor, nesse sentido, a Lei de Drogas, prevendo a internação somente quando o caso concreto o exigir. Os tribunais brasileiros perceberam essa distorção e têm autorizado o tratamento ambulatorial, mesmo aos autores de infrações punidas com reclusão, desde que o laudo médico assim recomende.

No mesmo sentido, convém anotar a lição de CARLOTA PIZARRO DE ALMEIDA: "não é correto, portanto, quando se trate de portadores de anomalia psíquica, estabelecer uma correspondência entre a medida de segurança e a gravidade do fato praticado. Mas já será importante estabelecê-la em relação à perigosidade do agente: só assim se respeita o princípio da proporcionalidade...".[9]

6. INTERNAÇÃO POR PRAZO INDETERMINADO

Seguindo-se, fielmente, o disposto em lei, a internação se dá por prazo indeterminado; noutros termos, o indivíduo deve ficar internado até se curar, conforme laudo médico.

No entanto, há quem sustente ser inconstitucional o prazo *indeterminado* para a medida de segurança, pois é vedada a pena de caráter perpétuo – e a medida de segurança, como se disse, é uma *forma* de sanção penal –, além do que, o imputável deve ser beneficiado pelo limite das suas penas em 40 anos (art. 75, CP).

Não nos parece assim, pois, além de a medida de segurança não ser pena, deve-se fazer uma interpretação restritiva do art. 75 do Código Penal, muitas vezes fonte de injustiças. Como já exposto, muitos condenados a vários anos de cadeia estão sendo interditados civilmente, para que não deixem a prisão, por serem perigosos, padecendo de enfermidades mentais, justamente porque atingiram o teto fixado pela lei (40 anos). Ademais, apesar de seu caráter de sanção penal, a medida de segurança não deixa de ter o propósito curativo e terapêutico. Ora, enquanto não for devidamente curado, deve o sujeito submetido à internação permanecer em tratamento, sob custódia do Estado. Seria demasiado apego à forma transferi-lo de um hospital de custódia e tratamento criminal para outro, onde estão abrigados insanos interditados civilmente, somente porque foi atingido o teto máximo da pena correspondente ao fato criminoso praticado, como alguns sugerem, ou o teto máximo de 40 anos, previsto no art. 75, como propõem outros.

Embora alguns tribunais ainda pensem assim, o STJ editou a Súmula 527: "O tempo de duração da medida de segurança não deve ultrapassar o limite máximo da pena abstratamente cominada ao delito praticado". Portanto, adotou um posicionamento ainda mais brando do que o teto de 40 anos, previsto no art. 75 do Código Penal. Se houver uma internação por conta da prática de um roubo, o máximo de internação será de dez anos. Contudo, como temos defendido, o problema gerado somente "trocará de mãos". Muitos internos não possuem a menor condição de voltar ao convívio social; nessas hipóteses, provoca-se o Ministério Público a interditá-lo na esfera cível e ele continua internado, mas sob ordem de um magistrado atuante em Vara Cível. O que muda? Na vida do internado, absolutamente nada. No campo jurídico, altera-se a competência de qual juízo deve lidar com aquela insanidade.

Entretanto, vale ressaltar que o Supremo Tribunal Federal já chegou a considerar a possibilidade de haver, também para a medida de segurança, o teto de 30 anos, por analogia ao disposto no art. 75 do Código Penal. Ao conceder parcialmente a ordem de *habeas corpus*, porém, com o objetivo de não permitir a soltura de mulher internada há mais de 30 anos [hoje, seriam 40 anos] no Hospital de Custódia e Tratamento de Franco da Rocha (SP), por ter matado, por afogamento, seus dois filhos, considerada perigosa, ressuscitou-se o art. 682, § 2.º, do Código de Processo Penal (revogado pela Lei 7.210/1984 – Lei de Execução Penal), que assim prevê: "Se a internação se prolongar até o término do prazo restante da pena e não houver sido imposta medida de segurança

---

[9]   *Modelos de inimputabilidade*: da teoria à prática, p. 34.

detentiva, o indivíduo terá o destino aconselhado pela sua enfermidade, feita a devida comunicação ao juiz de incapazes".[10]

Vale dizer, a pessoa internada, há mais de 40 anos, provavelmente terminará seus dias encarcerada, mas agora interditada pelo juízo cível.

7. CULPABILIDADE E PERICULOSIDADE

O inimputável não sofre juízo de culpabilidade, embora com relação a ele se possa falar em periculosidade, que, no conceito de NÉLSON HUNGRIA, significa um estado mais ou menos duradouro de antissociabilidade, em nível subjetivo. Quanto mais injustos penais o inimputável comete, mais demonstra sua antissociabilidade.

A periculosidade pode ser *real* ou *presumida*. É real quando há de ser reconhecida pelo juiz, como acontece nos casos de semi-imputabilidade (art. 26, parágrafo único, CP). Para aplicar uma medida de segurança ao semi-imputável o magistrado precisa verificar, no caso concreto, a existência de periculosidade. É presumida quando a própria lei a afirma, como ocorre nos casos de inimputabilidade (art. 26, *caput*, CP). Nesse caso, o juiz não necessita demonstrá-la, bastando concluir que o inimputável praticou um injusto (fato típico e antijurídico) para aplicar-lhe a medida de segurança.

Outrora, antes da Reforma Penal de 1984, costumava-se aplicar ao agente do crime impossível ou no caso de ajuste, determinação, instigação e auxílio a atos preparatórios de crime (antigo art. 76, parágrafo único, CP), medida de segurança. Tal situação não persistiu no sistema penal.

8. CONVERSÃO DA PENA EM MEDIDA DE SEGURANÇA NO CURSO DA EXECUÇÃO

Preceitua o art. 183 da Lei de Execução Penal: "Quando, no curso da execução da pena privativa de liberdade, sobrevier doença mental ou perturbação da saúde mental, o Juiz, de ofício, a requerimento do Ministério Público, da Defensoria Pública ou da autoridade administrativa, poderá determinar a substituição da pena por medida de segurança".

É preciso distinguir duas hipóteses: *a)* se o condenado sofrer de doença mental, não se tratando de enfermidade duradoura, deve ser aplicado o disposto no art. 41 do Código Penal, ou seja, transfere-se o sentenciado para hospital de custódia e tratamento psiquiátrico pelo tempo suficiente à sua cura. Não se trata de conversão da pena em medida de segurança, mas tão somente de providência provisória para cuidar da doença do condenado. Estando melhor, voltará a cumprir sua pena no presídio de onde saiu, desde que haja saldo remanescente; *b)* caso a doença mental tenha caráter duradouro, a transferência do condenado não deverá ser feita como providência transitória, mas sim definitiva. Por isso, cabe ao juiz converter a pena em medida de segurança, aplicando-se o disposto no art. 97 do Código Penal.

A discussão que se estabelece, no entanto, é no tocante à duração da medida de segurança. Há *quatro correntes* a respeito: *a)* tem duração indefinida, nos termos do disposto no art. 97, § 1.º, do Código Penal; *b)* tem a mesma duração da pena privativa de liberdade aplicada. O sentenciado cumpre, internado, o restante da pena aplicada; *c)* tem a duração máxima de 40

---

[10]   HC 84.219/SP, 1.ª T., rel. Marco Aurélio, 16.08.2005, v.u.

anos, limite fixado para a pena privativa de liberdade; *d)* tem a duração do máximo em abstrato previsto como pena para o delito que deu origem à medida de segurança.

Parece-nos que o legislador deveria ter disciplinado melhor o disposto no art. 183 da Lei de Execução Penal, deixando *bem claro* o limite para seu cumprimento, após a conversão. Afinal, não mais sendo adotado o sistema do duplo binário (pena mais medida de segurança), cabe a verificação de imputabilidade no *momento do crime*, e não depois. Caso fosse considerado inimputável à época do crime, receberia por tal fato medida de segurança, podendo cumpri-la indefinidamente. A situação ora aventada, portanto, é diferente: num primeiro caso, já que cometeu um crime no estado de imputabilidade, recebeu pena. Esse é o pagamento à sociedade pelo mal praticado. Ficando doente, merece tratamento, mas não por tempo indefinido. Num segundo caso, uma vez que praticou o delito no estado de inimputabilidade, recebeu medida de segurança. Pode ficar detido até que se cure. O injusto cometido tem ligação direta com a medida de segurança aplicada, justificando-se, pois, a indeterminação do término da sanção penal. Melhor seria exigir a clareza da lei.

Não existindo tal nitidez, parece-nos mais lógico não interpretar a lei penal em desfavor do réu. Assim, tendo em vista que na época da infração penal o réu foi considerado imputável, recebeu do Estado, por consequência disso, uma pena, fixada em montante certo. Caso tenha havido conversão, é justo que a medida de segurança aplicada respeite o limite estabelecido pela condenação, ou seja, cumprirá a medida de segurança pelo prazo máximo da pena. Terminado esse prazo, continuando doente, torna-se um caso de saúde pública, merecendo ser interditado (arts. 1.767 a 1.778, CC), como aconteceria com qualquer pessoa que sofresse de enfermidade mental, mesmo sem praticar crime.[11]

Complementando: não há contradição com o que defendemos no início deste capítulo, ou seja, não ser inconstitucional a medida de segurança ter duração indefinida. O que se busca é analisar a situação do criminoso *quando pratica o delito*, para evitar o malfadado duplo binário. Se era inimputável, pode receber medida de segurança por tempo indefinido, já que essa é a sanção merecida pelo que praticou. Sendo imputável, cabe-lhe a aplicação de uma pena, que não deve ser alterada no meio da execução por uma medida indeterminada. Afinal, de uma pena com limite prefixado, com trânsito em julgado, passaria o condenado a uma sanção sem limite, não nos parecendo isso correto.

No mesmo prisma, encontramos o disposto no Código Penal português (arts. 104 e 105), determinando que a pena seja convertida em medida de segurança, se tal não se deu à época da sentença, quando ocorrer a constatação de doença mental e o agente se encontrar em estabelecimento prisional comum, pelo restante da pena aplicada. Diz Carlota Pizarro de Almeida que, nessa hipótese, o que está em jogo não é a periculosidade do agente, mas a sua inadaptação para permanecer no meio prisional. Por isso, a internação será determinada pelo restante da pena, como se fosse o cumprimento da pena em estabelecimento destinado a inimputáveis.[12]

8.1. Reconversão da medida de segurança em pena

O caminho natural, para evitar qualquer tipo de subterfúgio, é converter a pena em medida de segurança, mas, melhorando o condenado, tornar a cumprir sua pena, havendo,

---

[11] No mesmo sentido: Otávio Augusto de Almeida Toledo e Bruno Gabriel Capecce, *Privação da liberdade*, p. 808.

[12] *Modelos de inimputabilidade*: da teoria à prática, p. 121.

portanto, a reconversão. Outra solução implicaria autêntico abuso. Se a pena fosse convertida em medida de segurança indefinida, ultrapassando até mesmo o teto originalmente fixado como sanção penal pelo Estado, estaríamos diante de situação prejudicial ao sentenciado, uma vez que a imputabilidade deve ser analisada no momento do crime (vide o tópico *supra*). Se a pena fosse convertida em medida de segurança, mas, pouco tempo depois, fosse constatada a melhora do condenado, caso pudesse conseguir a sua liberdade, muitas seriam as situações injustificáveis. Ilustrando, se um condenado por latrocínio a 20 anos de reclusão adoecesse 5 anos após ser aprisionado; convertida a sua pena em medida de segurança e melhorando ele após 2 anos, é natural que volte a cumprir a pena faltante, ou seja, 13 anos. Liberdade imediata é o que não lhe cabe. O direito espanhol disciplinou tal situação expressamente, prevendo a possibilidade de haver a reconversão (art. 60, Código Penal).

9. DETRAÇÃO E MEDIDA DE SEGURANÇA

Deve ser computado o período de prisão provisória no prazo mínimo estabelecido para a medida de segurança, como prevê o art. 42 do Código Penal. Assim, se a pessoa submetida à medida de segurança ficou detida, em prisão cautelar, durante toda a instrução, resultando no total de um ano, aplicada a medida de segurança de internação pelo prazo mínimo de um ano, transitada esta em julgado, aplica-se a detração, verificando-se, pois, já ser o caso de realização do exame de cessação de periculosidade (o prazo mínimo foi abatido pela detração).

Se o indivíduo estiver curado, pode ser imediatamente desinternado. Do contrário, continua em tratamento e novo exame ocorrerá dentro de um ano. Entretanto, a aplicação desse dispositivo precisa ser feita com equilíbrio para não frustrar o objetivo da lei, que é somente liberar o doente quando estiver curado. Isso significa que a detração não tem o condão de, uma vez aplicada, provocar a imediata soltura da pessoa submetida à internação, mas, sim, que o exame de cessação da periculosidade deve ser providenciado.

Criticando a possibilidade legal de aplicação da detração no prazo mínimo da medida de segurança está a lição de Carlos Frederico Coelho Nogueira: "Onde está, então, aquela distinção, preconizada pela própria Exposição de Motivos da nova Parte Geral, entre culpabilidade e periculosidade? A prisão não decorre da culpabilidade? Por que computá-la, pois, no tempo de medida de segurança, que decorre da perigosidade, nada tendo a ver com prisão provisória ou administrativa? Praticamente, o art. 42 da nova Parte Geral vai frustrar o período mínimo de duração das medidas de segurança, tornando-o uma falácia legal".[13]

10. FIXAÇÃO DO PRAZO DE DURAÇÃO MÍNIMA DA MEDIDA DE SEGURANÇA

Precisa ser fundamentado, tal como se deve fazer no tocante à pena privativa de liberdade, afinal, cuida-se de sanção penal, embora com caráter curativo. O ideal é acompanhar a sugestão da perícia médica sobre o tempo mínimo de duração da internação ou do tratamento ambulatorial. No entanto, nem sempre tal orientação é encontrada no laudo, motivo pelo qual cabe ao julgador ponderar, diante das provas colhidas e do fato criminoso praticado, qual é o mais adequado tempo mínimo. Se fixar acima de um ano, deve apresentar bons argumentos; a eleição do *quantum* não pode ser arbitrária.

---

[13] Efeitos da condenação, reabilitação e medidas de segurança, p. 145.

11. EXAME DE CESSAÇÃO DA PERICULOSIDADE

Deve ser realizada a perícia médica para comprovar a cura da pessoa submetida à medida de segurança (ou, pelo menos, o fim da sua periculosidade), propiciando a sua desinternação ou liberação do tratamento ambulatorial, como regra, após o prazo mínimo fixado pelo juiz (de um a três anos).

Excepcionalmente, no entanto, surgindo algum fato superveniente, ainda no transcurso desse prazo, pode o juiz determinar a antecipação do exame de cessação da periculosidade (art. 176, LEP). Essa antecipação pode ser fruto de requerimento fundamentado do Ministério Público, do interessado, de seu procurador ou defensor, mas também pode ser realizada de ofício. Embora o referido art. 176 pareça indicar que a antecipação somente pode ser determinada se houver requerimento das partes interessadas, não há sentido para se privar o juiz da execução penal dessa possibilidade, desde que chegue ao seu conhecimento fato relevante, indicativo da necessidade do exame.

11.1. Procedimento para a realização do exame

Preceitua o art. 175, I, da Lei de Execução Penal que a "autoridade administrativa, até 1 (um) mês antes de expirar o prazo de duração mínima da medida, remeterá ao juiz minucioso relatório que o habilite a resolver sobre a revogação ou permanência da medida". Esse relatório deverá estar instruído com o laudo psiquiátrico. Em seguida, "serão ouvidos, sucessivamente, o Ministério Público e o curador ou defensor" (art. 175, III, do aludido Diploma Legal) – normalmente, este último é também o curador nomeado. Novas diligências podem ser realizadas, ainda que expirado o prazo mínimo da medida de segurança. Decide, então, o magistrado.

11.2. Assistência de médico particular

O art. 43 da Lei de Execução Penal garante a possibilidade de o agente contratar médico de sua confiança pessoal para orientar e acompanhar o tratamento. Havendo divergência entre o profissional particular e o médico oficial, decidirá o juiz da execução (art. 43, parágrafo único, LEP).

11.3. Imposição de condições

Havendo a desinternação ou a liberação do tratamento ambulatorial, fica o agente em observação por um ano, sujeitando-se, como determina o art. 178 da Lei de Execução Penal, às condições do livramento condicional (arts. 132 e 133, LEP): a) *obrigatórias*: obter ocupação lícita; comunicar ao juiz sua ocupação, periodicamente; não mudar do território da comarca; b) *facultativas*: não mudar de residência, sem prévia comunicação; recolher-se à habitação no horário fixado; não frequentar determinados lugares.

11.4. Desinternação e liberação

Constatada a cessação de periculosidade, após o prazo mínimo fixado pelo juiz ou depois do tempo que for necessário para a eficácia do tratamento, ocorrerá a desinternação (para os que estiverem em medida detentiva) ou a liberação (para os que estiverem em tratamento ambulatorial).

É preciso destacar que tanto a desinternação como a liberação serão sempre condicionais. Durante um ano ficará o agente sob prova; caso pratique algum ato indicativo de sua periculosidade – que não precisa ser um fato típico e antijurídico –, poderá voltar à situação anterior. Normalmente, faz-se o controle mediante análise da folha de antecedentes do liberado, pois não há outra forma de acompanhamento mais eficaz.

Dá-se a designação de egresso ao internado ou submetido a tratamento ambulatorial quando for liberado (art. 26, I, LEP).

12. CONVERSÕES DA INTERNAÇÃO EM TRATAMENTO AMBULATORIAL E DESTE EM INTERNAÇÃO

Conforme dispõe o art. 184 da Lei de Execução Penal: "o tratamento ambulatorial poderá ser convertido em internação se o agente revelar incompatibilidade com a medida. Parágrafo único. Nesta hipótese, o prazo mínimo de internação será de 1 (um) ano".

No caso da conversão de internação em tratamento ambulatorial, designada por *desinternação progressiva*, não existe previsão legal para tanto.

Houve uma lacuna, pois, muitas vezes, o agente pode não revelar periculosidade suficiente para manter-se internado, mas ainda necessitar de um tratamento acompanhado. Assim, pode o magistrado determinar a desinternação do agente para o fim de se submeter a tratamento ambulatorial, que seria a *conversão* da internação em tratamento ambulatorial.

Não se trata da liberação definitiva, porque cessou a periculosidade, mas sim para a continuidade dos cuidados médicos, sob outra forma. Essa medida torna-se particularmente importante, pois há vários casos em que os médicos sugerem a desinternação para o bem do próprio doente, sem que haja a desvinculação do tratamento médico obrigatório. Ora, o art. 178 da Lei de Execução Penal é claro ao determinar que, havendo desinternação ou liberação, devem ser impostas ao apenado as condições obrigatórias e facultativas do livramento condicional (arts. 132 e 133, LEP). Ocorre que nenhuma delas prevê a possibilidade de se fixar, como condição, a obrigação de continuar o tratamento ambulatorial depois de ter sido desinternado. O melhor a fazer é converter a internação em tratamento ambulatorial, pelo tempo que for necessário à recuperação, até que seja possível; verificando-se a cessação da periculosidade, dá-se a liberação condicional.

Assim tem sido a posição de alguns magistrados da Vara das Execuções Penais de São Paulo, entre os quais se pode destacar a decisão de José Antonio Colombo no Proc. 358.442, de um sentenciado internado, há quase sete anos, na Casa de Custódia e Tratamento de Taubaté, que, submetido a exame de cessação de periculosidade, teve sugerida a desinternação com aplicação de tratamento ambulatorial pelos peritos. Dessa forma, por entender contraditória a decisão que declarasse cessada a periculosidade, mas, ao mesmo tempo, impusesse tratamento ambulatorial, deliberou converter a medida de internação na mais branda, consistente em tratamento ambulatorial. Ademais, em reunião realizada no dia 26 de abril de 2001, no Hospital de Custódia e Tratamento Psiquiátrico "Prof. André Teixeira Lima", de Franco da Rocha, com a participação de autoridades da área (juiz, promotor, procurador do Estado e diretores técnicos), foi deliberado que, para a progressão do regime de internação para o tratamento ambulatorial, devem os peritos que examinarem o internado concluir pela cessação da periculosidade, embora seja recomendável o prosseguimento do acompanhamento com equipe técnica de saúde mental. Assim, os juízes das execuções penais poderiam viabilizar a colocação do internado em tratamento ambulatorial.

Em pesquisa mais recente, Michele Cia admite não haver, até hoje, legislação federal ou estadual disciplinando a desinternação progressiva, embora seja ela útil e alinhada aos ditames constitucionais, especialmente o princípio da dignidade da pessoa humana. Menciona, ainda, ter encontrado nas Varas de Execução do Estado de São Paulo um terceiro estágio (como se fosse um regime intermediário) entre a internação e o tratamento ambulatorial, consistente na transferência do paciente para a denominada *Colônia de Desinternação Progressiva* do Hospital de Custódia e Tratamento, logo, um setor hospital assemelhado ao regime semiaberto. Finalmente, o paciente será desinternado para tratamento ambulatorial, passando a morar com a família ou sozinho, se houver condição financeira para isso. Do contrário, pode ficar em residências terapêuticas. Em suma, demonstra estar mais que na hora de se regular essa benéfica progressão para todos os Estados brasileiros, por força de lei federal.[14]

13. CONVERSÃO DA PENA APLICADA AO SEMI-IMPUTÁVEL

Autoriza, expressamente, o art. 98 do Código Penal: "Na hipótese do parágrafo único do art. 26 deste Código e necessitando o condenado de especial tratamento curativo, a pena privativa de liberdade pode ser substituída pela internação, ou tratamento ambulatorial, pelo prazo mínimo de 1 (um) a 3 (três) anos, nos termos do artigo anterior e respectivos §§ 1.º a 4.º".

É importante, no entanto, que o magistrado fixe, primeiramente, a pena cabível e, depois, verificando a necessidade de tratamento (internado ou em ambulatório), converta essa pena em medida de segurança. Nessa hipótese, haverá um teto (que é o da pena) para o cumprimento da medida de segurança.

14. MEDIDA DE SEGURANÇA APLICADA EM 2.ª INSTÂNCIA

Estabelece a Súmula 525 do Supremo Tribunal Federal: "a medida de segurança não será aplicada em segunda instância, quando só o réu tenha recorrido". Essa súmula foi editada na época do sistema do duplo binário, ou seja, quando era possível aplicar ao réu pena mais medida de segurança.

De fato, se somente o réu havia recorrido, reclamando da aplicação da sua pena ou pleiteando absolvição, era natural não poder o tribunal, em vez de dar provimento ao apelo do acusado, aplicar-lhe, ainda, medida de segurança. Teria ocorrido uma *reformatio in pejus*, vedada em processo penal.

Atualmente, no entanto, prevalecendo o sistema vicariante, podendo o juiz aplicar somente pena ou medida de segurança, nada impede que o semi-imputável, condenado a pena privativa de liberdade, recorrendo, tenha sua pena substituída por medida de segurança pelo tribunal, desde que seja necessário e vise ao seu tratamento curativo. Não estaria havendo *reformatio in pejus*, pois o recorrente estaria sendo beneficiado, e não prejudicado.

15. DIREITO DO INTERNADO

Se o agente for colocado em estabelecimento prisional comum, sem qualquer tratamento, cabe *habeas corpus* para fazer cessar o constrangimento, salvo quando for reconhecidamente perigoso, situação que o levará a aguardar a vaga detido em presídio comum, se for preciso. É direito do internado não ser recolhido em presídio comum, nos termos do art. 99 do Código Penal.

---

[14] *Medidas de segurança no direito penal brasileiro*: a desinternação progressiva sob uma perspectiva político-criminal, p. 123, 130 e 135.

RESUMO DO CAPÍTULO

▸ **Conceito de medida de segurança:** trata-se de uma espécie de sanção penal, com caráter preventivo e curativo, visando a evitar que o autor de um fato havido como infração penal, inimputável ou semi-imputável, mostrando periculosidade, torne a cometer outro injusto e receba tratamento adequado.

▸ **Culpabilidade e periculosidade:** o réu mentalmente são, quando pratica o injusto penal (fato típico e antijurídico), fica sujeito ao juízo de culpabilidade (censura pelo que fez), mas o inimputável (mentalmente insano), na mesma situação, sofre o juízo de periculosidade, ou seja, o grau de antissociabilidade que ele representa para a sociedade.

▸ **Espécies de medida de segurança:** há duas: a) internação, que equivale ao regime fechado da pena, pois o internado é colocado em hospital de custódia de tratamento, sem possibilidade sair antes de cessada a sua periculosidade; b) tratamento ambulatorial, que equivale a uma pena restritiva de direitos, pois o sujeito é obrigado a comparecer periodicamente ao médico.

▸ **Prazo da medida de segurança:** segundo o Código Penal, a medida de segurança deve ter prazo indeterminado, até que o sujeito apresente melhora. Contudo, decisões de tribunais têm levado à fixação de um teto (o máximo em abstrato previsto para a pena quanto ao tipo no qual está incurso o inimputável ou o máximo de 40 anos, em similitude com o art. 75 do CP). No entanto, atingido o teto, o inimputável é deslocado para a esfera cível, em que será interditado e continuará à disposição do juízo cível por prazo indeterminado, detido em hospital de custódia e tratamento.

▸ **Exame de cessação de periculosidade:** é o exame que se faz, por médicos peritos, a cada ano de internação ou tratamento ambulatorial, a fim de comprovar se o sujeito permanece perigoso. Se permanecer, continua internado ou sob tratamento. Se não, pode ser liberado pelo prazo de um ano, quando ainda será fiscalizado. Nada ocorrendo nesse prazo, será definitivamente desligado da medida de segurança.

Capítulo XLI

Ação Penal

1. CONCEITO DE AÇÃO PENAL

O monopólio de distribuição de justiça e o direito de punir pertencem, exclusivamente, ao Estado, sendo vedada, como regra, a autodefesa e a autocomposição. Há exceções, como a legítima defesa, forma de autodefesa autorizada pelo Estado, que não pode estar em todos os lugares ao mesmo tempo, bem como a transação, prevista na Lei 9.099/1995, forma de autocomposição nas infrações de menor potencial ofensivo. A ação penal é o direito de agir, por parte do Ministério Público ou da vítima, exercido perante juízes e tribunais, invocando a prestação jurisdicional, que, na esfera criminal, é a pretensão punitiva do Estado, originária da prática da infração penal. A natureza jurídica é a mesma da ação civil, separando-se apenas em razão da matéria. O direito de punir, por seu turno, é um direito de coação indireta, pois ninguém pode ser condenado sem uma sentença judicial. Não se deve confundir o *direito de ação* com o *direito punitivo material* do Estado, pois a pretensão de punir decorre do crime e o direito de ação precede a este, não deixando de haver, entretanto, conexão entre ambos. O Estado-acusação – ou a pessoa ofendida – ingressa em juízo para obter do Estado-juiz o julgamento da pretensão punitiva e não necessariamente a condenação.

A natureza jurídica da ação penal é a mesma da ação civil, separando-se apenas em razão da matéria. O direito de ação é um direito individual, expressamente assegurado na Constituição: "A lei não excluirá da apreciação do Poder Judiciário lesão ou ameaça a direito" (art. 5.º, XXXV). O direito de punir, por seu turno, é um direito de coação indireta, pois ninguém pode ser condenado sem uma sentença judicial. Não se deve confundir o *direito de ação* com o *direito punitivo material* do Estado, pois a pretensão de punir decorre do crime e o direito de ação precede a este, não deixando de haver, entretanto, conexão entre ambos. O Estado ingressa em juízo para obter o julgamento da pretensão punitiva, e não necessariamente a condenação.

2. PRINCÍPIOS QUE REGEM A AÇÃO PENAL PÚBLICA INCONDICIONADA

Dois são os princípios que podem reger a acusação: 1.º) *obrigatoriedade*, estipulando que é indispensável a propositura da ação, quando há provas suficientes a tanto e inexistindo obstáculos para a atuação do órgão acusatório. É o sistema italiano. Admitir o critério da oportunidade, sustentam os partidários dessa posição, seria fazer a voz do Ministério Público substituir a do legislador. No Brasil, quando a lei não dispuser em sentido contrário, vigora o princípio da obrigatoriedade. Provas disso: a) a autoridade policial deve agir quando sabe de um crime (art. 6.º, CPP); b) a omissão na comunicação de crimes, no exercício da função pública, é contravenção (art. 66, LCP); c) o arquivamento do inquérito é controlado pelo órgão superior do MP (art. 28, CPP); d) há indisponibilidade da ação penal (art. 42, CPP) e do recurso interposto (art. 576, CPP); 2.º) *oportunidade*, significando que é facultativa a propositura da ação penal, quando cometido um fato delituoso. Com base nesse critério, há uma verificação discricionária da utilidade da ação, sob o ponto de vista do interesse público. É o sistema francês e alemão (em certos casos). Como já ressaltado, adota-se, no Brasil, o princípio da obrigatoriedade, querendo dizer que o Ministério Público é o *dominus litis*, mas não é o *dono* da ação penal, ou seja, é o titular da ação penal, embora deva sempre promovê-la no prazo legal. Não o fazendo, autoriza o particular a ajuizar a ação penal privada subsidiária da pública.

3. FIXAÇÃO DA INICIATIVA DA AÇÃO PENAL

Estabeleceu-se no Código Penal, em lugar de fazê-lo no Código de Processo Penal, quando a ação penal é pública – incondicionada ou condicionada – e privada. Para tanto, deve-se consultar, na Parte Especial, em cada tipo penal o que foi previsto pela lei. Se nada vier destacado, portanto, na omissão, a ação é pública incondicionada. Caso contrário, está evidenciado no próprio artigo (ex.: ameaça – art. 147 –, em que se prevê, no § 2.º, que somente se procederá mediante representação, exceto quando a vítima for mulher, nos termos do § 1.º; crimes contra a honra – arts. 138, 139 e 140, em que se prevê a iniciativa mediante queixa, com a exceção do art. 140, § 2.º). O presente capítulo, em nosso entender, está deslocado, merecendo a matéria ser tratada no círculo processual.

3.1. Concurso de crimes e ação penal

Havendo concurso de delitos, envolvendo crimes de ação pública e privada, o Ministério Público somente está autorizado a agir quanto ao delito de ação pública incondicionada. Ex.: em um cenário em que há uma tentativa de homicídio e uma injúria, o Promotor de Justiça só pode agir no tocante ao delito de ação incondicionada (tentativa de homicídio). Pode dar-se, no entanto, o litisconsórcio ativo entre o Ministério Público e o particular.

4. AÇÃO PENAL PÚBLICA CONDICIONADA

Significa que a ação penal depende de prévia provocação do interessado:

a) o Ministro da Justiça, nos casos de crimes contra a honra do Presidente da República ou de chefe de governo estrangeiro e para a persecução de crimes praticados no estrangeiro contra brasileiro. A requisição é condição para a ação penal e também condição de procedibilidade;

b) representação do ofendido, nos casos taxativamente previstos em lei. O interesse de proteger o bem jurídico atingido é primordialmente do Estado, mas é preciso também que o particular tenha interesse na punição do autor. Logo, a pretensão punitiva do Estado somente pode ser deduzida em juízo quando há a representação, nos casos de ação pública condicionada. A representação não condiciona a existência do direito de punir do Estado, pois este surge a partir do cometimento do delito.

5. AÇÃO PENAL PRIVADA

É a transferência do direito de acusar do Estado para o particular, pois o interesse é *eminentemente* privado. Note-se que não é transferido o direito de punir, mas tão somente o direito de agir.

Canuto Mendes de Almeida já questionou essa terminologia, dizendo que não pode ser *privada* uma ação que é, na essência, *pública,* pois trata do direito de punir do Estado, lidando com direitos e garantias individuais do cidadão. Frederico Marques, no entanto, faz a crítica a essa postura, que é fruto da concepção imanentista de ação (ação correspondendo ao direito material), pois toda ação é pública (mesmo a civil), já que se trata de um direito público subjetivo de caráter instrumental exercido perante o Estado.

A ação penal privada é regida pelo princípio da *oportunidade*, tratando-se de um típico caso de *substituição processual* – do Estado pelo particular. Apesar de questionável a terminologia utilizada (ação *privada*), sob o ponto de vista da legitimidade para agir, é correta. Tanto assim que o Código Penal menciona "ação de *iniciativa* privada" (art. 100).

Chama-se *privada* porque o interesse em jogo é mais particular do que público, e o escândalo gerado pelo processo pode ser mais prejudicial ao ofendido (*strepitus judicii*) do que se nada for feito contra o delinquente.

Classifica-se a ação privada da seguinte forma: a) *principal* ou *exclusiva*: só o ofendido pode exercer (inclui-se, nesse contexto, a *personalíssima*, que somente o ofendido, pessoalmente, pode propor, conduzindo-a até o final, ou seja, não há sucessão no polo ativo por outra pessoa; caso morra a parte ofendida, antes do término da demanda, extingue-se a punibilidade do agente); b) *subsidiária da pública*: é intentada pelo ofendido diante da inércia do Ministério Público (art. 29, CPP), que deixa escoar o prazo legal sem oferecimento da denúncia; c) *adesiva*: ocorre quando o particular ingressa no processo como assistente do Ministério Público.[1] Em nossa visão, trata-se de mera interveniência. Perde o direito de ajuizar ação o particular que: a) deixa ocorrer a decadência (decurso do prazo de seis meses, contado do dia em que veio a saber quem é o autor do crime); b) renuncia ao direito de queixa (ato unilateral); c) perdoa o querelado (ato bilateral); d) deixa ocorrer a perempção. Decorre do art. 48 do Código de Processo Penal ("A queixa contra qualquer dos autores do crime obrigará ao processo de todos, e o Ministério Público velará pela sua indivisibilidade") ser a ação penal privada indivisível, vale dizer, o particular não tem disponibilidade sobre a extensão subjetiva da acusação. Caso resolva propor contra um coautor, fica obrigado a ajuizá-la contra todos. Afinal, a tutela penal dirige-se a fatos, e não a pessoas.

---

[1] Frederico Marques, *Elementos de direito processual penal*, v. 1, p. 325.

5.1. Ação privada subsidiária da pública

Trata-se de autorização constitucional fornecida pelo art. 5.º, LIX, possibilitando que a vítima ou seu representante legal ingresse, diretamente, com ação penal, por meio de oferecimento de queixa, quando o Ministério Público, nos casos de ações públicas, deixe de fazê-lo no prazo legal de 5 dias, para presos, e 15 dias para soltos.

O critério de sucessão, previsto no art. 31 do Código de Processo Penal, não se aplica no caso de ação penal privada *personalíssima*, que somente pode ser ajuizada e mantida até a sentença pela parte ofendida (ex.: art. 236, parágrafo único, CP).

6. AÇÃO PENAL NO CRIME COMPLEXO

Crime complexo é aquele composto de dois ou mais tipos penais. Ex.: roubo = furto + lesões corporais ou ameaça. Diz o art. 101 que, quando um dos elementos ou das circunstâncias do crime constituir delito autônomo, pelo qual admite-se ação pública incondicionada, caberá esta também para o crime complexo. Assim, tomando o mesmo exemplo suprarreferido do roubo, pode-se dizer que, se para o furto cabe ação pública incondicionada e para as lesões leves, condicionada, segundo a regra do art. 101, para o roubo a ação será sempre incondicionada.

Esse dispositivo, no entanto, conforme crítica correta feita por parte da doutrina, seria inútil. Tudo poderia ser resolvido simplesmente pela aplicação do art. 100: o crime somente é de ação pública condicionada ou privada quando a lei assim estipular. Os demais serão sempre de ação pública incondicionada, de modo que seria irrelevante o preceituado pelo art. 101.

7. IRRETRATABILIDADE DA REPRESENTAÇÃO

Conforme dispõe o art. 102 do Código Penal, no mesmo sentido do art. 25 do Código de Processo Penal, a representação da vítima, autorizando o Ministério Público a agir em casos de ação pública condicionada, é irretratável depois de oferecida (e não recebida pelo juiz) a denúncia. Portanto, antes de ofertada a peça acusatória, a vítima pode voltar atrás, retirando a autorização anteriormente concedida. Quanto à requisição do Ministro da Justiça, a lei silencia, razão pela qual entendemos que também é admissível a retratação até o oferecimento da denúncia. Para maiores detalhes, consultar o nosso livro *Código de Processo Penal comentado*, nota 21 ao art. 25.

8. DECADÊNCIA

Trata-se do prazo, firmado em lei, para a vítima representar (ação pública condicionada) ou ingressar com a ação penal (ação privada), o qual, como regra, é de seis meses. Ultrapassado o referido prazo, o ofendido decai do direito de ação. Por via de consequência, julga-se extinta a punibilidade do agente, pois, sem o devido processo legal, não se pode condenar ninguém.

O prazo de seis meses (art. 103, CP) conta-se do dia em que a vítima souber quem é o autor do crime. Quando se tratar de ação privada subsidiária da pública, conta-se do dia em que se esgota o prazo para o oferecimento da denúncia pelo Ministério Público.

Ver a nota 21 ao art. 107 do *Código Penal comentado* e o nosso livro *Código de Processo Penal comentado*, notas 67 a 78 ao art. 38.

9. RENÚNCIA AO DIREITO DE QUEIXA

A vítima pode renunciar ao direito de queixa (ou de representação), de forma expressa ou tácita. Expressamente, ela pode firmar um termo durante o inquérito ou antes mesmo de este ser instaurado. Tacitamente, reconcilia-se com o agressor. Essa reconciliação não se liga ao recebimento de indenização civil pelo dano causado (art. 104, CP).

O direito de renúncia é unilateral, ou seja, não depende da aceitação do agressor.

Ver a nota 23 ao art. 107 do *Código Penal Comentado* e o nosso livro *Código de Processo Penal comentado*, notas 155 a 158-A ao art. 49 e notas 159 e 160 ao art. 50.

10. PERDÃO DO OFENDIDO

A vítima pode perdoar o agressor, desistindo na queixa apresentada em juízo. O perdão também pode ser expresso (por petição nos autos, por exemplo) ou tácito (reconciliação com o agressor).

O perdão, no entanto, é bilateral, dependendo da aceitação do agressor.

Ver a nota 23 ao art. 107 do *Código Penal Comentado* e o nosso livro *Código de Processo Penal comentado*, notas 161 a 179, cuidando dos arts. 51-59.

Dispõe, ainda, o art. 106 do Código Penal o seguinte: "o perdão, no processo ou fora dele, expresso ou tácito: I – se concedido a qualquer dos querelados, a todos aproveita; II – se concedido por um dos ofendidos, não prejudica o direito dos outros; III – se o querelado o recusa, não produz efeito. § 1.º Perdão tácito é o que resulta da prática de ato incompatível com a vontade de prosseguir na ação. § 2.º Não é admissível o perdão depois que passa em julgado a sentença condenatória".

RESUMO DO CAPÍTULO

▸ **Ação penal:** é o direito do Estado-acusação ou da vítima de se dirigir ao Estado-juiz pleiteando a aplicação do direito penal ao caso concreto, visando à condenação do agente.

▸ **Princípios da ação penal:** a) rege a ação penal pública incondicionada a *obrigatoriedade*, ou seja, havendo provas, o órgão acusatório *deve* ingressar com a denúncia em juízo; b) rege a ação penal pública condicionada e a ação privada a *oportunidade*, vale dizer, mesmo havendo provas, cabe à vítima o interesse de ingressar com ação penal contra o agressor.

▸ **Fixação da iniciativa da ação penal:** verifica-se, como regra, pela análise dos tipos penais incriminadores. Quando nada está mencionado, trata-se de ação penal pública incondicionada. Do contrário, está especificado que se trata de ação que depende de representação (ação pública condicionada) ou de queixa (ação penal privada).

▸ **Ação penal pública:** é a ação penal movida pelo Ministério Público, por meio da denúncia.

- **Ação penal privada:** é a ação penal movida pela vítima, que contrata advogado, para ingressar com queixa.
- **Ação penal privada subsidiária da pública:** é a ação penal movida pela vítima, por meio de queixa, em lugar do Ministério Público, quando este deixa escoar o prazo legal, sem motivo, para ingressar com a demanda.
- **Representação:** é a designação dada à formalização da vontade da vítima de ver o agressor processado pelo Ministério Público.
- **Decadência:** é o prazo legal para a vítima ofertar representação ou queixa contra o agressor. Geralmente, o prazo é de seis meses.
- **Renúncia:** é a desistência da ação penal, pela vítima, antes do ingresso em juízo. É unilateral.
- **Perdão:** é a desistência da ação penal, pela vítima, durante o trâmite da ação penal. É bilateral, dependendo de concordância do agressor.

Capítulo XLII

Extinção da Punibilidade

1. CONCEITO DE EXTINÇÃO DA PUNIBILIDADE

É o desaparecimento da pretensão punitiva ou executória do Estado, em razão de específicos obstáculos previstos em lei, por razões de política criminal. Inexiste fundamento de ordem técnica para justificar a causa de extinção da punibilidade; todas decorrem de vontade política do próprio Estado, por meio do Legislativo, de impedir a punição ao crime que seria imposta pelo Poder Judiciário. Não se deve confundir *extinção da punibilidade* com condição objetiva de punibilidade, condição negativa de punibilidade (também denominada escusa absolutória) e com *condição de procedibilidade*.

2. CONDIÇÕES OBJETIVAS DE PUNIBILIDADE

São as condições exteriores à conduta delituosa, não abrangidas pelo elemento subjetivo, que, como regra, estão fora do tipo penal, tornando-se condições para punir. São causas extrínsecas ao fato delituoso, não cobertas pelo dolo do agente. Ex.: sentença declaratória de falência em relação a alguns casos de crimes falimentares (art. 180, Lei 11.101/2005).

São chamadas, também, de *anexos do tipo ou suplementos do tipo*. Nada impede, no entanto, que estejam inseridas no tipo penal, embora mantenham o seu caráter refratário ao dolo do agente, isto é, não precisam por este estar envolvidas. Observe-se o disposto no art. 337-G do Código Penal: "patrocinar, direta ou indiretamente, interesse privado perante a Administração Pública, dando causa à instauração de licitação ou à celebração de contrato *cuja invalidação vier a ser decretada pelo Poder Judiciário*: Pena – reclusão, de 6 (seis) meses a 3 (três) anos, e multa" (grifamos). Nesse caso, a condição objetiva de punibilidade, que é a anulação do contrato em juízo, está inserida no tipo.[1]

Outro exemplo, consolidado por decisão do Supremo Tribunal Federal, é a consideração da solução definitiva do processo administrativo, que apura a existência de débitos tributários, como condição objetiva de punibilidade, para autorizar o ajuizamento de ação penal por crime contra a ordem tributária. Somente pode-se concluir ser penalmente relevante uma obrigação tributária não cumprida quando, administrativamente, comprova-se que há débito. Do contrário, poder-se-ia iniciar a ação penal – o que significa, por si só, um constrangimento – para, depois, na órbita administrativa, apurar que nada é devido aos cofres públicos.

3. CONDIÇÕES NEGATIVAS DE PUNIBILIDADE (ESCUSAS ABSOLUTÓRIAS)

São as escusas especiais e pessoais, fundadas em razões de ordem utilitária ou sentimental, que não afetam o crime, mas somente a punibilidade. Têm efeito idêntico ao das condições objetivas de punibilidade, mas natureza jurídica diversa. Ex.: art. 181, I e II, ou art. 348, § 2.º, do Código Penal (crimes contra o patrimônio e favorecimento pessoal, respectivamente). Nas palavras de HIGUERA GUIMERA, as escusas absolutórias "são fatos alheios à tipicidade, à antijuridicidade e à culpabilidade do sujeito, mas que são indispensáveis para que a conduta seja punível".[2] E continua o autor: "O pressuposto para que se possa aplicar uma escusa absolutória é a existência prévia de uma conduta típica, antijurídica e culpável. O delito pode atingir o grau de consumação ou de tentativa".[3]

3.1. Diferenças entre as condições objetivas de punibilidade e as condições negativas de punibilidade

Quanto aos efeitos, ocorrendo a objetiva, impõe-se a pena; ocorrendo a negativa, exclui-se a punibilidade (as escusas absolutórias são condições de punibilidade formuladas pelo legislador no sentido negativo); por outro lado, as condições objetivas repercutem no cenário do concurso de pessoas, afastando a punição do partícipe; as negativas são de caráter pessoal, não influenciando na punição do partícipe.[4]

3.2. Condições de procedibilidade

São as condições ligadas ao processo, que, uma vez presentes, autorizam a propositura da ação. Ex.: representação do ofendido nos crimes de ação pública condicionada.

4. CAUSAS GERAIS E ESPECÍFICAS

São gerais (comuns) as que se aplicam a todos os delitos (ex.: morte, prescrição etc.); são específicas (particulares) as que somente se aplicam a alguns tipos de delitos (ex.: retratação do agente nos crimes contra a honra).

---

[1] No sentido que defendemos estão também as lições de JUAREZ TAVARES (*Teoria do injusto penal*, p. 199-204) e AMÉRICO CARVALHO (*A legítima defesa*, p. 143-144).

[2] *Las excusas absolutorias*, p. 56.

[3] *Las excusas absolutorias*, p. 77.

[4] HIGUERA GUIMERA, *Las excusas absolutorias*, p. 56.

Cap. XLII – Extinção da Punibilidade

Como regra, ocorrendo uma dessas causas, extingue-se a possibilidade de o Estado impor uma pena ao agente, embora remanesça o crime praticado. Há duas exceções que permitem a exclusão do próprio delito: anistia e *abolitio criminis*. Quando um fato deixa de ser considerado criminoso (*abolitio*) ou o Estado declara esquecê-lo (anistia), é natural que afaste a concretização do crime.

5. COMUNICABILIDADE DAS CAUSAS EXTINTIVAS DA PUNIBILIDADE

São causas que *se comunicam* aos coautores e partícipes: a) o perdão para quem o aceitar; b) a *abolitio criminis*; c) a decadência; d) a perempção; e) a renúncia ao direito de queixa; f) a retratação no crime de falso testemunho. São causas que *não se comunicam*: a) a morte de um dos coautores; b) o perdão judicial; c) a graça, o indulto e a anistia (esta última pode incluir ou excluir coautores, conforme o caso); d) a retratação do querelado na calúnia ou difamação (art. 143, CP); e) a prescrição (conforme o caso; ex.: um agente é menor de 21 anos e o outro não é).

6. MOMENTOS DE OCORRÊNCIA

Havendo extinção da punibilidade antes do trânsito em julgado da sentença, atinge-se o *jus puniendi* do Estado, não persistindo qualquer efeito do processo ou da sentença condenatória. Ex.: prescrição da pretensão punitiva, decadência, renúncia. Quando a extinção da punibilidade for decretada após o trânsito em julgado, extingue-se a pretensão executória do Estado – imposição da pena –, remanescendo, no entanto, os efeitos secundários da sentença condenatória, tais como lançamento do nome no rol dos culpados, reincidência, entre outros.

7. ROL EXEMPLIFICATIVO

O rol do art. 107 do Código Penal é apenas exemplificativo, podendo-se encontrar outras causas em diversos pontos da legislação penal. São também causas: a) o ressarcimento do dano no peculato culposo (art. 312, § 3.º, CP); b) o decurso do prazo do *sursis*, sem revogação (art. 82, CP); c) o término do livramento condicional (art. 90, CP); d) o cumprimento de pena no exterior por crime lá cometido (art. 7.º, § 2.º, *d*, CP); e) a morte do ofendido no caso do art. 236 do CP ("contrair casamento, induzindo em erro essencial o outro contraente, ou ocultando-lhe impedimento que não seja casamento anterior"), pois a ação só pode ser intentada pelo contraente enganado; f) as hipóteses previstas em leis especiais, tal como, a título de exemplo, o pagamento do tributo antes do oferecimento da denúncia, nos crimes de sonegação fiscal (art. 34, Lei 9.249/1995), ou, ainda, a não representação do ofendido na Lei 9.099/1995.

7.1. Causas de extinção da punibilidade *implícitas*

Podem existir. Embora a lei não seja expressa, é possível verificar a ocorrência de extinção da punibilidade por causa implicitamente considerada como tal. É o caso do art. 522 do Código de Processo Penal: "No caso de reconciliação, depois de assinado pelo querelante o termo da desistência, a queixa será arquivada". Nos crimes contra a honra, antes de receber a queixa, o juiz oferece às partes a oportunidade de reconciliação. Se isso ocorrer, a queixa *será arquivada*, ou seja, extingue-se a punibilidade implicitamente, pois não se trata nem de renúncia nem de perdão, que são causas explícitas de extinção da punibilidade.

8. MORTE DO AGENTE

Aplica-se a essa causa extintiva da punibilidade o princípio geral de que a morte tudo resolve (*mors omnia solvit*). A Constituição Federal cuida, também, da matéria, mencionando no art. 5.º, XLV, 1.ª parte, que a pena não deverá passar da pessoa do condenado, embora o perdimento de bens possa atingir os sucessores nos casos legalmente previstos.

Aliás, justamente por isso é que a pena de multa, ainda que considerada uma dívida de valor, como estipula o art. 51 do Código Penal, com sua nova redação, morrendo o sentenciado antes do pagamento, deve ser extinta, jamais transmitindo-se aos herdeiros a obrigação de quitá-la. É natural que somente os efeitos civis subsistam a cargo dos sucessores. Exige-se a certidão de óbito – que "tem por finalidade certificar a existência da morte e registrar a sua causa, quer do ponto de vista médico, quer de eventuais aplicações jurídicas, para permitir o diagnóstico da causa jurídica do óbito: seja o homicídio, o suicídio, o acidente ou a morte chamada natural" (MARCO SEGRE) – para provar a morte, a teor do disposto no art. 62 do Código de Processo Penal.

8.1. Morte do agente e interesse recursal

É natural que, falecendo o indiciado ou o réu, durante o trâmite do inquérito ou do processo, deve o magistrado julgar extinta a punibilidade, afetada a pretensão punitiva do Estado, arquivando-se o feito. No entanto, se o réu morrer depois de ter sido condenado, durante o trâmite do seu recurso, pode haver interesse no seu processamento, manifestado por parente ou representante legal, dado que a condenação pode produzir reflexos em outras áreas, como na esfera cível. Questão semelhante foi abordada pelo TRF-1.ª Região, conhecendo e dando provimento a apelo de réu falecido, cujo filho manifestou interesse no processamento, para alterar o fundamento da absolvição. Confira-se: "Com o falecimento do interessado, foram os autos arquivados; entretanto, seu filho manifestou-se alegando interesse econômico e moral no processamento e no julgamento do recurso interposto, razão pela qual o juízo monocrático determinou a remessa dos autos ao TRF-1.ª Região, independentemente de contrarrazões, para apreciação da admissibilidade do apelo. A Terceira Turma, por maioria, admitiu o recurso ponderando que, embora o Ministério Público Federal tenha se manifestado pela inadmissibilidade, por entender que a morte do réu inexoravelmente põe fim ao processo, o problema não se resume a tais considerações. Na espécie, o sucessor do apelante tem legítimo interesse no julgamento do recurso, porquanto o fato tem repercussão na área fiscal, e a sentença penal que declarou a insuficiência de provas não impede o andamento do processo fiscal, pelo qual responderão os herdeiros, na proporção das forças da herança. Além disso, a lei penal tutela o sentimento de respeito aos mortos, como valor cultural e como patrimônio de honra da família, mesmo não sendo os mortos mais sujeitos de direitos, seja com a tipificação de crimes contra a sua memória, seja permitindo a revisão criminal por iniciativa de certos parentes, seja ensejando a nomeação de curador no caso de morte do revisionado. Ressaltou o julgado que o legítimo interesse do filho do falecido mais avulta quando questões morais estão envolvidas na discussão, como no caso em que o apelante falecido teve o seu nome envolvido em sonegação fiscal, sendo do mais vivo interesse dos familiares limpar da sua memória tal acusação, ainda que fosse desprovida de dimensão patrimonial".[5]

---

[5] Ap. 2001.34.00.015802-3/DF, 3.ª T., rel. Olindo Menezes, 1.º.03.2005, m.v., *Bol.* 180. O julgado é antigo, mas mantido apenas para servir de ilustração à parte teórica.

8.2. Morte presumida

Há dois enfoques a abordar: a) morte presumida em virtude de ausência, quando se der a sucessão definitiva (art. 6.º, CC); b) morte presumida sem declaração de ausência, quando for "extremamente provável a morte de quem estava em perigo de vida" ou quando "alguém, desaparecido em campanha ou feito prisioneiro, não for encontrado até dois anos após o término da guerra" (art. 7.º, CC).

Deve-se acrescentar, ainda, o disposto pelo art. 88 da Lei 6.015/1973: "poderão os Juízes togados admitir justificação para o assento de óbito de pessoas desaparecidas em naufrágio, inundação, incêndio, terremoto ou qualquer outra catástrofe, quando estiver provada a sua presença no local do desastre e não for possível encontrar-se o cadáver para exame".

Em todas essas situações, sempre que houver a expedição de certidão de óbito, deve-se declarar extinta a punibilidade. Entretanto, havendo apenas a declaração de ausência para a sucessão provisória (art. 26 e seguintes, CC), entendemos incabível a extinção da punibilidade. Há de se respeitar a opção feita pelo art. 62 do Código de Processo Penal, estabelecendo a necessidade de haver certidão de óbito nos autos.

8.3. Certidão de óbito falsa

Outra polêmica que circunscreve o tema concerne à certidão de óbito falsa. Caso o réu apresente uma certidão falsa e obtenha, com isso, a decretação da extinção da sua punibilidade, pode haver revisão? A maioria da doutrina posiciona-se, corretamente, pela negativa. Inexiste no direito brasileiro a hipótese de revisão *pro societate*, como há expressamente no Código de Processo Penal italiano (art. 69). Daí por que não se pode reabrir o processo contra o réu, sendo o caso de, no máximo, puni-lo pela falsidade. Enquanto o legislador não alterar a lei, prevendo tal possibilidade de revisão em favor da sociedade, cabe aos juízes cautela redobrada antes de declararem extinta a punibilidade do réu.

Há decisões em contrário na jurisprudência com base nos seguintes argumentos: a) se não houve morte, estava ausente o pressuposto da declaração de extinção da punibilidade, não podendo haver coisa julgada; b) a decisão de extinção da punibilidade é apenas interlocutória, não gerando coisa julgada material.[6]

Com a devida vênia, conforme já expusemos, trata-se, em verdade, de uma revisão criminal em favor da sociedade *camuflada*, ainda que seja para reparar uma injustiça, não prevista pela lei processual penal. E mais: a decisão que julga extinta a punibilidade é, em nosso entender, terminativa, analisando o mérito, justamente ao declarar não mais haver pretensão punitiva do Estado (é uma sentença terminativa de mérito em sentido amplo).

9. ANISTIA

É a declaração pelo Poder Público de que determinados fatos se tornam impuníveis por motivo de utilidade social. O instituto da anistia volta-se a *fatos*, e não a pessoas.

---

[6] *Precedente do STF:* "A decisão que, com base em certidão de óbito falsa, julga extinta a punibilidade do réu pode ser revogada, dado que não gera coisa julgada em sentido estrito" (HC 104.998/SP, 1.ª T., rel. Dias Toffoli, 14.12.2010, v.u.). Embora antigo, o julgado é raro, pois a questão envolve tema de escassa ocorrência.

Como ilustração, mencionemos a Lei 6.683/1979, concessiva da mais ampla anistia que o Brasil experimentou nas últimas décadas: "É concedida anistia a todos quantos, no período compreendido entre 2 de setembro de 1961 e 15 de agosto de 1979, cometeram crimes políticos ou conexos com estes, crimes eleitorais, aos que tiveram seus direitos políticos suspensos e aos servidores da Administração Direta e Indireta, de Fundações vinculadas ao Poder Público, aos servidores dos Poderes Legislativo e Judiciário, aos militares e aos dirigentes e representantes sindicais, punidos com fundamento em Atos Institucionais e Complementares" (art. 1.º).

Pode ocorrer antes da condenação definitiva – anistia própria – ou após o trânsito em julgado da condenação – anistia imprópria. Tem a força de extinguir a ação e a condenação. Primordialmente, destina-se a crimes políticos, embora nada impeça a sua concessão a crimes comuns. Aliás, o próprio constituinte deixou isso bem claro ao dispor, no art. 5.º, XLIII, não caber anistia para crimes hediondos, tortura, tráfico ilícito de entorpecentes e terrorismo, querendo dizer, portanto, que, se fosse essa a intenção do Poder Público, poderia concedê-la a delitos comuns.

Pode ser *condicionada* ou *incondicionada*, vale dizer, pode ter condições a serem aceitas pelo beneficiário ou não. Se for condicionada, poderá ser recusada; do contrário, não cabe recusa. De um modo ou de outro, uma vez concedida, não pode mais ser revogada. É oportuno falar, ainda, em anistia *geral* ou *parcial*. A primeira favorece a todos os que praticaram determinado fato, indistintamente. A segunda beneficia somente alguns (ex.: os não reincidentes).

Finalmente, ela pode ser *irrestrita* ou *limitada*, conforme abranja todos os delitos relacionados ao fato criminoso principal ou exclua alguns deles. A anistia só é concedida por meio de lei editada pelo Congresso Nacional. Possui efeito *ex tunc*, ou seja, apaga o crime e todos os efeitos da sentença, embora não atinja os efeitos civis. Serve, também, como mencionado anteriormente, para extinguir a medida de segurança, nos termos do art. 96, parágrafo único, do Código Penal. Deve ser declarada a extinção da punibilidade, quando concedida a anistia, pelo juiz da execução penal. Tratada no art. 107 do Código Penal como excludente de punibilidade, na verdade, a sua natureza jurídica é de excludente de tipicidade, pois, *apagado* o fato, a consequência lógica é o afastamento da tipicidade, que é adequação do fato ao tipo penal.

10. GRAÇA OU INDULTO INDIVIDUAL

É a clemência destinada a uma pessoa determinada, não dizendo respeito a fatos criminosos. A Lei de Execução Penal passou a chamá-la, corretamente, de indulto individual (arts. 188 a 193), embora a Constituição Federal tenha entrado em contradição a esse respeito. No art. 5.º, XLIII, utiliza o termo *graça* e no art. 84, XII, refere-se tão somente a *indulto*. Portanto, diante dessa flagrante indefinição, o melhor a fazer é aceitar as duas denominações: *graça* ou *indulto individual*.

Tratando-se de um perdão concedido pelo Presidente da República, dentro da sua avaliação discricionária, não sujeita a qualquer recurso, deve ser usada com parcimônia. Pode ser total ou parcial, conforme alcance todas as sanções impostas ao condenado (total) ou apenas alguns aspectos da condenação, quer reduzindo, quer substituindo a sanção originalmente aplicada (parcial). Neste último caso, não extingue a punibilidade, chamando-se *comutação*. Pode ser provocada por petição do condenado, por iniciativa do Ministério Público, do Conselho Penitenciário ou da autoridade administrativa. Exige-se o parecer do Conselho Penitenciário, seguindo ao Ministério da Justiça. Após, delibera sobre o pedido o Presidente da República, que pode, no entanto, delegar a apreciação aos Ministros de Estado, ao Procurador-Geral da República ou ao Advogado-Geral da União (art. 84, parágrafo único, da Constituição).

Assim como o indulto coletivo, pressupõe sentença condenatória com trânsito em julgado, servindo para apagar somente os efeitos executórios da condenação, mas não os secundários (reincidência, nome no rol dos culpados, obrigação de indenizar a vítima etc.). Torna possível, uma vez concedida, extinguir a medida de segurança.

É preciso garantir que a aplicação da graça tenha uma finalidade útil de recompensa ao acusado ou condenado que, realmente, mereça. Não se pode transformar o instituto em uma *loteria*, ou seja, anualmente, sorteiam-se, ao acaso, situações de presos que são agraciados sem nada terem feito para receber a benesse. Essa não é a tradição da graça. Ilustrando, no direito medieval, "o agente que revidava uma agressão, agindo de acordo com a descriminante, não era absolvido, mas a sua punibilidade era extinta pelo instituto da graça, impetrada ao sobera-no".[7] Em outros termos, a legítima defesa não era excludente de ilicitude, mas de punibilidade, dependendo, pois, da misericórdia e do senso de justiça do soberano. Note-se, assim, o seu evidente caráter de realização de justiça no caso concreto.

11. INDULTO COLETIVO

É a clemência destinada a um grupo de sentenciados, tendo em vista a duração das penas aplicadas, podendo exigir requisitos subjetivos (tais como primariedade, comportamento carcerário, antecedentes) e objetivos (*v.g.*, cumprimento de certo montante da pena, exclusão de certos tipos de crimes).

O indulto pode ser *total*, quando extingue todas as condenações do beneficiário, ou *parcial*, quando apenas diminui ou substitui a pena por outra mais branda. Neste último caso, não se extingue a punibilidade, chamando-se *comutação*. Há possibilidade de concessão do indulto a réu condenado, com recurso em andamento, se já houve trânsito em julgado para a acusação. E, mesmo que seja beneficiado com o indulto, pode ainda ser o recurso do réu apreciado, no mérito, pelo tribunal.

Ressalte-se, a título de exemplo, o disposto no Decreto 2.838, de 06.11.1998: "Os benefícios previstos neste Decreto são aplicáveis, ainda que: I – a sentença condenatória tenha transitado em julgado somente para a acusação, sem prejuízo do julgamento do recurso da defesa na instância superior; II – haja recurso da acusação que não vise alterar a quantidade da pena aplicada ou as condições exigidas para a concessão do indulto e da comutação" (art. 4.º).

Se o condenado estiver em gozo de *sursis*, poderá também ser beneficiado com o indulto. Aliás, é o que deixou bem claro o referido Decreto 2.838/1998 (art. 1.º, VII). Por outro lado, pode haver soma de penas para aplicação do indulto. Nesse sentido, já havia decisão do Supremo Tribunal Federal, agora consolidada pelos mais recentes decretos que têm concedido o indulto (*v.g.*, Decreto 2.838/1998, art. 6.º: "As penas correspondentes a infrações diversas devem somar-se para efeito do indulto e da comutação").

Somente poderá haver recusa por parte do beneficiário, caso o indulto seja condicionado. Uma vez concedido, serve para extinguir os efeitos principais da sentença condenatória, mas

---

[7] Célio de Melo Almada, *Legítima defesa*, p. 40.

não os secundários, salvo se o decreto assim o autorizar.[8] Chama-se *indulto incidente* o referente a uma só das penas sofridas pelo condenado, em vias de cumprimento.

11.1. Indulto condicional

É a clemência concedida sob a condição de aperfeiçoamento futuro, isto é, o condenado pode ser colocado em liberdade, mas deve apresentar bom comportamento por certo período, normalmente dois anos, sob pena de não ser reconhecido o perdão concedido, voltando a cumprir a pena, perdendo a eficácia o indulto. Exemplificando com o Decreto 5.295, de 2004: "Art. 10. Aperfeiçoar-se-á o indulto depois de 24 (vinte e quatro) meses, a contar da expedição do termo de que trata o art. 12, devendo o beneficiário, nesse prazo, manter bom comportamento e não ser indiciado ou processado por crime doloso, excetuadas as infrações penais de menor potencial ofensivo. § 1.º Se o beneficiário vier a ser processado por crime doloso, praticado no período previsto no *caput*, considera-se prorrogado o prazo para o aperfeiçoamento do indulto, até o julgamento definitivo do processo. § 2.º Não impedirá o aperfeiçoamento do indulto a superveniência de decisão condenatória da qual resulte penas restritivas de direitos cumuladas ou não com multa, ou suspensão condicional da pena. Art. 11. Decorrido o prazo previsto no art. 10 e cumpridos os requisitos do benefício, o Juiz, ouvidos o Conselho Penitenciário, o Ministério Público e a defesa, declarará extinta a pena privativa de liberdade".

11.2. Indulto facultativo

Se fixadas condições para o indulto (como ocorre no caso do indulto condicional), o condenado pode aceitá-lo ou rejeitá-lo. Confira-se no Decreto 5.295/2004: "Art. 12. O Presidente do Conselho Penitenciário ou a autoridade responsável pela custódia do preso, após a sentença concessiva do benefício *aceito pelo interessado*, chamará a sua atenção, em cerimônia solene, para as condições estabelecidas por este Decreto, colocando-o em liberdade, de tudo lavrando, em livro próprio, termo circunstanciado, cuja cópia será remetida ao Juízo da Execução Penal, entregando-se outra ao beneficiário".

11.3. Indulto coletivo e crimes hediondos e assemelhados

Não é possível a concessão de indulto coletivo aos condenados por delitos hediondos e equiparados, a teor do disposto pelo art. 2.º, I, da Lei 8.072/1990. Há quem sustente ser esse dispositivo inconstitucional, uma vez que a Constituição Federal (art. 5.º, XLIII) teria vedado a concessão de anistia ou graça, mas não mencionou o indulto. Logo, quando a norma constitucional não proíbe, seria defeso à lei ordinária fazê-lo.

Não comungamos desse entendimento (maiores detalhes são expostos na nota 28 ao art. 2.º da Lei 8.072/1990 em nosso livro *Leis penais e processuais penais comentadas* – vol. 1). Em verdade, houve mera falha de redação do mencionado art. 5.º, XLIII, CF. Onde se lê graça, leia-se indulto, pois ambos significam, na essência, a mesma coisa. Tanto é verdade que o Presidente da República tem competência expressa para conceder apenas indulto (art. 84, XII, CF), olvidando-se a graça. Ora, sempre o chefe do Executivo concedeu graça e não deixou de fazê-lo em face da redação, também lacunosa, do mencionado art. 84, XII.

---

[8] Conforme Súmula 631 do STJ: "O indulto extingue os efeitos primários da condenação (pretensão executória), mas não atinge os efeitos secundários, penais ou extrapenais".

Por isso, parece-nos perfeitamente adequada a proibição feita pelo art. 2.º, I, da Lei 8.072/1990. A questão ainda não chegou aos tribunais, pois todos os decretos presidenciais dos últimos anos têm negado o direito ao indulto em relação aos condenados por crimes hediondos e equiparados. Entretanto, em outros moldes, chegou-se a apresentar o tema ao Supremo Tribunal Federal. A visão levantada diz respeito à proibição estabelecida pelo decreto presidencial, que seria, em tese, inconstitucional, pois o art. 5.º, XLIII, CF, não vedaria o indulto expressamente. Cremos que o Pretório Excelso bem decidiu afastando essa alegação. Sem ingressar no mérito da questão, ou seja, se o art. 2.º, I, da Lei 8.072/1990 é constitucional ou não, no que concerne à proibição da concessão de indulto, deliberou-se que o Presidente da República não está obrigado a eleger determinadas condições para a concessão do benefício – ao contrário, é livre para fixar as que considerar justas.[9]

11.3.1. Indulto humanitário

Há um formato de indulto, considerado *humanitário*, segundo o qual o *perdão* da pena se dá por razões humanistas – e não simplesmente lastreado na ideia de política criminal do Estado *para esvaziar presídios*.

Estaria o indulto humanitário vedado, igualmente, pela Lei dos Crimes Hediondos e, por via reflexa, pela própria Constituição Federal? Parece-nos que não, pois o indulto humanitário baseia-se no princípio da dignidade da pessoa humana. No confronto entre este princípio regente (art. 1.º, III, CF) e a vedação ao indulto (ou graça) aos crimes hediondos, deve prevalecer, sem dúvida, a dignidade humana.

Indultar um condenado para que possa *morrer em paz*, juntamente aos seus familiares e amigos, é o mínimo que se pode esperar de um Estado Democrático de Direito.

Ilustrando, o Decreto 9.706, de 8 de fevereiro de 2019, estabelece o indulto humanitário, nos termos seguintes: "Art. 1.º Será concedido indulto às pessoas nacionais e estrangeiras condenadas, que, até a data de publicação deste Decreto, tenham sido acometidas: I – por paraplegia, tetraplegia ou cegueira adquirida posteriormente à prática do delito ou dele consequente, comprovada por laudo médico oficial, ou, na falta do laudo, por médico designado pelo juízo da execução; II – por doença grave, permanente, que, simultaneamente, imponha severa limitação de atividade e que exija cuidados contínuos que não possam ser prestados no estabelecimento penal, desde que comprovada por laudo médico oficial, ou, na falta do laudo, por médico designado pelo juízo da execução; ou III – por doença grave, neoplasia maligna ou síndrome da deficiência imunológica

---

[9]   STF: "Afastou-se, ademais, a alegação de que o Presidente da República, ao excluir da lista de indultados os autores de crimes hediondos, ter-lhes-ia imposto uma restrição que a Constituição não estabelece, estando nisso a coação ilegal sofrida pelo paciente. Considerou-se que o indulto seria instrumento de política criminal de que disporia o Chefe do Poder Executivo, configurando o seu emprego típica sanção premial, decisão esta sujeita a critérios de conveniência e oportunidade, a ser empreendida sob a ótica da prevenção criminal. Assim, o Presidente da República teria, no exercício de um juízo que informa tipicamente os atos de governo, excluído do rol dos indultados os apenados pela prática de crimes hediondos, sem cometer nenhuma ilegalidade ou ofensa à Constituição. Acrescentou-se que, ainda que se entendesse que a Constituição não teria proibido a concessão de indulto aos condenados pelos referidos delitos, haver-se-ia de convir que não obrigou o Chefe do Poder Executivo a outorgar o benefício. O Min. Marco Aurélio acompanhou o relator apenas quanto à preliminar de não conhecimento, ao fundamento de não caber ao Supremo, não conhecendo do *writ*, manifestar-se relativamente à matéria de fundo" (HC 90364/MG, Pleno, rel. Ricardo Lewandowski, 31.10.2007, *Informativo* 486). O julgado é antigo, porém, mantido para servir de ilustração ao tema.

adquirida (aids), desde que em estágio terminal e comprovada por laudo médico oficial, ou, na falta do laudo, por médico designado pelo juízo da execução. Art. 2.º Não será concedido indulto às pessoas condenadas por crimes: I – considerados hediondos, nos termos da Lei 8.072, de 25 de julho de 1990; II – praticados com grave violência contra pessoa; III – previstos na: a) Lei 9.455, de 7 de abril de 1997; b) Lei 12.850, de 2 de agosto de 2013; e c) Lei 13.260, de 16 de março de 2016; IV – tipificados nos art. 215, art. 216-A, art. 217-A, art. 218, art. 218-A, art. 218-B, art. 312, art. 316, art. 317, art. 332 e art. 333 do Decreto-Lei 2.848, de 7 de dezembro de 1940 – Código Penal; V – tipificados no caput e no § 1.º do art. 33 , exceto na hipótese prevista no § 4.º do referido artigo , no art. 34 e no art. 36 da Lei 11.343, de 23 de agosto de 2006; e VI – previstos no Decreto-Lei 1.001, de 21 de outubro de 1969 – Código Penal Militar, quando correspondentes aos mencionados neste artigo. Art. 3.º Não será concedido, ainda, indulto às pessoas condenadas: I – que tiveram a pena privativa de liberdade substituída por restritiva de direitos ou multa; ou II – beneficiadas pela suspensão condicional do processo. Art. 4.º O indulto de que trata este Decreto poderá ser concedido, ainda que: I – a sentença tenha transitado em julgado para a acusação, sem prejuízo do julgamento de recurso da defesa em instância superior; e II – não tenha sido expedida a guia de recolhimento. Parágrafo único. O indulto não é aplicável se houver recurso da acusação de qualquer natureza após o julgamento em segunda instância. Art. 5.º O indulto de que trata este Decreto não se estende: I – aos efeitos da condenação; e II – à pena de multa aplicada em conjunto com a pena privativa de liberdade. Art. 6.º Não será concedido indulto correspondente ao crime não impeditivo enquanto a pessoa condenada não cumprir a pena correspondente ao crime impeditivo do benefício, na hipótese de haver concurso com os crimes a que se refere o art. 2.º. Art. 7.º O benefício de que trata este Decreto será concedido pelo juiz do processo de conhecimento na hipótese de condenado primário, desde que não haja recurso da sentença interposto pela acusação (...)". Em nosso entendimento, salientando a prevalência do princípio constitucional da dignidade da pessoa humana, não estamos convencidos de que as exclusões, previstas no art. 2.º do Decreto em comento, deveriam ter sido impostas. Afinal, quem está gravemente enfermo, com câncer ou AIDS, em estágio terminal, devidamente comprovado, deveria ser indultado, pouco interessando o crime que tenha cometido, ter o direito de morrer em ambiente tranquilo, longe do cárcere. Isso, sim, é um pensamento humanista.

11.4. Indulto da pena de multa e limite mínimo para inscrição de débito na dívida ativa

O Decreto 8.172/2013, expedido pela Presidência da República, dispõe: "art. 1.º Concede-se o indulto coletivo às pessoas, nacionais e estrangeiras: (...) X – condenadas a pena de multa, ainda que não quitada, independentemente da fase executória ou juízo em que se encontre, aplicada cumulativamente com pena privativa de liberdade cumprida até 25 de dezembro de 2013, desde que não supere o valor mínimo para inscrição de débitos na Dívida Ativa da União, estabelecido em ato do Ministro de Estado da Fazenda, e que não tenha capacidade econômica de quitá-la".

Alguns julgados têm indeferido a concessão de indulto a condenados, argumentando que o art. 1.º, § 1.º, da Portaria 75/2012 do Ministro da Fazenda estabelece que "os limites estabelecidos no *caput* não se aplicam quando se tratar de débitos decorrentes de aplicação de multa criminal".

Entretanto, o aparente conflito de normas resolve-se pela aplicação da sucessividade, em primeiro lugar. O Decreto da Presidência da República, indultando a pena de multa, é posterior àquele relativo ao Ministério da Fazenda. Por outro lado, há nítida hierarquia de normas nesse caso. O indulto encontra-se constitucionalmente previsto no rol de atribuições do Chefe do Poder Executivo (art. 84, XII). A Portaria do Ministro nem possui *status* constitucional, além de ser o Ministro da Fazenda subordinado ao Presidente da República. Assim sendo, o disposto na Portaria não tem o condão de impedir o perdão concedido pelo Poder Executivo no tocante às penas de multa. O Decreto Presidencial é taxativo ao dizer que as multas estão indultadas, não superando o valor mínimo para inscrição de débitos na Dívida Ativa da União, estabelecido em ato do Ministro de Estado da Fazenda.

Portanto, nos estritos termos da decisão presidencial, o único obstáculo para o perdão da multa é o valor mínimo estipulado para a inscrição da multa, mas não se pode impedir taxativamente o referido indulto, pela via indireta fixada em portaria. Noutros termos, essa norma não pode obstar o disposto em um Decreto Presidencial.

11.5. Necessidade de apreciação pelo juiz da execução criminal

O decreto de indulto do Presidente da República não produz efeito por si mesmo, devendo ser analisado pelo juiz da execução penal, que tem competência para decretar extinta a punibilidade do condenado, se for o caso. Aliás, os decretos presidenciais contêm condições objetivas e subjetivas, que necessitam de avaliação judicial, ouvindo-se o Ministério Público.

Preceitua o art. 192 da Lei de Execução Penal que, "concedido o indulto e anexada aos autos cópia do decreto, o juiz declarará extinta a pena ou ajustará a execução aos termos do decreto, no caso de comutação", dando a entender que o magistrado poderá, conforme seu critério, decretar extinta a punibilidade. O fato é que, havendo qualquer tipo de condição no decreto presidencial, cabe a análise ao Judiciário, a fim de verificar se o beneficiário faz jus ao indulto. Somente quando o decreto for dirigido a uma pessoa (graça), sem estabelecer qualquer condição, o juiz é obrigado a acatar, liberando o condenado. Se, porventura, o Presidente de República, pretendendo conceder graça, fizer menção a decreto anterior de indulto coletivo, transfere ao magistrado a possibilidade de, valendo-se do art. 192 da LEP, efetivar ou não o benefício.

11.6. Indulto inconstitucional

Defendemos a inaplicabilidade do indulto (coletivo ou individual) a condenados por crimes hediondos e equiparados, razão pela qual, se o decreto contiver algum tipo de perdão, envolvendo pena decorrente de condenação por tais delitos, o juiz não será obrigado a cumpri-lo. Afinal, o decreto não vale por si só, dependendo da participação do Judiciário para dar-lhe eficácia, colocando-o em prática.

11.7. Comutação (indulto parcial) e crime hediondo ou equiparado

Os decretos presidenciais trazem, como regra, a vedação para aplicar o indulto – parcial ou total – aos crimes hediondos e assemelhados. A polêmica se instaura, no entanto, no que diz respeito à possibilidade de aplicar o indulto aos crimes hoje considerados hediondos, mas que à época da sua prática não o eram, pois inexistia a Lei 8.072/1990. A maioria entende pela aplicação.

Posicionamo-nos pela viabilidade de aplicação, pois é inconcebível que um delito cometido antes da vigência da Lei 8.072/1990 seja considerado hediondo, prejudicando o condenado, por qualquer pretexto que seja. Trata-se, no fundo, de uma retroatividade de lei penal prejudicial ao réu, o que é vedado pelo art. 1.º do Código Penal e pelo art. 5.º, XL, da Constituição

Federal. É intrínseco que a definição dos crimes hediondos e assemelhados, fazendo parte inexorável da figura típica incriminadora, está prevista no art. 1.º da referida Lei 8.072/1990, não ficando ao alvedrio do magistrado considerar hediondo o que não era.

Atualmente, os decretos de indulto já preveem essa questão, adotando a posição que ora sustentamos. Confira-se: Decreto federal 5.295, de 02.12.2004: "Art. 8.º Os benefícios previstos neste Decreto não alcançam os (...) II – condenados por crime hediondo, praticado após a edição da Lei 8.072, de 25 de julho de 1990, observadas as alterações posteriores".

11.8. Indulto (parcial ou total) e cometimento de falta grave

Como regra, devem-se respeitar os termos do Decreto concessivo do indulto. E, geralmente, fixa-se um período para o não cometimento de falta grave, sob pena de indeferimento do benefício (ex.: concede-se o indulto caso o sentenciado não tenha cometido falta grave nos últimos doze meses). Contudo, a prática de falta grave – e o seu reconhecimento – não serve para impedir a concessão do indulto, quando fora do período estipulado no próprio Decreto Presidencial.

12. *ABOLITIO CRIMINIS*

Trata-se de lei nova deixando de considerar determinada conduta como crime. Nesse caso, como preceitua o art. 2.º do Código Penal, ocorre o fenômeno da *retroatividade da lei penal benéfica*. Assim acontecendo, nenhum efeito penal subsiste, mas apenas as consequências civis. O art. 107 a insere no contexto das excludentes de punibilidade, mas, na realidade, sua natureza jurídica é de excludente de tipicidade, pois, desaparecendo do mundo jurídico o tipo penal, o fato não pode mais ser considerado *típico*.

13. DECADÊNCIA

Trata-se da perda do direito de ação privada ou de representação por não ter sido exercido no prazo legal. Atinge o direito de punir do Estado. A regra geral, estabelecida no art. 103 do Código Penal, é a seguinte: "salvo disposição expressa em contrário, o ofendido decai do direito de queixa ou de representação se não o exerce dentro do prazo de 6 *(seis) meses*, contado do dia em que veio a saber quem é o autor do crime, ou, no caso do § 3.º do art. 100 deste Código, do dia em que se esgota o prazo para oferecimento da denúncia".

A exceção apontada pela lei é a seguinte: *30 dias* da homologação do laudo pericial nos crimes contra a propriedade imaterial. Conta-se como prazo penal (art. 10, CP).

Quando a vítima é menor de 18 anos, o prazo para representar ou ingressar com queixa-crime corre somente para o representante. Alguns sustentam que, ao completar 18 anos, se ainda estava decorrendo o prazo legal para representar ou ajuizar queixa, a vítima terá somente o remanescente para exercer seu direito. Afinal, o prazo decadencial é um só. Portanto, exemplificando, se um menor com 17 anos e 10 meses for vítima de um delito de ação pública condicionada, conhecendo-se o autor do fato de imediato, ao completar 18 anos terá apenas mais quatro meses para representar.

Outros defendem que, ao atingir 18 anos, terá o ofendido seis meses integrais para representar, pois antes o prazo não corria em relação à sua pessoa. Baseiam-se na Súmula 594 do STF: "Os direitos de queixa e de representação podem ser exercidos, independentemente, pelo ofendido ou por seu representante legal". Assim, o ofendido deve ter seis meses, o mesmo prazo que seu representante legal possui. Esta última parece-nos ser a posição correta. Reformulamos pensamento anterior, no sentido de que, se o prazo para o menor se esgotara antes de completar ele 18 anos, não possuiria seis meses para representar contra seu ofensor. Cremos que, sendo os prazos independentes, o menor deve tê-lo por inteiro, ao atingir os 18 anos. O prazo é interrompido com a apresentação da queixa em juízo, quando cuidar de ação privada, mesmo sem o recebimento formal pelo magistrado, ou da representação à autoridade policial ou ao membro do Ministério Público, quando se tratar de ação penal pública condicionada. A lei diz que "decai do direito" se não o "exercer" em seis meses. A propositura da ação significa o *exercício* do direito.

14. PEREMPÇÃO

Trata-se de uma sanção pela inércia do particular na ação penal privada, impedindo-o de prosseguir na demanda. *Perempção* origina-se de *perimir*, que significa matar, destruir. É instituto aplicável apenas na ação penal privada exclusiva, e não na subsidiária da pública.

Há *quatro hipóteses* (art. 60 do Código de Processo Penal): 1.ª) iniciada a ação, o querelante deixa de promover o andamento do processo durante 30 dias seguidos. Ex.: deixa de pagar despesas do processo; retira os autos por mais de 30 dias sem devolver; não oferece alegações finais. Para considerar perempta a ação nesse caso, deve o juiz verificar, com cautela, o seguinte: a) se o querelante foi intimado, pessoalmente, a dar prosseguimento; b) se o motivo da paralisação não constituiu força maior; c) se a desídia foi do querelante, e não de serventuário da justiça ou do próprio querelado; 2.ª) falecendo o querelante, ou ficando incapaz, não comparecem em juízo, para prosseguir no processo, dentro de 60 dias, seus sucessores, nessa ordem: cônjuge, ascendente, descendente ou irmão (art. 36, CPP); 3.ª) o querelante deixa de comparecer, sem motivo justificado, a qualquer ato do processo a que deva estar presente ou não formula pedido de condenação nas alegações finais. Basicamente, não há caso em que o querelante deva estar presente. No entanto, se ele e seu defensor faltam a uma audiência, por exemplo, sem justificativa, pode ocorrer a perempção. Quanto ao comparecimento em audiência de conciliação nos crimes contra a honra, entende a maioria da doutrina não ser obrigatório estar presente; 4.ª) o querelante, pessoa jurídica que se extingue, não deixa sucessor. Ocorre ainda a perempção em ação penal privada, no caso de morte do querelante, quando for personalíssima: induzimento a erro essencial (art. 236, CP).

15. RENÚNCIA E PERDÃO

Renúncia é a desistência de propor ação penal privada. Para a maioria da doutrina, a renúncia é aplicável à ação penal subsidiária da pública, embora isso não impeça o Ministério Público de denunciar. *Perdão* é a desistência do prosseguimento da ação penal privada propriamente dita. Nota-se, pois, como são semelhantes os dois institutos. A única grande diferença entre ambos é que a renúncia se dá antes do ajuizamento da ação e o perdão, depois. Tanto a renúncia como o perdão podem ser expressos ou tácitos. Expressos, quando ocorrem por meio de declaração escrita e assinada pelo ofendido ou por seu procurador, com poderes especiais (não obrigatoriamente advogado). Tácitos, quando o querelante praticar atos incompatíveis com o desejo de processar o ofensor (art. 104, parágrafo único, 1.ª parte, e art. 106, § 1.º, CP). Ex.: reatamento de amizade, não se incluindo nisso as relações de civilidade ou profissionais. Admite-se qualquer meio de prova para demonstrar a ocorrência da renúncia ou do perdão tácitos. Lembremos que receber indenização pelos danos causados não implica renúncia, em regra (art. 104, parágrafo único, 2.ª parte, CP), embora na Lei 9.099/1995 possa implicar (art. 74, parágrafo único).

É preciso salientar a indivisibilidade da ação penal: havendo renúncia no tocante a um, atinge todos os querelados (art. 49, CPP), exceto quando não conhecida a identidade de um deles. O mesmo ocorre quanto ao perdão. No caso de dois titulares do direito de representação, a renúncia de um não afeta o direito do outro. O mesmo acontece no tocante ao perdão: a concessão feita por um dos querelantes não atinge o direito dos demais. Na hipótese do art. 31 do CPP, no entanto, o perdão concedido por um sucessor deve contar com a concordância dos demais. Afinal, se dois quiserem acionar, o juiz deve respeitar a ordem do art. 31, e não seria justo que o cônjuge ingressasse com a ação penal para, dois dias depois, por exemplo, perdoar o querelado. A renúncia é ato unilateral, não dependendo de aceitação da outra parte, enquanto o perdão é bilateral, necessitando ser aceito pelo querelado para produzir efeito. Esta foi uma imperfeição do legislador, pois não se deve obrigar o querelante a prosseguir na ação penal. Se ele realmente desejar, pode provocar a perempção, que não depende de aceitação. O perdão pode ser concedido e aceito até o trânsito em julgado da decisão condenatória. É possível sua ocorrência dentro ou fora do processo, valendo o mesmo para a aceitação.

16. RETRATAÇÃO

É o ato pelo qual o agente reconhece o erro que cometeu e o denuncia à autoridade, retirando o que anteriormente havia dito. Pode ocorrer: 1.º) nos crimes de calúnia e difamação (art. 143, CP); 2.º) nos crimes de falso testemunho e falsa perícia (art. 342, § 2.º, CP). Somente pode se dar até a sentença de 1.º grau, embora existam opiniões defendendo a possibilidade de retratação até o trânsito em julgado da decisão condenatória. E mais: apenas tem valor quando ingressa nos autos, não dependendo de aceitação da parte contrária. No processo do júri, discute-se até que ponto pode o falso ser retratado: a) até a sentença de pronúncia; b) até a decisão do Tribunal do Júri; c) até o trânsito em julgado da sentença condenatória. A melhor posição é a segunda. Não se deve acolher como momento-limite a sentença de pronúncia, pois esta é apenas uma decisão interlocutória, julgando a admissibilidade da acusação. A sentença proferida no plenário é a que julga o mérito da causa.

Entretanto, se houver impronúncia ou absolvição sumária, o prazo para retratação tem por limite tais decisões. Para quem admite participação nos crimes de falso testemunho e falsa perícia (delitos de mão própria), a retratação de um dos coautores pode beneficiar os demais? Há *duas posições*: a) não se comunica, pois vale a mesma regra dos crimes contra a honra: somente quem volta atrás não merece ser punido; b) comunica-se, pois a lei fala que o fato se torna "não punível". Ora, se o fato não é mais digno de punição, natural que os concorrentes não possam ser condenados caso um deles declare a verdade, retratando-se. Esta última, no caso do falso testemunho, parece ser a melhor posição. A retratação, em qualquer situação, deve ser cabal e completa.

17. PERDÃO JUDICIAL

É a clemência do Estado para determinadas situações expressamente previstas em lei, quando não se aplica a pena estabelecida para determinados crimes, ao serem preenchidos certos requisitos objetivos e subjetivos que envolvem a infração penal. Trata-se de uma autêntica *escusa absolutória*, que não pode ser recusada pelo réu.

Cap. XLII – Extinção da Punibilidade

MARIO DUNI explica que o fundamento do perdão judicial, em vez de gerar impunidade, como muitos acham erroneamente, concentra-se em evitar a aplicação da pena e, sobretudo, os males que ela provoca, expondo um conteúdo de utilidade, oportunidade, calcando-se na melhoria da convivência social. Verifica-se que a aplicação da pena seria um mal maior do que o delito cometido, nas circunstâncias reais. Afinal, aplica-se a pessoas não perigosas, de boa conduta.[10]

Em suma, por política criminal, o Estado abstém-se de punir, pois o sujeito já sofreu o suficiente ou causou dano mínimo.

17.1. Natureza jurídica do perdão e da sentença que o concede

É causa de extinção da punibilidade. Exige expressa previsão legal, pois a pena tem como característica fundamental ser inderrogável. Quanto à sentença, há *várias posições* encontradas na doutrina e na jurisprudência: a) trata-se de *decisão condenatória,* subsistindo todos os efeitos secundários da condenação, tais como a inclusão do nome do réu no rol dos culpados, a possibilidade de gerar maus antecedentes, a obrigação de reparar o dano, entre outros (NORONHA, HUNGRIA, MIRABETE, DAMÁSIO, ANTONIO RODRIGUES PORTO); b) trata-se de *decisão declaratória,* mas que é capaz de causar efeitos secundários, como o lançamento do nome do réu no rol dos culpados e a possibilidade de acarretar maus antecedentes (FREDERICO MARQUES); c) é *decisão declaratória de extinção da punibilidade,* que nenhuma consequência ocasiona para o réu. Para ROGÉRIO LAURIA TUCCI, trata-se de decisão terminativa do processo, pois é causa extintiva da punibilidade. Ainda segundo o autor, explora-se o percurso lógico do juiz que, para sentenciar, primeiro observa as consequências que o fato causou e a quem atingiu; depois, se não é caso de "perdoá-lo", passa a analisar as provas referentes à procedência ou improcedência. Logo, o perdão judicial é "questão preliminar". São as posições de DELMANTO, FRAGOSO, JAIR, PAULO JOSÉ, ANÍBAL BRUNO, JORGE ROMEIRO, CERNICCHIARO.

Regula o tema a Súmula 18 do Superior Tribunal de Justiça: "A sentença concessiva do perdão judicial é declaratória da extinção da punibilidade, não subsistindo qualquer efeito condenatório".

Parece-nos ser uma decisão condenatória, na essência, pois ninguém perdoa um inocente. No entanto, o caminho percorrido pelo juiz, conforme as legislações penal e processual penal, é a consideração de ser a imposição de pena, por parte do Estado, uma situação jurídica inaceitável e inócua, tendo em vista que a sanção penal seria desnecessária, afastando a pretensão punitiva estatal. Noutros termos, o magistrado não profere uma sentença condenatória e, depois, concede o perdão. Analisando as provas, é possível que o órgão acusatório, após a investigação, requeira, em lugar do oferecimento de denúncia, a extinção da punibilidade do indiciado. Pode, ainda, ao longo da instrução, colhendo provas, o julgador, em vez de condenar, julgar extinta a punibilidade, reconhecendo o perdão. Significa o afastamento da pretensão punitiva estatal e, com isso, inexiste condenação. Em mais apurada reflexão, cremos acertada a posição estampada pela Súmula 18 do STJ, vale dizer, cuida-se de decisão de declaração da extinção da punibilidade da pretensão punitiva estatal.

17.2. Prescrição e perdão judicial

Para quem considera a sentença concessiva do perdão judicial de natureza condenatória, é possível considerar a prescrição da pretensão punitiva do Estado, de modo a não deixar

---

[10] *Il perdono giudiziale,* p. 48-49 (tradução livre).

Curso de Direito Penal – Parte Geral Vol. 1 • Nucci

nenhum resquício no passado do réu. Há *três posições* a respeito: a) o prazo da prescrição ocorre em dois anos, que é o mínimo previsto para qualquer delito; b) o prazo da prescrição deve ser calculado pelo mínimo da pena que poderia ser aplicado, em abstrato, ao crime; c) o prazo da prescrição deve ser calculado pelo máximo da pena que poderia ser aplicado, em abstrato, ao crime.

Parece-nos a terceira posição a ideal, equiparando-se aos demais delitos, ou seja, enquanto não há pena concreta aplicada, regula-se a prescrição pelo máximo em abstrato previsto para o crime.[11]

17.3. Situações que ensejam o perdão judicial

Encontram-se na Parte Especial as seguintes possibilidades de concessão de perdão judicial: a) homicídio culposo (art. 121, § 5.º); b) lesão corporal culposa (art. 129, § 8.º); c) injúria (art. 140, § 1.º, I e II); d) outras fraudes (art. 176, parágrafo único); e) receptação culposa (art. 180, § 5.º); f) parto suposto, supressão ou alteração de direito inerente ao estado civil de recém--nascido (art. 242, parágrafo único); g) subtração de incapazes (art. 249, § 2.º); h) apropriação indébita previdenciária (art. 168-A, § 3.º); i) sonegação de contribuição previdenciária (art. 337-A, § 2.º). Na legislação penal especial, temos: a) Lei de Contravenções Penais (arts. 8.º e 39, § 2.º); b) Código Eleitoral (art. 326, § 1.º); c) Lei dos Crimes Ambientais (art. 29, § 2.º); d) Lei de Lavagem de Dinheiro (art. 1.º, § 5.º); e) Lei de Proteção à Vítima e à Testemunha (art. 13).

17.4. Independência da causa extintiva da punibilidade

Preceitua o art. 108 do Código Penal que "a extinção da punibilidade de crime que é pressuposto, elemento constitutivo ou circunstância agravante de outro não se estende a este. Nos crimes conexos, a extinção da punibilidade de um deles não impede, quanto aos outros, a agravação da pena resultante da conexão".

Quer o legislador ressaltar a possibilidade de ocorrer extinção da punibilidade para um determinado crime, pressuposto, elemento constitutivo ou circunstância agravante de outro, sem que este último seja afetado. Ex.: não é porque o furto prescreveu, extinguindo-se a punibilidade do agente, que a punibilidade da receptação sofrerá qualquer arranhão, ou porque a ameaça deixa de ser considerada delito que o roubo será afetado.

18. PRESCRIÇÃO

18.1. Conceito e fundamentos

Cuida-se da perda do direito de punir do Estado pelo não exercício em determinado lapso de tempo. Não há mais interesse estatal na repressão do crime, tendo em vista o decurso do tempo e porque o infrator não reincide, readaptando-se à vida social. Há duas maneiras de se computar a prescrição: a) pela pena *in abstracto*; b) pela pena *in concreto*. No primeiro caso, não tendo ainda havido condenação, inexiste pena para servir de base ao juiz para o cálculo da prescrição. Portanto, utiliza-se a pena máxima em abstrato prevista para o delito. No segundo caso, já tendo havido condenação com trânsito em julgado, ao menos para a acusação,

---

[11] No entanto, vale ressaltar que, hoje, prevalece a posição firmada pela Súmula 18 do STJ no sentido de ser a decisão concessiva de perdão judicial apenas declaratória. Portanto, nem se computa a prescrição.

Cap. XLII – Extinção da Punibilidade

a pena tornou-se concreta e passa a servir de base de cálculo para a prescrição. Nesse sentido, conferir o disposto na Súmula 146 do STF: "A prescrição da ação penal regula-se pela pena concretizada na sentença, quando não há recurso da acusação".

Há várias teorias fundamentando a existência da prescrição em diversos ordenamentos jurídicos, inclusive no nosso. Podem-se enumerar as seguintes: a) *teoria do esquecimento*: baseia-se no fato de que, após o decurso de certo tempo, que varia conforme a gravidade do delito, a lembrança do crime apaga-se da mente da sociedade, não mais existindo o temor causado pela sua prática, deixando, pois, de haver motivo para a punição; b) *teoria da expiação moral*: funda-se na ideia de que, com o decurso do tempo, o criminoso sofre a expectativa de ser, a qualquer tempo, descoberto, processado e punido, o que já lhe serve de aflição, sendo desnecessária a aplicação da pena; c) *teoria da emenda do delinquente*: tem por base o fato de que o decurso do tempo traz, por si só, mudança de comportamento, presumindo-se a sua regeneração e demonstrando a desnecessidade da pena; d) *teoria da dispersão das provas*: lastreia-se na ideia de que o decurso do tempo provoca a perda das provas, tornando quase impossível realizar um julgamento justo muito tempo depois da consumação do delito. Haveria maior possibilidade de ocorrência de erro judiciário; e) *teoria psicológica*: funda-se na ideia de que, com o decurso do tempo, o criminoso altera o seu modo de ser e de pensar, tornando-se pessoa diversa daquela que cometeu a infração penal, motivando a não aplicação da pena.[12]

Em verdade, todas as teorias, em conjunto, explicam a razão de existência da prescrição, que não deixa de ser medida benéfica e positiva, diante da inércia do Estado em sua tarefa de investigação e apuração do crime.

É preciso ressaltar que a prescrição é matéria de ordem pública, podendo (e devendo) ser reconhecida assim que detectada, em qualquer momento da investigação ou do trâmite processual.

Além disso, trata-se de matéria preliminar, ou seja, impede a análise do mérito de qualquer ação (em qualquer grau de jurisdição). Assim já dizia a Súmula 241 do extinto Tribunal Federal de Recursos: "A extinção da punibilidade pela prescrição da pretensão punitiva prejudica o exame do mérito da apelação criminal".

18.2. Prazos de prescrição da pretensão punitiva e executória

Os prazos fixados no art. 109 do Código Penal, como regra, servem ao cálculo da prescrição da pretensão punitiva do Estado, isto é, a que ocorre em períodos anteriores à sentença condenatória com trânsito em julgado. Como já visto, o Estado perde o direito de punir o infrator, por ter demorado a fazê-lo. Apesar disso, o Código Penal se vale desse artigo para o cômputo da prescrição da pretensão executória, como se nota no art. 110.

18.3. Espécies de prescrição e seus efeitos

Relembrando, há duas espécies de prescrição: a) *prescrição da pena em abstrato*: quando inexiste sanção fixada pelo Judiciário, calcula-se o prazo prescricional pela pena abstratamente cominada ao delito. Leva-se em conta a pena máxima possível, prevista no tipo, pois é o limite legal fixado para o julgador. Exemplo: no caso do furto simples, a pena é de reclusão, de um a quatro anos. Computa-se a prescrição pelo máximo, ou seja, quatro anos. O Estado possui o prazo de oito anos para investigar e iniciar o processo contra o furtador; b) *prescrição da pena em concreto*: a partir da prolação de sentença condenatória, há uma sanção concreta estabelecida

---

[12] Consultar, ainda, Mossin e Mossin, *Prescrição em matéria criminal*, p. 39-46.

ao réu; quando ocorre o trânsito em julgado para o órgão acusatório, atinge-se a pena *concreta* para fins de prescrição. No exemplo supracitado, se o julgador atribuir ao furtador a pena de um ano de reclusão, o prazo da prescrição cai pela metade, ou seja, quatro anos. Passa ser a base de cálculo da prescrição a partir daí.

Quanto aos efeitos: a) prescrição da pretensão punitiva, significando que o prazo prescricional se consumou *antes* da sentença condenatória, com trânsito em julgado para as partes. Elimina-se todo rastro do direito de punir estatal. Se ainda não há decisão condenatória, não mais pode existir. Se já existe, ela perde o efeito para todos os fins. Não se computa para antecedentes, geração de reincidência, dever de indenizar etc.; b) prescrição da pretensão executória, significando que o prazo prescricional ocorreu *depois* do trânsito em julgado para as partes, embora o seu início se dê a partir da data do trânsito em julgado para a acusação. Nessa hipótese, a condenação somente perde o efeito para o fim de imposição da sanção principal – a pena aplicada. Remanescem os efeitos secundários da condenação, como o registro do antecedente, a viabilidade de gerar reincidência, o dever indenizatório na área cível etc.

18.3.1. *Matéria de ordem pública com reconhecimento de ofício pelo magistrado*

A prescrição gera a extinção da punibilidade e, portanto, é matéria de ordem pública, não havendo necessidade de um requerimento da parte interessada para o seu reconhecimento. Nem mesmo do Ministério Público, seja como parte ou como fiscal da lei.

Em qualquer momento procedimental, ocorrendo a prescrição da pena em abstrato ou em concreto, dentro das regras estabelecidas pelo Código Penal, o magistrado deve julgar extinta a punibilidade do acusado ou condenado.

Portanto, desde o juiz de primeiro grau até o Ministro do STF, dependendo de onde esteja tramitando o feito, pode reconhecê-la de ofício.

No entanto, como regra, não é preciso ingressar com recurso ou até mesmo *habeas corpus* para requerer a extinção da punibilidade pela prescrição. O juiz da instrução ou da execução penal se encarrega disso.

NEY FAYET JÚNIOR e PAULO FAYET defendem a viabilidade de reconhecimento da prescrição, como medida liminar, em ação de revisão criminal. É possível, mas muito improvável, porque, como já se disse, o juiz da execução penal cuida disso.[13]

18.4. Prescrição da medida de segurança

Quando a medida de segurança é aplicada ao inimputável, há *quatro posições* a respeito:

a) *só se aplica a prescrição da pretensão punitiva em abstrato*: isso se dá porque, para a pretensão executória, exige-se fixação de pena, o que não acontece no caso de medida de segurança. Portanto, antes da decisão, é possível haver prescrição; depois, não;

b) *aplicam-se ambas as prescrições* (pretensão punitiva e pretensão executória): tanto a prescrição da pretensão punitiva como a prescrição da pretensão executória (nesta, porque não há pena, e sim medida de segurança) têm o seu cálculo baseado pela pena em abstrato fixada ao crime. Tem sido a posição majoritária na jurisprudência;

c) *aplica-se a prescrição da pretensão punitiva e a executória tem regra especial*: quando antes da decisão, pelo máximo da pena prevista para o delito; após, diante do

---

[13] *Prescrição penal*: temas atuais e controvertidos, v. 4, p. 171.

Cap. XLII – Extinção da Punibilidade

silêncio da lei, o melhor a fazer é verificar, antes de efetivar a medida de segurança de internação ao foragido, se o seu estado permanece o mesmo, ou seja, se continua perigoso e doente. Caso tenha superado a doença e a periculosidade, não mais se cumpre a medida de segurança. Ex.: o juiz aplica um ano de internação a alguém que está foragido. Encontrado dois anos depois, em vez de executar a medida, é melhor verificar se continua doente e perigoso. Não mais permanecendo nesse estado, a medida de segurança deve ser extinta. Do contrário, pode ser cumprida e o indivíduo será internado;

d) *aplica-se a prescrição da pretensão punitiva pelo máximo em abstrato previsto para o crime; a prescrição executória obedece ao máximo para a medida de segurança*: quanto a esta última, deve-se seguir o máximo possível para a medida de segurança, numa analogia com o art. 75 do CP, vale dizer, 40 anos.

Embora, tecnicamente, a melhor posição, em nosso entendimento, seja a segunda, por ser mais segura ao acusado, pode-se considerar a terceira em casos especiais. Aliás, a segunda posição tem prevalecido, atualmente, na jurisprudência, valendo-se o Judiciário da analogia diante da pena. Embora pena e medida de segurança sejam espécies de sanção penal, o ideal seria a expressa previsão em lei em relação às regras prescricionais da medida de segurança. Quanto ao semi-imputável, leva-se em conta a pena fixada e depois convertida em internação (art. 98, CP) para o cálculo da prescrição executória. A prescrição da pretensão punitiva ocorre normalmente, como nos demais casos.

18.5. Prescrição e detração

Debate-se se a detração pode influenciar nos prazos prescricionais. Sustentam alguns a possibilidade de descontar o prazo da prisão provisória no cálculo da prescrição, tal como se faz na pena definitiva, valendo a analogia por razões de equidade. Seria o seguinte: se o réu foi condenado a um ano e seis meses – cujo prazo prescricional é de quatro anos –, tendo sido preso provisoriamente por oito meses, restam dez meses de prisão – cujo prazo prescricional é de três anos. Portanto, se o réu fugir antes do trânsito em julgado da sentença condenatória, deve ser preso em, no máximo, três anos. Após, estará prescrita a pretensão executória do Estado.

Uma *segunda posição* – a mais correta, em nosso entender – defende a impossibilidade de confundir institutos diversos. A detração, prevista no art. 42, serve apenas para descontar na pena definitiva o prazo de prisão provisória, enquanto a prescrição tem outra finalidade. Nesse sentido, tem sido firmada a maioria da jurisprudência.

Utilizando o mesmo exemplo supracitado, se foi o réu condenado a um ano e seis meses, apesar de ter sido preso por oito meses, o prazo prescricional é de quatro anos, visto que a detração não vai influenciar no cálculo da prescrição.

18.6. Imprescritibilidade

Não se dá prescrição em dois tipos de crimes: racismo e ação de grupos armados, civis ou militares, contra a ordem constitucional e o Estado Democrático, porque há expressa previsão constitucional (art. 5.º, XLII e XLIV). Sobre o tema, manifestou-se o STF: "A Constituição Federal de 1988 impôs aos agentes de delitos dessa natureza, pela gravidade e repulsividade da ofensa, a cláusula de imprescritibilidade, para que fique, *ad perpetuam rei memoriam*, verberado o repúdio e a abjeção da sociedade nacional à sua prática. (...) A ausência de prescrição nos crimes de racismo justifica-se como alerta grave para as gerações de hoje e de amanhã, para que se impeça a reinstauração de velhos e ultrapassados conceitos que a consciência jurídica e a histórica não mais admitem".[14]

18.7. Prescritibilidade no caso de suspensão do processo por citação ficta

O art. 366 do Código de Processo Penal estabeleceu que, no caso de réu citado por edital, não comparecendo para ser interrogado, deve-se suspender o curso do processo, suspendendo-se, também, a prescrição.

Não estipulou prazo. Logo, há possibilidade de se interpretar que a suspensão permaneça até o dia em que o réu for encontrado. Entretanto, assim pensando, o crime tornar-se-ia imprescritível, na prática. Não é o correto, pois, como vimos em tópico anterior, somente dois delitos não prescrevem jamais. Dessa forma, o ideal é encontrar uma solução para o impasse.

Têm a doutrina e a jurisprudência adotado a seguinte postura: o processo fica suspenso pelo prazo máximo em abstrato previsto para o crime, conforme estabelecido no art. 109; em seguida, retoma-se o curso da prescrição, calculado pelo máximo da pena em abstrato previsto para o delito. Por isso, um processo por homicídio, por exemplo, ficaria paralisado por 20 anos. Depois, teria início a prescrição, que levaria outros 20 anos. Conferir: Súmula 415 do STJ: "O período de suspensão do prazo prescricional é regulado pelo máximo da pena cominada".

18.8. Natureza dos prazos de prescrição da pretensão punitiva

São prazos penais, contando-se o dia do começo, não se suspendendo nas férias e sendo improrrogáveis. No cálculo da prescrição, influem as causas de aumento e de diminuição da pena, utilizando-se o limite máximo para o aumento e o percentual mínimo para a diminuição. Assim, exemplificando, se se tratar de uma tentativa, aplica-se a redução de 1/3 na pena máxima; se se tratar de um roubo com emprego de arma de fogo, aplica-se o aumento de metade na pena máxima. E, para a análise da prescrição, é preciso levar em consideração o fato criminoso narrado na denúncia, e não a classificação feita pelo Promotor de Justiça.

18.9. Prescrição antecipada ou virtual

Trata-se da constatação da prescrição, antecipadamente, levando-se em conta a pena a ser *virtualmente* aplicada ao réu, ou seja, a pena que seria, em tese, cabível ao acusado. Quando o juiz recebe a denúncia por uma lesão corporal simples dolosa, por exemplo, pode vislumbrar a possibilidade de, em caso de condenação, aplicar a pena mínima, ou seja, três meses de detenção.

Nesse caso, estaria prescrita a pretensão punitiva do Estado, porque já teria decorrido entre a data do fato e a do recebimento da denúncia um prazo superior a três anos. Se o magistrado se baseasse na pena *in abstracto* prevista para o crime, isto é, um ano (máximo possível), a pretensão punitiva prescreveria em quatro anos, de modo que ainda não teria ocorrido.

A maioria da jurisprudência não aceita a chamada *prescrição virtual*, pois entende que o juiz estaria tomando por base uma pena ainda não aplicada, portanto um indevido prejulgamento.

---

[14] HC 82.424/RS, Pleno, rel. para o acórdão Maurício Corrêa, 17.09.2003, m.v., *RTJ* 188/858. O julgado é antigo, mas serve de ilustração à questão da imprescritibilidade do racismo. Para outras considerações, consultar NEY FAYET JÚNIOR E MARTHA DA COSTA FERREIRA, Da imprescritibilidade, In: FAYET JÚNIOR, *Prescrição penal*: temas atuais e controvertidos, v. 3, p. 47-87.

Pela impossibilidade do reconhecimento: Súmula 438 do STJ: "É inadmissível a extinção da punibilidade pela prescrição da pretensão punitiva com fundamento em pena hipotética, independentemente da existência ou sorte do processo penal".

Em nosso entendimento, a questão devia ser resolvida no campo processual, vale dizer, se o juiz percebesse que, aplicada a pena mínima, no futuro, não haveria interesse de agir, motivo pelo qual a denúncia deveria ser rejeitada.

No entanto, essa polêmica perdeu o interesse após a edição da Lei 12.234/2010, que eliminou a prescrição retroativa, no tocante a datas anteriores ao recebimento da denúncia ou queixa. Logo, entre o fato e a peça acusatória somente se dá a prescrição pela pena máxima em abstrato prevista para o delito; a pena concreta, quando fixada, não mais possui perspectiva retroativa. Continua valendo, segundo nos parece, a consideração da *falta de interesse de agir*, impedindo-se o ajuizamento da ação penal, para os crimes praticados antes de 5 de maio de 2010.

18.10. Prazos prescricionais das penas restritivas de direitos

São os mesmos previstos para as penas privativas de liberdade justamente porque as restritivas são *substitutivas*, significando que não têm previsão autônoma no preceito secundário dos tipos penais incriminadores. Mais detalhes podem ser vistos nos comentários ao art. 44 (capítulo referente às penas restritivas de direitos).

18.11. Sentença e acórdão condenatório

O art. 110, *caput*, do Código Penal faz referência à sentença condenatória para servir de base ao cálculo da prescrição da pretensão executória da pena. No entanto, admite-se que, onde se leia *sentença*, leia-se também *acórdão* condenatório.

Afinal, não é raro haver recurso e o tribunal se pronunciar, reformando a sentença absolutória para emitir um acórdão condenatório; essa reforma da sentença produz uma pena, a ser usada para o cálculo da prescrição da pretensão executória.

De toda forma, o acórdão substitui a sentença para efeito de execução, logo, conta-se a prescrição da pretensão executória do Estado a partir do trânsito em julgado da decisão do tribunal para a acusação.

Para tanto, em qualquer caso, é curial ter a cautela de observar se houve recurso do órgão acusatório contra a sentença, quando condenatória, ou contra o acórdão, igualmente condenatório. Se esse recurso não ocorrer, transitando em julgado eventual sentença condenatória (ou acórdão condenatório), conta-se a prescrição a partir da data do trânsito em julgado da decisão.

18.12. Prazos da prescrição da pretensão executória e aumento por conta da reincidência

Regulam-se os prazos pela pena aplicada e conforme os lapsos fixados pelo art. 109. Cabe 1/3 a mais no cálculo – acrescentando-se nos prazos estabelecidos no mencionado art. 109 – se o condenado for reincidente, assim reconhecido na sentença condenatória. Lembremos o conteúdo da Súmula 220 do STJ: "A reincidência não influi no prazo da prescrição da pretensão punitiva".

18.13. *Bis in idem*

Inexiste dupla punição em virtude do aumento de um terço na prescrição da pretensão executória da pena em relação ao reincidente. Cuida-se de um critério de política criminal, que respeita o princípio da razoabilidade, afinal, quem reincide na prática delituosa sobre maior punição é justo que o prazo prescricional lhe seja também computado de maneira diversa, ao menos para a execução da pena.

Por outro lado, é inaplicável o aumento de um terço no prazo da prescrição da pretensão executória da pena de multa, quando esta é a única prevista ou a única aplicada, tendo em vista que o disposto neste artigo é taxativo, tratando apenas da elevação dos prazos do art. 109. Ora, quando a multa é a única pena cominada ou aplicada, seu prazo de prescrição é específico e vem disposto no art. 114, I.

18.14. Prescrição intercorrente, subsequente ou superveniente

É a prescrição da pretensão punitiva, com base na pena aplicada, com trânsito em julgado para a acusação ou desde que improvido seu recurso, que ocorre entre a sentença condenatória e o trânsito em julgado desta para as partes. Exemplo: o juiz fixa a pena de um ano de reclusão; o Ministério Público não recorre, mas a defesa o faz, pleiteando a absolvição. A pena de um ano, com trânsito em julgado para a acusação, prescreve, em concreto, em quatro anos (art. 109, V, CP). O prazo de quatro anos começa a contar da publicação da sentença condenatória e corre até o dia em que ocorre o trânsito em julgado para a defesa. Considere-se, ainda para ilustrar, que o Tribunal, em 2.º grau, negue provimento ao recurso defensivo e não haja mais recurso interposto. Tendo transcorrido mais de quatro anos entre a data da publicação da sentença condenatória e a data de julgamento realizado pelo Tribunal de Justiça, consumou-se a prescrição da pretensão punitiva, na modalidade intercorrente.

Eventualmente, pode dar-se entre o acórdão condenatório (imagine-se, ilustrando, que o juiz de primeira instância absolveu o réu, o órgão acusatório recorreu e o tribunal, dando provimento ao apelo, proferiu condenação) e o trânsito em julgado deste julgado para a defesa. Alguns autores chamam-na de prescrição "retroativa intercorrente". Ex.: pena aplicada de dois anos por furto, da qual recorre apenas a defesa. Se a sentença não transitar em julgado em menos de quatro anos, prescreve. Entretanto, se o Ministério Público recorrer, mas tiver insucesso no seu apelo, o prazo para a prescrição intercorrente corre da mesma forma, tal como se não tivesse havido o recurso.

Se o recurso apresentado pelo Ministério Público não disser respeito à pena aplicada, não importa se tiver provimento, pois o prazo é computado normalmente. Ex.: o promotor recorre somente para alterar o regime aplicado e tem sucesso. Isso não é suficiente para interromper o curso da prescrição intercorrente. É a posição majoritária, com a qual concordamos, mas há quem sustente em sentido contrário, ou seja, se o Ministério Público obtiver sucesso em qualquer linha do seu apelo, interrompe-se a prescrição.

Acrescente-se, ainda, a possibilidade de haver recurso do Ministério Público, em relação à pena, conseguindo alteração do seu montante para mais, entretanto sem provocar alteração do prazo prescricional. Nesse caso, considera-se presente do mesmo modo a ocorrência da prescrição intercorrente, pois equivale à não obtenção de sucesso no apelo. Ex.: imagine-se uma pena fixada em um ano e seis meses de reclusão. Recorre o Ministério Público para elevá-la. O Tribunal, embora dê provimento ao apelo, aumenta a pena para dois anos. Ora, nessa hipótese, o prazo prescricional continua exatamente o mesmo, ou seja, quatro anos (de um a dois anos prescreve em quatro – art. 109, V), razão pela qual, se entre a sentença condenatória e o trânsito em julgado do acórdão esse prazo já tiver sido atingido, não há dúvida de ter existido prescrição intercorrente.[15]

---

[15] Nessa ótica, está a lição de Frederico Blasi Netto, *Prescrição penal*, p. 74.

18.15. Efeito da interposição de recursos especial e extraordinário

A prescrição intercorrente, como regra, conforme exposto em tópico anterior, corre desde a data da sentença condenatória, com trânsito em julgado para a acusação ou improvido seu recurso, levando-se em conta a pena em concreto, até que ocorra o trânsito em julgado para a defesa.

Entretanto, o Supremo Tribunal Federal já teve oportunidade de considerar que o trânsito em julgado para a defesa deve ser computado quando cessa a possibilidade de haver recurso ordinário. Portanto, proferido julgamento em 2.º grau, sem cabimento de recurso ordinário para instância superior, caso a defesa ingresse com recurso especial ou extraordinário, se algum desses tiver sucesso, há a prorrogação do marco interruptivo da prescrição intercorrente; porém, se eles forem considerados inadmissíveis, os efeitos desse reconhecimento retroagem e não se considera consumada a denominada prescrição intercorrente.

18.16. Prescrição retroativa

É a prescrição da pretensão punitiva com base na pena aplicada, sem recurso da acusação, ou improvido este, levando-se em conta prazo anterior à própria sentença. Trata-se do cálculo prescricional que se faz de frente para trás, ou seja, proferida a sentença condenatória, com trânsito em julgado, a pena torna-se concreta. A partir daí, o juiz deve verificar se o prazo prescricional não ocorreu entre a data do recebimento da denúncia e a sentença condenatória. Ex.: o delito de lesões corporais, considerando-se a pena em abstrato (leia-se, o máximo previsto para o crime, ou seja, um ano), prescreve em quatro anos. No entanto, se o juiz aplicar a pena de seis meses, da qual não recorre o Ministério Público, o prazo prescricional cai para dois anos. Logo, utilizando a prescrição retroativa, é possível a sua verificação entre a data do recebimento da denúncia ou queixa e a data da sentença condenatória.

Tanto o juiz da condenação quanto o da execução podem reconhecer a ocorrência da prescrição retroativa. A Lei 12.234/2010 eliminou o § 2.º do art. 110 do CP, que previa o cômputo da prescrição retroativa entre a data do fato e a do recebimento da peça acusatória. Aliás, deixou bem clara essa opção diante da nova redação dada ao *caput* do art. 110. Restringiu-se o alcance da prescrição da pena concreta, mas não se eliminou o benefício.

Os crimes em geral, salvo racismo e ação de grupos armados contra o Estado Democrático (previstos como imprescritíveis pela CF), continuam prescritíveis. Por isso, não vislumbramos inconstitucionalidade na reforma penal elaborada nesse artigo.

18.17. Termo inicial da prescrição da pretensão punitiva

São os previstos no art. 111 do Código Penal. Enquanto o início da prescrição da pretensão executória se dá a partir da sentença condenatória com trânsito em julgado para a acusação – ou depois de improvido seu recurso –, nos casos da pretensão punitiva ela tem início a partir da data do fato delituoso, variando conforme a situação concreta.

De acordo com a classificação dos crimes, deve-se verificar qual a data da consumação: *materiais*, no dia em que houve o resultado; *formais e de mera conduta*, na data da atividade; *omissivos próprios*, na data do comportamento negativo; *omissivos impróprios*, no dia do resultado; *preterdolosos ou qualificados pelo resultado*, na data do resultado; *culposos*, na data do resultado naturalístico. Nos *crimes continuados*, vale a data da consumação de cada delito que os compõe.

Havendo dúvida quanto à data da consumação do delito, decide-se sempre em favor do réu. Pode ocorrer situação duvidosa quanto à consumação de um crime. Imagine-se um homicídio cometido há muito tempo e, quando se descobre o cadáver, já não há condições de se apontar exatamente o dia em que ocorreu o delito. A perícia pode indicar aproximadamente a época da morte. Se o fizer, por exemplo, mencionando ter sido entre janeiro e junho de determinado ano, deve-se computar a prescrição a partir do dia 1.º de janeiro, e não do dia 30 de junho. E, se qualquer outro delito tiver sido cometido, ilustrando, no ano de 1999, sem se poder precisar o dia ou o mês, computa-se a prescrição a partir de 1.º de janeiro de 1999, e não de 31 de dezembro desse ano.

Por vezes, pode emergir a data da consumação por meio de depoimentos testemunhais, não se sabendo ao certo qual o dia exato, *v.g.*, de uma apropriação indébita. O juiz forma a sua convicção pelo depoimento mais convincente, em confronto com as demais provas. Se for inviável, pois cada testemunha aponta um dia diverso, utiliza-se a data mais favorável ao réu. É a prevalência do interesse do acusado atuando como princípio geral de direito penal e processo penal.

18.17.1. Crimes falimentares

A Lei 11.101/2005 estabeleceu que a prescrição, nos delitos falimentares, rege-se pelo disposto no Código Penal. Entretanto, quanto ao marco inicial, fixou o dia da decretação da falência, da concessão da recuperação judicial ou da homologação do plano de recuperação extrajudicial (art. 182). Como causa interruptiva, previu que a decretação da falência interrompe o curso da prescrição, se a contagem teve início com a concessão da recuperação judicial ou com a homologação do plano de recuperação extrajudicial (art. 182, parágrafo único).

18.17.2. Início da prescrição nos crimes contra a honra e diferença com decadência

Cometido o delito contra a honra, inicia-se o cômputo da prescrição; porém, a decadência (direito da vítima de ingressar com ação penal) somente começa a ser computada quando o ofendido fica sabendo a autoria do agressor. Portanto, é possível correr o prazo prescricional enquanto ainda não teve início o decadencial. Este pode esgotar-se antes ou depois daquele. Enfim, tanto um quanto outro levam à extinção da punibilidade.

18.17.3. Início de prescrição na tentativa

Computa-se a partir do momento do último ato executório praticado pelo agente, antes de ser interrompido, contra a sua vontade, por terceiros.

Ilustrando, um funcionário decide matar o patrão, administrando poucas quantidades de veneno, todos os dias, em sua bebida. Após um período, o patrão passa mal e é descoberto o envenenamento. Se a adição do veneno teve início em 10 de abril de 2000 e foi interrompida em 12 de dezembro do mesmo ano, computa-se a prescrição a partir de 12 de dezembro de 2000.

18.17.4. Regra especial para os delitos permanentes

Embora o delito permanente esteja consumado a partir de uma única ação (ex.: sequestrar pessoa, privando-a da sua liberdade), o fato é que a subsequente omissão do agente (ex.: não soltar a vítima, após a privação da liberdade) permite a continuidade da consumação. Assim, para não haver dúvida a respeito do início da prescrição, estipulou o legislador que, enquanto não cessada a permanência (leia-se, a consumação), não tem início a prescrição. Eventualmente, em caso de não haver cessação da permanência (ex.: a vítima do sequestro não mais é localizada), começa-se a contar a prescrição a partir do início do inquérito ou do processo pelo Estado para o fim de localização da pessoa ofendida.

18.17.5. Prescrição dos crimes habituais

Eles não são instantâneos nem permanentes, como já defendemos, mas, por terem configuração similar ao delito permanente, além de essa forma de cômputo ser mais segura, entendemos que tem início a prescrição a partir do momento em que cessar a habitualidade. Esta pode ser considerada encerrada tanto pela finalização das atitudes do agente quanto no instante em que há o ajuizamento de ação penal contra o autor do delito.

18.17.6. Estelionato contra a Previdência

Temos sustentado tratar-se, sempre, de crime instantâneo de efeitos permanentes. Logo, a prescrição deveria ser computada nos termos do art. 111, I, do Código Penal. No entanto, o STJ o considera um delito permanente, cuja consumação se protrai no tempo. A prescrição, então, deve ser contada nos moldes do art. 111, III.

18.17.7. Regra específica para bigamia e falsificação ou alteração de assentamento do registro civil

Nesses delitos, a prescrição corre da data em que o fato se tornou conhecido da autoridade competente para apurar e punir o infrator. O conhecimento da autoridade pode dar-se de modo presumido, quando o fato adquire notoriedade (pelo uso aparente do documento falso, por exemplo), ou de modo formal (apresentando-se a *notitia criminis*).

A primeira posição é majoritária e parece-nos correta (modo presumido). Afinal, não há como aguardar o registro de um boletim de ocorrência, por exemplo, para iniciar o prazo prescricional.

18.17.8. Maior proteção a crianças e adolescentes

O abuso sexual praticado contra menores de 18 anos, nas mais variadas formas – violência física, ameaça, fraude, exploração –, é uma constante, infelizmente. Observa-se que, em grande parte, tal assédio ocorre dentro do lar, cometido por familiares e amigos próximos.

Justamente para atingir esse cenário de abuso, geralmente camuflado e oculto, pois a vítima não tem como se insurgir, por medo ou coação, modifica-se o termo inicial do prazo prescricional da pretensão punitiva estatal, fixando-o na data em que a pessoa ofendida completar 18 anos.

Torna-se maior e capaz para todos os atos civis e penalmente responsável, motivo pelo qual, se pressionada foi anteriormente, poderá defender-se, denunciando o crime e seu autor. Assim fazendo, permitirá ao Estado, dentro do exercício de seu poder punitivo, atuar, instaurando a devida investigação e, conforme o caso, a ação penal.

Entretanto, não se pode perder de vista o grave incômodo causado pelo decurso do tempo, em várias situações, prejudicando sobremaneira a higidez das provas. Ademais, embora a medida de política criminal do Estado tenha o foco de evidenciar o seu interesse punitivo em tais casos graves, poucos serão aqueles a merecer triunfo real, salvo quando se perpetuarem pela permanência ou continuidade.

A vítima, ao sofrer abuso em tenra idade, dificilmente terá clareza suficiente para narrar o ocorrido vários anos depois, apontando, com precisão, os acontecimentos e o seu autor. Fantasias infantis podem se transformar em relatos tendenciosos, acarretando processos levianos e perigosos, sob o ponto de vista da segurança jurídica exigida para a condenação de qualquer réu. Como mencionamos, a hipótese mais viável de sucesso seria a perpetuação da ofensa sexual ao longo de inúmeros anos, até alcançar época em que a vítima possa denunciar a contento; pelo menos, nesse caso, não se poderia cuidar de prescrição desde o início da ação criminosa. Quanto à parte final do inciso V do art. 111, se o delito sexual já foi descoberto, investigado e deu ensejo ao ajuizamento da ação penal contra o autor, por óbvio, o termo inicial da prescrição é computado nos termos do inciso I (data da consumação), pouco importando a idade da vítima. Expande-se o termo inicial da prescrição para os crimes contra a dignidade sexual previstos no Código Penal (arts. 213 a 234), bem como aos estabelecidos em legislação especial, como ocorre com as infrações penais descritas no Estatuto da Criança e do Adolescente.

A Lei 14.344/2022 (denominada Lei Henry Borel) incluiu neste inciso, juntamente com os crimes contra a dignidade sexual, os delitos violentos contra a criança ou adolescente, de modo a postergar o início do cômputo da prescrição para o momento em que a vítima completar 18 anos, com a ressalva de já ter sido proposta ação penal. A referida Lei 14.344/2022 envolve uma variada proteção no tocante aos infantes e jovens, embora, para o efeito de contagem da prescrição, tenha o legislador se limitado aos crimes *violentos* (praticados com agressão física), não abrangendo a grave ameaça e qualquer outra forma de perturbação psicológica ou emocional. Qualquer delito envolvendo coação psicológica ou similar não teve o início do seu prazo prescricional alterado. Nos mesmos termos já expostos linhas acima, é preciso cautela para apurar um crime contra criança ou adolescente que tenha ocorrido há muitos anos, pois as provas se perdem no tempo e a segurança jurídica esvai-se.

18.18. Termo inicial da prescrição da pretensão executória

Nos estritos limites da lei, é a data do trânsito em julgado da sentença condenatória, *para a acusação*. No entanto, é inconcebível que assim seja, pois o Estado, mesmo que a sentença tenha transitado em julgado para a acusação, não pode executar a pena, devendo aguardar o trânsito em julgado para a defesa, seguindo-se o princípio constitucional da presunção de inocência (art. 5.º, LVII, CF). Ora, se não houve desinteresse do Estado, nem inépcia, para fazer o condenado cumprir a pena, não deveria estar transcorrendo a prescrição da pretensão executória.

Entretanto, o Supremo Tribunal Federal, deliberando acerca desse tema, entendeu não recepcionada a expressão "para a acusação", constante do inciso I do art. 112 do CP, em nome, inclusive, da presunção de inocência. Noutros termos, havendo o trânsito em julgado somente para a acusação, o Estado não pode executar a pena aplicada, pois vigora a presunção de que o acusado é inocente; somente com o trânsito em julgado para a defesa, torna-se aplicável a sanção penal. Parece-nos que essa decisão se valeu do princípio constitucional da presunção de inocência para prejudicar o réu, algo que não nos soa razoável, pois os direitos e garantias individuais (art. 5.º, CF) não devem ter aplicabilidade contra o indivíduo em favor do Estado. Assim, embora a letra expressa da lei, colocando a expressão "para a acusação" não fosse coerente com a ideia de que, sem o trânsito em julgado para as partes, o Estado não poderia tornar efetiva a punição, foi o intuito legislativo que dessa maneira ocorresse. Um dos motivos seria provocar a aceleração do julgamento de eventuais recursos da defesa, visando tornar definitiva a situação processual, sob pena de prescrever a pretensão executória. No entanto, o STF definiu a questão e, por ora, não cabe mais debate, devendo-se computar a prescrição da pretensão executória estatal a partir do trânsito em julgado para *as partes*.

Por outro lado, uma vez revogado o *sursis* ou o livramento condicional, determinada a prisão, é natural que tenha início o prazo prescricional, pois o Estado tem um tempo certo para executar a pena. Há decisões, no entanto, que, preferindo não revogar o benefício, antes de ouvir o condenado, "sustam" o livramento condicional, por exemplo, até que ocorra a prisão. Assim, ouvido o sentenciado, revoga-se o benefício, caso as justificativas que apresente não sejam satisfatórias. Tal postura é benigna, por um lado, mas não se pode deixar de considerar que a prescrição tem início no instante em que houve a "sustação" do livramento condicional, pois o Estado não deve ter tempo indefinido para prender o condenado.

18.18.1. Sursis *sem efeito*

Depois da concessão do benefício, feita na sentença condenatória, somente se pode considerar o condenado em gozo do *sursis* após a audiência admonitória, prevista no art. 160 da Lei de Execução Penal ("Transitada em julgado a sentença condenatória, o juiz a lerá ao condenado, em audiência, advertindo-o das consequências de nova infração penal e do descumprimento das condições impostas").

O prazo fixado para a suspensão condicional da pena somente começa a correr a partir da aceitação das condições impostas e lidas pelo magistrado nessa audiência (art. 158, LEP). Por isso, caso o sentenciado não aceite o benefício, porque é condicionado – ou deixe de comparecer à audiência –, deve o juiz torná-lo *sem efeito*. A revogação somente ocorre se o *sursis* for aceito e, posteriormente, o condenado descumprir as condições. Portanto, caso seja considerado *sem efeito*, o início da prescrição remonta à data do trânsito em julgado da sentença condenatória.

18.18.2. Interrupção da execução

Ocorre quando o condenado deixa de cumprir a pena que lhe foi imposta, porque foge do presídio, abandona o regime aberto ou deixa de seguir as restrições de direitos. Excepcionalmente, pode ser interrompida a execução, mas o período da interrupção pode ser computado como cumprimento de pena: é o que acontece quando o condenado adoece mentalmente, sendo transferido para hospital de custódia e tratamento (art. 41, CP).

O art. 113 do Código Penal prevê, com outras palavras, que "pena cumprida é pena extinta", de modo que não se pode computar, para o cálculo prescricional, a pena total do sentenciado, mas tão somente o tempo restante, caso fuja do cárcere. Ex.: se foi condenado a 13 anos de reclusão, cujo prazo prescricional se dá em 20 anos, caso tenha cumprido 6 anos, ocasião em que fugiu, deverá ser recapturado em 12 anos (prazo prescricional dos 7 anos que faltam), e não em 20.

18.19. Prescrição da multa

A multa prescreve em dois anos, quando for a única aplicada ou cominada (art. 114, I, CP). No entanto, quando estiver, de algum modo, associada a uma pena privativa de liberdade (em abstrato ou em concreto), prescreverá no mesmo prazo desta (art. 114, II, CP).

Respeita-se, no entanto, a diminuição da metade, quando se tratar de menor de 21 anos, ao tempo do delito, ou maior de 70, na data da sentença (art. 115, CP).

18.20. Menoridade relativa e senilidade

O Código Penal concede tratamento mais brando àqueles que são menores de 21 anos à época do crime ou maiores de 70 à época da sentença (art. 115, CP). Em qualquer caso – pretensão punitiva ou executória –, os lapsos prescricionais são reduzidos da metade. Ex.: se o condenado, com 20 anos, tendo a cumprir uma pena de cinco anos, foge, deverá ser recapturado em seis anos: toma-se o prazo prescricional da pena de cinco anos, que é 12, reduzindo-o pela metade.

Atualmente, de acordo com a Súmula 74 do STJ, a prova da idade deve ser feita por meio de qualquer documento hábil, não mais sendo necessária a certidão de nascimento. Como destacamos anteriormente, com a entrada em vigor do atual Código Civil (Lei 10.406/2002), que passou a considerar plenamente capaz para a vida civil o maior de 18 anos, nenhuma influência houve para a contagem pela metade dos prazos prescricionais.

A referência do Código Penal ao menor de 21 anos é nítida e textual, não havendo ligação expressa com a menoridade civil. Pode-se até argumentar que, em face da redução da idade civil para o alcance da maioridade, mereceria ser rediscutida a especial proteção que se confere, atualmente, ao menor de 21 anos. Entretanto, em fiel respeito ao princípio da legalidade, deve-se continuar aplicando o critério fixado pela lei penal, que é diverso da civil.

Outro ponto importante a destacar é o advento do Estatuto da Pessoa Idosa, que passou a dar especial proteção a pessoas maiores de 60 anos. Essa lei, no entanto, em nada alterou a contagem da prescrição, que continua a ser feita pela metade *somente* quando a pessoa atingir 70 anos na data da sentença. Aliás, se o legislador quisesse beneficiar, no campo da prescrição, o maior de 60 anos, poderia tê-lo feito, do mesmo modo que inseriu a agravante de crime praticado contra maior de 60 anos no art. 61, II, *h*, do Código Penal.

Para o cômputo da prescrição pela metade, deve-se considerar apenas a sentença no seu sentido estrito, isto é, de mérito, que acolhe ou rejeita a imputação, condenando ou absolvendo o réu, mas não a pronúncia, cuja natureza jurídica é de decisão interlocutória mista. Portanto, se o réu tem 67 anos no momento em que o juiz o pronuncia para ser submetido a julgamento pelo Tribunal do Júri, mas completa 70 anos antes da decisão de mérito em plenário, é lógico que a prescrição será computada pela metade.

Sobre a data do acórdão, para esse mesmo fim, em nosso entendimento, não se pode computar pela metade a prescrição, caso o réu só tenha atingido 70 nessa época.

A lei é clara ao instituir o benefício do cômputo, pela metade, do período prescricional ao maior de 70 anos, *na data da sentença*. Por isso, pouco interessa a idade que possua quando houver julgamento de recurso seu, proferindo-se um acórdão. Tem decidido assim a jurisprudência majoritária.

18.21. Causas impeditivas ou suspensivas da prescrição da pretensão punitiva

Impedir ou *suspender* a prescrição significa apenas *paralisar* o prazo prescricional, que recomeçará a correr do ponto onde parou, tão logo a causa que fundamentou a suspensão termine. O art. 116 do Código Penal prevê duas hipóteses, embora outras estejam dispostas em outras leis.

No art. 116, I, do CP, constam as *questões prejudiciais*, previstas nos arts. 92 e 93 do Código de Processo Penal. O termo inicial é o despacho que suspende o processo e o final é o despacho que determina o prosseguimento. Ex.: se alguém estiver sendo processado por bigamia, embora, no foro cível, esteja tramitando ação de anulação de um dos casamentos, deve o magistrado suspender o feito criminal até a resolução da questão prejudicial. Durante esse período de interrupção, não corre o prazo prescricional.

A outra causa de suspensão da prescrição – enquanto o agente cumpre pena no exterior – é rara (art. 116, II, CP).

A Lei 13.964/2019 incluiu mais dois incisos no art. 116 do CP: "III – na pendência de embargos de declaração ou de recursos aos Tribunais Superiores, quando inadmissíveis; IV – enquanto não cumprido ou não rescindido o acordo de não persecução penal".

A prescrição fica suspensa, a partir do ingresso de embargos de declaração ou de recursos aos Tribunais Superiores, quando *inadmissíveis*. Seja em qualquer instância, os embargos de declaração interpostos, quando inadmissíveis, permitem a suspensão da prescrição, desde o seu ajuizamento até a sua decisão. O mesmo ocorre com os recursos especial e extraordinário, dirigidos, respectivamente, ao STJ e ao STF. Se ambos não forem aceitos para a análise de mérito, a prescrição ficou suspensa, desde o dia em que ambos foram ajuizados até a última decisão do derradeiro recurso. Porém, há de se registrar o seguinte: a admissibilidade do processamento de um recurso não se refere ao seu provimento, mas ao seu cabimento. Desse modo, caso o STJ aceite o processamento do recurso especial para analisá-lo, mesmo se houver o improvimento, cremos que a prescrição não pode ser considerada suspensa. Igualmente, se o STF acatar o processamento do recurso extraordinário, conferindo ou negando provimento, a prescrição não foi suspensa. Sob outro aspecto, se o recurso especial não tiver o seu processamento deferido pelo tribunal estadual ou regional, havendo interposição de agravo pela parte interessada, caso o STJ negue provimento e, portanto, não aceite o processamento do recurso especial, a prescrição ficou suspensa. Igualmente se aponta o que acontece com o recurso extraordinário e a decisão do STF.

De outra parte, por consequência lógica, se o recurso especial for não somente admitido, mas provido, a prescrição não ficou suspensa. Idêntico raciocínio para o recurso extraordinário e a decisão do STF.

Este dispositivo espelha um mecanismo importante para contornar a impunidade gerada pela prescrição em decorrência da interposição de inúmeros recursos incabíveis, mas meramente protelatórios. Afinal, se os embargos de declaração forem rejeitados, por falta de requisitos para serem conhecidos; se o recurso especial for afastado do conhecimento pelo STJ; se o recurso extraordinário não chegar ao STF para ser analisado, em todas essas situações a prescrição foi suspensa. De nada adianta apresentar recursos nitidamente incabíveis somente com o propósito de atrasar o trânsito em julgado, beneficiando-se a prescrição intercorrente.

Sobre o acordo de não persecução penal, é uma novidade e significa mais uma oportunidade de não ajuizamento de ação penal, sob condições. Enquanto essas condições estiverem sendo cumpridas, a prescrição corre; porém, caso não cumprido ou não rescindido o acordo de não persecução penal, a prescrição fica suspensa. Tanto este tópico como o anterior evitam qualquer espécie de protelação.

É preciso destacar que a suspensão do processo criminal por motivos diversos aos previstos expressamente em lei não autoriza a suspensão da prescrição.

Ilustrando, se o juiz suspender o curso do processo para aguardar decisão a ser proferida em procedimento administrativo (embora possa ter a denominação de *processo* administrativo), não é suficiente para deter o curso da prescrição. O mesmo ocorre se o processo for suspenso para aguardar a realização de laudo pericial para a constatação de inimputabilidade (incidente de insanidade mental) ou qualquer outra forma de procedimento incidente (por exemplo, o de suspeição).

Outras leis podem dispor sobre o impedimento do curso da prescrição: a) a suspensão condicional do processo (art. 89, § 6.º, Lei 9.099/1995); b) a suspensão do processo, em caso de ausência do réu citado por edital (art. 366, CPP); c) o tempo necessário para o cumprimento de carta rogatória, estando o acusado no estrangeiro (art. 368, CPP); d) a falta de autorização para o processo contra congressistas (art. 53, § 5.º, CF), enquanto durar o mandato do parlamentar. Neste último caso, após a modificação introduzida pela Emenda Constitucional 35/2001, os parlamentares tiveram diminuída, sensivelmente, a denominada imunidade processual. Assim, se cometerem crimes após a diplomação, o STF pode dar início ao processo criminal, recebendo a denúncia ou queixa, sem autorização prévia. Comunicará o fato, no entanto, à Casa Legislativa respectiva, que poderá, pelo voto da maioria de seus membros, impedir o prosseguimento do feito. Se o fizer, suspende-se a prescrição a partir da comunicação ao Supremo Tribunal Federal.

Quanto à suspensão da prescrição em decorrência da suspensão do processo, por causa da citação por edital (art. 366, CPP), inexiste, na lei, um prazo para que a prescrição torne a correr. Seria, na prática, um caso de crime imprescritível, sem nenhuma referência expressa a respeito. Por isso, a doutrina e a jurisprudência adotaram o seguinte critério: o processo fica suspenso pelo prazo máximo em abstrato cominado para o crime, conforme o previsto pelo art. 109; em seguida, retoma-se o curso da prescrição, calculado pelo máximo da pena em abstrato prevista para o delito. Por isso, um processo por homicídio, por exemplo, ficaria paralisado por 20 anos. Depois, teria início a prescrição, que levaria outros 20 anos. Essa tese encontra respaldo, hoje, na Súmula 415 do STJ: "O período de suspensão do prazo prescricional é regulado pelo máximo da pena cominada". O STF, no RE 600.851-DF, em 18 de março de 2021, fixou a seguinte tese: "Em caso de inatividade processual decorrente de citação por edital, ressalvados os crimes previstos na Constituição Federal como imprescritíveis, é constitucional limitar o período de suspensão do prazo prescricional ao tempo de prescrição da pena máxima em abstrato cominada ao crime, a despeito de o processo permanecer suspenso".

Acesse e assista ao vídeo sobre Crime imprescritível.
> http://uqr.to/1yvez

18.22. Causas interruptivas da prescrição da pretensão punitiva

Interromper a prescrição significa recomeçar, por inteiro, o prazo prescricional (art. 117, § 2.º, CP). Ex.: se após o decurso de dois anos do lapso prescricional, de um total de quatro, houver a ocorrência de uma causa interruptiva, o prazo recomeça a correr integralmente. As causas de interrupção do art. 117 são taxativas, não admitindo qualquer ampliação.

Há determinados marcos interruptivos da prescrição que, se forem judicialmente anulados, eliminam a força para interromper o prazo prescricional. Exemplo: a anulação do recebimento da denúncia ou queixa pelo Tribunal, determinando que o juiz profira outra análise, termina por eliminar o marco interruptivo descrito no inciso I do art. 117.

Uma das causas interruptivas da prescrição – o recebimento da denúncia ou queixa – pode ocorrer em 1.ª ou 2.ª instância. Na hipótese de haver rejeição da denúncia ou da queixa, não se interrompe o prazo prescricional. O mesmo ocorre se o recebimento da peça acusatória for anulado posteriormente, pois atos nulos não podem produzir efeitos, especialmente negativos em relação ao réu. Assim também o ensinamento de ANTONIO RODRIGUES PORTO: "Entendemos que, sempre que seja declarada nulidade processual, deixará de ter eficácia interruptiva a decisão atingida pela anulação; o ato nulo é como se não tivesse existido".[16] Por outro lado, se o recebimento ocorrer em 2.ª instância, prescinde-se do trânsito em julgado e não se leva em conta a interposição de embargos infringentes para a interrupção ter efeito.

Não se deve considerar, para efeito de interrupção da prescrição, a data constante da decisão de recebimento da denúncia ou da queixa, mas, sim, a de publicação do ato em cartório. Esta última confere publicidade ao ato e evita qualquer tipo de equívoco ou dubiedade.

Outro ponto relevante refere-se à decisão de recebimento da peça acusatória por juiz incompetente. Caso essa decisão seja anulada, somente se considera interrompida a prescrição tratando-se de incompetência relativa (territorial). No entanto, cuidando-se de incompetência absoluta, a decisão de recebimento não tem força para interromper o prazo prescricional.[17]

A decisão de pronúncia é um marco interruptivo da prescrição (art. 117, II, CP). Cuida-se de decisão interlocutória mista, que julga admissível a acusação contra autores de delitos dolosos contra a vida, encaminhando-os ao Tribunal do Júri.

Debatia-se, no passado, caso houvesse desclassificação do crime no julgamento de mérito, proferido em plenário do Júri (por exemplo, de tentativa de homicídio para lesão corporal), se a decisão de pronúncia perdia a força para interromper a prescrição. Essa matéria foi superada e, mesmo havendo desclassificação, a pronúncia vale para a referida interrupção. É o teor da Súmula 191 do STJ (de agosto de 1997): "A pronúncia é causa interruptiva da prescrição, ainda que o Tribunal do Júri venha a desclassificar o crime". A impronúncia e a absolvição sumária, por seu turno, não têm o condão de interromper a prescrição.

Preocupou-se o legislador em inserir na lei (art. 117, III, CP), também como marco interruptivo da prescrição, a decisão confirmatória da pronúncia, exarada pelo Tribunal. Acrescente-se a essa situação a hipótese de o tribunal pronunciar o réu, anteriormente impronunciado ou absolvido sumariamente pelo juiz. A razão de duas causas interruptivas, no procedimento do júri, explica-se pela complexidade e pela longa duração que ele normalmente apresenta. É causa interruptiva da prescrição da pretensão punitiva.

A sentença ou o acórdão condenatório recorrível constitui causa interruptiva da prescrição da pretensão punitiva (art. 117, IV, CP). O acórdão condenatório recorrível foi inserido pela Lei 11.596/2007. Havia discussão se o acórdão precisaria ser condenatório, no sentido de reverter a decisão absolutória de primeiro grau ou se poderia ser um acórdão confirmatório da decisão de primeira instância. Em julgamento ocorrido no Plenário, o STF considerou que o acórdão pode ser a primeira condenação sofrida pelo acusado ou pode simplesmente confirmar a condenação

---

[16] *Da prescrição penal*, p. 72.

[17] No mesmo sentido: ANTONIO RODRIGUES PORTO, *Da prescrição penal*, p. 68.

Curso de Direito Penal – Parte Geral Vol. 1 • Nucci

proferida em primeiro grau, aumentando ou diminuindo a pena, pois, de qualquer forma, serve para interromper a prescrição.

Outro ponto importante é a data exata de interrupção, ao menos da sentença condenatória. Dá-se no dia em que for *publicada*, vale dizer, entregue em mãos do escrivão, em cartório, conforme dispõe o art. 389 do CPP. No tocante ao acórdão, reputa-se publicado na data da sessão de julgamento pela Câmara ou Turma – afinal, cuida-se de evento público. As partes podem, inclusive, acompanhar o julgamento. Não há a menor necessidade de se aguardar a redação do acórdão e sua publicação em diário oficial (eletrônico ou não). Esta última situação continua a prevalecer para a contagem de prazo para recurso, mas não para interromper a prescrição.

Para a interrupção da prescrição leva-se em consideração a sentença condenatória recorrível, mas não se pode deixar de registrar que há possibilidade de a parte interpor embargos de declaração. Se o efeito dos embargos for simplesmente tornar mais claro o conteúdo da decisão, sem alterar a pena, é natural que não se possa falar em nova interrupção da prescrição. Entretanto, se os embargos apontarem para omissão do juiz que, quando reconhecida, provoque a modificação da decisão, elevando a pena, por exemplo, parece-nos perfeitamente admissível que ocorra novamente a interrupção da prescrição, pois surgiu nova sentença recorrível. Os embargos de declaração, nesse caso, geraram o efeito infringente. Diga-se o mesmo, a partir de agora, no tocante ao acórdão condenatório contra o qual sejam interpostos embargos de declaração.

Ainda quanto à sentença, caso ela seja absolutória imprópria, impositiva de medida de segurança, não tem o condão de interromper a prescrição. Em primeiro lugar, porque é decisão absolutória; em segundo lugar, por não constar do rol do art. 117, que é taxativo.

18.23. Causas interruptivas da prescrição da pretensão executória

O início ou a continuação do cumprimento da pena é uma causa interruptiva da pretensão executória. Menciona o dispositivo (art. 117, V, CP) as duas hipóteses possíveis: início – quando o condenado começa a cumprir a pena que lhe foi imposta; continuação – quando o sentenciado retoma o cumprimento da pena, que foi interrompido pela fuga, por exemplo.

A reincidência (cometer outro crime depois de já ter sido condenado anteriormente com trânsito em julgado) é um marco interruptivo da prescrição da pretensão executória (art. 117, VI, CP).

A reincidência verifica-se pela *prática* do segundo delito, embora fique o seu reconhecimento pelo juiz *condicionado* à condenação definitiva. Há quem sustente que, pelo princípio da presunção de inocência, somente a data da condenação com trânsito em julgado pode fazer o juiz reconhecer a existência da reincidência. Esta última posição não é a correta, pois a lei é clara ao mencionar apenas reincidência, que é o cometimento de outro crime depois de já ter sido condenado.

Ainda que se dependa da condenação definitiva para se ter certeza do marco interruptivo, este se dá muito antes do trânsito em julgado da segunda condenação. E, na doutrina, confira-se o magistério de Antonio Rodrigues Porto: "O réu será considerado reincidente quando passar em julgado a condenação pelo segundo crime; mas o momento da interrupção da prescrição, relativamente à condenação anterior, é o dia da prática do novo crime, e não a data da respectiva sentença. A eficácia desta retroage, para esse efeito, à data em que se verificou o segundo delito".[18]

---

[18] *Da prescrição penal*, p. 89.

18.24. Comunicabilidade das causas interruptivas

Quando houver o recebimento da denúncia ou da queixa, a pronúncia, a decisão confirmatória da pronúncia ou a sentença condenatória recorrível relativamente a um dos coautores de um delito, a interrupção se comunica, alcançando todos. Significa que o Estado manifestou a tempo o seu interesse em punir, mantendo a sua pretensão de punir os demais, bastando que os encontre a tempo.

Entretanto, as causas dos incisos V e VI do art. 117 do CP são pessoais, vale dizer, se vários corréus são condenados e um deles foge, é óbvio que a prescrição da pretensão executória só envolve a sua pessoa, e não a dos demais, que cumprem pena. O mesmo se dá com a reincidência: se todos estão foragidos, é possível que um deles se torne reincidente, mas não os demais.

Outro ponto é o aditamento à denúncia ou queixa para incluir coautores ou partícipes; trata-se de marco apto a interromper a prescrição no tocante a todos, inclusive quanto àquele que já estava sendo processado. Não é a solução mais justa, embora seja a fiel aplicação do disposto no § 1.º do art. 117.

Se houver aditamento à denúncia ou queixa para incluir crime conexo, o recebimento da peça implicará a interrupção da prescrição concernente a todos os crimes, inclusive no tocante àqueles já constantes da peça acusatória original. Isso significa que, a título de ilustração, se o réu estiver respondendo por furto, já decorridos seis meses da data do recebimento da denúncia, caso haja aditamento para incluir delito conexo (como a receptação), haverá a interrupção, novamente, do prazo prescricional do delito de furto. Mais uma vez, deve-se ressaltar que, embora não seja a solução ideal, é a exata aplicação do disposto nesse art. 117.

18.25. Prescrição das penas mais brandas

O art. 118 do Código Penal, ao estabelecer que as penas mais leves obedecem ao prazo prescricional das mais graves, está se referindo às penas restritivas de direitos, por ser substitutiva da privativa de liberdade. Obedece, em última análise, o prazo da pena mais grave – aliás, segundo o disposto no art. 109, parágrafo único, CP. Assim, se aplicadas uma pena privativa de liberdade e uma restritiva de direitos – como admite o art. 302 do Código de Trânsito Brasileiro, por exemplo –, prescrita a primeira, a segunda segue o mesmo destino.

No caso da multa, há disciplina própria (art. 114, II, CP), mas no mesmo prisma desse artigo. Não se aplica o art. 118 ao concurso de crimes, pois cada delito tem o seu prazo de prescrição próprio (art. 119, CP).

18.26. Concurso de crimes e prescrição

Apesar de se unificarem as penas para efeito de cumprimento (concurso material, concurso formal e crime continuado), quando se tratar do cálculo da prescrição, deve-se tomar, isoladamente, cada delito. Assim, caso o réu seja condenado à pena total de 13 anos de reclusão (12 por um homicídio qualificado e 1 pela prática de furto simples), verificando o juiz que entre a data do recebimento da denúncia e a data da sentença transcorreram cinco anos, deve reconhecer a ocorrência da prescrição da pretensão punitiva do furto, pela prescrição retroativa, mantendo, somente, a pena relativa ao homicídio. Em todo concurso material (soma de penas), computa-se a prescrição isoladamente, sem o somatório.

Outro exemplo: havendo um concurso formal, cuja pena foi fixada em quatro anos, inicialmente, com um acréscimo da metade, resultando em seis anos, a prescrição não se dará em

12 anos (art. 109, III), levando-se em conta seis anos, mas em oito (art. 109, IV), tomando-se por base quatro. Isso porque, nos casos de concurso formal e crime continuado, para o cálculo da prescrição despreza-se o aumento.

Anote-se, nesse contexto, o disposto pela Súmula 497 do STF: "Quando se tratar de crime continuado, a prescrição regula-se pela pena imposta na sentença, não se computando o acréscimo decorrente da continuação".

RESUMO DO CAPÍTULO

- ▶ **Extinção da punibilidade:** é o desaparecimento da pretensão punitiva ou executória do Estado, em razão de específicos obstáculos previstos em lei, por razões de política criminal.
- ▶ **Condições objetivas de punibilidade:** são as condições exteriores à conduta delituosa, não abrangidas pelo elemento subjetivo, que, como regra, estão fora do tipo penal, tornando-se condições para punir. São causas extrínsecas ao fato delituoso, não cobertas pelo dolo do agente. Ex.: sentença declaratória de falência em relação a alguns casos de crimes falimentares (art. 180, Lei 11.101/2005).
- ▶ **Condições negativas de punibilidade ou escusas absolutórias:** são as escusas especiais e pessoais, fundadas em razões de ordem utilitária ou sentimental, que não afetam o crime, mas somente a punibilidade. Têm efeito idêntico ao das condições objetivas de punibilidade, mas natureza jurídica diversa. Ex.: art. 181, I e II, ou art. 348, § 2.º, do Código Penal (crimes contra o patrimônio e favorecimento pessoal, respectivamente).
- ▶ **Condições de procedibilidade:** são as condições ligadas ao processo, que, uma vez presentes, autorizam a propositura da ação. Ex.: representação do ofendido nos crimes de ação pública condicionada.
- ▶ **Morte do agente:** aplica-se a essa causa extintiva da punibilidade o princípio geral de que a morte tudo resolve (*mors omnia solvit*). Prova-se a morte do agente pela exibição da certidão de óbito (art. 62, CPP).
- ▶ **Anistia:** é a declaração pelo Poder Público de que determinados fatos se tornam impuníveis por motivo de utilidade social. O instituto da anistia volta-se a *fatos*, e não a pessoas. Embora, legalmente, seja causa extintiva de punibilidade, na essência, trata-se de uma causa extintiva da tipicidade, pois apaga o fato, considerado delituoso.
- ▶ **Graça ou indulto individual:** é a clemência destinada a uma pessoa determinada, não correspondendo a fatos criminosos. A Lei de Execução Penal passou a chamá-la, corretamente, de indulto individual (arts. 188 a 193), embora a Constituição Federal tenha entrado em contradição a esse respeito. No art. 5.º, XLIII, utiliza o termo *graça* e, no art. 84, XII, refere-se tão somente a *indulto*. Portanto, diante dessa flagrante indefinição, o melhor a fazer é aceitar as duas denominações: *graça* ou *indulto individual*. Cuida-se de causa extintiva da punibilidade.
- ▶ **Indulto coletivo:** é a clemência destinada a um grupo de sentenciados, tendo em vista a duração das penas aplicadas, podendo exigir requisitos subjetivos (tais como primariedade, comportamento carcerário, antecedentes) e objetivos (*v.g.*, cumprimento de certo montante da pena, exclusão de certos tipos de crimes). Trata-se de causa de extinção da punibilidade.
- ▶ ***Abolitio criminis:*** trata-se de lei nova deixando de considerar determinada conduta como crime. Nesse caso, como preceitua o art. 2.º do Código Penal, ocorre o fenômeno da *retroatividade da lei penal benéfica*.

Cap. XLII – Extinção da Punibilidade

- **Decadência:** trata-se da perda do direito de ingressar com ação privada ou de representação, no caso de ação pública condicionada, por não ter sido exercido no prazo legal. Atinge o direito de punir do Estado porque, sem processo, é impossível a condenação. Desse modo, julga-se extinta a punibilidade do agente.
- **Perempção:** trata-se de uma sanção pela inércia do particular na ação penal privada, impedindo-o de prosseguir na demanda, nos termos do art. 60 do CPP. *Perempção* origina-se de *perimir*, que significa matar, destruir. É instituto aplicável apenas na ação penal privada exclusiva, e não na subsidiária da pública.
- **Renúncia:** é a desistência da vítima de propor ação penal privada, gerando causa extintiva de punibilidade. A renúncia é unilateral, não depende de concordância do agente.
- **Perdão:** é a desistência da vítima, que se tornou querelante (autor da queixa), do prosseguimento da ação penal privada propriamente dita. O perdão é bilateral, dependendo da concordância do querelado (acusado na ação privada). Ambos, quando efetivados, eliminam a ação penal e, por via de consequência, geram a extinção da punibilidade do agente.
- **Retratação:** é o ato pelo qual o agente reconhece o erro que cometeu e o denuncia à autoridade, retirando o que anteriormente havia dito. Pode ocorrer: 1.º) nos crimes de calúnia e difamação (art. 143, CP); 2.º) nos crimes de falso testemunho e falsa perícia (art. 342, § 2.º, CP), provocando a extinção da punibilidade.
- **Perdão judicial:** é a clemência do Estado para algumas situações expressamente previstas em lei, quando não se aplica a pena estabelecida para determinados crimes, ao serem preenchidos certos requisitos objetivos e subjetivos que envolvem a infração penal. Trata-se de uma autêntica *escusa absolutória*, que não pode ser recusada pelo réu. Gera extinção da punibilidade.
- **Prescrição:** cuida-se da perda do direito de punir do Estado pelo não exercício em determinado lapso de tempo. Não há mais interesse estatal na repressão do crime, tendo em vista o decurso do tempo e porque o infrator não reincide, readaptando-se à vida social.
- **Prescrição em abstrato:** é o cálculo da prescrição, levando-se em consideração o prazo máximo abstrato previsto para o crime no tipo penal.
- **Prescrição em concreto:** é o cálculo da prescrição, tomando por base a pena fixada pelo juiz, na sentença condenatória, sem recurso da acusação ou quando este for improvido.
- **Prescrição da pretensão punitiva:** significa que o prazo prescricional decorreu *antes* do trânsito em julgado da sentença condenatória, eliminando todas as consequências da condenação, inclusive os efeitos secundários.
- **Prescrição da pretensão executória:** quer dizer que o prazo prescricional ocorreu *depois* do trânsito em julgado da sentença condenatória para as partes, mantendo todas as consequências *secundárias* da condenação.
- **Prescrição retroativa:** é a prescrição da pretensão punitiva com base na pena aplicada, sem recurso da acusação, ou improvido este, levando-se em conta prazo anterior à própria sentença.
- **Prescrição intercorrente (subsequente ou superveniente):** é a prescrição da pretensão punitiva, com base na pena aplicada, com trânsito em julgado para a acusação ou desde que improvido seu recurso, que ocorre entre a sentença condenatória e o trânsito em julgado desta para as partes.

FORMAS DE CLEMÊNCIA DO ESTADO

	ANISTIA	INDULTO COLETIVO	INDULTO INDIVIDUAL OU GRAÇA	PERDÃO JUDICIAL
CONCESSÃO:	Congresso Nacional	Pres. da República	Pres. da República	Juiz de Direito ou Tribunal
MEIO:	lei	decreto	decreto	decisão, sentença ou acórdão
ABRANGÊNCIA:	fatos considerados criminosos	condenados em número indeterminado	condenado específico	indiciado ou réu
FORMAS E CONDIÇÕES:	condicionada ou incondicionada geral ou parcial irrestrita ou limitada	condicionado ou incondicionado total ou parcial	condicionado ou incondicionado total ou parcial	incondicionado e total
NATUREZA JURÍDICA:	excludente de tipicidade	excludente de punibilidade	excludente de punibilidade	excludente de punibilidade
PARTICULARIDADES:	a) Pode ocorrer antes de condenação definitiva (anistia própria) ou depois (anistia imprópria)	a) Podem ocorrer antes da condenação, desde que haja, pelo menos, trânsito em julgado para a acusação, ou depois (forma mais comum)	a) O Judiciário deve respeitar os requisitos impostos por lei para conceder o perdão. Inexiste possibilidade de ampliação de clemência, nem por analogia	
	b) possui efeito "ex tunc" e agrega ação e condenação, bem como elimina registros na folha de antecedentes	b) depende da vontade discricionária da Pres. da República, que ora o concede para garantir um mero esvaziamento de cárceres, ora por entender ser instrumento de política criminal para incentivar o bom comportamento dos condenados	b) O rol das hipóteses de perdão é extenso e há dispositivos tanto na parte especial quanto na legislação penal especial	
	c) destina-se, principalmente, a crimes políticos	c) São vedados a crimes hediondos e equiparados. Há polêmica doutrinária quanto ao indulto coletivo		
	d) não cabe a crimes hediondos e equiparados	d) Quando perdoa ou desconta parte da pena total, chama-se comutação		

TABELA DE PRAZOS PRESCRICIONAIS

Penas (em abstrato ou em concreto)	Prazo	Exceção 1: réu menor de 21 anos na data do fato ou maior de 70 anos na data da sentença – art. 115	Exceção 2: réu reincidente no caso de prescrição da pretensão executória da pena – art. 110, *caput*, parte final e Súm. 220 do STJ (aumento de 1/3)	
A) inferior a 1 ano	3 anos	1 ano e 6 meses	4 anos	2 anos
B) 1 a 2 anos	4 anos	2 anos	5 anos e 4 meses	2 anos e 8 meses
C) mais de 2 anos até 4 anos	8 anos	4 anos	10 anos e 8 meses	5 anos e 4 meses
D) mais de 4 anos até 8 anos	12 anos	6 anos	16 anos	8 anos
E) mais de 8 anos até 12 anos	16 anos	8 anos	21 anos e 4 meses	10 anos e 8 meses
F) superior a 12 anos	20 anos	10 anos	26 anos e 8 meses	13 anos e 4 meses

LAPSOS PRESCRICIONAIS E CAUSAS INTERRUPTIVAS DA PRESCRIÇÃO

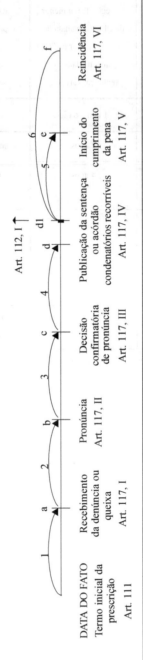

Pena em abstrato (máximo previsto no tipo penal incriminador) = prescrição da pretensão punitiva

Pena em concreto (fixada na sentença [ou acórdão] condenatória com trânsito em julgado para a acusação ou improvido seu recurso) = prescrição da pretensão executória

a, b, c, d, e, f = causas interruptivas de prescrição, lembrando que as causas apontadas nas letras "b" e "c" somente ocorrem no procedimento do júri
1, 2, 3, 4 = lapsos prescricionais que levam em conta a pena em abstrato (máximo previsto no tipo penal incriminador)
5, 6 = lapsos prescricionais que levam em conta a pena em concreto (fixada na sentença [ou acórdão] condenatória com trânsito em julgado para a acusação ou improvido seu recurso) afetando a pretensão executória do Estado
d1 = data do trânsito em julgado da sentença (ou acórdão) condenatória para a acusação

Cap. XLII – Extinção da Punibilidade 819

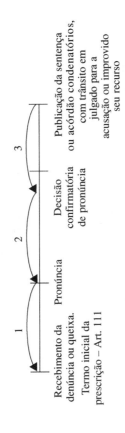

1, 2, 3 = prescrição da pretensão punitiva, verificada após tornar-se concreta a pena aplicada, computada em prazos anteriores à sentença condenatória

LAPSO DA SUSPENSÃO DA PRESCRIÇÃO (ART. 116)

Quadro VI
Lapso da suspensão da prescrição
Art. 116

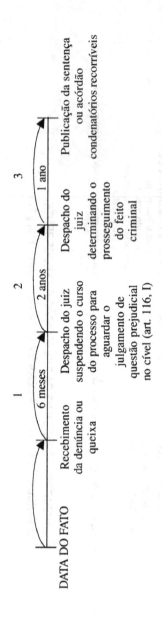

1 + 3 = prazo de cômputo da prescrição = 1 ano e 6 meses, desprezando-se os 2 anos (lapso 2) em que o processo ficou suspenso. Paralisa-se a contagem da prescrição

Nota: Ver outras causas de suspensão da prescrição na nota 62 do nosso *Código Penal comentado*

2 = período de tempo em que a prescrição não corre

Referências Bibliográficas

Aboso, Gustavo Eduardo. *Derecho penal sexual.* Estudio sobre los delitos contra la integridad sexual. Montevideo-Buenos Aires: Editorial B de f, 2014.

Abrão, Eliane Y. *Direitos de autor e direitos conexos.* São Paulo: Editora do Brasil, 2002.

Abrão, Eliane Y. (Org.). Propriedade imaterial. Direitos autorais, propriedade industrial e bens de personalidade. São Paulo: Editora Senac, 2006.

Accioly, Hildebrando. *Manual de direito internacional público.* Revisão Geraldo Eulálio do Nascimento e Silva. 11. ed. 11.ª tiragem. São Paulo: Saraiva, 1995.

Aleixo, Délcio Balestero; Meirelles, Hely Lopes; Burle Filho, José Emmanuel. *Direito administrativo brasileiro.* 39. ed. São Paulo: Malheiros, 2013.

Alessi, Giorgia. O direito penal moderno entre retribuição e reconciliação. In: Dal Ri Jr., Arno; Sontag, Ricardo. *História do direito penal entre medievo e modernidade.* Belo Horizonte: Del Rey, 2011.

Alexy, Robert. *Teoria dos direitos fundamentais.* Trad. Virgílio Afonso da Silva. 2. ed. 4.ª tiragem. São Paulo: Malheiros, 2015.

Almada, Célio de Melo. *Legítima defesa.* Legislação. Doutrina. Jurisprudência. Processo. São Paulo: José Bushatsky, 1958.

Almeida, Carlota Pizarro de. *Modelos de inimputabilidade*: da teoria à prática. Coimbra: Almedina, 2000.

Almeida, Carlota Pizarro de; D'Almeida, Luís Duarte; Patrício, Rui; Vilalonga, José Manuel. *Código Penal anotado.* Coimbra: Almedina, 2003.

Almeida, Fernando Henrique Mendes de. *Dos crimes contra a Administração Pública.* São Paulo: RT, 1955.

Almeida Jr., A.; Costa Jr., J. B. de O. *Lições de medicina legal.* 9. ed. São Paulo: Companhia Editora Nacional, 1971.

ALONSO, Carmen Salinero. *Teoría general de las circunstancias modificativas de la responsabilidad criminal y artículo 66 del Código Penal*. Granada: Editorial Comares, 2000.

ALTAVILLA, Enrico. *Psicologia judiciária*. Trad. Fernando de Miranda. 3. ed. Coimbra: Arménio Amado, 1981.

ALVES, Jamil Chaim. *Penas alternativas*: teoria e prática. Belo Horizonte: Del Rey, 2016.

ALVES, Roque de Brito. *A moderação na legítima defesa*. Recife: União Gráfica, 1957.

ALVES, Roque de Brito. *Ciúme e crime*. Recife: Fasa, 1984.

ALVES, Roque de Brito. *Crime e loucura*. Recife: Fasa, 1998.

ALVES, Roque de Brito. *Direito penal* – Parte geral. 5. ed. Recife: Editora do Autor, 2010.

AMARAL, Boanerges do. *Tudo sobre legítima defesa*. Rio de Janeiro: Jus Lex, 1964.

AMARAL, Sylvio do. *Falsidade documental*. 2. ed. São Paulo: RT, 1978.

AMERICANO, Odin. Da culpabilidade normativa. *Estudos de direito e processo penal em homenagem a Nélson Hungria*. Rio de Janeiro-São Paulo: Forense, 1962.

ANCEL, Marc. *A nova defesa social. Um movimento de política criminal humanista*. Trad. Osvaldo Melo. Belo Horizonte-Rio de Janeiro, 1979.

ANDRADE, Christiano José de. *Hermenêutica jurídica no Brasil*. São Paulo: RT, 1991.

ANDRADE, Vander Ferreira de. *A dignidade da pessoa humana* – valor-fonte da ordem jurídica. Rio de Janeiro: Editora Cautela, 2007.

ANDREUCCI, Ricardo Antunes; DOTTI, René Ariel; REALE JR., Miguel; PITOMBO, Sérgio M. de Moraes. *Penas e medidas de segurança no novo Código*. 2. ed. Rio de Janeiro: Forense, 1987.

ANTOLISEI, Francesco. *Manuale di diritto penale* – Parte generale. Atual. Luigi Conti. 14. ed. Milano: Giuffrè, 1997.

ANTOLISEI, Francesco. *Manuale di diritto penale* – Parte speciale. Atual. Luigi Conti. 12. ed. Milano: Giuffrè, 1997.

ANTOLISEI, Francesco. *Manuale di diritto penale* – Parte speciale. Atual. Luigi Conti. 13. ed. Milano: Giuffrè, 1999.

ANTÓN ONECA, José. *Obras*. Buenos Aires: Rubinzal-Culzoni, 2000/2002/2003. t. I-III. (Coleção Autores de direito penal.)

ARAGÃO, Antonio Moniz Sodré de. *As três escolas penais*: clássica, antropológica e crítica – Estudo comparativo. Rio de Janeiro: Freitas Bastos, 1977.

ARANHA, Adalberto José Q. T. de Camargo. *Crimes contra a honra*. São Paulo: Saraiva, 1995.

ARAÚJO, Cláudio Th. Leotta de; MENEZES, Marco Antônio. Em defesa do exame criminológico. *Boletim do IBCCRIM*, n. 129, p. 3, ago. 2003.

ARAÚJO, Luis Ivani de Amorim. *Curso de direito internacional público*. Rio de Janeiro: Forense, 2002.

ARAÚJO, Luiz Alberto David. *A proteção constitucional das pessoas portadoras de deficiência*. Brasília: Coordenadoria Nacional para Integração da Pessoa Portadora de Deficiência-Corde, 1994.

ARAÚJO, Luiz Alberto David. *A proteção constitucional do transexual*. São Paulo: Saraiva, 2000.

ARAÚJO, Marina Pinhão Coelho. *Tipicidade penal*. Uma análise funcionalista. São Paulo: Quartier Latin, 2012.

ARAÚJO, Marina Pinhão Coelho; NUNES JÚNIOR, Vidal Serrano. *Curso de direito constitucional*. 3. ed. São Paulo: Saraiva, 1999.

ARAÚJO JÚNIOR, João Marcello de. *Delitos de trânsito*. Rio de Janeiro: Forense, 1981.

ARAÚJO JÚNIOR, João Marcello de. *Dos crimes contra a ordem econômica*. São Paulo: RT, 1995.

ARBENZ, Guilherme Oswaldo. *Compêndio de medicina legal*. Rio de Janeiro-São Paulo: Livraria Atheneu, 1983.

ARNAU, Frank. *Por que os homens matam*. Trad. Vera Coutinho. Rio de Janeiro: Civilização Brasileira, 1966.

AROSTEGUI MORENO, José et al. *Introducción a la criminología*. 2. ed. Salamanca: Ratio Legis, 2015.

ARRIETA, Andrés Martínez. Acoso sexual. *Delitos contra la libertad sexual*. Madrid: Consejo General del Poder Judicial, 1999.

ARROYO DE LAS HERAS, Alfonso. *Manual de derecho penal – El delito*. Pamplona: Aranzadi, 1985.

ARROYO ZAPATERO, Luis; FERRÉ OLIVÉ, Juan Carlos; GARCÍA RIVAS, Nicólas; SERRANO PIEDECASAS, José Ramón; GÓMEZ DE LA TORRE, Ignacio Berdugo. *Lecciones de derecho penal – Parte general*. 2. ed. Madrid: La Ley, 1999.

ATENCIO, Graciela (Ed.). *Feminicidio*. De la categoría político-jurídica a la justicia universal. Madrid: Fibgar-Catarata, 2015.

AZEVEDO, André Boiani e. *Assédio sexual. Aspectos penais*. 1. ed. 6.ª tiragem. Curitiba: Juruá, 2011.

AZEVEDO, David Teixeira de. *Atualidades no direito e processo penal*. São Paulo: Método, 2001.

AZEVEDO, David Teixeira de. *Dosimetria da pena*: causas de aumento e diminuição. 1. ed. 2.ª tiragem. São Paulo: Malheiros, 2002.

BACIGALUPO, Enrique. *Principios de derecho penal – Parte general*. 5. ed. Madrid: Akal, 1998.

BACILA, Carlos Roberto. *Teoria da imputação objetiva no direito penal*. 1. ed. 2.ª reimpressão. Curitiba: Juruá, 2012.

BAJO FERNÁNDEZ, Miguel; FEIJOO SÁNCHEZ, Bernardo José; GÓMEZ-JARA DÍEZ, Carlos. *Tratado de responsabilidad penal de las personas jurídicas*. 2. ed. Navarra: Aranzadi-Civitas-Thomson Reuters, 2016.

BALCARCE, Fabián Ignacio. *Dogmática penal y principios constitucionales*. Buenos Aires: Editorial B de f, 2014.

BALERA, Wagner (Org.). *Curso de direito previdenciário*. 3. ed. São Paulo: LTr, 1996.

BALTAZAR JR., José Paulo. Aspectos penais. In: FREITAS, Vladimir Passos de (Org.). *Direito previdenciário – Aspectos materiais, processuais e penais*. 2. ed. Porto Alegre: Livraria de Advogado, 1999.

BALTAZAR JR., José Paulo; LIMA, Luciano Flores de (Org.). *Cooperação jurídica internacional em matéria penal*. Porto Alegre: Verbo Jurídico, 2010.

BARBOSA, Marcelo Fortes. *Crimes contra a honra*. São Paulo: Malheiros, 1995.

BARBOSA, Marcelo Fortes. Denunciação caluniosa. *Direito penal atual (estudos)*. São Paulo: Malheiros, 1996.

BARBOSA, Marcelo Fortes. Do crime continuado. *Justitia* 83/149.

BARBOSA, Marcelo Fortes. *Latrocínio*. 1. ed. 2.ª tiragem. São Paulo: Malheiros, 1997.

BARRETO, Tobias. *Menores e loucos em direito criminal*. Campinas: Romana, 2003.

BARROS, Carmen Silvia de Moraes. *A individualização da pena na execução penal*. São Paulo: RT, 2001.

BARROS, Flávio Augusto Monteiro de. *Direito penal – Parte geral*. São Paulo: Saraiva, 1999. v. 1.

BARROS, Luiz Celso de. *Responsabilidade fiscal e criminal*. São Paulo: Edipro, 2001.

BARROSO, Luís Roberto. *Interpretação e aplicação da Constituição*. São Paulo: Saraiva, 1996.

BARROSO, Luís Roberto. Legitimidade da recusa de transfusão de sangue por teste-munhas de Jeová. Dignidade humana, liberdade religiosa e escolhas existenciais. Programa de Direito Público da Universidade do Estado do Rio de Janeiro, 05.10.2010 [parecer].

BASTOS, Celso Ribeiro. *Curso de direito constitucional*. 18. ed. São Paulo: Saraiva, 1997.

BASTOS, Celso Ribeiro. *Hermenêutica e interpretação constitucional*. São Paulo: Celso Bastos Editor, 1997.

BASTOS, Celso Ribeiro; MARTINS, Ives Gandra da Silva. *Comentários à Constituição do Brasil*. São Paulo: Saraiva, 1988. v. 1.

BATISTA, Nilo. Alternativas à prisão no Brasil. *Revista da Escola do Serviço Penitenciário*, n. 4, jul.-set. 1990.

BATISTA, Nilo. *Concurso de agentes* – Uma investigação sobre os problemas da autoria e da participação no direito penal brasileiro. 2. ed. Rio de Janeiro: Lumen Juris, 2004.

BATISTA, Nilo. *Decisões criminais comentadas*. Rio de Janeiro: Liber Juris, 1976.

BATISTA, Vera Malaguti. *Introdução crítica à criminologia brasileira*. 2. ed. Rio de Janeiro: Revan, 2015.

BATTAGLINI, Giulio. *Direito penal* – Parte geral. Trad. Paulo José da Costa Jr. e Ada Pellegrini Grinover. São Paulo: Saraiva, 1964.

BAUMANN, Jürgen. *Derecho penal* – Conceptos fundamentales y sistema (introducción a la sistemática sobre la base de casos). Trad. Conrado A. Finzi. 4. ed. Buenos Aires: Depalma, 1981.

BELING, Ernst von. *A ação punível e a pena*. Trad. Maria Carbajal. São Paulo: Rideel, 2006.

BELING, Ernst von. *Esquema de derecho penal*. La doctrina del delito-tipo. Trad. Sebastian Soler. Buenos Aires: Depalma, 1944.

BENETI, Sidnei Agostinho. *Execução penal*. São Paulo: Saraiva, 1996.

BENETI, Sidnei Agostinho. Responsabilidade penal da pessoa jurídica: notas diante da primeira condenação na justiça francesa. *RT* 731/471, set. 1996.

BENFICA, Francisco Silveira; VAZ, Márcia. *Medicina legal*. 3. ed. Porto Alegre: Livraria do Advogado, 2015.

BENTHAM, Jeremy. *O panóptico*. Organização de Tomaz Tadeu da Silva. Trad. Guacira Lopes Louro. M. D. Magno e Tomaz Tadeu da Silva. Belo Horizonte: Autêntica, 2000.

BERISTAIN, Antonio. *Victimología*: nueve palabras clave. Valencia: Tirant Lo Blanch, 2000.

BERNALDO DE QUIRÓS, Constancio. *Derecho penal* (parte general). Puebla: José M. Cajica Jr., 1949. v. I e II.

BETTIOL, Giuseppe. *Diritto penale* – Parte generale. 4. ed. Palermo: G. Priulla, 1958.

BETTIOL, Giuseppe. Os princípios fundamentais do direito penal vigente. *Revista do Instituto de Pesquisas e Estudos Jurídico-Econômico-Sociais,* Instituição Toledo de Ensino, n. 4, abr.-jun. 1967.

BETTIOL, Giuseppe; BETTIOL, Rodolfo. *Istituzioni di diritto e procedura penale*. 5. ed. Padova: Cedam, 1993.

BEZERRA, Jorge Luiz. *Segurança pública*. Uma perspectiva político criminal à luz da teoria das janelas quebradas. São Paulo: Blucher Acadêmico, 2008.

BEZERRA FILHO, Aluízio. *Crimes sexuais*. Curitiba: Juruá, 2002.

BIANCHINI, Alice; GOMES, Luiz Flávio. *Crimes de responsabilidade fiscal* – Lei 10.028/2000: crimes contra as finanças públicas, crimes de responsabilidade fiscal de prefeitos, legislação na íntegra (Lei 10.028 e LC 101/2000). São Paulo: RT, 2001. (Série As ciências criminais no século XXI, v. 2.)

BIANCHINI, Alice; GOMES, Luiz Flávio. *Curso de direito penal* – Parte geral. São Paulo: JusPodivm, 2015. v. 1.

BICUDO, Márcia Regina Silveira; COELHO, Airton. Direitos conexos de empresas fonográficas. In: ABRÃO, Eliane Y. (Org.). Propriedade imaterial. Direitos autorais, propriedade industrial e bens de personalidade. São Paulo: Editora Senac, 2006.

BIERRENBACH, Sheila. *Crimes omissivos impróprios*. 3. ed. Niterói: Impetus, 2014.

BIRNBAUM, Johann Michael Franz. *Sobre la necesidad de una lesión de derechos para el concepto de delito*. Trad. José Luis Guzmán Dalbora. Montevideo-Buenos Aires: Editorial B de f, 2010.

BITENCOURT, Cezar Roberto. A exasperação penal nos crimes de furto, roubo e receptação. Reflexões sobre as inovações da Lei 9.426/96. *Ajuris 72/195*.

BITENCOURT, Cezar Roberto. *Erro de tipo e erro de proibição* – Uma análise comparativa. 3. ed. São Paulo: Saraiva, 2003.

BITENCOURT, Cezar Roberto. *Falência da pena de prisão* – causas e alternativas. 2. ed. São Paulo: Saraiva, 2001.

BITENCOURT, Cezar Roberto. *Penas alternativas*. 4. ed. São Paulo: Saraiva, 2013.

BITENCOURT, Cezar Roberto. *Teoria geral do delito*. Uma visão panorâmica da dogmática penal brasileira. Coimbra: Almedina, 2007.

BITENCOURT, Cezar Roberto. *Tratado de direito penal* – Parte geral. 22. ed. São Paulo: Saraiva, 2016. v. 1.

BITENCOURT, Cezar Roberto. *Tratado de direito penal* – Parte geral. 16. ed. São Paulo: Saraiva, 2016. v. 2.

BITENCOURT, Cezar Roberto. *Tratado de direito penal* – Parte especial. 12. ed. São Paulo: Saraiva, 2016. v. 1 e 3.

BITENCOURT, Cezar Roberto. *Tratado de direito penal* – Parte especial. 10. ed. São Paulo: Saraiva, 2016. v. 4 e 5.

BITENCOURT, Monique von Hertwig; FERREIRA, Victor José Sebem. A proibição do comércio e consumo de bebidas alcoólicas em locais públicos no dia do pleito. Disponível em: <http://www.tre-sc.gov.br/sj/cjd/doutrinas/monique.htm>.

BITTAR, Carlos Alberto. *Contornos atuais do direito do autor*. Atualização de Eduardo Carlos Bianca Bittar. 2. ed. São Paulo: RT, 1999.

BITTAR, Carlos Alberto. *Direito de autor*. Atualização de Eduardo Carlos Bianca Bittar. 4. ed. Rio de Janeiro: Forense Universitária, 2003.

BLANCO LOZANO, Carlos. *Derecho penal* – Parte general. Madrid: La Ley, 2003.

BLASI NETTO, Frederico. *Prescrição penal* – Manual prático para entendê-la e calculá-la. São Paulo: Juarez de Oliveira, 2000.

BLEGER, José. *Psicologia da conduta*. Trad. Emilia de Oliveira Diehl. 2. ed. Porto Alegre: Artes Médicas, 1989.

BOSCARELLI, Marco. *Compendio di diritto penale* – Parte generale. Milano: Giuffrè, 1968.

BOSCHI, José Antonio Paganella; SILVA, Odir Odilon Pinto da. *Comentários à Lei de Execução Penal*. Rio de Janeiro: Aide, 1987.

BOSCHI, José Antonio Paganella. *Das penas e seus critérios de aplicação*. 2. ed. Porto Alegre: Livraria do Advogado, 2002.

BOTTINI, Pierpaolo Cruz. *Crimes de perigo abstrato e princípio da precaução na sociedade de risco*. São Paulo: RT, 2007.

BOZOLA, Túlio Arantes. *Os crimes de perigo abstrato no direito penal contemporâneo*. Belo Horizonte: Del Rey, 2015.

BRACK, Karina; FAYET JÚNIOR, Ney; FAYET, Marcela. *Prescrição penal*. Temas atuais e controvertidos. Porto Alegre: Livraria do Advogado, 2007.

BRAGA, Henrique; RAPOSO, Fernando; FIGUEIREDO, Carlos Maurício; FERREIRA, Cláudio; NÓBREGA, Marcos. *Comentários à Lei de Responsabilidade Fiscal*. 2. ed. São Paulo: RT, 2001.

BRAGA JÚNIOR, Américo. *Teoria da imputação objetiva nas visões de Claus Roxin e Günther Jakobs*. Belo Horizonto: Ius Editora, 2010.

BRANCO, Vitorino Prata Castelo. *Da defesa nos crimes contra o patrimônio*. São Paulo: Sugestões Literárias, 1965.

BRANDÃO, Cláudio. *Tipicidade penal*. Dos elementos da dogmática ao giro conceitual do método entimemático. Coimbra: Almedina, 2012.

BRITO, Alexis Couto de. *Imputação objetiva*. Crimes de perigo e direito penal brasileiro. São Paulo: Atlas, 2015.

BRITO, Auriney. *Direito penal informático*. São Paulo: Saraiva, 2013.

BRUNO, Aníbal. *Crimes contra a pessoa*. 5. ed. Rio de Janeiro: Editora Rio, 1979.

BRUNO, Aníbal. *Das penas*. Rio de Janeiro: Editora Rio, 1976.

BRUNO, Aníbal. *Direito penal* – Parte especial. 2. ed. Rio de Janeiro: Forense, 1972. t. IV.

BRUNO, Aníbal. *Direito penal* – Parte geral. Rio de Janeiro: Forense, 1978. t. I, II e III.

BRUNO, Aníbal. Sobre o tipo no direito penal. *Estudos de direito e processo penal em homenagem a Nélson Hungria*. Rio de Janeiro-São Paulo: Forense, 1962.

BUENO, Paulo Amador Thomas Alves da Cunha. *Crimes na Lei do Parcelamento do Solo Urbano*. São Paulo: Lex Editora, 2006.

BUENO, Paulo Amador Thomas Alves da Cunha. *O fato típico nos delitos da Lei do Parcelamento do Solo Urbano* – Lei n. 6.766, de 19 de dezembro de 1979. Tese de mestrado. Pontifícia Universidade Católica de São Paulo. São Paulo, 2001.

BULGARELLI, Waldirio. *Títulos de crédito*. 2. ed. São Paulo: Atlas, 1982.

BURLE FILHO, José Emmanuel; ALEIXO, Délcio Balestero; MEIRELLES, Hely Lopes. *Direito administrativo brasileiro*. 39. ed. São Paulo: Malheiros, 2013.

BURRI, Juliana et al. O crime de estupro sob o prisma da Lei 12.015/09 (artigos 213 e 217-A do Código Penal). RT 902. In: SILVA FRANCO, Alberto; NUCCI, Guilherme de Souza (Org.). *Doutrinas essenciais* – Direito penal. São Paulo: RT, 2010. v. VI.

BUSATO, Paulo César. *Direito penal*. Parte geral. 2. ed. São Paulo: Atlas, 2015. v. 1.

BUSATO, Paulo César. *Direito penal*. Parte especial. 2. ed. São Paulo: Atlas, 2016. v. 2.

BUSATO, Paulo César. *Direito penal*. Parte especial. São Paulo: Atlas, 2016. v. 3.

BUSTOS RAMÍREZ, Juan (Org.). *Prevención y teoria de la pena*. Santiago: Editorial Jurídica ConoSur, 1995.

BUSTOS RAMÍREZ, Juan; VALENZUELA BEJAS, Manuel. *Derecho penal latinoamericano comparado*. Parte generale. Buenos Aires: Depalma, 1981. t. I.

CABETTE, Eduardo Luiz Santos. *Responsabilidade penal da pessoa jurídica*. 1. ed. 4.ª tiragem. Curitiba: Juruá, 2006.

CABRAL NETTO, J. Recurso *ex officio*. RT 692/242, jun. 1993.

CADOPPI, Alberto; VENEZIANI, Paolo. *Elementi di diritto penale* – Parte generale. Padova: CEDAM, 2002.

CALABRICH, Bruno; FISCHER, Douglas; PELELLA, Eduardo (Org.). *Garantismo penal integrado*. Questões penais e processuais, criminalidade moderna e aplicação do modelo garantista no Brasil. 3. ed. São Paulo: Atlas, 2015.

CALLEGARI, André Luís. A imputação objetiva no direito penal. RT 764/434, jun. 1999.

CALLEGARI, André Luís. *Imputação objetiva, lavagem de dinheiro e outros temas de direito penal*. 2. ed. Porto Alegre: Livraria do Advogado, 2004.

CALLEGARI, André Luís. *Teoria geral do delito e da imputação objetiva*. 3. ed. São Paulo: Atlas, 2014.

CALLEGARI, André Luís; GIACOMOLLI, Nereu José (Coord.). *Direito penal e funcionalismo*. Trad. André Luís Callegari, Nereu José Giacomolli e Lúcia Kalil. Porto Alegre: Livraria do Advogado, 2005.

CALLEGARI, André Luís; PACELLI, Eugênio. *Manual de direito penal* – Parte geral. São Paulo: Atlas, 2015.

CALLEGARI, André Luís; WERMUTH, Maiquel Ângelo Dezordi. *Sistema penal e política criminal*. Porto Alegre: Livraria do Advogado, 2010.

CAMARGO, Antonio Luis Chaves. *Culpabilidade e reprovação penal*. 1993. Tese (Professor titular da cadeira de Direito Penal) – USP, São Paulo,

CAMARGO, Antonio Luis Chaves. *Imputação objetiva e direito penal brasileiro*. São Paulo: Cultural Paulista, 2001.

CAMARGO, Joaquim Augusto de. *Direito penal brasileiro*. 2. ed. São Paulo: Ed. RT, 2005.

CAMARGO HERNANDEZ, César. *El delito continuado*. Barcelona: Bosch Casa Editorial, 1951.

CANEIRO, Margarita Beceiro. Las dimensiones de la violencia: hacia una tipología de la conducta antisocial. In: CLEMENTE, Miguel; ESPINOSA, Pablo. *La mente criminal*. Madrid: Dykinson, 2001.

CANOTILHO, José Joaquim Gomes. *Direito constitucional*. 6. ed. Coimbra: Almedina, 1995.

CANT, Paul de. O trabalho em benefício da comunidade: uma pena em substituição? *Prestação de serviços à comunidade*. Porto Alegre: Ajuris – Associação dos Juízes do Rio Grande do Sul, 1985.

CAPECCE, Bruno Gabriel; TOLEDO, Otávio Augusto de Almeida. *Privação de liberdade*. Legislação, doutrina e jurisprudência. São Paulo: Quartier Latin, 2015.

CARNELUTTI, Francesco. *El problema de la pena*. Trad. Santiago Sentís Melendo. Buenos Aires: Rodamillans, 1999.

CARNELUTTI, Francesco. *Lecciones de derecho penal* – El delito. Buenos Aires: Editora Jurídicas Europa-América, 1952.

CARRARA, Francesco. *Derecho penal*. México: Editorial Pedagógica Iberoamericana, 1995.

CARRARA, Francesco. *Programa do curso de direito criminal* – Parte geral. Trad. José Luiz V. de A. Franceschini e J. R. Prestes Barra. São Paulo: Saraiva, 1956. v. I.

CARRARA, Francesco. *Programa do curso de direito criminal* – Parte geral. Trad. José Luiz V. de A. Franceschini e J. R. Prestes Barra. São Paulo: Saraiva, 1957. v. II.

CARRAZZA, Roque Antonio. *Curso de direito constitucional tributário*. 14. ed. São Paulo: Malheiros, 2000.

CARVALHO, Américo A. Taipa de. *A legítima defesa* – Da fundamentação teorético-normativa e preventivo-geral e especial à redefinição dogmática. Coimbra: Coimbra Editora, 1995.

CARVALHO FILHO, Aloysio. *Comentários ao Código Penal*. 4. ed. Rio de Janeiro: Forense, 1958. v. 4.

CARVALHO FILHO, Luís Francisco. *A prisão*. São Paulo: Publifolha, 2002.

CASTIÑEIRA, Maria T. *El delito continuado*. Barcelona: Bosch, 1977.

CASTRO, Francisco José Viveiros de. *Attentados ao pudor* (Estudos sobre as aberrações do instincto sexual). 2. ed. Rio de Janeiro: Freitas Bastos, 1932.

CASTRO, Francisco José Viveiros de. *Os delictos contra a honra da mulher*. 3. ed. Rio de Janeiro: Freitas Bastos, 1936.

CASTRO, Francisco José Viveiros de. *Questões de direito penal*. Rio de Janeiro: Jacintho Ribeiro dos Santos, 1900.

CASTRO, Regina de. Aborto. Rio de Janeiro: Mauad, 1997.

CEREZO MIR, José. *Curso de derecho español*. – Parte general. 5. ed. Madrid: Tecnos, 1998. v. 1.

CEREZO MIR, José. *Curso de derecho penal español*. 6. ed. Madrid: Tecnos, 1999. v. 2.

CEREZO MIR, José; HIRSCH, Hans Joachim; DONNA, Edgardo A. (Org.). *Hans Welzel en el pensamiento penal de la modernidad*. Buenos Aires: Rubinzal-Culzoni, 2005. (Coleção Autores de direito penal.)

CERNICCHIARO, Luiz Vicente. O princípio de legalidade: um campo de tensão. In: DAL RI JR., Arno; SONTAG, Ricardo. *História do direito penal entre medievo e modernidade*. Belo Horizonte: Del Rey, 2011.

CERNICCHIARO, Luiz Vicente; COSTA JR., Paulo José. *Direito penal na Constituição*. 3. ed. São Paulo: RT, 1995.

CERNICCHIARO, Luiz Vicente; TOLEDO, Francisco de Assis. *Princípios básicos de direito penal*. 5. ed. São Paulo: Saraiva, 1994.

CHAVES, Antonio. *Adoção*. Belo Horizonte: Del Rey, 1995.

CHAVES, Antonio. *Direito à vida e ao próprio corpo* (intersexualidade, transexualidade, transplantes). 2. ed. São Paulo: RT, 1994.

CHRISTIE, Nils. *Uma razoável quantidade de crimes*. Rio de Janeiro: Instituto Carioca de Criminologia, 2011. (Coleção Pensamento criminológico.)

CIA, Michele. *Medidas de segurança no direito penal brasileiro*: a desinternação progressiva sob uma perspectiva político-criminal. São Paulo: Editora Unesp, 2011.

CLEMENTE, Miguel; ESPINOSA, Pablo. *La mente criminal* – Teorías explicativas del delito desde la psicología jurídica. Madrid: Dykinson, 2001.

CLÈVE, Clèmerson Merlin. Contribuições previdenciárias. Não recolhimento. Art. 95, *d*, da Lei 8.212/91. Inconstitucionalidade. *RT* 736/503, fev. 1997.

CLONINGER, Susan C. *Teorias da personalidade*. São Paulo: Martins Fontes, 1999.

COELHO, Inocêncio Mártires; MENDES, Gilmar; BRANCO, Paulo Gustavo Gonet. *Curso de direito constitucional*. 2. ed. São Paulo: Saraiva, 2008.

COELHO, Nelson. O primeiro homicídio. São Paulo: Edigraf, 1955.

COMPARATO, Fábio Konder. *A afirmação histórica dos direitos humanos*. 10. ed. 2.ª tiragem. São Paulo: Saraiva, 2016.

CONTIERI, Enrico. *O estado de necessidade*. São Paulo: Saraiva, 1942.

CORDOBA RODA, Juan. *Culpabilidad y pena*. Barcelona: Bosch, 1977.

CORREA, Pedro Ernesto. *El delito continuado*. Buenos Aires: Abeledo-Perrot, 1959.

CORRÊA JUNIOR, Alceu; SHECAIRA, Sérgio Salomão. *Teoria da pena*. São Paulo: RT, 2002.

CORREIA, Eduardo. *Direito criminal*. Coimbra: Almedina, 1993. v. 1.

COSTA, Álvaro Mayrink da. *Direito penal* – Parte especial. 4. ed. Rio de Janeiro: Forense, 1994. v. 2, t. I e II.

COSTA, Álvaro Mayrink da. *Exame criminológico. Doutrina e jurisprudência*. 2. ed. Rio de Janeiro: Forense, 1989.

COSTA, Carlos Adalmyr Condeixa da. *Dolo no tipo* – Teoria da ação finalista no direito penal. Rio de Janeiro: Liber Juris, 1989.

COSTA, Fernando José da. *O falso testemunho*. Rio de Janeiro-São Paulo: Forense Universitária, 2003.

COSTA, José de Faria. *Tentativa e dolo eventual* (ou da relevância da negação em direito penal). Reimp. Coimbra: Coimbra Editora, 1996.

COSTA, Mário Ottobrini; SUCENA, Lílian Ottobrini Costa. A eutanásia não é o direito de matar. *RT* 263/25, set. 1957.

COSTA, Pietro. O princípio de legalidade: um campo de tensão. In: DAL RI JR., Arno; SONTAG, Ricardo. *História do direito penal entre medievo e modernidade*. Belo Horizonte: Del Rey, 2011.

COSTA, Tailson Pires. *Penas alternativas* – Reeducação adequada ou estímulo à impunidade? São Paulo: Max Limonad, 1999.

COSTA E SILVA, A. J. da. *Código Penal* (Decreto-lei 2.848, de 7 de dezembro de 1940). São Paulo: Companhia Editora Nacional, 1943. v. 1.

COSTA E SILVA, A. J. da. *Comentários ao Código Penal brasileiro*. 2. ed. atual. Luiz Fernando da Costa e Silva. São Paulo: Contasa, 1967. v. I.

COSTA JR., J. B. de O.; ALMEIDA JÚNIOR, A. *Lições de medicina legal*. 9. ed. São Paulo: Companhia Editora Nacional, 1971.

COSTA JR., Paulo José da. *Comentários ao Código Penal*. 4. ed. São Paulo: Saraiva, 1996.

COSTA JR., Paulo José da. *Comentários ao Código Penal*. 7. ed. São Paulo: Saraiva, 2002.

COSTA JR., Paulo José da. *Direito penal* – Curso completo. São Paulo: Saraiva, 1999.

COSTA JR., Paulo José da. *Nexo causal*. 2. ed. São Paulo: Malheiros, 1996.

COSTA JR., Paulo José da. *O crime aberrante*. Belo Horizonte: Del Rey, 1996.

COSTA JR., Paulo José da; CERNICCHIARO, Luiz Vicente. *Direito penal na Constituição*. 3. ed. São Paulo: RT, 1995.

COSTA NETTO, José Carlos. *Direito autoral no Brasil*. São Paulo: FTD, 1998.

COSTA NETTO, José Carlos; PAGLIARO, Antonio. *Dos crimes contra a Administração Pública*. São Paulo: Malheiros, 1997.

COSTA NETTO, José Carlos; QUEIJO, Maria Elizabeth. *Comentários aos crimes do novo Código Nacional de Trânsito*. São Paulo: Saraiva, 1998.

CRESPO, Eduardo Demetrio. *Prevención general e individualización judicial de la pena*. Salamanca: Ediciones Universidad de Salamanca, 1999.

CREUS, Carlos. *Introducción a la nueva doctrina penal*. Santa Fé: Rubinzal-Culzoni, 1992.

CROCE, Delton; CROCE JR., Delton. *Manual de medicina legal*. 8. ed. São Paulo: Saraiva, 2015.

CRUZ, Flávio da (Coord.); GLOCK, José Osvaldo; HERZMANN; Nélio, TREMEL, Rosângela; VICCARI JUNIOR, Adauto. *Lei de Responsabilidade Fiscal comentada*. 2. ed. São Paulo: Atlas, 2001.

CUELLO CONTRERAS, Joaquín. *El nuevo derecho penal de menores*. Madrid: Civitas, 2000.

CUNHA, Rogério Sanches. *Manual de direito penal*. Parte especial. 6. ed. Salvador: JusPodivm, 2014.

CUNHA, Rogério Sanches. *Manual de direito penal*. Parte geral. 2. ed. Salvador: JusPodivm, 2014.

CUNHA, Sérgio Sérvulo da. *Princípios constitucionais*. São Paulo: Saraiva, 2006.

D'ALMEIDA, Luís Duarte; PATRÍCIO, Rui; VILALONGA, José Manuel; ALMEIDA, Carlota Pizarro de. *Código Penal anotado*. Coimbra: Almedina, 2003.

D'ANDREA, Flavio Fortes. *Desenvolvimento da personalidade*. 15. ed. Rio de Janeiro: Bertrand Brasil, 2001.

DEL RIO, J. Raimundo. *Derecho penal* – Parte general. Santiago: Editorial Nascimento, 1935. t. II.

DELITALA, Giacomo. *Scritti di diritto penale*. Milano: Giuffrè, 1976. v. 1.

DELMANTO, Celso et al. *Código Penal comentado*. 5. ed. Rio de Janeiro: Renovar, 2000.

DIAS, Jorge de Figueiredo. *Direito penal* – parte geral, t. 1. Coimbra: Coimbra Editora.

DIAS, Jorge de Figueiredo. *Liberdade, culpa, direito penal*. 3. ed. Coimbra: Coimbra Editora, 1995.

DIAS, Jorge de Figueiredo. *O problema da consciência da ilicitude em direito penal*. 5. ed. Coimbra: Coimbra Editora, 2000.

DIAS, Jorge de Figueiredo. *Questões fundamentais do direito penal revisitadas*. São Paulo: RT, 1999.

DIAS, Jorge de Figueiredo. *Temas básicos da doutrina penal* – Sobre os fundamentos da doutrina penal, sobre a doutrina geral do crime. Coimbra: Coimbra Editora, 2001.

DÍEZ RIPOLLÉS, José Luis (Dir.). *Delitos contra la libertad sexual*. Madrid: Consejo General del poder judicial, 1999.

DÍEZ RIPOLLÉS, José Luis. *Los elementos subjetivos del delito*. Bases metodológicas. 2. ed. Montevideo-Buenos Aires: Editorial B de f, 2007.

DINIZ, Debora; RIBEIRO, Diaulas Costa. *Aborto por anomalia fetal*. Brasília: Letras Livres, 2003.

DINIZ, Maria Helena. *Conflito de normas*. 3. ed. São Paulo: Saraiva, 1998.

DINIZ, Maria Helena. *Dicionário jurídico*. São Paulo: Saraiva, 1998. v. 1-4.

DINSTEIN, Yoram. *Guerra, agressão e legítima defesa*. Trad. Mauro Raposo de Mello. 3. ed. São Paulo: Manole, 2004.

DIP, Ricardo; MORAES JÚNIOR, Volney Corrêa Leite de. *Crime e castigo*. Reflexões politicamente incorretas. 2. ed. Campinas: Millenium, 2002.

DOLCINI, Emilio; MARINUCCI, Giorgio. *Corso di diritto penale*. 2. ed. Milano: Giuffrè, 1999. v. 1.

DOMINGUEZ, Humberto Barrera. *Delitos contra el patrimonio economico*. Bogotá: Temis, 1963.

DONNA, Edgardo A. *La imputación objetiva*. Buenos Aires: Belgrano, 1997.

DONNA, Edgardo A.; HIRSCH, Hans Joachim; CEREZO MIR, José (Org.). *Hans Welzel en el pensamiento penal de la modernidad*. Buenos Aires: Rubinzal-Culzoni, 2005. (Coleção Autores de direito penal.)

DOTTI, René Ariel. *Bases e alternativas para o sistema de penas*. 2. ed. São Paulo: RT, 1998.

DOTTI, René Ariel. *Curso de direito penal*. Parte geral. Rio de Janeiro: Forense, 2002.

DOTTI, René Ariel. *O incesto*. Curitiba: Guignone, 1976.

DOTTI, René Ariel. Os atentados ao meio ambiente: responsabilidade e sanções penais. *Revista Brasileira de Ciências Criminais* 7/117.

DOTTI, René Ariel. Processo penal executório. *RT* 576/309, out. 1993.

DOTTI, René Ariel. Visão geral da medida de segurança. In: SHECAIRA, Sérgio Salomão (Org.). *Estudos criminais em homenagem a Evandro Lins e Silva* (criminalista do século). São Paulo: Método, 2001.

DOTTI, René Ariel; REALE JR., Miguel; ANDREUCCI, Ricardo Antunes; PITOMBO, Sérgio M. de Moraes. *Penas e medidas de segurança no novo Código*. 2. ed. Rio de Janeiro: Forense, 1987.

DUNI, Mario. *Il perdono giudiziale*. Torino: UTET, 1941.

DURKHEIM, Émile. *O suicídio*. Estudo de sociologia. Trad. Andréa Stahel M. da Silva. São Paulo: Edipro, 2014.

DUTRA, Mário Hoeppner. *O furto e o roubo em face do Código Penal brasileiro*. São Paulo: Max Limonad, 1955.

ENRIQUE EDWARDS, Carlos. *Garantías constitucionales en materia penal*. Buenos Aires: Astrea, 1996.

ESBEC RODRÍGUEZ, Enrique; GÓMEZ-JARABO, Gregorio. *Psicología forense y tratamiento jurídico-legal de la discapacidad*. Madrid: Edisofer, 2000.

ESER, Albin et al. *De los delitos y de las víctimas*. 2.ª reimp. Buenos Aires: Ad Hoc, 2008.

ESPINOSA CEBALLOS, Elena B. Marín de. *La reincidencia*: tratamiento dogmático y alternativas político criminales. Granada: Comares, 1999.

ESTEFAM, André. *Direito penal. Parte geral.* 2. ed. São Paulo: Saraiva, 2012. v. 1.

ESTEFAM, André. *Direito penal.* Parte especial. 2. ed. São Paulo: Saraiva, 2012. v. 2.

ESTEFAM, André. *Direito penal.* Parte especial. São Paulo: Saraiva, 2011. v. 3.

ESTEFAM, André. *Direito penal.* Parte especial. São Paulo: Saraiva, 2011. v. 4.

FABRETTI, Humberto Barrionuevo; SMANIO, Gianpaolo Poggio. *Introdução ao direito penal.* Criminologia, princípios e cidadania. 4. ed. São Paulo: Atlas, 2016.

FARHAT, Alfredo. *Do infanticídio*. São Paulo: RT, 1956.

FARIA, Antonio Bento de. *Código Penal brasileiro comentado*. São Paulo: Record, 1961.

FARO JÚNIOR, Luiz P. F. de, *Direito internacional público*. Rio de Janeiro: Editor Borsoi, 1965.

FÁVERO, Flamínio. *Medicina legal*. 7. ed. São Paulo: Martins Fontes, 1962. v. 3.

FAYET, Fabio Agne. *O delito de estupro*. Porto Alegre: Livraria do Advogado, 2011.

FAYET, Marcela; BRACK, Karina; FAYET JÚNIOR, Ney. *Prescrição penal*. Temas atuais e controvertidos. Porto Alegre: Livraria do Advogado, 2007.

FAYET JÚNIOR, Ney. *Do crime continuado*. 7. ed. Porto Alegre: Livraria do Advogado, 2016.

FAYET JÚNIOR, Ney; FAYET, Marcela. BRACK, Karina. *Prescrição penal*. Temas atuais e controvertidos. Porto Alegre: Livraria do Advogado, 2007.

FAYET JÚNIOR, Ney; FAYET, Marcela. BRACK, Karina. *Prescrição penal*. Porto Alegre: Livraria do Advogado, 2009. v. 2.

FAYET JÚNIOR, Ney; FAYET, Marcela. BRACK, Karina. *Prescrição penal*. Porto Alegre: Livraria do Advogado, 2011. v. 3.

FAYET JÚNIOR, Ney; FAYET, Marcela. BRACK, Karina. *Prescrição penal*. Porto Alegre: Livraria do Advogado, 2013. v. 4.

FAYET JÚNIOR, Ney; FERREIRA, Martha da Costa. Da imprescritibilidade. In: FAYET JÚNIOR, Ney. *Prescrição penal*. Temas atuais e controvertidos. Porto Alegre: Livraria do Advogado, 2007. v. 3, p. 47-87.

FEDELI, Mario. *Temperamento, caráter, personalidade* – Ponto de vista médico e psicológico. Trad. José Maria de Almeida. São Paulo: Paulus, 1997.

FEIJOO SÁNCHEZ, Bernardo José; GÓMEZ-JARA DÍEZ, Carlos; BAJO FERNÁNDEZ, Miguel. *Tratado de responsabilidad penal de las personas jurídicas*. 2. ed. Navarra: Aranzadi-Civitas-Thomson Reuters, 2016.

FERNANDES, Antônio Scarance; MARQUES, Oswaldo Henrique Duek. Estupro – Enfoque vitimológico. *RT* 653/265.

FERNANDES, David Augusto. *Tribunal penal internacional*: a concretização de um sonho. Rio de Janeiro: Renovar, 2006.

FERNANDES, Newton; FERNANDES, Valter. *Criminologia integrada*. 2. ed. São Paulo: RT, 2002.

FERNANDES, Paulo Sérgio Leite. *Aborto e infanticídio*. São Paulo: Sugestões Literárias, 1972.

FERNANDES, Valter; FERNANDES, Newton. *Criminologia integrada*. 2. ed. São Paulo: RT, 2002.

FERNANDÉZ, Alonso. *Las atenuantes de confesión de la infracción y reparación o disminuición del daño*. Barcelona: Ed. Bosch S.A., 1999.

FERNÁNDEZ, Gonzalo D. *El elemento subjetivo de justificación en derecho penal*. Montevideo-Buenos Aires: Editorial B de f, 2015.

FERRAJOLI, Luigi. *Direito e razão* – Teoria do garantismo penal. Trad. Ana Paula Zommer Sica, Fauzi Hassan Choukr, Juarez Tavares e Luiz Flávio Gomes. São Paulo: RT, 2002.

FERRANTE, Marcelo. *Filosofía y derecho penal*. Buenos Aires: Ad Hoc, 2013.

FERRAZ, Esther de Figueiredo. *A codelinquência no direito penal brasileiro*. São Paulo: José Bushatsky, 1976.

FERRAZ, Esther de Figueiredo. *Os delitos qualificados pelo resultado no regime do Código Penal de 1940*. 1948. 139 p. Dissertação (Livre-docência) – São Paulo: Universidade de São Paulo, São Paulo.

FERRÉ OLIVÉ, Juan Carlos; GARCÍA RIVAS, Nicólas; SERRANO PIEDECASAS, José Ramón; GÓMEZ DE LA TORRE, Ignacio Berdugo; ARROYO ZAPATERO, Luis. *Lecciones de derecho penal* – Parte general. 2. ed. Madrid: La Ley, 1999.

FERREIRA, Amadeu. *Homicídio privilegiado*. 3.ª reimp. Coimbra: Almedina, 2000.

FERREIRA, Cláudio; FIGUEIREDO, Carlos Maurício; RAPOSO, Fernando; BRAGA, Henrique; NÓBREGA, Marcos. *Comentários à Lei de Responsabilidade Fiscal*. 2. ed. São Paulo: RT, 2001.

FERREIRA, Cristiane Caetano Simões; DIAS, Ricardo Ferreira. Abuso de autoridade: das necessárias mudanças da lei. In: TOLEDO, Armando (Coord.). *Direito Penal* – Reinterpretação à luz da Constituição: Questões polêmicas. São Paulo: Elsevier, 2009.

FERREIRA, Ivette Senise. *O aborto legal*. 1982. Tese (Doutoramento) – Universidade de São Paulo, São Paulo.

FERREIRA, Manuel Cavaleiro de. *Direito penal português* – Parte geral. 2. ed. Lisboa: Editorial Verbo, 1982. v. 1.

Ferreira, Victor José Sebem; Bitencourt, Monique von Hertwig. A proibição do comércio e consumo de bebidas alcoólicas em locais públicos no dia do pleito. Disponível em: <http://www.tre-sc.gov.br/sj/cjd/doutrinas/monique.htm>.

Ferreira, Waldemar Martins. *História do direito brasileiro*. Rio de Janeiro/São Paulo: Livraria Freitas Bastos, 1952. t. 2.

Ferreira Filho, Manoel Gonçalves. *Comentários à Constituição brasileira de 1988*. 2. ed. São Paulo: Saraiva, 1997. v. 1.

Ferri, Enrico. *L'Omicida nella psicologia e nella psicopatologia criminale*. Torino: UTET, 1925.

Figueiredo, Carlos Maurício; Ferreira, Cláudio; Raposo, Fernando; Braga, Henrique; Nóbrega, Marcos. *Comentários à Lei de Responsabilidade Fiscal*. 2. ed. São Paulo: RT, 2001.

Fiore, C. *Diritto penale* – Parte generale. Torino: UTET, 1999. v. 1.

Fischer, Douglas. O que é garantismo (penal) integral? In: Calabrich; Fischer; Pelella. *Garantismo penal integral*. 3. ed. Porto Alegre: Livraria do Advogado, 2015.

Fontán Balestra, Carlos. *Tratado de derecho penal*. 2. ed. Buenos Aires: Abeledo-Perrot, 1992. t. III.

Föppel, Gamil (Coord.). *Novos desafios do direito penal no terceiro milênio*. Estudos em homenagem ao Prof. Fernando Santana. Rio de Janeiro: Lumen Juris, 2008.

Foucault, Michel. *Vigiar e punir* – Nascimento da prisão. Trad. Raquel Ramalhete. 25. ed. Petrópolis: Vozes, 2002.

Fradiman, James; Frager Robert. *Teorias da personalidade*. São Paulo: Harbra, 2002.

Fragoso, Heleno Cláudio. Alternativas da pena privativa da liberdade. *Revista de Direito Penal*, Rio de Janeiro: Forense, n. 29, jan.-jul. 1980.

Fragoso, Heleno Cláudio. *Conduta punível*. São Paulo: Bushatsky, 1963.

Fragoso, Heleno Cláudio. *Lições de direito penal* – Parte especial. Rio de Janeiro: Forense, 1958. v. 1 e 2; 1959. v. 3 e 4.

Fragoso, Heleno Cláudio. *Lições de direito penal* – Parte geral. 15. ed. Rio de Janeiro: Forense, 1994.

Fragoso, Heleno Cláudio. Pressupostos do crime e condições objetivas de punibilidade. *Estudos de direito e processo penal em homenagem a Nélson Hungria*. Rio de Janeiro: Forense, 1962.

França, Rubens Limongi. *Hermenêutica jurídica*. 7. ed. São Paulo: Saraiva, 1999.

França, Rubens Limongi. O conceito de morte, diante do direito ao transplante e do direito hereditário. *RT* 717/ 65.

Franco, José Henrique Kaster. *Funções da pena e individualização*. Aspectos teóricos e práticos. Rio de Janeiro: Lumen Juris, 2013.

Freitas, Gilberto Passos de; Freitas, Vladimir Passos de. *Abuso de autoridade*. 5. ed. São Paulo: RT, 1993.

Freitas, Vladimir Passos de. O crime ambiental e a pessoa jurídica. *Revista da Associação dos Magistrados Brasileiros*, n. 6, 1.º semestre 1999.

Freitas, Vladimir Passos de; Freitas, Gilberto Passos de. *Abuso de autoridade*. 5. ed. São Paulo: RT, 1993.

Freitas, Vladimir Passos de (Org.). *Direito previdenciário* – Aspectos materiais, processuais e penais. 2. ed. Porto Alegre: Livraria do Advogado, 1999.

FREUD, Sigmund. *Artigos sobre hipnotismo e sugestão* – A psicoterapia da histeria. Trad. José Luís Meurer e Christiano Monteiro Oiticica. Rio de Janeiro: Imago, 1998.

FRISCH, Wolfgang; ROXIN, Claus; JAKOBS, Günther; SCHÜNEMANN, Bernd; KÖHLER, Michael. *La imputación objetiva del resultado. Desarrollo, fundamentos y cuestiones abiertas.* Trad. Ivó Coca Vila. Barcelona: Atelier, 2015.

FRISCH, Wolfgang; ROXIN, Claus; JAKOBS, Günther; SCHÜNEMANN, Bernd; KÖHLER, Michael. *Sobre el estado de la teoria del delito* (Seminario en la Universitat Pompeu Fabra). Madrid: Civitas, 2000.

FROMM, Erich. *Anatomia da destrutividade humana.* Trad. Marco Aurélio de Moura Matos. 2. ed. Rio: Guanabara Ed. 1987.

GALEOTTI, Giulia. *História do aborto.* Trad. Sandra Escobar. Lisboa: Edições 70, 2007.

GALLO, Marcello. *Il concetto unitário di colpevolezza.* Milano: Giuffrè, 1951.

GALVÃO, Fernando. *Direito penal* – crimes contra a pessoa. São Paulo: Saraiva, 2013.

GALVÃO, Fernando. *Direito penal* – Parte geral. São Paulo: Saraiva.

GAMA, Guilherme Calmon Nogueira. *A família no direito penal.* Rio de Janeiro-São Paulo: Renovar, 2000.

GARCIA, Basileu. *Instituições de direito penal.* 5. ed. São Paulo: Max Limonad, 1980. v. 1, t. I, e 2.

GARCÍA, Fernando Santa Cecilia. *Objeto de la criminologia. Delito y delinquente.*

GARCÍA, Esther Romera. Teorías del aprendizaje social. In: CLEMENTE, Miguel; ESPINOSA, Pablo (Coord.). *La mente criminal.* Teorías explicativas del delito desde la Psicología Jurídica. Madri: Dykinson, 2001.

GARCIA, Waléria Garcelan Loma. *Arrependimento posterior.* Belo Horizonte: Del Rey, 1997.

GARCÍA ARÁN, Mercedes. Dos crimes contra a administração pública. *Revista Forense,* nov. 1944.

GARCÍA ARÁN, Mercedes. *Fundamentos y aplicación de penas y medidas de seguridad en el Código Penal de 1995.* Pamplona: Aranzadi, 1997.

GARCÍA ARÁN, Mercedes; MUÑOZ CONDE, Francisco. Crimes patrimoniais entre cônjuges e parentes. *Revista Forense,* v. 143, 1952.

GARCÍA ARÁN, Mercedes; MUÑOZ CONDE, Francisco. *Derecho penal* – Parte general. 3. ed. Valencia: Tirant lo Blanch, 1998.

GARCÍA-PABLOS DE MOLINA, Antonio. *Tratado de criminología,* 5. ed. Valencia: Tirant lo blanch, 2014.

GARCÍA RIVAS, Nicólas; SERRANO PIEDECASAS, José Ramón; GÓMEZ DE LA TORRE, Ignacio Berdugo; ARROYO ZAPATERO, Luis; FERRÉ OLIVÉ, Juan Carlos. *Lecciones de derecho penal* – Parte general. 2. ed. Madrid: La Ley, 1999.

GAROFALO, Rafael. *Criminologia. Estudo sobre o delito e a repressão penal.* Trad. Danielle Maria Gonzaga. Campinas: Péritas, 1997.

GATTAZ, Wagner F. Violência e doença mental: fato ou ficção? *Folha de S. Paulo,* 7 nov. 1999, 3.º Caderno, p. 2.

GIACOMOLLI, Nereu José. Função garantista do princípio da legalidade. *RT* 778/476.

GIACOMOLLI, Nereu José; CALLEGARI, André Luís (Coord.). *Direito penal e funcionalismo.* Trad. André Luís Callegari, Nereu José Giacomolli e Lúcia Kalil. Porto Alegre: Livraria do Advogado, 2005.

GIL GIL, Alicia. *La ausencia del elemento subjetivo de justificación.* Buenos Aires: Rubinzal-Culzoni, 2006. (Coleção Autores de direito penal.)

GIL GIL, Alicia et al. *Curso de derecho penal – Parte general*. 2. ed. Madrid: Dykinson, 2015.

GIMBERNAT ORDEIG, Enrique. *Conceito e método da ciência do direito penal*. Trad. José Carlos Gobbis Pagliuca. São Paulo: RT, 2002.

GIMBERNAT ORDEIG, Enrique. *Estudios sobre el delito de omisión*. 2. ed. Montevideo-Buenos Aires: Editorial B de f, 2013.

GIMBERNAT ORDEIG, Enrique. *La causalidad en la omisión impropria y la llamada "omisión por comisión"*. Buenos Aires: Rubinzal-Culzoni, 2003. (Coleção Autores de direito penal.)

GLINA, Sidney; REIS, José Mário; VARELLA, Drauzio. Médicos especializados. Disponível em: <www.drauziovarella.com.br/entrevistas/reis_impotencia.asp>; <www.drauziovarella.com.br/entrevistas/eprecoce4.asp>. Acesso em: 1.º dez. 2009.

GLOCK, José Osvaldo; CRUZ, Flávio da (Coord.); HERZMANN, Nélio; TREMEL, Rosângela; VICCARI JUNIOR, Adauto. *Lei de Responsabilidade Fiscal comentada*. 2. ed. São Paulo: Atlas, 2001.

GOGLIANO, Daisy. Morte encefálica. *Revista de Direito Civil*, ano 17, v. 63-64, jan.-mar. 1993.

GOGLIANO, Daisy. Pacientes terminais – Morte encefálica. *Revista do Curso de Direito da Universidade Federal de Uberlândia*, v. 23, n. 1-2, dez. 1994.

GOMES, Luiz Flávio; MAZZUOLI, Valerio. *Comentários à Convenção Americana sobre Direitos Humanos*. São Paulo: RT, 2009.

GOGLIANO, Daisy; BIANCHINI, Alice. *Crimes de responsabilidade fiscal – Lei 10.028/2000*: crimes contra as finanças públicas, crimes de responsabilidade fiscal de prefeitos, legislação na íntegra (Lei 10.028 e LC 101/2000). São Paulo: RT, 2001. (Série As ciências criminais no século XXI, v. 2.)

GOGLIANO, Daisy; BIANCHINI, Alice. *Curso de direito penal – Parte geral*. São Paulo: JusPodivm, 2015. v. 1.

GOMES, Mariângela Gama de Magalhães. *O princípio da proporcionalidade no direito penal*. São Paulo: RT, 2003.

GOMES JUNIOR, João Florêncio de Salles. *O crime de extorsão no direito penal brasileiro*. São Paulo: Quartier Latin, 2012.

GÓMEZ, Eusebio. *Tratado de derecho penal*. Buenos Aires: Compañia Argentina de Editores, 1939. t. I.

GÓMEZ DE LA TORRE, Ignacio Berdugo; ARROYO ZAPATERO, Luis; FERRÉ OLIVÉ, Juan Carlos; GARCÍA RIVAS, Nicólas; SERRANO PIEDECASAS, José Ramón. *Lecciones de derecho penal – Parte general*. 2. ed. Madrid: La Ley, 1999.

GÓMEZ-JARA DÍEZ, Carlos. *Fundamentos modernos de la responsabilidad penal de las personas jurídicas*. Montevideo-Buenos Aires: Editorial B de f, 2010.

GÓMEZ-JARA DÍEZ, Carlos; FEIJOO SÁNCHEZ, Bernardo José; BAJO FERNÁNDEZ, Miguel. *Tratado de responsabilidad penal de las personas jurídicas*. 2. ed. Navarra: Aranzadi-Civitas-Thomson Reuters, 2016.

GÓMEZ-JARABO, Gregorio; ESBEC RODRÍGUEZ, Enrique. *Psicología forense y tratamiento jurídico-legal de la discapacidad*. Madrid: Edisofer, 2000.

GONÇALVES, M. Maia. *Código Penal português anotado e comentado e legislação complementar*. 11. ed. Coimbra: Almedina, 1997.

GONÇALVES, Odonel Urbano. *Seguridade social comentada*. São Paulo: LTr, 1997.

GONÇALVES, Victor Eduardo Rios. *Curso de direito penal – Parte geral*. São Paulo: Saraiva, 2015.

GONZAGA, João Bernardino. Crimes comissivos por omissão. *Estudos de direito e processo penal em homenagem a Nélson Hungria.* Rio de Janeiro-São Paulo: Forense, 1962.

GONZAGA, João Bernardino. *O direito penal indígena. À época do descobrimento do Brasil.* São Paulo: Max Limonad: 1972.

GONZÁLEZ CAMPO, Eleutério; ZÁRATE CONDE, Antonio. *Derecho penal* – Parte general. Madrid: La Ley, 2015.

GONZÁLEZ CUSSAC, José L.; ORTS BERENGUER, Enrique. *Compendio de derecho penal* – Parte general. 5. ed. Valencia: Tirant lo Blanch, 2015.

GORAIEB, Elizabeth. *Tribunal penal internacional.* São Paulo: Letras Jurídicas, 2012.

GOTI, Jaime E. Malamud. *Legítima defensa y estado de necesidad.* Buenos Aires: Cooperadora de Derecho y Ciencias Sociales, 1977.

GOYENA, José Irureta. *El delito de homicidio.* Conferencias orales. 2. ed. Montevideo: Casa A. Barreiro y Ramos, 1928.

GRAMATICA, Filippo. *Principios de defensa social.* Trad. Jesus Muñoz Y Nuñez de Prado e Luis Zapata Aparicio. Madri: Editorial Montecorvo, 1974.

GRAMATICA, Filippo. *Principios de derecho penal subjetivo.* Trad. Juan Del Rosal e Victor Conde. Madrid: Reus, 2003.

GRAU, Eros Roberto. *Sobre a prestação jurisdicional* – direito penal. São Paulo: Malheiros, 2010.

GRECO, Alessandra Orcesi Pedro. *A autocolocação da vítima em risco.* São Paulo: RT, 2004.

GRECO, Alessandra Orcesi Pedro; RASSI, João Daniel. *Crimes contra a dignidade sexual.* São Paulo: Atlas, 2010.

GRECO, Luís. *Um panorama da teoria da imputação objetiva.* 4. ed. São Paulo: RT, 2014.

GRECO, Luís; LEITE, Alaor. O que é e o que não é a teoria do domínio do fato sobre a distinção entre autor e partícipe no direito penal. *Revista dos Tribunais,* v. 933, p. 61-92, jul. 2013.

GRECO, Rogério. *Curso de direito penal* – Parte geral. 18. ed. Niterói: Impetus, 2016. v. 1.

GRECO, Rogério. *Curso de direito penal* – Parte especial. 13. ed. Niterói: Impetus, 2016. v. 2.

GRECO, Rogério. *Curso de direito penal* – Parte especial. 13. ed. Niterói: Impetus, 2016. v. 3.

GRECO FILHO, Vicente. *Tóxicos* – Prevenção – Repressão. 9. ed. São Paulo: Saraiva, 1993.

GRECO FILHO, Vicente. *Tutela constitucional das liberdades.* São Paulo: Saraiva, 1989.

GRISOLIA, Giovanni. *Il reato permanente.* Padova: Cedam, 1996.

GUADAGNO, Gennaro. *Manuale di diritto penale* – Parte generale. 2. ed. Roma: Casa Editrice Stamperia Nazionale, 1967.

GUERRA FILHO, Willis Santiago. Dignidade humana, princípio da proporcionalidade e teoria dos direitos fundamentais. *Tratado luso-brasileiro da dignidade humana,* 2. ed. In: MIRANDA, Jorge. SILVA, Marco. São Paulo: Quartier Latin, 2009.

GUERRERO, Hermes Vilchez. *Do excesso em legítima defesa.* Belo Horizonte: Del Rey, 1997.

GUSMÃO, Chrysolito de. *Dos crimes sexuais.* Estupro, atentado violento ao pudor, sedução e corrupção de menores. 4. ed. Rio de Janeiro-São Paulo: Freitas Bastos, 1954.

HASSEMER, Winfried. *Crítica al derecho penal de hoy.* Trad. Patricia S. Ziffer. Buenos Aires: Ad Hoc, 1995.

HASSEMER, Winfried. *Direito penal libertário.* Trad. Regina Greve. Belo Horizonte: Del Rey, 2007.

HASSEMER, Winfried; MUÑOZ CONDE, Francisco. *Introducción a la criminología y al derecho penal.* Valencia: Tirant lo Blanch, 1989.

HEIDEGGER, Martin. *A essência da liberdade humana*: introdução à filosofia. Trad. Marco Antonio Casanova. Rio de Janeiro: Viaverita, 2012.

HERNANDEZ, César Camargo. *El delito continuado*. Barcelona: Bosch, 1951.

HERNÁNDEZ, Héctor H. *El garantismo abolicionista*. Estudio sobre la "criminología crítica". Madrid-Barcelona-Buenos Aires-São Paulo: Marcial Pons, 2013.

HERZMANN, Nélio; CRUZ, Flávio da (Coord.); GLOCK, José Osvaldo; TREMEL, Rosângela; VICCARI JUNIOR, Adauto. *Lei de Responsabilidade Fiscal comentada*. 2. ed. São Paulo: Atlas, 2001.

HIGUERA GUIMERA, Juan Felipe. *Las excusas absolutorias*. Madrid: Marcial Pons, 1993.

HIRSCH, Hans Joachim. La antijuridicidad de la agresión como presupuesto de la defensa necesaria. *Obras*. Buenos Aires: Rubinzal-Culzoni, 2001. t. III

HIRSCH, Hans Joachim. Derecho penal material y reparacion del daño. In: ESER, Albin et al. *De los delitos y de las víctimas*. 2. reimp. Buenos Aires: Ad Hoc, 2008. p. 89.

HIRSCH, Hans Joachim. Derecho penal. *Obras completas*. Trad. José Cerezo Mir e Edgardo Alberto Donna (Dirk Styma, t. IV). Buenos Aires: Rubinzal-Culzoni, 2005/2000/2003/2005/2011. t. I a V.

HIRSCH, Hans Joachim; CEREZO MIR, José; DONNA, Edgardo A. (Org.). *Hans Welzel en el pensamiento penal de la modernidad*. Buenos Aires: Rubinzal-Culzoni, 2005. (Coleção Autores de direito penal.)

HORVATH, Estevão; OLIVEIRA, Régis Fernandes de. *Manual de direito financeiro*. 3. ed. São Paulo: RT, 2000.

HUÉLAMO BUENDÍA, Antonio Jesús; POLO RODRÍGUEZ, José Javier. *La nueva ley penal del menor*. Madrid: Colex, 2000.

HUNGRIA, Nélson. *A legítima defesa putativa*. Rio de Janeiro: Livraria Jacintho, 1936.

HUNGRIA, Nélson. *Comentários ao Código Penal*. Rio de Janeiro: Forense, 1958. v. 1, t. I e II, 2, 5, 6, 7.

HUNGRIA, Nélson. *Comentários ao Código Penal*. Rio de Janeiro: Forense, 1959. v. 3, 8, 9.

HUNGRIA, Nélson. *Comentários ao Código Penal*. 5. ed. Rio de Janeiro: Forense, [?]. v. 5.

HUNGRIA, Nélson. Concurso de infrações penais. *Revista Forense* 193/16, jan.-fev. 1961.

HUNGRIA, Nélson. Direito penal e criminologia. *Revista Brasileira de Criminologia e Direito Penal*, Guanabara: Instituto de Criminologia da Universidade do Estado da Guanabara, v. 1, p. 5, abr.-jun. 1963.

HUNGRIA, Nélson. Ortotanásia ou eutanásia por omissão. *RT* 221/14, mar. 1954.

HUNGRIA, Nélson; LYRA, Roberto. *Direito penal* – Parte geral. Rio de Janeiro: Livraria Jacintho, 1938.

IENNACO, Rodrigo. *Responsabilidade penal da pessoa jurídica*. 2. ed. Curitiba: Juruá, 2010.

ISOLDI FILHO, Carlos Alberto da Silveira. Exame criminológico, parecer da CTC e a nova Lei 10.792/2003. *Informe – Boletim do Sindicato dos Promotores e Procuradores de Justiça do Estado de Minas Gerais*, n. 21, fev. 2004.

ITAGIBA, Ivair Nogueira. *Do homicídio*. Rio: Forense, 1945.

JAÉN VALLEJO, Manuel (Dir.); REYNA ALFARO, Luis (Coord.). *Sistemas penales iberoamericanos*. Libro Homenaje al Profesor Dr. D. Enrique Bacigalupo en su 65 Aniversario. Lima: ARA Editores, 2003.

JAKOBS, Günther. *Derecho penal del enemigo*. Trad. Manuel Cancio Meliá. Madrid: Thompson-Civitas, 2003.

JAKOBS, Günther. *Derecho penal* – Parte general – Fundamentos y teoría de la imputación. Trad. Cuello Contreras e Gonzalez de Murillo. 2. ed. Madrid: Marcial Pons, 1997.

JAKOBS, Günther. *Fundamentos do direito penal.* Trad. André Luís Callegari. São Paulo: RT, 2003.

JAKOBS, Günther. *La imputación objetiva en derecho penal.* Trad. Manuel Cancio Meliá. Madrid: Civitas, 1999.

JAKOBS, Günther. *Sobre la teoría de la pena.* Trad. Manuel Cancio Meliá. Cuadernos de Conferencias y artículos. n. 16. Bogotá: Universidad Externado de Colombia, 2001.

JAKOBS, Günther. *Teoria da pena e suicídio e homicídio a pedido.* Trad. M. A. R. Lopes. São Paulo: Manole, 2003. (Coleção Estudos de Direito Penal, v. 3.)

JAKOBS, Günther; FRISCH, Wolfgang; ROXIN, Claus; SCHÜNEMANN, Bernd; KÖHLER, Michael. *Sobre el estado de la teoria del delito* (Seminario en la Universitat Pompeu Fabra). Madrid: Civitas, 2000.

JAPIASSÚ, Carlos Eduardo Adriano; SOUZA, Artur de Brito Gueiros. *Curso de direito penal* – Parte geral. 2. ed. Rio de Janeiro: Forense, 2015. v. 1.

JEFFREYS, Sheila. *The idea of prostitution.* Melbourne: Spinifex Press Pty, 2008.

JESCHECK, Hans-Heinrich. *Tratado de derecho penal* – Parte general. Trad. Mir Puig e Muñoz Conde. Barcelona: Bosch, 1981.

JESUS, Damásio Evangelista de. In: MARTINS, Ives Gandra da Silva; NASCIMENTO, Carlos Valder do (Org.). *Adendo especial aos comentários à Lei de Responsabilidade Fiscal.* São Paulo: Saraiva, 2001.

JESUS, Damásio Evangelista de. *Código Penal anotado.* 21. ed. São Paulo: Saraiva, 2012.

JESUS, Damásio Evangelista de. *Direito penal* – Parte Geral. 36. ed. São Paulo: Saraiva, 2015. v. 1.

JESUS, Damásio Evangelista de. *Imputação objetiva.* São Paulo: Saraiva, 2000.

JESUS, Damásio Evangelista de. *Teoria do domínio do fato no concurso de pessoas.* 3. ed. São Paulo: Saraiva, 2009.

JHERING. Rudolf von. *A Evolução do Direito.* Salvador: Livraria Progresso Editora, 1950.

JIMÉNEZ DE ASÚA, Luis. *Lecciones de derecho penal.* México: Editorial Pedagógica Iberoamericana, 1995.

JIMÉNEZ DE ASÚA, Luis. *Principios de derecho penal* – La ley y el delito. Buenos Aires: Abeledo-Perrot, 1997.

JIMÉNEZ DE ASÚA, Luis. *Tratado de derecho penal.* 2. ed. Buenos Aires: Losada, 1950. t. II.

JUNQUEIRA, Gustavo; VANZOLINI, Patrícia. *Manual de direito penal* – Parte geral. 2. ed. São Paulo: Saraiva, 2014.

KANT, Immanuel. *Fundamentação da metafísica dos costumes e outros escritos.* Trad. Leopoldo Holzbach. São Paulo: Martin Claret, 2011.

KÖHLER, Michael; FRISCH, Wolfgang; ROXIN, Claus; JAKOBS, Günther; SCHÜNEMANN, Bernd. *Sobre el estado de la teoria del delito* (Seminario en la Universitat Pompeu Fabra). Madrid: Civitas, 2000.

LA MEDICA, Vincenzo. *O direito de defesa.* Trad. Fernando de Miranda. São Paulo: Saraiva, 1942.

LAFER, Celso. O STF e o racismo: o caso Ellwanger. *Folha de S. Paulo*, 30.03.2004, Tendências e Debates, p. A3.

LAFER, Celso. Racismo – o STF e o caso Ellwanger. *O Estado de S. Paulo*, 20.07.2003, Espaço Aberto, p. A2.

LAGENEST, J. P. Barruel de (Org.). *O aborto voluntário. Aspectos éticos e jurídicos*. São Paulo: Paulinas, 1983.

LAJE ROS, Cristóbal. *La interpretación penal en el hurto, el robo y la extorsión* (desviación y crisis). Córdoba: Lerner, 2013.

LEITE, Alaor; GRECO, Luís. O que é e o que não é a teoria do domínio do fato sobre a distinção entre autor e partícipe no direito penal. *Revista dos Tribunais*, v. 933, p. 61-92, jul. 2013.

LEMES, Alexandre Barbosa. *Tutela penal da previdência social*. Curitiba: Juruá, 2009.

LEONE, Giovanni. *Del reato abituale, continuato e permanente*. Napoli: Jovene, 1933.

LESCH, Heiko H. *La función de la pena*. Madrid: Dykinson, 1999.

LEVENE, Ricardo. *El delito de homicidio*. Buenos Aires: Perrot, 1955.

LEWANDOWSKI, Enrique Ricardo. A formação da doutrina dos direitos fundamentais. *Resvista USP*. São Paulo, 2003.

LIMA, Carolina Alves de Souza. *Aborto e anencefalia*. Direitos fundamentais em colisão. Curitiba: Juruá, 2009.

LIMA, Carolina Alves de Souza; MARQUES, Oswaldo Henrique Duek. O Princípio da Humanidade das Penas. In: MIRANDA, Jorge; MARQUES DA SILVA, Marco Antonio (Org.). *Tratado Luso-Brasileiro da Dignidade Humana*. 2. ed. São Paulo: Quartier Latin, 2009. v. 1.

LIMA, Luciano Flores de; BALTAZAR JÚNIOR, José Paulo (Org.). *Cooperação jurídica internacional em matéria penal*. Porto Alegre: Verbo Jurídico, 2010.

LINHARES, Marcello Jardim. *Coautoria (o concurso de pessoas do art. 29 da nova Parte Geral do Código Penal)*. Direito penal aplicado. 3. ed. Rio de Janeiro: Aide, 1987.

LINHARES, Marcello Jardim. *Direito penal aplicado*. São Paulo: Sugestões Literárias, 1977.

LINHARES, Marcello Jardim. *Direito penal aplicado*. 3. ed. Rio de Janeiro: Aide, 1987.

LINHARES, Marcello Jardim. *Estrito cumprimento de dever legal*. Exercício regular de direito. Rio de Janeiro: Forense, 1983.

LINHARES, Marcello Jardim. *Legítima defesa*. 4. ed. São Paulo-Rio de Janeiro: Saraiva-Forense, 1994.

LISZT, Franz von. *Tratado de derecho penal*. Madri: Liberia la Candela Murcia, 1927. t. II.

LITRENTO, Oliveiros. *Curso de direito internacional público*. Rio de Janeiro: Forense, 2003.

LOMBROSO, Cesar. *O homem delinquente* (2. ed francesa). Trad. Maristela Bleggi Tomasini e Oscar Antonio Corbo Garcia. Porto Alegre: Ricardo Lenz Editor, 2001.

LONGFORD, Lord. *Punishment and the punished*. London: Chapmans, 1991.

LOPES, Jair Leonardo. *Curso de direito penal* – Parte geral. 2. ed. São Paulo: RT, 1996.

LÓPEZ, Lacruz. *Curso de derecho penal* – parte general. Madri: Dykinson, 2015.

LOUREIRO NETO, José da Silva. *Embriaguez delituosa*. São Paulo: Saraiva, 1990.

LUFT, Lya. Medo e preconceito. *Veja*, Ed. Abril, 10.09.2014, p. 24.

LUISI, Luiz. *Os princípios constitucionais penais*. Porto Alegre: Fabris, 1991.

LUISI, Luiz. Um novo conceito de legalidade penal. *Ajuris* Especial, p. 110-117, jul. 1999.

LUZÓN CUESTA, José María. *Compendio de derecho penal* – Parte especial. Madrid: Dykinson, 2015.

LUZÓN PEÑA, Diego-Manuel. *Lecciones de derecho penal* – Parte general. 3. ed. Valencia: Tirant lo Blanch, 2016.

LYRA, Roberto. *Comentários ao Código Penal*. 2. ed. Rio de Janeiro: Forense, 1955. v. 2.

LYRA, Roberto. *Criminologia*. Rio de Janeiro: Forense, 1964.

Lyra, Roberto; Hungria, Nelson. *Direito penal* – Parte geral. Rio de Janeiro: Livraria Jacintho, 1938.

Machado, Raul. *A culpa no direito penal*. 2. ed. São Paulo: [s.n.], 1951.

Maggio, Vicente de Paula Rodrigues. *Curso de direito penal* – Parte especial. São Paulo: JusPodivm, 2015. v. 2.

Maggio, Vicente de Paula Rodrigues. *Curso de direito penal* – Parte especial. São Paulo: JusPodivm, 2015. v. 3.

Maggio, Vicente de Paula Rodrigues. Infanticídio. São Paulo: Edipro, 2001.

Maggiore, Giuseppe. *Derecho penal*. Bogotá: Temis, 1954. v. 1.

Maluly, Jorge Assaf. *Denunciação caluniosa* – A acusação falsa de crimes ou atos de improbidade (comentários atualizados conforme a Lei 10.028, de 19.10.2000). Rio de Janeiro: Aide, 2001.

Manschreck, C. L. *A History of Christianity*: from Persecution to Uncertainty. New Jersey: Prentice-Hall, Englewood Cliffs, 1974.

Mantovani, Ferrando. *Diritto penale* – Parte speciale. Padova: Cedam, 1989.

Mantovani, Ferrando. *Los principios del derecho penal*. Trad. Martín Eduardo Botero. Lima: Ediciones Legales, 2015.

Manzini, Vincenzo. *Trattato di diritto penale italiano*. Atual. P. Nuvolone e G. D. Pisapia. 5. ed. Torino: Torinese, 1981.

Maranhão, Odon Ramos. *Curso básico de medicina legal*. 3. ed. São Paulo: RT, 1984.

Marcão, Renato; Gentil, Plínio. *Crimes contra a dignidade sexual*. Comentários ao Título VI do Código Penal. 2. ed. São Paulo: Saraiva, 2015.

Marcochi, Marcelo Amaral Colpaert. Posse de celular em presídio – Lei n. 11.466/2007. In: Toledo, Armando (Coord.). *Direito penal* – *reinterpretação à luz da Constituição*: questões polêmicas. São Paulo: Elsevier, 2009.

Margadant, Guillermo F. *Panorama de la historia universal del derecho*. 7. ed. México: Porrúa, 2007.

Marinucci, Giorgio; Dolcini, Emilio. *Corso di diritto penale*. 2. ed. Milano: Giuffrè, 1999. v. 1.

Marques, José Frederico. *Elementos de direito processual penal*. Atual. Victor Hugo Machado da Silveira. Campinas: Bookseller, 1997. v. 1 e 4.

Marques, José Frederico. Os princípios constitucionais da justiça penal. *Revista Forense* 182/20, mar.-abr. 1959.

Marques, José Frederico. *Tratado de direito penal*. Atual. Antonio Cláudio Mariz de Oliveira, Guilherme de Souza Nucci e Sérgio Eduardo Mendonça Alvarenga. Campinas: Bookseller, 1997. v. 1 e 2.

Marques, José Frederico. *Tratado de direito penal*. Atual. Antonio Cláudio Mariz de Oliveira, Guilherme de Souza Nucci e Sérgio Eduardo Mendonça Alvarenga. Campinas: Millenium, 1999. v. 3 e 4.

Marques, Oswaldo Henrique Duek. *A pena capital e o direito à vida*. São Paulo: Juarez de Oliveira, 2000.

Marques, Oswaldo Henrique Duek. Crimes culposos no novo Código de Trânsito. *Revista da Associação Paulista do Ministério Público* 14/23, jan. 1998.

Marques, Oswaldo Henrique Duek. *Elementos de direito processual penal*. Atual. Victor Hugo Machado da Silveira. Campinas: Bookseller, 1997. v. 1.

MARQUES, Oswaldo Henrique Duek. *Fundamentos da pena*. São Paulo: Juarez de Oliveira, 2000.

MARQUES, Oswaldo Henrique Duek; FERNANDES, Antônio Scarance. Estupro – Enfoque vitimológico. *RT* 653/265.

MARREY NETO, José Adriano. *Transplante de órgãos* – Disposições penais. São Paulo: Saraiva, 1995.

MARSICH, Piero. *Il delitto di falsa testimonianza*. Padova: Cedam, 1929.

MARSICO, Alfredo de. *Delitti contro il patrimonio*. Napoli: Jovene, 1951.

MARSICO, Alfredo de. *Diritto penale* – Parte generale. Napoli: Jovene, 1937.

MARTÍN, Ma. Ángeles Rueda. La teoría de la adequación social. In: HIRSCH, CEREZO MIR; ALBERTO DONNA. *Hans Welzel en pensamiento penal de la modernidade*. Buenos Aires: Rubinzal-Culzoni, 2005. (Coleção Autores de Direito Penal)

MARTÍNEZ, Javier Jiménez. *Elementos de derecho penal mexicano*. Cidade do México: Porruá, 2011.

MARTINEZ, Wladimir Novaes. *Os crimes previdenciários no Código Penal*. São Paulo: LTr, 2001.

MARTINEZ ESCAMILLA, Margarita. *La suspensión e intervención de las comunicaciones del preso*. Madrid: Tecnos, 2000.

MARTINS, Ives Gandra da Silva; NASCIMENTO, Carlos Valder do (Org.). *Comentários à Lei de Responsabilidade Fiscal*. São Paulo: Saraiva, 2001.

MARTINS, Ives Gandra da Silva; MARTINS, Roberto Vidal da Silva; MARTINS FILHO, Ives Gandra da Silva. *A questão do aborto*. Aspectos jurídicos fundamentais. São Paulo: Quartier Latin, 2008.

MARTINS, José Salgado. *Direito penal* – Introdução e parte geral. São Paulo: Saraiva, 1974.

MARTINS, Roberto Vidal da Silva. *Aborto no direito comparado*: uma reflexão crítica. Belém: Cejup, 1991.

MARTINS, Roberto Vidal da Silva; MARTINS FILHO, Ives Gandra da Silva; MARTINS, Ives Gandra da Silva. *A questão do aborto*. Aspectos jurídicos fundamentais. São Paulo: Quartier Latin, 2008.

MARTINS FILHO, Ives Gandra da Silva; MARTINS, Roberto Vidal da Silva; MARTINS, Ives Gandra da Silva. *A questão do aborto*. Aspectos jurídicos fundamentais. São Paulo: Quartier Latin, 2008.

MARUOTTI, Luigi; SANTANIELLO, Giuseppe. *Manuale di diritto penale* – Parte generale. Milano: Giuffrè, 1990.

MARX, Karl. Sobre o suicídio. Trad. Rubens Enderle e Francisco Fontanella. 1. ed. 4.ª tiragem. São Paulo: Boitempo, 2016.

MARZAGÃO JR., Laerte I. *Assédio sexual e seu tratamento no direito penal*. São Paulo: Quartier Latin, 2006.

MASSON, Cleber. *Direito penal* – parte geral. 4. ed. Rio de Janeiro: Método, 2011. v. 1.

MASSON, Cleber. *Direito penal* – Parte especial. 9. ed. Rio de Janeiro: Método, 2016. v. 2.

MASSON, Cleber. *Direito penal* – Parte especial. 6. ed. Rio de Janeiro: Método, 2016. v. 3.

MASSUD, Leonardo. *Da pena e sua fixação*. Finalidades, circunstâncias judiciais e apontamentos para o fim do mínimo legal. São Paulo: DPJ Editora, 2009.

MATTHEWS, Roger. *Criminología realista*. Trad. Antonella Combra, Alicia A. Magurno e Mariela A. Barresi. Caba: Ediciones Didot, 2015.

MAURACH, Reinhart; ZIPF, Heinz. *Derecho penal* – Parte general. Trad. da 7. ed. Jorge Bofill Genzsch e Enrique Aimone Gibson. Buenos Aires: Astrea, 1994. v. 1 e 2.

MAXIMILIANO, Carlos. *Hermenêutica e aplicação do direito*. 19. ed. Rio de Janeiro: Forense, 2002.

MECCARELLI, Massimo. Regimes jurídicos de exceção e direito penal. In: DAL RI JR., Arno; SONTAG, Ricardo. *História do direito penal entre medievo e modernidade*. Belo Horizonte: Del Rey, 2011.

MEDICA, Vincenzo La. *O direito de defesa*. Trad. Fernando de Miranda. São Paulo: Saraiva, 1942.

MEDINA, Avelino. *Distúrbios da consciência*: coma. Rio de Janeiro: Cultura Médica, 1984.

MEHMERI, Adilson. *Noções básicas de direito penal* – Curso completo. São Paulo: Saraiva, 2000.

MEIRELLES, Hely Lopes. *Direito administrativo brasileiro*. 42. ed. São Paulo: Malheiros, 2016.

MEIRELLES, Hely Lopes. *Direito municipal brasileiro*. 7. ed. atual. por Izabel Camargo Lopes Monteiro e Yara Darcy Police Monteiro. São Paulo: Malheiros, 1994.

MEIRELLES, Hely Lopes; ALEIXO, Délcio Balestero; BURLE FILHO, José Emmanuel. *Direito administrativo brasileiro*. 39. ed. São Paulo: Malheiros, 2013.

MELLO, Celso D. de Albuquerque. *Curso de direito internacional público*. 7. ed. Rio de Janeiro: Freitas Bastos, 1982. vol. 1.

MELLO, Dirceu de. *Aspectos penais do cheque*. São Paulo: RT, 1976.

MELLO, Dirceu de. Violência no mundo de hoje. *Revista Serviço Social & Sociedade*. n. 70. São Paulo: Cortez, 2002.

MELLO, J. Soares de. *Da receptação*. São Paulo: RT, 1937.

MENDONÇA, Yolanda. *O crime de receptação*. Rio de Janeiro: Livraria São José, 1973.

MENEZES, Marco Antônio; ARAÚJO, Cláudio Th. Leotta de. Em defesa do exame criminológico. *Boletim do IBCCRIM*, n. 129, p. 3, ago. 2003.

MESSINA, Salvatore Donato; SPINNATO, Giorgia. *Manuale breve diritto penale*. Milano: Giuffrè, 2015.

MESSUTI, Ana. *El tiempo como pena*. Buenos Aires: Campomanes, 2001.

MESTIERI, João. *Do delito de estupro*. São Paulo: RT, 1982.

MEZGER, Edmundo. *Tratado de derecho penal*. Madrid: Revista de Derecho Privado, 1955. t. I.

MILITELLO, Vincenzo. *Prevenzione generale e commisurazione della pena*. Milano: Giuffrè, 1982.

MILLER, Jacques-Alain. A máquina panóptica de Jeremy Bentham. In: BENTHAM, Jeremy. *O panóptico*. Organização de Tomaz Tadeu da Silva. Trad. Guacira Lopes Louro. M. D. Magno e Tomaz Tadeu da Silva. Belo Horizonte: Autêntica, 2000.

MIR PUIG, Santiago. *Curso de derecho penal español* – *parte generale*, v. 1. Salamanca: Tecnos.

MIR PUIG, Santiago. *Derecho penal* – parte general. 10. ed. Barcelona: Reppertor, 2016.

MIR PUIG, Santiago. *Direito penal. Fundamentos e teoria do delito*. Trad. Cláudia Viana Garcia e José Carlos Nobre Porciúncula Neto. São Paulo: RT, 2007.

MIR PUIG, Santiago. *Estado, pena y delito*. Montevideo-Buenos Aires: Editorial B de f, 2013.

MIRABETE, Julio Fabbrini. *Código Penal interpretado*. São Paulo: Atlas, 1999.

MIRABETE, Julio Fabbrini. *Execução penal*. São Paulo: Atlas, 1996.

MIRABETE, Julio Fabbrini. *Manual de direito penal*. 8. ed. São Paulo: Atlas, 1994. v. 2.

MIRABETE, Julio Fabbrini. *Manual de direito penal*. 7. ed. São Paulo: Atlas, 1994. v. 3.

MIRABETE, Julio Fabbrini. *Manual de direito penal* – Parte geral. 11. ed. São Paulo: Atlas, 1996. v. 1.

MOLINA, García-Pablos de. *Criminologia*. 5. ed. São Paulo: Ed. RT, 2006.

MOMMSEN, Theodor. *Derecho penal romano*. Trad. Pedro Dorado Montero. Madrid: La España Moderna, 2014. t. I e II.

MONTALVO, Choclán. *Individualización judicial de la pena* – Función de la culpabilidad y la prevención en la determinación de la sanción penal. Madri: Colex, 1997.

MONTEIRO, André Vinícius et al. Os contornos normativos da proteção do vulnerável prescrita pelo Código Penal (arts. 218-A e 218-B, introduzidos pela Lei 12.015/2009). *Revista Brasileira de Ciências Criminais*, n. 86.

MONTEIRO, André Vinícius et al. Os contornos normativos da proteção do vulnerável prescrita pelo Código Penal (arts. 218-A e 218-B, introduzidos pela Lei 12.015/2009). In: SILVA FRANCO, Alberto; NUCCI, Guilherme de Souza (Org.). *Doutrinas essenciais* – Direito penal. São Paulo: RT, 2010. v. VI.

MONTEIRO, Antonio Lopes. *Crimes contra a Previdência Social*. São Paulo: Saraiva, 2000.

MORAES, Alexandre de. *Constituição do Brasil interpretada e legislação constitucional*. São Paulo: Atlas, 2002.

MORAES, Alexandre de. *Direito constitucional*. 7. ed. São Paulo: Atlas, 2000.

MORAES, Alexandre de. Imunidades parlamentares. *RT* 742/81, ago. 1997.

MORAES, Alexandre Rocha Almeida de. *Direito penal do inimigo* – a terceira velocidade do direito penal. Curitiba: Juruá, 2008.

MORAES, Flavio Queiroz de. *Delito de rixa*. São Paulo: Saraiva.

MORAES, Flavio Queiroz de. *Denunciação caluniosa* (problemas que suscita no Código Penal vigente). São Paulo: Saraiva, 1944.

MORAIS, Paulo Heber. *Homicídio*. 3. ed. Curitiba: Juruá, 1978.

MOREIRA, Virginia; SLOAN, Tod. *Personalidade, ideologia e psicopatologia crítica*. São Paulo: Escuta, 2002.

MOSSIN, Heráclito Antônio; MOSSIN, Júlio César O. G. *Prescrição em matéria criminal*. 2. ed. Leme: JHMizuno Editora, 2015.

MUNHOZ NETO, Alcides. Causas de exclusão da culpabilidade. *Anais do Ciclo de Conferências sobre o Novo Código Penal*. São Paulo: Associação dos Advogados de São Paulo, 1972.

MUÑOZ CONDE, Francisco. *Teoria geral do delito*. Trad. Juarez Tavares e Luiz Regis Prado. Porto Alegre: Sergio Antonio Fabris Editor, 1988.

MUÑOZ CONDE, Francisco; GARCÍA ARÁN, Mercedes. *Derecho penal* – Parte especial. 12. ed. Valencia: Tirant lo Blanch, 1999.

MUÑOZ CONDE, Francisco; GARCÍA ARÁN, Mercedes. *Derecho penal* – Parte general. 3. ed. Valencia: Tirant lo Blanch, 1998.

MUÑOZ CONDE, Francisco; HASSEMER, Winfried. *Introducción a la criminología y al derecho penal*. Valencia: Tirant lo Blanch, 1989.

NAHUM, Marco Antonio R. *Inexigibilidade de conduta diversa*. Causa supralegal. Excludente de culpabilidade. São Paulo: RT, 2001.

NASCIMENTO, Carlos Valder do; MARTINS, Ives Gandra da Silva (Org.). *Comentários à Lei de Responsabilidade Fiscal*. São Paulo: Saraiva, 2001.

NASCIMENTO, Walter Vieira do. *A embriaguez e outras questões penais.* Doutrina, legislação, jurisprudência. 2. ed. Rio de Janeiro: Forense, 1990.

NERY JUNIOR, Nelson. *Princípios do processo na Constituição Federal* (processo civil, penal e administrativo). 9. ed. São Paulo: RT, 2009.

NERY JUNIOR, Nelson; NERY, Rosa Maria de Andrade. *Constituição Federal comentada.* 5. ed. São Paulo: Ed. RT, 2014.

NICÁS, Nuria Castelló. *El concurso de normas penales.* Granada: Comares, 2000.

NISTAL BURÓN, Javier; RODRÍGUEZ MAGARIÑOS, Faustino Gudín. *La historia de las penas.* De Hammurabi a la cárcel electrónica. Valencia: Tirant lo Blanch, 2015.

NÓBREGA, Marcos; BRAGA, Henrique; RAPOSO, Fernando; FIGUEIREDO, Carlos Maurício; FERREIRA, Cláudio. *Comentários à Lei de Responsabilidade Fiscal.* 2. ed. São Paulo: RT, 2001.

NOGUEIRA, Carlos Frederico Coelho. Efeitos da condenação, reabilitação e medidas de segurança. *Curso sobre a reforma penal.* Coord. Damásio E. de Jesus. São Paulo: Saraiva, 1985.

NOGUEIRA, J. C. Ataliba. *Medidas de segurança.* São Paulo: Saraiva, 1937.

NORONHA, E. Magalhães. *Crimes contra os costumes.* Comentários aos arts. 213 a 226 e 108, n. VIII do Código Penal. São Paulo: Saraiva, 1943.

NORONHA, E. Magalhães. *Direito penal.* 5. ed. São Paulo: Saraiva, 1968. v. 1.

NORONHA, E. Magalhães. *Direito penal.* 4. ed. São Paulo: Saraiva, 1967. v. 2.

NORONHA, E. Magalhães. *Direito penal.* 3. ed. São Paulo: Saraiva, 1966. v. 3.

NORONHA, E. Magalhães. *Direito penal.* 3. ed. São Paulo: Saraiva, 1968. v. 4.

NORONHA, E. Magalhães. *Do crime culposo.* São Paulo: Saraiva, 1957.

NORONHA, E. Magalhães. Questões acerca da tentativa. *Estudos de direito e processo penal em homenagem a Nélson Hungria.* Rio de Janeiro-São Paulo: Forense, 1962.

NOVOA MONREAL, Eduardo. *Causalismo y finalismo en derecho penal.* 2. ed. Bogotá: Temis, 1982.

NUCCI, Guilherme de Souza. *Código de Processo Penal comentado.* 24. ed. Rio de Janeiro: Forense, 2025.

NUCCI, Guilherme de Souza. *Código Penal comentado.* 25. ed. Rio de Janeiro: Forense, 2025.

NUCCI, Guilherme de Souza. *Estatuto da Criança e do Adolescente Comentado.* 6. ed. Rio de Janeiro: Forense, 2025.

NUCCI, Guilherme de Souza. *Leis Penais e Processuais Penais Comentadas.* 15. ed. Rio de Janeiro: Forense, 2023. vol. 1 e 2.

NUCCI, Guilherme de Souza. *Individualização da pena.* 8. ed. Rio de Janeiro: Forense, 2022.

NUCCI, Guilherme de Souza. *Tratado de crimes sexuais.* Rio de Janeiro: Forense, 2022.

NUCCI, Guilherme de Souza. *Criminologia.* Rio de Janeiro: Forense, 2021.

NUCCI, Guilherme de Souza. *Organização criminosa.* 5. ed. Rio de Janeiro: Forense, 2021.

NUCCI, Guilherme de Souza. *Direitos humanos* versus *segurança pública.* Rio de Janeiro: Forense, 2016.

NUCCI, Guilherme de Souza. *Corrupção e anticorrupção.* Rio de Janeiro: Forense, 2015.

NUCCI, Guilherme de Souza. *Princípios constitucionais penais e processuais penais.* 4. ed. Rio de janeiro: Forense, 2015.

NUNES, Clayton Alfredo. Execução penal: o cálculo para benefícios (crime comum x crime hediondo). *Boletim do IBCCRIM,* n 83, p. 4.

Nunes Júnior, Vidal Serrano; Araújo, Luiz Alberto David. *Curso de direito constitucional.* 3. ed. São Paulo: Saraiva, 1999.

Núñez Paz, Miguel Ángel. *Homicidio consentido, eutanasia y derecho a morir con dignidad.* Madrid: Tecnos, 1999.

Oliveira, Ana Sofia Schmidt de. *A vítima e o direito penal.* São Paulo: RT, 1999.

Oliveira, Antonio Cláudio Mariz de. O direito penal e a dignidade humana – a questão criminal: discurso tradicional, *Revista do Instituto dos Advogados de São Paulo – RIASP,* v. 11, n. 21, p. 36-51, jan./jun. 2008.

Oliveira, Frederico Abrahão de. *Crimes contra a honra.* 2. ed. Porto Alegre: Sagra-DC Luzzato, 1996.

Oliveira, Guilherme Percival. *Estados afetivos e imputabilidade penal.* São Paulo: RT, 1958.

Oliveira, Regis Fernandes de. *Responsabilidade fiscal.* São Paulo: RT, 2001.

Oliveira Neto, Olavo de. *Comentários à Lei das Contravenções Penais.* São Paulo: RT, 1994.

Oliveira Neto, Olavo de; Horvath, Estevão. *Manual de direito financeiro.* 3. ed. São Paulo: RT, 2000.

Orts Berenguer, Enrique; González Cussac, José L. *Compendio de derecho penal* – parte general. 5. ed. Valencia: Tirant lo Blanch, 2015.

Pacelli, Eugênio; Callegari, André. *Manual de direito penal* – Parte geral. São Paulo: Atlas, 2015.

Pacileo, Vincenzo; Petrini, Davide. Reati contro la persona. In: Grosso, Carlos Frederico; Padovani, Tullio; Pagliaro, Antonio. *Trattato di diritto penale.* Milano: Giuffrè, 2016. t. II.

Pacileo, Vincenzo; Petrini, Davide. Reati contro la persona. In: Grosso, Carlos Frederico; Padovani, Tullio; Pagliaro, Antonio. *Trattato di diritto penale.* Milano: Giuffrè, 2016. t. III.

Padovani, Tullio. *Diritto penale.* 5. ed. Milano: Giuffrè, 1999.

Pagliaro, Antonio. *Principi di diritto penale* – Parte Generale. 8. ed. Milano: Giuffrè, 2003.

Pagliaro, Antonio; Costa Jr., Paulo José da. *Dos crimes contra a administração pública.* São Paulo: Malheiros, 1997.

Palma, João Augusto da. *Código Penal aplicado ao trabalho.* São Paulo: LTr, 2000.

Paschoal, Janaina Conceição. *Ingerência indevida.* Os crimes comissivos por omissão e o controle pela punição do não fazer. Porto Alegre: Fabris, 2011.

Passeti, Edson; Silva, Roberto Baptista Dias da (Org.). *Conversações Abolicionistas* – Uma crítica do sistema penal e da sociedade punitiva. São Paulo: IBCCrim – PEPG Ciências Sociais PUC/SP, 1997.

Patrício, Rui; Vilalonga, José Manuel; Almeida, Carlota Pizarro de; D' Almeida, Luís Duarte. *Código Penal anotado.* Coimbra: Almedina, 2003.

Paulo Filho, Pedro. Grandes advogados, grandes julgamentos, Depto. Editorial OAB-SP. Disponível em: <http://www.oabsp.org.br/institucional/grandes-causas/as-mortes-de-euclides-da-cunha-e-seu-filho>. Acesso em: 27 jul. 2014.

Pavon Vasconcelos, Francisco. *Manual de derecho penal mexicano* – Parte generale. 2. ed. México: Porrúa, 1967.

Pedro, Alessandra Orcesi. *Homicídio doloso qualificado:* a suficiência ou não das qualificadoras previstas no Código Penal atual. São Paulo: Polo Positivo, 2000.

Pedroso, Fernando de Almeida. *Direito penal.* Parte geral. 4. ed. São Paulo: Método, 2008. v. 1.

PEDROSO, Fernando de Almeida. *Homicídio, participação em suicídio, infanticídio e aborto (crimes contra a vida)*. Rio de Janeiro: Aide, 1995.

PELUSO, Vinicius de Toledo Piza. *Introdução às ciências criminais*. São Paulo: JusPodivm, 2015.

PEÑARANDA RAMOS, Enrique. *Estudios sobre el delito de asesinato*. Montevideo-Buenos Aires: Editorial B de f, 2014.

PENNA, Antonio Gomes. *Introdução à motivação e emoção*. Rio de Janeiro: Imago, 2001.

PERISTERIDOU, Christina. *The principle of legality in European criminal law*. Cambridge-Antwerp-Portland: Intersentia, 2015.

PERRON, Walter. El reciente desarrollo de los delitos sexuales em el derecho penal alemán. *Delitos contra la libertad sexual*. Madrid: Consejo General del Poder Judicial, 1999.

PERROT, Michelle. O inspetor Bentham. In: BENTHAM, Jeremy. *O panóptico*. Organização de Tomaz Tadeu da Silva. Trad. Guacira Lopes Louro. M. D. Magno e Tomaz Tadeu da Silva. Belo Horizonte: Autêntica, 2000.

PESSAGNO, Hernán A. *El delito de desacato*. Buenos Aires: Depalma, 1952.

PETRINI, Davide; PACILEO, Vincenzo. Reati contro la persona. In: GROSSO, Carlos Frederico; PADOVANI, Tullio; PAGLIARO, Antonio. *Trattato di diritto penale*. Milano: Giuffrè, 2016. t. II.

PETRINI, Davide; PACILEO, Vincenzo. Reati contro la persona. In: GROSSO, Carlos Frederico; PADOVANI, Tullio; PAGLIARO, Antonio. *Trattato di diritto penale*. Milano: Giuffrè, 2016. t. III.

PETRONE, Marino. *Reato abituale*. Padova: Cedam, 1999.

PIERANGELI, José Henrique. *Códigos Penais do Brasil* – Evolução histórica. Bauru: Jalovi, 1980.

PIERANGELI, José Henrique. Desafios dogmáticos da culpabilidade. *RT* 761/445, mar. 1999.

PIERANGELI, José Henrique. *Escritos jurídico-penais*. 2. ed. São Paulo: RT, 1999.

PIERANGELI, José Henrique. *O consentimento do ofendido na teoria do delito*. 2. ed. São Paulo: RT, 1995.

PIERANGELI, José Henrique; ZAFFARONI, Eugenio Raúl. *Manual de direito penal brasileiro* – Parte geral. 11. ed. São Paulo: RT, 2015.

PIERANGELI, José Henrique; ZAFFARONI, Eugenio Raúl. *Da tentativa*. 4. ed. São Paulo: RT, 1995.

PIERANGELI, José Henrique; SOUZA, Carmo Antônio de. *Crimes sexuais*. 2. ed. Belo Horizonte: Del Rey, 2015.

PIETRO, Maria Sylvia Zanella Di. *Direito administrativo*. 11. ed. São Paulo: Atlas, 1999.

PIMENTEL, Manoel Pedro. A crise da administração da justiça criminal. *Justitia*, n. 78, 1972.

PIMENTEL, Manoel Pedro. A culpabilidade na dogmática penal moderna. *RJTJSP* 124/19.

PIMENTEL, Manoel Pedro. *Crime continuado*. 2. ed. São Paulo: RT, 1969.

PIMENTEL, Manoel Pedro. *Crimes de mera conduta*. 1959. Tese (Livre-docência de Direito Penal) – Faculdade de Direito da Universidade de São Paulo, São Paulo.

PINHEIRO, Geraldo de Faria Lemos. Breves notas sobre a embriaguez ao volante de veículos automotores. *Revista do Advogado* 53/18, out. 1998.

PINHO, Ruy Rebello. *História do direito penal brasileiro*. São Paulo: José Bushatsky Editor, 1973.

PINOTTI, José Aristodemo. Anencefalia. *Revista de cultura IMAE*, ano 5, n. 12, p. 63, jul.-dez. 2004.

PINTO FERREIRA. *Comentários à Constituição brasileira*. São Paulo: Saraiva, 1990. v. 2.

PINTO FERREIRA. *Princípios gerais do direito constitucional moderno*. 6. ed. ampl. e atual. São Paulo: Saraiva, 1983. v. 1 e 2.

PINTO FERREIRA. *Teoria geral do Estado*. 3. ed. rev. e ampl. São Paulo: Saraiva, 1975. v. 1 e 2.

PIRES, André de Oliveira. *Estado de necessidade*. Um esboço à luz do art. 24 do Código Penal brasileiro. São Paulo: Juarez de Oliveira, 2000.

PISAPIA, Domenico. *Reato continuato*. Napoli: Jovene, 1938.

PITOMBO, Antonio Sergio Altieri de Moraes. *Vinte anos, liberdade*. Duas décadas de escritos sobre advocacia, prisão e liberdade. São Paulo: Singular, 2015.

PITOMBO, Sérgio Marcos de Moraes. Breves notas sobre a novíssima execução penal das penas e das medidas de segurança. *Reforma penal*. São Paulo: Saraiva, 1985.

PITOMBO, Sérgio Marcos de Moraes. Conceito de mérito, no andamento dos regimes prisionais. *Revista Brasileira de Ciências Criminais*, n. 27, São Paulo, RT, jul.-set. 1999, p. 149.

PITOMBO, Sérgio Marcos de Moraes. Execução penal. *RT* 623/257, set. 1987.

PITOMBO, Sérgio Marcos de Moraes. Os regimes de cumprimento de pena e o exame criminológico. *RT* 583/312, maio 1984.

PITOMBO, Sérgio Marcos de Moraes; ANDREUCCI, Ricardo Antunes; DOTTI, René Ariel; REALE JR., Miguel. *Penas e medidas de segurança no novo Código*. 2. ed. Rio de Janeiro: Forense, 1987.

POLO RODRÍGUEZ, José Javier; HUÉLAMO BUENDÍA, Antonio Jesús. *La nueva ley penal del menor*. Madrid: Colex, 2000.

PONTE, Antonio Carlos da. *Falso testemunho no processo*. São Paulo: Atlas, 2000.

PONTES, Elio Monnerat Sólon de. A propósito dos atos internacionais e da prevalência das normas de direito interno dos mesmos decorrentes. *Revista Forense*. Rio de Janeiro: Forense. v. 92, n. 333, p. 75-81, jan./mar. 1996.

PORTO, Antonio Rodrigues. *Da prescrição penal*. 5. ed. São Paulo: RT, 1998.

PRADO, Luiz Regis. *Bem jurídico-penal e Constituição*. 2. ed. São Paulo: RT, 1997.

PRADO, Luiz Regis. *Curso de direito penal brasileiro*. 2. ed. São Paulo: RT, 2002. v. 2, 3, 4.

PRADO, Luiz Regis. *Curso de direito penal brasileiro* – Parte geral. 3. ed. São Paulo: RT, 2002. v. 1.

PRADO, Luiz Regis. *Falso testemunho e falsa perícia*. 2. ed. São Paulo: RT, 1994.

PRADO, Luiz Regis. *Tratado de direito penal*. São Paulo: RT, 2014. v. 1-9.

PUNZO, Massimo. *Il problema della causalità materiale*. Padova: Cedam, 1951.

PUPPE, Ingeborg. *A distinção entre dolo e culpa*. Trad. Luís Greco. São Paulo: Manole, 2004.

QUEIJO, Maria Elizabeth; COSTA JR., Paulo José da. *Comentários aos crimes do novo Código Nacional de Trânsito*. São Paulo: Saraiva, 1998.

QUEIROZ, Narcélio de. *Teoria da actio libera in causa*. Rio de Janeiro: Livraria Jacintho, 1936.

QUEIROZ, Paulo de Souza. A teoria da imputação objetiva. *Boletim do IBCCRIM*, n. 103, jun. 2001, p. 6.

QUEIROZ, Paulo de Souza. *Curso de direito penal* – Parte geral. 8. ed. São Paulo: JusPodivm, 2012. v. 1.

QUEIROZ, Paulo de Souza. *Curso de direito penal* – Parte especial. 2. ed. São Paulo: JusPodivm, 2015.

QUEIROZ, Paulo de Souza. *Do caráter subsidiário do direito penal*. Belo Horizonte: Del Rey, 1998.

QUEIROZ, Paulo de Souza. *Direito penal* – Parte geral. 9. ed. Salvador: JusPodivm, 2013.

QUINTANO RIPOLLES, Antonio. *Tratado de la parte especial del derecho penal*. 2. ed. atual. por Carlos García Valdés. Madrid: Revista de Derecho Privado, 1977. t. II.

QUIROGA, Barja de. *Teoría de la pena*. Madri: Akal, 1991.

RADBRUCH, Gustav. *Introdução à ciência do direito*. Trad. Vera Barkow. 2. ed. São Paulo: Martins Fontes, 2010.

RAMPIONI, Roberto. *Contributo alla teoria del reato permanente*. Padova: Cedam, 1988.

RANIERI, Silvio. *Manuale di diritto penale* – Parte generale. Padova: Cedam, 1952. v. 1.

RAPOSO, Fernando; FIGUEIREDO, Carlos Maurício; FERREIRA, Cláudio; BRAGA, Henrique; NÓBREGA, Marcos. *Comentários à Lei de Responsabilidade Fiscal*. 2. ed. São Paulo: RT, 2001.

RASSI, João Daniel. *Imputação das ações neutras e o dever de solidariedade no direito penal*. São Paulo: LiberArs, 2014.

RASSI, João Daniel; GRECO, Alessandra Orcesi Pedro. *Crimes contra a dignidade sexual*. São Paulo: Atlas, 2010.

REALE JR., Miguel. A lei penal do mínimo esforço. *Folha de S. Paulo*, 30 nov. 1998.

REALE JR., Miguel. *Antijuridicidade concreta*. São Paulo: José Bushatsky, 1973.

REALE JR., Miguel. *Instituições de direito penal* – parte geral. 4. ed. Rio de Janeiro: Forense, 2013.

REALE JR., Miguel. *Parte geral do Código Penal* – Nova interpretação. São Paulo: RT, 1988.

REALE JR., Miguel. *Problemas penais concretos*. São Paulo: Malheiros, 1997.

REALE JR., Miguel. *Teoria do delito*. São Paulo: RT, 1998.

REALE JR., Miguel; DOTTI, René Ariel; ANDREUCCI, Ricardo Antunes; PITOMBO, Sérgio M. de Moraes. *Penas e medidas de segurança no novo Código*. 2. ed. Rio de Janeiro: Forense, 1987.

REIS, José Mário; VARELLA, Dráuzio; GLINA, Sidney. Médicos especializados. Disponível em: <www.drauziovarella.com.br/entrevistas/reis_impotencia.asp>; <www.drauziovarella.com.br/entrevistas/eprecoce4.asp>. Acesso em: 1.º dez. 2009.

REQUIÃO, Rubens. *Curso de direito comercial*. 13. ed. São Paulo: Saraiva, 1984. v. 2.

REYNA ALFARO, Luis (Coord.); JAÉN VALLEJO, Manuel (Dir.). *Sistemas penales iberoamericanos*. Libro Homenaje al Profesor Dr. D. Enrique Bacigalupo en su 65 Aniversario. Lima: ARA Editores, 2003.

REYNOSO DÁVILA, Roberto. *Teoría general del delito*. 2. ed. México: Porrúa, 1995.

REZEK, J. F. *Direito internacional público* – Curso elementar. 6. ed. São Paulo: Saraiva, 1996.

RIBEIRO, Diaulas Costa; DINIZ, Debora. *Aborto por anomalia fetal*. Brasília: Letras Livres, 2003.

RIBEIRO, Gláucio Vasconcelos. Infanticídio. Crime típico. Figura autônoma. Concurso de agentes. São Paulo: Pillares, 2004.

RISTORI, Roberta. *Il reato continuato*. Padova: Cedam, 1988.

Rocco, Arturo. *El objeto del delito y de la tutela jurídica penal.* Contribución a las teorías generales del delito y de la pena. Trad. Gerónimo Seminara. Montevideo-Buenos Aires: Editorial B de f, 2013.

Rocha, Fernando A. N. Galvão. *Direito penal, parte geral.* Rio: Impetus, 2004.

Rocha, Maria Isabel de Matos. Transplantes de órgãos entre vivos: as mazelas da nova lei. *RT* 742/67, ago. 1997.

Rodrigues, Anabela Miranda. *A determinação da medida da pena privativa de liberdade.* Coimbra: Coimbra Editora, 1995.

Rodríguez, Víctor Gabriel. *Livre-arbítrio e direito penal:* revisão frente aos aportes da neurociência e à evolução dogmática. 2014. Tese (Livre-docência) – USP, São Paulo.

Rodríguez Magariños, Faustino Gudín; Nistal Burón, Javier. *La historia de las penas.* De Hammurabi a la cárcel electrónica. Valencia: Tirant lo Blanch, 2015.

Roig, Rodrigo Duque Estrada. *Aplicação da pena.* Limites, princípios e novos parâmetros. 2. ed. São Paulo: Saraiva, 2015.

Romeiro, Jorge Alberto. A noite no direito e no processo penal. *Estudos de direito e processo penal em homenagem a Nélson Hungria.* Rio de Janeiro-São Paulo: Forense, 1962.

Rosa, Antonio José Miguel Feu. *Direito penal* – Parte geral. 1. ed. 2.ª tiragem. São Paulo: RT, 1995.

Rosa, Antonio José Miguel Feu. Do crime continuado. *RTJE* 33/3, jul.-ago. 1985.

Rosa, Fábio Bittencourt da. Crimes e seguridade social. *Revista de Informação Legislativa*, n. 130, Brasília, abr.-jun. 1996.

Roxin, Claus. A culpabilidade como critério limitativo da pena. *Revista de Direito Penal*, n. 11-12, jul.-dez. 1973.

Roxin, Claus. *Autoría y dominio del hecho en derecho penal.* 7. ed. Madrid-Barcelona: Marcial Pons, 2000.

Roxin, Claus. *Derecho penal* – Parte general (Fundamentos. La estructura de la teoría del delito). Trad. Diego-Manuel Luzón Peña, Miguel Díaz y García Conlledo, Javier de Vicente Remesal. Madrid: Civitas, 1999. t. I.

Roxin, Claus. *La evolución de la política criminal, el derecho penal y el proceso penal.* Valencia: Tirant lo Blanch, 2000.

Roxin, Claus. *La imputación objetiva en el derecho penal.* Trad. Manuel A. Abanto Vasquez. Lima: Idemsa, 1997.

Roxin, Claus. *La teoría del delito en la discusión actual.* Trad. Manuel Abanto Vásquez. Lima: Editora Jurídica Grijley, 2007.

Roxin, Claus. Resolução do fato e começo da execução na tentativa. *Problemas fundamentais de direito penal.* 3. ed. Lisboa: Vega, 1998.

Roxin, Claus. *Teoria del tipo penal* – Tipos abertos y elementos del deber jurídico. Buenos Aires: Depalma, 1979.

Roxin, Claus; Frisch, Wolfgang; Jakobs, Günther; Schünemann, Bernd; Köhler, Michael. *Sobre el estado de la teoria del delito* (Seminario en la Universitat Pompeu Fabra). Madrid: Civitas, 2000.

Sá, Alvino Augusto de. *Reincidência criminal sob o enfoque da psicologia clínica preventiva.* São Paulo: Editora Pedagógica e Universitária, 1987.

Sabino Júnior, Vicente. *Direito penal* – Parte geral. São Paulo: Sugestões Literárias, 1967. v. 1 e 2.

Sabino Júnior, Vicente. *Direito penal* – Parte especial. São Paulo: Sugestões Literárias, 1967. v. 3 e 4.

Salles Júnior, Romeu de Almeida. *Homicídio culposo (e a Lei 4.611/65)*. São Paulo: Saraiva, 1982.

Santaniello, Giuseppe; Maruotti, Luigi. *Manuale di diritto penale* – Parte generale. Milano: Giuffrè, 1990.

Santoro, Arturo. *Manuale di diritto penale*. Torino: Torinese, 1958.

Santoro Filho, Antonio Carlos. *Teoria de imputação objetiva*. Apontamentos críticos à luz do direito positivo brasileiro. São Paulo: Malheiros, 2007.

Santos, Antonio Furtado dos. *Direito internacional penal e direito penal internacional* – Aplicação da lei penal estrangeira pelo juiz nacional. Lisboa: Petrony, 1960.

Santos, Ary dos. *O crime de aborto*. Lisboa: Livraria Clássica Editora, 1935.

Santos, Christiano Jorge. *Prescrição penal e imprescritibilidade*. Rio de Janeiro: Elsevier, 2010.

Santos, Hugo Leonardo Rodrigues. *Estudos críticos de criminologia e direito penal*. Rio de Janeiro: Lumen Juris, 2015.

Santos, José Carlos Daumas. *Princípio da legalidade na execução penal*. São Paulo: Manole & Escola Paulista da Magistratura, 2005.

Santos, Juarez Cirino dos. *Direito penal* – parte geral. 3. ed. Curitiba: Lumen Juris, 2008.

Santos, Lycurgo de Castro. O princípio de legalidade no moderno direito penal. *Revista Brasileira de Ciências Criminais* n. 15/182.

Santos, Maria Celeste Cordeiro Leite. *Morte encefálica e a lei de transplante de órgãos*. São Paulo: Oliveira Mendes, 1998.

Salvador Netto, Alamiro Velludo; Souza, Luciano Anderson; Silveira, Renato de Mello Jorge (Coord.). *Direito penal na pós-modernidade*. Escritos em homenagem a Antonio Luis Chaves Camargo. São Paulo: Quartier Latin, 2015.

Sardinha, Alvaro. *Homicídio culposo*. Rio de Janeiro: Coelho Branco Editor, 1936.

Sarlet, Ingo Wolfgang. As dimensões da dignidade da pessoa: construindo uma compreensão jurídico-constitucional necessária e possível. *Revista Brasileira de Direito Constitucional* – RBDC. n. 09, jan./jun. 2007.

Sarmento, Daniel. Legalização do aborto e Constituição. In: Cavalcante, Alcilene; Xavier, Dulce (Org.). Em defesa da vida: aborto e direitos humanos. São Paulo: Católicas pelo Direito de Decidir, 2006.

Scandelari, Gustavo Britta. *O crime tributário de descaminho*. Porto Alegre: LexMagister, 2013.

Schultz, Duane; P. Schultz, Sydney Ellen. *Teorias da personalidade*. São Paulo: Thomson, 2002.

Schünemann, Bernd; Frisch, Wolfgang; Roxin, Claus; Jakobs, Günther; Köhler, Michael. *Sobre el estado de la teoria del delito* (Seminario en la Universitat Pompeu Fabra). Madrid: Civitas, 2000.

Schünemann, Bernd. *Obras*, Trad. Edgardo Alberto Donna. Buenos Aires: Rubinzal-Culzoni, 2009. t. I e II.

Seelig, Ernst. *Manual de criminologia*. Trad. Guilherme de Oliveira. Coimbra: Arménio Amado, 1959. v. I e II.

SEGRE, Marco. Considerações éticas sobre o início da vida: aborto e reprodução assistida. In: CAVALCANTE, Alcilene; XAVIER, Dulce (Org.). Em defesa da vida: aborto e direitos humanos. São Paulo: Católicas pelo Direito de Decidir, 2006.

SEGRE, Marco. Eutanásia: aspectos éticos e legais. *Revista da Associação Médica Brasileira* 32/141, 1986.

SEMER, Marcelo. *Crime impossível e a proteção dos bens jurídicos.* São Paulo: Malheiros, 2002.

SERRANO PIEDECASAS, José Ramón; GÓMEZ DE LA TORRE, Ignacio Berdugo; ARROYO ZAPATERO, Luis; FERRÉ OLIVÉ, Juan Carlos; GARCÍA RIVAS, Nicólas. *Lecciones de derecho penal* – Parte general. 2. ed. Madrid: La Ley, 1999.

SHECAIRA, Sérgio Salomão. *Criminologia.* 6. ed. São Paulo: RT, 2014.

SHECAIRA, Sérgio Salomão. *Estudos de direito penal.* São Paulo: Forense, 2014. v. III.

SHECAIRA, Sérgio Salomão. *Prestação de serviços à comunidade.* São Paulo: Saraiva, 1993.

SHECAIRA, Sérgio Salomão. *Responsabilidade penal da pessoa jurídica.* 1. ed. 2.ª tiragem. São Paulo: RT, 1999.

SHECAIRA, Sérgio Salomão; CORRÊA JUNIOR, Alceu. *Teoria da pena.* São Paulo: RT, 2002.

SILVA, Evandro Lins e. De Beccaria a Filippo Gramatica. *In:* Fragoso Advogados. Disponível em: http://www.fragoso.com.br/wp-content/uploads/2017/10/20171 002212053-beccaria_filippo_gramatica_4.pdf. Acesso em: 23 jan. 2020

SILVA, Germano Marques da. *Direito penal português* – Parte geral – Teoria das penas e das medidas de segurança. Lisboa: Verbo, 1999.

SILVA, Haroldo Caetano da. *Embriaguez & a teoria da* actio libera in causa. 1. ed. 2.ª tiragem. Curitiba: Juruá, 2011.

SILVA, José Afonso da. *Comentário contextual à Constituição.* 9. ed. São Paulo: Malheiros, 2014.

SILVA, José Afonso da. *Curso de direito constitucional positivo.* 39. ed. São Paulo: Malheiros, 2016.

SILVA, José Afonso da. *Manual do vereador.* 3. ed. São Paulo: Malheiros, 1997.

SILVA, M. Nelson da. *A embriaguez e o crime.* Rio de Janeiro-São Paulo: Forense, 1968.

SILVA, Roberto Baptista Dias da; PASSETI, Edson (Org.). *Conversações abolicionistas* – Uma crítica do sistema penal e da sociedade punitiva. São Paulo: IBCCrim – PEPG Ciências Sociais PUC/SP, 1997.

SILVA FILHO, Artur Marques da. *O regime jurídico da adoção estatutária.* São Paulo: RT, 1997.

SILVA FRANCO, Alberto. Aborto por indicação eugênica. *RJTJSP* 132/9.

SILVA FRANCO, Alberto. *Crimes hediondos.* 3. ed. São Paulo: RT, 1994.

SILVA FRANCO, Alberto et al. *Código Penal e sua interpretação jurisprudencial.* 5. ed. São Paulo: RT, 1995.

SILVA FRANCO, Alberto; MARREY, Adriano; STOCO, Rui. *Teoria e prática do júri.* 7. ed. rev. atual. e ampl. São Paulo: RT, 2000.

SILVA SÁNCHEZ, Jesús Maria. *A expansão do direito penal. Aspectos da política criminal nas sociedades pós-industriais.* Trad. Luiz Otavio de Oliveira Rocha. São Paulo: RT, 2002.

SILVA SÁNCHEZ, Jesús Maria. *Aproximación al derecho penal contemporáneo.* Barcelona: Bosch, 1992.

SILVA SÁNCHEZ, Jesús Maria (Dir.) et al. *Lecciones de derecho penal* – Parte especial. 4. ed. Barcelona: Atelier, 2015.

SILVA SÁNCHEZ, Jesús Maria *Política criminal y nuevo derecho penal* – Libro homenaje a Claus Roxin. Barcelona: Bosch, 1997.

SILVEIRA, Alípio. A sentença indeterminada nos Estados Unidos. *Estudos de direito e processo penal em homenagem a Nélson Hungria*. Rio de Janeiro-São Paulo: Forense, 1962.

SILVEIRA, Alípio. *Hermenêutica no direito brasileiro*. São Paulo: RT, 1968. v. 1 e 2.

SILVEIRA, Euclides Custódio. *Direito penal* – Crimes contra a pessoa. 2. ed. Atual. Everardo da Cunha Luna. São Paulo: RT, 1973.

SILVEIRA, Renato de Mello Jorge. *Crimes sexuais*: bases críticas para a reforma do direito penal sexual. São Paulo: Quartier Latin, 2008.

SILVEIRA, Renato de Mello Jorge. *Direito penal supraindividual* – Interesses difusos. São Paulo: RT, 2003.

SILVEIRA, Renato de Mello Jorge; SALVADOR NETTO, Alamiro Velludo; SOUZA, Luciano Anderson (Coord.). *Direito penal na pós-modernidade*. Escritos em homenagem a Antonio Luis Chaves Camargo. São Paulo: Quartier Latin, 2015.

SIQUEIRA, Galdino. *Tratado de direito penal*, v. 1. Rio de Janeiro: José Konfino, 1950.

SISCO, Luis P. *La defensa justa* (Estudio doctrinario, legal y jurisprudencial sobre la legitima defensa). Buenos Aires: El Ateneo, 1949.

SMANIO, Gianpaolo Poggio; FABRETTI, Humberto Barrionuevo. *Introdução ao direito penal*. Criminologia, princípios e cidadania. 4. ed. São Paulo: Atlas, 2016.

SOARES, Ana Raquel Colares dos Santos. Eutanásia: direito de morrer ou direito de viver? In: GUERRA FILHO, Willis Santiago (Coord.). *Dos direitos humanos aos direitos fundamentais*. Porto Alegre: Livraria do Advogado, 1997.

SOLER, Sebastián. *Derecho penal argentino*. Buenos Aires: El Ateneo, 1940. t. I.

SOUZA, Artur de Brito Gueiros; JAPIASSÚ, Carlos Eduardo Adriano. *Curso de direito penal* – Parte geral. 2. ed. Rio de Janeiro: Forense, 2015. v. 1.

SOUZA, Carmo Antônio de; PIERANGELI, José Henrique. *Crimes sexuais*. 2. ed. Belo Horizonte: Del Rey, 2015.

SOUZA, Luciano Anderson; SILVEIRA, Renato de Mello Jorge; SALVADOR NETTO, Alamiro Velludo (Coord.). *Direito penal na pós-modernidade*. Escritos em homenagem a Antonio Luis Chaves Camargo. São Paulo: Quartier Latin, 2015.

SOUZA, Nélson Bernardes de. Ilícitos previdenciários: crimes sem pena? *RT* 730/393, ago. 1996.

SOUZA, Paulo Vinicius Sporleder de. *A criminalidade genética*. São Paulo: RT, 2001.

SOUZA, Percival de. *A prisão* – Histórias dos homens que vivem no maior presídio do mundo. 2. ed. São Paulo: Alfa-Omega, 1976.

SPINNATO, Giorgia; MESSINA, Salvatore Donato. *Manuale breve diritto penale*. Milano: Giuffrè, 2015.

STEVENSON, Oscar. Concurso aparente de normas penais. *Estudos de direito e processo penal em Homenagem a Nélson Hungria*. Rio de Janeiro-São Paulo: Forense, 1962.

SUCENA, Lílian Ottobrini Costa; COSTA, Mário Ottobrini. A eutanásia não é o direito de matar. *RT* 263/25, set. 1957.

SUMARIVA, Paulo. *Criminologia*. Teoria e prática. 3. ed. Niterói: Impetus, 2015.

SWENSSON, Walter. A competência do juízo da execução. In: LAGRASTA NETO, Caetano; NALINI, José Renato; DIP, Ricardo Henry Marques (Coord.). *Execução penal* – Visão do TACRIM-SP. São Paulo: Oliveira Mendes, 1998.

TANGERINO, Davi de Paiva Costa. *Culpabilidade*. 2. ed. São Paulo: Saraiva, 2014.

TAQUARY, Eneida Orbage de Britto. *Tribunal penal internacional & a Emenda Constitucional 45/04* (sistema normativo brasileiro). 1. ed. 2.ª reimp. Curitiba: Juruá, 2011.

TASSE, Adel El. *Criminologia*. São Paulo: Saraiva, 2013. (Coleção Saberes do direito.)

TAVARES, Juarez. *Teoria do injusto penal*. Belo Horizonte: Del Rey, 2000.

TAVARES, Juarez. *Teoria dos crimes omissivos*. Madrid-Barcelona-Buenos Aires-São Paulo: Marcial Pons, 2012.

TAVARES, Juarez. *Teorias do delito* – Variações e tendências. São Paulo: RT, 1980.

TELLES JÚNIOR, Goffredo. Preleção sobre o justo. *Justitia*, v. 50.

TEODORO, Frediano José Momesso. *Aborto eugênico. Delito qualificado pelo preconceito ou discriminação*. Curitiba: Juruá, 2008.

TERRAGNI, Marco Antonio. *El delito culposo*. Santa Fé: Rubinzal-Culzoni, 1998.

TOLEDO, Armando; BARBOSA JR., Salvador José. A nova tipificação do delito de embriaguez ao volante. In: TOLEDO, Armando (Coord.). *Direito Penal* – Rein-terpretação à luz da Constituição: Questões polêmicas. São Paulo: Elsevier, 2009.

TOLEDO, Francisco de Assis et al. *Reforma penal*. São Paulo: Saraiva, 1985.

TOLEDO, Francisco de Assis. Teorias do dolo e teorias da culpabilidade. *RT* 566/271, dez. 1992.

TOLEDO, Francisco de Assis; CERNICCHIARO, Luiz Vicente. *Princípios básicos de direito penal*. 5. ed. São Paulo: Saraiva, 1994.

TOLEDO, Otávio Augusto de Almeida; CAPECCE, Bruno Gabriel. *Privação de liberdade*. Legislação, doutrina e jurisprudência. São Paulo: Quartier Latin, 2015.

TORON, Alberto Zacharias. *Inviolabilidade penal dos vereadores*. São Paulo: Saraiva, 2004.

TOURINHO FILHO, Fernando da Costa. *Código de Processo Penal comentado*. 4. ed. São Paulo: Saraiva, 1999. v. 1 e 2.

TREMEL, Rosângela; CRUZ, Flávio da (Coord.); GLOCK, José Osvaldo; HERZMANN, Nélio; VICCARI JUNIOR, Adauto. *Lei de Responsabilidade Fiscal comentada*. 2. ed. São Paulo: Atlas, 2001.

VALENZUELA BEJAS, Manuel; BUSTOS RAMÍREZ, Juan (Org.). *Derecho penal latinoamericano comparado* – Parte generale. Buenos Aires: Depalma, 1981. t. I.

VALLADÃO, Haroldo. Imunidades dos agentes diplomáticos. *RT* 434/307, dez. 1971.

VANRELL, Jorge Paulete (Coord.). *Manual de medicina legal*. Tanatologia. Leme: JHMizuno Editora, 2016.

VARELLA, Drauzio; GLINA, Sidney; REIS, José Mário. Médicos especializados. Disponível em: <www.drauziovarella.com.br/entrevistas/reis_impotencia.asp>; <www.drauziovarella.com.br/entrevistas/eprecoce4.asp>. Acesso em: 1.º dez. 2009.

VAZ, Márcia; BENFICA, Francisco Silveira. *Medicina legal*. 3. ed. Porto Alegre: Livraria do Advogado, 2015.

VENEZIANI, Paolo. *Motivi e colpevolezza*. Torino: Giappichelli, 2000.

VENZON, Altayr. *Excessos na legítima defesa*. Porto Alegre: Fabris, 1989.

VERDÚ PASCUAL, Fernando. *El diagnóstico de la muerte*. Diligencia y caución para evitar injustificables yerros. Granada: Comares, 2015.

VERGARA, Pedro. *Da legítima defesa subjetiva*. 2. ed. Rio de Janeiro: Imprensa Nacional, 1949.

VIANA, Lourival Vilela. *Embriaguez no direito penal*. Belo Horizonte: Imprensa Oficial, 1949.

VIANNA, Rafael Ferreira. *Diálogos sobre segurança pública*. O fim do estado civilizado. Curitiba: Ithala, 2011.

VICCARI JUNIOR, Adauto; CRUZ, Flávio da (Coord.); GLOCK, José Osvaldo; HERZMANN, Nélio; TREMEL Rosângela. *Lei de Responsabilidade Fiscal comentada*. 2. ed. São Paulo: Atlas, 2001.

VIDAL, Hélvio Simões. *Causalidade científica no direito penal*. Belo Horizonte: Mandamentos, 2004.

VILALONGA, José Manuel; ALMEIDA, Carlota Pizarro de; D'ALMEIDA, Luís Duarte; PATRÍCIO, Rui. *Código Penal anotado*. Coimbra: Almedina, 2003.

VON HIRSCH, Andrew. *Censurar y castigar*. Trad. Elena Larrauri. Madrid: Trotta, 1998.

VON LISTZ, Franz. *Tratado de derecho penal*. Trad. Luis Jiménez de Asúa. 18. ed. Madrid: Reus, 1999. t. I a III.

WELZEL, Hans. *Derecho penal alemán*. Trad. Juan Bustos Ramírez e Sergio Yáñez Pérez. 4. ed. Santiago: Editorial Jurídica de Chile, 1997.

WELZEL, Hans. *El nuevo sistema del derecho penal* – Una introducción a la doctrina de la acción finalista. Barcelona: Ariel, 1964.

WESSELS, Johannes. *Direito penal* – Parte geral – Aspectos fundamentais. Trad. Juarez Tavares. Porto Alegre: Fabris, 1976.

WILLIAMS, Lúcia Cavalcanti de Albuquerque. *Pedofilia. Identificar e prevenir*. São Paulo: Editora Brasiliense, 2012.

XAVIER, Dulce; CAVALCANTE, Alcilene (Org.). *Em defesa da vida:* aborto e direitos humanos. São Paulo: Católicas pelo Direito de Decidir, 2006.

ZAFFARONI, Eugenio Raúl. *Tratado de derecho penal* – Parte general. Buenos Aires: Ediar, 1988.

ZAFFARONI, Eugenio Raúl; PIERANGELI, José Henrique. *Manual de direito penal brasileiro* – Parte geral. 11. ed. São Paulo: RT, 2015.

ZAFFARONI, Eugenio Raúl; PIERANGELI, José Henrique. *Da tentativa*. 4. ed. São Paulo: RT, 1995.

ZANIOLO, Pedro Augusto. *Crimes modernos*. O impacto da tecnologia no direito. 2. ed. Curitiba: Juruá, 2012.

ZÁRATE CONDE, Antonio; GONZÁLEZ CAMPO, Eleuterio. *Derecho penal* – Parte general. Madrid: La Ley, 2015.

ZAZA, Carlo. *Le circostanze del reato*. Elementi generali e circostanze comuni. Padova: CEDAM, 2002. v. I.

ZIMMARO, Rafael Barone et al. O crime de estupro sob o prisma da Lei 12.015/09 (artigos 213 e 217-A do Código Penal). *RT 902*.

ZIMMARO, Rafael Barone. O crime de estupro sob o prisma da Lei 12.015/09 (artigos 213 e 217-A do Código Penal). In: SILVA FRANCO, Alberto; NUCCI, Guilherme de Souza (Org.). *Doutrinas essenciais* – Direito penal. São Paulo: RT, 2010. v. VI.

ZIPF, Heinz; MAURACH, Reinhart. *Derecho penal* – Parte general. Trad. da 7. ed. por Jorge Bofill Genzsch e Enrique Aimone Gibson. Buenos Aires: Astrea, 1994. v. 1 e 2.

ZISMAN, Célia Rosenthal. *O princípio da dignidade da pessoa humana*. São Paulo: IOB Thomsom, 2005.

Apêndice
Casos Práticos

1. NEXO CAUSAL E PRETERDOLO – ARTS. 13 E 19, CP

Caso: o acusado CR, no dia 19 de junho de 2019, na Rua X, n. 100, Comarca Y, discutiu com a vítima ZM, após terem ingerido bebida alcoólica. Em determinado momento, CR afastou-se do bar onde estavam. Algum tempo depois, retornou e voltou a discutir com o ofendido contra quem desferiu um chute no peito. Ele caiu ao chão e bateu a cabeça no solo. Entretanto, levantou-se e foi para sua residência. Mais tarde, sentiu-se mal e começou a vomitar. No dia seguinte, tornou a passar mal e foi levado à Santa Casa, onde sofreu paradas respiratórias, foi transferido a outro hospital, mas acabou falecendo. O laudo necroscópico atestou que a causa da morte foi traumatismo crânio encefálico, indicando nexo causal entre a lesão e a morte.

Avaliação preliminar: a defesa ingressou com apelação, alegando não ter desferido um chute na vítima com a intenção de matá-la. Além disso, afirmou corte do nexo causal, sustentando que a agressão ocorreu em certo dia, na parte da tarde, e a vítima só foi socorrida na manhã seguinte. Assevera que o laudo não atestou lesão na região torácica do ofendido, inexistindo certeza quanto ao nexo entre o ferimento, gerado pelo chute, e a morte. Pleiteia a desclassificação para o crime de lesão corporal privilegiada (art. 129, § 4.º, CP), alegando ter sido o réu provocado e xingado pela vítima, além de ter sofrido agressão.

Fonte legal principal: Relação de causalidade. Art. 13 – O resultado, de que depende a existência do crime, somente é imputável a quem lhe deu causa. Considera-se causa a ação ou omissão sem a qual o resultado não teria ocorrido. **Superveniência de causa independente**. § 1.º – A superveniência de causa relativamente independente exclui a imputação quando, por si só, produziu o resultado; os fatos anteriores, entretanto, imputam-se a quem os praticou.

Decisão de 1.ª instância: houve a condenação do réu ao cumprimento da pena de reclusão de 4 anos de reclusão, em regime inicial aberto, pela prática de lesão corporal seguida de morte (art. 129, § 3.º, CP).

Situação jurídica: verificar se houve nexo de causalidade entre a agressão provocada pelo réu e a morte da vítima. Além disso, analisar o elemento subjetivo do crime: se houve dolo ou culpa. Outro aspecto a avaliar é a tese defensiva para desclassificação do delito para lesão corporal privilegiada. Quanto à pena, conferir se seria viável substituir a pena privativa de liberdade por restritiva de direitos.

Decisão do Tribunal: negou provimento ao apelo defensivo interposto pelo acusado, para reconhecer o nexo causal e confirmar a decisão tomada pelo juízo de primeira instância.

Fundamento do acórdão: a materialidade restou comprovada pelo laudo necroscópico, que apurou, por exame cadavérico, fratura do osso temporoparietal esquerdo, massa encefálica com edema e congestão difusa, concluindo ter a vítima falecido em decorrência de traumatismo craniano por agente contundente. O proprietário do bar onde se encontravam réu e vítima, já embriagados, acompanhou o desentendimento entre eles e viu quando o acusado chutou o peito da vítima, que caiu e bateu a cabeça contra o asfalto. Na sequência, o ofendido levantou-se e foi embora, assim como o acusado. Após duas horas, a vítima retornou ao bar, tomou uma pinga e não se queixava de dor. Outra testemunha afirmou que a esposa do ofendido lhe encaminhou vídeos em que a vítima estava passando mal, inclusive vomitando. Soube que as agressões ocorreram às 17 horas e a vítima foi socorrida às 5 horas do dia seguinte. A esposa do ofendido achou que ele passava mal por causa da bebida, embora estivesse vomitando, com a cabeça inchada. Na fase policial, o acusado narrou que a vítima, embriagada, ofendeu-o sem motivo e, quando ele saiu do bar foi perseguido. Então, não suportou as provocações e desferiu um chute no peito do ofendido. Afirmou estar arrependido e que não desejou a morte da vítima. Não foi ouvido em juízo. Tornou-se incontroverso que o réu foi o responsável pela lesão que causou a morte da vítima. Inexistiu comprovação das supostas provocações contra o acusado, ao passo que este deu um violento chute no peito do ofendido e, depois disso, ele passou mal e morreu. A defesa não produziu prova de ter havido rompimento do nexo causal, como uma causa superveniente independente que, por si só, tivesse levado ao resultado. Por isso, a decisão do juízo de primeiro grau está correta (TJSP, Apelação 1501054-54.2019.8.26.0197, 16.ª C., rel. Marcos Alexandre Coelho Zilli, 03.08.2022, v. u.).

Trechos relevantes do acórdão (do voto do relator): "Vale recordar que, nos termos do art. 13 do Código Penal, considera- se causa a ação ou omissão sem a qual o resultado não teria ocorrido. E, conforme apurado, restou evidente que o chute desferido contra a vítima foi a causa de sua queda que, por sua vez, fez com que o ofendido batesse com a cabeça no chão, provocando o traumatismo craniano que foi a causa de sua morte. Assim, a reconstrução histórico-processual dos fatos propiciada pela instrução confirmou a responsabilidade do réu pelos fatos imputados. O acusado aplicou uma voadora contra o peito da vítima fazendo com que caísse ao solo e batesse sua cabeça. Devido à queda, o ofendido sofreu ferimento em sua cabeça e começou a passar mal após algumas horas. Todavia, devido à demora do atendimento, acabou falecendo em razão do traumatismo craniano que, por sua vez, foi provocado pelo choque de sua cabeça com o asfalto após ser golpeado pelo acusado com um chute em seu peito. A autoria mostra-se inconteste. (...) Correta a tipificação dada em sentença. O réu desferiu um chute na vítima fazendo com que caísse no chão se ferisse na cabeça, ofendendo-lhe a sua integridade corporal. Em decorrência do ferimento produzido, a vítima sofreu traumatismo craniano e acabou falecendo. Os fatos amoldam-se ao delito tipificado pelo art. 129, § 3.º, do Código Penal. O elemento subjetivo foi comprovado. O acusado, é certo, não agiu movido pelo *animus necandi*. Desejava, tão somente, ofender-lhe a integridade física mediante um chute em seu peito, fato que, por si só, não seria capaz de causar-lhe risco de morte, evidenciando o dolo da lesão corporal. Todavia, o resultado morte advindo era mais grave que o desejado. É a típica hipótese de crime preterdoloso, o qual é caracterizado pela realização de uma conduta dolosa a qual acarreta a produção de um resultado naturalístico mais grave do que o querido pelo agente. Estão presentes, dessa forma, todos os elementos objetivos e subjetivos que caracterizam a figura penal típica do delito de lesão corporal seguida de morte. A tese desclassificatória para o delito de lesão corporal privilegiada não comporta acolhimento. Para a caracterização da causa de diminuição invocada pela defesa não basta que o agente atue sob a mera influência de violenta emoção, sendo necessário que o agente fique sob o seu domínio, vale dizer, que haja uma grande alteração de seu estado de ânimo em razão de uma injusta provocação da vítima e que haja relação de imediatidade entre a provocação e a reação. Não se verifica, no caso, a caracterização do privilégio".

2. CONSENTIMENTO DO OFENDIDO (EXCLUDENTE SUPRALEGAL DE ILICITUDE)

Caso: em maio de 2020, em horário comercial, na Rua X, 93, na cidade de Estrela, o acusado ofendeu a integridade corporal de Z, com 16 anos de idade à época, causando-lhe as lesões corporais de natureza grave, resultante em deformidade permanente, descritas no laudo de exame de corpo de delito de fls. Na sequência, no mesmo mês e local, o acusado ofendeu a integridade corporal de E, com 15 anos de idade à época, causando-lhe as lesões corporais de natureza grave, resultante em deformidade permanente, descritas no laudo de exame de corpo de delito de fls. O réu foi procurado pelas adolescentes, para que nelas fizesse tatuagens. Uma das vítimas tatuou um nome de 13 cm. A outra tatuou um nome (6 cm) e um desenho (5cm x 4cm). O juízo de primeiro grau absolveu o acusado do crime de lesões corporais, com base no art. 386, III, do CPP (não constituir o fato infração penal). O Ministério Público interpôs apelação, pleiteando a condenação.

Avaliação preliminar: o Ministério Público recorreu para a condenação do acusado pela prática de lesões corporais, visto que os fatos indicam ter havido crimes.

Fonte legal principal: Lesão corporal. Art. 129. Ofender a integridade corporal ou a saúde de outrem: (...) § 2.º Se resulta: IV – deformidade permanente.

Decisão de 1.ª instância: absolvição porque o fato não constitui crime (art. 386, III, CPP).

Situação jurídica: checar se a realização de tatuagem representa uma lesão corporal gravíssima ou se configura situação atípica (atipicidade material). Sob outros aspectos, pode-se indicar, como causas para exclusão do crime, o consentimento do ofendido, a adequação social e o princípio da intervenção mínima.

Decisão do Tribunal: negou provimento ao recurso do Ministério Público, mantendo a decisão absolutória de primeira instância.

Fundamento do acórdão: considerando o princípio da intervenção mínima (o direito penal deve intervir minimamente nas relações das pessoas) e a adequação social (colocação de brincos, bem como tatuagens são consensualmente aceitas pela sociedade), não há razão para condenar o acusado, embora ele não tenha obtido o consentimento do responsável legal das menores. Ademais, as vítimas disseram ao tatuador que eram maiores de 18 anos e uma delas já tinha tatuagem. Em suma, não teria havido o propósito do tatuador de lesionar a integridade física das jovens.

Trechos relevantes do acórdão (do voto do relator): certo que os fatos em si são incontroversos, já que a materialidade delitiva restou demonstrada no boletim de ocorrência (fls.), nas fotografias (fls.) e, sobretudo, nos laudos de exame de corpo de delito (fls.). Outrossim, a prova oral comprova que o acusado foi o responsável por realizar as tatuagens nas adolescentes, sem autorização de seus responsáveis. Com efeito, malgrado ouvida apenas em solo policial, (Z) informou que estava na Associação de Proteção ao Adolescente de (Estrela) há cerca de dois meses e que, anteriormente, residia na cidade de S/SP. Disse que, na data dos fatos, juntamente com a vítima (E), saíram da Associação sem o consentimento da responsável e se dirigiram ao Bairro I, onde fizeram as tatuagens. Relatou que (E) havia conversado com o réu, pessoa que não conhece, e combinado de fazer as tatuagens. Afirmou que o acusado não perguntou se possuíam autorização para realizar as tatuagens e que não pagou por elas. Fez a tatuagem sem o consentimento da responsável, narrando que 'eu já tenho três tatuagens, com essa são quatro, as outras eu fiz na minha cidade, todas sem o consentimento de ninguém, eu fiz por que eu quis, ninguém me falou pra fazer'. Por fim, não soube informar o nome do acusado que fez as tatuagens (fls.). No mesmo sentido, (E) relatou que, no dia dos fatos, juntamente com (Z), saiu da Associação sem o consentimento da responsável e se dirigiram ao Bairro I, onde realizaram tatuagens. Disse que pegaram carona com uma pessoa desconhecida para chegarem até o bairro I. Esclareceu que a pessoa que realizou as tatuagens era conhecida de seu ex-marido, mas que não sabe informar seu nome e/ou apelido. (...) em juízo, afirmou que mentiu ao acusado que tinha 18 anos e pediu para fazer a tatuagem. Indagada, confirmou que na fase policial disse que era menor de idade. Por fim, esclareceu que fez a tatuagem por vontade própria (termo de audiência, fls.). (D), Coordenadora da Associação de Proteção ao Adolescente de (Estrela), informou que as adolescentes (E) e (Z) deixaram a associação sem o consentimento da educadora social e retornaram tatuadas. Afirmou que é guardiã das menores e que em momento algum autorizou a realização das tatuagens (fls.). E o acusado admitiu ter realizado as tatuagens nas adolescentes. Disse que no dia dos fatos estava em sua residência quando as duas foram até o local e lhe pediram que fizesse as tatuagens. Perguntou se ambas eram menores, tendo (Z) informado que tinha 19 anos e (E), 18 anos. Disse que 'eu não sabia que elas eram menores, senão eu não tinha feito'. Afirmou que não solicitou documentos de identidade que comprovasse as idades das garotas, 'esse foi meu erro, não ter pedido os documentos delas'. (...) Asseverou que não cobrou pelas tatuagens e que não é tatuador profissional. Afirmou que não conhecia as adolescentes e que elas foram sozinhas à sua residência. Em juízo, apresentou a mesma versão, acrescentando que as adolescentes disseram que eram maiores de idade e que tinham esquecido os documentos em casa, mas, mesmo assim, realizou as tatuagens (fls.). (...) No entanto, a marca resultante da tatuagem, ainda que provoque modificação corporal, não pode ser tida como deformidade, já que se trata de um adorno corporal, mesmo que de gosto discutível. (...) Não se desconhece que tal questão possui um viés de cunho subjetivo, anotando-se que, na hipótese dos autos, a médica-perita, após realizados os exames de corpo de delito, concluiu que as lesões sofridas pelas vítimas eram de natureza leve, já que o procedimento não fora capaz de acarretar qualquer dano estético e, consequentemente, deformidade. E a credibilidade de tal exame não foi infirmada pelo remanescente da prova colhida. Aliás, em nenhum momento as menores demonstraram arrependimento, incômodo, tristeza ou dissabor com as tatuagens, sentimentos comuns em vítimas de lesão corporal de natureza grave. Ao revés, foram elas quem procuraram o acusado para fazer os adornos, sendo certo que (Z) já possuía outras três tatuagens e afirmou que 'as outras eu fiz na minha cidade, todas sem o consentimento de ninguém, eu fiz por que eu quis, ninguém falou pra fazer', circunstância que também pode ter influenciado o acusado a deixar de tomar as devidas cautelas para realizar o procedimento. (...) De outra banda, oportuno anotar que, mesmo com quinze e dezesseis anos à época dos fatos, não se pode ignorar a aquiescência das ofendidas para a realização da tatuagem. Cuidam-se de adolescentes dotadas de relativo discernimento, ao contrário da criança. Acerca do consentimento da vítima nos crimes de lesões corporais, Guilherme de Souza Nucci leciona que 'perfeitamente aplicável como causa supralegal de exclusão da ilicitude. Não se pode mais conceber o corpo humano como bem absolutamente indisponível, pois a realidade desmente a teoria. É verdade que o Estado deve zelar pela vida humana, indisponível que é, além da integridade física, embora sem jamais desconhecer que a evolução dos costumes e da própria ciência traz modificações importantes nesse cenário. Atualmente, as práticas estão a demonstrar que o ser humano dispõe, no dia a dia, de sua integridade física, colocando-se em situações de risco de propósito ou submetendo-se a lesões desejadas. Do mesmo modo, não deve o Estado imiscuir-se na vida íntima das pessoas' (*Código Penal Comentado*, Forense, 2017, p. 474). Lado outro, ainda que se discuta a inexistência de autorização dos responsáveis pelas adolescentes, não se vislumbra, *in casu*, qualquer intenção de Marcos em causar mal às vítimas (animus laedendi). Aliás, vale reiterar que ele foi procurado por elas para confecção dos adornos, cuja menoridade ele desconhecia, sendo sua conduta, portanto, penalmente atípica. (...) Além disso, é de se ter em conta que, atualmente, é conduta social e culturalmente aceita a perfuração de lóbulos das orelhas para a colocação de brincos ou apetrechos similares, a tatuagem estética de embelezamento etc., não podendo, portanto, tal ação ser elevada ao patamar de ofensa à objetividade jurídica tutelada pelo tipo penal previsto no art. 129, do Código Penal. Por fim, vale lembrar que as normas penais devem ser empregadas como 'ultima ratio', orientadas pelos princípios da intervenção mínima, da subsidiariedade e da fragmentariedade, incidindo apenas na medida necessária para a proteção de bens jurídicos relevantes. E, s.m.j., não se vislumbra, na hipótese, a necessidade de interferência do juízo criminal. Nesses termos, a absolvição é de ser confirmada, em observância à máxima penal do *in dubio pro reo*. Ante o exposto, pelo meu voto, nego provimento ao apelo" (TJSP, Apelação 1501089-67.2020.8.26.0168, 4.ª C. Criminal, rel. Camilo Lellis, 22.06.2023, v.u.).

3. ARREPENDIMENTO POSTERIOR – ART. 16 DO CP

Caso: o réu AA subtraiu, durante a madrugada, uma motocicleta, que se encontrava estacionada na garagem do imóvel situado na Avenida SP, n. 94, cidade de Nazaré Paulista, em prejuízo da vítima BB. Ato contínuo, o apelante seguiu conduzindo a moto até a cidade de Atibaia, deixando-a estacionada na porta da delegacia, cujas chaves arremessou por cima do muro do local, assim, permitindo que fosse devidamente restituída à vítima. Após o devido processo, o acusado, que confessou, foi condenado e interpôs apelação, requerendo a aplicação do benefício do arrependimento posterior, não reconhecido pela sentença de 1.º grau. Nesta decisão, a juíza não levou em conta a causa de diminuição, aplicou aumento da pena por conta de reincidência e outros antecedentes criminais e porque o delito foi cometido durante o repouso noturno. Além disso, não compensou a confissão do acusado com a agravante da reincidência.

Avaliação preliminar: o recurso da defesa devolve ao tribunal o amplo conhecimento da matéria (efeito devolutivo), de modo que o juízo de 2ª instância pode avaliar todos os aspectos fáticos. Verifica-se se houve a prática do crime e se a pena foi corretamente aplicada, independentemente do que foi pleiteado na apelação. Portanto, além da análise da aplicação do benefício do arrependimento posterior, deve-se verificar a correção da aplicação da pena.

Fonte legal principal: Arrependimento posterior: art. 16 – Nos crimes cometidos sem violência ou grave ameaça à pessoa, reparado o dano ou restituída a coisa, até o recebimento da denúncia ou da queixa, por ato voluntário do agente, a pena será reduzida de um a dois terços.

Decisão de 1.ª instância: houve a condenação do réu ao cumprimento da pena de reclusão de 2 anos e 4 meses, em regime inicial fechado, e pagamento de 21 dias-multa, cada dia calculado no mínimo legal, declarando-o como incurso no art. 155, § 1.º, do Código Penal.

Situação jurídica: checar se é aplicável o arrependimento posterior, com os seus requisitos (crime sem violência ou grave ameaça, restituição da coisa antes do recebimento da denúncia e reparação por ato voluntário do agente); conferir se a elevação da pena foi adequada (causa de aumento do repouso noturno, aplicação da atenuante da confissão, utilização dos maus antecedentes, aplicação da agravante da reincidência, regime de cumprimento inicial da pena adequado).

Decisão do Tribunal: deu provimento ao apelo defensivo interposto pelo acusado, para reconhecer o arrependimento posterior e reduzir sua reprimenda ao montante de 6 meses e 7 dias de reclusão, em regime inicial aberto, e pagamento e 4 dias-multa.

Fundamento do acórdão: constatou-se a consumação do delito de furto, conforme o disposto na Súmula 582, do Superior Tribunal de Justiça, ao dispor sobre o momento consumativo do crime de roubo, *in verbis*: "Consuma-se o crime de roubo com a inversão da posse do bem mediante emprego de violência ou grave ameaça, ainda que por breve tempo e em seguida à perseguição imediata ao agente e recuperação da coisa roubada, sendo prescindível a posse mansa e pacifica ou desvigiada". Foi cometido durante a noite, logo, correta a aplicação da causa de aumento do repouso noturno (art. 155, § 1.º, CP). Quanto ao arrependimento posterior, o apelante tem razão em seu pedido, porque, assim que chegou à cidade de Atibaia foi ao distrito policial e, espontaneamente, deixou a moto estacionada em frente ao imóvel, arremessando a chave por cima do muro. É preciso lembrar que, além de voluntária (livre de qualquer coação), o que seria suficiente para esse benefício, foi igualmente espontânea (sinceramente desejada), pois a restituição da coisa ocorreu de maneira célere, merecendo a máxima diminuição (2/3). O réu registra nove condenações definitivas. Algumas foram utilizadas para preencher a circunstância judicial dos maus antecedentes (art. 59, CP). A outra foi usada para compor a agravante da reincidência. Os Tribunais Superiores admitem a partição das condenações anteriores definitivas para valorar entre antecedentes e reincidência, desde que não haja *bis in idem* (dupla valoração do mesmo antecedente). A pena-base foi elevada por conta dos maus antecedentes corretamente (o juízo sentenciante valeu-se da fração de 1/6 a mais). Entretanto, a decisão condenatória deixou de compensar a reincidência com a atenuante da confissão, pois ambas são consideradas preponderantes (conforme art. 67, CP), na medida em que a confissão espontânea demonstra fator positivo de personalidade. Atingida a pena de reclusão de 6 meses e 7 dias, embora o réu seja reincidente, não há sentido na imposição do regime fechado inicial, em face das funções e finalidades da pena, razão pela qual determinou-se o regime aberto inicial (TJSP, Apelação 1500642-84.2019.8.26.0695, 16.ª C., rel. Guilherme de Souza Nucci, 23.06.2021, v. u.).

Trechos relevantes do acórdão (do voto do relator): "Na nossa atividade judicante, notamos a carência de provas e dados para detectar quando a confissão espontânea é fruto de personalidade positiva do agente – e quando seria por outros valores. Desse modo, não se pode prejudicar o réu, buscando uma prova que, na maioria das vezes, inexiste nos autos, gerando dúvida mais que razoável acerca da origem da confissão espontânea. Por outro lado, é de se supor que, sendo espontânea, é sincera, representando, de algum modo, fiel espelho de uma personalidade íntegra no tocante à assunção dos próprios erros. Diante disso, alteramos a nossa posição, passando a admitir a compensação entre reincidência e confissão espontânea, basicamente lastreados no princípio constitucional do *in dubio pro reo*'. Nesta esteira, segue o posicionamento pacífico do C. Superior Tribunal de Justiça, *in verbis*: '(...) 2. A Terceira Seção desta Corte, no exame do Recurso Especial Representativo de Controvérsia n. 1.341.370/MT, julgado em 10/4/2013, firmou o entendimento de que, por se tratar de circunstâncias igualmente preponderantes, 'é possível, na segunda fase da dosimetria da pena, a compensação da atenuante da confissão espontânea com a agravante da reincidência'. 3. No julgamento do HC n. 365.963/SP, unificou-se o posicionamento de que mesmo nas hipóteses de reincidência específica, não há óbice à compensação integral. Logo, tendo sido considerada apenas uma condenação anterior transitada em julgada na segunda etapa da dosimetria, deve-se compensá-la com a atenuante da confissão espontânea. 4. Agravo regimental a que se nega provimento (AgRg no AREsp 1648660/MT, 5ª T., rel. Ribeiro Dantas, 23/02/2021, v.u.'. (...) Por derradeiro, em que pesem as circunstâncias pessoais negativas do apelante (uma vez reincidente e possuidor de antecedentes), não se deve olvidar que uma das funções das penas é a ressocialização do sentenciado (...) Sobre esse aspecto, vale observar que a despeito do disciplinado pelo art. 33, § 2.º, 'b', do Código Penal, o próprio Supremo Tribunal Federal inaugurou importante precedente, permitindo a fixação de regime aberto mesmo aos reincidentes, com vistas à individualização e proporcionalidade das penas, em caso cuja reprimenda final restou estabelecida em 10 meses de reclusão, *in verbis*: (...) 2. Quanto ao modo de cumprimento da reprimenda penal, há quadro de constrangimento ilegal a ser corrigido. A imposição do regime inicial semiaberto parece colidir com a proporcionalidade na escolha do regime que melhor se coadune com as circunstâncias da conduta, de modo que o regime aberto melhor se amolda à espécie (cf. HC 123533, Relator(a): Roberto Barroso, Tribunal Pleno, DJe de 18/2/2016; e HC 119885, Relator(a): Min. Marco Aurélio, Relator(a) p/ Acórdão: Min. Alexandre de Moraes, Primeira Turma, DJe de 1.º.08.2018). 3. Recurso Ordinário parcialmente provido, para fixar o regime inicial aberto" (RHC 172.532, 1.ª T., Rel. Alexandre de Moraes, 26.10.2020, por maioria – o réu é reincidente).

4. CUMPRIMENTO DE PENA PRIVATIVA DE LIBERDADE NO BRASIL E DIREITOS HUMANOS

Caso: os presos do Complexo Penitenciário do Curado, Estado de Pernambuco, pretendem seja reconhecido o direito à aplicação do cômputo em dobro da pena antijurídica cumprida em unidades prisionais do referido Complexo. Requerem a aplicação da Resolução da Corte Interamericana de Direitos Humanos, observando-se a avaliação criminológica prévia dos casos que forem pertinentes. O fundamento se concentra no sofrimento prolongado decorrente da violação aos direitos fundamentais, em particular pela superpopulação carcerária do Estado. Houve o deferimento para um específico paciente e os demais presos requerem a extensão dos benefícios, nos termos do art. 580 do CPP.

Avaliação preliminar: o STF passou a admitir *habeas corpus* coletivo para a defesa de direitos individuais homogêneos (ex.: HC 143.641, da relatoria do Ministro Ricardo Lewandowski, julgado pela 2.ª Turma em 20.02.2018; o HC 143.988, da relatoria do Ministro Edson Fachin, julgado pela 2.ª Turma em 24.08.2020; HC 165.704, da relatoria do Ministro Gilmar Mendes, julgado em 20.10.2020), com viabilidade de extensão aos indivíduos em idêntica situação (art. 580, CPP).

Fonte legal: art. 26 da Convenção de Viena sobre o Direito dos Tratados, ratificada em 25.9.2009 e promulgada pelo Decreto 7.030/2009, estabelece para o Estado brasileiro a obrigação de cumprir de boa-fé os tratados internacionais que estejam em vigor. O STF já reconheceu a obrigatoriedade de cumprimento das decisões da Corte Interamericana de Direitos Humanos (ADPF 635 MC/RJ), em razão dos arts. 62.1 e 68.1 da Convenção Americana dos Direitos Humanos (ratificada pelo Brasil em 25.09.1992; promulgada pelo Decreto 678/1992 e Decreto 4.463/2002).

Decisão Internacional: a Corte Interamericana determinou que o Brasil computasse de maneira especial (cômputo em dobro) o cumprimento de pena no Complexo Prisional do Curado (Resolução de 28.11.2018), nos seguintes termos: a) respeito à Súmula Vinculante 56 do STF, a fim de não ingressar mais presos no Complexo do Curado; o preso de lá transferido, por decisão judicial, deve ter o seu período de pena computado em dobro enquanto ali esteve, b) no prazo de seis meses a contar da Resolução deve-se proceder ao cômputo em dobro de cada dia de privação da liberdade cumprido no Complexo do Curado para todas as pessoas ali alojadas, desde que não acusadas por crimes contra a vida ou integridade física, crimes sexuais ou não tenham por eles sido condenadas, c) deve-se organizar equipe criminológica, com psicólogos e assistentes sociais, pelo menos, além de outros profissionais, para avaliar o prognóstico de conduta, com base em fatores ligados à agressividade dos presos acusados ou condenados por delitos contra a vida, a integridade física e delitos sexuais. Conforme o resultado individual do exame criminológico, de acordo com o prognóstico firmado, a equipe deverá aconselhar a conveniência ou inconveniência do cômputo em dobro do tempo de privação da liberdade (ou redução em menor medida), d) a equipe criminológica deve ter profissionais e estrutura suficientes para realizar o trabalho no prazo de oito meses, a contar do início.

Situação fática: a) elevado índice de mortes violentas no presídio (55 entre 2008 e 2013, sendo 6 em 2013), tortura, violência sexual, tratamento degradante em decorrência da superlotação, extrema insalubridade, falta de acesso à água tratada, más condições carcerárias e precariedade no atendimento à saúde.

Situação jurídica: depois de mais de dois anos da Resolução, o Tribunal de Justiça de Pernambuco instaurou, a pedido do Ministério Público, o Incidente de Resolução de

Demandas Repetitivas, sustando o efeito da contagem em dobro do tempo de prisão dos alojados no Complexo do Curado. Em síntese, negou-se eficácia ao decidido pela CIDH. Após, o Tribunal de Justiça considerou ter a Corte Internacional imposto uma espécie de remição *sui generis*, com base em superlotação. Para tanto, determinou que se cumprisse o disposto na Súmula Vinculante 56 do STF, em primeiro lugar; esgotados esses parâmetros, utilizar a contagem em dobro do tempo de prisão, excluídos os acusados ou condenados em decorrência de crimes contra a vida, a integridade física e a dignidade sexual, excluindo-se os crimes hediondos e equiparados; a referida contagem em dobro se dará a partir do ingresso do detento nesse presídio.

Decisão do STF: determinar que, em 60 dias, seja concedida a todos os presos do Complexo do Curado em Recife-PE a contagem em dobro do período de prisão, enquanto estiverem alojados nesse estabelecimento, excluídos os acusados ou condenados por crimes contra a vida, a integridade física e os sexuais, independentemente da consideração de serem hediondos ou equiparados. Nestes últimos casos, os presos devem ser avaliados por equipe criminológica, nos termos indicados pela CIDH. Deve o juiz da execução penal proferir nova decisão acerca do cômputo do período de cumprimento da pena, conforme exposto (HC 208337 MC-EXTN/PE, rel. Edson Fachin, 19.12.2022, decisão monocrática).

Acesse e veja Sugestões de Análise e Debate.
> https://uqr.to/1oijv

Acesse e veja as Respostas.
> https://uqr.to/1oijw

5. MEDIDA DE SEGURANÇA – CRITÉRIO PARA FIXAÇÃO (ART. 97, CP)

Caso: o réu RJS, no dia 25 de junho de 2020, na Rua JR, n. 378, cidade de G., valendo-se de recurso que dificultou a defesa da vítima, com emprego de asfixia, tentou matar APC, não consumando o delito por circunstâncias alheias à sua vontade, além de ofender a integridade corporal de APP, causando-lhe lesões corporais. Constatou-se, ao longo da instrução, por laudo pericial, ser o acusado inimputável.

Avaliação preliminar: por sua defesa técnica, o acusado interpôs recurso objetivando a alteração da medida de segurança aplicada (internação) para tratamento ambulatorial.

Fonte legal principal: Imposição da medida de segurança para inimputável. Art. 97 – Se o agente for inimputável, o juiz determinará sua internação (art. 26). Se, todavia, o fato previsto como crime for punível com detenção, poderá o juiz submetê-lo a tratamento ambulatorial. **Prazo.** § 1.º – A internação, ou tratamento ambulatorial, será por tempo indeterminado, perdurando enquanto não for averiguada, mediante perícia médica, a cessação de periculosidade. O prazo mínimo deverá ser de 1 (um) a 3 (três) anos. **Perícia médica.** § 2.º – A perícia médica realizar-se-á ao termo do prazo mínimo fixado e deverá ser repetida de ano em ano, ou a qualquer tempo, se o determinar o juiz da execução.

Decisão de 1.ª instância: o juízo de primeiro grau absolveu o réu, em decorrência do reconhecimento da inimputabilidade, impondo a medida de segurança de internação, pelo prazo mínimo de um ano, baseado no art. 97, *caput*, do CP.

Situação jurídica: avaliar se a condição de inimputável do réu, autor de crime apenado, em tese, com reclusão, bem como violento contra a pessoa, obriga a imposição de internação em hospital de custódia e tratamento.

Decisão do Tribunal: deu-se provimento ao recurso da defesa para substituir a internação por tratamento ambulatorial, pelo prazo mínimo de 1 ano.

Fundamento do acórdão: o juízo de primeira instância aplicou o disposto no art. 97, *caput*, do Código Penal, literalmente, ou seja, quando o agente for inimputável, tratando-se de fato previsto como crime apenado com reclusão a internação é compulsória, mas se o delito for apenado com detenção, o juiz pode aplicar internação ou tratamento ambulatorial. Entretanto, no exame de insanidade mental, a perícia considerou oportuna a submissão do réu a tratamento ambulatorial por equipe de saúde mental. Há que se respeitar o parecer médico, pois a finalidade da medida de segurança é a cura do inimputável, de forma que o disposto no art. 97, *caput*, do CP, não contém a mais adequada solução para o caso. Assim sendo, a medida de segurança consistente em tratamento ambulatorial atende à sugestão feita pela perícia médica (TJSP, Apelação n. 1500206-86.2020.8.26.0535, 16.ª C., rel. Guilherme de Souza Nucci, 13.02.2023, v. u.).

Trechos relevantes do acórdão (do voto do relator): "Pela observação durante o exame, confrontado com o histórico, antecedentes, exame psíquico e o colhido das peças dos autos, conclui-se que não há evidências de desenvolvimento mental retardado, dependência de álcool ou drogas, entretanto, o periciado apresentava ao tempo da ação, sinais e sintomas compatíveis com os critérios diagnósticos elencados na CID-10, DSM-V, OMS, OPAS e CIF para transtorno mental, transtorno delirante persistente, atualmente em remissão devido ao efeito da medicação antipsicótica, demonstrando prejuízo das capacidades de discernimento, entendimento e determinação, sendo considerado, sob a óptica médico--legal psiquiátrica, inimputável para o delito descrito na denúncia. A medida de segurança indicada consiste em tratamento por equipe de saúde mental em regime ambulatorial, CAPS, por, pelo menos, dois anos. Como cediço, na seara da inimputabilidade e, em determinados casos, também da semi-imputabilidade, o objetivo precípuo é o tratamento médico do sujeito enfermo, visando sua cura e restauração, sendo pertinente o emprego de subsídios de ordem sanitária. A criminologia, ciência empírica e interdisciplinar, que se ocupa do estudo do crime, do infrator, da vítima, do controle social e do comportamento delitivo, busca a origem das variáveis do crime visando intervir e prevenir, com eficácia, a delinquência humana. Dessa feita, percebe-se a tamanha importância da contribuição da seara médico-psiquiátrica no processo de compreensão e ressocialização dos sentenciados, ganhando acentuado relevo no campo dos inimputáveis, cujo acompanhamento se faz vital na evolução do processo restaurativo, merecendo atenção seu parecer. Com efeito, o laudo médico pericial (fl. 145 dos autos em apenso) indica de maneira conclusiva que o recorrente é portador de doença psíquica mais especificamente transtorno delirante persistente (CID10-F22). O referido diagnóstico, inclusive à luz da individualização da pena, demanda especial atenção, assim refletida no laudo psiquiátrico. Nesse ponto, consigna-se a insuficiência do critério legal, estabelecido no art. 97 do Código Penal, para aferição da medida mais adequada ao tratamento do agente inimputável, sendo, pois, de suma importância considerar as conclusões técnicas extraídas dos laudos de avaliação do recorrente".

Obras do Autor

Código de Processo Penal comentado. 24. ed. Rio de Janeiro: Forense, 2025.

Código Penal comentado. 25. ed. Rio de Janeiro: Forense, 2025.

Curso de Direito Penal. Parte geral. 9. ed. Rio de Janeiro: Forense, 2025. vol. 1.

Curso de Direito Penal. Parte especial. 9. ed. Rio de Janeiro: Forense, 2025. vol. 2.

Curso de Direito Penal. Parte especial. 9. ed. Rio de Janeiro: Forense, 2025. vol. 3.

Curso de Direito Processual Penal. 22. ed. Rio de Janeiro: Forense, 2025.

Curso de Execução Penal. 8. ed. Rio de Janeiro: Forense, 2025.

Drogas – De acordo com a Lei 11.343/2006. Rio de Janeiro: Forense, 2025.

Estatuto da Criança e do Adolescente Comentado. 6. ed. Rio de Janeiro: Forense, 2025.

Manual de Direito Penal. Volume Único. 21. ed. Rio de Janeiro: Forense, 2025.

Manual de Processo Penal. Volume Único. 6. ed. Rio de Janeiro: Forense, 2025.

Código Penal Militar Comentado. 5. ed. Rio de Janeiro: Forense, 2024.

Direito Penal. Partes geral e especial. 9. ed. São Paulo: Método, 2024. Esquemas & Sistemas.

Prática forense penal. 15. ed. Rio de Janeiro: Forense, 2024.

Processo Penal e Execução Penal. 8. ed. São Paulo: Método, 2024. Esquemas & Sistemas.

Tribunal do Júri. 10. ed. Rio de Janeiro: Forense, 2024.

Leis penais e processuais penais comentadas. 15. ed. Rio de Janeiro: Forense, 2023. vol. 1 e 2.

Habeas corpus. 4. ed. Rio de Janeiro: Forense, 2022.

Individualização da pena. 8. ed. Rio de Janeiro: Forense, 2022.

Provas no processo penal. 5. ed. Rio de Janeiro: Forense, 2022.

Prisão, medidas cautelares e liberdade. 7. ed. Rio de Janeiro: Forense, 2022.

Tratado de Crimes Sexuais. Rio de Janeiro: Forense, 2022.

Código de Processo Penal Militar comentado. 4. ed. Rio de Janeiro: Forense, 2021.

Criminologia. Rio de Janeiro: Forense, 2021.

Organização criminosa. 5. ed. Rio de Janeiro: Forense, 2021.

Pacote anticrime comentado. 2. ed. Rio de Janeiro: Forense, 2021.

Execução penal no Brasil – Estudos e Reflexões. Rio de Janeiro: Forense, 2019 (coordenação e autoria).

Instituições de direito público e privado. Rio de Janeiro: Forense, 2019.

Manual de processo penal e execução penal. 14. ed. Rio de Janeiro: Forense, 2017.

Direitos humanos versus *segurança pública.* Rio de Janeiro: Forense, 2016.

Corrupção e anticorrupção. Rio de Janeiro: Forense, 2015.

Prostituição, lenocínio e tráfico de pessoas. 2. ed. Rio de Janeiro: Forense, 2015.

Princípios constitucionais penais e processuais penais. 4. ed. Rio de Janeiro: Forense, 2015.

Crimes contra a dignidade sexual. 5. ed. Rio de Janeiro: Forense, 2015.

Dicionário jurídico. São Paulo: Ed. RT, 2013.

Código Penal comentado – versão compacta. 2. ed. São Paulo: Ed. RT, 2013.

Tratado jurisprudencial e doutrinário. Direito Penal. 2. ed. São Paulo: Ed. RT, 2012. vol. I e II.

Tratado jurisprudencial e doutrinário. Direito Processual Penal. São Paulo: Ed. RT, 2012. vol. I e II.

Doutrinas essenciais. Direito processual penal. Organizador, em conjunto com Maria Thereza Rocha de Assis Moura. São Paulo: Ed. RT, 2012. vol. I a VI.

Doutrinas essenciais. Direito penal. Organizador, em conjunto com Alberto Silva Franco. São Paulo: Ed. RT, 2011. vol. I a IX.

Crimes de trânsito. São Paulo: Juarez de Oliveira, 1999.

Júri – princípios constitucionais. São Paulo: Juarez de Oliveira, 1999.

O valor da confissão como meio de prova no processo penal. Com comentários à *Lei da Tortura.* 2. ed. São Paulo: Ed. RT, 1999.

Tratado de direito penal. Frederico Marques. Atualizador, em conjunto com outros autores. Campinas: Millenium, 1999. vol. 3.

Tratado de direito penal. Frederico Marques. Atualizador, em conjunto com outros autores. Campinas: Millenium, 1999. vol. 4.

Tratado de direito penal. Frederico Marques. Atualizador, em conjunto com outros autores. Campinas: Bookseller, 1997. vol. 1.

Tratado de direito penal. Frederico Marques. Atualizador, em conjunto com outros autores. Campinas: Bookseller, 1997. vol. 2.

Roteiro prático do júri. São Paulo: Oliveira Mendes e Del Rey, 1997.